U0716951

中研院歷史語言研究所集刊論文類編

歷史編·魏晉隋唐五代卷

一

中華書局

圖書在版編目(CIP)數據

中研院歷史語言研究所集刊論文類編.歷史編.魏晉隋唐五代卷/中華書局編輯部編.—北京:中華書局,2009.4
ISBN 978-7-101-06285-4

I.中… II.中… III.①社會科學-文集②中國-古代史-魏晉南北朝時代-文集③中國-古代史-隋唐時代-文集④中國-古代史-五代十國時期-文集 IV.C53 K235.07-53

中國版本圖書館CIP數據核字(2008)第129429號

責任編輯:張彥周

中研院歷史語言研究所集刊論文類編
歷史編·魏晉隋唐五代卷
(全四册)
中華書局編輯部 編
*
中 華 書 局 出 版 發 行
(北京市豐臺區太平橋西里38號 100073)
http://www.zhbc.com.cn
E-mail:zhbc@zhbc.com.cn
北京市白帆印務有限公司印刷
*
787×1092毫米 1/16·280¼印張·17插頁
2009年4月第1版 2009年4月北京第1次印刷
印數1—700册 定價:1800.00元

ISBN 978-7-101-06285-4

圖一① 傅斯年函稿

圖一② 傅斯年函稿

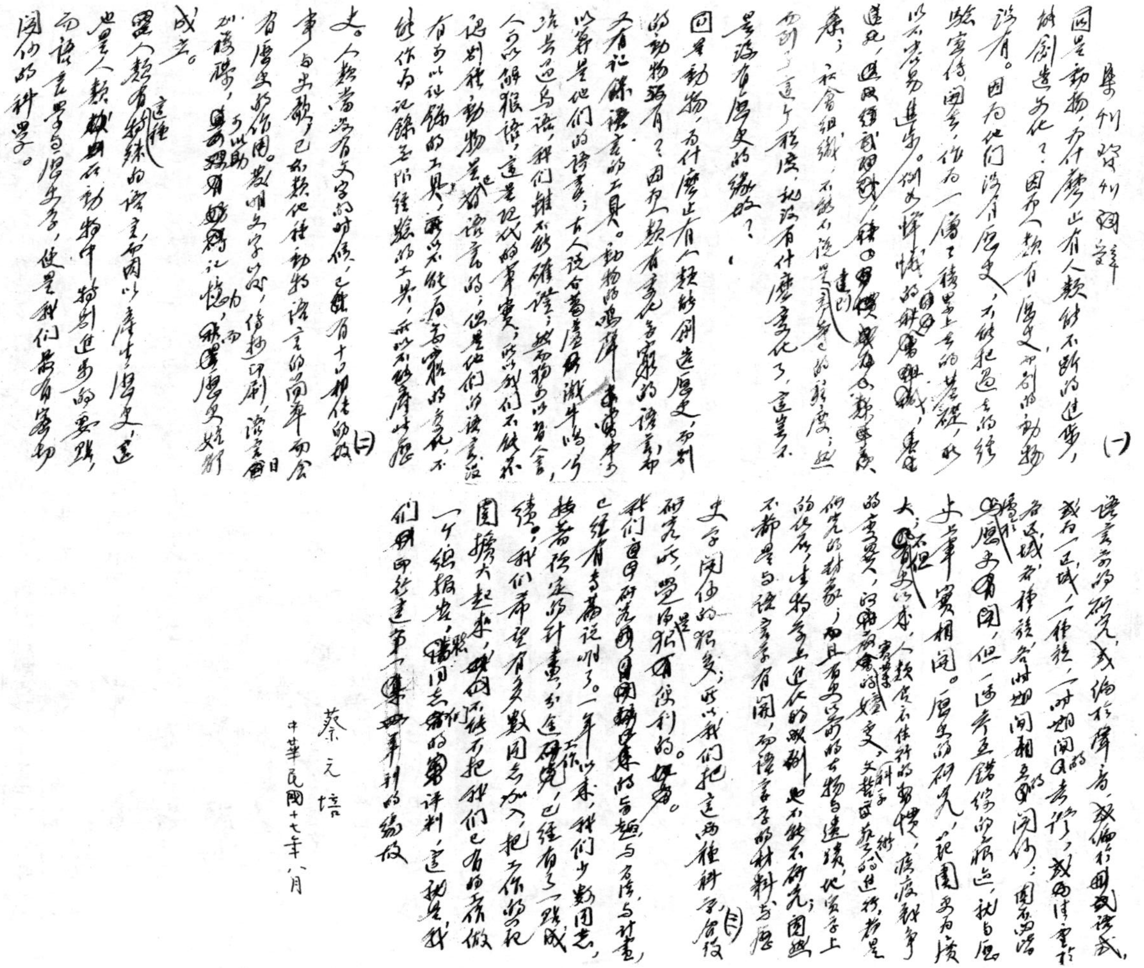

蔡元培

中華民國十七年八月

圖二 蔡元培《集刊發刊辭》稿

讀鶯鶯傳

陳寅恪

圖三① 陳寅恪《讀鶯鶯傳》稿

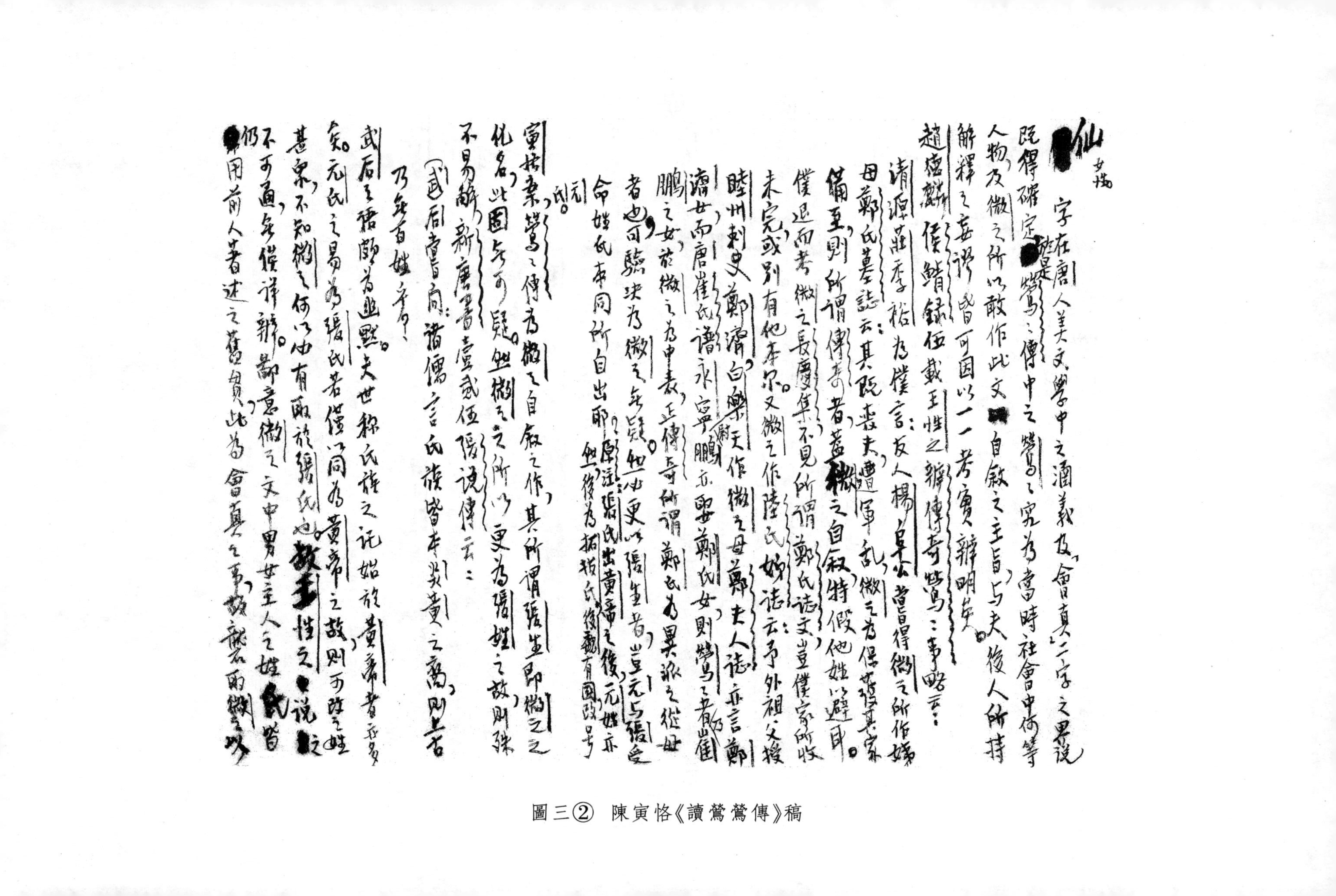

圖三② 陳寅恪《讀鶯鶯傳》稿

前最流行之當真數小說，即張文成遊仙窟中男女主人之舊稱，如後來劇曲中王魁梅香小說張千李萬之比，此本古今文學中之常例也。遊仙窟之作者張文成自謂奉使河源，於積石山窟得遇崔十娘等，其故事之演成，實取材於遊仙窟之為博陵王崔氏舊事，故文成不可改易其真姓，且■■書■乃直述本身事實之作，如

下官答曰：前被賓貢，已入甲科，後屬搜揚，又蒙高第，奉勅授關內道小縣尉。（窟中自稱即指寧州襄樂縣尉而言）

等語，即是其例。但崔十娘等則非真姓，而其所以假託為崔氏者，蓋由崔氏為北朝隋唐之第一高門，故崔娘之稱實與其他文學作品所謂■蕭娘者相同，不過一屬江左高門，一是山東甲族，南北之地域雖殊，其為社會上貴婦人之泛稱，則無少異也。又楊巨源詠元微之會真事詩云：

清潤潘郎玉不如，中庭蕙草雪消初。風流才子多春思，腸斷蕭娘一紙書。

楊詩之所謂■蕭娘，指元微之之崔女，而二者俱是使用典故也。僅泥執元微之之崔娘，而尋其聲搜尋一崔姓之婦人以實之，則與拘持楊詩之蕭娘以為真出於蘭陵之貴女者，豈非同一可笑之事耶？

又觀於微之自敘此段因緣之別一詩，即才調集伍夢遊春云：

昔歲夢遊春，夢遊何所遇，夢入深洞中，果遂平生趣，清冷淺漫流，畫舫蘭篙渡，過盡萬株桃，盤旋竹林路。

及白樂天和此詩（白氏長慶集壹肆）云：

圖三③　陳寅恪《讀鶯鶯傳》稿

昔君夢遊春，夢遊仙山曲，恍若有所遇，似愜平生欲。因
尋菖蒲水，漸入桃花谷。

則仙與張文成所寫遊仙窟之窟及其桃李澗之桃，亦有冥會之處，蓋微之襲用文成舊本以作傳文，固樂天之所諗知者也。然則世人艷求崔氏家譜以求合，偽造鄭恒墓誌以證亡女，不僅癡人說夢為可憐，抑且好事欺人為可惡矣。

夫鶯鶯之不姓崔，或者真如傳文所言，乃鄭氏之所出，而微之異派從母之女耶？據白氏長慶集貳伍唐河南元府君夫人滎陽鄭氏（即微之之母）墓誌銘略云：

夫人父諱濟，睦州刺史。夫人，睦州次女也。其出范陽盧氏。天下有五甲姓，滎陽鄭氏居其一。鄭之勳德官爵有國史在，鄭之源流婚嫁有家牒在。

夫讀墓之文，縱有溢美，而微之母氏出於士族，自應可信。如微之夢遊春詩敘其與鶯鶯一段因緣有

我到看花時，但作憐仙句，浮生轉經歷，道性尤堅固。近作夢仙詩，（此所謂仙者其定義如上文所言，乃妖冶之婦人，非高門之莊女可知也。）亦知勞肺腑。一夢何足云，良時事婚娶。

之語，白樂天和此詩，其序亦云：

重為足下陳夢遊之中有以甚感者，敘婚仕之際所以至感者。

其詩復云：

心驚睡易覺，夢斷魂難續，鸞歌不重聞，鳳兆從茲卜，韋門女清貴，裴氏甥賢淑。

又韓昌黎集貳肆監察御史元君妻京兆韋氏（即微之元配）墓誌銘略云：

圖三④　陳寅恪《讀鶯鶯傳》稿

僕射（韋夏卿）娶裴氏皇甫女，皇甫父宰相耀卿，夫人於僕射為季女，愛之，選婿得今御史河南元稹。

銘曰：

詩歌碩人，爰敘宗親，女子之事，有以榮身，夫人之先，累公累卿，有赫外祖，相我唐明。

據元白之詩意，俱以一夢取譬於鶯鶯之因緣，而視為不足道，復觀昌黎之誌文，盛誇韋氏姻族之顯赫，蓋可見韋叢與鶯鶯之差別，純在社會地位門第高下而已。然則鶯鶯之所出必非高門，實無可疑也。唐世倡妓往往謬託高門，如太平廣記肆捌柒雜傳記類蔣防所撰霍小玉傳略云：

大曆中隴西李生名益，以進士擢第，其明年拔萃，俟試於天官，夏六月至長安，每自矜風調，思得佳偶，博求名妓，久而未諧。長安有媒鮑十一娘至，曰：有一仙人（寅恪案，此即唐代社會之所謂仙人也）謫在下界，生問其名居，鮑具說曰：故霍王小女，字小玉，王甚愛之，母曰淨持，即王之寵婢也。王之初薨，諸兄弟以其出自庶賤，不甚收錄，因分與資財，遣居於外，易姓為鄭氏。

及范攄雲溪友議上舞娥異條（參唐語林肆豪爽類）略云：

李八座（翺）潭州席上有舞柘枝者，顏色憂悴。詰其事，乃故蘇臺韋中丞愛姬之女也。（原注：夏卿之胤，正卿之姪。寅恪案，微之妻父韋夏卿事蹟見呂和叔文集陸韋公神道碑及兩唐書壹陸伍、壹陸貳韋夏卿本傳，俱不甚詳。考韋夏卿卒於元和元年，李翺之為湖南觀察使在太和七八年，相去二十八九年，即使為夏卿之遺腹女，其年齡亦已近三十矣，老大舞女，亦可發一笑矣。）亞相（李翺）曰：吾與韋族其姻舊矣，遂選士嫁之。

皆是其例。蓋當日之人姑妄言之，亦姑妄聽之，並非以為真有其事，視之……也。

圖三⑤ 陳寅恪《讀鶯鶯傳》稿

若鶯鶯果出高門甲族，則微之無事更婚韋氏。惟其非名家之女，舍之而別娶，乃可見諒於時人。蓋唐代社會承南北朝之舊俗，通以二事評量人品之高下。此二事一曰婚，二曰宦。凡婚而不娶名家女，與仕而不由清望官，俱為社會所不齒。此類例證甚衆，且為治史者所習知，故茲不具論。但明乎此，則微之所以作鶯鶯傳，直敘其自身始亂終棄之事跡，絕不為之少慚，或略諱者，即職是故也。其友人楊巨源、李紳、白居易亦知之而不以為非者，舍棄寒女而別婚高門，乃當日社會所公認之正當行為也。否則微之為極熱中巧宦之人，值其初具羽毛，欲以直聲升朝之際，豈肯作此貽人口實之文，廣為流播，以自阻其進取之路哉！

復次，此傳之文詞亦有可略言者，即唐代貞元元和時古文運動實與小說之創造有密切關係是也。其關於韓退之者，已別有論證，茲不重及。（見哈佛亞細亞學報第壹卷第壹期拙著韓愈與唐代小說。）其當時致力古文，而思有所變革者，並不限於昌黎一派，元白二公亦當日主張復古之健者，不過宗尚稍不同，影響亦因之有別，後來遂湮沒不顯耳。

舊唐書壹陸陸元稹白居易傳論略云：

史臣曰：國初開文館，高宗禮茂才，虞許擅價於前，蘇李馳聲於後，或位昇台鼎，學際天人，潤色之文，咸布編集。然而向古者傷於太僻，徇華者或至不經。齷齪者局於宮商，放縱者流於鄭衛。若品調律度，揚搉古今，賢不肖皆賞其文，未如元白之盛也。昔建安才子，始定霸於曹劉；永明辭宗，先讓功於沈謝。元和主盟，微之樂天而已。臣觀元

圖三⑥ 陳寅恪《讀鶯鶯傳》稿

之制策，白之奏議，極文章之壺奥，盡治亂之根荄。

贊曰：文章新體，建安永明。沈謝既往，元白挺生。

寅恪案：舊唐書之議論，乃代表通常意見，觀於韓愈雖受裴度之知賞，而退之之文轉不能滿晉公之意（見全唐文伍叁捌裴度寄李翱書），及舊唐書壹陸拾韓愈傳於其為文頗有貶詞者，其故可推知矣。是以在當時人一般心目中，元和一代文章正宗，應推元白而非韓柳，與歐宋重修唐書時其評價迥不相同也。

又元氏長慶集肆拾制誥序云：

元和十五年余始以祠部郎中知制誥，初約束不暇及。後累月，輒以古道干丞相，丞相信然之。又明年召入禁林，專掌內命。上好文，一日從容議及此，上曰：通事舍人不知書，便其宜宣贊之外無不可。自是司言之臣皆得追用古道，不從中覆。然而余所宣行者文不能自足其意，率皆淺近，無以變例，追而序之，蓋所以表明天子之復古，而張後來者之趣向耳。

白氏長慶集伍叁（汪立名本白香山詩後集肆）微之整集舊詩及文筆為百軸，以七言長句酬樂天，樂天次韻酬之，餘思未盡，加為六韻。詩云：

制從長慶辭高古。

自注云：

微之長慶初知制誥，文格高古，始變俗體，繼者效之也。

寅恪案：今白氏長慶中書制誥有「舊體」「新體」之分別，其所謂「新體」，即微之所主張，而樂天所從同

圖三⑦　陳寅恪《讀鶯鶯傳》稿

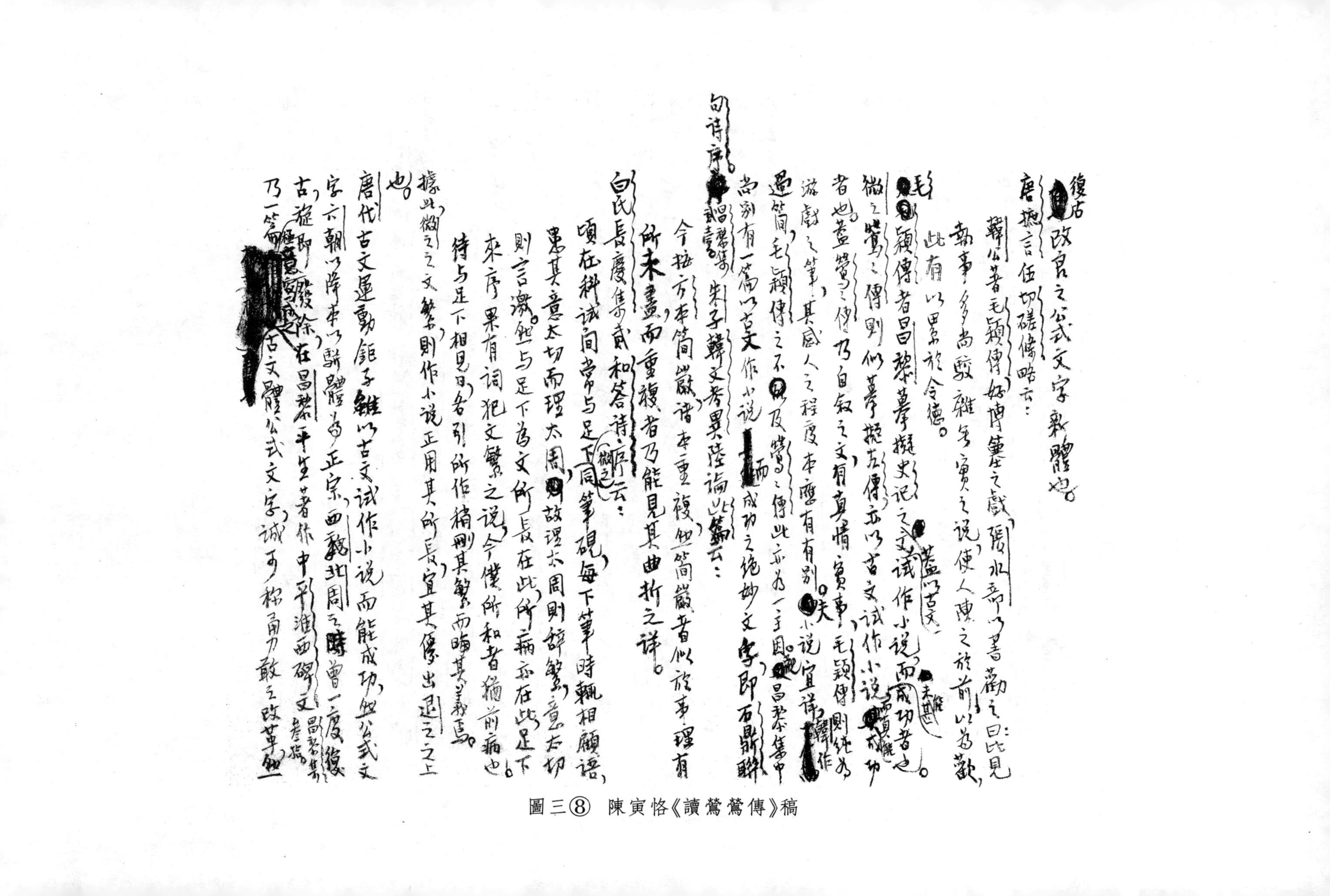

圖三⑧ 陳寅恪《讀鶯鶯傳》稿

此文終遺■慶■集，夫段墨卿之作（啟）鶯鶯傳，其文學價值轉
原作如何，及韓文所以廣易之故，別（乃屬於）■，向題，茲不必論。惟就
改革當時公式文字一端言，則昌黎失敗，而微之成功，可無疑
也。至於北宋繼昌黎古文運動之歐陽永叔為翰林學士，亦
不能變■公式■文之駢體，司馬君實竟以不能為四
六文辭知制誥之命，然則朝廷公式文體之變革，其難
若是，微之於此信乎卓爾不群矣。
復次，鶯鶯傳中張生忍情之說一節，今人視之既最為
可厭，亦不能解其真意所在。夫微之善於為文者也，
何為著此一段迂矯議論耶？考趙彥衛雲麓漫鈔捌
云：

> 唐世舉人先藉當世顯人，以姓名達諸主司，然後
> 投獻所業，踰數日又投，謂溫卷，如幽怪錄傳
> 奇等皆是。蓋此等文備眾體，可見史才詩筆
> 議論。

據此，小說之文宜備眾體，鶯鶯傳中忍情之說即所
謂議論，會真等詩即所謂詩筆，敘述離合悲歡即所
謂史才，皆當日小說文中不得不備具者也。
至於傳中所載諸事跡，經王性之考證者外，其他如普
救寺，寅恪取道宣續高僧傳貳玖興福篇唐蒲州普
救寺釋道積傳，又渾瑊及杜確事，取舊唐書壹叁
德宗紀貞元十五年十二月庚午及丁酉諸條參校，
亦是貞元朝之良史料，不僅
為唐代小說之傑作已也。

圖三⑨ 陳寅恪《讀鶯鶯傳》稿

序

中央研究院歷史語言研究所創始於一九二八年，到二〇〇八年就是八十週年了。史語所創所伊始，即有《中央研究院歷史語言研究所集刊》，在《集刊》的第一本第一分中，傅斯年所長發表了《歷史語言研究所工作之旨趣》，提出新材料、新方法、新工具、新問題等主張，這些主張不但影響了《集刊》文章的風格，對近代史學界也産生了極大的影響。

目前爲止，《集刊》已持續出刊近八十年，在近代中國，大部份學術刊物倏起倏滅，能持續到八十年的學刊，確實不多。從這一點來説，我們不能不珍惜這一個得來不易的成果。

除《集刊》外，史語所還出版專刊、單刊、田野工作報告、資料叢刊、目録索引叢刊等，近二十年來，更有《新史學》(與台灣史學界同仁合辦)、《古今論衡》及在世界漢學界素有聲譽的 Asia Major 等刊物。

史語所從創所開始一直到今天，都是一個多學科、跨領域的研究所，所包含的學門基本上有歷史、語言、考古、人類學、文字、文籍考訂等，所以《集刊》所收文章的門類也就相當多樣。過去一二十年來，中國大陸出版界迭有要求，希望重印《集刊》，作爲學術研究的參考。但是《集刊》卷帙浩繁，不易查索，究竟以何種方式呈現比較方便讀者，確實頗費思量。北京中華書局是卓負盛譽的出版單位，他們在獲得史語所授權之後，提出以類相從的辦法，出版《中研院歷史語言研究所集刊論文類編》。這種出版方式可以同時方便個人及機構，使得《集刊》文章能到達更多需要參考的人手中。

文章分類特别困難，在編輯的過程中，協助檢核分類者，依各卷順序爲：語言所何大安先生，史語所陳昭容女士、邢義田先生、劉增貴先生、劉淑芬女士、柳立言先生、劉錚雲先生、李永迪先生、陳鴻森先生、王明珂先生等，另有張秀芬女士、陳靜芬女士協助整理，附此致謝。

中研院歷史語言研究所所長

王汎森　謹誌

凡　例

一、《中研院歷史語言研究所集刊論文類編》(以下簡稱《類編》)所收論文,取自《中研院歷史語言研究所集刊》(以下簡稱《集刊》)1928 年第 1 本第 1 分至 2000 年第 71 本第 4 分。《集刊》2000 年以後所刊載論文,待日後再行續編。

二、本次類編,根據《集刊》所刊載論文涉及的研究領域,分爲六編,其中《語言文字編》、《歷史編》下設卷,具體編、卷名目如下:

語言文字編(音韵卷、語法卷、方言卷、文字卷)

歷史編(先秦卷、秦漢卷、魏晉隋唐五代卷、宋遼金元卷、明清卷)

考古編

文獻考訂編

思想與文化編

民族與社會編

其中,《思想與文化編》中"文化"爲廣義的文化概念;《民族與社會編》涵蓋民族、生活禮俗、科技、醫療、工藝等方面;涉及跨斷代内容的論文,以最早斷代爲收録原則;論文具有多重性質者,以"研究者使用需要"及"論文重點"爲歸屬各編(卷)的標準。

三、爲體現《集刊》的辦刊宗旨,現將蔡元培先生撰寫的《發刊辭》、傅斯年先生撰寫的《歷史語言研究所工作之旨趣》置於《語言文字編》、《歷史編》、《考古編》、《文獻考訂編》、《思想與文化編》、《民族與社會編》所收論文前;《語言文字編》另增置傅斯年先生提議之《本所對語言學工作之範圍及旨趣》一文。

四、《類編》各編(卷)所收論文,均按刊期排列。爲便於閱讀、查檢,各編(卷)目録置於書前,《集刊》(1928—2000)《類編》總目置於書後;頁眉處標示本編(卷)通碼;頁腳處保留原刊頁碼;各篇論文文末附注原刊刊期,以"出自第某本第某分"予以表示,括注公曆出版年月。

五、《類編》所收論文中,基本保留了原版面貌,個别表述與現行規範不相符合之處,做了適當的技術處理,敬請讀者鑑之。

六、因轉載著作權等原因,以下五篇論文未予以收録:

陳槃《"戰國的統治機構與治術"劄記跋》(原刊《集刊》第 37 本下)

陳槃《"論貨幣單位鐶"劄記跋》(原刊《集刊》第 39 本上)

宋光宇《清境與吉洋——兩個安置從滇緬邊區撤回義民聚落的調查報告》(原刊《集刊》第 53 本第 4 分)

Aelence, Transitivity, Focus, Case and the Auxiliary Verb Systems in Yami(原刊《集刊》第 62 本第 1 分)

高去尋《李峪出土銅器及其相關之問題》(原刊《集刊》第 70 本第 4 分)

目　録

集刊發刊辭

同是動物，爲什麽止有人類能不斷的進步，能創造文化？因爲人類有歷史，而別的動物沒有。因爲他們沒有歷史，不能把過去的經驗傳說下去，作爲一層層積累上去的基礎，所以不容易進步。例如蜂蟻的社會組織，不能不說是達到高等的程度；然而到了這個程度，不見得永遠向上變化，這豈不是沒有歷史的緣故？

同是動物，爲什麽止有人類能創造歷史，而別的動物沒有？因爲人類有變化無窮的語言，而後來又有記錄語言的工具。動物的鳴聲本可以算是他們的語言；古人說介葛盧識牛鳴，公冶長通鳥語，雖然不是近代確切的觀念；然而狗可以練習得聞人言而動，人可以因經驗了解狼的發聲之用意，這是現代的事實；但是他們的鳴聲既沒有可以記錄的工具，且又斷不是和人的語言有同等複雜的根基的，所以不能爲無窮的變化，不能作爲記錄無限經驗的工具，所以不能產生歷史。人類當沒有文字的時候，已有十口相傳的故事與史歌，已不類他種動物鳴聲的簡單而會有歷史的作用。發明文字以後，傳抄印刷，語言日加複雜，可以助記憶力，而歷史始能成立。

人類有這種特殊的語言，而因以產生歷史，這也是人類在動物中特別進步的要點，而語言學與歷史學，便是和我們最有密切關係的科學。

語言學的研究，或偏於聲音，或偏於語式，或爲一區域，一種族，一時期間的考證，或注重於各區域，各種族，各時期間相互的關係；固不必皆屬於歷史，但一涉參互錯綜的痕迹，就與歷史上事實相關。歷史的研究，範圍更爲廣大；不但有史以來，人類食衣住行的習慣，疾疫戰爭的變異，政教實業的嬗變，文哲科學藝術的進行，都是研究的對象；而且有史以前的古物與遺蹟，地質學上的化石，生物學上進化的成例，也不能不研究；固然不都是與語言學有關，而語言學的材料，與歷史學關係的很多；所以我們把這兩種科學，合設研究所，覺得是很便利的。

我們研究的旨趣，與方法，與計畫，已經有專篇說明了。幾個月來，我們少數同志，按著預定的計畫，分途工作，已經有開頭的一點小小材料，我們希望有多數同志加入，把工作的範圍擴大起來，不能不隨時把我們已有的工作作報告，聽同志們的評判，這就是我們開始印行這集刊的緣故。

蔡元培　中華民國十七年八月　南京

出自第一本第一分(一九二八年八月)

歷史語言研究所工作之旨趣

歷史學和語言學在歐洲都是很近才發達的。歷史學不是著史：著史每多多少少帶點古世中世的意味，且每取倫理家的手段，作文章家的本事。近代的歷史學只是史料學，利用自然科學供給我們的一切工具，整理一切可逢着的史料，所以近代史學所達到的範域，自地質學以至目下新聞紙，而史學外的達爾文論正是歷史方法之大成。歐洲近代的語言學在梵文的發見影響了兩種古典語學以後纔降生，正當十八十九世紀之交。經幾個大家的手，印度日耳曼系的語言學已經成了近代學問最光榮的成就之一個，別個如賽米的系，芬匈系，也都有相當的成就，即在印度支那語系也有有意味的揣測。十九世紀下半的人們又注意到些個和歐洲語言全不相同的語言，如黑人的話等等，「審音之功」更大進步，成就了甚細密的實驗語音學，而一語裏面方言研究之發達，更使學者知道語言流變的因緣，所以以前比較言語學尙不過是和動物植物分類學或比較解剖學在一列的，最近一世語言學所達到的地步，已經是生物發生學，環境學，生理學了。無論綜比的系族語學，如印度日耳曼族語學，等等，或各種的專語學，如日耳曼語學，芬蘭語學，伊斯蘭語學，等等，在現在都成大國。本來語言即是思想，一個民族的語言即是這一個民族精神上的富有，所以語言學總是一個大題目，而直到現在的語言學的成就也很能副這一個大題目。在歷史學和語言學發達甚後的歐洲是如此，難道在這些學問發達甚早的中國，必須看着他荒廢，我們不能製造別人的原料，便是自己的原料也讓別人製造嗎？

論到語言學和歷史學在中國的發達是很引人尋思的。西歷紀元前兩世紀的司馬遷，能那樣子傳信存疑以別史料，能作八書，能排比列國的紀年，能有若干觀念比十九世紀的大名家還近代些。北宋的歐陽修一面修五代史，純粹不是客觀的史學，一面却作集古錄，下手研究直接材料，是近代史學的眞工夫。北南宋的人雖然有歐陽修的五代史，朱熹的綱目，是代表中世古世的思想的，但如司馬光作通鑑，「編閱舊史，旁採小說，」他和劉攽劉恕范祖禹諸人都能利用無限的史料，考定舊記，凡通鑑和所謂正史不同的地方每多是詳細考定的結果，可惜長篇不存在，我們不得詳細看他們的方法，然尙有通鑑考異說明史料的異同。宋朝晚年一切史料的利用，及考定辯疑的精審，有些很使人更驚異的。照這樣進化到明朝，應可以有當代歐洲的局面了，不幸胡元之亂，明朝人之浮誇，不特不進步，或者退步了。明清之交，浙東的史學派又發了一個好端涯，但康熙以後漸漸的熄滅，無論官書和私箸，都未見得開新趨向，這乃由於外族政府最忌眞史學發達之故。語言學中，中國雖然沒有普日尼，但中國語本不使中國出普日尼，而中國文字也出了說文解字，這書雖然現在看來只是一部沒有時代觀念，不自知說何文解何字的系統哲學，但當年總是金聲玉振的書，何況還有認識方言的輶軒使者？古代的故事且少論，論近代：顧炎武搜求直接的史料訂史文，以因時因地的音變觀念爲語學，閻若璩以實在地理訂古記載，以一切比核辯證僞孔，不注經而提出經的題目，並解決了他，不箸史而成就了可以永遠爲法式的辨史料法。亭林百詩這樣對付歷史學和語言學，是最近代的：這樣立點便是不朽的遺訓。不幸三百年前雖然已經成就了這樣近代的一個遺訓，一百多年前更有了循這遺訓的形跡而出的好成就，而到了現在，除零零星星幾個例外以外，不特不因和西洋人接觸，能夠借用新工具，擴張新材料，反要坐看修元史修清史的做那樣官樣形式文章，又坐看章炳麟君一流人尸學問上的大權威。章氏在文字學以外是個文人，在文字學以內做了一部文始，一步倒退過孫詒讓，再步倒退過吳大澂，三步倒退過阮元，不特自己不能用新材料，即是別人已經開頭用了的新材料，他還抹殺着，至於那部新方言，東西南北的猜去，何嘗尋楊雄就一字因地變異作觀察？這麼竟倒退過二千多年了。

推繹說去，爲甚麼在中國的歷史學和語言學開了一個好的端緒以後，不能隨時發展，到了現在這樣落後呢？這原故本來顯然，我們可以把一句很平實的話作一個很該括的標準。(一)凡能直接研究材料，便進步，凡間接的研究前人所研究或前人所創造之系統，而不繁豐細密的參照所包含的事實，便退步。上項正是所謂科學的研究，下項正是所謂書院學究的研究，在自然科學是這樣，在語言學和歷史學亦何嘗不然？舉例說，以說文爲本體，爲究竟，去作研究的文字學，是書院學究的作爲，僅以說文爲材料之一種，能充量的辨別着去用一切材料，如金文，甲骨文等，因而成就的文字學，乃是科學的研究。照着司馬子長的舊公式，去寫紀表書傳，是化石的史學，能利用各地各時的直接材料，大如地方志書，小如私人的日記，遠如石器時代的發掘，近如某個洋行的貿易册，去把史事無論鉅者或細者，單者或綜合者，條理出來，是科學的本事。科學研究中的題目是事實之匯集，因事實之研究而更產生別個題目。所以有些從前世傳來的題目經過若干時期，不是被解決了，乃是被解散了，因爲新的事實證明了舊來問題不成題問，這樣的問題不管他困了多少年的學者，一經爲後來發見的事實所不許之後，自然失了他的成爲問題之地位。破壞了遺傳的問題，解決了事實逼出來的問題，這學問自然進步。譬如兩部皇清經解，其中的問題是很多的，如果我們這些以外不再成題目，這些以內不肯捐棄任何題目，自然這學問是靜止的，是不進步的。一種學問中的題目能夠新陳代謝，則所得結果可以層層堆積上去，即使年代久遠，堆積衆多，究竟不覺得累贅，還可以到處出來新路，例如很發達的天文物理化學生物等科目；如果永遠盤桓於傳留的問題，舊題不下世，新題不出生，則結果直是旋風舞而已，例如中國的所謂經學中甚多題目，如西洋的哲學。所以中國各地零零碎碎致力於歷史或語言學範圍內事的人也本不少，還有些所謂整理國故的工作，不過每每因爲所持住的一些題目不在關鍵中，換言之，無後世的題目，或者是自縛的題目，遂至於這些學問不見奔馳的發展，只表昏黃的殘缺。(二)凡一種學問能擴張他所研究的材料便進步，不能的便退步。西洋人研究中國或牽連中國的事物，本來沒有很多的成績，因爲他們讀中國書不能親切，認中國事實不能嚴辯，所以關於一切文字審求，文籍考訂，史事辯別，等等，在他們永遠一籌莫展，但他們却有些地方比我們範圍來得寬些。我們中國人多是不會解決史籍上的四裔問題的，丁謙君的諸史外國傳考證遠不如沙萬君之譯外國傳，玉連之解大唐西域記，高幾耶之注馬哥博羅遊記，米勒之發讀回紇文書，這都不是中國人現在已經辦到的。凡中國人所忽略，如匈奴，鮮卑，突厥，回紇，契丹，女眞，蒙古，滿洲等問題，在歐洲人卻施格外的注意。說句笑話，假如中國學是漢學，爲此學者是漢學家，則西洋人治這些匈奴以來的問題豈不是虜學，治這學者豈不是虜學家嗎？然而也許漢學之發達有些地方正借重虜學呢！又如最有趣的一些材料，如神祇崇拜，歌謠，民俗，各地各時雕刻文式之差別，中國人把他們忽略了千百年，還是歐洲人開頭爲有規模的注意。零星注意中國向來有的。西洋人作學問不是去讀書，是動手動脚到處尋找新材料，隨時擴大舊範圍，所以這學問才有四方的發展，向上的增高。中國文字學之進步，正因爲說文之研究消滅了汗簡，阮吳諸人金文之研究識破了說文，近年孫詒讓王國維等之殷文研究更能繼續金文之研究。材料愈擴充，學問愈進步，利用了擋案，然後可以訂史，利用了別國的記載，然後可以考四裔史事。在中國史學的盛時，材料用得還是廣的，地方上求材料，刻文上抄材料，擋庫中出材料，傳說中辨材料，到了現在，不特不能去擴張材料，去學曹操設「發塚校尉」，求出一部古史於地下遺物，就是「自然」送給我們的出土的物事，以及燉煌石藏，內閣擋案，還由他燬壞了好多，剩下的流傳海外，京師圖書館所存摩尼經典等等良籍，還復任其擱置，一面則談整理國故者人多如鯽，這樣焉能進步？(三)凡一種學問能擴充他作研究時應用的工具的，則進步，不能的，退步。實驗學家之相競如鬥寶一般，不得其器，不成其事，語言學和歷史學亦復如此。中國歷來的音韻學者審不了音，所以把一部切韻始終弄不甚明白，一切古音研究僅僅以統計的方法分類，因爲幾個字的牽連，使得分類上各家不同，卽令這些分類有的對了，也不過能舉其數，不能舉其實，知其然不知其所以然，如錢大昕論輕唇舌上古來無之，乃自重唇舌頭出，此言全是，然何以重唇分出一類爲輕唇，舌頭分出一類爲舌上，竟不是全部的變遷，這層道理非現在審音的人不能明白，錢君固說不出。若把一個熟習語音學的人和這樣一個無工具的研究者比長短，是沒法子競爭的。又如解釋隋唐音，西洋人之知道梵音的，自然按照譯名容易下手，在中國人本沒有這個工具，又沒有法子。又如西藏，緬甸，暹羅等語，實在和漢語出於一語族，將來以比較言語學的方法來建設中國古代言語學，取資於這些語言中的印證處至多，沒有這些工具不能成這些學問。又如現代的歷史學研究已經成了一個各種科學的方法之匯集。地質，地理，考古，生物，氣象，天文等學，無一不供給研究歷史問題者之工具。顧亭林研究歷史事跡時自己觀察地形，這意思雖然至好，但如果他能有我們現在可以向西洋人借來的一切自然科學的工具，成績豈不更卓越呢？若干歷史學的問題非有自然科學之資助無從下手，無從解決。譬如春秋經是不是終於獲麟，左氏經後一段是不是劉歆所造補，我們正可以算算哀公十四年之日食是不是對的，如不對，自然是僞作，如對了，自然是和獲麟前春秋文同出史所記。又譬如我們要掘地去，沒有科學資助的人一鏟子下去，損壞了無數古事物，且正不知掘準了沒有，如果先有幾種必要科學的訓練，可以一層一層的自然發現，不特得寳，並且得知當年入土之踪跡，這每每比所得物更是重大的智識。所以古史學在現在之需用測量本領及地質氣象常識，並不少於航海家。中國史學者先沒有這些工具，那能使得史學進步，無非靠天幫忙，這裏那裏現些出土物，又靠西洋人的腿，然而却又不一定是他們的腦袋，找到些新材料而已。整理自己的物事的工具尚不夠，更說不上整理別人的物事，如希拉藝術如何影響中國佛教藝術，中央亞細亞的文化成分如何影響到中國的物事，中國文化成分如何由安西西去，等等，西洋的東方學者之拿手好戲，日本近年也有竟敢去幹的，中國人目前只好拱手謝之而已。

由上列的三項看來，除幾個例外算，近幾世中中國語言學和歷史學實不大進步，其所以如此自是必然的事實。在中國的語言學和歷史學當年之有光榮的歷史，正因爲能開拓的用材料，後來之衰歇，正因爲題目固定了，材料不大擴充了，工具不添新的了。不過在中國境內語言學和歷史學的材料是最多的，歐洲人求之尚難得，我們却坐看他毀壞亡失。我們着實不滿這個狀態，着實不服氣就是物質的原料以外，即便學問的原料，也被歐洲人搬了去乃至偷了去。我們很想借幾個不陳的工具，處治些新獲見的材料，所以才有這歷史語言研究所之設置。

我們宗旨第一條是保持亭林百詩的遺訓。這不是因爲我們震慴於大權威，也不是因爲我們發什麽「懷古之幽情」，正因爲我們覺得亭林百詩在很早的時代已經使用最近代的手段，他們的歷史學和語言學都是照着材料的分量出貨物的。他們搜尋金石刻文以考證史事，親看地勢以察古地名。亭林於語言按照時和地變遷的這一個觀念看得頗清楚，百詩於文籍考訂上成那末一個偉大的模範著作，都是能利用舊的新的材料，客觀的處理實在問題，因解決之問題更生新問題，因問題之解決更要求多項的材料。這種精神在語言學和歷史學裏是必要的，也是充足的。本這精神，因行動擴充材料，因時代擴充工具，便是唯一的正當路徑。

宗旨第二條是擴張研究的材料

第三條是擴張研究的工具　這兩層的理由上文中已敍說，不再重復了。這三件實在是一句話，沒有客觀的處理史學或語言學的題目之精神，即所謂亭林百詩的遺訓者，是不感覺着擴充材料之必要，且正也擴充不了，若不擴張工具，也不能實現這精神，處置這材料。

關於我們宗旨的負面還有幾句話，要說。

(一)我們反對「國故」一個觀念。如果我們所去研究的材料多半是在中國的,這并不是由於我們專要研究「國」的東西,乃是因爲在中國的材料到我們的手中方便些,因爲我們前前後後對於這些材料或已經有了些研究,以後堆積上研究去方便些,好比在中國的地質或地理研究所所致力的,總多是些中國地質地理問題,在中國的生物研究所所致力的,總多是些中國生物問題,在中國的氣象研究所所致力的,總是些中國各地氣象觀察。世界上無論那一種歷史學或那一種語言學,要想做科學的研究,只得用同一的方法,所以這學問斷不以國別成邏輯的分別,不過是因地域的方便成分工。國故本來即是國粹,不過說來客氣一點兒,而所謂國學院也恐怕是一個改良的存古學堂。原來「國學」「中國學」等等名詞,說來都甚不祥,西洋人造了支那學「新諾邏輯」一個名詞,本是和埃及脫邏輯亞西里亞邏輯同等看的,難道我們自己也要如此看嗎?果然中國還有將來,爲什麼算學天文物理化學等等不都成了國學,爲什麼國學之下都僅僅是些言語歷史民俗等等題目?且這名詞還不通達,取所謂國學的大題目在語言學或歷史學的範圍中的而論,因爲求這些題目之解決與推進,如我們上文所叙的,擴充材料,擴充工具,勢必至於弄到不國了,或不故了,或且不國不故了。這層並不是名詞的爭執,實在是精神的差異之表顯。(二)我們反對疏通,我們只是要把材料整理好,則事實自然顯明了。一分材料出一分貨,十分材料出十分貨,沒有材料便不出貨。兩件事實之間,隔着一大段,把他們聯絡起來的一切涉想,自然有些也是多多少少可以容許的,但推論是危險的事,以假設可能爲當然是不誠信的事。所以我們存而不補,這是我們對於材料的態度;我們證而不疏,這是我們處置材料的手段。材料之內使他發見無遺,材料之外我們一點也不越過去說。果然我們同人中也有些在別處發揮歷史哲學或語言泛想,這些都僅可以當作私人的事,不是研究所的工作。(三)我們不做或者反對,所謂普及那一行中的工作。近百年中,拉丁文和希臘文在歐洲一般教育中之退步,和他們在學問上之進步,恰恰成正比例,我們希望在中國也是如此。現在中國希望製造一個新將來,取用材料自然最重要的是歐美的物質文明,即物質以外的東西也應該取精神於未衰敗的外國。歷史學和語言學之發達自然於教育上也有相當的關係,但這都不見得卽是什麼經國之大業不朽之盛事,只要有十幾個書院的學究肯把他們的一生消耗到這些不生利的事物上,也就足以點綴國家之崇尚學術了——這一行的學術。這個反正沒有一般的用處，自然用不着去引誘別人也好這個，如果一旦引了，不特有時免不了致人於無用，且愛好的主觀過於我們的人進來時，帶進了些烏煙瘴氣，又怎麼辦？

這個歷史語言研究所本是大學院院長蔡先生委託在廣州的三人籌備的，現在正計畫和接洽應舉的事，已有些條隨着人的所在小小動手，却還沒有把研究所的大體設定。稍過些時，北伐定功，破虜收京之後，這研究所的所在或者一部分在廣州一部分在北京，位置的方便供給我們許多工作進行的方便。我們最要注意的是求新材料，第一步想沿京漢路，安陽至易州，安陽殷墟以前盜出之物並非澈底發掘，易州邯鄲又是燕趙故都，這一帶又是衛邶故域。這些地方我們既頗知其富有，又容易達到的，現在已着手調查及布置，河南軍事少靜止，便結隊前去。第二步是洛陽一帶，將來一步一步的西去，到中央亞細亞各地，就脫了純中國材料之範圍了。爲這一些工作及隨時搜集之方便，我們想在洛陽或西安燉煌或吐魯蕃疏勒，設幾個工作站，「有志者事竟成」！因爲廣州的地理位置，我們將要設置的研究所要有一半在廣州，在廣州的四方是最富於語言學和人類學的材料的，漢語將來之大成全靠各種方言之研究，廣東省內及鄰省有很多種的方言，可以每種每種的細細研究，並製定表式，用語音學幫助，作比較的調查。至於人類學的材料，則漢族以外還有幾個小民族，漢族以內，有幾個不同的式和部居，這些最可寶貴的材料怕要漸漸以開化和交通的緣故而消滅，我們想趕緊着手採集。我們又希望數年以後能在廣州發達南洋學：南洋之富於地質生物的材料，是早已箸明的了。南洋之富於人類學材料，現在已漸漸爲人公認。南洋學應該是中國人的學問，因爲南洋在一切意義上是「漢廣」。總而言之，我們不是讀書的人，我們只是上窮碧落下黃泉，動手動脚找東西！

現因我們研究所之要求及同人之祈向，想次第在兩年以內設立下列各組；各組之旨趣及計畫，以後分別刊印。

一，文籍考訂；

二，史料徵集；

三，考古；

四，人類及民物；

五，比較藝術；

以上歷史範圍；

六，漢語；

七，西南語；

八，中央亞細亞語；

九，語言學：

以上語言範圍；

歷史學和語言學發展到現在，已經不容易由個人作孤立的研究了，他旣靠圖書館或學會供給他材料，靠團體爲他尋材料，並且須得在一個研究的環境中，才能大家互相補其所不能，互相引會，互相訂正，於是乎孤立的製作漸漸的難，漸漸的無意謂，集衆的工作漸漸的成一切工作的樣式了。這集衆的工作中有的不過是幾個人就一題目之合作，有的可就是有規模的系統研究。無論範圍大小，只要其中步步都是做研究工夫的，便不會流成「官書」的無聊。所有這些集衆工作的題目及附帶的計劃，後來隨時布白。希望社會上欣賞這些問題，並同情這樣工作的人多多加以助力！果然我們動手動脚得有結果，因而更改了「讀書就是學問」的風氣，雖然比不得自然科學上的貢獻較爲有益於民生國計，也或者可以免於妄自生事之譏誚罷？我們高呼：

一，把些傳統的或自造的「仁義禮智」和其他主觀，同歷史學和語言學混在一氣的人，絕對不是我們的同志！

二，要把歷史學語言學建設得和生物學地質學等同樣，乃是我們的同志！

三，我們要科學的東方學之正統在中國！

中央研究院歷史語言研究所籌備處

中華民國十七年五月　廣州

出自第一本第一分(一九二八年八月)

西遊記玄奘弟子故事之演變

陳寅恪

印度人爲最富於玄想之民族，世界之神話故事多起源於天竺，今日治民俗學者皆知之矣。自佛教流傳中土後，印度神話故事亦隨之輸入，觀近年發現之敦煌卷子中如維摩詰經文殊問疾品演義諸書，益知宋代說經與近世彈詞章回體小說等多出於一源，而佛教經典之體裁與後來小說文學蓋有直接關係，此爲昔日吾國之治文學史者所未嘗留意者也。

僧祐出三藏記集卷九賢愚經記云：

「河西沙門釋曇學威德等凡有八僧，結志遊方，遠尋經典，於于闐大寺遇般遮于瑟之會。般遮于瑟者漢言五年一切大衆集也，三藏諸學各弘法寶，說經講律，依業而教。學等八僧隨緣分聽，於是競習胡言，折以漢義。精思通譯，各書所聞，還至高昌，乃集爲一部。」

據此。則賢愚經者本當時曇學等八僧聽講之筆記也。今檢其內容，乃一雜集印度故事之書。以此推之，可知當日中央亞細亞說經例引故事以闡經義，此風蓋導源於天竺，後漸及於東方。故今大藏中法句譬喻經等之體製，實印度人解釋佛典之正宗，此土釋經著述如天台諸祖之書則已支那化，固與印度釋經之著作有異也。夫說經多引故事，而故事一經演講，不得不隨其說者聽者本身之程度及環境而生變易，故有原爲一故事，而歧爲二者，亦有原爲二故事，而混爲一者。又在同一事之中，亦可以甲人代乙人，或在同一人之身，亦可易丙事爲丁事。若能溯其本源，析其成分，則可以窺見時代之風氣，批評作者之技能，於治小說文學史者儻亦一助歟。

鳩摩羅什譯大莊嚴經論卷三第十五故事，難陀王說偈言：

「昔者頂生王。將從諸軍衆。并象馬七寶。悉到于天上。羅摩造草橋。得至楞伽城。吾今欲昇天。無有諸梯隥。次詣楞伽城。又復無津梁。」

案此所言乃二故事，一爲頂生王昇天因緣，一爲羅摩造草橋因緣。頂生王因緣見於康僧會譯六度集經卷四第四十故事，涅槃經聖行品，中阿含經卷十一王相應品四洲經，元魏吉迦夜曇曜共譯之付法藏因緣傳卷一，鳩摩羅什譯仁王般若波羅蜜經下卷，不空譯仁王護國般若波羅蜜經護國品，法矩譯頂生王故事經，曇無讖譯文陀竭王經，施護譯頂生王因緣經及賢愚經卷十三等，梵文 Divyāvadāna 第十七篇亦載之，蓋印度最流行故事之一也。　茲節錄賢愚經卷十三頂生王緣品第六十四之文如下：

「(頂生王)意中復念，欲生忉利，卽與羣衆蹈虛登上。　時有五百仙人住在須彌山腹，王之象馬屎尿落汙仙人身。　諸仙相問：何緣有此？　中有智者告衆人言：吾聞頂生欲上三十三天，必是象馬失此不淨。　仙人忿恨，便結神咒，令頂生王及其人衆悉住不轉。　王復知之，卽立誓願，若我有福，斯諸仙人悉皆當來，承供所爲。　王德弘博，能有感致，五百仙人盡到王邊，扶輪御馬，共至天上。　未至之頃，遙睹天城，名曰快見，其色皦白，高顯殊特。　此快見城有千二百門，諸天惶怖，悉閉諸門，著三重鐵門。　頂生王兵衆直趣不疑，王卽取貝吹之，張弓扣彈，千二百門一時皆開。　帝釋尋出，與共相見，因請入宮，與共分坐。　天帝人王貌類一種，其初見者不能分別，唯以眼眴遲疾知其異耳。　王於天上受五欲樂，盡三十六帝，末後帝釋是大迦葉。　時阿修羅王興軍上天，與帝釋鬬，帝釋不如。　頂生復出，吹貝扣弓，阿修羅王卽時崩墜。　頂生自念，我力如是，無有等者，今與帝釋共坐何爲，不如害之，獨霸爲快。　惡心已生，尋卽墮落，當本殿前，委頓欲死。　諸人來問：若後世人問頂生王云何命終，何以報之？　王對之曰：若有此問，便可答之，頂生王者由貪而死，統領四域，四十億歲，七日雨寶，及在二天，而無厭足，故致墜落。」

此鬧天宮之故事也。

又印度最著名之紀事詩羅摩延傳第六編工巧猿名 Nala 者造橋渡海，直抵楞伽，此猿猴故事也。

蓋此二故事本不相關涉，殆因講說大莊嚴經論時，此二故事適相連接，講說者有意或無意之間，併合鬧天宮故事與猿猴故事爲一，遂成猿猴鬧天宮故事。　其實印度猿猴之故事雖多，猿猴而鬧天宮則未之聞。　支那亦有猿猴故事，然以吾國昔時社會心理，君臣之倫，神獸之界，分別至嚴，若絕無依藉，恐未必能聯想及之。　此西遊記孫行者大鬧天宮故事之起原也。

又義淨譯根本說一切有部毘奈耶雜事卷三佛制苾芻髮不應長因緣略云：

「時具壽牛臥在憍閃毘國住水林山出光王園內豬坎窟中。後於異時，其出光王於春陽月，林木皆茂，鵝雁鴛鴦舍利孔雀諸鳥，在處哀鳴，遍諸林苑。出光王命掌園人曰：汝今可於水林山處，周遍芳園，皆可修治，除衆瓦礫。多安淨水，置守衞人，我欲暫住園中遊戲。彼人敬諾，一依王教。既修營已，還白王知。時彼王卽便將諸內宮以爲侍從，往詣芳園，遊戲既疲，偃臥而睡。時彼內人，性愛花果，於芳園裏隨處追求。時牛臥苾芻鬚髮皆長，上衣破碎，下裙垢惡，於一樹下跏趺而坐。宮人遙見，並各驚惶，唱言：有鬼！有鬼！苾芻卽往坎窟中，王聞聲已，卽便睡覺，拔劍走趁。問宮人曰：鬼在何處？答曰：走入豬坎窟中。時王聞已，行至窟所，執劍而問：汝是何物？答曰：大王！我是沙門。王曰：是何沙門！答曰，釋迦子。問曰：汝得阿羅漢果耶？答曰：不得。汝得不還，一來，預流果耶？答言不得。且置是事，汝得初定乃至四定？答並不得。王聞是已，轉更瞋怒，告大臣曰：此是凡人，犯我宮女，可將大蟻填滿窟中，蜇螫其身。時有舊住天神近窟邊者，聞斯語已，便作是念：此善沙門來依附我，實無所犯，少欲自居，非法惡王橫加傷害，今宜可作救濟緣。卽自變身爲一大豬，從窟走出。王見豬已，告大臣曰，可將馬來，并持弓箭。臣卽授與，其豬遂走，急出花園，王隨後逐。時彼苾芻急持衣鉢，疾行而去。」

西遊記豬八戒高家莊招親故事必非全出中國人臆撰，而印度又無豬豕招親之故事，觀此上述故事，則知居豬坎窟中，鬚髮蓬長，衣裙破垢，驚犯宮女者牛臥苾芻也，變爲大豬，從窟走出，代受傷害者，則窟邊舊住之天神也。牛臥苾芻雖非豬身，而居豬坎窟中，天神又變爲豬以代之，出光王因持弓乘馬以逐之，可知此故事中之出光王，卽以牛臥苾芻爲豬。此故事復經後來之講說，憍閃毘國之憍以音相同之故，變爲高。驚犯宮女以事相類之故，變爲招親。輾轉代易，賓主淆混，指牛臥爲豬精，尤覺可笑。然故事文學之演變，其意義往往由嚴正而趨於滑稽，由教訓而變爲譏諷，故觀其與前此原文之相異，卽知其爲後來作者之改良，此西遊記豬八戒高家莊招親故事之起原也。又慈恩法師傳卷一云：

「後度莫賀延磧長八百里，古曰沙河，上無飛鳥，下無走獸，復無水草。是時顧影，唯一心念觀音菩薩及般若經。初法師在蜀，見一病人身瘡臭穢，衣服破汚，愍將向寺，施與衣服飲食之直。病者慚愧，乃授法師此經，因常誦習。至沙河，逢諸惡鬼，奇狀異類，遶人前後。雖念觀音，不得全去，卽誦此經，發聲皆散。在危獲濟，實所憑焉。」

此傳所載，世人習知，（胡適教授西遊記考證亦引之）卽西遊記流沙河沙僧故事之起原也。

據此三者之起原，可以推得故事演變之公例焉。一曰：僅就一故事之內容而稍變易之，其事實成分殊簡單，其演變程序爲縱貫式。如原有玄奘度沙河逢諸惡鬼之舊說，略加傅會，遂成流沙河沙僧故事之例是也。二曰：雖僅就一故事之內容而變易之，而其事實成分不似前者之簡單，但其演變程序尙爲縱貫式。如牛臥苾芻之驚犯宮女，天神之化爲大豬，此二人二事雖互有關係，然其人其事固有分別，乃接合之，使爲一人一事，遂成豬八戒招親故事之例是也。三曰：有二故事，其內容本絕無關涉，以偶然之機會混合爲一，其事實成分因之而複雜，其演變程序則爲橫通式。如頂生王昇天爭帝釋之位，與工巧猿助羅摩造橋渡海，本爲各自分別之二故事，而混合爲一。遂成孫行者大鬧天宮故事之例是也。

又就故事中主人之構造成分言之，第三例之範圍不限於一故事，故其取用材料至廣。第二例之範圍雖限於一故事，但在一故事中之材料，其本屬於甲者，猶可取而附諸乙，故其取材尙不甚狹。第一例之範圍則甚小，其取材亦因而限制，此故事中原有之此人此事，雖稍加變易，仍演爲此人此事。今西遊記中玄奘弟子三人，其法寶神通各有階級。其高下之分別，乃其故事構成時取材範圍之廣狹所使然。觀於上述此三故事之起原，可以爲證也。

予講授佛教翻譯文學，以西遊記玄奘弟子三人其故事適各爲一類，可以闡發演變之公例，因攷其起原，并略究其流別，以求教於世之治民俗學者。

出自第二本第二分(一九三〇年八月)

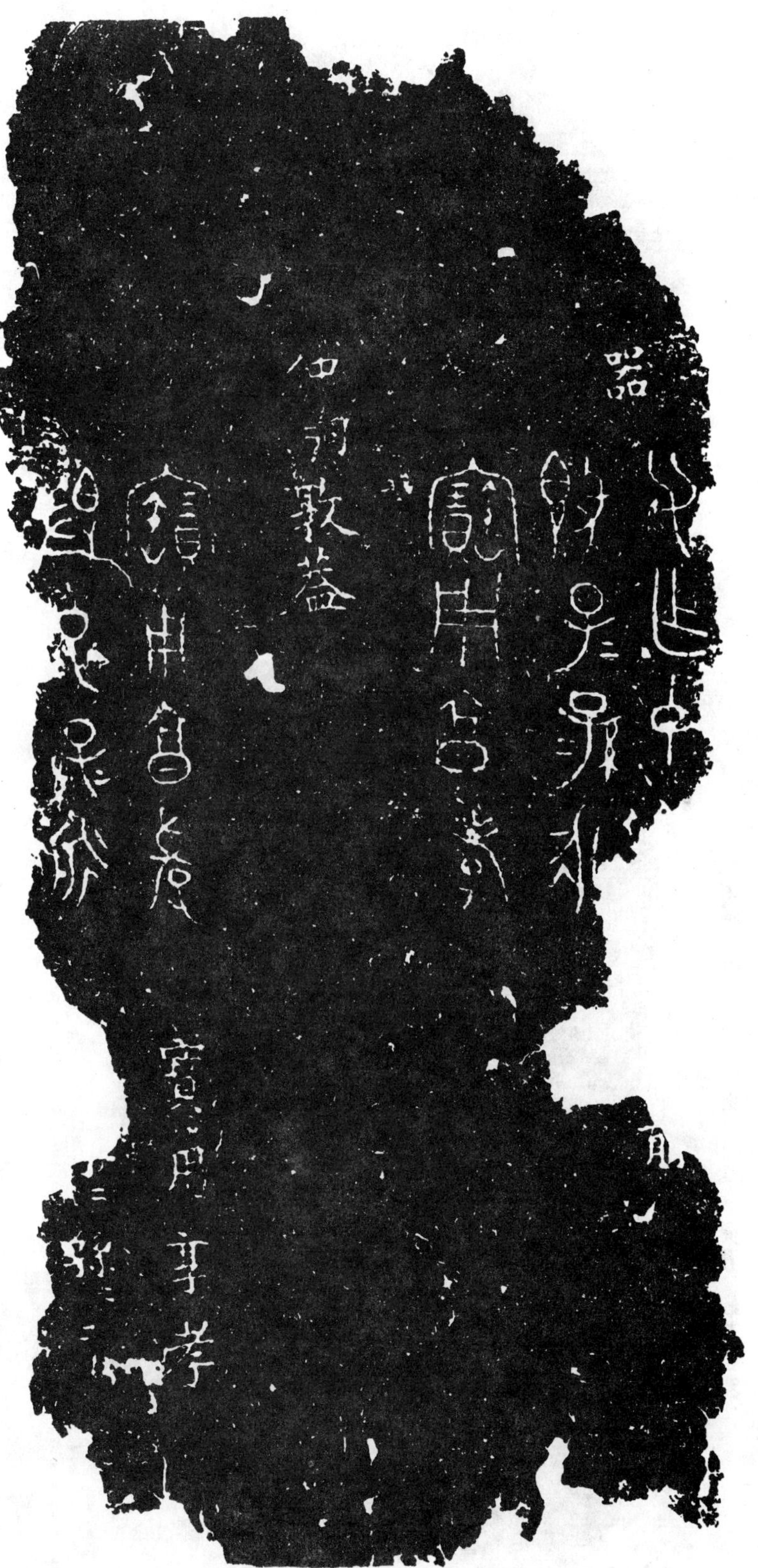

宋拓歷代鐘鼎彝器款識法帖殘葉一（原樣大在第十三卷中）

宋拓歷代鐘鼎彜器款識法帖殘葉二（原樣大在第十四卷中）

宋拓歷代鐘鼎彝器款識法帖殘葉三（原樣大在第十四卷中）

李唐氏族之推測

陳寅恪

目錄

(甲)引言

李唐氏族問題，近人頗有討論。寅恪講授清華，適課唐史。亦詮次舊籍，寫成短篇。其所徵引，不出習見之書。凡關係疏遠之證據，事實引申之議論，雖多可喜可觀者。以限於體裁，不能詳及。極知淺陋簡略，無當於著述之旨。然此文本意，僅在備講堂之遺忘，資同學之商榷。間有臆測之說，固未可信爲定論，尤不敢自矜有所創獲。儻承博洽君子不以爲不可教誨而教誨之，實所深幸焉！

(乙)李唐自稱西涼後裔之可疑

李唐自稱爲西涼李暠後裔。然詳檢載記，頗多反對之證據。玆擇其最强有力，及足以解人頤者，各一事，迻錄於下：

魏書卷十八廣陽王深傳（北史卷十六廣陽王深傳同。）論六鎮疏云：

昔皇始以移防爲重。盛簡親賢，擁麾作鎮。配以高門子弟，以死防遏。不但不廢仕宦，乃至偏得復除。當時人物忻慕爲之。及太和在曆，僕射李沖當官任事。涼州土人悉免厮役。豐沛舊門仍防邊戍。自非得罪當世，莫肯與之爲伍。征鎮驅使，但爲虞候白直。一生推遷，不過軍主。然其往世房分留居京者，得上品通官。在鎮者便爲清途所隔。或投彼有北，以禦魑魅。多復逃胡鄉。乃峻邊兵之格。鎮人浮遊在外，皆聽流兵捉之。於是少年不得從師，長者不得遊宦。獨爲匪人，言者流涕。

按，舊唐書卷一高祖本紀（新唐書卷一高祖本紀略同。）云：

重耳生熙，爲金門鎮將。領豪傑鎮武川。因家焉。

今依李沖世系（魏書卷三十七李寶傳卷五十三李沖傳北史卷一百序傳。）及唐室自稱之世系，（兩唐書卷一高祖本紀及新唐書卷七十上宗室世系表等。）綜合推計，列爲一表。以見其親族關係：

李暠─┬─歆─重耳─熙
　　　└─翻─寶─沖

據此，則重耳與寶爲共祖兄弟。熙與沖爲共曾祖兄弟。血統甚近。魏太和之世，沖宗族貴顯，一時無比。（新唐書卷九十五高儉傳云：「魏太和中定四海望族，以【隴西李】寶等爲冠。」）熙既與沖爲共曾祖兄弟。所生時代，前後相差，必不能甚遠。當太和之世，六鎮邊戍乃「莫肯與之爲伍」之人。李熙一族，留家武川。則非「涼州土人」，而爲「豐沛舊門」可知。是李沖即隴西李氏，不認之爲同宗，自無疑義。李唐自稱爲西涼後裔之反對證據中此其最强有力者也。

又唐釋彥悰唐護法沙門法琳別傳下載法琳對太宗之言曰：

竊以拓拔元魏，北代神君。達闍（即大野。）達系，陰山貴種。經云：以金易鍮石，以絹易縷褐。如捨寶女與婢交通，陛下即其人也。棄北代而認隴西，陛下即其事也。（此條女師大學術季刊第一卷第四期劉盼遂先生李唐爲蕃姓考所引較詳。可參閱。）

據此，可知唐初人固知其皇室氏族冒認隴西。此李唐自稱爲西涼後裔之別一反對證據，而又可以解人頤者也。

(丙)李唐疑是李初古拔之後裔

李唐世系之紀述，其見於新舊唐書卷一高祖本紀北史卷一百序傳晉書卷八十七涼武昭王傳林寶元和姓纂等書者，皆不及新唐書卷七十上宗室世系表所載之詳備。今即依據此表與其他史料比較討論之。表云：

歆字士業。西涼後主。八子。勗，紹，重耳，弘之，崇明，崇產，崇庸，崇祐。重耳字景順。以國亡奔宋。爲汝南太守。後魏克豫州。以地歸之。拜恒農太守。後爲宋將薛安都所陷。後魏安南將軍，豫州刺史。生獻祖宣皇帝熙。字孟良。後魏金門鎮將。生懿祖光皇帝。諱天賜。字德眞。三子。長曰起頭。長安侯。生達摩。後周羽林監太子洗馬，長安縣伯。次曰乞豆。次曰太祖。

此表所載必爲唐室自述其宗系之舊文。茲就其所紀李重耳李熙父子事實，分析其內容。除去其爲西涼後裔一事以外，尚有七事。條列於下：

(一)其氏爲李。

(二)父爲宋汝南太守。

(三)後魏克豫州。父以地歸之。

(四)父爲後魏恒農太守。

(五)父爲宋將薛安都所陷。

(六)父爲後魏安南將軍豫州刺史。

(七)子爲後魏金門鎮將。

考宋書卷五文帝紀云：

(元嘉)二十七年二月辛巳，索虜寇汝南諸郡。陳頓二郡太守鄭琨汝陽潁川二郡太守郭道隱委守走。索虜攻懸瓠城。行汝南郡事陳憲拒之。

又宋書卷七十二南平穆王鑠傳云：

索虜大帥拓跋燾南侵陳潁。遂圍汝南懸瓠城。行汝南太守陳憲保城自固。

又宋書七十七柳元景傳云：

【元嘉】二十七年八月，【隨王】誕遣振威將軍尹顯祖出貲谷，奮威將軍魯方平建武將軍薛安都略陽太守龐法起入盧氏。(中略。)閏【十】月法起安都方平諸軍入盧氏。（中略）法起諸軍進次方伯𡵓。去弘農城五里。（中略。）諸軍造攻具。進兵城下。僞弘農太守李初古拔嬰城自固。法起安都方平諸軍諜以陵城。（中略。）安都軍副譚金薛係孝率衆先登。生禽李初古拔父子二人。（中略。）殿中將軍鄧盛幢主劉駰亂使人入荒田，招宜陽人劉寬糾，率合義徒二千人。共攻金門隝。屠之。殺戍主李買得。古拔子也。爲虜永昌王長史。勇冠戎類。永昌聞其死。若失左右手。

又宋書卷九十五索虜傳云：

【元嘉】二十七年，燾自率步騎十萬寇汝南。（中略。）宜威將軍陳南頓太守鄭琨（文帝紀作琨。）綏遠將軍汝南潁川二郡太守郭道隱竝棄城奔走。虜掠抄淮西六郡。殺戮甚多。攻圍懸瓠城。城內戰士不滿千人。先是汝南新蔡二郡太守徐遵之去郡。南平王鑠時鎮壽陽。遣左軍行參軍陳憲行郡事。憲嬰城固守。（中略。）燾遣從弟永昌王庫仁眞步騎萬餘，將所略六郡口，北屯汝陽。（中略。）太祖嘉憲固守。詔曰：右軍行汝南新蔡二郡軍事陳憲盡力捍衛，全城摧寇。忠敢之效，宜加顯擢。可龍驤將軍，汝南新蔡二郡太守！

又魏書卷六十一薛安都傳云：

後自盧氏入寇弘農。執太守李拔等。遂逼陝城。時秦州刺史杜道生討安都。仍執拔等南遁。及世祖臨江。拔乃得還。

據上引史實，則父稱李初古拔，子稱李買圭。名雖類胡名。姓則爲漢姓。但其氏爲李，則不待言。是與第一條適合。李初古拔爲後魏弘農太守。弘農即恒農。以避諱改字。是與第四條適合。李初古拔爲宋將薛安都所禽。是與第五條適合。宋書柳元景傳言：「生禽李初古拔父子」。魏書薛安都傳言：「安都禽李拔等。仍執拔等南遁。世祖臨江。拔乃得還。」則李初古拔必不止一子。或買圭死難以弟代領其職。或唐書高祖紀稱李熙領豪傑鎮武川，因而留居之記載，經後人修改。今不能懸決。但李熙爲金門鎮將。李買圭亦爲金門隝戍主。地理專名，如是巧同。亦可謂與第七條適合。至第二條李重耳爲宋汝南太守一事，徵諸上引史實，絕不可能。蓋旣言爲宋將薛安都所陷，其時必在元嘉二十七年。當時前後宋之汝南太守，其姓名皆可考知。郭道隱則棄城走。徐遵之則去郡。陳憲則先行郡事。後以功擢補實官。故依據時日先後，排比推計。實無李重耳可爲宋汝南太守之餘地。據宋書柳元景傳言「李買主爲永昌王長史。永昌聞其死。若失左右手。」則李氏父子與永昌王關係密切可知。宋書索虜傳又言「永昌王北屯汝陽。」考資治通鑑繫永昌王屯汝陽事於元嘉二十七年三月。繫李初古拔被禽事於元嘉二十七年閏十月。而汝陽縣本屬汝南郡，後分爲汝陽郡者。故以時日先後，地域接近，及人事之關係論，李初古拔殆於未被禽以前，曾隨永昌王屯兵豫州之境。故因有汝南太守之授。然則此汝南太守非宋之汝南太守。乃魏之汝南太守也。第六條之安南將軍，豫州刺史，當即與第二條，汝南太守有關之職銜。第三條所謂後魏克豫州，以其地歸之者，亦與第二條爲宋汝南太守相關。同與上引史文衝突。實爲不可能之事。無待詳辯。魏書薛安都傳言「安都執李拔等南遁。及世祖臨江。拔乃得還。」是李初古拔原有由北遁南，復由南歸北一段因緣。李唐自述先世故實，或因此加以修改傅會。幸賴其與他種記載矛盾。留此罅隙。千載而後，遂得以發其覆耳。

又魏書薛安都傳之李拔即宋書柳元景傳李初古拔之省稱。梁書卷五十六侯景傳景祖名周。南史卷八十侯景傳作羽乙周。與此同例。蓋邊荒雜類，其名字每多繁複。殊異乎華夏之雅稱。後人於屬文時因施删略。昔侯景稱帝，七世廟諱，父祖之外，皆王偉追造。（事見梁書南史侯景傳。）天下後世傳爲笑談。豈知李唐自述先世之名字亦與此相類乎？夫侯漢李唐俱出自六鎮。（侯氏懷朔鎮人。李氏武川鎮人。）雖其後榮辱懸絕，不可並言。但祖宗名字皆經改造，則正復相同。考史者應具有通識，不可局於成敗之見，以論事論人也。

總而言之。前所列七條，第一，第四，第五，第七，四條中，李重耳父子事實，皆與李初古拔父子事實適合。第六條乃第二條之附屬。無獨立性質。可不別論。第二條第三條實爲互相關聯之一條。第五條既言「爲宋將薛安都所陷。」則元嘉二十七年南北交兵之際，李氏父子必屬於北，而不屬於南。否則何能爲宋將所禽？故易劉宋爲後魏，則第二條第三條之事實，不獨不與其他諸條事實相反，而且適與之相成。况此其他諸條中涵有「元嘉二十七年」一定之時日，「李氏」「薛安都」之人名專名，「弘農」「金門」之地域專名，而竟能兩相符應。天地間似無如此偶然巧值之事。故疑李唐爲李初古拔之後裔，或不至甚穿鑿武斷也。

(丁)李唐先世與大野部之關係

李唐先世與大野部之關係，以今日史料之缺乏，甚不易知。姑就其可以間接推測者言之：

李虎曾賜姓大野氏，或疑所謂賜姓者，實即復姓之意。(見女師大學術季刊第二卷第二期王桐齡先生楊隋李唐先世系統考第四頁)。寅恪請舉一事，以明其不然。隋書卷五十五(北史卷七十三)。周搖傳云：

> 其先與魏同源。初爲普乃氏。及居洛陽，改爲周氏。(中畧)。周閔帝受禪，賜姓車非氏。

據此，若賜姓果即復姓，則周搖應賜姓普乃氏，而非車非氏矣。故知賜姓即復姓之說非也。然則李虎何以賜姓大野氏？李氏與大野氏之關係究何如乎？今考李虎之外，李氏而有賜姓者，如李弼之賜姓徒何氏。(周書卷十五北史卷六十李弼傳)。李穆則賜姓㩲拔氏。(北史卷五十九李賢傳。又見容齋三筆卷三元魏改功臣姓氏條。洪氏謂『(宇文)泰方以時俗文敝，命蘇綽倣周書作大誥。又悉改官名，復周六卿之制。顧乃如是。殆不可曉。』是亦不解賜姓爲興滅國繼絕世之大典。正所以摹倣成周封建制度之意者也。)是同一李氏，而賜以不同之姓矣。又曾賜姓大野氏者，李虎以外，尚有閻慶(見周書卷二十北史卷六十一閻慶傳新唐書卷七十三下宰相世系表通志卷二十九氏族畧五鄧名世古今姓氏書辯證卷三十一等。又鄭氏鄧氏書皆言：「後魏龍驤將軍謝懿賜姓大野氏。」王氏金石粹編卷二十七載魏孝文弔比干文碑陰題名有「龍驤將軍臣河南郡大野懿(?)」。錢氏潛研堂金石文跋尾卷二作「大野口。」寅恪見繆氏藝風堂所藏拓本，亦不清晰。以字形推之，及證以龍驤將軍官名，當是「懿」字。即此謝懿也。然魏孝文乃改代姓爲漢姓者。豈有轉賜漢姓之人以代姓之理？頗疑實大野氏改爲謝氏。以野謝音近之故。魏書官氏志中此例甚多。後人誤於西魏末年賜姓之事。因謂謝懿賜姓大野氏矣。待考。)是不同漢姓之人，亦賜以同一之大野氏矣。其間關係複雜糾紛，殊不易簡單說明。考魏書卷一序傳(北史卷一魏本紀略同。)云：

> 積六十七世至成皇帝。諱毛立。聰明武略，遠近所推。統國三十六，大姓九十九。

又魏書卷一百十三官氏志云：

初，安帝統國諸部有九十九姓。至獻帝時，七分國人。使諸兄弟各攝領之。

又周書卷十七北史卷六十五若干惠傳云：

若干惠字保惠。代郡武川人也。其先與魏氏同起。以國爲姓。

據此則代北之姓，代表其國名。所謂國者，質言之，即部落也。周書卷二文帝紀下西魏恭帝元年紀賜姓事。其文云：

魏初統國三十六，大姓九十九。後滅絕。至是以諸將功高者爲三十六國後。次功者爲九十九姓後。所統軍人，亦改從其姓。

宇文黑獺銳意復古。信用蘇綽盧辯之流，摹擬成周封建之制。賜姓功臣之舉，乃其所謂興滅國繼絕世之盛典也。資治通鑑載此事於卷一百六十五梁紀元帝承聖三年正月。而删去「爲三十六國後」及「爲九十九姓後」之文。使賜姓大典之原意不能明顯。遂啟後人諸種臆測之說。今依「爲後」之文解釋，則賜李虎以大野氏者，其意即以李虎爲大野氏之後。又依「所統軍人亦改從其姓」之文解釋。則其意部主與部屬必應同一姓氏。當時旣以大野之姓賜與李虎，則李虎先世或爲大野部之部曲亦未可知。若李虎果爲李初古拔之後裔。則南朝元嘉北朝太平眞君之時已姓李氏。似本漢人。譬諸後來清室之制，遼東漢人包衣有以外戚擡旗故，而升爲滿洲本旗，並改爲滿姓之例。李虎之賜姓大野氏，或亦與之有相似者歟？李唐先世與大野部之關係所能推測者，僅止於此。實非決定之結論也。

（戊）李重耳南奔之說似後人所僞造

前於（丙）章已言當元嘉二十七年南北交兵之際，李重耳無爲宋汝南太守之可能。假使果有其事，而其爲李唐先世與否，又爲一問題。尙須別論。寅恪則並疑凡李重耳南奔之事載在唐修晉書涼武昭王傳北史序傳兩唐書高祖紀新唐書宗室世系表等者，皆依據唐室自述宗系之言。原非眞實史蹟。乃由後人修改傅會李初古拔被擒入宋後復歸魏之事而成。兼以李重耳之奔宋與李寶之歸魏互相對映也。何以知其然？因世說新語言語篇云：

張天錫爲涼州刺史。稱制西隅。旣爲符堅所禽。用爲侍中。後於壽陽俱敗。

至都。爲孝武所器。每入言論。無不竟日。

又晉書卷八十六張軌傳載張天錫歸晉後事云：

又詔曰：故太尉西平公張軌著德遐域，拔迹登朝。先祀淪替，用增矜慨。可復天錫西平郡公爵！俄拜光祿大夫。天錫少有文才。流譽遠近。及歸朝。甚被寵遇。

又僧祐出三藏記集卷十四沮渠安陽侯傳（慧皎高僧傳卷二曇無讖傳略同）。云：

沮渠安陽侯者，河西王蒙遜之從弟也。魏虜托拔燾伐涼州。安陽宗國殄滅。遂南奔於宋。從容法侶。宣通經典。是以京邑白黑咸敬而嘉焉。

夫前西二涼，俱系出漢族。遙奉江東。沮渠雖爲戎類。而宰制西隅，事侔張李。故國亡之後，其宗胤南奔者，咸見欽崇。即使李重耳聲望不及張公純嘏。學行不及沮渠京聲。然旣已致位郡守，禦敵邊疆。而南朝當日公私記載，一字無徵。揆諸情事。寧有斯理？故舉張氏沮渠同類之例，以相比喩。足知李重耳南奔之說實出後人所僞造。魏書卷九十九私署涼王李暠傳本不載重耳南奔事。湯球十六國春秋輯補所錄重耳南奔事，亦取之唐修晉書。而不知其不可信也。（湯氏書叙例云：「此書於【十六國春秋】纂錄所删節處，以晉書張軌李暠等傳及劉淵諸載記補足。」寅恪案，今十六國春秋纂錄卷六西涼錄無重耳南奔事。故湯氏從唐修晉書李暠傳補足之。至若僞本十六國春秋之載重耳南奔事，必錄自唐修晉書。更無足論矣。）

(己)唐太宗重修晉書及勅撰氏族志之推論

李唐先世疑出邊荒雜類，必非華夏世家。已於前(丙)(丁)二章言之矣。知此，而後李唐一代三百年，其政治社會制度風氣變遷興革所以然之故，始可得而推論。以其範圍非本篇所及。玆僅就太宗重修晉書及勅撰氏族志二事，簡略言之：

唐以前諸家晉書，可稱美備。而太宗復重修之者，其故安在？昔漢世古文經學者於左氏春秋中竄入漢承堯後之文，（見左傳魯文公十三年孔氏正義及後漢書卷六十六賈逵傳。）唐代重修晉書特取張軌爲同類陪賓，不以前涼西涼列於載記。而於卷八十七　涼武昭王傳中亦竄入

士業子重耳脫身奔於江左。仕於宋。歸魏爲恒農太守

一節，皆藉此以欺天下後世。夫劉漢經師，李唐帝室，人殊代隔，迥不相關。而其擇術用心，遙遙符應，有如是者，豈不異哉！李延壽於北史卷一百序傳中，雖亦載李重耳奔宋歸魏之事，然於南史卷三十八柳元景傳卷四十薛安都傳北史卷三十九薛安都傳關於宋書魏書所載李初古拔父子事，皆删棄不錄。或者唐初史家猶能灼知皇室先世眞實淵源。因有所忌諱，不敢直書耶？其有與重修晉書相似者，則爲勅撰氏族志一事。蓋重修晉書所以尊揚皇室，證明先世之淵源。勅撰氏族志，則雖言以此矯正當時之弊俗。實則專爲摧抑中原甲姓之工具。故此二事皆同一用心。誠可謂具有一貫之政策者也。新唐書卷九十五高儉傳（參觀舊唐書卷六十五高士廉傳，唐會要卷三十六氏族門，卷八十三嫁娶門，貞觀政要卷七論禮樂篇貞觀六年太宗謂房玄齡條，資治通鑑卷一百九十五貞觀十二年條。）云：

初太宗嘗以山東士人尙閥閱。後雖衰。子孫猶負世望。嫁娶必多取貲。故人謂之賣婚。由是詔士廉與韋挺岑文本令狐德棻責天下譜諜。參考史傳。檢正眞僞。進忠賢。退悖惡。先宗室。後外戚。退新門。進舊望。右膏梁。左寒畯。合二百九十三姓千六百五十一家爲九等。號曰氏族志。而崔幹仍居第一。帝曰：我於崔盧李鄭無嫌。顧其世衰。不復冠冕。猶恃舊地以取貲。不肖子偃然自高。販鬻松檟。不解人間何爲貴之？齊據河北。梁陳在江南。雖有人物。偏方下國，無可貴者。故以崔盧王謝爲重。今謀士勞臣，以忠孝學藝從我定天下者，何容納貨舊門，向聲背實，買昏爲榮耶？（中略。）朕以今日冠冕爲等級高下。遂以崔幹爲第三姓。班其書天下。高宗時許敬宗以不叙武后世。又李義府恥其家無名。更以孔志約楊仁卿史玄道呂才等十二人刋定之。裁廣類例。合二百三十五姓，二千二百八十七家。帝自叙所以然。以四后姓，酅公介公及三公太子三師開府儀同三司尙書僕射爲第一姓。文武二品及知政事三品爲第二姓。各以品位高下叙之。凡九等。取身及昆弟子孫。餘屬不入。改爲姓氏錄。當時軍功入五品者皆升譜限。搢紳耻焉。目爲「勳格」。義府悉索氏族志燒之。又詔後魏隴西李寶太原王瓊滎陽鄭溫范陽盧子遷盧渾盧輔清河崔宗伯崔元孫前燕博陵崔懿晉趙郡李楷，凡七姓十家，不得自相昏。三品以上納幣不得過三百匹。四品五品二百。六品七品百。悉爲歸裝夫氏。禁受陪門財。先是魏太和中定四海望族。以寶等爲冠。其後矜尙門地。故氏族志一切降之。王妃主壻皆取當世勳貴名家。未嘗尙山東舊族。後房玄齡魏徵李勣復與昏。故望不減。然每姓第其房望。雖一姓中,高下懸隔。李義府爲子求婚,不得。始奏禁焉。其後天下衰宗落譜昭穆所不齒者,皆稱禁昏家。益自貴。凡男女皆潛相聘娶。天子不能禁。世以爲敝云。

又舊唐書卷七十八張行成傳(新唐書卷一百四張行成傳資治通鑑卷一百九十二唐紀貞觀元年條同。)云:

太宗嘗言及山東關中人。意有同異。行成正侍宴。跪而奏曰:臣聞天子以四海爲家。不當以東西爲限。若是,則示人以益陿。

觀此,可知對於中原甲姓,壓抑摧毀,其事創始於太宗。而高宗繼述之。(詳見舊唐書卷八十二新唐書卷二百二十三李義府傳,太平廣記卷一百八十四氏族類七姓條等。)遂成李唐帝室傳統之政略。魏晉以來門第之政治社會制度風氣,以是而漸次頽壞毀滅。實古今世局轉移昇降樞機之所在。其事之影響於當時及後世者至深且久。茲考李唐氏族所出。因略推論其因果關係,附於篇末。以爲治唐史者之一助。至其他演繹之說多軼出本文範圍之外。故不旁及焉。

出自第三本第一分(一九三一年八月)

天師道與濱海地域之關係

陳寅恪

目　錄

(一)引　言

東晉孫恩之亂與濱海地域之關係，舊史紀之已詳，且爲世人所習知者也。　若通計先後三百餘年間之史實，自後漢順帝之時，迄於北魏太武劉宋文帝之世，凡天師道與政治社會有關者，如漢末黃巾米賊之起原，西晉趙王倫之廢立，東晉孫恩之作亂，北魏太武之崇道，劉宋二凶之弒逆，以及東西晉南北朝人士所以奉道之故等，悉用濱海地域一貫之觀念以爲解釋者，則尙未之見。　故不自量，鉤索綜合，成此短篇。　或能補前人之所未逮，而爲讀國史者別進一新解歟？

(二)黃巾米賊之起原

自戰國騶衍傳大九州之說，至秦始皇漢武帝時方士迂怪之論，據太史公書所載，（始皇本紀封禪書孟子荀卿列傳等。）　皆出於燕齊之域。　蓋濱海之地應早有海上交通，受外來之影響。　以其不易證明，姑置不論。　但神仙學說之起原及其道術之傳授，必與此濱海地域有連，則無可疑者。 故漢末黃巾之亂亦不能與此區域無關繫。後漢書卷六十下襄楷傳云：

襄楷字公矩，平原隰陰人也。 好學博古，善天文陰陽之術。 延熹九年楷自家詣闕上疏曰：「臣前上瑯琊宮崇受于吉神書，不合明聽。」 復上疏曰：「前者宮崇所上獻神書專以奉天地順五行爲本。 亦有興國廣嗣之術。 其文易曉。 而順帝不行。 故國胤不興。」 初順帝時瑯琊(瑯琊當今地詳見於下第七章。) 宮崇詣闕上其師于吉於曲陽泉水上所得神書百七十卷。 皆縹白素朱介青首朱目。 號太平清領書。 其言以陰陽五行爲家。 而多巫覡雜語。 有司奏崇所上妖妄不經，乃收臧之。 後張角頗有其書焉。

章懷太子注以地名有三曲陽。 而定此曲陽爲東海之曲陽。 其說云：

海州有曲陽城。 北有羽潭水。 而于吉宮崇竝瑯邪人。 蓋東海曲陽(在今江蘇省東海縣西南。) 是也。 (凡篇中古代郡邑之名其約略相當現今何地，悉附注於本文之下，以便參考。 但以在海濱地域，而又與本篇主旨之說明有關者爲限。)

三國志吳書卷一孫策傳注引江表傳云：

時有道士瑯邪于吉先寓居東方，往來吳會，立精舍，燒香，讀道書，制作符水，以病治。 吳會人多事之。 策嘗於郡城門樓上集會諸將賓客。 吉趨度門下。 諸將賓客三分之二下樓迎拜之。 掌賓者呵禁不能止。

案，江表傳所言所時代不合，雖未可盡信。 而天師道起自東方，傳于吳會，似爲史實，亦不盡誣妄。 是于吉宮崇皆海濱區域之人。 而張角之道術亦傳自海濱，顯與之有關也。

又據三國志魏書卷八張魯傳及後漢書卷六十五劉焉傳等，張道陵順帝時始居蜀。 本爲沛國豐(今江蘇省豐縣。) 人。 其生與宮崇同時。 (宋濂翰苑別集卷六漢天師世家敍云：「道陵建武十年生于吳之天目山。」 殊不足信。 故不依以爲說。) 豐沛又距東海不遠。 其道術淵源來自東，而不自西，亦可想見。 此後漢之黃巾米賊之起原有關於海濱區域者也。

(三)趙王倫之廢立

西晉八王之亂，其中心人物爲趙王倫。 趙王倫之謀主爲孫秀。 大將爲張林。 林秀二人晉書皆無專傳。 其事蹟悉見於晉書卷五十九趙王倫傳中。 以予考之，秀固確爲天師道之信徒。 林亦疑與之同教者也。 三國志魏書卷八張燕傳裴注引陸機晉惠帝起居注曰：

門下通事令史張林飛燕之曾孫。 林與趙王倫爲亂。 未及周年，位至尚書令衞將軍，封郡公。 尋爲倫所殺。

據此，張林爲黃巾同類黑山之苗裔。 其家世傳統信仰當與黃巾相近。 晉書卷一百孫恩傳云：

孫恩字靈秀，琅邪人。 孫秀之族也。 世奉五斗米道。

以「世奉五斗米道。」 之語推之，秀自當與恩同奉一教。 匪獨孫秀張林爲五斗米道中人。 即趙王倫亦奉天師道者。 茲逐寫晉書本傳及其他史料中有關事實，略附以說明。

晉書卷五十九趙王倫傳云：

趙王倫宣帝第九子也。 武帝受禪，封琅邪郡王。 及之國，行東中郎將宣威將軍。咸寧中改封於趙。

世說新語賢媛篇注引傅暢晉諸公贊曰：

孫秀字俊忠琅邪人。 初趙王倫封琅邪。 秀給爲近吏小職。 倫數委作書疏。 文才稱倫意。 倫封趙。 秀徙戶爲趙人。 用爲侍郎。 信任之。

又仇隟篇注引王隱晉書曰：

岳父文德爲琅邪太守。 （晉書卷五十五潘岳傳云：「父芘爲琅邪內史。」 孫秀爲小吏給使。 岳數蹴蹋秀。 而不以人遇之也。

案，琅邪爲于吉宮崇之本土。 實天師道之發源地。 倫始封琅邪。 而又曾之國。 則感受環境風習之傳染，自不足異。 孫秀爲琅邪土著。 其信奉天師道由於地域關係，更不待言。

又晉書趙王倫傳云：

倫秀並惑巫鬼。聽妖邪之說。秀使牙門趙奉詐爲宣帝神語，命倫早入西宮。又言宣帝於北芒爲趙王佐助。於是別立宣帝廟於北芒山。謂逆謀可成。

又云：

使楊珍晝夜詣宣帝別廟祈請。輒言宣帝謝陛下。（指趙王倫。）某日當破賊。拜道士胡沃爲太平將軍，以招福佑。秀家日爲淫祀，作厭勝之文。使巫祝選擇戰日。又令近親於嵩山著羽衣，詐稱仙人王喬。作神仙書，述倫祚長，以惑衆。

案，陶弘景眞誥卷十六闡幽微第二謂晉宣帝爲西明公賓友。則在天師道諸鬼官中位置頗高。其所以立別廟於北芒山者，殆以鬼道儀軌祀之，不同於太廟祖宗之常祭也。三國志吳書卷一孫堅傳云：「中平元年黃巾賊帥張角起於魏郡，自稱黃天泰平。」魏書卷八張魯傳注引典略言：「張角（後漢書卷六十五劉焉傳注引典略作張脩。）爲太平道。」而宮崇所上于吉神書又名「太平淸領書。」今倫拜道士爲將軍，以太平爲稱號。戰陣則乞靈於巫鬼。其行事如此，非天師道之信徒而何？

又云：

許超士猗孫會等旣並還。乃與秀謀。或欲收餘卒出戰。或欲焚燒宮室，誅殺不附己者，挾倫南就孫旂孟觀等。或欲乘船東走入海。

考晉書卷一百孫恩傳云：

諸賊皆燒倉廩邑屋。刊木堙井。虜掠財貨。相率聚于會稽。其婦女有嬰累不能去者，囊簏盛嬰兒投於水。而告之曰：賀汝先登仙堂。我尋後就汝。

又云：

劉裕與劉敬宣幷軍躡之於郁洲。恩遂遠迸海中。及桓玄用事，恩復寇臨海。太守辛景討破之。恩窮蹙乃赴海自沉。妖黨及妓妾謂之「水仙。」投水從死者百餘。晉書卷八十四劉牢之傳云：

恩浮海奄至京口。戰士十萬，樓船千餘。聞牢之已還京口。乃走郁洲。

夫郁洲爲孫恩棲泊之所。抱朴子內篇卷四金丹篇云：

海中大島嶼若徐州之鬱洲（卽郁洲。在今江蘇省灌雲縣東北。昔爲島嶼。今巳與大陸連接。）等，皆可以精思合作仙藥者。

又水經注卷三十淮水篇云：

東北海中有大洲謂之郁洲。山海經所謂郁山在海中者也。言是山自蒼梧徙此云。山上猶有南方草木。今郁州治。故崔季珪之叙述初賦言：「郁州者故蒼梧之山也。心悅而怪之。聞其上有僊士室也，乃往觀焉。見一道人獨處休休然。不談不對。顧非己及也。

據此，可知郁洲之地爲神仙居處。而適與于吉宮崇之神書所出處至近。孫恩盧循武力以水師爲主。所率徒黨必習於舟檝之海畔居民。其以投水爲登「仙堂，」自沉爲成「水仙，」皆海濱宗教之特徵。孫秀之「欲乘船東走海入海，」即後來其族孫敗則入海，返其舊巢之慣技。若明乎此，則知孫盧之所以爲海嶼妖賊者，蓋有環境之薰習，家世之遺傳，决非一朝一夕偶然遭際所致。自來讀史者惜俱不知綜貫會通而言之也。

(四)孫恩之亂

晉代天師道之傳播於世胄高門，本爲隱伏之勢力。若漸染及於皇族，則政治上立即發生鉅變。西晉趙王倫之廢惠帝而自立，是其一例。前已證明。東晉孫恩之亂其主因亦由於皇室中心人物早成天師敎之信徒。玆略舉數證，幷附以說明。

晉書卷三十二孝武文李太后傳云：

始簡文帝爲會稽王，有三子，俱夭。自道生廢黜，獻王早世。其後諸姬絕孕將十年。帝令卜者扈謙筮之。曰：後房中有一女，當育二貴男。其一終盛晉室。時徐貴人生新安公主。以德美見寵。帝常冀之有娠。而彌年無子。會有道士許邁者。朝臣時望多稱其得道。帝從容問焉。答曰：當從扈謙之言，以存廣接之道。帝然之。更加採納。又數年無子。乃令善相者召諸愛妾而示之。皆云：非其人。又悉以諸婢媵示焉。時后爲宮人。在織坊中。形長而色黑。宮人皆謂之崑崙。旣至。相者驚云：此其人也。帝以大計召之侍寢。遂生孝武帝及會稽文孝王及鄱陽長公主。

眞誥卷八甄命授第四（涵芬樓重印道藏本）云：

我按九合內志文曰：竹者爲北機上精，受氣於玄軒之宿也。所以圓虛內鮮，重陰含素。亦皆植根敷實，結繁衆多矣。公(寅恪案，後注云「凡云公者，皆簡文帝爲相王時也。」)試可種竹於內北宇之外，使美者遊其下焉。爾乃天感機神。大致繼嗣。孕既保全。誕亦壽考。微著之興，常守利貞。此玄人之祕規。行之者甚驗。

六月二十三日中候夫人告公。孝武壬戌生。此應是辛酉年。

靈草廕玄方。仰感旋曜精。洗洗(詵詵)繁茂萌。重德必克昌。

紫薇夫人作。

福和者當有二子。盛德命世。福和似是李夫人賤時小名也。今晉書名俊容。二子卽孝武並弟道子也。寅恪案，俊容晉書孝武文李太后傳作陵容當據此改正。

同夜中候告

右三條楊書。又橡寫。

又太平御覽卷六百六十六引太平經曰：

濮陽者不知何許人。事道專心。祈請皆驗。簡文帝廢世子無嗣時。使人祈請於陽。於是中夜有黃氣起自西南，遙墮室。爾時李皇后懷孝武。(劉敬叔異苑卷四亦載此事。)

據簡文帝求嗣事。可知孝武帝及會稽王道子皆長育於天師道環境中。簡文帝字道萬。其子又名道生道子。俱足證其與天師道之關係。六朝人最重家諱。而「之」「道」等字則在不避之列。所以然之故雖不能詳知。要是與宗教信仰有關。王鳴盛因齊梁世系「道」「之」等字之名，而疑梁書南史所載梁室世系倒誤。(見十七史商榷五十五蕭氏世系條。)殊不知此類代表宗教信仰之字，父子兄弟皆可取以命名，而不能據以定世次也。(參考燕京學報第四期陳垣史諱舉例第五十三南北朝父子不嫌同名例條。)

又鍾嶸詩品上宋臨川太守謝靈運條云：

錢唐杜明師夜夢東南有人來入其館。是夕卽靈運生於會稽。旬日而謝玄亡。其家以子孫難得。送靈運於杜治養之。十五方還都。故名客兒。原注。治音稚。奉道之家靖室也。

按，仲偉所記此條，不獨可以解釋康樂所以名客兒之故，兼可以說明所以以〔靈〕字爲名之故。錢唐杜氏爲天師道世家。（見後第七章。）康樂寄養其靖室以求護佑。宜其即從其信仰以命名也。

又孝武帝名曜字昌明，其名字皆見於紫薇夫人詩中。此詩爲後來附會追作，或竟實有此詩，簡文即取其中之語以名其子，皆可不必深論。但可注意者，天師道對於竹之爲物，極稱賞其功用。琅邪王氏世奉天師道。故世傳王子猷之好竹如是之甚。（見世說新語簡傲篇御覽三百八十九引語林及晉書卷八十王徽之傳等。）疑不僅高人逸致。或亦與宗教信仰有關。姑附識於此。以質博雅君子。

晉書卷一百孫恩傳云：

恩叔父泰。字敬遠。師事錢唐（見下第七章。）杜子恭。而子恭有祕術。子恭死。泰傳其術。然浮狡有小才誑誘百姓。愚者敬之如神。皆竭財產，進子女，以求福慶。王珣言於會稽王道子。流之於廣州。廣州刺史王懷之以泰行鬱林太守。南越以外皆歸之。太子少傅王雅先與泰善。言於孝武帝。以泰知養性之方。因召還。道子以爲徐州主簿。猶以道術眩惑士庶。稍遷輔國將軍新安太守。會稽世子元顯亦謟泰求其祕術。泰見天下兵起。以爲晉祚將終。乃扇動百姓。私集徒衆。三吳士庶多從之。于時朝士皆懼泰爲亂。以其與元顯交厚。咸莫敢言。

晉書卷八十四王恭傳云：

淮陵內史虞珧妻裴氏有服食之術。常衣黃衣。狀如天師。〔會稽王〕道子甚悅之。令與賓客談論。時人皆爲降節。恭抗言曰：未聞宰相之坐有失行婦人。坐賓莫不反側。道子甚愧之。

寅恪案，道子雖從王珣之言，暫流孫泰於廣州。但後仍召還任用。且喜裴氏服食之術。是終與天師道術有關。然則孝武帝會稽王道子及會稽世子元顯等東晉當日皇室之中心人物皆爲天師道浸淫傳染。宜其有孫盧之亂也。

至盧循之家世及姻黨尙有可注意者。三國志魏書卷二十二盧毓傳注引盧諶別傳云：

永和六年卒於胡中。子孫過江。妖賊帥盧循，諶之曾孫。

晉書卷一百盧循傳云：

司空從事中郎諶之曾孫。娶孫恩妹。及恩作亂。與之通謀。

案，盧諶爲范陽涿人。似與濱海地域無關。然晉書卷四十四其伯祖盧欽傳云。

累遷琅邪太守。

同卷附盧諶傳云：

〔劉〕琨妻卽諶之從母。旣加親愛。又重其才地。

晉書卷六十二劉琨傳云：

趙王倫執政。以琨爲記室督。轉從事中郎。倫子荂卽琨姊壻也。故琨父子兄弟並爲倫委任。及篡，荂爲皇太子。琨爲詹事。三王之討倫也。以琨爲冠軍假節。與孫秀子會率宿兵三萬拒成都王穎。琨大敗而還。焚河橋以自固。及齊王冏輔政。以其父兄皆有當世之望。故特宥之。

案，劉琨爲趙王倫死黨。盧諶旣與之爲姻戚。而伯祖欽又曾官琅邪。是其家世環境殊有奉天師道之可能。故因循妻爲孫恩之妹。而疑盧氏亦五斗米世家。否則南朝士族婚嫁最重門第。以范陽盧氏之奕世高華。而連姻於妖寇之孫氏。其理殊不可解也。

又魏書九十七島夷劉裕傳云：

其（指盧循。）黨人琅邪徐道覆爲始興相。

案，徐道覆爲循之死黨。又循之姊夫。（詳見晉書卷一百盧循傳。）其世系雖不可考。然爲海濱地域之人。且以其命名及姻黨之關係言之。當亦五斗米世家無疑也。

又晉書卷八廢帝海西公紀云：

咸安二年十一月妖賊盧悚遣弟殿中監許龍晨到其門。稱太后密召，奉迎興復。帝初欲從之。納保母諫而止。因叱左右縛之。龍懼而走。

案，此事可參閱法苑珠林卷五十五破邪篇妖亂惑衆第四彭城道士盧悚條。許龍或卽許邁同族。盧悚或卽循同族。彭城或爲僑居之地。而非郡望。此皆無可考。不能決定。（魏書卷九十六僭晉司馬叡傳稱徐州小吏盧悚。）姑附記於此。以見東晉末年天師道與政治之關係焉。

(五)劉劭之弑逆

宋元凶劭之弑逆，實由於信惑女巫嚴道育。宋書卷九十九二凶傳(南史卷十四略同)云：

上(文帝)時務在本業。勸課耕桑。使宮內皆蠶。欲以諷厲天下。有女巫嚴道育本吳興人。(今浙江省舊湖州府。)自言通靈。能役使鬼物。夫爲刼。坐沒於奚官劭姊東陽公主應閣王閣婢鸚鵡白公主云：「道育通靈有異術。」主乃白上。託云善蠶。求召入。見許。道育旣入。自言服食。主及劭並信惑之。始興王濬素佞事劭。與劭並多過失。慮上知。使道育祈請。欲令過不上聞。道育輒云：自上天陳請。必不泄露。劭等敬事。號曰「天師。」及劭將敗。(濬)勸劭入海。輦珍寶繒帛下船。與劭書曰：「船故未至。尼已入臺。願與之明日決也。」人情離散。故行計不果。濬書所云尼。卽嚴道育也。當時不見傳國璽。劭云：在嚴道育處。

隋書卷三十五經籍志道經部云：

(梁)武帝弱年好事。先受道法。及卽位。猶自上章。朝士受道者，三吳及邊海之際信之踰甚。陳武世家吳興。故亦奉焉。

寅恪案，嚴道育以道字命名。生地爲吳興，號爲「天師。」又唐法琳破邪論(見道宣廣弘明集卷十一及唐彥琮護法沙門法琳別傳。)歷舉古來道士破家破國爲逆亂者，如張魯孫恩之類。其中有一條云「道育醮祭而禍宋。出宋書。」則法琳亦以嚴道育爲天師道也。凡此皆足以證其爲五斗米教中人。故南朝元嘉太初之際宮廷之慘變，實天師道傳入皇族中心所致。而其主動之人固與濱海地域有關係也。

(六)魏太武之崇道

凡信仰天師道者。其人家世或本身十分之九與濱海地域有關。隋書經籍志道經部謂「三吳及邊海之際信之踰甚。」晉書孫恩傳亦言「三吳士庶多從之。(孫泰)。」蓋邊海之際本其教之發源地。三吳區域或以隣接海濱。或以重要都會所在。居南朝政治之中心。爲北來信徒若琅邪王氏等所僑聚之地。但隋志僅就南朝言之。 其實北朝亦何獨不然。 茲節取舊史所載魏太武崇道事，條列於後，以證成吾說。

魏書卷一百十四釋老志云：

世祖時道士寇謙之字輔眞。 南雍州刺史寇讚之弟。 自云寇恂之十三世孫。 早好仙道。 有絕俗之心。 少修張魯之術。

魏書卷四十二寇讚傳云：

寇讚字奉國。 上谷人。 因難徙馮翊萬年。 父脩之字延期。 苻堅東萊太守。（東萊郡今山東省舊登萊二府之地。） 讚弟謙之有道術。世祖敬重之。

案・謙之自附於寇恂之後裔。 故稱上谷人。 魏收亦謂其［自云。］ 明不足信也。 但其父旣任東萊太守。 卽曾居濱海地域。 父子俱又以［之］字命名。 是其家世遺傳，環境薰習，皆與天師道有關。 所以［少修張魯之術］也。

魏書卷三十五崔浩傳云：

崔浩字伯淵。 清河人也。 白馬公玄伯之長子。 初浩父疾篤。 浩乃剪爪截髮。 夜在庭中仰禱斗極，以延父命。 求以身代。 叩頭流血。 歲餘不息。 性不好莊老之書。 每讀不過十行，輒弃之。

又魏書釋老志云：

始光初（寇謙之）奉其書而獻之。 時朝野聞之。 若存若亡。 未全信也。 崔浩獨異其言。 因師事之。 受其法術。 於是上疏讚明其事。 世祖欣然崇奉天師。 顯揚新法。

又魏書卷二十四崔玄伯傳云：

（苻）堅亡。 避亂於齊魯之間。 爲丁零翟釗及司馬昌期叛將張願所留繫。 慕容寶以爲吏部郎左丞高陽內史。 太祖征慕容寶。 次於常山。 玄伯棄郡。 東走海濱。

又魏書卷三十五崔浩傳云：

浩母盧氏。 諶孫女也。

案，玄伯妻爲盧諶孫女。 卽孫恩妹壻盧循之姑母。 是崔浩盧循兩人實中表兄弟。 其家世相傳之信仰 ，自屬天師道無疑 。 觀浩之剪爪截髮， 夜禱斗極， 以延父命。（參閱梁書四十七及南史五十庾黔婁傳。） 正似後來道家北斗七星延命之術。（今道藏爲字號有北斗七星燈儀及北斗本命延壽燈儀等書。 此等自爲後世撰述。而佛藏密教部亦有北斗七星延命經，及其他類似之經殊多。 頗疑此種禳禱之方譯出雖晚。 要是天竺早已有之。 道家之術或仍間接傳自西方。 特不肯顯言之耳。）至其不好老莊之書者。 蓋天師道之道術與老莊之玄理本自不同。 此與浩之信仰天師道，並無衝突也。 故浩之所以與謙之之道獨有契合，助成其事者。 最要主因實在少時所受於其母之家庭教育。 況浩父玄伯既避亂於齊魯之間。 後復東走海濱。是浩之父系與濱海地域亦有一段因緣。 不僅受母氏外家信仰之漸染而已也。 （又浩宗人頤與方士韋文秀詣王屋山造金丹。 見魏書卷三十二北史卷二十四。 或亦崔氏本來奉道之旁證。） 此點爲北朝佛道廢興關鍵所繫。 前人似尚無言及之者。特爲發其覆如此。

(七)東西晉南北朝之天師道世家

凡東西晉南北朝奉天師道之世家，舊史記載可得而考者，大抵與濱海地域有關。 故青徐數州，吳會諸郡， 實爲天師道之傳教區。 觀風俗通卷九怪神篇城陽景王祠條三國志魏書卷一武帝紀注引王沈魏書詳述瑯邪及青州諸郡淫祀之俗。 （兼可參考後漢書卷四十一劉盆子傳所載赤眉軍中常有齊巫鼓舞祠城陽景王以求福助事。） 又江表傳「于吉先寓居東方。 往來吳會」之語。 最足以見東漢末年天師道分布地域之情況。 茲除去前已論及者外，略詮次舊記條列於後。

琅邪（晉琅邪國約當今山東省舊兗青沂萊四府東南境及膠州之地。 ）王氏

晉書卷八十王羲之傳云：

與道士許邁共修服食。 採藥石不遠千里。 次（子）凝之亦工草隸。 仕歷江州刺史左將軍會稽內史。 王氏世事張氏五斗米道。 凝之彌篤。 孫恩之攻會稽。寮佐請爲之備。 凝之不從。 方入靖室請禱。 出語諸將曰。 吾已請大道許鬼兵相助。 賊自破矣。 既不設備。 遂爲所害。

案，眞誥卷十六闡幽微第二云：「王廙爲部鬼將軍」。 廙爲凝之之叔祖。 既領鬼

兵。　更宜凝之請以相助。　夫琅邪王氏爲五斗米世家。　讀史者所習知。　玆特上溯其先世，至於西漢之王吉。　拈出地域環境與學說思想關係之公案以供學者參決。姑記其可疑者於此。　非敢多所附會也。

新唐書卷七十二中宰相世系表云：

王氏

元避秦亂。　遷於琅邪。　後徙臨沂。　（今山東省臨沂縣。）　四世孫吉。　字子陽。　漢諫議大夫。　始家臯虞。　（漢侯國。　今山東省卽墨縣東北地。）　始徙臨沂都鄉南仁里。　生駿，字偉山，御史大夫，二子，崇，游，崇字德禮。大司空扶平侯。　生遵，字伯業。　後漢中大夫義鄉侯。　生二子，旹，音，音字少玄。　大將軍掾。　四子，誼，叡，典，融，融字巨偉。　二子，祥，覽。

晉書卷三十三王祥傳云：

王祥字休徵。　琅邪臨沂人。　漢諫議大夫吉之後也。　祖仁。　靑州刺史。　父融。　公府辟不就。

案，唐書表所載世系，其見於漢書王吉傳者，自屬可信。　其後諸世當有脫誤。　然爲王吉之後，要無可疑。　今節錄漢書卷七十二王吉傳推論之。

傳云：

王吉字子陽。　琅邪臯虞人也。　上疏言得失曰：陛下躬聖質。　總萬方。　帝王圖籍日陳于前。　維思世務。　將興太平。　公卿幸得遭遇其時。　言聽諫從。　然未有建萬世之長策。　舉明主於三代之隆者也。　其務在於簿書期會而已。　此非太平之基也。　臣願陛下承天心。　發大業。　與公卿大臣延及儒生述明舊禮。明王制。　敺一世之民，躋之仁壽之域。　則俗何以不若成康。　壽何以不若高宗。　竊見當世趨務不合於道者，謹條奏。　唯陛下財擇焉。　吉意以爲夫婦人倫大綱，夭壽之萌也。　世俗嫁娶太早。　未知爲人父母之道而有子。　是以教化不明，而民多夭。　聘妻送女亡節。　則貧人不及。　故不舉子。　又漢家列侯尙公主。　諸侯則國人承翁主。　使男事女。　夫詘於婦。　逆陰陽之位。　故多女亂云云。　自吉至崇皆好車馬衣服。　其自奉養極爲鮮明。　而亡金銀錦繡之物。　及遷徙去處，所載不過囊衣。　不畜積餘財。　去位家居，亦布衣蔬食。　天下服其廉而怪其奢。 故俗傳王陽能作黃金。

案，後漢書卷六十下襄楷傳言「順帝時琅邪宮崇上其師于吉於曲陽泉上水所得神書百七十卷。 號太平清領書。 專以奉天地順五行爲本。 亦有興國廣嗣之術。 章懷注引百七十卷。 號太平清領書。 專以奉天地順五行爲本。 亦有興國廣嗣之術。 章懷注引太平經興帝王篇略曰：

眞人問神人曰：吾欲使帝王立致太平。 豈可聞邪？ 神人言：但順天地之道。 不失銖分。 則立致太平延年不疑也。 又問曰：今何故其生子少也？ 天師曰：今太平气到。 或有不生子者。 反斷絕天地之統。 使國少人。 理國之道，多人則國富。 少人則國貧。

案，漢書與王吉同傳者有貢禹。 禹亦琅邪人。 其所言調和陰陽，與致太平，減少宮女，令兒七歲乃出口錢。 其旨趣與王吉相似。 後來之于吉太平清領神書與國廣嗣之言實不能外此。 又漢書卷七十五李尋傳載成帝時齊人甘忠可詐造天官曆包元太平經。 其徒黨夏賀良等陳說哀帝以爲成帝不應天命，故嗣絕，今宜急改元易號，則得延年益壽，皇子生，災異息矣。 哀帝從其議，改元太初，易號曰陳聖劉太平皇帝。 其言亦與後來太平清領書所記興國廣嗣之術約略相似。 殆所謂齊學，卽濱海地域之學說也。 夫漢書既載「俗傳王陽能作黃金」。 則王陽當時所處之環境中作黃金之觀念必已盛行。 然後始能致茲傳說。 故據此可以推見其時社會情況。 而應仲遠不明斯義。 轉以此譏孟堅。 （見風俗通過失篇。） 過矣。

又眞誥卷十六闡幽微第二云：

（上略。） 夫至廉者不食非己之食。 不衣非己之布帛。 王陽有似也。 原注：此目應舉夷齊爲標。 高士中亦多此例。 而今乃舉王陽。 當年淳德自然。 非故爲皎潔者也。 王陽先漢人也。 （下略。）

右五條皆積行獲仙。 不學而得。

天師道以王吉爲得仙。 此實一確證。 故吾人雖不敢謂琅邪王氏之祖宗在西漢時卽與後來之天師道直接有關。 但地域風習影響於思想信仰者至深且鉅。 若王吉貢禹甘忠可等者，可謂上承齊學之淵源。 下啓天師之道術。 而後來琅邪王氏子孫之爲五斗米教徒。 必其地域薰習，家世遺傳，由來已久。 此蓋以前讀史之人所未嘗注意者也。

高平郗氏

晉書卷六十七郗鑒傳云：

郗鑒字道徽。高平金鄉人。(晉高平國治昌邑。在今山東省金鄉縣西北。)趙王倫辟爲掾。知倫有不臣之迹。稱疾去職。及倫篡。其黨皆至大官。而鑒閉門自守。不染逆節。二子。愔。曇。愔字方回。與姊夫王羲之高士許恂(詢(竝有邁世之風。俱棲心絕穀。修黃老之術。子超。一字嘉賓。愔事天師道。而超奉佛。曇字重熙。子恢。字道胤。

又鑒叔父隆傳云：

隆字弘始。少爲趙王倫所善。及倫專擅。召爲散騎常侍。倫之篡也，以爲揚州刺史。齊王冏檄至。中州人在軍者皆欲赴義。隆以兄子鑒爲趙王掾。諸子悉在京洛，故猶豫未決。停檄六日。將士憤怒。扶(王)邃爲主而攻之。隆父子皆死。

又晉書卷七十七何充傳云：

于時郗愔及弟曇奉天師道。而充與弟準崇拜釋氏。謝萬譏之云：二郗諂於道。二何佞於佛。(世說新語排調篇同。)

又世說新語術解篇云：

郗愔信道甚精勤。常患腹內惡。諸醫不可療。聞于法開有名。迎之。旣來。便脈云：君侯所忌，正是精進太過所致耳。合一劑湯與之。一服卽大下。去數段紙如拳大。剖看之。先所服符也。

又太平御覽卷六百六十六引太平經云：

郗愔心尙道法。密自遵行。善隸書。與右軍相埒。自起寫道經。將盈百卷。於今多有在者。

案，晉書卷十四地理志金鄉爲兗州高平國之屬縣。距海濱雖略遠。然觀郗氏一門在西晉時與趙王倫關係之密切如此。則郗隆父子與孫秀等實皆倫之死黨。事敗俱以身殉。不過一處中樞，一居方鎭之別耳。故以東晉時愔曇之篤信天師道，及愔字道徽，恢字道胤而推論之。疑其先代在西晉時卽已崇奉此敎。至嘉賓之奉佛。

與其家風習特異者。猶之愔忠於王室。而超黨於桓氏。宗教信仰及政治趨向皆與其父背馳也。

吳郡杜氏

晉書卷一百孫恩傳云：

恩叔父泰。字敬遠。師事錢唐（見下。）杜子恭。子恭有神術。嘗就人借瓜刀。其主求之。子恭曰：當即還耳。旣而其刀主行至嘉興。有魚躍入船中。破魚得瓜刀。其爲神效往往如此。子恭死。泰傳其術。

南齊書卷五十四高逸傳云：

杜京產字景齊。吳郡錢唐人。（晉吳郡錢唐縣今浙江省杭縣。）杜子恭玄孫也。祖運爲劉毅衞軍參軍。父道鞠州從事。善彈棊。世傳五斗米道。至京產及子栖。（南史卷七十五隱逸傳同。）

眞誥卷十九翼眞檢第一眞誥叙錄云：

（許）黃民乃奉經入剡。（見下。）錢唐杜道鞠（即居士京產之父。）道業富盛。數相招致。于時諸人並未知尋閱經法。止稟奉而已。

又鍾嶸詩品載謝靈運寄養於錢唐杜明師家前已論及。茲不重出。

案，杜子恭爲孫泰之師。其歷代相傳至後裔杜栖。多有時名。爲南朝天師道最著之世家。而錢唐又屬濱海地域也。

會稽孔氏

晉書卷一百孫恩傳云：

黃門郎孔道鄱陽太守桓放之驃騎諮議周勰皆敬事之。（指孫泰。）（中略。）中書郞孔道等皆遇害。

晉書卷七十八孔愉傳云：

孔愉字敬康。會稽山陰（晉會稽郡治山陰。今浙江省紹興縣。）人也。其先世居梁國。曾祖潛太子少傅。漢末避地會稽。因家焉。吳平。愉遷於洛。惠帝末。東還會稽。入新安山中。改姓孫氏。後忽捨去。皆謂爲神人。爲之立祠。

世說新語棲逸篇云：

孔車騎少有嘉遁意。 自稱孔郎。 遊散名山。 百姓謂有道術。 爲生立廟。 今猶有孔郎廟。

劉孝標注引孔愉別傳曰:

永嘉大亂。 愉入臨海(晉臨海郡治章安。 今浙江省臨海縣。) 山中。 不求聞達。

南齊書卷四十八孔稚珪傳云:(南史卷四十九孔珪傳同。)

孔稚珪字德璋。 會稽山陰人。 祖道隆。 位侍中。 父靈產。 泰始中罷晉安太守。 有隱遁之懷。 於禹井山立館。 學道精篤。 吉日於靜屋四向朝拜。 涕泗滂沲。 東出過錢唐北郭。 輒於舟中遙拜杜子恭墓。 自北至都東向坐。 不敢背側。

南史卷七十五隱逸傳云:

孔道徽守志不仕。 與(杜)京產友善。 道徽父祐。 至行通神。 隱於四明山。 (在今浙江省鄞縣西南一百五十里。 餘姚縣南一百十里。) 嘗見山谷中有數百斛錢。 視之如瓦石不異。 採樵者競取。 入手卽成砂礫焉。 王僧虔與張緒書曰:孔祐,敬康曾孫。 古之道德也。 少厲高行,能世其家風。

眞誥卷十九翼眞檢第一眞誥敘錄云:

元興三年京畿紛亂。 (許)黃民乃奉經入剡。 (今浙江省嵊縣。) 至義熙中。 魯國孔默崇奉道敎。 爲晉安太守。 (晉晉安郡故治在今福建省閩侯縣東北。) 罷職。 還至錢唐。 聞有許郎先人得道經書俱存。 乃往詣許。 許不與相見。 孔膝行稽顙。 積有旬日。 兼獻奉殷勤。 用情甚至。 許不獲已。 始乃傳之。 孔仍令晉安郡吏王興繕寫。 (興善有心尙。 又能書畫。 故以委之。) 孔還都。 唯寶錄而已。 竟未修用。 元嘉中,復爲廣州刺史。 及亡後。 其子熙先休先才學敏贍。 竊取看覽。 見大洞眞經說云:誦之萬遍。 則能得仙。 大致譏誚。 殊謂不然。 以爲仙道必須丹藥練形。 乃可超擧。 豈可空積聲詠。 以致羽服。 兼有諸道人助毀其法。 或謂不宜蓄此。 因一時焚蕩。 無復子遺。

宋書卷六十八彭城王義康傳(南史卷十三同。)云:

上（太祖）疾篤危殆。（祭酒魯郡孔）胤秀等輒就尚書議曹索晉咸康末立康帝故事。及太祖疾豫。微聞之。（元嘉）十七年十月誅大將軍賊曹參軍孔邵秀主簿孔胤秀丹陽丞孔文秀司空從事中郎司馬亮等。胤秀始以書記見任。漸預機密。文秀邵秀其兄也。司馬亮孔氏中表。並由胤秀而進。

又卷六十九范曄傳（南史卷三十三同。）云：

初魯國孔熙先博學有縱橫才志。文史星算無不兼善。初熙先父默之爲廣州刺史。以贓貨得罪下廷尉。大將軍彭城王義康保持之。故得免。及義康被黜。熙先實懷報效。以曄意志不滿。欲引之。極辭譬說。其意乃定。熙先素善天文。云：太祖必以非道晏駕。當由骨肉相殘。江州應出天子。以爲義康當之。有法略道人。先爲義康所供養。粗被待遇。又有王國尼法靜。亦出入義康家內。皆感激舊恩。規相拯拔。並與熙先往來。使法略罷道。本姓孫。改名景玄。以爲臧質寧遠參軍。熙先善於治病。兼能診脈。法靜尼妹夫許耀領隊在臺。宿衞殿省。嘗有病。因法靜尼就熙先乞治。熙先爲合湯一劑。耀疾即損。耀自往酬謝。熙先深相待結。因告逆謀。耀許爲內應。（中略。）熙先於獄中上書。所陳並天文占候。讖（南史作誠。）上有骨肉相殘之禍。其言甚切。

眞誥卷二十翼眞檢第二云：

孔璪賤時杜居士京產將諸經書往剡南墅大墟住。始與顧歡戚景玄朱僧標等數人共相料視。於是分別選書。凡有經傳四五卷眞㗶七八篇。今猶在杜家。

案，孔璪事迹見宋書卷八十四及南史二十七孔覬傳。孔覬等起兵應晉安王子勛。實璪爲之謀主。亦天師道信徒也。

又會稽孔氏其居山陰之孔愉一門及孔道隆靈產稚珪三世，與居剡之孔默之孔熙先父子及孔胤秀文秀邵秀兄弟，是否本爲一族？不能詳考。然孔愉自謂先世居梁國。孔默之父子孔胤秀兄弟自稱魯郡。皆託爲孔子後裔。來從北方。（見新唐書七十五下宰相世系表孔氏及林寶元和姓纂卷六山陰孔氏各條。）其事之眞僞。且不置論。而其俱居濱海地域。俱有與天師道相關之跡象。則無疑義。故稱之爲奉天師道之世家。當無不可。至晉書孫恩傳中敬事孫泰之黃門郎孔道即同傳下文過害之中書郎孔道。與山陰孔氏疑是一族。南齊書孔稚珪傳稚珪祖爲侍中道隆。以稚珪父靈產奉道如此之篤推之。孔道隆恐即孔道。以唐人傳寫避諱。略書名下一字。而侍中之官或者又因死難之故所追贈歟？姑記於此，以俟考。孔熙先之爲天師道信徒，不待論。而法略本孫氏。法靜妹夫許耀又爲許氏。皆有天師道家世之嫌疑。宋文帝初不死於彭城王義康及孔熙先。而卒死於元凶劭及嚴道育。其被弑之人雖殊。而俱與天師道有關則一。故謂之死於天師道之手實無不可。至於范蔚宗以謀逆誅。王西莊(十七史商榷卷六十一。)陳蘭甫(東塾集附申范一卷。)皆著論辨誣。而不知其死由於孔熙先。熙先爲天師道世家。然則謂蔚宗之死實由於天師道。固亦無不可也。

又蔚宗之著後漢書，體大思精，信稱良史。獨方術一傳附載不經之談，竟與搜神記列仙傳無別。故在全書中最爲不類。遂來劉子玄之譏評。(見史通卷五採撰篇。及卷十七雜說篇中諸晉史條。)亦有疑其非范氏原文，而爲後人附益者。(見王先謙後漢集解卷八十二下黃山校補。)其實讀史者苟明乎蔚宗與天師道之關係，則知此傳全文本出蔚宗之手。不必致疑也。

義興周氏

晉書孫恩傳言驃騎諮議周勰敬事孫泰。今晉書卷五十八有周勰傳。勰爲義興陽羨人。周處之孫。終以臨淮太守。然其所生時代較早。當非一人。但義興周氏實有信奉天師道之嫌疑。據晉書卷五十八周勰之叔父札傳云：

時有道士李脫者。妖術惑衆。自言八百歲。故號李八百。自中州至建鄴。以鬼道療病。又署人官位。時人多信事之。弟子李弘養徒灊山。云應讖當王。故(王)敦使廬江太守李恒告札及其諸兄子與脫圖謀不軌。時筵(札兄子。)爲敦諮議參軍。即營中殺筵及脫弘。又遣參軍賀鸞就沈充盡掩殺札兄弟子。既而進軍會稽襲札。札出拒之。兵敗見殺。(太平御覽卷六百七十引集仙錄，太平廣記卷七引神仙傳等，皆有李八百事。)

抱朴子內篇卷九道意篇云：

諸妖道百餘種。皆煞生血食。獨李家道無爲，爲小差。或問：李氏之道起於何時？余答曰：吳太帝時蜀中有李阿者。穴居不食。傳世見之。號爲八百歲公。後一旦忽去。不知所在。後有一人姓李名寬。到吳，而蜀語。能祝水。治病頗愈。於是遠近翕然謂寬爲李阿。因共呼之爲李八百，而實非也。自公卿已下莫不雲集其門。於是避役之民依寬爲弟子者恒近千人。余親識多有及見寬者。寬弟子轉相教受。布滿江表。動有千許。

案，葛稚川之言與晉書雖有異同今觀其所述。亦天師道之一派也。當時李氏妖黨之盛，可以想見。李恒告周札及其諸兄子與李脫同謀不軌。蓋當日李氏妖黨自吳迄晉布滿江表。義陽周氏爲吳地世族之最著者。疑本與李氏道術有連。故王敦等得藉爲口實。故曰敬事孫秦之周勰縱非義陽周氏。而義陽周氏之勰者。固曾陷於妖黨之嫌疑。則爲史實也。

陳郡殷氏

晉書卷八十四殷仲堪傳云：

殷仲堪陳郡人也。父師驃騎諮議參軍晉陵太守沙陽男。父病積年。仲堪衣不解帶。躬學醫術。究其精妙。少奉天師道。又精心事神。不吝財賄。而怠行仁義。嗇於周急。及桓玄來攻。猶勤請禱。然善取人情。病者自爲診脈分藥。

世說新語文學篇羊孚弟娶王永言女條劉孝標注引殷氏譜曰：

仲堪娶琅邪王臨之女。字英彥。

又世說新語術解篇敘仲堪伯父浩精通醫術事云：

殷中軍妙解經脈。中年都廢。有常所給使忽叩頭流血。浩問其故。云：有死事。終不可說。詰問良久。乃云：小人母年垂百歲。抱疾來久。若蒙官一脈。便有活理。訖受屠戮無恨。浩感其至性。遂令舁來。爲診脈處方。始服一劑湯便愈。於是悉焚經方。

眞誥卷十五闡幽微第一云：

殷浩侍帝晨。與何晏對。

又云：

侍帝晨有八人。徐庶龐德爰愉李廣王嘉何晏解結殷浩。如世之侍中。

案，殷仲堪爲陳郡長平人。陳郡非濱海地域。雖妻爲琅邪王氏。本天師道世家。然疑仲堪之奉道。必己家世相傳，由來甚久，而不可考矣。今所傳黃帝內經素問，雖出後人僞造。實爲中國醫術古籍。而與天師道有關。其天元紀大論殆即張機傷寒論序所稱陰陽大論。故其文中託爲黃帝與天師問答之語。是其明證。殷仲堪之伯父殷浩即已妙解經脈。然則仲堪之精於醫術，（隋書三十四經籍志子部醫方類殷荆州要方一卷。殷仲堪撰。亡。）亦當爲家門風習漸染所致。非偶因父病始從事學醫也。

故參以晉代神仙家葛洪之綜練醫術，（晉書卷七十二葛洪傳。又隋書經籍志肘後方六卷。葛洪撰。梁二卷。陶弘景補闕肘後方。一百九卷。亡。）宋代天師道世家孔熙先善療病。治愈許耀之故事，（宋書卷六十九范曄傳）梁代神仙家陶弘景祖孫父子之尤明醫術本草，（見梁書五十二，南史七十六陶弘景傳。又雲笈七籤卷一百七下陶翊撰華陽隱居先生本起錄云：「祖隆兼解藥性。常行拯救爲務。父貞寶深解藥術。」），及北朝天師道世家清河崔氏一門若崔彧崔景哲崔景鸞崔冏等累代皆精通醫術，爲尚藥典御，（魏書卷九十二藝術傳北史卷二十四。）等事實，推定陳郡殷氏爲天師道世家。明乎吾國醫術與道教之關係者。當不以此爲無稽之說也。

丹陽葛氏及東海鮑氏

抱朴子之學雖有異於黃巾米賊。然實亦與之同出一源，不過流派略別耳。抱朴子之著述及其師鮑靚之行事今皆不論。僅就其家世籍貫與海濱之關係，略綴數語，以闡明此篇主旨。

晉書卷七十二葛洪傳云：

葛洪字稚川。丹陽句容人也。（句容今江蘇省句容縣。）尤好神仙導養之法。從祖玄。吳時學道得仙。號曰葛仙公。以其鍊丹秘術授弟子鄭隱。洪就學。悉得其法焉。後師事南海太守上黨鮑玄。玄見洪深重之。以女妻洪。洪傳玄業。並綜鍊醫術。

晉書卷九十五藝術傳鮑靚傳云：

鮑靚字太玄。東海人也。（晉東海郡在惠帝元康元年未分置蘭陵郡以前統縣十二。其境約當今山東省舊兗州府東南至江蘇省舊海州之地。）年五歲語父母云：

本是曲陽李家兒。九歲墜井死。父母尋訪得李氏。推問皆符驗。靚學兼內外。明天文河洛書。爲南海太守。嘗見仙人陰君。受道訣。百餘歲卒。

案，神仙之說於此可不置論。以地域言。丹陽東海皆隋書經籍志所謂「三吳及濱海之際」者也。（見上文。）然葛氏之居丹陽，亦由海濱遷來。其家世信仰蓋遠有所承受。據抱朴子自敍篇云：洪曩祖爲荆州刺史。王莽之篡，與翟義共起兵。爲莽所敗。遇赦免禍。莽乃徙君於琅邪。君之子盧佐光武。封下邳僮縣侯。託他行遂南度江。家於句容。太平御覽卷六百六十三引列仙傳作「葛洪字稚川琅邪人。」陶弘景吳太極左仙公葛公之碑云：「本屬琅邪。後漢驃騎僮侯盧。讓國於弟。來居此土。」（見陶弘景集及道藏虞字號譚嗣先太極葛仙翁傳。）是葛氏本琅邪人。琅邪固天師道發源之地。與史實尤相適合。又太平御覽卷六百六十四引神仙傳云：「鮑靚字太玄。琅邪人。一說上黨人。漢司徒鮑宣之後。」又太平御覽卷四十一引袁宏羅浮山記云：「鮑靚字子玄。上黨人。」考靚所以作上黨人者蓋據漢書卷七十二鮑宣傳中「宣既被刑。乃徙之上黨。遂家於長子。」之語。既以靚爲宣之後裔。故宜云然。其實此類依託華胄之言，殊不足信。自無待論。而鮑靚之爲琅邪人，更不容疑也。至晉書靚傳中靚自稱「本是曲陽李家兒」之曲陽。即後漢書襄楷傳于吉「於曲陽泉水上得神書」之曲陽。章懷注所謂東海之曲陽是也。於此轉可證成靚實爲東海人，或琅邪人。皆屬濱海地域。所謂上黨人者，不過自託於子都之後裔而已。近人注晉書以鮑靚傳作東海爲誤。又以上黨與曲陽地相近。殆未詳考。（見吳士鑑晉書斠注卷七十五鮑靚傳注。）雲笈七籤卷一百六有鮑靚眞人傳作陳留人。此較後之說。不如晉書等之足據也。

丹陽許氏

丹陽許氏爲南朝最著之天師道世家。據其自稱，爲漢順帝司徒汝南平輿許敬之後。敬子光始渡江。居丹陽句容。眞誥卷末附有眞胄世譜。詳載其世系。然細核之，殊有可疑。蓋眞誥卷二運象篇第二八月十七日夜保命仙君小茅口授與許長史之文云：

肇祖植德。（即謂七世祖許肇也。）

又卷十二稽神樞第二云：

亦如子七世祖父許肇字子阿者有賑死之仁。拯饑之德。故今雲蔭流後。陰功垂澤。是以得有好尙仙眞之心者。亦有由而然也。此紫陽眞人六月二十日書。又右一條有掾寫。

又卷十六闡幽微第二云云：

許肇今爲東明公右帥晨。帥晨之任如世間中書監。（許肇字子阿。即長史祖司徒敬也。雖有賑救之功，而非陰德。故未蒙受化。旣福流後葉。方使上拔。然後爲水宮之仙耳。）

又眞冑世譜云：

眞誥云：［長史七世祖肇字子阿有振惠之功。］今檢譜。七世祖名敬。字鴻卿。後漢安帝時爲光祿。順帝永建元年拜司徒。（寅恪案范氏後漢書卷六順帝紀云：永建二年七月光祿勳許敬爲司徒。通鑑卷五十一亦同。袁宏後漢紀繫此事於永建元年。與此同。）名字與眞誥不同。未詳所以舛異。

案，許氏家譜與眞誥互相舛異。毋寧信眞誥爲較近眞。蓋眞誥中託爲保命仙君及紫陽眞人等對許氏言其祖宗名字。且託爲許氏親筆記錄。其事雖不可信。而此點却不應譌誤也。至家譜則於六朝時往往爲寒門攀附華族以作婚宦之資者。尤多所改易。故丹陽許氏確否自汝南南徙。尙不可知。或如葛氏之比。原自琅邪遷來。或如比鮑氏之比。本爲東海，而自附於上黨。今皆無考。要之，吳地居民本多天師道信徒。許氏旣世居丹陽。想其宗敎信仰之遺傳必巳甚久。又後漢靈帝熹平元年有會稽妖賊許昌起於勾章。自稱陽明皇帝。扇動諸縣。衆以萬數。（見三國志吳書卷一孫堅傳，卷二孫策傳裴注東觀漢記後漢書卷八十八臧洪傳及續漢書天文志等。）許昌旣稱妖賊。又以陽明爲號。必係天師道。此許氏雖不必與丹陽之許同出一源。要爲濱海地域天師道之黨。與三張之徒先後同起者。則無可疑也。

丹陽陶氏

周嘉猷南北史世系表卷三丹陽陶氏表云：

陶隱君弘景字通明。尤著名於梁代。蓋基之裔也。世系無可考。

案，雲笈七籤卷一百七有陶弘景從子翊字木羽者所撰華陽隱居先生本起錄。詳載世系。　周氏謂無可攷者，非也。　茲錄取其有關者之語於下：

隱居先生諱弘景。　字通明。　丹陽人也。　宅在白楊巷南岡之東。　宋朝士斷，仍割秣陵縣西鄉桐下里。　至今居之。　十三世祖超。　漢末渡江。　始居丹陽。　七世祖濬。　交州刺史璜之弟。　與孫浩俱降晉。　拜議郎散騎常侍尚書。　祖隆。　好學。　讀書善寫。　兼解藥性。　常行拯救爲務。　父貞寶。　善藁隸書。　家貧。　以寫經爲業。　一紙値價四十。　深解藥術。　先生尤好五行陰陽，風角炁候，太一遁甲，星曆算數，山川地里，方國所產，及醫方香藥分劑，蟲鳥草木，考校名類，莫不該細。　善隸書。　不類常式。　別作一家。　骨體勁媚。

案，陶濬附見晉書卷五十七陶璜傳。　璜傳云：「自基至綏四世爲交州者五人。」是陶氏一門與南部濱海之地關係至切。　匪獨陶氏如是。　即鮑靚，葛洪，及孫泰盧循諸人亦莫不然。　豈交廣二州之區域不但丹沙靈藥可爲修練之資。　且因鄰近海濱，爲道敎徒衆所居之地。　以有信仰之環境，故其道術之吸收與傳授，較易於距海遼遠之地域歟？　觀陶翊之所述。　則天師道世家皆通醫藥之術。　尤有確證。　中國儒家雖稱格物致知。　然其所殫精致意者，實僅人與人之關係。　而道家則研究人與物之關係。　故吾國之醫藥學術之發達出於道敎之貢獻爲多。　其中固有怪誕不經之說。　而尚能注意於人與物之關係。　較之佛敎實爲近於常識人情之宗敎。　然則道敎之所以爲中國自造之宗敎。而與自印度所輸入之佛敎終有區別者，或即在此等處也。

吳興沈氏

宋書卷一百自序（南史卷五十七沈約傳同。）云：

初錢唐人杜子恭（南史作杜炅字子恭。）通靈。　有道術。　東土豪家及京邑貴望竝事之爲弟子。　執在三之敬。　（沈）警累世事道。　亦敬事子恭。　子恭死。　門徒孫泰弟子恩傳其業。　警復事之。　隆安三年恩於會稽作亂。　自稱征東將軍。　三吳皆響應。　（警子）穆夫時在會稽。　恩以爲前部參軍振武將軍餘姚令。　其年十二月二十八日恩爲劉牢之所破。　輔國將軍高素於山陰回踵埭執穆夫及僞吳郡太守陸瓌之吳興太守丘尩等。　竝見害。　函首京邑。　先是宗人沈預素無士行。　爲警所疾。　至是警聞穆夫預亂。　逃藏將免矣。　預以告官。　警及穆夫弟仲夫任夫預夫佩夫竝遇害。　唯穆夫子淵子雲子田子林子虔子獲全。

梁書卷十三沈約傳(南史卷五十七同。)云:

沈約字休文。吳興武康(今浙江省武康縣。)人也。祖林子。宋征虜將軍。(中略。)因病夢齊和帝以劍斷其舌。召巫視之。巫言如夢。乃呼道士奏赤章於天。稱禪代之事不由己出。(梁)高祖聞赤章事。大怒。中使譴責者數焉。約懼。遂卒。)

案,吳興爲濱海地域。沈約爲林子之孫,穆夫之曾孫,警之玄孫。累世奉天師道。警穆夫皆孫恩妖黨。恩敗,幾舉族殉之。據此,則休文受其家傳統信仰之薰習,不言可知。赤章之事即其一例也。請以王獻之事證之。世說新語德行篇(參閱晉書卷八十王羲之傳附王獻之傳及太平御覽卷六百四十一引語林。)云:

王子敬病篤。道家上章應首過。問子敬由來有何同異得失?子敬云:不覺有餘事。唯憶與郗家離婚。(劉孝標注引王氏譜曰:獻之娶郗曇女。名道茂。寅恪案,以道茂之名觀之,亦郗氏奉道之旁證。)

案,沈隱侯雖歸命釋迦。平生著述如均聖論,答陶隱居難均聖論,佛典序,佛記序,六道相續作佛義,形神論,神不滅論,難范縝神滅論,究竟慈悲論,千佛會願文,捨身願疏,及懺悔文等,(見廣弘明集卷五,卷十五,卷十九,卷二十二,卷二十六,卷二十八等。)皆闡明佛教之說。迨其臨終之際。仍用道家上章首過之法。然則家世信仰之至深且固,不易湔除,有如是者。明乎此義,始可與言吾國中古文化史也。

(八)天師道與書法之關係

東西晉南北朝之天師道爲家世相傳之宗教。其書法亦往往爲家世相傳之藝術。如北魏之崔盧,東晉之王郗,是其最著之例。舊史所載奉道世家與善書世家二者之符會。雖或爲偶值之事。然藝術之發展,多受宗教之影響。而宗教之傳播,亦多倚藝術爲資用。治吾國佛教美藝史者類能言佛陀之宗教與建築雕塑繪畫等藝術之關係。獨於天師道與書法二者互相利用之史實,似尙未有注意及之者。因論地域關係既竟。略舉舊籍中涉及二者相互關係之記載。以質正於治吾國宗教美術史者。

魏書卷二十四(北史卷二十一。)崔玄伯傳云:

玄伯尤善草隸行押書,爲世摹楷。玄伯祖悅與范陽盧諶竝以博藝著名。諶法鍾繇。悅法衞瓘。而俱習索靖之草。皆盡其妙。諶傳子偃。偃傳子邈。悅傳子潛。潛傳玄伯。世不替業。故魏初重崔盧之書。次子簡字沖亮。一名覽。好學。少以善書知名。

又魏書卷三十五(北史卷二十二。)崔浩傳云:

崔浩，玄伯之長子。既工書。人多託寫急就章。從少至老。初無勞倦。所書蓋以百數。浩書體勢及其先人。而巧妙不如也。世寶其迹。多裁割綴連。以爲模楷。

案崔盧皆天師道世家。前已證明。史云:「魏初重崔盧之書。」然則北朝最著之能書世家卽奉道之世家也。南朝能書者之家世事迹可考者較北朝爲多。茲不廣徵。僅擇錄一最顯著簡單之例如下:

王羲之父子之書法，其地位不待論。茲但言亞於二王者。南齊書卷三十三(南史卷二十一。)王僧虔傳載僧虔論書之語云:

郗愔章草亞於右軍。郗嘉賓草亞於二王。

可知卽依王氏之言。郗氏父子之書亦止亞於二王。然則南朝書法自應以王郗二氏父子爲冠。而王氏郗氏皆天師道之世家。是南朝最著之能書世家卽奉道之世家也。茲迻錄天師道經典數則於下。以解釋天師道與書法之關係。

眞誥卷十九敘錄述寫經畫符事云:

三君(楊君羲許長史謐許掾翽)手跡，楊君書最工。不今不古。能大能細。大較雖祖效郗法。筆力規矩並於二王。而名不顯者。當以地微，兼爲二王所抑故也。掾書乃是學楊。而字體勁利。偏善寫經。畫符與楊相似。鬱勃鋒勢，殆非人功所逮。長史章草乃能。而正書古拙。符又不巧。故不寫經也。

又眞誥卷二十翼眞檢第二孔璪賤時條注云:

樓(惠明家)鍾(義山家)間經亦互相通涉。雖各摹符。殊多麤略。唯加意潤色滑澤取好。無復規矩鋒勢。寫經又多浮謬。至庚午歲(齊武帝永明八年。)[陶]隱居入東陽道。諸晚學者漸效爲精。時人今知摹二王法書。而永不悟摹眞經。經正起隱居手爾。亦不必皆須郭塡。但一筆就畫。勢力殆不異眞。至於符無大小。故宜皆應郭塡也。

太平御覽卷六百六十六引太平經云：

郗愔性尙道法。 密自遵行。 善隸書。 與右軍相埒。 自起寫道經。 將盈百卷。 於今多有在者。 （已見前。）

雲笈七籤卷一百七陶翊撰華陽隱居先生本起錄云：

（隱居先生）祖隆。 好學讀書善寫。 父貞寶善藁隸。 家貧以寫經爲業。 一紙直四十。 （已見前。）

唐張彥遠法書要錄卷二載梁中書侍郎虞龢論書表（亦見晉書卷八十王羲之傳及太平廣記卷二百七書類引圖書會粹等。）云：

（王）羲之性好鵝。 山陰曇礦（一作讓）村有一道士。 養好鵝十餘。 王清旦乘小船故往。 意大願樂。 乃告求市易。 道士不與。 百方譬說。 不能得。 道士乃言性好道。 久欲寫河上公老子。 縑素早辦。 而無人能書。 府君若能自屈書道德經各兩章。 便合羣以奉。 羲之便住半日爲寫畢。 籠鵝而歸。

法書要錄卷三褚遂良撰晉右軍王羲之書目（宣和書譜卷十五略同）載

正書都五卷。共四十帖。

第二黃庭經六十行。 與山陰道士。

據此，知道家學經及畫符必以能書者任之。 故學道者必訪尋眞跡，以供摹寫。 適與學書者之訪尋碑帖無異。 （可參閱道藏翔字號賈嵩撰華陽隱居先生內傳所紀。）是書法之藝術實供道敎之利用。 而寫經又爲一種功德。 如太平經記「郗曇之性尙道法。 多寫道經。」 是其一例。 畫符郭塡之法或與後來之雙鈎有關。 茲不詳論。 至王右軍爲山陰道士寫經換鵝故事，無論右軍是否眞有斯事，及其所書爲道德經或黃庭經？ 姑不深考。 （參閱容齋四筆卷五黃庭換鵝條程大昌攷古編卷八黃庭經條演繁露卷十二換鵝是黃庭經條及袁文甕牖閒評卷五等。） 然此流傳後世之物語旣見於梁虞龢論書表。 則必爲六朝人所造作可知。 昔人亦疑鵝與書法筆勢有關。 故右軍好之。 如陳師道後山談叢卷一云：

蘇黃兩公皆喜書。 不能懸手。 逸少非好鵝。 效其腕頸耳。 正謂懸手轉腕。 而蘇公論書。 以手抵案。 使腕不動爲法。 此其異也。 （參考葉夢得石林避暑錄話卷四晉史言王逸少性愛鵝條引張正素語。）

又包世臣藝舟雙楫卷五述書上云：

其要在執筆。食指須高鈎。大指加食指中指之間。使食指如鵝頭昂曲者。中指內鈎。小指貼（無）名指外距。如鵝之兩掌撥水者。故右軍愛鵝。玩其兩掌行水之勢也。

寅恪案後山及安吳之說特善於附會耳。非能得其眞解也。據陶隱居名醫別錄。鵝列上品。唐孟詵食療本草則以鵝為「與服丹石人相宜。」（悉見唐慎微重修政和經史證類本草卷十九及李時珍本草綱目卷四十七禽部所引。）本草藥物之學出於道家。抱朴子內篇卷十一仙藥篇引神農經曰：「上藥令人身安命延。昇天神。遨遊上下。使役萬靈。體生毛羽。行廚立至。」又名醫別錄（重修政和經史證類本草卷一所引。）云：「上藥一百二十種。為君。主養命以應天。無毒。多服久服不傷人。欲輕身益氣不老延年者。本上經。」然則依醫家言。鵝之為物有解五臟丹毒之功用。既於本草列為上品。則其重視可知。醫家與道家古代原不可分。故山陰道士之養鵝，與右軍之好鵝，其旨趣實相契合。非右軍高逸，而道士鄙俗也。道士之請右軍書道經，及右軍之為之寫者，亦非道士僅為愛好書法，及右軍喜此鶂鶂之羣有合於執筆之姿勢也。實以道經非倩能書者寫之不可。寫經又為宗教上之功德。故此段故事適足表示道士與右軍二人之行事皆有天師道信仰之關係存乎其間也。此雖末節。然涉及宗教與藝術相互之影響。世人每不能得其眞諦。因幷附論及之。（太平御覽卷百十九引世說云：「會稽有孤居老姥養一鵝。王逸少為太守。旣求市之。未得。乃徑觀之。姥聞二千石當來。即烹以待之。逸少旣至。殊喪生意。歎息彌日。」寅恪案，晉書卷八十王羲之傳竝載羲之為山陰道士寫經換鵝，及會稽孤姥烹鵝餉羲之兩事。而烹鵝事御覽雖言出世說。然實不見於今傳本世說新語中。必非指康王之書。且此姥旣不欲售其所愛之鵝於太守。何得又因太守來看，而烹鵝相餉。意義前後相矛盾至於此極。必後人依仿寫經換鵝故事。僞撰此說。而不悟其詞旨之不可通也。故據太平御覽此條殊不足以難吾所立之說。）

又十六國中前蜀李氏之建國，與西晉之衰亂分裂，最有關係。而巴賨為篤信天師道之民族。范長生本為天師道之教主。故其拯李氏於幾亡之時，又勸其稱帝者，實有宗教之背景。　否則范氏以漢族儒者，竟倒行逆施，助虜逐華。　誠如夏曾佑所言，其用心殆不可解矣。（見夏氏中國歷史第三册第二章第十四節。）　然此事不直接關涉濱海地域問題。　若詳論之。將軼出本篇主旨之外。　故不復旁及。　僅附著其意於此。　以供治中國宗教與政治關係史者之參究。

(九)附論

東西晉南北朝時之士大夫，其行事遵周孔之名教。（如嚴避家諱等。）言論演老莊之自然。　玄儒文史之學著於外表，傳於後世者。　亦未嘗不使人想慕其高風盛況。然一詳考其內容。　則多數之世家其安身立命之秘，遺家訓子之傳，實爲惑世誣民之鬼道。　良可慨矣。凡前所舉此時期宮廷政治之劇變多出於天師道之陰謀。　考史者自不可得而忽視。　溯其信仰之流傳多起於濱海地域。　頗疑接受外來之影響。蓋二種不同民族之接觸，其關於武事之方面者，則多在交通阻塞之點，卽山嶺險要之地。　其關於文化方面者，則多在交通便利之點，卽海濱灣港之地。　凡史籍所紀之大戰爭，若考其殺人流血之舊墟，往往同在一地。　吾國自來著述多侈言地形險要。非必盡由書生妄誕之習，喜言兵事。　實亦因人類之行動如戰爭者，常受地形天然之限制。　故人事與地勢之關係遂往往爲讀史者議論之所及也。　海濱爲不同文化接觸最先之地。　中外古今史中其例頗多。　斯篇之作，不過欲於此義復加一新證。　幷以見吾國政治革命，其興起之時往往雜有宗教神秘性質。　雖至今日，尙未能盡脫此歷史之慣例。　好學深思之士當能心知其意也。　篇中間及逸少之換鵝，子猷之愛竹等故事。　所附之新解，卽謂近乎傅會。　然俱有徵於舊文。　倘藉此而得承敎於通人。　則誠著者之大幸也。　玆請引世說新語言語篇王中郎令伏玄度習鑿齒論青楚人物條劉注所載彥威之言，以結此篇。　其言曰：

尋其事，則未有赤眉黃巾之賊。　此何如青州邪？

若更參之以後漢書劉盆子傳所記赤眉本末，應劭風俗通義卷九怪神篇城陽景王祠條，及魏志卷一武帝紀注引王沈魏書等。　則知赤眉與天師道之祖先復有關係。　故後漢之所以得興，及其所以致亡，莫不由於青徐濱海妖巫之賊黨。　殆所謂「君以此始，必以此終」者歟？　因其事亦軼出本文範圍。　不能詳論。　遂並識此意於篇末。俟他日與李蜀范長生之事共推證焉。

遼道宗哀册契丹篆字蓋文　圖版一

遼道宗契丹字哀册文　圖版二

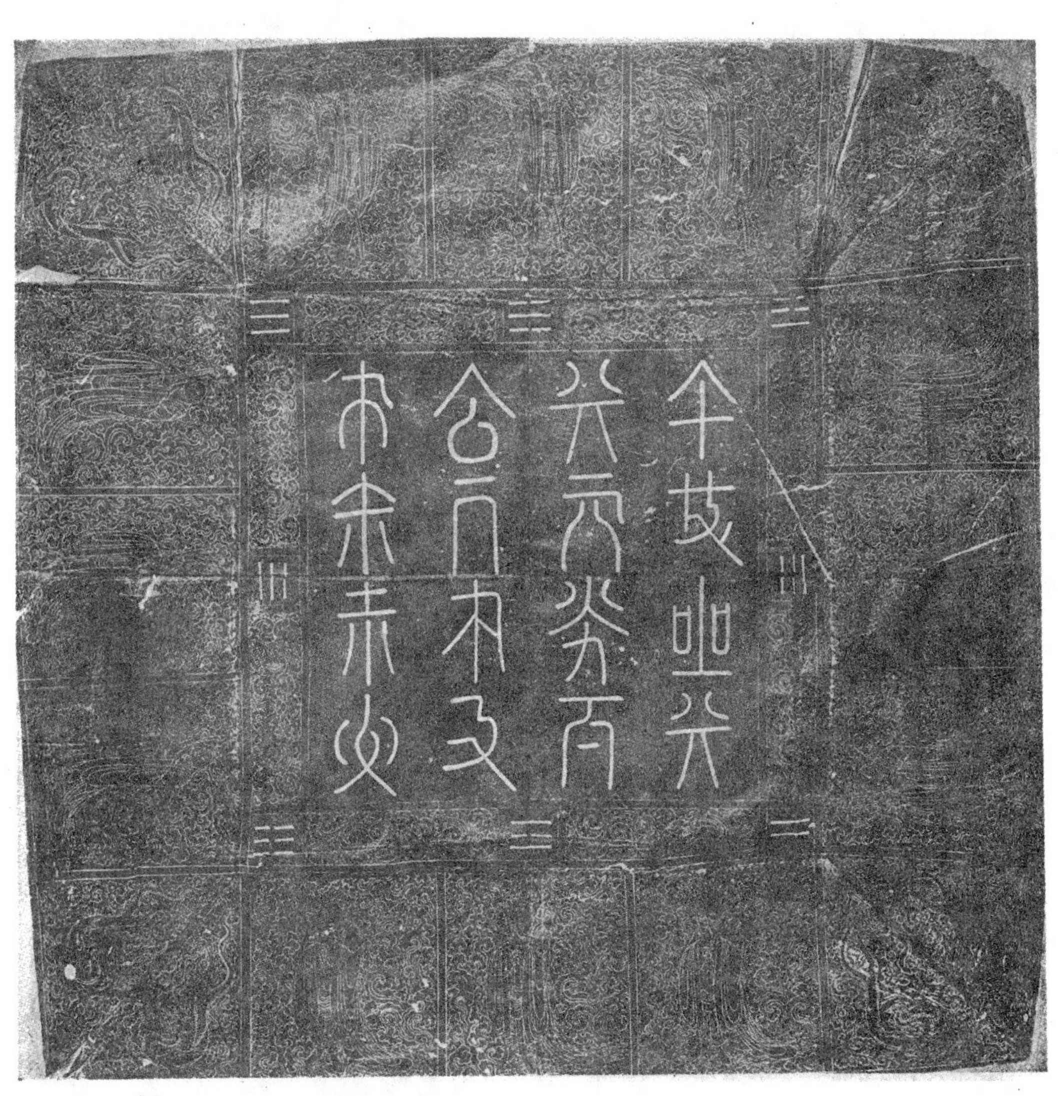

圖版三　遼宣懿皇后契丹字哀册蓋文

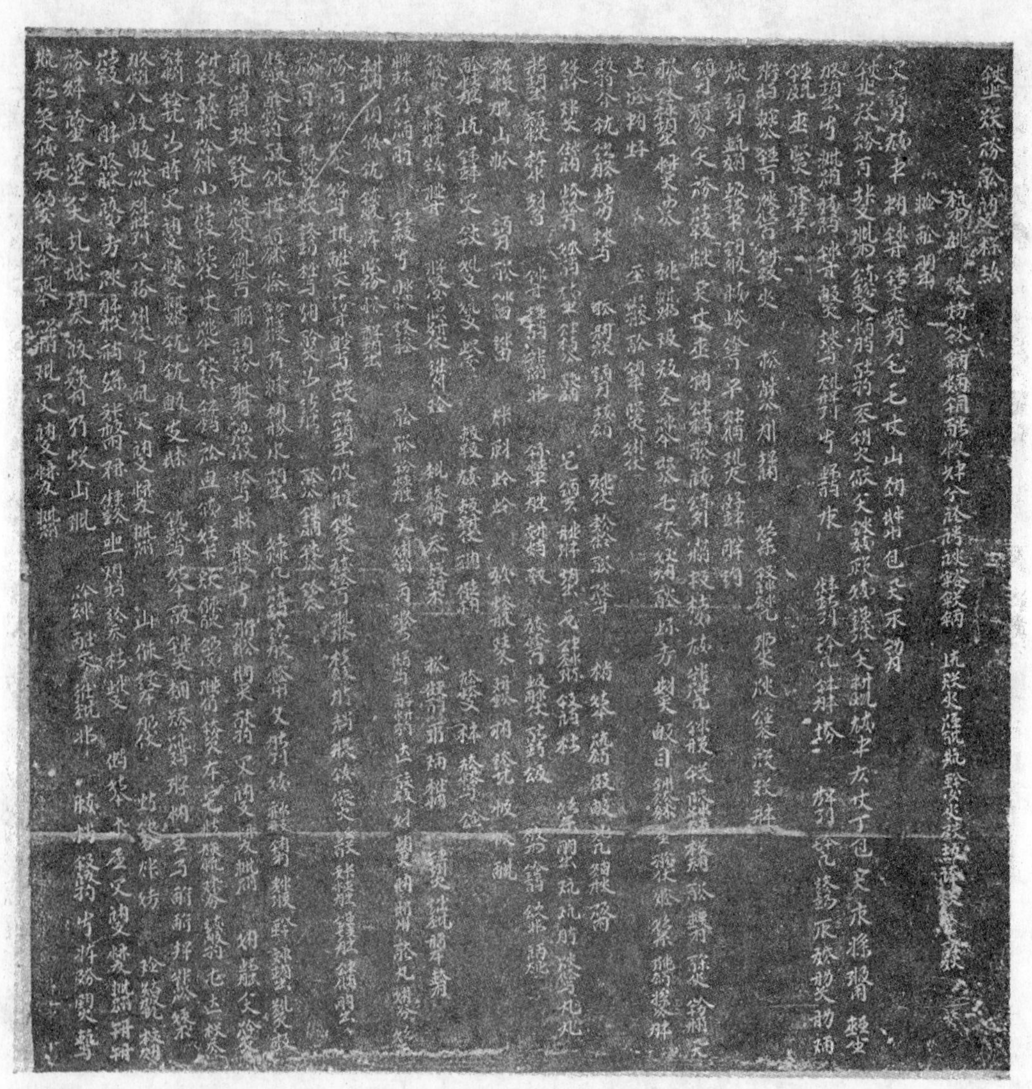

圖版四　遼宣懿皇后契丹字哀册文

李唐氏族之推測後記

陳寅恪

三年前寅恪曾作李唐氏族之推測一文，刊載本集刊第三本第一分中，尙有賸義，茲補論之於此。其關於李唐疑是李初古拔後裔，及其自稱西涼李暠嫡裔，必非史實二點，前篇已詳言之，茲不重述，故此篇復就其自稱源出隴西及家於武川二事，取資旁證，別爲辯釋，然後唐室僞造先世宗系，其先後變遷所經歷之軌迹略能推尋，「天可汗」氏族之信史或者亦可因是而考定也。

唐會要壹帝號上云：

獻祖宣皇帝諱熙，（涼武昭王暠曾孫，嗣涼王歆孫，弘農太守重耳之子也。）武德元年六月二十二日追尊爲宣簡公，咸亨五年八月十五日追尊宣皇帝，廟號獻祖，葬建初陵。（在趙州昭陵［慶］縣界，儀鳳二年五［？］月一日追封爲建昌陵，開元二十八年七月十八日詔改爲建初陵。）

懿祖光皇帝諱天錫，（宣皇帝長子。）武德元年六月六十二日追尊懿王，咸亨五年八月十五日追尊光皇帝，廟號懿祖，葬啟運陵。（在趙州昭慶縣界，儀鳳二年三（？）月一日追封爲延光陵，開元二十八年七月十八日詔改爲啟運陵。）

元和郡縣圖志壹柒（岱南閣叢書本。又參閱舊唐書叁玖地理志及新唐書叁玖地理志趙州昭慶縣條。）

趙州。

昭慶縣。本漢廣阿縣，屬鉅鹿郡。

皇十三代祖宣皇帝建六［初］陵，高四丈，週迴八十丈。

皇十二代祖光皇帝啟運陵，高四丈，周迴六十步。二陵共塋，周迴一百五十六步，在縣西南二十里。

册府元龜壹帝王部帝系門略云：

唐高祖神堯皇帝。姓李氏，隴西狄道人。其先出自李暠，是爲涼武昭王，薨，子歆嗣位，爲沮渠蒙遜所滅。歆子重耳奔於江南，仕宋爲汝南郡守，復歸於魏，拜弘農太守，贈豫州刺史。 生熙，起家金門鎮將，後以良家子鎮於武川，都督軍戎百姓之務，終於位，因家焉。 生天錫，仕魏爲幢主，大統時贈司空公。 生太祖景皇帝虎，封趙郡公，徙封隴西公，周受魏禪，錄佐命功，居第一，追封唐國公。 生世祖元皇帝昞，在位十七年，封汝陽縣伯，襲封隴西公，周受禪，襲封唐國公。 高祖卽元皇帝之世子，母曰元貞皇后，七歲襲封唐國公，義寧二年受隋禪。

今河北省隆平縣尙存唐光業寺碑。 碑文爲開元十三年宣義郞前行象城縣尉楊晋所撰。 中央研究院歷史語言研究所藏有拓本，頗殘闕不可讀。 玆取與黃彭年等修畿輔通志壹柒肆古蹟略所載碑文相參校，而節錄其最有關之數語於下：

(上略。)皇祖瀛州刺史宣簡公謹追上尊號，謚宣皇帝，皇祖妣夫人張氏謹追上尊號謚宣莊皇后，皇祖懿王謹追上尊號謚光皇帝，皇祖妣妃賈氏謹追上尊號，謚光懿皇后(中略。)詞曰：

維王桑梓。 本際城池。(下略。)

案，李熙天錫父子共塋而葬，光業寺碑頌詞有「維王桑梓」之語，則李氏累代所葬之地，卽其家世居住之地，絕無疑義。 據魏書壹百陸上地形志南趙郡廣阿縣條，隋書叁拾地理志趙郡大陸縣條，及元和郡縣圖志壹柒趙州昭慶縣條等，是李氏父子葬地舊屬鉅鹿郡，與山東著姓趙郡李氏居住之舊常山郡，壤地鄰接，李虎之封趙郡公，卽由於此。 又漢書貳捌地理志載中山國唐縣有堯山；魏書地形志載南趙郡廣阿縣卽李氏父子葬地又有堯臺；李虎死後追封唐國公，其唐國之名蓋止取義於中山鉅鹿等地所流傳之放勳遺蹟，並非如通常廣義，兼該太原而言也。 至大唐創業起居注上所云：

初帝奉詔爲太原道安撫大使，帝以太原黎庶陶唐舊民，奉使安撫，不踰本封，因私喜此行，以爲天意。

則爲後來依附通常廣義之解釋，殊與周初追封李虎爲唐國公時，暗示其與趙郡李氏關係之本旨不同也。

據上所言，李唐豈眞出於趙郡李氏耶？ 若果爲趙郡李氏，是亦華夏名家也。 又何必自稱出於隴西耶？ 考元和郡縣圖志壹伍云：

邢州。

堯山縣。 本曰柏人，春秋時晉邑，戰國時屬趙，秦滅趙，屬鉅鹿郡，後魏改「人」

爲〔仁〕，天寶元年改爲堯山縣。

又同書壹柒云：

趙州。

平棘縣。　本春秋時晉棘蒲邑，漢初爲棘蒲，後改爲平棘也，屬常山郡。

李左車墓，縣西南七里。

趙郡李氏舊宅在縣南二十里，即後漢魏以來山東舊族也，亦謂之三巷李家云：東祖居巷之東，南祖居巷之南，西祖居巷之西，亦曰三祖宅巷也。　三祖李氏亦有地屬高邑縣。

元氏縣。　本趙公子元之封邑，漢於此置元氏縣，屬常山郡，兩漢常山太守皆理於元氏。

開業寺在縣西北十五里，即後魏車騎大將軍陝定二州刺史尙書令司徒公趙郡李徽伯之舊宅也。

柏鄉縣。　本春秋時晉鄗邑之地，漢以爲縣，屬常山郡，後漢改曰高邑，屬常山國，齊天保七年移高邑縣於漢房子縣東北界，今高邑縣是也。

高邑縣故城在縣北二十一里，本漢鄗縣地也。

高邑縣。　本六國時趙房子之地，漢以爲縣，屬常山郡。

贊皇縣本漢鄗邑縣之地，屬常山郡。

百陵崗在縣東十里，即趙郡李氏之別業於此崗下也。　崗上亦有李氏塋冢甚多。

昭慶縣。　本漢廣阿縣，屬鉅鹿郡。

皇十三代祖宣皇帝建初陵。

皇十二代祖光皇帝啟運陵。　二陵共塋，在縣西南二十里。　（昭慶縣條前已引及，因便於解說，特重出其概略於此。）

元和郡縣圖志著者李吉甫出於趙郡李氏，故關於其宗族之先塋舊宅皆詳記之，若取其分布之地域核之，則趙郡李氏其顯著支派所遺留之故蹟，俱不出舊常山郡之範圍。　據此，則趙郡李氏顯著支派當時居地可以推知也。　但其衰微支派則亦有居舊鉅鹿郡故疆者。　考新唐書柒貳宰相世系表趙郡李氏條，（鄧名世古今姓氏書辯證貳壹同。）云：

楷避趙王倫之難，徙居常山。 楷子輯。 輯子愼敦，居柏仁，子孫甚微。

案，柏仁廣阿二縣後魏時俱屬南趙郡，土壤鄰接，原是同一地域。 趙郡李氏子孫甚微之一支其徙居柏仁之時代雖未能確定，然李楷避西晉趙王倫之難，下數至其孫愼敦，僅有二代，則李愼敦徙居柏仁約在南朝東晉之時，李熙父子俱葬於廣阿，計其生時，亦約當南朝宋齊之世。 故以地域鄰接及年代先後二者之關係綜合推論，頗疑李唐先世本爲趙郡李氏柏仁一支之子孫。 或者雖不與趙郡李氏之居柏仁者同族，而以同居一地，同姓一姓之故，遂因緣攀附，自託於趙郡之高門，衡以南北朝庶姓冒託士族之慣例，亦爲可能之事。 總而言之，據可信之材料，依常識之判斷，李唐先世若非趙郡李氏之「破落戶」，即是趙郡李氏之「假冒牌」。至於有唐一代之官書，其記述皇室淵源間亦保存原來眞實之事蹟，但其大半盡屬後人諱飾誇誕之語，治史者自不應漫無辨別，遽爾全部信從也。

又魏書玖柒島夷劉裕傳云

島夷劉裕晉陵丹徒人。 其先不知所自出，自云：本彭城彭城人，故其與叢亭安上諸劉了無宗次。

宋書柒捌劉延孫傳云：

延孫與帝室雖同是彭城人，別屬呂縣，劉氏居彭城者又分爲三里；帝室居綏輿里，左將軍劉懷肅居安上里，豫州刺史劉懷武居叢亭里，及呂縣，凡四劉，雖同出元王，由來不序昭穆，延孫於帝室本非同宗。

南齊書叁柒劉悛傳云：

劉悛彭城安上里人也，彭城劉同出楚元王，分爲三里，以別宋氏帝族。

據此，則附會同姓之顯望，南北朝之皇室莫不如此，若取劉宋故事以與李唐相比，則京口之於彭城，亦猶廣阿之於趙郡歟？ 所不同者，唐李後來忽否認趙郡，改託隴西耳。 至其所以否認改託之故，亦可藉一類似之例以爲解釋，請引李弼之成事言之：李弼與李虎同爲周室佐命元勛。 周書壹肆李弼傳及新唐書柒貳上宰相世系表俱以弼爲遼東襄平人，唐書表又載弼封隴西公，與周書及北史陸拾李弼傳之僅言弼封趙國公者不同，唐書表多歧誤，姑不深考，但北史以弼爲隴西成紀人，則必依據弼家當日所自稱無疑。 蓋賀拔岳宇文泰初入關之時，其徒黨姓望猶繫山東舊郡之名，迨其後東西分立之局既成，內外輕重之見轉甚，遂使昔日之遠附山東舊望者，皆一變而改稱關右名家矣，此李唐所以先稱趙郡，後改隴西之故也。 又考北史壹百序傳載李抗（即李暠曾孫韶之從祖。） 自涼州渡江，仕宋歷任三郡太守，其子思穆於魏太和十七年北歸，位至營州刺史。 然則西涼同族固有支孫由北奔南，又由南返北之一段故實，李唐既改稱隴西之後，或見李抗思穆父子之遭際與其先世李初古拔買主父子之事蹟適相類似，因而塗附，自託於西涼李暠之嫡裔耶？ （參閱前篇。） 又據册府元龜之所引，知李重耳之豫州刺史乃追贈之銜，則光業寺碑所載李熙瀛州刺史之號疑亦後來所追贈者也。 至若册府元龜壹帝系門所載李天錫起家金門鎮將一節，必是附會李買主曾爲金門戍主之事，作成誇大之詞。 考魏書地形志有兩金門：一爲金門郡，興和中置，一爲宜陽郡屬之金門縣，亦興和中置，宋書柳元景傳載李買主爲金門戍主，（詳見前篇。） 依當日南北戰爭所經由之路線推之，自是宜陽郡屬之金門縣，但當北朝太平眞君之世，其地尚未置縣，何從而有鎮？ 後魏鎮將位極尊崇，李天錫更何從起家而得爲此高官乎？ 前篇疑李買主既已戰死，何能復鎮武川，又家於其地？今知李氏父子皆葬廣阿，實無家於武川之事，然則李唐之自稱來自武川者，或是覩賀拔岳宇文泰皆家世武川，因亦詭託於關西霸主鄉邑之舊耶？ 以李唐世系改易僞託之多端，則此來自武川一事之非史實，亦不足爲異矣。

據以上所推證，則李唐氏族或出於趙郡李氏衰微之支派，或出於鄰居同姓之攀援，雖皆不能確知，而其本爲漢族，似不容疑。 李熙天錫父子二世所娶張氏及賈氏又俱爲漢姓，則其血統於娶獨孤竇氏等胡姓之前，恐亦未嘗與胡族相混雜也。 假使李唐先世本爲純粹之漢族，其與大野部之關係果何如乎？ 前篇已言宇文泰之賜胡姓，實爲繼絕之義，而非復姓之旨。 考周故開府儀同賀屯公墓志（即侯植之墓志，周書貳玖北史陸陸皆有侯植傳，陸增祥八瓊石金石補正貳叁亦載此志又承趙萬里先生以李宗蓮懷珉精舍金石跋尾中此誌跋文及此志拓印本見示。） 云：

後魏前二年十月中太祖文皇帝以公忠效累彰，宜加旌異，爰命史官，賜姓賀屯氏，時推姓首，寔（寔）主宗祀。

此志文中「時推姓首，實主宗祀。」之語最關重要，蓋宇文泰之賜姓，原欲恢復鮮卑部落之舊制，故命軍人從其所統主將之姓，夫一軍之中既同姓一姓，則同姓之人數必衆，不可無一姓首，而姓首卽主宗祀之統將也。　但姓首不必盡爲塞外異族，如庾子山集壹叁周太子太保步陸逞神道碑(參考同集壹陸周譙國夫人步陸孤氏墓志銘。)云：

公諱逞，本姓陸，吳郡吳人也。　曾祖載，爲宋王司馬，留鎭關中，赫連之亂，仗劔魏室，今爲河南洛陽人也。　高祖(疑誤倒。)　冠軍將軍營州刺史，吳人有降附者，悉領爲別軍，自是擁鐸，更爲吳越之兵，君子習流，別有樓船之陣。

又周書叁貳陸通附弟逞傳(北史陸玖同。)　云：

父政，其母吳人，好食魚，北土魚少，政求之，常苦難，後宅側忽有泉出，而有魚，遂以供膳，時人以爲孝感所致，因謂其泉爲孝魚泉。　通賜姓步六孤氏。

案，陸通陸逞兄弟之爲漢人，確無疑義，且其祖母又爲吳人，則亦未與胡族血統混雜。　其祖統領降附吳人別爲水軍，蓋淸初黃梧施琅一流人物。　然宇文泰賜通以胡姓，專統一軍，是以通爲降附吳人之姓首，而主塞外鮮卑步陸孤部之宗祀也。　據此可以推知，卽漢人與塞外鮮卑部落絕無關涉者，亦得賜胡姓，且爲主宗祀之姓首。然則李虎雖賜姓大野氏，亦可以與塞外大野部落絕無關涉。　近人往往因李唐曾賜姓大野，遂據以推論，疑其本爲塞外異族，今旣證明其先世不家於武川，而家於南趙郡，則李熙父子(卽李初古拔父子。)　與陸通兄弟又何以相異乎？　故關於李唐氏族問題，綜合前後二篇之主旨，假設一結論於下：

李唐先世本爲漢族，或爲趙郡李氏徙居柏仁之「破落戶」，或爲鄰邑廣阿庶姓李氏之「假冒牌」，旣非華盛之宗門，故漸染胡俗，名不雅馴，於北朝太平眞君南朝元嘉之世曾參與弘農之戰，其後並無移鎭及家於武川之事，迨李虎入關，東西分立之局旣定，始改趙郡之姓望而爲隴西，因李抗父子事蹟與其先世類似之故，遂由改託隴西更進一步，而僞稱西涼嫡裔，又因宇文氏之故復詭言家於武川，其初之血統亦未與外族混雜。　總而言之，李唐氏族若僅就其男系論，固一純粹之漢人也。

若上所假設者大體不謬，則李唐一族之所以崛興，蓋取塞外野蠻精悍之血，注入中原文化頹廢之軀，舊染旣除，新機重啟，擴大恢張，遂能別創空前之世局。　故欲通解李唐一代三百年之全史，其氏族問題實爲最要之關鍵。　吾國昔時學者固未嘗留意於此，近人雖有撰著，亦與鄙見多所異同，因據與此問題有關之史籍及石刻，約略推論其僞造世系先後演變之歷程如此。

出自第三本第四分(一九三三年)

讀高力士外傳釋「變造」「和糴」之法

俞大綱

(一) 引文

唐太原郭湜撰高力士外傳，記當時(開天之際)政事一段云：

『(上略)(開元)二十三年後，上忽言曰：朕親主六合，二十餘年，兩都往來，甚覺勞弊 欲久住關中，其可致焉。 三問羣臣，皆云江淮漕，轉輸極難，臣等愚蒙，未知爲計，上甚不悅。 後李林甫用紫曜(陳寅恪先生疑「紫曜」爲裴曜二字之訛文，裴曜，卽裴耀卿，說甚是，容詳下節)之謀，爰興變造，牛仙客取彭果之計，首建和糴，數年之中，甚覺寬貸。 上因大同殿思神念道，左右無人，謂高公曰 朕自住關內，向欲十年，俗阜人安，中外無事，高止黃屋，吐故納新，軍國之謀，委以林甫，卿謂如何。 高公頓首曰，臣自二十年已後，陛下頻賜臣酒，往往過度，便染風疾，言辭倒錯，進趨無恆，十年已來，不敢言事。 陛下不遺鄙賤，言訪芻蕘，縱欲上陳，無裨聖造。 然所聞所見，敢不竭誠。 且林甫用變造之謀，仙客建和糴之策，足堪救弊，未可長行，恐變正倉盡卽義倉盡，正義俱盡，國無旬月之蓄，人懷饑饉之憂。 和糴不停，卽四方之利，不出公門，天下之人，盡無私蓄。 棄本逐末，其遠乎哉。 但順動以時，不踰古制，征稅有典，自合恆規，則人不告勞，物無虛費，軍國之柄，未可假人， 威權之聲 ，振於中外，得失之議 ， 誰敢興言 ，伏惟陛下圖之。 上乃言曰：卿十年已來，不多言事，今所敷奏，未會朕心。 乃頓首曰，臣生於夷狄之國，長自昇平之代，一承恩渥，三十餘年，嘗願粉骨碎身，以俾玄化，竭誠盡節，上答皇慈， 頃緣風疾所侵，遂使言辭舛謬，今所塵黷，不稱天心， 合當萬死，頓首頓首。 上曰，朕與卿休戚共同 ，何須憂慮。命左右曰 ，卽置酒爲樂 ，無使懷憂。 左右皆稱萬歲。 從此便住內宅，不接人事。 及開元之末，天寶之初，陳希烈上玄元之尊，田同秀獻寶符之瑞，貴妃受寵，外戚承恩，羅吉張僉興黨錮之獄，楊裴韋李受無狀之誅，五六年間，道路以目，祿山之禍，自此興焉。（下略)』據葉氏觀古堂唐人小說六種本。

按郭湜，兩唐書無傳，高力士傳中，自稱大理司直太原郭湜，肅宗時，受李輔國之斥，流於黔中，時高力士亦以私侍上皇登長慶樓事，爲李輔國所傾構，長流巫州，湜因得與力士相値。傳中云：『湜同病者(指同爲李輔國所陷者而言)，報（輒？）以誌之，況與高公俱嬰譴累，每接言論，敢不書紳』云云。郭氏旣得力士口述之資，而又身爲開天遺民，故外傳中紀事，多與史實相符，其眞實性自在次柳氏舊聞，開天傳信錄展轉得來史料者之上。且文筆高雅，允爲唐人小說上品，非低手人所能贋託，通鑑紀力士事，新書力士傳，多採此傳，當亦以此爲雜史中之信而可徵者也。

高力士事蹟，不在本文討論範圍之列，玆不復及。本篇所擬申引探攷者，厥爲上錄力士外傳中所述當時政事，並力士之議論一段而已。傳中述二十三年以前，關中歉儉，玄宗憂勞情形，與變造和糴之法行後，關中豐貸，玄宗倦於萬機，思念神仙，權臣弄柄，而有『祿山之禍，因此興焉』之語。又述力士議變造和糴等法，以爲「捨本逐末」；隱約概括一代政治隆替之關鍵於此數事中，此讀史者所不容忽視者也。

（二） 釋『變造之法』

唐自開元以前，賦稅漕運等制度，兩唐書食貨志，唐六典，通典食貨門等書，紀之甚詳，且爲世人所習知者也。然所謂「變造」之法者，諸書不具載。今欲攷其制度，兼論其制與當時政事隆替之關係，如力士外傳所言者，不得不先述武德以降租賦沿革。

唐自玄宗以前，鹽鐵之利未興，其軍國費用，例取資於租調。其租數：『武德二年制，每丁年納租粟二石，嶺南諸州，則稅米，上戸一石二斗』，『七年，定均田賦稅，（仍爲）每丁歲入粟二石。』唐會要舊唐書等並作二，惟册府元龜作三。開元二十五年定令：『諸課戸一丁租調，準武德二年之制。』參看舊書食貨志，冊府元龜五百四邦計部，唐六典戶部郎中員外郎條，通典六食貨六。據此，唐自高祖迄玄宗，租稅量質，均未改動。

又據上引諸令勅定式，省知唐制租賦有納粟納米之分。通典十食貨十注，『禹貢曰……「四百里納粟，五百里米。」』下文按語曰，『則物重而粗者，爲近賦。物輕而精者，爲遠賦。若數千百里漕運，其費百倍。』此則唐制嶺南稅米，諸州稅粟，其故可以推悉。米粟既有輕重精粗之殊，其影響於漕轉費用者甚大。唐制諸州送運兩京之正租，爲粟抑米，史料佚闕，不可究知。

但攷舊唐書食貨志：

『先是諸州米至京師，多沙磔糠粃雜乎其間，開元初，詔使揚擲，而較其虛實，揚擲之名自此始。』

此開元初年漕轉京師者爲米而非粟，且更用揚擲之法，去沙磔糠粃，以較虛實。可證其時諸州租米漕運納京者，以米不以粟，而政府檢覆之制，亦甚嚴格。又開元二十五年九月詔。〔冊府元龜五八四邦計部賦稅門〕

『今年河南河北應送含嘉（洛陽）太原（陝州）等倉租米，宜折粟納留本州。』

依此則運送洛陽陝州之租，亦爲米而非粟。然粟雖不宜於轉運而耐久藏，唐倉制，『粟支九年，米及雜種三年。』（唐六典十九太倉署令條，參看日本仁井田陞唐令拾遺倉庫令第二十四第六條）。故留州之租納粟，上供之租折米。

冊府元龜邦計部漕運門：

（武德）二年閏二月，太府少卿李襲譽運劍南之米，以實京師。

八月揚州都督李靖，運江淮之米，以實雒陽。

貞觀二十二年七月開斜谷路水路，運米以至京師。

以上三事，雖不言所運者，是否諸州正租。然攷武德二年制，『正租正調外，不得橫有調斂。』冊府邦計部賦稅門。則以其年所運輸者言之，必爲正租無疑。太宗一朝，亦無橫徵事，依此可以斷言武德貞觀間運輸兩京（其時洛陽不稱京，茲依高宗以後通制言之。）之租，蓋已爲米無疑義矣。

正租之制，及漕運宜米，藏儲宜粟之事既明，乃得進攷變造之法。按唐自高祖至玄宗開元百餘年間，雖爲拓張國威，號稱鼎盛之期，而其『開國規模』，所謂府兵之制，均田之制，皆已逐漸隳壞。　而人口之增加，西北軍事之轉亟，在在皆足促成『關中經濟』困乏情況，而尤以糧米拮据爲當時最大政治問題。（其政治制度隳壞與關中糧米及變造之法相互關係，下章當詳論之。）當日武德舊制，保存未變者，厥爲租賦之制。　然租賦之數既無所增，而國用又不能給，唯一救濟之策，只有出於動用義倉儲積一途。

按貞觀二年，太宗用戴冑之言，設立義倉。　其制：『王公以下墾田，畝納二升，其粟麥粳稻之屬，各依土地，貯之州縣，以備凶年。』（通典十二參看兩唐書戴冑傳）通典食貨義倉門：

『高宗武后數十年間，義倉不許雜用，其後公私窘迫，義倉支用。　自中宗神龍之後，天下義倉，費用向盡。』

此種動用義倉，而以義倉之粟，變米納京者，當時卽謂之「變造」或「回造」。冊府元龜邦計部賦稅門：

『開元四年五月勅曰：天下百姓，皆有正條正租，州縣義倉，本備饑年賑給。若緣官事便用，還以正倉却塡。　近來以來，每三年一度，以百姓義倉造米。（舊唐書食貨志（下同）引此詔作糙米。）遠送交納，（舊書作遠赴京納）。　仍勒百姓私出脚錢，……自今以後，更不得以義倉回造。（舊書作變造）。　已上道者，不在停限。（下略）』

此述回造之制甚悉。　惟舊書所引與冊府所載，字句略有出入，然正足資吾人攷訂也。（一）冊府「義倉造米」，舊書作『義倉糙米』。　按廣韻：『糙，同䊭，米穀雜。』　舊食貨志：『儀鳳四年四月，令東都出遠年糙米及粟，就市糶給。』　則其時自有糙米一色。　又玄宗開元二十五年定式：『王公以下，每年戶別稅粟二升，以爲義倉。……諸出給雜種准粟者，稻穀一斗五升，當粟一斗。　其折納糙米者，稻三石，折納糙米一石四斗。』　則義倉已有折納糙米之制。　冊府所云「造米」，殆指折納而言，其所折納爲何色米，固在其不說明之例。　觀夫下文所言「回造」可明兩造字，同爲一義也。（二）『回造』『變造』，皆指以義倉之粟，折納成米，運送上京，文義甚明，而兩辭何以有異，似應注意。　按玄宗緩河南北逋賦詔見全唐文，有：『其貸糧麥種穀子「迴轉變造」諸色欠負並放』之語。　攷貸糧，麥種，穀子，皆爲義倉賑貸丁民者，六典戶部郎中員外郎條述義倉制，小注云『若有不熟之處，隨須給貸及種子，皆申尚書省奏聞。』是也。其云『迴轉變造』，自亦與義倉給貸及種子有關。尋繹其義，蓋指百姓借貸與交納義倉時，雜種或粟麥之屬與米之來回變換。綜而言之，『迴轉變造』自成爲一專門術語，而其性質與「回造」及「變造」相同，謂「回造」與「變造」爲「迴轉變造」四字之兩種省文，蓋無不可也。

義倉變造之法，雖已行於中宗神龍之後，然自開元四年禁斷，「見上引册府元龜文」直至開元二十一年，玄宗用裴耀卿之謀，始大興其法。

> 開元十八年朝集使宣州刺史裴耀卿上便宜曰：（首請沿河置倉，辭長從略。）江南船至河口却還本州，更取其船充運，幷取所減脚錢，更運江淮變造義倉，每年剩得一二萬石。（按剩得猶言多得。）卽數年之內，倉廪轉加，其江淮義倉，多爲下濕，不堪久貯。若無船運，三兩年變色，卽給貸散，無益公私。參看兩唐書本傳舊食貨志

玄宗當時不用其謀。開元二十一年，耀卿爲京兆尹，京兆雨水，穀價踴貴，耀卿又請沿河置倉，行節級轉運之法。玄宗因擢耀卿守黄門侍郎同中書門下平章事，二十二年，又以爲江淮以南迴造使。（參看兩唐書本傳。按舊書玄紀新書宰相表竝作江淮以南迴造使，舊食貨志作江淮以南租庸使。通鑑從後說，而不言其所以從後說之理由。見通鑑二一四開元二十二八月述此事條下攷異。今按五代會要，舊書玄宗以上紀多據舊實錄，似較食貨志爲可據。）通鑑開元二十二年八月，紀

> 『耀卿令江淮舟運，悉輸河陰倉，更用河舟運至含嘉倉，及太原倉，自太原倉入渭，輸關中。凡三載，運米七百萬斛，省僦錢三十萬緡……』

舊史紀耀卿之功如此，雖不明言其用變造之法，但據迴造使之官銜，與江淮轉運數量之多，可知正租與義倉同時運納。高力士外傳，論變造之謀：『變正倉盡卽義倉盡，正義俱盡，國無旬月之蓄，人懷饑饉之憂。』殆切近事實之論也。

惟案力士外傳：『李林甫用紫曜之謀，爰興變造。』紫曜兩字，文義難解，陳寅恪先生謂爲「裴耀」兩字之訛文，其說甚是。今按其下文云：『牛仙客用彭果之計，首建和糴。』裴耀彭果，對舉人名，此爲駢偶文句之例。唐人於三字或四字之人名，刪去一或二字，用爲駢儷對偶者，其例甚多。如劉子玄史通曲筆篇：

『秦人不死，驗苻生之厚誣，蜀老猶存，知葛亮(諸葛亮)之多枉。』溫飛卿春夢宴罷寄宋壽先輩詩，『蘇小風姿迷下蔡，馬卿(司馬長卿)才調似臨邛，』等是也。今既攷知變造法之大行，始於耀卿，可知紫曜兩字，蓋以其與裴耀兩字之形近，爲後來傳寫者所訛也。

然有一事須加攷正，外傳云：林甫用裴耀卿之謀，爰與變造。按林甫爲相，在開元二十二年，後於耀卿入相者一年。外傳之言，似與史實牴牾。但攷耀卿自二十二年迄二十四年，悉領江淮租庸迴造事，(參看舊食貨志，通鑑二一四開元二十二年八月條)而林甫以二十三年爲戶部尙書，(參看兩唐書本傳新書宰相表)唐戶部尙書『掌天下戶口井田之政，凡徭賦職貢之方，經費賙給之算，藏貨盈除之准，悉以咨之。』(六典三戶部)租調等事，戶部實綜其權，則耀卿迴造轉運等法，林甫宜得與聞。又耀卿罷相後，林甫仍繼任相位者凡十五年(耀卿開元二十四年罷相，林甫直至天寶十一載，薨於相位。)此十五年中，變造之法，施行未替，且其範圍又加擴大，即正租正調，亦加以迴造。開元二十五年敕：『關中庸調，變粟取米送京。』册府四八七邦計部賦稅門。又『江南諸州租，並迴造納布。』通典食貨六。又天寶初年，韋堅『請於江淮轉運租米，取州縣義倉粟，轉市輕貨，差富戶押船。』(見舊食貨志)則變造義倉，更易以粟變米，爲以粟變輕貨矣。據此，林甫與變造之法，當不無關連。外傳全以其事責任，諉之林甫，殆郭氏惡林甫之爲人。唐人述開天政事之隆替，十九歸咎于林甫，元微之連昌宮詞，托野老之言，謂爲弄權宰相，顚倒廟謨，動搖四海，與楊國忠同爲罪魁，蓋一時社會定論如此也。

(三) 開元二十五年後關中殷富與「和糴」及「變造」

按力士外傳稱玄宗朝自用變造和糴等後，關中漸覺寬貸。徵諸史事，裴耀卿自開元二十一年爲玄宗任用後，居相位凡四年，迄二十四年玄宗欲加牛仙客尙書，張九齡以爲不可，九齡與耀卿善，而李林甫素與九齡不相容，林甫日夜短九齡於玄宗，玄宗遂罷耀卿九齡相位，而任李林甫牛仙客，此當時政局之一大變動也。(參看兩唐書張九齡李林甫傳)按二十二年迄二十四年十月，玄宗在東都，耀卿與變造之功，正在此三年中，故通鑑攷異二十二年八月條下云：『…今年(二十二)(耀卿)爲侍中，始置河陰倉，後三年方見成效…』，後三年指二十四年，即玄宗還西京而耀卿罷爲左丞，牛仙客入相時也。其時關中糧米，經耀卿三年營運之功，據通鑑所記，計七百萬斛。（通鑑二百十四開元二十二年七月下）則其時寬貸情形，要可推知。關中糧米，既已充溢，似無假於漕米，故牛仙客遂用糴法於關中。通鑑二百十四開元二十五年五月下：（參看新食貨志）

『先是西北邊數十州，多宿重兵，地租營田，皆不能贍，始用和糴之法。有彭果者，因牛仙客獻策，請行糴法於關中。戊子，敕以歲稔穀賤傷農，命增時價什二三，和糴東西畿粟，各數萬斛。停今年江淮所運租，自是關中蓄積羨溢，車駕不復幸東都矣。癸巳，敕河南河北租應納含嘉太原倉者，皆留輸本州。』

上引史文，有兩處應加以補充，（一）戊子……停今年江淮所運租，按唐六典食貨六賦稅下，載開元二十五年定令『……其江南諸州租，並迴造納布。』據此，通鑑所謂停江淮所運租，（案舊紀同），非停止運租，乃以租粟造布，仍爲變造之制也。其所以如此者，蓋藉江淮布帛，增加關中財賦力量，以爲和糴或賞給邊軍之資耳。(二)『河南河北租……皆留輸本倉。』按全唐文載原詔：有『折粟納留本州』之語，此亦以關中寬貸，無庸變造正租，仍折粟留州也。又舊食貨志載開元二十五年三月敕：『關輔庸調，所稅非少，既寡蠶桑，皆資菽麥。常賤糶貴買，損費逾深。又江淮苦變造之勞，河路增轉輸之弊，每計其運脚，數倍加錢。今歲屬和平，庶物穰賤，南畝有十千之獲，京師同水火之饒，均其餘以減遠費，順其便使農無傷，自今已後，關內諸州庸調資課，並宜準時價變粟取米，送至京，逐要支用。其路遠處，不可運送，宜所在收貯，便充隨近軍糧。其河南河北，有不通水利，宜折租造絹，以代關中調課。所司仍爲條件，稱朕意焉。』

綜合通鑑二十五年八月紀事及上引二十五年詔勅定令，可知其時關中糧米，(一)因裴耀卿三年變造之功而溢充，（二）因以關中調課折米，（三）停河南北租運，折粟納留本州，（四）河南北不通水運處，折租造絹送京，（五）江南租迴造布，(六)大興和糴於關中，（七）關中豐羨，玄宗自此不幸東都。據此觀之，當時關中蓋可稱『財力雄富，士馬精妍』而無讓矣。

二十五年以後，綜財賦大權者，有楊愼矜，韋堅，王鉷，楊釗。四人皆竭力謀增關中財富，爲玄宗所寵幸，韋堅，楊愼矜，王鉷，皆爲李林甫所嫉，搆大獄以陷之，(參看兩唐書本傳，通鑑記事本末二十一李林甫專政，二十二，姦臣聚斂。)此亦當時政治大案也。其事本末，非本篇所能範圍，玆所應述說者，則韋堅楊釗兩人聚斂之方，與變造和糴等法之關係數端耳。

天寶政事，有兩事最足誇耀其富庶者；(一)韋堅鑿廣運潭，積漕舟於望春樓下，傾長安人以觀其盛。舊書一百五韋堅傳：

堅預於東京汴宋取小斛底船三二百隻，置於潭側。其船，皆署牌表之。若廣陵郡船，卽於栿背上堆積廣陵所出錦鏡銅器海味。丹陽郡船，卽京口綾衫段。晉陵郡船卽折造官端綾繡。會稽郡船，卽銅器羅吳綾絳紗。南海郡船，卽玳瑁眞珠象牙沉香。豫章郡船，卽名瓷酒器茶釜茶鎗茶椀。宣城郡船，卽空青石紙筆黄連。始安郡船，卽蕉葛蚺蛇膽翡翠。船中皆有米，吳郡卽三破糯米方丈綾。凡數十郡駕船人，皆大笠寛袖衫芒屨，如吳楚之制。(中略)廣集兩縣官使婦人唱之，『得寶弘農野，弘農得寶那，潭裏船車鬧，楊州銅器多，三郎當殿坐，看唱得寶歌』。成甫(崔成甫時爲陝縣尉)又作歌詞十首，白衣缺胯，綠衫錦半臂，偏袒膊，紅羅抹額，於第一船作號頭唱之，和者婦人一百人，皆鮮服靚粧，齊聲接影，鼓笛胡部以應之。餘船洽進，至楼下連檣，彌亙數百里，觀者山積。京城百姓，多不識驛馬船檣竿，人人駭視。堅跪上諸郡輕貨，又上百牙盤食，府縣進奏，教坊出樂迭奏，玄宗歡悅。

據此以觀當時廣運潭盛事，其爲奢靡富麗，誠獨富於浪漫風趣之唐代有之，而又特屬於玄宗與開元天寶時代者也。特讀史者所應注意者，上引史文，所列諸郡，皆屬江南。船栿上堆積之輕貨，則江南輕貨。駕船人之服飾，則『吳楚之制』。歌唱之辭，則『揚州銅器多』。此卽舊食貨志所紀：『天寶初年，韋堅請於江淮轉運租米，取州縣義倉粟，轉市輕貨』也。依此則江南義倉變造之方，因韋堅而又盛，不過韋氏易耀卿舊法折米爲市輕貨耳。此韋堅得幸之由也。

(二)玄宗引百官觀左藏事。通鑑二一六：

八載（天寶）春二月戊申， 引百官觀左藏，賜帛有差。 是時州縣殷富，倉庫積粟帛，動以萬計。 楊釗奏請所在糶變爲輕貨，及徵丁租地稅，皆變布帛輸京師。 屢奏帑藏充牣，古今罕儔，故上帥羣臣觀之。 賜釗紫衣金魚以賞之。 上以國用豐衍，故視金帛如糞壤，賞賜貴寵之家，無有限極。

據此變造輕貨之制，經楊釗之謀，蓋已普及於州縣倉庫，地稅丁租。 則上京所以『帑藏充牣，古今無儔』，殆亦非楊釗誇語，史氏浮詞。 依此蓋可推攷耀卿變造，仙客和糴後關中米粟豐溢情形，與夫韋楊擴張變造法，轉市輕貨之由來，以及天寶政治隆替之樞結矣。

又米粟之豐積，所以點綴開天承平故事者，不獨關中爲然也。 舊玄紀開元二十八年：『其時頻歲豐稔，京師米斛不滿二百，天下乂安，雖行百里，不持兵刃』。 杜甫憶昔詩：『憶昔開元全盛日，小邑猶藏萬家室，稻米流脂粟米白，公私倉廩皆豐實。』 皆可攷見一般也。

（四） 變造和糴與兵制

和糴變造等法之所以興用，其故不外救濟關中糧米之闕乏，而關中糧米闕乏之故，又不外政治制度之墮壞，國用日見絀短。 其各種制度之中，尤以府兵制之變壞，與糧米之耗積，所關更爲深切。 玆略徵史事以明之，攷新唐書兵志云：

自高宗武后時，天下久不用兵，府兵之法寖壞，番役更代，多不以時，衛士稍稍亡匿，至是益耗散，宿衛不能給，宰相張說乃請一切募士………明年（開元十二年）更號曰彍騎。

通鑑二一六天寶八載：

先是折衝府皆有木契銅魚，朝廷徵發，下敕書契魚，都督府參驗皆合，然後遣之。 自募彍騎，府兵益墮壞，死及逃亡者，有司不復點補，其六馱馬牛器械糗糧，耗散略盡。 府兵入宿衛者，謂之侍官，言其爲天子侍衛也。 其後本衛多以假人，役使如奴隸，長安羞之，至以相詬病。 其戍邊者又多爲邊將苦役，利其死而沒其財，由是府兵皆逃匿，至是無兵可交。 五月癸酉，李林甫奏停折衝府上下魚書法，是後府兵徒有官吏而已。 其折衝果毅，又歷年不改，士大夫恥爲之。其彍騎之法，天寶以後，稍亦變廢，應募者皆市井子弟，未嘗習兵，時承平日久，議者多謂中國兵可銷，於是民間挾兵器者有禁，子弟爲武官，父兄擯不齒，猛將精兵，皆聚于西北，中國無武備矣。

據此府兵之法，太宗以後，蓋已浸壞，迄於玄宗，遂至掃地而盡；猛將精兵，盡集於西北一隅。案府兵之法，其所以稱爲善政者，誠如新書兵志所云：『士不失業，而將帥無握兵之重。』然其間尤有絕大之關鍵，則軍糧概由府兵自備（詳見新書兵志），無假於國家之贍給是也。自玄宗以募兵之制，代府兵法，軍糧軍用，悉資國庫。舊書職官志兵部郎中條紀兵事，有所謂「募人之營」，則指募得之兵也，其費用則：『凡諸道迴兵糧糒之物，衣資之費，皆令所在州縣分給之。』按舊書此文，錄自六典，蓋係開元末年之制。及天寶之際，軍額大擴糜費尤多。通典食貨六

天寶開拓邊境，多立功勳，每歲軍用，日增其費，糴米粟則三百六十萬疋段，朔方河西各八十萬，隴右百萬，伊西北庭八萬。安西十二萬，河東節度及羣牧使各四十萬。

按此以政府給疋段，令各節度自糴米粟，與下引通典餽軍食不同。蓋就地糴糧，可以省轉輸之費。此力士外傳所謂『和糴不停，四方之利，不出公門』是也。又通典食貨六：

給衣則五百三十萬，朔方百二十萬，隴右百五十萬，河西北萬，伊西北庭四十萬，安西三十萬，河東節度四萬，羣牧五十萬。

別支計則二百一十萬 河東五十萬，幽州劍南各八十萬。

餽軍食則百九十萬石 河東五十萬幽州劍南各七十萬。

按別支計餽軍食，皆用於河東劍南幽州者，蓋三處雖爲重兵駐所，而米粟供給，無庸轉手於關中，與西北諸鎮不同。杜工部昔游詩（全唐詩八）

『…是時（當指天寶中）倉廩實，洞達寰宇開，猛士思滅胡，將帥望三台，君王無所惜，駕馭英雄材，幽燕盛用武，供給亦勞哉，吳門轉粟帛，泛海陵蓬萊。』

又後出塞錢注杜工部集卷三

『雲帆轉遼海，粳稻來東吳。』

皆指東南之粟，直輸幽州也。據此可知其時天下養兵之費之重。（通典云大凡一千二百六十萬，錫賚之費不在此，開元以前每歲邊夷戎，所用不過二百萬貫。）統計西北兵備，所費尤多。則其時關中擔荷，概可想見。而和糴變造之謀之所以興用不替，與乎其所影響於邊將驕橫，中原無武備，因循以迄於安史之亂，轉而爲藩鎮割據局面者，又通觀有唐一代史蹟者所不可等閒視之者也。

附記　本文自屬思以迄脫稿，屢承陳寅恪先生商搉啓誨，合誌心感。

附記二：本所刊燉煌掇瑣六六，三三四八。錄有天寶四載燉煌郡和糴計目一種。詳載當時其地和糴輸帛買穀細目甚詳，極有裨於研究中古經濟之事。本文僅論著變造和糴兩種制度在唐代史事上之重要性，而大綱又不長於經濟之學，未敢加以引用也。

出自第五本第一分（一九三五年十月）

武曌與佛教

陳寅恪

目錄

(甲) 本文討論之範圍

李義山文集肆紀宜都內人事云：

> 武后篡既久，頗放縱，耽內習，不敬宗廟，四方日有叛逆，防豫不暇。宜都內人以唾壺進，思有以諫。后坐帷下，倚檀机，與語。問四方事，宜都內人曰：大家知古女卑於男耶？后曰：知。內人曰：古有女媧，亦不正是天子，佐伏羲理九州耳。後世孋姹有越出房閤斷天下事者，皆不得其正，多是輔昏主，抱小兒。獨大家革天姓，改去釵釧，襲服冠冕，符瑞日至，大臣不敢動，眞天子也。（中略。）大家始今日能屛去男妾，獨立天下，則陽之剛亢明烈可有矣。如是過萬萬世，男子益削，女子益專，妾之願在此。后雖不能盡用，然即日下令誅作明堂者。（寅恪案，此指薛懷義。）

寅恪案，武曌在中國歷史上誠爲最奇特之人物，宜都內人之語非誇詞，皆事實也。自來論武曌者雖頗多，其實少所發明。茲篇依據舊史及近出佚籍，參校推證，設一假定之說。或於此國史上奇特人物之認識，亦一助也。但此文所討論者，僅以武曌與佛教之關係爲範圍：即其母氏家世宗教信仰之薰習及其本身政治特殊地位之證明二點。其他政治文化等問題與武曌有關者俱不涉及，以明界限。

(乙) 楊隋皇室之佛教信仰

南北朝諸皇室中與佛教關係最深切者，南朝則蕭梁，北朝則楊隋兩家而已。兩家在唐初皆爲亡國遺裔。其昔時之政治地位雖已喪失大半，然其世代遺傳之宗教信仰固繼承不替，與梁隋盛日無異也。請先以蕭梁後裔蕭瑀之事證之。

舊唐書陸叁蕭瑀傳云：

瑀字時文。高祖梁武帝，曾祖昭明太子，祖察，後梁宣帝，父巋，明帝。好釋氏，常修梵行，每與沙門難及苦空，必詣微旨。（中略。）太宗以瑀好佛道，嘗賚繡佛一軀，並繡瑀狀於佛像側，以爲供養之容。又賜王褒所書大品般若經一部。並賜袈裟，以充講誦之服焉。（中略。）會瑀請出家，太宗謂曰：甚知公素愛桑門，今者不能違意。瑀旋踵奏曰：臣頃思量，不能出家。太宗以對羣臣吐言，而取捨相違，心不能平。瑀尋稱足疾，時詣朝堂，又不入見。太宗謂侍臣曰：瑀豈不得其所乎？而自慊如此。遂手詔曰：（中略。）至於佛道，非意所遵。雖有國之常經，固弊俗之虛術。何則，求其道者，非驗福於將來，修其教者，翻受辜於既往。至若梁武窮心於釋氏，簡文銳意於法門。傾帑藏以給僧祇，殫人力以供塔廟。及乎三淮沸浪，五嶺騰烟。假餘息於熊蹯，引殘魂於雀鷇。子孫覆亡而不暇，社稷俄頃而爲墟。報施之徵何其繆也。而太子太保宋國公瑀踐覆車之餘軌，襲亡國之遺風。棄公就私，未明隱顯之際。身俗口道，莫辨邪正之心。修累葉之殃源，祈一躬之福本。上以違忤君主，下則扇習浮華。往前朕問張亮云：卿既事佛，何不出家？瑀乃端然自應，請先入道。朕卽許之，尋復不用。一迴一惑，在於瞬息之間。一可一否，變於帷扆之所。乖棟梁之大體，豈具瞻之量乎？朕猶隱忍至今，瑀尙全無悛改。宜卽去茲朝闕，出牧小藩。可商州刺史，仍除其封！

唐釋彥悰護法沙門法琳別傳中載貞觀十一年正月（適園叢書本唐大詔令集壹壹叁作二月。）道士女冠在僧尼之上詔云：

（上略。）至於佛教之興，基於西域。爰自東漢，方被中華。神變之理多方，報應之緣匪一。暨乎近世，崇信滋深。人冀當年之福，家懼來生之禍。由是

> 滯俗者聞玄宗而大笑，好異者望眞諦而爭歸。始波湧於閭里，終風靡於朝廷。遂使殊俗之典鬱爲衆妙之先。諸夏之教翻居一乘之後。流遯忘反，於玆累代。朕夙夜寅畏，緬惟至道。思革前弊，納諸軌物。況朕之本系出自柱下。鼎祚克昌，旣憑上德之慶。天下大定，亦賴無爲之功。宜有解張，闡玆玄化。自今已後，齋供行[illegible]於講論，道士女冠宜在僧尼之前！庶敦本系之化暢於九有，尊祖宗之風貽[illegible]葉。

觀上錄唐太宗兩詔，知佛教自隋文帝踐祚復興以來，至唐太宗貞觀十一年，始遭一嚴重之壓迫。前此十年即唐高祖武德九年五月雖有沙汰僧尼道士女冠之詔，其實並未實行。（詳見舊唐書壹高祖紀及通鑑壹玖壹武德九年五月辛巳下詔命有司沙汰天下僧尼道士女冠條。）且彼時詔書兼涉道士女冠，非專爲僧尼而發也。蓋佛教自北周武帝廢滅以後，因隋文帝之革周命而復興。唐又代隋，以李氏爲唐國姓之故，本易爲道士所利用，而太宗英主，其對佛教，雖偶一褒揚，似亦崇奉者。如貞觀三年閏十二月癸丑爲殞身戎陣者建立寺刹，（見舊唐書貳及新唐書貳太宗紀。）及優禮玄奘等，（詳見慈恩大師傳陸。）皆其顯著之例。其實太宗於此等事皆別有政治作用。若推其本心，則誠如其責蕭瑀詔書所謂「至於佛教，非意所遵」者也。當日佛教徒處此新朝不利環境之中，惟有利用政局之變遷，以恢復其喪失之地位。而不意竟於「襲亡國遺風」之舊朝別系中覓得一中興教法之宗主。今欲論此中興教法宗主之武曌與佛教之關係，請先略述其外家楊隋皇室崇奉釋氏之事實於下：

唐釋道宣集古今佛道論衡實錄貳隋兩帝重佛宗俱受歸戒事條云：

> 案隋著作郎王邵述隋祖起居注云：帝以後魏大統七年六月十三日生於同州般若尼寺。於時赤光照室，流溢戶外。紫氣滿庭，狀如樓閣，色染人衣，內外驚異。帝母以時炎熱，就而扇之。寒甚幾絕，困不能啼。有神尼名曰智仙，河東劉氏女也。少出家，有戒行。和尙失之，恐墮井，乃在佛屋，儼然坐定，遂以禪觀爲業。及帝誕日，無因而至。語太祖曰：兒天佛所祐，勿憂也！尼遂名帝爲那羅延，言如金剛不可壞也。又曰：兒來處異倫，俗家穢雜，自爲養之。太祖乃割宅爲寺，以兒委尼，不敢召問。後皇妣來抱，忽化爲龍，驚惶墮地。尼曰：何因妄觸我兒，遂令晚得天下。及年七歲，告帝曰：兒當大貴，從東國來。佛

法當滅，由兒興之。尼沈靜寡言，時道吉凶，莫不符驗。初在寺養帝，年至十三，方始還家。及周滅二教，尼隱皇家。帝後果自山東入爲天子，重興佛法，皆如尼言。及登位後，每顧羣臣，追念阿闍黎，以爲口實。又云：我興由佛法，而好食麻豆，前身似從道人中來。由小時在寺，至今樂聞鐘聲。乃命史官爲尼作傳。帝昔龍潛所經四十五州，及登極後，悉皆同時起大興國寺。仁壽元年帝及後宮同感舍利，竝放光明，以槌試之，宛然無損。遂前後置塔諸州百有餘所。皆置銘勒，隱於地府。感發神瑞，充牣耳目。具如王邵所撰感應傳。所以周祖竊忌黑衣當王，便摧滅佛法。莫識隋祖元養佛家。王者不死，何由可識。

(參考道宣續高僧傳貳陸感通篇隋釋道密傳。)

隋書壹高祖紀（北史壹壹隋本紀同。）云：

皇妣呂氏以大統七年六月癸丑生高祖於馮翊般若寺。紫氣充庭。有尼來自河東，謂皇妣曰：此兒所從來甚異，不可於俗間處之！尼將高祖舍於別館，躬自撫養。皇妣嘗抱高祖，忽見頭上角出，偏體鱗起。皇妣大駭，墜高祖於地。尼自外入，見曰：已驚我兒，致令晚得天下。

道宣廣弘明集一七隋安德王雄百官等慶舍利感應表云：

其（蒲州）栖巖寺者卽是太祖武元皇帝之所建造。

寅恪案，帝王創業，史臣記述，例有符瑞附會之語，楊隋之興，何得獨異？但除去此類附會例語之外，可注意者二事：一爲隋高祖父母之佛教信仰；一爲隋高祖本身幼時之佛教環境。夫楊氏爲北周勳戚。當北周滅佛之時，而智仙潛匿其家，則楊氏一門之爲佛教堅實信徒，不隨時主之好惡轉移，於此益可以證明也。

隋書叁伍經籍志道佛經類云：

開皇元年高祖普詔天下任聽出家。仍令計口出錢，營造經像；而京師及并州相州洛州等諸大都邑之處並官寫一切經，置於寺內；而又別寫藏於祕閣。天下之人從風而靡，競相景慕。民間佛經多於六經數十百倍。（參閱通鑑壹柒伍陳紀宣帝太建十三年隋主詔境內之民任聽出家條。）

續高僧傳捌隋釋曇延傳云：

隋文創業，未展度僧。延初聞改政，卽事剃落。法服執錫，來至王庭。（中略。）帝奉聞雅度，欣泰本懷。共論開化之模，孚化之本。延以寺宇未廣，教法方隆。奏請度僧，以應千二百五十比丘五百童子之數。敕遂總度一千餘人，以副延請。此皇隋釋化之開業也。爾後遂多。凡前後別請度者，應有四千餘僧。周廢伽藍並請興復。三寶再弘，功兼初運者，又延之力矣。

寅恪案，周武帝廢滅佛教。隋文帝代周自立，其開國首政卽爲恢復佛教。此固別有政治上之作用，而其家世及本身幼時之信仰要爲一重要之原因，則無疑也。至於煬帝，在中國歷史上通常認爲弑父弑君荒淫暴虐之主，與桀紂幽厲同科，或更不如者。然因其崇奉佛教，尤與天台宗創造者智者大師有深切之關係之故，其在佛教中之地位適與其在儒家教義中者相反。此爲吾國二種不同文化價値論上之問題，不止若唐代改易漢書古今人表中老子等級之比也。此問題非玆篇所能詳論，今但擇錄天台宗著述中與此問題有關之文，略附詮釋，以供參證。

南宋天台宗僧徒志磐撰佛祖統紀叁玖開皇十三年晉王廣受菩薩戒於智者大師條述曰：

世謂煬帝稟戒學慧，而弑父代立。何智者不知預鑑耶？然能借闍王之事以比決之，則此滯自銷。故觀經疏釋之，（寅恪案，此指智者大師之觀無量壽佛經疏。）則有二義：一者事屬前因，由彼宿怨，來爲父子。故阿闍世此云「未生怨。」二者大權現逆，非同俗間惡逆之比。故佛言：「闍王昔於毘婆尸佛發菩提心，未嘗墮於地獄。」（原注：「涅槃經云。」寅恪案，此語出北本大涅槃經貳拾梵行品第捌之柒末段。）又佛爲授記，却作後佛，號「淨身。」（原注：「闍王受決經。」寅恪案，今此經文作「淨其所部。」志磐所據本「其」字作「身」字，故云「淨身」。）又「闍王未受果而求懺，令無量人發菩提心。」（寅恪案，原本此處有「垂裕記」三字。今移置下文「孤山」二字之下。）有能熟思此等文意，則知智者之於煬帝，鑒之深矣。故智者自云：「我與晉王深有緣契。」今觀其始則護廬山，主玉泉，終則創國淸，保龕壟。而章安結集，十年送供。（原注：「事見智者本紀。」寅恪案，見佛祖本紀陸智者紀。原注本在篇末。今移於此。）以此比知，則煬帝之事亦應有前因現逆二者之義。孤山〔垂裕記〕云：「菩薩住首楞嚴定者或現無道，所以爲百王之監也。」（寅恪案，此語見孤山智圓維摩經略疏垂裕記壹。）

寅恪案，阿闍世王爲弒父弒君之惡主。 然佛教經典如大涅槃經梵行品則列舉多種理由，以明其無罪。 非但無罪，如阿闍世王受決經且載其未來成佛之預言。 智圓之書成於北宋初期，志磐之書成於南宋季世，雖皆較晚，疑其所論俱出於唐代天台宗相承之微言，而非二人之臆說也。 夫中國佛教徒以隋煬帝比於阿闍世王，則隋煬在佛教中，其地位之尊遠非其他中國歷代帝王所能竝論。 此點與儒家之評價適得其反。二種文化之同異是非於此不必討論。 但隋文帝重興釋氏於周武滅法之後，隋煬帝又隆禮台宗於智者闡教之時，楊隋父子二帝其與佛教關係之重要密切如此，楊隋宗室子孫當如蕭梁宗室子孫繼承其家世之宗教信仰，固可以推測得知。 而武曌之母楊氏既爲隋之宗室子孫，則其人之篤信佛教，亦不足爲異矣。 茲節錄舊史及佛藏之文於後，以資證明。

舊唐書壹捌叁外戚傳（新唐書貳零陸外戚傳同。）云：

初(武)士彠娶相里氏，又娶楊氏，生三女。 長適越王府功曹賀蘭越石，次則天，次適郭氏。則天立爲皇后，追贈士彠爲司徒周忠孝王，封楊氏代國夫人，賀蘭越石早卒，封其妻爲韓國夫人。 尋又加贈士彠爲太尉，楊氏改封爲榮國夫人。 咸亨二年榮國夫人卒。

新唐書壹百楊恭仁傳（舊唐書陸貳楊恭仁傳略同。）云：

楊恭仁，隋司空觀王雄子也。 執柔，恭仁從孫，歷地官尚書。 武后母卽仁恭叔父達之女。 及臨朝，武承嗣攸寧相繼用事，后曰：「要欲我家及外氏常一人爲宰相。」 乃以執柔同中書門下三品。

新唐書柒壹下宰相世系表楊氏觀王房條云：

達字士達。 隋納言，始安泰侯。 （寅恪案，隋書肆叁北史陸捌楊達傳「泰」作「恭」，應據改。）

舊唐書伍貳后妃傳下玄宗元獻皇后楊氏傳（新唐書柒陸后妃傳上同。）

玄宗元獻皇后楊氏。 弘農華陰人。 曾祖士達。 隋納言。 天授中以則天母族追封士達爲鄭王，贈太尉。

鐵易南部新書甲云：

龍朔中楊思玄特外戚典選，多排斥選士。

新唐書柒壹下宰相世系表楊氏觀王房條云：

思玄。 吏部侍郎。

寅恪案，依據上述，可知武曌之母楊氏爲隋宗室觀王雄弟始安侯達之女。 觀王雄者，即前引廣弘明集壹柒隋安德王雄百官等度舍利感應表之安德王雄。 雄及其弟達事迹詳見周書貳玖隋書肆叁及北史陸捌等本傳，玆不備錄。 此武曌血統與楊隋關係之可推尋者。 自來論史者多不及此事，其實此點甚可注意也。

唐釋彥悰所編之沙門不應拜俗等事叁載龍朔二年四月二十七日西明寺僧道宣等上榮國夫人楊氏請論沙門不合拜俗啓一首，下注云：

夫人帝后之母也。 敬崇正化，大建福門。 造像書經，架築相續。 出入宮禁，榮問莫加。 僧等詣門致書云爾。

又彥悰書陸尚載有龍朔二年八月十三日西明寺僧道宣等重上榮國夫人楊氏請論不合拜親啓一首。 據此可知武曌之母楊氏必爲篤信佛教之人，故僧徒欲藉其力以保存不拜俗之教規。 至楊氏所以崇信篤佛教之由，今以史料缺乏，雖不能確言。 但就南北朝人士其道教之信仰多因於家世遺傳之事實推測之，（參閱本集刊第叁本第肆分拙著天師道與濱海地域之關係。）則榮國夫人之篤信佛教亦必由楊隋宗室家世遺傳所致。 榮國夫人既篤信佛教，武曌幼時受其家庭環境佛教之薰習，自不待言。 又據倫敦博物館藏敦煌寫本大雲經疏（見羅福萇沙州文錄補。）中

伏承神皇幼小時已被緇服

之語，則武曌必在入宮以前已有一度正式或非正式爲沙彌尼之事。 所以知者，據通鑑考異拾貞觀十一年武士彠女年十四入宮條云：

舊則天本紀崩時年八十二。 唐曆，焦璐唐朝年代記，統紀，馬總唐年小錄，聖運圖，會要皆云：八十一。 唐錄政要貞觀十三年入宮。 據武氏入宮年十四。 今從吳兢爲八十二。 故置此年。

若依君實之考定，武曌既於貞觀十一年年十四歲入宮，則貞觀二十三年太宗崩後，出宮居感業寺爲尼時，其年已二十七歲。 以二十七歲之年古人決不以爲幼小。 故幼小之語顯指武曌年十四歲未入宮以前而言。 然則武曌幼時即已一度正式或非正式爲沙彌尼。 其受母氏佛教信仰影響之深切，得此一事更可證明矣。 後來僧徒即藉武

曌家庭傳統之信仰，以恢復其自李唐開國以來所喪失之權勢。而武曌復轉借佛教經典之教義，以證明其政治上所享之特殊地位。二者之所以能彼此互相利用，實有長久之因緣，非一朝一夕偶然所可致者。此本篇所討論問題之第一點也。

(丙)　武曌與佛教符讖之關係

儒家經典不許婦人與聞國政。其顯著之例如尚書牧誓云：

牝雞無晨。牝雞之晨，惟家之索。

僞孔傳云：

雌代雄鳴則家盡；婦奪夫政則國亡。

詩大雅瞻卬云：

如賈三倍。君子是識。婦無公事。休其蠶織。

毛傳云：

婦人無與外政，雖王后猶以蠶織爲事。

鄭箋云：

賈物而有三倍之利者，小人所宜知也。君子反知之，非其宜也。今婦人休其蠶桑織紝之職，而與朝廷之事，其非宜亦猶是也。

觀此即知武曌以女身而爲帝王，開中國政治上未有之創局。如欲證明其特殊地位之合理，決不能於儒家經典中求之。此武曌革唐爲周，所以不得不假託佛教符讖之故也。考佛陀原始教義，本亦輕賤女身。如大愛道比尼經下所列舉女人之八十四態，即是其例。後來演變，漸易初旨。末流至於大乘急進派之經典，其中乃有以女身受記爲轉輪聖王成佛之教義。此誠所謂非常異義可怪之論也。武曌頒行天下以爲受命符讖之大雲經即屬於此大乘急進派之經典。其原本實出自天竺，非支那所僞造也。

近歲敦煌石室發見大雲經疏殘卷。王國維氏爲之跋尾，考證甚確。(並見沙州文錄補。)茲節錄其文與本篇主旨有關者於後，並略附以詮釋。凡王氏跋中所已詳者，皆不重論。但佛典原文王跋未及備載。茲亦補錄其有關者，以資參校，而便說明。

大雲經疏王氏跋云：

卷中所引經曰及經記云云均見後涼曇無讖所譯大方等無想經。此經又有竺法念譯本，名大雲無想經。曇公譯本中屢見⌊大雲⌉字，故知此爲大雲經疏也。（寅恪案，竺法念應作竺佛念，蓋王氏偶爾筆誤。至曇無讖所譯僅高麗藏本作大方等無想經，其餘宋元明等藏及日本宮內省所藏諸本俱作大方等大雲經也。）案舊唐書則天皇后本紀⌊載初元年有沙門十人僞撰大雲經，表上之，盛言神皇受命之事。制頒於天下，令諸州各置大雲寺，總度僧千人。⌉又薛懷義傳⌊懷義與法明等造大雲經，陳符命，言則天是彌勒下生，作閻浮提主，唐氏合微。⌉故則天革命稱周。其僞大雲經頒於天下，寺各藏一本，令昇座講說。新唐書后妃傳所紀略同。宋次道長安志記大雲寺亦云：⌊武太后初光明寺沙門進大雲經，經中有女主之符，因改爲大雲寺。⌉皆以此經爲武后時僞造。然後涼譯本之末固詳說黑河女主之事。故贊寧僧史略謂⌊此經晉代已譯，舊本便曰女王，於時豈有天后云云⌋。頗以唐書之說爲非。志磐佛祖統紀從之。故於武后載初元年書⌊勅沙門法朗九人重譯大雲經。⌉不云僞造。今觀此卷所引經文皆與涼譯無甚差池。豈符命之說皆在疏中，經文但稍加緣飾，不盡僞託歟？又此疏之成，蓋與僞經同頒天下。故敦煌寺中尚藏此殘卷。

寅恪案，武曌之頒行大雲經於全國，與新莽之⌊遣五威將軍王奇等十二人班符命四十二篇於天下⌋（見漢書玖玖中王莽傳。）正同一政治作用。蓋革命開國之初，對於民衆宣傳及證明其新取得地位之合理也。今檢曇無讖譯大方等大雲經肆大雲初分如來涅槃健度第叁拾陸云：

佛告淨光天女言：汝於彼佛暫一聞大涅槃經。以是因緣，今得天身。值我出世，復聞深義。捨是天形，即以女身當王國土，得轉輪王所統領處四分之一。（中略。）（寅恪案，此武曌所以稱金輪皇帝之故。）汝於爾時實是菩薩。爲化衆生，現受女身。

又同經陸大雲初分增長健度第叁拾柒之餘云：

我涅槃已七百年後，是南天竺有一小國，名曰無明。彼國有河，名曰黑闇。南岸有城，名曰熟穀。其城有王，名曰等乘。其王夫人產育一女，名曰增長。

(中略。) 其王未免忽然崩亡。爾時諸臣卽奉此女以繼王嗣。女旣承正。威伏天下。閻浮提中所有國土悉來承奉，無拒違者。

寅恪案，觀曇無讖譯大方等大雲經之原文，則知不獨史籍如舊唐書等之僞造說爲誣枉，卽僧徒如志磐輩之重譯說亦非事實。今取敦煌殘本卽當時頒行天下以爲受命符讖之原本，與今佛藏傳本參校，幾全部符合。間有一二字句差池之處，而意義亦無不同。此古來書册傳寫所習見者，殊不能據此以爲有歧異之二譯本也。又因此可知薛懷義等當時卽取舊譯之本，附以新疏，巧爲傅會。其於曇本原文則全部襲用，絕無改易。旣不僞造，亦非重譯。然則王跋以爲「經文但稍加緣飾，不盡僞託。」又云:「此疏之成，蓋與僞經同頒天下。」則尙有未諦也。蓋武曌政治上特殊之地位旣不能於儒家經典中得一合理之證明，自不得不轉求之於佛教經典。而此佛教經典若爲新譯或僞造，則必假託譯主，或別撰經文。其事旣不甚易作，其書更難取信於人。仍不如卽取前代舊譯之原本，曲爲比附，較之僞造或重譯者，猶爲事半而功倍。由此觀之，近世學者往往以新莽篡漢之故，輒謂古文諸經及太史公書等悉爲劉歆所僞造或竄改者，其說殆不盡然。寅恪不敢觀三代兩漢之書，固不足以判決其是非。而其事亦軼出本篇範圍之外，尤不必涉及。但武曌之頒行大雲經與王莽之班符命四十二篇，其事正復相類，自可取與竝論。至若李思順解釋大雲經以爲唐興之符命一案，則又「劉秀當爲天子」之類也。(見通典壹陸玖刑典七守正門。) 此類政治與符讖之關係，前人治史，多不知其重要，故特辨之如此。

佛教在李唐初期爲道教所壓抑之後，所以能至武周革命而恢復其楊隋時所享之地位者，其原因固甚複雜，而其經典教義可供女主符命附會之利用，要爲一主因。茲遂錄唐大詔令集壹壹叁所載武周天授二年三月釋教在道教之上制以爲證明。

朕先蒙金口之記，又承寶偈之文。歷教表於當今，本願標於曩劫。大雲闡奥，明王國之禎符，方寺(寅恪案「寺」當作「等」，卽指大方等大雲經而言。) 發揚，顯自在之丕業。馭一境而敦化，弘五戒以訓人。爰開革命之階，方啓惟新之命。宜協隨時之義，以申自我之規。雖實際如如，理忘於先後，而翹心懇懇，思展於勤誠。自今已後，釋教宜在道法之上，緇服處黃冠之前！庶得道有識以歸依，極羣生於迴向。布告遐邇，知朕意焉。

觀此制文，凡武曌在政治上新取得之地位悉以佛典之教義爲證明，則知佛教符讖與武周革命之關係其深切有如是者。 此本篇所討論問題之第二點也。

（丁） 結論

自貞觀十一年（西曆六三七年。） 正月（或二月，見（乙）章。） 詔道士女冠在僧尼之上。（詔文見（乙）章。） 歷五十四年至天授二年（西曆六九一年。）三月周已革唐命，而有釋教在道法之上之制。（制文見（丙）章）。 又歷二十年唐室中興之後，景雲二年（西曆七一一年。） 復敕僧道齊行並進。（敕文見唐大詔令集壹壹叁。） 約而論之，凡有三變。 若通計自隋煬帝大業之世迄於唐睿宗景雲之初，此一百年間佛教地位之升降與當時政治之變易實有關係。 而與此百年間政治上三大怪傑即隋煬帝唐太宗及武曌，尤多所關涉。 故綜合前後政治之因果，依據中西文化之同異，類次舊文，間附臆說，成此短篇，以供研求國史中政治與宗教問題者之參證。

附 註

關於武曌與佛教符讖之問題可參考矢吹慶輝博士著三階教之研究及湯用彤先生所作同書之跋文。（載史學雜誌第二卷第五六期合刊。） 總而言之，大周刊定衆經目錄不著錄新譯大雲經，尤足證薛懷義等無重譯或僞撰此經之事也。

李德裕貶死年月及歸葬傳說辨證

陳 寅 恪

李衞公貶死年月及歸葬傳說二事昔人已有論述。 今所以復爲此辨證者，意在指明資治通鑑紀事之有脫誤，及清代學者檢書之涉疏忽。 故舊傳史料之疑爲僞造，及新出石刻之可資旁證者，皆討論及之。 至若党項興起之事蹟，及玉谿行役之詩句，雖亦有所解釋，然非本篇主旨之所在也。 玆以衞公貶死年月及歸葬傳說二事分爲上下二章，依次討論之。

(上) 貶 死 年 月

王鳴盛十七史商榷玖壹李德裕貶死年月條云：

會昌六年三月武宗崩。 四月宣宗立。 明年改元大中。 故舊書李德裕傳：「宣宗即位，罷相，出爲東都留守。 大中元年秋以太子少保分司東都。 再貶潮州司馬。 明年冬又貶潮州司戶。 二年自洛陽水路經江淮赴潮州。 其年冬至潮陽。 又貶崖州司戶。 三年正月達珠崖郡。 十二月卒。 年六十三。」 所謂明年者，大中二年也。 其下文二年當作三年。 三年當作四年。 年六十三當作六十四。 皆傳寫誤也。 新書本傳元年貶潮州司馬之下删去潮州司戶一節。 即書「明年貶崖州司戶。 明年卒。 年六十三云云。」 則似眞以二年貶崖州，三年卒，而舊書非傳寫之誤矣。 此因删之不當，又據誤本以成誤者。 南部新書卷戊云：「以二年正月貶潮州司馬。 其年十月再貶崖州司戶。 三年十二月卒於貶所。 年六十四。」 所書貶官年月亦與舊史參錯不合，而年六十四却是。 考李衞公别集第七卷祭韋相執誼文：「維大中四年月日趙郡李德裕謹以蔬醴之奠致祭故相韋公之靈。 公遣讒投荒。 某亦竄跡南陬。 從公舊丘云云」。 末句云：「其心若水。 其死若休。 臨風敬弔。 願與神遊。」 蓋德裕將終之語。 執誼亦由宰相貶崖州司戶，故云。 然則爲大中四年甚明。 爲誤此一年，故以年六十四爲六十三。 舊書不過數目字誤，南部新書乃傳聞失實，而新書則武斷已甚。

容齋續筆卷一載德裕手帖云：「閏十一月二十日從表兄崖州司戶參軍同正李德裕狀。」 此正是大中四年之閏十一月。 發此書後至十二月而卒矣。 洪邁亦因史文而誤以爲三年。

又岑建功本舊唐書校勘記伍捌李德裕傳校勘記（寅恪案，據校勘目錄，列傳自卷壹百叁拾叁至貳百皆劉文淇校。） 引王鳴盛說竟，（王氏說已見前。） 併附識云：

按通鑑貳百肆拾捌紀德裕之貶崖州在大中三年。 其卒在四年。 可證王說之確。

寅恪案，王說初視之似極精確。 然考其根據約有二端：一爲舊唐書壹柒肆李德裕傳中

明年冬又貶潮州司戶

之一節，一爲李衞公別集柒祭韋相執誼文中

維大中四年月日

之一語。 其實二者皆有可疑。 請依次分別論之於後：

王氏詆新唐書之删去明年冬又貶潮州司戶一節爲不當，爲武斷已甚。 今欲判明王說之當否及新書之是非，即以舊書所載李德裕貶崖州司戶之詔書證之，可以決定。 考舊唐書壹捌下宣宗紀大中三年九月制曰：

（上略。）守潮州司馬員外置同正員李德裕（中略。）可崖州司戶參軍。 所在馳驛發遣。 縱逢恩赦，不在量移之限！

據此，則李德裕在未貶崖州司州參軍以前，仍是潮州司馬。 若如舊唐書李德裕傳所載，德裕在既貶潮州司馬以後，未貶崖州司戶參軍以前，其間果尙有貶潮州司戶一事者，則德裕貶崖州司戶參軍之詔書應稱其官銜爲潮州司戶參軍，而非潮州司馬矣。 今詔書既稱其官銜爲潮州司馬，則其間無貶潮州司戶參軍之事，可以決言。 新唐書壹捌拾李德裕傳删去舊傳中因上下文重複而傳寫衍誤之「明年冬又貶潮州司戶」一句，正足徵其比勘精密，勝於舊史之文，復何武斷之有？ 若王氏之臆改二年作三年，三年作四年，六十三作六十四，則誠可謂武斷已甚耳。 又通鑑貳肆捌云：

大中元年冬十二月戊午貶太子少保分司李德裕爲潮州司馬。 大中二年秋九月甲子再貶潮州司馬李德裕爲崖州司戶。（唐大詔令集伍捌亦載此制。）

據其所書德裕由潮州再貶崖州之官銜爲「潮州司馬」，與舊唐書宣宗紀所載者適相符合。亦足證德裕無貶潮州司戶之事也。又舊唐書李德裕傳云：

大中二年自洛陽水路經江淮赴潮州，其年冬至潮陽。

而舊唐書宣宗紀及李德裕傳均載德裕於大中元年秋由太子少保分司東都再貶潮州司馬。據舊唐書宣宗紀，德裕貶崖州司戶詔書有「所在馳驛發遣」之語，其貶潮州司馬之詔書兩唐書雖皆不載，但唐大詔令集伍捌尙存此制。其文亦有「仍仰所在馳驛發遣」之語。夫當宣宗初政，牛黨諸人皆欲殺敵黨黨魁而甘心之時，德裕以萬里嚴譴之罪人，轉得從容濡滯，至於一歲有餘之久。揆之情理，證以法例，皆無其事，可以斷言。此舊書德裕傳顯然譌誤之處。而嘉定王氏及其他諸史家亦未致疑，如馮浩玉谿生年譜反據以爲說。殊可異也。又新唐書壹捌拾李德裕傳，通鑑，南部新書以及舊唐書李德裕傳俱繫德裕貶崖州於大中二年。唐大詔令集伍捌載李德裕崖州司戶制下亦注「大中二年九月」。獨舊唐書宣宗紀載其事於大中三年九月。此又舊紀之誤，不待言也。

又考舊唐書宣宗紀云：

大中三年十二月追謚順宗曰：至德弘道大聖大安孝皇帝，憲宗曰：昭文章武大聖至神孝皇帝（依通鑑及唐大詔令集柒捌增「至神」二字。）

崖州司戶參軍李德裕卒。

同書壹柒肆李德裕傳云：

至（大中）三年正月方達珠崖郡。十二月卒。時年六十三。

新唐書壹捌拾李德裕傳云：

明年（大中三年。）卒。年六十三。

通鑑貳肆捌唐紀云：

大中三年閏十一月丁酉宰相以克復河湟，請上尊號。上曰：憲宗常有志復河湟。以中原方用兵，未遂而崩。今乃克成先志耳。其議加順憲二廟尊謚，以昭功烈。

甲戌追上順宗謚曰：至德弘道大聖大安孝皇帝，憲宗謚曰：昭文章武大聖至神孝皇帝。仍改題神主。

己未崖州司戶李德裕卒。

通鑑紀事本末叁伍下朋黨之禍條云:

(宣宗大中)三年閏冬十一月己未崖州司戶李德裕卒。

寅恪案,通鑑書己未崖州司戶李德裕卒於甲戌追上順憲二宗諡號之後。通鑑目錄貳肆亦書上辭尊號,加順憲謚於李德裕卒之前。可知溫公元本卽已如此,幷無誤寫。但甲戌追上順憲二宗諡號旣上承(大中三年)閏十一月丁酉宰相以克復河湟請上尊號之紀載,故己未崖州司戶李德裕卒一語依文義次序,自應繫於閏十一月。此通鑑紀事本末所以直書「(宣宗大中)三年閏冬十一月崖州司戶李德裕卒」也。然檢劉羲叟長曆及陳垣氏二十史朔閏表,大中三年閏十一月辛巳朔,十二月庚戌朔,據舊唐書宣宗紀追上順憲諡號在大中三年十二月,則通鑑所繫追上順憲二宗諡號之上脫去「十二月」三字。其甲戌,乃十二月甲戌,卽十二月二十五日也。十二月二十五日旣爲甲戌,則同月之內己未之干支只能在甲戌之前,不能在甲戌之後。以十二月庚戌朔推之,則己未爲十二月十日。此與南部新書卷戊之

李太尉以大中三年十二月十日卒于貶所

之語適合。是年閏十一月朔日旣爲辛巳。無論如何,其月內不能有己未之日。故通鑑應將「己未崖州司戶李德裕卒」一語移於甲戌追上順憲謚號之前,又應於甲戌之前補書「十二月」三字,方合事實。若通鑑紀事本末之書「(宣宗大中)三年閏冬十一月己未崖州司戶李德裕卒,」實依據通鑑元本脫誤之記載,而不悟其月日之不可通。又馮浩玉谿生詩詳註補采徐德泓陸鳴皐合解之說。以爲「己未當入明年正月」其爲不可能,更不待辨也。

又王氏謂「德裕手帖之閏十一月正是大中四年之閏十一月。洪邁亦因史文而誤以爲三年。寅恪檢古今人所編長曆,惟大中三年有閏十一月。大中四年幷無閏月之可能。此正容齋之不誤,而西莊之大誤也。徧檢通鑑及通鑑目錄紀事本末等書,其紀李德裕之卒皆在大中三年,無一在大中四年者。劉氏所見,寧有異本?蓋與王氏之誤以閏十一月屬之大中三年者,同一檢書疏忽所致。而此淸代二學人一則以爲洪說之誤,一則以爲王說之確。由今觀之,不亦大可笑耶?

王氏所以持李德裕卒於大中四年之說,其最重要之根據,實爲德裕祭韋執誼文所記年

月。　考李衛公別集柒祭韋相執誼文云：

維大中四年月日趙郡李德裕謹以蔬醴之奠，敬祭于故相韋公僕射之靈。（下略。）

寅恪案，舊唐書壹肆憲宗紀云：

永貞元年十一月（寅恪案，乚十一月乛三字元本闕。今據新唐書柒憲宗紀陸貳宰相表及通鑑貳叁陸補。）壬申貶正議大夫中書侍郎同平章事韋執誼為崖州司馬。（寅恪案，舊唐書壹叁伍新唐書壹陸捌韋執誼傳俱作崖州司戶參軍。而與韓愈順宗實錄伍兩唐書憲宗紀新唐書宰相表通鑑及太平廣記壹伍叁引感定錄等之作崖州司馬者不同。唐大詔令集伍柒貶降門上載有韋執誼貶崖州司馬制。故作崖州司馬當不誤。而兩唐書執誼傳之作崖州司戶參軍者，豈初貶司馬，其後再貶司戶參軍耶？以舊唐書李德裕傳誤書德裕再貶潮州司戶之例觀之，疑兩唐書執誼傳之作司戶參軍者誤也。）

據此，可知韋執誼一生所歷最高之官階為正議大夫中書侍郎。　考舊唐書肆貳職官志云：

從第二品。

尚書左右僕射。

正第四品上階。

中書侍郎。舊正四品下階。開元令加入上階也。

正議大夫。文散官也。

據此，執誼最後所歷官階距僕射尚差二級。　又據韓愈順宗實錄伍云：

（王）叔文敗後數月，乃貶執誼為崖州司馬。　後二年病死海上。

則是執誼死後之較短期間無追贈僕射之事可知也。　大概死後追贈僕射可能之機會約共有三：一出自朝廷特恩昭雪。以常識言之，此節似不可能。蓋自元和迄於大中，唐室繼承諸帝悉為憲宗之子孫。　無緣特翻永貞內禪之舊案，而追贈執誼以生前所未踐歷之官階也。　惟據范攄雲谿友議中贊皇勳條（據涵芬樓影印鐵琴銅劍樓本。）云：

先是韋相公執誼得罪斃變於此，（朱崖。）今有韋公山。　柳宗元員外與韋丞相有鄙年之好，三致書與廣州趙尚書宗儒相公，勸表雪韋公之罪，始詔歸葬京兆，至今山名不革矣。贊皇感其遠謫不還，爲文祭曰：維大中年月日趙郡李德裕謹以蔬醴之奠敬祭于故相國韋公僕射之靈。（下略。）

寅恪案，范氏之言殊有可疑。據柳河東集叁伍載上廣州趙宗儒尚書陳情啓又賀趙江陵宗儒辟符載啓，叁陸載上江陵趙相公寄所著文啓。范氏所言自是指此三啓，因柳集中別無其他相當之文字也。其中上廣州趙宗儒尚書陳情啓係上趙昌，而非上趙宗儒。蓋元和元年趙昌以安南都護代徐申爲嶺南節度使。至四年昌移荆南節度使。又遷太子賓客。然後趙宗儒代其荆南之任。舊唐書壹伍壹新唐書壹柒拾趙昌傳及舊唐書壹陸柒新唐書壹伍壹趙宗儒傳皆可證明宗儒始終未嘗鎮嶺南。獨昌先鎮嶺南，後徙荆南，昌對於宗儒之關係，實爲荆南節度之前後任，（詳見沈氏唐書合鈔方鎮年表玖拾荆南條玖肆嶺南條及吳氏唐方鎮年表考證下荆南條。）柳集遂以此淆混致誤。今柳集三啓具存，無一字涉及韋執誼，此其最可疑者也。即使別有三書，不載今柳集中，然范氏僅言「始詔歸葬」，而不言贈官。夫歸葬與贈官截然爲不同之二事，觀下文所考李德裕之例即可知。德裕祭文何以稱之爲僕射？考新唐書伍玖藝文志子部小說家類載范攄雲谿友議三卷。注云：「咸通時。自稱五雲谿人。」則范氏乃咸通時人。其時韋執誼子絢正爲義武軍節度使。（詳見下文。）執誼之得追贈僕射，當即在此時，而決不能早在大中之初歲。此其又可疑者也。再退一步言，即使韋執誼果於元和初年即得贈僕射之銜，而德裕祭文復非僞作者，則今傳世李衞公別集中祭韋相執誼文即王氏用以爲德裕卒於大中四年說之根據者，實從雲谿友議採輯而來。今范氏書爲「維大中年月日」，而非「維大中四年月日」。其「四」字乃原本所無，後人誤增入者。故王氏立說之最後根據既已覓得之後，不但不能助成其說，反足以喪失其自身立足之憑藉，然此豈王氏當日之所能料及者哉！二爲執誼之子孫請削已身之官階，以迴贈其父祖。然此非通常追贈之例。若果有是者，則史家應於執誼傳末附載其事：如舊唐書貳貳叁及新唐書壹肆玖劉晏傳均附載晏子執經爲太常博士，請削已官，迴贈其父之例是也。今兩唐書執誼傳末無其子孫削官追贈其父祖之語，可知本無其事，非史家記載有所闕略也。三爲執誼之子孫顯達以後，如遇朝廷大禮慶典普恩追贈之時，即可依己身官爵，追贈其父祖。此爲通常追贈之例。執誼若死後果蒙追贈爲僕射者，則此例最爲可能。然亦須執誼之子孫至

遲必須在大中四年以前已歷貴仕，始有此可能之機會也。　考新唐書柒肆上宰相世系表韋氏龍門公房條載

執誼。　相順憲。	曙。	
	曈。　字賓之。　鄭州刺史。	
	昶。　字文明。	布震。　字熙化。
	旭。　字就之。	

新唐書伍捌藝文志子部小說家類載

韋絢劉公嘉話錄一卷　絢，字文明。執誼子也。　咸通義武軍節度使。　劉公，禹錫也。

（寅恪案，沈炳震新舊唐書合參本引此文「執誼」二字作「祕知」未知何據。）

寅恪案，新唐書宰相世系表所載執誼諸子雖無絢之名。　但昶字文明，與新唐書藝文志所載絢之字符合。　且即以嘉話錄言，亦可見其與劉禹錫交誼之深切。　衡以韋劉永貞同黨之關係，藝文志所言雖未知何所依據，但絢爲執誼之子，似可無疑。　或者絢乃昶之改名耶？　又考今傳世嘉話錄有絢自序一篇。　末題

時大中十年二月朝散大夫江陵少尹上柱國京兆韋絢序。

考舊唐書肆貳職官志云：

從第五品下階。

朝散大夫。　文散官。

新唐書肆玖下百官志云：

西都東都北都鳳翔成都河中江陵興元興德府尹各一人。　從三品。　少尹二人。

從四品下。

據此，可推定韋絢於大中十年二月以前無追贈其父僕射官階之可能。　又據孫星衍邢澍寰宇訪碑錄肆直隸曲陽云：

北岳廟有咸通六年二月易定觀察使韋絢題名。

寅恪案，舊唐晉壹肆壹張孝忠傳略云：

後定州刺史楊政義以州降，孝忠遂有易定之地。時旣誅（李）惟岳，分四州，各置觀察使。（王）武俊得恆州，康日知得深趙二州，孝忠得易州。以成德軍額在桓州，孝忠旣降政義，朝廷乃於定州置義武軍。以孝忠檢校兵部尙書，爲義武軍節度易定滄等州觀察使。滄州本隸成德軍，旣移隸義武，孝忠遣牙將程華往滄州，卽令攝刺史事。及朱滔王武俊稱僞，與孝忠阻絕，不能相援。華嬰城拒賊，一州獲全。朝廷嘉之，乃拜華滄州刺史御史中丞，充橫海軍使。仍改名日華，令每歲以滄州稅錢二十萬貫供義武軍。

新唐書陸陸方鎭表云：

建中三年置義武軍。

貞元三年置橫海軍節度使。領滄景二州。治滄州。

據此，則北岳廟咸通六年二月韋絢題名之官職爲易定觀察使，則新唐書藝文志謂絢爲咸通義武軍節度使，殊信而有徵。唐代節度使往往帶檢校尙書僕射之銜，則其追贈父祖以僕射之官，自有可能。然韋絢之任節度使實在懿宗咸通中葉。上距宣宗大中四年，約有十五載之久。又據劉公嘉話錄自序則韋絢於大中十年尙是江陵少尹之職，則大中四年李德裕在崖州時，尙不能稱韋執誼爲僕射也。至宰相表載執誼子曈爲鄭州刺史。未審是何年月。但據新唐書陸伍方鎭表云：

乾元七年淮南西道節度使徙治鄭州。乾元二年廢淮南西道節度使。置鄭陳節度使。治鄭州。是年復置淮南西道節度使。治壽州。上元二年廢鄭陳節度以鄭陳亳潁四州隸淮西。

然則鄭州雖一度曾爲淮西及鄭陳二節度使之治所。其時間極短。皆在肅宗之世。自此以後，卽非節度使治所。韋曈之任鄭州刺史，以時代考之，自在肅宗之後。旣在肅宗之後，則其鄭州刺史無緣爲節度使兼領之職。韋曈旣非節度使而兼領鄭州刺史，則執誼亦不致因其子之爲鄭州刺史，而得受僕射之常例追贈，更可知矣。總之，執誼雖有受其子孫依例追贈僕射之可能，但在宣宗大中四年以前則疑無其事也。

南部新書己云：

李太尉之在崖州也，郡有北亭子，謂之望闕亭。公每登臨，未嘗不北睇悲咽。有詩曰：獨上江亭望帝京。鳥飛猶是半年程。青山也恐人歸去。百匝千遭繞郡城。今傳太尉崖州之詩皆仇家所作。只此一首親作也。（寅恪案，雲谿友議中及唐語林柒亦載此詩。）

唐語林柒云：

李德裕南貶，有甘露寺僧允躬者，記其行事。空言無行實。蓋仇怨假託爲之。（寅恪案，唐大中時日本國求法僧圓珍福州温州台州求得經律論疏記外書等目錄載有允躬錄南中李太尉事一卷。）

寅恪案，李衞公別集乃後人綴緝而成。其卷柒所收祭韋相執誼文除雲谿友議外，若文苑英華及唐文粹等總集皆未選錄。大約即採自范氏之書。此文疑如南部新書所言，乃仇家僞作。故以僕射稱韋執誼，致與大中四年以前之事實不符也。夫王氏李德裕卒於大中四年之説其最强有力之證據在此祭文。若此祭文爲僞造，或非僞造，而其原本實無「大中四年」之「四」字，則其説之難成立，自不待詳辨矣。

至李德裕享年之數，亦有可得而論者。若取正史所載與其自身引用材料或其他可信之材料互相參校，莫不符會。野史小説之所記，則往往自相衝突，或與其他可信之材料不合。今取諸書違異之説一一比勘，益足見王氏李德裕享年六十四之説之不可信也。

兩唐書李德裕傳同紀德裕之卒年爲大中三年。其享年之數爲六十三。（見前所引。）

玆先以傳文所載及德裕自著互勘，以見其符會與否？舊書德裕傳載其自作之窮愁志中冥數有報論略云：

及爲中丞，閩中隱者叩門請見曰：公不早去。冬必作相。禍將至矣！若亟請居外，則代公者受患。是秋出鎮吳門。時年三十六歲。（寅恪案，今李衞公外集肆太平廣記捌肆及全唐文柒壹拾等引此文皆無「時年三十六」」一句。今日殊無理由可以疑舊傳此句爲增入者。或原本此句爲自注小字。其他諸本皆以傳寫略去耳）。

寅恪案，冥數有報論頗有可疑之處。不知是否眞爲德裕所作。但舊唐書德裕傳之紀事則適與此論所言符合。如舊唐書壹陸穆宗紀云：

長慶二年九月癸卯以御史中丞李德裕爲潤州刺史兼御史大夫浙江西道都團練觀察處置使。

據此，德裕自言於長慶三年歲次壬寅其年三十六歲。則上數至貞元三年歲次丁卯德裕始生。下數至大中二年歲次己巳爲六十三歲。是傳文與傳所認爲之德裕自著符會之一證。

又舊書德裕傳云：

（開成）二年五月授揚州大都督府長史淮南節度副大使知節度使事。五年正月武宗卽位。七月召德裕於淮南。九月授門下侍郎同平章事。初，德裕父吉甫年五十一出鎭淮南。五十四自淮南復相。今德裕鎭淮南復入相一如父之年。亦爲異事。

寅恪案，舊唐書壹肆捌李吉甫傳（新唐書壹肆陸李吉甫傳同。又新傳疑兼采王起所作李趙公行狀。非如吳縝趙翼所言據會昌重修憲宗實錄也。俟考。）云：

其年（元和三年。）九月拜檢校兵部尚書兼中書侍郎平章事，充淮南節度使。（元和）五年冬裴垍病免。明年（元和六年。）正月授吉甫金紫光祿大夫中書侍郎平章事。元和九年冬暴病卒。年五十七。

寅恪案，吉甫卒於元和九年。年五十七。則元和三年出鎭淮南其年爲五十一。元和六年自淮南入相，其年爲五十四。德裕卒於大中三年。年六十三。開成二年鎭淮南。其年爲五十一。開成五年自淮南入相。年五十四，凡此正史所紀，皆互相適合，無一參錯者也。若觀野史小說，則殊不然。玆迻寫數則於下，不待詳辨，卽可知其自相衝突或與事實不合也。

南部新書戊云：

李太尉以大中二年正月三日貶潮州司馬。當年十月十六日再貶崖州司戶。大中三年十二月十日卒於貶所。年六十四。

寅恪案，錢希白旣言其卒於大中三年，又言其享年六十四，則此二端自相衝突。蓋據德裕自著之冥數有報論，長慶二年其年爲三十六，則大中三年應爲六十三，而非六十四也。

又續前定錄略云：

太尉李公爲幷州從事。到職未旬日，忽有王山人者，詣門請謁曰：某善按年也。請虛正寢，備几案紙筆香水！因令垂簾靜伺之。頃之，王生曰：可驗矣！紙上書八字，甚大。且有楷注曰：「位極人臣。壽六十四」。及會昌朝三行策，至一品。薨於海南。果符平生所按之年。

又太平廣記壹伍陸引感定錄云：

李德裕自潤州年五十四除揚州。五十八甫入相。皆及吉甫之年。縉紳榮之。

又同書同卷同條引補錄紀傳略云：

德裕爲太子少傅分司東都時，嘗聞一僧善知人禍福，因召之。僧曰：公災未已，當南行萬里。德裕甚不樂。明日復召之。僧請結壇三日。又曰：公南行之期定矣。德裕問南行還乎？曰：公食羊萬口，有五百未滿，必當還矣。後旬餘靈武帥饋羊五百，大驚，召僧告其事，且欲還之。僧曰：還之無益。南行其不返乎。俄相次貶降，至崖州掾。終於貶所，時年六十三。

寅恪案，續前定錄及補錄紀傳所言皆屬於小說家文學想像之範圍，不可視同史學家考信徵實之材料，與之斤斤辨論也。但據此可知關於德裕享年之數當時社會即有六十三及六十四不同之二說。其所以致此歧說者，殆因德裕大中三年之年終卒於海外。其死問達至京洛，普傳社會之時必已逾歲，而在大中四年矣。此野史小說遂因有較正史遲一歲之記載，而以爲卒於大中四年或享年六十四之故歟？至感定錄所言年歲與史實不合，其誤甚明，不待贅言。錢大昕疑年錄壹書「李文饒六十三。生貞元三年丁卯。卒大中三年乙巳」。其下注云：

續前定錄南部新書俱云：六十四。王西莊據衞公別集有大中四年祭韋丞相執誼文斷爲四年。卒六十四。今據本傳。

寅恪案，錢氏雖不顯言王氏之非。然其所依據仍從唐史本傳。較之劉伯山之誤檢通鑑之紀年，復誤信王西莊於大中四年之誤置閏月者，其學識相去懸遠，信爲清代史學家第一人也。

（下）歸葬傳說

關於李德裕歸葬之傳說通鑑考異所引關係此事之史料頗衆，復論之已詳。然鄙見與之頗有異同。　茲節錄涑水原文之要點於下。

通鑑考異貳叁唐紀壹伍懿宗咸通元年九月劉鄴請贈李德裕官條云：

裴旦李太尉南行錄載咸通二年九月二十六日右拾遺內供奉劉鄴表，略云：「子燁貶立山尉。　去年獲遇陛下惟新之命，覃作解之恩，移授郴縣尉。　今已沒於貶所。」　又曰：「血屬已盡，生涯悉空。」　又曰：「孤骨未歸於塋域，一男又隕於江湘。」　又曰：「其李德裕請特賜贈官。」　敕依奏。　實錄注引東觀奏記云：「令狐相綯夢德裕曰：某已謝明時。　幸相公哀之，許歸葬故里。　綯具爲其子滈言之。　滈曰：李衞公犯衆怒。　又崔相鉉魏相謨皆敵人也。　見持政。　必將上前異同。　未可言之也。　後數日又夢。　既寤。　謂滈曰：向見衞公，精爽尙可畏。　吾不言，必掇禍。　明日入中書，具爲同列言之。　旣而於帝前論奏。　許其子蒙州立山尉歸葬。」　又是時柳仲郢鎭東蜀設奠於荊南命從事李商隱爲文曰：「恭承新渥，言還舊止。」（張爾田氏玉谿生年譜會箋肆大中九年末引此文，疑「止」或是「丘」之譌。）　又曰：「身留蜀郡。　路隔伊川。」　鄴奏乃云：「孤骨未歸塋域。」　燁懿宗初纔徙郴縣尉。　未詳。　或者後人僞作之。　非鄴本奏也。　實錄注又云：白敏中爲中書令時，與右庶子段全緯書云：「故衞公太尉親交雨散。　子弟蓬飄於南土。　嘗蒙一顧，繼履三台。　保持獲盡於天年，論請爰加於寵贈。」　全緯嘗爲德裕西川從事。　故敏中語及云。　按此，似由敏中開發，而數本追復贈官多連鄴奏。　德裕素有恩於敏中。　敏中前作相，旣遠貶之。　至此又掠其美。　鄙哉。　按劉鄴表云：「去年獲遇陛下惟新之命，覃作解之恩。」　則上此表在咸通元年，非二年也。　舊傳鄴爲翰林學士承旨，以李德裕貶死珠崖。　大中朝令狐綯當權。　累有赦宥，不蒙恩例。　懿宗卽位。　綯在方鎭。　屬郊天大赦。　鄴奏論之。　李太尉南行錄鄴此時未爲翰林學士。　因上此表。　敕批便令內養宣喚入翰林充學士。　餘依奏。　金華子雜編曰：宣宗嘗私行經延資庫。　見廣廈連綿，錢帛山積。　問左右：誰爲此庫？　侍臣對曰：宰相李德裕執政日，以天下每歲備用之餘盡實此。　自是以來，邊庭有急，支備無乏者，茲實有賴。　上曰：今何在？　曰：頃以坐吳湘獄貶于崖州。　上曰：如此有功於國，豈合深譴。　由是劉公鄴得以進表，乞追雪之。　上一覽表，遂許其加贈歸葬焉。

按，宣宗素惡德裕。故始即位即逐之。豈有不知其在崖州，而云豈合深譴。又劉鄴追雪在懿宗時。此說殊爲淺陋。今不取。

近歲洛陽出土墓誌與德裕有關者，寅恪先後獲見共有五石。茲節錄其要語於後：

李濬撰故郴縣尉趙君李君墓誌銘云：

維大中十四年歲次庚辰夏六月庚辰朔廿六日乙巳故郴縣尉趙郡李君享年三十有五以疾終於縣之官舍。明年夏四月孤子莊士以使來告，請誌於濬。君諱燁。字季常。趙郡贊皇人也。曾祖諱栖筠。皇任御史大夫京畿觀察使。謚文獻公。祖諱吉甫。皇任中書侍郎平章事。謚曰忠公。烈考諱德裕。皇任特進太子少保衞國公。贈尙書右僕射。君衞公第五子也。會昌中衞公自淮海入相。君已及弱冠，而謹畏自律。雖親黨門客罕相面焉。屬姻族間有以利祿託爲致薦，將以重賂之。答曰：吾爲丞相子非敢語事之私也，而又嚴奉導訓，未敢頃刻敢怠。子之所言，非我能及。繇是知者益器重之。始自浙西廉帥□公商辟從事，授校書郞。俄轉伊闕尉，河南士曹。及衞公平迴紇，夷上黨。上寵以殊功，册拜太尉，特詔授君集賢殿校理。未幾汴帥僕射盧公鈞辟奏上僚，兼錫章綬。昆弟二人朱衣牙笏侍公之前，士林榮之。大中初公三被譴逐。君亦謫尉蒙山十有餘載。旋丁大艱。號哭北嚮，請歸護伊洛。會先帝與丞相論兵食制置西邊事。時有以公前在相位事奏。上頗然之。因詔下許歸葬。君躬護顯考及昆弟亡姊凡六喪，洎僕馭輩有死於海上者，皆輦其柩悉還親屬之家。今皇帝嗣位之歲，御丹鳳肆赦。詔移郴縣尉。自春離桂林。道中得瘴病。以咸通三年正月廿八日卜葬於河南縣金谷鄉張村先塋。夫人滎陽鄭氏。前君七年歿於蒙州。長子莊士。次子莊彥。女曰懸黎。

李燁撰大唐趙郡李燁亡妻滎陽鄭氏墓誌云：

夫人諱珍。字玄之。滎陽之滎澤人也。以開成庚申歲八月望歸于予家。洎大中乙亥歲五月晦蓋五百五十二旬也。燁家罹時網，播遷嶺外。予鍾鞠凶，聞訃貶所。夫人號痛將絕，哀感中外。予衣服外除，再抵荒外。予長兄故尙書比部郞鍾念少子曰褒。顧其靡識，危惙之際令予子之。夫人鞠育勤到，至愛由衷，恩過所出。（夫人）大中九年乙亥歲五月廿九日丙子遘疾終于蒙州之旅舍。享年廿九。以予方嬰譴謫，子始孩提，無人謢喪。權殯于蒙州紫極宮南。期予恩貸，自營葬事。歲月彌遠，歸日難期。粤以大中十三年歲次乙卯十二月十五日祔葬于河南府洛陽縣金谷鄉先光。禮也。有子二人。曰莊士。曰莊彥。

寅恪案，唐會要貳玖延資庫使條云：

會昌五年九月勑置備邊庫，收納度支戶部鹽鐵三司錢物。至大中三年十月勑改延資庫，以度支部中判。至四年以宰相判。右僕射平章事白敏中崔鉉相繼判。其錢三司率送。初年戶部每年二十萬貫匹。度支鹽鐵每年三十萬貫匹。次年以軍用足，三分減其一。諸道進奉助軍錢則收納焉。(參考新唐書伍貳食貨志。)

新唐書壹肆玖劉晏傳附孫濛傳云：

濛舉進士。累官度支郎中。會昌初擢給事中。以材爲宰相李德裕所知。時回鶻衰。朝廷經略河湟。建遣濛按邊調兵械糧餉。爲宣慰靈夏以北党項使。始議造木中運。宣宗立。德裕得罪。濛貶朗州刺史。

通鑑貳肆捌云：

武宗會昌五年秋九月李德裕請置備邊庫，以度支郎中判之。冬十月韋弘質上疏言：宰相權重，不應更領三司錢穀。德裕奏稱：制置職業，人主之柄。弘質受人教導，非所宜言。十二月弘質坐貶官。

朝廷雖爲党項置使。党項侵盜不已。攻陷邠寧鹽州界城堡。屯叱利塞。宰相請遣使宣慰。上決意討之。

六年二月庚辰以夏州節度使米暨爲東北道招討党項使

宣宗大中三年冬十月改備邊庫爲延資庫。西川節度使杜悰奏取維州。

通鑑貳肆玖云：

宣宗大中四年秋八月以白敏中判延資庫。九月党項爲邊患。發諸道兵討之。連年無功。戍饋不已。右補闕孔溫裕上疏切諫。上怒。貶柳州司馬。冬十二月以鳳翔節度使李業河東節度使李拭並兼招討党項使。

五年春正月上頗知党項之反由邊帥利其羊馬，數欺奪之。或妄誅殺。党項不勝怨憤故反。乃以右諫議大夫李福爲夏綏節度使。自是繼選儒臣以代邊帥之貪暴者。党項由是遂安。上以南山平夏党項久未平。頗厭用兵。崔鉉建議宜遣大臣鎭撫。三月以白敏中爲司空同平章事，充招討党項行營都統制置等使南北兩路供軍使，兼邠寧節度使。敏中軍於寧州。壬子定遠城使史元破党項九千帳於三交谷。敏中奏党項平。辛未詔平夏党項已就安帖。南山党項聞出山者迫於饑寒，猶行鈔掠。平夏不容，窮無所歸。宜委李福存諭。秋八月白敏中奏南山党項亦請降。時用兵歲久，國用頗乏。詔並赦南山党項，使之安業。冬十月制以党項旣平，罷白敏中都統。但以司空平章事充邠寧節度使。（党項事僅節錄新唐書劉瑑傳及通鑑之文。其餘史籍有關之記載概從省略。）

寅恪案，唐宣宗之以白敏中平党項適如清高宗之以傅恆平金川，皆自欺欺人之舉。宣宗宜因此有感於德裕之邊功及置備邊庫之籌策。李燁墓志所謂「先帝與丞相論兵食制置西邊事。時有以公前在前相位事奏。上頗然之。因下詔許歸葬。」實指此事無疑。然則金華子雜編之說雖有傳述過甚之處，要爲宣宗所以特許德裕歸葬之主因，則可決言。温公以常識判其不足取，而不知千載之後冢墓遺文忽出人間，遂翻此一重公案也。此點關係唐末五代及宋遼金元之世局頗巨。蓋吐蕃衰亂之後，党項乘之代興。宣宗之初年雖因機會恢復河湟，一洗肅代以來失地之大恥，然不能以武力平定西陲党項之叛亂，終出於粉飾敷衍苟安一時之下策。吾人於此不獨可以窺見當日宣宗所感觸之深，至於竟許素所甚惡之李德裕歸葬，並可以推知後來北宋西夏相持並立之局勢彼時卽已啓其端。故華夏與党項兩民族之盛衰實非一朝一夕之故，其所從來者久矣。

又燁誌旣有「君躬護顯考及昆弟亡姊凡六喪，洎僕馭輩有死於海上者，悉還親闗之家」之語，而燁妻鄭氏誌復有「予衣服外除，再扺荒外。」及「以予方嬰譴謫，子始孩提，無人護喪，權殯於蒙州紫極宮南。期予恩貸，自營喪事。歲月彌遠，歸日難期。粤以大中十三年歲次己卯十二月十五日祔葬于河南府洛陽縣金谷鄉先兆。」之文。據以綜合推之，則德裕之歸葬出於特許。故燁可離蒙州貶所護柩歸洛陽營葬，并可乘此機同肇數喪歸自海外。計其葬迄復還蒙州之時，當已免除喪服矣。至若鄭氏則死於燁由洛返蒙之後。非有恩貸，不能躬護其柩北歸。俟至四年之久，猶無歸望。故遣送其柩，還祔先塋也。燁誌中闕字當是「盧」字。以舊唐書壹柒下文宗紀「開成二年五月辛未以蘇州刺史盧商爲浙江觀察使。」（以代李德裕。) 新唐書壹捌貳及舊唐書壹柒陸盧商傳又皆有觀察浙西之紀事,故可據補也。 又兩唐書德裕傳書燁貶官皆作象州立山尉。 東觀奏記中作蒙州立山尉。唐語林柒李衛公歷三朝條作象州武仙尉。 據舊唐書肆壹新唐書肆叁上地理志通典壹捌肆州郡典元和郡縣圖志叁柒等立山屬蒙州。 不屬象州。 武仙則屬象州。 今證以墓誌,知獨裴庭裕書不誤,而王讜書則後人以意改之者也。 又燁誌載吉甫諡爲忠公。 今誌僅云:「忠公」與舊唐書德裕傳「父趙國忠公」之語同。 錢氏廿二史考異壹柒下有論吉甫謚語,可以參證。 又燁誌盛稱燁當父爲相時避嫌守正之事。 殆李濬特舉此以刺令狐滈者。 (見舊唐書壹柒貳新唐書壹陸陸令狐楚傳。) 若果爲實錄,則李常侍不隕其家風矣! 凡此數端,除宣宗特許歸葬一事之外,皆無關宏旨,可不討論。 惟一事尙須詳辨者,卽德裕之柩果於何年北返是也。

關於柳仲郢任東川節度之年月,近人吳廷燮氏唐方鎭年表考證下東川柳仲郢條及張爾田氏玉谿生年譜會箋肆大中五年七月柳仲郢爲東川節度條所考者皆較沈氏唐書合參方鎭年表及馮氏玉谿生年譜爲精確。 可依以爲說。 卽大中五年仲郢已鎭東川,而商隱亦辟爲幕僚也。 又次年夏杜悰由西川移鎭淮南。 吳張二氏亦有考證,均詳上述同書同卷中,玆不備引。 夫德裕卒於大中三年十二月。 燁之除喪當在大中六年二月(大中四年閏十一月。) 燁於其妻徐氏誌自言「予衣服外除,再抵荒外」。 則其歸葬。 與除服二者相距之時間必不得甚長,卽不得在大中六年以後,此德裕歸葬時間最遲之限度也。 柳仲郢之鎭東川,據最近之考證,旣確知爲大中五年。 李義山文集肆樊南乙集序「七月尙書河東公守蜀東川,奏爲記室,」及李商隱詩集上又有悼傷後赴東蜀辟,至散關遇雪五絕,則商隱到東川幕時已是大中五年冬季,其爲仲郢代作祭文又當更在其後。 易言之,卽不能在大中六年以前矣。 此德裕歸葬時間最早之限度也。 據此最遲最早二時間限度,則德裕之歸葬必在大中六年。 此取前後歲月推排比勘,所得之結論,卽不中,亦必不遠者也。 又據全唐文柒柒陸李商隱文爲河東公(柳仲郢)。 復京兆公(杜悰)。 第一啓云:

伏承取決峽路,東指廣陵。 今遣節度判官李商隱侍御往渝州及界首已來備具饞牽,指揮館遞。

又第二啓云:

伏承鳳詔已頒，鷁首期艤。日臨端午，路止半千。

則是商隱，實有大中六年夏間奉柳仲郢命往渝州迎候杜悰之一事。仲郢於荆南設奠路祭德裕歸柩，令商隱爲祭文。今其文不傳，無從知其詳。然其事之在大中六年。上文已證明無疑義矣。若玉谿生年譜會箋肆以德裕歸葬事附載大中九年之末。卽張氏亦疑不能決。蓋其成書之時李燁及其妻徐氏墓志尙未出土。固不足爲病也。寅恪頗疑仲郢於大中六年夏間遣商隱於渝州迎送杜悰，並同時因水程之便利，卽遣商隱逕由渝州往江陵，致祭德裕之歸櫬。實不止令其代作祭文也。但此假設非有確據。不過依時日地理及人事之關係。推測其可能而已。姑備一說於此，以俟治玉溪生文學者之教正。寅恪平生讀義山詩苦不能解，自不敢與古今爲錦瑟無題作鄭箋之顓家上下其議論也。嘗見馮氏玉谿生年譜於大中二年創爲義山巴蜀遊蹤之說。實則別無典據。其言云：

夫說詩之法，實則徵其蹤跡。虛則領其神情。

又云：

此段巴蜀之蹟，水陸之程，章句朗然。余所得已費苦心，不能更苛責矣！

又馮氏玉谿生詩詳註叁荆門西下七律浩曰：

此篇移易數過，而終莫能定也。

又風五律浩曰：

凡自東而西入蜀者，過荆門，至下牢，乃入西陵峽，經黃牛山。五六似與下章之「灘激黃牛」相貫。其爲水程上巴峽時歟？乃結云：「歸舟」者又不合。蓋江波風信，行役常遭。其間細踪何由追核。只可就本詩玩味耳。

張氏玉谿生年譜會箋叁大中二年條云：

馮氏不知歸洛在巴遊之後。及解至荆門西下「天外歸舟」句，而其說窮矣，余故不得不辨也。又案，巴蜀之遊馮氏定爲是年，說最精確。惟是巴蜀遊蹤，水陸僕僕。似乎心注成都，而留滯荆門。如荆門西下岳陽樓諸篇，則又似心注湘潭。是果屬望何人歟？余詳味詩隱，參互證之。則斷其必爲李回杜悰也。李回方左遷湖南。義山窮途無依，固不能不望其援手也。補編爲湖南座主隴西公賀馬相公登庸啓事在五月。必義山於荆州與回相遇，爲之代作。故「荆雲回望夏雲時」也。而無題一章尤爲此段行蹤之關鍵。起曰：「萬里風波一葉舟。憶歸初罷更夷猶。」言桂府罷，尙有所待也。曰：「碧江地沒原相引。」言李回本同黨，雖由西川左遷，未嘗不可援引也。曰：「黃鶴沙邊亦少留。」言己與李回相遇荆州，爲之少留也。中聯引益德阿童二典雖無可徵實。然以「益德報主」比衞公之乃心武宗。以王濬受厄王渾，功高得謗，比李回因黨禍而貶官，不負衞公之知。詞意均極明顯。結則言李回旣不能攜赴湖南。進旣不可，歸又不能，人生如此，徒使我懷古思鄉，安能忍而與之終古乎？此所以留滯荆門之後又有巴蜀之遊也。巴蜀之遊，當是希望杜悰，而實未至成都，中道而回。馮譜於是年巴蜀之遊鈎稽已費苦心。惟於一朝黨局未能參透。甚矣讀書不可不細也！

寅恪案，馮氏「巴蜀遊蹤」之說固無依據，張氏義山於大中二年五月，遇李回於荆州之說亦非有佐證。馮氏解詩至荆門西下「天外歸舟」，其說信窮矣。但張氏解無題「益德冤魂終報主」之句，謂指衞公。指衞公則誠是矣。然不悟此詩若果如張說，作於大中二年之夏。則距大中元年十二月衞公南貶潮州，不過數月之久。其時文饒尙健在。卽使無生還之望，亦豈忍遽目之爲「冤魂」耶？故張說匪獨與詩人敦厚之旨不合，按其文理又不可通也。鄙見凡註家所臆創之大中二年巴蜀遊蹤實無其事。其所指爲大中二年往返巴蜀所作之詩。大抵大中六年夏間奉柳仲郢命迎送杜悰并承命乘便至江陵路祭李德裕歸柩之所作，或其他居東川幕中時代之著述。若依此解，則不僅無馮說荆門西下及「天外歸舟」等地理上之滯礙，亦可免張氏遇李回於荆州說之不能標舉證據，且不致有李德裕貶後止五月，卽被呼爲「冤魂」之慘也。玆試依此解，略釋萬里風波一葉舟無題，以證成此假設。又以此詩爲此行關鍵，其中殊有易滋誤會之語，不得不稍申述其意趣。總而言之，箋證李詩，非玆篇主旨。卽有疏誤，於德裕歸葬傳說之考定，亦無大變易也。

無題

萬里風波一葉舟，欲歸初罷尙夷猶。

此詩爲商隱於江陵爲李燁所賦。燁以舟載父及親屬諸柩北歸。「初罷」者非「罷桂府」之「初罷」。考燁貶蒙州立山尉。於大中六年以前奉詔特許歸葬。其時尙未除父喪也。其奉詔北歸葬親，旣在父喪服未除中，必罷立山尉職。其過江陵時距罷立山尉職不久，故謂之「初罷」。 蓋宣宗當日止許爆北歸葬父，事迄仍須返立山尉貶職。 此據爆自撰其妻鄭氏墓誌推得之結論。 爆雖急欲歸洛陽，然於荆南却有逗留，故得邀之中途，因以設奠。 此所謂「欲歸初罷更夷猶」也。 由此言之，江陵爲商隱與爆會遇之交點。 商隱之由西而東，抵於江陵，杜詩之「卽從巴峽穿巫峽」也。 爆之由南而北，發自江陵，杜詩之「便下襄陽向洛陽」也。 以年月爲經，以路綫爲緯，此無題之詩案於是始能判決矣。

碧江地沒元相引，黃鶴沙邊亦少留。

此二句不能得其確解。 大約爆自湖南至荆南，其途中少有滯留，自所不免。 恐亦欲於沿途所過之地方官吏及親故中有所請乞耶？ 盧商曾爲爆府主。 然於大中三年已罷去。 大中六年夏間之爲岳鄂觀使者當在韋損與崔瑤之間。 其人旣不可詳考。（參閱沈氏新舊唐書合參攷叁方鎭年表及吳氏唐書方鎭年表考證下。） 其事亦不必鑿言矣。

益德寃魂終報主，阿童高義鎭横秋。

若謂此詩作於大中六年夏間德裕歸葬時，且在宣宗有感於「西邊兵食制置事」特許其歸葬之後，則與張氏之解此詩，謂作於大中二年時，去德裕貶潮州僅數月者，更於文理可通。 德裕本爲太尉。 故商隱作舊將軍七律追感其人亦有「李將軍是舊將軍」之句。 生前旣以武功邀奇遇，死後復因邊事蒙特恩。 又曾任西川節度使，建維州之勳。 其以益德爲比，亦庶幾適切矣。 不必更求實典，恐亦未必果有實典，而今人不知也。 至阿童高義句自指仲郢而言，若合二句併讀之，卽是東川節度柳仲郢遣使祭崖州司戶參軍李德裕之歸櫬也。 較之以阿童比李回之因德裕黨左遷爲高義者，立說似更簡便； 兩說相較，何去何從？ 讀者自知決擇也。

人生豈得長無謂，懷古思鄉共白頭。

此二句極佳，不待詳說。 若仍欲加以解釋，卽誦哀江南賦「班超生而望返，溫序死而思歸。」 之句，以供參證可也。

若據此解釋，則乾隆以來解義山詩者相承所謂「大中二年巴蜀遊蹤」之說果可以成立乎？ 願一承教於說詩解人頤之君子也。

又舊唐書壹陸陸白居易傳附從弟敏中傳（新唐書壹壹玖略同。） 云：

武宗皇帝素聞居易之名，及卽位，欲徵用之。宰相李德裕言：「居易衰病不任朝謁。因言從弟敏中詞藝類居易。」卽日知制誥，召入翰林，充學士。遷中書舍人。累至兵部侍郞學士承旨。會昌末同平章事。宣宗卽位，李德裕甫貶嶺南，敏中居四輔之首，雷同毀譽，無一言伸理，物論罪之。

寅恪案，德裕之獲許歸葬，據李濬所作燁墓誌，實由「先帝（宣宗）與丞相論兵食制置西邊事」自是可信之實錄。夫當日敏中旣判延資庫，又爲招討党項行營都統制置使。則燁誌所言之「丞相」，自非敏中莫屬，故疑德裕之歸葬，敏中實與有力焉。然則其後與段全緯書所言亦不致全掠他人之美，此則稍可爲敏中辯解者也。

又懿宗卽位卽以敏中代令狐綯爲相。恩禮極隆。雖傷腰臥疾。迄不令去。至五表辭位，始以爲中書令。（其事詳見兩唐書白居易傳附從弟敏中傳及舊唐書壹玖新唐書玖懿宗紀等。）通鑑貳伍拾紀此事云：

咸通元年九月辛亥以白敏中爲司徒中書令。

其後卽接書劉鄴請追贈李德裕官事。實顧及唐實錄注「白敏中爲中書令與右庶子段全緯書云云」中「白敏中爲中書令」一語。以敏中爲中書令必在鄴奏請之前，於事理方合也。此點雖不甚關宏旨，亦可見溫公排比時日，推勘先後，其用心精密如是。故表而出之，以告讀通鑑者。

又裴庭裕東觀奏記卷中紀德裕見夢於令狐綯事。新唐書德裕傳采之，而略去崔鉉魏謩之名。詳釋裴氏所述，須假定令狐崔魏三人同時在中書，然後始有可能。今姑不詳考，卽就新唐書陸叁宰相表下核之。此三人同在相位之時期爲自大中三年四月乙酉至大中九年七月丙辰之間。今旣考定德裕歸葬在大中六年。則宣宗之詔許必在其前一二年。是就時間論，尙無衝突。但德裕之是否見夢於綯，及其歸葬之是否由綯所請，則無從判明。至南部新書庚亦載此事，而增「懿皇允納，卒獲葬。」之句。此與孫光憲北夢瑣言壹劉三復記三生事條末所載「其子鄴敕賜及第，登廊廟，上表雪德裕，以朱崖神櫬歸葬洛中。」等語正同。是皆以德裕歸葬在懿宗卽位以後。蓋與通鑑考異所引裴旦南行錄載劉鄴大中二年九月二十六日表中「孤骨未歸於塋域。」之語俱爲後人謬傳僞作之史料。今以李燁墓志證之，益明白無疑。考異謂「燁懿宗初纔徙郴縣尉。未詳。」今據燁誌及鄭氏誌，知燁雖獲歸葬德裕於洛陽。 葬迄仍返蒙州貶所。 至懿宗卽位，始得援恩例，內徙郴縣。 德裕之歸葬與燁之內徙及德裕之追贈元各爲一事，不相關涉。 昔人之疑今日可以釋然也。 又燁誌言「今皇帝（懿宗）嗣位之歲（大中十四年。）御丹鳳肆赦詔移郴縣尉。自（大中十四年）春離桂林。 道中得瘴病。」 及「大中十四年夏六月廿六日以疾終於（郴）縣之官舍。」 其所謂御「丹鳳肆赦」自指新唐書玖懿宗紀及通鑑貳肆玖「大中十三年冬十月辛卯大赦天下」之事。 其赦文卽載全唐文捌伍。 特附識於此，以備讀本文者之檢查。 又德裕家屬墓志近歲出土者寅恪所見有五石。 其子燁及燁妻鄭氏誌前已引證外，尚有德裕撰滑州瑤臺觀女眞徐氏墓誌。 誌爲分書。 不著書者姓名。 當卽德裕所自書。 文詞及書法俱佳。 今李文饒集中亦佚此誌文。 彌足珍貴。 茲節錄其文於下：

> 徐氏潤州丹徒縣人。 名盼。 字正定。 疾亟入道，改名天福。 大和己酉歲十一月己亥終於滑州官舍。 年廿三。 長慶壬寅歲余自御史出鎭金陵。 徐氏年十六，以才惠歸我。 長有二子，勤勞八年。惟爾有絕代之姿，掩於羣萃，有因心之孝，合於禮經。 其處衆也，若芙蓉之出蘋萍，隨和之映珉礫。 其立操也，若昌花之秀深澤，菊英之耀歲寒。 儀靜體閑，神淸意遠。 固不與時芳並豔，俗態爭妍。 予自宦達，常憂不永。 由是樹檟舊國，爲終焉之計。 粤以其年十二月二十日葬于洛陽之邙山，蓋近我也。 庶爾子識爾之墓，以展孝思。 一子多聞。 早卒。 次子燁。

寅恪案，徐氏卽燁生母。 後來德裕之裔皆出自徐氏也。 徐氏旣葬近德裕。 近歲德裕家屬墓誌先後出土頗衆，而德裕及其祖父埋幽之石未聞於世。 見存諸方志中名人冢墓一門亦不著栖筠吉甫及德裕三世之墓。 諒以制度較崇大，物藏較豐實，故亦較其家屬卑小之冢墓先被發掘耶？ 嗚呼，可哀也已！ 樂府雜錄望江南條云：

> 始自朱崖李太尉鎭浙日，爲亡妓謝秋娘所撰。 本名謝秋娘。 後改此名。 亦曰夢江南。

據新唐書德裕傳謂「（德裕）後房無聲色娛。」 李石（？）續博物志叁乃謂「（衞公）採聘名姝，至百數不止。」 甚矣小說之多歧說也。 惟段安節所記或亦有本。 蓋秋娘本唐代婦人習見之名。 杜仲陽卽杜秋娘，而又爲潤州人。 德裕復與之有一段交涉，幾至起大獄者。（詳見兩唐書德裕傳南部新書戊及杜牧杜秋詩等。）徐氏爲潤州人。且德裕鎮浙西時所納之妾。及其亡後，其自撰之志文贊爲「絕代之姿」。然則其製曲以寄哀思，當亦情之所可有。豈以徐盼之故，譌以傳譌，致有斯說歟？此雖藝林之故實，然與本篇辨證之主旨無關。姑從闕疑可也。

又有李伺夷撰唐故趙郡李氏女墓誌云：

小娘子曾祖諱吉甫，門下侍郎同中書門下平章事，贈太師。祖諱德脩。楚州刺史兼御史中丞，贈禮部尚書。考諱從質，度支兩池榷鹽使兼御史中丞。中丞不婚，小娘子生身於清河張氏。以咸通十二年十二月二日遘疾于洛陽履信里第，享年卅有四。以其年十二月十九日歸葬于北邙山西金谷鄉張村里，祔大塋，禮也。

寅恪案，舊唐書壹陸伍柳公權傳附子仲郢傳（新唐書壹陸叁同。）云：

大中朝李氏無祿仕者。仲郢領鹽鐵使，取德裕兄子從質爲推官，知蘇州院事。令以祿利贍南宅。令狐綯爲宰相，頗不悅。仲郢與綯書云：李太尉受責既久，其家已空。遂絕蒸嘗，誠增痛惻。」綯深感歎，尋與從質正員官。

寅恪案，新唐書柒貳上宰相世系表趙郡李氏西祖房不載從質之名。兩唐書柳仲郢傳僅言「德裕兄子，」未詳其親屬遠近。此亦石刻可補史文之闕佚者也。又傳文所謂「南宅」，當指德裕子孫，如爗等家屬之在南者。至從質不婚，其養女亦不嫁，其故不能詳。會昌一品集壹捌請改封衞國公狀（參考新唐書德裕傳。）云：

臣今日蒙恩進封趙國公。承命哀惶，不任感涕。臣亡父先臣憲宗寵封趙國。先臣與嫡孫寬中小名三趙。意在傳嫡嗣，不及支庶。臣前年恩例進封，合是趙郡。臣以寬中之故，改就中山。

新唐書宰相世系表不著德修子孫。今據此狀，可知從質雖爲德修之子，但非長嫡，故可不婚耶？

又德脩事蹟略見新唐書壹肆陸李栖筠傳附吉甫傳末及柒貳上宰相世系表。皆未載其贈禮部尚書事。惟東觀奏記上紀德脩事蹟較詳。其文云：

加贈故楚州刺史尚書工部侍郎李德脩禮部尚書。（中略。）時吉甫少子德裕任荊南節度使檢校司徒平章事。上（宣宗）即位普恩。德裕當追贈祖父。乞迴贈其兄。故有是命。

據通鑑壹肆捌云：

會昌六年夏四月壬申以門下侍郎同平章政事李德裕同平章事，充荆南節度使。九月以荆南節度使李德裕爲東都留守，解平章事。（參閲舊唐書壹捌下宣宗紀。）

則德裕之得贈禮部尚書，當在此數月間。尙及德裕未貶潮州之前。否則李氏敗後，無從邀此恩命矣。

又出土李莊撰唐故趙郡李氏女墓志略云：

趙郡李氏女懸黎生得十三年。以咸通十二年七月十五日卒于安邑里第。曾祖諱吉甫。祖諱德裕。考諱燁。妣滎陽鄭氏。未四歲。遇先府君憂。鍊師陳氏實生余與爾。卜咸通十二年十二月廿四日歸于榆林大塋吉墓。

寅恪案，據李燁及其妻鄭氏誌燁卒於大中十四年六月廿六日。鄭氏卒於大中九年五月廿九日。燁之卒而懸黎未四歲。則知懸黎之生在鄭氏卒後矣。其生母陳氏誌文稱爲「鍊師」者，如燁生母徐氏之稱爲「女眞。」蓋皆入道之號。此爲唐代之通俗也。長安安邑坊爲吉甫德裕第宅所在。吉甫且以安邑相公爲稱。（見新唐書壹肆陸李吉甫傳。）今據此誌，知咸通之末李氏猶保有此宅。殆亦視同平泉之石，不敢以與人耶？又此誌題云：

兄度支巡官將仕郎試祕書省校書郎莊撰。

據燁誌，燁二子長莊士。次莊彥。一女懸黎。燁妻鄭氏誌亦載二字莊士莊彥之名。此誌撰人不知其爲莊士抑莊彥也。據唐書宰相世系表「燁生殷衡，延古。殷衡右補闕。延古司勳員外郎。」然則莊士莊彥卽殷衡延古。舊唐書貳拾下哀帝紀天祐二年六月戊申條及德裕傳新唐書德裕傳通鑑貳陸伍天祐二年六月時士大夫避亂多不入朝條及南部新書乙等皆載延古事，而舊五代史陸拾有李敬義卽延古專傳，所紀尤詳。蓋與司空圖同爲忠義之士也。傳云：

李敬義本名延古。太尉公德裕之孫，初（或幼之誤。）隨父煒（燁之誤。）貶連州。遇赦得還。

寅恪案，薛史字誤不必論。惟據舊唐書德裕傳云：

燁咸通初量移郴州郴縣尉。卒於桂陽。子延古。

通典壹捌叁州郡典云：

桂陽郡。 郴州。 今理郴縣。

連山郡。 連州。 今理桂陽縣。

李燁誌言燁「卒於縣之官舍。」 即郴縣之官舍。 舊唐書言燁「卒於桂陽。」 此「桂陽」指桂陽郡。 非桂陽縣。 蓋燁任桂陽郡即郴州之郴縣尉。 非連山郡即連州之桂陽縣尉也。 薛史以郡爲縣，故有斯誤也。

又新唐書德裕傳云：

燁子延古。 乾符中爲集賢校理。

而南部新書乙云：

咸通九年正月始以李贊皇孫延佑起家爲集賢校理。

寅恪案，延佑當是延古之誤。 「咸通九年」與「乾符中」二者相距十年上下，未知孰是？ 據懸黎誌題銜言之，其時爲咸通十二年。 其兄莊已爲祕書省校書郎。 若新唐書不誤，則乾符中以集賢校理起家之延古必非此題誌之「莊」也。 新唐書宰相世系表列殷衡之名於延古之前。 依其次序，似殷衡爲兄，延古爲弟。 然則作懸黎誌之莊乃莊士之省，亦即後來之殷衡耶。 或者咸通九年以集賢校理起家者爲殷衡，而錢氏誤爲延佑即延古耶？ 殊疑不能明也。

五代史記陸伍南漢世家云：

(劉)隱復好賢士。 是時天下已亂。 中朝士人以嶺外最遠，可以避地，多遊焉。(中略。) 劉濬李衡(殷衡省稱衡。 避宋諱。) 之徒隱皆招禮之。 (中略。) 濬，崇望之子，以避亂往。 衡，德裕之孫，唐右補闕，以奉使往。 皆辟置幕府，待以賓客。

吳任臣十國春秋伍捌南漢烈宗世家云：

開平二年冬十月辛酉梁命膳部郎中劉光裔右補闕李殷衡充官誥使，詔王爲清海靜海等軍節度使安南都護。 王留光裔殷衡不遣。

又同書陸拾李殷衡傳云：

李殷衡世爲趙郡人。 唐宰相德裕孫也。 仕梁太祖，爲右補闕。 開平二年充嶺南官告副使。 至則烈宗留之幕府，署節度判官，不時遣。 乾亨初官禮部侍郎同平章事。 居無何，終於其職。 先是故唐宰相劉瞻者，殷衡姊壻也。 有子贊。幼孤，而性不慧。殷衡教之讀書，每督以箠楚。（中略。）登進士第。梁時充崇政院學士。猶久念殷衡不忘。

寅恪案，新唐書壹捌壹劉瞻傳云：

劉瞻，字幾之。其先出彭城。後徙桂陽。

據此瞻家本居桂陽。其與李氏婚姻，或與李燁任郴縣尉一事不無關係。又韓偓玉山樵人集有和孫肇七律二篇。其題爲

奉和峽州孫舍人肇荆南重圍中寄諸朝士二篇。時李常侍洵，嚴諫議龜，李起居殷衡，李郎中冉皆有繼和。余久有是債，今至湖南，方暇牽課。

今全唐詩文皆不載殷衡之著作。據冬郎詩題，可知殷衡亦文學之士，不墜其家風者者也。李燁二子殷衡延古雖分處南北，然皆能自樹立，傳於後世。故不避叙述繁瑣之譏，並附載其本末，以供考贊皇子孫親屬者之參證焉。

綜合此篇上下二章考辨之結論如下：

(一)李德裕大中三年十二月十日卒於崖州。

(二)其柩於大中六年夏由其子燁護送北歸，葬於洛陽。

直齋書錄解題壹陸載耿秉直所輯李衞公備全集，元附年譜一卷。今已佚不傳。他時若有補作年譜者，願以玆篇獻之，儻亦有所取材歟？非敢望也。

一九三五年三月三十一日

附記：

此文付印後，俞大綱表弟以李德裕妾劉氏墓誌見示。以其可證明寅恪之所假定，特附錄於後，藉供參考。

唐茅山燕洞宮大洞鍊師彭城劉氏墓誌銘并序。

鍊師道名致柔，臨淮郡人也，不知其氏族所與。和順在中，光英發外，婉嫕有度，柔明好仁。中年於茅山燕洞宮傳上清法籙。悦詩書之義理，造次不渝，寶老氏之慈儉，珍華不御。言行無沾，淑慎其身，四十一年于玆矣。余三册正司，五秉旄鉞，棨戟在戶，軺車及門，出入寵光，無不盡見，艱難危苦，亦已備嘗。幼女乘龍，一男應宿，人世之美，無所缺焉，脩短之間，奚足爲恨。屬久嬰沉痼，彌曠六

年，以余南遷，不忍言別，綿歷萬里，寒暑再期，輿嶠拖舟，涉海居陋，無名醫上藥，可以盡年，無香稻嘉蔬，可以充膳。毒暑晝爍，瘴氣夜侵，纔及三時，遂至危亟，以己巳歲八月二十一日終於海南旅舍，享年六十有二，嗚呼哀哉。有子三人，有女二人，聰敏早成，零落過半。中子前尚書比部郎渾，獨侍板輿，常居我後，自毋委頓，夙夜焦勞，衣不解帶，言發流涕，其執喪也，加於人一等，可以知慈訓孝思之所至也。幼子燁，鉅，同感顧復之恩，難申欲報之德，朝夕孺慕，余心所哀，以某年某月某日，返葬于洛陽榆林，近二男一女之墓。余性直盜憎，位高寇至，道不能枉，世所不容，愧負淑人，爲余傷壽。瞑目何報，寄懷斯文。銘曰：『清泉一源，秀木孤根，惟子素行，不生朱門。操比松桂，粹如瑤琨，不扶自直，不琢自溫。七子均養，人靡間言，百口無怨，加之以恩。生我三子，熊羆慶蕃，育我二女，素絢是敦。既畢婚嫁，亦已抱孫。念子之德，衆妾莫援，誕於高族，可法後昆。昔我降秩，退居林園，平泉秋日，坐待朝暾，西嶺高眺，南榮負暄。自茲而往，悵惘山樊。巖銷寒桂，澗歇芳蓀，捨我而去，傷心詎論。天池南極，誰與招魂。芒山北阜，將託高原，空留片石，千古常存』。

第四男燁記：

大中戊辰歲冬十一月，燁獲罪竄于蒙州立山縣。支離顧復，戀切蓼莪，欲報之恩，昊天罔極。己巳歲冬十月十六日，貶所奄承凶訃，茹毒迷仆，豈復念□。匍匐詣桂管廉察使張鷟，請解官奔訃。竟爲抑塞。荏苒經時，罪逆疊深，仍鍾酷罰。呼天不聞，叩心無益，抱痛負冤，塊然骨立，陰陽致寇，棣萼盡凋，藐爾殘生，寄命頃刻。殆及再期，乃蒙恩宥，命燁奉帷裳還祔先兆。燁輿曳就途，飲泣前進，壬申歲春三月扶護帷裳陪先公旌旐發崖州。崎嶇川陸，備嘗險艱，首涉三時，途徑萬里，其年十月，方達洛陽。十二月癸酉遷祔，禮也。嗚呼天乎，燁迫於譴逐，不能終養。劬勞莫報，巨痛終天，有生至哀，瞑目已矣。

先衞公自製誌文，燁詳記日月，編之于後，蓋審於行事，不敢誣也，謹言。

出自第五本第二分(一九三五年十二月)

三論李唐氏族問題

陳寅恪

寅恪於本集刊第三本第一分李唐氏族之推測及第四分李唐氏族之推測後記兩文中先後討論李唐氏問題，仍有未盡之意，本欲復有所申論，以求教於治唐史之學者。近又見日本東北帝國大學文科會編輯之文化第二卷第六號載有金井之忠氏李唐源流出於夷狄考一文，其中涉及拙作，有所辨難，故作此篇，略述鄙見，條列於後。夫考證之業譬諸積薪，後來者居上，自無膠守所見，一成不變之理。寅恪數年以來關於此問題先後所見亦有不同，按之前作二文，卽已可知，但必發見確實之證據，然後始能改易其主張，不敢固執，亦不敢輕改，惟偏蔽之務去，眞理之是從，或者李唐氏族問題之研討因此辨論，得有更進一程之發展乎？此則寅恪之所甚希望者也。

（甲）李唐之李必非代北叱李部所改。

金井氏據鄭樵通志叁拾氏族略變夷篇記代北之人隨後魏遷河南改胡姓爲漢姓事，其中有

叱李之爲李

一語，及鄧名世古今姓氏書辯證貳壹

河南李氏　後魏官氏志有叱李氏改爲李氏

之文，作一結論，謂李唐源出於叱李氏。寅恪案，無論今魏書壹壹叁官氏志無「叱李氏後改爲李氏」之語，鄭鄧之書未詳其何所依據，但此點無關宏旨，可置不論。魏書柒下高祖紀參閱北史叁魏本紀資治通鑑壹肆拾齊紀建武二年六月條。云：

太和十九年丙辰詔遷洛之民死葬洛陽，不得還北！

又北史壹玖廣川王諧傳今魏書貳拾卽取北史此卷所補者。並參閱通鑑壹肆拾齊紀建武二年六月條。云：

詔曰：遷洛之人自茲厥後，悉可歸骸邙嶺，皆不得就塋恒代！

據此，李虎之祖熙及其父天賜死於何年，固不能定，但如金井氏之說，旣是代人遷洛

之改姓者，則其所葬之地實爲解決此問題之關鍵。 假使熙及天賜父子二人俱死於太和十九年六月丙辰以前，則應俱葬於恒代。 假使父子二人俱死於太和十九年六月丙辰以後，則父子二人俱應葬於邙嶺。 假使父子二人一死於太和十九年六月丙辰以前，一死於太和十九年六月丙辰以後，則應一葬於恒代，一葬於邙嶺。 今則其所葬之地北不在恒代，南不在邙嶺，乃在後魏南趙郡之廣阿，唐代趙州之昭慶，而又父子共塋，顯是族葬之遺蹟。 然則李唐先世果如金井氏之說，出於代北叱李部遷洛後改爲李氏者歟？ 抑如寅恪之說，其初本爲趙郡李氏之「破落戶」或「假冒牌」者歟？ 孰非孰是，何去何從，治史者自能別擇，不待詳辨也。

（乙） 李唐在李淵以前其血統似未與胡族混雜。

開元十三年象城縣尉楊晉撰光業寺碑碑文詳見前篇。 云：

> 皇祖瀛州刺史宣簡公謹追上尊號，謚宣皇帝。 皇祖妣夫人張氏謹追上尊號，謚宣莊 皇后。 皇祖懿王謹追上尊號，謚光皇帝。 皇祖妃賈氏謹追上尊號，謚光懿皇后。

又巴黎國民圖書館藏敦煌寫本伯希和號第貳伍拾 \[illegible\]唐代祖宗忌日表云：

> 皇六代祖景皇帝。
>
> 皇后梁氏。　　　　五月九日忌。

今唐會要壹帝號門上及貳叁忌日門俱缺載張氏賈氏梁氏三代女系。 據此，張賈皆是漢姓，其爲漢族，當無可疑。 梁氏如梁禦之例，雖亦有出自胡族之嫌疑，見周書壹玖及北史伍玖梁禦傳。 又魏書壹壹叁官氏志云：「拔列氏後改爲梁氏。」 但梁氏本爲漢姓，大部分皆是漢族，未可以其中間有少數例外出自胡族之故，遽概括推定，凡以梁爲氏者皆屬胡族也。 故李虎妻梁氏在未能確切證明其氏族所出以前，仍目之爲漢族，似較妥愼。 然則李唐血統其初本是華夏，其與胡夷混雜，乃一較晚之事實歟？ 茲取今日新獲得之資料，補作一李唐血統世系表，起自李熙，迄於世民，以供研究李唐氏族問題者之參考。 至李重耳則疑本無其人，或是李初古拔之化身，已詳前篇，茲不贅論。 故茲表只就今日能確切考知及有實物能證明者爲限。 其女統確知爲漢族者，標以▭符號。 確知爲胡族者，標以～～符號。 雖有胡族嫌疑，但在未能確切證明前，姑仍認爲漢族者，則標以……符號。

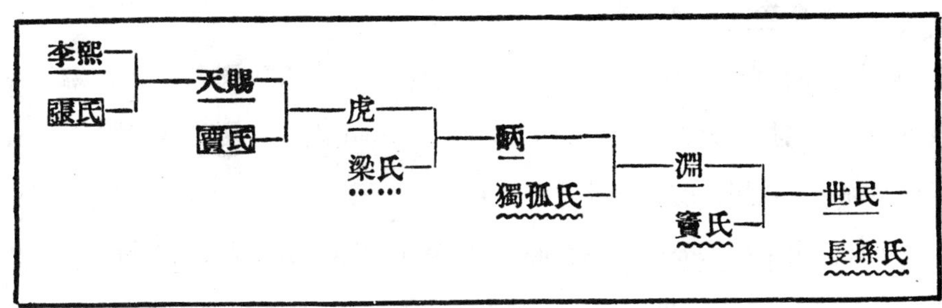

（丙）推測李虎所以追封唐國公之故。

前篇謂周初追封李虎爲唐國公暗示其與趙郡之關係者，實指當時擬此封號者聯想李氏與趙郡之關係而言。蓋李虎生前初封之趙郡公及徙封之隴西公皆郡公也。郡公進一等則爲國公。參考周書肆拾北史陸貳尉遲運傳隋書貳捌百官志下等。凡依等進封，以能保留元封之名爲原則，故其取名多從元封地名所隸屬之較大區域中求之。若不得已，則於元封地名相近之較大區域中求之。若猶無適當之名，則盡棄與元封有關之名，別擇一新號。考李虎之追封唐國公當在周初受魏禪，大封佐命功臣之時，即與孝閔帝元年春正月乙卯進封趙郡公李弼中山（郡）公宇文護等爲趙國公晉國公等同時。見周書叁孝閔帝紀壹壹晉蕩公護傳壹伍李弼傳及北史伍柒晉惠公顥傳附子護傳陸拾李弼傳等。趙爲郡名，亦古國名。故李弼即由趙郡公進封趙國公。同時自不得以趙國公追封李虎。隴西只是郡名，而非國名，不可作國公之封號。於是當日之擬封號者不得不聯想及於與趙郡及隴西郡有關之古代國名。通典壹柒肆州郡典云：

天水郡。秦州。古西戎之地。秦國始封之邑。領縣五。成紀。

隴西郡。渭州。春秋時戎狄所居。秦置隴西郡。

同書壹柒捌州郡典云：

趙郡。趙州。春秋時晉地。戰國時屬趙。領縣九。昭慶。寅恪案魏書壹百陸上地形誌南趙郡廣阿縣即昭慶，有堯臺。

博陵郡。定州。帝堯始封唐國之地。戰國初爲中山國。後爲魏所併。後又屬趙。秦爲上谷鉅鹿二郡之地。漢高帝置中山郡。景帝改爲中山國。後漢因之。晉亦不改。後燕慕容垂移都於此。都中山。置中山郡。至慕容寶爲後魏所陷。後魏爲中山郡。領縣十一。望都。堯始封於此。堯山在北。　堯母慶都山在南。

據此，與隴西郡有關之古代國名爲秦。　與趙郡有關之古代國名爲趙，魏，中山，晉，及唐。　魏爲拓拔氏之國號，自不可以封。　中山之名在後魏爲王爵封號，亦爲郡公及縣公封號。　北周在明帝武成元年八月改天王稱皇帝以前，國公爲人臣最高之封爵。　故宇文護由中山郡公進封國公時，不以爲中山國公者，雖因晉國較中山爲大名，實亦受魏制影響。　是中山復不可爲進封國公之號。見魏書壹壹叁官氏志魏書壹伍北史壹伍秦王翰傳附中山王纂傳魏書壹玖下北史壹捌南陽王楨傳附中山王英傳周書叁孝閔帝紀肆明帝紀叁伍崔猷傳北史玖周本紀叁貳崔挺傳附猷傳通鑑壹陸陸及壹陸柒等。當追封李虎之時，西魏恭帝僅於數月前卽恭帝之三年秋七月封宇文直爲秦郡公。見周書貳文帝紀下壹叁衞刺王直傳及北史伍捌衞刺王直傳等。　故爲宇文直地，亦不能以秦爲追封李虎之國號。　而晉國則又已封宇文護矣。　夫趙國之號旣以李弼之故不可取用，秦國晉國復以宇文直宇文護之故不能進封。　魏及中山又皆不可用爲封號。然則當時司勳擬號之官若不別擇一新號，而尙欲於舊時封地之名有所保存聯繫者，則舍唐國莫屬。　此李虎所以追封唐國公之故也。

又李德裕會昌一品集壹捌請改封衞國公狀云：

> 臣今日蒙恩進封趙國公，承命哀惶，不任感涕。　臣仁父先君憲宗寵封趙國，先臣與嫡孫寬中小名三趙，意在傳嫡，不及支庶。　臣前年恩例進封，合是趙郡，臣以寬中之故，改就中山。　亡祖先臣曾居衞州汲縣，解進士及第。　儻蒙聖恩，改封衞國，遂臣私誠。　庶代受殊榮，免違先志。

據此，李德裕合封趙郡，而改就中山，則趙郡之與中山爲互相平等及互相關聯之封號，可以確實證明。　中山相傳爲帝堯始封唐國之地，唐朝之宰輔李德裕自不能由中山進封唐國，只能進封趙國。　周代之元勳李虎曾封趙郡，以李弼之故不能進封趙國，遂得進封唐國。　故取此二事，以相比證，李虎所以追封唐國公之故更可豁然通解矣。　至德裕之請免封趙國，改封衞國，卽前文所謂盡棄與元封有關之名，別擇一新號者，而猶以其祖曾居衞州汲縣之故，請改封衞國，則唐人心目中封號與居地之關係亦可想見也。　玆以李德裕由中山進封趙國之例時代雖晚，然足資比證，因併附記之，以供參考。

出自第五本第二分(一九三五年十二月)

兩唐書玄宗元獻皇后楊氏傳考異
兼論張燕公事蹟

俞大綱

(一)舊唐書玄宗元獻皇后楊氏傳訂誤

舊唐書伍拾貳玄宗元獻皇后楊氏傳新書柒陸：

玄宗元獻皇后楊氏，弘農新書作華州，按舊書舉郡名也，華陰人。曾祖士達，隋納言。天授中，以則天母族，追封士達爲鄭王，贈太尉。父知慶，左千牛將軍，贈太尉，鄭國公。后景雲元年八月，選入太子宮，新書云，爲良媛。時太平公主用事，尤忌東宮。宮中左右持兩端，而潛附太平者，必陰伺察，事雖纖芥，皆聞於上。太子心不自安。后時方娠，太子密謂張說曰，用事者不欲吾多息胤，恐禍及此婦人，其如之何。密令說懷去胎藥而入。太子於曲室躬自煮藥，醺然似寐。夢神人覆鼎。既寤如夢，如是者三。太子異之，告說。說曰，天命也，無宜他慮。既而太平誅，后果生肅宗。太子妃王氏無子，后班在下，后不敢母肅宗。王妃撫鞠，慈甚所生。開元中，肅宗爲忠王，后爲妃，又生寧親公主。張說以舊恩特承寵異，說亦奇忠王儀表，必知運曆所鍾，故寧親公主降說子垍。開元十七年，后薨新書不書薨年。葬細柳原。玄宗命說爲之志文，其銘云：「石獸澀兮緣苔黏，宿草殘兮白露霑，園寢閉兮脂粉膩，不知何年兮開鏡奩。」（下略）

考文苑華英玖陸肆有張說節愍太子妃楊氏墓志銘。節愍妃，即元獻之姊也。說文中所述事，與兩書元獻傳皆不符，茲摘其要點於次：

初，上（玄宗）在東宮時，妃有女娣（指元獻）爲良媛，生忠王。卜者曰，不宜養。爰自襁褓，命妃舉字。及開元正位，良媛爲嬪而死。妃之視忠王也。

　隱僾之，教誨之。竭從母之仁慈，陪猶子之珍愛。忠王之托妃也。敬愛焉，聽順焉。生盡因心之樂，沒過如母之感。（下略）

大綱按此，忠王育於節愍妃，非王皇后也。

又墓志載節愍妃薨卒年日及葬地云：

　開元十有七年二月癸未，中宗節愍太子妃楊氏薨於京師太平里第之內寢。越五日景申（大綱按癸未越十五日爲景〔丙〕申，此有誤）。詔葬於新豐之細柳原黃陵，不從古之道也。

又說所撰銘文：

　（上略）陵麥秀兮漸漸。隴日生兮纖纖。元灞去兮無還日。靑門絕兮不可瞻。石獸澀兮綠苔粘。宿草殘兮白露沾。園寢閉兮脂粉膩。不知何人兮開鏡奩。

今按舊書元獻傳，謂元獻以開元十七年薨，葬細柳原。是誤以節愍妃之事，紀之於元獻。更誤錄張說節愍妃墓銘以爲屬于元獻者，則其紀載之不可據，蓋可斷然。新書不載元獻死日，又删去舊書銘文，似審知其誤。然於忠王鞠於王后之說，則不置異辭。按新書傳文云：

　帝（玄宗）卽位，（元獻）爲貴嬪。其娣，節愍太子妃也。知肅宗生，卜云，不宜養。乃命王皇后舉之。后無子，撫肅宗如所生。

細審其文，則增于舊傳者二事。一，玄宗卽位，元獻自良媛爲册貴嬪。二，節愍太子妃，爲元獻之姊。按此兩事，皆見於說所作節愍妃墓誌。攷燕公文集，唐宋藝文志皆著錄爲三十卷，今所傳本，其最早者莫過於明嘉靖伍氏龍池草堂本。（按卽涵芬樓景印之原本）。其書首有永樂七年伍德記云：兵燹之後，散佚僅存，錄而藏之。其書計二十五卷。繆荃孫跋朱氏結一廬張說之文集云，劉燕庭曾藏宋刊三十卷，（按見郘亭知見書目）今又不知歸於何所云云。據伍氏記，知明本較宋本散佚已多。武英殿聚珍本張燕公集，自文苑英華唐文粹采補六十一首，略可彌慽矣，然其不能與宋本較詳略，自爲意中事。今節愍妃墓誌，旣存於文苑英華，其非宋代之遺珠，可以斷言。則當時新書秉筆諸公，如歐陽文忠宋景文，豈有不及見之者。是則新書所增二事，循此推論，謂其採自節愍妃墓誌，與事實或相悖不遠。

今更按通鑑貳百壹玄宗先天元年九月辛卯條云：

立皇子嗣昇按肅宗始名嗣昇爲陝王。考異曰，睿宗實錄作甲申，太上皇實錄作甲午，今從玄宗實錄。嗣昇母楊氏，士達之曾孫也。王后無子，母養之。

溫公既引實錄證嗣昇受封月日，其於王后母養嗣昇事，則不列異說爲考異，是必以其事爲無可疑義矣。溫公所據，是否實錄，抑卽襲自兩唐書，未敢臆測。惟新書元獻傳於舊傳已有所增訂，僅於此事，不加異辭。更證以通鑑紀載亦同。可知新書通鑑必另有所據。唐代遺藉，廬陵涑水諸公，猶及見之者，如實錄及吳兢韋述等所撰國史，較舊書爲足據者，固可得也。

史文與墓誌，既有牴牾，而兩唐書通鑑紀此事之史料來源，未敢臆斷，則自以從墓誌所紀爲是。特冢墓之文，記死者生卒年月，爵位履歷，可以傳信者多。至於記事之辭，往往有未可全據者。其例約有二種，（一）事之有關於時政忌諱，不得不出以曲筆者。（二）秉筆誌墓者，與死者有密邇之關係，故爲溢美之辭者。今請依此例以考褩節愍妃墓誌之眞實性。

按節愍妃卒於開元十七年，誌文所載，可無疑義。按開元十七年，王皇后已廢死，而武惠妃專寵時也。新書柒陸王皇后傳；「先天元年，立爲皇后。久無子，而武妃稍有寵。后不平，顯詆之。（中略）開元十二年，〔猒勝〕事覺，帝自臨劾。（中略）繇是久乃廢。未幾，卒。」是則王皇后於開元十七年猶爲蒙罪而死之寃魂，按王后，代宗寶應元年，始追復后號。與之爭寵之武妃，則尙健在，有寵不衰。王后撫鞠皇子之功，宜爲玄宗及武妃之所不喜道。燕公誌墓，或有所顧忌而移其功於楊氏邪。此墓誌紀事，有關時政忌諱，可疑者一。

又按張燕公出身入仕之由，與武后朝政治，相關極深。其與諸武之關係，亦甚密切，此點下文當一一考說之，今所欲闡明者，元獻節愍妃，出於楊氏，而武后之外家戚屬也。燕公於元獻母子，始終助佑，其事亦頗有蹤跡可尋。舊元獻傳見上引文紀燕公挾去胎藥，畀玄宗以圖保全元獻，玄宗夢神人覆鼎事。又言「說以舊恩特承恩寵，說亦奇忠王儀表，必知歷運所鍾。故寧親公主降說子垍」。神人覆鼎事，近於神異，未足爲據。按此事見於李衞公次柳氏舊聞。然燕公時爲侍讀密邇之臣，其佐佑楊氏母子，必非史藉杜撰之辭也。依此推論，則愍節妃墓誌，必有溢美之處，此其可疑者二。

(二)武惠妃與張燕公

上文論證新舊唐書元獻傳及張燕公所撰節愍太子妃墓誌，略及燕公與武氏關係事。然元獻卒於玄宗初年；忠王立爲太子，又去說死已七年。(燕公以開元十八年死。忠王二十五年始被立爲太子)。 故論燕公與武氏遺黨關係，其牽涉於宮闈，而有關於政局者，舉元獻母子事，殊未足說明。

攷開元間大事，其涉於后妃，而影響政事者，厥爲王皇后之廢死，與太子瑛光王琚鄂王瑤三庶人之寃死。(參新書捌拾壹三宗諸子列傳)。 其原因不外武惠妃得寵，而王后無子，太子瑛又爲趙麗妃所生。 王后不廢，太子猶得苟安。 王后旣廢，武妃有子而方承恩寵，其欲傾太子，與進册后位，固爲事實之必然性。王皇后廢於開元十二年，燕公正在相位，當與其事不無關聯。 太子瑛廢死雖後於燕公之死，推其因果，燕公要不可全卸干係。 而武妃之謀册后位，則燕公實與其事也。 玆舉史實以攷訂其事：

通鑑貳壹叁開元十四年四月下：

上欲以武惠妃爲皇后。 或上言武氏乃不戴天之仇，豈可爲國母。 人間盛言張說欲取立后之功，更圖入相之計。 且太子非惠妃所生，惠妃復有子，若登宸極，太子必危。 上乃止。

今案此疏，唐會要新唐書並題爲潘好禮所上，惟會要蘇冕駁之，故通鑑以或上言題銜。 按其原文云：

惠妃再從叔三思，再從父延秀等，並干紀亂常，遞窺神器。 豺狼同穴，梟獍共林。 且匹夫匹婦，欲結爲夫婦，尙相揀擇，况陛下是累聖之貴，天子之尊乎。……又見人間盛言，尙書右丞相張說自被停知政事之後，每諂附惠妃。 欲取立后之功，更圖入相之計。(下略)

大綱今案玄宗欲立武妃爲后時，上距中宗朝不過二十餘年。 諸武之亂蹟，尙鮮接於當時耳目，其事不爲淸議所容，必然之事矣。 攷燕公以開元十四年四月罷中書令爲尙書右丞相。 按之六典壹尙書左右丞相條云：「(尙書左右丞相)，初亦宰相之職。

開元中，張說兼之，罷知政，猶爲丞相。 自此以後，遂不知國政。」 或疏所云，停知政事，更圖入相，指十四年四月燕公已罷爲右丞相而又更圖爲相也。 今按通鑑，以或上疏事繫於燕公罷爲右丞相同一月中，會要蘇冕駁此疏非潘好禮所上，亦云「表是十四年獻」，知溫公紀此事必有年月爲據。 循此論之，燕公之諂附惠妃，必非一朝一夕之是非，僅以罷知政事後爲始也。 不然則何以燕公乍停政事，人間即有欲圖立后以復相位之傳聞，事理上殊不可通。

又王后之廢，燕公適居相位，似與燕公之屬意武妃繼攝后位，不無關係，茲並推論之。

舊書玖柒宋璟傳：

（開元）七年，開府儀同三司王仁皎卒，及將築墳，子駙馬都尉守一，請同昭成皇后父竇孝諶故事，其墳高五丈一尺，璟及蘇頲請一依禮式，上初從之。 翌日，又令準孝諶舊例。 璟等上言。 ……上謂璟等曰，朕每事常欲正身以綱紀。 至於妻子，情豈有私，然人所難言，亦在於此。 卿等再三堅執，成朕美事。 足使萬代之後，光我史策。 遣使賚彩四百匹分賜之。

據此，玄宗欲爲后父崇高墳制。 又有妻子情，人所難言之語。 可見其時王后必有寵未衰。 王后失寵，當在開元八年以後事。 其時適燕公結束其八載放逐生涯，入攝中朝大政。 而名臣如姚宋，零落已盡之時。 姚崇開元九年九月卒，宋璟開元八年正月罷相，參舊書玄紀，開元政事之彷彿追摹貞觀政要中記事，如上引玄宗賜宋璟等諫言以彩匹之例者，蓋不多見矣。

今再攷燕公自開元九年以後仕履。 按燕公自開元元年外貶後，歷岳荊幽州諸任，其遷除年月，史無詳文，其事不關本文討論範圍，玆不細考。 開元七年，以幷州大都督府長史兼天兵軍大使。 九年九月，守兵部尙書同中書門下三品。 （參唐大詔令集肆肆） 讓宋璟陸象先 參文苑英華伍柒叁張說讓兵部尙書同平章事表。 不許。參新書本傳。 按燕公辭表，云「伏奉九月十九日制書到幷州」，今按九年玄宗在長安，自長安至太原，（按唐幷州都督府治太原，天兵軍在城內。 參新書地理志河東道幷州條）。 王言遞送之程，約費幾日，不可詳知。 但計燕公讓表上遞，不許之制敕再下，加以燕公卸任入京，往來日程計算，則燕公抵長安之日，大約在九年之冬矣。 其次年∟(十年)閏五月壬申詔往朔方巡邊ㄱ，(舊書玄紀)據王丘奉和聖制送張說尙書巡邊詩文苑英華壹柒柒∟朔門正炎月，兵气已秋風ㄱ。 同上題賀知章作，∟九攻雖不戰，五月尙持戎ㄱ文苑英華壹柒柒等句，皆指燕公出發，時令在五月也。 又按陳垣氏二十史朔閏表知是年閏五月壬申爲初二日，則燕公奉詔後，出巡之日，亦必不遲出於閏五月中。 綜此觀之，燕公此次入相在內之日，不過半年，其間宮闈之事，燕公有無所知，不敢臆說。 至十一年四月再入爲中書令(參唐大詔令集肆伍，新書宰相表)，迄十四年停知政事，此三年間，燕公身爲冢宰，出扆入輔，未嘗一日離玄宗左右也。 王后之廢，在十二年，燕公必預聞其事。 攷唐代皇后之廢立，大臣往往得參謀議，前乎此者，高宗之欲廢王后而立武氏，韓瑗來濟以諍諫而獲罪，許敬宗李義府以贊和而得勢，即一例也。 玄宗王后之廢，燕公不聞有一語之諫諍，豈不知武妃方專寵而有子，太子瑛孤立而無援，宮闈之變，端倪已見耶。燕公殆早屬心於武妃之繼攝后位矣。

開元宮闈之事，其影響於政局者至大。 燕公死後有三庶人之慘局，而李林甫附武妃以進身。 天寶政事，遂成定局。 世人徒謂楊太眞爲禍水。前人論證玄宗妃嬪事，亦僅及太眞一人。 大綱不敏，特拈出武惠妃楊元獻王皇后事，非獨注意於彤史，特以其事至關唐代盛衰之蹟，而爲考古之士所忽者，敢一一爲之發伏耳。 至於其事特有關於燕公事蹟與則天遺黨，下文並約略及之。

(三)張燕公與武后朝政治

張燕公出身入仕之由，與武后朝政治，極有關係。 玆迻寫史料之涉於其事，而爲兩唐書所未載者，或載而有誤者，並疏證於次。

封演封氏聞見記叁制科條

國朝於常舉之外，又有制科。 搜揚擢拔，名目甚衆。 則天廣收才彥，起家或拜中書舍人，員外郎，次拾遺補闕。

張鷟朝野僉載

僞周革命之際，十道使人，天下選殘明經進士，及下材教童蒙博士，皆被搜揚。不曾練試，並與美職。 塵黷士人之品，誘悅愚夫之心。 庸才者得官以爲榮，有才者得官以爲辱。

案武后自弘道元年高宗崩後，臨朝稱制。中更嗣聖光宅（一年）垂拱（四年）永昌（一年），迄於天授改唐稱周。凡六年中，所用政策，不外殺唐宗室及異己者，以消滅政治上之阻力。與大開科舉，以「搜揚拔擢」爲名，廣樹私黨，以收政治上之效能。封氏以代德時人，論爲「廣收才彥」，張鷟則以當時耳目濡接，因而憤慨致譏。議論因時代而不同，紀事則皆爲實錄也。

今攷燕公以垂拱四年，登賢良方正制科，授太子校書。新書本傳云，「永昌中，（說）舉賢良方正。吏部尙書李景諶糊名校覆，說對第一，后署乙等」。劉肅大唐新語云，「則天革命，大搜遺逸。四方之士，應制者萬人。張說對策爲天下第一。則天以近古以來，未有甲科，乃屈爲第二等」。新書「說對第一，后署乙等」，當指此事。今按永昌僅一年，其年賢良方正第一，爲張柬之，事見新書壹貳拾張柬之傳。柬之旣得爲第一，何以說必抑之乙等。若參以劉肅之紀載，知新書紀年必有誤矣。徐松之登科記攷依唐才子傳，列燕公登制舉於垂拱四年，不爲無見，今從之。據大唐新語云：

張說對策天下第一。（中略）。仍令寫策本，於尙書省頒示朝集及蕃客等，以光大國求賢之美。

則燕公雖以文自售，其際遇亦適與時會，爲則天「愛才政策」之證例矣。

又案唐開科舉以取士，所以毀壞東晉以來舊時門第，樹立新朝族閥，此種政策，自太宗已用之。攷燕公本不出於高門，迄其貴顯，其族姓猶不爲當時譜牒家所重。

封氏聞見記柒，討論條

著作郎孔至，二十傳儒學，撰百家類例，品第海內族姓。以燕公張說，爲近代新門，不入百家之數。駙馬張垍，燕公之子也。盛承寵眷，見至所撰，謂弟埱曰：多事漢，天下族姓，何關爾事，而妄爲升降。埱素與至善，以兄言告之。時工部侍郎韋述，諳練士族，舉朝共推。每商榷姻親，咸就諮訪。至書初成，以呈韋公，韋公以爲可行也。及聞垍言，至懼，將追改之。以情告韋，韋曰，孔至休矣，大丈夫奮筆，將爲千載楷則，奈何以一言而自動搖，有死而已，胡不可也。遂不復改。

燕公自撰讓起復黃門侍郎第三表亦云：

臣本書生，門非代祿。數葉單緒，族無親房。臣父遭憂，曾祖未葬。臣有兩兄一妹，甥姪九人。又有中表相依，向成百口。吉凶衣食，待臣以辦。文苑英華伍柒玖

又燕公撰其妹張氏女墓誌銘

景龍年，屬家艱。其季兄說徵黃門侍郎，哀請不拜，詔許終服。家貧，傭文以取資。冬十月，獲葬女弟於萬安山陽。文苑英華玖陸伍

據此，景龍時燕公猶困頓若此。大抵當時文士之從官者，非高門望族，代有顯官者，貧困者多。聚族相居之世，百口之家，瞻衣食於一二人者，亦爲普遍情形。故國家開科，誘寒士以利祿之政策，推效極易。時官之不尙气節，特自然之結果。論世知人，攷燕公生平出處，要不可不推論及之也。

燕公在武后朝仕履，兩唐書所紀極簡。今推攷燕公文集，知燕公其時曾任武攸宜武懿宗管記室，從戎河北。藉此可明燕公與諸武之關係，固頗深切。

新唐書貳百陸武攸宜傳

萬歲通天年，爲清邊道大總管，討契丹。后親餞白馬寺，師還無功。

又新唐書壹百柒陳子昂傳

武攸宜討契丹，高置幕府。

今燕公集中爲攸宜所草表奏，有爲清邊道大總管奏失利表文苑英華陸壹肆，爲建安王謝賜衣藥表文苑英華伍玖肆，必當時從戎幕府之作。

又按新唐書壹壹壹王孝傑傳。

會契丹李盡忠等叛，有詔起(孝傑)白衣爲清邊道總管，將兵十八萬討之。軍至東硤谷，與賊接。道隘虜衆。……孝傑墮谷死。……時張說以管記還白狀。后問之，說具陳孝傑乃心國家，敢深入，以少當衆。雖敗，功可錄也。

按，王孝傑時爲清邊道總管，武攸宜爲大總管，孝傑實隸攸宜麾下。燕公其時爲攸宜管記，非孝傑管記，觀燕公爲清邊道大總管奏失利表，「今日某乙從硤石山，稱前軍王孝傑等以某日失利於硤石山，忽然殞絕。」可以推知。至燕公以管記還白孝

傑敗死狀，蓋亦奉攸宜之命，其所以稱孝傑敢死之功，不外爲攸宜解脫主帥失機之罪耳。

又新書貳百陸武懿宗傳

神功元年，孫萬榮敗王孝傑兵，詔懿宗爲神兵道大總管討之。

按，燕公集有爲河內王武懿宗平冀州賊契丹等露布文苑英華陸肆柒。攷露布，據封氏聞見記肆露布條：「露布，捷書之名也。諸軍破賊，則以帛書建諸竿，上兵部，謂之露布。」則燕公自非身參戎幕，不得爲之作露布。

又按武懿宗此役畏怯而好殺，一無勳功。（參兩唐書本傳，通鑑貳佰陸神功元年夏六月條。）而燕公作論神兵軍大總管功狀（唐文粹叁拾上），極筆諛諂，稱懿宗「至忠之狀有二，爲善之迹有五」。則燕公當時之阿附武黨，苟媚取容，又可推知。新書與兢傳自舊書外增「兢撰則天實錄，書張昌宗誣搆魏元忠有不順之言，引張說爲證，說已許之，賴宋璟再三勸阻。說始明元忠無此語。後說爲相，私乞改之。兢曰，徇公之語，何名實錄。卒不改。世謂今之董狐」一事。以此攷之，燕公當時之阿附武黨，而又首鼠其間，早爲公論所不容矣。

以上論證燕公在武后朝與諸武之關係，以解釋開元中燕公仍藉武氏遺勢，在政治上曾發生莫大之變局。至於中睿二宗朝，武黨之分合。玄宗時，大臣如姚崇宋璟之爲武后遺臣，（參趙翼二十二史劄記壹玖武后納諫知人條）權倖如高力士之爲武三思家奴，皆可與燕公黨武事互相印證者，其事舊史皆有詳細紀載可查，茲不一一及之。

出自第六本第一分（一九三六年三月）

李唐武周先世事蹟雜攷

陳寅恪

壹

寅恪前數年曾據宋書柒柒柳元景傳及新唐書柒拾上宗室世系表，推證李唐爲李初古拔之後裔，刊載本集刊第三本第一分。自信或不致甚遠於事實。然竊疑昔人應有論及之者，但以寅恪之孤陋寡聞，迄今尚未發見。夫昔人讀史，其精審百倍於寅恪，縱爲時代所限，不敢議及李唐先世問題，而柳元景傳疑竇甚多，豈能一無所覺。若得知前賢偶然隨筆，間接涉及此點者，亦可引以相助，爲淺學臆說之旁證，不亦善乎？今歲偶繙盧文弨讀史札記劉世珩檮倉叢刊南史柳元景傳條云：

> 南史柳元景傳殊不成文。如以爲後人轉寫譌落，則可。若出延壽所刪，此手何可作史？書北侵事刪削過多，節次全不明曉，書龐法起軍「去弘農城五里，」便詘然而止。若得弘農可不書，則此「去弘農」之語亦屬孤贅。又云：「魏城臨河爲固，恃險自守，季明安都方平各列陣於城東南以待之云云」中間脫去魏洛州刺史張是提率衆二萬度嶠來救一段，則所云待者，不知何指，豈以延壽而如此憒憒乎？

寅恪案全部南史何以獨柳元景一傳「殊不成文」？何以柳元景全傳獨書北侵一事「刪削過多，節次全不明曉」？李延壽作史必不如此憒憒，盧氏於此致疑，誠有特識。但若以爲由於「後人轉寫譌落，」則後人轉寫之時，於全部南史何以獨於柳元景一傳，而於柳元景全傳何以獨於北侵一事，譌落若是之多且甚乎？是眞事理之不可通，而別有其故，斷可知矣。　蓋李氏作南史時，其柳元景傳本據宋書柳元景傳。　其書北侵事必與宋書相同，悉載李初古拔父子被擒殺之始末。　宋書柒柒柳元景傳云：「生擒李初古拔父子二人。　又云：「共攻金門塢，屠之，殺戍主李買德，古拔子也。」　南史叁捌柳元景傳蓋將此節删去。　遞書成以後，奏聞之際，或行世之時，忽發覺李初古拔即當代皇室之祖先，故急遽抽削，以避忌諱，而事出倉卒，自不及重修，復無暇詳改，遂留此罅穴褫病，如抱經先生所擿發者也。　至於抽削南史柳元景傳者是否即延壽本身，抑出於其子孫或他人之手？　其事既難確知，亦無關宏旨，姑不深考。　僅著李初古拔父子事蹟所以不見於南北史之故，魏書陸壹薛安都傳記李拔即李初古拔事而南史肆拾北史叁玖薛安都傳亦俱不載。　並足以證鄙說雖甚創，而實不誣也。　世有謂新唐書宗室世系表中「復爲宋將薛安都所陷」之語乃宋人臆增者，請以此質之。

貳

周書肆明帝紀北史玖周本紀同。云：

> 二年三月庚申詔曰：三十六國九十九姓自魏氏南徙，皆稱河南之民。　今周室既都關中，宜改稱京兆人！

隋書叁叁經籍志史部譜系類序云：

> 後魏遷洛，有八氏十姓，咸出帝族。　又有三十六族，則諸國之從魏者。　九十二姓，世爲部落大人者。　並爲河南洛陽人。　其中國士人則第其門閥。　有四海大姓，郡姓，州姓，縣姓。　及周太祖入關，諸姓子孫有功者，並令爲其宗長。　仍撰譜錄，紀其所承。　又以關內諸州爲其本望。

寅恪案，李唐之稱西涼嫡裔，即所謂「爲其宗長，仍撰譜錄，紀其所承，」其由趙郡改稱隴西，即所謂「以關內諸州爲其本望，」鄙說於此似皆一一證實矣！　考據之業其舊文新說若是之符合無間者，或不多見，茲特標出，敬求疑難鄙說者教正。　總之，寅恪之設此假說，意不僅在解決李唐氏族問題，凡北朝隋唐史事與此有關者，俱欲依之以爲推證，以其所繫者至廣且鉅，故時歷數載，文成萬言，有誤必改，無證不從，庶幾因此得以漸近事理之眞相，儻更承博識通人之訓誨，尤所欣幸也。

叁

武曌爲吾國歷史之怪傑，其先世事跡實無可考，其母系則寅恪曾於武曌與佛教一文中略言之矣。載本集刊第五本第壹叁柒至壹肆柒頁。至其父武士彠舊唐書伍捌新唐書貳百陸外戚傳皆有其傳，而其起家之始末皆不能詳。僅載其∟家富於財，頗好交結，高祖初行軍於汾晉，休止其家，因蒙顧接，┐此舊傳之文，新傳亦同。而已。又舊傳論曰：

武士彠首參起義，例封功臣，無戡難之勞，有因人之跡，載窺他傳，過爲褒詞，慮當武后之朝，佞出敬宗之手，凡涉虛美，削而不書。

據此，足證史臣當日作士彠傳時雖知許敬宗所作之原本不可徵信，但亦無他書可據，以資補充。即宋子京重修唐書，於士彠傳悉同舊書，僅文詞有刪易，而事跡則無所增補。然則史跡久晦，殆眞不可考矣。惟太平廣記壹叁柒徵應門武士彠條，引太原事跡云：

唐武士彠太原文水縣人。微時與邑人許文寶以鬻材爲事。常聚材木數萬莖，一旦化爲叢林，森茂，因致大富。士彠與文寶讀書林下，自稱爲厚材，文寶自稱枯木，私言必當大貴。及高祖起義兵，以鎧曹從入關，故鄉人云：∟士彠以鬻材之故，果逢構夏之秋。┐及士彠貴達，文寶依之，位終刺史。據談愷本。

又分門古今類事壹伍士彠叢林條據十萬卷樓叢書本。亦引太原事跡，語句與太平廣記微有不同。如廣記之∟讀書林下，┐則作∟會林下，┐及廣記之∟自稱爲厚材，文寶自稱枯木，┐則作∟自言枯木成林，┐似較今本廣記爲明瞭易解也。考新唐書伍捌藝文志乙部史錄地理類載有李璋太原事跡記十四卷，當即太平廣記及分門古今類事之所從出。其書所載枯木成林事固妄誕不足置信，然必出於當日地方鄉土之傳述，而士彠之初本以鬻材致富，因是交結權貴，則似非全無根據。隋書叁煬帝紀北史壹貳同。云：

大業元年三月丁未詔尚書令楊素納言楊達將作大匠宇文愷營建東京。

又同書肆叁觀德王雄傳附弟達傳北史陸捌楊紹傳附子達傳同。云：

獻皇后及高祖山陵制度達並參豫焉。煬帝嗣位，轉納言，仍領營東都副監。

寅恪案，隋室文煬二帝之世皆有鉅大工程，而煬帝尤好興土木，士彠値此時勢，故能以鬻材，致鉅富。其爲投機善賈之流，蓋可知也。武曌之母卽達之女。見拙著武曌與佛敎所引史料。士彠之娶曌母疑在唐武德時，但其所以與楊氏通婚殆由達屢次參豫隋世營建工事，士彠以鬻材之故，特相習近，迨達死隋亡，而士彠變爲新貴，遂娶其家女歟？此雖揣測之說，未得確證，然於武曌父系先世之事蹟卽士彠所以起家之由，實可藉此殘闕之史料窺見一二，以前人尙未有言及者，遂爲申論之如此。

肆

拙著三論李唐氏族問題一文其論李虎追封唐國公之時謂在周初受魏禪之際。見本集刊第五本第一七七頁。蓋據册府元龜壹帝王部帝系門所載

（太祖景皇帝虎）封趙郡公，徙封隴西公，周受魏禪，錄佐命功，居第一，追封唐國公，

之語。其實誤會史文也。考周書伍武帝紀上云

（保定）四年九月丁巳封開府李昞爲唐國公，若干鳳爲徐國公。

又同書壹柒若干惠傳北史陸伍若干惠傳略同。

子鳳嗣。保定四年追錄佐命之功，封鳳徐國公。

又通鑑壹陸玖陳紀云：

（天嘉）五年九月丁巳追錄佐命元功，封開府儀同三司隴西公李昞爲唐公，大馭中大夫長樂公若干鳳爲徐公。昞虎之子，鳳惠之子也。

據此，則李虎之追封唐國公實在保定四年，上距周初受魏禪之時，已八年矣。故拙著前文所推論者，皆應依此改計。特著於此，以正其誤，兼識疏忽之過云爾。

出自第六本第四分(一九三六年十二月)

漢魏晉北朝東北諸郡沿革表

余遜

引言

洪北江先生，生際有清乾嘉樸學極盛之世，以明於地理沿革著稱，其所爲三國東晉十六國諸疆域志，雅負重名，治魏晉史者，類皆資爲典據；然亦有稍稍議其疏漏者。逮吳增僅三國郡縣表出，於洪志違失，多所匡正，然後學人之治三國地理者，曉然於洪氏之書之不可盡據，多舍洪而從吳。獨於十六國之地理，未有奮然起而更考之者。晚近楊惺吾先生，爲地理大師，嘗謂洪氏輿地之學，不能望顧景范項背；(三國郡縣表補正自序)乃按其所爲十六國疆域圖，仍以洪志爲本。良以永嘉亂後，中原雲擾，爭奪相尋；疆埸之間，忽彼忽此；諸割據之區，常增損郡縣，分合無恆：端諸紛拏，倉卒難理。重以載籍大半亡佚，即欲細心詳考，亦苦文獻不足；未易得其條貫，審其變革也。

余曩歲以孟眞師之命，爲東北史綱作郡縣沿革表，上起兩漢，下迄隋世；於前秦諸燕之時，皆本洪志楊圖。表成以後，孟眞師以洪志於遼東諸郡，北燕猶隸版籍，深致懷疑，故於史綱中嘗言洪志之未可盡信。余亦疑洪氏之書，鄰於意度。由是頗有意於取諸國疆域，詳求而博考之。去歲暑假休息，長夏無事，日課晉書通鑑，每取兩書所紀諸國史事，與洪志比勘，往往不能符合。因鉤稽史籍，旁引後世地志，名賢論著，改作此表，以正前失。其洪氏或有闕誤，則不辭檮昧，爲之補苴訂正，而詳著其說焉。

嘗試論之。洪氏此書，自屬草至寫定，前後不過一年，（據其十六國疆域志自序）成書過速，未能遍檢羣籍，故疏忽脫漏，往往而有。如樂浪帶方，永嘉之世，已陷於高句麗，慕容氏乃僑置於昌黎之地（詳下樂浪帶方郡表考證）。洪氏於樂浪郡知其郡縣皆非漢世故地，而不辨其移治何所；於帶方郡僑置，則無一語涉及，且悉錄兩郡在魏晉時所領屬縣於燕秦諸志。楊惺吾又踵其失，盡圖諸縣於漢晉舊壤；一若郡與縣迄北燕猶隸版籍者。又遼東郡之陷於高句麗，在後燕慕容熙之世。北燕之遼東郡，則僑置於遼水之西（詳遼東郡表考證）。洪氏於此，默無一言，而其北燕疆域志，遼東郡領縣皆如前代之舊。是其書雖亦綴錄史文，實未能通貫前後以相徵驗。其失一也。割據之世，郡邑置省，史籍載之不詳。北江於十六國疆域，據晉地理志宋州郡志魏地形志諸書，彌縫牽合，與其三國疆域志之據續志晉志揣度者，操術相同。續志所錄雖爲順帝時郡國；然順帝以後，更易亦鮮，偶有變革，則范書袁紀具在，亦可就史文考索。由魏黄初迄晉太康，晉書所錄，爲太康州郡。不過六十年，爲時尚短。雖魏世郡邑，多所改易，陳壽已有不可勝紀之言；然三國鼎峙，固殊於羣雄割據；禪讓之局，亦異於爭奪併吞，其於疆理區宇，大體因襲前代。苟能取續志華陽國志晉志細心鈎稽，照以陳志通鑑，及後世志地之書，尚能窺其崖略。故吳增僅改志爲表，即由此道。其視洪志，蓋徵引較多，組織較善，加之以密察，繫之以考證而已。若夫十六國則不然。上自劉淵創亂，下至元魏混一，南北對峙，中原爲戰國者百三十六年。即以此表所列之昌黎郡而論，據有斯土者，自前燕以至北燕，凡更四代三姓，戰爭疊起，民人流移，郡邑變易，遠甚於三國鼎立之時。而晉志所紀州郡升降，僅及太康，東晉以後，語焉不詳，於胡羯紛更，更鮮紀述。後魏雖囊括北土，然地形志所錄，爲東魏孝靜帝時州郡；秦雍以西，不在東魏疆域之內，乃據永熙（孝武帝年號）綰籍以足之。其所注魏世郡邑叛改，上及皇始道武帝年號下逮武定孝靜帝年號。武定之末，上距劉淵始事之歲，凡二百四十年；距北方底定之時，亦已百有十載。由晉志太康郡邑，與魏志武定綰籍，以推諸國疆域，其視持續志晉志以求三國郡縣，情勢固不相侔矣。竊以爲凡晉志郡縣見於魏志，而未嘗省改者，因謂諸國時殆無移易，可也。不見魏志，或雖有而隸屬不同；而史文闕略，不足以證諸國之省改與否；因姑錄晉志之文，假定其因襲舊制，可也。若後魏有所變革，而謂燕秦諸邦當與魏同，又無史文以爲徵驗，此則情勢乖違，難於契合矣。洪氏時或蹈此違失，故於東魏武定復置之冀陽郡，懸揣其領縣襲自前燕，疏忽之譏，蓋無可辭，其失二也。東漢遼東屬國領地，蓋得西漢遼東郡之西部，與遼西郡之東北部。 魏晉昌黎郡又承遼東屬國都尉之舊。 故西漢遼東遼西屬縣，在東漢已省，準其地望，有應在昌黎郡地者。 及後世復置，洪氏乃依班志繫於西京舊郡，（參看遼西郡表注三四及昌黎郡表注八）是其於顏籀所引諸家釋地之說，及後世輿地之書，——若元和郡縣志寰宇記之屬，——未嘗細心尋索，故於縣邑地望，度屬失宜，其失三也。 其尤甚者，書中所錄史文，著明引自載記，往往不見於晉書，反與通鑑符合。（參看昌黎郡表注三十及樂浪郡表前考證注）其兩書並見者，文字亦每同通鑑而異於晉書。 如晉書慕容皝載記『皝伐宇文歸，斬涉奕干』。 通鑑康帝建元二年作『斬涉夜干』。 考異云，『慕容皝載記作涉奕干；今從燕書』。 洪氏前燕疆域志威德城下引作涉夜干，而其上作晉書載記云云，是不惟未檢載記，並胡注附載之通鑑考異，亦未嘗省覽矣。 洪氏蓋以載記通鑑，同本崔鴻十六國春秋。 誤謂通鑑所紀，晉書必鮮遺漏；雖見其事於通鑑，不願引時代較後之書，以違考證家之通例，而又憚於尋檢，故舉而歸之晉書。 此則所謂『英雄欺人』，不能爲賢者諱矣。 其失四也。

余末學膚受，根柢淺薄，雖稍究心歷史地理之學，蓋未能窺其藩籬，於北江先生，無能爲役；豈敢以其管蠡窺測，妄議先賢。 惟茲表之改作，所以正前此之違失，故與洪志時有參商，慮或以此招致譏議，因備論之於此；非敢詆訶曩哲，以自表襮也。 表中燕秦諸國郡縣，仍本晉志，旁稽史傳，爲之推斷。 蓋以慕容氏當廆皝之世，相繼僑置郡邑，招輯流亡。 後燕北燕，疆土日蹙，亦常有所有增置；則其於舊時縣邑，固不宜多事省併。 且書缺有間，文獻無徵；今固不能斷言晉時諸縣，歷數世而猶在，然亦無術證其已廢。 過而存之，亦矜慎之意也。 至於縣邑之名，見於史籍，以及諸國縣邑之增省度屬，皆引史文以明根據。 其地名今釋所引後世釋地諸書，苟史文可以資參證者，則必本之而加推論，以明其是非。 昔賢成說，苟於史文無明據者，亦必準其地望，察其同異，始敢有所稱述。 其說之違於事實者，雖出自名賢，亦從闕疑，不敢妄事揣測也。

表旣改作，持以就正於孟眞師。 師以東北史綱再板有待，遂以此表布諸集刊。 余近時方晉錄十六國史文，參互排比，欲師盱眙吳氏之於三國郡縣，表明諸國疆域沿革，冀於洪氏之書，有所獻替。 則茲表之作，實其濫觴。 自維學識淺短，牽附舛漏之愆，知所難免。 並世明哲，幸教督之！ 二十四年五月。

遼　西　郡

秦郡，前漢領縣十四，屬幽州刺史部，漢書地理志。後漢省六縣，又分三縣隸遼東屬國，故僅領五縣續漢書郡國志。三國屬魏，領縣無所增損，從吳增僅三國郡縣表所考定。晉復省二縣，均屬幽州。東晉成帝時，石虎定遼西，郡遂爲後趙有，屬營州，晉書石虎載記，『李農爲使持節監遼西北平軍事營州牧，鎮令支』。領縣不可悉詳。洪亮吉後趙疆域志以後趙遼西領四縣，蓋本晉書地理志所載晉遼西郡領地而加令支一縣者，今從之而益武興一縣。慕容氏强，地入前燕，屬平州。洪亮吉前燕疆域志曰，『按地形志，「平州，晉置，治肥如城」則郡蓋自前燕時移屬。通鑑，「慕容評敗石虎將石城等於遼西」』。前秦，後燕，北燕遞有其地。後燕屬營州，洪亮吉曰，『晉書地理志，「慕容熙以營州刺史鎮宿軍」，載記，「熙營州刺史仇尼倪」。按地理志，熙以幽州刺史鎮令支，冀州刺史鎮肥如，是熙時幽冀營三州皆在遼西一郡。今幽冀二州仍從垂時治中山及薊，而以遼西郡歸營州』。（前燕疆域志）北燕屬幽州。晉書馮跋載記，『馮萬泥爲幽平二州牧，鎮肥如』。領縣不可詳考。洪亮吉十六國疆域志於前燕前秦領縣仍前趙之舊，後燕則多出建安宿軍二縣（均始見於後燕載記者）今從之。惟於北燕又益臨渝一縣，其說實誤，（說詳注三四）今不之從。故表中北燕仍領六縣。後魏移屬營州，領三縣。魏書地形志北齊省遼西郡，并所領海陽入肥如，移屬北平郡。隋書地理志

(附)　北　平　郡

本西漢右北平郡，至三國魏去『右』字。後魏僑立朝鮮縣於肥如，立新昌縣於肥如之南，置北平郡以領之，治朝鮮，屬營州，據魏書地形志於是北平郡遂移於漢遼西郡地。北齊并朝鮮於新昌，又省遼西郡，以所領肥如隸北平郡，共領二縣，屬平州據隋書地理志。後周蓋仍齊舊。隋書地理志於北齊後即接述隋世省并，不言後周有所增損，當是仍齊之舊。徐文范東晉南北朝輿地表卷十敍周及隋初郡縣，於北平郡領縣亦如齊舊，今從之。至隋并爲一縣，改名盧龍。煬帝大業初，置北平郡以領之。據隋書地理志

前漢	後漢	魏	晉	後趙	前燕	前秦	後燕	北燕	後魏	北齊	周	隋	今　地
且慮 郡治莽曰鉏慮	省												故城在今熱河朝陽縣西。 （一）
海陽	海陽	海陽	海陽	海陽	海陽	海陽	海陽	海陽	海陽	省入肥如			故城在今河北遷安縣南灤縣之西南。 （二）
新安平	省												故城在今河北遷安縣西南，灤縣之西。 （三）

柳城 西部都尉治	省												故城在今熱河朝陽縣之南，遼寧錦縣之西北。（四）
令支 莽曰令氏亭	令支	令支	省	支令 （五）	令支 （六）	令支	令支 （七）	令支	省入陽樂 （八）				故城在今河北盧龍縣之西北。（九）
肥如 莽曰肥而	肥如	肥如	肥如	肥如 （十）	肥如	肥如	肥如 （十一）	肥如 （十二）	肥如	肥如 （十三）	肥如	省 （十四）	故城在今河北盧龍西北三十里。（十五）
									新昌 屬北平郡 （十六）	新昌 屬北平郡	新昌 屬北平郡	盧龍 屬北平郡 （十七）	故城卽今河北盧龍縣。 （十八）
									朝鮮 屬北平郡 （十九）	省 （二十）			故城當在今河北盧龍縣西北遷安縣東。 （二一）
賓徒 莽曰勉武 （二二）	改屬遼東屬國												故城當在今熱河喀喇沁旗東南。（二三）
交黎 東部都尉治 莽曰禽虜	改屬遼東屬國 （二四）												故城當在今遼寧錦縣東南近海之處。 （二五）
陽樂	陽樂 郡治	陽樂 因	陽樂 因	陽樂	陽樂 移治肥如東界 （二六）	陽樂	陽樂	陽樂	陽樂 （二七）	省 （二八）			由漢至晉，故城當在今遼寧錦縣西北小凌河之西。前燕以後縣移今河北撫甯縣西南。（二九）
狐蘇	省												故城在今熱河朝陽縣西南。 （三十）
徒河	改屬遼東屬國												故城在今遼寧錦縣西北近海之處。（三一）
文成 莽曰言虜													故城在今熱河赤峯縣境內。 （三二
臨渝	臨渝	臨渝	省 （三三）					（三四）					故城當在今大凌河東遼寧錦縣東北。 （三五）
絫 莽曰選武	省												故城在今河北昌黎縣南。 （三六）
							建安 （三七）	建安	省				故城當在今熱河哈喇沁中旗之地。 （三八）

							宿軍（三九）（四〇）	宿軍（四一）	省				故城當在今河北遷安縣盧龍縣附近。（四二）
					武興（四三）								故城在今河北遷安縣之東南。（四四）

（注一）遼史地理志，『興中府閭山縣，本漢且慮縣地』。按興中府故治今熱河朝陽縣，在吐默特旗內。閭山縣當在吐默特旗境。楊守敬前漢地理圖位且慮縣於今朝陽縣西，與遼志同。

（注二）漢書地理志海陽縣注云，『龍鮮水東入封大水，封大水，緩虛水皆南入海』。水經濡水注，『封大水……出新安縣西南，流經新安平故縣故城西，又東南流，龍鮮水注之。……亂流南會新河，南流入於海。地理志曰，「封大水於海陽縣南入海」。……緩虛水出新安平縣東北，東南流逕令支城西，西南流與新河合，南流入於海。地理志曰，「緩虛水與封大水皆南入海」』。據此，則海陽在新安平之東南，令支之南，卽水經注引魏土地記謂『令支城南六十里有海陽城』者也。以今地釋之，當在今河北遷安縣（令支故城在遷安南）南，灤縣之西南。

（注三）據水經濡水注，『封大水自縣東南流入海陽，緩虛水出縣東北，東南流經令支城西，西南流與新河合，南入海』（引見海陽下），則新安平故城當在令支西南，海陽西北。地當在今河北遷安縣西南，灤縣之西。

（注四）太平寰宇記卷七一引十六國春秋慕容皝傳，『柳城之北，龍山之西，所謂福德之地也，可營別規模，築龍城，構新宮，改柳城爲龍城。（水經大遼水注引同）九年，遂遷都龍城縣，入新宮』。據此，則龍城在柳城之北，蓋以故柳城縣領地改屬龍城，省柳城縣，然柳城固自別爲一城也。又按魏書地形志昌黎郡龍城縣注，『眞君八年併柳城、昌黎、棘城屬焉』，隋書地理志，『後魏置營州，領建德、冀陽、昌黎等郡，龍城、大興……平剛、柳城等縣』，皆足以證明龍城與柳城並立。龍城卽今熱河朝陽縣地（說詳遼東屬國表注十五）柳城在漢爲西部都尉治，必不能偏東，宜在陽樂以西。以今地考之，當在熱河朝陽縣之南，遼寧錦縣之西北。

（注五）晉書石季龍載記，『季龍伐段遼，……遼懼，棄令支』。『（季龍）以其撫軍李農爲……營州牧，鎭令支』。

（注六）晉書慕容皝載記，『皝率諸軍攻段遼令支以北諸城，……掠五千餘戶而歸』。

（注七）晉書慕容垂載記，『徐巖入薊，……據令支……慕容農攻克令支』。

（注八）魏書地形志，『眞君七年，省入陽樂』。

（注九）水經濡水注，『緩虛水自新安平東北來，東南逕令支城西，下入海陽，濡水自漁陽白檀來，東南流逕令支縣故城東』，是令支在海陽之北，緩虛水之東，濡水之西。濡水卽今灤河，令支故城當位於其西。漢書地理志令支下注云，『有孤竹城』，清一統志卷十八，『永平府，孤竹山在盧龍縣西，孤竹城在其陰』，是令支故城在今盧龍縣西北。清一統志卷十九謂令支故城在遷安縣西，是也。

（注十）晉書石季龍載記，『太史令趙攬固諫，季龍怒鞭之，黜爲肥如長』。

（注十一）晉書慕容熙載記，『熙大城肥如』。

（注十二）北史馮跋傳，『宏黜世子崇，令鎮肥如』。

（注十三）隋書地理志，『後齊省遼西郡，并所領海陽縣入肥如』。

（注十四）隋書地理志，『開皇六年，省肥如入新昌』。

（注十五）漢書地理志肥如下注云，『玄水東入濡水，南入海陽，又有盧水，南入玄水』。水經濡水注，『玄水出肥如東北，玄溪西南，西南流逕肥如縣故城，俗又謂之肥如水，西南右會盧水溫水入令支，故地理志曰，「玄水東入濡」，蓋自東而注也』。據此，則玄水盧水交會於肥如西南，下入令支。玄水再南入濡水，下入海陽，則肥如實在令支之東北。按漢令支故城在今河北遷安縣西南甚邇，今遷安縣東湯圖河入青龍河，青龍河西南流至盧龍北入灤河。據清一統志卷十八，灤河卽濡水，青龍河流較長，當卽玄水，湯圖河則盧水也。則肥如故城，當在今遷安之東，青龍河湯圖河交會處之東北，而盧龍實處其南。清一統志卷十九謂在今盧龍西北三十里，近之。

（注十六）本漢遼東郡屬縣，後魏別置，屬北平郡。

（注十七）隋書地理志，『開皇十八年，改名盧龍。大業初，置北平郡』。

（注十八）魏書地形志，『新昌，有盧龍山』，清一統志卷十九謂新昌卽盧龍縣，是也。隋更名盧龍，則地名亦與今同矣。

（注十九）本漢至晉樂浪郡治。前燕時僑置樂浪郡及朝鮮縣於昌黎郡。北魏太武帝延和元年，伐北燕，樂浪郡降，（見魏書及北史馮跋傳）徙朝鮮民於肥如，復置縣，屬北平郡。（據魏書地形志）

（注二十）隋書地理志，『北平郡，後齊省朝鮮入新昌』。

（注二一）魏書地形志北平郡朝鮮注云，『延和元年，徙朝鮮郡於肥如，復置屬焉』，則縣在肥如境內，今河北盧龍縣之西北，遷安之東。

（注二二）續漢書郡國志遼東屬國有賓徒，注云：『故屬遼西』。晉書地理志昌黎郡亦有賓徒，但漢書地理志遼西郡有賓從，無賓徒。王先謙曰，『前漢志作「從」，誤。通鑑趙王倫貶吳王宴爲賓徒縣公，秦苻堅封慕容垂賓徒侯，並取此名。晉書載記作賓都侯，「都」「徒」音近而誤。遼史作賓從，沿漢志傳寫之誤』（後漢書集解）。遜案王說是也，今據以改正。

（注二三）楊守敬前漢地理續漢郡國三國疆域西晉地理………諸圖以爲無考。讀史方輿紀要卷十八謂『遼大定府長安，勸農，二縣，並在今大寧衛南，皆漢賓徒縣地』。按紀要說近是。大寧衛在今熱河平泉縣東北百八十里，今爲喀喇沁旗地，賓徒當在喀喇沁旗東南，與柳城相近。蓋縣在東漢屬遼東屬國，三國以後屬昌黎郡，柳城復置，亦屬昌黎郡，兩縣在前漢又同爲遼西郡屬縣，相去固不甚遠也。

（注二四）續漢書郡國志遼東屬國有昌遼，注云，『故天遼，屬遼西』，從顧炎武惠棟洪亮吉錢大昕諸家說，昌遼卽昌黎，天遼卽交黎，知後漢時縣移遼東屬國更名爲昌黎，說詳遼東屬國注十。

（注二五）漢書地理志交黎下注云，『渝水首受塞外，南入海』。臨渝下注云，『渝水首受白狼水，東入塞外，（王先謙漢書補注曰，『案塞外止當言出，不當言入。說文，「渝水在遼西臨渝，東出塞」，明班志「入」爲「出」之訛』。案王說是也。水經大遼水注，『白狼水北逕黃龍城東，又東北出，東流分爲二水，右水疑卽渝水也。黃龍城東北於漢爲遼西塞外，渝水自塞外首受白狼水，故曰東出塞外也。）按細繹志文，蓋謂渝水首受白狼，流至交黎南入海也。晉書慕容皝載記,『咸康二年,諷將乘海討仁,……乃率三軍,從昌黎踐凌而進』。是昌黎處渝水下游,南當海口。水經大遼水注,『渝水自臨渝來,東南逕一故城東,俗曰女羅城。又南逕營丘城西,又東南入海』。(此前燕以後僑置之營丘。酈注云,『營丘在齊,而名之於遼燕之間者,蓋燕齊遼迴,僑分所在』)。營丘昌黎同在渝水下流入海之域,營丘在渝東,昌黎疑在水西。渝水卽今大淩河,則前漢交黎後漢昌黎故城實在今大淩河下流之西,其南臨海而西北近今遼寧錦縣,與水經大遼水注『白狼水自白狼東北逕昌黎故城西』之昌黎,名同而實非一地,顧炎武日知錄論之剴詳。(詳見遼東屬國注三)楊守敬圖於交黎故城方位不誤。王先謙漢書補注從讀史方輿紀要以營州(按卽熱河朝陽縣)東南百七十里前燕棘城縣為前漢交黎故城。後漢書集解引馬與龍說謂『大遼水注「白狼水逕昌黎城西」,故城當在今錦州府義州西北境』。以酈注龍城西南之昌黎,與漢交黎混而為一,失之遠矣。

(注二六)通鑑晉愍帝建興元年,『慕容廆遣慕容翰攻段氏,取徒河新城,至陽樂』。水經濡水注引魏土地記云,『海陽城西南有陽樂城』。馬與龍曰,『案陽樂縣酈注但引風俗記土地記之說,而不云故城,是酈氏未嘗明言土地記之陽樂城為漢縣也。考後書鮮卑傳,「陽頓據遼西之土」,趙苞傳,「苞為遼西太守,迎母到郡,道經柳城」,是遼西郡治在柳城之東,遼水之西』(後漢書集解引)。遜案,馬說是也。通鑑,『慕容翰取徒河新城,至陽樂』,陽樂與徒河密邇,徒河在今遼寧錦縣西,則此時陽樂仍為漢縣故地。若魏土地記海陽西南之陽樂,蓋前燕以後所移治也。

(注二七)魏書地形志,『眞君七年,并令支屬焉』。

(注二八)隋書地理志,『齊省遼西郡,並所領海陽縣入肥如』,陽樂當以此時省。

(注二九)清一統志卷十九,『漢陽樂故縣應在今(永平)府東北口外』,按漢陽樂在柳城之東,與徒河密邇。徒河在今錦縣西北,則陽樂在今錦縣西北,小淩河之西。(詳注三十一)前燕以後,移治海陽西南,海陽在今河北遷安縣西南,灤縣之西,(詳注二)縣又在其西南,則地當今河北撫寧縣之西南,昌黎縣之西矣。(清一統志說略同)

(注三十)漢書地理志狐蘇下注云,『唐就水至徒河入海』,陳澧云,『今蒙古土默特右翼小淩河,東南流至錦縣入海,疑卽唐就水』。(漢書地理志水道圖說)遜按:據漢志唐就水發源於狐蘇境內,則縣當在今小淩河發源處附近,熱河朝陽縣西南。

(注三一)漢書地理志,『唐就水至徒河入海』。據陳澧說,唐就水為小淩河,則徒河故城當距小淩河入海處不遠。遼史地理志謂天定府神水縣為漢徒河縣地。清一統志卷六十五謂在今錦縣西北。

(注三二)楊守敬前漢地理圖以為無考。遼史地理志,『中京松山縣,漢文成縣故地』。清一統志四十二,『松山故城在赤峯縣境。今縣境地名小烏朱穆沁,有廢城址』,則漢文成縣亦在今熱河赤峯境內。

(注三三)輿地廣記,『省入陽樂』。

(注三四)馮跋時有臨渝縣,當屬昌黎郡,不重列於此,詳遼東屬國表注九。

(注三五)漢書地理志,臨渝下注云,『渝水首受白狼,東入塞外,(從王先謙說,『東入』當為『東出』之訛。)又有侯水南入渝』。據此,則渝水自縣境北出塞，候水在縣境南入渝也。　水經大遼水注，『白狼水自交黎來，東分爲二水，右水疑卽渝水……西南循山，逕故城西，世以爲河連城，疑卽臨渝之故城。　渝水又南流東屈，與一水會，世名之曰檯倫水，疑卽地理志所謂「候水北入渝」』。　據此，則臨渝在渝水東，其北近塞。　陳澧曰，『遼河以西之水，東流屈南入海者，唯大淩河，故知爲渝水』。（漢書地理志水道圖說）　臨渝故城，當在大淩河東，今錦縣東北。　楊守敬圖位之於義州（今遼寧義縣）境，當不誤。

（注三六）漢書地理志絫下注云，『下官水南入海，又有揭石水賓水，皆南入（下）官』。（從王先謙說，『官』上增『下』字）。　清一統志據舊志，謂下官水卽潮河，在今昌黎縣東二十里，揭石水卽急流河，賓水卽飲馬河，皆在今昌黎縣，因謂絫縣故城在今昌黎縣南。（見一統志十八及十九卷）　按水經濡水注，『濡水自肥如來，東南至絫縣碣石山』，濡水卽今灤河，（從一統志顧祖禹陳澧諸家所考定）絫縣故城在昌黎縣南，適當漢肥如縣東南，灤河流經其東境，與水經注合。

（注三七）晉書慕容盛載記，『盛遣輔國將軍李旱率騎討之。（指遼西太守李朗）師次建安』。

（注三八）按前燕以後，遼西郡治陽樂移海陽西南。（詳注二六）旱自龍城趨陽樂，道經建安，則建安必在龍城西南，肥如陽樂之北，今熱河喀喇沁中旗之地。

（注三九）晉書慕容熙載記，『熙大城肥如及宿軍，以仇尼倪爲營州刺史，鎭宿軍』。

（注四十）洪亮吉曰，『宿軍建安，疑後燕所立』。（後燕疆域志）

（注四一）魏書九十七馮跋傳，『宿軍地然，一旬乃滅』。

（注四二）按晉書慕容熙載記，『熙大城肥如及宿軍，以仇尼倪爲營州刺史，鎭宿軍，上庸公懿爲幽州刺史，鎭令支，劉木爲冀州刺史，鎭肥如』，三縣相去當不甚遠。　令支故城在遷安縣西，肥如故城在盧龍西北，（見注九及注十五）則宿軍故城當在今河北遷安盧龍兩縣附近。

（注四三）晉書慕容皝載記，『段遼遣其將李詠夜襲武興，遇雨引還』。

（注四四）通鑑咸康二年胡三省注云，『武興在令支東』。　讀史方輿紀要卷十八，『武興城在營州南，其西與令支近』。　案令支在今河北遷安縣西南，（詳注九）武興故城當在遷安東南。

遼　東　郡

秦郡，漢領縣十八，漢書地理志，屬幽州刺史部。　東漢光武時嘗移郡屬青州，不久復故晉書地理志。　後漢省縣二，又分二縣屬遼東屬國，分三縣屬玄菟，領縣十一續漢書郡國志遼東玄菟兩郡並有候城，從錢大昕說屬玄菟，應領十縣。今又據後漢書東夷傳補遼隊一縣，（說詳注一三）故仍領十一縣。。　漢末公孫度自立爲平州牧，傳康，恭，淵，皆屯於遼東之襄平。　獻帝初平元年，（公元一九〇年）公孫度分遼東置遼西中遼郡見三國魏志本傳，於縣邑亦有所增置。　魏明帝景初二年，（公元二三八年）淵滅，郡復合於遼東，分一縣屬玄菟，省一縣，領漢舊縣十，漢末新置縣一吳增僅三國郡縣表領十縣，無遼隊。　按魏志毋丘儉傳，『儉率諸軍屯遼隧』，是魏有此縣也，今增入爲十一縣。。　是年置平州，郡屬焉，尋復合於幽州晉書地理志。晉武帝咸寧二年，（公元二七六年）置平州晉書本紀在泰始十年，此從地理志。，遼東屬焉，省三縣，領舊縣五，復漢廢縣一 新置縣二，共領八縣據晉書地理志。永嘉亂後，遼東爲慕容氏所據，領舊縣八，復廢縣二，新置縣二，共領縣十二案慕容皝皝之世，爲流亡所歸，方新置郡縣以事招集，於晉世縣邑，必不致有所省并，故表中於前燕諸郡，悉錄晉書地理志所列縣邑。其慕容氏所新置復置者，則錄史籍原文於附注中，以明根據。。前燕覆滅，地入苻秦，仍屬平州晉書地理志，『苻堅滅燕之後，分幽州置平州』。。縣邑建置省併，不可詳考洪亮吉前秦疆域志所列前秦遼東郡領縣與前燕同，今從之。惟險瀆縣洪列於遼東郡，今改入昌黎郡。。慕容垂稱燕王之明年，（晉孝武帝太元十年，公元三八五年）高句麗入侵，陷遼東，旋爲慕容農所復見晉書慕容垂載記，繫年從北史高麗傳。，郡屬後燕平州通鑑太元十年垂平州刺史帶方王佐鎮平郭。，縣邑增省，亦不可考洪亮吉後燕疆域志列後燕遼東領縣悉同前燕前秦，今姑從之，惟險瀆以列在昌黎郡不與焉。。其後高句麗常與後燕交爭，至慕容熙世，郡遂復陷北史高句麗傳，『慕容垂子寶以句麗王安爲平州牧，封遼東帶方二國王，後略有遼東』。蓋寶時高句麗已有遼東郡之一部，故寶爵之以遼東王，其後又略有全郡也。又晉書慕容盛載記，『盛卽位後，率衆三萬伐高句麗，襲其新城南蘇，皆剋之，徙其五千餘戶於遼西』。新城南蘇皆在遼東襄平之東，則此時遼東郡一部殆復屬燕矣。其後慕容熙時高句麗復入侵，（通鑑繫於晉安帝元興三年）熙伐高句麗，爲衝車地道以攻遼東城，不克而還。（據通鑑事在義熙元年正月）遼東城卽遼東郡治之襄平城，則此時遼東郡又陷落矣。。馮跋建號，僑置郡於遼水之西晉書馮跋載記，『遼東太守務銀提，自以功在孫護張興之右，而出爲邊郡，抗表有恨言』。按自後燕慕容熙時攻遼東未克，迄高雲馮跋之世，史未嘗有克遼東之文。且其時國力疲敝，似未足以言恢復。魏書載魏太武帝以宋文帝元嘉九年（公元四三二年）圍和龍，馮弘嬰城固守，而營丘、成周、遼東、樂浪、玄菟、帶方六郡降魏，徙其戶三萬於幽州。次年，弘擁其城內士女入於高麗，至遼東，高麗處之於平郭，尋徙北豐。（參用魏書北史馮跋傳文）細審史文，與樂浪、玄菟、帶方、營丘、成周五郡同降後魏之遼東郡，則馮跋世僑置於遼水之西者，與五郡同在漢遼東屬國晉昌黎郡境內，地處和龍之東南。魏太武帝自右北平出遼西郡，從南道攻和龍，（通鑑元嘉九年，『魏主至濡水，遣將發幽州民及密雲丁零萬餘人運攻具出南道，會和龍，魏主至遼西』）。六郡密邇都邑，故爲魏師所脅服。若馮弘入高麗所至之遼東，則指漢晉郡治之襄平而言。此兩遼東：一爲移置之郡名，一則指故遼東郡治之城，非一事也。觀遼東平郭北豐之屬高麗，知遼水以東爲高麗所據，而北燕遼東郡之僑置於遼水西審矣。馮跋時務銀提謂遼東爲邊郡者，蓋以移置之郡，地處遼水西濱，與高麗所據之遼東故郡，隔岸相對云耳。又魏書高道悅傳載，『曾祖策，馮跋散騎常侍新昌侯』，亦指僑郡之屬縣，非漢晉遼東郡新昌之故壤也。（詳昌黎郡注三六）洪亮吉北燕疆域志，載馮跋遼東郡領縣十三，盡有漢遼東郡之地，楊守敬北燕疆域圖從洪說，位遼東於漢郡故地，皆失之。，北魏滅燕，廢郡。至孝明帝正光中，（公元五二〇——五二四）復置於遼西，屬營州。魏書地形志，『遼東郡，正光中復，治固都城，領縣二』（襄平新昌）。清一統志五十七盛京統部敍建置沿革云，『按北史高句麗傳，後魏時（遜案北史無此三字）其國東至新羅，西度遼二千里。………… 地形志有遼東郡，治固都城，乃僑置營州界者，非漢故郡也』。遜案一統志之說是也。魏書高句麗傳載『魏世祖（太武帝）遣李敖至其所居平壤城，訪其方事云，……其地東西二千里，南北一千餘里』。周書高麗傳，『………璉始通使於後魏，其地東至新羅西度遼水二千里』，與魏書所敍同而加詳。北史蓋增損魏書周書舊文，補敍周齊至隋世高麗與中土交涉於魏後，而記魏書周書所載後魏時高麗幅員於其下，文義遂稍涉含混，讀之幾若所敍爲隋世高麗疆域者；

此則李延壽疏忽之過，細檢魏書周書，自知『後魏時』三字、一統志增之甚當，非臆斷也。（通典百八十六邊防典二敍隋時高麗疆土，東西六千里，不止二千里矣）。郡既置於遼西，當在後漢遼東屬國魏晉昌黎郡境內，所在地今不可考。楊守敬北魏地形圖位遼東郡及所領襄平新昌二縣於漢故地，皆失之。北齊省廢。隋煬帝東征高麗，僅於遼水西拔其武厲邏，置遼東郡而還。蓋自慕容熙時遼東陷落，歷北燕、後魏、齊、周、隋，皆莫能復。至唐代定高麗，遼東始復隸中國焉。

前漢	後漢	魏	晉	前燕	前秦	後燕	今地
襄平（郡治）	襄平因	襄平因	襄平因	襄平因（一）	襄平因	襄平因	故城在今遼寧遼陽西北。（二）
新昌	新昌	新昌	新昌	新昌（三）	新昌	新昌	故城在今遼寧海城縣東。（四）
無慮 西部都尉治	無慮（五）	無慮	省				故城在今遼寧北鎮縣治。（六）
望平 莽曰長說	望平	移屬玄菟（七）					故城在今遼寧北鎮縣東北。（八）
房	移屬遼東屬國						故城當在今遼寧營口牛莊之間，北鎮縣之東南。（九）
候城 中部都尉治	移屬玄菟（十）						故城在今遼寧瀋陽縣北。（一一）
遼隊 莽曰順睦	遼隊 東漢初省安帝時復置（一二）	遼隊	省				故城在今遼寧海城縣西。當卽今牛莊。（一三）
遼陽 莽曰遼陰	移屬玄菟						故城在今遼寧遼陽縣西北。（一四）
險瀆	移屬遼東屬國						故城在今遼寧北鎮縣東北濱海地。（一五）
居就	省		居就	居就（一六）	居就	居就	故城在今遼寧遼陽縣西南，海城縣東北。（一七）
高顯	移屬玄菟						故城疑在今遼寧開原縣境。（一八）
安市	安市	安市	安市（一九）	安市	安市	安市	故城在今遼寧蓋平縣東北。（二十）
武次 莽曰桓次 東部都尉治	省	省	省	武次（二一）	武次	武次	故城在今遼寧遼陽東北瀋陽東南。（二二）
				和陽	和陽	和陽	今地無考

				西樂	西樂	西樂	今地無考
平郭	平郭	平郭	省（二三）	平郭（二四）	平郭	平郭	故城在今遼寧蓋平縣南。（二五）
西安平 莽曰北安平	西安平	西安平	西安平	西安平（二六）	西安平	西安平	當在今鴨綠江近海處。（二七）
文 莽曰文亭	汶	汶（二八）	汶	汶（二九）	汶	汶	故城在今遼寧蓋平縣西濱海之處。（三〇）
番汗	番汗	省					故城當在今朝鮮博川城附近。（三一）
沓氏	沓氏	沓（東沓）（三二）	省				故城在今遼寧金縣東南近海之處。（三三）
		北豐（三四）	省（三五）				故城在今遼寧瀋陽縣西北，遼陽縣東北。（三六）
			力城	力城	力城	力城	今地無考
			樂就	樂就	樂就	樂就	今地無考

（注一）晉書慕容皝載記，『皝自征遼東，剋襄平』。

（注二）水經大遼水注，『大遼水自望平來，屈而西南流，逕襄平縣故城下入遼隊』。又小遼水注，『小遼水自遼陽來，西南逕襄平縣爲淡淵，下入遼隊』。漢書地理志，玄菟郡高句驪縣下云，『遼水至遼隊，入大遼水』。 遜按：據清一統志卷五九，大遼水卽今遼河，小遼水卽今渾河，兩水交會處之遼隊旣在襄平下，則襄平故城當在今遼河之東，渾河之北，遼寧遼陽西北地。

（注三）晉書慕容皝載記，『新昌人張衡執縣宰以降』。

（注四）據清一統志卷六十。

（注五）續漢書郡國志遼東屬國下重出無慮，注云，『有醫無慮山』，今從惠棟錢大昕楊守敬諸家說，斷爲扶黎之訛，其『有醫無慮山五字』應見於遼東無慮縣下。 說見遼東屬國表附注六。

（注六）據清一統志卷五六。

（注七）吳增僅三國郡縣表卷五云，『晉志屬玄菟，疑破（公孫）淵後移』。

（注八）水經大遼水注，『大遼水自塞外東流至望平縣，西下入襄平』。 漢書地理志望平下云，『大遼水出塞外，南至安市入海』。 是望平在襄平北，大遼水東。 清一統志卷六五謂故城在今廣寧縣（卽今北鎮縣）東北，楊守敬前漢地理圖位望平於巨流河東（巨流河卽遼河）鐵嶺縣治，得之。

（注九）水經大遼水注，『大遼水自遼隊來，東南過房縣西，右會白狼水，下入安平』。清一統志卷六五，『故城在今廣寧縣（卽北鎮縣）東南』。 案就酈注考之，當在遼隊之東南，安市之北，大遼水東岸，約當今遼寧牛莊營口之間。

（注十）續漢書郡國志遼東郡玄菟郡並有候城。 顧炎武救文格論云，『候城改屬玄菟，而遼東復出一候城，必有一爲宜刪者』。 錢大昕曰，『玄菟郡有候城，云「故屬漢東」，則此城爲衍文矣』。(二十二史考異續漢書二) 馬與龍曰，『後漢書陳禪傳，「禪爲玄菟候城校尉」，是玄菟有候城縣』。(後漢書集解引)按：據此，候城之隸玄菟甚審，今從顧錢說於後漢候城改屬玄菟，而於後漢時遼東郡删此縣焉。

(注十一) 候城今地，楊守敬前漢地理圖續漢郡國圖均位於今海城縣治之南。 按遼東郡屬縣後漢改隸玄菟者；有高顯、候城、遼陽三縣，其地當相毗連。若候城故治在今海城南，其東爲遼東之新昌，西南爲遼東之安市，西爲改隸遼東屬國之房縣，則候城與遼陽中間居就遼隊二廢縣地。 如居就省併新昌，遼隊併入房縣，則遼陽與候城不相聯絡。 若居就越室僞水併入遼陽，遼隊省併候城，或西南併入房，遼陽與候城雖能連接，然遼東郡治之襄平，與其屬縣安市、平郭、西安平諸縣隔絕，須越玄菟郡或遼東屬國之地始得通矣。 此皆情勢所必無者也。 竊意候城當在高顯與遼陽之間。 以中部都尉治之言考之，其地不宜甚東。 李兆洛謂故城在今奉天府承德縣(按卽今瀋陽縣)北，(歷代地理志韻編今釋)殆近之。

(注十二) 續漢書郡國志無遼隊，是光武時縣已省併。 謝鍾英三國疆域志補注云，『魏志毌丘儉傳，「儉率諸軍屯遼隧」，公孫度傳，「公孫淵遣將軍卑衍楊祚等屯遼隧」，蓋漢末復置』。 逕案後漢書東夷傳，『建光元年夏，高句麗復與遼東鮮卑八千餘人攻遼隊』，是安帝時縣已復置矣。

(注十三) 據漢書地理志及水經注，大遼水至縣會小遼水，西下入房，(引見注四)則故城當近渾河遼河交會處，而位於遼河之東。 淸一統志卷六十謂在今海城之西，錢坫新斠注地理志云，『卽今牛莊』，以地望考之，當不誤。

(注十四) 漢書地理志，『大梁水西南至遼陽入遼』，水經小遼水注，『大梁水出北塞外，西南流至遼陽入小遼水』。 又『小遼水自玄菟高句麗來，逕遼陽縣，合大梁水，下入襄平』。 據淸一統志卷五九，大梁水卽今太子河，又名東梁河，小遼水卽今渾河。 王先謙曰，『以漢志及水經注考之，故城當在今遼陽州，(卽今遼陽縣)西北界承德(卽今瀋陽縣)之間，梁河渾河交會之處』。(漢書補注後漢書集解)

(注十五) 漢書地理志顏注引徐廣曰，『朝鮮王衞滿都也』。 臣瓚曰，『王險城在樂浪郡浿水之東，此自是險瀆也』。 師古曰，『瓚說是也』。 淸一統志卷六十五，『此遼東之西境，以後漢書考之，當在今錦州府廣寧縣(今遼寧北鎭縣)東南濱海之地』。

(注十六) 晉書慕容皝載記，『(慕容)仁所署居就令劉程以城降』。

(注十七) 漢書地理志居就縣下云，『室僞山，室僞水所出，北至襄平入梁』。 淸一統志卷五十九，『湯河在遼陽州東南五十二里，源出分水嶺，流入太子河。(卽大梁水) 分水嶺疑卽室僞山，湯河疑卽室僞水也』。 陳澧漢書地理志水道圖說云，『今遼陽州沙河出千山，北流至州西北境入太子河』。楊守敬前漢地理圖，以沙河爲室僞水，與陳說同。 按湯河在沙河東，其入太子河處距襄平過遠，當以陳說爲是。 居就故城，讀史方輿紀要卷三十七以爲在海州衞(卽遼寧海城縣)東北，淸一統志卷六十以爲在今遼陽州(今遼陽縣)西南，均不誤。 惟當位於沙河之南，距湯河稍遠耳。

(注十八) 徐養原云，『疑在今開原縣境』。(後漢書集解引) 楊守敬前漢地理圖續漢郡國圖三國疆域圖西晉地理圖所定位置與徐說同。

(注十九) 殿本晉書地理志有安平無安市。 洪亮吉前燕疆域志云,『今本作安平,誤』。 逕案:洪氏說是也。 近時涵芬樓景宋小字本晉書正作安市。

(注二十) 水經大遼水篇,『大遼水過房縣,又東過安市縣,西南入於海』。 注引十三州志曰,『大遼水自塞外,西南至安市入於海』。 據此,則安市故城當在房縣東南,遼水東岸。 清一統志卷六十謂在今蓋平縣東北,是也。

(注二一) 晉書慕容皝載記,『皝自征遼東,……分徙遼東大姓於棘城,置和陽、武次、西樂三縣而歸』。

(注二二) 讀史方輿紀要卷三十七,『遼東都司(今遼陽縣治)東北有武次城』。 楊守敬前漢地理圖位於遼陽東北,承德(今瀋陽)東南。 按縣在前漢爲東部都尉治,自當在遼東東境。顧說及楊圖所定位置蓋得之。

(注二三) 讀史方輿紀要卷三十七,『晉省縣而城存』。

(注二四) 洪亮吉曰,『未知何時所復。 晉書,「廆遣少子仁自平郭趣伯林爲左翼,攻(宇文)乞得龜,克之」。 又「慕容仁殺皝使,東歸於平郭」』。(前燕疆域志)

(注二五) 讀史方輿紀要卷三十七曰,『平郭城在蓋州衛(今蓋平縣治)南』(清一統志卷六十及楊守敬前漢地理圖同)。 又曰,『漢平郭縣地,高麗置建安城於此。 唐貞觀十八年伐高麗,張延進渡遼水趣建安城。 又李世勣言,建安在南,安市在北,二城蓋相近也』。 逕按晉書慕容皝載記,『皝於咸康二年襲仁於平郭,自昌黎東踐凌而進,至歷林口,輕兵趣平郭,遂克之』,則平郭地必近海。 以安市在北建安在南之言考之,平郭宜在今蓋平縣南近海之地。 顧氏及一統志之說蓋不誤也。

(注二六) 通鑑咸康七年『趙橫海將軍王華帥舟師自海道襲燕安平,破之』。

(注二七) 漢書地理志玄菟郡西蓋馬下注云,『馬訾水西北入鹽難水,西南至西安平入海』。 據讀史方輿紀要卷三十七,及清一統志卷六十七,馬訾水卽今鴨綠江。 新唐書地理志『安東府至鴨綠江北泊汋城七百里,故安平縣也』。馬與龍曰,『據唐志當在鴨綠江北近海處』(後漢書集解引)。 逕案漢志亦謂『馬訾水至西安平入海』,馬說是也。 讀史方輿紀要卷三十七,謂在蓋州衛東南,清一統志卷六十,謂在遼陽城東,相距過遠,皆失之。

(注二八) 三國魏志齊王芳紀,『正始元年,遼東汶北豐民徙渡海』。

(注二九) 通鑑咸和八年,『慕容皝遣高詡等攻其弟仁於平郭,敗於汶城之北』。

(注三十) 通鑑咸和八年胡注,『汶在平郭縣西』。 讀史方輿紀要卷三十七,『汶城在(蓋州)衛(今蓋平縣)西』。 按以汶縣民徙渡海之事觀之,則縣必在海濱。 楊守敬位汶於今蓋平縣西近海處,(三國疆域圖晉地理圖前燕前秦後燕疆域圖),與胡顧說同,皆得之。

(注三一) 漢書地理志番汗下注云,『沛水出塞外,西南入海』。 陳澧漢志水道圖說云,『今朝鮮國博川城大定江,西南流入海,蓋沛水也』。 楊守敬前漢地理圖續漢郡國圖列番汗於今遼寧昌圖縣治,以東遼河爲沛水。 按東遼河上流爲赫爾蘇河,於漢固爲遼東塞外;然東遼河西南流至遼源縣東注於遼河,與沛水之西南入海者不合,似以陳說爲是。 番汗故城當在朝鮮博川城附近,大定江左右;雖距郡治稍遠,然漢初修遼東故塞以浿水爲界,衛滿興起,浿水北岸亦沒於朝鮮,然大定江下流距王險城尙遠,爲衛滿勢力所不及,故仍屬漢遼東郡也。

（注三二）吳增僅三國郡縣表卷五東沓考證云，『魏志齊王芳紀，「景初三年，遼東東沓縣吏民渡海居齊郡界」，郡國志有沓氏縣。　魏志公孫度傳注引魏略，載淵表云，「賊七八千人到沓津下」，又云，「別遣將韓起等馳行至沓」。通鑑青龍元年載陸瑁疏云，「沓渚出淵，道里尙遠」。　胡注，「遼東郡有沓氏縣，西南臨海渚下」。　又云，「景初三年，東沓縣民渡海，卽沓渚之民」。　東沓沓氏，似是一地。　然魏略作沓，不曰東沓，亦不曰沓氏，疑漢末出氏爲沓，魏以齊郡立沓，故於遼東郡之沓，加「東」以別之耳』。（王先謙說略同，不備引）。

（注三三）讀史方輿紀要卷三十七云，『沓氏城在金州衞(今遼寧金縣)東南，縣西南臨海渚，謂之沓渚。　三國吳嘉禾二年謀討公孫淵，陸瑁曰，「沓渚至淵，道里尙遠」，蓋泛海至遼，沓渚其登涉之處也』。　楊守敬前漢理地圖續漢郡國圖位於金州東南，與紀要說同。

（注三四）讀史方輿紀要卷三十七云，『後漢末公孫度據遼東置城於此，謂之豐城。司馬懿伐遼東，豐人南徙青齊，其留者曰北豐』。　吳增僅三國郡縣表卷五北豐考證，『魏志齊王芳紀，「遼東汶、北豐縣民流徙渡海」，據此，則遼東確有北豐縣』。　又云，『疑漢末所立』。　遜案吳氏所引見齊王芳正始元年，正司馬懿破公孫淵之次年，則北豐縣最晚當立於後漢末公孫氏據遼東時。　顧吳二說皆是也。

（注三五）魏書九十七馮跋傳，『文通（馮弘字）乃擁其城內士女入於高麗，………高麗乃處之於平郭，尋徙北豐』，（遜案事在宋文帝元嘉十五年），是遼東沒入高麗後，北豐縣已復置，特不知何時所復耳。

（注三六）讀史方輿紀要卷三十七云，『北豐城在瀋陽中衞(今遼寧瀋陽縣)西北』，淸一統志卷六十楊守敬三國疆域圖所定位置與紀要同。

遼東屬國　昌黎郡

後漢安帝時分遼東二縣遼西三縣新置一縣續漢書郡國志遼東郡及遼東屬國並有無慮縣，從惠棟錢大昭楊守敬諸家說定爲夫黎之誤。　漢書地理志無夫黎，當爲後漢時置，詳見本表注七。爲遼東屬國，屬幽州。　公孫氏據有其地，廢遼東屬國。　魏滅公孫氏後，正始五年(公元二四四年)復置，旋改爲昌黎郡吳增僅曰，『魏志齊王芳紀，正始五年，「鮮卑內附，置遼東屬國都尉，立昌黎縣以居之」，據此，則遼東屬國漢已省廢。　魏志，「公孫瓚爲遼東屬國都尉長史」，時在光和前。　建安十八年省州并郡，獻帝起居注所載幽州屬郡猶有遼東屬國，蓋廢於公孫氏，至是復置也。　其改爲昌黎郡，疑在是年立縣後矣』。（三國郡縣表卷五），領縣二從吳增僅三國郡一縣表卷五所考定，屬幽州晉書地理志，『魏分遼東、昌黎、玄菟、帶方、樂浪五郡爲平州』。　吳增僅曰，『方輿紀要引典略云，「景初二年，始以遼東昌黎等五郡爲平州」，獨不言有遼西。　今考昌黎置郡當在正始中，景初二年安得有昌黎郡乎？　昌黎蓋遼西之訛』。（三國郡縣表卷五）遜案魏復置遼東屬國在正始五年，昌黎置郡又在其後，吳謂景初二年不得有昌黎郡，其說是也。　然平州之名始於公孫氏，疑魏平公孫氏，卽以其舊名名之，典略及晉書地理志，蓋以其包有昌黎之地，遂以後來地名追記之耳，未必遂爲遼西之訛。且史又無遼西屬平州明文。　吳氏之言，未可盡從。　今於遼西昌黎兩郡皆不著其嘗屬魏平州，而說明之於此。。　晉領縣仍魏舊。　武帝咸寧二年，（公元二七六年）置平州，郡屬焉。　永嘉亂後，地入前燕，領舊縣二，復漢廢縣一，新置縣二。　歷前秦，後燕，北燕，縣邑增損不可考洪亮吉十六國疆域志於前秦後燕北燕領縣悉仍前燕之舊，今從之。　後魏領舊縣一，新置縣二，屬營州據魏書地形志。　北齊省郡，以所領舊縣二移屬建德郡，仍隸營州據隋書地理志。　後周滅齊，齊營州刺史高保寧據州不下。　隋文帝開皇元年，（公元五八一年）唯存一縣屬建德時仍爲高保寧所據，至開皇三年高保寧始平。　開皇三年廢郡，以縣直隸營州。　煬帝大業初，廢州爲郡，置遼西郡以領之據隋書地理志。

(附)營丘郡

晉書慕容廆載記，『慕容廆置營丘郡以統營州流人』，領縣可考者二。　慕容皝罷郡見晉書慕容皝載記，歷前秦、後燕、郡存廢不可考。　北燕時尚有營丘郡晉書馮跋載記，『庫莫奚虞出庫眞率三千餘落請交市，獻馬千匹，許之，處之於營丘』。魏書馮跋傳，『世祖親討之，文通嬰城固守，其營丘、遼東、成周、樂浪、帶方、玄菟六郡皆降』。，未知何時所復？　後魏滅燕，郡又廢。　正光末復置營丘郡，領二縣，屬營州魏書地形志。　案據此營丘郡在後魏初年嘗廢，至是復置。　蓋六郡降魏後，太武徙其民於幽州，（見魏書北史馮跋傳）其地旣空，遂不復置郡，至正光末始復也。　齊篡東魏，郡縣並省。

(附)冀陽郡

晉書慕容廆載記，『慕容廆置冀陽郡以統冀州流人』，領縣不可考。　慕容皝時罷郡見晉書慕容皝載記。　歷前秦、後燕、存廢不可考。　北燕有冀陽郡魏書馮跋傳，『世祖親討之，冀陽……六郡皆降』。，未知何時所復？　後魏初併郡於昌黎，至武定五年，（公元五四七年）復置，領二縣魏書地形志。，屬營州。　北齊省後魏僑置之樂良郡，移所領二縣隸冀陽，舊縣悉省，仍屬營州隋書地理志，『後齊唯留建德冀陽二郡，永樂、帶方、龍城，大興等縣』。　按永樂帶方爲後魏樂良郡領縣，龍城大興爲魏昌黎郡領縣，（大興卽廣興，避煬帝諱改），北齊併省之時，龍城大興旣隸建德，（隋尚有建德郡，領龍城縣，則龍城在齊時當屬建德）。　則永樂帶方兩縣宜移隸冀陽矣。　楊守敬北齊地理圖亦以二縣隸冀陽，今從之。。　後周滅齊，地爲高保寧所據。　至隋文帝開皇元年，（公元五八一年）則郡縣並廢矣。

(附)成周郡

晉書慕容廆載記，『廆置成周郡以統豫州流人』，領縣不可考。　其後皝罷郡見晉書慕容皝載記。　歷前秦、後燕、存廢不可考。　北燕時有成周郡，不知何時所復晉書馮跋載記，『成周刁溫以賢良擢敍』，魏書馮跋傳，『世祖親討之，其營丘、遼東、成周………六郡皆降』。？　魏太武降其郡，徙其民於幽州，郡蓋以此時廢，未嘗復置地形志無成周郡。　前燕北燕時領縣皆不能知。

郡當與營丘樂浪諸郡同在遼水以西魏晉昌黎郡內，惟未能確指其所在也。

(附) 唐國郡

晉書慕容廆載記，『廆立唐國郡以統幷州流人』，領縣不詳。廆罷營丘，冀陽，成周等郡，唐國當亦同罷。其地當在昌黎郡境內，故附見於此。

(附) 樂浪郡

樂浪郡故壤，愍帝時陷於高句麗，慕容廆僑置於遼水之西晉昌黎郡地通鑑晉愍帝建興元年『遼東張統據樂浪帶方二郡，與高句麗王乙弗利相攻，連年不解。樂浪王遵說統率其民千餘家歸廆，廆爲之置樂浪郡』，是此時郡已陷於高句麗。又成帝咸康四年，『石虎遣使四出招誘民夷，樂浪太守鞠彭以境內皆叛，選鄉里壯士二百餘共還棘城』。胡三省注曰，『樂浪非古郡地也，慕容廆所置。以五代志考之，當在隋遼西郡柳城縣界』。遜案胡說是也。時石虎率戎卒數十萬伐燕，諸郡懼趙，故多叛降。郡蓋密邇棘城，故趙得樂浪，即進逼棘城也。若漢樂浪郡故地，遠在遼東之南，固虎兵力所不及。此時如屬燕，亦且不必望風歸順；況地尙爲高句麗所據乎。（詳樂浪郡下攷證）其地於魏晉爲遼東屬國昌黎郡地，胡注謂在隋遼西郡柳城縣界，得之。。領縣可考者一。前燕覆滅，地入前秦。其後後燕、北燕兩代、皆有樂浪郡，其領縣可考者一北史游明根傳，『祖鱓，慕容熙樂浪太守』。魏書馮跋傳，『世祖親討之，弘嬰城固守，其遼東樂浪……六郡皆降』，是後燕北燕皆有樂浪郡，蓋皆因前燕之舊。則前秦亦當有此郡，特史無明文可考耳。後魏初罷郡，正光末始復置，屬營州，領縣二據魏書地形志。北齊省郡，以其所領二縣移屬冀陽郡。

(附) 帶方郡

帶方郡故壤，自前燕以後爲高句麗所據，前燕後燕北燕復有帶方郡，蓋僑置於晉昌黎郡地詳帶方郡下考證。，領縣不可考。後魏滅燕，郡廢。地形志營州樂良郡領縣有帶方地形志云，正光末復。，疑即僑郡故壤。北齊縣移屬建德郡。

(附) 遼東郡

遼東郡故壤，後燕慕容熙時陷於高句麗。馮跋建號，蓋僑置於遼水以西晉昌黎郡地見遼東郡考證，領縣可考者一。郡入後魏後中廢。至孝明正光中復置，領縣二，屬營州魏書地形志。北齊時，郡縣並省。

(附) 玄菟郡

玄菟郡故壤，後燕時尙有其地。北燕時僑置於晉昌黎郡地，郡蓋與遼東郡同在慕容熙世沒入高句麗矣詳玄菟郡下考證。郡僑置後，領縣不可考。後魏滅燕，郡省。

後漢	魏	晉	前燕	前秦	後燕	北燕	後魏	北齊	後周	隋	今地
昌黎郡尉治(一)	昌黎郡治	昌黎因	昌黎因	昌黎因	昌黎因	昌黎因	省(二)				漢晉昌黎應在今遼寧錦縣西南大淩河西，前燕以後當在今熱河朝陽東南大淩河東北岸土默特右翼旗之西部。(三)
賓徒	賓徒	賓徒	賓徒	賓徒	賓徒	賓徒	省				故城在今熱河喀喇沁旗東南，說詳遼西郡表注二三。
徒河	省		徒河(四)	徒河	徒河	徒河	省(五)				故城在今遼寧錦縣西北，說詳遼西郡表注三一。
扶黎(六)	省										故城在今熱河朝陽縣東南。(七)
險瀆	省		險瀆(八)	險瀆	險瀆	險瀆	省				故城在今遼寧北鎮縣東，說詳遼東郡表注一六。
房	省										故城在今遼河下流之東，遼寧牛莊營口之間，說詳遼東郡表注九。
						臨渝(九)	省				故城在今遼寧錦縣東北，說詳遼西郡表注三五。
			龍城(十)	龍城(十一)	龍城(十二)	龍城(十三)	龍城	龍城改屬建德郡	龍城	柳城(十六)	後魏柳城在今熱河朝陽之南，遼寧錦縣西北，說詳遼西郡表注四。龍城及隋柳城故城即今熱河朝陽縣治。(十七)
							柳城屬冀陽郡(十四)	(十五)			
			棘城(十八)	棘城	棘城	棘城	省(十九)				故城當在今遼寧義縣附近。(二十)
							廣興	廣興屬建德郡	廣興	省(二一)	故城疑在今遼寧錦縣西北，義縣西南。(二二)
							定荒	省			今地無考。
			朝鮮樂浪郡治(二三)	朝鮮	朝鮮	朝鮮屬樂浪郡(二四)	省				當在晉昌黎郡境內，不能確指其地。
							連城樂良郡治(二五)	省			當在今遼寧錦縣義縣附近。(二六)
							永洛屬樂良郡(二七)	永樂改屬冀陽郡(二八)	永樂同	省	疑在今遼寧大淩河西錦縣之北。(二九)

							帶方 屬樂浪郡 (三十)	帶方 改屬冀陽郡 (三一)	帶方 同	省	今地無考。
			武寧 營丘郡治 (三二)	?	?	富寧 (三三)	富平 營丘郡治 (三四)	省			故城當在今大淩河下流之東，遼寧義縣之東南，錦縣之東，其南近海。（三五）
			武原 屬營丘郡 (三六)								當與武寧相近，今地無考。
							永安 屬營丘郡	省			當在富平附近，今地無考。
						新昌 屬遼東郡 (三七)	新昌 屬遼東郡 (三八)	省 (三九)			今地無考。
							固都城 遼東郡治	省			今地無考。
							襄平 屬遼東郡	省			今地無考。
		附	威德城 (四十)								故城在今熱河朝陽縣東北吐默特左翼旗之地。（四一）
			廣安城 (四二)								故城在今遼寧義縣北。（四三）
			安晉城								故城在今遼寧義縣北熱河朝陽縣東土默特左翼旗之地。（四四）
			榆陰城								故城在今遼寧義縣北熱河朝陽縣東吐默特左翼旗之地。（四五）
			興集 (四六)								今地無考。
			寧集								今地無考。
			興平								今地無考。
			育黎								今地無考。
			吳縣								今地無考。

（注一）漢書地理志遼西郡作交黎，續漢書郡國志作昌遼，注云，『故天遼，屬遼西』。顧炎武曰，『考之前代史書，並無昌遼之名，而前漢亦無天遼，疑當作「昌黎故交黎」』（京東考古錄）。 惠棟曰，『案闞駰十三州志云，「遼東屬國都尉，治昌黎道」，又前志遼西郡交黎縣，應劭曰，「今昌黎」，然則昌遼當作昌黎，天遼當作交黎。 又通鑑注云，「昌黎漢交黎縣，屬遼西，後漢屬遼東屬國都尉」，知胡氏所見本尚不誤也』（後漢書補注）。 錢大昕曰，『洪亮吉云，「水經注白狼水又東北逕昌黎縣故城西，地理志云，交黎也，應劭云，今昌黎，然則昌遼故天遼，當作昌黎故交黎也」。 予謂「黎」「遼」聲相近，故昌黎亦作昌遼，猶烏氏爲烏枝，㢈奚爲傂奚也』（二十二史考異續漢書二）。 遜案晉書地理志昌黎漢屬遼東屬國都尉，亦昌遼當作昌黎之證。

（注二）魏書地形志，營州昌黎郡龍城下注云，『眞君八年，併昌黎屬焉』。

（注三）顧炎武日知錄卷三十一云，『按昌黎有五。 漢書「遼西郡………交黎，渝水首受塞外，南入海」，………應劭曰，「今昌黎」。 通鑑注，「昌黎漢交黎縣，屬遼西郡，後漢屬遼東屬國都尉」。 晉書「成帝咸康二年，慕容皝自昌黎東踐冰而進，凡三百餘里，至歷林口」。 是則渝水下流而當海口，此一昌黎也。 晉書載記，「慕容皝徙昌黎郡」，又云，「破宇文歸之衆，徙其部人五萬餘落於昌黎」，及慕容盛之並，有昌黎尹張順，劉忠，高雲以馮素弗爲昌黎尹，馮跋之世有昌黎尹孫伯仁，以史考之，當去龍城不遠，此又一昌黎也。 魏併柳城，昌黎，棘城於龍城，而立昌黎爲郡。 志云，有堯祠，榆領城，狼水，而列傳如韓麒麟韓秀之倫，皆昌黎人，卽燕都之龍城，此又一昌黎也。 齊以後昌黎之名廢』。（下更述唐以後二昌黎今略去）

按顧說分述昌黎變遷，至爲明晰。 漢晉昌黎當渝水下流海口，故城應在今遼寧錦縣西南大淩河西。（說詳遼西郡注二五） 慕容皝徙昌黎郡，於是龍城附近別有昌黎縣。 至眞君八年以後之昌黎，則指郡名而言，縣則併入龍城矣。 水經大遼水注，『白狼水北逕白狼故城東，又東北逕昌黎故城西，…… 又東北逕黃龍城東』，是所謂昌黎故城者，在黃龍城西南白狼水之東；卽前燕以後昌黎之故城，魏眞君八年省入龍城者也。 以今地考之，當在熱河朝陽東南大淩河東北岸，（白狼水上流爲大淩河）土默特右翼旗之西部。楊圖於前燕以後仍位昌黎於漢晉故地，失之。

（注四）洪亮吉曰，『晉書「段遼寇徒河，皝將張萌擊敗之」，是此時又復置』（前燕疆域志）。

（注五）魏書地形志營州昌黎郡廣興下注云，『眞君八年，併徒河屬焉』。

（注六）惠棟後漢書補注曰，『顧炎武云，「案遼東有無慮縣，此不應重出」。（案顧說見救文格論） 案此扶黎也。 鮮卑傳云，「鮮卑復攻扶黎營」，注云，「扶黎縣屬遼東屬國，故城在今營州東南」，今兩漢志無扶黎縣，而遼東不應有兩無慮，必扶黎之誤。 又鮮卑傳云，「鮮卑寇遼東屬國，烏桓校尉耿曄移屯遼東無慮以拒之」，明屬國扶黎不作無慮也』。 錢大昭續漢書辨疑曰，『安帝紀，元初二年，「鮮卑圍無慮縣，又攻夫犂營」，注云，「夫黎，縣名，屬遼東屬國」，鮮卑傳亦同。 然則章懷所見本遼東屬國有夫犂無無慮也。 無慮旣屬遼東，不應重出。 竊意此無慮當是夫犂之訛，因聲相近而誤耳。 此「有醫無慮山」一句當移於遼東無慮之下』。（又見錢大昕廿二史考異，楊守敬說略同，不重引）。 遜案惠錢之說是也，今從之。

（注七） 扶黎故城，據後漢書鮮卑傳章懷注云，『在營州東南』。 太平寰宇記卷七十一營州柳城下云，『扶犂故城在今縣東南，其地帶龍山，卽慕容祭天之所』。按唐營州都督府及宋營州柳城，卽前燕所置龍城，今熱河朝陽縣也。 漢扶黎故城，卽在今朝陽縣東南。

（注八） 洪亮吉曰，『未知何時復置。 晉書慕容皝遣使按弟仁，過仁於險瀆』（前燕疆域志）。遜案：洪志列險瀆於前燕前秦後燕之遼東郡，今案縣於後漢移屬遼東屬國，則晉以後復置當屬昌黎郡，不宜復隸遼東，今輒改正。

（注九） 晉書馮跋載記，『河間人褚匡說跋出遼西臨渝迎長樂宗族』。 洪亮吉北燕疆域志以臨渝隸遼西。 今案縣於後漢移遼東屬國，則復置後應隸昌黎。晉書謂『出遼西臨渝』者，蓋指縣在大遼水之西而言，非謂縣屬遼西郡也。洪志不可从，今輒爲改正。

（注十） 太平寰宇記卷七一，引十六國春秋慕容皝傳，『柳城之北，龍山之西，可營別規模構宗廟，改柳城爲龍城。 九年，遂遷都龍城』。 （晉書皝載記，皝以咸康四年築龍城，改柳城爲龍城縣，七年遷都龍城）。

（注十一） 晉書苻堅載記，『石越爲平州刺史鎭龍城』。 洪亮吉前秦疆域志昌黎郡不列龍城，失之。

（注十二） 晉書慕容寶載記，『（慕容）麟謀襲（慕容）會軍，東據龍城』。

（注十三） 魏書馮跋傳，『泰常三年，和龍城有赤氣蔽日』。 『太延二年高麗遣將葛盧等率衆迎之，（指馮弘）入和龍城』。

（注十四） 魏書地形志，『營州冀陽郡，眞君八年併昌黎，武定五年復，領二縣，平剛柳城』。 洪亮吉十六國疆域志，於前燕、北燕冀陽郡皆著其領平剛柳城二縣，復於前燕冀陽後爲之說曰，『按二縣地形志有，疑與郡同立』。 揆洪氏之意，蓋以魏武定中復置之冀陽郡爲沿襲北燕，而北燕則承前燕之舊也。今案前燕北燕冀陽郡領此二縣與否，史無明文可考。 自太武眞君八年省郡，至東魏孝靜帝武定五年復置，相距凡百二十年。 後魏置郡，與前代壤地治所領縣殊異者多矣。 史籍又無紀述可以參稽，惡能謂東魏復置之冀陽郡，領縣必同於百二十年前北燕之舊郡乎？ 又案冀陽郡之始置，在慕容廆之世。 考晉書慕容皝以咸康四年築龍城，改柳城爲龍城縣，七年，遷都龍城，至永和三年始罷冀陽郡，則在冀陽郡未罷以前，柳城已改爲龍城縣，前燕冀陽郡之不領柳城可知。 如謂北燕因襲前燕，則亦不宜領柳城縣。今於後魏時始以柳城隸冀陽郡，北燕以上則從闕疑，而附識其說如此。 又洪氏前燕疆域志，於前燕昌黎郡有龍城，冀陽郡復有柳城。 今案晉書載記明言皝改柳城爲龍城縣，是龍城旣立，柳城遂廢。 洪氏並列兩縣，失之。

（注十五） 隋書地理志遼西郡柳城下注云，『後魏置營州於和龍城，領建德、冀陽、昌黎、遼東、營丘等郡、龍城、大興、永樂、帶方、定荒、石城、廣都、陽武、襄平、親昌、（遜案地形志營州無親昌，親昌是新昌之誤。） 平剛、柳城、富平等縣。 後齊唯留建德、冀陽二郡，永樂、帶方、龍城、大興等縣，其餘並廢』。 按柳城與龍城相距最近，後齊廢縣後，蓋併入龍城矣。

（注十六） 隋書地理志，『開皇元年（省冀陽郡）惟留建德一郡，龍城一縣。 ………尋又廢郡，改縣爲龍山。 十八年，改爲柳城。 大業初，置遼西郡』。

（注十七） 按自漢至隋，柳城有二。 漢遼西郡領縣，其三爲柳城，前燕於其北置龍城，至北燕北魏有柳城，並有龍城，當卽漢舊縣，此一柳城也。 隋開皇間，改龍城爲龍山，十八年，改爲柳城，此卽前燕至北齊之龍城，此又一柳城也， 龍城及隋柳城故城卽熱河朝陽縣治。 水經大遼水注，『白狼水自昌黎來，東北逕龍山，又北逕黃龍城東』。 按白狼水未會渝水前，卽今大淩河，是故城處大淩河之西北。 據太平寰宇記，龍城至遼河南至大海三百四十里，與今朝陽縣方位悉合。

（注十八） 洪亮吉曰，『晉書載記，慕容廆啟於魏時始建國於棘城北，至元康四年，廆復移居棘城。 太平御覽引十六國春秋前燕錄，「元康四年，定都大棘城」。又引燕書，「秋，七月，丁卯，營新殿。 昌黎大棘城縣河岸崩」。 是棘城前燕嘗爲縣也』。

（注十九） 魏書地形志，『營州昌黎郡龍城，眞君八年，併棘城屬焉』。

（注二十） 讀史方輿紀要卷十七『今營州東南百七十里，晉爲棘城縣』。 按當今遼寧義縣左右。

（注二一） 據隋書地理志，『後魏置營州，領建德、昌黎、……等郡，龍城、大興……等縣，後齊唯留建德冀陽二郡，永樂、帶方、龍城、大興等縣。 開皇元年，唯留建德一郡，龍城一縣，其餘並廢』。 按魏書地形志有廣興無大興，大興當卽廣興，以避煬帝諱改。 （隋書地理志於此條下有廣都縣，蓋以縣在北齊已廢，隋世已無其名，不須追改。 若廣興則隋開皇元年始廢，史官於記事時追改『廣』爲『大』，隋書因沿用之耳。）

（注二二） 楊守敬魏地形志圖，北齊及後周疆域圖並不詳廣興所在。 按地形志，「魏併徒河永樂屬廣興」，永樂卽永洛，（說詳注二七）屬樂良郡。 後魏樂良郡治連城，在今遼寧義縣左右，（說詳注二四）永洛當距郡治不遠。 徒河則自漢至燕秦均在今錦縣西北（說詳遼西郡注三一）。 二縣旣併屬廣興，則廣興與之相去必近，疑亦在今錦縣西北，義縣之西南。

（注二三） 通鑑咸康四年，『石虎伐燕，朝鮮令昌黎孫泳率衆拒趙，……樂浪太守鞠彭……還棘城』。 胡注，『樂浪非漢古郡地也，慕容廆所置，見愍帝建興元年』。 遜案漢晉樂浪郡治朝鮮，此朝鮮縣當爲前燕僑置樂浪郡爲之治所。

（注二四） 魏書地形志平州北平郡朝鮮注云，『二漢晉屬樂浪，後罷。 延和元年，徙朝鮮民於肥如，復置』。 按魏書世祖紀，『延和元年六月，車駕伐和龍。……… 文通石城太守李崇建德太守王融十餘郡來降。……… 九月，車駕西還，徙營丘，成周、遼東、樂浪、帶方、玄菟六郡民三萬家於幽州』。地形志所謂『徙朝鮮民於肥如』者，蓋卽其事，則北燕固有樂浪郡及朝鮮縣。惟前秦後燕有此郡縣與否，以史無明文，不可詳考耳。

（注二三） 魏書地形志，『樂良郡，正光末復，治連城』。

（注二六） 魏書地形志營州昌黎郡廣興下云，『眞君八年，併徒河永樂屬焉』。 按永樂當卽正光復置樂良郡所領之永洛，（說詳下注二五）永樂與徒河同併入廣興，徒河在今大淩河西遼寧錦縣之北，（說詳遼西郡注三一）永樂必在其左右。 樂良郡纔領二縣，則郡治去屬縣當不甚遠。 楊守敬地形圖位於渝水（今大淩河）東岸漢臨渝縣故址（今遼寧義縣地）。 按水經大遼水注，『渝水首受白狼水，西南循山，逕一故城西，世以爲河連城，當是臨渝縣之故城』。 按道元以孝昌三年爲蕭寶寅所殺，正光末復置樂良郡在前，酈爲道元所及見。使樂良郡治之連城卽漢臨渝縣，則酈注當言渝水西南循山，逕樂良郡西，不得謂之爲故城矣。然郡所領之永洛縣在大淩河西，遼寧錦縣北，（見注二七）連城與之相去當不甚遠，殆亦在今大淩河左右，遼寧錦縣義縣之間乎？楊圖所定位置雖與酈注不合，然連城故城當亦在其附近，所失固不甚遠也。

（注二七）魏書地形志營州樂良郡永洛注云，『正光末置』。按隋書地理志遼西郡柳城下注云，『後魏置營州，領建德、冀陽、昌黎、遼東、樂良、營丘等郡』，以下歷舉諸郡所領縣名，有永樂而無永洛，則永樂當卽永洛。又地形志營州昌黎郡廣興下注云，『眞君八年併徒河、永樂、燕昌屬焉』，則眞君八年以前原有永樂縣，八年時嘗併入廣興，至正光末復分立也。

（注二八）據隋書地理志遼西郡柳城下注文，引見注一三。

（注二九）據魏書地形志，縣嘗與徒河併入廣興，則與徒河（今大淩河西遼寧錦縣北，說詳遼西郡注三一）相去必不遠。永樂帶方北齊時同屬冀陽郡，則故城所在不至過東，疑亦在今大淩河西錦縣之北徒河故城東北之地。

（注三十）魏書地形志，營州樂良郡帶方下注云，『正光末復』。按北燕帶方郡，在魏太武親伐北燕圍和龍時，與營丘成周諸郡同降魏，則郡與燕昌黎郡相近，當處東漢遼東屬國魏晉昌黎郡境內。據地形志，後魏營州治和龍，是魏樂良郡亦在魏晉昌黎境。則後魏之帶方縣，當卽因北燕帶方郡故地而復置之者也。

（注三一）據隋書地理志，見注一三。

（注三二）洪亮吉曰，『晉書載武寧令廣平孫興，（遜案檢晉書載及石季龍載記，並無載武寧令廣平孫興之文，此實見於通鑑之咸康四年而洪氏失檢）通鑑注，武寧縣亦慕容氏所置』。按通鑑云，「營丘內史鮮于屈降，趙與曉諭吏民收屈殺之」，則武寧當屬營丘郡，并爲郡治也』。（前燕疆域志）

（注三三）洪亮吉北燕疆域志，『營丘郡，領縣，可考者一，富寧』，而不著其所本。徧檢晉書，通鑑，太平寰宇記諸書，亦不得營丘領富寧縣之證，姑附列於此，俟再考。

（注三四）魏書地形志，『營州營丘郡，正光末置，領縣二，富平，永安』，富平當爲郡治。通鑑愍帝建興二年胡注，『前漢志，遼西臨渝縣有渝水，南流逕營丘城西，廆所置郡也』。又水經大遼水注，『渝水南逕營丘城西，東南入海』。按酈注所謂營丘城者，蓋指後魏營丘郡治而言。考郡於孝明正光末復置，而蕭寶寅之殺道元，在孝昌三年，則道元實及見營丘之復置也。如胡三省之說，燕魏營丘城同在渝水下流東岸，當爲一地。蓋前燕置郡以武寧爲郡治，郡中廢，至正光末復置，郡治仍慕容氏故城，而更易其縣名耳

（注三五）前燕後魏營丘郡城同在渝水之東，卽在今大淩河之東，遼寧義縣之東南，其南則近海也。

（注三六）通鑑成康四年，『石虎遣使四出招誘民夷，燕……武原令常霸……等皆應之』，注，『武原蓋慕容氏所置縣也』。洪亮吉前燕疆域志以武原隸營丘郡，未知所據。以其爲慕容氏所置，地當在魏晉昌黎郡境內，姑從洪氏附列於此。

（注三七）魏書高道悅傳，『曾祖策，馮跋時封新昌侯』。按跋建號時，遼東已沒

入高句麗，此其僑置之縣也。

（注三八）魏書地形志，『營州遼東郡，正光中復，治固都城，領縣二，襄平、新昌』。

（注三九）隋書地理志，『後魏置營州，領建德、冀陽、昌黎、遼東、等郡，龍城、大興、永樂、帶方……襄平、新昌等縣，後齊唯留建德、冀陽、二郡，永樂、帶方、龍城、大興等縣，其餘並廢』。

（注四十）晉書慕容皝載記『皝伐宇文歸，……斬涉奕干，……改涉奕干城爲威德城』。

（注四一）讀史方輿紀要卷十八謂威德城在營州東北。 遜案顧說是也。 通鑑建元二年載『宇文逸豆歸使南羅大涉夜干將精兵逆戰，（胡注：『南羅城名……慕容旣克宇文，改南羅城爲威德城』）。…… 遂斬涉夜干。…… 燕軍乘勝逐之，遂克其都城，……逸豆歸走死漠北』。 晉書慕容皝載記謂『東胡世居北夷，邑于紫蒙之野』。 通鑑胡注謂『宇文國都遼西紫蒙川』。 其後唐開元二十二年，幽州節度使張守珪大閱于紫蒙川以鎮撫契丹。 胡注謂『唐書地理志平州有紫蒙白狼昌黎等戍，蓋平州之北境，契丹之南界』。今案契丹爲宇文部之裔，則胡注謂宇文部國都遼西紫蒙川之說，蓋可依據。其地當在今熱河境內。 觀逸豆歸戰敗卽逃漠北在則其據地自在龍城之北，明代營州今熱河朝陽縣之東北，審矣。 其地蓋在今熱河吐默特右翼之地。楊守敬前燕疆域圖位威德城於龍城東南，今遼寧錦縣義縣附近，失之。

（注四二）通鑑咸和八年，慕容皝引兵討宇文逸豆歸軍於廣安，逸豆歸懼而請和，遂築榆陰安晉二城而還。 （亦見晉書慕容皝載記，惟無『軍於廣安』之文）。

（注四三）通鑑咸和八年胡注，『廣安在棘城之北』。 按胡說是也。 慕容氏時都棘城，宇文氏據地在慕容氏之北。 皝伐逸豆歸，是自南攻北，廣安爲駐軍之所，固宜在棘城之北也。 棘城在今遼寧義縣附近（說詳註十八），則廣安當在義縣之北。

（注四四）通鑑咸和八年胡三省注云，『安晉城在威德城東南』。 按皝先於是年出師，軍於廣安，克逸豆歸，築安晉城而還，則安晉城在廣安之北。 及康帝建元二年，逐逸豆歸，始有威德城，其拓境由南而漸北，則胡注謂安晉在威德東南者是也。 以今地考之，宜在遼寧義縣之北，熱河朝陽縣之東北，吐默特左翼旗之地。 楊守敬前燕疆域圖位之於今遼寧錦縣附近，失之。

（注四五）通鑑咸和八年胡注，『榆陰城蓋在大榆河之陰』。 楊守敬前燕疆域圖以今河北臨榆縣之石河爲榆水，而位榆陰城於附近。 按城與安晉城同爲皝伐逸豆歸時所築，安晉在慕容氏據地之北境，榆陰不應獨南近今榆關，遠處魏晉遼西郡地。 楊氏所定位置蓋非。 其地宜與安晉同在廣安之北，威德城之東南，今遼寧義縣之北、熱河土默特左翼旗之地。

（注四六）晉書慕容皝載記，『皝罷成周冀陽營丘等郡，以渤海人爲興集縣，河間人爲寧集縣，廣平魏郡人爲興平縣，東萊北海人爲育黎縣，吳人爲吳縣，悉隸燕國』。 按以上數縣在何所，今悉不能詳，亦不知廢於何時。 以上文罷營丘郡語氣觀之，疑爲數僑郡改置，當在魏晉昌黎郡境內，故附見於此。

玄菟郡

漢武帝滅朝鮮，元封三年（公元前一〇九年）置郡 史記朝鮮傳漢書武帝紀朝鮮傳，均作元封三年置，唯地理志作四年。按郡當與樂浪郡同置，地理志樂浪郡亦作元封三年置，知此處『四』爲『三』之誤。初治沃沮，後以夷貊交侵，徙治高句驪魏志東夷傳。昭帝始元五年，（公元前八二年）罷臨屯郡，分屬樂浪，玄菟魏志東夷傳。前漢領縣三，屬幽州刺史部。後漢安帝時分遼東三縣來屬，共領六縣。漢末公孫氏據有遼左之地，玄菟郡遂爲其所有。公孫氏滅，地入曹魏。明帝景初二年，（公元二三八年）置平州，郡屬焉，尋復還合幽州晉書地理志。領舊縣二，移遼東一縣來屬，凡領三縣從吳增僅三國郡縣表所考定。。晉武帝咸寧二年，（公元二七六年）置平州，郡屬焉晉書本紀在泰始十年，此從地理志。，領縣如魏舊。永嘉亂後，前燕通鑑成康四年，『虢玄菟太守河間劉佩，………將敢死數百騎出衝趙兵，………斬獲而還』。前秦代有其地。及慕容垂叛秦稱燕王之明年，（晉孝武帝太元十年公元三八五年）高句驪入侵，郡與遼東同陷晉書慕容垂載記，『高句驪寇遼東，垂平北慕容佐遣司馬郝景率衆救之、爲高句驪所敗，遼東玄菟遂沒』。案據此，玄菟在垂叛堅時，始爲高句驪所陷，則前秦之有玄菟郡可知。，旋爲慕容農所復見晉書垂載記，郡復屬後燕。自前燕前秦迄後燕，領縣增損不可考洪亮吉十六國疆域志於前燕前秦後燕玄菟郡領縣悉仍魏晉之舊，今姑從之。。慕容熙時，郡與遼東同沒入高句驪高句驪於慕容熙時陷遼東，說詳遼東郡表。玄菟在遼東東北，遼東既陷，玄菟自不能免。蓋慕容熙以後，高句驪據地，盡遼水以東矣。。馮跋建號，僑置郡於遼水之西魏書馮跋傳，『世祖親討之，文通嬰城固守，營丘、遼東、成周、樂良、帶方、玄菟六郡皆降』。通鑑元嘉九年注『自慕容以來，分置郡縣於遼西，其後或省或併，爲郡爲縣，皆不可考，如玄菟郡亦當置於遼西也』。遜案胡說是也。蓋遼水以東地，慕容熙以後已不能有。玄菟郡之僑置，蓋在北燕之世矣。。後魏滅燕，僑郡亦廢北燕僑置之郡，當在漢遼東屬國。魏晉昌黎地，附見遼東屬國後。。

前　漢	後　漢	魏	晉	前　燕	前　秦	後　燕	今　　地
高句驪 郡治 （一）	高句驪 因 漢末內徙近遼東 （二）	高句驪 因	高句驪 因	高句驪	高句驪	高句驪	前後漢高句驪故城在今遼寧新賓縣之北。（三） 漢末公孫康內徙縣治後，在今遼寧開原縣南，鐵嶺縣東南。（四）
上殷台 莽曰下殷台	上殷台	省					今地無考。
西蓋馬 莽曰玄菟亭	西蓋馬 （五）	省					故城在朝鮮山陽公城東南。（六）
	高　顯	高　顯	高　顯	高　顯	高　顯	高　顯	故城疑在今遼寧開原縣境，說詳遼東郡注一九。
	候　城	省					故城在今遼寧瀋陽縣北說詳遼東郡注一二。
	遼　陽	省					故城在今遼寧遼陽縣西北，說詳遼東郡注一五。

		望平 （七）	望平	望平	望平	望平	故城在今遼寧北鎮縣東北，說詳遼東郡注九。
				(附) 南蘇城 （八）			故城在今遼寧新賓縣西　（九）

（注一）魏志東夷傳，『漢武以沃沮城爲玄菟郡，後爲夷貊所侵，徙郡句驪西北，今所謂玄菟故府是也』。　遜按高句驪在漢末內徙，（詳注二）所謂玄菟故府者，未徙之高句驪縣也。

（注二）吳增僅三國郡縣表卷五玄菟郡考證云，『魏志東夷傳，「漢武開玄菟郡，治沃沮城，後爲夷貊所侵，徙郡句驪西北」，「高句驪在遼東之東千里」，「靈帝建寧二年，句驪王伯固降遼東，熹平中，伯固乞屬玄菟」。　通鑑青龍元年「公孫淵置吳使秦旦等六十人於玄菟，玄菟在遼東二百里」。　胡注云，「此非玄菟舊治也」。　據此，則漢末玄菟已徙近遼東。　考東夷傳，公孫康破句驪，焚燒邑落，句驪王伊夷模更作新國，王弟拔奇詣康降，還住沸流水。　疑是時玄菟屢被寇，故徙近遼東，又因拔奇之降，故僑置句驪以爲郡治也』。　遜案由東夷傳『徙郡句麗西北，今所謂玄菟故府』之言觀之，知魏晉時高句麗縣已非漢縣之舊，亦足爲漢末玄菟郡治高句麗縣內徙之證。

（注三）漢書地理志玄菟郡高句驪下云，『遼山，遼水所出，西南至遼隊入大遼水。又有南蘇水，西北經塞外』。　按漢志遼水卽水經小遼水，亦卽今渾河，一統志陳澧諸家之說並同，惟南蘇水則解說各異。　清一統志卷五十八云，『蘇子河在（興京）城北半里，源出邊外，……　漢志高句麗縣有南蘇水疑卽此也』。　又云，『高句麗故城在（興京）城北，……按漢志縣爲小遼水所發源，今興京北近渾河之源，蓋卽漢高麗縣地』。　楊守敬前漢地理圖位高句驪城於今吉林樺甸縣輝發河會松花江處之東南，松花江屈折西北流處，而以松花江爲南蘇水。　遜案續漢書郡國志劉昭注，遼東郡在洛陽東北三千六百里，玄菟郡在洛陽東北四千里，是兩郡相距四百里。　魏志東夷傳言『玄菟故府在句麗西北』，今按高句麗都城丸都，在今遼寧輯安縣，正處舊興京縣（今新賓縣）之東南。　一統志謂高句麗縣在興京城北，與魏志及郡國志注之言皆合，蓋得之。

高句麗縣內徙後，據通鑑魏青龍二年之文，知其在遼東北二百里。　按水經小遼水篇，『高句驪縣有遼山，遼水所出』。　水經作者四庫提要定爲三國時人，其時高句驪縣已內徙，然猶繫遼山及小遼水源於縣下。　及後魏酈道元注水經時距移治之時已久，亦以遼山之遼水源在高句驪。　是縣內徙後之故城，距遼山小遼水發源處不遠。　楊守敬三國疆域晉地理諸圖位於渾河發源處之東，今遼寧開原縣之南，鐵嶺縣之東南，瀋陽縣之東北，殆近之。

（注五）續漢書郡國志作西蓋烏。　武英殿本考證齊召南曰，『案本書東沃沮在高句驪蓋馬大山之東，知此作「烏」誤』。

（注六）漢書地理志玄菟郡西蓋馬下注云，『馬訾水西北入鹽難水，西南至西安平入海』。　據清一統志卷六十七，馬訾水卽鴨綠江，鹽難水卽佟家江。　鴨綠江出長白山，西南流至朝鮮國山陽公城入佟家江，則西蓋馬當在山陽公城東南。　楊守敬前漢地理續漢郡國圖位置與此合。　清一統志謂漢之蓋馬卽今蓋平縣，遠在遼東東部濱海之處，玄菟郡豈能越境遙領，且又前後自相牴牾，殆失之。

（注七） 吳增僅三國郡縣表卷五云，『晉志屬玄莬，疑魏破淵後移來』。

（注八） 通鑑永和元年，『燕王皝使慕容恪攻高句麗，拔其南蘇，置戍而還』。

（注九） 通鑑永和元年胡三省注云，『南蘇城在南陜之東，唐平高麗置南蘇州』。讀史方輿紀要卷三十七，『金州衞，高麗爲南蘇城』。 淸統一志卷五十八云，『按南蘇城在興京西，遼史以蘇州安復縣爲高麗南蘇州，蘇州卽今金州也。 今考漢志高句麗縣有南蘇水，高麗置城，蓋因此水爲名。 晉載記慕容皝自南陜以伐高句麗，通鑑注謂南陜在遼東之東，南蘇木底諸城，又在南陜之東。 唐薛仁貴自新城進拔南蘇木底，賈耽謂新城在遼東東北；則南蘇木底當在新城東，今興京（今遼寧新賓縣）界，不在金州可知矣』。 遜案一統志之說是也，今從之。

樂 浪 郡

漢武帝滅朝鮮，元封三年（公元前一〇九年）開郡。 昭帝始元五年，（公元前八二年）省臨屯眞番屬焉漢書昭帝紀及魏志東夷傳，領縣二十五漢書地理志，屬幽州刺史部。 後漢光武（公元三〇年）建武六年，罷都尉官，省單單大嶺以東東部都尉所領縣後書及魏志東夷傳。，凡領縣十九續漢書郡國志樂浪郡領十八縣，從王先謙說增一縣，說詳注二十一。。 獻帝建安中，公孫康分屯有縣以南七縣置帶方郡魏志東夷傳，魏滅公孫氏，遂承其舊，省五縣，新置一縣，蓋領八縣晉書地理志有六縣，從楊守敬三國郡縣表補正增二縣。。 明帝景初二年，（公元二三八年）置平州，郡屬焉，尋復還合幽州晉書地理志。 晉領六縣，咸寧二年，（公元二七六年）置平州，郡屬焉晉書本紀在泰始十年，此從地理志。 懷愍之世，中原紛擾，郡陷於高句驪。 時慕容廆保據遼水之西，乃於昌黎郡境內僑置樂浪郡以統流人通鑑愍帝建興元年，『遼東張統據樂浪帶方二郡，與高句麗王乙弗利相攻，連年不解。 樂浪王遵說統帥其民千餘家歸廆，廆爲之置樂浪郡，以統爲太守』。 洪亮吉前燕疆域志樂浪郡，敍廆僑置樂浪郡事，（洪引作晉書，檢晉書並無此文）。 自注曰，『按此，則郡及縣皆非漢樂浪郡舊地也』。 然洪旣未著其僑治何所，又其樂浪郡所列屬縣凡六，蓋直錄晉地理志，一若廆置僑郡時，並僑置此六縣者。 楊守敬前燕疆域圖，於遼東郡圖上注曰，『移置樂浪郡於遼東』，而於樂浪郡故壤，悉錄洪志所列縣名；僅於浿水南平壤城左右，書『故朝鮮郡』四字，讀之似若郡治移遼東後，仍領有漢郡故壤者。 今按通鑑所敍，張統據樂浪帶方，以與高句麗相攻，故帥其民千餘家歸廆，則此時樂浪帶方已沒入高句麗，燕不得有其地。 又慕容廆僑置樂浪郡時，崔毖方以平州刺史鎭遼東（通鑑繫置樂浪郡於愍帝建興二年，而敍崔毖與廆相攻於元帝太興二年），則樂浪郡不得置於遼東，當在廆所據地昌黎郡界內。 通鑑成康四年載石虎伐燕，『遣使四出招誘民夷，……朝鮮令昌黎孫泳帥衆拒趙，樂浪太守鞠彭選鄉里壯士二百餘人共還棘城，趙兵追逼棘城』。 蓋慕容皝時據棘城，石虎攻之，故遣使分徇棘城附近慕容氏所僑置之郡邑。 遼東地旣較遠，又阻遼水，棘城未下，遼水以東，非用兵所急。 史亦無遼東郡降趙之文，虎使固未嘗越遼而東。 遼東郡治襄平，地濱遼左，遼東未下，則凡襄平以東，皆未嘗降趙。 此敍樂浪郡境內多叛燕降趙，其非僑置於遼東甚明。 故胡注謂『樂浪郡朝鮮縣，以五代志考之，當在隋遼西郡柳城縣界』，其說是也。 郡僑置後，領縣見於史者僅有朝鮮一縣。 且廆置郡時，僅有張統所率之流民千餘家，亦無分置六縣之理。洪志盡錄晉志所列六縣，楊圖謂郡治徙遼東，皆失之。。漢郡故壤，則陷於高句驪。其後慕容皝雖破高句麗，毀其郡城，然樂浪故壤未嘗恢復晉書慕容皝載記，『咸康七年，皝率勁卒入自南陜以伐高句麗，敗之，乘勝遂入丸都，(高句麗王)釗單馬而遁，皝毀丸都而歸。明年，釗遣使稱臣』。按據載記所敍，皝出兵蓋直指丸都，亦嘗分兵擊樂浪郡，故史無復樂浪郡之文。又魏書高句麗傳，『釗後爲百濟所殺』，按百濟在今朝鮮半島南端，蓋釗自丸都南奔漢樂浪故地，其後雖稱臣於燕，然以丸都殘破，殆未嘗北還。高麗之定都平壤，疑在此時。其國南與百濟相接，故釗後爲百濟所殺。若樂浪故壤爲燕所有，則釗不能南奔，百濟亦不能越燕地而戕釗。此慕容皝時燕未嘗恢復樂浪郡之明證也。。歷前秦、後燕、北燕、後魏，郡皆僑置於魏晉昌黎郡地，漢郡故壤，終莫能復晉書慕容垂載記載垂建號之先，高句麗入寇，遼東玄菟遂沒，其後爲慕容農所復（史不言陷樂浪郡者，蓋樂浪故郡陷落已久也），則前秦時樂浪故郡之不隸版籍可知。慕容盛熙之世，後燕與高句麗常相戰於遼東，則樂浪故壤仍屬高句麗。是前秦後燕之樂浪郡皆因仍前燕僑郡之舊，至慕容熙以後，則盡遼水以東悉沒入高句麗矣（說詳遼東郡表）。。北齊以後，則僑郡亦廢矣。

前漢	後漢	魏	晉	今地
朝鮮 郡治	朝鮮 因	朝鮮 因	朝鮮 因	故城處今朝鮮大同江南岸，其東北與平壤城隔江相望。（一）
諦邯	諦邯	省		今地不可考。
涓水 莽曰樂鮮亭	涓水	涓水 （二）	省	故城在今朝鮮平壤城東北大同江發源處。（三）
含資	含資 （四）	移帶方郡		故城當在今朝鮮大同江南，熊津江源左右。（五）
黏蟬	占蟬	省		故城當在今朝鮮豐德縣。（六）
遂城	遂城	遂城	遂城	故城在今朝鮮平安北道境內。（七）
增地 莽曰增土	增地	省		故城當在今朝鮮三和城附近。（八）
帶方	帶方	移帶方郡		故城當在今朝鮮漢城西南，熊津江入海處左右。（九）
駟望	駟望	駟望	駟望	今地不可考。
海冥	海冥	移帶方郡		今地不可考。（十）
列口	列口	移帶方郡		故城應在今朝鮮平壤西南。（十一）
長岑	長岑	移帶方郡		在屯有之南，今地不可考。

屯有	屯有	屯有	屯有	今地不可考。（十二）
昭明 南部都尉治	昭明	省		今地不可考。（十三）
鏤方	鏤方	鏤方	鏤方	故城在今朝鮮平壤之東。（十四）
提奚	提奚	移帶方郡		今地不可考。
渾彌	渾彌	渾彌	渾彌	今地不可考。
吞列	樂都 （十五）	移帶方		故城當在今朝鮮江原道境內，臨津江發源處附近。（十六）
東暆	省			以下七縣皆在樂浪郡東部單單大嶺之東。（十七） 東暆今地不可考。
不而 東部都尉治	省			故城在今朝鮮咸興府北。（十八）
蠶台	省			今地不可考。（十九）
華麗 （二十）	華麗 （二一）	省		今地不可考。（二二）
邪頭昧	省			故城當在今朝鮮江陵府忠州之間。（二三）
前莫	省			今地不可考。（二四）
夫租 卽沃沮 （二五）	省			今地不可考。（二六）
		臨浿 （二七）	省	今地不可考。

（注一）楊守敬晦明軒稿王險城考云，『史漢言朝鮮王滿都王險，臣瓚曰，「王險在樂浪浿水之東」。………… 案臣瓚說在浿水之東者，必其城當浿水東南流曲處，故不言南而言東；言東則不在浿水北可知矣。 而水經注言「王滿都王險城今高麗之國都，城在浿水之陽」，是以平壤城當王險城矣。 故括地志云，「平壤城卽王險城，古朝鮮也」，後漢書注，「王險城卽平壤」，以後則無不以爲典據者。 余讀史漢朝鮮傳，而知王險城在浿水之南，平壤城非王險城也。 其證有四。 浿水，今大同江也，平壤在大同江之北，而史漢並言滿渡浿水都王險，證一也。 樓船將軍從齊浮海至列口，左將軍荀彘出遼東，是漢以樓船由水道攻其南，左將軍由陸路攻其北。 樓船先至王險，軍敗遁山中，進退皆不言渡浿水。 左將軍擊朝鮮浿水西軍，是荀彘與朝鮮戰尙在浿水之西，未能至王險城，證二也。 右渠願降，遣太子入謝，方渡

浿水，太子疑左將軍詐殺之，遂不渡浿水，復引歸，證三也。武帝滅朝鮮，定爲四郡，而樂浪郡治仍名朝鮮，其因王險故城可知。自朝鮮滅後，高麗始興，都丸都城。至三國時爲毋丘儉所破，王奔南沃沮，魏兵退始移都平壤。其時樂浪帶方皆爲魏屬郡，不容高麗以喪敗之餘，奪其郡治也。(遜案楊氏謂魏兵退後，高麗移都平壤，不知何所本。檢三國志毋丘儉傳，晉書、魏書高句麗傳，俱未言魏兵退後高麗徙都平壤之事。晉書慕容皝載記及魏書北史高麗傳載皝破釗軍，追至丸都，釗單馬奔竄，皝掘釗父墓，掠其母妻，毀丸都城而還，則東晉時高句麗尙都丸都，其移都平壤，蓋在釗兵敗丸都殘破之後，非曹魏時所移。且誠如楊氏言，樂浪帶方爲魏屬郡，不容高麗奪其郡治；然屯有以南七縣，尙在平壤之南，則環平壤皆爲魏地，高麗安能棄其故壤而建都於魏地耶？楊氏此說失之。）是平壤城非王險城審矣』。遜案楊氏謂王險城非平壤城，其說是也。近時日人原田淑人樂浪發掘報告，謂大正二年以來，在大同江南岸平壤府西南一里牛土城，有『樂浪太守章』『朝鮮右尉』『詡邯長印』封泥，『樂浪禮官』『樂浪富貴』『大晉元康』等名識之瓦當出土，近來更有『黏蟬長印』『增地長印』『長岑長印』『渾彌長印』『樂都長印』五屬縣之封泥發現，因定土城爲樂浪郡治朝鮮之遺址。更足證明楊說王險城朝鮮縣在浿水南之精審矣。

（注二）楊守敬三國郡縣表補正卷五云，『水經浿水注引闞駰十三州志，「浿水縣在樂浪東北」，疑魏晉尙有浿水縣』。遜案晉志無浿水縣，則晉時縣當已省廢。今於魏時增此縣，晉世則省之，從晉志也。

（注三）前漢書地理志浿水下云，『浿水西至增地入海』。水經浿水篇，『浿水出鏤方，東南過臨浿縣東，入於海』。酈注云，『許愼云，「浿水出鏤方」，一云，「出浿水縣」。十三州志，「浿水縣在樂浪東北，鏤方縣在郡東」，蓋出其縣南逕鏤方也。昔燕人衞滿，自浿水西至朝鮮，楊僕荀彘破右渠於浿水，遂滅之。若水東流，無渡浿之理。其水西逕朝鮮而西北流，故地理志曰，「浿水西至增地入海」也。（按增地應在朝鮮之西南，酈注『西北流』應爲『西南流』之誤。）又漢興以朝鮮爲遠，循遼東故塞至浿水爲界。考之今古，於事差謬，蓋經誤證也』。按酈注說是也。據十三州志，故城當在今朝鮮平壤城東北，大同江（漢浿水）發源處。地當今朝鮮永興之西，陽德之南。

（注四）續漢書郡國志作貪資。按縣自漢末公孫氏移屬帶方，魏晉因之。晉書地理志帶方郡有含資無貪資，知此『貪』字爲『含』字之誤。

（注五）前漢書地理志含資下注云，『帶水西至帶方入海』。陳澧云，『大同江之南，有駒峇山水；又南有臨津江水，源流五百里。凡志行千里之水，約得今六百里。列水行八百二十里，正合今五百里，疑即臨津江。帶水不言里數，其水必短，疑即駒峇山水也』（漢書地理志水道圖說）。按陳說亦近是。惟駒峇山水屈折西南流，與志云西流入海之說不合。淸一統志卷五百五十謂帶水即熊津江，楊守敬從之，（見前漢地理圖續漢郡國圖及晦明軒稿汪士鐸漢志釋地駁議）位含資於熊津江源左右大同江之南，較爲得之。

（注六）漢書地理志呑列下云，『列水至黏蟬入海』。按列水即今朝鮮臨津江（說詳注五），今臨津江至朝鮮豐德縣入海，黏蟬故城當在其附近。

（注七）楊守敬前漢地理續漢郡國諸圖不詳遂成所在地。晉書地理志，『遂成，秦築長城之所起』。 漢書朝鮮傳，『秦滅燕，屬遼東外徼，漢與爲遠難守，復修遼東故塞，至浿水爲界』，則浿水（今大同江）西北，皆秦遼東屬地。遂成爲秦長城所起，自必在浿水以北秦遼東郡界。 其後衞滿以兵威財物侵降其旁小邑，遂成當以此時入朝鮮。 武帝滅朝鮮，或以其地與樂浪接近，遂改屬樂浪。 今雖不能確指其地，要當在浿水（卽大同江）之西北，玄菟郡之西南，今朝鮮平安北道之地。 一統志卷五百五十謂在今平壤南，蓋失之。

（注八） 漢書地理志，浿水縣下云，『浿水西至增地入海』，按浿水卽今大同江。大同江至朝鮮三和城入海，當卽漢增地縣地。

（注九） 漢書地理志含資下云，『帶水西至帶方入海』。 按帶水卽今熊津江，（說詳注五）則帶方故城當在熊津江入海處左右，今朝鮮漢城西南。

（注十） 楊守敬前漢地理圖注云，『魏以屯有以南置帶方郡以晉志照之，是帶方、列口、呑列、長岑、提奚、含資、海冥七縣，皆在樂浪之南』。

（注十一） 從陳澧說，列水爲臨津江，（說見注五）列口爲臨津江入海之口，故城應在今朝鮮平壤西南。

（注十二） 魏志公孫度傳，『公孫度分屯有以南置帶方郡』，而屯有仍屬樂浪，則屯有當在樂浪南境。

（注十三） 楊守敬前漢地理圖云，『昭明爲南部都尉治，在樂浪之南無疑』。

（注十四） 水經浿水注引十三州志，『鏤方縣在樂浪郡東』。 按樂浪治朝鮮，在今平壤之南，鏤方當在平壤之東南。

（注十五） 續漢書郡國志有樂都，前漢書地理志無。 謝鍾英曰，『前志呑列，卽後漢樂都也』，(三國疆域志補注)。 楊守敬前漢圖自注數帶方屬縣亦及呑列，是與謝說同。 按樂都位置，於魏應爲帶方屬地。 今姑從謝楊之說，定爲呑列之改名。

（注十六） 漢書地理志呑列下云，『分黎山，列水所出』，按从陳澧說，列水卽臨津江，則呑列縣分黎山爲臨津江發源處，故城當在今朝鮮平壤東南江原道境。

（注十七） 楊守敬晦明軒稿漢志釋地駁議云，『按後漢書東夷傳言昭帝始元五年罷臨屯眞番以并樂浪玄菟。 玄菟復徙居高句驪。 自單單大嶺以東，沃沮濊貊，悉屬樂浪。 後以境土廣遠，復分嶺東七縣，置樂浪東部都尉。 建武六年，省都尉官，遂棄嶺東地。 今以續志較前志，樂浪郡無東暆，不而、蠶台、華麗、邪頭昧、前莫、夫租七縣，故知此七縣屬東部都尉』。 又前漢圖自注曰，『七縣皆當在樂浪郡之東，而華麗，沃沮舊爲玄菟所屬，此二縣當稍北，不而，邪頭昧爲濊貊之地當稍南；東暆、蠶台、前莫當在其中』。漢志釋地駁議又云，『玄菟治高句麗，高句驪在朝鮮（樂浪郡治）之北。……… 武帝紀，臣瓚引茂陵書，「臨屯郡治東暆縣，去長安六千一百三十八里，十五縣。 眞番郡治霅縣，去長安七千六百四十里，十五縣」。 是眞番遠於玄菟千里也。 漢志東暆屬樂浪，續志無之，蓋在單單大嶺以東，屬東部都尉、爲光武所棄者，是臨屯在樂浪之東可知也。……… 綜而言之，是玄菟最北，樂浪在玄菟之南，臨屯在樂浪之東』。 按東暆爲故臨屯郡治，當在玄菟屬縣華麗沃沮之南，樂浪郡之東。

（注十八） 楊守敬曰，『隋書外國傳，新羅兼有沃沮不而韓穢之地。 考漢志言「不而，東部都尉治」，是不而在樂浪之東無疑也。 三國志東夷傳，「濊南與辰韓，北與高句驪沃沮接，東窮大海」。　又云，「自單單大嶺以西（疑卽蓋馬大山）屬樂浪，自嶺以東七縣都尉主之，皆以穢爲爲名，今不耐穢皆其種也」。　又云，「正始六年，樂浪太守弓遵以嶺東濊屬句驪，興師伐之，不耐侯等舉邑降。　八年，更拜不耐穢王」。　是不耐卽濊之一邑無疑也。一統志謂在今朝鮮國咸興府北，是也』（晦明軒稿漢志釋地駁議）。

（注十九）從楊守敬說，屬樂浪東部都尉，當在故玄菟屬縣沃沮、華麗之南，不而、邪頭昧之北。　蓋不而邪頭昧，楊說爲濊貊之地（說見注十八及注二三），據服虔注濊貊在辰韓之北，濊貊南與辰韓接壤，縣不能在其南，故知其地必位於不而邪頭昧之北也。

（注二十）楊守敬曰，『後漢書句驪傳，「元和五年，復與濊貊寇玄菟，攻華麗城」，是華麗初本玄菟屬縣也』（晦明軒稿漢志釋地駁議）。

（注二一）王先謙曰，『魏志東夷傳，「元和五年，句驪王宮寇玄菟，攻華麗城」，則縣固在也』（後漢書集解）。

（注二二）按華麗從楊守敬說屬樂浪東部都尉，又嘗爲玄菟郡屬縣，則當在樂浪郡東，東暆諸縣之北矣。　今地無考。

（注二三）楊守敬曰，『孟康曰，「昧音秣，說文有䵢邪頭國」。　晉灼曰，「䵢古濊字，䵢昧音近，是邪頭昧卽說文之䵢邪頭國，亦卽濊貊國也」。　服虔曰，「濊貊在辰韓之北，高句驪沃沮之南」，是其地當今朝鮮江陵府忠州之間』。　（晦明軒稿漢志釋地駁議）

（注二四）前莫從楊守敬說，屬樂浪東部都尉，在樂浪郡東部地，當華麗沃沮之南，不而邪頭濊之北，今地無考。

（注二五）楊守敬曰，『後漢書東沃沮傳，「武帝滅朝鮮，以沃沮地爲玄菟郡，後爲夷貊所侵，徙居於高句驪西北，更以沃沮爲縣，屬樂浪東部都尉」，魏志同，是玄菟初治沃沮也』。　自注，『今本漢志樂浪無沃沮縣，而有夫租縣，此爲沃沮之誤無疑』（晦明軒稿漢志釋地駁議）。

（注二六）按沃沮初屬玄菟，後屬樂浪東部都尉，當在樂浪東部，故臨屯郡治東暆之北，而與華麗縣相近。

（注二七）楊守敬三國郡縣表補正卷五云，『水經「洌水出樂浪鏤方縣東南，過臨洌縣東，入於海」。　兩漢晉志並無臨洌縣，水經作於三國時人，當是曹魏時所置而旋廢也』。

帶　方　郡

帶方郡地在兩漢屬樂浪，漢末公孫氏據有遼左之地，樂浪郡亦屬焉。　建安中，公孫康分屯有縣以南荒地置帶方郡魏志東夷傳。　魏滅公孫氏，帶方郡仍舊未廢，領縣七晉書地理志帶方郡下領縣凡七。　吳增僅三國郡縣表於曹魏帶方郡領縣悉依晉志，今從之。。　景初二年（公元二三八年），置平州，郡屬焉，尋復還合幽州。　晉因之，領縣七。　咸寧二年，（公元二七六年）置平州晉書本紀在泰始十年，此從地理志。，郡復屬。　永嘉亂後，郡陷於高句麗通鑑愍帝建興元年，『遼東張統據樂浪帶方二郡，與高句麗相攻，…… 統率其民千餘家歸（慕容）廆，廆爲之置樂浪郡』。　據此，則此時郡與樂浪同陷於高句麗矣。　其後高句麗屢與前燕後燕相攻，然樂浪郡終未嘗爲燕所復，（說詳樂浪郡表）帶方在樂浪之南，其未隸燕之版籍可知矣。。前燕後燕北燕僑置郡於昌黎郡地通鑑咸和八年，『慕容皝以帶方太守王誕爲左長』，是前燕有帶方郡也。通鑑太元十年，『燕帶方王佐與寧朔將軍平規共攻薊』是後燕有帶方郡也。魏書馮跋傳，『世祖親征之，文通嬰城固守，其樂浪玄菟帶方………六郡皆降』，是北燕有帶方郡也。前秦有帶方郡否，雖無可考，然三燕皆有此郡，當秦之世，疑未嘗間廢。。北燕覆滅，僑郡亦廢。

魏	晉	今地
帶方郡治	帶方因	故城在今朝鮮西南熊津江入海處附近，說詳樂浪郡表注九。
列口	列口	故城在今朝鮮平壤西南，臨津江至縣入海，說詳樂浪郡表注十一。
樂都	南新（一）	故城在今朝鮮江原道臨津江源左右，說詳樂浪郡表注十六。
長岑	長岑	今地無考。
提溪	提溪	今地無考。
含資	含資	故城在今平壤東南，熊津江源左右，說詳樂浪郡表注五。
冥海	海冥	今地無考。

（注一）晉書地理志帶方郡有南新無樂都。汪士鐸漢志釋地云，『晉改樂都爲南新』，今從之。

出自第六本第四分（一九三六年十二月）

東晉南朝之吳語

陳寅恪

近日友人多研究東晉南北朝音韻問題，甚可喜也。 寅恪頗欲參加討論，而苦於音韻之學絕無通解，不敢妄說。 兹僅就讀史所及，關涉東晉南朝之吳語者，擇錄數事，略附詮釋，以供研究此問題者之參證；雖吳語吳音二名詞涵義不盡相同，史籍所載又頗混用，不易辨析，但與東晉南朝古音之考證有關則一也。

宋書捌壹顧琛傳南史叁伍顧琛傳同。 云：

先是宋世江東貴達者會稽孔季恭季恭子靈符吳興丘淵之及琛吳音不變。

寅恪案，史言江東貴達者唯此數人吳音不變，則其餘士族雖本吳人亦不操吳音斷可知矣。

南齊書肆壹張融傳南史叁貳張邵傳附融傳同。 云：

張融吳郡吳人也。 出爲封溪令。 廣越嶂嶮，獠賊執融，將殺食之，融神色不動，方作「洛生詠」，賊異之而不害也。

寅恪案，世說新語雅量篇云：

桓公伏甲設饌，廣延朝士，因此欲誅謝安王坦之。 謝之寬容愈表於貌，望階趨席，方作「洛生詠」 浩浩洪流，桓憚其曠遠，乃趣解兵。

劉注引宋明帝文章志曰：

安能作「洛下書生詠」，而少有鼻疾，語言濁。 後名流多斅其詠，弗能及，手掩鼻而吟焉。 晉書柒玖謝安傳同。

據此，則江東士族不獨操中原之音，且亦斅洛下之詠。 張融本吳人，而臨危難仍能作「洛生詠」，雖由於其心神鎮定，異乎常人，要必平日北音習熟，否則決難致此無疑也。

顏氏家訓音辭篇云：

易服而與之談，南方士庶數言可辨；隔垣而與之語，北方朝野終日難分。

寅恪案，南北所以有如此不同者，蓋江左士族操北語，而庶人操吳語；河北則社會階級雖殊，而語音無別故也。

南史肆伍王敬則傳云：

王敬則臨淮射陽人也。 僑居晉陵南沙縣。 母爲女巫。 後與王儉俱即號開府儀同三司。 時徐孝嗣於崇禮門候儉，因嘲之曰：「今日可謂連璧。」 儉曰：「不意老子遂與韓非同傳。」 人以告敬則，敬則欣然曰：「我南沙縣吏，徼倖得細鎧左右，逮風雲以至於此，遂與王衞軍同日拜三公，王敬則復何恨。」 了無恨色，朝士以此多之。

南齊書貳陸王敬則傳云：

敬則名位雖達，不以富貴自遇，危拱傍遑，略不衿裾，接士庶皆吳語，而殷勤周悉。 世祖御座賦詩，敬則執紙曰：「臣幾落此奴度內。」 世祖問：「此何言？」 敬則曰：「臣若知書，不過作尚書都令史耳，那得今日。」

寅恪案，敬則原籍臨淮，後徙晉陵，其先世本來是否北人？ 姑不必考，但其居晉陵既久，口操吳語，則不容疑。 據敬則傳，有二事可注意者：東晉南朝官吏接士人則用北語，庶人則用吳語，是士人皆北語階級，而庶人皆吳語階級，得以推知，此點可與顏氏家訓音辭篇所言者參證，此其一也；敬則屬於庶人階級，故交接士庶概用吳語，故亦不能作詩。 若張融者，雖爲吳人，但屬於士族階級，故將死猶作北詠。至於王儉，則本爲北人，又爲士族，縱屢世僑居江左，諒亦能以吳語接待庶族，而其賦詩，不依吳音押韻，斷然可知，此其二也。

魏書伍玖劉昶傳北史貳玖劉昶傳同。云：

訶詈童僕，音雜夷夏。

史臣曰：昶諸子尪疎，喪其家業；(蕭)寶夤背恩忘義，梟獍其心，此亦戎夷彯狡輕薄之常事也。

南史壹肆晉熙王昶傳云：

昶知事不捷，乃夜開門奔魏。 在道慷慨爲斷句曰：「白雲滿鄣來，黃塵半天起，關山四面絕，故鄉幾千里。」

寅恪案　劉昶蕭寳夤皆南朝宋齊皇子，同為北人之後裔，而世居於江左，俱以家難奔北者。　昶之「音雜夷夏」之「夷」，據魏收所作傳論「戎夷彯狡輕薄」之語，知是指江左而言，蓋以夏目北魏為對文也，然則所謂「音雜夷夏」即是音雜吳北。　魏收欲極意形容劉昶之鄙俚無文，而不知其童僕之中必有庶族吳人，昶之用吳語訶詈童僕，正是江東以吳語接庶族之通例，至其作詩押韻，自附風雅，諒必仍用北音，如道中所作斷句用起里二韻與西晉北人如齊國左思之吳都賦及東晉北人如河東郭璞之巫咸山賦山海經圖大澤贊吉良贊用韻正復相同，俱見于海晏先生漢魏六朝韻譜第貳册第陸捌下。　可資參證，且僅二韻故尤難據以論證昶之作詩用吳音押韻也。

世說新語排調篇云：

劉眞長始見王丞相，時盛暑之月，丞相以腹熨彈棊局曰：「何乃渹！」　劉既出，人問：「見王公云何？」　劉曰：「未見他異，唯聞作吳語耳！」

寅恪案，琅邪王導本北人，沛國劉惔亦是北人，而又皆士族。　然則導何故用吳語接之？　蓋東晉之初，基業未固，導欲籠絡江東之人心，作吳語者，乃其開濟政策之一端也，觀世說新語政事篇所載

王丞相拜揚州，賓客數百人並加霑接，人人有說色，唯有臨海一客姓任及數胡人為未洽。　公因便還到任邊云：「君出，臨海便無復人。」　任大喜說。　因過胡人前彈指云：「蘭闍！　蘭闍！」　寅恪疑「蘭闍」與庾信之小字「蘭成」同是一語，參考陳思小字錄引陸龜蒙小名錄。　羣胡同笑，四坐並懽。

之條，則知導接胡人尙操胡語。　臨海任客當是吳人，雖其屬於何等社會階級，不可考知，但値東晉創業之初，王導用事之際，即使任是士流，當亦用吳語接待。　然此不過一時之權略，自不可執以為江左三百載之常規明矣。　今傳世有王導麈尾銘一篇載於北堂書鈔壹叁肆藝文類聚陸玖太平御覽柒佰肆等卷，以理子俟為韻，與西晉北人如齊國左思之白髮賦譙國曹攄之思友人詩其用韻正同，俱見于海晏先生漢魏六朝韻譜第貳册第陸捌頁下。　至其文之是否眞出於王導，及為導渡江以前或以後所作？皆不可考知，然足徵導雖極力提倡吳語，以身作則，但終未發見其作韻語時，以吳音押韻之特徵也。

據上引史籍之所記載，除民間謠諺之未經文人删改潤色者以外，凡東晉南朝之士大夫以及寒人之能作韻者，依其籍貫，縱屬吳人，而所作之韻語則通常不用吳音，蓋東晉南朝吳人之屬於士族階級語者，其在朝廷論議社會交際之時尚且不操吳語，豈得於其摹擬古昔典雅麗則之韻語轉用土音乎？　至於吳之寒人旣作典雅之韻語，亦必依仿勝流，同用北音，以冒充士族，則更宜力避吳音而不敢用。　故今日東晉南朝士大夫以及寒人所遺傳之詩文雖篇什頗衆，却不能據以研究東晉南朝吳音與北音異同及韻部分合諸問題也。

或問曰：信如子言，東晉南朝詩文其用韻無吳北籍貫之別，則何以同一時代，而詩文用韻間或不同？（見清華學報第壹卷第叁期王力先生南北朝詩人用韻考第柒捌玖頁。）其中豈亦有因吳北籍貫之異，而致參差不齊者耶？

應之曰：永嘉南渡之士族其北方原籍雖各有不同，然大抵操洛陽近傍之方言，似無疑義。　故吳人之仿效北語亦當同是洛陽近傍之方言，如「洛生詠」即其一證也。　由此推論，東晉南朝疆域之內其士大夫無論屬於北籍，抑屬於吳籍，大抵操西晉末年洛陽近傍之方言，其生値同時，而用韻寬嚴互異者，旣非吳音與北音之問題，亦非東晉南朝疆域內北方方言之問題，乃是作者個人審音之標準有寬有嚴，及關於當時流行之審音學說或從或違之問題也，故執此不足以難鄙說。

出自第七本第一分(一九三六年十二月)

府兵制前期史料試釋

陳寅恪

(壹)

府兵之制起於西魏大統，廢於唐之天寶，前後凡二百年，其間變易增損者頗亦多矣。後世之考史者於時代之先後往往忽略，遂依據此制度後期卽唐代之材料，以推說其前期卽隋以前之事實，是執一貫不變之觀念，以說此前後大異之制度也，故於此中古史最要關鍵不獨迄無發明，復更多所誤會。 夫唐代府兵之制吾國史料本較完備，又得日本養老令之宮衞軍防諸令條，可以推比補充，其制度概略今尙不甚難知。 惟隋以前府兵之制則史文缺略，不易明悉，而唐人追述前事，亦未可盡信。 茲擇取此制前期最要之史料，試爲考釋，其間疑滯之義不能通解者殊多，又所據史籍，皆通行坊刻，未能與傳世善本一一詳校，尤不敢自謂有所創獲及論斷也。

(貳)

北史陸拾周書壹陸相同，但無「每一團儀同二人」至「並資官給」一節。 又通典貳捌職官典拾將軍總敍條及叄肆職官典壹陸勳官條略同。 云：

初魏莊帝以爾朱榮有翊戴之功，拜榮柱國大將軍，位在丞相上。 榮敗後，此官遂廢。 大統三年魏文帝復以周文帝建中興之業，始命爲之。 其後功參佐命，望實俱重者，亦居此職。 自大統十六年已前任者凡有八人。 周帝位總百揆，都督中外軍事，魏廣陵王欣元氏懿戚，從容禁闥而已，此外六人各督二大將軍，分掌禁旅，當爪牙禦侮之寄，當時榮盛莫與爲比，故今之稱門閥者咸推八柱國家。 今並十二大將軍錄之於左：

使持節太尉柱國大將軍大都督尙書左僕射隴右行臺少師隴西郡開國公李諱。 略。

與周文帝爲柱國。

使持節大將軍大都督淮安王元育。略。

是爲十二大將軍。每大將軍督二開府，凡爲二十四員，分團統領，是二十四軍。每一團儀同二人，自相督率，不編戶貫，都十二大將軍。十五日上，則門欄陛戟，警晝巡夜，十五日下，則教旗習戰，無他賦役，每兵唯辦弓刀一具，月簡閱之，甲槊戈弩並資官給。自大統十六年以前十二大將軍外，念賢及王思政亦拜大將軍　然賢作牧隴右，思政出鎮河南，並不在領兵之限，此後功臣位至柱國及大將軍者衆矣，不限此秩，「不限此秩」周書及通典俱作「咸是散秩」。無所統御，六柱國十二大將軍之後有以位次嗣掌其事者，而德望素在諸公之下，並不得預於此例。

玉海壹叁捌兵制叁引鄴侯家傳云：

初置府不滿百，每府有郎將主之，而分屬二十四軍，每府一人將焉，每二開府屬一大將軍，二大將軍屬一柱國大將軍，仍加號持節大都督以統之。時皇家太祖景皇帝李虎。爲少師隴右行臺僕射隴西公，與臣五代祖弼太保大司徒趙郡公及大宗伯趙貴大司馬獨孤信大司寇于謹大司空侯莫陳崇等六家主之，是爲六柱國，其有衆不滿五萬。略。初置府兵，皆於六戶中等以上家有三丁者，選材力一人，免其身租庸調，郡守農隙教試閱，兵仗衣馱牛驢及糗糧六家共備，撫養訓導，有如子弟，故能以寡克衆。略。自初屬六柱國家，及分隸十二衞，皆選勳德信臣爲將軍。

寅恪案，通鑑壹陸叁梁簡文帝大寶元年卽西魏文帝大統十六年紀府兵之緣起，卽約略綜合上引二條之文，別無其他材料。惟「六家共備」今所見諸善本俱作「六家供之，」當非誤刊，參考章鈺先生胡刻通鑑正文校宋記壹柒。蓋溫公讀「共」爲「供」，僅此一事殊可注意而已。夫關於府兵制度起原之史料君實當日所見者旣是止此二條，故今日惟有依此二條之記載，旁摭其他片斷之材料，以相比證，試作一較新之解釋於下：

北魏晚年六鎮之亂，乃塞上鮮卑族對於魏孝文帝所代表拓拔氏歷代漢化政策之一大反動，史實甚明，無待贅論。高歡宇文泰俱承此反對漢化保存鮮卑國粹之大潮流而興起之梟傑也。宇文泰當日所憑藉之人材地利遠在高歡之下，若欲與高氏抗爭，則惟有於隨順此鮮卑反動潮流大勢之下，別采取一系統之漢族文化，以籠絡其部下之漢族，而是種漢化又須有以異於高氏治下洛陽鄴都及蕭氏治下建康江陵承襲之漢魏晉二系統，此宇文泰所以使蘇綽盧辯之徒以周官之文比附其鮮卑部落舊制，資其野心利用之理由也。苟明乎此，則知宇文泰最初之創制實以鮮卑舊俗爲依歸，其有異於鮮卑之制而適符於周官之文者，乃黑獺別有利用之處，特取周官爲緣飾之具耳。八柱國者，摹擬鮮卑舊時八國卽八部之制者也。魏書壹壹叁官氏志云：

初安帝統國，諸部有九十九姓，至獻帝時，七分國人，使諸兄弟各攝領之，乃分其氏。略。七族之興，自此始也。又命叔父之胤曰乙旃氏，後改爲叔孫氏，又命疏屬曰車焜氏，後改爲車氏，凡與帝室爲十姓。略。凡此諸部其渠長皆自統衆。

天興元年十二月置八部大夫散騎常侍待詔管官。其八部大夫於皇城四方四維面置一人，以擬八座，謂之八國。

天賜元年十一月以八國姓族難分，故國立大師小師，令辯其宗黨，品舉人才。自八國以外，郡各立師，職分如八國，比今之中正也。宗室立宗師，亦如州郡八國之儀。

神瑞元年春置八大人官，大人下置三屬官，總理萬機，故世號八公云。

又同書壹百拾倉貨志云：

天興初制定京邑，東至代郡，西及善無，南極陰館，北盡參合，爲畿內之田，其外四方四維置八部帥以監之。

周書貳文帝紀下魏恭帝元年云：

魏氏之初統國三十六，大姓九十九，後多絕滅，至是以諸將功高者爲三十六國後，次功者爲九十九姓後，所統軍人亦改從其姓。通鑑壹陸伍梁元帝承聖三年春同。

寅恪案，拓拔族在塞外時，其宗主爲一部，其餘分屬七部，共爲八部。宇文泰八柱國之制以廣陵王元欣列入其中之一，卽擬拓拔鄰卽所謂獻帝本支自領一部之意，蓋可知也。據周書貳文帝紀下北史玖周本紀上西魏恭帝元年及通鑑壹陸伍梁元帝承聖三年所載西魏諸將賜胡姓之例，「所統軍人亦改从其姓，」明是以一軍事單位爲一部落，而以軍將爲其部之酋長。據魏書官氏志云：「凡此諸部其渠長皆自統衆，」則凡一部落卽一軍事單位內之分子對於其部落之酋長卽軍將，有直接隸屬卽類似君臣之關係與名分義務，此又可以推繹得知者。宇文泰初起時，本非當日關隴諸軍之主帥，實與其他柱國若趙貴輩處於同等地位，適以機會爲貴等所推耳。如周書壹文帝紀上北史玖周本紀上略同。略云：

(賀拔)岳果爲(侯莫陳)悅所害，其士衆散還平涼，唯大都督趙貴率部曲收岳屍還營。於是三軍未有所屬，諸將以都督寇洛年最長，相與推洛，以總兵事。洛素無雄略，威令不行，乃謂諸將曰：「洛智能本闕，不宜統御，近者迫於羣議，推相攝領，今請避位，更擇賢材」。於是趙貴言於衆曰：「元帥賀拔岳。勳業未就，奄罹凶酷，豈唯國喪良宰，亦衆無所依，竊觀宇文夏州遠邇歸心，士卒用命，今若告喪，必來赴難，因而奉之，則大事集矣」。諸將皆稱善。

又同書壹陸趙貴傳北史伍玖趙貴傳通鑑壹陸柒陳武帝永定元年同。云：

初貴與獨孤信等皆與太祖宇文泰。等夷。

及周書壹伍于謹傳北史貳叁于謹傳及通鑑壹陸陸柒梁敬帝太平元年同。云：

謹旣太祖等夷。

皆是其證。但八柱國之設，雖爲摹仿鮮卑昔日八部之制，而宇文泰既思提高一己之地位，不與其柱國相等，又不欲元魏宗室實握兵權，故雖存八柱國之名，而以六柱國分統府兵，以比附於周官六軍之制，此則雜糅鮮卑部落制與漢族周官制，以供其利用，讀史者不可不知者也。

又宇文泰分其境內之兵，以屬趙貴諸人，本當日事勢有以致之，殊非其本意也。故遇機會，必利用之，以漸收其他柱國之兵權，而擴大己身之實力，此又爲情理之當然者。但此事跡象史籍不甚顯著，故易爲考史者所忽視，茲請略發其覆：據周書北史通典之紀八柱國，皆斷自大統十六年以前，故通鑑卽繫此事於梁簡文帝大寶元年卽西魏文帝大統十六年。其所以取此年爲斷限者，以其爲李虎卒前之一年也。蓋八柱國中虎最先卒，自虎卒後，而八柱國中六柱國統兵之制始一變。通鑑壹陸肆梁簡文帝大寶二年卽西魏文帝大統十七年云：

五月魏隴西襄公李虎卒。

通鑑此條所出，必有確實之依據，自不待言。 周書叁捌元偉傳附錄魏宗室王公名位中有二柱國：一為柱國大將軍太傅大司徒廣陵王元欣，一卽柱國大將軍少師義陽王元子孝。 元子孝以少師而為柱國，明是繼李虎之位。 魏書壹玖北史壹柒俱載子孝事蹟，但北史較詳。 北史云：

> 孝武入關，不及從駕，後赴長安，封義陽王。 後歷尙書令柱國大將軍。 子孝以國運漸移，深自貶晦，日夜縱酒，後例降為公，復姓拓拔氏，未幾卒。

亦未載子孝為柱國年月。 萬斯同西魏將相大臣年表恭帝元年甲戌條云：

> 少師（柱國）（李）虎卒。
>
> 義陽王子孝。 柱國大將軍。

萬表以義陽王子孝繼李虎之職，自屬正確，但列李虎卒於恭帝元年，顯與通鑑衝突，疑不可據。 謝啓崐西魏書壹捌李虎傳載虎卒於恭帝元年五月亦誤。 又周書壹玖達奚武傳北史陸伍達奚武傳及通鑑壹陸肆梁簡文帝大寶二年元帝承聖元年俱略同。云：

> （大統）十七年北史脫「七」字詔武率兵三萬經略漢川。 略。 自劍以北悉平。 明年卽西魏廢帝元年。 武振旅還京師，朝議初欲以武為柱國，武謂人曰：「我作柱國不應在元子孝前。」 固辭不受。

可知西魏廢帝元年卽李虎卒後之次年達奚武以攻取漢中之功應繼虎之後任為柱國，而武讓於元子孝也。 此亦李虎卒於大統十七年，而其次年卽廢帝元年達奚武班師還長安時，通鑑繫達奚武取南鄭於梁元帝承聖元年卽西魏廢帝元年五月，故武之還長安尙在其後。 其遺缺尙未補人之旁證。 武之讓柱國於子孝，非僅以謙德自鳴，殆窺見宇文泰之野心，欲併取李虎所領之一部軍士，以隸屬於己，元子孝與元欣同為魏朝宗室，從容禁闥，無將兵之實，若以之繼柱國之任，徒擁虛位，黑獺遂得增加一己之實力以制其餘之五柱國矣。 故周書貳文帝紀下通鑑壹陸伍梁元帝承聖二年同。云：

> 魏廢帝二年春魏帝詔太祖去丞相大行臺，為都督中外諸軍事。

此為宇文泰權力擴張壓倒同輩名實俱符之表現，而適在李虎既卒達奚武讓柱國於元子孝之後，其非偶然，抑可知也。 又元子孝為虛位柱國，既不統軍，而實領李虎舊部嚐當爲宇文泰親信之人，周書貳拾閻慶傳北史陸壹閻慶傳同。云：

賜姓大野氏。略。晉公護母慶之姑也。

依西魏賜姓之制，統軍之將帥與所統軍人同受一姓，慶與李虎同姓大野氏，虎之年位俱高於慶，則慶當是虎之部下，慶與宇文氏又有戚誼，或者虎卒之後，黑獺卽以柱國虛位畀元子孝，而以己之親信資位較卑若閻慶者代領其軍歟？此無確證，姑備一說而已。

總而言之，府兵之制其初起時實摹擬鮮卑部落舊制，而部落酋長對於部內有直轄之權，對於部外具獨立之勢，宇文泰與趙貴等並肩同起，偶爲所推，遂居其上，自不得不用八柱國之虛制，而以六柱國分統諸兵。後因李虎先死之故，併取其兵，得擴張實力，以懾服其同起之酋帥。但在宇文氏創業之時，依當時鮮卑舊日觀念，其兵士尙分屬於各軍將，而不直隸於君主。若改移此部屬之觀念，及變革此獨立之制度，乃宇文泰所未竟之業，而有待於後繼者之完成者也。

宇文泰之建國，兼采鮮卑部落之制及漢族城郭之制，其府兵與農民迥然不同，而在境內爲一特殊集團及階級。北史陸拾所謂「自相督率，不編戶貫」，及周書叁孝閔帝紀北史玖周本紀上同。元年八月甲午詔曰：

令二十四軍宜舉賢良堪治民者，軍列九人。

皆足證也。

鄴侯家傳所謂「六戶中等以上」者，此「六戶」與傳文之「六家」不同，蓋指九等之戶卽自中下至上上凡六等之戶而言，文獻通考壹伍壹兵考作「六等之民」，當得其義。魏書壹百拾食貨志云：

顯祖今本通典伍食貨典作莊帝，不合。因民貧富，爲租輸三等九品之制。

宇文泰殆卽依此類舊制分等也。又周書貳文帝紀下魏大統九年通鑑壹伍捌梁武帝大同九年同。云：

於是廣募關隴豪右，以增軍旅。

然則府兵之性質其初元是特殊貴族階級。其鮮卑及六鎭之胡漢混合種類及山東漢族武人之從入關者固應視爲貴族，卽在關隴所增收編募，亦止限於中等以上豪富之家，絕無下級平民參加於其間，與後來設置府兵地域內其兵役之比較普遍化者，迥不相同也。

又鄴侯家傳「六家共之」之語「共」若依通鑑讀作「供給」之「供」，自易明瞭。惟「六家」之語最難通解，日本岡崎文夫教授於其所著關於唐衞府制與均田租庸調法之一私見東北帝國大學十周年紀念史學文學論集。中雖致疑於何故不採周禮以來傳統之五家組合，而取六家組合，但亦未有何解釋。鄙意通鑑採用鄴侯家傳已作「六家」，故「六」字不得視爲傳寫之誤。然細繹李書，如「六家主之」，及「自初屬六柱國家」，等語，其「六家」之語俱指李弼等六家，故其「六家共備」之「六家」疑亦同指六柱國家而言也。北史云：「甲槊戈弩並資官給，」李書旣以府兵自初屬六柱國家，故以「六家供備」代「並資官給，」觀其於「六家共依通鑑讀作供。備」下，卽連接「撫養訓導，有如子弟，」之語，尤足證其意實目六柱國家，至其詞涉誇大，不盡可信，則與傳文之解釋又別是一事，不可牽混並論也。

又玉海壹叁捌兵制叁注云：

或曰：宇文周制府衞法，七家共出一兵。

寅恪案，七家共出一兵，爲數太少，決不與周代情勢符合，無待詳辨。但可據此推知鄴侯家傳中「六家共備」之「共」南宋人已有誤讀爲「共同」之「共」者，七家共出一兵之臆說殆因此而生，伯厚置諸卷末子注或說中，是亦不信其爲史實也。

據北史陸拾「自相督率，不編戶貫，」及「十五日上，則門欄陛戟，警晝巡夜，十五日下，則教旗習戰，」等語，則鄴侯家傳所謂「郡守以農隙教試閱」者，絕非西魏當日府兵制之眞相，蓋農隙必不能限於每隔十五日之定期，且當日兵士之數至少，而戰守之役甚繁，欲以一人兼兵農之二業，亦極不易也。又北史謂軍人「自相督率，不編戶貫，」則更與郡守無關，此則鄴侯家傳作者李繁依唐代府兵之制，以爲當西魏初創府兵時亦應如是，其誤明矣。李延壽生值唐初，所紀史事猶爲近眞，溫公作通鑑，其敍府兵最初之制，不采北史之文，而襲家傳之誤，殊可惜也。

吾輩今日可以依據北史所載，解決府兵之兵農分合問題。新唐書伍拾兵志云：

蓋古者兵法起於井田，自周衰，王制壞而不復，至於府兵，始一寓之於農。

葉適習學記言叁玖唐書表志條駁兵農合一之說，略云：

宇文蘇綽患其然也，始令兵農各籍，不相牽綴，奮其至弱，卒以滅齊，隋因之，平一宇內。當其時無歲不征，無戰不克，而財貨充溢，民無失業之怨者，徒以兵農判爲二故也。然則豈必高祖太宗所以盛哉，乃遵其舊法行之耳。兵農已分，法久而壞，不必慨慕府兵，誤離爲合，徇空談而忘實用矣。

寅恪案，歐陽永叔以唐之府兵爲兵農合一，是也。但概括府兵二百年之全部，認其初期亦與唐制相同，兵農合一，則已謬矣。葉水心以宇文蘇綽之府兵爲兵農分離，是也。但亦以爲其制經二百年之久，無根本之變遷，致認唐高祖太宗之府兵仍是兵農分離之制，則更謬矣。司馬君實既誤用家傳以唐制釋西魏府兵，而歐陽葉氏復兩失之，宋賢史學今古罕匹，所以致疏失者，蓋史料缺略，誤認府兵之制二百年間前後一貫，無根本變遷之故耳。通鑑貳壹貳唐玄宗開元十年紀張說建議召募壯士充宿衛事，以爲「兵農之分從此始，」是司馬之意亦同歐陽，以唐代府兵爲兵農合一，此則較葉氏之無眞知灼見，好爲異說而偶中者，誠有間矣。

(叁)

隋書貳高祖紀下北史壹壹隋本紀上通鑑壹柒柒隋文帝開皇十年同。云：

開皇十年五月乙未詔曰：魏末喪亂，寓縣瓜分，役車歲動，未遑休息，兵士軍人權置坊府，南征北伐，居處無定，恆爲流寓之人，竟無鄉里之號，朕甚愍之。凡是軍人可悉屬州縣，墾田籍帳一與民同，軍府統領宜依舊式，罷山東河南及北方緣近之地新置軍府。

同書貳肆食貨志通典貳及叁及伍及柒食貨典又周書伍武帝紀上北史十周本紀下俱同。

至（齊武成帝）河清三年定令，乃命人居十家爲比鄰，五十家爲閭里，百家爲族黨。男子十八以上六十五以下爲丁，十六已上十七已下爲中，六十六已上爲老，十五已下爲小。率以十八受田，輸租調，二十充兵，六十免力役，六十六退田，免租調。

（周武帝）保定元年改八丁兵爲十二丁兵，歲一月役。建德二年改軍士爲侍官，募百姓充之，除其縣籍，是後夏人半爲兵矣。

及（隋高祖）受禪，又遷都，發山東丁毀造宮室，仍依周制役丁爲十二番，匠則六番。略。頒新令：男女三歲已下爲黃，十歲已以下爲小，十七已下爲中，十八已上爲丁，丁從課役，六十爲老，乃免。

其丁男中男永業露田皆遵後齊之制。

開皇三年正月（隋文）帝入新宮，初令軍人人即民也。北史壹壹隋本紀上通典柒食貨典及通鑑壹柒伍陳長城公至德三月俱無軍字。以二十一成丁，減十二番每歲爲二十日役，減調絹一疋爲二丈。

通鑑壹柒伍陳長城公至德元年三月胡注云：

後周之制民年十八成丁，今增三歲，每歲十二番則三十日役，今減爲二十日役，及調絹減半。

通典貳捌職官典拾將軍總敍條云：

隋凡十二衞，各置大將軍一人，將軍一人，以總府事，蓋魏周十二大將軍之遺制。

唐六典貳肆左右衞大將軍條注云：

隋左右衞，左右武衞，左右候，左右武候，左右領軍，左右率府，各有大將軍一人，所謂十二衞大將軍也。

上章已論宇文泰欲漸改移鮮卑部屬之觀念及制度，而及身未竟其業，須俟其後繼者始完成之。茲所引史料，足證明此點，亦即西魏府兵制轉爲唐代府兵制過渡之關鍵所在也。鄴侯家傳云：

自置府以其番宿衞，禮之謂之侍官，言侍衞天子也。至是衞佐悉以借姻戚之家爲僮僕執役，京師人相詆訾者，即呼爲侍官。新唐書伍拾兵志通鑑貳壹陸唐玄宗天寶八載同。

寅恪案，周武帝改軍士爲侍官，即變更府兵之部屬觀念，使其直隸於君主，此湔洗鮮卑部落思想最有意義之措施，不可以爲僅改易空名而忽視之也。

又最初府兵制下之將卒皆是胡姓，即同胡人。周武帝募百姓充之，改其民籍爲兵籍，乃第一步府兵之擴大化即平民化。此時以前之府兵旣皆是胡姓，則胡人也，百姓，則夏人也，故云：「是後夏人半爲兵矣。」此條「夏」字隋書通典俱同有之，必非誤衍，若不依鄙意解釋，恐不易通。岡崎教授於其所著論文之第陸頁第柒行引隋書食貨志及通典此條俱少一「夏」字，豈別有善本依據耶？抑以其爲不可解之故，遂認爲衍文而删之耶？　寅恪所見諸本皆是通行坊刻，若其他善本果有異文，倘希博識君子不吝教誨也。

保定元年改八丁兵爲十二丁兵者，據通鑑壹陸捌陳文帝天嘉二年胡注云：

八丁兵者，凡境内民丁分爲八番，遞上就役。　十二丁兵者，分爲十二番，月上就役，周而復始。

寅恪案，隋書食貨志言：「隋高祖受禪，仍依周制，役丁爲十二番。」　是周制分民丁爲十二番之證，胡說固確。　但保定元年爲宇文周開國之第五年，距創設府兵之時代至近，又在建德二年募百姓充侍官之前者尚十二年。　此年之令文，周書隋書北史通典所載悉同，當無譌脫。　令文既明言兵丁，而胡氏僅以「境内民丁」釋之，絕不一及兵字，其意殆以爲其時兵民全無區別，與後來不異，則疑有未妥也。

周武帝既施行府兵擴大化政策之第一步，經四年而周滅齊，又四年而隋代周，其間時間甚短，然高齊文化制度影響於戰勝之周及繼周之隋者至深且鉅，府兵制之由西魏制而變爲唐代制即在此時期漸次完成者也。

陳傅良歷代兵制伍云：

魏周齊之世已行租調之法，而府兵之法由是而始基，通鑑陳紀齊顯（寅恪案，顯當作世。）祖令民十八受田，輸租調，二十充兵，六十免力役，六十六還田，免租調。　加以宇文泰之賢，專意法古，當時兵制增損尤詳，然亦未易遽成也。　故其制雖始於周齊，而其效則漸見於隋，彰於唐，以此知先王之制其廢既久，則復之必以漸歟？

寅恪案，陳氏語意有未諦者，不足深論。　但其注引齊制「十八受田，輸租調，二十充兵」之文，則殊有識。　蓋後期府兵之制全部兵農合一，實於齊制始見諸明文，此實府兵制之關鍵也。　但當時法令之文與實施之事不必悉相符會，今日考史者無以知其詳故不能確言也。

隋文帝開皇十年詔書中有「墾田籍帳悉與民同」之語，與北史所載府兵初起之制兵士絕對無暇業農者，自有不同，此詔所言或是周武帝改革以後之情狀，或目府兵役屬者所墾，而非府兵自耕之田，或指邊地屯墾之軍而言，史文簡略，不能詳也。　隋代府兵制變革之趨向在較周武帝更進一步之君主直轄化即禁衞軍化及徵調擴大化即兵農合一化而已。 隋之十二衞卽承魏周十二大將軍之舊，杜君卿已言之，本爲極顯著之事，不俟贅說，所可論者，隋文帝使軍人悉屬州縣，則已大反西魏初創府兵時「自相督率，不編戶貫，」卽兵民分立之制。 其令「丁男中男永業露田皆遵後齊之制，」及「遣使四出，均天下之田，」隋書貳肆食貨志。 雖實施如何，固有問題，然就法令形式言，卽此簡略之記述或已隱括北齊河清三年規定受田與兵役關係一令之主旨，今以史文不詳，姑從闕疑。 但依通鑑至德元年之胡注，則隋開皇三年令文與周保定元年令文之「八丁兵」及「十二丁兵」顯有關係。 而開皇三年令文隋書所載有「軍」字者，以開皇十年前軍兵不屬州縣，在形式上尙須與人民有別，故此令文中仍以軍民並列，至北史通典以及通鑑所載無「軍」字者，以其時兵民在事實上已無可別，故得略去「軍」字，并非李延壽杜君卿及司馬君實任意或偶爾有所略漏明矣。由是言之，開皇三年令文却應取前此保定元年令文胡注中境內兵民合一之義以爲解釋也。 夫開皇三年境內軍民在事實上已無可別，則開皇十年以後，抑更可知。 故依據唐宋諸賢李杜馬胡之意旨，豈可不謂唐代府兵之基本條件卽兵民合一者，實已完成於隋文之世耶？

岡崎教授論文之結論云：

> 隋以軍兵同於編戶云者，僅古制之復舊而已。 北齊雖於法令上規定受田與兵役之關係，其實行如何，尙有問題。 綜合兩方面實施者，唐之兵制也。

寅恪案，北齊法令之實施與否，於此可不論。 茲所欲言者，卽據上引開皇三年令文及唐宋諸賢之解釋，似可推知隋代先已實施兵民合一之基本條件，不必待李唐開國以後，方始創行之也。 又以其他法制諸端論，唐初開國之時大抵承襲隋代之舊，卽間有變革，亦所關較細者，豈獨於兵役丁賦之大政，轉有鉅大之創設，且遠法北齊之空文，而又爲楊隋盛時所未曾規定行用者，遽取以實施耶？ 此亦與唐初通常情勢恐有未合也。 然則府兵制後期之紀元當斷自隋始歟？ 總之，史料簡缺，誠難確知，岡崎教授之結論，要不失爲學人審愼之態度，寅恪姑取一時未定之妄見，附識於此，以供他日修正時覆視之便利云爾，殊不敢自謂有所論斷也。

(肆)

總合上引史料及其解釋，試作一結論如下：

府兵制之前期爲鮮卑兵制，爲大體兵農分離制，爲部酋分屬制，爲特殊貴族制；其後期爲華夏兵制，爲大體兵農合一制，爲君主直轄制，爲比較平民制。其前後兩期分畫之界限，則在隋代。周文帝蘇綽則府兵制創建之人，周武帝隋文帝其變革之人，唐玄宗張說其廢止之人，而唐之高祖太宗在此制度創建變革廢止之三階段中，恐俱無特殊地位者也。

附　記

本文中所引通典諸條承傅增湘趙萬里兩先生告以宋本與通行本並無差異，特附識於此，以表感謝之意。

出自第七本第三分(一九三七年十一月)

南朝境內之各種人及政府對待之之政策

周　一　良

第一節　南朝境內各種人之分佈

自晉元南渡至隋文平陳，二百七十餘年間，南朝疆域屢有伸縮。　北向擴張最甚時，如宋武之平南燕，取關中。　疆域最蹙時，則如陳之西南失梁益寧三州，北盡江而守。　然通二百七十年而觀之，梁益寧三州大抵在南朝統治之下，北周據之未久而陳遂亡於隋；至於關中不旋踵而失，淮北河南之地亦未能長守；荆襄雖有北朝卵翼下之後梁，然究係南人樹立之政權，爲期不過三十年，二州固仍宜視爲南境。　故今茲所謂南朝疆境者，指淮漢以南今浙江，福建，江西，湖南，廣東，廣西，貴州之全省，江蘇，安徽，河南，湖北四省之南部，暨四川雲南兩省之一部分而言也。　在此疆域，亙二百七十年間，約略有三種人之分佈：(1) 北方遷來之僑人，亦稱北人，晚來者則目爲荒傖；(2) 南地之土著，曰南人，亦稱吳人，則專指三吳地方土著而言；(3) 蠻，俚，溪，獠等文化低下之土人。　欲知此三種成分之關係與南朝政府對待之之政策，必先知此三種人之地域的分佈。

甲　僑人之分佈

述僑人分佈狀況前，當先知歷次遷徙之大概，及其所由來。　永嘉亂後爲遷徙之始，宋書州郡志南徐州下：

『晉永嘉大亂，幽，冀，青，幷，兗州及徐州之淮北流民相率過淮，亦有過江在晉陵郡界者。……　徐兗二州或沿江北，江北又僑立幽，冀，青，幷四州』。　晉書地理志司州下：

『元帝渡江，亦僑置司州於徐』。　晉成帝初，淮南人及北人之僑在淮南者更南徙而過江，宋志楊州淮南郡下：

『成帝初，蘇峻祖約爲亂於江淮，胡寇又大至，民南渡江者轉多，乃於江南僑立淮南郡及諸縣』。　仝南徐州下：

『晉成帝咸和四年司空郗鑒又徙流民之在淮南者於晉陵郡界』。　中葉以後，又有晉代第三次之大批遷徙，宋志雍州下：

『胡亡氐亂，雍秦流民多南出樊沔。　晉孝武始于襄陽僑立雍州，幷立僑郡縣』。仝益州安固郡下：

『晉哀帝時流民入蜀僑立』。　又秦州西京兆西扶風兩郡下俱云：

『晉末三輔流民出漢中僑立』。　又益州懷寧郡下：

『秦雍流民晉安帝立』。　（關於東晉三次遷徙，詳見譚其驤先生晉永嘉喪亂後之民族遷徙一文，載燕京學報第十五期。）

以上所徵引，在證明東晉百年間有數度之大遷徙，其餘少數流轉無時無之。其踪跡則徧淮水以南暨江漢流域，并及福建。唐林諝閩中記：

『永嘉之亂中原仕族林，黃，陳，鄭四姓先入閩』。（書錄解題八引）元和姓纂二十一侵林姓下：『晉安，林放之後，晉永嘉渡江居泉州』。迨東晉末葉，東南而波及交廣。宋書五十劉康祖傳：

『義熙末爲始興相，東海人徐道期流寓廣州，無士行，爲僑舊所陵侮』。又九二杜慧度傳：

『交阯朱鳶人也。［義熙］初爲州主簿流民督護』。似交州亦有流徙人，惟不審槁是由中原往否耳。安帝時魏道武帝統一北方之大部分，人民不復如前此之日受刀兵困厄，且歷經異族統治，至百年之久，加以石勒苻堅輩頗能禮接中原士大夫，曩日之仇愾漸減，於是自宋至陳百七十年間，北人不復如昔之南渡惟恐弗及，大批移民乃罕見矣。

東晉之世先有僑民而後立僑州郡縣，故可由僑州郡縣之名稱推斷其地之有僑民。宋時移民既尠，而爲詃耀計，初不必有僑民輒立僑州郡縣。如沈約宋志載少帝景平初司州沒魏，文帝元嘉末僑立于汝南；明帝世淮北沒魏，僑立徐州治鍾離，兗州治淮陰，青州，冀州治鬱洲，下至郡縣如此之比甚夥。皆未嘗言司，徐，兗，青，冀之人相攜流轉入南，惟南齊書二高帝紀建元元年有詔稱『若四州士庶本鄉淪陷，簿籍不存，尋校無所，可聽州郡保押』。四州卽指宋明帝時陷魏四州，其士庶固有留於淮南者。然非戶戶盡室而行，四州之僑治亦非應北人南徙之需求而設，徒以職方不可不備，遂畫地立名耳。故南齊書州郡志青州下云：

『流荒之民郡縣虛置，至于土著蓋無幾焉』。冀州下云：

『二州共一刺史，郡縣十無八九，但有名存』。然有時確有多數北人南遷，翻未嘗爲立郡縣，宋書五文帝紀：

『元嘉二十八年，是冬徙彭城流民於瓜步，淮西流民於姑孰，合萬許家』。

（宋書七七沈慶之傳：『二十七年使慶之自彭城徙流民數千家于瓜步，征北參軍程天祚徙江西流民于南州，亦如之』。案魏師元嘉二十七年冬至瓜步，翌年正月始退，徙民于瓜步自當在二十八年，蓋魏師退後，土地凋殘，故徙民實之。淮作江未知孰是。)此魏師臨江以後事，是年二月已詔『凡遭寇賊郡縣，令還復居業。……其流寓江淮者竝聽即屬』。則所徙民更無還返故居之理，然未嘗爲此萬許家別立郡縣也。宋代遷徙既少，今剌取紀傳志所載一一著之，以窺宋代北人南徙之大要。

『永初三年三月，時秦雍流戶悉南入梁州』。(宋書三武帝紀。)

『康絢……華山藍田人也。其先出自康居，……〔漢時〕因留〔河西〕爲黔首。……晉時隴右亂，康氏遷于藍田。……宋永初中〔父〕穆舉鄉族三千餘家入襄陽之峴南。宋爲置華山郡藍田縣，寄居于襄陽』。(梁書十八本傳。宋志雍州華山郡下云：『胡人流寓，孝武大明元年立』。蓋永初立郡，孝武時始分實土爲境也。)

『元嘉二年秋八月甲申，以關中流民出漢川，置京兆，扶風，馮翊等郡』。(宋志秦州西京兆西扶風兩郡下云：『晉末三輔流民出漢中，僑立』，似置郡雖在元嘉，而流民則晉末時來，非是，詳後。蓋本有晉末流人，文帝世又有大批關中流民來，因而立郡。秦州馮翊郡下云：『三輔流民出漢中，元嘉二年僑立』，是也。)

『劉道產元嘉三年督梁南秦二州諸軍事……梁南秦二州刺史，在州有惠化，關中流民前後出漢川歸之者甚多。六年道產表置隴西宋康二郡以領之』。(宋書六五本傳。宋志秦州隴西郡下云：『文帝元嘉初關中民三千二百三十六戶歸化，六年立』。蓋自二年至六年陸續而來也。)

『頓丘令，文帝元嘉二十八年流民歸順，孝武孝建二年立。臨邑令，……孝武孝建二年與頓丘同立』。(宋志冀州魏郡。)

『北扶風太守，孝武孝建二年以秦雍流民立』。(宋志秦州。)

據以上所舉，宋代北人南遷者不惟次數與人數遠少于東晉，其地域亦偏於自西北而向西南，江淮流域不與焉，何也？

宋武帝平定關中後，將南還，三秦父老詣門訴曰：『殘民不沾王化，於今百年矣，始覩衣冠，方仰聖澤，長安十陵是公家墳墓，捨此欲何之』？(宋書六一廬陵王義眞傳，)其圍慕容超於廣固也，『河北居民荷戈負糧而至者日以千數』。(宋書一，)是東晉之末北士遺黎猶不無南向之心，惟南朝諸帝無以饜其望，雖文帝之賢能，猶未知愼邊將之選。宋書五一長沙王義欣傳：

『時〔元嘉中〕淮西江北長吏悉叙勞人武夫，多無政術。義欣陳之曰：江淮左右土塉民疎，頃年以來荐飢相襲，百城凋弊，於今爲甚。綏牧之宜必俟良吏。勞人武夫不經政術，統內官長多非才授。東南殷實，猶或簡能，况賓接荒垂，而可輯槃頓缺？願勅選部必使任得其人』。又六五杜驥傳：

『元嘉十七年出督青，冀二州，徐州之東莞，東安二郡諸軍事，甯遠將軍青，冀二州刺史。在任八年，惠化著于齊土。自義熙至於宋末，刺史唯羊穆之及驥爲吏民所稱詠』。南朝旣不足以招徠，北方又相繼有魏道武帝太武帝等英主，自非邊民迫于戰禍，北人自動南徙者終無曩日之踴躍。卽在邊民，亦復不甚可信賴。元嘉十九年（魏太武太平眞君三年，）何承天上安邊論曰：

『今遺黎習亂，志在偸安。非皆恥爲左衽，遠慕冠冕。徒以殘害剝辱，視息無寄，故襁負歸國，先後相尋。……今青兗舊民冀州新附在界首者二萬家，此寇之資也。今悉河內徙，青州民移東萊平昌北海諸郡，太山以南南至下邳。……今新被抄掠，餘懼未息，若曉示安危，居以樂土，宜其歌抃就路，視遷如歸』。（宋書六四本傳）可見界上之民不願南遷，必乘其新被抄掠始能徙之。泰始中劉恒上書云：

『臣竊尋元嘉以來，傖荒遠人多干國議。負儋歸國，皆勸討虜。……從來信納，皆貽後悔。界上之人惟視强弱，王師至境，必壺漿候塗，裁見退軍，便抄截蜂起』。（宋書八六本傳）時淮北，徐，兗，青，冀及豫州之淮西陷於魏，淮北民有謀起義南歸者，（南齊書二七李安民傳）然亦有如劉僧副之『將部曲二千人東依海島』（南齊書二八劉善明傳）而不南奔者。

至元嘉二三年以後關中大批流民南入漢中，襄，沔者，關中亂故也。據魏書四上太武紀九五赫連氏傳，始光二年（元嘉二年）赫連屈子死，子昌立，諸子相攻，關中大亂。三年太武濟河西伐，分軍四出略居民，殺獲數萬，徙萬餘家而還。四年正月赫連昌遣其弟定率衆二萬向長安，太武再西討，入統萬城，擒秦雍人士數千人，以昌宮人及生口等班賚將士。神䴥元年（元嘉五年）擒赫連昌。三年赫連定侵統萬大潰，死者萬餘人。定從兄乙升棄安定奔長安，刧掠數千家西奔上邽，關中始定。 拓跋赫連相爭，遂爲劉氏驅民矣。

南齊始政頗撫邺邊民，爲招徠之計。 高帝建元元年二月遣大使巡慰淮，肥，徐，豫，邊民大貧遘難者刺史二千石量加賑邺。（南齊書二本紀）故淮北之地曾屬南朝者，一時謀舉義自拔：

『淮北四州聞太祖受命，咸欲南歸。 至是徐州人桓標之兗州人徐猛子等合義衆數萬，砦險求援。 太祖詔曰：「青，徐，泗州義舉雲集，［李］安民可長轡遐馭，指授羣帥」。 安民赴救留遲，虜急兵攻標之等皆沒』。（南齊書二七李安民傳）

『建元二年淮北四州起義，上使［周］山圖自淮入清，倍道應赴。…… 會義衆已爲虜所沒，山圖拔三百家還淮陰』。（仝上二九周山圖傳）

『建元三年淮北義民桓磈於抱犢固因與虜戰，大破之。 ［崔］仲文馳啟，上勑曰：「北間起義者衆，深恐良會不再至，卿善獎沛中人，若能一時攘袂，當遣一佳將直入也』。（仝上二八崔祖思傳）三次俱無所成，此後遂闃然不聞。 武帝永明十一年七月有詔：

『其緣淮及青，冀新附僑民復除已訖，更申五年』，是齊世北人不無流移於淮南者。 大抵東晉時之僑民半因不屑服屬於夷虜，半因於避兵禍及北人之酷虐。 故由淮北而淮南，由淮南而江南，當其相率而來也，固未必慮及南渡後之生計。 其時南方土曠民稀，亦無庸慮者。 迨宋齊之世，北方政治旣安定，昔日之民族意識亦日益消磨，苟非被迫，必不肯離鄉里而遠徙，何承天安邊論言之審矣。 且宋以後南北交兵，淮南江北之地淪爲荒土，北人自不欲南徙江淮間，更不容有超過此區域而深入江南膏腴地帶之想，此移民所以益少之又一因也。

蕭梁五十餘年中，史無移民之記載。 所置州郡尤紛亂不可究詰，非因僑民而設，亦不足據以探索。 惟境內之民殊多流移，見大通元年正月，大同十年九月，中大同元年三月，太清元年正月詔書。（梁書三武帝紀）又陳書一武帝紀：

『大寶三年七月，徐州江北人隨軍而南者萬餘口』。 時割江北於齊人，故多渡江，非由北境來也。 然梁世北人之南來亦有可得而言者，太清時侯景以魏河南十三州內附，爲慕容紹宗所破，退入渦陽，尙有甲卒數萬人。 景軍食盡，士卒並北人，不樂南渡，其將暴顯等各率所部降于紹宗。景軍潰散，乃與腹心數騎自峽石濟淮，稍收散卒，得馬步八百人，奔壽春。（梁書五六本傳）是景將與俱南者有北人八百。惟其數不多，故朱異輕之謂『何能爲役』。及其南侵也，『屬城居民悉召募爲軍士』，（本傳）渡采石時馬數百匹，兵千人，其中北人成分自不能出八百之外。自後景之軍衆悉由于蕭正德等之附逆，與景在建康之搜括，『百姓不敢隱藏，竝出從之，旬日之間衆至數百』。（本傳）然從其南來馬步八百人必已多傷亡，惟景隨身兵士猶皆羌胡雜種，（陳書三十二殷不害傳）逮簡文帝卽位之始，景卽『矯詔赦北人爲奴婢者，冀收其力用焉』。（本傳）此八百變相之移民影響於梁室興亡雖大，其在南境內之分佈則不足注意。

陳書五宣帝太建十一年三月有詔：

『淮北義人率戶口歸國者，建其本屬舊名，置立郡縣。卽隸近州，賦給田宅』。陳朝北士民人來南可考者止此而已。陳疆土迫蹙，江以北峽以西爲齊周所有，自無接受大批移民之理。

據上文所述，可得一概念：北人南遷以東晉爲最盛，宋時已微，齊梁陳則大批之移民絕迹矣。吾人推求南朝境內北人之分佈，自不能以一時代代表此二百餘年，然第一步必先知移民將達最後階段，初呈靜止狀態時之分佈，斯無疑義。考人口分佈，捨地理志無由。考僑人分佈，亦惟有據地志所載僑州郡縣及其戶口數。晉書地理志撰自唐人，訛誤最多，且晉時北人南徙猶未已也。南齊書州郡志簡潔可據，而無戶口數目。梁陳史皆無志，隋志亦不能供此用。惟沈約宋書州郡志較詳贍可信，且兼載戶數口數。休文自稱以大明八年爲正，（內史侯相則以昇明末爲定，然內史侯相之外，所記亦多不以大明八年爲準也。）戶口之數未言何時，今姑以爲大明編戶之數。依上文所闡明，宋代大批移民盡在大明八年前，此後皆不重要，則謂南朝僑人之遷徙於大明八年時已達靜止狀態，固無不可，吾人先據宋志以覘僑人分佈，自最爲合理。然大明八年下距侯景亂梁南朝失江北凡八十餘年，距陳之亡凡一百二十餘年，此兩時期不惟僑人分佈莫可知，卽州郡戶口數目亦不能考，是誠無如之何。但此文置重於僑人等在南朝歷史上之地位與南朝之政策，此節則在闡明僑人與南境土著人之比例，非專論移民或戶口。僑人分佈既大致定於宋世，其後百餘年間之生息消長自與本地人相同，比例諒亦不至與宋世過於懸殊。 雖未能知其詳，亦無傷於立論之大體。 惜僑州郡縣所領不盡僑民，而僑民亦不盡著籍於僑州郡縣，今姑認宋志僑州郡縣之戶口爲僑人戶口， 而僑人隸實州郡縣者不復計算， 庶可以截長補短，要是大約之數目，未可固執以求。 復次，宋志祇在州郡之下記戶口數，雖僑郡所領大多爲僑縣，然亦有屬縣四五，祇一二僑縣者。 今以郡下所繫戶口數平均分配於各縣，記其大約之數。 各縣所領戶口本多寡懸殊， 平均分配不盡得當， 如江州尋陽郡下注：『戶二千七百二十』。 所領三縣爲柴桑，松滋，安豐也，松滋，安豐爲僑縣，三分戶數，則每縣得九百六十餘戶。 然宋書三武帝紀永初元年降廬陵公封柴桑縣男食邑千戶，又八十松滋侯子房傳貶爲松滋縣侯，食邑千戶。 漢時封國不必盡食一邑見戶，錢竹汀已詳言之。 （與梁燿北論史記書三）東晉元帝太興元年定制諸侯並九分食一，宋齊以降皆因晉制，故南朝封國雖皆贅以食邑若干戶，亦非實食戶數，然不問實食若干，柴桑，松滋兩縣見戶至少亦不能少於一千。 今平均分配之數柴桑，松滋少得，而安豐多得矣。 又如會稽郡下記：『戶五萬二千二百二十八』，領山陰等十縣，平均分配縣得五千餘戶耳，然據宋書八一顧覬之傳『東遷山陰令，山陰民戶三萬，海內劇邑』之文，則相去乃至六倍。 山陰非僑縣，此處止援以例證平均分配之不盡可信，觀者祇注意其數目大約之比例可耳。

南朝境內僑人分佈表（全州口數俱以志各州序後所舉爲準。 荊州序不舉全州口數，而所領天門郡下亦有戶無口，無從得其全州口數，故皆列戶數以觀其比例。 司州領四郡，南汝南爲僑郡，領有平輿，北新息，眞陽，安城，南新息，安陽，臨汝七縣，戶口數缺，故不能求其比例。 既是三實郡一僑郡，或大致司州僑口占全州口數四之一乎？ 志秦州序下注戶八千七百三十二，口四萬八百八十，實數諸郡下所舉，則戶與口之數皆比州下所舉爲多。 止計僑人口已超出州序所列全州人口，當有訛誤，姑從蓋闕。 湘益諸州有北境人流移至南境而立之郡縣，如益州之南新巴，南晉壽，南漢中三郡，湘州湘東郡之湘陰縣，以同在本文所區畫南朝疆域內，無關僑民，俱不計算。 郢州西陽郡有義安縣，注云：『明帝泰始二年以來流民立』。 志雖不言流民所自，然義安非漢晉以來舊縣名，自非北方僑人。

州名	全州人口	僑人口大約數	對全州人口百分數
楊州	1453296	約　21800	1.5%
南徐州	420640	約　225600	53.63%
徐州	175967	約　45300	25.74%
南兗州	159362	約　50800	31.87%
兗州	145581	約　9200	6.31%
南豫州	219500	約　81600	37.17%
豫州	150839	約　120700	80.01%
江州	277147	約　6300	2.27%
青州	402729	約　8200	2.03%
冀州	181001	約　180900	99.94%
司州	41597		
荆州	65604 戶數	約　6300 戶數	9.51%
郢州	15887	約　3400	21.41%
雍州	167461	約　55600	33.21%
秦州	40888［？］	約　46200	
益州	248293	約　64100	25.81%

徐，兗，青，冀，豫（豫及南豫泰始以前屢有分合，大抵以淮爲界。州郡志之豫州係自分時言，淮西北爲豫，淮南爲南豫，故志之豫州不屬本文所謂南朝疆境。宋書八明帝紀稱『於是遂失淮北四州及豫州淮西地』，則自其合者言之。）五州在淮北，不屬本文所謂南朝疆境之內，宋志記其戶口，遂並列之。冀豫最在北，故僑人最多，徐，兗，青次之。然泰始以後未能長有其地，其分佈固與南朝無關。至南境諸州則南徐最多，南豫雍南兗次之，益郢又次之，荆江較少，楊州最少。司秦兩州缺疑，故僑人約數對南境全人口之比數不可求。此九州僑人口對九州全人口之比數則爲百分之十七强。湘，廣，交諸州無僑郡縣者亦不乏中原僑人蹤迹，晉末已然，

(見前)宋齊以來當復如之。 如梁時伏曼容平昌安丘人,而與母兄客居南海,(梁書四八本傳,)其一例也。

乙 土著及蠻俚等之分佈

A 土著

僑人雖握南朝政權,境內閭里細民固仍是南方土著,僑人對全境人口之比數自遠在百分十七以下。 關于土著之分佈無須考究,而南方土著之所以異於中原人士者,不外文化之高下,風俗習慣之不同,亦人所習知,無庸覼縷。 自三國以來南地日益開發,駸駸與上國爭雄長,然亦自有其程序,殊不如一般所想像,東晉渡江後南方遂成另一天地也。 於此有一事當申述者,卽南人之體質是。 南方人種之來源非所敢論,但其所以與北人一切較然有別者,基本原因在於體質與地理自不待言。 當時記載鮮有及此,惟南史六二顧協傳:

『張率嘗荐之於[梁武]帝,問協年,率言三十有五。 帝曰:北方高涼,四十强仕;南方卑溼,三十已衰,如協便爲已老』。 顧協吳人,知六朝時固已公認南北人之體質不相同矣。

B 蠻

讀宋書九七南齊書五八魏書一百一周書四九之蠻傳,知蠻人雖出沒無恆,盛衰時異,其分佈地域則亙南朝二百餘年間無大變動。 宋書州郡志所有蠻左郡縣,大抵重見於南齊志中,故今亦通宋,齊,梁,陳四代言之。 當時蠻人實跨在南北疆界上,魏書蠻傳:

『在江淮之間,依託險阻,部落滋蔓,布於諸州。 東連壽春,西通上洛,北接汝潁,往往有焉』。 宋書蠻傳:

『北接淮汝,南極江漢,地方數千里』。 南齊書蠻傳稱『咸依山谷, 布荆,湘,雍,郢,司等五州界』,蓋就南齊疆域而言,其實豫州淮北沒魏之境內固多蠻,(宋書七四臧質傳:『伐汝南〔今縣〕西境刀壁等山蠻,大破之,獲萬餘口』。 陳書八周文育傳:『周薈將五百人,往新蔡懸瓠慰勞白水蠻,蠻謀執薈以入魏,事覺,薈與文育拒之,時賊徒甚盛』。 汝南新蔡兩郡皆豫州淮北境也。) 而淮南所立南豫境內亦有之也。 宋書謂『種類稍多,戶口不可知』。 但其聚落當不能無疏密之別。 宋齊兩志中所謂左郡左縣卽因蠻左而置，此種設置上焉者或僅而收羈縻之効，下焉者則徒負空名，縣自縣蠻自蠻也。 在地方行政機構上固無足輕重，今地亦十九不可考，然亦足以知其州之偏多蠻人。 今剌取紀傳記事可以反映蠻人分佈戶口之大略者，及宋齊志之左郡縣，（齊志因宋志者不著，止著其增省。） 自東南而西北，依州分別條列，兼注今日約當何地，無考者闕之。

南豫州

晉熙郡（懷寧西北） 『昇明初晉熙蠻梅式生亦起義，斬晉熙太守』。 （宋書蠻傳）宋志郡領太湖左縣，（太湖）元嘉二十五年以豫部蠻民立。

廬江郡（舒城） 齊志有呂亭左縣。

邊城左郡（固始南） 宋志領四縣，元嘉二十五年初以豫部蠻民立，戶四百十七，口二千四百七十九。 （此數未必卽蠻人之數，下同，姑著之。） 齊志不領縣，脫左字。

弋陽郡（光縣西） 『泰始二年弋陽西山蠻田益之起義攻郭確於弋陽。……益之率蠻衆萬餘人攻龐定光於義陽』。 （宋書四七殷琰傳。 蠻傳又稱益之西陽蠻，未詳。）

光城左郡（光山） 宋志領三縣。

南陳左郡 齊志爲縣，屬南汝陰郡。 （合肥北）

郢州

西陽郡（黃岡） 『西陽有巴水，蘄水，希水，赤亭水，西歸水，謂五水蠻。所在並深阻，種落熾盛』。 （宋書蠻傳）『元嘉二十九年亡命司馬黑石廬江叛吏夏侯方進在西陽五水，誑動郡蠻，自淮汝至於江沔，咸罹其患。…… 萬大明四年西陽五水蠻復爲寇，慶之……討之。 攻戰經年皆悉平定，獲生口數人』。 （宋書七七沈慶之傳）宋志西陽郡有蘄水左縣（蘄縣北）東安左縣，建寧左縣，希水左縣（蘄水），陽城左縣，俱元嘉二十五年初以豫部蠻民立，其後屢有省併。 南齊志無建寧陽城左縣，有義安左縣。

巴陵郡（岳陽） 『先是巴陵馬營蠻爲緣江寇害。…… 安成王秀遣防閤文熾率衆討之，燔其林木，絕其蹊逕，蠻失其嶮，期歲而江路清』。 （梁書廿二

安成康王秀傳)

武陵郡(常德)『居武陵者有雄谿,樠谿,辰谿,酉谿,舞谿,謂之五谿蠻』。(宋書蠻傳)

竟陵郡(鍾祥南)『南郡王義宣封竟陵王。……… 元嘉九年時竟陵羣蠻充斥,役刻民散,改封』。(宋書六九本傳)『趙伯符爲竟陵太守,……竟陵蠻屢爲寇,慶之爲設規略,每擊破之』。(宋書七七沈慶之傳)梁書三九元樹傳:『普通六年遷郢州刺史,討南蠻賊平之』,汎指諸郡蠻言。南齊志郢州有方城左郡領縣二;義安左郡領縣一;南新陽左郡領縣五;新平左郡領縣三;建安左郡領縣一,今地俱無考。

湘州

『永明三年湘州蠻陳雙李答寇掠郡縣,刺史呂安國討之,不克。四年刺史柳世隆督衆征討,乃平』。(南齊書蠻傳)

零陵郡(今縣)衡陽郡(湘潭)『張纘大同九年遷湘州刺史。…… 湘州界零陵衡陽等郡有莫徭蠻者,依山險爲居,歷政不賓服,因此向化』。(梁書卅四本傳。)

始安郡(桂林)齊志有建陵左縣。

荆州

宜都郡(宜都)天門郡(石門)巴東郡(巫山西)建平郡(巫山)宋書蠻傳:『宜都,天門,巴東,建平,江北諸郡蠻所居,皆深山重阻,人迹罕至焉』。宜都天門在江南,傳蓋謂此四郡以及江北諸郡乃羣蠻所居也。又蠻傳:『元嘉十八年蠻田向求等爲寇,破[天門郡]漊中。…… 討破之,獲生口五百餘人。…… 大明中,巴東,建平,宜都,天門四郡蠻爲寇,諸郡民戶流散,百不存一。太宗,順帝世尤甚。雖遣攻伐,終不能禁,荆州爲之虛敝』。陳書九歐陽頠傳:『仍除天門太守,伐蠻左有功』。魏書蠻傳:『大者萬家,小者千戶。…… 頓據三峽,(此從周書蠻傳,魏書誤作二)斷過水路,荆蜀行人至有假道者』。

武寧郡(荆門北)『臧嚴歷監義陽武寧郡,累任皆蠻左。州郡常選武人,以兵鎮之。 嚴獨以數門生單車入境，羣蠻悅服，遂絕寇盜』。（梁書五十本傳）『鄧元起遷武寧太守，永元末，…… 蠻帥田孔明附于魏，…… 寇掠三關，規襲夏口』。（梁書十本傳）

汶陽郡（遠安西）『北上黃蠻文勉德寇汶陽，太守戴元孫棄戍歸江陵。……汶陽本臨沮西界，……西北接梁州新城，東北接南襄城，南接巴巫，二邊並山蠻凶盛，据險爲寇賊』。（南齊書蠻傳）『侯景亂，西沮蠻反，世祖令僧祐討之，使盡誅其渠帥』。（梁書四六胡僧祐傳）

司州

司州處兩豫，郢，雍之間，亦蠻左萃聚之地也。 桓玄子天生勾結司州蠻，於永明五年爲亂，凡三年始克討平。（南齊書蠻傳，又廿六陳顯達傳，魏書蠻傳）南齊志有宋安左郡（應山東北）領縣三；安蠻左郡（黃安南）領縣六；永寧左郡領縣四；東義陽左郡領縣四；東新安左郡領縣九；新城左郡領縣四；圍山左郡領縣六；建寧左郡（麻城西南），領縣二；北淮安左郡領縣一；南淮安左郡領縣二；北隨安左郡（隨縣東北）領縣二；東隨安左郡領縣三。

雍州

沔水兩岸 雍州蠻最多，而沔水東北尤甚。 『元嘉十九年慶之專軍進討，大破緣沔諸蠻，禽生口七千人。 進征湖陽，又獲萬餘口。…… 世祖以本號爲雍州，〔慶之〕隨府西上， 時蠻寇大盛， 世祖停大隄不得進，分軍遣慶之掩討，大破之， 降者二萬口。 世祖至鎮，而驛道蠻反，殺深式還，（疑有奪誤）慶之又討之。…… 平定諸山，獲七萬餘口。 鄖山蠻最强盛，………慶之剪定之， 獲七萬餘口還京師。…… 既至襄陽，……大破諸山，斬首三千級，虜生蠻二萬八千餘口，降蠻三萬五千口』。（宋書七七沈慶之傳）

『隨王誕又遣軍討沔北諸蠻，……大破之， 斬首二百級， 獲生蠻千口』。（宋書蠻傳）南齊書一太祖紀：『元嘉二十三年戍沔北， 討樊鄧諸山蠻， 破其聚落』。 又二十五張敬兒傳：『伐襄陽諸山蠻，深入險阻。…… 又擊湖陽蠻，……蠻賊追者數千人』。 漢南陽郡有湖陽縣， 當今河南唐河縣南之湖陽鎮，晉省。 宋齊及洪氏補梁臧氏補陳志俱無此縣，梁書十八馮道根傳：

『鄉人蔡道班爲湖陽蠻主，攻蠻錫城反爲蠻所困』。蓋晉戍屬新野郡。（陳書卅一樊毅傳稱『南陽湖陽人』，似其地梁時已立縣）。宋書四六張邵傳：『元嘉五年轉雍州刺史。丹淅二州蠻屢爲寇，邵誘其師，因大會誅之。……羣蠻所在並起，水陸斷絕』。案丹水自陝西商縣東南流至河南淅川縣會淅水，更南至湖北均縣入沔，邵傳『州』當是『川』字之誤，謂兩水沿岸蠻人，猶言『南江酋帥』，『南川酋豪』也。陳書十一淳于量傳：『荊雍之界蠻左數反，……斬其酋長，俘虜萬計』。則雍州南境亦不乏蠻人。

新野郡（今縣）梁書九曹景宗傳：『［父］欣之於新野遣出州，……於中路卒逢蠻賊數百圍之，景宗帶百餘箭，乃馳騎四射，每箭殺一蠻，蠻遂散走』。

南陽郡（今縣）宋書一百自序：『元嘉二十二年世祖出爲雍州刺史，天子甚留心。以舊宛北接三關，咫尺崤陝，蓋襄陽之北扞，且表裏強蠻，盤帶疆埸，以亮爲南陽太守』。又八四鄧琬傳：『劉胡，南陽涅陽人也。出身郡將。……討伐諸蠻，往無不捷，蠻甚畏憚之。太祖元嘉二十八年……率步騎三千討上如南山就溪蠻，大破之』。南齊書二五張敬兒傳：『泰始三年徙爲順陽太守，南陽蠻動，復以敬兒爲南陽太守』。齊志雍州寧蠻府領郡二十四縣六十六，俱無考。

C 俚

湘廣諸州又有所謂俚人者，散佈其間，有時亦通稱之曰蠻，然與荊，雍，司，郢諸州之人之疑非一種也。其蟠據二州當遠在宋以前，而與漢人發生頻繁之接觸則自梁陳始。宋書五四羊希傳：

『劉師道行晉康（廣東德慶）太守，領軍伐俚』。陳書九歐陽頠傳：

『［梁武］時湘衡之界五十餘洞不賓，敕命衡州刺史韋粲討之，粲委頠爲都督，悉皆平殄』。（梁湘州治今長沙，衡州治今廣東英德之西，陳同。）

又十二沈恪傳：

『［梁世］常領兵討伐［廣州］俚洞』。又胡穎傳：

『梁世出番禺征討俚洞』。又十一淳于量傳：

『天嘉五年世祖使湘州刺史華皎征衡州黃洞』。又二五孫陽傳：

『遷衡州平南府司馬，破黃洞蠻賊有功』：又二一蕭引傳：

『太建時廣州刺史馬靖……每年深入俚洞，又數有戰功』。始興郡（曲江）尤僑蠻俚所聚，宋書九二徐豁傳：

『元嘉初爲始興太守，三年〔表陳百姓避賦役事曰〕年及應輸，便自逃逸，既遏接蠻俚，去就益易』。梁書三十二蘭欽傳：

『都督衡州三郡兵討桂陽（郴縣）陽山（英德西）始興（曲江）叛蠻，至即平破之』。陳書十二徐度傳：『梁始興內史蕭介之郡，度從之，將領士卒征諸山洞』。宋書三武帝紀：

『永初三年正月丙子，南康（今贛縣），揭陽蠻反，郡縣討破之』。疑亦是俚人也。

D 溪

又有所謂溪人者，乃以漁釣爲業之賤戶，如唐代蠻蜑漁蜑之比。散在南境諸州，其來源不可曉。雖不若蠻俚等之視僑人吳人截然有別，要非同一族類。晉書六六陶侃傳稱侃本鄱陽人，徙家尋陽。早孤貧，至洛陽詣張華，華初以遠人，不甚接遇。楊晫與同乘，溫雅斥爲與小人共載。劉敬叔異苑云：

『釣磯（據津逮祕書本，疑當从石作磯。）山者，陶侃嘗釣於此山下水中，得一織梭，還掛壁上。有頃雷雨，梭變成赤龍，從空而去。其山石上猶有侃迹存焉』。晉書本傳亦載此事。世說新語賢媛篇又云：

『陶公少時作魚梁吏，嘗以坩鮓餉母。母封鮓付使，反書責侃』。（太平御覽八六二飲食部二十引世說謂侃少時作魚梁吏，以一坩鮓餉父，父封鮓反書責之。案侃少孤貧見晉書本傳，當從今本作母爲是。）劉孝標注引幽明錄云：

『陶公在尋陽西南一塞取魚，自謂其池曰鶴門』。是陶公出身微賤，少時以漁釣爲事，案世說容止篇云：

『溫〔嶠〕勸庾〔亮〕見陶，庾猶豫未能往。溫曰：溪（日本前田侯爵尊經閣文庫景印宋本世說亦从水作溪）狗我所悉，卿但見之，必無憂也』！蓋陶公正是漁賤戶之溪人，故貴顯之後猶不能逃太眞之輕詆。陶淵明桃花源記

『武陵人捕魚爲業緣溪行』，亦是指武陵之溪人而言，然出諸淵明之口，則似數典而忘其祖矣！江州溪人之可考者，又見南史四七胡諧之傳：

『上〔齊武帝〕方欲奬以貴族盛姻，以諧之家人語傒音不正，乃遣宮內四五人往諧之家教子女語。二年後，帝問曰：「卿家人語音已正未」？諧之答曰：「宮人少，臣家人多。非唯不能得正音，遂使宮人頓成傒語」。帝大笑。……就梁州刺史范栢年求佳馬，栢年……接使人薄，使人致恨，歸謂諧之曰：栢年云胡諧是何傒狗，（通鑑一三五作『胡諧之何物狗』，殊失本意。）無厭之求！諧之切齒致忿』。胡氏豫章南昌人，爲郡著姓，以仕宦顯。齊武帝至欲奬以貴族盛姻，待遇不亞於三吳之朱，張，顧，陸。胡諧之官江州中正，史稱其『風形德潤，善自居處』。（南齊書卅七本傳）蓋溪人遠較蠻俚易於被化，故淵明數世以後已忘其祖嘗蒙『溪狗』之誚，而胡氏且巍爲江州大姓也。南史變溪從人，又或省作奚。初學記十九人部下奴婢門載宋喬道元與天公牋：

『小婢從成，南方之奚，形如鷩麞，言語嘍厲。聲音駭人，唯堪驅鷄』。當卽指溪人，而『傒音不正』，『言語嘍厲』似是溪人特徵之一焉。

溪人不獨尋陽，南昌，武陵有之也。世說新語雅量篇：

『王僧彌謝車騎共王小奴許集，僧彌舉酒勸謝云：奉使君一觴。謝曰：可爾。僧彌勃然起作色曰：汝故是吳興溪中釣碣（宋本同）耳，何敢譸張』！注云：

『玄叔父安曾爲吳興，玄少時從之游，故珉云然』。陳寅恪先生謂碣字義不可通，當是狗字，形近致訛，『吳興溪中釣狗』猶言吳興以漁釣爲業之溪狗耳，與容止篇及胡諧之傳同。案六朝人每喜以狗字爲罵詈之詞，如晉書五七陶謙傳『吳狗何等爲賊』，北史九二韓鳳傳『恨不得剉漢狗頭飼馬』及『狗漢大不可耐』，皆是溪狗釣狗之比。謝玄中州望族，自非溪人，但玄確有漁釣之癖，太平御覽八三四資產部十四引玄與兄書曰：

『居家大都無所爲，正以垂綸爲事，足以永日。北固下大鱸魚一出手釣得四十七枚』。又云：

『昨日疏成釣出手所獲魚，以爲二坩鮓，今奉送』。 又八三七百穀部一引玄書云：

『奉白粳穀十斛，是釣池上之所種』。 又八六二飲食部二十引玄與婦書云：

『昨出釣獲魚，作一坩鮓，今奉送』。 陳寅恪先生以爲溪人之稱當起源於五溪，吳興溪中亦有漁釣賤民，謝玄少居其地，染漁釣之習，王珉因以爲譏耳。

通鑑一一五義熙六年何無忌自尋陽引兵拒盧循，參軍殷闡說之曰：

『循所將之衆皆三吳舊賊，百戰餘勇。 始興溪子拳捷善鬭，未易輕也』。

胡注：

『始興溪子謂徐道覆所統始興兵也』。 未識溫公此節何所本，然胡注於『溪子』二字之詮釋似未得眞諦，溪子卽上文之溪人也。 梁書十楊公則傳：

『公則所領多湘溪人，性怯懦，城內輕之』。 南史五五公則傳作『多是湘人，溪性懦怯』。 二文雖不同，若解爲佈於湘州之溪人皆可通。 通鑑一四四作『公則所領皆湘州人，素號怯懦』。 然通鑑載殷闡言始興溪人善鬭，公則攻建康在齊東昏世，始興猶隸湘州。 公則所部乃以怯懦稱，與闡語相矛盾何邪？ 豈公則部下湘州溪人非來自始興，而是分佈於湘州始興以北，東與江州毗連地帶者乎？ 魏書九六司馬叡傳記南方種族云：『巴蜀蠻獠谿俚楚越』，亦以之與蠻獠等並列，唯字作谿耳。

直接記述溪人之資料雖尠，而有能間接推斷得之者。 唐李綽尚書故實：

『有黃生者，（畿輔叢書五朝小說諸本尚書故實黃下皆有金字，不可解。 談愷本太平廣記一八四貢舉門引無，是也。） 擢進士第。 人問與頗同頗同房否，對曰：「別洞」。 黃本溪洞豪姓，生故以此對。 人雖咍之，亦賞其眞實也』。 是唐時溪人宗族猶以『洞』爲稱，必相沿已久，由此吾人可推測余氏爲江州之溪人，而試用以解釋下列之記載。 陳書九侯瑱傳：

『瑱爲……江州刺史。…… 是時［太平元年］瑱據中流，兵甚强盛，又以本事王僧辯，雖外示臣節，未有入朝意。 初余孝頃爲豫章太守，及瑱鎭豫章，乃於新吳（江西奉新縣西地，南昌西北）別立城柵，與瑱相拒。 瑱……悉以衆攻孝頃，自夏及冬弗能克，乃長圍守之，盡收其禾稼』。 又八周文育傳：

『［太平二年二月，是年十月禪陳，爲永定元年］廣州刺史蕭勃舉兵踰嶺，詔文育督衆軍討之，時新吳洞主余孝頃舉兵應勃。（梁書六敬帝紀陳書一高祖紀俱稱『南江州刺史余孝頃』起兵應勃。通鑑一六七同，胡注：『孝頃據新吳，蓋就置南江州』。）遣其弟孝勱守郡城，自出豫章，據于石頭。……以拒官軍。官軍船少，孝頃有舴艋三百艘，船百餘乘。……文育攻之，……孝頃退走新吳』。又三十五周迪傳：

『［永定二年］王琳東下。……至湓城，新吳洞主余孝頃舉兵應琳。（通鑑一六七『新吳洞主余孝頃遣沙門道林說琳』云云，北齊書卅南史六四琳傳俱不載）。……乃遣其將李孝欽，樊猛等南徵糧餉，猛等與孝頃相合，衆且二萬。……［周］迪生擒……余孝頃，送于京師。收其軍實，器械山積』。

又八周文育傳：

『及周迪破余孝頃，孝頃子公颺弟孝勱猶據舊柵，扇動南土。……文育四之，送于京師。以其部曲分隸衆軍』。余孝頃事始末具見於此，其最觸目而不可解者，當爲『新吳洞主』之稱。新吳在南昌之西宜春東北，自地域言，其地有溪人土著自極可能；更照以尙書故實黃生事，知溪人亦如俚之稱洞；溪人文化甚高，故能有舟船兵甲，乘亂世據鄉土爲寇害，而『舴艋三百艘艦百餘乘』之文又適足見其本爲漁戶。自此三事觀之，余孝頃一族疑卽新吳之溪人也。且據陳書侯瑱，周文育，周迪前後敗孝頃皆以智取而非力爭。瑱兵甚强盛，其圍新吳城柵，自夏及冬弗能克，長圍守之，卒潰而歸，則『拳捷善鬬』之稱不僅始興之溪人爲然矣。陳書二高祖紀：『永定二年以安成（安福）所部廣興六洞置安樂郡』。安福在宜春東南，所謂廣興六洞者豈亦溪洞乎？

E　獠與山越

魏書一百一獠傳：

『獠者蓋南蠻之別種，自漢中達于卭笮川洞之間，所在皆有。種類甚多，散居山谷，略無氏族之別。……自桓溫破蜀之後，力不旣制。又蜀人東流，山險之地多空，獠遂挾山傍谷』。此外關於獠人之記載有：

『［宋明帝時］爲巴東建平二郡太守，………獠蠻懷之』。（梁書五三孫謙傳）

『益部山險多不賓服，大度村獠前後刺史不能制。顯達……夜往襲之，男女無少長皆斬之，自此山夷震服』。（南齊書二六陳顯達傳）知獠人東出荊州西界，而蔓延于益州。侯景亂後梁益入於西魏，今更以周書考之，略可見獠人在梁益二州分佈之廣。周書二十八陸騰傳：

『魏恭帝三年〔梁敬帝太平元年〕陵州〔宋益州犍爲郡地，今仁壽縣北〕木籠獠恃險麤獷，每行抄刼。詔騰討之。……斬首一萬級，俘獲五千人。……保定二年〔陳天嘉三年〕資州〔宋犍爲郡資中縣地，今資陽縣〕……蠻獠兵及所在蜂起，山路險阻，難得掩襲。騰遂量山川形勢，隨便開道，蠻獠畏威，承風請服。是年鉄山獠鈔斷內江路，使驛不通。騰乃進軍討之，……俘獲三千人，招納降附者三萬戶』。又獠傳：

『天和三年〔陳光大二年〕梁州〔宋梁州，治今南鄭〕恆稜獠叛，總管長史趙文表討之。……遂相率來降。……後除文表爲蓬州〔治安固，蓋宋梁州南宕渠郡地，今四川營山東北〕刺史，又大得獠和』。此外寧州交州之土著十九係未開化者，載籍多未能詳其區別，概以蠻獠字樣目之。如梁書四六徐文盛傳稱其大同末爲寧州刺史，『夷獠感之』。南齊書四一張融傳『廣越嶂嶮，獠賊執融將殺食之』，是其例也。

述南朝境內各種人之分佈竟，有一事當附著者，楊州境內之山越是。自孫吳立國江南，致力於山越之征剿，蓋猶未能盡殲絕之，惟爲數旣少，在宋以後之活動殊不重要。陳書三世祖紀：

『以功授……會稽太守，山越深險，皆不賓附，世祖分命討擊，悉平之』。係梁末事。宋書六七謝靈運傳：

『嘗自始寧南山伐木開逕，直至臨海，從者數百人，臨海太守王琇驚駭，謂爲山賊』。梁書三武帝紀：

『中大通二年山賊聚結，寇會稽郡所部縣，九月假昭武將軍湛海珍節以討之』。所謂山賊，疑皆是山越也。

第二節　南朝政府之政策——對特殊分子

今從對特殊分子與一般分子兩方面觀察南朝政府對待各種人之政策，特殊分子中復分政治社會兩項推論之。孫吳以來，江南文化所被稍廣，三吳人士之政事文學俱有可觀，而中原人猶以化外視之。晉武雖成統一之功，於南士罕加擢引。晉元渡江立國，中原仕族十九隨之俱南，託身其地自不得不倚重其人，此王導所以政從寬簡，以悅吳人爲務，雖非心願，亦不得不拔『南士之秀』于廟堂，共執國政，以消弭異同。王茂弘之爲『江左夷吾』，端在於此。（陳寅恪先生說）陶侃亦南人，而東晉初擁重兵，居大鎮，有舉足輕重之勢，故王敦等於侃尤加意誘納。其後敦忌侃功，而卒不敢加害者，以周訪與侃『親姻如左右手』，慮侃死激南人致變耳。迨南渡將近百年，僑人勢力漸鞏固，桓溫劉裕又相繼立功，威聲大振，於是僑人乃不復以南人爲意。劉裕之敢於篡晉者，不惟以北伐功績能滿足僑人心理，當時僑人實已不甚有返中原之意，裕用武力樹政權，南人震懾而無能爲也。宋齊梁三朝皇室俱僑人，宋齊有一貫之政策：僑人握政權，摒南人於政治勢力以外。當時南人重用者絕少，僑人大臣之成見牢不可破，雖帝王於南人偶有偏愛，亦無以屈之。然渡江已百餘年，僑人雖益自標置，不自覺中亦受南人影響。同爲北來，晚渡則被目荒傖，亦在摒斥之列。梁武帝時南北區別漸泯，不惟南人日以興起，荒傖亦復進用。陳霸先以吳興人久鎮南服，立功交廣，故陳世吳人勢力取僑人而代之，三吳以外之南方土著亦嶄然露頭角矣！然此祇就政治上活躍而言，無與社會上地位。僑姓甲族始終得保持其優崇之位置，南方文化低下之土著固無論，即朱，張，顧，陸，亦終不能與爭。斯亙四代而不易之現象，亦僑人政策之成功者也。此其大略，請更申論之。

甲　政治方面

A　宋齊

今先就中央官吏之重要者及諸州刺史統計歷代之任人，以見南北之消長。凡一人同時兼任兩職或三職者，以兩或三人計，前後再任一職者以一人計。宋，齊，梁，陳設官大抵相沿，三省長官權限區分不如後世之嚴，其輕重亦每因人而異。然大較最握重權，名實咸在者，尚書令及左右僕射也。中書監令之官晉中朝承曹魏之舊，竝筦機密爲要職，南渡而後其權漸替。梁陳時中書舍人用事，監令則自宋以來往往祇爲重臣加官而已。宋書禮志五引傅暢故事，『尙書令軺車黑耳後戶，僕射但後戶無耳，中書監令如僕射』。似晉制中書監令原在尙書令下，宋志同爲第三品。然晉末袁湛以吳興太守入補中書令，出爲吳國內史，又轉尙書右僕射。宋世傅亮何尙之皆自中書監令轉尙書令，王延之自中書令遷僕射，王球自中書令遷吏部尙書。臨川王義慶本加尙書左僕射，其後固求解，乃許之，加中書令。張緖已爲中書令，齊高帝欲用爲僕射，而王儉不可。齊世安成王暠以中書令遷散騎常侍，又爲令，再遷祠部尙書。江祏自中書令遷僕射。梁世如王籌蔡撙皆以中書令出爲太守，自中書監令爲令僕者比比，皆足見其選之輕矣。侍中掌殿內門下衆事，直事左右，應對獻替，無實權而有淸望，與中書監令皆以名高爲貴者。六尙書中吏部最爲機要，有『大尙書』之稱。宋孝武嫌其權重，且置兩人以分其權。（南史卅何尙之傳爲吏部郞，告休定省，傾朝送別，至數百人，其父聞之笑曰：此送吏部郞耳，非關何彥德也。郞猶如此，尙書可知）。領護資重者爲領軍護軍將軍，資輕者爲中領軍中護軍。管天下兵要，足與選部相媲。（梁書四三韋粲傳粲常留宿衞，擅權誕倨。朱异嘗厲聲折之曰：卿何得已作領軍面向人！）故中央官就尙書令（附錄尙書事），僕射（或置左右，或止一人，今併爲一項。）中書監（附令），侍中，吏部尙書，領護（併爲一項）等統計之，籍貫不詳者缺焉。宗室諸王仕宦固不問南北，故于人數下更注明其中有諸王若干人，以備參考。

1. 尙書令括號內爲宗室諸王數目，下同。

朝代	宋	齊	梁	陳
北人	14 (5)	11 (3)	8 (2)	1
南人	1	0	3	1 (宗室)

2. 僕射

朝代	宋〔註1〕	齊	梁	陳
北人	30 (2)	15 (2)	16	12
南人	1	1	6	5 (2)

3. 中書監令

朝　代	宋	齊	梁	陳
北　人	22 (7)	20 (13)	18 (5)	7
南　人	2	2	4	6 (2)

4. 侍中

朝　代	宋〔註2〕	齊	梁	陳
北　人	62 (4)	31 (11)	49 (8)	11
南　人	21	8	10	19 (15)

5. 吏部尚書

朝　代	宋	齊	梁	陳
北　人	22	10	24	9
南　人	6	4	3	5

6. 領護

朝　代	宋	齊	梁〔註3〕	陳
北　人	42 (8)	27 (12)	33 (12)	5
南　人	6	5	7	17 (6)

〔註1〕 宋書文帝紀十八年十一月以孟顗爲尚書僕射，廿二年七月改左，廿三年正月去職。 顗宋書無傳，六六何尚之傳：『孟顗字彥重，本昌安人，兄昶貴盛』。 錢大昕據武帝紀平昌孟昶，昶族弟懷玉傳平昌安邱人及南史謝靈運傳附見顗事，亦云平昌安邱人之文，謂尚之傳『本』爲『平』之誤，安下又脫印字，是也。 故今列顗於北人。

〔註2〕 永初末元嘉初有侍中程道惠，宋書南史俱無傳，據南齊書卅七胡諧之傳知是江州人。

〔註3〕 大寶承聖之際尹悅陸法和相繼以湘東王命爲護軍將軍，尹悅未詳，法和北齊書卅二有傳，亦稱不知何許人。

漢置刺史以六條察郡守，本非地方行政長官。東晉以來刺史已成一州長吏，兼綰軍民。非要州則單爲刺史，不置軍府，無都督等號。（宋志刺史領兵者四品，不領兵者五品。）楊州根本，畿甸所在，最爲重任。荆州居上游，地廣兵强，資實兵甲居朝廷之半。（宋書五一臨川王義慶傳）雍州邊虜，軍事上之重要與荆州等，元嘉末文帝欲大舉北討，乃罷江州軍府，文武悉配雍州，湘州入台税租雜物悉給襄陽。（宋書七九竟陵王誕傳）此外諸州軍府罷置不常，然國家財政端賴地方賦税，不立軍府之州，經濟上之重要固不少減。沈約謂『楊部有全吳之沃，魚鹽杞梓之利充仞八方，絲綿布帛之饒覆衣天下』。（宋書五四孔季恭等傳論）齊竟陵王子良上書稱『三吳奥區，地惟河輔。百度（宋本作度，官本誤而。）所資，罕不自出。（南齊書四十本傳）陳書二三沈君理傳亦言『是時［陳初］兵革未甯，百姓荒弊，軍國之用咸資東境』。楊州之富盛亙四代未變，不煩覼縷。然約又云：『外奉貢賦，內充府實，止於荆楊二州』，斯有未諦，如江，湘，廣諸州亦未嘗不關係國家財富也。宋書七四臧質傳言質不咨稟朝廷，『盆口鈎圻米輒散用之，台符屢加檢詰』。水經贛水注『贛水又歷釣圻邸閣下』。子注『度支校尉詔，太尉陶侃移置此也。舊夏月邸閣前洲沒去浦遠。景平元年校尉豫章［疑有誤］因運出［全疑米字］之力於渚次聚石爲洲，長六十餘丈，洲裏可容數十舫』。通鑑一二八胡注：『盆口米荆，湘，郢三州之運所積也；鈎圻米南江之運所積也』。蓋諸州產米以盆口鈎圻爲屯集之地，不屬當州倉儲，故臧質擅用構罪。（宋本宋書亦作鈎圻。楊氏宋州郡圖南昌之北，贛水東岸有地曰『釣圻米』，从水經注作釣圻，而誤米爲地名。）梁書二十陳伯之傳伯之爲江州，謀叛梁朝，謂府州佐吏曰：『奉齊建安王教，率江北義勇十萬，已次六合。見使以江州見力運糧速下』。又謂『今先平豫章，開通南路。多發丁力，益運資糧。然後席卷北向，以撲飢疲之衆』。陳書三十華皎傳皎爲湘州，『湘川地多所出，所得並入朝廷，糧運竹木運輸甚衆』。宋後廢帝元徽元年詔亦稱『往屬戎難，務先軍實，徵課之宜，或乖昔準。湘江二州糧運偏積』。（宋書九本紀）蓋東土地狹民稠，仰給上流之糧食。宋書八四孔覬傳覬弟道存爲江夏內史，值東土大旱，都邑米貴，一斗（李慈銘謂升字之訛）將百錢。道存遣吏載五百斛米餉之。覬令載還，吏曰：『自古以來無有載米上水者』！ 足與江湘二州粮運相埒者，廣州商舶所入也。 南齊書三二王琨傳稱『南士沃實，在任者常致巨富。 世云廣州刺史但經城門一過，便得三千萬也。 琨無所取納，表獻俸祿之半』。 南史五一蕭勵傳稱『廣州邊海舊饒，外國舶至多為刺史所侵，每年舶至不過三數。 及勵至，纖毫不犯，歲十餘至。…… 前後刺史皆營私蓄，方物之貢少登天府。 自勵在州，歲中數獻，軍國所需相繼不絕。 武帝嘆曰：朝廷便是更有廣州』！

萬斯同歷代史表吳廷燮歷代方鎮年表皆表宋齊方伯，吳書於萬書頗有增補，然亦不免奪漏。 今參考二書；統計宋齊州刺史中之北人與南人。 梁陳置州猥多，地或不敵前代一郡，刺史權限自不能與宋齊同日語，拜罷史書亦多不載。 故萬氏未表，吳氏止擇梁大州十九陳大州十四為之表，今亦只就吳書統計之。 梁陳之際又有所謂以刺史資為某官者，如黃法𣰰梁元帝授交州刺史資領新淦縣令，（陳書十一本傳）徐世譜除衡州刺史資鎮（當從南史六七作領）河東太守，（仝十三本傳）陳擬紹泰二年除雍州刺史資監南徐州（仝十五本傳。） 陳詳以青州刺史資為廣梁太守，（仝十五本傳），華皎天嘉三年除新州刺史資監江州，（仝二十本傳），熊曇朗紹泰二年桂州刺史資領豐城令。 （仝卅五本傳）吳氏雖未之及，然本係虛號，非眞除，故不計。 梁陳地方區畫既與宋齊相差甚多，刺史之任免又多不可考，不能州別為表，有當分別說明者，下文詳之。

7. 刺史

朝 代	宋	齊	梁	陳
北 人	337 (110)	171 (64)	319 (112)	13
南 人	44	29	21	201 (57)

本文所稱南朝疆境，大抵以淮沔為界，而未可拘泥。 雍州北界諸郡如南陽，新野，順陽等，宋，齊，梁雖或入北，而屬南朝版圖為久。 諸郡人雖皆土著，僑人固視為同氣，如南陽之宗氏，新野之庾氏，順陽之范氏（晉書九十范晷傳南陽順陽人，太平御覽二六四引臧榮緒晉書同。 據宋志魏分南陽郡立南鄉郡，晉武更名順陽，成帝咸康四年復立南鄉，後復舊。 晷惠帝元康中卒，傳應稱武帝所更名之順陽。 水

經丹水篇注：『晉順陽太守丁穆碑，郡民范甯立之』。甯簡文孝武時人，又稱順陽，宋志所言復舊當在簡文以前。宋世順陽郡未嘗更名。惟晉傳謂順陽縣人，宋書六十范泰傳則曰順陽山陰人（六九曄傳及南史皆止舉郡稱順陽人）。宋志順陽郡所屬有順陽縣無山陰縣，當有誤。梁書十三范雲傳四八范縝傳並云南鄉舞陰人，似梁又改順陽郡爲南鄉郡，然舞陰之云又與晉書晷傳之順陽縣不合。錢大昕疑泰傳之山陰乃舞陰之誤，然宋志舞陰屬南陽，不屬順陽也。梁書二六范岫傳四九到沆傳劉昭傳俱稱南鄉范雲，二七殷鈞傳稱南郡范雲，郡乃鄉字之誤。如梁改順陽爲南鄉，則范氏應是南鄉郡順陽縣人，乃稱舞陰縣何耶？南齊書三五張敬兒傳：『南陽冠軍人，王玄謨爲雍州，土斷敬兒家屬舞陰』。宋世冠軍舞陰同屬南陽郡，敬兒家自冠軍縣移居舞陰縣而被土斷，竊疑范氏雲縝一支亦由順陽郡之順陽縣移居南陽郡之舞陰縣，遂土斷爲舞陰人。惟猶有不可解者，舞陰縣在今南陽縣東宋齊皆屬南陽郡；順陽縣在今淅川縣南，屬順陽郡。梁雖改順陽郡之名爲南鄉，似不得兼統南鄉郡之舞陰縣，終未詳也。又案魏書七上高祖太和廿二年紀：『鸞……南鄉太守席謙相尋遁走』。通鑑一四一同。似齊世已改順陽爲南鄉。然南齊書州郡志雍州下仍作順陽。南齊書六明帝永泰元年紀只言『沔北諸郡爲虜所侵，相繼敗沒』。二六陳顯達傳五一崔慧景傳皆止泛言沔北五郡陷沒，而五七魏虜傳則作『順陽太守席謙』，與州郡志合，是齊世仍名順陽郡也。蓋魏人偶用魏，晉，南鄉舊稱，通鑑誤因魏書之文。胡注舉沔北五郡言南鄉而不曰順陽，亦誤。至於此郡在魏，亦名順陽，而不稱南鄉。魏書地形志下荊州順陽郡，及七六張烈傳『蕭寶卷將陳顯達治兵漢南，謀將入寇。時順陽太守王靑石世官江南，荊州刺史廣陽王嘉慮其有異，表請代之。……遂勑除烈陵江將軍順陽太守』。皆魏亦因齊舊名之證）。其地位俱不亞於僑姓之在王謝以下者，淮水南之義陽亦然。（宋朱脩之嘗爲領軍，名位素顯。宋書七六本傳：『義興平氏人』，誤。當從南史十六作義陽。）故沔北諸郡人不能目爲境外之荒傖，淮南之義陽亦不能與三吳人士齊觀，視爲南方土著。表中不稱僑人，而用北人之名，庶能兼包此數郡也。

宋尚書令十五人，僕射三十一人中，南人各得一。中書監令二十四人中，南人得其二。齊尚書令十一人中無南人，僕射十六人中南得其一，中書監令二十二人中南得其二。皆北人占絕大優勢。齊高重張緒，欲以爲右僕射，王儉謂南士由來少居此職，江左之用顧玩陸和爲衰政。(南齊書三三張緒傳)梁書二一張充傳作儉言：『東士比無所執，緒諸子又多薄行』。或傳建元中朝臣嘗以張岱擬右僕射，褚淵謂爲過優，遂不拜。(仝上)同是南人，猶以江北爲先，以上所舉宋世居要任之四南人，咸出廬江何氏，齊世三南人中，何氏亦居其一。餘二人爲吳興之沈文季(僕射)吳郡之張緒(中書令)，文季以武功，緒以文采，皆僅有者，然緒終不得僕射，文季爲僕射亦不免於王晏之戲也。(南齊書四四本傳)侍中吏部諸職南人稍多，江南人爲之者亦夥，宋侍中南人二十一，廬江何氏得其六，吳郡張氏五，吳興沈氏四；齊侍中南人八，何得三，張沈各得二。此外諸官南人中之分配亦大抵何，張，沈三姓爲多。南齊書三七胡諧之傳：

『上〔齊武帝〕欲遷諧之，嘗從容謂諧之曰：「江州有幾侍中邪」？諧之答曰：「近世惟有程道惠一人而已」。上曰：「當令有二」。後以語尙書令王儉，儉意更異，乃以爲太子中庶子領左衞率』。他州更等而下之矣。

宋剌史中南人約當北人百分之一・一五，齊則南人約當北人百分之一・四五。然宋齊方鎭往往用宗室爲之，庶姓作楊州者目爲特例，宋楊州剌史十七人中宗室十二人，齊八人中宗室占其七，皆無南人。宋高祖以荆州上流形勝，地廣兵强，詔諸子次第居之。(宋書六八南郡王義宣傳)臨川王義慶以宗室令美，故特據荆州。(宋書五一本傳)宋荆州剌史北人十六，宗室得十三，南人惟沈攸之一人；齊十四人中宗室得十三，無南人。宋高祖又遺詔京口要地，去都邑密邇，自非宗室近戚，不得居之。(宋書七八劉延孫傳)故宋南徐州剌史十七人中，宗室占十三人，亦無南士。惟湘，郢，交，廣南服諸州南人較多。

南渡之初，吳人目北來者爲荒傖，如陸玩言幾爲傖鬼，周玘稱殺我者諸傖。迄齊時吳人猶習用此稱，如丘靈鞠稱『顧榮忽引諸傖渡』。(南齊書五二本傳)然晉宋之際以後，在南之僑人漸同化於江南土著，亦隨而目宋以後南渡北人爲荒傖焉。南史九陳高祖紀：『自晉宋以後經綷在魏江淮以北，南人皆謂爲虜衆』。宋書六五杜驥傳：

『曾祖耽避難河西，……苻堅平涼州，父祖始還關中。兄坦……高祖征長安，席卷隨從南還。…… 晚渡北人朝廷常以傖荒遇之，雖復人才可施，每爲清塗所隔。 坦以此慨然，嘗與太祖言及。…… 臣本中華高族，亡曾祖晉氏喪亂，播遷涼土。 世葉相承，不殞其舊。 直以南渡不早，便以荒傖賜隔。…… 上嘿然』。 知坦言得實情，文帝亦無以革除此種習慣。 王玄謨太原祁人，宋武帝臨徐州時南歸，孝武目爲老傖。 （宋書六七本傳）宋明帝時淮西人賈元友上書，劉愐亦謂爲荒傖遠人。 （宋書八六劉愐傳）其地位並吳人之不若，王玄謨，柳元景，垣護之苟非立軍功，皆無由致高位，南史五十明山賓傳：

『明氏南渡雖晚，幷有名位，自宋至梁爲刺史者六人』，蓋言其例外，然爲刺史則可，以上所舉中朝六官，晚渡北人不過一二見而已。

宋齊時僑人政府根基已固，無所懼於吳人，而三吳人才亦復不少。 政事之美者如宋之孔季恭，孔琳之，沈演之，顧覬之，陸徽，齊之虞玩之，虞愿，沈憲，孔琇之等固無論，博學有文采如陸澄，張融之比亦往往有焉。 當時僑姓甲族所貴尚者，風範儀態趨走應對也，南士高門亦不下於王謝，如張緒者袁粲稱其有正始遺風，王儉且謂『過江所未有，北土可求之耳，不知陳仲弓，黃叔度能過之不』。 （南史三一緒傳，宋書本傳文有訛誤。） 史言張敷風韻甚高，好讀玄書，兼屬文論，少有盛名。善持音儀，盡詳緩之致，張氏後進至今慕之。 （宋書六二本傳）顏延之聞張鏡與客語，曰彼有人焉，由此不復酣叫。 （南齊書三二張岱傳。） 又如張暢聲名遠聞魏國，不唯『音韻詳雅，風儀華潤』（宋書五九本傳），臨危處變亦有才幹。 元凶弒文帝，南譙王義宣舉兵，『暢爲元佐，居僚首。 哀容俯仰，蔭映當時。 舉哀畢，改服著黃韋袴褶，出射堂簡人， 音姿容止莫不矚目， 見之者皆願爲盡命』。 （仝上）然終不能居權要，以王儉之贊揚張緒如彼，卒謂南士由來少居僕射，靳而不與。 沈昭略爲齊高帝所賞，謂儉曰：『南士中有沈昭略，何職處之』？ 儉曰：『臣已有擬，奏轉前軍將軍』。 帝不欲違，一可其奏。 （南齊書四四沈文季傳。） 此其故何邪？ 狃於傳統之政策與心理，以爲吳人要不足與僑人並立也。 大抵當時對僑人所求者寬，於南士則責望綦嚴，梁袁昂古今書評稱：

『王右軍書如謝家子弟，縱復不端正，爽爽有一種風氣』。 （太平御覽七四八藝工部五引)雖是喻言，頗足代表僑人自視之態度。 僑人自尊心理之所以養成，與吳人之甘於卑下者，其故亦可得而言，請以語音一事明之。 語言音聲因地而異，本無優劣之別，然僑人必謂中原語音為上，通儒如顏之推，猶謂：

『冠冕君子南方為優，閭里小人北方為愈。…… 而南染吳越，北雜夷虜，皆有深弊』。(家訓音詞篇)之推生南朝末年，長養於吳越之鄉，(僑臨沂縣在丹陽郡江乘縣。) 自顏含隨晉元過江，已下七葉葬在建業幕府山西。 家訓終制篇猶諄諄以其父母旅葬江陵，未還建業舊山，遭梁室喪亂，絕於還望為念。 是如之推者固與江南之關係深且巨，與中原關係淺，然對吳越語音猶有偏惡，則之推以前宋齊僑人士大夫之自尊與鄙視吳人心理從可知也。 南渡之北人十九係高門，江南土著雖有朱，張，顧，陸，迥不逮僑姓甲族之多。 同為高門，僑姓復在吳姓之上，如南史八十侯景傳：

『又請娶於王謝，[梁武]帝曰：王謝門高非偶，可於朱張以下訪之』。 是梁世猶然。 以少數之吳姓士大夫周旋於多數之僑姓士大夫之間，政治上與社會上地位俱在其下，勢不得不草上之風，隨僑人為轉移。 宋書八一顧琛傳：

『先是宋世江東貴達者會稽孔季恭，季恭子靈符，吳興丘淵之及琛吳音不變』。南齊書二六王敬則傳：

『敬則名位雖達，不以富貴自遇。…… 接士庶皆吳語，而殷勤周悉』。 知宋齊南士貴達者多棄其吳語，易言之，卽求貴達必先與僑人士大夫同流一氣，雖語音末節，亦相模仿。 此風自東晉已然，晉書七九謝安傳及世說雅量篇皆言安能為洛下書生咏， 而世說輕詆篇『人問顧長康何以不作洛生咏』， 足見南人靡然向風，愷之不作洛生咏乃為例外。 由是益促長僑人自高之心 ，而吳人在政治上終不獲逞。南方土著楊南徐二州以外，他州人貴盛者更少， 自宋齊兩史所載計之， 宋書惟有胡藩，鄧琬，雷次宗，(皆豫章南昌人)杜慧度，(交阯朱䳒人)襲穎(益州遂寧郡人)。 南齊書有胡諧之，(豫章南昌人)李珪之(江夏鍾武人)未必諸州人才之少， 在朝者拒人於千里外， 不加援引耳。 (宋孝武大明二年(紀志皆作二年，謝莊傳作三年下詔云云，疑誤。) 置二吏部尚書，後還置一。 據宋書八四孔覬傳八五謝莊傳，孝武之意在減選部威權。 蓋『吏部尚書由來與錄共選』，孝建元年旣省錄尚書事，選舉之要專由吏部，其權更重，故分置二人。併二爲一不詳在何時，然百官志載大明末復置錄尚書，竊疑吏部尚書復併爲一竟在大明八年五月，孝武崩後，前廢帝卽位，江夏王義恭復爲錄尚書時也。前廢帝紀稱『孝建以來所改制度還依元嘉』，吏部之改當卽其一。惟二吏部尚書之職掌是否有別，其別焉在，百官志及通典等俱所未詳。謝莊傳載詔文『吏部尚書可依郎分置，並詳省閑曹』。別詔江夏王義恭亦云：『唯有從郎分置』。吏部領吏部刪定三公比部四曹，曹有郎，『依郎分置』者，疑是一尚書領兩曹也。然宋書七六王玄謨傳罷雍州後『爲金紫光祿大夫領太常。及建明堂，以本官領起部尚書，又領北選』。據禮志孝武建明堂在大明五年，吏部已分爲二。謝莊傳所載詔亦云：『今南北多士，勳勤彌積，物惜善否，實繫斯任。官人之詠，惟聖克允，則哲之美，粵帝所難』。似吏部兩尚書職掌之分不僅分領四曹，且有南北之別，『領北選』者，蓋專司僑人之進用乎？南齊書一高帝紀：『明帝崩，遺詔爲左衞將軍領衞尉。……又別領東北選事』。南史通鑑俱無此語，東北選事或指青，冀，徐，兗諸州人而言？然其時吏部尚書已祇一人。六朝言領選事者卽領吏部尚書，參掌選事始是以他官參與其事，『領東北選事』不可解。要之，宋時用人不惟政策上區別南北，組織上亦似有別。惜載籍可考者只此兩條，未敢確鑿言之耳。）

B 梁

梁武帝時政策一變，吳人與傖荒咸得進用，由前所列表略可見中央官南人比例之增加。然刺史南人僅得北人百分之〇·六强，反不逮宋齊者，原因有二：梁世州多而刺史拜罷可考者少，此其一；其可知者又每不詳籍貫，此其二。惟自姓氏推測，不詳籍貫者十九非北人，可以斷言，疑皆南方寒門，故未可據表謂梁代刺史南不逮北。中央官之用南士表亦未足以盡之，梁武進用南人乃在所列六官以外之中書舍人也。梁書武帝紀載齊末上表陳：

『選曹宜精隱括，依舊立簿，使冠履無爽，名實不違』。是非反對門閥制度下之政治者，然表中又云：

『設官分職惟才是務。若八元立年居皁隸而見抑，四凶弱冠處鼎族而宦甄，是則世祿之家無意爲善，布衣之士肆心爲惡，豈所以弘獎風流，希向後進』。

其意已與前代全憑門第用人之政策異。 即位之後，又屢有求材之詔，天監七年二月庚午詔於州郡縣置州望郡宗鄉豪各一人，專掌搜荐。 其職似與中正相重複，實則以中正所舉『上品無寒門，下品無仕族』，故更立官徧搜求也。八年五月又詔：

『雖復牛監羊肆，寒品後門，竝隨才試吏，勿有遺隔』。 其時大臣亦能承順風旨，如張纘大同二年爲吏部尚書，後門寒素有一介皆見引拔，不爲貴要屈意。（梁書三四本傳）

自宋以來中書通事舍人已頗任寒門，宋文帝時之秋當，周糾，孝武帝時之戴法興，戴明寶，蔡閑，明帝時之李道兒，王道隆，後廢帝時之楊運長，阮佃夫，齊武帝時之劉係宗，茹法亮，呂文顯，莫非南士寒士。 齊明帝嘗謂：『學士不堪治國，惟大讀書耳，一劉係宗足持此輩五百人』。 其取寒門者以此。 梁書二六傅昭傳：

『齊明帝即位，引爲中書通事舍人，時居此職者皆勢傾天下，昭獨廉靜無所干與』。 南史七七恩倖傳：

『四方守宰餉遺，一年咸數百萬，舍人茹法亮于衆中語人曰，何須覔外祿，此一戶內年辦百萬，蓋約言之也』。 則宋齊世中書舍人已有擅權貨殖者，然皆値昏主亂世耳。 秋當（諸本秋狄錯出，案廣韻秋字下云又姓，宋中書舍人秋當。 通鑑亦作秋，似作秋爲是。） 周糾詣張敷，敷即移床遠客。（宋書敷傳）蔡興宗傳又載當詣王曇首不敢坐。 齊武帝嘗嘆人何必計門戶，紀僧眞常貴人所不及。（南齊書五六本傳）逮僧眞告帝即時無復所須，惟就陛下乞作士大夫，帝乃答以由江斅謝瀹，我不得措此意。（南史三六斅傳）知此輩雖任中書舍人，猶不能與士大夫之令僕比，人主遇之亦不稍假借。 梁武時則不然。 隋書百官志：

『中書省通事舍人舊入直閤內，梁用人殊重，簡以才能，不限資地。 多以他官兼領，其後除通事，直曰中書舍人』。 顏氏家訓涉務篇：

『晉朝南渡優借士族，故江南冠帶有才幹者，擢爲令僕以下尙書郎中書舍人已上，典掌機要。 其餘文義之士多迂誕浮華，不涉世務。 纖微過失又惜行捶楚。 所以多處於淸高，蓋護其短也。 至於台閣令史主書監帥諸王籤省並曉習吏用，濟辦時須，縱有小人之態，皆可鞭杖肅督。 故多見委使，蓋用其長也。人每不自量，舉世怨梁武父子愛小人而疏士大夫，此亦眼不能見其睫耳』。所舉理由可與齊明帝之言竝觀，當否姑不論，然梁武喜用寒門之練達者，固確乎不易之事實。梁書三七何敬容傳：

『自晉宋以來宰相皆文義自逸，敬容獨勤庶務，爲世所嗤鄙』。蓋梁世高門士大夫之不涉世務遠甚於前代，（詳見顏氏家訓涉務篇）令僕雖甲族素望而權小，梁武用寒人爲中書舍人，位卑而權大，有若眞宰相，與前代中書舍人之專伺帝王喜怒，以貨利爲先者大相逕庭矣。帝王欲引進寒人爲親信自難求之於畿甸以外，楊州僑人本不多(1.5 %)，南徐州幾占其半(53.63 %)數不爲少，然僑人中高門甲族本多于凡庶，建康附近之僑民尤爾。如楊州之淮南郡，南徐州之南東海，南瑯琊，南蘭陵，南彭城，南淸河，南高平，南平昌，南魯諸郡，無一非活躍於南朝史上之僑姓大族麕集之地，於是土著寒門得進之機緣自較僑姓寒人爲多，如宋書恩倖傳南齊書倖臣傳所載十六人中，除宋于天寶先世胡人外，十五人皆出於丹陽，會稽，吳興諸郡，其明證也。故梁武非有所好於吳人，其拔擢寒門之政策自然招致此結果而已。梁武世吳人威權最重者莫若朱异，歷官至侍中，皆兼中書舍人。史言其自周捨卒後代掌機謀，居權要三十餘年。方鎭改換朝儀國典詔誥敕書竝兼掌之。每四方表疏當局簿領諮詢詳斷塡委於前，异屬詞落紙，覽事下議，從橫敏贍，不暫停筆。（梁書三八本傳）輕傲朝賢，不避貴戚。曰：『我寒士也，遭逢以至今日，諸貴皆恃枯骨見輕，我是以先之』。（南史六二本傳）然异位止於侍中，歿後或啓异平生願得僕射，梁武乃破例爲贈。南史六一陳慶之傳：『梁世寒門達者唯慶之與俞藥』。所謂達蓋指名位而言，慶之與藥皆至方鎭，於外官爲極，然中朝固有位不顯而握重權如异者在。中書舍人而外，南土高門亦有登顯位者，如梁書三十三張率傳：

『遷秘書丞，高祖曰：「秘書丞天下淸官，東南冑望未有爲之者，今以相處，足爲卿譽」。其恩遇如此』。劉孝綽傳高祖謂第一官當用第一人，故以孝綽居秘書丞，是梁時此職至貴也。魏正光孝昌以後六鎭叛亂，分爲東西，北方極不安定。北齊書二四杜弼傳：

『高祖曰：……人情去留未定，江東復有一吳兒老翁蕭衍者，專事衣冠禮樂，中原士大夫望之以爲正朔所在。我若急作法網，不加饒借，恐督將盡投黑獺，士子悉奔蕭衍』。當時北人慕梁室承平，南渡者多，武帝亦隨才敍用，無所歧視。梁世大臣中宋以後其家始南渡者如夏侯詳官至右僕射兼侍中，二子亶夔皆有名位。詳譙郡人，齊明帝時入南，故武帝猶戲亶爲傖人也。（梁書十詳傳，又二八亶傳。）韋叡京兆杜陵人，祖玄避吏隱於長安南山，宋武帝入關徵之不應。伯父祖征宋末爲光祿勳。（梁書十二本傳）是韋氏宋末始南渡，然叡歷官丹楊尹中護軍侍中，與子放，正，稜，黯，孫粲及族弟愛，皆梁室重臣，不僅以戰功顯。明山賓平原鬲人。父僧紹隱長廣郡嶗山，淮北沒虜，始南渡江。（南齊書五四本傳）梁初置五經博士，山賓首膺其選，爲昭明太子所重。陰子春武威姑臧人，晉義熙末曾祖襲隨宋高祖南遷，家於南平。（梁書四六本傳）累官刺史，入朝爲侍中。劉峻平原平原人，宋泰始初青州陷魏，入桑乾，齊永明中得還。齊世求爲竟陵王子良國職，吏部尚書徐孝嗣不許，梁世乃得進用。（梁書五十本傳）其在梁時南來者，武臣如元法僧，元樹，元願達，王神念，楊華，羊鴉仁，胡僧祐，徐文盛，周鉄虎，文士有崔靈恩，盧廣，孫詳，蔣顯，宋懷方，皆天監普通間南渡，而神念子僧辯與羊侃尤傖人中之最見重用，關係梁室興亡者焉。（周鐵虎見陳書十本傳，宋懷方見陳書三三戚袞傳，餘俱見梁書本傳。）

C　陳

據前表所列，陳朝南人比例大增，中央官如侍中領護皆勝北人，刺史則北人不過當南人百分之〇・六强，尤爲顯著，然其餘諸官仍北多於南者，囿於二百年來之門閥制度，不得不取高門任令僕之職，以伴食作點綴。侍中十九人中，宗室諸王占其十五，尚不足示南人響用之盛。領護十七人除諸王猶存十一人，誠至可注意。試窺此十一人之地域的分佈，則孫瑒吳郡吳人，杜稜吳郡錢唐人，章昭達，章大寶，沈欽，沈恪皆吳興武康人，程靈洗新安海寧人，吳明徹秦郡人，任忠汝陰人，徐度安陸人，徐世譜巴東魚復人。分佈之廣與前代迥異，其中舊族亦唯吳興沈氏錢唐杜氏而已。此特陳氏用人普徧之一斑耳，今更從表以外推闡之。

陳霸先本南土寒素，其稱太丘後裔自不可信。梁書四六杜龕傳謂龕以霸先既非貴素，兵又猥雜，都不以之經心。且觀其出身曾任里司油庫吏傳教等，可以想見其門戶。以南土卑微，一旦爲帝王，於僑姓高門固難驟除去之，且自梁以來政權久入南人手，王謝僅成傀儡，無待摧拉，惟吸引鄉里以爲羽翼則陳高祖先務之急也。陳朝所用以三吳一帶人爲多，此讀陳書自見，無待羅列，茲止舉數事足以窺陳高之用心者。陳書十二沈恪傳：

『吳興武康人也。…… 高祖與仝郡，情好甚暱』。又胡穎傳：

『吳興東遷人也。…… 出番禺，仍自結高祖，高祖與其同郡，接遇甚隆』。

又十八沈衆傳：

『吳興武康人也。…… 高祖受命，遷中書令中正如故。高祖以衆州里知名，甚敬重之，賞賜優渥，超於時輩』。又三三沈文阿傳：

『吳興武康人也。…… 高祖以文阿州里，表爲原鄉令監江陰郡』。大抵未即位前所擢引也。世祖所信用之韓子高（會稽山陰人），華皎（晉陵暨陽人），皆南土寒人，此外如章昭達，沈君理，駱牙亦莫非高祖叔姪之鄉里故舊。高宗時僕射徐陵抗表讓位於張種曰：『東南貴秀，朝廷親賢。克壯共猷，宜居左執』。（陳書二一種傳）二六陵傳亦載陵讓種事謂『張種帝鄉賢戚』。陵東海郯人，僑姓高冑，種亦吳中甲族，與王儉張緒事比觀，則僑人吳人政治上地位之進退可知矣！

陳高祖初年北逼强齊，以江爲塹；西有北周後梁；南則蕭勃據嶺表，豫章之熊氏，臨川之周氏，晉安之陳氏所在蟠據；東道自侯景亂梁訖未恢復，王僧辯誅後，杜龕，韋載以吳興，義興叛，任約，徐嗣徽復數引齊人渡江襲建康。而擁强兵不應命如王琳，留異，余孝頃者又比比也。版圖小於孫吳，而危難遠過孫氏。宋，齊，梁作家門時雖有司馬休之袁粲輩起兵，皆頃刻即定，陳雖受禪于梁，敬帝所得而讓者一空名耳，陳高祖固猶漢高光武之滅羣雄而得天下，與宋，齊，梁之唾手移人家國者迥不侔也。故陳高祖於將帥之才最所措意，叛而復降窮蹙來歸者無不收撫而善用之，其中又以三吳以外之南方土著爲多，請申論其故。

吳人不善戰自南朝初年已然，宋高祖討孫恩，海鹽令鮑陋請以吳兵一千爲前驅，高祖曰：『吳人不習戰』。（宋書一高祖紀）袁淑謂『南人怯懦，豈辦作賊』？（宋書八一顧覬之傳）梁書二一蔡撙傳載賊寇吳興，『東道不習兵革，吏民恇擾奔散，竝請撙避之』。大抵吳人不能戰之原因有二：東晉以來士大夫惟以談義爲事，不習武備。（如顏氏家訓雜藝篇稱河北文士率曉兵射，江南冠冕儒生多不之習，不能防禦寇難。）『居承平之世不知有喪亂之禍；處廊廟之下不知有戰陣之急』。（家訓涉務篇）在下者亦靡然向風，如宋書七六宗慤傳稱『時天下無事，士人並以文義爲業。慤獨任氣好武，故不爲鄉曲所重』。加以揚州最爲南土膏腴之地，文化愈高，財富愈盛，其人亦愈怠於武事，此其一。劉敬宣討孫恩，以騎趣其後，『吳賊畏馬』，遂大敗。敬宣又將鮮卑虎班突騎征盧循，循衆見而畏之。（俱見宋書四七劉敬宣傳）元嘉二十七年宋文帝將北討，沈慶之諫曰：『馬步不敵爲日已久』。（宋書七七本傳）蓋無論南北，馬皆戰爭所不可少，而江南不產馬。元嘉二十八年魏人歸後求互市，顏峻謂互市之利在得馬，然裁不十百，莫償所失。（宋書七五本傳）孝武帝初周朗上言敎勵民間養馬，（宋書八二本傳）孝建三年遂制荊徐等七州統內家有馬一疋者蠲復一丁。（宋書六本紀）齊梁以後此制不聞，梁世士大夫乘馬者視爲放達，畏之如虎。（家訓涉務篇）馬少故不易爭勝，因馬少而又不服習，至於畏懼，此吳人不善戰之第二因也。惟蔡興宗說沈慶之起兵曰：『公門徒義附並三吳勇士』，（宋書五七興宗傳）乃故爲悚動之詞，未易可信。

宋，齊，梁南人立功名者有沈慶之，陳顯達，王敬則，陳慶之等，然皆偶出之人才，國家所恃將帥之臣每在雍州。雍州邊虜，且多蠻左，雖屬南朝版圖，其風習實與北方爲近。南齊書二五張敬兒傳：

『南陽新野風俗出騎射』。梁書九曹景宗傳：

『我昔鄉里（新野）騎快馬如龍，與年少輩數十騎，拓弓弦作霹靂聲，箭如餓鴟叫，平澤中逐麞數肋射之。渴飲其血，飢食其肉，甜如甘露漿。覺耳後風生，鼻頭出火，此樂使人忘死』。宋，齊，梁將帥如宗慤，宗越，蔡那，劉胡，張敬兒，宗夬，劉坦，樂藹，南陽人；曹欣之，武念，曹景宗，新野人；佼長生，馮道根，廣平人；張惠紹，義陽人；馬仙琕，扶風人；張齊，馮翊人；康絢，華山人，莫不出於雍州。宋書七六王玄謨傳：稱玄謨『元嘉中補長沙王義欣中兵將〔當從南史十六本傳作參〕軍領汝陰太守。時虜攻陷滑台，執朱脩之以歸。玄謨上疏曰：……臣請以西陽之魯陽，襄陽之南鄉發甲卒分爲兩道，（案南鄉今河南淅川縣南，宋屬順陽郡，不屬襄陽。西陽郡今湖北黃岡縣地，元嘉時屬南豫州，孝建元年立郢州，始改隸，所領無魯陽。魯陽今河南魯山縣。漢曰魯陽，北魏曰北山，（地形志作山北，從水經汝水注元和志改。）太和十一年於其地置鎮。北魏在魯陽之建置載籍可考者，以此爲最早。元嘉中（魏太武時）其地尚屬南朝。宋志雍州南陽太守下：『永初郡國有比陽，魯陽，赭陽，西鄂，犨，葉，雉，博望八縣。何志無犨，雉，徐志無比陽，魯陽，赭陽，西鄂，博望』。據志序何承天於元嘉中受詔纂宋書，有志十五篇，則元嘉中玄謨上疏時魯陽猶在宋之版圖，大明時徐爰志始無之也。然南鄉亦不應遠隸長江北岸之西陽郡，猶南鄉之不能隸襄陽。且魯陽南鄉兩縣並非兵馬重鎮，不應止發此兩縣甲卒。竊疑『之』字非屬詞，疏中『以』字猶言『由』言『從』，漢書西南夷傳：『今以長沙，豫章往，水道多，絕難行』。潛夫論遏利篇：『上以天子，下至庶人』，皆其證。『之』猶言『至』，『以西陽之魯陽，襄陽之南鄉發甲卒分爲兩道』者，猶言自西陽經魯陽爲一道，自襄陽經南鄉爲一道，東西分兩道出兵。西陽郡蠻左最多，蓋兵亦勁悍，襄陽比邊軍事重心所在，玄謨意以西人經營牢洛，故請從此兩地出兵。晉穆帝永和十年桓溫伐秦，發江陵水軍，自襄陽入均口至南鄉，卽此路綫，足證『之』字猶言至也。又案元嘉七年六月到彥之等北伐下河南四鎮。十月洛陽復陷魏，十一月虎牢陷。十二月長沙王義欣爲豫州刺史。八年二月滑台陷。十年正月義欣進號領軍將軍。據傳文似玄謨於義欣進號領軍後始爲其中兵，此疏亦當上于十年正月以後。然滑台陷於八年二月，若玄謨兩年後始上疏，則傳不應曰：『時虜攻陷滑台，執朱脩之以歸，玄謨上疏』。與疏中云：『王途始開，隨復淪塞。……虎牢滑台豈惟將之不武，抑亦本之不固』。皆針對時事而言，疑此疏之上在元嘉八年滑台陷後，其時玄謨已爲義欣後軍中兵參軍，十年隨府改，史追書爲領軍中兵耳。南史不載此疏，然亦係玄謨陳策於爲義欣鎮軍中兵時。通鑑一二五元嘉廿六年：『帝欲經略中原，羣臣爭獻策以迎合取寵。彭城太守王玄謨尤好進言。帝謂侍臣曰，觀王玄謨所陳，令人有封狼居胥意』。蓋溫公謂玄謨陳策不止此一次，故於廿六年總言之。不載此疏，固無礙矣）。直趣淆澠。征士無遠徭之思，吏士有屢休之歌。若欲以東國之衆經營牢洛，道途既遠，獨克實難』。蓋亦有鑑於『東國之衆』不足恃。梁武帝起兵時，謂諸將曰：『荊州本畏襄陽人』。（梁書一本紀）同時席闡文亦說蕭穎冑曰：『江陵素畏襄陽人』。（梁書十蕭穎達傳)荊,雍相去不遠,猶所畏懼,江南可知。　南朝起兵抗朝廷者,十九皆據雍州,良有以也。　王玄謨,柳元景,垣護之,譚金,裴叔業,宋,齊世荒傖之僅而見用者,皆由於武功。(梁書更多,見前。)此就將帥言,至於士卒,則雍州以外,江北淮南間人江南目爲楚子者,亦爲南朝之勁兵。　宋書八六殷孝祖傳:

『太宗初卽位,四方反叛。……　朝廷唯保丹陽一郡,而永世縣尋又反叛,義興賊垂至延陵。　內外憂危,咸欲奔散。　孝祖忽至,衆力不少,並傖楚壯士,人情於是大安』。　又八三黃回傳:

『回拳捷果勁,勇力兼人。　在江西(猶江北)與諸楚子結,屢爲刼盜。會太宗初卽位,四方反叛。　[戴]明寶啓太宗使回募江西楚人,得快射手八百』。　又八七殷琰傳:

『[黃]回所領並淮南楚子,天下精兵。……　於陣殺[楊]仲懷,仲懷所領五百人死盡』。　南齊書四七王融傳:

『招集江西傖楚數百人,竝有幹用』。　又五一崔慧景傳:

『慧景子覺及崔恭祖領前鋒,皆傖楚善戰』。　梁書三二陳慶之傳:

『會有妖賊沙門僧強自稱爲帝,土豪蔡伯龍起兵應之。……　衆至三萬,攻陷北徐州。(梁北徐州治鍾離)。　濟陰太守楊起文棄城走,鍾離太守單希寶見害,使慶之討焉。　車駕幸白下臨餞,謂慶之曰:「江淮兵勁,其鋒難當,卿可以策制之,不宜決戰」』。　江淮猶言江淮間。　總括以上所述:宋齊以來將帥多用雍州人,間有晚渡荒傖。(早來僑人不復能立武功,惟宋初檀道濟,到彥之等數人而已。)梁時則雍州人與荒傖並用。　士卒除雍州外,江北淮南兵最爲勁旅,三吳之人無與焉。　陳時荊,雍入於北周,後梁,江北爲齊所有,欲求南陽,新野騎射之士江北淮南善戰之楚子何從可得,此陳高祖之所以必廣爲招撫,而尤留心誘致江,湘,交,廣之人也。　高祖作相時,徐陵代作與北齊廣陵城主書有云:

『昔我平世,天下乂安,人不識于干戈,時無聞于桴鼓。　故得兇人侯景,濟我橫江,天步中危,實由忘戰。　自亂離已久,人解用兵,女子無愧於韓彭,童兒不殊于衞霍,吳鉤甚利,蜀甲殊輕,槊動風霜,弩穿金石』。(文苑英華六八二書十六邊防上引）誇誕已甚，百世之下亦知其不然矣！

晉宋以來，江，湘，交，廣諸州人不惟在朝者絕少，州郡僚佐土著亦鮮廁迹。梁楊公則爲湘州刺史，『所辟引皆州郡著姓，高祖班下諸州以爲法』。（梁書十本傳）魏邢巒於梁天監四年上書宣武帝，論梁朝梁州事曰：

『彼土民望嚴，蒲，楊，何，非唯五三族落，（通鑑一四六作『非唯一族』）雖在山居，而多有豪右，文學箋啓往往可觀，冠帶風流亦爲不少。但以去州既遠，不能仕進，至於州綱，無由廁迹。巴境民豪便是無梁州之分，是以鬱怏，多生動靜』。此出覘國者之口，理當可信，雖就梁州而言，江湘諸州可以推知。梁書三九羊侃傳：

『中大通六年爲晉安太守，閩越越俗好亂，前後太守莫能止息。侃至討擊，斬其渠帥陳稱吳滿等，於是郡內肅清』。交廣土豪之叛亂尤莫可勝數，不具徵引。非誠好亂也，長吏不善誘接而已。梁書十三范雲傳：

『出爲始興內史，郡多豪猾大姓，二千石有不善者，謀共殺害，不則逐去之』。陳書三三留異傳：

『東陽郡丞與異有隙，引兵誅之，及其妻子』。州郡官與土著豪強之不相能如此。（楊，南徐兩州膏腴之境內，顯宦大姓如王，謝，張，沈等占山護澤，長吏廉能者每制抑之，自是地方經濟問題，與用人之政策無涉。）惟交州偏遠，長吏常用土著，如宋時杜氏之世制其地，（宋書九二杜慧度傳）然亦不數覯。建康朝廷強盛時，不過偶有變叛，侯景之亂梁室崩潰，州郡皆各自爲計，於是豪強競起以求一逞。擁強兵，據鄉土，建康，江陵之陷士大夫逃竄避地者又往往入南依附之，（陳書十三周敷傳：『時觀寧侯蕭永，長樂侯蕭基，豐城侯蕭泰，避難流寓，聞敷信義，皆往依之』）。甚且如始興王蕭毅以臨川讓周續，沈巡以東陽讓留異，賓化侯蕭雲以晉安讓陳羽（俱見陳書卅六）。曩者畛域之見破除無餘，益足以增其聲勢。陳高祖之勤加撫納不惟取其力用，亦以成統一之業必先消滅此輩之割據也。徐陵代高祖作相時與嶺南酋豪書云：

『昔緣王事，游踐貴鄉，日想山川，依然舊識。吾既忝荷朝私，位逾台袞，身持帝王之柄，手握天下之圖。故鄉如此，誠爲衣綉；故人不見，還同宵錦。天涯邈邈，地角悠悠，言而無由，但以情企。…… 君之材具信美登朝。 如戀本鄉，不能游宦，門中子弟望遣來儀。 當爲申聞，各處榮祿』。（文苑英華六八二書十六邊防上引）高祖曾仕其地，遂稱廣州爲故鄉， 往復致其拳拳之意。 又如即位後以晉安陳氏入屬籍， 皆曲求媚悅。 大抵梁末因豪强所據之地而命之官，實與割據無異。 故討周迪符稱『擅斂征賦， 罕歸九府』，討留異詔亦謂『縉邦膏腴，稽南殷曠，永割王賦，長壅國民，竹箭良才，絕望京輦』。（但見陳書三六本傳中）永定初使蕭引宣諭諸豪强，謂『建晉恃險，好爲姦宄。 方今天下初定，難便出兵』。（陳書廿一蕭引傳），高祖之政策先求褫其根本，故或徵入朝，或移官他郡，俱不應命，乃加之兵，終高祖世未盡平殄。 周敷傳稱：天嘉元年『時南江酋帥竝顧戀巢窟，私署令長，不受詔。 朝廷未遑致討，但羈縻之』。 周敷獨先入朝，故給鼓吹女伎，超致顯貴， 以激厲其餘。 周迪以敷素出已下，遂舉兵反。 地方酋豪叛服不常卒見誅翦者， 有豫章南昌之熊曇朗， 臨川南城之周迪，東陽長山之留異，晉安侯官之陳寳應， 以及上文所述新吳之余孝頃。 孝頃滅後即以安成所部廣興六洞置安樂郡，亦所以求便於控制。 此外諸州人見用於陳朝者， 有侯安都（陳書八本傳：『始興曲江人也，世爲郡著姓』。 侯瑱（仝九本傳：『巴西充國人也。 父弘遠，世爲西蜀酋豪』。） 歐陽頠（仝本傳『長沙臨湘人也，爲郡豪族』。 陳書二一蕭引傳又稱『始興人歐陽頠爲衡州刺史』，未詳。 新舊唐書歐陽詢傳皆稱潭州臨湘人。 惟頠傳又言『少質直有思理，以言行篤信聞于嶺表』。 若在長沙，自不能譽爲『聞于嶺表』，疑頠少時嘗居始興，故引『家再世爲始興郡，遺愛在民』，遂往依之。 頠傳又言『梁左衞將軍蘭欽之少也，與頠相善，故頠嘗隨欽征討』。 梁書卅二欽傳『中昌魏人也』，南史六一同。 錢大昕廿二史考異卅七：『案齊魏二志未見中昌魏之名』。 今案晉志中山國有魏昌縣，欽當爲魏昌人，傳脫山字，更倒成昌魏耳。 亦非嶺南人。） 黃法𣰰（仝十一本傳：『巴山新建人也，出入郡中，爲鄉閭所憚』。） 徐世譜（仝十三本傳：『巴東魚復人』。） 周敷（仝本傳：『臨川人也，爲郡豪族』）。 皆州里豪族，侯景亂時起兵， 爲高祖所收接者。 綜上所論，南朝用人之政策宋至陳凡三變，雖各種人之嚮用有盛衰，其趨勢則由偏倚而漸進於平均也。

乙 社會方面

A 僑人一貫之政策及其成功

六朝門閥制度之下，最爲人所重視者爲『婚』與『宦』。魏書三三公孫邃傳：『公孫邃叡爲從父兄弟，而叡才器小優，又封氏之生崔氏之婿。邃母雁門李氏，地望縣隔。鉅鹿太守祖季眞多識北方人物，每云：士大夫當須好婚親，二公孫同堂兄弟耳，吉凶會集便有士庶之異』。雖就北朝言，實是南北共有之現象。故論南朝對待特殊分子之政策時，政治方面從『宦』字着眼，社會方面則以『婚』爲中心推論之。晉書七七陸玩傳載『王導初至江左，思結人情，請婚於玩。玩對曰：培塿無松柏，薰蕕不同器，玩雖不才，義不能爲亂倫之始。導乃止』。僑人本不欲與吳人爲婚，導用人既兼及南士，更思交相婚姻，泯僑舊之別。然吳人亦自有其族類之意識，導之計遂不行。迨宋齊時摒吳人於政治勢力以外，於是僑人甲族在政治上社會上皆高出吳人，可以自婚姻關係窺之。宋，齊，梁，陳皇后中之南北人如下表：

朝　代	宋	齊	梁	陳
北　人	9	6	4	2
南　人	0	3	0	3

劉裕本僑姓寒門，蘭陵蕭氏亦非高門之首。（趙甌北據齊高『吾本布衣素族』一語，遂謂蕭氏爲寒門，非是。凡非帝室而是清流者皆可曰素族，南齊書百官志：『四中郎將宋齊以來惟處諸王，素族無爲者』。宋書禮志：『元嘉中顏延作王球石誌，素族無碑策，故以紀德。自爾以來，王公以下咸共遵用』。宋書四一孝懿蕭后傳：『孝皇墳陵本用素門之禮，與王者制度奢儉不同』。七九桂陽王休範傳：『素族當權，近習秉政』。陳書十七袁樞傳：『昔王姬下嫁，必適諸侯。湛氏初興，列侯尙主。自斯以後，降嫁素族』。是南朝之稱素族皆與宗室相對而言也。瑯琊王氏自稱『素族』，見梁書七太宗王后傳，濟陽蔡氏自稱『素門』，見宋書五七蔡興宗傳。（通鑑一三〇胡注謂興宗不應自稱素門，亦由未解素字之義。）濟陽江氏自稱『素流』，見宋書四一孝武王后傳。謝瞻自稱『素士』，見宋書五六本傳。是

素非寒素之謂矣。宋書孝懿蕭后卽蘭陵人，蕭思話亦聯姻帝室，明蕭氏非寒門，惟不逮王謝耳)。然爲帝之後遂與王謝比肩。王峻雖有『不藉殿下姻婭爲門戶』之言，(梁書五七本傳)。如孔熙先卽以門冑雖華朝廷不與姻娶詬范曄，足見高門以結姻帝室爲榮。陳朝姑俟下文論之，宋，齊，梁皇后皆北勝於南。齊之三南人中，其二爲微時配偶，其一爲廬江何氏。至於妃嬪，則列傳中籍貫可知者，宋南人五，齊南人一，其餘不識何許人者，自其姓氏推測，南人爲多，而十九非高門。宋書五二褚叔度傳稱『諸尙公主者，竝用世冑，不必皆有才能』。今觀宋，齊，梁之尙公主及與諸王爲姻戚者，有琅琊王氏，陳郡謝氏，殷氏，袁氏，河南褚氏，東海徐氏，濟陽蔡氏，江氏，太原王氏，汝南周氏，高平郗氏，檀氏，河東柳氏，平昌孟氏，蘭陵蕭氏，(宋世)彭城劉氏，(齊世)范陽張氏，皆是僑姓，南人惟有廬江何氏，而三吳高門無與焉。蓋帝室固不願以吳人母儀天下，而吳之高門亦不能破除『非類』之成見，屈爲帝室妃嬪也。梁時南士進用，而皇后中無南人，亦無尙主及與諸王婚者。(惟廬江何氏不在此例，梁書二二安成王秀傳『世子靜……何敬容欲以女妻之。靜忌其太盛，拒而不納』。宋以來何氏卽與帝室爲婚。此處南人指江南人。)是以知用人政策因帝王意恉與時勢所趨，南北漸平等，社會上地位因限於盛行之門閥觀念，朱張終亞於王謝。易言之，卽吳人社會上之地位影響其政治上地位，而政治上地位雖高，不能增進其社會上地位。梁袁昂古今書評謂『徐淮南書如南江士大夫，徒好尙風軌，終不免寒乞』。(太平御覽七四八工藝部五引)『南江士大夫』指湘廣諸州人而言，於時文化較低落，社會地位更不如吳人，故雖仕宦而被『寒乞』之譏。若與昂謝家子弟(淳化閣帖五作『楊州王謝家子弟』)縱復不端正爽爽有風氣之言相比較，(見前引)知南人在社會上地位終難與僑人競爭。南史四九庾華傳：

『爲荆州別駕。……初梁州人益州刺史鄧元起功勳甚著，名地卑瑣，願掛名士流。時[梁]始興忠武王憺爲州將，元起位已高，而解巾不先州官，則不爲鄉里所悉。元起乞上籍出身州從事。憺命華用之，華不從。憺大怒，召華責之曰：元起已經我府，卿何爲苟惜從事？華曰：府是尊府，州是華州，官須品藻。憺不能折，遂止』。(此節所紀時地人三者皆有疑義，辨見錢大昕二二史考異三七。　然此故事之含有通性似可無疑。）　在門閥制之下，門地卑瑣者雖已臻貴顯而不能列於士流，亦猶南人雖握政權，其甲族尚不能比肩王謝，聯姻皇室也。

今更考帝室以外之婚姻關係，惜當時人所撰中表錄等早已亡佚，殊難盡曉，然除史傳明記者外，如言某某爲甥舅，外兄弟，（姑之子），內兄弟（舅之子）等，亦足據以知兩家之關係。　姑本正史中可考者，排比其相爲婚姻諸族如下：（爲方便起見，以王謝爲中心，其無與王謝通婚之記載者別著之。　籍貫不詳者不錄。　箭號外向爲嫁，內向爲娶，兩族互有嫁娶則兩端皆著箭號，未詳者兩端皆不著。）

表一

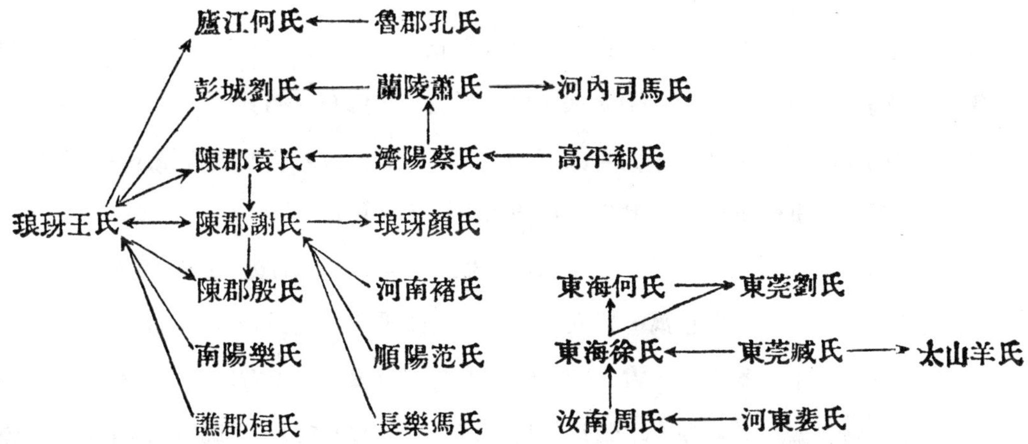

此僑姓大族之相爲婚姻者也。　此外有求娶而未果者，如高平檀氏之於濟陽江氏，（宋書七一江湛傳）東海徐氏之於濟陽江氏琅玡王氏。（梁書廿一江蒨傳）擬嫁而未遂者，如濟陰卞氏之於陳郡謝氏。（宋書五三謝方明傳）吳人自爲婚姻之可考者如表二：

表二

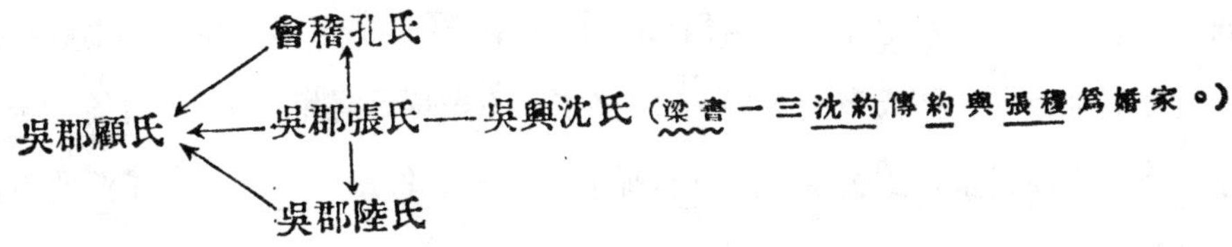

僑人與吳人相婚可考者綦少，如表三：

表三

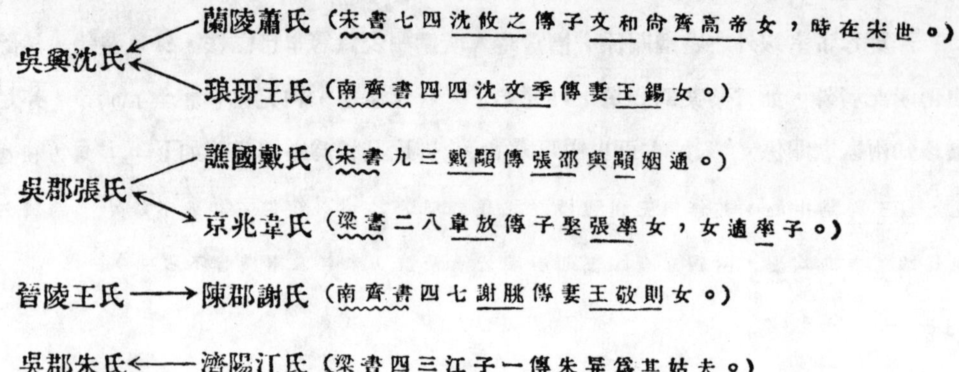

吾人不能以可考者少遽斷僑人高門與土著高門相婚者尠，然表一表二其間兩族婚姻關係大抵數重已上，表三皆祇一見，宋，齊，梁百三十餘年止得此六事，其比例視僑人吳人自相婚姻者若是其少，不大可注意耶？　竊疑朝廷雖未嘗禁僑舊相婚，高門實多保持其偏見。　民間亦偶有固執者，如陳書三三王元規傳：

『太原晉陽人也。……　元規八歲而孤，隨母依舅氏往臨海郡，時年十二。郡土豪劉瑱者資財巨萬，以女妻之。　元規母以其兄弟幼弱，欲結彊援，元規泣請曰：「因不失親，古人所重，豈得苟安異壤，輒婚非類」？　母感其言而止』。（梁初事）『非類』之云當是用左傳『神不歆非類』『非我族類』之語，晉書八四楊佺期傳稱『時人以其晚過江，婚宦失類』，類皆指種族言，非謂門戶高下，元規蓋以僑人鄙劉氏土著耳。

陳室微時婚娶多南人，高祖章后，世祖沈后及高宗初娶錢氏皆出吳興。　高祖從妹妻吳興錢道戢，（陳書廿二本傳）長女適錢蔵，（陳書十七袁樞傳，未言何許人）疑亦吳興人，皆梁世事。　受禪後公主下嫁北人者有彭城到氏，（陳書廿到仲舉傳）濟陽蔡氏。（陳書卅四蔡凝傳）凝傳稱太建中以名公子選尚信義公主，知僑姓甲族之社會地位崇高如故。　陳氏南土寒門，故公主亦不盡擇三吳甲族，如留異（東陽人），子貞臣尚世祖長女豐安公主，（陳書卅五留異傳）侯瑱（巴西人）子淨藏尚世祖第二女富陽公主。（皇后傳柳盼太建中尚世祖女富陽公主，見前。　蓋太建三年淨藏卒，又嫁於柳盼也。）蔡凝傳：

『高祖嘗謂凝曰：「我欲用義興主壻錢肅爲黃門郎，卿意何如」！凝正色對曰：「帝鄉舊戚，恩由聖旨，則無所復問。若格以僉議，黃散之職故須人門兼美，惟陛下裁之」！高宗默然而止』。從『帝鄉舊戚』之語觀察，錢肅當是錢道戢等一族。陳氏南人，又出寒素，故雖是皇室，不能如劉蕭之躋而與王謝爲伍。帝王之尊不能自增進其社會上地位，錢肅雖尙公主，亦無益於錢氏之門蔭，則僑姓猶在吳姓之上可知。此宋以來社會方面抑制南人政策之結果，積重難返，南人貴爲帝王而不能移社會之習俗，謂爲僑人政策之成功固無不可也。

B　從語音推測僑舊之同化

復次，無論僑人吳人若何努力於保存其固有風習及觀念，終難免於相互影響同化，請再以語音一事證之。宋書五一長沙王道憐傳：

『道憐素無才能，言音甚楚，舉止施爲多諸鄙拙』。又五二庾悅等傳論：

『史臣曰，高祖雖累葉江南，楚言未變，雅道風流，無聞焉爾』。南人指江淮間曰楚已見前，彭城項羽所都，故亦稱楚。兩傳於楚言咸若不慊。梁書四八盧廣傳：

『范陽涿人。……天監中歸國。……時北來人儒學者有崔靈恩，孫詳，蔣顯，竝聚徒講說，而音詞鄙拙。惟廣言論淸雅，不類北人』。靈恩傳云：

『聚徒講授，聽者常數百人。性拙朴無風采，及解經析理，甚有精致，京師舊儒咸稱重之』。梁世傖人來者既多，民間對學問之士亦頗禮敬，不復隔閡，惟終歧視其語音。陳書十周鐵虎傳亦稱鐵虎

『梁世南渡，語音傖重』。袁昂古今書評：

『施吳興書如新亭傖父，一往見似楊州人，共語音態便出』。（御覽七四八工藝部五引）是南人（包括僑人與土著）對於傖楚語音之不滿，百餘年間如出一轍。然有不可解者，所謂『楚言』卽北方語音，而宋高祖兄弟累葉江南未變之楚言，又明係東晉初渡江時僑人之語音，未受夷虜影響者。世說新語豪爽篇：『王大將軍年少時，舊有田舍名，語音亦楚。武帝喚時賢共言伎藝之（據唐寫本補之字）

事，人人(據唐寫本補下人字)皆多有所知，唯王都無所闕』。此西晉初年事，從洛陽言，王敦之楚音自是田舍鄙俚。然渡江以後，僑人既以中原爲尙，一切皆北勝于南。以廬江何氏在江南甲族之上例之，則保存達百年未變之楚音，自當爲僑人所貴，何以仍如西晉時之對楚音表示輕鄙？此其一。僑人語音卽來自中原，雖晉宋以後中原語音漸雜夷虜，亦不至相懸已甚，何以梁時對傖人語音如是之憎惡？此其二。竊謂一言以蔽，僑人同化於吳人耳。大凡異族因雜居與雜婚關係，最易同化。况僑人南人本非異族，士大夫中通婚雖少，然非絕無；民間固有如王元規者，似屬少數，僑舊終不免於相爲婚姻。自東晉至梁末，雜居二百餘年，無論僑人吳人如何保守，無形間之影響同化乃意中事。南境諸州中，楊州人口最多，而僑人最少，占全州人口一百四十五萬餘人之百分一·五。(見上所列表)故楊州雖爲僑人之政治中心，而此州之少數僑人實最易爲絕大多數之吳人所同化。顏之推已言『南雜吳越』，吳越卽南朝楊州之境。蓋楊州之僑人不自覺中受吳人薰染，於中原與吳人語音以外，漸型成一種混合之語音。同時楊州土著士大夫(江東甲族盡出會稽，吳，吳興諸郡，皆屬楊州。)求與僑人沆瀣一氣，競棄吳語，而效僑人之中原語音。然未必能得其似，中原語音反因吳人之摸擬施用，益糅入南方成分。此種特殊語音視楊州閭里小人之純粹吳語固異，視百年未變之楚言亦自不同。宋高祖世居京口，南徐州僑人最多，占全州人口四十二萬餘人之百分之五三·六三，與楊州迥不相侔，此高祖所以能累葉保存其楚言也。此種特殊之混合語音初型成時，蓋在東晉末年，故當時始以宋高祖兄弟之楚言爲異。逮混合達百餘年後，北方語言又雜夷虜，(中間雖有魏孝文之斷北語，然卽孝文以前之北方語音，必已比宋高祖之楚言離僑人受吳人影響後之混合語音爲遠。)梁世南人遂不論僑舊俱目傖楚語音爲鄙拙矣。袁昂書評所以獨引楊州人爲喩者，固以楊州都城所在，人物最爲冠冕，以喩傖父之外貌。竊疑亦惟在楊州此種僑吳混合之語音最盛行，然文獻難徵，姑著愚見以待宏達之教正。要之，此種相互同化作用範圍甚廣，語音特其劣可得言之一例耳。

梁世傖人南渡者多，政府復以含弘爲策，民族上之混淆同化作用亦益甚。及梁朝末年，不惟南境內百姓中僑舊之別漸消滅，卽客觀地北人吳人之區別亦遠不如昔者之嚴。如羊侃，太山梁父人，父祖皆仕魏，大通三年歸梁。梁書三九侃傳：

『侃曰：……北人雖謂臣爲吳，南人已呼臣爲虜。今與〔元〕法僧仝行，還是羣類相逐』。又胡僧祐南陽冠軍人，少仕魏，大通三年歸梁，復陷於北，中大通二年又得歸。自南人視之，固荒傖無疑，然僧祐與侯景將任約戰，約呼之曰：『吳兒何爲不早降』？（梁書四六本傳）皆足證其時在南即爲吳，在北即爲虜，吳虜之別爲相對而非絕對矣。

第三節　南朝政府之政策——對一般分子

上文以政治與社會爲中心，論南朝若何對待境內各種人中之特殊分子，此節擬探討其統治一般分子之政策。然舉凡有關地方之制度莫非對一般分子者，其間無特殊用意之可言，故不復論止論對於僑人及蠻人之政策。政府與人民之關係不外乎政府之統治的設置與人民對政府之負担，今就此兩點分述之。

甲　土斷僑人政策之失敗

東晉立僑州郡縣以處北來流民，居南境而不著籍。自後逐漸畫實土爲僑郡縣境，散在各地之僑人未有實土者，土斷爲當地編民。又有所謂雙頭郡縣者，僑人既無實土，又不土斷，仍存其郡縣舊名，寄治於實郡縣，即以實郡太守兼領寄治之僑郡。（亦有兩郡皆有實土，而爲雙頭郡者。如宋豫州汝南，新蔡二郡，新蔡郡帖治汝南，即以汝南太守兼領新蔡郡，惟此類與僑人之統治無與。關於南北朝之雙頭郡縣將別論之。）政府之征租稅必以戶口册籍爲根據，而册籍之製造又以人民安土定居爲前提。東晉初年僑民既以匡復中原爲念，不願著籍南土，而散居四境，無簿籍可稽。孝武帝時范甯上疏稱『自爾漸久，人安其業，丘壟墳柏，皆已成行。雖無本邦之名，而有安土之實。今宜正其封疆，以土斷人戶。明考課之科，修閭伍之法』。（晉書七五本傳）蓋渡江以後政府爲勞徠計，既無簿籍，遂不加租課於不著籍無實土之僑民。陳書五高宗紀：

『太建十一年三月丁未，詔淮北義人率戶口歸國者，建其本屬舊名，置立郡縣，即隸近州。賦給田宅，喚訂一無所預』。東晉之初疑即如此。然不著籍之僑民日漸繁殖，逮東晉末葉其數目雖不可知，大有影響於國家財政則無疑。此桓溫所以行土斷之法也。晉哀帝興寧二年三月之庚戌土斷未能盡斷境內僑人，五十年後，安帝義熙九年（宋書本紀通鑑皆同，宋書四四謝晦傳作八年。） 宋武帝復請土斷，表云：

『及至大司馬桓溫以民無定本，傷治爲深，庚戌土斷，以一其業。 于時財阜國豐，實由于此。 自茲迄今，彌歷年載，畫一之制漸用頹弛，雜居流寓閭伍弗修。 王化所以未純，民瘼所以猶在』。 旣財阜國豐爲庚戌土斷之結果，足見宋武請行土斷之最大目的亦在充實國家財政，王化未純民瘼猶在特其託詞而已。 觀謝晦傳稱『義熙八年土斷僑流郡縣，使晦分判揚豫民戶，以平允見稱』。 知諸州咸願人民斷入己境也。 義熙土斷固未能盡，而義熙九年以後，北地猶陸續有流民入南。 宋孝武帝卽位之初，周朗上書請土斷。 （宋書八二本傳）宋書七六王玄謨傳亦稱：

『[孝武時]雍土多僑寓，玄謨請土斷流民。 當時百姓不願屬籍，罷之』。（南史十六本傳：『乃省併郡縣，自此便之。 百姓當時不願屬籍』。 不言『罷之』。）今考州郡志，雍州所領新野，順陽，京兆，扶風，河南，廣平諸郡皆有大明土斷所立之縣，南齊書三五張敬兒傳：

『初王玄謨爲雍州，土斷敬兒家屬舞陰，敬兒至郡，復還冠軍』。 是玄謨傳罷之云者當係暫罷，終復行之。 冠軍，舞陽同屬南陽郡，猶被土斷，則僑民可知，當以南史爲是。 後廢帝元徽元年八月又詔申土斷之制。 齊高初年土斷郢，司，豫，南兗諸州流雜。 （南齊書廿四柳世隆傳廿九呂安國傳）載籍可考之最後之土斷在陳世祖時，陳書紀：

『天嘉元年七月乙卯詔曰：自頃喪亂，編戶播遷，言念餘黎，良可哀惕。 其亡鄉失土逐食流移者，今年內隨其適樂，來歲不問僑舊，悉令著籍，全土斷之例』。 上距興寧二年凡一百九十六年。 晉宋之際猶視土斷爲暫時之計，故宋武上表稱：『請準庚戌土斷之科。…… 然後率之以仁義，鼓之以威武，超大江而跨黃河，撫九州而復舊土。 則戀本之志乃速由於當年，在始暫勤，要終所以能易』。宋末對土斷之態度已不然，元徽元年詔稱：『宜式遵洪軌，以爲永憲，庶阜俗昌民，反風定保』。（宋書九本紀）

歷次土斷之區域不可盡知。 宋書二武帝紀：

『於是依界土斷，唯徐，兗，青三州居晉陵者不在斷例』。 在晉陵之三州人獨不土斷，未詳其故。　通鑑一一六文同，　胡身之注：『徐，青，兗三州都督率治晉陵，故難以土斷』。　都督本非官名，若謂刺史，亦無治晉陵之事。　疑胡氏誤以晉書地理志『郗鑒都督青兗二州諸軍事兗州州刺史，加領徐州刺史鎮廣陵』之廣陵爲晉陵，遂强爲之說耳。　南徐州僑郡縣最多，居晉陵，義興諸郡未土斷不著籍者蓋亦不少，　故梁天監元年又土斷南徐州諸僑郡縣。　（梁書二武帝紀）義熙九年以後南徐州未土斷之僑民當亦『唤訂一無所預』，然宋書六孝武帝孝建元年紀有『是年始課南徐州僑民租』之文，則宋孝武以後梁天監以前南徐州不著籍之僑人雖未土斷，已與舊民同輸租課，梁武特土斷之使名實相副耳。　（宋書五文帝紀：『元嘉廿八年三月丁巳詔曰，……其大赦天下，復丹徒縣僑舊今歲租布之半，行所經縣蠲田租之半』。　此所謂僑指僑立於丹徒之南東海郡民而言，有實土官長，非寄居四境，故與舊民相同。）

魏書七八張普惠傳：

『〔正光末，梁武帝普通中〕出除左將軍東豫州刺史，淮南九戍十三郡猶因蕭衍前弊，別郡異縣之民錯雜居止。　普惠乃依次括比，省減郡縣。　上表陳狀，詔許之。　宰守因此綰攝有方，奸盜不起。　民以爲便』。　可證梁世雖別郡異縣人相雜居，對國家之負担似無軒輊。　惟難綰攝，易生奸盜，故普惠併省後民以爲便，與前世畏納租稅而不欲土斷者異矣。

南朝土斷終未澈底，不如北朝之整齊畫一者，其原因在戶籍制度之疏密，而戶籍制度又視鄉黨制度爲轉移。　北魏初惟有宗主督護，民多隱冒。　孝文初李沖請立三長，始『混天下爲一法』。　北齊北周皆師其意，雖單位組織互有不同，其制度之綿密整齊無異。　魏孝文延興三年已詔使者巡行州郡，檢括戶口，其有仍隱不出者，州郡縣戶主並論如律。　太和五年班戶籍之制五條。　十年立三長，因定民戶籍。　十一年又詔精檢戶籍，勿令遺漏。　十四年詔依準丘井之式，遣使與州郡宣行條制，隱口漏丁郎聽附實。　（皆見本紀）是既有定制，　復時加督促，魏氏盛時戶籍蓋少隱漏。　北齊遂不然。　隋書五五乞伏慧傳：

『高祖受禪，拜曹州刺史。　曹土舊俗民多姦隱，戶口簿帳恆不以實。　慧下車按察，得戶數萬』。　又五六令狐熙傳：

『〔開皇初〕拜滄州刺史，時山東承齊之弊，　戶口簿籍類不以實。　熙曉諭之，令自歸首，至者一萬戶』。蓋高齊雖承襲北魏制度，而政治窳敗，不能推行督促，以致此也。南朝鄉黨閭里本無綿密之規制。宋書百官志縣令下云：

『漢制……五家爲伍，伍長主之；二伍爲什，什長主之；十什爲里，里魁主之；十里爲亭，亭長主之；十亭爲鄉。鄉有鄉佐三老，有秩，嗇夫，游徼，各一人。……其餘〔丞尉以外〕衆職或此縣有而彼縣無，各有舊俗，無制定也』。據休文所記，似宋時猶保存漢代之鄉黨制度者。通典通考俱沿襲此文，顏曰『宋制』。而謂宋諸鄉官『所職與秦漢同』。顧炎武日知錄八鄉亭之職條正文引漢書百官表，而自注中引宋書百官志爲注脚，亦認漢代百家爲一里，宋又沿漢制。其實宋志中所載漢制根本不存在，更無遺留或施行於宋代之理，杜，馬，顧諸家皆爲休文所誤耳，昔評日本岡崎氏書，稍引其端緒，試更推闡之，以明宋志所載決非宋制。班固漢書百官公卿表：

『大率十里一亭，亭有長；十亭一鄉，鄉有三老，有秩，嗇夫，游徼』。未嘗明言若干戶爲一里。晉司馬彪續漢書百官志始云：

『里有里魁，民有什伍，善惡以告。本注曰：里魁掌一里百家，什主十家，伍主五家，以相監察』。百官志總序稱『世祖節約之制宜爲常憲，故依其官簿，粗注職分，以爲百官志』。劉昭注言『故凡是舊注通爲大書，稱本注曰』。一里百家之說既見於本注，則是司馬彪語，非後漢官簿所舊有者。休文乃糅合百官公卿表與百官志，更誤以司馬彪本注所記爲漢制，遂排比成一系統耳。百官公卿表：

『縣……萬戶以上爲令，……減萬戶爲長』。應劭漢官儀衞宏漢舊儀俱有相同之記載。一縣戶數最多至若干今不可知，然續漢志劉昭注引應劭漢官儀云：

『三邊始孝武所開，縣戶數百，而或爲令。荆，楊，江南七郡，惟有臨湘，南昌，吳三令爾，及南陽，穰中土沃民稠，四五萬戶，而爲長』。知大縣戶數達四五萬，而小縣乃止數百。再以漢書地理志續漢書郡國志所記每郡縣數與戶數平均分配之，每縣戶數大抵遠在萬戶以下。平均分配固不盡合事實，要足與應劭之言相參證。若以休文百家爲里，千家爲亭，萬家爲鄉之說爲準，必多縣不足以統鄉，而鄉反能獨立爲縣。即云大縣乃統鄉，然漢代鄉黨制度之本意亦猶魏孝文立三長時所云，在求『風教易周，家至日見；以大督小，從近及遠。如身之使手，幹之總條』。一鄉所含戶數若如是之多，豈非早失身使手幹總條之意，而致尾大不掉乎？周禮管子諸書所載鄉官制度皆屬理想，未必見諸實行，姑不論。晉以後曾實行之鄉黨制度可取與休文所組成之系統相比較，而益見休文所定單位之難通。據晉書職官志晉縣五百戶以上置一鄉，三千戶以上置二鄉，五千戶以上置三鄉，萬戶以上置四鄉。鄉置嗇夫一人。又稱：

『鄉戶不滿千以下置治書史一人；千以上置史佐各一人，正一人；五千五百以上置吏一人佐二人。縣率百戶置里吏一人，其土廣人稀，聽隨宜置里吏，限不得減五十戶』。是晉代鄉黨之制最小單位不得減五十戶，最大單位雖有至五千五百戶以上者，亦必不能超出過多，至於萬家也。北魏孝文時所定三長制五家立一鄰長，五鄰立一里長，五里立一黨長。一黨所統僅一百二十五家。東魏末元孝友上疏稱：

『令制百家爲黨族，二十家爲閭，五家爲比鄰』。（魏書十八本傳，又見北齊書廿八），則又改孝文之制，以百家爲最大單位。隋書二四食貨志：

『［齊］至河淸三年定令，乃命人居十家爲比鄰，五十家爲閭里，百家爲族黨』。（通典食貨三引北齊令略同）最大單位仍爲百家，惟其下組織與魏小異。隋書二高祖紀：

『開皇九年制五百家爲鄉，正一人；百家爲里，長一人』。唐全因隋制。最大單位皆爲五百戶。由此可知後代凡曾實行之鄉黨制度，姑不問其久暫，要皆在縣統轄之下，而最大單位統無至萬戶者也。

以上既證明休文誤信司馬彪本注所載單位，構成不能存在之鄉黨制度，請更進而闡釋司馬彪本注所稱一里百家之決非漢制。即使劉宋襲秦漢舊制，亦不能如休文所述也。漢代里與亭中所含戶數本無定，故百官表與續漢百官志（卽後漢官簿）皆未明言若干戶爲一里。百官表記鄉官組織極清晰，里乃鄉黨制度之最低單位，若有固定之戶數，絕不容略而不言。兩漢以前載籍中，除周禮管子等後人僞託以表見其政治思想者外，凡言『里』皆只有邑或居之意，從無里中包括固定戶數之記載。漢人如毛公傳詩，康成注禮，以及劉熙釋名，應劭風俗通等解釋一里之戶數皆互不相同。許君說文每用當代制度說字，非盡本義，而里字下亦祇云『居也』而已。古代之里猶後代之街或巷，一巷中自難限制使有一定之戶數。不惟先秦，漢代亦復如此。故諸家注經不一其說，俱不外推測之詞。百官表以本無定數，遂不道及矣。尤有可證成此說者，百官表：

『縣大率方百里，其民稠則減，稀則曠。鄉亭亦如之』。竊意此節之解釋爲：一縣土地大約方百里，然亦不無出入。如其地戶口稠密，方百里內已遠超過大縣數目之『萬戶以上』，則分割其土地，使其戶數不至超過一縣所應有。於是減至方九十里八十里，乃至六七十里。若其縣戶口稀少，則其領境至多亦止方百里，聽其空曠，而不擴充此縣之土地。此兼顧戶口與土地，折衷調和而定之制度也。所謂『鄉亭亦如之』者，每里戶口本不相同，大率十里一亭。若五里之戶數已相當於普通之十里，則此五里即爲一亭。準此，五亭或六亭之戶數相當於普通十亭時，則此五亭或六亭即爲一鄉。故百官表言『縣大率方百里』，『大率十里一亭』，『大率』者可上可下之詞。續志載鄉有有秩，三老，游徼；亭有亭長；里有里魁；而不言若干里爲亭，若干亭爲鄉，亦可消極證明里中無固定戶數，因而亭不統一定里數，鄉亦不統一定亭數。劉昭續志注引漢官：

『鄉戶五千，則置有秩』。依此數推算，每亭當五百戶，每里當五十戶，意者此即漢代里亭鄉所統戶數之『大率』乎？晉制之『縣率百戶置里吏一人，其土廣人稀，聽隨宜置里吏』，雖單位之戶數與漢代不同，然其有伸縮性猶是漢制遺意。宋代制度十九沿晉之舊，如於鄉黨閭里有規定組織，亦當用晉制，無越司馬氏而上法秦漢之理。若然斯爲劉氏創舉，制置始末不容無聞。休文誤信司馬彪漢代百戶爲里之說，（彪蓋誤以時制之百戶置里吏一人釋漢制也）遂排比組成一系統，於百官志中備一格。然下文又言『其餘衆職或此縣有而彼縣無，各有舊俗，無定制也』。是休文亦明知宋代未盡沿用其所謂漢制者。鄉官衆職既或有或無無定制，則宋代未嘗普徧地系統地施行鄉黨制度，（姑不論其沿漢制晉制，或於漢晉以外別定之。）蓋無疑義。自杜君卿逕認宋志『漢制』二字下所排列之系統爲『宋制』，後人遂習焉不察耳。南齊書百官志及隋書百官志所紀梁陳制度，皆無鄉官。休文齊梁時入，其時果施行漢代鄉黨制度者，卽使非盡漢人之舊，休文亦不應毫未省察，至漫合百官表與司馬彪之說，構成極不合事理之系統也。 晉時鄉黨制度本不嚴密，渡江後當已破壞無餘。 朝廷爲僑人計，不加整頓，以求恢復。 其後雖屢行土斷，而不先從建立基本之鄉黨制度入手，欲土斷之普徧澈底，庸可得乎？

復次，南朝於鄉黨閭里雖未嘗推行嚴密之制度，地方猶間存前代組織之面目。惟旣不普徧，復無統系，不能收身使臂臂使指之効，更無補於整理戶籍耳。 宋志所謂各有舊俗，或有或無者，卽此類也。 如宋書四一孝穆趙后傳於興寧元年葬『晉陵丹徒縣東鄉練壁里雩山』。 一百自序稱七世祖延始居武康縣東鄉之博陸里餘烏邨，鄉里之稱猶仍舊制。（宋書九二良吏傳序：『凡百戶之鄉，有市之邑』，則係汎言，非宋世鄉必有百戶也。） 里下又有村，有伍。 宋書九一郭世道傳：

『仁厚之風行於鄉黨，鄰村小大莫有呼其名者』。 又五三謝方明傳：

『轉會稽太守，江東民戶殷盛。…… 罪及比伍，動相連坐。 一人犯吏，則一村廢業』。 又九一蔣恭傳：

『所寓村伍容有不知，不合加罪，勒縣遣之，還復民伍』。 又一百自序：

『民有盜發冢者，罪所近村民，與符伍遭刼不赴救同坐。…… 刼罰之科雖有同符伍之限，而無遠近之斷。 夫冢無村界，當以比近坐之』。 又五四羊玄保傳：

『先是劉式之爲宣城，立吏民亡叛制，一人不禽符伍里吏送州作部』。 又六四何承天傳：

『因此附定制旨，若民人葬不如法，同伍卽當糾言』。 南朝鄉官之可考者，如南齊書五明帝紀載建武元年詔『諸縣使村長路都防城直縣，爲劇尤深，亦宜禁斷』。梁書二武帝紀載天監十七年詔書『若流移之後本鄉無復居宅者，村司三老及餘親屬卽爲詣縣告請，村內官地官宅令相容受』。 又二十二安成王秀傳『及至［江］州，聞州刺史取徵士陶潛曾孫爲里司』。 此類最下層之鄉官所以抑制奸非。 宋孝武時周朗上書稱『欲爲教者宜二十五家選一長，百家一師』，（宋書八二本傳）蓋師古者鄉黨制度之遺意，惟朗乃求教化之普及，亦非從整理戶籍着眼。 齊高梁武時，虞玩之沈約皆嘗上書論版籍，歸納其言，當日弊端有二：漏籍與改籍是。 漏籍者逃免賦役，改籍者冒入仕流。沈約爲矯改籍之弊，請嚴斷貨賄，取明諳流品者用晉籍及諸姓雜譜相讐校，以絕詐僞。虞玩之謂漏籍由於『凡受籍縣不加檢合，但封送州。州檢得實，方却歸縣。吏貪其賂，民肆其奸，奸彌深而却彌多，賂愈厚而答愈緩』。（南齊書卅四本傳）故請以元嘉二十七年籍爲正，別置校籍官。限一日得數巧，至永明八年卒以繁碎而罷。皆不知正本清源當首立嚴密之鄉黨制，層層檢覈，然後戶籍之編製爲易，而弊端可絕也。

乙 對蠻俚等之漠視

宋齊於多蠻之地立左郡左縣已見前，復有校尉護軍都護等專司鎮懾討伐，通四代廢置不恆。校尉大抵用所治地之刺史兼領，惟南蠻校尉晉及宋多別以重人居之，至齊始以荆州刺史兼領。（南齊書廿二豫章王嶷傳）宋書六四何承天傳載『趙惔爲寧蠻校尉尋（當作襄）陽太守』，乃義熙中事，宋以後無以太守領校尉者。南蠻校尉治江陵，甯蠻校尉治襄陽，安蠻校尉治豫州，（宋齊百官志皆無。宋書七二南平王鑠傳：『〔元嘉中〕罷南豫併壽陽，卽以鑠爲豫州刺史，尋領安蠻校尉』。疑卽治壽陽。）三巴校尉治白帝，（宋書明帝紀，泰始五年置。宋本南齊書州郡志：『巴州三峽險隘，山蠻寇賊。宋泰始三年議立三巴校尉以鎮之。……建元二年……爲州』。他本咸缺此葉。三年疑五年之誤。或三年立議，至五年始置。）平蠻校尉治益州。（南齊書百官志永明三年置）府皆置佐史，與州府同，亦有出州府之外者，如南蠻府有定蠻長。（宋書七七柳元景傳）南蠻府資費之多至歲三百萬，布萬疋，綿千斤，絹三百疋，米千斛。（南齊書廿二豫章王嶷傳）南蠻府所領兵別有兵籍，（宋書四四謝晦傳）其數不可考。然通鑑一二八載宋孝建元年罷南蠻校尉後，『遷其營於建康』。（宋書無）水經江水注：『自此〔公安縣油口〕淵潭相接，悉是南蠻府屯』，爲數必不少。鎮蠻安遠等護軍，加於廬江，晉熙，西陽，武陵諸郡太守。廣州西南二江川源深遠，別置都護，以鎮遏蠻俚，專征討之。（見南齊書州郡志，宋齊百官志俱無）齊志越州下稱宋泰始中陳伯紹爲西江都護，則宋時已有此官，惟梁末以後南服多事始漸要重。陳高祖於梁太淸元年除西江都護高要太守，是都護在校尉之下，與護軍之稱處略等也。

宋書九七蠻傳稱『蠻民順附者一戶輸穀數斛，其餘無雜調』。又謂『蠻無徭役，強者又不供官稅』。　蓋蠻俚供輸未有定制，大體以米穀爲主。　宋書九三徐豁傳：

『中宿縣俚民課銀，一子丁輸南稱半兩。　尋此縣自不出銀，又俚民皆巢居鳥語，不閑貨易之宜。……　今若聽計丁課米，公私兼利』。　又一百自序沈亮元嘉末爲南陽太守，『邊蠻畏服，皆納賦調』。　南齊書豫章王嶷傳：

『沈攸之責賧千萬，頭擬輸五百萬』。　梁書十七張齊傳：

『於益州西置東梁州，……齊上夷獠義租，得米二十萬斛』。　蠻人頗以田作爲業，故能出米，如宋書七七沈慶之傳稱『蠻田大稔，積穀重巖。……　自冬至春，因粮蠻穀。……　［獲］米粟九萬餘斛』。　梁書三武帝紀：『大同八年二月，於江州新蔡高塘立頌平屯，墾作蠻田』，皆其證也。　南齊書二五張敬兒傳載建康民陽天護商行入蠻，四十魚復侯子響傳載令內人作錦袍絳襖，欲餉蠻以交易器仗。　是蠻人且知商賈之事。

對於降附蠻俚之處置，惟有就其地設左郡左縣。　亙宋，齊，梁，陳四朝，移徙蠻民之記載止一見而已。　宋書五文帝紀：

『元嘉二十二年七月，雍州刺史武陵王諱（即孝武帝駿）。　討緣沔蠻，移一萬四千餘口於京師』。　七七沈慶之傳亦載此事云：

『前後所獲蠻並移京邑，以爲營戶』。　然紀傳中從不見以蠻兵供戰陣，惟宋書四一文帝袁后傳：

『大明五年世祖……又詔……外戚尊屬不宜作墳塋蕪穢，可各給蠻戶三，以供洒掃』。　劉敬叔異苑（津逮祕書本）六：『南平國蠻兵在姑熟，便有鬼附之』。

南平國在荆州江陵江南岸。　敬叔宋初時人，似取蠻人爲兵不自元嘉始。　疑其數極少，而政府又不以之任征討也。　蓋僑人自謂衣冠上國，三吳猶所鄙夷，遑論蠻俚？加以戎狄亂華之後，中原人避地江南者於外族遠之惟恐不及。　宋書三一五行志：

『晉元帝永昌元年寧州刺史王遜遣子澄入質，將淪濮雜夷數百人入京邑。　民忽訛言寧州人大食人家小兒，親有見其蒸煑滿釜甑中者。……　王澄大懼，檢測之，事了無形，民家亦未嘗有失小兒者，然後知其訛言也』。　可見南人畏懼蠻夷之心理，而廣越獠族確有食人之習俗，（南齊書四一張融傳）。　宜其不願徙蠻夷居內地。

且以宋朝論，多蠻俚之雍，郢，湘，廣等皆土曠人稀，（荆州亦多蠻，而宋書六六何尙之傳稱荆揚二州戶口半天下，爲例外。）揚，南徐，南豫則地狹民稠，揚州尤甚，如會稽郡山陰一縣卽三萬戶，故孔靈符表請徙無資之家於餘姚，鄞，鄮三縣。（宋書五四孔季恭傳）豪强侵佔，亦在揚州。宋書五四羊玄保傳載大明初揚州刺史西陽王子尙上言『熂山封水，保爲家利。自頃以來頹弛日甚。富强者兼嶺而占，貧弱者薪蘇無託。至漁採之地亦又如茲』。孔靈符產業甚廣，又於永興立墅，周回三十三里，水陸地二百六十五頃，含帶二山，又有果園九處。（宋書孔季恭傳）蓋會稽全實，民物殷阜，故豪右及幸臣於山湖多所封略。（宋書五七蔡興宗傳）卽朝廷有意徙蠻俚於揚州，亦勢所不行矣。

朝廷既不徙蠻俚於文化較高之地域，而對南方諸州亦毫無開發教化之政策，可以自地方長吏之任用證成此說。當時京朝官品位雖高，而祿力遠不及地方官之優厚。宋書四六趙倫之傳：

『久居方伯，頗覺富盛，入爲護軍，資力不稱，以爲見貶』。倫之嘗爲雍州刺史 百官志刺史領兵者四品，護軍則三品也。宋書七五王僧達傳：

『以爲尙書右僕射，尋出爲使持節南蠻校尉。……及爲護軍，不得志，……以爲吳郡太守』。僕射護軍皆第三品，南蠻第四品，太守第五品。護軍不得志而出爲太守，其間優劣固不以官品爲準，梁武帝亦嘗言『荆州長史南郡太守皆是僕射出入』。（南史五十劉之亨傳）蓋州郡官於俸祿以外受納甚多，皆視陋規爲當然，南齊書二十二豫章王嶷傳：

『宋氏以來州郡俸秩及供給多隨土所出，無有定準。嶷上表曰：……伏尋郡縣長尉俸祿之制雖有定科，而其餘資給復由風俗。東北異源，西南各緒，習以爲常，因爲弗變。臣謂宜使……事在可通隨宜開許，損公侵民一皆止却』。南史五七范雲傳稱雲齊世爲零陵內史，初零陵舊政公田俸米之外別雜調四千石，雲至郡止其半，百姓悅之。又七二何思澄傳，父敬叔齊長城令，在縣淸廉，不受禮遺。夏節至，急牓門受餉，數日中得米二千餘斛，他物稱是。又五二梁始興王憺傳天監中爲益州刺史。舊守宰丞尉歲時乞丐，躬歷村里，百姓苦之，習以爲常。憺至州停斷嚴切，百姓以蘇。守宰資力富盛，於是家貧者競求爲郡縣，朝廷亦以是爲恩澤，而江，湘，交，廣諸州長吏此類尤多。 如宋蕭惠開妹與女將適諸王，發遣之資須二千萬，乃以爲豫章內史，聽其肆意聚納。（宋書八七本傳）齊明帝以王晏須祿養，出爲江州刺史。（南齊書四二本傳）檀珪求祿，王僧虔以爲安城（當作成）郡丞。（仝三三僧虔傳）卞彬家貧，出爲南康郡丞。（仝五二本傳）王僧虔爲干績乞郡啓稱『家貧仰希江郢所統小郡』。（梅鼎祚文紀引寶章集）王僧達上書稱『東郡奉輕，西郟（當卽陝字）祿重。…… 乞還江湘遠郡， 一二年中， 庶反耕之日粗槳有寄』。（宋書七五本傳）何昌㝢母老求祿，出爲湘東太守。（南齊書四三本傳）蔡祐家貧， 文帝以祐子爲始安太守。（宋書四二劉穆之傳）梁武帝謂蕭介甚貧， 可處以一郡， 乃出爲始興太守。（梁書四一本傳）劉愐家貧，出爲廣州增城令。（宋書八五本傳）宋孝武謂張融殊貧，當序以嘉祿，出爲封溪令。（南齊書四一本傳）關康之以母老家貧，求爲嶺南小縣。（仝五四本傳）內官坐事左遷，亦往往謫爲諸州守宰。 如宋王釗忤建安王休仁，出爲始興相。（宋書四二王弘傳）蔡興宗以事除交州新昌太守。（宋書五七本傳。 南史廿九本傳作永昌，俱不見於州郡志。 晉書地理志交州有新昌郡，孫皓所立。 隋志交州嘉寧下云舊置興州新昌郡，平陳郡廢。） 何長瑜忤臨川王義慶，出爲南海增城令。（宋書六七謝靈運傳）徐爰旣貶交州，又詔特除廣州統內郡。（仝九四本傳）江淹忤建平王景素，黜爲建安吳興令。（梁書十四本傳）可見朝廷對江，湘，交，廣等南境諸州百姓全無子恤之心，遑論教化。 抑尤有甚者，南齊書四十竟陵王子良傳永明初上疏稱：

『宋運告終，戎車屢駕，寄名軍牒，動竊數等。 故非分充朝，資奉殷積。 廣越邦宰梁益郡邑，參差調補，實允事機。 且此徒冗雜，罕遵王憲，嚴加廉視，隨違彈斥。 一二年間，可減太半』。 子良南齊之賢王，乃爲省中朝資奉，不惜調補勳人爲廣越諸州守宰， 又利用其不遵王憲而彈斥減削之， 其視諸州人民誠草芥之不若矣！ 南史七十郭祖深傳祖深述梁時弊政：

『朝廷擢用勳舊，爲三陲州郡。 不顧御人之道，唯以貪殘爲務。 迫脅良善，害甚豺狼，江湘人尤受其弊』。 前後如出一轍。 自非求祿養與被黜遷官者，皆不願南行。 宋書九二阮長之傳元嘉九年遷臨川內史，『以南土卑濕，母年老非所宜，辭不就』。 南齊書五二丘巨源傳稱巨源除武昌太守，拜竟，不樂江外行。 世祖問之，巨源曰：『古人云寧飲建業水，不食武昌魚。臣年已老，寧死於建業』。梁書十六王亮傳出爲衡陽太守，『以南土卑濕，辭不之官』。皆其例也。

此文承陳寅恪先生，傅孟眞先生指導修正，謹志謝忱。二十六年一月四日寫竟，二月十日卽丙子年除夕修改竟，記於南京北極閣下史語所。

追記　友人俞大綱先生謂劉裕北來而寓晉陵，若全依法制爲土斷，則無以示優異於其潛龍之邑，故晉陵獨異於他郡，青兗二州流民在晉陵者亦不從土斷，或當時從龍子弟多屬此輩。案俞說是也。據宋書州郡志義熙九年晉陵郡還治京口，而宋武奏請土斷卽在是年。受禪後永初元年八月有詔彭沛下邳三郡首事所基，情義繾綣。彭城桑梓本鄉，加隆攸在，優復之制宜同豐沛。其沛郡下邳可復租布三十年。適與此說相呼應。至宋武京口起義及佐命諸臣，亦十九隸籍徐兗青三州。宗室諸劉而外，如劉康祖劉毅皆彭城人，劉穆之童厚之臧熹兄弟皆東莞人，劉蔚兄弟臨淮人，劉粹沛郡人，皆徐州也。檀韶兄弟叔姪高平人，魏詠之兄弟任城人，皆兗州也。孟昶兄弟孟懷玉兄弟平昌人，則青州也。外戚如孝穆趙后下邳人，孝懿蕭后蘭陵人，武敬臧后東莞人，皆屬徐州。劉康祖劉穆之劉粹檀氏兄弟孟懷玉兄弟史皆言其世居京口，世說新語企羨篇言孟昶未達時家在京口，此外諸人大約亦多居晉陵郡地。於是曩者之疑渙然冰釋，因補誌之，並謝大綱之啓示焉。

二十六年六月二十二日史語所。

出自第七本第四分(一九三八年五月)

論宇文周之種族

周一良

日者與傅孟眞先生論南北朝史事，先生謂北周宇文氏出於鮮卑之說蓋不可信，因志斯恉，退而抽繹羣書，乃證明宇文周實匈奴南單于遠屬，載籍斑斑可考，謂出於鮮卑者誣也。周書一文帝紀：

太祖文皇帝姓宇文氏，……代武川人也。其先出自炎帝神農氏，爲黃帝所滅，子孫遯居朔野。有葛烏菟者，雄武多算略，鮮卑慕之，奉以爲主，遂總十二部落，世爲大人。其後曰普回，因狩得玉璽三紐，有文曰皇帝璽。普回心異之，以爲天授。其俗謂天曰宇，謂君曰文，因號宇文國，竝以爲氏焉。普回子莫那，自陰山南徙，始居遼西，是曰獻侯，爲魏舅生之國。九世至侯豆歸，爲慕容晃所滅，其子陵仕燕，拜駙馬都尉，封玄菟公。魏道武將攻中山，陵從慕容寶禦之，寶敗，陵率甲騎五百歸魏，拜都牧主。賜爵安定侯。天興初徙豪傑於代都，陵隨例遷武川焉。北史九略同

此中神話成分姑置不論，言『鮮卑慕之，奉以爲主』，固未嘗謂葛烏菟即鮮卑種。拓拔氏自稱鮮卑出於黃帝，而宇文氏乃稱出於神農，爲黃帝所滅，疑此傳說卽象徵宇文部爲慕容氏所滅而構成。二者同爲依託，然亦足證拓拔宇文族類非一。北史九八宇文莫槐傳明冠以匈奴二字云：

匈奴宇文莫槐出遼東塞外，其先南單于之遠屬也。世爲東部大人，其語與鮮卑頗異。……遜昵延父子世雄漠北，又先得玉璽三紐，自言爲天所指。魏書作相……〔魏〕昭帝……以女妻焉。……〔慕容〕晃伐逸豆歸，卽周書之侯豆歸……逸豆歸遠遁漠北，遂奔高麗，晃徙其部衆五千魏書一〇三及通鑑九七晉康帝建元二年紀同，魏書九五慕容元眞（卽晃，避恭宗諱。）傳晉書一

〇九慕容皝載記及通典一九六邊防典一二皆作萬。元眞傳收書之舊，晉載記本於崔鴻十六國春秋，皆先於李延壽，疑作萬爲是。餘落於昌黎，自是散滅矣。魏書一〇三此傳亡，後人以北史補之，文字小有同異，無關宏旨，茲不著。通典一九六自注『後魏史云，其先匈奴南單于之遠屬』。君卿時收書未有亡佚，而史通正史篇言其時『稱魏史者猶以收本爲主』，則君卿所引後魏史當即伯起魏書一〇三宇文莫槐傳，與北史所述相同，知北史此傳即收書之舊。

魏書四四宇文福傳：

河南洛陽人，其先南單于之遠屬，世爲擁部大人。北史二五同。

北史五十宇文忠之傳：

河南洛陽人也，其先南單于之遠屬，世據東部，後居代都。魏書八一忠之傳乃後人以北史補。

是宇文諸族國亡入慕容氏，展轉復入於魏。惟宇文泰之先世入魏復遷武川，而福與忠之先世居平城，再隨孝文南遷，遂爲洛陽人耳。福傳稱：

福……除都牧給事。〔太和〕十七年車駕南討，假冠軍將軍後軍將軍，時仍遷洛，勅福檢行牧馬之所。福規石濟以西，河內以東，拒黃河南北千里爲牧地。事尋施行，今之馬場是也。及從代移雜畜于牧所，福善於將養，竝無損耗，高祖嘉之。……仍領太僕典牧令。……除太僕少卿。……復除太僕卿。

宇文福以善養馬見長，而宇文泰之先世自燕歸魏亦拜都牧主，似匈奴族人偏善於此，亦足證周書記宇文雖不言南單于遠屬，確與宇文福宇文忠之同出一源矣。此外宇文分支在河南洛陽者：

宇文神慶……河南洛陽人也。祖金殿魏征南大將軍，仕歷五州刺史安吉侯。父顯和夏州刺史。隋書五十。

宇文弢……河南洛陽人也。其先與周同出，祖直覲魏鉅鹿太守，父瀰周宕州刺史。隋書五六。唐宇文融弢之玄孫，又徙爲京兆萬年人。

在邊地者：

宇文貴……其先昌黎大棘人也。此是宇文部亡入慕容氏後貫籍，大棘即棘城，慕容氏所都也。徙居夏州。父莫豆于，保定中以貴著勳追贈柱國大將軍少傅夏州刺史安平郡公。周書一九。隋書四十貴子忻傳言本朔方人，徙京兆。案周書貴傳貴自夏州從軍而東，又隨魏孝武西遷。隋書忻傳所謂朔方，當指出宇文部而言，所謂徙京兆者，周時奉詔以關內諸州爲其本望也。

宇文測太祖之族子也。高祖中山，曾祖豆頹，祖騏驎，父永，仕魏位並顯達。周書二七

宇文虬……代武川人也。周書二九

周書四十宇文神舉傳稱太祖族子，神舉神慶之兄。周時曾一度命東方遷來諸族改用關內諸州爲其本望，參考陳寅恪先生論李唐氏族諸文。而神慶至隋猶稱河南洛陽人者，或是當時猶未改易，或是改後至隋又復其舊。神舉當魏末周初，亦必爲河南洛陽人無疑。對周文帝猶保持族子之關係，則魏末武川之宇文與洛陽之宇文其支派尙有相去不太遠者。周隋書雖不紀諸宇文之出自，其與北周皇室以及宇文福宇文忠之等同爲宇文部之遺迸當可無疑。

周書言葛烏菟雄武多算略，鮮卑慕之，奉以爲主，遂總十二部落，似宇文氏所統專是鮮卑。今案北史亦即魏書言世爲東部大人，其語與鮮卑頗異，又記其風習，亦與鮮卑不同。蓋宇文氏所部之衆本與鮮卑種族迥別，周書沿襲宇文氏建國關西以後誇誕不經之傳說，抑鮮卑而揚己族，遂言鮮卑奉以爲主。亦猶北史言宇文世爲魏東部大人，係承魏史舊文，其實宇文部亦未必世世服屬拓拔氏也。杜氏通典一九六以周書鮮卑奉以爲主之語入之註中，蓋知其不可信。隋書六一宇文述傳：

代郡武川人也。本姓破也頭，役屬鮮卑俟豆歸，後從其主爲宇文氏。父盛，周上柱國。周書二九盛傳：代人也。曾祖伊與敦，祖長壽，父文孤，並爲沃野鎭軍主，蓋與宇文泰先世同從北邊者。

俟豆歸即北史之逸豆歸周書之侯豆歸，以鮮卑二字冠俟豆歸之上，似認宇文氏爲鮮卑矣。然隋書修在唐初，不容有此誤，蓋唐承隋，隋又承北周之後，史臣習聞鮮卑奉葛烏菟爲主之傳說，以爲不論俟豆歸之種族如何，旣統有鮮卑人，遂以鮮卑二字加

之，非必誤宇文爲鮮卑也。 七十李密傳可以爲證：

密與〔宇文〕化及宇文述之子隔水而語，密數之曰：卿本匈奴皂隸破野頭耳。

北史六十李密傳密數之曰云云，全同。

匈奴之皂隸，是修隋書史臣知宇文爲匈奴，故不言破野頭爲鮮卑皂隸。 述傳若非史臣中宇文氏傳說之毒，則是其字本作匈奴，後人臆改乎？ 新唐書八四李密傳：

密與〔化及〕隔水陣，遙謂化及曰：公家本戎隸破野頭爾。

戎謂戎狄，隸者言其賤種，較之『匈奴皂隸』四字，遠欠精審，故溫公通鑑一八五唐高祖武德元年紀載密語卽采隋書密傳之文也。

隋書而後，唐人著述中尙有誤宇文爲鮮卑之嫌疑者，杜佑通典也。 通典一九六邊防典一二宇文莫槐條：

出於遼東塞外，代爲東部大人。

自注云：

晉史謂之鮮卑。 後魏史云，其先匈奴南單于之遠屬。 又按後周書云，出自炎帝子孫，逃漠北，鮮卑奉以爲主。 今考諸家所說，其鮮卑之別部？

案凡言別部者，謂種族不同而相隸屬，如石勒疑石國人，陳寅恪先生說非匈奴種，而魏書九五石勒傳云：

其先匈奴別部，分散居於上黨武鄉羯室。 世說新語識鑒篇注引石勒傳及太平御覽三三八引王度石勒傳俱云『匈奴之苗裔也』，蓋漢人不諳胡人規制而致誤。

魏書二三劉庫仁傳：

劉虎之宗也。…… 爲南部大人。

是庫仁係匈奴，而二四燕鳳傳：

請於苻堅曰：代主初崩，臣子亡叛，其別部大人劉庫仁勇而有智，鐵弗衞辰狡猾多變。

則庫仁所部卽鮮卑之別部，北朝史中此例數覯。 故君卿所謂鮮卑之別部者，謂宇文之於鮮卑，亦猶劉庫仁劉衞辰之於魏，以別種而隸屬之。 魏書官氏志：

東方宇文，慕容氏，卽宣帝時東部，此二部最爲强盛。

未言與拓拔同出代北。 杜氏『別部』二字極精當，而用『其』字以示猶疑，蓋其慎也。 後人未達杜氏所云別部之指，遂滋誤會耳。 然杜氏稱『晉史謂之鮮卑』，亦不盡然。 湯球黃奭所輯唐以前諸家晉書佚文中，不復得見關於宇文氏之記載。 錢大昕十駕齋養新錄六新晉書條：

> 唐太宗貞觀十八年以前後晉史十有八家，制作雖多，未能盡善，乃勅史官更加纂錄。…… 然當時王隱，何法盛，臧榮緒諸家之書具在，故劉知幾史通有新晉書之稱。 尚書正義所引晉書今本無之，當是臧榮緒書也。 李善注文選，備引諸家晉書，而不及御撰之本，迨安史陷兩京，故籍散亡，唯存貞觀新撰書，後世遂不知有新晉書之名矣。

王鳴盛十七史商榷四三亦言晉書自唐人改修後，諸家盡廢。 今案新晉書修成後，諸家舊作，或不復如昔者之流行，更經天寶亂離，自有散佚可能。 據舊唐書一四七君卿本傳，貞元十七年自淮南使人詣闕獻所著通典，有『自頃纘脩，年踰三紀』之語，是其書經始已在安史亂後。 然敦煌所出六朝寫殘卷有記晉元帝太興二年事者，羅振玉疑即鄧粲晉紀，見鳴沙石室佚書西陲尚有舊晉史流行，則今日固未可遽謂天寶以後舊晉書散亡淨盡，如竹汀所論，而斷君卿所稱晉史必爲本朝所修也。 惟唐太宗既重脩晉書，自有取十八家而代之之意，以功令言，唐人似宜奉新修書爲正。 君卿稱引止著『晉史』，不復顏其撰人及書名，是與後魏史等同爲習見者，或即指本朝所修晉書乎？ 苟所謂晉史者係十八家舊文，今日雖不可得見，然東晉南朝人記述北方胡人事十九模胡影響，得之傳聞，不足徵信，於其種族尤不能辨析明白。 即使王隱，何法盛，臧榮緒等紀宇文出於鮮卑，亦難引爲準據。 若君卿所言晉史即唐修晉書，則今本晉書中宇文氏事惟見於慕容氏載記，載記即本諸崔鴻十六國春秋，晉載記本崔鴻書，尙有鈔襲崔氏舊文，忘加改易，以致抵觸不可通者。 一二一李雄載記：『雄以中原喪亂，乃頻遣使朝貢，與晉穆帝分天下』。 雄死于晉成帝咸和八年，前於穆帝之即位凡十三年，焉得與晉穆帝分天下？ 王鳴盛十七史商榷五二亦疑其事，謂穆字誤，而未有解說。 今案穆字不誤，晉字衍也。 魏書九六賨李雄傳：『雄以中原喪亂，乃頻遣使朝貢，與穆帝請分天下』。 收書亦襲崔鴻之舊，則李雄乃遣使于魏，請與魏穆帝猗盧分天下，載記鈔崔書而未改易，且與上又脫請字，後人妄於穆帝上更添晉字耳。錢大昕廿二史考異二二晉書五馮跋載記條：『燕與魏爲敵國，其臣子必多指斥之詞，而北燕太史令張穆言大魏威制六合。南燕尙書潘聰言滑台北通大魏，西接強秦。中書侍郎韓範言可以西幷強秦，北抗大魏。此皆魏史臣所改』。自注：『張穆事見魏收書，潘聰韓範之語當出崔鴻十六國春秋，皆魏臣也』。此亦晉書載記襲鴻書未改之一例。當較南人著述爲可信賴。一〇八慕容廆載記：

初涉歸有憾於宇文鮮卑，廆將修先君之怨。

宇文與鮮卑並列，不以鮮卑冠宇文。又云：

時東胡宇文，鮮卑段部以廆威德日廣，懼有呑倂之計，因爲寇掠。

宇文，段部並列，又明以宇文爲東胡，何嘗『謂之鮮卑』邪？綜上所述，積極方面諸書皆謂宇文氏匈奴遠屬，而消極方面，魏書，晉書言及宇文氏，亦從無以爲鮮卑者也。

新唐書宰相世系表敍氏族由來最荒誕不實，其紀宇文氏云：

出自匈奴南單于之裔，有葛烏菟，爲鮮卑君長。新唐書七一下

又云：

又有費〔當卽隋書宇文述傳，新書李密傳，及通鑑之破〕也頭氏，臣屬鮮卑俟豆歸，後從其主，亦稱宇文氏。

『鮮卑俟豆歸』五字全用隋書述傳之文，其解釋尙在疑似間，如上文所述，姑置不論。明言宇文氏爲鮮卑者，當推較新唐書稍晚之資治通鑑爲始。八二晉武帝太康十年紀：

時鮮卑宇文氏，段氏方强，數侵掠廆。

以宇文段氏同屬鮮卑，照以上文所引晉書載記『東胡宇文鮮卑段氏』之語，通鑑之誤不待辨。疑通鑑此條亦本載記，而妄加竄易。又八四晉惠帝太安元年紀：

鮮卑宇文單于莫圭部衆強盛，遣其弟屈雲攻慕容廆。

亦蒙前而誤，晉書廆載記止言宇文莫圭遣弟屈雲寇邊城，無鮮卑字樣也。唐紀用隋書李密傳，不從新唐書密傳之妄改爲『戎隸』，可謂有識，而晉紀復與之矛盾者，蓋當時修書分屬，三國訖南北朝劉恕任之（全謝山謂漢至隋劉攽任之，非是，辨見陳漢章書全謝山分修通鑑諸子考後），唐則范祖禹任之，溫公雖貫串潤色，細節出入難

免忽略，此晉紀唐紀之所以抵牾與？

胡三省注通鑑亦前後不一其說。八一晉武帝太康六年『涉歸與宇文部素有隙』下注云：

宇文部亦鮮卑種。

八二太康十年紀『鮮卑宇文段氏方強』下注云：

段氏東部鮮卑也。杜佑曰：宇文莫槐出于遼東塞外，代爲鮮卑東部大人。

胡氏誤解通典，以爲杜佑『爲鮮卑東部大人』即謂宇文爲鮮卑，故引以爲注。然九四晉成帝咸和四年紀『代王紇那奔宇文部』下注又云：

後周書言……引周書文帝紀，見篇首引。余謂此蓋宇文氏既興於關西，其臣子爲之緣飾耳。李延壽曰：宇文部出遼東塞外，其先南單于之遠屬也，世爲東部大人。此言爲得其實。

所見甚是，然同在晉紀中而前後不合，何邪？其辯周書所載神話爲緣飾亦極當，但周書祇消極不記宇文出自南單于，於北周種族積極方面固未有記述，以北史補周書則可，以之駁周書則無的放矢矣。

通志二百四夷傳七襲通典而删其注，通考三四二四裔考一九亦全引通典，並存其自注，實較鄭氏審慎。元修遼史，其世表云：

鮮卑葛烏菟之後曰普回，……九世爲慕容晃所滅，鮮卑衆散爲宇文氏，或爲庫莫奚，或爲契丹。遼史六三

此後以宇文爲鮮卑者遂多，清顧祖禹讀史方輿紀要三稱鮮卑宇文氏國於遼西。丁謙魏書外國傳地理考證庫莫奚傳下云：

奚與契丹同爲漢鮮卑部酋奇首可汗之後。……迨奇首之裔東部宇文爲慕容皝所破，西竄松漠，時二部猶未分也。

又宇文莫槐傳下云：

宇文氏與奚契丹同爲鮮卑種，魏書庫莫奚傳其先東部宇文別種也。又十六國春秋宇文氏遼東鮮卑別部。皆可證。傳謂匈奴南單于遠裔，諸本魏書北史皆作遠屬，宋本同。丁氏考證前引傳文亦作裔，誤。誤。蓋匈奴鮮卑族類迥別，不容牽混也。

日本內田吟風氏北朝政局中鮮卑及北族系貴族之地位文東洋史研究第一卷第三號中謂宇文周乃純粹之鮮卑種，魏書以爲匈奴者乃曲筆，不知何所據而云然。馮家昇先生撰契丹名號考釋，亦指摘魏書庫莫奚傳既稱東部宇文之別種，宇文莫槐傳又冠以匈奴二字爲矛盾。今案『別種』之稱猶『別部』，爲政治上相統屬而種族上十九不相仝之部落。庫莫奚爲宇文部『別種』，初不必與宇文同是匈奴；亦猶宇文爲鮮卑別部，而不必爲鮮卑。匈奴與鮮卑信如丁氏所云，『族類迴別，不容牽混』，而丁氏乃自牽混之，魏書庫莫奚傳與宇文莫槐傳固不相矛盾也。丁氏引十六國春秋宇文氏鮮卑別部之文不見於纂錄，及明人僞託本，或出類書所引，但『別部』二字確不僞，當是崔鴻之舊，杜君卿通典自注之說豈亦本於鴻書乎？然其詳不可得知，故斷言宇文爲鮮卑別部者，仍以杜說爲嚆矢。亦猶北史本於魏書，魏書既佚，後人以北史補之，而今日稱引固仍宜先北史而後魏書也。

復次，宇文氏既爲南單于遠屬，則後漢以來嘗居塞內。其由塞內出遼東塞外，又由塞外南遷之時代與路線史無明文。宇文部晉康帝建元二年（公元三四四年）亡於前燕慕容氏，徙居昌黎，自後其境歷經前秦苻氏，後燕慕容氏，北燕高氏馮氏之統治，至宋文帝元嘉十三年（魏太武太延二年，公元四三六年）入於魏，歷九十二年。亦有在太武帝以前已入魏者，如宇文周之先世。入魏以後民族上之混淆同化作用未嘗少息，迨魏分東西，又將百年。故觀察史書所載宇文氏諸人事迹，幾不能發見匈奴民族之特徵與不同於鮮卑族之痕迹。然有肊測兩事，或足供解釋此點之參考，姑妄言之。元和姓纂上聲九麌宇文下：

> 出本遼東南單于之後。有普迴因獵得玉璽，以爲天授。鮮卑俗呼天子爲宇文，因號宇文氏。或云以遠係炎帝神農有嘗草之功，俗呼草爲俟汾，音轉爲宇文。

不言俟汾之說所出。廣韻上聲九麌宇字下：

> 宇亦姓，出何氏姓苑。又虜複姓宇文氏，出自炎帝。其後以有嘗草之功，鮮卑呼草爲俟汾，遂號爲俟汾氏。後世通稱宇文，蓋音訛也。

較姓纂所記爲周密，然不言俟汾之說是否亦出姓苑。鄧名世古今姓氏書辨證二三文略同，不言出姓苑。通鑑八一晉武帝太康六年紀胡注：

何氏姓苑曰：宇文氏出自炎帝，其後以嘗草之功，鮮卑呼草爲俟汾，遂號爲俟汾氏。後世通稱俟汾，蓋音訛也。

胡氏蓋本廣韻，而認廣韻所載宇宇文兩姓皆出姓苑，似得其實。然姓纂，辨證，廣韻皆言由俟汾訛成宇文，胡注則由俟汾仍訛成俟汾，必無是理。『後世通稱俟汾』之『俟汾』二字必是『宇文』之誤矣。日本白鳥庫吉氏東胡民族考宇文氏條（史學雜誌第二十二編第一號）引胡注，而未能辨正第二俟汾字之當作宇文。又引明張鼎思瑯琊代醉篇卷四：『宇文出自神農之後，以其有嘗草之功，自號爲俟汾氏，其後訛爲宇文氏』。遂據俟汾兩字大論語音之遷轉。一良案代醉篇明人抄撮之書，本不足信，四庫提要入之雜家類存目，謂其書『體例龐雜，無所折衷考訂』。俟之與俟以形近而致誤，尤無疑義。白鳥氏不引姓纂，廣韻，古今姓氏書辨證俟汾之文，而引最晚之通鑑注，已乖史法，不知俟汾乃俟汾之訛，而依以爲說，更見其疏忽。谷霽光先生孝文弔比干墓文碑跋（大公報圖書副刊一六一期）引通鑑注與代醉篇，而引通鑑注云：『鮮卑呼草爲俟汾，遂號爲俟汾氏，後世通稱俟汾，蓋音訛也』。一良檢本所所藏元刊本通鑑胡注兩部及其他諸本，俱作『後世通稱俟汾』，無作俟汾者。知梅礀當時誤宇文爲俟汾，歷數百年刊此書者未加改正，然決無作俟汾之理。谷文所引通鑑不知何本，或報館手民蹈代醉篇覆轍，誤排俟成俟耶？新唐書一九九柳冲傳柳芳言宋何承天有姓苑二篇。隋唐志及崇文總目俱著錄，而卷數不同。陳氏書錄解題曰，姓苑二卷不著名氏，古有何承天姓苑，今此以李爲卷首，當是唐人所爲。今案疑唐人本何書有所增益，重爲釐定，大體要是宋以前書。宇文俟汾間音聲上何由相通，非所敢論，然魏孝文帝弔比干墓文碑陰有『給事臣河南郡俟文福』，金石萃編二七孝文以太和十八年十一月自代遷洛，是月甲申過比干墓，爲文弔之而刊此碑。據上文引宇文福傳，福時正官都牧給事，則俟文福即宇文福。魏韓震墓志陰有『母東燕俟文氏內行給事俟文成女』之文，亦即宇文成。是嘗草傳說雖無可稽考，姓苑俟汾訛爲宇文確非無據。北史九八高車傳：

高車蓋古赤狄之餘種也。初號爲狄歷，北方以爲〔此四字當從魏書一〇三高車傳改作『勅勒諸夏以爲』六字〕高車丁零，其語略與匈奴同，而時有小異。或云其先匈奴甥也。

疑狄歷，勑勒，丁零一聲之轉，高車丁零者，以其乘高車，故冠此二字以形容之，又省稱曰高車耳。 魏書四上世祖神䴥四年紀：

十一月丙辰，北部勑勒莫弗庫若干率其部數萬騎，驅鹿數百萬，詣行在所。帝因而大狩，以賜從者，勒石漠南，以記功德。

而二四鄧穎傳：

駕幸漠南，高車莫弗庫若干率騎數萬餘，驅鹿百餘萬，詣行在所。 詔穎爲文，銘於漠南，以紀功德。

又七下高祖太和二十二年紀：

八月，勑勒樹者相率反叛，詔平北將軍江陽王繼都督北討諸軍事以討之。

而北史九八高車傳紀此事云：

後高祖召高車之衆隨車駕南討，高車不願南行。 遂推表紇樹者爲主，相率北叛，游踐金陵。 都督宇文福追討，大敗而還。 又詔平北將軍江陽王繼爲都督討之。

魏書四四宇文福傳一六江陽王繼傳亦皆稱高車叛命。 是勑勒與高車得互稱，魏書二八古弼傳又云：『世祖使高車勑勒馳擊〔赫連〕定』，高車勑勒猶言高車丁零矣。北史高車傳言其種有斛律氏，北齊書一七斛律金傳：

朔州勑勒部人也。…… 金性敦直，善騎射，行兵用匈奴法，望塵識馬步多少，嗅地知軍度遠近。

北史五四斛律光傳亦言光『行兵用匈奴卜法，吉凶無不中』。 似高車族與匈奴族確有關係，而北史高車傳記魏孝文時高車之族十有二姓，其九曰『侯分氏』，魏書一〇三高車傳同 豈高車之侯分氏與訛成宇文之侯汾氏同出於匈奴乎？ 宇文一支先處塞內，與其他種族接觸亦多，故駸訛變，而高車之侯分氏則遠居塞表，迄魏道武分散諸部時猶以族類粗獷，故得別爲部落，此高車一支之侯分氏所以得存其舊姓乎？ 通典一九七邊防典一三高車條作『侯斤氏』，斤疑分字之誤。 太平御覽八〇一四夷部二二引北史亦作侯分氏。 北史八四乞伏保傳稱『高車部人也，父居，獻文時爲散騎常侍領牧曹尙書』。 收書此傳亡佚 乞伏居以高車人領牧曹，亦未始不可與宇文氏諸人相印證也。

北史宇文莫槐傳稱『其語與鮮卑頗異』，當是指宇文部落猶獨立時而言。至北魏末葉將近二百年，似宇文氏已不復能保存其『與鮮卑頗異』之匈奴語言矣。然有一事頗可注意。赫連夏之龍昇七年晉安帝義熙九年，魏道武永興五年。于奢延水之北黑水之南築大城，名曰統萬而都焉。水經河水注 元和郡縣志謂赫連勃勃自言方統一天下，君臨萬方，故以統萬爲名。通鑑亦取其說。今案趙萬里先生集冢墓遺文四之五四元彬墓志，四之五七元湛墓志，四之六十元舉墓志俱稱『統萬突鎮都大將』。三之二三元保洛墓志又稱『吐萬突鎮都大將』。吐統一聲之轉，是本譯胡語，故或統或吐，（古今姓氏書辨證二九亦言統萬亦作吐萬）或省去突字，赫連氏當時自無元和志所言之義。水經注河水又北〔逕〕薄骨律鎮城，子注云：

赫連果城也，桑果餘林仍列洲上。但語出戎方，不究城名。訪諸耆舊，咸言故老宿彥云，赫連之世有駿馬死此，取馬色以爲邑號，故目城爲白口騮。韻〔轉〕之謬，遂仍今稱，所未詳也。

薄骨律與統万突皆是胡語，漢人不識其義，强爲之說，白口騮與元和志解統万突俱失之虛造。然酈氏於統萬城下猶不載元和志之說，則較白口騮傳說爲尤晚矣。然則統万突果何種族之語乎？魏書九五鐵弗劉虎傳：

南單于之苗裔，左賢王去卑之孫，北部帥劉猛之從子，居於新興慮虒之北。北人謂胡父鮮卑母爲鐵弗，因以爲號。

赫連氏之出於匈奴，記載甚明，先世雖有爲鮮卑拓拔氏婿者，但非世世皆爾。亦祇酋帥娶魏女，必非全部之衆皆與鮮卑爲婚。鐵弗之號當先施於一二酋帥，漸衍爲部族稱號。然如劉庫仁亦以匈奴數世尙魏女，而不蒙鐵弗之稱。由是知鐵弗之稱號非表示種族之迥別，赫連氏所部仍以匈奴成分爲主，認統万突三字爲與匈奴族有關之語言或非牽强？周書四明帝紀：

諱毓，小名統萬突，太祖長子也。……永熙三年太祖臨夏州，生帝於統萬城，因以名焉。

北朝人往往先取胡名，其後更取漢名，則以胡名爲小字。周明帝之胡名雖因地而取，疑亦因統萬突一語與匈奴族有關，故宇文泰用之名子。此外太祖諸子武帝邕曰彌羅突，齊煬王憲曰毗賀突，宋獻公震曰彌俄突，衞剌王直曰豆羅突，趙僭王招曰豆盧突，譙孝王儉曰候幼突，陳惑王純曰壓智突，越野王智曰立久突，代奰王達曰度斤突，冀康公通曰屈率突，滕文王逌曰爾固突。俱見周書　胡名下咸綴突字，又若突字能獨立成義者。　鮮卑胡名從無此比，魏宣武帝世高車酋帥亦有名彌俄突者。北史九八高車傳。　此豈宇文氏僅存之匈奴特徵乎？　然魏書二七穆崇傳其子孫有名吐萬者，三四盧魯元傳有子名彌娥，是否亦與吐萬突彌俄突爲一語不可知矣。　周書一太祖紀一四賀拔岳傳載魏末太昌永熙之際有夏州刺史斛拔彌俄突者，斛拔氏未詳所出。北齊書二神武紀下作斛拔俄彌突，通鑑一五七同，俄彌疑是彌俄誤倒。　北史六神武紀作賀拔俄彌突，北齊書一六段韶傳作斛律彌娥突。　然元和姓纂入聲一屋內唯有斛律斛斯兩姓，古今姓氏書辨證三五唯有斛律斛穀斛粟斛斯四姓，皆無斛拔。　此外北朝諸史亦不見有姓斛拔者，疑是斛律或斛斯之誤也。　斛律氏出于勑勒已見上，斛斯氏疑亦源自高車。　姓氏書辨證斛粟氏下：『孔至姓氏雜錄原本雜錄誤作日日二字，今據新唐書藝文志改。　代北斛粟氏後改爲斛斯氏』，是斛粟斛斯即係一姓。　北史四九斛斯椿傳：

> 廣牧富昌人也。　其先世爲莫弗大人。　父足一名敦，明帝時爲左牧令，時河西賊起，牧人不安，椿乃將家投爾朱榮。　魏書八十略同，唯少其先世云云一句。

元和姓纂斛斯氏下：

> 其先居廣漢，代襲莫弗大人，號斛斯部，因氏焉。

『莫弗』乃高車酋帥之稱號，記傳屢覩不鮮，而斛斯椿之父又官左牧令，其間消息蓋可推尋。　地形志無廣牧郡富昌縣，唯朔州附化郡有廣收縣，當即廣牧之誤，姓纂之廣漢疑亦有誤。　然周書二六椿子徵傳又稱河南洛陽人，蓋北族入居中國，籍貫本無定準，不論廣牧洛陽，俱無害於斛斯氏之爲高車部人也。

復次，宇文氏建國以後，諱言其爲匈奴南單于後裔者其故亦可得而言。　十六國中前趙劉氏北涼沮渠氏夏赫連氏爲匈奴族，前趙之滅在拓跋氏興盛以前，然沮渠赫連則俱滅於北魏。　自魏太祖定中山，統一北方，於是鮮卑族之勢力澎湃，而其他諸族悉淪爲賤種，夷於皂隸。　魏境以外之高車諸部旣大爲世祖所破，而境內西河離石之山胡，自地望觀之，山胡即劉元海部衆之後裔。　定州安州等地之丁零，河西雲中及六鎮之勑勒等匈奴及與匈奴有關之民族，皆屢屢變叛，史不絕書。然卒難傾覆鮮卑，重建匈奴族之政權也。宋書七四臧質傳魏世祖與之書云：

吾今所遣鬥兵盡非我國人。城北是丁零與胡，南是三秦氐羌』。

魏書五十尉元傳太和十三年上表稱：

今計彼〔彭城〕戍兵多是胡人，臣前鎮徐州之日，胡人子都將呼延籠達因於負罪，便爾叛亂，鳩引胡類，一時扇動。賴威靈遐被，罪人斯戮。又圍城子都將胡人王敕懃負釁南叛，每懼奸圖，狡誘同黨。闕誠所見宜以彭城胡軍換取南豫州徙民之兵，轉戍彭城，又以中州鮮卑增實兵數，於事爲宜。詔曰：公之所陳甚合事機。

胡人爲鮮卑服兵役，冒鋒鏑，鮮卑不惟無子恤之心，且日以其變叛爲慮。從呼延之姓察之，所謂胡人者爲匈奴無疑。高祖延興元年破沃野統萬二鎮勑勒，斬首三萬餘級，徙其遺迸於冀，定，相三州爲營戶。二年連川勑勒謀叛，徙配青，徐，齊，兗四州爲營戶。俱見魏書七上本紀 世祖將討馮文通，詔奚斤發幽州民及密雲即安州丁零萬餘人運攻具出南道。魏書二九本傳 又北史高車傳：

於是高車大懼，諸部震駭，道武自牛川南引，大校獵，以高車爲圍。騎徒遮列，周七百餘里，聚雜獸於其中。因驅至平城，卽以高車衆起鹿苑，南因臺陰，北拒長城，東包白登之西山。

是皆諸族爲鮮卑皂隸之證，而宇文周所以諱言其先世出匈奴者，亦以此與？

大抵民族混合以後，其表面之特徵漸泯，而內在之特徵殊難消滅淨盡。如宇文氏之善牧馬見前與有巧思，隋書六一宇文述傳，六八宇文愷傳固若偶然巧合，非必爲匈奴民族之特性，然亦不能謂與民族性絕無關聯。宇文周爲我國上古中古史間承上啓下之一大樞紐，時代雖暫，而影響於後代之政治社會各方面者綦巨，其種姓由來固未可忽視。因就孟眞先生之所啓迪者，試推論之如此。

二十六年一月十六日寫竟，二月二十三日增訂竟，記於南京北極閣下史語所。

出自第七本第四分（一九三八年五月）

劉復愚遺文中年月及其不祀祖問題

陳　寅　恪

此篇分上下二章，上章之範圍限於文泉子集中年月一端，妄附於文史考證之業，雖未敢謂悉能徵實，或尚不大謬。　至於下章，則僅因復愚累世皆不祀祖及籍貫紛歧之故，遂提出一問題，以供談中古異族華化史者之參證，所言多出揣測，不過爲一可能之解釋而已，仍有待於專家之論定也。　是故兩章名義雖同繫於復愚一人，而其實所討論者乃各不相涉，今世折文史之獄者儻能分別去取，不以下章臆說之罪牽引連坐及於上章，則著者之大幸矣！特爲聲明於篇首。

上　　章

茲取今傳世之復愚遺文中 陳第世善堂書目編於明萬曆丙辰，其書下卷載有劉蛻詩一卷，文泉子十卷，然則復愚詩文據陳氏所藏，萬曆間尚存較完之本，其殘佚蓋猶在此役矣。　參閱曾釗面城樓文鈔貳劉蛻集跋。　其年月確可考定者逐篇討論，其文句異同大抵依據通行本文苑英華涵芬樓景嘉靖本唐文粹，而參以南京國學圖書館藏崇禎庚辰本文津閣四庫全書本別下齋本全唐文本。　又楊守敬氏觀海堂舊藏崇禎癸未閩中黃燁然刊本，今藏故宮博物院，見故宮博物院所藏觀海堂書目肆。　據楊氏跋語，知亦源出天啓吳本，與他文泉子集刊本相同，雖以故未得一校，諒無特異之處也。　凡此諸本之校勘鈔寄等項務皆承何澄一謝國楨劉節諸先生及俞大綱表弟之厚助，謹附注於此，以表感謝之意。

(一)文泉子集自序

今通行本四庫全書總目壹伍壹集部別集類肆文泉子集一卷提要云：

是集前有自序曰：自褐衣以後，辛卯以來，辛丑以前，收其微詞屬意古今之間爲內外篇。 復收其怨抑頌記嬰於仁義者，雜爲諸篇焉。 物不可以終雜，故離爲十卷。 離則名之不絕，故授之以爲文泉。

寅恪案，今通行本四庫提要所引文泉子集自序關於年月日數語與上列諸本文句俱不相同，未知何所依據，初讀之，不能解，頗以爲疑。 後檢文溯閣文津閣四庫提要原文，則知兩閣本提要所引文泉子集自序與上列諸本所載者蓋無甚出入，而與今通行本四庫提要所引者則大不相同，故斷定今通行本四庫提要所引者乃鈔寫譌誤，並非別有依據，可不成爲問題矣。然此自序關於年月日之語除去通行本四庫提要所誤引者外，實仍有甚不易解而成爲問題者在焉。 茲先節錄文苑英華柒佰肆所載文泉子集自序於下，然後加以討論。

於西華主之降也，其三月辛卯夜未半，野水入廬，漬壞簡策，旣明日燎其書，有不可玩其辭者，噫，當初不能自明其書十五年矣！ 今水之來寇余，命也已矣！故自褐衣以來，辛卯以前，收其微詞屬意古今上下之間者爲外內篇焉。 復收其怨抑頌記嬰仁義者雜爲諸篇焉。 物不可以終雜，故離爲十卷。 離則名之不絕，故授之以爲文泉。自辛卯迄甲午覆硯於襄陽之野。

寅恪案，此文「於西華主之降也」一語，蓋摹擬古人以事紀時之例也，高彥休闕史上裴丞相古器條略云：

丞相河東公（裴休）尙古好奇，掌綸誥日有親表調授宰字曲阜者，耕人墾田，得古鐵器曰盎，有古篆九字帶盎之腰，曲阜令不能辨，兗州有書生姓魯，善八體書曰：此大篆也，是九字曰：「齊桓公會於葵丘歲鑄」。 邑宰大奇其說，乃輦致於河東公之門，公以爲麟經時物，得以爲古矣。 公後以小宗伯掌文學柄，得士之後，設食會門生，器出于庭，則離立環觀，迭詞以贊，獨劉舍人蛻以爲非當時之物，乃近世矯作也。公不悅曰：果有說乎？ 紫微曰：某幼專丘明之書，齊侯小白諡曰桓公，取威定霸，葵丘之會是第八會，實在生前，不得以諡稱之。 裴公怳然始悟，立命擊碎。

據此，復愚自言幼專丘明之書，則其爲文當亦喜摹擬左傳所載古人以事紀時之例：如襄公九年之

公送晉侯，晉侯以公宴於河上，問公年。 季武子對曰：會於沙隨之歲，寡君以

生。

及襄公三十年之

師曠曰：魯叔仲惠伯會郤成子于承筐之歲也。

諸例皆是也。 然則所謂「西華主之降」果爲何事及在何時乎？ 考舊唐書壹捌上武宗紀云：

會昌元年八月迴鶻烏介可汗遣使告難言：本國爲黠戛斯所攻，故可汗死，今部人推爲可汗。 緣本國破散，今奉太和公主南投大國。 十一月太和公主遣使入朝言：烏介自稱可汗，乞行策命，緣初至漠南，乞降，乞降使宣慰。 從之。

二年三月遣使册迴鶻烏介可汗。

通鑑貳肆陸唐紀云：

會昌元年十一月（太和）公主遣使上表言：（烏介）可汗已立，求册命。

二年三月遣將作少監苗縝册命烏介可汗，使徐行，駐於河東，俟可汗位定然後進。

既而可汗屢侵擾邊境，縝竟不行。

通鑑考異貳壹武宗會昌元年二月迴鶻立烏希特勒（勤）爲烏介可汗條引後唐獻祖紀年錄曰：

王子烏希特勒（勤）者曷薩之弟胡特勒（勤）之叔，爲黠戛斯所迫，帥衆來歸，至錯子山，乃自立爲可汗。 （會昌）二年七月册爲烏介可汗。

寅恪案，烏介可汗之册立自當依舊唐書武宗紀及溫公之考定， 在會昌二年三月，而非七月。 後唐獻祖紀年錄所載之不足據，不待詳辨也。

唐廷正式受烏介可汗之降及遣使册命實爲當時一大事，復愚自宜以此大事紀年，其所謂「西華主之降」即烏介可汗之降也。 「西華」疑本作「西蕃」，蕃華二字以形近致譌，據李德裕會昌一品集伍賜嗢沒斯特勒（勤）等詔書云：

彼蕃自忠義毗伽可汗以來代爲親鄰。

又同集同卷賜回鶻嗢沒斯詔云：

況回鶻代雄朔漠，威服諸蕃，今已破傷，足堪悲憤。深慮從此之後爲諸蕃所輕，與卿等爲謀，須務遠大，莫若自相率勵，同奉可汗，興復本蕃，再圖強盛。 卿等表請器甲， 朕君臨萬國， 非止一蕃， 祖宗舊章不敢逾越， 國家未曾賜諸蕃器甲，卿等亦合備知。

又同集柒停歸義軍勅書云：

勅李思忠即嗢沒斯所賜之姓名。首率蕃兵，歸誠向闕。

此皆迴鶻可以稱蕃之證也。又據會昌一品集陸與紇扢斯可汗書云：

貞觀四年西北蕃君長詣闕頓顙，請上尊號爲天可汗，是後降璽書西北蕃君長皆稱「皇帝天可汗」，臨統四夷實自玆始。與此條同類及有關之史料及問題頗多，玆僅引此，他不旁及。

迴鶻者西北蕃之一也。其稱爲西蕃亦猶李尤獨異志下之稱突厥種契苾何力爲西蕃云：

契苾何力西蕃酋種，太宗授右驍衞將軍。

蓋同爲唐人習俗沿稱之詞耳。然則華爲蕃之譯，而唐廷正式受西蕃主之降遣使册命之時卽會昌二年三月無疑矣。

據杜牧樊川集柒唐故太子少師奇章郡開國公贈太尉牛公(僧孺)墓誌銘云：

明年(開成四年)。檢校司空平章事襄州刺史，會昌元年秋七月漢水溢堤入郭，自漢陽王張柬之一百五十歲後水爲最大，李太尉挾維州事曰：修利不至，能爲太子少師。

舊唐書壹捌上武宗紀云：

會昌元年七月襄郢江左大水。

又同書叁柒五行志云：

會昌元年七月襄州漢水暴溢，壞州郭，均州亦然。

新唐書捌武宗紀云：

會昌元年七月壬辰漢水溢。

又同書叁陸五行志云：

會昌元年七月江南大水，漢水壞襄均等州民居甚衆。

又同書壹柒肆牛僧孺傳云：

會昌元年漢水溢壞城郭，坐不謹防，下遷太子少保，進少師。

通鑑貳肆陸唐紀云：

會昌元年九月以前山南東道節使同平章事牛僧孺爲太子太當作少。師。先是漢水溢壞襄州民居，故李德裕以爲僧孺罪而廢之。

依上引諸條觀之，會昌元年七月壬辰襄州實有漢水暴漲之事，復愚所謂「其三月辛卯夜未半埜水入廬者」若是指會昌元年三月言，則元年三月壬申朔，以下長曆推算悉依陳垣先生二十史朔閏表，不復一一注明。雖得有辛卯日，而烏介可汗於元年八月以後始請降及求册命，復愚豈能於元年三月即能作「西蕃主之降」之預言？姑無論元年漢水之溢實在七月，與三月之時間不合也。若是指會昌二年三月言，則二年三月丙申朔，不能有辛卯日。然則果是何年何月何日耶？寅恪以爲復愚之所謂其三月者，非會昌某年之三月，而是正式受西蕃主之降及遣使册命一大事之三月，遂在「西蕃主之降也」之語上特著一「於」字，即從會昌二年三月此大事之後順數第三個月，即會昌二年六月是也。據長曆，會昌二年六月甲子朔，是辛卯爲此月之二十八日，故「於西蕃主之降也其三月辛卯」一語可作會昌二年六月二十八日解也。

又會昌元年七月壬辰漢水溢堤，入襄州郭，壞民居。檢長曆，是年七月己巳朔，壬辰爲七月二十四日，相當西曆八四一年八月十三日，而會昌二年六月辛卯即二十八日，相當西曆八四二年八月九日，前後兩年襄州漢水漲溢之期其間距隔不過三數日，蓋以天時及地勢言之，襄州郭外之漢水必於每歲約略相同之時期有漲溢之事，新舊唐書帝紀及五行志屢紀李唐一代夏秋之時襄州漢水漲溢，可爲例證。會昌元年與會昌二年襄州漢水俱約於陽曆八月初旬前後漲溢，而會昌元年溢堤入郭，其爲災害更甚於他歲，故史籍特著其事，文泉子集自序言「埜水入廬及覆硯于襄陽之野」，則是復愚所居不在襄州城郭之內，會昌二年漢水之漲其高度不及其前一歲，故未入襄州郭內，史氏因略而不書，此又可以推知者也。

據此可證文泉子集自序作於會昌二年，又此文中尚有可以證明者，即「當初不能自明其書十五年矣」一語。據文苑英華陸柒壹復愚上禮部裴侍郎書略云：

今者欲三十歲矣。嗚呼！蛻也材不良，命甚奇，時來而功不成，事修而名不副，將三十年矣。

此書乃復愚上知貢舉裴休者。據王定保唐摭言貳海述解送條及徐松登科記考等，知復愚為大中四年西曆八五〇年。進士。故此書之作必在其前一年，即大中三年，西曆八四九年。此年復愚年二十九歲，此為無可疑者。若據此逆推，則會昌二年西曆八四二年。復愚當為二十二歲。又據文苑英華陸柒壹與韋員外書云：

蜕為人子二十二原注：集二作六。年，唯初七年持瓦石為俎豆戲。

此書二十二或二十六兩者孰是，茲姑不論，但七年之七既無二讀，可決其無誤。文泉子集自序謂「當初不能自明其書十五年矣」，則在此十五年之前必是與韋員外書所謂「持瓦石為俎豆戲」之時間，此時間既是七年，則十五年加七年共為二十二年，即二十二歲。故復愚作文泉子集自序必在會昌二年，此又可證明無疑者也。

又文苑英華柒玖拾復愚梓州兜率寺文冢銘有「嗚呼！十五年矣，實得三千七百八十紙。」之語，亦可參證。

(二)與韋員外書

文苑英華陸柒壹與韋員外書云：

蜕為人子二十二原注：集作六。年，唯初七年持瓦石為俎豆戲。

寅恪案，上已考定復愚上禮部裴侍郎書為大中三年，其年復愚年二十九歲，則其二十二歲乃會昌二年，是此書作於會昌二年也。至二十六乃二十二之誤，前亦已說明矣。

(三)獻南海崔尚書書

文苑英華陸柒壹復愚獻南海崔尚書書云：

嗚呼！蜕之生於今二十四年。

據吳廷燮先生唐方鎮年表嶺南崔龜從條考證云：

封敖有前宣歙崔龜從授嶺南制原注云：在崔元式河東制後，盧商東川制前。加檢校禮部尚書兼御史大夫，此會昌四年龜從鎮嶺南之證。

寅恪案，前據復愚上禮部裴侍郎書，知大中三年復愚年二十九歲，則其二十四歲時為會昌四年西曆八四四年。明矣。此可與吳氏之說互證也。

(四)復崔尚書書

文苑英華陸柒壹復愚復崔尚書書雖無年月可尋，當略在獻南海崔尚書書之後，亦同在會昌四年也。

(五)

唐文粹肆肆下古漁父四篇篇後序云：

會昌甲子歲余於西塞巖下見版，洗而得漁父書七篇。

寅恪案，會昌甲子卽會昌四年也。

(六)梓州兜率寺文冢銘并序

文苑英華柒玖拾復愚梓州兜率寺文冢銘序云：

有唐大中之丁卯而戊辰之季秋。

寅恪案，大中丁卯卽大中元年，西曆八四七年。大中戊辰卽大中二年西曆八四八年。也。

(七)上禮部裴侍郎書

文苑英華陸柒壹復愚上禮部裴侍郎書略云。

今者欲三十歲矣。今年冬見乙原注：集作丁。酉詔書，用閣下以古道正時文，原注：一作聞。以平律校羣士，懷才負藝者踴躍至公，蛻也不度，入春明門，請與八百之列，伏負階待試。嗚呼！蛻也材不良，命甚奇，時來而功不成事修而命不副，將三十年矣。

寅恪案，此書乃上裴休者，前已考定，茲不復贅。此書作於大中三年西曆八四九年。之冬，此時復愚自謂將三十歲，卽二十九歲也。

(八)與京西幕府書

文苑英華陸柒叁復愚與京西幕府書云：

獨蛻家居甚困，白身三十過於相如者。

寅恪案，依前所考，復愚年三十則應在大中四年。　但復愚爲是年進士，而此書言是白身，則當在是年尙未放榜以前所作。　或者三十之語不過舉成數而言，仍是大中三年年二十九時所作也。

(九)論令狐滈不宜爲拾遺疏

全唐文柒捌玖載復愚論令狐滈不宜爲拾遺疏，當是從册府元龜伍肆柒諫諍部直諫門劉蛻咸通四年爲左拾遺條轉錄，而曾釗面城樓文鈔貳天啓吳本劉蛻集跋謂全唐文據韓本增入此疏，殊爲失實，蓋曾氏未見四庫全書原本，以意揣測也。又舊唐書壹柒貳令狐楚傳復愚上此疏在咸通二年 西曆八六一年。 當是傳寫之誤，今傳世史籍除册府元龜外，其他如舊唐書壹玖上懿宗紀云：

咸通四年 西曆八六三年。 長安尉集賢校理令狐滈爲左拾遺，制出，左拾遺劉蛻起居郎張雲上疏論滈父綯秉權之日，廣納賂遺，受李琢賄除安南，致生蠻寇，滈不宜居諫諍之列。時綯在淮南上表論訴，乃貶雲興元少尹，蛻華陰令，滈改詹事司直。

及通鑑貳伍拾唐紀云：

咸通四年冬十月甲戌以長安尉集賢校理令狐滈爲左拾遺，乙亥左拾遺劉蛻上言：滈傳世無子弟之法，布衣行公相之權。　起居郎張雲言：滈父綯用李琢爲安南，致南蠻至今爲梗，由滈納賄，陷父於惡。　十一月丁酉雲復上言：滈父綯執政之時人號白衣宰相。　滈亦上表引避，乃改詹事司直。

等紀事俱以此疏上於咸通四年，故舊唐書令狐楚傳「二」字必是「四」字之譌無疑也。玆以岑建功刊舊唐書校勘記偶未照及，而此事實爲復愚一生大節所關，故備錄史籍之文，爲之校正。

(十)諫遊宴無節疏

此疏上於咸通四年，見通鑑貳伍拾唐紀。

(十一)論以閤門使吳德應爲館驛使疏

此疏上於咸通四年，亦見通鑑貳伍拾唐紀。

(十二)投知己書

文苑英華陸柒壹復愚投知己書一作與大理楊卿書云：

蛻生二十餘年，已過當時之盛，棲遲困辱者，未遇當時之人。

寅恪案，復愚爲大中四年進士，是年年三十歲，據以逆推，會昌元年，年二十一歲，此書之作雖不知在何年，但言二十餘年，則必在會昌元年以後大中四年以前也。以其無確定之年可考，故附載於此。

綜合前所考證者，取其結論，列表於下：

長慶元年。	西曆八二一年。	復愚生。	
會昌二年。	西曆八四二年。	二十二歲。	文泉子集自序。　與韋員外書。
會昌四年。	西歷八四四年。	二十四歲。	古漁父四篇。　獻南海崔尚書書。 復崔尚書書。
大中二年。	西曆八四八年。	二十八歲。	梓州兜率寺文冢銘。
大中三年。	西曆八四九年。	二十九歲。	上禮部裴侍郎書。 與京西幕府書或作於此年。 投知己書或與大理楊卿書或作於此年及會昌元年以後。
大中四年。	西曆八五十年。	三十歲。	與京西幕府書或作於此年。
咸通四年。	西曆八六三年。	四十三歲。	論令狐滈不宜爲左拾遺疏。 諫遊宴無節疏。 論以閤門使吳德應爲館驛使疏。

下　章

北夢瑣言叁劉蛻舍人不祭先祖條云

唐劉舍人蛻桐廬人，早以文學應進士舉，其先德戒之曰:任汝進取,窮之與達不望於汝，吾若沒後，愼勿祭祀，乃乘扁舟，以漁釣自娛，竟不知其所適。 原注：不齊是漁師，抑是隱者，莫曉其端倪也。 紫薇歷登華貫，出典商於，霜露之思於是乎止，臨終亦戒其子如先考之命。 蜀禮部尙書纂卽其息也。嘗與同列言之。君子曰：名教之家重於喪祭，劉氏先德是何人斯？苟同隱逸之流，何傷蔌水之禮？紫薇以儒而進，爵比通侯，遵乃父之緒言，紊先王之舊制，以時一作報本。之敬能便廢乎？大彭通人，抑有其說，時未喻也。

寅恪案，劉蛻劉纂父子皆以進士釋褐，蛻仕至中書舍人，纂仕至禮部尙書，所謂「以儒而進」及「名教之家」也。而累世「無蔌水之禮」,「闕報本之敬」，揆諸吾國社會習俗，已不可解，又蛻父「乘舟以漁釣自娛，竟不知其所適」，尤爲可怪。據復愚復崔尙書書云：

況蛻近世無九品之官，可以藉聲勢。

及上禮部裴侍郎書云：

四海無強大之親。

則復愚家世姻戚皆非仕宦之族可知。 若此兩端已足令人致疑於復愚氏族所出實非華夏族類，而其籍貫問題則與此點亦有關係也。 玆先考定其紛歧之籍貫，然後依次推證其所著籍之地俱有賈胡僑寓之蹤跡，庶幾復愚氏族之眞相旣得以明瞭，而談唐代異族華化史者又增一新例矣。

四庫全書總目壹叁壹集部別集類文泉子集提要云：

王定保唐摭言載劉纂者商州劉蛻之子，亦善爲文。 則蛻當爲商州人。 又孫光憲北夢瑣言載劉蛻桐廬人，官至中書舍人，有從其父命，死不祭祀一事，所敍爵里復不同。或疑爲別一劉蛻，未之詳也。

寅恪案，唐摭言之劉蛻與北夢瑣言之劉蛻自是一人，提要疑爲同名之二人，殊爲不當。但其所引唐摭言之文與太平廣記壹捌肆貢舉類柒劉纂條同，其文云：

劉纂者商州劉蛻之子也，亦善爲文。 此據文友堂景明談愷本。

此文卽見唐摭言玖惡掇科名條，惟「商州」作「高州」。 蔣光煦斠補隅錄依雅雨堂本唐摭言參校諸善本，俱作「高州」，不作「商州」,「高」「商」二字形甚近似，孰爲正是，未易判定。據文苑英華復愚上禮部裴侍郎書云：

家在九江原注：集作曲。之南，去長安近四千里。寅恪案，「江」「曲」二字亦不易定其是非，「九曲」殆指黃河而言乎？近溫延敬先生廣東通志列傳肆劉蛻傳以「九曲」乃指衡山湘水言，故定復愚爲桂陽人，而以長沙爲郡望。其論證雖頗新礎，但寅恪檢水經注叁捌湘水篇漁者歌曰：帆隨湘轉，望衡九面。朱謀㙔箋謂轉面二字叶韻，其說甚是。溫氏讀面爲曲似乖歌韻之理，且與「望衡」二字意義亦自不貫。縱謂隨湘流舟行，旣能望見衡山之九面，則湘水亦得言「九曲」，義或可强通，然解釋迂遠，終疑有未洽也。至溫氏以北夢瑣言之桐廬乃桂陽之譌，謂「初譌「桂」爲「桐」，後校者見地名無「桐陽」復臆改爲「桐廬」，其蹤跡猶可尋也。」則屬於假想，可以不論。又元和郡縣圖志貳玖連州西北至上都三千六百六十五里。道州西北至上都三千四百一十五里。溫肯以連州至上都爲三千四百一十五里，蓋偶涉筆誤，謹附校正於此。

則復愚必非商州人，蓋商州去長安不逾三百里，見通典壹柒伍州郡典，他書俱略同。又不在九曲或九江之南也。據北夢瑣言「出典商於」之語，是復愚曾任商州刺史之證。貫休禪月集叁有上劉商州詩，劉商州未知是蛻否？俟考。然則「商」字若果非誤寫，則唐摭言所謂「商州」者，乃目復愚之官職，而非其籍貫。四庫提要蓋有所誤解也。至高州則雖在九曲或九江之南，但通典壹捌肆州郡典舊唐書肆壹地理志等俱載其去西京或京師六千六百六十二里，是其距離與復愚之所自言者不合。然則「商」之譌「高」其來已久矣。假使「高」字別有依據，非復誤寫，則嶺外海隅本賈胡僑寄之地，復愚又曾至南海上書於崔龜從，是與本篇本章之所欲推證者適合，亦無待贅考。故今仍認「高」字爲「商」字之譌，而高州非復愚繫籍之地，不復加以討論也。若就復愚上禮部裴侍郎書言，則其著籍之地非桐廬莫屬，何以言之？據通典壹捌貳州郡典新定郡睦州條云：

去西京三千六百五十九里。

領縣：桐廬。

舊唐書肆拾地理志睦州條云：

在京師東南三千六百五十九里。

桐廬。

元和郡縣圖志貳伍江南道睦州條云：

西北至上都三千七百十五里。

桐廬縣。

桐廬距長安之里數諸書雖微有出入，但均與上禮部裴侍郎書所謂「去長安近四千里」之語相合。　且復愚自稱長沙人，見梓州兜率寺文冢銘序。而長沙去長安僅二千五百十九里，此據通典壹捌叁州郡典舊唐書肆拾地理志潭州條所載，若元和郡縣圖志貳玖潭州條所列西北至上都里數尚少於此。　與四千里之數相差甚遠，故云若就復愚上禮部裴侍郎書所自言，則其繫籍之地非桐廬莫屬，溫廷敬先生復愚爲桂陽人之新說雖亦可通，但以證據未充之故，仍不敢遽捨桐廬之舊說也。說見前子注。孫光憲北夢瑣言謂復愚爲桐廬人，殊可信從也。

復愚梓州兜率寺冢文銘序云：

文冢者，長沙劉蛻復愚爲文不忍去其草，聚而封之也。

寅恪案，此復愚自稱長沙人之明證，故方志載長沙有復愚故宅，如嘉慶一統志叁伍伍長沙府古跡門載

劉蛻故宅。　在長沙縣城西北湘江邊。

之例是也。　由是言之，復愚於上禮部裴侍郎書中等於自言桐廬人，於梓州兜率寺文冢銘序中明白自稱長沙人，此二者既是復愚所自言，必無舛誤。　唐人例稱郡望，而此兩者皆非劉氏顯望，故知均是復愚僑寄之地，非其家世祖居之原籍也。杜甫解悶十二首之一云：

商胡離別下揚州，憶上西陵舊驛樓，爲問淮南米貴賤，老夫乘興欲東遊。

范攄雲谿友議上夷君誚條云：

登州賈者馬行餘轉海擬取昆山路適桐廬，時遇西風，而吹到新羅國。　此條承何格恩先生舉以見告者，附注於此，以申謝意。

據此，西陵爲杭越運河之要點，桐廬則轉海乘舟之步頭，皆唐代商胡由海上經錢塘江出入內地之孔道，然則復愚之家僑寄於桐廬，而其父之「扁舟漁釣，莫知所適」，豈無故耶？

袁郊甘澤謠韋騶條略云：

章騶者遊岳陽，岳陽太守以親知見辟，數月謝病去，弟騄舟行，溺於洞庭湖。騶乃於水濱痛哭，移舟湖神廟下，欲焚其廟，曰：千金估胡安穩獲濟，吾弟窮悴，乃罹此殃，焉用爾廟爲？

寅恪案，藤田豐八教授東西交涉史之研究南海篇壹捌肆頁引此條估胡之語，以證成其胡人往來通商之說。鄙意「估胡」二字於此或是唐人行文習用之詞，不過僅表示富商大賈之意耳，未必涵有種族之義也。故唐代雖必有賈胡行舟洞庭之事，但不敢遽引此爲據，以其解釋不能確定無疑也。惟杜甫在潭州所作清明二首之一此據涵芬樓景宋分門集注杜工部詩集本卷時序門。云：

朝來新火起新煙，湖色春光淨客船，繡羽銜花他自在，紅顏騎竹我無緣，胡童結束還難有，楚女腰肢亦可憐，不見定王城舊處，空懷賈傅井依然。下略。

寅恪案，「胡童」二字所見諸善本皆不著異讀，僅近日坊賈翻刊杜詩錢注本作「鬼童，」蓋錢注本原避清代嫌忌，故以「胡」字作空闕。翻刊錢本者遂臆補「鬼」字，非別有依據也。自無舛誤，亦必非「湖童」之譌脫，蓋「湖童」一名殊爲不辭故也。據此，「胡童」之「胡」必作胡人之「胡」解無疑，不論杜公在潭州所見之胡童爲眞胡種，抑僅是漢兒之喬妝，以點綴節物嬉娛者，要皆足證成潭州當日必有胡族雜居。若不然者，則其地居民未嘗習見胡童之形貌，何能仿效其妝束，以爲遊戲乎？故依杜公此詩，潭州當日之有胡商僑寓，可以決言，然則復愚之自稱長沙劉蛻，卽其寄居潭州之證，又豈無故耶？

又近刊廣東通志劉蛻傳以復愚實桂陽人，其自稱長沙不過郡望而已。見前子注。若其說果確，則據元和郡縣圖志貳玖連州條云：

秦爲長沙郡之南境，漢置桂陽郡。

東至韶州陸路五百里。

西至賀州捷路二百七十里，取道桂嶺路三百六十里。

西南至封州六百三十里。

東北度嶺至柳州三百九十里。

南至廣州八百九十里。

陽山縣。

本漢舊縣，爲南越置關之邑，故其關在縣西北四十里茂口。史記尉佗移檄陽山關曰：「盜兵且至，急絕道，聚兵自守！」今陽山北當騎山嶺路，秦於此立陽山關，漢破南越以爲縣。

是桂陽亦近值嶺路交通要點，嶺外賈胡往來中州，其於桂陽有旅寄之所，非不可能特以「九曲」一語之解釋尙有疑問，故未敢遽信，姑存其說於此，以供參證。至若復愚以荆州發解，見唐摭言貳海述解送條及北夢瑣言肆破天荒解條等。故方志有列之爲江陵人者，如輿地紀勝之類。則其不當，自不待贅辨也。

近年桑原隲藏教授蒲壽庚事蹟考及藤田豐八教授南漢劉氏祖先考見東西交涉史之研究南海篇。皆引朱彧萍洲可談貳所載北宋元祐間廣州蕃坊劉姓人娶宗室女事，以證依斯蘭教徒多姓劉者，其說誠是，但藤田氏以劉爲伊斯蘭教徒習用名字之音譯，固不可信，而桑原氏以廣州通商回教徒之劉氏實南漢之賜姓，今若以復愚之例觀之其說亦非是。鄙見劉與李俱漢唐兩朝之國姓，外國人之改華姓者，往往喜采用之復愚及其他伊斯蘭教徒之多以劉爲姓者，殆以此故歟？關於復愚氏族疑非出自華夏一問題，尙可從其文章體製及論說主張諸方面推測，但以此類事證多不甚適切，故悉不置論，僅就其以劉爲氏，而家世無九品之官，四海無強大之親，父子俱以儒學進仕至中書舍人禮部尙書，而不祭祀先祖，及籍貫紛歧，而俱賈胡僑寄之地三端，推證之如此。

出自第八本第一分(一九三九年)

郎官石柱題名新著錄

岑仲勉

潛研堂金石文跋尾云：「右郎官題名石柱，……合之御史臺題名，一代清流，姓名略備，未必非考史之一助也」，唐世重郎署，人咸趨之，故元和姓纂以四代五代入省爲盛事，柱雖殘闕，欲研究唐史人物者，要須首奉是碑也。

清代金石學家，車載斗量，然以題名繁重之故，著錄全部，祇得三家。朱彝尊跋云：

「康熙戊子，余始購得郎官題名三紙，字已漫漶，眼昏莫辨。會桐城方生來自京師，訪余梅會里，坐曝書亭，鎮以界尺，審視之，姓名可識察者三千一百餘人，別錄諸格紙」。

所舉數與萃編之三千一百九十二人相近，乃著錄最早之可考者，顧今曝書亭集四九載跋而不及題名，故朱氏著錄之成績如何，不可復見。

著錄全部而傳於今者，首推錢塘趙魏，乾隆丙午，吳騫爲之序，序有云：

「予反覆諦觀，所列姓名，較子函、亭林、竹垞輩所見，多十三四，蓋諸家所據以考證者，大抵皆工人拓本，故往往遺漏不全，安能如洛生親至碑下，手摹其文，而一字不遺者乎」。

余按石墨鐫華、金石文字記兩書，均未言題名約若干人，趙氏所記，與朱跋不相上下，序謂「多十三四」，恐非有所見而云然，特屈前賢以頌趙耳。次於趙者，爲王昶金石萃編，視趙書無大出入，二書皆陷於兩種錯誤，如勞格氏所指：

1. 不知柱有初刻、再刻、三刻之不同，故以禮中何敬之等名，附於勳中之列。

2. 不知原柱中斷，後人誤接其面，致誤以考中、考外蒙上作左中，倉中蒙上作考中，祠中蒙上作度中，主中蒙上作倉中，而左中、封中，乃至兩見。

勞格氏最後起，修趙鉞遺稿，爲郎官石柱題名考二十六卷，非後來居上者歟，綜其大要，是得三長：

(甲)闡明石柱上下各面應如何相接也。勞考卷首例言云：

「案柱凡八面：第一面，上截僅存末行，……下截左司郎中、左司員外郎題名。第二面，吏部郎中、吏部員外郎、司封郎中、司封員外郎題名。第三面，司勳郎中、司勳員外郎、考功郎中、考功員外郎題名。第四面，戶部郎中、戶部員外郎、度支郎中、度支員外郎題名。第五面，金部郎中、金部員外郎、倉部郎中、倉部員外郎題名。第六面，上截已闕，當是禮部郎中、禮部員外郎，下截祠部郎中、祠部員外郎題名。第七面，上截亦闕，當是膳部郎中、膳部員外郎，下截主客郎中、主客員外郎題名」。

又云：

「一題名石已中斷，未審於何年重立，重立時誤移上二面，故上下二截，曹司各別，王趙二書，不爲審正，……今細案闕紋，爲之訂正」。

余按石柱或云八面；如石墨鐫華四及金石錄補二一，「柱八面」，潛研堂跋，「八面如幢式」，暨上引勞說，是也。或云七面；如趙魏云：

「石在西安府學中，凡七面，面各四層，正書」。

萃編一一五云：

「柱七面，高一丈二寸，周圍廣九尺三寸」。

是也。趙魏曾至碑下手搨，王督官秦，面數應以後說爲合。玆試依據勞說，幷證諸今搨，爲下三草圖以明之：

第一圖　左司石柱原來各曹位置之展面。

(一)			左中	左外
(二)	吏中	吏外	封中	封外

(三)	勳中	勳外	考中	考外
(四)	戶中	戶外	度中	度外
(五)	金中	金外	倉中	倉外
(六)	禮中	禮外	祠中	祠外
(七)	膳中	膳外	主中	主外

第二圖　左司石柱誤接後各曹現在位置之展面。

(七)	膳中	膳外		封中	封外	(二)
(一)			左中	考中	考外	(三)
(二)	吏中	吏外	封中	度中	度外	(四)
(三)	勳中	勳外	考中	倉中	倉外	(五)
(四)	戶中	戶外	度中	祠中	祠外	(六)
(五)	金中	金外	倉中	主中	主外	(七)
(六)	禮中	禮外		左中	左外	(一)

圖內各括弧數字，均勞考所稱原來面數，點線則表示今石之斷處。

誤移上二面，既如勞氏所說，使有第八面，則今之左中、左外，原來是第一面者，祇應誤接於原來之第七面，何得接於原來第六面禮中，禮外之下，夫是知七面之說合，而勞說應略爲修正者也。

第三圖　趙王兩家誤解各曹位置之展面。

(七)			封中	封外
(一)			左	中
(二)	吏中	吏外	封中	度外
(三)	勳中	勳外	考中	倉外
(四)	戶中	戶外	度中	祠外
(五)	金中	金外	倉中	主外
(六)			左中	左外

（乙）發見石柱有三刻不同也。 例言又云：

「一石柱唐時凡三刻：石初刻於開元廿九年，陳九言撰序，張旭書。 再刻於貞元中，許孟容撰後序，劉寬夫隸書。 三刻於大中十二年。……… 細驗左司，初刻、重刻，俱同是一面，尙存左外韋成季、趙匡等七人姓名。 吏部、司封一面，係初刻膳部、主客二司，末行尙存膳部郎中諸字。 司勳、考功一面，係初刻禮部、祠部二司，尙存禮部郎中何敬之、薛縚等姓名。戶部、度支一面，係初刻金部、倉部二司。 金部、倉部一面，係初刻戶部、度支二司。 禮部、祠部一面，係初刻司勳、考功二司。 膳部、主客一面，係初刻吏部、司封二司，尙存封外□嶠、朱前疑等六人姓名。 每行比重刻者高寸許，字形亦較重刻者稍大。 王趙未知石凡三刻，以致重出羼亂，非細驗石刻，不能辨也」。

余按今戶外盧自牧名下之右側，尙有舊刻「之薛諴」三字可辨，薛諴嘗爲戶外，其前一人爲韋退之，見今戶外一曹，樊川集一七有韋退之除戶外制，則其任戶外當在大中五年至七年之間，而題名已在本面末二行之行底，足證大中十二年之改刻，純因後來題名地位不敷。 今金外全刻完整，無薛諴名，又足證戶外一面，再刻原是戶外。 勞氏謂戶部初刻金部，金部初刻戶部，其說似尙未能確立也。 所可信者，唯左司舊刻新刻，同是一面，吏部原刻係膳部，司勳原刻係禮部，主客原刻係司封，因有舊跡爲證耳。 此外勞說「初刻」二字，亦應正言「再刻」，後更詳之。

（丙）詳考郎官諸人事迹，爲極好利用之工具書也。

王昶氏著考一卷，附題名後，所據僅舊新兩唐書及全唐詩傳而止（語本勞氏例言），作始也簡，無足深咎。 勞氏廣搜事實，詳加考證，旣沒之後，丁寶書氏爲編成廿六卷，其長處據例言自稱，則

「郎官姓名或有與他官同姓名者，則必考其世系，核其時代，以決其是非，卽有不可考者，亦兩存之以待考。 其有同官郎署而姓名相同者，又有同在一曹而郡望互異者，有同姓名而或以字行者，有同姓名而時代不合者，皆詳考其本末以注於下」。

其書得爲清代名著，非徒然矣。

所可惜者，勞氏生喪亂之餘，避地鄉僻，圖書散失，家室飄零，憂鬱以終（見其兄勞檢亡弟季言司訓事略），遺編未經自身勘定，故不無遺憾之處，計著錄未盡善者，撮而舉之，約有七焉：

1. 度中內仍保留祠中各姓名也。勞考二一云：

「祠部郎中，舊蒙上作度支郎中，今以有可考者析出，餘仍其舊」。

夫祠中蒙上作度中，勞氏既於例言決言之矣，試就第二圖觀之，祠中前一面之倉中，既自考中剔出，後一面之主中，又自倉中剔出，各還本原，何獨於此度中冒祠中者自違其例？且石刻與書本不同，書本前後兩頁俱錯裝而中間一頁不錯者，事固見之，若石面則不可亂轉，而折斷處亦有限界者也，今石刻闕紋炳炳，具如勞言，已知一部分為祠中，則餘部不應保留度中之內。質言之，祠中、度中，斷非混合於同一不斷面之內者，勞氏竟作兩可之考訂，推其用心，殆無非蘊抱下述之意見：

a. 勞考一三以祠中保留於度中之內者，計竇德明等八十一人，據所徵事，有嘗為度中者，得裴昭、鄭脩甫二人，意勞氏因是而遲疑非決歟？殊不知嘗官度中者，非必未官祠中，此曹內百十二人，其官祠中可徵者三十一人，官度中可徵者祇二人，兩數相衡，試問比較孰近。且勞氏所剔出之倉中、主中，無可徵者亦多矣，何獨於祠中而疑之。

b. 度中除石柱題名可考者廿一人外，勞氏補遺四十三人，合計祇得六十四人，意勞氏以度支一曹，職掌至重，今所知極少，特留是資點綴歟？然此乃事實如斯，不能曲為補救也。

綜上所論，可見勞考度中下之保留祠中，在考訂上殊有為德不終之歎，於事於理，兩俱扞格，誠勞考最大之缺點也。

2. 漫泐名位之刪除也。趙王二本，凡各曹姓名之全泐或半泐者，均各填入相當空格，使讀者得約測其彼此年代之距離，法至善也。今勞考不然，全泐者均略去之，半泐者亦或錄或不錄，非著錄之正軌也。況勞氏考訂，往往以時代不合為辭，而空泐位置，正涉及時代之要素，今竟略而不書，可乎。

3. 誤認再刻為初刻也。陳九言尚書省郎官石記序云：

「左司郎中楊公慎餘，於是合清論，創新規，徵追琢之良工，伐□藍之美石，刊刻爲記，建於都省之南榮，斷自開元廿九年，咸列名於次，且往者不可及，來者不可遺，非貴自我，蓋取隨時」。

萃編一一六釋之云：

「據前記斷斷（衍）自開元廿九年始，往者不可及，來者不可遺，今題名則開元以前，皆已追書，當由大中立柱之年，追考開元以前之有姓名可紀者裒集之，故與前記之語不合」。

往者不及，造語甚明，王氏以爲初刻始自開元廿九年，立說良允。勞氏例言乃辨之云：

「案初刻左旋，陳序云，斷自開元廿九年，蓋石柱立於是年，故郎官題名，亦以是年爲斷，王氏以爲斷自開元廿九年始，說殊舛誤。重刻始改右旋，而磨改之處，尚隱隱可辨」。

謂初刻止於開元廿九年，其說殊不可通。韋氏兩京記云：「郎官盛寫壁記，以紀當廳前後遷除出入，寖以成俗」（見唐語林八），述書成於開元，而其言如此，則壁記之風，固非一日。唯開元已前，昇降年名，各書廳壁，訛誤滋多（見陳九言序），故左司楊愼餘特改石刊，以垂永久，此所謂來者不遺，非貴自我也。如謂開元廿九以後任者，不令題名柱內，何故特創豐碑？夫前賢遺蹟，自非不得已，未必再三毀殘，矧此固闔省記名，非一二私意所得擅自更張者，唯開元初刻，始自廿九年，往者不具，貞元所以有再刻之舉也。再刻左旋，字形較大，（大者每行祇七人，說明見後）。歷年旣久，後來無題名餘地，大中所以有三刻及右旋之改作也。旣明乎此，則再刻、三刻，各具動因，間接且以徵初刻之斷自開元末始矣。王氏謂大中立柱，始追考開元已前，論固未澈，然苟依勞說，貞元上去天寶，不足五十年，名固許乎續題，地未必其不足，急急更張，果何解者？抑更有強證焉，主外一面，尚存舊刻封外崔餘慶、王德眞、郭待舉、盧揩、朱前疑、楊嶠、慕容珣等七名，左外一面，尚存舊刻左外元懷景、張況、張倚、崔渙、王崟、趙匡、韋成季等多名；夫崔渙以至韋成季，開元後人也，如勞說，初刻止開元末，何以有崔渙等名？抑崔餘慶等六人，元懷景、張況、張倚三人，又開元前人物也，如余說，初刻始開元末，何以有崔餘慶等名？然則舊刻之溯始唐初下迄開元以後者，不得爲初刻，彰彰明矣，旣非初刻，又非三刻，則其爲再刻也斷然無疑。勞氏例言所謂吏部、司封一面，初刻膳部、主客，司勳、考功一面，初刻禮部、祠部，戶部、度支一面，初刻金部、倉部，金部、倉部一面，初刻戶部、度支，禮部、祠部一面，初刻司勳、考功，膳部、主客一面，初刻吏部、司封（引見前），凡「初刻」字樣，皆再刻之誤也。余前謂貞元再刻，動因在初刻創始開元之不完，得是足徵其非出鑿空矣。或者曰，勞氏例言云：「細審又有光被諸字，隱隱可辨，考陳九言序有至德光被一語，則上截當是陳序」，此又何說？余嘗細審舊搨，光下被字不確，縱讓一步言之，安知再刻時非保留陳序，勞氏誤左外、封外隱隱可辨之字爲初刻，終不能據是爲讙符也。況再刻苟非別有一柱，（斷非是）則再刻必加初刻之上，三刻必加再刻之上，謂再刻經已磨去，而初刻之迹尚留，其說殊不軌於事理也。抑再刻時諸曹，恐亦不盡左旋，說見戶外注。

4．不知將上下兩截斷面各行之互爲連綴也。依第二圖，左中、封中、考中、倉中等數曹，斷爲兩面，且誤與他曹相接，但當未斷時，每曹之各行，固上下連綴，斷無疑也。趙王兩家昧於石斷，不能考定，無怪其然，若勞氏則發見石斷之第一人也，旣知其故，謂應將斷面上截某行，本與斷面下截某行相聯接，一一指明之，使柱內名序，得復其舊，其有裨於時代之考證，良非淺鮮。顧仍習焉不察，因謬承訛，例如封中猶以楊思謙至徐仁嗣等廿一人爲一列，崔寶德以下百餘人自爲一列，兩列之中，時代順序，皆自唐初以迄唐末，在未見碑刻者初讀之，吾知必莫明其妙也。夫斷面上截若干行，下截若干行，是否相當，均可實按，勞氏未之置意，謂非著錄猶有遺憾乎。

5．每曹行數及每行起止之不明也。從來石刻著錄，率舉其行數及行若干字，俾對勘者有所質正，萃編一一五郎官石柱下云：

「每截十行至二十一行止，字數三十餘至四十餘不等」。

說過簡略，難資參核，勞氏書便并此缺之，未足以彌前人著錄之缺也。

6．諱字寫法之欠齊一也。趙王兩家諱玄爲元，胤爲允，弘爲宏，此自拘於功令使然。勞考則不爾，或諱或不諱，玄而兼作玄元，胤而兼作胤允，弘而兼作弘宏，寧而兼作寧甯，又不加說明，遂令原刻何字，讀其書者無從捉摸。蓋勞氏之書，非及身審定，故生如是參錯，爲之編定遺書者，應多負厥責也。

7. 往往屈碑刻以從書本也。　石刻、猶木刻耳，非必絕對無誤者，著錄家處此，自應照本轉出，方不失其忠實態度，勞考中如吏中陳希列之作烈，吏外裴雅珪之作稚，勳外蕭權之作擢，田崇璧作壁，戶中張傳濟之作博。蓋損作塤，戶外辛宗敏之作崇，楊伯成作陽，寇玼作泚，裴傅濟作張，楊晉作普，崔稱作偁，度中皇甫文高之作亮，金中韋德恭之作德基，金外趙金穀之作穀，祠中康庭之之作庭芝，主外丁貴寧之作于貴寧，似皆挾有石刻必合之成見，致強石刻以從書本。又勞氏熟於各書人物及其時代，故間有石刻極不明而近於揣補者，亦其蔽也。

夫以郎官石柱，包含唐代名流，如此其多，可資以彌補史闕者，又如此其鉅，然迄今千餘年中，猶未得一較完較善之著錄本行世，無他，人名繁重，金石學家遂望而生畏耳。余於斯道，僅涉藩籬，今春遊西京，滿擬摩挲殘碑，期有所獲，天公不美，風雨作惡，不得已，托碑估代搨兩紙，歸與趙王勞三書相對證，採勞氏之三長，而去其七蔽，按諸舊原序，逐行錄出，諸家異同及鄙見，則分注行後，低一格書之，計可以補前賢著錄未及者，不下四五十人。意塵土埋封，一人之顯晦，亦復因緣時會歟！然前人所瞭見而今極漫漶者，數復不少，旣來本所，又取劉體智氏小校經閣舊拓本，覆校一次，以成是著錄。循斯而往，使千年華柱之遺跡，不至在若隱若現中，則固區區初志也。

著錄之例，凡漫漶而不能確知其姓名爲二或三四字者，均祇以□一箇表之，能灼知者，乃如其數表之。符號則視意義而用；姓名之析言者，或無此姓名者，或有無不可知者，率不用，唯□格仍用，所以明示其爲一名或若干名之地位也。

左司郎中

（上泐）　□□節　薛□　裴方彥　段機　劉翁勃　王儼（已上第一行）

□□節及薛□，祇見勞本，趙王二本均無，勞考一疑前者是宇文節，後者是薛述。機、趙作㯀，木旁之字，唐石間寫作才旁。

（上泐）　李守約　李守一　崔行功　崔承福　李思順（已上第二行）

（上泐）　侯味虛　張知泰　李守敬　徐有功　房昶　趙諠　陸餘慶（已上第三行）

（上泐） 閻脊止 夏侯峴 韋玢 孔仲思 馮思邕 唐紹 魏奉古 李誠（已上第四行）

勞考一云：「玢、二本誤珍」。

（上泐） 竇從之 張敬輿 夏侯宜 韋叔昂 高昇 鄭倩之 韋伯詳（已上第五行）

竇從之上，趙本作李□□，當否未能決。

（上泐） 劉彦回 韋見素 楊愼餘 韋虛舟 張具瞻 崔譚 陳澍 蕭晉用（已上第六行）

見素、趙王二本均誤元素。澍字王本缺。

（上泐） 楊恂 鄭璲 裴從 姚喬栵 裴謂 林琨 韋寂 張齊明 蔣將明 盧惎（已上第七行）

璲、從及喬栵三名，王本均缺。惎、趙本從石刻作懖。

（上泐） □應物 呂頌 李巽 奚陟 陸淳 宇文邈 李元素 韋成季 苗粲 呂元膺（已上第八行）

□應物、趙王二本均缺，勞考一云：「案上□字當是韋字，當在盧惎後，呂頌前」，余按搨本呂頌上應物二字甚顯，今勞考一以此名附夏侯澶後，乃丁氏編校之誤也。

（上泐） 崔鄘 劉遵古 韋審規 樊宗師 殷台 豆盧署 獨孤朗 鄭肅 趙元亮（已上第九行）

崔鄘、王本缺。

（上泐） 高元裕 鄭居中 李讓夷 何肬 李師稷 崔復本 高少逸 崔舀（已上第十行）

王本缺高元二字。

（上泐） 韋充 鄭亞 崔駢 崔璵 薛廷範 路綰 韋博 柳喜 裴寅 盧耽（已上第十一行）

韋充、王本缺，趙鉞云：「案疑兖，出平齊公房」，考新表七四上竹簡齋本作充，百衲本作究，均不作兖，且倉外有韋充，時代正合，作兖者殆見本誤也。範字、喜字，王本均缺。

（上泐）韋退之　李蟦　鄭彥弘　孟穆　鄭彥弘　薛廷望　李緘　崔瑑　張鐸（已上第十二行）

韋退二字及孟穆，王本均缺。鄭彥弘在孟穆下再見，三本均缺，玆據搨本補。

（上泐）李琨　李晦　李綸　李瞻　李嶽　崔寓　孫儆　王鐐　李燭　張允逸　夏侯潭（已上第十三行）

勞考一云：「琨、王本缺，趙本崐」，按趙本實作琨，勞刻訛。勞考又云：「王趙二本作寓，審定石刻是寓字」，是也。潭、趙王二本缺。又勞考此下附□應物、唐技二名，韋應物應移於呂頌之上，說已見前。唐技一名，搨本不見，勞氏殆因序末有之，特予加入，謂應移諸補遺，以存厥眞也。

實計左司郎中，趙本著錄一百有五人，王本一百有四人，勞本一百有七人，本編則著錄十三行，合一百有八人。每行最多者今存十人，約泐二人，依此估計，原石當有百五六十人，泐去者蓋在四十已上矣。

左司員外郎

顧琮　侯味虛　唐奉一　戴師倩　宇文全志　元紹　鄭從簡　桓彥範　殷祚　楊元叔　韋元旦（已上第一行）

旦、趙王二本缺，勞本補。

李乂　李行言　張思義　元懷景　李顒　魏奉古　裴藏曜　黃守禮　薛晞　柳渙　王旭　柳澤　宋宣遠　張涗（已上第二行）

顒、王本衹著禺旁，缺其右側，避淸諱也。

韋孚　張均　劉昂　高庭芝　杜損　班景倩　李朝弼　韋洽　韋恆　張倚　姜昂　趙安貞　楊仲昌（已上第三行）

孚、趙王二本缺。班、趙王作班，勞作班，今審石刻實作班也。

李知上　張震　畢炕　李成式　程休　祁順之　崔渙　李審　任瑗　孟匡朝　盧播　趙良弼　韋有方　王□（已上第四行）

王□、勞本缺。

姚喬栁　盧虛舟　王崟　庾準　成賁　鄭寶　李仲雲　崔寬　蔣鍊　庾何　王蕭　崔造　趙匡　房說（已上第五行）

鍊、勞考二訛練。

姚南仲　鄭餘慶　張式　盧羣　盧從　薛貢　楊憑　韋成季　李直方　李藩　韋彭壽　裴汶　張正甫（已上第六行）

韋纁　李正辭　韋審規　殷台　崔琯　獨孤朗　李行脩　李弘慶　孔敏行　宇文鼎　吳思　李道樞（已上第七行）

行脩、勞考二目錄訛行修。

劉寬夫　鄭居中　何眈　姚康　劉端夫　李款　裴夷直　趙柷　薛褒　李行方　封敖　蔣伸　鄭泳（已上第八行）

劉端夫、勞考二訛姚端夫。

柳喜　李當　裴坦　鄭路　崔巖　韋旭　楊知温　李愨　崔璙　皇甫燠　盧緘　鄭礭　盧告　崔芻言（已上第九行）

張黯　盧鉟　孫瑝　崔朗　鄭繁　裴瓚　李琨　劉承雍　盧望　李繪　杜眞符　鄭綦　杜延堅（已上第十行）

唐嶠　畢紹顏　張裕　裴墠　鄭頊　孫緯　狄歸昌（已上第十一行）

畢紹顏、趙本畢□，王本□□。　又王本頊誤珣。

狄歸昌下趙本註云：「此下六行漫漶，可識者祇四人」，王本從之，著錄趙匡、張倚、張況、元懷景四人。　勞考二云：「格案石刻，左外與初刻同是一面，尙存元懷景一行（二本有），張況二行（二本有），張倚三行（二本有），□□之、崔渙四行（二本缺），王崟五行（二本缺），趙匡六行（二本有），韋成季七行（二本缺），八人姓名」。　余按元懷景之上，尙有李行言、張思義二名，隱約可見，□□之應卽祁順之，又韋成季後二行見夫字，或卽劉寬夫，以今刻比之，由是知再刻之張況、張倚、崔渙、王崟、趙匡等五行，每行均十人，韋成季一行九人，卽勞氏例言所謂舊刻字形稍大也。

實計左司員外郎、趙王兩本均著錄百三十八人，勞本百三十七人，本編則著錄十一行，合百三十八人。 行最多者十四人，少者十二人，首行祇得十一者，因上承「左司員外郎」五字也。 末行祇得七者，因其不滿一行也。此官於武后永昌元年始置，神龍元年省，二年又置，故人數比他曹稍減焉。

吏部郎中

鄭元敏 牛方裕 劉林甫 李廿規 張鋭 廿神符 温彥博 胡演 趙弘智 楊纂 薛述 李孝元 宇文節（已上第一行）

林甫、趙本材□，王本缺。 李廿規、萃編一一六云：「廿卽世字」，是也。 張鋭、王本作張鋭□，符、趙本從卄，均非是。

長孫祥 劉祥道 蕭孝顗 于立政 陸敦信 趙仁本 裴明禮 王儼 崔行功 獨孤元愷 温無隱 于敏同 裴晧 韋愷（已上第二行）

孝顗、勞本誤孝覬。

□□□ 魏玄同 楊弘武 鄭玄毅 李德穎 張希□ 陳義方 王元壽 韋萬石 秦相如 劉應道 劉齊禮 元知敬 顏敬仲 崔文仲（已上第三行）

楊弘武、勞本誤穆弘武。 張希□、趙本希乘，王本希□，勞本希裴，未能決。 陳義方、王本缺義字。

□□ □□□ □□□ □□□ 王友方 宋玄爽 高光復 路元叡 王遺恕 張行褘 孟允忠 董敬元 張詢故 王方慶 □仲（已上第四行）

王友方上，趙本泐五人，王本四人，似以王本爲是。宋玄爽、趙作梁元爽，王缺，玆從勞本。 光復之復，王本缺。 叡、趙王均缺，萃編一一六云：「當是元叡」。 允忠、趙王均訛元忠。 □仲、勞本缺。

□ □ □ □ □ □ 高元思 釆懷敬 李琯 李志遠 紀先知 皇甫知常 孫彥高 顧琮（已上第五行）

高元思之前，趙王二本均泐五人，以搨本驗之，似當是六人也。 元思、王本缺元字。 釆懷敬、趙本缺釆懷，王本全缺。 又高元思上勞本有鄭杲，云：「見吏中補，當移入」，搨本漫漶，不能確定其位置，故不著錄。

□　□　□　崔□□　□　□　齊景胄　盧𢖍愼　岑羲　楊降禮　鄭納言　韋播　辛廣嗣　蕭璿（已上第六行）

齊景胄之上，趙王二本均泐六人，茲姑從之。又齊景胄、趙王二本均缺。勞考三云：「鉞案降當作隆，避玄宗諱，缺末筆」。

韋□　□　韋抗　沈佺□　李問政　崔叔瑜　元懷景　裴藏曜　李朝隱　馮□　崔璩　張敬忠　慕容珣　趙昇卿（已上第七行）

沈□□、勞考三云：「疑佺期」，按佺字確，勞氏之疑，殆不誤也。崔叔瑜、趙王二本均作崔□，茲從勞本。元懷景、趙王二本缺，字尚隱約可見也。馮□、趙王二本同，勞作馮顗，但又云：「案石本似馮覬」，余按下一字右方確爲頁。崔璩、趙依石刻作璩，王作璩，茲依勞本正書之，如據字，碑刻亦作據。

李元紘　鄭齊嬰　蘄恆　楊滔　薛兼金　張昶　褚璆　杜暹　楊範臣　蕭識　員嘉靜　袁仁敬　徐玄之　陳希列　張況（已上第八行）

紘、趙王二本缺。蘄、勞本訛蘄。恆、趙王缺。滔、趙王亦缺。勞作滔，云：「疑滔，見吏外」，今審之，實作滔也。臣、趙王二本缺。希烈、石刻作列，趙本從之，王勞二刻改作烈，非據石轉錄也。

崔□　鄭少微　崔希逸　皇甫翼　盧絢　元彥沖　張珣　裴敦復　劉日政　李彭年　宋詢　李憕　苗晉卿　班景倩　韋陟　徐惲（已上第九行）

崔□、三本同，勞云：「或疑嘉」，今審之，殊不類。絢、趙王均缺糸旁。珣、趙王缺。班、三本均從文，石刻不然。

李朝□　孫逖　李昂　韋述　張季明　趙安貞　鄭昉　楊仲昌　王燾　李麟　楊愼餘　李暐　源洧　鄭審　李伉　王維　韋之晉（已上第十行）

李朝□、趙王二本同，勞作朝弼，但弼字不明。

李□　崔猗　韋倜　崔灌　李季卿　蔣渙　薛邕　畢宏　閻伯璵　韋覇　蕭直　崔翰　盧允　張重光　賀若察（已上第十一行）

李□、趙王二本同，勞作廙，但廙字不明。猗、趙王均缺犭旁。韋倜、三本同作韋倜，但勞考三又註云：「王趙本均作倜，但亻旁不確，無考，疑給事中韋倜，倜見素子，見表南皮公房」，審石刻似倜字近是，然既云亻旁不確，弗應又疑爲倜，知「亻旁」當是「同旁」之訛。

崔器　庾準　韋少遊　王延昌　韓滉　趙縱　韋元甫　韋謌　裴綜　房宗偃　杜亞　盧杞　李承　齊貢　李竦　盧翰(已上第十二行)

房宗偃、王本缺宗字。

趙贊　劉從一　郭雄　崔造　殷亮　苗丕　韋夏卿　柳冕　李玗　趙宗儒　劉執經　楊於陵　崔淝　常仲儒　韋執誼　李鄘(已上第十三行)

於陵王本缺。　勞考三云：「常、二本崔誤」。　李鄘、趙作李口鄘，王作李口口，均非是。

鄭利用　房式　杜兼　竇羣　柳公綽　李蕃　崔芃　張惟素　皇甫鎛　張賈　李建　盧公憲　韋乾度　韋顗　盧士玫(已上第十四行)

崔芃、趙王二本同，勞作芄，誤。　李建之建，盧公憲之盧憲，韋乾度之乾度，及韋顗姓名，王本均缺。　盧士玫、王作盧口，亦非。

盧逢　韋弘景　崔植　陳諷　崔鄭　于敖　陳仲師　盧元輔　嚴公衡　嚴休復　高允恭　殷台　崔琯　裴口　口　　韋詞(已上第十五行)

弘景、勞本作宏景，而下文盧弘宣又作弘，此其或諱或不諱之無一定也。

鄭、趙王二本缺。　高允恭、三本均空恭字，勞考註云：「允恭見戶中，此不確」，今審搨本，其共頂固甚明也。　琯、王本缺，余見搨本亦不明。

裴口祇趙本著錄。　韋詞、趙缺詞字，王全缺。

孔敏行　崔戎　高銖　宇文鼎　崔稱　王袞　李石　孫簡　盧鈞　張諷　薛膺　崔口　薛廷口　口　　盧弘宣　趙眞齡(已上第十六行)

孔敏行之上，趙本泐一人，非是。　宇文鼎、趙王均缺。崔稱、趙缺稱，王全缺，勞考三作岑楠，云：「顧(趙)本岑作崔，楠字缺，楠見戶外，時代正合」，今審之，確是崔稱，不過山下有一界痕，勞氏遂疑作岑字耳。　會要八五、萬年縣尉岑希逸，勞考三即據舊書李憕傳以爲崔希逸之事，可見岑崔兩字，容有互訛。　簡從竹，趙從卄，非。　崔口、趙王同，勞作崔琯，但琯字不明。　薛廷口、趙作薛口口，王作薛口，勞全缺，今審之，實是雙名，其第二字爲廷字也。盧弘宣、王缺盧字。趙眞齡之眞，趙王均缺。

李□ 崔□□ □ □ 元晦 崔球 盧弘止 崔□ 柳仲□ 韋□ 邢□ □□ 李行方 □ □ 盧簡求（已上第十七行）

李□及元晦，趙王勞三本均缺。勞考三云：「盧弘止、二本作盧龜誤」，是也。柳仲□、趙王同，勞作仲郢，然郢字不明。自此已下，趙王二本均缺，趙並云：「下六行漫漶」，蓋誤合舊刻言之也。韋□二名，均新補。李行方之上，勞本有蔣豐，字甚漫，不可識。盧簡求亦新補。

盧 □ 蔣伸 李 □ 柳憙（中泐約五名） 韋宙（下泐約四名）（已上第十八行）

盧□至柳憙四名，均新補。

□ □ 皇甫鉟 □ 牛蔚（中泐約七八名） 穆仁裕（已上第十九行）

吏部郎中實計趙本著錄二百四十九人，王本同，勞本二百廿七人（內鄭杲位置未詳），本編則著錄十九行，約二百八十六人。除第一行外，每行少者十四人，多者十七人，吏中有兩員，故其數特多也（十九行已後，有無泐去名字，未能決）。

吏部員外郎

裴玄本 王約 潘求仁 趙弘智 裴希仁 甘神符 宇文節 李公淹 封良客 韋璲 韋叔謙（已上第一行）

長孫祥 裴孝源 裴希仁 崔玄覩 于立政 蕭孝顗 裴雅珪 辛茂將 崔行功 姜 □ 元懷簡 裴公綽 趙仁本 韓同慶（已上第二行）

裴雅珪、趙王二本同，勞作稚，并引新表，但石刻確雅。姜下似是撫字，然決非新書二〇四之姜撫也。

于敏同 梁行儀 王德眞 魏玄同 姜玄乂 劉祥道 李同福 裴大方 胡元範 房正則 梁仁義 李同福 姜杲 裴大方 張仁禕（已上第三行）

胡元範、勞誤朝元範。禕從示，趙王均從衣，非也。

裴思義　韋萬石　姜玄昇　劉處約　張詢古　蘇味道　韋志仁　辛希業　高光復　李志遠　劉夷道　章希業　樂思晦(已上第四行)

李至道　裴咸　杜承志　蕭志忠　崔湛　張栖貞　司馬鍠　杜承志　杜知謙　李崇基　朱璟　皇甫知常　岑義　李傑(已上第五行)

栖、趙王均依石本，勞作棲，唐碑往往寫從扌也。

畢搆　麴先沖　李尙隱　蘇詵　鄧茂林　盧懷愼　李希仲　韋日用　盧從愿　楊滔　房光庭　崔湜　裴洽　崔玄同(已上第六行)

陳希烈　張鈞　朱鼎　李朝隱　張庭珪　裴漼　倪若水　崔位　魏恬　諸謬　柳澤　杜暹　楊執臣　徐玄之　朱涓幡(已上第七行)

諸謬、趙勞二本同，王本褚璆，勞考四云:「鉞案諸謬當作褚璆」，此石刻之誤也。

楊降禮　徐惲　源洧　席建侯　劉宅相　韋洽　元彥沖　李憕　李彭年　源玄緯　馬光淑　苗晉卿　盧怡　張秀明(已上第八行)

降卽隆字缺末筆，說見前。

楊仲昌　李麟　李栖筠　鄭審　盧僎　裴遵慶　蔣渙　庾光先　崔寓　李廙　李洧　崔倫　崔翰　鄭炅之　韋之晉(已上第九行)

栖、趙王同，勞作棲，說見前。　寓、趙王作寓誤。

盧僎　薛邕　韋少遊　裴稠　崔禕　元特　王崟　韓滉　王佐　盧虛舟　賀若察　韋元甫　畢宏　杜亞　裴儆　王崟(已上第十行)

禕從示，趙從衣，非是。

元挹　崔祐甫　令狐峘　韋允　王定　鄭叔則　崔儒　劉灣　蔣錬　殷亮　李舟　劉太眞　王銷　苗丕　裴綜　鄭珣瑜(已上第十一行)

允、趙王俱作元，茲從勞本。

于結　呂渭　盧珽　于結　盧邁　劉執經　柳冕　李元素　韋夏卿　裴佶　楊於陵　鄭儋　李鄘　奚陟　王仲舒(已上第十二行)

盧珽、三本均誤盧挺，今審之，實是珽字。第二于結之結字，王本缺。

張弘靖　裴次元　劉公濟　常仲儒　李蕃　柳公綽　孟簡　韋貫之　皇甫鎛　韋

纁 李建 崔從 韋弘景 王涯 崔鄘（已上第十三行）

纁、趙本依石刻作纁。

陳中師 楊嗣復 席蘷 盧士玫 李宗閔 殷台 崔琯 王璠 鄭肅 羅讓 崔戎 王中伯 楊虞卿 李續（已上第十四行）

中師、王作仲師，非是，此處石刻實作中也。

宇文鼎 敬昕 李珏 高元裕 劉寬夫 陳夷行 崔龜從 裴衮 劉端夫 李款 崔璪 柳璟 裴鐇 孔温業（已上第十五行）

張文規 崔璜 周敬復 崔球 韋行貫 李行方 陳洳 韋絢 韋愨 李訥 盧簡求 崔眈 崔慎由 錢知進（已上第十六行）

璜、王本缺。

崔瑤 盧罕 杜牧 馮岡 杜審權 趙櫓 鄭路 皇甫鉟 李朋 皇甫珪 獨孤雲 鄭從讜 裴衡 盧緘 崔瑑（已上第十七行）

瑤、王本缺。 權、趙王二本均缺。 鉟、王本缺。

于德晦 楊收 路□ 楊嚴 穆仁裕 崔安潛 侯備 令狐緘 薛臨 高湘 于瓌 楊損 崔瑾 崔厚 崔瀆（已上第十八行）

楊收、趙作楊□收，王空三格，均非是。 收之下，仁裕之上，應是兩人，王本祇空一人，勞本有楊嚴而無路□，亦不合，趙本作路嶔，今嶔字不明，楊嚴之楊字亦然。 穆及安潛，王本皆缺。 侯備、王作侯備人，蓋誤析下文「令」字之「人」爲名也。 令狐緘、王本祇空兩格，趙缺緘字，此下兩本皆誤增一人。 薛臨、趙王均缺臨字。 楊損之損，趙王缺左旁，且皆誤右旁爲貝。 又崔瀆下趙本註云：「以下皆漫漶」，王本亦至瀆止。

（上泐） 盧胤征（已上第十九行）

胤征之下，似尙泐二人，未確定也。

吏外一曹，實計趙本著錄二百五十九人，勞本同，王本二百五十八人，本編計著錄十九行，合二百六十人，惟第十九行約泐十餘人，則原日總數應爲二百七十餘人，吏外亦二員，故其數與吏中近也。 除首末行外，每行最少者十三人，多者十六人。

司封郎中

（上泐）崔寶德　韋挺　元務眞　韋季武　劉木立　桀九思　閻立本　蕭孝頲（已上第一行）

楊思謙（中泐）□□遠　來恒　李崇德　楊思正　賈敦實　郭應宇　韋萬石　蘇良嗣　李思□（已上第二行）

□□遠、趙王二本缺，勞本補，然遠字之上，是否空二格，今碑已缺，無確據也，茲姑依勞本錄之。來恒、趙王均缺來字，李崇德缺德字。郭應宇、勞目訛郭爲敦。又李思□下勞考五註云：「器未確」。至楊思謙一行，應與□□遠一行相接，其故將於第八行註證之。

豆盧欽望（中泐）□□壽　胡元範　盧楷　劉奇　王美暢　李嶠　苗神福　張元一　趙謫　趙弘敏　裴懷古（已上第三行）

□□壽、趙王二本均祇作□壽，勞作張松壽，惟張字石已全缺，第二字祇存左旁之下截，似是木旁也。苗神福、趙王二本同，勞作田，誤。

徐堅　李彥□（中泐）□□□　田幹之　李湝　孟溫禮　李猷　崔玄童　王丘　慕容珣　王易從　鄭溫琦（已上第四行）

彥□、勞考，五疑是彥允。田幹之上，王全缺。趙勞均作□伯琦，似未確。孟溫禮三本皆作知禮，唯勞考五註云：「審定是溫禮」，是也。丘、勞諱作邱，而引文中又不諱，殊欠齊一。王易、王本缺。

姚奕　蔣挺（中泐）朱渭輔　張均　韋陟　宋詢　裴系　徐鍔　陳振鷺　李稹　鄭昭　劉光謙　楊玄章（已上第五行）

朱渭輔、王本作朱□，非是，趙本作朱□輔。稹、趙祇著禾旁，王缺，勞考五謂二本皆著禾旁，非也。又本曹自此行以後，所稱「中泐」，是否中間確有缺名，未能決定，姑如是記之。

程休　韋之□（中泐）李□　顏允南　張楚金　裴儆　崔浩　林琨　趙昂　竇林　王圓　郭晤　王縝（已上第六行）

之□、勞考五疑是之晉。李□、趙王二本同，勞作李山，又云疑李涵。

南、王本缺。 郭晤、趙訛郭昭，王作郭□。

令狐峘 張蔵（中泐） 杜黃裳 吉中孚 李叔度 徐岱 盧偘 蕭遇 陳京 韋丹 崔邠 韋成季（已上第七行）

杜黃裳、王本祇空兩格，誤。 吉中孚、趙王均訛韋孚，又皆缺邠字。

韓皋 裴次元（中泐） 孟簡 張惟素 裴度 錢徽 徐晦 張仲素 李汭 薛存慶 陳中師 嚴休復 張士階（已上第八行）

皋、趙王均誤日華。 孟簡、王本缺。 徽、趙王均缺。 復次石柱雖折後誤接，但每面原刻行數，當不因此而有所變更，今據勞考五，韓皋以永貞元年九月自封中貶池州刺史，孟簡以元和四年自封中超拜諫議大夫，時代適相近接，故知斷柱下截之孟簡一行，應上承斷柱上截之韓皋一行，由是逆推，□□遠一行，應上承楊思謙一行，崔寶德一行，則頂上司封郎中一行也，勞考未注意此節，故覺美猶有憾。

鄭涵 羅讓（中泐） 王中伯 王彥威 蘇景胤 盧載 敬昕 盧商 楊漢公 裴乾貞 裴泰章 丁居晦（已上第九行）

胤、趙王均缺。 晦、王本缺。

裴諿 張鷟（中泐） 裴肅 張述 崔鉉 敬晦 張□□ 李 □ 裴諗 羅劭權 劉瑑 裴寅 □（已上第十行）

裴肅、趙王二本均缺，敬亦然。 諗、王本缺，趙祇著言旁。 劉瑑、趙王均缺。

盧匡（中泐） 裴處權 □ □ 皇甫珪 □ 鄭茂休 張復珪 張道符 王凝 □（已上第十一行）

裴處權及皇甫珪之珪，趙王均缺。 皇甫珪上，趙王同以爲泐六人，今審之，實三人耳，惟珪與鄭茂休之間，原泐一人，而趙王亦不著也。 道字凝字，趙王皆缺。

盧告 馮顓（中泐） 崔瑝 崔安潛 李昌□ 崔殷夢 鄭延休 崔瑾 鄭紹業 令狐□ □ 王徽（已上第十二行）

崔瑝、趙王勞三家均缺，玆據石刻補。 安潛、王本缺，趙本安□。 李昌

□、趙王均作昌嗣，勞考五以爲未確，今搨不明，未能決。勞考又云：「殷夢、王本缺，趙本殷彥，誤」。殷夢與鄭紹業之間，實祇二人，趙王均作三人，非是。鄭延休唯勞本著之。崔璡則余所新補也。鄭紹業之紹及令狐□，趙王皆缺，勞作令狐包。此下泐一人，次卽王徽，趙本空三人，非是。徽、趙王均缺。

崔澹 徐仁嗣（中泐）（下泐）（已上第十三行）

封中一曹，實計趙本著錄百四十一人，王本同，勞本百三十五人，本編則著錄十三行，合百四十三人。因中泐之故，每行人數，不可確知，然今所失者總在十餘人已上也。

司封員外郎

蕭悊 李壽德 竇孝鼎 李友益 崔餘慶 崔璲 楊思謙 王崇基 韋義玄（已上第一行）

柳言思 李思遠 王德眞 路勵言 楊思正 李同福 陳義方 獨孤道節 李範丘 郭待舉（已上第二行）

言思、趙王均誤言忠。丘、勞諱作邱。

崔同業 杜易簡 柳行滿 崔懸黎 司馬希象 裴思義 盧揩 張詢古 雲弘善 樂思誨 王遺恕（已上第三行）

張同和 孫元享 盧光乘 朱前疑 張元一 沈介福 王仙齡 韋瓊之 于季子 徐堅 張彥超 楊嶠（已上第四行）

元享、趙勞同，王本元亨，審石刻實作享也，古常寫亨爲享，亦或避肅宗諱。

皇甫伯瓊 岑獻 韋玢 韋瑗 蕭元嘉 劉令植 高豫 慕容珣 韓休 鄭溫琦 王執言 崔琮 崔翹（已上第五行）

伯、王本缺。玢、勞訛珍。

楊□羽 □ 張景明 徐峻 韋利涉 裴令臣 宋渾 蕭諒 李知正 薛江童 薛冽 郭納 裴士淹（已上第六行）

□羽、王本缺。 張景明、趙王均缺。 令臣、勞考六目錄訛今臣。

崔寓 楊獻 裴寬 寇鍐 程休 張衮 閻伯輿 韋少遊 元持 劉儒之 韋元甫 李國鈞 李昂（已上第七行）

崔寓、王勞均缺，趙本寇□之前有左寓，當即崔寓之誤，但崔寓在行頂，與寇□相隔二人，則趙本又一誤再誤也。 楊獻、裴寬，趙王均缺。 寇鍐、趙寇□，王全缺。 張衮、三家皆作裴衮，唯勞考六註云：「裴衮當文宗時，時代不合，疑張衮，當玄宗，時代正合」，今審石刻，實是張字。

邢宇 李華 薛愿 元挹 李洞清 韋叔卿 王翊 李抒 殷亮 蔣鎮 崔縱 謝良輔 鄭南史（已上第八行）

宇、趙王缺。 李華、趙王作李□，勞全缺，今審之，實李華也。 韋叔、趙王缺。 亮、王誤高。

□ 盧□ 楊凝 鄭儋 鄭元 李衆 韋況 陸震 封亮 呂溫 李逢吉 張正甫 裴度□ 蕭俛（已上第九行）

盧□、三家皆缺，今審之，上字甚似盧字。 楊凝、趙王均缺，俛亦然。

武儒衡 □□眞 劉師老 班肅 蔣防 楊汝士 柳公權 王會 陳夷行 崔復本 裴泰章 序（已上第十行）

前二人，勞全缺。 儒衡、趙王缺，又其下空二名，似實是一名，末一字爲眞字也。 師老、班肅，王本缺。 裴泰章之下一字，今尚見右旁之予，殆即勞考六補遺之舒元褒，時代相合也。

□ □ 裴素 盧懿 韋絢 魏扶 崔耽 馮韜 錢知進 裴寅 韓琮 鄭裔綽 蔣□ □ （已上第十一行）

裴素及盧懿之懿字，趙王均缺。 琮字、綽字，王本缺。 蔣、趙王二本同，勞作蔣□，然是單名抑複名，石已殘破，無可揣測也。 蔣之下，似尚泐一人。

□ □ □ □ 楊嚴 李植 趙隱 李□ 高湘 封□卿 崔涓 □ □ （已上第十二行）

李□、趙勞作李璋，王李漳，今審之，字實水旁，非玉旁也。封□卿、趙王缺，勞作楊紹復，非是。　舊紀一九上咸通十三年，五月，丙子，前中書舍人封彥卿貶湖州司戶，時代正合。　涓、趙王缺。

□　□　□　張讀　鄭就　徐仁嗣　盧胤征　鄭般　鄭毅　盧□　蕭□　（下泐）（已上第十三行）

張讀上，以地位審之，祇泐三人，趙王均空四人，非也；王又作張讀□，亦誤。　盧胤征、趙缺盧字，王缺盧胤字。　鄭毅下王本註云：「此下無可辨識」，盧蕭二字，今均不明，唯據趙勞二本著之。

封外一曹，實計趙本著錄者百五十九人，王本百五十七人，勞本百三十八人，本編則著錄十三行，合百五十八人。　除首行及有泐之行外，每行少者十人，多者十四人。

司勳郎中

狄孝緒　獨孤珉　裴□山　楊纂　辛諝　薛逊　竇孝鼎　宇文節　杜文紀　薛逿　鄧素　郎知年（已上第一行）

緒、趙祇著糸旁，王全缺。　珉、趙王同，石刻實作珉，或避諱缺筆而然也，勞作珉非。　裴□山、趙王裴□□，勞全缺，考新表七一上有裴義山，正唐初人，但第二字固近於智而非義也。　紀、趙王均缺。

王儼　王仁瞻　鄭楨　鄭玄毅　韋同慶　張松壽　李崇德　元和敬　謝祐　王歐　劉應道　路元叡　李範丘　岑曼倩（已上第二行）

瞻、王本缺，毅亦然。　和、碑刻實如是，王作知不合。　丘、勞諱作邱。

歐陽通　裴思義　李玄慶　□懷敬　李至遠　張敬之　樊忱　楊元政　戴師倩　祝欽明　楊承裕　趙謐　田貞松（已上第三行）

李元恭　楊祇本　張循憲　□嶠　崔日用　劉閏一　韋璦　傅黃中　李元璀　李崇敏　齊處仲　張敬忠　呂絢　唐曉（已上第四行）

王瑨　辛替否　劉晃　吉渾　韓朝宗　盧翹　張洵　劉日政　蕭華　李知柔　盧重玄　元玄禕　姜昂　韋虛舟　張寂（已上第五行）

劉日政之劉，勞考七目錄訛劍，因石刻寫劉爲釗也，但上文劉晃之劉，石刻亦作劉，而勞目作劉，此則編校勞書者不能劃一寫法之誤也。元、趙訛允。

郭愼徽 裴士淹 韋咸 崔圓 蔡希寂 盧允 薛邕 盧游 劉單 李收 韋鍔 庾準 邵說 王紞 董晉（已上第六行）

劉單之劉，勞目亦訛劉。

丘爲 韋禎 劉滋 韓章 路季登 鄭南史 崔戣 嚴霜 權德輿 李直方 李絳 崔恭 盧公憲 韋顗 陳諷（已上第七行）

丘、勞諱作邱。 絳、趙祇著糸旁，王全缺。

李正封 沈傳師 路隋 崔護 李虞仲 侯繼 孔敏行 王袞 高鍇 權璩 韋璜 唐扶 崔龜從 崔蠡 高少逸（已上第八行）

璩、趙亦依石刻作璩，王作璩，玆仍從勞考書之。 扶、趙誤狀。 蠡、王訛爲日口二字。

陸洿 紇干泉 盧懿 敬晫 劉濛 韋博 周復 崔黯 崔瑤 楊發 尒朱抗 李潘 蔣偕 薛蒙 孔溫裕（已上第九行）

晫、趙依石刻從日旁，王勞從目，雖與史合，而究異乎石刻也。

王渢 任憲 裴紳 鄭洎 孟球 杜蔚 張復珪 趙隱 牛叢 吉郾 侯備 崔朗 薛途 張潛 崔厚 嚴郜（已上第十行）

韋延範 趙蒙 李輝 蘇蘊 李迢 魏管 盧紹 崔庾 盧絮 鄭軌 李輝 鄭□ 杜庭堅（已上第十一行）

韋延範、趙王祇著範字，且誤析爲二人，勞本作薛延範，註云：「一本薛作韋」，作薛亦非。 李迢之李，王誤季。 鄭□祇見趙本，王勞皆缺。 勳中郎至杜庭堅止，以後趙王所著錄者，乃再刻之禮中，應如勞氏所考删卻，顧今勞考七之末，仍存何敬之一名，則丁氏編校不善也。

勳中一曹，實計趙本著錄百五十七人，王本同，勞本百五十五人，本編則著錄十三行，合百五十七人。 除首行外，每行少者十三人，多者十六人。

司勳員外郎

杜懿宗 楊祇本 郭知允 齊景胄 王德志 劉祥道 王儼 王仁瞻 楊□ 王

師旦　李間政　韓贍(已上第一行)

趙缺宗字,王缺懿宗。　祇字、允字,趙王均缺,勞云:「一作令木」,非也。　胄、趙王均誤日,又均缺師字。

李嵩　許圉師　李乂　麻察　衛幾道　張敬忠　韓同慶　李全昌　崔行成　齊澣　魏玄同　鮑承慶　劉應道　薛自勸(已上第二行)

嵩、趙王誤析爲日高二字。　全昌、趙作□昌,王缺。

李訥　源行守　袁仁敬　徐玄之　裴大方　秦相如　斛律貽慶　鄭行賓　王瑨　封崇正　薛侃侃　孟允忠　胡元範　王德志(已上第三行)

裴璀之　吉渾　李知柔　赫連梵、斑景倩　羊貞育　李擢　李彭年　鄭南金　王豫　韓大壽　李志遠　李承嘉　裴錫(已上第四行)

斑字此處石刻又從文。

蕭權　李元恭　李恆一　馮光嗣　元暕　盧萬碩　嚴杲　程鎮之　崔論　楊愼餘　張寂　鄭璲　周利貞　杜礪　吳道師(已上第五行)

權、趙王同,石刻確從木,勞作擢不合。

李堅　鄭審　王光輔　蔡希寂　王光大　薛兼金　王璵　蘇瞻　蕭嵩　李侖　裴元質　田崇璧　蕭璿　李謙度　裴謂(已上第六行)

璧、趙王同,石刻確從土,勞考作璧從玉不合。謂、王勞同,趙作謂非。

李行正　韋鑾　韋晉　崔希喬　韋晉　員嘉靜　張九齡　徐尚　崔祐甫　程昌稀　蕭誠　王琇　元彥沖　宋遙　盧僎(已上第七行)

喬卽喬字,勞考八日錄訛高。

王從敬　盧象　鄭愿　李嘉祐　孫成　蔣將明　楊獻　梁涉　李岫　唐堯臣　裴春卿　皇甫琳　朱巨川　竇申　李休斑(已上第八行)

愿、趙王均缺。　祐、趙王作佑,非。　朱巨川、勞考云:「朱一作李」,驗碑刻確非李字。　斑、王本缺。

崔諲　畢炕　劉滋　苗粲　裴遵慶　韋元甫　能季武　韋多成　源少良　崔圓　李栩　韋叔將　沈東美　陸據　崔顥(已上第九行)

炕、趙作炊,非。　粲寫作粲,唐碑常如是,趙王作粲,則因米字漫漶之故也。

李揆 裴綜 鮮于叔明 楊綰 辛昇之 裴儆 楊炎 杜位 許登 韋冗 獨孤愐 于頎 張鎰 錢起 孔述睿 殷亮 鄭叔矩（已上第十行）

李竦 劉太眞 張惟素 衛次公 李絳 裴樞 鄭利用 李元素 邢濇 裴茝 鄭絪 李程 張仲素 趙宗儒 薛存誠（已上第十一行）

盧公慥 李亘 盧士牧 蔣武 于放 杜元穎 李正封 席夔 王起 路隋 李絳 趙元亮 李紳 崔郾 王中伯 姚向（已上第十二行）

亘、王本缺。

孫簡 馮葯 李弘慶 楊漢公 竇鞏 高元裕 盧簡辭 裴袞 崔龜從 裴識 韋磻 鄭涯 丁居晦 李中敏 黎埴（已上第十三行）

裴袞、勞本奪。

崔璀 崔干 庾簡休 崔鉉 陳湘 崔璵 崔駢 韋琮 崔黯 周復 裴寅 杜審權 楊發 盧罕 杜牧 韋澳（已上第十四行）

干、趙誤于。 湘、趙王均缺。

趙櫓 趙滂 李遠 崔鈞 李潘 苗恪 庾道蔚 韋用晦 鄭樞 王渢 皇甫珪 裴衡 牛叢 楊收 張復珪（已上第十五行）

收、趙王均缺，勞考八云：「收一作辰」，今驗非辰字。

楊知遠 杜蔚 穆仁裕 苗紳 源重 薛廷望 獨孤霖 高湜 鄭碣 崔殷夢 盧頊 趙蒙 崔厚 李嶽（已上第十六行）

楊希古 李昭 楊仁贍 蘇粹 李輝 李渙 杜裔休 盧渥 李瓚 路綱 李迢 鄭逸 薛邁 周承矩 韋顏 鄭就 鄭勤規 李□ 蔣泳 崔昭符 崔序（已上第十七行）

輝、王本缺。 裔、趙王均誤高。 顏、王本缺。 李□、勞考八云：「王本晃，趙本混，格審定是李琨」，似勞說近是。 泳、趙王均缺。 符、趙勞從竹是，王從艹，非。

姚荆 張禮 蔣泳 崔凝 鄭昌圖（已上第十八行）

禮、王本缺，石刻從示旁，趙勞均從衤，不合。 泳字王本亦缺。

勳外一曹，計兩員，故人數特多，實計趙本著錄二百六十三人，王本同，勞本二百六十一人，本編則著錄十八行，合二百六十三人。 除首末行外，每行最少者十四人，最多者二十一人。

考功郎中

第一行全泐。

皇甫异度（下泐）（已上第二行）

楊思誰　許圉師　崔□□　元大士　□□□　□□福　楊守拙（下泐）（已上第三行）

許圉師元大士二人，祇勞本著錄。 崔□□及元大士已下三人，則三家均缺，□□福殆即勞考九補遺之盧承福。

劉處約　高光復　王遺恕　李元素　蘇味道　石抱忠　祝欽明（下泐）（已上第四行）

趙王二本劉處約下，著錄高某，而左司郎中內又有□復，今以石刻驗之，高字在斷柱上截，光復二字則在斷柱下截而與左司相承，故致一人分爲兩人也。 依此，可推定上下兩截某行與某行相當，補前賢著錄之未備矣。

勞本祇作高□□。 又蘇石二人，唯見勞本。 祝欽明一人，則三家均無之。

皇甫知常　韋□　楊季昭　李□□　裴　　（中泐）王　　（中泐）王（已上第五行）

皇甫知常、三家均著錄。 韋□、唯趙王二本有之，勞本缺。 楊季昭、趙王作楊□昭。 季昭以下，三家均缺。

房光庭　（中泐）王□　李迪　麴先沖　杜元志　高紹　王　　（下泐）（已上第六行）

麴先沖、趙王二本缺，勞作鞠先沖，審石刻似從麥旁，從革未確。 紹、趙王祇著召旁。 紹下之王某，勞本缺。

崔翹　（中泐）劉昂　韋洽（下泐）（已上第七行）

劉昂、三家均缺。 韋洽、趙鉞改韋渚，勞云未確。

房寀 （下泐）（已上第八行）

李收 王佃（下泐）（已上第九行）

佃、王本缺，趙作王仲□，勞作王□□，均誤爲複名。

韓臯 趙宗儒（下泐）（已上第十行）

儒、趙王均缺。

鄭涵 李德裕（下泐）（已上第十一行）

盧言 魏扶（下泐）（已上第十二行）

崔璪 李蔚（下泐）（已上第十三行）

李景莊（下泐）（已上第十四行）

莊、趙王二本及勞考九目錄均缺，唯勞考文內著之。

考中一曹，實計趙本著錄三十人，王本同，勞本三十六人。本編則著錄十四行，合四十四人。 其每行人數，則以漫漶之故，無從估計。 又勞考著錄者有鄭長裕、王本立、王易從、王敬從四人，其位置皆不可確見，故闕疑。

考功員外郎

第一行全泐

王儼 王師旦（中泐） 元大士 孫處約（下泐）（已上第二行）

儼字今搨本不可辨，祇據勞本錄之。 王師旦、趙王均缺，師旦字亦祇隱約可見。

王方慶（中泐） 劉思立 賈大隱 邢文偉 劉 （下泐）（已上第三行）

劉思立、趙王二本缺，邢亦然。 劉某、三家均缺，似即勞考一〇補遺之劉奇，時代正合。

于惟謙 李秦授 李迥秀（中泐） 梁載言 皇甫璀 □銳（下泐）（已上第四行）

惟謙及李秦授，趙王二本均缺。 勞考一〇云：「李迥秀、二本李迥誤」。 梁載言、趙王二本缺。 □銳、趙王二本同，勞本缺。

蘇頲 馬懷素 宋之問(中泐) 房光庭 王光庭 王丘 楊滔 邵 (下泐)(已上第五行)

蘇頲至房光庭四人,趙王二本均缺。 楊滔、趙王祇作楊□,勞木缺。 邵某殆即勞考一〇補遺之邵炅,時代正合,但邵字實在楊滔之下,趙本偶倒其序,列爲王光庭之前二人,王本亦同誤,考讀冊齋叢書刊於嘉慶四年己未,萃編在嘉慶十年,比較觀之,知王氏之著錄,多沿襲趙氏也。

員嘉靜(中泐) 嚴挺之 趙不□ 劉日政 裴敦復 李彭年(下泐)(已上第六行)

員嘉靜、嚴挺之,趙王二本均缺。 趙不□、三家均缺,勞氏補遺有趙不疑,但末字似非疑字。 劉日政、趙王二本缺。 又敦復、趙王作敬□,亦非。

(上泐)胡勞倩(下泐)(已上第七行)

胡勞倩、趙王二本均缺。

王佐(中泐) 裴袞 王□ 李奕 褚長孺 王牧(下泐)(已上第八行)

王佐、趙王二本缺,勞考一〇列於王牧之後,亦誤,實在王牧一行之行頂也。 裴袞之裴,趙王均缺。 王□、趙王同,勞作王壽未確。 李奕、趙王作李□,勞作李澳,又註云:「疑李奕」,細視之,是奕字也。 長孺、趙王缺,勞作大孺,但又註云:「疑長孺」,作長是也。 牧、趙王均誤收。

(上泐)王仲舒 陳歸(中泐) 裴垍 崔 (下泐)(已上第九行)

舒、趙王二本缺。 陳歸、三家均缺。垍、趙王誤均。 垍之下,今猶可見崔字之上截,但三家均缺。

(上泐)李褒 張次宗 裴□(下泐)(已上第十行)

裴下趙王均缺,勞作銛,但又註云:「不確,疑裴璟」。

(上泐)王□ 鄭延休 馮韜(下泐)(已上第十一行)

王□、趙王二本同,勞木缺。

(上泐)王□ 蘇沖 趙蘊(中泐) 周承矩 鄭仁規 韋 (已上第十二行)

王□、三家均缺。 蘊、趙王均誤匡。 周承矩、三家均缺。 鄭仁規、趙王缺。　又仁規下韋字甚明，但三家均未著錄。

考外一瞥，實計趙本著錄三十四人，王本同，勞本四十五人，本編則著錄十二行，合五十二人。　以漫泐太多，故每行人數，不能估計。　至勞考著錄之張遹、李渤、賈餗、王源中四人，其位置不可確見，玆存疑。

戶部郎中

□□□　士義惣　韋山甫　薛德間　趙義綱（中泐二人或一人）　張文□　崔義玄　鄭𠀍斌　樂𠀍□　盧承慶　裴玄本（已上第一行）

士字韋字，趙王二本均缺。　薛德間新補，見新表七三下，正唐初人，但間字尚待考定。　趙義綱、王勞均缺，趙本祇作趙□□，玆審定爲義綱。　張文□、三家均缺。　崔義玄、勞本缺，趙王祇著崔字。　鄭𠀍斌、勞本缺，趙王作鄭□□，今補，𠀍卽世之諱寫也。

高季通　封元素（下泐）（已上第二行）

封元素、趙王祇著封字，勞全缺，今補。　此下趙王二本均稱泐十四人，但碑刻極漫漶，說不足據。

梁行儀　王元壽　崔行功（中泐）　袁異式　路元叡　劉國都　韋泰貞　盧德師（已上第三行）

王元壽、趙本祇著王字，王勞均缺，玆補。　崔行功、王本缺，趙勞有之，然其名實緊接王元壽之下，幷非如趙本列袁異式之前三位也。　袁異式及元叡，王本皆缺，又缺都字。　王元壽之後，袁異式之前，趙王皆以爲泐者八人，亦不足據。

薛克搆　王智方　姚珽　王仲宇（中泐三或四人）　張□容　唐從心　李嘉□　張錫　申居錫　劉如玉　宇文敞（已上第四行）

王仲宇、趙本祇著王字，王勞均缺，玆補。王仲宇已下，張仲容之前，最多祇泐四人，趙王以爲泐者五人，以地位勘之，斷非是。

李綰　封思業　裴惓　溫脊微　吳道師　劉守悌　紀全經　□□　趙謙光　李無晉　韋虛心　蔡秦客　梁務儉　張大安（已上第五行）

劉守悌、三本均缺悌字，茲補。 紀全經亦新補，趙王均祇空兩格，非也。

譙光、王本缺。

張光輔 李同福 鄧玄挺 鑫味道 韋□玄 劉延祐 于思言 劉基 段嗣玄

石暑 孫元享 唐奉一 房穎叔 韋瓊之(已上第六行)

劉基之劉，勞考一一目錄又訛劍。享、三本均作亨，然石刻實是享字，唐碑往往寫亨爲享也。

李思古 楊玉 紀處訥 路恆 趙履温 狄光嗣 張昭命 李琇 韋維 柳儒

崔琳 嚴方嶷 魏奉古 李察 李邕 裴覩(已上第七行)

昭命、三本均訛昭令，其實石刻命字，至今甚明，無可疑也。

司馬銓 張如珪 褚璆 王昱 獨孤册 張敬興 張季瑀 裴卓 郭潾 梁昇卿

楊志先 鄭少微 李元祐 韋拯 斑景倩(已上第八行)

張敬興、趙王二本同，勞訛輿。 斑、石刻此處從文。

徐惲 裴介臣 李朝狗 陽伯成 劉彥回 張奇 梁涉 王譸 鄭昉 魏方進

韋伯祥 韋盧舟 劉同昇 李常 鄭昭(已上第九行)

勞本誤盧舟爲處舟。

王鉷 楊玘 張震 盧奕 李伉 張傳濟 吉温 王銲 陳澗 崔諷 王翃 劉

邈 呂延之 崔諷 張惟一 李齊運 李季卿(已上第十行)

傳濟、王訛傅，勞訛博，其實石刻傳字甚明，余謂勞氏屈石刻以從書本者此也。

崔灌 李丹 崔浩 王延昌 來球 張參 杜濟 杜良輔 于頎 邵說 李涧清

李規 許登 崔鼎 徐演 王縯 平晶 衛密(已上第十一行)

灌字、丹字，王本均缺。

崔供 崔縱 崔儒 謝良輔 蓋損 李巽 盧雲 竇彧 常叠 盧佋 王紹 崔

從質 魏弘簡 韋武 張式 李元素(已上第十二行)

崔供、三家均缺，茲新補。 崔縱、崔儒及謝字，王本均缺。 蓋損、趙王二本同，勞作蓋塤，亦強石刻從書本之一例也。

熊執錫 楊寧 于皐謨 潘孟陽 鄭敬 張正甫 崔淸 李巨 陸澠 李應 崔

植 武儒衡 陸亘 劉遵古 羊士諤（已上第十三行）

熊執錫、趙本缺執字，王全缺，且祇空二格，非也。 楊寧、王本缺，勞目諱寧爲甯，文內又不諱，故余謂其立例參差也。

高允恭 豆盧署 高釴 韋處厚 崔護 王源中 王正雅 宋申錫 韋詞 王彥威 盧周仁 李固言 李石 盧貞 王質（已上第十四行）

高允恭、豆盧署、高釴三人，王本均缺，且又以爲泐四人，非也。

李踐□ 楊漢公 裴詡 楊敬之 竇宗直 裴識 韋力仁 姚合 韋紓 張鷟 鄭賁 崔珦 盧言 潘存實 韋厚叔（已上第十五行）

李踐□、王本缺，詡又誤訥。

趙□ 盧懿 李敬方 李繼 崔駢 杜憓 李福 崔璵 路綰 鄭冠 韋有翼 竇洵直 鄭薰 苗愔 崔卓 溫璋（已上第十六行）

趙□、趙本作趙朴，王本祇著趙字，勞本缺。 懿、王本缺。 翼、趙王均誤異。

韓琮 盧匡 韓賓 趙格 趙滂 韋宙 崔彖 李荀 楊假 任憲 孟穆 蕭峴 曹汾 孟球 馮緘 鄭確 侯恩 張道符（已上第十七行）

琮字、匡字及韓賓之韓字，王本均缺。 球、趙本誤俅。

劉荀 崔絢言 牛叢 李植 楊知至 王龜 竇紃 許瓘 楊格 崔璞 裴璩 劉允章 韋條 杜無逸 鄭碣 王緘（已上第十八行）

劉荀及絢言，王本均缺。 璩、趙依石刻作璩。

高澥 盧深 鄭畋 李磵 趙秘 韋蟾 楊希古 庾崇 馮巖 柳陟 李晦 韋保乂 楊希古（已上第十九行）

澥字、畋字、趙字，王本均缺。 秘、王本同，趙作祕，勞目作祕，考作祕，均與石刻不合。 第二楊希古，勞本脫。

張極 鄭博 盧紹 豆盧瑑 劉蜕 崔彥融 楊知退 李節 鄭諴 李蹊 張裕 周慎辭 鄭殷 李燭（已上第二十行）

張極、鄭博，王本均缺。

張光逸 □□ 杜庭堅 李嶠 李邈 李凝庶 鄭頊 李穀 崔鄴 孫緯（已上

第二十一行)

張无逸之下,趙木渺一人,王木二人,似趙木近是。杜庭堅、王本缺,趙勞皆作廷,諦視乃庭字,今左外作廷,勳中作庭,固兩寫並見也。項、趙本同,王勞作瑣非是。

戶中二員,故人數特多,除去第二三兩行所渺多少無確據外,趙木著錄實計二百九十五人,王本同,勞木二百七十四人,本編著錄二十一行,合二百九十四人。不計首末行,則每行最少者十三人,最多者十八人,由此推之,戶中一曹,原數總達三百一十也。

戶部員外郎

趙義綱 皇甫昇度 封元素 劉翁勃 李友益 韋諫 元悰 李素立 源㟧玉 劉燕客 王昕 任行褒(已上第一行)

源㟧玉、三家均誤原,昕均誤明,王昕見金部員外,時代正相當也。行褒、勞考一二目錄訛明褒。

許行本 樊玄表 劉慶道 裴行儉 崔禮庭 鄭玄毅 朱延慶 崔知悌 韋惲 姜玄乂 劉道 辛義感 蕭志遠 宋之順(已上第二行)

表字王本缺。宋之順、王本誤邢順(其故將於本曹末詳之)。

崔元敬 辛宗敏 劉尙客 元令表 張仁約 鄭仁恭 鄧玄挺 魏克己 裴兔 張栖貞 張昌期 狄光嗣 薛克備 張光轉 杜元揆(已上第三行)

勞考一二云:「辛崇敏、原本宗敏」,是勞目應依石刻作宗敏,不應改崇敏也。仁字、王木奪,又訛張栖貞爲王貞,杜元揆爲宋揆。

董敬元 張巨源 孫尙客 鄭元敬 周允元 侯師仁 劉穆之 劉珽祐 房昶 裴琰之 劉守敬 張行則 王先輝 蘭嗣忠 王遺恕(已上第四行)

周允元、趙誤周元元,王誤盧執元。裴琰之、王誤蔣之,又誤王遺恕爲穆恕。

鄭訥言 韋維 張錫 薛昭旦 房光庭 孫彥高 鄭仙官 蘇詵 楊溫玉 裴友直 李邕 王易從 賀知章 劉希逸(已上第五行)

王本誤房光庭爲蕭庭，裴友直爲韋延直。

周履慶　盧元裕　獨孤鄖　長孫處仁　徐有功　辛玄同　劉叔　賀遂陟　楊瑒　班景倩　鄭巖　沈萬石　張昭命　韓朝宗（已上第六行）

王本誤周履慶爲孟慶，辛玄同爲韋光同。　瑒、王勞二本同，趙作瑒非是。

鄭巖、王本誤韋宗巖。

嚴挺之　薛將茂　李羲仲　田幹之　韋利涉　楊伯成　宋之問　董琬　盧踰　王鉷　韋迴　李昂　韋弼　裴子餘　寇泚　王昌（已上第七行）

薛將茂、王本訛李茂，勞氏目錄存。　楊伯成、此處石刻實從木，勞本從卩，又不加說明，非也。　宋之問、王本訛李問，又李昂訛史昂。　泚、趙王二本同，勞作沘，改石刻以遷就書本也。

王齋　嚴杲　呂太一　李巖　鄭永　張楚　崔懷嶷　張敬輿　竇紹　楊宗　裴卓　楊玘　裴博濟　程烈　封希顏　司馬垂（已上第八行）

王齋、王本誤張正齋，又誤張楚爲竇楚。　輿、趙王二本作興，勞本輿，諦視石刻，實作興也。　裴卓、王本誤韋卓。　裴博濟、趙王二本同，裴字甚明，勞作張，雖引文苑英華爲據，究非忠實之著錄也。　司馬垂、王本誤王垂。

吉溫　李彭年　裴系　李當　鄭平　杜昱　韓賞　呂延之　李進　邢宇　蕭隱之　徐鍔　王晦　王岳靈　張賞　李麟（已上第九行）

王本誤鄭平爲崔平，邢宇爲宋之宇，張賞爲張仁賞。

路齊暉　高蓋　宇文審　王佶　王光大　韋夏有　苗丕　房由　宋說　田灣　杜亞　何昌裕　李琡　盧執顏　楊晉　范愉　寇鍨（已上第十行）

王本誤王佶爲張栖佶，宋說爲杜元說，盧執顏爲周允顏。　楊晉、趙王二本同，勞考一二作楊普，但註云：「原本作晉」，考勞考所徵二事，一爲新書世系表，作楊普，一爲文苑英華四〇七，作楊晉，是普晉孰正，尚在未知，安見新表作普之必是，遽改石刻以遷就之耶。　鍨、王勞二本同，趙本從玉作璲，非。

王渾　蔣鍊　李鈛　李彥超　王翃　徐閎　穆賞　李融　鄧玄挺　竇彧　裴陟

蕭直　穆寧　任側　盧偘　劉迥　韋延安（已上第十一行）

渾，趙本誤惲。王本誤蔣錬爲裴炎錬，穆賁爲王遺賁，蕭直爲房光直，韋延安爲裴友安。

崔稱　崔溉　袁滂　潘孟陽　孟逢　崔融　裴通　獨孤邁　田南鷗　韋光裔　呂温　張賈　王縯　裴澈　韋宗卿　盧常師（已上第十二行）

稱、趙王二本同，勞誤偁，亦遷就書本之過也。　王本誤孟逢爲周履逢，韋光裔爲辛元裔，韋宗卿爲鄭卿。又逢、三家皆作逢，碑實逢字，古人逢逢往往無別也

裴郁　竇公衡　裴損　李隨　李適　王潤　于頎　王遜　李冑　路士則　韋晧　韋頌　賈全　史牟　裴向　崔鄘　盧坦（已上第十三行）

損、趙王二本同，勞本作塤誤。　王本誤李隨爲薛將隨，李冑爲宋之冑，史牟爲李牟。　鄘、趙本依石刻，王勞作鄘，與石刻異。　坦、趙王依石刻作坦，勞作埕亦誤。

李夷簡　張正壹　張正甫　盧逢　李宗衡　李應　竇楚　陳岵　崔韶　趙元亮　楊潛　韋詞　姚向　崔戎　崔楨　鄭逌（已上第十四行）

王本誤張正壹爲王壹，竇楚爲張楚，韋詞爲裴詞。　又石刻逢字，三家皆作逢，說見前。

王質　張洪　李石　馮審　嚴謩　崔鑫　李景信　姚合　杜忱　姚康　盧元中　房直温　李彝　李元皐　崔瑕　裴鐇　陳商（已上第十五行）

王本誤王質爲司馬質，崔鑫爲鄭鑫。　又張洪、趙王二本同，勞考一二作李洪，且云：「王本張洪，趙本李洪」，誤也。

王本自第二行已下至此行，錯誤最多，夫碑刻卽甚漫滅，審定者要不難得其近似，今以邢順爲宋之順，張栖貞爲王貞，未免離題萬丈，余初閱石印本萃編，卽深疑之，而未得所以爲王氏解嘲也。　今觀原刻本萃編卷一百十五之十九、二十兩頁，疑始豁然；蓋王書係上下兩截板套印，上板至每行第二字止，第三字已下屬下板，其接痕尙顯躍可見，印工錯誤，以二十頁之上板，接於十九頁之下板，又以十九頁之上板，接於二十頁之下板，故萃編今本，

遂如下圖：

第四圖　萃編卷一百十五兩頁互錯之比觀。

十九頁第一橫行	二十頁第一橫行
邢　順	宋之宇
張　約	張仁賞
王　貞	張栖佶
宋　揆	杜元説
盧執元	周允顔
蔣　之	裴　鍊
穆　恕	王遺賞
蕭　庭	房光直
韋延直	裴友安
孟　慶	周履逢
韋光同	辛元裔
韋宗巖	鄭　卿
李　茂	薛將隨
李　間	宋之胄
史　昂	李　乍
張正濂	王　壹
竇　楚	張　楚
韋　卓	裴　詞
王　垂	司馬質
崔　平	鄭　懿

試以二十頁第一縱行「宇」字，接於十九頁第一縱行「邢」字下，則爲邢宇；同時以二十頁第一縱行「宋之」字，加於十九頁第一縱行「順」字上，則爲宋之順，并未有誤。　原誤邢順及宋之宇者，手民互錯兩頁之誤，非著錄家之誤也。　依此遞推至末行，則十九頁者爲鄭平，二十頁者爲崔懿，恰

如其分矣。 中唯裴琰之、王刻作裴炎之，避清諱也。

韋行貫 潘存實 柳仲郢 周復 郭勤 李行方 白敏中 韋慤 鄭薰 邢羣 盧簡求 路綰 崔愼由 鄭顒 裴坦 畢諴(已上第十六行)

顒、王本作㬂，避清諱。

溫璋 趙橹 趙滂 崔珦 趙格 李玄 裴處權 權審 韋退之 薛諴 李鄴 盧潘 崔璞 崔隋 鄭彥弘 于德晦(已上第十七行)

李景溫 崔瑄 丁居立 崔蕘 楊知至 陽勲 崔彥昭 盧鉦 權愼微 張禹謨 楊戴 崔朗 杜無逸 王緘(已上第十八行)

微、王勞二本同，趙作㣲，按石刻作𢕟，與金外吳通微之微字，同一寫法，不過將山字推上耳。

裴虔餘 任宇 李嶽 陳琉 薛遠 李韶 薛調 楊思立 張顏 鄭紹業 張同 崔篤 韋保乂 裴質(已上第十九行)

裴弘 蕭寯 鄭棊 鄭就 韋顏 盧莊 鄭綮 孔綸 韋昭度 張禕 盧頊 魏濟 盧自牧(已上第二十行)

孔綸之下，原石缺一名之地位，幷未刻字，王本作孔綸□，非也。 禕·趙王均誤從礻旁。 又盧自牧下右側，有「之薛諴」三字可辨，蓋再刻時戶外之舊痕也(說見前)；又前文第六行韓朝宗下有殘留「逸」字，以地位驗之，卽劉希逸(今見第五行)之「逸」字也，合此數證以推之，則再刻時戶外是右旋，不盡如勞氏所云初刻皆左旋也。

獨孤損 李凝庶 王黨 王深 陸威 韋承貽 崔汀(已上第二十一行)

戶外一曹，原設二員，故人數較多，實計趙本著錄三百十二人，王本同，勞本三百十一人，本編則著錄二十一行，合三百十二人。 除首行及末兩行不計外，每行最少者十四人，多者十七人。

度支郎中

(上泐)崔仁師(中泐) 殷令□(已上第一行)

此二名三本皆缺，勞刻補遺有崔仁師。 殷令□疑是令名，見金中。

韋慶儉（中泐）　王□□（下泐）（已上第二行）

王□□、三本均缺。

皇甫文高（中泐）　韋叔夏（下泐）（已上第三行）

文高、趙王兩本同，勞考一三謂趙本作高，王本亮，非也；勞本作亮，與石刻不合。　韋叔夏、趙王缺，勞置包佶之後，次序亦倒。

張知謇　王　（下泐）（已上第四行）

孔仲思　田　（中泐）　李元紘（下泐）（已上第五行）

李元紘、三本均缺，此與孔仲思一行相承，時代正合。

錢元敬　宋　（中泐）　夏侯銛（下泐）（已上第六行）

夏侯銛、三本均缺。

源光譽　董　（中泐）　楊釗　裴　（中泐）　裴倩　包佶（下泐）（已上第七行）

楊釗、趙王二本缺，其下爲裴字，三本俱缺。　又裴倩、包佶，趙王二本亦缺。

杜佑　房由（中泐）　元友直（中泐）　張季略　房署　韓泰　盧會昌　裴敬寬（下泐）（已上第八行）

元友直及盧會昌，趙王二本缺，但勞考一三以盧會昌居元友直前則非也。

又張季略、房署、韓泰、裴某、敬寬五名，三本均缺。

崔朮　鄭　（中泐）張仲方　□　李諒　□　王高　許康佐（下泐）（已上第九行）

李諒、許康佐二名，趙王兩本均缺。　張仲方及王高，則三家均缺。

裴乾貞（中泐）　□　定（中泐）　盧弘止（下泐）（已上第十行）

定字上石已缺，爲單名抑複名，不得知，三家均未著錄。　盧弘止亦新補。

高弘簡（中泐）　陳　（下泐）（已上第十一行）

陳字三刻均未著錄。

蕭憲（下泐）（已上第十二行）

竇璠　陳　（下泐）（已上第十三行）

度中一曹，實計趙本著錄十九人，王本同，勞本廿一人，本編則著錄十三行，合四十三人。 因殘泐太甚，故每行人數，不復確知。

度支員外郎

（上泐約五人） 崔仁師 陸逖之 封弘道 杜依賢 崔玄機（已上第一行）

以上五名，趙王二本均缺。

（上泐二人） 崔□□ 李德穎 韋萬石 崔神基 裴居道 路元叡 皇甫文亮 崔大同 李玄同（已上第二行）

李德穎、勞本缺，趙王祇作李□□，審視乃德穎，名見吏中，時代正相當也。 居道字、叡字及大同字，趙王二本均缺。

（上泐四人） 楊諲 韓大壽 盧□元 □ 杜從則 逯仁傑 張慶 崔（已上第三行）

諲、趙王二本缺，勞考一四作誣，但又註云：「疑諲」，按誣字不確，諲字近是。 韓大壽、盧□元及從則之則字，趙王均缺。又趙王作崔□，然是單名抑複名，未能決也。 逯仁傑一名，新補，官至夏官郎中，見通志氏族略。

（上泐） 唐紹 唐令從 鄭勉 魏景倩（已上第四行）

唐令從、趙王二本祇作唐□，勞考一四目錄作唐人，考作唐人彳，審之，殆唐令從也。

（上泐） 崔 □ 崔季友 夏侯銛 苗晉卿 韋恒（已上第五行）

季友、趙王二本缺。

（上泐） 張□ 楊釗 鄭叔清 王崟 樊晃 袁愼盈 王延昌 李猗（已上第六行）

張□、三本均缺。 釗、趙王二本缺。 鄭叔清、三家均缺。 愼盈，趙本□盈，王本□盈。 勞云：「猗未確，疑掎」。

（上泐） 嚴郢 元寬 蘇端 包佶 班□ 崔□□ 韋少華 楊倞 李衡（已上第七行）

元寬及佶字，趙王二本均缺。

（上泐） 李□ 張季略 房署 元□方 □□□ 李則 李素 董溪（已上第八行）

李某之上，趙王二本有張某，今不明。 略、趙王二本缺。 元□方、趙王祇著元□□，勞考一四云：「案當是季方」。 此下□□□、趙王缺，勞作魏宏（弘）簡，今不明。 則、趙王缺。

（上泐） 庾承宣 嚴謩 趙佶 李□ 王正雅 崔咸 高重 李續 盧貞（已上第九行）

庾承宣、嚴謩，趙王二本缺。 趙佶、三家均缺。 李□、勞本作李彤，并註：「鉞云，又似彬字」，今搨本不明。 正雅、崔咸，趙王二本均缺。

（上泐） 陸仲文 張周物 孫景商 欒坤 李福 袁亞（已上第十行）

仲文之前，勞本有李蠙，今不可確見，故存疑。 仲文、趙王二本缺。 張周物已下，二本俱缺。 孫景商、勞作李宗閔，但時代不合，勞又註云：「宗疑景」，諦觀之，乃孫景商也。

（上泐） 源重（已上第十一行）

源重、趙王二本缺。 此行而後，倘有題名，然不可復識矣。

度外一曹，實計趙本著錄五十一人，王本同，勞本六十一人，本編則著錄十一行，合六十九人。 除首三行外，其他每行人數，不可確知。

金部郎中

長孫操 牛方裕 袁異度 于孝辯 唐曉 李緯 王德表 崔知機 殷令名 柳子房 李仲寂 劉公彥（已上第一行）

竇暉 韋師貫 王文濟 李同福 獨孤璿 裴重暉 蕭志遠 崔元敬 路勵行 韋敏 韋德恭 張統師 崔神基 侯知一（已上第二行）

韋德恭、趙王二本同，勞本作韋德基誤；柱內凡基字俱寫作恭，缺下一畫，字形迥異，此亦勞氏強碑刻以從書本也。

傅神童 劉守敬 楊守節 盧師立 杜從則 柳秀誠 梁晧 盧萬石 趙承恩

竇懷貞　韋嗣萬　侯令德　韋奉先　張思義(已上第三行)

姜晞　程行諶　衡守直　薛紘　裴藏耀　周敏道　蔡秦客　薛曦　魏恬　陸景融　韋玨　蕭識　劉體微　鄭繇　裴眺(已上第四行)

韋玨、趙王二本韋□,勞本缺,下一字之玉旁,尚可見也。

鄭愿　鄭楚客　姜度　劉釋　李晅　郭愼微　李彥允　張萱　郭曅　第五琦　竇紹　盧允　李華　鄭逖　崔褘(已上第五行)

第、趙本依石刻著錄,王勞均從竹。　褘、王勞二本同,趙從衤非是。

鄭叔華　杜良輔　崔浩　裴季通　王邕　殿郢　楊晉　崔夷甫　盧杞　柳建　杜黃裳　杜佑　樊澤　路季登　王遘　李上公(已上第六行)

元季方　李玕　韋頌　韋顒　史牟　韓臯　裴通　盧元輔　段平仲　蕭佾　許季同　陳諷　韋審規　樊宗師　裴誼(已上第七行)

楊潛　蘇弘　丘紓　蕭澣　張公儒　劉茂復　蕭淑　李續　鄭澥　趙眞齡　嚴澗　紇干泉　盧弘止　李拭　王含　孫範(已上第八行)

丘、勞諱寫邱。　淑、王本誤俶。

張固　陸紹　韋博　羅劭權　鄭漳　劉潼　高弘簡　崔荆　杜宣猷　李景素　韋退之　張傑夫　崔隋(已上第九行)

穆栖梧　李緘　趙璘　崔惲　李湯　鄭畋　鄭繁　李磵　任結　令狐纁　羅洙　崔彥回　呂焜　裴延魯　林滋(已上第十行)

栖、趙王二本同,勞從扌作挧,但此處石刻實從木旁也。　緘、趙本作緎,王本缺,勞考一五云:「鉞審定是緎字,無考,」按李緘見左中,時代正合,趙鉞之說不確。

李涪　崔亞　鄭諴　王慥　盧郢　王葆(已上第十一行)

崔字及鄭諴,趙王二本均缺。

金中一暫,實計趙本著錄百五十一人,王本同,勞本百五十人,本編則著錄十一行,合百五十一人。　除首末行外,每行最多者十六人,少者十三人。

金部員外郞

鄭通諒　尹文憲　綦叔惲　杜超　王昕　張珪　殷令名　李太冲　裴行儉　韋惲　權知本　李伯符（已上第一行）

獨孤璡　房正則　裴克諧　唐不占　趙崇嗣　夏侯亮　齊璘　王宏之　徐昭　游祥　盧師丘　宇文有意　楊博物　紀先知（已上第二行）

田貞松　李幾道　李仙童　李元恭　魏嗣萬　李潁　趙金轂　崔先意　何敬之　紀全經　衡守直　劉庭琰　杜元志　李守直（已上第三行）

仙童、王本誤仙意。　潁、趙王均依石刻，勞作熲，但勞考一七引邢澍金石文字辨異八，又謂潁即熲字。　轂、趙王二本同，勞依元和姓纂作穀，與石刻不合。

齊澣　魏恬　陸遺逸　陸景融　盧廙　袁仁敬　宋珣　杜令昭　薛綝　鄭長裕　鄭少微　馮紹烈　李庭誨　孔昚言（已上第四行）

姜昂　夏侯銛　馬元直　馮光嗣　張利貞　呂周　鄭昭　張俶　盧諭　陽潤　徐浩　王元瑾　馮用之　張漸　吳伋　邊承斐（已上第五行）

盧允　沈震　盧簡金　姚沛　李澥　崔禕　裴皋　張之緒　裴霸　趙縱　裴冀　陳少遊　李昂　杜良輔　王孚（已上第六行）

禕、王勞二本同，趙從衤非是。

韋寂　屈無易　鄭岑　崔縱　崔禘　韋士模　吳郁　王緯　袁高　李舟　高參　侯嶠　吳通微　竇參　獨孤良器（已上第七行）

趙計　蕭存　韋顗　蕭曾　鄭敬　顏頗　陸則　許季同　崔從　元宗簡　張植　段鈞　崔琯　路異　路羣　段文通（已上第八行）

蕭澣　李孝嗣　史備　呂鍔　李顧行　崔元式　李武　陸暢　杜憕　趙梲　韓益　陳玄錫　李敬方　李播　李貽孫（已上第九行）

李弘休　馬曙　馮韜　韋同靖　□覺　李潘　張特　馮緘　陳翰　于德晦　盧潁　孟球　李俶　鄭延休　王冰（已上第十行）

□覺、趙王二本作段覺，勞作張覺，但亦頗類股字，待考。

趙隱　殷都　李邃　崔厚　張乂思　裴德符　敬湘　趙秘　羅洙　楊範　源蔚　張无逸　張譙　竇玥　李道樞（已上第十一行）

湘、趙勞二本同，王訛相。　秘、王同石刻，趙勞作祕。　琊、趙王二本缺。　道、王本缺。

杜致美　周禹（已上第十二行）

金外一曹，實計趙本著錄百六十三人，王勞均同，木編則著錄十二行，亦百六十三人。　除首末行外，每行多者十六人，少者十四人。

倉部郎中

（上泐）　于孝□　□□　□□長　李□□　李恂　韋素立　趙弘□　崔知機（已上第一行）

□□長、趙王二本同，勞作韋元長，不確，第二字似乾字。　長下李字可見，祇趙本著錄，但此處祇泐一人，趙王均以爲泐二人，非也。　李恂、趙誤洵，王本全缺。

杜超　高季通（中泐）　崔義起　韋璲　李懷儼　王元壽　朱延度　武志元　李思諒　楊德裔（已上第二行）

義字、璲字，趙王二本均缺。　儼王本缺。

李行詮（中泐）　房玄基　韋敏　□守眞　魏克己　裴琰之　崔神福　李晉容　敬暉　李嗣眞（已上第三行）

□守眞下，勞考一七目錄複出王守眞，應刪。　琰、王本諱作炎。

董敬元（中泐）　（徐）太玄　李孟□　竇珣　盧齊卿　崔琮　崔宣道　宋庭瑜　竇崇嘉　王齊休（已上第四行）

太玄、趙王二本均缺。　李孟□、趙作李□□，王全缺，勞考一七云，孟下似德字。

薛紘　李　　（中泐）　李承家　崔希喬　鄭永　鄭浦　杜令昭　杜惟孝　蕭炅　李元祐　鄭長裕（已上第五行）

李承家、趙本□家，王本全缺，勞本□承家，惟註云：「格齋定是御史臺侍御李承家」，今諦觀之，信不誣也。

李證　徐峻（中泐）　戴休珽　薛江童　崔諒　李恒　馮用之　李璺　王介　裴

從 盧簡金（已上第六行）

斑、趙王二本均誤延。 江童、王本缺。 介、趙王二本依石刻作犭\，勞作分誤。 又戴休斑上接李憕，時代正合，故知本曹内所聯綴各行之無誤也。

姚𥄉 韋損（中泐） 王□ 歸崇敬 陸淳 郭晤 杜枚 趙驊 孫成 齊抗 趙聿 鹿晉（已上第七行）

歸崇敬、趙王二本祇著崇字；又淳字、晤字、驊字、齊字，二木均缺。

苗粲 盧雲（中泐） □□述 陳諫 裴堪 董溪 鄭權 李諒 蘇弁 元宗簡 談象 栢耆（已上第八行）

盧雲、趙本作盧雲□誤。 □□述、趙王均缺，勞作□述，但姓名似是三字也。 堪、王本甚。 溪字、蘇字，王本均缺。

班肅 崔蔵（中泐） □弘度 李仍叔 奚敬玄 趙眞齡 陸簡禮 鄭魴 崔瑝 崔瑨 邢𧷤（已上第九行）

簡、趙王二本誤間。

姚弘慶 蕭 （中泐） 李 □遒 □□□ 畢諴 胡德章 李俅 崔郢 錢方義 李嬪（已上第十行）

畢諴前之第二三位，趙王兩本均作李及□遒，勞本作李□及□遒，今驗之均未確，姑仍之。

盧頊 裴思□（中泐） 康僚 皇甫鎬 樊驤 高殷 韋岫 孫爽（已上第十一行）

頊、趙王二本同，勞考一七目錄作穎非。 僚、趙王同，勞本誤璙。

裴縠 鄭 （中泐） □翊（下文泐否不能審定）（已上第十二行）

□翊、趙王二本均缺，然亦不知是單名否也。

倉中一曹，舊書四三均稱二員，唐六典卷三通典二三及新書四六作一員，今以題名人數觀之，一員是也。 實計趙本著錄者百一十五人，王本數同，勞本百十一人，本編則著錄十二行，合百一十七人。 每行人數多少，不可確知。

倉部員外郎

王□德 □慶植 李□□ 王上客 高季通 王仁瞻(下泐及闕)(已上第一行)

王□德、趙王二本均作王□□，勞本王□福，又註云：「疑德」，實德字也。 □慶植、三家均缺，勞考一七倉中補有韋慶植，正唐初人，但石刻又似崔字，存以俟考。 王上客、趙王作王□，勞本缺。 高季通、趙王作高□。 又王仁瞻之下，趙王均以爲泐五人，然石已殘破，不足據也。

薛志鳳 蕭志遠 謝祐 夏侯處信 格輔元 陳崇業 田□□ □志遠 鄭杲 李□ 郭文簡 高嶠(已上第二行)

夏侯處信、趙王二本均誤析爲兩人，而作夏□及□□，勞考一八目作夏侯□，但註云：「鉞審定是處信，是也」。 業、趙王二本缺。 田字三家均缺。 □志遠、趙王二本同，勞作李志遠，諦視殊不類。 鄭杲、三家均缺，名見吏中，時代正合也。 郭文簡、趙王均誤口文顯，又均缺嶠字。

吳道師 王師順 閻知微 柳儒 馬光嗣 王齊□ 韋維 宋庭瑜 何鸞 韋□心 陳惠滿 趙脊微 張懷□(已上第三行)

馬、三家均作馮，但時代不合，馬光嗣見元和姓纂七，乃秦客之兄，時代方相當也。 維、趙王二本均祇著糸旁，又缺瑜字，鸞字。 □心、趙勞壽心，王□心，勞註又疑是慮心，壽慮二字，似均未確。 惠、趙勞同，王作思，非。 微亦趙勞同，王作徵，石刻確似作徵也。

袁仁敬 吳太玄 錢元敬 梁獻 張景明 劉彤 李元祐 陳惠滿 能延休 李朝弼 李昂 韋伯陽 鄭昉(已上第四行)

延休、趙王二本均缺，朝弼、王本缺。

裴藏暐 戴休琁 崔譚 趙良器 鄔元昌 張瑄 楊萬石 鄭章 崔鎮 張萱 鄭謇 李偕(已上第五行)

萱、趙王二本缺。

解賓 李喬聿 鄭炅之 裴從 徐炅 崔復 皇甫銛 鄭叔華 杜良輔 孫宿 王縱 梁乘 權自挹(已上第六行)

王縱、王本缺。 挹、趙王均缺。

皇甫衡 徐縝 楊翾 韋敘 長孫鏄 張惣 盧安 李速 崔供佚 趙玗 皇甫徵 蕭存 李玗 王 （已上第七行）

翾、趙王二本均缺。 敘、王本缺。 趙玗、王訛趙玕。 皇甫徵、趙本作徵，王本缺。勞作徵，且註云：「格案徵疑徹」，但石刻不類徹字，待考。

閻濟美 王武陵 崔鄯 孟簡 崔淸 皇甫鏄 張寔 齊哭 陳諷 張士陵 張仲方 于敖 蘇弘（已上第八行）

鄯、趙王二本均作鄲，非是。 仲字、敖字，王本均缺。

薛存慶 唐慶 李景儉 范季睦 崔鄰 李宗何 宇文鼎 盧鈞 韋瓘 王會 韓尋 裴充 崔瑤（已上第九行）

存、趙王二本同，勞本誤成。唐、趙勞同，王誤曹。 宗何、趙王作何，不誤，勞作河，非，其自註亦云河字，未確也。

李欵 韋充 韋損 趙從約 薛重 楊魯士 馬曙 李行恭 羅劭權 李遵 崔鞏 盧近思（已上第十行）

李遵、王本訛李遵遵。

郭圓 張琮 郭囿 李詠 李蟥 魏鐻 裴思猷 褚薦 □ 席鴻 李洮 張斯干 □ （以上第十一行）

褚薦、王本作褚薦□，勞本作褚薦，均非是。

皇甫焯 盧弇 劉允章 令狐纁 李磵 樊驤 張溫士 呂焜 杜眞符 李殊 竇璠 □（？）（已上第十二行）

驤、王本缺。 溫、王本祇著𥁕。 焜、趙王二本均缺。 眞、王本缺。

竇璠之下，三家均不空，是否泐一人，難以斷定。

鄭綮 王鐐 柳告 崔嚴 李鉅 陳義範 盧朋龜 趙蘊 張□（已上第十三行）

趙蘊、趙王二本均缺，勞作韋蘊微，但又註云：「未確，疑趙蘊」，按此人姓名祇兩字，非三字，作趙蘊者是也。

唐六典、倉部員外郎二人，通典二三舊書四三、新書四六祇云一人，今以題名考之，一人是也。 實計趙本著錄百五十四人，王本同，勞本百四十五人，本編則著錄十三行，合百五十五（或四）人。 除首末行外，每行多者十四人，少者十二人。（六典三實作一人，前沿勞考一八誤引，茲補正之。）

禮部郎中

此曹已全泐，惟勳中一面，尙有舊刻可見者如下圖，乃左旋也。

許敬□（第二行）

李（第三行）

何敬之□

薛（第四行）

李（第五行）

趙王二本均以此誤附勳中之內，勞氏始抉其誤，但許敬□、何敬之二人，勞考一九不著錄，祇於卷首例言帶及之；勞氏又以爲薛卽薛縚，但縚字不明，未能見其必然也。

禮部員外郎

此曹已全泐。

祠部郎中

按以下著錄各名，均在石柱斷紋之下，其爲祠中題名，斷然無疑。 乃勞考二一云：「祠部郎中舊蒙上作度支郎中，今以有可考者析出，餘仍其舊」，說旣依違，卽是自相矛盾（已辨見前文），茲故糾正其誤，全以屬諸祠中焉。

（上泐）詳 竇德明 高祐 袁朗 士義惣 史令卿 裴思莊 高履行 王仁表 杜文紀（巳上第一行）

竇德明之上，今尚有言旁可見，三家均未著錄。

（上泐） 鄭文表 裴孝源 裴公緯 楊弘文 崔思約 元大士 李太冲 張弘濟 李安期 虞昶（巳上第二行）

冲、王本同石刻，趙勞從氵。

（上泐） 鄭欽文 高正業 崔元譽 劉慶道 裴昭 唐嘉會 李守一 温瑜 閻玄通 崔神基（巳上第三行）

（上泐） 尉大亮 孔會元 蘇瓌 周悰 楊再思 張玄覩 魏詢 崔敬嗣 鄭從簡 薛會 劉希逸（巳上第四行）

崔敬嗣、三家均缺敬字，惟勞考一三又註云：「鉞案□嗣疑是敬嗣，」作敬是也。

（上泐）意 韋銑 劉穆之 高嵊 馮元淑 王景 杜元志 王詢 賀蘭務温 王易從 孔立言 李撝（巳上第五行）

韋銑上有意字可見，三家均未著錄。

（上泐） 劉昂 裴眺 李少康 魏啓心 崔尚 李融 呂周 王信 李舒 司馬垂 張曉（巳上第六行）

（上泐） 李逄年 李光烈 崔同 韋損 源休 崔漪 董晉 褚長孺 許鳴謙 王濮（巳上第七行）

逄、三家均作逢，石刻作逄。

（上泐） 夏侯審 周渭 鄭膺甫 徐復 張正甫 錢徽 李贊 鄭羣 段文昌 元稹（巳上第八行）

（上泐） 崔公信 王長文 裴詡 令狐定 王孟堅 杜寶符 苗愔 李敬方 薛褎（巳上第九行）

符、王勞二本同，趙本從卄非。

（上泐） 杜陟 馮衮 崔罕 楊師復 張權 任憲 薛浮 崔鐔 趙璘 王龜 李平（巳上第十行）

泙、三家皆誤干，惟勞考一三又註云：「祠外任憲後有薛泙、此干字疑卽泙字」，今審石刻，確泙字也。

（上泐） 張禓 曹鄴 李近仁 林滋 高滸 張无逸 裴徹 李羽 歸仁紹 杜致美（已上第十一行）

禓、王勞二本同，趙本作楊非是。 徹、趙王同，勞作澈，不合石刻。

祠中一曹，實計趙本著錄百一十二人，王勞二本同，本編則著錄十一行，人數亦同。 上方均泐缺，故每行人數不可知。

祠部員外郎

李叔良 盧文沿 裴宣機 尔朱義深 蕭仁思 張弘濟 李思遠 柳言思 梁寶意（已上第一行）

機、趙王二本依石刻作擶。

李思諒 許偉 陳義方 魏叔琬 楊守訥 李範丘 鄭玄敞 王守眞 高梁客 袁利貞 元令臣 周琮（已上第二行）

丘、勞本諱作邱。

閻叔子 薛穎 陳昭景 薛稷 裴懷古 韋翼 楊降禮 劉守悌 鄭休遠 李顒 康庭之 李恆 李察（已上第三行）

顒、王本諱作禺。 之、趙王二本同，勞本作芝，與石刻不符，蓋還就書本也。（降卽隆，說見前）。

崔沔 杜成 陳惠滿 蕭暠 張昶 姚弈 鄭長裕 竇從之 梁昇卿 裴朓 鄭巖 馬光淑 趙寶 高邈（已上第四行）

裴春卿 張楚 盧僎 裴稹 陳光 李舒 司馬垂 李成式 盧鉉 張胤 盧霈 豆盧友 楊日休（已上第五行）

胤、勞諱作允。

元載 韋少遊 樊晃 徐儀 辛昇之 韓滉 薛據 陸易 岑參 張鎰 王杭 田南鶡 趙蕭 褚長孺（已上第六行）

鶡、三家均缺，按田南鶡見戶外，時代正合。

韋敎　錢起　元仲武　王後已　庾何　房由　房說　陸贄　竇申　趙計　李聽希　于公巽　崔溉　李鄘　丘丹（已上第七行）

丘、勞本諱爲邱。

薛展　韋成季　陸參　裴泰　田灣　周仲孫　穆賞　辛秘　裴汶　徐放　錢徽　劉公輿　李諒　段文昌（已上第八行）

秘、王本依石刻，趙勞兩本作祕。　又裴、趙本作裵，（趙本他處亦間見之）。　唐人雖有此種寫法，但柱刻均從衣，不從文也。

尉遲汾　豆盧署　斑肅　李虞仲　王彥威　馮定　張又新　吳思　蕭睦　嚴澗　李衢　蘇滌　錢可復（已上第九行）

斑、趙王二本同，勞本作班，與石刻不合。

陸洿　韋謎　庾簡休　薛元龜　張周物　封敖　張忱　竇洵直　路綰　崔琢　李騭　杜宣猷　韋尙敬（已上第十行）

周、王本缺。

崔鈞　任憲　薛浒　張彥遠　趙璘　高綽　宇文鐐　崔芻言　令狐緘　劉瑱　薛廷傑　楊知退（已上第十一行）

浒、王本作浙，勞本作浙，均誤。

崔鄘　盧栯　蘇粹　張顏　馮巖　楊範　陳磻　薛洿　崔瀛　韋顏　韋璉　蕭廪　崔道紀（已上第十二行）

栯、趙王二本及勞目均缺，勞考二二作杞，更誤，實是栯字也。

李峭　鄭頎　盧蘊　王愔　鄭峻（已上第十三行）

祠外一曹，實計趙本著錄百六十人，王勞二本同，本編則著錄十三行，人數亦同。　首末行不計外，每行最多者十五人，少者十二人。

膳部郎中

膳部員外郎

已上兩曹，今均全泐。

主客郎中

（上泐）　裴世淸　賀若孝義　唐奉義　韋福英　蘇會昌　李方義　李方義　裴弘規　李鳳起（已上第一行）

勞考二五目錄漏書，李方義重見。

（上泐）　言　韋慶基　裴弘獻　李友益　盧承基　獨孤元愷　杜績　郝處俊　蘇良嗣　張振（已上第二行）

言字、勞本缺。

（上泐）　王文濟　盧外師　高純行　劉玄象　唐之奇　魏叔麟　獨孤元同　雲弘暕　王叔偲（已上第三行）

（上泐）　于復業　郭元振　李頎　李光進　魏昭　李顒　郭奇　韋礙　張宗潔　薛紘（已上第四行）

顒、王本諱作顒 。

（上泐）　右　賀遂陟　李仲康　鄭懷隱　徐立之　崔璿　張冽　李植　呂向　皇甫彬　雍維良（已上第五行）

右、勞本缺。　冽、王本誤列。

（上泐）　楊休烈　薛羽　獨孤允　張巡　姚沛　庾準　崔令欽　丘爲　薛忩　趙漣　王後已（已上第六行）

勞本諱丘爲邱。

（上泐）　何　高郢　任侗　閻𪗋美　周仲孫　裴茝　盧汀　陸𣿬　吳士矩　白居易　崔珙　張耕（已上第七行）

何、勞本缺。　𪗋美、三家均作濟美，雖與書本合，但石刻卻作𪗋美也。

（上泐）　鄭復　張又新　嚴澗　高少逸　楊倞　蕭僎　張嗣慶　柳仲郢　王績　韋博　崔象（已上第八行）

（上泐）　鄭潔　鄭茂休　張鐸　張潛　楊知退　任繕　薛能　楊思立　蘇𥼶　崔福　王慥　張譙（已上第九行）

（上泐）　周承矩　陳䍧（已上第十行）

主中一曹，實計趙本著錄九十七人，王本同，勞本九十四人，本編則著錄十行，亦九十七人。 因行頂已泐闕，故每行人數，不可確知。

主客員外郎

楊弘業　丁貴寧　辛世良　趙德言　韓瑗　温無隱　郭義　□謙　李安期　崔行功　于敏同（已上第一行）

丁、趙王二本同，勞考二六作于，與書本合，但石刻卻似作丁也。 郭義、□謙，勞本均缺，謙上是泐一字抑兩字，難以斷言。 期、趙王二本均誤斯。

崔知悌　薛元擕　崔萬石　韋正已　韓處約　韋志仁　崔崇業　元知默　盧獻　李思一　祖元頴　崔敬仲（已上第二行）

頴、王本同石刻，趙勞二本均作穎。

王思善　王玄覽　李居士　獨孤守忠　周子敬　沈務本　孫佺　陳思齊　元希聲　孟温禮　姜晞　韋抗（已上第三行）

韋元旦　崔璩　賀蘭務温　蘇晉　崔安儼　路愉　王上客　赫連欽若　崔珪　鄭懷隱　鄭溥　張季瑀（已上第四行）

路愉、勞本缺。

韋陟　李詢甫　魏季隨　張介　雍惟良　王琇　鄭昉　甘暉　韋仇兼瓊　韓休　柳元寂　李植　房琯（已上第五行）

惟、趙王二本同，勞本訛維。

趙廣微　韋幼成　李翊　敬譓　賀蘭進明　任瑗　楊宗　獨孤允　吳彖之　崔同　李逢年　竇彥金　裴鷹（已上第六行）

王佐　李承義　趙棊　楊頎　崔漪　盧象　歸崇敬　董晉　陸海　蔣將明　鄭晧　王遂　褚望　袁高　崔儆（已上第七行）

棊、趙依石刻作綦。

李蕁　沈房　蕭遇　李崟　韓脩　裴佶　李彝　夏侯審　崔邠　仲子陵　陳歸

劉伯芻　李藩　馮宇（已上第八行）

佶、趙本誤佶。

李絳　陸澗　張諗　李正辭　韓衢　吳士矩　元奭　裴墉　韋公素　白行簡　權璩　韋曾　韋力仁　崔周（已上第九行）

璩、趙本依石刻作璩，王本作璩非是。

裴識　王迺　蕭傑　張正謩　劉三復　顏從覽　王績　崔渠　李權　劉濆　張毅夫　李當　胡德章　韓賓（已上第十行）

權、趙王二本依石刻作權，從扌。

裴諴　崔珦　蔣偕　宋球　裴紳　張彥遠　韓乂　張道符　薛廷望　夏侯曈　皇甫煒　庾崇（已上第十一行）

曈、趙勞二本同，王本作瞳從目，與石刻不合。又崇字下有舊刻痕，故趙王二本誤庾崇□。

崔鋋　高錫望　曹鄴　韋岫　蘇蘊　李延嗣　賈脩　蕭說　崔蘅　鄭蕘　李綳（已上第十二行）

蘅、勞本誤衡。　李綳之下，今空一位，非泐去一名也。

盧自牧　裴頊　韋承貽　趙龜（已上第十三行）

主外一曹，實計趙本著錄百五十七人，王本同，勞本百五十四人，本編則著錄十三行，合百五十七人。　首末行不計外，每行最少者十一人，多者十五人。

本曹行底，自左而右，其舊刻痕尚約略可見者，有如下九人：

崔餘慶	王德眞	郭待舉	盧揖	朱前疑	楊嶠	慕容珣	□	□	□	李洞清	□	張正甫

即勞氏例言所謂封外之舊刻也。　試以今刻封外勘觀之，崔餘慶之下至王德眞計七人，王德眞至郭待舉七人，郭待舉至盧揖亦七人，即勞氏例言所謂舊

刻字形較大也。　復次張正甫之殘名，在今張季瑀之左側，自左旋言之，至而末不過所餘地位四行，而正甫任封外在元和初，自是繼續題名，至大中末年，定有地位不敷之感，余謂大中改刻，純爲縮小字形，增多地位，觀此，又可證所見不謬矣。

最末、勞書雖考證詳明，而於全柱題名人數，迄無統計。　考朱跋稱三千一百餘人；萃編一一六云：

「內多泐字，計其姓名可見者，凡三千一百九十二人，除去姓名不全者二百七十七人，其全者有二千九百十五人，內姓名再見者五百四十七人，三見者一百四十八人，四見者二十六人，五見者六人，通共重見者七百十九人。」

所舉總數，亦與其著錄者小差。　茲依趙王二書計之，得如下表：

第一表　趙王二家著錄各曹人數

家別／數別／曹別	趙氏		王氏	
	總數	內姓名全泐者	總數	內姓名全泐者
左中	180	33	175	31
左外	142		142	
吏中	251	26	249	30
吏外	260	1	259	4
封中	159	30	159	33
封外	160	25	158	28
勳中	169	7	169	8
勳外	263		263	
考中	142	31	142	35
戶中	317	35	319	54

戶外	312		312	
度中	137	6	137	6
度外	51	2	51	2
金中	151	1	151	1
金外	163		163	
倉中	118	2	119	3
倉外	160	12	160	13
祠外	160		160	
主外	158	1	158	1
總計	3,453	212	3,446	249

觀表，則本編之姓名可見者，約三千一百九十七人也。 然趙王二家不知石折，誤混曹名，錯認舊痕，當爲新刻，所用之口，有時係表示石刻此處闕泐，并非表示闕去一名，今概行掃除，各歸其木，則得三家及木編著錄人數之總比較如第二表：

第二表　趙王勞三家及木編實在著錄各曹人數之比較

曹別　家別	趙氏	王氏	勞氏	木編
左中	105	104	107	108
左外	138	138	137	138
吏中	249	249	227	286
吏外	259	258	259	260
封中	141	141	135	143
封外	159	157	138	158
勳中	157	157	155	157
勳外	263	263	261	263

考　中	30	30	36	44
考　外	34	34	45	52
戶　中	295	295	274	294
戶　外	312	312	311	312
度　中	19	19	21	43
度　外	51	51	61	69
金　中	151	151	150	151
金　外	163	163	163	163
倉　中	115	115	111	117
倉　外	154	154	145	155
祠　中	112	112	112	112
祠　外	160	160	160	160
主　中	97	97	94	97
主　外	157	157	154	157
	3,321	3,317	3,256	3,439

觀表，王氏著錄總數，比趙氏祇差四人，知其步武趙氏，故數甚相近。勞氏所著錄，有時雖趙王二家所缺，然姓名不全者率刪去之，故反比二家少數十人。本編則凡姓名全見者，或不全見者，均視三家增多，故視趙氏溢百餘人。

今試再就各曹人數可確知者揭出之，（左外永昌始置，故不列比較）。則

封外　一百五十八人。

勳中　一百五十七人。

金中　一百五十一人。

金外　一百六十三人。

祠外　一百六十人。

主外　一百五十七人。

因是知每曹人數，平均可百五十人，其兩員者倍之，則得原柱題名總數約四千六百五十人，今其位置可見者祇三千四百餘，蓋不足原數四分之三矣。

前賢著錄之忠實者，以趙本爲最，蓋碑刻非必無誤，據所見而書之，苟有疑焉，別爲證注，此金石家應取之態度也。考覈以勞本爲最詳，闡明斷石誤接，尤其卓見。王本著錄則步趨趙氏，而缺略反多，所撰人物考證，又遠在勞氏之下，然創開其先，篳路藍縷，要不可沒也。

僕也金石之學，未造門牆，大匠當前，小巫見拙，何敢與諸賢齒，然有可以

（一）補三家之闕者。姓名未爲三家所著錄或著錄不完者；如左中之鄭彥弘，吏中之高允恭、元晦、盧簡求、蔣伸、柳喜，封中之崔瑝、崔瑾，封外之崔寓，考中之元大士、祝欽明、劉昂、王仙，考外之楊滔、陳歸、周承矩，戶中之薛德開、趙義綱、崔義玄、鄭世斌、封元素、王元壽、王仲宇、劉守悌、紀全經、崔供，度中之崔仁師、殷令名、李元紘、夏侯銛、張季略、厉署、韓泰、敬寬、張仲方、王高、盧弘止，度外之李德穎、逯仁傑、唐令從、鄭叔清、趙佶，倉外之王上客、鄭杲，祠外之田南鷗，計四十五人，其姓名不完者尙不在此內。

（二）訂著錄之訛者。三家著錄均未確而予以改正者；如吏外之盧珽，封外之封□卿，勳外之張巇，考中之高光復、麴先沖，戶中之張昭命、杜庭堅，戶外之源覞玉、王昕、張敬輿、孟逢，度外之孫景商，倉外之馬光嗣，祠外之盧栯，主中之閻齊美，皆是也。

（三）正後先之序者。題名率依時代爲序，倘紊其先後，則考證者失所依據，今一一爲矯正之，如考外之邵炅、王佐，戶中之崔行功，度中之盧僉昌、元友直、韋叔夏，皆是也。

（四）祛舊說之疑者。前人雖有所疑，未加決定，今勘視石刻而知其說之良合，如吏中之沈佺期、楊滔、崔稍，封外之張奭，勳中之韋延範、考外之褚長孺、李奕，倉外之趙蘊，祠中之崔敬嗣、薛浮，皆是也。

此外如勞氏所謂初刻留痕，實是再刻，今戶外一面，再刻時亦是戶外，且爲右旋而非左旋，勞說似皆有部分修正之必要。若王氏稱再見以至四五見者各若干，則非將勞考重行審定，不能遽作確實之計算，應別爲一編論之云。時民國二十六年七月大

暑日，順德岑仲勉。

中吳紀聞一云：「唐郎官題名碑，承平時在學舍中堂之後，已漸刓缺，兵火後不復存矣。序文乃張長史楷書，長史以草聖得名，未嘗作楷字，世尤愛之。題名之人雖不一，亦盡得古筆法，唐世崇尚字學，用此以取人，凡書皆可觀，今所傳止序文爾。長史蘇人，故立碑於此」。此當是專取張書序文翻刻於吳中，題名碑固在長安也。民廿七、八月，孔聖誕日，仲勉再記於昆明。

出自第八本第一分(一九三九年)

論魏孝文之遷都與華化

勞　　榦

(一)孝文前後之發展與洛陽

魏孝文遷都爲南北朝一件大事，直影響南北朝整個之局面，世之持論者當然首及孝文傾慕華風，然此固是原因之一，但決不能就此一端立說。

北魏太武時，北方割據之部族與塢堡已漸次削平歸服，復成統一之局面，文成獻文兩代，無後顧之憂，其趨向爲向南發展，其時之成就有：

太安三年；侵宋破兗州。

皇興元年；侵宋青州取淮北淮西地。

皇興三年；取宋青州。

至太和五年取宋徐州，洛陽之威脅卽完全除去，洛陽自西晉亡後，原無人作爲都邑，至此便可重新經營作爲指揮規畫中原之根據地。

周秦以後本只有長安洛邑曾作統一之都城，孝文意在全中原之規取，當然就形勢而論必擇此二地。但與平城之關係而言，長安僻在西垂，非自平城南下作經之大道，且苻姚均失敗於此，尙有戒心。自不如坐鎭洛陽，從容策動，免去平城之千里裹糧，師徒勞敝，事實上之若干困難。

元魏本意在畫江自守，殊無兼併之心，宋書九十五索虜傳魏太武遺宋文帝書曰：

彼常欲與我一交戰，我亦不癡，復非苻堅。

可知在魏太武時尙無平南之意，但至孝文時卽不同，魏書六十三王肅傳云：

王肅見魏主如鄴，陳伐齊之策。魏主與之言，不覺促席移晷，自是器遇日隆，親貴舊臣，莫能間也。魏主或屛左右與肅語，至夜不罷，自謂君臣相得之晚。

又孝文紀太和二十三年云：

顧命宰輔曰……思纂乃聖之遺蹤，遷都嵩極，定鼎河瀍，庶南蕩甌吳，復禮萬國。

又孝平紀正平元年詔曰：

孝文皇帝遠遵盤庚，將遷嵩洛，規遏北疆，蕩闢南境。

可見遷都作用，意在圖南。遷都以後，太和十八年至二十年爲經營之時期，未遑大舉，二十一年始敗齊人於沔北。但因二十二年即死，故無多大之成功。當然孝文亦不見得有吞併南方之決心，但與前此無志南向者異矣。

但此事對於後來影響殊不小，孝文以後，宣武無多大作爲，魏收稱其爲『元，成，安，順之儔，』但與梁武作戰，仍有戰績。其後魏有元義，胡后，相繼亂政，直至京師傾覆。而梁世則歷世承平，竟不能遠追宋武，光復舊京，甚至立一元灝，亦終失敗。其原因固多，如步卒騎兵之不敵，(宋書兵志)，士大夫褒衣博帶，不耐寒暑(顏氏家訓涉務篇)，皆是。但隋文帝以伊洛河渭爲根據，以統一中國，仍元魏系統下之遺產，而經營此一帶之根據地，究應從孝文算起也。但其遷都決非偶然之事，而爲國力發展之自然結果，孝文不遷，伊洛亦必有繼而興之者。

(二)洛陽與平城之糧食供給

平城自建都以後，因仿前代移民政策，亦曾有多次之遷徙，今從道武爲斷，略述如下：

道武紀皇始二年：(滅慕容寶)，徙山東六州民吏，及徒河，高麗，雜夷三十六萬，及百工伎巧十餘萬，以充京師。……詔給內徙新民，計口受田。

天興元年十二月：徙六州二十二郡守宰豪傑吏民二千家於代都。

天興四年二月：征西大將軍常山王遵至自安定之高平，木易于率數千騎與衛辰棄國遁走。追至隴西瓦亭，不及而還。獲其輜重庫藏，馬四萬餘匹，駱駝犛牛三千餘頭。牛羊九萬餘口，班賜將士各有差，徙其民於京師。

明元泰常三年四月：徙冀定幽三州徒河於京師。

太武紀太平眞君八年三月：徙安州丁零三千家於京師。

太平眞君九年：徙西河離石民五千餘家於京師。

又正平元年三月：車駕至自南伐……以降民五千餘家分置近畿。

獻文紀皇興三年五月：徙青州民於京師。

孝文紀太和五年：假梁郡王嘉大破道成將，俘獲三萬餘口送京師……以南俘萬餘口賜羣臣。

又如魏書三十娥清傳云：

先是徙河民散居三州，頗爲民害。詔清徙之平城，淸善綏撫，徙者如歸。

亦是徙民京師之事。按畿甸容納遷民之事，秦漢本有故事。但秦漢建都關輔，土地肥美，人民殷富，且有鄭白諸渠可資灌漑。民食不足且可循河入渭，將關東之粟致之京師。因此容納移民可至極大限度。至若平城近畿爲現在山西之雁北十三縣，瘠薄高寒，難言墾闢，全不能以關輔故事比附。北史四十六成淹傳云：(魏書七十九。)

帝幸徐州，敕淹與閭龍駒專主舟楫，將汎泗入河，泝流還洛。軍次碻磝，淹以黃河浚急，慮有傾危，乃上疏陳諫。帝敕淹曰：『朕以恆代無運漕之路，故京邑人貧。今移都伊洛，欲通運四方，黃河急浚，人皆難涉。我因此行乘流，所以開百姓之心。』

觀此則孝文遷洛，與運漕之關係，可以證實。

平城雖不通漕運，但糧食仍仰給於外處。魏書食貨志云：

(獻文時) 山東之民咸勤於征戍轉運，帝深以爲念。遂因民貧富爲租輸三等九品之制。千里內納粟，千里外納米，上三品戶入京師，中三品入他州要倉，下三品入本州。

當時既無漕運，則自山東(黃河三角州)至平城但循陸路，而陸路但能循幽并，循幽州之道約相當於現在之平綏，從并州者約相當於現在之正太鐵路或白晉公路再經太原而至大同(註)，其經幽州之路，尤爲艱險，故當時仍以并州爲要道。(孝文自平城至洛經晉陽見本紀)。

又通鑑義熙十一年九月：

魏比歲霜旱，雲代之民多飢死，太史令王亮，蘇坦言於魏主曰：『案讖魏當都

(註)晉陽因此成爲重要之都邑。魏書十四元丕傳：

丕時年八十猶自平城力載，隨駕至洛陽，高祖每遣左右慰勉之。乃返晉陽。高祖崩，丕自并州來赴，世宗引見之，恩有加焉。

不返平城而返晉陽，卽以晉陽爲中途大邑，年老不便遠行也。

鄴，可得豐樂。』嗣以問羣臣。博士祭酒崔浩，特進京兆周澹曰：『遷都於鄴，可以救今年之飢，非長久之計也。……又舊都守兵旣少，屈丏柔然，將有窺窬之心，舉國而來，雲中必危，朝廷隔恆代千里之險，難以赴救，此聲實俱損也。』

此在拓拔嗣（明元）時，人心已有南遷之意。且更有讖文可附，則與情向鄴，還當在此以前。第悚於柔然鐵弗之南侵，不敢有所舉動而已。審是至孝文之世，赫連已滅，柔然就衰，當時大事，是志在圖南，又何必依戀平城，『隔恆代千里之險，』以興師南伐乎？

洛陽本中原舊都，漕運系統早已有所成就。觀酈道元楊衒之所記載猶可見其大略。且中原雖曾經兵革，但休息經年，已日就豐給。如魏書六十四張彝傳云：

初彝曾祖幸所招引河東民爲州裁千家。後相依合至於罷入登州，積三十年析別有數萬戶，高祖比校天下民戶最爲大州。

可以窺見北魏中期之休養生息。

又魏書記水旱之災，凡文成三，獻文五，孝文九。水旱爲災，在中國北方本是常事，且爲無可避免之事，但有一點可注意，即人口愈多，災情愈重。即使無災，人口增殖之數目，亦不足與糧食增加之數目成正比例，何況有災？太和五年曾發五萬人開靈邱道，此處當現在紫荊關口，山嶺重重，現在亦不能充分利用，何況當時？太和時已從十六國之割據局面，變爲帝國之規模，欲解決民食問題，決非坐守平城，所能致力矣。

(三)鮮卑之統馭雜胡與華化

當西晉衰亂以後，胡漢各族、紛紛自立，但除東方之慕容，與西方之張李而外，大率狹隘暴橫，隨興隨滅。雖苻堅矯之以恢宏大度，亦異族相雜，了非眞誠相處。苻氏統治勢力尙存，猶能維持表面之合作，苻氏旣瓦解之後，即相率各自復國。拓跋氏繼苻氏立國，除舊有胡漢各族，更有西域，高車，蠕蠕，各部新附。原爲烏合，全仗扶持，稍一不愼，土崩立見。故拓跋氏所用之政策，爲一方面鞏固邦畿，一方面同化異族。當時所行政策固多與此相關，而孝文漢化之事尤爲顯著。

魏書官氏志云：『凡與帝室爲十姓，太和以前國之喪葬祠禮，非十族不得與也。

高祖革之，各以職司從事。』是十族以外均爲新附。淸陳毅魏書官氏志疏證曾攷訂各族中非鮮卑者甚多。而赫連，乞伏，郁久閭等尚不在內。岑仲勉先生亦攷訂各族中非鮮卑族者不少。(註)是北魏部族雜糅之事可想。

此外各邊部落之降附與俘虜見於紀傳而非官氏志所有者至多。如能將當時內附降獲部落合計之，必有一驚人數目，今雖史籍缺遺，無從核計，然其次數已有可觀。玆列於下：

(一)高車：

魏書道武紀登國五年，襲高東袁紇部，大破之，獲生口馬牛羊二十餘萬。

又天興三年十一月，高車別部帥，敕力犍率九百餘落內屬。

明元紀泰常三年春正月，詔護高車中郎將薛繁率高車丁零十二部大人衆北略至弱水，降者二千餘人。

(二)蠕蠕：

太武紀太平眞君十年二月，蠕蠕渠帥尒綿他拔等，率其部落千餘家來降。

又四十四宇文福傳，破蠕蠕別部，獲萬餘，還除都牧給事。

(三)匈奴：

明元紀神瑞元年六月，司馬德宗屠各帥張文興率流民七千餘家內屬。

又河西胡劉遮劉退率部萬餘家渡河內屬。

又神瑞二年二月，河西胡劉雲等率數萬家內附。

又泰常五年夏四月，河西屠各帥黃大虎羌酋不蒙緘等遣使內附。

又太武紀始光三年，帝率輕騎二萬襲赫連昌，徙萬餘家而還(按此當有漢人在內。)

又神䴥元年十月，上郡屠各隗詰歸率萬餘家內屬。

又十五元素傳，(世祖初)休屠郁原叛，素討之，斬渠率，徙千餘家於涿鹿之陽，立平原郡以處之。

(四)氐及羌：

明元紀泰常二年十有二月，氐豪徐駭奴齊元子擁部落三萬於雍，遣使內附，詔

(註)見輔仁學誌五卷一二合期，再說敕勒。

將軍王洛生及河內太守楊聲等，西行以應之。

又太武紀神䴥元年十月，上洛巴渠泉午觸等率萬餘家內附。

又太延四年十二月，上洛巴泉蕇等相率內附。

又太平眞君二年冬十一月，平酒泉，獲沮渠天周男女四千口。

又十九天䜌傳，除征虜將軍，華州刺史，䜌表曰：『謹惟州治李潤堡，雖是少梁舊地，晉芮錫壤，然胡夷內附，遂為戎落。』（按李閏堡為姚興所徙之羌，見晉書載記。）

又四十六竇瑾傳，平巴西氐酋領降下者數千家，不下者誅之，又降蠻酋仇天爾等三千家於五將山。

(五)蠻：

又文成紀太安三年十有一月，蠻王文虎率千餘家內附。

孝文紀太和十四年，襄陽蠻酋雷婆思等，率一千三百餘落內徙，居於太和川。

(六)吐谷渾：

太武紀太平眞君五年冬十月，晉王伏羅大破慕利延，慕利延奔走白蘭，慕利延從弟伏念，長史鵅鳩黎部大崇娥等率其部一萬三千落內附。

又太平眞君六年秋八月，封敕文入抱罕，分徙千家還上邽。

又二十六尉眷傳，擊破吐谷渾，俘三千餘口。

又五十一封敕文傳，詔敕文率步騎七千征吐谷渾慕利延兄子拾歸於抱罕。……拾歸夜遁。敕文引軍入抱罕，虜拾歸妻子，分徙千家於上邽。

(七)其他：

又道武紀天興五年，越勒莫弗率其部萬餘家內屬，居五原之北，

又天興六年朔方尉遲部別帥率萬餘家內屬，入居雲中。

又明元泰常三年夏四月，徙冀定幽三州徒河於京師。

又泰常七年冬十月，車駕南巡，出自天門關踰恆嶺，四方蕃附大人各率所部，從者五萬餘人。

又太武太平眞君六年夏四月，徙諸雜種人五千餘家於北邊。

又太平眞君八年三月，徙安州丁零三千家於京師。

又二十八莫題傳車駕征姚興，次於晉陽，而上黨羣盜秦頗，丁零翟都等聚衆於壺關，詔題帥衆三千以討之。

又二十八劉潔傳，河西敕勒新民三萬餘落。

又二十九奚斤傳，徙敕勒部二萬餘落。

究上所舉，北魏所征服及來歸之部落頗不在少，而中原舊有，史未悉舉者當更多。故其叛變之事，屢見於魏書紀傳，今但舉其年代，以避繁複：

神䴥元年十月，三年三月，四月。

延和四年秋七月。

太延三年秋七月，五年冬十月。

太平眞君四年夏四月，五年六月，六年二月，六年九月，七年二月，八年春正月，九年。

正平二年。

太安二年。

延興元年冬十月，二年春正月，四年十二月。

太和四年。

此類反叛之事，魏世數見不鮮，按魏書三十五崔浩傳云：

東州之人，常謂國家居廣漠之地，民畜無算，號稱牛毛之衆。今留守舊部，分家南徙，恐不滿諸州之地。參居郡縣，處榛林之間，不便水土，疾疫死傷，情見事露，百姓意沮。……今居北方，但令山東有變，輕騎南出，耀威桑梓之中（通鑑作布護林薄之間），誰知多少？

故鮮卑爲數，本不甚多。宋書七十四臧質傳引魏太武書云：『吾今遣鬬兵，盡非我國人，城北是丁零與胡，南是三秦氐羌。』又魏書五十尉元傳：『今計彼戍兵，多是胡人……宜以彭城胡軍，換取南豫州徙民之兵轉戍彭城，又以中州鮮卑，增實兵數。』皆用雜胡爲兵之證，雜胡既多，非鮮卑之力所能統馭，則其叛變，本不足怪。

胡人初入中國，尚從『行國』舊習，故叛變之機會較多。反之漢人乃定居者，故叛變之事較少。苻堅之敗，鮮卑羌胡咸去，而太原人王懿反爲苻氏起兵（見宋書四十六本傳）。然此特胡人與胡人間事耳。漢人民族意識永無磨滅之事。宋武規復長安後，三秦父老聞裕將還，詣門流涕訴曰：『殘民不霑王化，於今百年，始覩衣冠，人人相賀，長安十陵，是公家墳墓，咸陽宮殿，是公家室宅，捨此欲何之乎？』(通鑑義熙十二年)。蓋苻姚雖有賢君，究爲異類；同仇之感，惟有王師，遺民固未嘗一日忘情於故國也。此言今猶動人心魄，惜劉裕安於小成，未能乘機結束百餘年胡戎之局，爲可惜耳。卽在魏世，如魏書崔浩傳謂其祖崔玄伯原不得已而歸北，崔浩之誅，據南朝記載，亦有復國深謀在內。此雖敵國傳聞，容有誤謬。但崔氏屢爲太武建策，言無不中，乃獨阻太武南侵。太武南侵亦獨不用浩策。且侵宋歸，於十一年四月返平城，六月卽誅浩，似未能謂與侵宋事無關。今雖不能卽以南朝傳聞爲斷，但崔浩屢阻南侵固是事實。(浩獄牽涉甚大，浩當時已爲衣冠領袖，若株連成獄，卽將北朝世族，盡行牽入，亦大有可能。縱南朝傳說未確，其中亦必有胡漢之爭在內。修史之獄，不過託辭而已。太武紀魏主稱『崔司徒可惜』一語，意亦未明。魏收齊人，當文宣暴政之下，尤不敢斥言其事。惟於浩傳先言玄伯意欲歸南，爲其他列傳未有之例，或微文見意，未可知耳。)北魏漢人旣衆，而民族意識獨強，則孝文不惟投降於漢人文化，且進而投降於漢人民族旗幟之下，實不失爲最聰明之一着。(浩事記谷霽光君曾論及，今其文不見。)

漢人人數旣多，文化亦最高，無論如何，在統治之技術與統治之便利上，皆非用漢人不可。故魏人開始建國，卽用燕鳳之流，其後對漢人之需要，更有日漸增加之趨勢。至於北齊，亦同此例。北史五十五杜弼傳(北齊書二十四)：

> 神武曰……天下濁亂，習俗已久。今督將家屬，多在關西，黑獺常相招誘，人情去留未定。江東復有一吳老翁蕭衍，專事衣冠禮樂。中原士大夫望之以爲正朔所在。我若急作法，恐督將盡投黑獺，士子悉奔蕭衍，則何以爲國？

可見中國士大夫之重要。

北魏國力日漸發展，其對漢人之需要亦日漸增加。建設大帝國之技術，本不足以語鮮卑人，故建設大帝國必需一方面大量應用漢人人材，一方面大量應用漢人制度，因此其立國無論如何不能擺脫帝國之基本民族——漢人。旣不能擺脫漢人，又何苦以少數民族自居，勉強維持原有之野蠻面目乎？況北魏立國雖至孝文已有百年，但民族問題終未解決，王朝隨時在風雨飄搖之中，甚至國家擴充愈大，收羅民族愈多，問題愈複雜，統治亦愈難，因之國家愈易於崩潰。此時帝國之基本民族，早已從鮮卑人移至漢人，則爲維持帝國之統治起見，除自認『漢人之元氏王朝』以外，更無他法，故孝文之漢化，對民族問題上自有其必要。至魏世之衰，乃內亂使然，不足歸咎於文化也。

其次北魏之漢化，乃經濟上必然之趨勢。鮮卑本屬游牧民族，但入中原以後，亦漸放棄原有游牧之習而從農業，其變遷之跡，大略可見。魏書平文紀二年云：『西兼烏孫故地，東吞勿吉，控弦上馬，將有百萬。』百萬之數未必可據，但控弦上馬，仍爲游牧之風。又魏書二十四燕鳳傳謂鳳告苻堅以鮮卑游牧之利，則拓跋珪復國以前，尚存游牧之習。但在此同時已漸從事農業，魏書穆帝紀云：

『帝以封邑去國懸遠，民不相接，乃從（劉）琨求句注陘北之地。琨自以託附，聞之大喜。乃徙馬邑，陰館，樓煩，繁畤，崞縣五縣之民於陘南，更立城邑，盡獻其地……東接代郡，西接西河，朔方，數百里。帝乃徙十萬家充之。……六年城盛樂以爲北都，修故平城以爲南都。

既營城郭便非行國之制，此可謂拓跋氏自北而南，自行國而居國之開始。

此後道武皇始二年，平慕容氏徙徒河雜夷，計口受田於京師。是平城漸以農業爲基本，又得一證據。徒河卽慕容氏部族，亦屬鮮卑，姑不論在慕容氏時是否已從農業，但原游牧者，此時已務農矣。

六鎮乃鮮卑集中之地，仍然開水田種植。如孝文紀太和十三年八月云：

詔諸州鎮有水田之處，各通溉灌。

此各鎮本有水田，未通暢者，各更通之。又魏書三十八刁雍傳：

雍上表曰：『奉詔高平，安定，統萬，及臣所統（薄骨律）四鎮，出車五千乘，運屯穀五十萬斛，付沃野以供軍糧。』

又魏書四十一源懷傳云：

懷又表曰：『北蕃連年災旱，高原陸野，不任營殖，唯有水田，少可菑畝。』

此亦北鎮水田之證。故當時軍糧乃當地所產，而非純任畜牧爲生。又魏書四十一源賀傳云：

是時每歲秋冬，遣軍三道並出以備北寇。至春中乃班師。賀以勞役京師，又非禦邊長計。乃上言請募諸州鎮武健者三萬人，復其徭役。厚加賑恤，分爲三部。二鎮之間築城置萬人，給彊弩十二床，武衛三百乘弩一床，給牛二頭，多造馬槍及諸器械。使武略大將二人以鎮撫之。冬則講武，春則種植，並戍並耕，則兵未勞而盈畜矣。

此事雖未行，但既稱『募諸州鎮』，當無胡漢之分。若其時鮮卑仍以游牧爲生，則屯田之制非其所堪。若因仍游牧之習，則北邊多列穹廬足矣，又何必築城給牛，並戍並耕耶？

又魏書十八元孚傳云：

蠕蠕王阿那瓌既得返國，其人大飢，相率入塞。阿那瓌上表請臺諫賑給，詔孚爲北道行臺，詣彼賑恤。孚陳便宜，表曰：『及服之人未嘗粒食，宜從俗因利，拯其所無。昔漢建武中，單于款塞時，轉河東米糒二萬五千斛，牛羊三萬六千頭以給之。斯卽前代和戎撫新柔遠之長策也。乞以牸牛產羊糊其口命，且畜牧繁息，是其所便，毛血之利，惠兼衣食。』

此完全認蠕蠕爲游牧民族，而以農業國家自居。與燕鳳自認鮮卑爲游牧之民，相去甚遠。可知鮮卑在平城時漢化已深，孝文改革不過更進一層，並非開創之事也。

魏時亦號稱崇儒，通鑑宋元嘉十六年(魏太武太延五年)曾隱括魏書儒林傳大旨如下：

涼州自張氏以來，號爲多士，……魏主克涼州，皆禮而用之。……時魏朝方尙武功，貴遊子弟不以講學爲意，(索)敞爲博士十餘年，勤於誘導，肅而有禮，貴遊皆嚴憚之，多所成立。前後顯達至尙書牧守者數十人。常爽置館於溫水之右，教授七百餘人。爽立賞罰之科，弟子事之如嚴君，由是魏之儒風始振。

可知文化之吸收，爲不可避免之事。

華化之深淺，各地究不能盡同，大約京師較深。其中區別不在胡漢數目上之比例，而在生活狀態之不同。例如漢書地理志所稱：『天水，隴西，……上郡，西河，皆迫近戎狄，修習戰備，以射獵爲先……涼州之畜常爲天下饒。』董卓本漢人，然其凶殘程度，頗可與爾朱榮相比擬。此邊郡生活，歷來常與內地相殊，固不自元魏始，而元魏一般人之標準生活，固應以京師爲代表，孝文所承受者固卽此種文化而非六鎮生活方式也。

附記：本文作時，陳寅恪先生及岑仲勉先生均詳爲指教，寅恪先生並舉成淹及杜弼兩傳爲證，書此致謝。

出自第八本第四分(一九三九年)

中古自然經濟

全漢昇

第一章　緒論

（一）B. Hildebrand的經濟史分期說及其修正

自然經濟（Naturalwirtschaft, Natural economy），創始於德國歷史學派的權威Bruno Hildebrand。他以交換爲標準來作經濟史的分期，主張人類經濟發展的歷史分爲第三個次第相續的階段：（1）自然經濟時代——這是物與物相交換的時代。(2)貨幣經濟(Geldwirtschaft, Money economy)時代——這時金屬貨幣用作交易媒介。(3)信用經濟(Kreditwirtschaft, Credit economy)時代——這時最後以同一物或等價物清算，而先由信用進行貨物的交換（註一）。我們在這裏要注意的，是自然經濟時代的情形。在自然經濟時代，既然沒有金屬貨幣的使用，人們在

（註一）B. Hildebrand, Jahrbuecher fuer Nationaloekonomie und Statistik, vol. ii, 1864, pp.1—24

買賣方面只好用實物來作交易的媒介，在勞動方面用實物來作工資的報酬，此外賦稅的征收，與地租的繳納，也以實物爲主(註二)。

上述經濟史分期的主張，在德國學術界中影響甚大，但在德國以外其他國家的學者看來，却是一種很受攻擊的學說。玆舉三人爲例。頭一位是比利時經濟史學者 Henri Pirenne, 他說：

> 把商業發展分爲三個次第相續的階段——最先一個的特色爲物物交換(自然經濟)，其次爲貨幣(貨幣經濟)，最後爲信用(信用經濟)——的學說，流行甚久。但一察事實，牠實在沒有確切的根據，只是那種常常影響于經濟史研究的愛系統化的學說的另一例子而已。雖然信用日益重要，是無可駁議的，但牠在各時代都發生過作用，也是同樣眞確的。其間的差異，只是量的不同，并非質的差別(註三)。

其次一位是英國劍橋大學的經濟史學者 J. H. Clapham，他說：

> B. Hildebrand 的學說，假定自然經濟，貨幣經濟及信用經濟三個階段次第相續。這一說應用於歷史上的弊病就是：把某一時期叫作自然經濟時期，便很容易忽略了同時並存的別種經濟樣式的證據。比方說，爲要證明北歐中古初期不是純粹的自然經濟時期，已經費了長期的研究與爭論。而且，自然經濟一詞，可以包羅極端簡單的和極端複雜的經濟制度。古代埃及文化中的那種『交換』，比起不使用貨幣的原始日耳曼或近代原始社會的那種『交換』，很少相似的地方。而且，除却史前期及最早的歷史期以外，使用貨幣與不使用貨幣的社會往往同時並存。自然經濟的遺跡，在使用貨幣的社會裏，無論是過去或現在都看得見。某種形式的信用在多數文化的早期也多少已經有了，却從未在任何時期佔絕對支配地位。因此，要想把某一時期的某一社會規定爲某一階段，在事實上程度上都是一個繁難的問題，不大值得探討(註四)

最後一位是英國經濟學者 Norman Angell，他說：

(註二)參考 Werner Sombart 著季子譯現代資本主義第一卷第一分册第七六至七八頁。

(註三)Henri Pirenne, Economic and Social History of Medieval Europe, pp. 118—119。

(註四)Edwin R. A. Seligman (ed), Encyclopaedia of Social Science, vol. VII, p. 349。

> 爲便於了解貨幣之功能計，我人又不妨想像有數歷史學者，對於社會所描繪之圖畫：卽人類之進化，最先則起自半動物之無交易狀態，再由此種無交易之游牧羣，進至行使物物交換之部落；再由是而進於貨幣經濟；再由是而進於信用經濟。此種敍述，頗能助人之理解；唯以敍述過於明析簡單，故於事實上未免不甚相符。蓋歷史進行之程序，並不若是之整齊。換言之，貨幣之爲物，遠在歷史以前卽有之，而信用要素之發生，爲時亦甚早；第以人類發見貨幣之後，未必卽行採用；或則雖經採用之後，重復予以廢棄；而廢棄之後；亦並無大害於社會之生活；故貨幣之出現，爲時未必晚，特其發揮功能則在于後世耳。總之，自物物交換以進于貨幣經濟時代，決非一時代完了之後，另一時代卽繼之而起，此種斬釘截鐵之明晰發展，歷史上實無其例（註五）。

這幾位批評者和 Hildebrand 的爭點，可以說是絕對說與相對說的不同。如果從絕對的觀點來看，那末，人類經濟發達的歷史當然不能那樣斬釘截鐵般的劃分淸楚。但如果從相對的觀點出發，話可不是這樣說了。在某一社會裏，同時雖有物物交換，貨幣及信用三者的存在，但牠們絕不會勢均力敵，在同一期間內較佔優勢的往往只有一個。這一點，上述幾位批評者也是承認的。因此，我們可以從這三者比重的大小來判別某時期的社會應屬于那一階段。這可以說是對 Hildebrand 學說的修正。從這個觀點出發，作者認爲自漢末以後，至安史之亂的前後，卽約由公元二世紀末至八世紀中葉，自然經濟在中國社會裏較佔優勢——雖然南朝的錢幣勢力相當雄厚，但仍不能取自然經濟的地位而代之。

現在就材料排比的方便，擬從下列數點來探討中古時代中國各地自然經濟發展的情形。卽：自公元二世紀末至八世紀中葉，當錢幣沒有流通，或流通量比較稀少的時候，人們怎麼樣去做他們的買賣？怎麼樣向政府盡納稅的義務？租借田地時，農人對地主繳納些什麼作爲地租？爲人作工時，勞動者從僱主處領到些什麼作爲工資的報酬？不過，在說明這幾個問題以前，我們先要探討中古以前貨幣經濟發展的情形，及中古時代自然經濟發展的原因。

（註五）Norman Angell 著何子恆譯貨幣的故事第一九至二〇頁。

(二)漢代貨幣經濟的發展

自周景王二一年 (525—524 B. C,) 鑄大錢(註六)後，錢幣在中國社會內已漸漸流通。到了漢代，錢幣的使用更爲發達。除買賣時用作交易媒介外，當日官吏俸祿的一部份，以錢支付(註七)。在賦稅方面，幼年人年出二十三文的口錢(註八)，及成年人年出百二十文的算賦(註九)，均以錢繳納。漢桓帝對于郡國的田地，課以每畝十錢的租稅(註一〇)。至于徭役的提供，也可用錢來代替。例如，人民每年須戍邊三日，不往者可出錢三百文來免役，稱爲過更；每年須在政府服役一月，不服役者可出錢二千文來代替，稱爲踐更(註一一)。

可是，我們對于周景王鑄大錢後的錢幣流通情形，不能過于誇大。因爲自此以後，錢幣雖然流通，在好些地方，人民仍舊用實物作交易工具來買賣。孟子記載楚人許行以粟易褐布、素冠、釜、甑及鐵器(註一二)。可見戰國時代楚國還有物物交換的事實。到了漢代，貨幣經濟雖然已經抬頭，但牠的發展程度究竟有限。所以『王莽亂後，貨幣雜用布帛金粟』；直至後漢光武帝建武十六年(40—41A. D.)，始行五銖錢(註一三)。官俸的一半，雖用錢支付，但其餘一半，還須以穀發放(註一四)。至于田租(按卽田賦)，除上述每畝十錢的租稅外，亦均以穀繳納(註一五)。

(三)中古自然經濟發展的原因

漢代貨幣經濟的發展，從漢末以後，大受打擊。從此以後，自然經濟漸漸佔有勢力，貨幣經濟則一天比一天的衰落下去。這裏我們要問：從漢末以後，中國社會爲什麼會由貨幣經濟逆轉爲自然經濟？

(註六)國語卷三周語下。

(註七)漢書卷七二貢禹傳，後漢書卷三八百官志。

(註八)漢書卷八昭帝紀如淳注。

(註九)漢書卷二惠帝紀應劭注。

(註一〇)後漢書卷七桓帝紀。

(註一一)漢書卷八昭帝紀如淳注。

(註一二)孟子滕文公上。

(註一三)後漢書卷一下光武紀。

(註一四)後漢書卷三八百官志。

(註一五)漢書卷七二貢禹傳。

漢末以後自然經濟代貨幣經濟而起的第一個原因是戰爭(註一六)。中國自漢末以後，社會上發生很大的騷動。如三國時各地軍事領袖的混戰，和西晉八王之亂，都足以擾亂當日社會的安甯。不過規模最大，影響最烈的戰爭，當然要推漢末的黃巾暴動，與董卓之亂，和西晉末葉的五胡亂華。戰亂的區域非常廣大，以黃河流域作中心，江、淮、荊、蜀都曾波及。

現在我們首先要說明的，是戰爭與商業發展的關係；其次要說明商業盛衰與自然經濟和貨幣經濟的關係。

上述漢末以後的戰爭，給漢代相當繁榮的商業(註一七)以很嚴重的打擊。商業中心的城市，經過大規模的戰亂以後，破壞得非常利害。三國志吳志卷一一朱治傳注引江表傳云：

> 中國蕭條，或百里無煙，城邑空虛，道殣相望。

例如『洛陽，宮室燒盡，街陌荒蕪，百官披荊棘，依丘牆間。……飢窮稍甚，尚書郎以下自出樵採，或飢死牆壁間』(註一八)。又如『長安城空四十餘日，強者四散，羸者相食』(註一九)。這都是漢末三國初年的情形。及五胡入侵，城市的破壞更爲利害。晉書卷五六孫楚傳附綽傳云：

> 胡戎交侵，……中夏蕩蕩，一時橫流，百郡千城，曾無完郛者。

這時候的洛陽，簡直變爲廢墟。晉書卷一〇三劉曜載記說：

> 舊都宮室，咸成茂草，墜露沾衣，行人灑淚！

又吳士鑑晉書斠注卷一四上地理志引華延雋洛陽記云：

> 自劉曜入洛，元帝渡江，官署里閭，鞠爲茂草。

至于長安的情形，也好不了多少。晉書卷五孝愍帝紀云：

> 永嘉之亂，天下崩離，長安城中，戶不盈百，牆宇頹毀，蒿棘成林。

(註一六)此點前人已經指出。見下引晉書卷二六食貨志載東晉孔琳之的話。

(註一七)關于漢代商業的繁榮，記述頗多。茲引王符潛夫論卷三浮侈，以見一斑：『今舉世舍農桑，趨商賈。牛馬車輿，塡塞道路。游手爲功，充盈都邑。治本者少，浮食者衆。商邑翼翼，四方是極。今察洛陽浮末者什于農夫，……天下百郡千縣，市邑萬數，類皆如此。』

(註一八)三國志魏志卷六董卓傳。晉書卷二六食貨志略同。

(註一九)後漢書卷一〇二董卓傳。

漢末以後的戰爭，除對商業中心的城市作直接的毀壞外，又產生三種現象，影響到商業的衰落。頭一種現象是人口的銳減。戰時的人口，一方面直接受兵災的蹂躪，他方面又飽嘗戰爭引起的飢荒與疾疫，數量當然要大爲減少。因此，『自(李)傕(郭)汜相攻，天子東歸後，長安城空四十餘日，強者四散，羸者相食。二三年間，關中無復人跡』(註二〇)。這雖然只是關中一帶人口極端稀少的景象，但其他地方也逃不了人口稀少的命運。在三國時，『魏奄有十州之地，而承喪亂之弊，計其戶口，不如往昔一州之民』(註二一)。其次一種現象是土地的荒蕪。在戰亂中，原來從事生產的人口，多半加入流亡隊伍中到處轉動，土地的荒蕪是不能避免的。上引吳志註江表傳曾說，『中國蕭條，或百里無煙，……道殣相望』。又晉書卷一四地理志也說：

魏武定霸，三方鼎立，生靈版蕩，關洛荒蕪。

這兩種現象，到了西晉末葉，更爲嚴重。五胡亂華的結果，人口更加稀少，土地更加荒蕪。關于此事，晉書記載至多：

至于永嘉，喪亂彌甚。雍州以東，人多飢乏，更相鬻賣，奔迸流移，不可勝數。幽、并、司、冀、秦、雍六州大蝗，草木及牛馬毛皆盡。又大疾疫，兼以飢饉。百姓又爲寇賊所殺，流尸滿河，白骨蔽野。劉曜之逼，朝廷議欲遷都倉垣，人多相食，飢疫總至，百官流亡者十八九。(卷二六食貨志)

自喪亂以來，六十餘年，蒼生殄滅，百不遺一，河洛丘墟，函夏蕭條，井堙木刊，阡陌夷滅，生理茫茫，永無依歸!(卷五六孫楚傳附綽傳)

自永嘉喪亂，百姓流亡，中原蕭條，千里無煙，飢寒流隕，相繼溝壑。(卷一一九慕容皝載記)

此外，當日又產生第三種現象，卽交通的困難。如晉書卷一一四苻堅載記說：

(慕容)冲毒暴關中，人皆流散，道路斷絕，千里無煙。

當日戰後人口既然銳減，其消費量自然跟着減少，從而對市場上商品的需要自亦大減。復次，土地既然荒蕪，其生產量自然大爲減少，從而市場上商品的供給自亦銳

(註二〇)後漢書卷一〇二董卓傳。

(註二一)魏志卷一六杜畿傳。

減。這種商品供給的銳減，再加上交通困難一因素，情形尤爲嚴重。市場上一般商品的供給與需要既然全都大爲減少，交易量自然跟着激劇的減少。這樣一來，商業能夠避免衰落的命運嗎？

商業的盛衰，給貨幣使用的進步與退化以很密切的影響。在古代，人們欲望較小，其交換的目的在取得自己的消費物品，對於貨幣需要不大。這時交易的過程是：

C——M——C（註二二）

即。

貨物（自己所餘）——貨幣——貨物（自己所需）

可見這時交易者（消費者）的目的，在取得自己需要的貨物來滿足個人的欲望；至于貨幣，并不是他們交易的目的物，只是取得自己需要的貨物的手段而已。其後，人類欲望漸大，交易較前頻繁，專業的商人遂代替以前的消費者來從事買賣，從而對于貨幣的需要大增。這時交易的過程是：

M——C——M（註二三）

即：

貨幣（自己資本）——貨物——貨幣（含有利潤）

可見這時交易者（商人）的目的，在獲得含有利潤的貨幣，而不在貨物；這時貨物的購買只是獲得貨幣的手段而已。總之，當交易簡單的時候，人們多半注重貨物；及交易頻繁的時候，人們則轉而注重貨幣。由此可知，商業的發展與衰落，足以影響到貨幣使用的進步與退化。如上所述，漢末以後商業既因屢受戰爭的影響而大爲衰落，貨幣的使用自然亦要跟着退步了。因此，錢幣的使用在漢代雖然已經相當發達，從漢末以後却宣告停滯。關于此點，前人也曾經討論過。晉書卷二六食貨志載安帝元興中孔琳之說：

錢之不用，由于兵亂，積久自至于廢，有由而然，漢末是也（註二四）。

錢幣的廢棄，給實物貨幣以流通的機會。這樣一來，自然經濟遂代貨幣經濟而起。

（註二二）Karl Marx, Capital(Every Man's Library), vol. I, p. 83。

（註二三）ibid, vol. I, p, 132.

（註二四）宋書卷五六孔琳之傳同。

漢末以後，貨幣經濟逆轉爲自然經濟的第二個原因，是鑄造錢幣所用的銅的減少。當日銅的供給所以減少，一方面由于銅鑛產量的銳減，他方面由于佛寺之大量的用銅鑄像。

在漢代，銅鑛的產量相當的大；吳王濞對于豫章郡的銅山，鄧通對于四川嚴道的銅山，都曾作過大規模的開採(註二五)。但這些銅鑛的產額，自漢末以後，即作激劇的減少(註二六)。因此，吳孫權的鑄錢，不如吳王濞那樣採銅于豫章銅山，只收羅民間的銅來鑄(註二七)。蜀劉備也不學鄧通那樣採銅于嚴道銅山，而『取帳鈎銅鑄錢』(註二八)。往後到了劉宋元嘉二年（425）四月，沈演之還說錢少由于『採鑄久廢』(註二九)。再往後，到了南齊武帝永明八年(490—1)，政府雖曾開採蒙山（在今四川雅安名山蘆山三縣界）的銅鑛，但鑄錢千餘萬文以後，卒因『功費多，乃止』(註三〇)。

復次，自佛教輸入中國後，在各地普遍設立的佛寺，多以大量的銅來製造佛像。這種風氣在漢末三國初已經相當盛行。丹陽人笮融在彭城（即徐州）一帶『大起浮圖祠，以銅爲人，黃金塗身，衣以錦采』(註三一)，便是其中顯著的例子。其後，由于佛教大師佛圖騰（或作佛圖澄）鳩摩羅什等的來華，二石姚興等統治者的信佛，佛教勢力逐日益雄厚，從而佛寺用銅鑄像的事亦大大增多。佛寺的數量，在

(註二五)漢書卷三五吳王濞傳，卷九三鄧通傳。王先謙漢書補註以爲『豫章郡』應作鄣郡，即丹陽郡。參考漢書補註卷三五。

(註二六)當日銅礦產量減少的原因，史無明文。據作者推測，約有兩種可能的原因：(1)由于戰爭對于銅礦生產的破壞；(2)由于礦業本身的理由。前一點甚爲明顯，後一點則須略爲說明。原來礦業是受成本遞增或報酬遞減原則支配的一種實業，優良的礦脈開採完了，較劣的礦脈也得採掘；同時，如果越掘越深，則離地面越遠，其產品的運費越要增加。因此，在漢代曾經大規模開採的銅礦，自漢末以後，很可能的因爲遞增的開採成本之所失，遠不如遞減的銅礦產量之所得，其開採只好停工，從而銅礦產量遂大減。

(註二七)吳志卷二吳主權傳嘉禾五年條。

(註二八)南齊書卷二八崔祖思傳。

(註二九)宋書卷六六何尚之傳。

(註三〇)南齊書卷三七劉悛傳。

(註三一)吳志卷四劉繇傳。

北朝光是洛陽便有一千餘所(註三二)，全國則有三萬餘所(註三三)；在南朝梁武帝時，光是建業一城，也有五百餘所(註三四)。佛寺中銅像的數量，如徐州城中五級寺，多至一百軀(註三五)。至于鑄造每一佛像所用的銅，數量也很驚人。在北朝，魏興光元年(454)秋，政府在五級大寺內爲太祖以下五帝鑄釋迦立像五，各長一丈六尺，共用銅一萬五千斤，卽每一像用銅五千斤。這還算是比較小的。皇興元年(467—8)，政府又于天宮寺造釋迦立像，高四十三丈，用銅十萬斤(註三六)。在南朝，釋道安于襄陽檀溪寺造一佛像，用銅一萬斤以上(註三七)。梁天監八年(509—510)，彭城宋王寺造一丈九金像，用銅四萬三千斤(註三八)。如果把當日全國各地佛寺鑄像用銅的數量總算一下，其用銅之多，一定非常驚人！這許多佛寺的銅像既然消耗了大量的銅，無怪當日能夠用來鑄錢的銅要大爲減少了。這種情形，當社會經濟的發展還沒有進步到非使用錢幣不可的時候還可忍受，但一到商業發展，錢幣的需要大增的時候，人們望着佛寺的銅像可要眼紅起來了。所以唐武宗的毀法，固然有其宗教上的動機，但取銅像的銅來鑄錢無疑的也是其中一個主要的原因(註三九)。

總之，自漢末以後，能用來鑄錢的銅，一方面由于銅鑛產額的銳減，他方面由于佛寺對銅的大量消耗，供給量大爲減少。這樣一來，當日錢幣的鑄造額自然跟着作激劇的減少。因此，自後漢初平元年(190)六月董卓壞五銖錢改鑄小錢(註四〇)以後，中間除却吳孫權于嘉禾五年(236)春鑄當五百大錢，赤烏元年(238)春鑄當千大錢(註四一)，及蜀劉備于建安二十三年(218—9)左右鑄直百錢(註四二)外，直到宋元

(註三二)後魏楊衒之洛陽伽藍記序例。

(註三三)魏書卷一一四釋老志。

(註三四)南史卷七〇郭祖深傳。

(註三五)北齊書卷四六蘇瓊傳。

(註三六)均見魏書卷一一四釋老志。

(註三七)梁慧皎高僧傳卷三道安傳。

(註三八)同書卷一三釋法悅傳。

(註三九)參考第六章第一節。

(註四〇)見第二章第二節。

(註四一)吳志卷二吳主權傳。

(註四二)三國志蜀志卷九劉巴傳註引零陵先賢傳。

嘉七年(430)十月，及北魏太和十九年(495—6)，始再有鑄錢的史實(註四三)。錢幣的鑄造額既少，其流通量自然不多。這樣一來，遂給實物貨幣以流通的機會，故自然經濟遂代貨幣經濟而起。

第二章　中古的實物貨幣

(一)概說

無論那個社會，其最原始的交易都脫離不了物物交換的狀態。不過所謂物物交換，也不是任何時候都是一樣的。在最初的時候，各人只是以其所有，易其所無，其中並沒有交易媒介的發生。可是這種物物交換的辦法，到了交易稍爲複雜的時候，事實上是行不通的。購買者拿出來和人家交換的物品，也許是對方所不要的，爲着要免除這種現象，人們不得不先交換容易出賣的物品，卽各人都需要而願意接受的物品，然後再將這些物品去交換自己需要的貨物。交換的時候，將這種容易出賣的物品與別種貨物相比較，以確定後者的價格(註四四)。這種容易出賣的物品遂成爲具有交易媒介和價值單位兩種機能的貨幣。例如，在牧畜時代，牲畜一方面以肉供人食用，他方面又能爲人馱運貨物，成爲人們最需要而願意接受的物品，在市場上遂具有交易媒介和價值單位兩種機能，從而成爲當日的貨幣。拉丁語『Pecunia』(貨幣)的語源爲 Pecus，而 Pecus 是牲畜之意。英語的『Fee』，源于 Goth 語 Failu，後者也是牲畜之意。印度的『Rupee』，源于梵文 Rupya，而後者也是得自解釋爲牲畜的字(註四五)。在這些用作貨幣的牲畜中，牛更是最重要的一種。牠在亞利安各種族中是最普遍使用的價值單位。在荷馬詩中，物品的價值常常用牛來表示。如 Diomed 的武器值九條牛，Glaucos 的則值一百條牛。一個以工藝見長的女奴價格爲四條牛。一個三脚盆的價格爲十二條牛(註四六)。

中古時代的中國，已經不是牧畜社會，故沒有上述以牲畜作貨幣的事實：但以

(註四三)宋書卷五文帝紀，魏書卷一一〇食貨志。

(註四四)庫斯聶著高素明譯社會形式發展史大綱下卷第四二頁。

(註四五) A. R. Burns, Money and Monetary Policy in Early Times, P, lo,

(註四六) ibid pp, 6—8.

其他物品作爲貨幣來交易，却不可勝數。當日中國人民的產業多以農業及家庭工業爲主，其生活上最需要的物品是作食料用的穀麥，和作衣料用的布帛。因此，這些東西成爲市場上人們願意接受的物品；當錢幣稀少或不流通的時候，牠們便取錢幣的地位而代之。

（二）漢末三國時代的實物貨幣

漢獻帝初平元年（190）六月，董卓壞五銖錢，改鑄小錢，自此後錢幣便惡劣而不行用。魏志卷六董卓傳說董卓

> 悉椎破銅人鍾虡，及壞五銖錢，更鑄爲小錢，大五分，無文章，肉好無輪郭，不磨鑢。於是貨輕而物貴，穀一斛至數十萬。自是後錢貨不行（註四七）。

這是中古時代中國各地廢錢用穀帛來交易的開始。通典卷八曾引東晉孔琳之的議論，說約由魏明帝時上溯四十年，穀帛即已代錢作貨幣來行用：

> （晉）安帝元興中，……孔琳之議曰，『……錢之不用，由于兵亂，積久自致于廢，有由而然，漢末是也。……魏明帝時，錢廢用穀，四十年矣（註四八）。以不便于人，……彼尙捨穀帛而用錢，足以明穀帛之弊著于已試也。……』

按魏明帝之復行五銖錢，事在太和元年（227）四月（註四九）。由此上溯四十年，約比初平元年早兩三年。所謂『四十年』，不過是一個大約的數目而已；但和宋書孔琳之傳的『三十季』比較起來，却近似一點。由此可知，漢末自初平元年錢貨不行以後，穀帛卽在市場上被用作貨幣，具備了交易工具和價値單位（或價値標準）兩種機能。其中關于布帛的被用作貨幣，又可以下列一事來作證明。魏志卷二七王昶傳注引任嘏別傳說任嘏少時與人各以布帛八匹共買生口，其後生口價格竟上漲至六十匹云：

> （任）嘏，樂安博昌人。……八歲喪母，……年十四始學。……遂遇荒亂，家貧，賣魚。……又與人共買生口，各雇八匹。後生口家來贖。時價直六十匹，共買者欲隨時價取贖。嘏自取本價八匹。共買者慙，亦還取本價。……

（註四七）後漢書卷一〇二董卓傳略同。同書卷九獻帝紀系此事于初平元年六月條。

（註四八）宋書卷五六孔琳之傳作『三十季矣』。晉書卷二六食貨志作『旣久』。

（註四九）魏志卷三明帝紀。

會太祖創業，召海內至德，暇應其舉，爲臨菑侯庶子，相國東曹屬，尙書郎。

自漢初平元年錢幣停止行用後，過了三十一年，到魏文帝黃初二年(221)三月，政府曾一度恢復五銖錢的行使。但行使的時間不過半年多點，到了同年十月，又明令停止五銖錢的行用(註五〇)。錢幣旣被廢棄不用，穀帛等實物遂以貨幣的資格流通于市場上。晉書卷二六食貨志說：

又黃初二年，魏文帝罷五銖錢，使百姓以穀帛爲市(註五一)。

又通典卷八云：

魏文帝穀帛相貿。

又太平御覽卷八一七引魏文帝詔說當日曹魏的坐賈常壓低客商運來的貨物的價格，然後以絹收買云：

今與孫驃騎和(註五二)，通商旅，當日月而至。而百賈偸利，喜賤其物，平價，又與其絹。故官逆爲平準耳。官豈少此物輩耶？

這種廢錢用穀帛來交易的情形，時間久了，流弊便要發生，有如晉書卷二六食貨志所說：

至明帝世，錢廢穀用旣久，人間巧僞漸多，競濕穀以要利，作薄絹以爲市，雖處以嚴刑，而不能禁也。

安帝元興中，……孔琳之議曰，『……穀帛爲寶，本充衣食，分以爲貨，則致損甚多，又勞毀于商販之手，耗棄于割截之用。此之爲弊，著于自曩。故鍾繇曰：巧僞之人，競濕穀以要利，制薄絹以充資。魏世制以嚴刑，弗能禁也……』(註五三)

因此，到了魏明帝太和元年(227)四月，由于司馬芝等人的提議，政府遂下令恢復

(註五〇)魏志卷二文帝紀。

(註五一)通典卷八略同。

(註五二)孫驃騎當卽指孫權而言。他與魏曹丕的通知，事在吳黃武元年，卽魏黃初三年(222)，九月。

(註五三)通典卷八略仝。

五銖錢的行用(註五四)。

不過，曹魏自太和元年起雖然已經復行五銖錢，但因錢的流通數量甚少，實物仍以貨幣的資格流通于市面上。如魏志卷九夏侯尙傳附玄傳注引魏略說景初年間(237—9)人們可以布帛買官云：

玄既遷司馬，景王代爲護軍。護軍總統諸將，任主武官選舉。前後當此官者，不能止貨賂。故蔣濟爲護軍時(註五五)，有謠言，『欲求牙門，當得千匹；百人督，五百匹。』宣王與濟善，聞以問濟。濟無以解之，因戲曰，『洛中市買，一錢不足，則不行。』遂相對歡笑。

又魏志卷二七胡質傳注引晉陽秋說胡質以絹一匹給其子威，以作旅途上購買粮食之用云：

胡威字伯虎，……質之爲荊州也，威自京都省之。……拜見父。停廐中十餘日，告歸，臨辭，質賜其絹一匹，爲道路粮。威跪曰，『大人淸白，不審于何得此絹？』質曰，『是吾俸祿之餘，故以爲汝粮耳。』(註五六)

又漢武帝內傳（漢魏叢書本）說以錢及布購買玉箱玉杖云：

帝塚中先有一玉箱，一玉杖。此是西胡康渠王所獻，帝甚愛之，故入梓宮中。其後四年，有人于扶風市中買得此二物。帝時左右侍人有識此物是先帝所珍玩者，因認以告有司。詰之。買者乃商人也，從關外來，宿鄽（太平御覽卷八二八引漢武內傳及守山閣叢書本均作「郿」）市，其日見一人于此（守山閣叢書及墨海金壺本均作「北」）車巷中賣此二物，靑（御覽作「責」）布三十疋，錢九萬，卽售之，度實不知賣箱杖主姓名。事實如此。有司以聞。商人放還。詔以二物付太廟。

這裏我們要探討的，是這種以布及錢買物的現象到底發生于什麽時候？漢武帝內傳雖說以錢布買箱杖事發生于武帝死後不久，但此書作者既非班固，而是魏晉間的文

(註五四)魏志卷三明帝紀，晉書卷二六食貨志，通典卷八。

(註五五)蔣濟于魏明帝景初年間爲護軍，見魏志卷一四本傳。

(註五六)晉書卷九〇胡威傳，及太平御覽卷八一七引晉陽秋略同。

士(註五七)，則後者于作此書時，把當日以布帛購物的現象參雜入內，甚有可能。故作者認這段記載可看作魏末晉初以布帛作交易媒介的旁證。

三國時代，除曹魏外，孫吳境內的買賣也多以穀帛作貨幣。固然，如上述，孫權曾于嘉禾元年(236)春鑄當五百大錢，赤烏元年(238)春鑄當千大錢。但當日銅的供給既少(註五八)，錢的成色一定很低；反之，錢的面值却大到當五百文及當千文。這種成色與面值相差太遠的大錢，當在市場上流通的時候，并沒有得到人民的歡迎。因此，大錢行用不久，政府便于赤烏九年(426—7)下令收回，把牠們改鑄爲器物(註五九)。當日孫吳境內錢幣的流通額既然很少，人們在買賣時遂多以穀帛作貨幣。如吳志卷三孫休傳注引襄陽記說李衡大種甘橘，其後人將產品出賣，每歲得絹數千匹云：

> (李)衡每欲治家，妻輒不聽。後密遣客十人于武陵龍陽(在今湖南常德縣)汎洲上作宅，種甘橘千株。臨死，勅兒曰，『汝母惡吾治家，故窮如是。然吾州里有千頭木奴，不責汝衣食，歲上一匹絹，亦可足用耳。』……吳末，衡甘橘成，歲得絹數千匹，家道殷足(註六〇)。

又晉書卷三四羊祜傳說羊祜在吳境行軍時，以絹支付穀價云：

> 祜出軍行吳境，刈穀爲粮，皆計所侵，送絹償之。

又太平御覽卷八三七引羊祜別傳亦記此事云：

> 祜周行賊境七百餘里，往反四十餘日，刈賊穀以爲軍糧，皆計頃畝送絹還直，使如穀價。

這都是以布帛作爲交易媒介的例子。復次，當日布帛又是價值的標準，有以布帛的多少來表示物品的價值的。如吳志卷三孫皓傳注引江表傳說一隻好狗的價格貴至布帛數千匹云：

(註五七)四庫全書總目提要卷一四二云，『漢武帝內傳一卷，舊本題漢班固撰。隋志著錄二卷，不註撰人。宋志亦註曰「不知作者。」此本題曰班固，不知何據？……其不出于固，灼然無疑。……其殆魏晉間文士所爲乎？』

(註五八)第一章第三節曾說孫吳的鑄錢，并沒有大規模的開礦取銅，只收羅民間的銅來鑄。

(註五九)吳志卷二吳主權傳注引江表傳，晉書卷二六食貨志。

(註六〇)後魏賈思勰齊民要術序及太平御覽卷九六六引襄陽記略同。

（何）定又使諸將各上好犬，皆千里遠求，一犬至直數千匹。

以上都是孫吳境內以布帛作貨幣來交易的例子。此外，當日南方各地，尤其是閩粵一帶，又有以穀米作交易媒介的。如晉葛洪神仙傳卷六說董奉賣杏，收穀作代價云：

董奉者，字君異，侯官人也。吳先主時，……奉居山……栽杏……十萬餘株，鬱然成林。……後杏子大熟，于林中作一草倉示時人曰，『欲買杏者，不須報奉，但將穀一器，置倉中，卽自往取一器杏去。』常有人置穀來少，而取杏去多者，……急挈杏走，路傍傾覆。至家量杏，一如穀多少。……奉每年貨杏得穀，……歲二萬餘斛(註六一)。

又晉書卷五七陶璜傳說合浦郡百姓賣珠，取米作代價云：

又以合浦郡土地磽确，無有田農，百姓唯以採珠爲業，商賈去來，以珠貿米。而吳時珠禁甚嚴，慮百姓私散好珠，禁絕來去，人以飢困。又所調猥多，限每不充。今請上珠三分輸二，次者輸一，麤者蠲除；自十月訖二月，非採上珠之時，聽商旅往來如舊。並從之。

至于當日南方文化低下的俚人，在買賣時尙保持着純粹的物物交換的狀態，其中幷沒有使用交易的媒介。如太平御覽卷四九二引南州異物志(註六二)說：

俚人不愛骨肉，而貪寶貨。見賈人財物牛犢，便以子易之。

除魏及吳外，三國時代的蜀也有以實物作貨幣來交易的事情。如晉常璩華陽國志（漢魏叢書本）卷一一後賢志說何隨于蜀亡時以帛或縣支付芋價云：

何隨字季業，……除安漢令。蜀亡，去官。時巴土飢荒，所在無穀。送吏行乏，輒取道側民芋。隨以緜（太平御覽卷九七五引作「帛」）繫其處，使足所取直。民視芋見緜，相語曰，『聞何安漢淸廉，行過從者無糧，必能爾耳。』持緜追還之。終不受。因爲語曰，『安漢吏取糧，令爲之償。』(註六三)

(註六一)按神仙傳爲晉葛洪所撰，上距三國不遠，且神仙傳中記董奉爲士燮醫疾事，又爲吳志卷四士燮傳注所引，理當可信。

(註六二)隋書卷三三經籍志云，『南州異物志一卷，吳丹陽太守萬震撰。』

(註六三)太平御覽卷九七五略同。

(三)晉代的實物貨幣

三國以後，便是晉代。三國時代錢幣流通稀少的情形，到了晉代幷沒有多大的改變(註六四)。因此，在市場上買賣時，人們仍多使用實物貨幣來交易。如晉書卷二六食貨志說政府以布帛買穀云：

武帝欲平一江表，時穀賤而布帛貴，帝欲立平糴法，用布帛市穀，以爲糧儲。

又太平御覽卷五九八引石崇奴券說石崇以絹百匹購買奴隸云：

余元康之際(291—300)，至在滎陽東住，聞主人公言聲高大，須臾出趣吾車曰，『公府當怪吾家曉曉邪？中買得一惡羝奴，名宜勤，身長九尺餘，力舉五千斤，挽五石力弓，百步射錢孔，言讀書，欲使便病，日食三斗米，不能奈何！』吾問，『公賣不？』公喜。便下絹百匹。……乃斂吾絹而歸。

又同書卷四八六引孔舒元在窮記說孔衍賣壞車得絹，復以絹糴米及買橡實云：

遣信與義陽太守孫仲開相聞，告其困乏。得絹二疋，壞車一乘。賣得絹三疋。以糴，得米一石，橡三斛。食口三十五人，百日之中，以此自活。人皆鶴節，無復血色(註六五)。

這都是西晉時代國內各地使用布帛作交易媒介的情形。復次，西北邊境的河西，即後來前涼的轄境，從晉武帝泰始年間(265—275)起，直至愍帝初年(313)，更是完全廢棄錢幣，而以縑布作貨幣來交易。晉書卷八六張軌傳云：

愍帝卽位，……大府參軍索輔言于軌曰，『……泰始中，河西荒廢，遂不用錢，裂匹以爲段數。縑布旣壞，市易又難，徒壞女工，不任衣用，弊之甚也。……』

(註六四)晉書卷九四魯褒傳載有魯褒的錢神論，描寫晉代某些人愛重錢幣的情形，甚至說錢可通神使鬼。這似乎是當日錢幣流通發達的表示，但事實卻不是這樣。在晉代史籍中，我們找不到政府鑄錢的記載，其流通量自不會多。當時人們所以愛重錢幣，想是因爲錢幣流通稀少，從而錢幣價值增大所致。

(註六五)晉書卷九一孔衍傳云，『孔衍字舒元，魯國人，孔子二十二世孫也。……以太興三年(320—1)卒于官，年五十三。』孔衍旣卒於東晉初年，則此事當發生于西晉時無疑。

以上都是西晉時代布帛被用作交易媒介的情形。其次，布帛又是當日價值的單位，即物品的價值多以布帛的匹數來表示。如晉書卷三〇刑法志說以布帛匹數表示贓物的價值云：

賊燔人廬舍，積聚盜賊，贓五匹以上，棄市。

西晉末葉，五胡入侵，商業因受戰亂影響而更加衰落。結果，錢幣的使用更少，布帛在流通界中更有勢力。如晉書卷一〇五石勒載記說後趙石勒令公私行錢，結果大大失敗云：

其時（晉元帝太興二年，319—320）兵亂之後，典度堙滅。……又得一鼎，容四升，中有大錢三十，文曰，『百當千，千當萬。』鼎銘十三字，篆書，不可曉。藏之于永豐倉。因此令公私行錢。而人情不樂。乃出公絹市錢，限中絹匹一千二百，下絹八百。然而百姓私買中絹四千，下絹二千。巧利者賤買私錢，貴賣于官。坐死者十數人。而錢終不行。

又說當日財產的價值多以布帛匹數表示云：

勒曰，『……人家有百匹資，尚欲市別宅。況有天下之富，萬乘之尊乎？終當繕之耳。……』

又後魏酈道元水經注卷一〇引燕書說前燕慕容評出賣泉水，收絹作代價云：

（評）障固山泉，鬻水與軍，入絹匹水二石。

又太平御覽卷三三四引崔鴻十六國春秋亦說他賣柴與水，得錢絹甚多云：

評性貪鄙，障固山泉，賣樵鬻水，積錢絹如丘陵。

以上是五胡亂華後北方市場上把布帛當作貨幣來使用的情形。至於當日的南方，當晉室衣冠南渡，元帝偏安江左（317）的時候，仍舊是孫吳以來錢幣流通稀少的狀態。宋書卷六六何尚之傳云：

中領軍沈演之以爲『……晉遷江南，疆境未廓，或土習其風，錢不普用，其數本少，……』

當日東晉境內錢幣的流通既然不甚普遍，一時要使錢普遍流通于各地是一件很繁難的事。桓玄看到了這一點，故在安帝元興中（402—5）輔政的時候，索性提議完全廢棄錢幣，而以穀帛代替來交易。這件事後來雖然因爲孔琳之等的抗議而沒有實行（註六六），但由此亦可看出當日錢幣勢力的微弱，和實物貨幣在流通界中的優勢了。因此，翟湯把干寶送給他的船出賣的時候，他取得的代價是絹物，不是錢幣（註六七）。劉超從政府那裏買一條牛，他所付的牛價，除了錢三萬文外，還有布五疋。太平御覽卷八二八記此事云：

劉超讓表曰，『臣家理應用一純色牛。連市素不如意。外廐猥牛中牛色，有任用者。臣有正陌三萬錢，五疋布。乞以此買牛。』詔曰，『監此不足賣與，宜便賜之。然義與前後辭讓，不妄受一賜。今亦必復不受。可聽如所啓。』（註六八）

當日的布帛，除如上述用作交易的媒介外，同時又具有價值單位的機能。如晉書卷七五范汪傳附堅傳說官幔的價值以布的匹數表示云：

（成帝）時（326—342）廷尉奏，『殿中帳吏邵廣盜官幔三張，合布三十匹。』有司請正刑棄市。

又宋書卷五四羊玄保傳說以布帛的長短計算山宅的價值云：

有司檢（晉成帝咸康二年，336—7）壬辰詔書：占山護宅，彊盜律論，贓一丈以上皆棄市。

上述晉代布帛被用作貨幣來交易的情形，多採自書本上的記載。復次，我們又可根據近世 Stein 及 Sven Hedin 等在羅布淖爾（又名蒲昌海）附近，即樓蘭一帶，發見的晉代木簡，來探討當日西北市面上把布帛當作貨幣來使用的情形。作者現要舉出的幾塊木簡中，有一塊記有晉武帝泰始年月，其爲西晉時物，當然沒有問題。至于其餘各簡，雖不明載年月，但經過王國維氏的考訂（註六九），大家也公認爲晉代的物品了。現在先舉出記有年號的木簡于下；這是 Sven Hedin 在樓蘭發見的，內有以綾綵羅縠的記事：

敦煌短綾綵廿匹·給吏宋政羅縠。（簡之上部）

（註六六）晉書卷二六食貨志，宋書卷五六孔琳之傳，通典卷八。

（註六七）晉書卷九四翟湯傳。事在晉元帝時（317—322）。參考晉書卷八二干寶傳。

（註六八）事在晉明帝時（322—5），見晉書卷七〇劉超傳，但後者記此事甚簡略。

（註六九）王國維流沙墜簡序，『案古簡所出，爲地凡三。……二爲羅布淖爾北之古城。……出羅布淖爾北者則自魏末以訖前涼。』

泰始五年十一月五日，從掾位馬厲，主者王貞，從掾位趙辯，付從史位宋政。（簡之下部）(註七〇)

Sven Hedin 在樓蘭發見的另一木簡，則記有以布購買奴隸的事：

計沃芷一口，少百七十八匹八尺八寸六分；王芷一口，償布百六十(註七一)。

至於 Stein 發見的晉簡，則見于下列兩書。王國維流沙墜簡卷二屯戍叢殘考釋簿書類三十二說以綵糴穀云：

以糴穀，貸藏(註七二)見綵糴穀。截(註七二)貸綵十八匹。謹案文書。

又同書卷二屯戍叢殘考釋器物類六三說以綵三匹購買青旃一領及故黃旃褶一領云：

兵胡月甯市青旃一領，廣四尺六寸，（簡面）

長丈一尺，故黃旃褶一領，賈綵三匹。（簡背）(註七三)

又同書卷二器物類六四說某物的價格以綵的匹數來表示云：

上缺正賈長度綵二匹
短度十四匹寄藏。

又張鳳漢晉西陲木簡彙編第二編左朗簡說以綵購買瓜菜云：

水曹掾左朗白：前府掾所食儲部瓜菜賈（價）綵一匹，付客曹。

Sven Hedin 在樓蘭發見的古物，除晉簡外，又有不少的用紙寫的文件(Documete auf papier)。在這些文件的記載中，我們也可以看見晉人把綵當作貨幣來使用的情形。如下引的文件說某人借去大麥，規定以綵還給麥主，作爲麥價云：

□□□□□□□平安□□

(註七〇)August Conrady, Die Chinesischen Handschriften-und Sonstigen Kleinfunde Sven Hedin in Lou-lan, p, 134.

(註七一)ibid, p. 121.

(註七二)王國維氏不識此二字，玆從同事勞貞一先生說，加以改正。

(註七三)王國維氏解釋此簡云，「右簡旃者，氈之假借字。褶，衣之有表裏者也。綵者帛之一種。後漢時或言縑綵（後漢書西羌傳）或言綵繒，或言綵帛（均南匈奴傳），知綵乃帛名。賈綵三疋者，謂以綵三疋易旃二領也。綵者漢物，旃者胡物，蓋當時諸國間全以貨物相貿易矣。」按以綵易旃事不一定是國與國間的貿易，因爲當日布帛就是貨幣，而綵是布帛的一種，以綵支付物價本是常事。如上述的以綵糴米，下述的以綵買瓜菜，我們能夠一定說綵是漢物，米及瓜菜是胡物嗎？

君客至得書音，口問消（息）。

知其無爲欣然及(註七四)前穀者。

仁君客來(註七四)，輒以大麥一斛斗

付之。□□□以爲慚愧。今者

當還。□□□須待嗟回調穀

□□□□（月）末記當發。此正

□□□□□愛(註七四)重往來復

□□□□□□令狐興稟（以上紙面）

□□□□□□死罪(註七四)當還

□□□□□□來曹家雄

□□□□□□未肯時還。今

□□□□□郡，無欲還綵意。

在遠□□□自濟。今欲案留

覇一生口。□聞承，死罪死罪！（以上紙背）(註七五)

又如下引文件說以綾綵匹數表示穀食與胡牛的價格云：

從史位宋政白：謹條督(註七六)武詡於（下闕）

物。穀食與胡牛賈綾綵匹數（下闕）

九月二十日。(註七七)

以上都是晉人在買賣時把布帛當作貨幣來使用的情形。不過在當日市場上具有貨幣機能的實物，如三國時那樣，不限於布帛，穀粟等農產品也包括在內。如晉書卷二六食貨志說政府賣牛，收穀作代價云：

杜預上疏曰，『……臣前啓典牧種牛，……宜大出賣，以易穀及爲賞直。詔曰，「孳育之物，不宜減散」，事遂停寢。……今徒養宜用之牛，終爲無用

(註七四)A. Conrady 不識這幾個字。茲從同事勞貞一先生說改正。

(註七五)A. Conrady, op,cit, p, 89.

(註七六)此字從勞貞一先生說改正。

(註七七)A. Conrady, op, cit, p, 92.

之費，甚失事宜。東南以水田為業，人無牛犢。今既壞陂，可分種牛三萬五千頭，以付二州將吏士庶，使及春耕。穀登之後，頭責三（晉書斠注謂應作「二」）百斛。是為化無用之費，得運水次，成穀七百萬斛。此又數年後之益也。……』……朝廷從之(註七八)。

這是西晉時的情形。食貨志又載晉安帝元興中孔琳之的話云：

且據今用錢之處不以為貧，用穀之處不以為富(註七九)。

由此可知，東晉境內，有些地方固然有錢幣的流通，有些地方却仍舊把穀當作貨幣來使用。除此以外，又有以粟作交易媒介的。如敦煌寫本沙州圖經殘卷（見鳴沙石室碎金卷下）說涼時敦煌刺史楊宣以粟買石來修理云：

北府渠……地下每年破壞。涼時刺史楊宣以家粟萬斛買石修理。于今不壞。

又漢晉西陲木簡彙編第二編買布簡說買布、履等物所付的代價以升計算云：

買布四升　勞文劾二升　前幾取廿八升

買履三升　復□□□□

勞陽虎二升　共□□□□

曹倉曹一升　共□□□□

給付的代價既然以升計算，指的當然是穀粟等農產品。

（四）北朝的實物貨幣

關于北朝(386—581)幾近二百年使用實物貨幣的情況，我們最好分為兩個時期來說，而以魏高祖孝文帝太和十九年（495—6）為前後兩期的分界。在太和十九年以前，一直上溯至北魏開國，卽拓跋珪改稱魏王的時候(386)，總共一百一十年左右，是錢幣完全停止行用的時期。及太和十九年，政府開始鑄錢，名曰太和五銖，錢幣纔開始漸漸流通(註八〇)；自此以後，實物貨幣的使用，可以說是另入一個新時期。

(註七八)事在咸寧四年(278)七月，見晉書斠注卷二六。

(註七九)宋書卷五六孔琳之傳，及通典卷八略同。

(註八〇)魏書卷一一〇食貨志云，『魏初至于太和，錢貨無所周流。高祖始詔天下用錢焉。十九年，冶鑄粗備，文曰太和五銖。詔京師及諸州鎮皆通行之。』

北魏自開國至太和十九年，錢貨旣然無所周流，人們從事買賣時全以實物作貨幣，可以說是實物貨幣在流通界佔絕對支配地位的時代。而在被用作貨幣的實物中，布帛尤其重要。當日的布帛有被用去購買粮食的。如魏書卷一一〇食貨志說農產豐收時，一疋布帛可買八十餘斛云：

天興初(398)，……勸課農耕，……自後比歲大熟，疋中八十餘斛。

又同書卷六二李彪傳說政府以官絹購買粮食以備荒云；

高祖初，……彪又表曰，『……臣以爲宜析州郡常調九分之二，京都度支歲用之餘，各立官司，年豐糴積于倉，時儉則加私之二（通典卷一二作「則減私之十二」）糶之于人，如此，民必力田，以買官絹。……』高祖覽而善之，尋皆施行。

又同書卷四四薛野賭傳附虎子傳說戍兵以絹購買粮食云：

（太和）四年，……除開府徐州刺史。時州鎮戍兵資絹自隨，不入公庫，任其私用，常苦飢寒。虎子上表曰，『……竊惟在鎮之兵，不減數萬，資糧之絹，人十二匹，卽自隨身，用度無準，未及代下，不免飢寒。……』

復次，當日的布帛又有用來買牛的。上引虎子傳云：

虎子上表曰，『……若以兵絹市牛，分減戍卒，計其牛數，足得萬頭。……』高祖納之。

又有用作買賣農具（鏵）的媒介的。魏書卷五二趙柔傳云：

高宗(452—465)踐祚，拜爲著作郎。……出爲河內太守，……後有人與柔鏵數百枚者，柔與子善明鬻之于市。有從柔買，索絹二十匹。有商人知其賤，與柔三十匹。善明欲取之。柔曰，『與人交易，一言便定，豈可以利動心也？』遂與之。搢紳之流，聞而敬服焉。

又有用來贖身的。同書卷六一張讜傳附忠傳說張讜之妻被掠爲婢，後張讜以布帛千餘匹把她贖回云：

初讜妻皇甫氏被掠，賜中官爲婢。皇甫遂乃詐癡，不能梳沐。後讜爲劉駿（宋孝武帝）冀州長史，因貨千餘匹，購求皇甫。高宗怪其納財之多也，引見之。時皇甫年垂六十矣。高宗曰，『南人奇好，能重室家之義。此母老，復何所任，乃能如此致費也！』皇甫氏歸，讌令諸妾境上奉迎。

又有用來建造佛寺的。同書卷四〇陸俟傳附馛傳云：

興安初(452)，…… 出爲散騎常侍，安南將軍，相州刺史，假長廣公。……徵爲散騎常侍。民乞留馛者，千餘人。顯祖（466—470）不許。……馛之還也，吏民大斂布帛以遺之。馛一皆不受。民亦不取。於是以物造寺焉，名長廣公寺(註八一)。

又有用來支付喪葬費用的。同書卷八七石祖興傳云：

石祖興，常山九門人也。太守田文彪，縣令和眞等喪亡，祖興自出家絹二百餘匹營護喪事。州郡表列。高祖嘉之，賜爵二級，爲上造。

又同書卷九四閹官傳抱嶷條云：

太和十二年，……（抱睹生）卒，……賜……繒綵及絹八百疋，以供喪用。

又同書卷六一畢衆敬傳云：

（太和）十五年十月，卒。詔于兗州賜絹一千匹，以供葬事(註八二)。

以上各例都表示布帛是當日買賣物品的媒介。復次，當日的布帛又可用來支付役務的代價。如魏書卷三三公孫表傳附軌傳說公孫軌以絹給驢主作爲驢運粮食的代價云：

出爲虎牢鎭將。初世祖(424—452)將北征，發民驢以運粮，使軌部詣雍州。軌令驢主皆加絹一疋，乃與受之。

以上都是北魏人士在太和十九年以前把布帛當作交易媒介來使用的情形。此外，當日的布帛又是價值計算的標準，一切物價都以布帛的匹數或長短來表示。如魏書卷五二趙柔傳說金珠一貫的價值爲數百匹的縑云：

趙柔字元順，金城人也。……世祖平涼州，內徙京師。……柔嘗在路得人所遺金珠一貫，價值數百縑。柔呼主還之。

(註八一)造寺所費的布帛，一方面固然用來支付造寺工匠的工資，他方面也用來購買造寺所用的材料。由於後者，我們也可以看出布帛在當日被用作貨幣來交易的情況。

(註八二)這些支付喪葬費用的布帛，一部份以工資的形式給予從事喪葬工作的人，另一部分則用來購買與喪葬有關的物品，如棺材之類。後一點是當日布帛具有貨幣機能的證明。

又同書卷五二胡叟傳說高閭以價值十餘匹布帛的禮物贈與胡叟云：

(約高宗或顯祖時)高閭曾造其家，値叟短褐曳帶，從田歸舍。……閭見其貧，約以物直十餘匹贈之。亦無辭愧。

至于當日司法界對于一切贓物的價値，更是完全以布帛的匹數或長短來計算。魏書卷七上高祖紀載太和八年

六月丁卯，詔曰，『……祿行之後，贓滿一匹者死。……』

又同書卷一一一刑罰志云：

初盜律：贓四十匹，致大辟。民多慢政。(世祖時)峻其法，贓三匹皆死。(高宗時)諸司官贓二丈，皆斬。

律：枉法十匹，義贓二百匹，大辟。至(太和)八年，始班祿制，更定：義贓一匹，枉法無多小，皆死。

北魏自太和十九年(495—6)鑄錢以後，錢幣漸漸流通，實物貨幣在流通界佔有的絕對支配地位自要動搖。可是，關于當日錢幣流通的情況，我們不能過于誇張。因爲太和十九年以後，錢幣雖由于鑄造而漸漸流通，但因有下列三種情形，牠的勢力非常有限，不能驅逐布帛于流通界之外：

第一種情形是錢幣流通的稀少。關於這點，我們可舉一事來作證明。太和廿二年，卽太和五銖錢鑄造後的第四年，孝文帝生病，請大夫徐謇給他診治。不久病體痊愈，孝文帝非常高興，下詔給錢一萬貫作診金來酬謝這位良醫。但當日錢幣數量非常有限，政府那裏有這許多錢來作治病之用？因此，後來政府沒有拿出錢來給徐謇，而改給他絹二千匹，雜物一百匹，穀二千斛，奴婢十口，馬十匹及牛十頭(註八三)。

第二種情形是錢幣的地方割據。當日流通的錢，幷不是全國一律，而帶有地方割據的性質。此地的錢，只能在此地行用，攜至其他地方便不能行使，因爲其他地方另有一種可以通用的錢。這種情形，魏書卷一一〇食貨志說得很清楚：

肅宗初，京師及諸州鎮或鑄或否，或有止用古錢，不行新鑄，致商貨不通、貿遷頗隔。熙平初(516)，尙書令任城王澄上言，『……太和五銖，雖利于

(註八三)魏書卷九一徐謇傳。

京邑之肆，而不入徐揚之市。土貨既殊，貿鬻亦異。便于荆郢之邦者，則礙于兗豫之域。……永平三年(510—1)，……時被敕云，「不行之錢，雖有常禁，其先用之處，權可聽行。」……延昌二年(513—4)，徐州民儉，刺史啓奏，求行土錢。旨聽權依舊用。……』……澄又奏，『……太和五銖，乃大魏之通典，不朽之恆模，寧可專貿于京師，不行于天下？但今戎馬在郊，江疆未一，東南之州，依舊爲便。……』

第三種情形是錢幣品質的惡劣。北魏政府雖然享有鑄幣權，但利之所在，民間多從事私鑄。私鑄者目的既在賺取超額的利潤，其鑄出的錢自然很壞。這種惡劣的錢幣，自世宗熙平年間(516—7)起，卽已流通于市上。魏書卷一一○食貨志云：

自（熙平二年）後所行之錢，民多私鑄，稍就小薄，價用彌賤。……利之所在，盜鑄彌衆。巧僞既多，輕重非一。……遷鄴之後，輕濫尤多。武定初，齊文襄王奏革其幣。……然姦僥之徒，越法趨利，未幾之間，漸復彌薄。

在敬宗孝莊帝時(528—590)流通的錢，又輕又薄，以至爲人說做可以被風吹動，可以在水面浮起(註八四)。而高道穆看見當日行用之錢惡劣，也說，『今錢徒有五銖之文，而無二銖之實。薄甚榆莢，上貫便破。置之水上，殆欲不沈』(註八五)。

當日流通的錢幣既然有這三種缺憾，便給布帛以仍舊用作貨幣的機會。因爲：(1)錢幣數量既然稀少，不足以滿足流通界的需求，布帛便被用作貨幣，以補此缺點；(2)錢幣既然帶有地方割據的性質，此地與彼地貿易時，因爲欠缺兩地共同接受的錢幣，布帛便起而負此任務；(3)錢幣愈濫惡，其價值愈低，買賣時須接受的錢幣則愈多，同時牠的耐久性也不如布帛。這樣一來，錢幣之用作交易工具實在沒有比布帛便利多少，故布帛在市場上仍舊具有貨幣的機能，不因錢幣的流通而失却她原來在流通界的地位。

太和行錢後，布帛之仍保有貨幣的機能，原因已如上述。這裏我們要進一步探討當日布帛怎麼樣發揮牠的貨幣的機能。就地點上說，太和以後河北諸州鎭始終沒有錢幣的流通，布帛之貨幣的機能絲毫不受影響；此外，洛陽以西及以北各州鎭，

(註八四)魏書卷五八楊播傳附侃傳。

(註八五)魏書卷七七高崇傳附道穆傳。

直至孝明帝初年(516)，錢幣還沒有流通，布帛當然也被用作交易的媒介。魏書卷一一〇食貨志說：

熙平初，尚書令任城王澄上言，『……又河北州鎮，既無新造五銖，設有舊者，而復禁斷，並不得行；專以單絲之縑，疏縷之布，狹幅促度，不中常式，裂匹爲尺，以濟有無。至今徒成杼軸之勞，不免飢寒之苦。良由分裂布帛，壅塞錢貨。……』……澄又奏，『……至于京西京北域內州鎮未有錢處，……』詔從之。而河北諸州，舊少錢貨，猶以他物交易，錢略不入市也（註八六）。

復次，就用途上說，太和以後的布帛，有用來購買糧食的。如魏書卷八世宗紀說政府以絹賑濟飢民，讓他們拿來購買糧食云：

（延昌二年，513）夏四月庚子，以絹十五萬匹，賑恤河南郡飢民。

又同書卷七九鹿悆傳說鹿悆以縑支付禾價云：

（約世宗時500—515）嘗詣徐州，馬疲，附船而至大梁。夜睡，從者上岸竊禾四束以飼其馬。船行數里，悆覺，問得禾之處。從者以告。悆大忿，即停船上岸，至取禾處，以縑三丈置禾束下而返。

又隋書卷二四食貨志說東魏政府以絹糴粟云：

（東魏）天平元年(534—5)，遷都于鄴。……常調之外，逐豐稔之處，折絹糴粟，以充國儲。

又有用來購買酒肉的。魏書卷七一夏侯道遷傳說夏侯道遷每歲以多量的布帛購買酒肉云：

（世宗時）尋改封濮陽縣開國侯，……國秩歲入三千餘匹，專供酒饌，不營家產。每誦孔融詩曰，『坐上客常滿，樽中酒不空。餘非吾事也。』

又夏侯道遷傳附夬傳說夏侯道遷之子夬也是一樣的酷好飲食，結果因酒肉等費用開支太大而負債千餘疋云：

夬性好酒，居喪不戚，醇醪肥鮮，不離于口。沽賣飲噉，多所費用。父時田園貨賣略盡，人間負債，數猶千餘疋。

（註八六）通典卷九略同。

又有用來購買田地的。端方陶齋藏石記卷六張神洛買田劵說張神洛以絹九匹購買墓田三畝云：

正始四年(507)九月十六日，北坊民張神洛從糸(縣)民路阿兜買墓田三畝，南齊王墓，北引五十三步，東齊口墓，西引十二步。碩(？)絹九匹。其地保無寒盜。若有人識者，折成畝數，出兜好口口口官有口口私口。立劵文後，各不得變悔。若先悔者，出絹五匹。畫指爲信。書劵人潘口。時人路善王。時人路榮孫(註八七)。

又有用來購買造船材料的。魏書卷一一〇食貨志說：

(肅宗時，516—528)三門都將薛欽上言，『……今求車取雇絹三匹，市材造船，不勞採斫。……』

又有用來買塼的。魏書卷一九中任城王雲傳附澄傳云：

(肅宗時)澄奏，『都城府寺，猶未周悉。今軍旅初甯，無宜發衆，請取諸職人及司州郡縣犯十杖以上百鞭以下收贖之物，絹一疋，輸磚二百，以漸修造。』詔從之。

又有用來贖身的。魏書卷七一裴叔業傳附植傳說裴植之母捨身爲沙門寺婢，後爲諸子各以布帛數百匹贖免云：

(世宗時)植在瀛州也，其母年踰七十，以身爲婢，自施三寶，布衣麻菲，手執箕箒，于沙門寺洒掃；植弟瑜粲衎並亦奴僕之服，泣涕而從。有感道俗，諸子各以布帛數百贖免其母。

又有用來買官的。魏書卷一五昭成子孫傳云：

(世宗時，拓跋暉)遷吏部尚書。納貨用官，皆有定價：大郡二千疋，次郡一千疋，下郡五百疋，其餘受職各有差。天下號曰市曹。

又有用來支付喪葬費用的。魏書云：

(太和)十九年，薨于代。……又勅代給綵帛前後六千匹，以供凶用。(卷八三上外戚傳馮熙條)

延昌二年冬，……卒。詔贈帛二百匹，以供凶事。(卷九〇逸士傳馮亮條)

(註八七)此劵又見于羅振玉地劵徵存，及鄒安藝術叢編。劵文刻于塼上，塼出涿州。

靈太后聞……其死，……遂賜帛三百匹，黃(北史卷九二本傳多一「綾」字)十匹，以供喪用。(卷九四閹官傳孟鸞條)

此外，又有用來支付役務的代價的。魏書卷六七崔光傳說以錢帛來租賃車馬云：

是(熙平元年)秋，靈太后頻幸王公第宅。光表諫曰，『……賃馬假乘，交費錢帛。……』

又魏書卷一一〇食貨志說以布帛雇車運送貨物云：

(肅宗時)三門都將薛欽上言，『計京西水次汾、華二州，恒農、河北、河東、正平、平陽五郡，年常綿絹及貲麻，皆折公物，雇車牛送京。……略計華州一車，官酬絹八匹三丈九尺，別有私民雇價布六十匹。河東一車，官酬絹五匹二丈，別有私民雇價布五十匹。……又租車一乘，官格四十斛成載。私民雇價，遠者五斗，布一匹；近者一石，布一匹。準其私費，一車布，遠者八十匹，近者四十匹。……其陸路從雷陂至倉庫，調一車，雇絹一匹；租一車，布五匹。……』

上述布帛的用途，偏于交易媒介方面。復次，當日的布帛又可用來表示物價，即具有價值單位的機能。如魏書卷五七崔挺傳附孝暐傳說趙郡一斗粟的價格爲縑數匹云：

孝莊初(528)，……尋除趙郡太守。郡經葛榮離亂之後，民戶喪亡，六畜無遺，斗粟乃至數縑。

又魏書卷一一一刑罰志說東魏時司法界以布帛匹數來計算贓物的價值云：

至遷鄴，京畿羣盜頗起，有司奏立嚴刑：諸彊盜……贓不滿五匹，魁首斬，從者死，妻子亦爲樂戶。小盜贓滿十匹以上，魁首死，妻子配驛，從者流。

以上都是北魏自太和十九年行錢後一般人把布帛當作貨幣來使用的情形。北魏末葉，分裂爲東西魏，不久復爲高氏及宇文氏所篡，改國號爲北齊(550—577)及北周(555—581)。這時政權雖有改變，布帛却仍然一樣的被用作貨幣來交易。在北齊方面，『冀州之北，錢皆不行，交貿者皆絹布』(註八八)。可見這時候的河北，還是北魏以來廢錢用布帛的狀態。至于北齊其他地方，錢幣雖然流通，布帛仍被用作交

(註八八)隋書卷二四食貨志。通典卷九略同。

易的媒介。如北齊書卷九穆后傳說齊後主以三萬匹錦綵購買眞珠云：

屬周武遭太后喪，（後主）詔侍中薛孤康買等爲弔使，又遣商胡齎錦綵三萬匹，與弔使同往，欲市眞珠，爲皇后造七寶車。周人不與交易，然而竟造焉。

同時又具有價值單位的機能。如北齊書卷八後主紀說：

一裙直萬匹。

復次，在北周方面，人們也把布帛當作貨幣來買賣。如周書卷二七赫連達傳說赫連達以繒帛支付羊價云：

保定初(561)，遷大將軍，夏州總管三州五防諸軍事。……邊境胡民或饋達以羊者，達欲招納異類，報以繒帛。

又同書卷三七寇儁傳說寇儁家人賣物得絹云：

性又廉恕，不以財利爲心。家人曾賣物與人，而剩得絹五匹。儁于後知之，乃曰，『惡木之陰，不可暫息。盜泉之水，無容悞飲。得財失行，吾所不取。』遂訪主還之。

同時，贓物的價值亦以布帛匹數來計算。周書卷六武帝紀載建德六年(577)十一月

，初行刑書，要制：持杖羣彊盜一匹以上，不持杖羣彊盜五匹以上，監臨主掌自盜二十匹以上，小盜及詐僞請官物三十匹以上……者，至死刑(註八九)。

（五）南朝的實物貨幣

當布帛在北朝市場上被用作主要貨幣來交易的時候，南朝(420—589)錢幣的流通，因爲商業比較發展(註九〇)，却日漸重要，大有取實物貨幣的地位而代之的趨勢。不過，南朝錢幣的流通量雖較北朝爲多，勢力雖較北朝爲大，但因有下列兩種情形，故仍予實物貨幣以流通機會：

第一種情形是錢幣數量的稀少。這在南朝初年，情形尤爲嚴重。當日的錢幣，承繼着前代戰亂頻仍，有毀無鑄的狀態，數量非常稀少。宋書卷六六何尙之傳載元

(註八九)隋書卷二五刑法志略同。

(註九〇)如南史卷七〇郭祖深傳載梁武帝(502—549)時郭祖深上封事云，『今商旅轉繁，游食轉衆，耕夫日少，杼軸日空。』

嘉二年(425)四月,

中領軍沈演之以爲,『龜貝行于上古,泉刀興自有周,……歷代雖遠,資用彌便。但採鑄久廢,兼喪亂累仍,靡散湮滅,何可勝計?……』

又同書卷七五顏竣傳亦說:

(孝建)三年(456—7),尙書右丞徐爰議曰,『……年歷既遠,喪亂屢經,堙焚剪毀,日月銷減,貨薄民貧,公私俱困。……』

爲着補救錢幣的缺乏,政府曾經設法增鑄。但當日鑄造錢幣所用的銅,并不是大規模的採自銅鑛,而是零零星星的取給于民間的銅器,原料既少,鑄出的錢幣自不會多。宋書卷六〇范泰傳說:

時(永初二年,421—2)言事者多以錢貨減少,國用不足,欲悉市民銅,更造五銖錢。泰又諫曰,『流聞將禁私銅,以充官銅。……臣愚意異,不甯寢默。……尋銅之爲器,在用也博矣。鍾律所通者遠,機衡所揆者大。夏鼎負圖,實冠衆瑞。晉鐸呈象,亦啓休徵。器有要用,則貴賤同資。物有適宜,則家國共急。今毀必資之器,而爲無施之錢,于貨則功不補勞,在用則君民俱困。校之以實,損多益少。……』

又同書卷七五顏竣傳說:

(孝建三年)竣議曰,『……今云開署放鑄,誠所欣同。但慮採山事絕,器用日耗,銅幾轉少,器亦彌貴。……今百姓之貨,雖爲轉少,……』

始興郡公沈慶之立議曰,『……況今耕戰不用,采鑄廢久,鎔冶所資,多因成器。功艱利薄,絕吳鄧之資。……方今……公私所乏,唯錢而已。……』

到了南齊永明八年(490—1),政府看見鎔銅器鑄錢的不是辦法,乃開採四川蒙山銅鑛來鑄錢;但鑄造千餘萬文以後,卒因『功費多,乃止』(註九一)。

第二種情形是錢幣品質的惡劣。在鑄錢原料(以銅爲主)缺乏的情形下,鑄出的錢幣不是數量稀少,便須品質惡劣,二者必有一于此。在南朝初年,政府的鑄錢政策偏向前者,已如上述。不過這種政策維持不了多久,因爲錢幣品質雖好,但數量太少,實不足以供應當日市場上的需求。因此,自宋孝武帝(454—464)即位以

(註九一)南齊書卷三七劉悛傳。

後，政府便開始採取傾向後者的鑄錢政策，即不管成色的好壞，但求數量的增加。錢的成色既然低下，鑄造成本自可減輕，但錢的面値却仍舊一樣。這樣一來，因鑄錢成本與錢值相差而生的超額的利潤，便給私鑄者以一個很大的鼓勵，從而劣錢的數量便多起來。南史卷三四顏延之傳附竣傳云：

及孝武卽位，又鑄孝建四銖。所鑄錢形式薄小，輪郭不成。于是人間盜鑄者雜以鉛錫，竝不牢固，又翦鑿古錢以取其銅。錢轉薄小，稍違官式。雖重制嚴刑，人吏官長坐死者相係，而盜鑄彌甚，百物踊貴，人患苦之(註九二)。

又宋書卷七五顏竣傳云：

時（宋孝武帝時）議者又以銅轉難得，欲鑄二銖錢。竣又議曰，『議者將爲官藏空虛，宜更改鑄，天下銅少，宜減錢式，以救交弊，賑國紓民。愚以爲不然，今鑄二銖，恣行新細，于官無解于乏，而人姦巧大興，天下之貨，將靡碎至盡。空立嚴禁，而利深難絕。不過一二年間，其弊不可復救。……前廢帝卽位(464)，鑄二銖錢，形式轉細。官錢每出，民間卽模效之，而大小厚薄，皆不及也。無輪郭，不磨鑢，如今之剪鑿者，謂之耒子。景和元年(465)，沈慶之啓通私鑄，由是錢貨亂改。一千錢長不盈三寸，大小稱此，謂之鵝眼錢。劣于此者，謂之綖環錢。入水不沈，隨手破碎。市井不復料，數十萬錢不盈一掬。斗米一萬，商貨不行(註九三)。

這都是劉宋時代錢幣品質惡劣的情形。到了南齊，錢的成色也很低下。南齊書卷三七劉悛傳云：

建元四年（482—3），奉朝請孔顗上鑄錢均貨議，辭證甚博，其略以爲，『……輕錢弊盜鑄，而盜鑄爲禍深。民所盜鑄，嚴法不禁者，由上鑄錢惜銅愛工也。惜銅愛工者，謂錢無用之器，以通交易，務欲令輕而數多，使省工而易成，不詳慮其爲患也。……頃盜鑄新錢者，皆效作剪鑿，不鑄大錢也。摩澤淄染，始皆類故。交易之後，渝變還新。良民弗皆淄染，不復行矣；所鬻賣者皆徒失其物。盜鑄者復賤買新錢，淄染更用，反覆生詐，循環起

(註九二)宋書卷七五顏竣傳略同。

(註九三)南史卷三四顏延之附竣傳略同。

姦。……』

再往後，到了梁武帝普通年間(520—7)，政府乾脆把錢幣中的銅剝削淨盡，改以鐵鑄錢。結果，錢幣品質更爲惡劣，價值更爲低下，以致『物價騰貴，交易者以車載，不復計數，而唯論貫』(註九四)。

由于上述的兩種情形，南朝布帛等實物便不因錢幣的流通而失却牠的貨幣的機能。因爲南朝的錢幣在初年既然爲數不多，實物貨幣遂仍被使用，以補救當日交易籌碼的不足。其後，錢幣數量雖較前增多，但成色方面却因銅的減少和鉛、錫、鐵的參入而降低，于是惡劣到『入水不沉，隨手破碎』，或須『靡澤淄染』始能行用，否則賣物得錢後等于沒有得到代價。這種品質惡劣的錢幣，在使用上，實在幷不比布帛便利多少：就耐久性上說，布帛較爲牢固，不至于隨手破碎；就攜帶方便說，布帛有時也不一定要用車載往市場，始能交易。因此，南朝錢幣的流通，雖較北朝爲盛，布帛等實物仍可以貨幣的資格出現于市場上。

現在我們進一步探討南朝人士把布帛等實物當作貨幣來使用的情形。就地點上說，漢中一帶在南朝初年還沒有錢幣的流通，交易時完全以絹作媒介。宋書卷八一劉秀之傳云：

(元嘉)二十五年(448—9)，除督梁南北秦三州諸軍事，甯遠將軍，西戎校尉，梁南秦二州刺史。……先是漢川(註九五)悉以絹爲貨，秀之限令用錢。

至于就用途上說，當日的布帛有用來買梨的。宋書卷七六王玄謨傳說：

玄謨……又營貨利，一匹布責人八百梨。

又有用來支付馬價的。南齊書卷二七劉懷珍傳云：

初(宋)孝武世，太祖(蕭道成)爲舍人，懷珍爲直閣，相遇早舊。懷珍假還青州，上有白驄馬齧人不可騎，送與懷珍別。懷珍報上百匹絹。或謂懷珍曰，『蕭君此馬不中騎，是以與君耳。君報百匹，不亦多乎？』懷珍曰，『蕭君局量堂堂，甯應負人此絹？吾方欲以身名託之，豈計錢物多少？』

又有用來營建佛寺的。同書卷四一張融傳云：

(註九四)隋書卷二四食貨志

(註九五)即今漢中一帶。隋書卷二九地理志云，『南鄭，舊置漢川郡。開皇初，郡廢。』

（宋）孝武起新安寺，僚佐多䞋錢帛，融獨䞋百錢。

又有用來支付喪葬費用的。宋書卷九二徐豁傳云：

（元嘉）五年，……卒，時年五十一。太祖又下詔曰，『……可賜錢十萬，布百匹，出營葬事。』

以上都是當日布帛被用作交易媒介的例子。復次，當日布帛又是價值計算的標準。如魏書卷五二胡叟傳說蜀沙門法成以價值布帛千餘匹的珍物送與胡叟云：

時蜀沙門法成鳩率僧旅幾于千人，鑄丈六金像。劉義隆（宋文帝）惡其聚衆，將加大辟。叟聞之，卽赴丹陽，啓申其美。遂得免焉。復還于蜀。法成感之，遺其珍物價值千餘匹。叟……一無所受。

又宋書卷四二王弘傳說政府以布帛的匹數計算贓物的價值云：

弘……與八座丞郎疏曰，『……又主守偸五匹，常偸四十匹，並加大辟，議者咸以爲重。宜進主偸十匹，常偸五十匹，死；四十匹，降以補兵：卽得小寬民命，亦足以有懲也。想各言所懷。』左丞江奧議，『士人犯盜贓，……』

上述布帛的貨幣的用途，偏于南朝上半期。其後，到了梁初(502)，錢幣的流通區域仍只限于沿長江流域各大都市及其附近，其餘州郡則多以穀帛作貨幣來交易。隋書卷二四食貨志云：

梁初唯京師及三吳、荆、郢、江、湘、梁、益用錢，其餘州郡則雜以穀帛交易(註九六)。

就是在這些錢幣流通的區域中，事實上布帛等實物仍以貨幣的資格出現于市場上。如魏書卷九八島夷傳說梁侯景亂時，首都軍人屠牛出賣，得絹甚多云：

（蕭）衍城（首都建業）內大飢，人相食，米一斗八十萬。皆以人肉雜牛馬而賣之。軍人共于德陽堂前立市，屠一牛得絹三千匹，賣一狗得錢二十萬。

又南史卷九陳本紀載梁紹泰元年(555—6)北齊入侵時，石頭（建業的一部份）城中以米買水及以絹買米云：

（石頭）城中無水，水一合貿米一升，一升米貿絹一匹。

再往後，到了陳代(557—588)，由于錢幣的惡劣與紊亂，人民在市場上買賣時還是

(註九六)通典卷九同。

『兼以粟帛爲貨』；至於嶺南諸州，則『多以鹽米布帛交易，俱不用錢』(註九七)。同時因與陳作戰而作俘虜的北周軍官龐晃，後由北周贖回，其代價爲絹八百匹(註九八)，錢則一文也沒有。

(六)隋代的實物貨幣

南北朝末葉，楊堅統一南北，改國號曰隋。隋代(581—688)的錢幣，由于私鑄的盛行，品質也很惡劣。隋書卷二四食貨志云：

> 其(開皇十年，590—1)後姦狡稍漸磨鑢錢郭，取銅私鑄，又雜以錫錢，遞相倣效，錢遂輕薄。……十八年，……是時錢益薄惡。……大業已後，王綱弛紊，巨姦大猾，遂多私鑄，錢轉薄惡。初年千猶重二斤。後漸輕至一斤，或翦鐵鍱裁皮糊紙以爲錢，相雜用之。

再加以過去幾及四百年的使用實物作貨幣的傳統的習慣，布帛等實物自然要保有貨幣的機能。

隋代的布帛，在日常各種用品的買賣中，都可用作交易的媒介。如隋書卷四九牛弘傳說政府規定以縑一匹易書一卷的價格，大量的收買書籍云：

> 開皇初，遷授散騎常侍，祕書監。弘以典籍遺逸，上表請開獻書之路，……上納之，于是下詔獻書一卷，賚縑一匹。一二年間，篇籍稍備。

又同書卷五五乞伏慧傳說乞伏慧以絹買魚云：

> 俄轉荊州總管，……曾見人以簺捕魚者，出絹買而放之。其仁心如此。百姓美之，號其處曰西河公簺。

又全隋文卷二八鄭辨志宣州稽亭山妙顯寺碑銘說以錢絹作購買乳藥之用云：

> (開皇)十一年秋八月，帝降墨敕：遣大將軍楊榮送師歸山，……賜錢五千貫，絹二千疋，充乳藥。

又隋費長房歷代三寶記卷一二說隋文帝后及其臣民敬施錢絹，以作購買佛經佛像之用云：

> 開皇十三年十二月八日，隋皇帝佛弟子姓名敬白：……今于三寶前悉爲發露

(註九七)隋書卷二四食貨志，通典卷九。

(註九八)隋書卷五〇龐晃傳。

懺悔，敬施一切毀廢經像絹十二萬匹，皇后又敬施絹十二萬匹，王公以下爰至黔黎又人敬施錢一文。

這都是布帛在隋代被用作交易工具的證明。復次，當日的物價又多以布帛的匹數來表示。如隋書卷二四食貨志云：

是歲（大業元年，605—6）翟雉尼一，直十縑，白鷺鮮半之。

以上都是隋人把布帛當作貨幣來使用的情形。此外，當日的粟也具有貨幣的機能。如太平廣記卷一三四竹永通引異錄說竹永通家以粟贖牛云：

隋并州盂縣……寺家生一黄犢，足有白文。……竹永通……家……遂用粟百石，于寺贖牛。

（七）唐代的實物貨幣

布帛等實物的用作貨幣，到了唐初（618）已有四百多年的歷史。唐代人士承繼着這種歷史悠久的習慣，在市場上還是一樣的喜歡以布帛作貨幣來交易，直至安史之亂(755—762)左右，情形始有改變。

在由唐初至安史之亂的百餘年內，人們把布帛拿到市場上可以買到各種商品。就文書的記載上看，有用來購買糧食的。如唐吳兢貞觀政要卷一政體第二說貞觀初(627)米價昂貴，一匹絹只能買到一斗米云：

太宗自卽位之始，霜旱爲災，米穀踴貴。……是時自京師及河東、河南、隴右，飢饉尤甚，一匹絹纔得一斗米。

新唐書卷五一食貨志亦云：

貞觀初，……絹一疋易米一斗。

陸贄陸宣公翰苑集卷二二均節賦稅恤百姓六條亦載此事，但改絹爲縑：

貞觀之初，荐屬霜旱，自關輔綿及三河之地，米價騰貴，斗易一縑。

又唐會要卷八三租稅說貞觀年間以絹買粟，前後多寡不同云：

貞觀十一年，侍御史馬周上疏，『……往者貞觀之初，率土荒儉，一匹絹纔得一斗粟。……自五六年來，頻歲豐稔，一匹絹得粟十餘石。……』(註九九)。

又舊唐書卷九七郭元振傳說武后時涼州粟價低廉，一匹絹可買數十斛云：

(註九九)貞觀政要卷六及資治通鑑卷一九五貞觀十一年八月甲子條略同

大足元年(701)，遷涼州都督，隴右諸軍州大使。……數年豐稔，乃至一匹絹粟數十斛(一〇〇)。

宋孔平仲續世說卷二亦載此事云：

郭元振在涼州五年，……置屯田，數年豐稔，至一絹糴數十斛。

復次，又有用來購買柴薪的。舊唐書卷五七劉世龍傳說政府出賣柴薪，得布帛甚多云：

義節進計曰，『今義師數萬，並在京師，樵薪貴而布帛賤。若採街衢及苑中樹爲樵以易布帛，歲收數十萬匹，立可致也。……』高祖並從之，大收其利。

又有用來購買書籍的。新唐書卷七八宗室傳說：

(高宗)各賜市書絹二百疋。……

太平廣記卷四四八何讓之引乾䠥子亦說：

唐神龍(705—7)中，廬江何讓之赴洛，遇上巳日，將陟老君廟，瞰洛中遊春冠蓋。廟之東北二百餘步，有大丘三四。……讓之獲此書帖，喜而懷之，遂躍出丘穴。後數日，水北同德寺僧志靜來訪讓之，說云，『前者所獲丘中文書，非郎君所用，留之不祥。……郎君必能却歸此，他亦酬謝不薄。其人謂志靜曰，「吾已備三百縑欲贖購此書」，如何？』讓之許諾。志靜明日挈三百縑送讓之。……

又有用來買紙的。太平廣記卷一二一邢文宗引冥報拾遺云：

唐河間邢文宗家接幽燕，稟性麤險。貞觀年中，……向幽州，路逢一客，將絹十餘匹。迴澤無人，因即劫殺。此人云，『將向房州，欲買經紙。』終不得免。

又有用來買藥的。唐張鷟朝野僉載卷一云：

任之選與張說同應舉。後說爲中書令(註一〇一)，之選竟不及第，來謁張公。公遺絹數束，以充糧用。之選將歸至舍，不經一兩日，疾大作，將絹市藥。

(註一〇〇)新唐書卷一二二郭震傳略同。

(註一〇一)張說於玄宗初年爲中書令，見舊唐書卷九七本傳。

絹盡疾自損。

又舊唐書卷一九二隱逸傳道士司馬承禎條云：

（玄宗）賜絹三百匹，以充藥餌之用。

又有用來買魚的。唐唐臨冥報記卷下云：

初嘉運在蜀，蜀人將決取魚。嘉運時爲人講書，得絹數十匹，因買他魚放之。贖生謂此也。貞觀中，車駕在九成宮聞之，使中書侍郎岑文本就問其事。

又有用來買地的。唐韋述兩京新記卷三說鄒鳳熾擬以每樹估絹一匹的代價購買終南山云：

南門之東，舊有富商鄒鳳熾宅。鳳熾……又嘗謁見□高祖（太平廣記作『高宗』），請市終南山，山中每樹估絹一匹。自云，『山樹雖盡，而臣絹未竭。』事雖不行，終爲貴賤之所驚（註一〇二）。

又有用來支付造船費用的。新唐書卷二二〇高麗傳云：

（太宗）乃詔劍南大治船。蜀人願輸財江南，計直作舟，舟取縑千二百。

又有用來買馬的。張說張燕公集卷七大唐開元十三年隴右監牧頌德碑奉勅撰云：

于斯之時（麟德年間，664—6），天下以一縑易一馬。

又近代在吐魯番三堡出土的唐上元二年買馬私契，原文雖已不全，但由于下引王樹枏氏的考證，我們還可看出當日馬的購買是以帛練支付馬價的。王樹枏新疆訪古錄卷二唐上元二年買馬私契云：

往見德人司代恩（當卽 Aurel Stein ——漢昇）在于闐所得建中元年買牛私契，與此契大致相同。此紙出吐魯番三堡，卽唐高昌地。『碎葉』爲唐四鎭之一。唐書焉耆都督府下云，『貞觀十一年滅焉耆，置有碎葉城。』故舊書有焉耆而無碎葉，蓋一地也。』趙文同交用下『帛練』字，已破爛不完。『邊買』乃西方土語，今時猶然。涼州人稱馬口齒若干曰幾敦口齒，此云『紫敦六歲』，亦此意也。『退上』卽『腿上』。『寒盜』二字亦當時俗語，言人貧寒而爲盜者。當日買賣多以練計。此因保人未集，先立私契，猶

（註一〇二）太平廣記卷四九五鄒鳳熾引西京記略同。

今交易先立訂也(註一〇三)。

又有用來買牛的。在日本中村不折氏所藏的西域官文書景片中，有一片爲買牛契，內有以練(註一〇四)八匹買牛一頭的記事：

開元廿九年六月十日，眞容寺於于諶城交用大練捌匹，買興胡安忽娑烏柏特牛一頭，肆歲。其牛及練，卽日交相付了。如後牛有寒盜，并仰主保知當，不忓買人之事。兩主對面，畫指爲記。練主□□□。牛主安忽娑，年卅□押。保人安失藥，年卅二。見人公孫策(註一〇五)。

又有用來購買猿猴的。太平廣記卷四四五孫恪引傳奇說高力士以帛一束買猿云：

僧方悟此猿是貧道爲沙彌時所養，開元中，有天使高力士經過此，憐其慧黠，以束帛而易之。

中唐以前，人們拿布帛到市場上去，可以買到各種商品，已如上述。復次，這些攜有布帛的人又可雇賃牛、馬、駝、騾、驢及車，以供自己使用。當日人們因取得這種役務而支付的代價，通常以三尺絹一天爲度。唐長孫無忌等唐律疏議(註一〇六)卷四云：

疏議曰：庸謂私役使所監臨及借車馬之屬。計庸一日，爲絹三尺，以受所監臨財物論。

平功庸者，計一人一日爲絹三尺，牛、馬、駝、騾、驢、車亦同。

疏議曰：計功作庸應得罪者，計一人一日爲絹三尺。牛、馬、駝、騾、驢、車計庸，皆準此三尺，故云亦同。

疏議曰：假有借驢一頭，乘經百日，計庸得絹七疋二丈。

又同書卷六云：

馬庸一日，爲絹三尺。

安史之亂以前的唐人，除如前述把布帛當作交易工具來使用外，同時又以牠作

(註一〇三)又見於中國學報第九期王樹枏新疆稽古錄。

(註一〇四)練是潔白而不染色的熟絹(亦布帛中的一種)。

(註一〇五)原文見於金祖同唐西域官文書佚存，說文月刊第一卷第八期。

(註一〇六)此書撰於唐高宗永徽年間(650—6)。

爲價值的標準。如通典卷九註說諸郡貢獻土產，價值均以絹五十匹爲限云：

按令文，諸郡貢獻，皆取當土所出，准絹爲價，不得過五十匹，並以官物充。

又唐律疏議卷六說以布帛匹數計算贓物的價值云：

疏議曰：假有以私物五匹貿易官物直九匹，五匹準盜，合徒一年，計所利四匹，合杖九十。

又資治通鑑卷一八九說武德年間(618—626)洛陽鹽粟等價格均以布、絹表示云：

（武德四年三月庚申）唐兵圍洛陽，掘塹築壘而守之。城中乏食，絹一疋直粟三升，布一匹直鹽一升。

又同書卷一九三說貞觀元年(627—8)的米價以絹表示云：

（貞觀）元年，關中飢，米斗直絹一匹。

同書卷一九五亦云：

（貞觀十一年八月甲子）侍御史馬周上疏，以爲，『……貞觀之初，天下飢歉，斗米直匹絹。……』

又唐律疏議卷一五說畜產的價格以絹計算云：

減價，謂畜產直絹十疋，殺訖唯直絹兩疋，卽減八疋價。

又同書說馬價以絹計算云：

疏議曰：一事分爲二罪者，假將私馬直絹五疋，博取官馬直絹十疋，依律貿易官物，計其等準盜論，計所利以盜論，須分官馬十疋出兩種罪名。(卷六)

假有殺馬直十五匹絹，準盜合徒二年。（卷一五）

馬本直絹十匹，爲觗殺，估皮肉直絹兩疋，……（卷一六）

又同書卷四說驢價以絹表示云：

疏議曰：假有借驢一頭，乘經百日，計庸得絹七疋二丈。驢估止直五匹。此則庸多，仍依五匹爲罪。

又同書卷二〇說奴價以絹計算云：

假將私奴貿易官奴，其奴各直絹五匹，其價雖等，仍準盜論，各徒一年。註云，『官物賤亦如之。』謂私奴直絹十匹，博官奴直絹五匹，亦徒一年。

假有監臨之官，以私奴婢直絹三十匹，貿易官奴婢直絹六十匹，卽是計利三十匹，監臨自盜合絞。

上述中唐以前被用作貨幣的實物，多偏于布帛方面。復次，當日北至黄河流域，南至嶺南，又有把其他實物當作貨幣來交易的。如資治通鑑卷二四二載長慶元年九月壬子，

戶部尙書楊於陵以爲，『……大曆(766--780)以前，淄、靑、太原、魏、博貿易，雜用鉛、鐵，嶺南雜用金、銀、丹砂、象齒。……』

又高力士在長安北灃水設立水磨，其所收租金是以斛計算的。新唐書卷二〇七宦者傳高力士條說：

都北堰灃列五磑，日僦三百斛直。

這種以斛計算的物品，據舊唐書卷一八四本傳，是指麥而言。由此可知，麥在當日也是交易的媒介。

(八)從敦煌寫本中所見的實物貨幣

關于中古時代實物貨幣的流通，除如上述散見于各史籍者外，我們又可據近世在敦煌發見的寫本來探討當日西北人士把實物當作貨幣來交易的情形。可是，因爲現在根據的敦煌寫本(註一〇七)大都沒有年號，我們很難斷定牠們的確實年月，故只好另闢一節來加以敍述。不過，這些寫本如果是屬于中唐以前的材料，那末，牠們和作者中唐以前實物貨幣盛行的論斷正相符合；如果是屬于中唐以後的，那亦不足爲奇，因爲西北地方較爲偏僻，受貨幣經濟的影響較遲，故中唐以後仍舊把實物當作貨幣來使用，也是很可能的事。

(註一〇七)關於敦煌寫本的材料，近年已經印出不少。可是，就作者現在根據的材料而論，實在只是初步的探討，絕對不能說是深入的研究，因爲事實上還有許多材料是作者所沒有看到的：(1)許國霖敦煌石室寫經題記與敦煌雜錄似已將國立北平圖書館所藏者完全印出，但事實上在有些寫本背後書寫的零碎材料，如賬目等，雖是第一等的經濟史料，卻被遺漏去了！如向達氏在敦煌叢抄印出的僧人唱曲賬目(成字九十六號目蓮變文第三種背面)，我們在敦煌雜錄中便沒有找到。(2)倫敦英國博物院收藏的敦煌寫本尙未印出，作者所根據的只是沙州文錄中所收的一小點，及日本法律史學者玉井是博親自在倫敦抄出的三幾條而已。

在敦煌寫本中，我們可以看出當日西北人士常常把麥粟及米等農產物當作貨幣來交易。如劉復敦煌掇瑣五八張骨子買屋契說以麥粟購買房屋云：

叁年丙辰歲十一月□□日，兵馬使張骨子緣無屋舍，遂買兵馬使宋欺忠上件准尺數舍居住。斷作舍價物，計斛㪷陸拾捌碩肆㪷，內麥粟各半。其上件舍價物，立契日并舍兩家各還訖，并無升合欠少，亦無交加。其舍一買後，任張骨子永世便爲主記居住。……恐後無憑，故立此契用爲驗耳。

又許國霖敦煌石室寫經題記與敦煌雜錄（註一〇八）下輯沈都和賣地契（生字二十五號）說以谷（『穀』之俗字）米支付屋價云：

慈惠鄉沈都和斷作舍物，每尺兩碩貳斗五升。准地皮尺數竿（按卽『算』字——漢昇）著，舍櫝（價？）物貳拾玖碩伍㪷陸升□舍五圭乾濕谷米。其捨（舍？）及當日交相分付訖，並無升合玄（懸）欠。自賣後，一任丑撻男女收餘居主（住？）。……兩共面對平章爲定，准格不許休悔。……恐人無信，故立私契，用爲後憑。

又羅福萇沙州文錄補還舍賈契（上虞羅氏藏）說房價以升合計算，當然也是就麥粟或穀米等農產品說的：

乙丑年四月廿八日，於都頭王保定邊舍地買，升合不欠，並總乾濕塡還足。……恐人無信，故勒私契，用爲後憑。還舍賈人都頭王保定。知□人王再定。

除房屋的買賣外，其他物品的買賣也多以麥粟來作交易的媒介。如倫敦英國博物院藏 Stein 搜集品第五八二絹號說以麥買牛云：

（上闕）識認者，一仰本主賣上好牛充替。立契後，有人先悔者，罰麥三石，入不悔人。恐人不信，古（故）立此契爲記。麥主□□□。牛主尼僧明相，年五十五。保人尼僧淨勝（？），年十八。保人僧實照。保人王忠敬，年廿六。見人尼明兼（註一〇九）。

又敦煌掇瑣五一兵馬使徐留通借絹劵說徐留通從佛寺借絹，後把麥粟當作絹價來還

（註一〇八）以下簡稱敦煌雜錄。

（註一〇九）見玉井是博支那西陲出土的契，日本京城帝國大學創立十周年紀念論文集史學篇。

給佛寺云：

乙巳年六月五日，立契：龍興寺上座深善光於（？）官中有恩澤涓（絹）柒疋，當便兵馬使徐留通，招將覓職，見便頃（塡）還得諸雜涓（絹）價兩疋半，更殘肆疋半絹。諸雜斩當阻（？）更五年頃（塡）還者，其涓（絹）壹疋，斷價貳拾貳碩已來，自後更不許道少說多者。兩共面對平章。恐後無憑，故立此契，囑字爲定。

還涓（絹）人兵馬使徐留通知（原註：知是花押）。

還人徐留□同知（同知是花押）。

還涓（絹）人弟徐盈達知（知是花押）。

見人索流住十（十是花押）。

丁未年三月十三日，還得高（？）三疋半，麥粟拾碩。通（還絹人署名）。

這種先取絹後還麥的交易，也就是現今買賣中先取貨後給價的延期付款（deferred payment）的辦法。除此以外，當日的麥又可用來支付役務的代價。如敦煌雜錄下輯書幡帳目（烏字八十四號）說以麥作借用牛及牛具的租金云：

三月五日，使牛具種兩日，折麥一石。

又使牛兩日，折麥一石。

以上是麥粟及穀米等農產物被用作交易工具的情形。復次，當日的麥又是價值的標準，許多物品的價值都折成麥的數量來計算。如敦煌雜錄下輯僧慈燈與汜英振造佛堂契（鹹字五十九號）說：

其麥，平章日付布壹疋，折麥肆碩貳斟。

又同書下輯書幡帳目亦說：

又布一疋，折麥肆碩二升。

靴□，折麥肆碩貳斗。……又鑼一具，折麥貳碩貳斟。

八宗布二丈壹，花氈壹領，折麥陸碩。

除麥粟及穀米等農產品以外，當日西北人士又把布帛當作貨幣來使用。如燉煌掇瑣五三宋虫借驢券說以生絹作爲租賃驢畜的代價云：

丙午年正月廿二日，洪潤鄉百姓宋虫□□使西州（今新疆吐魯番），欠少驢畜，遂於同鄉百姓厶專甲面上，故(雇)八歲駁驢一頭，斷作驢價生絹一疋。正月至七月，便須塡還。……

又敦煌雜錄下輯張修造雇五歲父駝約(般字四十一號)說以官布雇駝使用云：

癸未年四月十五日，張修造遂於西州充使，欠闕駝乘(畜?)，遂於押衙王道之面上雇五歲父駝壹碩(頭?)，斷作駝價官布十六疋，長柒捌，到日送納。

同書下輯張修造雇六歲父駝契(般字四十一號)亦云：

癸未年七月十五日，張修造王(?)於西州充便(使)，欠闕駞(駝?)畜，遂於押衙價延德面上，雇六歲父駝一頭，斷作駝價官布拾个(疋?)，長二丈六七。使入了，限三日便須田(塡)還，更不許推言(延)。

又沙州文錄補村鄰結義賑約(藏倫敦博物館)說以布帛支付喪葬費用云：

或孝家營葬，臨事主人須投衆共助誠，各助壹疋。

又倫敦英國博物院 Stein 搜集品第四四四五號云：

己丑年十二月廿二日，龍家何願德於南山買買，欠小(少)褐，遂於永安寺僧長千面上，貸出褐參段，白褐壹段。比至南山到來之日，還褐六段。若東西不平善者，一仰口承弟定德丑子面上取本褐。若不還者，看鄉原生利。恐人無信，故立此契，用爲後憑。口承弟定德。口承丑子。收褐人何願德(註一一〇)。

這裏的『買買』二字，如原文無誤，當卽購買物品之意。因購買物品而欠少褐布，從而向佛寺借貸，可見當日褐布實可被用作交易的工具。復次，何願德向佛寺借到的褐布爲四段，其後則歸還六段，其中多還的兩段，可以說是利息，或可看作取得那四段褐布的用益權(Usufruct)的代價。

(九)總結

總括上述，可知中國貨幣的流通，從漢末以後，發生一個激劇的轉變，卽錢幣的使用日漸減少，而實物貨幣的流通則日盛一日。這種當作貨幣來使用的實物，以穀、米、麥、粟等農產品，及縑、絹、布、帛、綾、綵、練、褐、綿、繒等布帛類

(註一一〇)見玉井是博支那西陲出土的契，日本京城帝國大學創立十周年記紀論文集史學篇。

爲最多。至於就時間上說，在漢末魏初，五胡亂華時代，及北魏上半期，實物貨幣的勢力都曾發展到最高的程度，因爲這幾個時期錢幣的流通量都非常稀少，或甚至沒有。至於其餘各朝代，同時雖有錢幣的流通，實物貨幣在市場上還是佔有相當的優勢。其中只有南朝，或者有些例外。南朝實物貨幣的流通，由於錢幣使用的比較發達，如果和同時間的北朝那種盛况比較起來，自然要相形見拙。可是，雖然是這樣，南朝錢幣的流通區域，到了梁初，還只限於沿長江流域的各大都市及其附近，其他地方則多以穀帛作貨幣來交易。因此，就大體上說，自漢末以後，至安史之亂左右，一共五百多年之久，實物貨幣在中國各地的市場上都佔有相當雄厚的勢力。

第三章　中古的實物租稅與徭役

(一)魏晉時代的實物租稅與徭役

中國自漢末以後，由於錢幣流通的稀少或缺乏，人民於買賣時多改用實物作貨幣來交易，情形已如前述。復次，當日人民向政府繳納的租稅，由於錢幣的缺少，也不復能夠如漢代那樣以錢繳納算賦或口錢，而須改用實物。因此，當曹操執政的時候，便於建安九年(204)九月頒佈改用實物繳納租稅的法令：

其收田租，畝四升，戶出絹二匹，綿二斤而已(註一一一)。

曹操這種規定以綿絹繳納戶調，及以農產品繳納田租的辦法，是漢代以來稅制上一個很大的變動，同時又給中古租稅制度奠下一個深固的基礎。固然，兩漢和曹魏政府徵收的田租同樣以農產物爲主，但曹魏政府向人民徵收綿絹的戶調，卻和漢代以錢繳納的算賦有很大的差別(註一一二)。

承繼着曹魏以來實物租稅的制度，晉代的稅制規定得更爲週密。晉書卷二六食貨志云：

(註一一一)魏志卷一武帝紀引魏書。晉書卷二六食貨志略同，但關於田租則作『畝粟四升』。又魏志卷一二何夔傳，卷二三趙儼傳亦有以綿絹繳納戶調的記事，可參看。

(註一一二)戶調與算賦的差別，除卻錢幣與綿絹的不同外，又有丁與戶的差異。漢代的算賦，以丁計算。曹魏的戶調，則按戶徵收。因爲當日社會騷動得很利害，人口數目不易調查清楚，故只好將就一下，改爲按戶徵收。

又制戶調之式：丁男之戶，歲輸絹三匹，緜三斤；女及次丁男爲戶者半輸；其諸邊郡或三分之二；遠者三分之一。夷人輸賨布，戶一匹；遠者或一丈。男子一人占田七十畝，女子三十畝。其外丁男課田五十畝，丁女二十畝，次丁男半之，女則不課。……遠夷不課田者，輸義米，戶三斛；遠者五斗；極遠者輸算錢，人二十八文。

又初學記卷二七云：

晉故事：凡民丁課田，夫五十畝，收租四斛，絹三疋，綿三斤。

可見這時政府的稅收，還是和漢末以來一樣，完全以實物爲主。每一戶所納的綿絹，在數量上固然要比曹魏時多三分之一，但其爲實物，則沒有根本的不同。至於田租，在曹魏時爲每畝四升，在晉代則一男一女共占田百畝的戶，共輸四斛，數量更是完全一樣。復次，當日又有課田的辦法，卽規定人民除耕種各自所占的田以外，有被國家課耕若干畝，而各人也必須代耕的義務。這實在是當日人民向政府提供的一種徭役。這種徭役，只有遠夷纔可輸納義米——極遠者則人輸錢二十八文——來免除，大多數人民都要直接提供。這和漢代規定人民可以出錢免役的辦法比較起來，可以說是一個很大的轉變。

上述以綿絹繳納戶調的規定，只是一般的辦法。事實上，當日各地的物產多不相同，故晉代法令又規定各地可以其他實物代替綿絹來繳納戶調。如初學記卷三七云：

晉令：其趙郡、中山、常山國輸縑當絹者，及餘處常輸疏布當綿絹者，縑一匹當布六丈，疏布一匹當絹一匹，絹一匹當綿二斤。

又太平御覽卷九九五云：

晉令曰：其上黨及平陽輸上麻二十二斤，下麻三十六斤，當絹一疋。課應（應課？）田者，枲麻加半畝。

西晉末葉，五胡入侵，北方不復爲晉所有。這時北方的政權雖不屬於晉室，但其實物租稅的辦法却仍舊沒有多大的改變。如晉書卷一〇四石勒載記說後趙以布帛及農產品爲戶調田租云：

勒以幽冀漸平，始下州郡閱實人戶。戶貲二匹，租二斛。

又同書卷一二一李雄載記說李雄割據下的四川徵收穀及綿絹等實物云：

其賦，男子歲穀三斛，女丁半之。戶調，絹不過數丈，綿數兩。

至於南渡後的晉室，其稅收仍以實物爲主(註一一三)，不過在內容方面却有不少的改變。隋書卷二四食貨志云：

晉自中原喪亂，元帝寓居江左。……其課：丁男調布絹各二丈，絲三兩，綿八兩，祿絹八尺，祿綿三兩二分，租米五石，祿米二石。丁女並半之。……其男丁每歲役不過二十日，又率十八人出一運丁役之。其田，畝稅米二斗（通典卷五作『升』）。蓋大率如此。

其中關於田稅的徵收，晉書卷二六食貨志亦云：

咸和五年(330—1)，成帝始度百姓田，取十分之一，率畝稅米三升。

哀帝卽位(362)，乃減田租，畝收二升。

孝武太元二年(377—8)，除度定（此字據通典卷四加入）田收租之制。王公以下口稅三斛，唯蠲在役之身。八年，又增稅米，口五石。

由此可知，晉室南渡後的稅制，曾經有不少的變動：(1) 按戶徵收的戶調，除綿絹外，又徵收布絲等物；(2) 按戶徵收的田租，規定以米繳納；(3) 男丁每歲供役二十日，并須於十八人中出一運丁供役，以代替西晉時的課田義務；(4) 除按戶徵收的多少一致的田租（定田收租）外，又按各人田畝的多少徵收田稅，或田租（度田收租）。此二制至太元二年完全廢除，改爲王公以下每口稅米三斛。不過，我們在這裏要注意的：不管東晉的稅制怎麼樣複雜或變動，政府從人民那裏徵收到的，仍以實物及力役爲主，這一點完全和前代一樣，并沒有發生根本上的變動。

（二）北朝的實物租稅與徭役

北朝人民負擔的租稅，由於錢幣的缺乏，完全用實物來繳納。當日政府的稅收，承繼着曹魏以來的制度，也是以戶調與田租爲主。在太和八年(484—5)以前，

(註一一三)隋書卷二四食貨志云，『晉自過江，凡貨賣奴婢、馬、牛、田、宅，有文券，率錢一萬輸估四百入官，賣者三百，買者一百；無文券者，隨物所堪，亦百分收四，名爲散估。』由此可知，東晉的交易稅是徵收錢幣的。不過，由於當日錢幣的稀少，我們對於牠在政府全部收入中所佔的比例，似不能估計得過高。

政府假定全國各戶的貧富程度都是一樣，對各戶課以同樣的稅率，即『戶調帛二疋，絮二斤，絲一斤，粟二十石；又入帛一疋二丈，委之州庫，以供調外之費』(註一一四)。不過，這只是一般的辦法；有時政府徵收物品的種類與數量，却因地而異。例如延興三年(473)七月，高祖孝文帝詔，『河南六州之民，戶收絹一疋，綿一斤，租三十石』(註一一五)。又如太和四年(480—1)左右，淮南『居邊之民，……小戶者一丁而已，計其徵調之費，終歲乃有七縑』(註一一六)。

到了太和八年，因爲要班給百官的俸祿，政府遂增加稅率，計『戶增帛三疋，粟二石九斗，以爲官司之祿。後增調布帛滿二疋。所調各隨其土所出：其司、冀……十九州，貢綿、絹及絲；幽、平……皆以麻布充數』(註一一七)。

上述北魏太和八年以前的稅率，最使我們一時感到奇怪的是：每一戶繳納的田租爲什麽多到二十幾三十石？這一點，如果我們知道當日『三十五十家方爲一戶』(註一一八)的事實，便不會覺得驚奇了。這許多人口或家數所以要隱蔽于一戶之下，其主要目的爲減輕租稅的負担，對于政府實是一種很大的損失。因此，跟着均田法施行之後，到了太和十年，由於給事中李冲的建議，政府便創立三長制，卽五家立一鄰長，五鄰立一里長，五里立一黨長，以便檢察一戶蔭蔽大量人口或家數的流弊(註一一九)。每戶的人口或家數旣然減少，政府遂重新規定一夫一婦及奴婢耕牛等應納的租調。魏書卷一一〇食貨志云：

其民調，一夫一婦帛一匹，粟二石。民年十五以上未娶者，四人出一夫一婦之調。奴任耕，婢任績者，八口當未娶者四。耕牛二十頭，當奴婢八。其麻布之鄉，一夫一婦布一匹，下至牛以此爲降。

其後，到了孝昌二年(526—7)冬，除却戶調中的租粟外，政府又按畝數的多少，徵收京師附近的田租。通典卷五云：

(註一一四)魏書卷一一〇食貨志。

(註一一五)魏書卷七上高祖紀。

(註一一六)魏書卷四四薛野腊傳附虎子傳。

(註一一七)魏書卷一一〇食貨志。

(註一一八)魏書卷五三李冲傳。

(註一一九)魏書卷五三李冲傳，卷一一〇食貨志。

孝昌二年冬，稅京師田租，畝五升，借賃公田者畝一斗(註一二〇)。

至於戶調中應納的布帛，在天平年間(534—8)，『魏朝以河南數州鄉俗絹濫，退絹一匹，徵錢三百。人庶苦之。(房)謨乃表請錢絹兩受，任人所樂。朝廷從之』(註一二一)。由此可知，河南數州人民曾一度以錢幣代替布帛來繳納戶調，但卒因『人庶苦之』而改爲『錢絹兩受，任人所樂』。這件事實給予我們以當日實物租稅盛行的證明。

除上述的田租與戶調外，當日其他稅收也多以實物繳納，雖然實物的種類不見得相同。如魏書卷三太宗紀說從事畜牧的六部民輸納牛馬作調云：

(泰常)六年(421)……二月，調民二十戶輸戎馬一匹，大牛一頭。三月……乙亥，制，『六部民羊滿百口，輸(食貨志作調)戎馬一匹』(註一二二)。

又如魏書卷二五長孫道生傳附稚傳說當日鹽稅以絹繳交云：

(肅宗)時有詔廢鹽池稅。稚上表曰，『……略論鹽稅，一年之中，準絹而言，猶不應減三十萬匹也。……』

北魏以後，北齊及北周的租稅仍舊以繳納綿、絹、絲、布、麻及粟等實物爲主，雖然在數量上與北魏略有不同；同時對於徭役的提供也有明文規定。隋書卷二四食貨志云：

至河清三年(564—5)定令。……率以十八受田輸租調，二十充兵，六十免力役，六十六退田免租調。……率人一牀，調絹一匹，綿八兩，凡十斤綿中折一斤作絲，墾租二石，義租五斗。奴婢各准良人之半。牛調二尺，墾租一斗，義租五升。

這是北齊方面的情形。至於北周，則自周太祖宇文泰于西魏作相時卽已規定：

其賦之法，有室者歲不過絹一匹，綿八兩，粟五斛；丁者半之。其非桑土，有室者布一匹，麻一斤；丁者又半之。

凡人自十八以至五十有九，皆任于役。豐年不過三旬，中年則二旬，下年則

(註一二〇)魏書卷九肅宗紀，卷一一〇食貨志略同。

(註一二一)北史卷五五房謨傳。

(註一二二)魏書卷一一〇食貨志略同。

一旬。凡起徒役，無過家一人(註一二三)。

總之，北朝人民對政府的義務，除力役的提供外，無論戶調、田租、鹽稅或其他賦稅，均以繳納實物爲主。

(三)南朝的實物租稅

南朝的租稅，大部份固然仍以實物繳納，但因錢幣流通的比較發達，貨幣租稅在當日亦漸露頭角。

南朝政府徵收的第一種實物租稅爲田租。田租自東晉以來，規定以米繳納。到了劉宋，孝武帝于大明七年(463)十一月規定『聽受雜物當租』(註一二四)。及南齊，人民仍以米及其他實物輸租。如南史卷七二何思澄傳說：

> 父敬叔，齊長城(在今浙江長興縣東)令。……不受禮遺。夏節至，忽牓門受餉，數日中得米二千斛，他物稱是。悉以代貧人輸租。

在青州，又有『麥租』(註一二五)，顧名思義，當然是以麥繳納的田租。往後，到了陳太建九年(577)五月，陳宣帝詔『六年七年逋租田米粟，……皆悉原之』(註一二六)。可見陳的田租也是以米粟等農產品繳納的。

南朝的第二種實物租稅爲戶調。在劉宋大明三年(459—460)，『齋庫上絹年調鉅萬匹，綿亦稱此(註一二七)，可見這時戶調多以綿絹繳納。其後，到了大明五年(462)十二月，孝武帝制，『天下民戶歲輸布四匹』(註一二八)，此後戶調遂多以布繳納。再往後，陳宣帝在太建九年五月丙子詔中，有『夏調綿、絹、絲、石麥等』的話(註一二九)。可見南朝的戶調大體上是以布帛繳納的。

此外，始興郡大田武吏大約因爲佃種官田，也得按丁輸不少的米。宋書卷九二徐豁傳說：

(註一二三)隋書卷二四食貨志。

(註一二四)宋書卷六孝武帝紀。

(註一二五)南齊書卷六明帝紀建武二年三月丙寅條。

(註一二六)陳書卷五宣帝紀。

(註一二七)宋書卷八二沈懷文傳。

(註一二八)宋書卷六孝武帝紀。

(註一二九)陳書卷五宣帝紀。

元嘉初，爲始興太守。三年，……表陳三事：其一曰，『郡大田武吏，年滿十六，便課米六十斛；十五以下至十三，皆課米三十斛。一戶內，隨丁多少，悉皆輸米。……』

而向蠻俚課徵的租稅，更是全以各種實物爲主。隋書卷二四食貨志云：

諸蠻陬俚洞，霑沐王化者，各隨輕重收其賧物，以裨國用。又嶺外酋帥，因生口、翡翠、明珠、犀、象之饒，雄于鄉曲者，朝廷多因而署之，以收其利。歷宋、齊、梁、陳，皆因而不改。

此外，又有徵收農產品的。如宋書卷九七蠻傳說，『蠻民順附者，一戶輸穀數斛，其餘無雜調；』而梁書卷一七張齊傳也說，『齊上夷獠義租，得米二十萬斛。』

南朝的租稅，除如上述徵收布帛米粟等物外，又有以錢幣繳納的。宋孝武帝于大明五年十二月規定天下民戶歲輸四匹的布，到了南齊永明四年(486—7)，規定一部份改以錢繳納。南齊書卷三武帝紀載永明四年

五月癸巳，詔，『楊、南徐二州今年戶租三分，二分取見布，一分取錢(註一三〇)。來歲以後，遠近諸州輸錢處，竝減布直，匹准四百，依舊折半，以爲永制。』

復次，按貲（資產）課徵的資產稅，也多以錢繳納。宋書卷八二周朗傳說：

世祖（孝武帝）卽位(454)，……朗上書曰，『……又取稅之法，宜計人爲輸，不應以貲云何，使富者不盡，貧者不蠲。乃令桑長一尺，圍以爲價；田進一畝，度以爲錢；屋不得瓦，皆責貲實。民以此樹不敢種，土畏妄墾，棟焚榱露，不敢加泥。……』

此外，南朝的口錢(註一三一)與交易稅(註一三二)，也以錢繳納。

可是，現在雖然沒有可靠的統計數字，我們對于錢幣在南朝政府總收入中的百分比，却不能過份誇張。第一，南齊政府把每戶輸納的布之一部份改徵現錢，結果

(註一三〇)南齊書卷四〇竟陵王子良傳作『詔折租布二分取錢』，與此文異，待考。

(註一三一)如梁書卷二武帝紀載天監元年(502)四月詔云，『逋布、口錢、宿債勿復收。』

(註一三二)隋書卷二四食貨志云，『晉自過江，凡貨賣奴、婢、馬、牛、田、宅，有文券，率錢一萬，輸估四百入官，……歷宋、齊、梁、陳如此以爲常。』

流弊百出，人民至感痛苦。如南齊書卷二六王敬則傳云：

> 竟陵王子良啓曰，『……年常歲調，既有定期，僮卹所上，咸是見直。民間錢多翦鑿，鮮復完者。公家所受，必須員大。以兩代一，困于所貿。鞭捶質繫，益致無聊。……』

又同書卷四〇竟陵王子良傳云：

> 子良又啓曰，『……又泉鑄歲遠，類多翦鑿。江東大錢，十不一在。公家所受，必須輪郭。遂買本一千，加子七百，猶求請無地，捶革相繼。尋完者爲用既不兼兩，回復遷貿，會非委積，徒令小民每嬰困苦。……』

可見當日以錢幣納稅的先決條件——貨幣經濟——雖然已經萌芽，但還沒有十分成熟。復次，按貲計算的資產稅，劉宋時固然已有『田進一畝，度以爲錢』的事，但直到陳代，還有『貲絹』(註一三三)的名稱，可見南朝按貲課徵的資產稅，仍以絹繳納爲多。至於口錢，顧名思義，當然是以錢繳納的了；但南齊建元二年(480—1)，卻『以穀過賤，聽民以米當口錢，優評斛一百』(註一三四)。而建元初，因軍用殷廣而以每人一千文的稅率向浙東徵收的丁稅，更是弄到『質妻賣兒，以充此限。道路愁窮，不可聞見。所逋尚多，收上事絕。臣等具啓聞，即蒙蠲原。而此年租課，三分逋一。明知徒足擾民，實自弊國』(註一三五)。此外，南朝的交易稅固然以錢繳納，但當日錢幣既然只流通於沿長江流域各大都市及其附近，則因以錢交易而課徵的稅錢，數量想也不會很多。

總之，南朝政府的收入，由于錢幣使用的比較發達，已不盡如同時間的北朝國庫那樣完全充滿布帛穀粟等物，而且包括了不少的錢幣，固然是事實；可是，這些錢幣在政府總收入中所佔的百分比，遠不及實物那麼大，同樣的也是很可能的事實。

（四）隋唐時代的實物租稅與徭役

承繼着曹魏以來三百多年的實物租稅制度，隋代的租稅仍以粟及布帛等實物爲

(註一三三)陳書卷五宣帝紀載太建九年五月丙子詔云，『五年迄七年逋貲絹，皆悉原之。』

(註一三四)南齊書卷二二豫章文獻王傳。

(註一三五)南齊書卷二二王敬則傳。

主。計『丁男一床，租粟三石，桑土調以絹絁，麻土以布。絹絁以疋，加綿三兩。布以端，加麻三斤。單丁及僕隸各半之』。此外，年十八已上成丁男女，又須提供徭役(註一三六)。

隋代以後，便到唐代。這時中國租稅制度發生一個很大的變動，即由曹魏以來按戶課徵的戶調與田租，變爲按丁徵收的租庸調。可是，不管租稅負担者是戶或是丁，其爲徵收粟帛等實物及徭役，則前後並沒有根本上的差別。唐會要卷八三云：

(武德)七年三月二十九日，始定均田賦稅。……每丁歲入粟二石。調則隨鄉土所產，綾絹絁各二丈，布加五分之一。輸綾絹絁者，兼調綿三兩。輸布者，麻三觔。凡丁，歲役二旬。若不役，則收其庸，每日三尺。有事而加役者，旬有五日免其調，三旬則租調俱免。通正役不過五十日(註一三七)。

此外，唐代政府又按畝數的多少來徵收地稅(註一三八)，按資產的貧富來徵收戶稅(又作『稅錢』，或『稅戶』)(註一三九)。前者以農產品繳納；後者以錢繳納。關於這幾種租稅在安史亂前政府總收入中所佔的地位，通典卷六有綜括的敍述：

天寶中(册府元龜作『八載』)，天下計帳戶約有八百九十餘萬：其稅錢約得二百餘萬貫，其地稅約得千二百四十餘萬石。課丁八百二十餘萬，其庸調租等：約出絲綿郡縣計三百七十餘萬丁，庸調輸絹約七百四十餘萬匹，綿則百八十五萬餘屯，租粟則七百四十餘萬石；約出布郡縣計四百五十餘萬丁，庸調輸布約千三十五萬餘端，其租約百九十餘萬丁，江南郡縣，折納布約五百七十餘萬端，二百六十餘萬丁，江北郡縣，納粟約五百二十餘萬石。大凡都計租稅庸調每歲錢粟絹綿布約得五千二百二(元龜作『三』)十餘萬端疋屯貫石(註一四〇)。

玆爲眉目清醒計，改列表如下：

(註一三六)隋書卷二四食貨志。

(註一三七)册府元龜卷五〇四，四八七，舊唐書卷四八食貨志略同。

(註一三八)關於地稅，鞠清遠先生論證頗詳，見鞠先生唐代財政史第一一至一七頁。

(註一三九)鞠著唐代財政史第七至一一頁。

(註一四〇)册府元龜卷四八七略同。

負擔者	稅名	錢或物名	數量	單位
全國各戶	戶稅	錢	2,000,000+	貫
同上	地稅	農產物	12,400,000+	石
出絲綿郡縣之丁	庸調	絹	7,400,000+	疋
同上	同上	綿	1,850,000+	屯
同上	租	粟	7,400,000+	石
出布郡縣之丁	庸調	布	10,350,000+	端
江南郡縣之丁	租	布	5,700,000+	端
江北郡縣之丁	租	粟	5,200,000+	石
合計			52,300,000+	

這個表給我們一個深刻的印象，即：在安史亂前唐代政府租稅的總收入中，以租庸調及地稅所徵收的絹布綿粟等實物佔絕大多數，戶稅所收的錢只是其中的一小部份而已。自然，戶稅的錢在當日總稅收中究竟確佔幾分之幾，我們在上表中無從算出；可是，通典在另一地方（卷七）却告訴我們：

> 舊制：百姓供公上，計丁定庸調及稅。其稅戶雖兼出王公以下，比之二三十分唯一耳。

由此可知，戶稅的錢在當日政府的總收入中，只佔二三十分之一，即百分之三點三至百分之五左右而已。如果拿牠來與總稅收中的實物相比，簡直少得可憐！

（五）總結

總括上文，可知中國賦役制度自曹魏以來曾經發生一個很大的變動，即：除租稅的負担者由丁改為戶外，在漢代多以錢幣繳納的租稅，自曹魏起一變而為完全以綿絹粟等實物繳納的戶調與田租；而在漢代可拿錢來免除的徭役，自魏晉後也改由人民直接提供。從此以後，中古各朝代的賦役制度雖然屢有變遷，但其徵收穀粟布帛與力役，在根本上并沒有差別。而且，不僅是戶調與田租，就是鹽稅，在北魏時也是以實物繳納的。自然，南朝因錢幣流通的比較發達，或者要有些例外。不過從大體上看，南朝政府的稅收恐怕還是以實物為大宗。這一點，雖然由於稅收數字的缺乏，使作者不敢肯定的下一斷語；但由錢幣在安史亂前政府總收入中只佔百分之三點三至百分之五一事來推論，作者總覺得上述的觀察不會距離事實太遠。

第四章　中古的實物地租

上述中古盛行的實物租稅的一部份，一方面固然是租稅，他方面又可說是地租(rent)。比方由北魏至唐代，政府因實行均田制度——以國家土地分給人民耕種——而向人民徵收的實物田租，從政治的觀點上看，固然是租稅的一種；但如果從經濟的觀點上看，國家實是地主，人民實是佃戶，故人民給與國家的田租也實在就是佃戶給與地主的地租。復次，政府本身又直接保有不少的田地，而於給人佃種時收取地租。如上引宋書卷九二徐豁傳曾說始興『郡大田武吏，年滿十六，便課米六十斛；十五以下至十三，皆課米三十斛。一戶內，隨丁多少，悉皆輸米。且十三歲兒，未堪田作，……』又魏書卷一一〇食貨志說，『孝昌二年，……借賃公田者，畝一斗。』這種因租借官田而繳納的穀米，當然是一種實物地租。

以上是政府以地主資格徵收的實物地租。復次，私人方面如果把土地租給人家耕種，也可得到實物地租作為代價。這在均田制沒有實行的東晉南朝尤為盛行。如隋書卷二四食貨志說自東晉起建業人民多充當王公貴人們的佃客，即租借他們的田地來耕種，而以收穫的穀之一部給與他們作為地租云：

都下人多為諸王公貴人左右佃客，典計，衣食客之類，皆無課役。官品第一第二，佃客無過四十戶，第三品三十五戶，第四品三十戶，第五品二十五戶，第六品二十戶，第七品十五戶，第八品十戶，第九品五戶。其佃穀皆與大家量分。

到了唐代，官吏的收入除俸祿外又有職田。這些職田由農民租來耕種，而以田地產品的一部份送給官吏，作為地租的報酬。如册府元龜卷五〇六云：

(開元)十九年四月，勑，『天下諸州縣并府鎮戍官等職田四至頃畝，造帳申省，仍依元租價對定。六斗已下者，依舊定；以上者，不得過六斗。』(註一四一)。

(天寶)十二載十月，勑，『兩京百官職田，承前佃人自送，道路或遠，勞

(註一四一)唐會要卷九二、新唐書卷五五食貨志略同，但文句不及册府元龜那麼清楚。

費頗多。自今已後，其職田去城五十里內者，依舊令佃人自送入城；自餘並限十月內，便於所管縣并脚價貯納。其脚價，五十里外每斗各徵二文，一百里外不得過三文。並令百官差本司人請受。』(註一四二)

又通典卷三五職田公廨田云：

其田亦借民佃植，至秋冬受數而已。

這種用來繳納職田田租的物品，因田而異，大約以粟和米為多。在唐初，政府曾經規定，『凡給田而無地者，畝給粟二斗』(註一四三)。政府所以拿兩斗粟代替一畝職田來給予官吏，當是因為官吏每年從一畝職田中得到的地租為兩斗粟的原故。又資治通鑑卷二三八載李吉甫的話云：

又國家舊章，依品制俸，官一品月俸三十千，職田祿米不過千斛(註一四四)。

這裏說的千斛的米，一部份固然屬於祿米，一部份則為職田的田租。

除上述外，我們又可根據敦煌寫本來探討西北人士以實物繳納地租的情形。倫敦英國博物院藏 Stein 搜集品第六〇六三號是一張租田契，內說燉煌鄉索里奴等以每畝一石二升的代價租借七畝田地來耕種：

乙亥年二月十六日，燉煌鄉百姓索里奴□子二人，伏緣欠闕田地，遂(？)於□易□□護□上，於城東憂渠中界地柒畝，遂粗(租)種苽(苽)。其地斷作價直，每畝壹碩二升，不諫(揀)諸雜色目，並惣收納。共兩(兩共)面對□□□午。立契已後，更不許休悔。如若□□□□□□□駒，充入不悔人。恐人無信，故立此契。粗(租)地人程□□。粗(租)地人索里奴。見人汜海保(註一四五)。

這裏說當作地租來繳納的東西，雖然聲明『不揀諸雜色目，並惣收納』，但既然以升斗計算，當即指糧食類物品而言。

總之，關於中古地租的材料，作者雖然沒有搜集到多少，但由上所述，我們已

(註一四二)唐會要卷九二，新唐書卷五五食貨志略同。

(註一四三)新唐書卷五五食貨志。

(註一四四)唐會要卷九一，册府元龜卷五〇七略同。

(註一四五)見玉井是博支那西陲出土的契，日本京城帝國大學創立十周年紀念論文集史學篇。

經可以知道：當日的土地，不管其所有者是國家或是私人，當被農民租賃來耕種的時候，農民酬給地主的地租完全是農產品一類的實物，而不是錢幣。由此可見中古各地實物地租的盛行。

第五章　中古的實物工資

(一)魏晉時代的實物工資

所謂『工資』，廣義說來，不單是勞動者的工資，而且包括官吏的薪俸，和自由職業者的收入。作者在這裏討論的中古工資制度，是從這個觀點出發的。

中國的工資制度，有如上述的貨幣、租稅及地租那樣，從漢末以後發生一個激劇的變動。在漢代，政府給予官吏的薪俸，一半以錢幣支付。這種一半以錢幣發給的官俸制度，自漢末以後，完全改變。當日因爲錢幣的缺乏，政府不復能夠以錢幣發給官吏的薪俸，只好完全以穀帛等實物來支付。如魏志卷二五高常隆傳載高常隆上疏云：

> 且夫祿賜穀帛，人主所以惠養吏民，而爲之司命者也。

又前引魏志卷二七胡質傳注引晉陽秋亦有以絹作官俸的記事：

> (胡)質之爲荆州也，威自京都省之。……臨辭，質賜其絹一疋，爲道路粮。威跪曰，『大人淸白，不審於何得此絹？』質曰，『是故俸之餘，故以爲汝粮耳。』

曹魏這種以實物支付薪俸的辦法，給中古各朝代的薪俸制度以一個很大的影響。

晉承曹魏之後，實物薪俸制度衍變得更爲精密。當日官吏的收入，除如曹魏那樣得到布帛及農產品以外，又從政府那裏領到菜田和耕種菜田的工人。晉書卷二四職官志云：

> 諸公及開府，位從公者，品秩第一，食奉日五斛。太康二年(281—2)，又給絹，春百匹，秋絹二百匹，緜二百斤。元康元年(291—2)，給菜田十頃，騶十人。立夏後，不及田者，食奉一年。
>
> 特進，……食奉日四斛。太康二年，始賜春服絹五十匹，秋絹百五十匹，緜一百五十斤。元康元年，給菜田八頃，騶八人。立夏後，不及田者，食奉一

年。

光祿大夫……食奉日三斛。太康二年，始給春賜絹五十匹，秋絹百匹，緜百斤。惠帝元康元年，始給菜田六頃，田騶六人。

三品將軍……食奉，春秋賜緜絹，菜田，田騶，如光祿大夫諸卿制置。

尙書令……食奉月五十斛。……太康二年，始給賜絹，春三十匹，秋七十匹，緜七十斤。元康元年，始給菜田六頃，田騶六人。立夏後，不及田者，食奉一年。太子太傅、少傅，……食奉日三斛。太康二年，始給春賜絹五十匹，秋絹百匹，緜百斤。……惠帝元康元年，……給菜田六頃，田騶六人。立夏後，不及田者，食奉一年。

諸侯的俸祿，亦以絹、穀等實物來支付。初學記卷二七云：

晉故事：……凡屬諸侯，皆減租穀，畝一斗；計所減以增諸侯絹，戶一匹，以其絹爲諸侯秩。又分民租，戶二斛，以爲侯奉。

至於軍人的廩給，卽軍餉，亦以布支付。如晉書卷六二祖逖傳云：

（元）帝乃以逖爲奮威將軍，豫州刺史，給千人廩布三千匹，不給鎧仗，使自招募。

上述晉代的實物工資，偏於官吏方面。復次，當日自由職業者因爲人服務而領得的工資，也以各種實物爲主。如太平御覽卷八一七引王隱晉書說以絹支付寫作家的工資云：

劉寶爲伐蜀人作爭功文書，得千疋絹。

又同書卷六一一引崔鴻十六國春秋前燕錄說以柴菜等物支付書記的工資云：

豫州刺史張悕……幼而好學，事母以孝聞。每日必于牧暇採樵二束，菜二本，一以供母，一以雇人書。晝則折木葉學書，夜則誦所書者。

又同書卷八一七引晉陽秋說以錢絹支付星人的工資云：

桓溫入蜀，聞有善星人，招致之，獨執其手于星下，問國祚修短。星人曰，『太微、紫微、文昌三宮氣候決無憂虞，五十年外不論耳。』溫不悅，送絹一匹，錢五千與之。

又劉宋劉敬叔異苑卷九說以粟支付卜者的工資云：

北海任翊，字彥期，從軍十年乃歸。臨還，握粟出卜。師云，……(註一四六)

總之，魏晉時代，由於錢幣的缺乏，人們無論在政界服務，或充當自由職業者，其工資所得均以布帛及農產品等實物爲主，錢幣則少之又少。上述星人因替桓溫觀星而得的五千錢，只是絕無而僅有的一個例子，我們不能因此而得出晉代貨幣工資盛行的結論。

(二)北朝的實物工資

北魏在太和八年(484—5)以前，官吏沒有正式的薪俸。他們服務時的收入，約有兩種來源：第一爲接受人民贈送的禮物；第二爲派遣商人販運貨物以取利。這可以弘農(今河南陝縣)太守崔寬爲例。魏書卷二四崔玄伯傳附寬傳云：

出爲弘農太守。……時官無祿力，唯取給於民。寬善撫納，招致禮遺，大有受取，而與之者無恨。又弘農出漆、蠟、竹、木之饒，路與南通，販貿來往，家產豐富。而百姓樂之。諸鎮之中，號爲能政。

當日官吏這種收受禮物及經營商業的風氣，在政治上自然要發生很壞的影響。爲着要免除這種政治上的積弊，賢明的執政者高祖孝文帝便於太和八年六月開始大大的加以改革：他一方面增加人民以布帛穀粟繳納的戶調，以便用來發給官吏的俸祿；他方面又嚴禁官吏貪贓，及利用商人販運以取利。魏書卷七上高祖紀載太和八年

六月丁卯，詔曰，『置官班祿，行之尚矣。……自中原喪亂，茲制中絕。先朝因循，未遑釐改。朕永鑒四方，求民之瘼，夙興昧旦，至於憂勤；故憲章舊典，始班俸祿，罷諸商人，以簡民事。戶增調三匹，穀二斛九斗，以爲官司之祿。……祿行之後，贓滿一匹者死。……』

又同書卷一一〇食貨志亦說：

太和八年，始準古班百官之祿，以品第各有差。……至是戶增帛三匹，粟二石九斗，以爲官司之祿。

由此可知，自太和八年高祖孝文帝班祿以後，北魏官吏服務所得的薪俸，由人民的

(註一四六)異苑作者劉敬叔爲劉宋初年人，書中多記晉宋間事，故此事雖無年月，其必發生於晉宋間可無疑義。

禮物及經商的利潤一變而爲布帛穀粟等實物。這種以實物支付官俸的辦法，到了太和十九年(405—6)略有改變。魏書卷一一〇食貨志說：

（太和）十九年，冶鑄粗備，文曰太和五銖。詔京師及諸州鎮皆通行之；內外百官祿皆準絹給錢，匹爲錢二百。

不過準絹給錢的辦法，却有如同一詔中規定『京師及諸州鎮皆通行之』的沒有澈底實行(註一四七)那樣，事實上并沒有澈底實行。因爲北魏政府雖然自太和十九年起已經開始鑄錢，錢的數量却非常有限(註一四八)，故政府因支付內外百官祿而能夠拿來準絹發給的錢實在少之又少。因此，從太和十九年以後，官吏的薪俸仍多以布帛等實物來支付。魏書卷七一夏侯道遷傳云：

（世宗時，500—515）尋改封濮陽縣開國侯，……國秩歲入三千餘疋，……

又同書卷七八張普惠傳載肅宗時(516—528)張普惠上疏云：

今百官請俸，人樂長闊，并欲厚重，無復準極。得長闊厚重者，便云其州能調絹布，精闊且長，橫發美譽，以亂視聽。不聞嫌長惡廣，求計還官者。

除粟帛等外，當日官吏又可領到公田，有如晉代官吏的領到菜田那樣。魏書卷一一〇食貨志云：

（太和）九年，下詔：……諸宰民之官，各隨地給公田。刺史十五頃；太守十頃；治中別駕各八頃；縣令郡丞六頃。更代相付，賣者坐如律。

以上都是北魏政府以實物支付官吏薪俸的情形。復次，當日從事政界以外的職業的人因服務而得的工資，也以實物爲主。如魏書卷一九上陽平王新成傳附衍傳說徐謇（字成伯）因給人治病，得絹作診金的報酬云：

轉徐州刺史。至州病重，帝勑徐成伯乘傳療。疾差，成伯還。帝曰，『卿定名醫！』賚絹三千疋。成伯辭，請受一千。帝曰，『詩云，「人之云亡，邦國殄瘁。」以是而言，豈惟三千匹乎！』其爲帝所重如此。

這位醫生又曾經把高祖孝文帝的病治好，孝文帝給他的報酬更多；這種報酬起初打算以錢支付，後來卻因錢少而改給奴、婢、馬、牛和其他各種物品。魏書卷九一徐

(註一四七)參考第二章第四節。

(註一四八)同上。

謇傳云：

（太和）二十二年，高祖幸懸瓠，其疾大漸。乃馳驛召謇，令水路赴行所。一日一夜行數百里，至診省下治，果有大驗。高祖體少瘳，內外稱慶。……乃下詔曰，『……徐成伯……可……賜錢一萬貫。』又詔曰，『錢府未充，須以雜物：絹一千匹，雜物一百匹，四十匹出御府，穀二千斛，奴婢十口，馬十匹，一匹出驊騮，牛十頭。』所賜雜物奴婢，皆經內呈。

除醫生療病所得外，其他自由職業者的收入亦多爲布帛等實物。如魏書卷五五劉芳傳說劉芳以每卷一縑的工資率爲諸僧抄寫經論云：

芳……晝則傭書，以自資給；夜則讀誦，終夕不寢。……常爲諸僧傭寫經論，筆跡稱善，卷直以一縑。歲中能入百餘匹。如此數十年，賴以頗振。

又魏書卷七二賈思伯傳說賈思伯把縑送給他的老師，以作歸還舊欠學費之用云：

世宗卽位，……遷征虜將軍，南青州刺史。初思伯與弟思同師事北海陰鳳授業，無資酬之，鳳遂質其衣物。及思伯之部，送縑百匹遺鳳，因具車馬迎之。鳳慚不往。時人稱歎焉。

除公務員及自由職業者以外，北魏勞動者的工資也以實物支付。如魏書卷一一〇食貨志說以絹支付造船工匠的工資云：

三門都將薛欽上言，『……今求車取雇絹三匹，……計船一艘，舉十三車；車取三匹，合有三十九匹。雇作手并匠及船上雜具食直，足以成船。……』

又第二章第四節曾引魏書卷四〇陸俟傳附馥傳說以布帛築造佛寺；這些布帛的一部份是用來支付造寺工人的工資的。此外又曾引魏書卷六一畢衆敬傳，卷八三上外戚傳馮熙條，卷八七石祖興傳，卷九〇逸士傳馮亮條，及卷九四閹官傳抱嶷條與孟鸞條，以證明布帛被用來支付喪葬費用；這些布帛的一部份亦以工資的形式給予從事喪葬工作的勞動者。

以上都是北魏人士以實物支付工資的情形。北魏以後，北齊及北周的政府也繼續採用以實物支付官俸的辦法。北周官吏的俸祿，和前代一樣，以石數計算。北齊計算官吏俸祿的辦法，更爲特別，是以布帛的匹數計算的；不過當作俸祿來支付的物品，都是『一分以帛，一分以粟，一分以錢』。此外，這些官吏又如北魏那樣領公到田，以收取實物地租(註一四九)。

由上述，可知北朝因爲錢幣流通量的稀少，實物工資非常盛行。在北魏，無論是公務員，自由職業者，或是勞動者，他們服務所得的報酬，均以實物爲主。以後的北齊及北周，也沒有多大的改變。固然，北齊官吏的俸祿，有三分之一是以錢支付的；但粟帛等實物在當日官吏的俸祿中還是佔大部份。

(三)南朝的實物工資

關于南朝的工資制度，我們現在知道得比較詳細的，只是官吏俸祿方面。南朝官吏因服務而得的報酬，也以實物爲主。南齊書卷二二豫章文獻王傳云：

宋氏以來，州郡秩俸及供給，多隨土所出，無有定准(註一五〇)。

這些用來支付公務員薪俸的實物，也多半爲布帛穀米。宋書卷九後廢帝紀載元徽四年(476)五月

乙未，尙書右丞虞玩之表陳時事曰，『……其穀帛所入，折供文武。……』

又同書卷九一孝義傳何子平條說：

事母至孝。揚州辟從事史，月俸得白米，輒貨市粟麥。人或問曰，『所利無幾，何足爲煩？』子平曰，『尊老在東不辦，常得生米，何心獨饗白粲？』

又南史卷五七范雲傳云：

再遷零陵內史。初零陵舊政，公田奉米之外，別雜調四千石。及雲至郡，止其半，百姓悅之。深爲齊明帝所知。

這是宋齊間的情形。其後，梁陳的官俸亦以石數計算(註一五一)，而發給米及布帛等物。如隋書卷二四食貨志云：

大抵自侯景之亂，國用常褊。京官文武月別(通典作『例』)唯得稟食，多遙帶一郡縣官，而取其祿秩焉。……州郡縣祿米、絹、布、絲、綿，當處輸臺，傳倉庫(註一五二)。

(註一四九)均見隋書卷二六百官志，及通典卷三五。

(註一五〇)通典卷三五略同。

(註一五一)隋書卷二六百官志通典三五。

(註一五二)通典卷五及三九略同。

南朝的官吏，除如上述得到穀帛等俸物外，又從政府那裏領到公田和侍役。關于公田，上引宋書卷九一孝義傳何子平條已有記載；復次，通典卷三五亦云：

(宋)武帝初卽位，制，『凡中二千石，加公田一頃。』

其郡縣田祿，以芒種爲斷；此前去官者，則一年秩祿皆入前人；此後去者，悉入後人。元嘉末，又改此制，計月分祿。

至于侍役。南齊書卷三武帝紀載永明七年(489)正月

戊辰，詔曰，『諸大夫年秩隆重，祿力殊薄。豈所謂下車惟舊，趨橋敬老？可增俸，詳給具役。』

又通典卷三五云：

齊氏衆官有僮幹之役，而不詳其制。

註云：

幹者，若門僕之類也。

南齊一小部份的官員，自永元元年(499)起，其薪俸由實物改爲錢幣。南齊書卷七東昏侯紀載永元元年正月辛卯，

詔，『三(通典卷三五作二)品淸資官以上應食祿者，有二親或祖父母年登七十，竝給見錢。』

其後，梁武帝更規定一切官吏薪俸改以見錢發給。梁書卷三武帝紀載大通元年(527)正月乙丑，

詔曰，『……百官俸祿，本有定數。前代以來，皆多評准。頃者因循，未遑改革。自今已後，可長給見錢。依時卽出，勿令逋緩。……』

不過這個詔令究竟實行到什麽程度，卻大有問題，因爲據上引隋書食貨志，梁代自武帝晚年侯景之亂(548)以後，京官因收入少而遙帶一郡縣官所得的俸祿，也只是米、絹、布、絲、綿等實物，而不是錢幣。而且，就是上述詔令曾經短期間實行過，官吏薪俸所得，也不是良好的錢幣，只是劣質的鐵錢而已；因爲梁武帝在普通年間(520—7)卽已盡罷銅錢，改鑄鐵錢了(註一五三)。

除上述公務員的薪俸外，南朝勞動者的工資也有以布帛支付的。如南齊書卷四

(註一五三)參考第二章第五節。

一張融傳云：

（宋）孝武起新安寺，僚佐多襯錢帛，……

這些錢帛的一部份以工資的形式發給建造佛寺的工人。

總之，南朝人士因服務而得的工資，大都以穀帛等實物爲主。此外，官吏又可從政府那裏領到公田和侍役。固然，當日公務員的薪俸，和勞動者的工資，有一部份是以錢幣支付的；不過，就大體上看，南朝人士因服務而得的工資，還是以實物爲主，錢幣只是其中一小部份而已。

（四）隋代的實物工資

隋代實物工資的制度也很盛行。當日各級官吏的俸祿，均以石數的多少計算（註一五四）。其後，到了隋末義甯二年(618)，『唐高祖初爲相國，罷外官給祿，每十斛給地二十畝』（註一五五）。此外，隋文帝又給公卿以下內外官以職分田（註一五六）。

除公務員的薪俸外，隋代自由職業者的收入，也以實物爲主。如太平廣記卷一九一高開道引獨異志（註一五七）說某醫生因用手術爲人治病而得絹甚多云：

隋末高開道被箭鏃入骨，命一醫工拔之。不得。……更命一醫。云，『我能拔之。』以一小斧子當刺下瘡際，用小棒打入骨一寸，以鉗拔之。開道飲啗自若，賜醫工絹三百匹。

又唐袁郊甘澤謠魏先生條說音樂家魏某因給人講授樂理而得帛作酬勞云：

魏先生生于周，家于宋，儒書之外，詳究樂章。隋初出遊關右，値太常考樂，議者未平，聞先生來，競往謁問。先生乃取平陳樂器，與樂官蘇夔蔡子元等詳其樂度，然後金石絲竹，咸得其所，內致淸商，署爲大樂。官斂帛二百段以酬之。先生不復入仕，遂歸梁宋，以琴酒爲娛。

此外，隋代勞動者因工作而得的報酬，也以實物爲多。如唐唐臨冥報記（涵芬樓祕笈第六集）卷上說釋智菀以絹及錢物支付製造石經工匠的工資云：

（註一五四）隋書卷二八百官志，通典卷三五。

（註一五五）册府元龜卷五〇五，通典卷三五。

（註一五六）通典卷三五。

（註一五七）今傳獨異志有稗海本，但不載此事。

幽州沙門釋智菀,精練有學識。隋(原誤作『隨』,茲改正。下同。)大業中,發心造石經藏之,以備法滅。旣而于幽州北山鑿巖爲石室,乃磨四壁,而以寫經。又取方石,別更磨寫,藏諸室內。每一室滿,乃以石塞門,用鐵錮之。時隋煬帝幸涿郡,內史侍役蕭瑀,皇后之同母弟也,性篤信佛法,以其事白后。后施絹千匹,餘錢物,以助成之。瑀亦施絹五百匹。朝野聞之,爭共捨施。故菀得遂其功。菀嘗以役匠旣多,道俗奔湊,……菀所造石滿七室。貞觀十三年卒。弟子猶繼其功。

由上述,可知隋代的人士:無論是公務員,自由職業者,或是勞動者,其服務所得的工資,完全以實物爲主。

(五)唐代的實物工資

由唐初至安史之亂左右,人們因工作而得的報酬,也多爲實物。茲就當日公務員的薪俸,自由職業者的收入,及勞動者的工資,分別敍述如下。

唐代官吏的俸祿,約可分爲三項:(1)祿,(2)職田,(3)俸料錢(註一五八)。祿按官吏等級的高下,分別以粟或米發給,『無粟則以鹽爲祿』(註一五九)。官吏因領到職田而每年收得的田租,據第四章所述,也以粟或米等實物爲主。至於俸料錢,包括月俸及食料錢兩種收入,原則上是以錢幣支付的;不過事實上政府卻沒有完全支付錢幣,多半按照時價折成物品來發給,故稱曰俸物。如唐會要卷九一內外官料錢云:

長壽三年(694)三月,豆盧欽望請輟京官九品以上兩月俸物,以助軍。……(開元)十六年(728)十一月十五日,敕,『文武百官俸料錢所給物,宜依時價給。』(註一六〇)

這些當作俸料錢來發給的物品,大約以布帛爲多,故舊唐書卷九八魏知古傳云:

景雲二年(711—2),遷右散騎常侍。……又進諫曰,『……今……官員日增。

(註一五八)宋王溥於唐會要中敍述唐代官吏的薪俸,分爲(1)內外官祿(卷九〇),(2)內外官料錢(卷九一,九二)及(3)內外官職田(九二)三項,最爲淸楚。

(註一五九)新唐書卷五五食貨志。

(註一六〇)册府元龜卷五〇六同。

今諸司試及員外檢校等官，僅至二千餘人，太府之布帛以殫，太倉之米粟難給。……』

因此，當高宗乾封元年(666—7)左右，政府每歲發給中央官吏的俸料錢，據通典卷三五所載，一共不過一十五萬三千七百二十貫(註一六一)而已。總之，唐人在安史亂前因在政界服務而得的薪俸，以實物爲主，錢幣則只佔絕小部份，這是我們可以斷言的。

除公務員外，中唐以前自由職業者的收入，也以布帛等實物爲主。關於此點，記載較多，茲分別敍述如下：

(1) 醫生——如唐薛用弱集異記說某人以絹聘請醫生爲他的兒子治病云：

狄梁公性閑醫藥，尤妙針術。顯慶中(656—661)，應制入關，路由華州闤闠之北，稠人廣衆，聚觀如堵。狄梁公引轡遙望，有巨牌大字云，『能療此兒，酬絹千疋。』……

又唐李冗獨異志卷上說某醫生爲高宗治疾，得繒帛作酬勞云：

唐高宗嘗苦頭風，而目閉心亂，乃召醫工。工曰，『當於眉間刺血，卽差。』……遂針之，血出濺黼衣，眼遂明，而悉復平。天后自抱繒帛以贈醫工。

(2) 卜者——如唐張鷟朝野僉載卷三說某將軍以細綾作卜者的工資云：

崇仁方(坊)阿來婆彈琵琶卜，朱紫塡門。浮休子張鷟(註一六二)曾往觀之。見一將軍，紫袍玉帶甚偉，下一疋細綾，請一局卜來。婆鳴絃柱燒香，合眼而唱，……將軍頂禮。旣告請甚多，必望細看以決疑惑，遂卽隨意支配。

又唐段成式酉陽雜俎卷五說術士錢知微以一卦帛十疋的工資率爲人占卦云：

天寶末(755)，術士錢知微嘗至洛，遂榜天津橋表柱賣卜，一卦帛十疋。歷旬，人皆不詣之。一日，有貴公子意其必異，命取帛如數卜焉。錢命蓍布卦成，曰……其精如此！

又唐鍾輅前定錄說李揆以縑求卜云：

(註一六一)册府元龜卷五〇五作『十五萬二千七百二十貫』，系於乾封元年八月條下；新唐書卷五五食貨志則作『十五萬二千七百三十緡』；數目均與通典略有不同。

(註一六二)玄宗時人，見舊唐書卷一三五張薦傳。

李相國揆，以進士調集京師(註一六三)，聞宣平坊王生善易筮，往問之。……揆時持一縑晨往。生爲之開卦，曰，『君非文字之選乎？當得河南一道尉。』……

又太平廣記卷三八五柳少遊引廣異記說柳少遊賣卜得縑云：

柳少遊善卜筮。著名于京師。天寶中(742—755)，有客持一縑詣少遊。引入問故。答曰，『願知年命。』少遊爲作卦成，……

又同書卷二一七潁陰日者引定命錄說陳峴以官絹酬卜者云：

陳峴爲潁陰太守，屬安祿山反(755)，…… 峴憂悶，服痢藥託疾，令一日者卜之。……以官絹五匹賞卜者。

(3) 相者——如唐康駢劇談錄卷上說李晟攜絹訪桑道茂，請代爲看相云：

李司徒嘗于左廣効職，久未遷昇，聞桑道茂善相人，賫絹一匹，凌晨而往。時道茂……聞李公在門，親自迎接，……(註一六四)

(4) 畫家——如獨異志卷上說韓幹爲人畫馬，得絹作酬勞云：

唐韓幹(註一六五)善畫馬。閒居之際，忽有一人玄冠朱衣而至。幹問曰，『何緣及此？』對曰，『……聞君善畫良馬，願賜一匹！』幹立畫……之。數日，因出，有人揖而謝曰(註一六六)，『蒙君惠駿足，……亦有以酬効。』明(註一六六)日，有人送縑百匹，不知其來。幹亦收用之。

(5) 教師——如第二章第七節引冥報記卷下說唐初嘉運在蜀『爲人講書，得絹數十匹』，便是例證。

(6) 刺客——如唐劉肅大唐新語(稗海本)卷四說崔宣家人擬以絹僱刺客殺仇人云：

則天朝，或告駙馬崔宣謀反。　宣再從第思兢……揣家中有同謀者，乃佯

(註一六三)李揆於開元末年(741)舉進士，見舊唐書卷一二六李揆傳。

(註一六四)按李晟於德宗初年任討朱泚的統帥。由此推算他因未得志而請人看相事，約發生於肅代間(756—779)。

(註一六五)韓幹爲開元天寶間(713—755)畫家，見太平廣記卷二一一韓幹引唐畫斷。

(註一六六)稗海本獨異志缺此二字，茲據太平廣記卷二一一韓幹引獨異志補入。

謂甯素同（廣記作『宣妻曰』），『須絹三百匹，顧刺客殺此告者。』……（註一六七）

此外，中唐以前的勞動者，其服務所得的工資，也多爲布帛等物。當日勞動者每天勞作應得的工資，大約爲三尺絹左右。唐律疏議卷四云：

平功庸者，計一人一日爲絹三尺。

計功作庸應得罪者，計一人一日爲絹三尺。

又同書卷一一云：

其借使人功，計庸一日絹三尺。

這是就一般勞動者說的。至于各業勞動工人應得的工資，也以布帛爲多。如太平廣記卷一三四王珍引廣古今五行記說金銀作工匠王珍等因與寺家造功德而得絹五百疋云：

唐定州安嘉縣人王珍，能金銀作。曾與寺家造功德，得絹五百匹。同作人私費十匹，王珍不知。……珍以咸亨五年(674)入海，……

又同書卷三〇〇三衞引廣異記說三衞因代人寄信，得絹二疋云：

開元初(713)，有三衞自京還青州，至華嶽廟前，……遇見一婦人，年十六七，容色慘悴，曰，『……聞君遠還，欲以尺書遠累。若能爲達家君，當有大報。』遂以書付之。……及至北海，如言送書。……大王(婦人之父)……乃謂三衞曰，『無以上報。』命左右取絹二匹贈使者。三衞不說，心怨二匹之少也。

又第二章第七節曾引新唐書卷二二〇高麗傳說太宗時以縑一千二百匹造船一艘。這些縑的一部份是用來支付造船工匠的工資的。

由此可知，中唐以前的公務員，自由職業者，以及勞動者，其工作應得的工資，也以實物爲多。

（六）從敦煌寫本中所見的實物工資

關于中古以實物支付工資的制度，除散見於上述各史籍及筆記外，我們又可根據敦煌寫本來探討當日西北實物工資盛行的情況。

（註一六七）太平廣記卷四九四崔思兢引大唐新語略同。

在敦煌寫本中，我們可以見出當日西北人以布帛支付工資的情形。如水部式（鳴沙石室佚書）說晉絳兩州勳官因充勝州（故城在今綏遠鄂爾多斯左翼後旗黃河西岸）轉運水手而得絹布作酬勞云。

勝州轉運水手一百廿人，均出晉絳兩州，取勳官充。……其勳官每年賜勳一轉，賜絹三疋，布三端，以當州應入京錢物充。

又國立北平圖書館藏敦煌寫本成字第九十六號目蓮變文第三種背面爲僧人唱曲賬目（註一六八），其中詳記寺院僧人因演唱變文小曲而得的布的長短，及把這些布分別支付給僧人的情形：

法律德榮唱紫羅鞋雨，得布伍佰捌拾尺。支本分一百五十尺。支定眞一百五十尺。支政會一百五十尺。支圖福盈一百五十尺。餘二十尺。

法律保宣舊律，阡捌百玖拾尺。

僧政願淸唱緋錦綾被，得布壹阡伍佰貳拾尺；舊襯，壹阡尺。支圖海明一百五十尺。支圖願護一百五十尺。支智全一百五十尺。支智榮一百五十尺。支圖福盛一百五十尺。支支（？）圖應求一百五十尺。支圖願德一百五十尺。支圖法與一百五十尺。支圖大應一百五十尺。支圖應祥一百五十尺。支圖應慶一百五十尺。支圖大進一百五十尺。支圖大願一百五十尺。支圖談濟一百五十尺。支圖廣進一百五十尺。

金剛唱扇，得布伍拾伍尺。支本分一百五十尺。餘九十五尺。

道成唱白綾襪，得布壹伯柒拾尺。支本分一百五十尺。支普列法一百五十尺。餘一百三十尺。

道明舊襯，叁佰玖拾尺。

法律道英唱白綾襪，得布叁佰尺。又唱黃盡坡，得布伍佰尺。支圖道明一百五十尺。支本分一百五十尺。支圖祥定一百五十尺。支圖談宣一百五十尺。支圖談惠一百五十尺。支圖戒云一百五十尺。支□賢惠一百五十尺。支云祥

（註一六八）見向達敦煌叢抄，國立北平圖書館館刊第五卷第六號。向先生在此文敍錄中說，『北平圖書館藏成字九六號目蓮變文卷背書有僧人在外唱小曲所得賬目，所唱小曲名目有紫羅鞋雨，緋錦綾被，扇，白綾襪之屬。…凡此寺院僧人演唱小曲唱文之蹟，其痕跡猶有可見者也。』

通一百五（下闕）

復次，在敦煌寫本中，我們又可看見當日西北人士常常以麥粟等物來支付工資。他們以麥粟支付工資的盛況，甚至遠在以布帛支付工資之上。如敦煌雜錄下輯書幡賬目（鳥字八十四號）說以麥及布、油等支付書幡（註一六九）及書佛堂的工資云：

丑年五月十五日，杜都督當家書幡卅二□，每一□麥壹碩，准合麥肆拾貳碩。

寅年三月廿日，僧海印書幡十二□，每□麥壹碩貳升。

卯年二月十日，僧福漸書幡十二□，每□麥壹碩貳斛。

張山海書幡價，領得物：七宗布一疋，麥兩碩，油一升。

北蘭若杜家書佛堂，領麥陸碩。高行眞得。

又同書下輯僧慈燈與氾英振造佛堂契（鹹字五十九號）說僧慈燈以麥捌碩僱氾英振建造佛堂云：

寅年八月七日，僧慈燈于東河莊造佛堂一所，□無博士，遂共悉東薩部落百姓氾英振□意，造前佛堂，斷作麥捌□碩，其佛堂外面壹丈四尺，一仰氾英振壘，幷細泥一遍。其佛堂，從八月十五日起首。其麥，平章日付布壹匹，折麥肆碩貳㪷；又折先付慈燈麥兩碩一㪷；餘肆（尙？）欠氾英振壹碩柒㪷，畢功日分付。一定已後，不許休悔。如先悔者，罰麥叁馱入不悔人。恐人無信，故立此契，兩共平章，書紙爲記。博士氾英振，年卅二。見人僧海德。

又羅福萇沙州文錄補僧明哲牒說僧明哲借貸麥粟，以作修寺工資及糧食之用云：

金光明寺　　狀上

貸便麥拾五馱，粟五馱。

右緣當寺虛無，家客貧弊，寺廟破壞，敢不修營？今現施工，未得成辨（辦），糧食罄盡，工直未塡（支？）。只欲休廢，恐木石難存。只欲就修，方圓不遂。旨意成立，力不遂心。伏望　教授都頭倉貸便前件斛㪷，自

（註一六九）幡是佛教寺院做功德用的旗幟，其上有文字及圖畫。『書幡』當即在幡上寫繪字畫之意。Sir Aurel Stein, Serindia, vol. IV 中印有敦煌出土的幡 (Silk Banners 及 Linen Banners)多張，可以參看。

至秋八月塡納。一則寺舍成立；二乃斛㪷不虧。二圖事儀，似有穩便。伏望教授商量，請處分。

牒件狀如前。謹牒。丑年五月□□日。直歲明哲謹牒。都維那惠微。寺主金粟。

此外，當日農業工人的僱用，除卻以麥作工資外，又須由主人給予衣着皮鞋等物。敦煌雜錄下輯盧貝跛蹄雇作兒契（生字二十五號）云：

甲戌年正月一日，立契：慈惠鄉百姓盧貝跛蹄伏緣家中欠少人力，龍勒鄉鄧訥兒鉢面上，雇男延受造作。□從正月至九月末，斷作雇價，每月壹馱，春衣壹䒵，汗衫壹領，褐襠壹腰，皮鞋壹雨(兩？)。自雇後，便須尅尅造作，不得抛功壹月。忙時抛功壹月，尅物貳斗。閑時抛功一日，尅物斥（？）。若作兒身上使用籠具鐮刀鏵鏩鍬钁袋器什等，畔上抛扶（失？）打損，渠在作兒身上，不關主人之事；若收到家中，不關作兒之事。若作兒偸他莁、菓、菜、如（魚）、羊、牛等，忽如足（捉）得者，仰在作兒身上。……雨（兩）共面對平章，准格不許番悔。若先悔者，罰靑麥拾馱，充入不悔人。恐人無信，故立私契，用爲憑。

又同書下輯文德雇人力約（殷字四十一號）亦云：

癸未年三月廿八月，立契：龍勒羅□□□文德欠闕人力，遂于赤心鄉賀康三雇取。麥□不得□一日，每月來駞（壹馱？），春衣□鞋一□。春衣爲□限□或若車牛籠且（具）鐮刀爲刼牛畜喚他人田種……

按此文殘闕太多，不易解釋。不過細繹文意，我們可以知道：文德雇用爲他耕作的工人，其所給工資爲麥及衣鞋等物。復次，敦煌掇瑣五四吳慶順質身契說吳慶順以身體典質給寺院，以借用麥粟等物云：

癸卯年十月廿八日，慈惠鄉百姓吳慶順兄弟三人商議：爲緣家中貧乏，欠負□深，今將慶順己身典在龍興寺索僧正家，見取麥壹拾碩，黃麻壹碩陸㪷，准麥叁碩貳㪷，又取粟玖石，更無交加。自取物後，人無雇價，物無利頭，便任索家駈馳，比至還得物日，不許左右。或若到家被惡人抅卷，盜劫他人牛羊薗菜麥粟，一仰慶順祇當，不干主人之事。……如若主人不在，所有農遺失，亦仰慶順倍（賠）。……兩共面對商量爲定。恐人無信，故立此契爲後憑。

文中的「人無雇價，物無利頭』，意思是說：寺院索僧正把麥粟貸給吳氏兄弟，答應不索取利息；可是，在借麥粟期內，吳慶順須無償的爲索僧正耕作，不能向他要工資。換句話說，吳氏兄弟所借麥粟的利息，和吳慶順耕作應得的工資互相抵消去了。吳氏兄弟所借的旣然是麥粟等物，他們因此而償付的利息自然也以麥粟爲主。由此可知，吳慶順的工資實際上是拿麥粟來支付的。

總之，我們在敦煌寫本中所見的工資，也是以布帛及麥粟等實物來支付的。固然，在現今作者徵引的敦煌寫本中，因爲完全沒有確實年月的記載，故牠們究竟屬於中唐以前，或中唐以後，作者一時不敢貿然斷定。不過，這些記載如果不屬於中唐以前，便屬於中唐以後，二者必有一於此。如果確屬於中唐以前，那和作者中唐以前實物工資盛行之說正相符合。如果屬於以後，那亦無須驚奇，因爲西北地處邊隅，不能與內地同時受到貨幣經濟這一大潮流的波及，從而在中唐以後實物工資制度仍舊流行，也是很可能的。

（七）總結

總括上文，我們可知中國的工資制度，自漢末以後，到中唐以前，有一個很明顯的特點，即以實物來支付公務員，自由職業者及勞動者因服務而得的工資。這些用來支付工資的實物，有時包括的種類甚多，不過以布帛及米、麥、粟等農產品爲最主要。自然，有時官吏領得的薪俸，有一部份是以錢支付的；不過從大體上看，錢幣在官吏們的收入中實在只佔一小部份，他們大部份的收入還是以布帛、米、粟等實物爲主。

第六章 安史之亂前後自然經濟的衰落與貨幣經濟的興起

（一）概說

由上所述，我們可知中國自漢末以後，至安史之亂的前後，約共五百多年，自然經濟都佔有很雄厚的勢力。在買賣方面，人們多把穀帛等實物當作貨幣來交易，卽物物交換。在租稅方面，政府大部份徵收實物。此外，地租的繳納，和工資的支付，也多以實物為主。固然，錢幣有時也用來購買商品，繳納租稅，或支付工資，但牠并沒有普遍而深刻的侵入一般人民的日常生活中，有如以後貨幣經濟佔優勢的時代那樣。因此，這五百多年雖然不是純粹的自然經濟時代，我們至少可以稱牠為自然經濟佔優勢的時代。

這種自漢末以來盛行了五百多年的自然經濟，到了安史之亂的前後(註一七〇)可要漸漸衰微，而讓位於貨幣經濟了(註一七一)。這時自然經濟所以衰落，貨幣經濟所以興起，其主要原因約可分為兩種。

頭一種原因是商業的發展。中古時奄奄一息的商業，到了安史亂前，或開元天寶間，即有了轉機。這時候的商業所以能一反過去幾百年衰落的狀況而作大規模的發展，約有三個因素：

(1) 社會秩序的安全 —— 社會秩序的安甯與否，和商業的盛衰有很密切的關係。漢末以後商業所以衰落，其中一個主要原因是長期的戰亂，已如前述。這種不安甯的社會秩序，到了南朝，似乎要比較進步；可是那時的商人，當販運貨物的時候，還是要攜帶武器來自衛(註一七二)呢！直至開元天寶間，隨着政治上黃金時代的降臨，各地都呈現着昇平盛世的景象；這時候的商旅，就是老遠的到各地販運貨

(註一七〇)作者在這裏要特別聲明：這只是就大體上說的。關於經濟史的分期，我們很難斬釘截鐵般的劃分清楚，說從某年起自然經濟便完全衰落，以後貨幣經濟即起而代之；因為社會經濟的演進，是漸變的，不是突變的。就下述幾種變動而論，也不是同在某年發生，只是差不多都發生於安史之亂的時候，或以前不久，或以後不久而已。

(註一七一)關於自然經濟與貨幣經濟的分別，及由自然經濟演進為貨幣經濟的特徵，在現代資本主義第一卷第一分册中有簡明的敍述：

貨幣經濟與自然經濟的說法所具的意義只是，前者指一種於應用物品外還有貨幣商品出現的經濟編制，而後者却沒有這種貨幣商品。

又如在領地的組織範圍以內，租稅的繳納改用貨幣，勞動工資的支付不是消費品而是貨幣，關稅的徵收也不是商品而是貨幣，這一切的轉變確是從自然經濟過渡到貨幣經濟，……(第七六頁)

我所指的是納物地租轉變為貨幣地租，自然物工資轉變為貨幣工資，自然物關稅轉變為貨幣關稅，並且推行貨幣賦稅(第七八頁)。

(註一七二)宋書卷六孝武紀大明八年春正月甲戌詔。

物，也不必發愁治安的惡劣，從而不用攜帶什麼武器來作自衛的打算了。如宋王讜唐語林卷三說：

開元初，上（唐玄宗）留心理道，革去弊訛。不六七年間，天下大理，河清海晏，……丁壯之夫，不識兵器。路不拾遺，行不齎糧。

又通典卷七說：

至（開元）十三年，……南詣荊襄，北至太原范陽，西至蜀川涼府，皆有店肆，以供商旅。遠適數千里，不持寸刃。

又舊唐書卷九玄宗紀云：

其時（開元二十八年）……天下乂安，雖行萬里，不持兵刃。

又資治通鑑卷二一四云：

是歲（開元二十八年）……海內富安，行者雖萬里不持寸兵。

又宋錢易南部新書辛說：

開元二十八年，天下無事，海內雄富。行者雖適萬里，不持寸刃。

又杜甫憶惜詩(註一七三)云：

憶昔開元全盛日，……九州道路無豺虎，遠行不勞吉日出。

又新唐書卷五一食貨志云：

是時（天寶五載）海內富實，……行千里不持寸兵。

這當然大有助於商業的發展。

(2) 水陸交通的進步——隨着政治的昇平，開元天寶間水陸交通也作空前的發展。在連絡各大都市的幹線上，沿途都有驛驢出賃，有店肆供商旅食宿，非常便利。通典卷七云：

至（開元）十三年，……東至宋汴，西至岐州，夾路列店肆待客，酒饌豐溢。每店皆有驢賃客乘，倏忽數十里，謂之驛驢。南詣荊襄，北至太原范陽，西至蜀州涼府，皆有店肆，以供商旅。

又新唐書卷五一食貨志云：

是時（天寶五載）海內富實，……道路列肆，具酒食，以待行人。店有驛

(註一七三)見杜少陵集詳註卷一三。

驢。

復次，裴耀卿（註一七四）於開元年間，和韋堅（註一七五）於天寶年間對於南北水路交通的改良，雖然着眼於江淮糧食的贍給關中，却無形中把南方大生產地的江淮和北方大消費地的長安緊密的連絡起來。從而促進南北貿易的發展。

(3) 生產事業的發展——由於政治的安定，開元天寶間生產事業也大規模的發展起來。如杜甫憶昔詩云：

憶昔開元全盛日，小邑猶藏萬家室。稻米流脂粟米白，公私倉廩皆充實。……齊紈魯縞車班班，男耕女桑不相失。

又唐語林卷三云：

開元初，……不六七年間，……物殷俗阜。……財寶山積，不可勝計。四方豐稔，百姓樂業。

又册府元龜卷四九七云：

（開元）八年九月，詔曰，『……今原田彌望，畝澮連屬，繇來榛棘之所，遍爲秔稻之川。倉庾有京坻之饒，關輔致畝畬之潤。……』

又唐元結元次山集卷七問進士云：

開元天寶之中，耕者益力。四海之內，高山絕壑，耒耜亦滿。人家糧儲，皆及數歲。太倉委積，陳腐不可校量。

生產發達的結果，市場上商品的供給大增，從而交易遂頻繁起來。

由於上述的三個因素，中國商業便一反過去五百多年衰落的狀況，而於安史亂前開始作空前的發展。據舊唐書卷九四崔融傳，崔融於玄宗卽位的前數年（長安三年，703—4）已說：

且如天下諸津，舟航所聚，旁通巴漢，前指閩越，七澤十藪，三江五湖，控引河洛，兼包淮海，弘舸巨艦，千軸萬艘，交貿往還，昧旦永日。

這種以江淮爲中心的水道貿易，在安史亂後，更向前發展。如唐李肇國史補卷下云：

（註一七四）詳見舊唐書卷四九食貨志，卷九八裴耀卿傳，通典卷一，册府元龜卷四九八。

（註一七五）詳見舊唐書卷五三食貨志，卷一三四韋堅傳，舊唐書卷一〇五本傳。

凡東南郡邑，無不通水，故天下貨利，舟檝居多。……江湖語云，『水不載萬』，言大船不過八九千石。然則(？)大曆(766—780)貞元(785—805)間，有俞大娘航船最大，居者養生送死嫁聚悉在其間，開巷爲圃，操駕之工數百。南至江西，北至淮南，歲一往來，其利甚博。……凡大船必爲富商所有。……

復次，當日的國際貿易，在陸路方面則向西北發展。新唐書卷二二一下西域傳贊說：

開元盛時，稅西域商胡，以供四鎮。

又唐會要卷八六云：

天寶二年十月，勅，『如聞關已西諸國，興販往來不絕。……』

在海道方面，則以廣州爲中心而繁榮起來。如唐元開唐大和上東征傳（大日本佛教全書本）說僧鑑眞於天寶九載(750—1)抵廣州，見

江中有婆羅門、波斯、崑崙等船，不知其數。並載香藥珍寶，積載如山。其舶深六七丈。師子國、大石國、骨唐國、白蠻、赤蠻等往來居住，種類極多。

又國史補卷下亦說：

南海舶，外國船也，每歲至安南、廣州。師子國船最大，梯而上下數丈，皆積寶貨(註一七六)。

這種在安史之亂前後急劇發展的國內外貿易，除給予漢末以來氣息奄奄的各商業都市以新鮮氣象外，更造成中唐以後楊州的高度的繁榮(註一七七)。宋洪邁容齋隨筆卷九唐楊州之盛云：

唐世鹽鐵轉運使在楊州，盡斡利權，判官多至數十人。商賈如織。故諺稱『揚一益二』，謂天下之盛，揚爲一，而蜀次之也(註一七八)。

(註一七六)李肇國史補序云，『予自開元(713—742)至長慶(821—5)撰國史補，慮史氏或闕，則補之。』可見書中所記廣州貿易盛況爲玄宗時代或中唐以後的事。

(註一七七)詳見拙著唐宋時代楊州經濟的繁榮與衰落，本所集刊第十本第三分。

(註一七八)按鹽鐵轉運使自安史亂後日形重要，此文記楊州之盛當即指中唐以後而言。洪邁於此文後連引中唐以來杜牧、張祜、王建、徐凝諸家的詩，以說明楊州繁榮的狀況，可以爲證

又舊唐書卷一二四田神功傳云：

> 上元元年(760—1)，……至楊州，大掠百姓商人資產，郡內比屋發掘略遍。商胡波斯被殺者數千人(註一七九)。

由於楊州外國商人之多，我們更可想見當日楊州商業的盛況。

作者在第一章中曾經指出，商業的盛衰和貨幣的進步與否有很密切的關係。安史之亂前後商業既然那麼發達，人們在市場上買賣時便自然而然的感覺仍舊把實物當作貨幣來交易的不便，進而普遍的使用錢幣。因此，貨幣經濟遂取過去五百多年自然經濟的地位而代之。

復次，安史之亂前後自然經濟衰落和貨幣經濟興起的第二種原因是錢幣鑄造額的增加。當日鑄錢數量所以增加，約有兩種因素：

(1) 銅的供給之增加 —— 當日銅的供給所以增加，主因爲銅礦之大規模的開採。在唐代開採的各種礦產，以銅礦爲最多(註一八〇)；其產量則除元和初(806)鐵多於銅(註一八一)外，亦以銅爲大宗(註一八二)。這些銅礦的開採，除官營外，又任由人民經營，其產品則按照時價完全由政府收買，以便鑄造錢幣。如通典卷九說：

> (開元)十一年，制曰，『……所在採銅鉛，官爲市取，勿抑其價，務利於人。』(註一八三)

又册府元龜卷五〇一云：

> 貞元九年(793)正月，諸道鹽鐵使張滂奏，『……臣請自今以後，應有銅山，任百姓開採，一切依時價官爲收市。……』詔曰可。

因此，中唐以後政府多置鑪於銅礦所在地，以便就地取材來鑄錢。唐會要卷八九泉貨云：

(註一七九)新唐書卷一四四田神功傳，舊唐書卷一一〇鄧景山傳略同。

(註一八〇)新唐書卷五四食貨志云，『凡銀、銅、鐵、錫之冶，一百六十八。陝、宣、潤、饒、衢、信五州銀冶五十八，銅冶九十六，鐵山五，錫山二，鉛山四。汾州礬山七。』

(註一八一)新唐書卷五四食貨志。

(註一八二)如新唐書卷五四食貨志云，『天下歲率銀一萬五千兩，銅六十五萬五千斤，鉛十一萬四千斤，錫萬七千斤，鐵五十三萬二千斤。』

(註一八三)全唐文卷二三玄宗申嚴銅禁制同。

建中元年(780)九月，戶部韓洄上言，『……今商州(今陝西商縣)紅崖冶，出銅益多。又有洛源監，久廢不治。請增工鑿山以取銅，洛源故監置十鑪鑄之。歲計出錢七萬二千貫。……』從之。

四年六月，判度支侍郎趙贊以常賦不足用，乃請採連州白銅，鑄大錢，以一當十，權其重輕。

(元和)三年(808)五月，鹽鐵使李巽上言，『得湖南院申，郴州平陽高亭兩縣界，有平陽冶及馬跡曲木等古銅坑，約二百八十餘井。差官檢覆，實有銅錫。今請郴州舊桂陽監置鑪兩所，採銅鑄錢，每日約二十貫，計一年鑄成七千貫，有益於民。』從之(註一八四)

又新唐書卷五四食貨志云：

(元和六年)蔚州(今山西靈丘縣)三河冶距飛狐故監二十里而近。河東節度使王鍔置鑪，疏距馬河水鑄錢，工費尤省。以刺史李聽爲使，以五鑪鑄，每鑪月鑄錢三十萬(註一八五)。

當日這樣普遍的開採銅礦，以取得多量的銅來鑄錢，在過去五百多年中是稀有的現象！

(2) 鑄錢技術的進步——關於安史之亂前後鑄錢技術的進步，我們可於下舉二事得到一些消息。頭一件事是安史亂前錢幣鑄造者由不諳鑄錢技術的農民變爲專業的熟練工人。新唐書卷五四食貨志云：

天寶十一載(752—3)，……是時增調農人鑄錢，既非所習，皆不聊生。內作判官韋倫請厚價募工，繇是役用減而鼓鑄多(註一八六)。

第二件事是安史亂後蔚州飛狐縣的利用水力及機械來鑄錢，結果人工大爲減省。唐李吉甫元和郡縣志卷一四蔚州說：

元和七年(812)，中書侍郎平章事李吉甫奏，『臣訪聞飛狐縣三河冶銅山約數十里，銅礦至多。去飛狐錢坊二十五里。兩處同用距馬河水，以水斛銷

(註一八四)舊唐書卷四八食貨志，册府元龜卷五〇一略同。

(註一八五)舊唐書卷四八食貨志，唐會要卷八九略同。

(註一八六)舊唐書卷一三八及新唐書卷一四三韋倫傳略同。

銅。北方諸處鑄錢，人工絕省。所以平日三河冶置四十鑪鑄錢；舊跡並存，事堪覆實。……制置一成，久長獲利。』從之。其年六月起工。至十月，置五鑪鑄錢。每歲鑄成一萬八千貫。

又上引新唐書卷五四食貨志也說，『王鉷置鑪，疏距馬河水鑄錢，工費尤省。』

由於上述的兩種因素，安史之亂前後錢幣的數量便作急劇的增加。在開元二十六年左右，因爲鑄錢額的增加，錢幣多到『京師庫藏皆滿。』(註一八七)至於每年鑄造的數量，則因時而異。在『開元中(713—742)，天下鑄錢七十餘鑪，歲盈百萬』(註一八八)。及天寶年間(742—756)，『天下鑪九十九。……每鑪歲鑄錢三千三百緡。……天下歲鑄三十二萬七千緡』(註一八九)。到了安史之亂以後，除各地錢監的產品外，劉晏又把江嶺諸州貢輸長安的土產換取鑄錢原料，以便在江淮一帶鑄造大量的錢幣。新唐書卷五四食貨志云：

晏以江嶺諸州任土所出皆重麤賤弱之貨，輸京師，不足以供道路之直，於是積之江淮，易銅鉛薪炭，廣鑄錢。歲得十餘萬緡，輸京師及荆揚二州。自是錢日增矣。

再往後，到了會昌五年(845)七月，唐武宗開始毀滅佛法，政府遂乘機把過去幾百年寺院及士庶之家因使用佛像鐘磬而佔有的大量的銅銷鑄爲錢，以增加錢幣的流通量(註一九〇)。唐會要卷四九云：

會昌五年七月，中書門下奏，『以天下廢寺銅像及鐘磬等委諸道鑄。』(事具泉貨門)其月，又奏，『天下士庶之家，所有銅像，並限勅到一月內送官。如違此限，並准鹽鐵使舊禁銅條件處分。其土木等像並不禁，所由不得因此擾人。其京城及畿內諸縣衣冠百姓家，有銅像，並望送納京兆府。自拆寺以來，應有銅像等，衣冠百姓家收得，亦限一月內陳首送納。如輒有隱

(註一八七)新唐書卷五八食貨志。

(註一八八)新唐書卷五二食貨志戶部尙書楊於陵語。

(註一八九)新唐書卷五四食貨志。册府元龜卷五〇一，通典卷九略同。

(註一九〇)這次佛法的毀滅，政府要取佛寺的銅來鑄錢，是其中一個主要的動機。你看當日政府只要佛寺的銅像，『其土木等像並不禁』，其眞意所在，至爲明顯。

藏，並准舊條處分。』勅旨宜依。

又同書卷八九泉貨云：

會昌六年二月，勅，『緣諸道鼓鑄佛像鐘磬等新錢，已有次第，……』勅，『……今加鼓鑄，必在流行。……京城及諸道起今年十月以後，公私行用，並取新錢。……』(註一九一)

又舊唐書卷一八上武宗紀云：

(會昌五年)秋七月庚子，敕併省天下佛寺。……中書又奏，『天下廢寺銅像鐘磬，委鹽鐵使鑄錢。……衣冠士庶之家，所有金銀銅鐵之像，勅出後限一月納官。如違，委鹽鐵使依禁銅法處分。其土木石等像，合留寺內依舊。』……從之。

又新唐書卷一六三柳仲郢傳云：

會廢浮屠法，盡壞銅像爲錢。

這樣一來，錢幣的流通額自然更有大量的增加(註一九二)。

錢幣流通量增加後，以錢幣代替穀帛等實物來作種種的用度，始有可能。因此，隨着安史之亂前後錢幣數量的增加，自然經濟便日漸衰落，貨幣經濟則代之而起。

(二)實物貨幣的廢棄與金屬貨幣(錢)使用的發達

由于商業的空前發展，和錢幣的大量增加，中國社會遂于安史之亂的前後，或公元八世紀左右，發生急劇的變動。這種變動的特點爲錢幣勢力的上升，和實物勢力的下降；無論在商品的買賣，租稅的徵收，地租的繳納，或工資的支付上，都表

(註一九一)舊唐書卷四八食貨志略同。

(註一九二)在唐代史籍中，我們又可看見中唐以後有錢幣短少的現象(詳見拙著唐代物價的變動，本所集刊第十本第三分)。不過，這種現象和過去數百年的錢幣稀少現象絕對不同。過去數百年的錢幣稀少，是眞正的稀少。中唐以後的錢幣短少，只是在貨幣經濟發展，人們對錢幣的需要大增的情形下感覺到的錢幣求過於供的現象而已；事實上，錢幣數量是一天比一天增多起來的。復次，我們又不能因以後北宋鑄錢數量之多(詳見宋史卷一八〇食貨志)，而斷言開元或中唐以後鑄錢數量之少。反之，我們却可因此而看出北宋的貨幣經濟要比中唐以後發展得多。

現得非常明顯。換句話說，當日人們漸漸感覺到如過去五百多年那樣使用穀帛等實物來交易，發給工資，及繳納租稅和地租的不便，從而普遍的改用錢幣來作上述種種的用途。玆先就交易方面申述如下。

在安史亂前，即開元年間，人們在市場上買賣時已經感覺到仍舊把粟帛等實物當作貨幣來交易的不便，因為『布帛不可以尺寸為交易，菽粟不可以秒勺貿有無』(註一九三)。及安史亂後，人們也多覺得以錢幣作交易媒介遠較實物為便。下引杜佑的話，當可代表這時候一般人的意見。他說：

原夫立錢之意，誠深誠遠。凡萬物不可以無其數，既有數乃須設一物而主之。其金銀則滯于為器為飾。穀帛又苦于荷擔斷裂。唯錢可貿易流注，不住如泉。若穀帛為市，非獨提挈斷裂之弊，且難乎銖兩分寸之用(註一九四)。

總之，當日人們已經深深感覺到粟帛的用作貨幣，過于笨重，而又不便分割，以致不能適應市場上遠較以前頻繁的交易。因此，在安史之亂的前後，當人們在市場上交易的時候，賣主多向顧客索取錢幣作代價，而拒絕收受布帛等實物。册府元龜卷五〇一云：

(開元)二十年九月，制曰，『綾、羅、絹、布雜貨等交易，皆合通用。如聞市肆必須見錢，深非道理！……』(註一九五)

是月(元和七年五月，812)，兵部尚書判戶部王紹，戶部侍郎判度支盧坦，鹽鐵使王播等奏，『伏以京都時用，多重見錢。……』(註一九六)

大家既然爭着使用錢幣，錢幣的流通自然要頻繁起來。因此，財政專家劉晏『自言如見錢流地上』(註一九七)。可見當日市場上錢幣流通的盛況。

可是，當日人們這種排斥實物，專門使用錢幣的行為，一方面要違反過去五百

(註一九三)通典卷九，册府元龜卷五〇一，唐會要卷八九，開元二十二年三月詔。

(註一九四)通典卷八。按通典上於貞元十七年(801—2)，見舊唐書卷一四七杜佑傳。杜佑這幾句話，當即當日一般人的意見。

(註一九五)册府元龜卷五〇四，通典卷九，唐會要卷八八，全唐文卷二五合錢貨兼用制略同。

(註一九六)舊唐書卷四八食貨志略同。

(註一九七)新唐書卷一四九劉晏傳，國史補卷上。

多年傳統的習慣，他方面又使市場上發生籌碼不足的現象。政府看見這種情形，遂屢次下詔糾正，命人民于買賣時仍舊把實物當作貨幣來交易，最低限度也要錢物兼用。册府元龜卷五〇一云：

(開元)二十年九月，制曰，『綾、羅、絹、布、雜貨等交易，皆合通用。如聞市肆必須見錢，深非道理！自今以後，與錢兼用。違者準法罪之。』

(二十三年)十月，詔，『錢貨兼通，將以利用。而布帛爲本，錢刀是末。賤本貴末，爲弊則深！法教之間，宜有變革。自今已後，所有莊宅以(全唐文作「口」，「以」誤。)馬交易，並先用絹、布、綾、羅、絲、綿等。其餘市買到一千以上，亦令錢物兼用。違者科罪(註一九八)。

又新唐書卷五四食貨志云：

(貞元)二十年(804—5)，命市井交易，以綾、羅、絹、布、雜貨與錢兼用。

又唐會要卷八九云：

(元和)六年(811)二月，制，『公私交易十貫錢以上，卽須兼用疋段。委度支鹽鐵使及京兆尹卽具作分數條流聞奏。』(註一九九)

又新唐書卷五四食貨志云：

文宗(827—840)……詔方鎮縱錢穀交易。

(太和)四年(830—1)，詔，『……凡交易百緡以上者，匹帛米粟居半。河南府、揚州、江陵府，以都會之劇，約束如京師。』

不過，當日社會經濟既然已經發展到非用錢交易不可的程度，政府這種開倒車的法令，雖有武力作後盾來強制人民服從，也只能收效于一時，不能實行于久遠。唐元稹元氏長慶集卷三四錢貨議狀云：

臣不敢遠徵古證，竊見元和以來，……次有交易錢帛兼行之法，……然而……錢帛不兼于賣鬻，……亦未聞鞭一夫，黜一吏，賞一告訐，……(註二〇〇)

(註一九八)唐會要卷八九，全唐文卷三五命錢物兼用勅略同。

(註一九九)舊唐書卷四八食貨志，新唐書卷五四食貨志，册府元龜卷五〇一，全唐文卷六二賑恤百姓德音略同。

(註二〇〇)全唐文卷六五一同。

又上引新唐書卷五四食貨志于敍述文宗太和四年詔後，也趕緊跟着說：

未幾皆罷。

原來當日人民對于實物貨幣的排斥，并不是故意和政府爲難，實完全因爲自利心叫他們不得不這樣做，否則便要吃虧。這可徵引一事來加以說明。唐白居易白氏長慶集卷四一論和糴狀云：

況度支比來所支和糴價錢，多是雜色匹段，百姓又須轉賣，然後將納稅錢。至于給付不免侵偸，貨易不免損折，所失過本，其弊可知(註二〇一)。

人民須以錢納稅，而政府向他們糴買穀米却只付布帛作代價，因此他們又須把布帛轉賣得錢，才能納稅。結果，人民便多一種損失。這種損失，在政府法令強迫下，人民只好忍受。可是，如果在自由市場上出賣穀米，我們可以推知，他們一定拒絕收受布帛作代價，必須主顧給錢才願意賣。

關于安史之亂前後錢幣勢力上升的情況，除如上述外，我們又可從錢幣流通地點的擴張來加以考察。資治通鑑卷二四二載長慶元年九月壬子，

戶部尙書楊於陵以爲，『……大曆(766—780)以前，淄、青、太原、魏、博貿易，雜用鉛鐵，嶺南雜用金、銀、丹砂、象齒。今一用錢。……』(註二〇二)

由此可知，山東、河北、山西及嶺南一帶，本來是使用實物貨幣(註二〇三)的，到了大曆年間，卽安史亂後不久，却完全改用錢幣。不特上述各地，在邊疆一帶，錢幣也漸漸流通起來了。新唐書卷五二食貨志載長慶初年(821)楊於陵的話云：

王者制錢以權百貨，貿通有無，……昔行之于中原，今洩之于邊裔。

這是有事實爲證的。在安史亂前，卽天寶四載，政府曾把駞、絹、練、綿等物運往武威、燉煌一帶出賣，再將出賣所得的錢購買粟、麻、小麥、青麥及豌豆等農產品，以作軍糧之用(註二〇四)。又日本中村不折氏藏西域官文書景片之一，內說天寶六載西北某寺爲家人購買作春衣用的布帛，也以錢幣作代價來支付：

(註二〇一)全唐文卷六六七同。

(註二〇二)新唐書卷五二食貨志略同。

(註二〇三)嶺南雜用金銀，却有些例外。

(註二〇四)詳見燉煌掇瑣六六天寶四年官中賣出疋帛並買進軍糧帳目，因文太冗長，兹從略。

天寶六載四月十四日，給家人春衣歷：常住、大及、夭子、寮奴，已上四人，人各給緤一段充衫，八尺充褌。祀奴、未如，已上兩人，人各給一段充衫，祀奴給八尺充褌。可曾，付緤一段充衫。胡尾子，付緤一丈三尺充袴。九段，每段用錢貳百貳買到，用給上件人春衣。謹以爲案。請僧連署。僧無生。僧：僧玄藏。僧法藏。僧澄練(註二〇五)。

到了安史之亂以後，錢幣更是老遠的流通至新疆和闐及庫木吐剌等地。Stein 在和闐 Dandan-Uiliq 發見十八件文書，其中有八件是大曆(766—780)建中(780—4)年間的借錢契(註二〇六)。日人在庫木吐剌發見的物品，也有三張借錢契，其中兩張註明『大曆十六年』(註二〇七)。可見這時候的西域，也漸漸由樓蘭晉簡所表現的物物交換，進而爲錢幣的使用了。

由上述，可知安史之亂前後，各地市場上流通的錢幣一天比一天增加，實物貨幣則一天比一天減少。這種由自然經濟轉向爲貨幣經濟的激劇的變動，是顯而易見的。固然，作者也不抹煞事實：在當日某些窮鄉僻壤的地方，因爲還沒有受到以各大商業都市爲中心而發展起來的貨幣經濟的影響，人們仍舊把各種實物當作貨幣來交易。如唐韓愈韓昌黎集卷四〇論變鹽法事宜狀說：

臣今通計，所在百姓貧多富少。除城郭外，有見錢糴鹽者，十無二三，多用雜物及米穀博易。鹽商利歸于己，無物不取(註二〇八)。

又全唐文卷七一五韋處厚駁張平叔糶鹽法議說：

且據山南一道明之。興元巡管，不用見錢。山谷貧人，隨土交易，布帛旣少，食物隨時，市鹽者或一斤麻，或一兩絲，或蠟或漆，或魚或雞，瑣細叢雜者，皆因所便(註二〇九)。

(註二〇五)原文載金祖同唐西域官文書續輯，說文月刊第一卷第十期。

(註二〇六)M. Aurel Stein, Ancient Khotan, pp. 521—533.

(註二〇七)日本大谷家藏版新西域記下卷唐大曆十六年借錢文書和唐借錢文書斷片等圖版，及附錄一第一一頁。又沙州文錄附錄。按大曆無『十六年』，想是邊地離中央太遠，故年號略有錯誤。

(註二〇八)全唐文卷五五〇同。

(註二〇九)册府元龜卷四九三同，系於長慶二年三月條。

又元氏長慶集卷三四錢貨議狀說：

> 自巴已外，以鹽帛爲交易。黔、巫、溪、峽，大抵用水銀、硃砂、繒、綵、巾、帽以相市(註二一〇)。

又題名唐馮贄撰的雲仙雜記(註二一一)卷四云：

> 開成(836—841)中，物價至微。村落買魚肉者，俗人買以胡絹半尺，士大夫買，以樂天詩一首兼與之。(豐年編。)

不過，中唐以後實物貨幣的使用，事實上只限于上述川、陝間及川、黔、兩湖間的一些交通不便，經濟落後的地方；就大體上說，其勢力已經是江河日下，遠不及錢幣那麼雄厚了。

(三)貨幣租稅的徵收與雇役制度的萌芽

中國中古的租稅制度，到了安史之亂左右，也發生急劇的變動。據第三章所述，中國政府的稅收，自漢末以後，到安史之亂的前夕，大體上均以實物爲主；有時雖亦徵收錢幣，但牠在總稅收中所佔的百分比甚小。這種情形，到了安史之亂左右，隨着錢幣流通量的增加，改變得非常利害。換句話說，從安史之亂以後，政府稅收所得，不再完全是布帛粟米等實物，而改以錢幣爲主了。

當唐太宗卽位的時候，國家財政因受安史之亂的影響，所入不敷所出，政府乃向田畝課徵青苗錢，以彌補不足。册府元龜卷五〇六云：

> 初以營賦不給，乃稅人墾田，畝十有五錢。資用窘急，不暇成熟，候苗青卽征之，故謂之青苗錢。

> 初肅宗乾元(758—760)已來，屬天下用兵，京司百官俸錢減耗。(代宗)卽帝位(762)，推恩庶寮，下議公卿，或以稅畝有苗者，公私咸濟。乃分遣憲官稅天下地青苗錢，以充百司課料。至是(永泰二年五月，766)，得錢四百九十萬貫(註二一二)。

這是安史亂後纔有的以錢幣繳納的一種租稅。

(註二一〇)全唐文卷六五一同。

(註二一一)關於此書作者問題，參考四庫全書總目提要卷一四〇雲仙雜記條。

(註二一二)舊唐書卷四八食貨志略同。

其後，到了德宗建中元年(780—1)，由于楊炎的提議，政府更廢除唐初以來以徵收粟帛等實物爲主的租庸調制度，而改爲以徵收錢幣爲主的兩稅法。唐會要卷八三載建中元年八月，

（楊）炎遂請作兩稅法，以一其名，曰，『凡百役之費，一錢之斂，先度其數，而賦于人，量出以制入。戶無土客，以見居爲簿。人無丁中，以貧富爲差。不居處而行商者，在所州縣稅三十之一，度所取與居者均，使無僥倖。居人之稅，秋夏兩徵之。俗有不便者，正之。以租庸雜傜悉省，而丁額不廢。……』德宗善而行之(註二一三)。

這年政府因兩稅而得的收入遂以錢幣爲大宗；册府元龜卷四八八記其總數如下：

是年（建中元年），天下兩稅之戶凡三百八萬五千七十有六，賦入一千三百五萬六千七十貫斛。

資治通鑑卷二二六建中元年條把錢穀數目分列，更爲清楚：

天下稅戶三百八萬五千七十六，……稅錢一千八十九萬八千餘緡，穀二百一十五萬七千餘斛(註二一四)。

當日這種以徵收錢幣爲主的兩稅法的創立，對于在過去盛行了五百多年的實物租稅制度是一個很大的革命(註二一五)。這一點，中唐以後許多人都感覺到，所以他們對于兩稅法的批評，多集中于徵收錢幣而不徵收實物的一點上。如陸贄陸宣公翰苑集卷二二均節賦稅恤百姓六條說：

穀帛者人之所爲也；錢貨者官之所爲也。人之所爲者，故租稅取焉；官之所爲者，故賦斂捨焉。此又事理著明者也。是以國朝著令，稽古作程，所取于人，不踰其分。租出穀，庸出絹，調雜出繒纊布麻；非此族也，不在賦法。列聖遺典，粲然可徵。曷常有禁人鑄錢，而以錢爲賦者也？今之兩稅，獨異

(註二一三)册府元龜卷四八八，舊唐書卷一一八及新唐書卷一四五楊炎傳，全唐文卷四二一楊炎請行兩稅法奏略同。册府元龜系此事於建中元年二月條，唐會要作『八月』，疑有誤。

(註二一四)把這兩項數目加在一起，和册府元龜總數正相符合。

(註二一五)兩稅法在中國租稅史上是一個很大的改革。牠和以前的稅制比較起來，相異之點甚多。不過因爲作者現在要討論的中心題目是貨幣租稅，不能離題太遠，故只好從略。

舊章；違任土之通方，効算緡之末法；不稽事理，不揆人功；但估資產爲差，便以錢穀定稅(註二一六)。

又新唐書卷五二食貨志云：

(貞元)十二年(796—7)，河南尹齊抗復論其弊，以爲，『……百姓本出布帛，而稅反配錢。……農人所有，唯布帛而已。用布帛處多，用錢處少。又有鼓鑄，以助國計，何必取于農人哉？』

又白氏長慶集卷四六息游惰云：

夫賦斂之本者，量桑地以出租，計夫家以出庸，租庸者穀帛而已。今則穀帛之外，又責之以錢。錢者，桑地不生銅，私家不敢鑄，業于農者何從得之？

又同書卷二贈友詩云：

私家無錢鑪，平地無銅山，胡爲夏秋稅，歲歲輸銅錢？……吾聞國之初，有制垂不刊：傭必算丁口，租必計丁田。不求土所無，不強人所難。量入以爲出，上足下亦安。兵興一變法，兵息遂不還。使我農桑人，顦顇畎畝間！誰能革此弊？待君秉利權。復彼租傭法，令如貞觀年！

又李翺李文公集卷九疏改稅法云：

錢者官司所鑄；粟帛者農之所出。今乃使農人賤賣粟帛，易錢入官，是豈非顛倒而取其無者耶？

復次，安史亂後的食鹽專賣稅，自經劉晏整頓後，政府每年因此而得到的錢幣，數量比從前增加十倍。新唐書卷五四食貨志說：

晏之始至也，鹽利歲纔四十萬緡。至大曆末(779—780)，六百餘萬緡(註二一七)。

其後，到了順宗憲宗間(805—7)，由于李巽管理的得法，政府因鹽稅而得的錢幣，更比劉晏的時候增加許多。舊唐書卷一二三李巽傳云：

順宗即位，……巽遂專領度支鹽鐵使。榷筦之法，號爲難重。唯大歷中僕射劉晏雅得其術，賦入豐羡。巽掌使一年，征課所入類晏之多歲(新唐書作

(註二一六)通鑑卷二三四系此疏於貞元十年(794)五月。

(註二一七)唐會要卷八七，舊唐書卷一二三及新唐書卷一四九劉晏傳，通鑑卷二二六略同。

『最多之年』)。明年過之。又一年,加一百八十萬貫(註二一八)。

又新唐書卷五四食貨志云:

順宗時,……兵部侍郎李巽爲使,以鹽利皆歸度支,物無虛估。天下糶鹽稅茶,其贏六百六十五萬緡。初歲之利,如劉晏之季年。其後則三倍晏時矣。

由此可知,中唐以後鹽稅收得的錢,只次于兩稅而已。

除上述外,安史之亂以後政府向工商業者課徵的稅,也均以錢幣繳納。如礦產稅,在太和(827—836)中,山東『三道十二州皆有銅鐵官,歲收冶賦百萬』(註二一九)。如酒稅,『太和八年(834—5),……凡天下榷酒,爲錢百五十六萬餘緡』。又如茶稅,貞元九年(793—4)以後,『歲得錢四十萬緡』(註二二〇)。此外如稅商賈(通過稅),除陌法(交易稅)(註二二一),及率貸(或曰借商,卽強迫公債)(註二二二),也完全徵收錢幣。

以上都是安史亂後人民以錢幣代替實物來納稅的情形。復次,在過去幾百年人民須直接向政府提供的徭役,到了安史之亂左右,由于錢幣使用的發達,也可漸漸由人民出錢來免除,再由政府拿錢來另外僱人使用。册府元龜卷四八七說:

(開元)二十三年六月,敕,『……比緣戶口殷衆,色役繁多,每歲分番計勞入任,因納資課,取便公私。兼租脚稅戶,權宜輕率,約錢定數,不得不然。如聞州縣官僚不能處置,凡如此色,邀納見錢。或非時徵納,錢(全唐文作賤,錢誤。)賣布帛,旣輕蠶織,爭務貨泉,農商(全唐文作桑,商誤。)之間,頗亦爲弊。朕每思敦本,將以便人,期于省約,使自通濟。自今已後,凡是資課、稅戶、租脚、營窖、折里等,應納官者,並不須令出見錢,抑遣徵備,任以當土。……』(註二二三)

(註二一八)新唐書卷一四九李巽傳略同。

(註二一九)新唐書卷一七九王涯傳。

(註二二〇)均見新唐書卷五四食貨志。

(註二二一)均見唐會要卷八四雜說。

(註二二二)通典卷一一,新唐書卷五一食貨志,舊唐書卷一三五及新唐書卷二二三下盧杞傳。

(註二二三)全唐文卷三五禁資課稅戶納見錢敕略同。

由此可知，開元年間，人民已漸漸出錢免役，以省却供役的麻煩。例如當日年十八以上的中男及殘疾者，有服『門夫』之役的義務，其職責為輪流守護沒有正式警兵守衞的州縣城門及倉庫門，每次以十日為限(『每番一旬』)；『若番上不到，應須徵課者，每番閑月不得過一百七十，忙月不得過二百文』(註二二四)。又如唐六典卷三說人民因免除某些徭役而向政府繳納的錢數云：

其防閤、庶僕、白直、士力納課者，每年不過二千五百，執衣(註二二五)不過一千文。

又唐會要卷九一云：

(天寶)五載三月二十日，勅，『郡縣官人及公廨白直，天下約計一載破十萬丁以上。一丁每月輸錢二百八文。每至月初，當處徵納，……』(註二二六)

這都是安史亂前的情形。及安史亂後，人民出錢免役的事，更為普遍。如册府元龜卷四八七云：

(大歷)八年正月，詔，『諸色丁匠如有情願納貲課代役者，每月每人任納錢二千文。……』

又杜牧樊川文集卷一三與汴州從事書云：

汴州境內最弊最苦是牽船夫。大寒虐暑，窮人奔走，斃踣不少。某數年前赴官入京，至襄邑縣，見縣令李式甚年少，有吏才，條疏牽夫，甚有道理。云，『……計一年之中，一縣人戶，不著兩度夫役。如有遠戶不能來者，即任納錢，與於近河雇夫，對面分付價直，不令所由欺隱。一縣之內，稍似蘇息。』(註二二七)

又司空圖司空表聖文集卷七王公(凝)行狀云：

(宣宗時，847—859)廉問湖外，……先是內外使臣自江陵理棹，則緣境數

(註二二四)通典卷三五。新唐書卷五五食貨志略同。

(註二二五)據通典卷三五，執衣的任務為供官員『隨身驅使，與執筆硯』。

(註二二六)册府元龜卷五〇六略同。由此推算，白直一年共輸錢 2496 文，與唐六典每年不過二千五百之數相合。

(註二二七)全唐文卷七五一同。

州皆擊控（全唐文作『挽』）舟之役。公舉奏條約。給（全唐文作『結』）官緡以僦水工。自是行役不淹，人遂安逸(註二二八)。

當日這種由差役改爲雇役的變動，實是北宋王荆公免役法或雇役法的先聲。中古以來人民須向政府直接提供的徭役，自安史之亂前後開始漸以錢幣代替後，再經過三百年左右的衍變，到了北宋中葉，遂改爲完全以錢幣免役的雇役制度。

由上述，我們可知中國的賦役制度，到了安史之亂前後，隨着錢幣使用的發達，發生一個激劇的變動。安史之亂以後政府租稅的收入，已不復如過去五百多年那樣以粟帛等實物爲大宗，而改爲以錢幣爲主。至于以前人民須直接向政府提供的徭役，到了這時，也開始漸漸改以錢幣繳納給政府，再由政府拿錢來另外僱人使用。總之，以安史之亂左右開始的賦役制度，由於錢幣勢力的侵入，和以前大不相同，漸漸富有貨幣經濟的色彩。

（四）貨幣地租的萌芽

據第四章所述，中古佃農向地主繳納的地租，完全以粟米等實物爲主。這種實物地租的制度，大約因爲在農村社會裏已經有了根深蒂固的基礎，故安史亂後，當租稅及工資等均已改用錢幣的時候，牠在某些地方還很盛行。如唐會要卷八三說內莊宅使管下的官田的田租以斛計算云：

(大曆)十四年五月，內莊宅使奏，『州府沒入之田，有租萬四千餘斛。……』

又陸宣公翰苑集卷二二均節賦稅恤百姓六條說京畿田租以石計算云：

今京畿之內，每田一畝，官稅五升。而私家收租，殆有畝至一石者。是二十倍于官稅也。降及中等，租猶半之。是十倍於官稅也。

這些以斛或石計算的田租，當然是指穀粟等農產品來說的。故新唐書卷一五三段秀實傳有代宗時佃農以穀輸租的記事。

不過，當日某些地方雖然仍舊盛行實物地租的辦法，在另外一些地方，因爲受到錢幣勢力的侵入，人們却開始拿錢幣來繳納地租了。這種情形，約始于天寶年間。如日本中村不折氏藏西域出土的租田契景片說以錢四百五十文租到田地一頃二畝云：

(註二二八)全唐文卷八一〇同。

天寶五載閏十月十五日，□□交用錢肆伯伍拾文，於呂才藝邊租取澗東渠口分常田一頃貳畝。東□□，西廢宅，南□□，北抵公廨。其地安用。天寶六載佃食。如到下午之日，□□得田佃者，其錢壹罰裁。……有……田。錢主□□□堂。田主呂才藝，歲五十八。保人妻李□。保人渾定仙。保人□□。請書人渾仙（註二二九）。

這是以錢繳交農地地租的例。又唐鄭還古博異志敬元穎條說陳仲躬在洛陽以錢租賃房屋云：

唐天寶中，有陳仲躬……于洛陽清化里假居一宅。……仲躬曰，『某已用錢僦居。今移出，何以取措足之所？』……（註二三〇）

這裏說用來繳納房租的錢幣，固然是租用房屋（改良物）的代價，但房屋所在地的地租當然也暗中包括在內。由此可知，安史亂前市地的地租亦有以錢繳納的。

及安史亂後，人們租用田地，亦有以錢幣代替實物來繳納地租的。新唐書卷一六四崔玄亮傳說：

（元和間，806—821）稍遷密歙二州刺史。歙……民山處，輸租者苦之。下令許計斛輸錢。民賴其利。

按租庸調制中的租粟，自建中元年兩稅法施行後已經廢除，這裏說『計斛輸錢』的租當卽指人民因租用官田而輸的田租而言。又宋宋敏求唐大詔令集卷七二乾符二年南郊赦說：

內莊宅使巡官及人戶等，應欠大中十三年（859—860）以前，至咸通八年（867—8）以前，諸色錢六萬二千三百八十貫三百文，斛一十萬三千七十四石九斗，……念其累歲不稔，人戶貧窮，徒有鞭笞，終難徵納，並宜放免。

按內莊宅使爲經管官有田產的官吏（見上引唐會要卷八三），這裏說人戶因『累歲不稔』而欠內莊宅使的錢物，當卽指租種官田所納的田租而言。可見當日的田租又有錢與實物兼納的。

（註二二九）原文載金祖同唐西域官文書佚存，說文月刊第一卷第八期。金氏於此契後聲明，『右租田契，已經割裂成二紙，疑有脫簡。』

（註二三〇）太平廣記卷二三一陳仲躬條同。

總之，中古以來的實物地租制度，因爲在農村社會裏已經根深蒂固，故安史亂後，在某些地方還很盛行。可是，雖然如此，牠究竟抵抗不住當日貨幣經濟的大潮流。因此，在另外一些地方，由于安史之亂前後錢幣使用的發達，人們便開始以錢幣繳納給地主，作爲地租之用。

(五).貨幣工資的盛行

安史之亂前後錢幣流通的發展，除如上述令到貨幣、租稅、徭役及地租各方面發生變動外，同時又給予工資方面以很大的影響。換句話說，在過去五百多年人們多利用實物來支付的工資，到了安史之亂左右，由於錢幣數量的增加，漸漸改爲以錢支付。茲就官吏的薪俸，自由職業者的收入，和勞動者的工資，分別敍述如下。

據第五章第五節所述，安史亂前官吏的薪俸，分爲祿、職田及俸料錢三項。前二者爲粟米等實物，後者爲錢幣，但常有一部份折成實物來發給。總之，他們的收入以實物爲主，錢幣只佔其中一小部份。這種情形，自安史亂後，有很大的變動。這時因爲錢幣使用的發達，官吏薪俸中的錢幣部份一天比一天增加，至於祿及職田等實物部份則一天比一天減少，或甚至於消滅。

安史亂後中央官吏的俸料錢，除乾元元年(758—9)曾因財政困難而一度停給(註二三一)外，到了大曆十二年(777—8)楊度常袞爲相，普遍的予以增加。新唐書卷五五食貨志云：

> 楊度常袞爲相，增京官、正員官及諸道觀察使、都團訓使、副使以下料錢。初檢校官同中書門下平章事者，月給錢十二萬；至是戶部侍郎判度支韓滉請同正官，從高而給之。文官一千八百五十員，武官九百四十二員，月俸二十六萬緡，而增給者居三之一。

又唐會要卷九一云：

> 大曆十二年四月二十八日，度支奏，『加給京百司文武員及京兆府縣官每月料錢等，具件如後。……』度支奏，『歲約加一十五萬六千貫文，准舊給都當二十六萬貫文以來，伏望准數，起六月一日給付。』勅旨依，仍令所司起

(註二三一)唐會要卷九一內外官料錢上乾元元年條。

五月一日支給(註二三二)。

其後，到了貞元四年(788—9)，由於宰相李泌的提議，中央官吏的俸料錢又復增加。册府元龜卷五〇六云：

(貞元)三年十一月，勑，『京官宜加給料錢。』……是年李泌作相，……奏請加百官俸料，各據品秩，以定月俸。……帝皆許之。

四年正月，中書門下奏，『京文武及京兆府縣官總三千七十七員。據元給及新加，每月當錢五萬一千四百四貫六百十千文，一年都當六十一萬六千八百五十五貫四百四文。……右中書門下准去年十一月二十八日勑，「京官宜加料錢」，准勑商量。謹件如前。』勑旨依(註二三三)。

現把這兩次增俸後中央官吏每年俸料錢的總額和安史亂前的總額列表如下：

年代	俸料錢(單位文)
乾封元年(666—7)	153,720,000
大曆十二年(772—3)	260,000,000
貞元四年(788—9)	616,855,404

據上表，可知中央官吏俸料錢的總額，自貞元四年起約較安史亂前增加四倍多點。這個增加後的數目，固然一部份由於官吏人數的增加，但當日各人俸料錢均已增加不少，卻是不可否認的事實。

除中央官吏外，安史亂後地方官吏的俸料錢增加得更利害，其數量遠較中央官吏爲多，以致許多人都爭着去充任地方官吏。唐會要卷九一云：

其年(元和六年)，中書門下奏，『……艱難以來，網禁漸弛，於是增置使額，厚請俸錢。故大曆中，權臣月俸有至九千貫者。列郡刺史無大小，給皆千貫。……』(註二三四)

又新唐書卷一三九李泌傳云：

是時(貞元初年)州刺史月俸至千緡，方鎭所取無藝，而京官祿寡薄。自方

(註二三二)册府元龜卷五〇六略同。

(註二三三)唐會要卷九一略同。

(註二三四)通鑑卷二三八，册府元龜卷五〇七，新唐書卷一四六李吉甫傳略同。

鎭入八座，至謂罷權。薛邕由左丞貶歙州刺史，家人恨降之晚。崔祐甫任吏部員外，求爲洪州別駕。使府賓佐有所忤者，荐爲郎官。其當遷臺閣者，皆以不赴取罪去。

又陳寅恪先生在元白詩中俸料錢問題(註二三五)一文中，亦引用元微之白居易文集中與俸料錢有關的詩句，證明肅代以後外官的俸料錢遠較京官爲多。

安史亂後官吏俸料錢增加的情形，已如上述。復次，他們眞正領到的俸料錢，自元和年間起，也漸漸完全改爲錢幣，不再像以前那樣折成實物。唐會要卷九一云：

（元和）十二年（817）四月，勅，『京百官俸料，從五月以後，宜並給見錢。其數內一半充（册府元龜作「先」，「充」誤。）給元估疋段者，卽據時估實數，迴給見錢』(註二三六)。

又同書卷九二云：

（太和）九年(835)六月，勑，『宰相俸料，宜依元和十四年以前舊例，並給見錢』(註二三七)。

又册府元龜卷五〇八云：

（會昌）六年(846)二月，詔，『以諸道鑄錢已有次第，須令舊錢流布，絹價稍增，文武百寮俸料起三月一日並給見錢；其一半先給虛估匹段，對估時價支給。』(註二三七)

三月，戶部奏百官俸料一半匹段給見錢則例。勑旨，『其一半先給元估匹段者，宜令戶部准元和十二年四月十三日勑例，每貫給見錢四百文，使起四月以後支給。』

當日官吏薪俸中錢幣部份的增加，已如前述。在另一方面，他們薪俸中的實物部份，卻一天比一天的減少。他們在安史亂前領得的祿米，『自至德(756—8)之後

(註二三五)原文載淸華學報第十卷第四期。

(註二三六)册府元龜卷五〇七略同。

(註二三七)册府元龜卷五〇七同。

(註二三八)唐會要卷八九，舊唐書卷四八食貨志略同。

不給』(註二三九)。至於他們因職田而得的田租，自安史亂後，也減少許多。唐會要卷九二云：

廣德二年(764)十月，宰臣等奏，『減百司職田租之半，以助軍糧。』從之。大曆二年正月，詔，『京兆府及畿縣官職田，宜令準外州府縣官例，三分取一分。』至十月，減京官職田，一分充軍糧，二分給本官(註二四〇)。

又通典卷三五註云：

自大曆以來，……減外官職田三分之一，……

因此，到了元和年間，白居易甚至有職田制度廢弛之嘆。白氏長慶集卷三〇進士策問第四道(元和三年)說：

百官職田，蓋古之稍食也。國朝之制，懸在有司。兵興已還，吏鮮克舉。今稽其地籍，則田亦具存。計以戶租，則數多散失。

又同書卷四七議百官職田亦說：

臣伏以職田者，……亦古者公田稍食之制也。國家自多事已來，厥制不舉。故稽其地籍，而田則具存。考以戶租，而數多散失。

可見職田田租在當日官吏的薪俸中已經退居不足重輕的地位。

除官吏外，自由職業者的收入，也於安史之亂前後漸漸改以錢幣爲主，不再像以前那樣完全收受布帛等實物。茲分述如下：

(1) 抄寫者——巴黎國立圖書館藏敦煌寫本第二三八〇號是一道教經典款識，內說玄宗出錢僱人抄寫道教經典云：

大唐開元廿七年二月一日，開元聖文神武皇帝上爲宗廟，下爲蒼生，內出錢七千貫敬寫。道士馮楚瓘初校。道士常乘雲再校。道士何思遠三校。(下缺)(註二四一)

這是安史亂前的情形。安史亂後。他們的工資更是常以錢幣支付。如唐段成式酉陽雜俎卷五說洛陽乞兒爲人寫經以聰錢云：

(註二三九)通典卷三五註，冊府元龜卷五〇五。

(註二四〇)冊府元龜卷五〇六同。

(註二四一)見石濱純太郎伯希和蒐集燉煌遺書中的三篇，服部先生古稀祝賀紀念論文集。

大歷中，東都天津橋有乞兒，無兩手，以右足夾筆寫經乞錢。欲書時，先再三擲筆高尺餘，未曾失落。書跡官楷，手書不如也。

又太平廣記卷三〇四喬龜年引瀟湘錄說喬龜年爲人書寫篆字，得錢養母云：

喬龜年，善篆書，養母甚孝。大歷中，每爲人書大篆字，得錢卽供甘旨。

又同書卷一〇六宋衎引報應記說宋衎爲米綱充當文書，每月得錢八千文云：

宋衎江淮人，應明經舉。元和初，至河陰縣，因疾病廢業，……年餘，有爲米綱過三門者，因不識字，請衎通管簿書，月給錢八千文。

(2) 畫家——如太平廣記卷二一三楊炎引唐畫斷說楊炎未達時爲人繪畫，得錢甚多云：

楊炎唐貞元中宰相，氣標王韓，文敵揚馬，畫松石山水，出于人表。初稱處士，謁盧黃門，館之甚厚。知有丹青之能，意欲求之，未敢發言。楊懇辭去。復苦留之。知其家累洛中，衣食乏少，心所不安，乃潛令人將數百千至洛供給，取其家書迴以示楊公。公感之，未知所報。盧因從容，乃言欲一蹤，以子孫寶之。意倘難之。遂月餘圖一障，松石雲物，移動造化，世莫覩之。其跡妙上上品。

(3) 醫生——如酉陽雜俎續集卷二說馬醫因給人家的馬治病而得錢云：

建中初，有人牽馬訪馬醫，稱馬患脚，以二十鐶求治。其馬毛色骨相，馬醫未嘗見。……馬醫所獲錢，……

又國史補卷中說王彥伯爲一般人治病，得錢帛甚多云：

王彥伯自言醫道將行，時列三四竈，煮藥于庭。老少塞門而請。彥伯指曰，『熱者飲此；寒者飲此；風者飲此；氣者飲此。』皆飲之而去。翌日，各負錢帛來酬，無不效者(註二四二)。

又酉陽雜俎卷一說王布爲女聘醫治疾，費錢甚多云：

永貞年(805—6)，東市百姓王布知書，藏鏹千萬，商旅多賓之。有女年十四

(註二四二)此事不記年月。按王彥伯曾爲裴胄尙書之子治病(見酉陽雜俎卷七)，而裴胄之爲尙書，事在貞元十九年(見舊唐書卷一三德宗紀貞元十九年五月辛亥條)。可知上述王彥伯爲人治病得錢帛事，約發生於貞元年間。

五，豔麗聰悟，鼻兩孔各垂息肉，如皂莢子，其根如麻線，長寸許，觸之痛入心髓。其父破錢數百萬治之，不差。

又唐高彥休唐闕史卷下王居士神丹說王居士爲人治病，得錢三百緡云：

有長樂王居士者，耄年鶴髮，精彩不衰，嘗持珠念佛，施藥里巷。家屬十餘口，豐儉適其中。一日，遊于終南山之靈應臺。臺有觀音殿基，詢其僧，則曰，『梁棟欒櫨，悉已具矣。屬山路險峻，輦負上下，大役工徒，非三百緡不可集事。』居士許諾，期旬日，齎鏹而至。至京，乃托于人曰，『有富室危病，醫藥不救者，某能活之。得三百千，成終南山佛屋，足矣。』果有延壽坊鬻金銀珠玉者，女歲十餘，遘病甚危，衆醫聚藥，手不能措，願以其價療之。居士則設盟于㡌，期于必效。且曰，『滯工役已久矣。今留神丹，不足多慮。某先持此鏹，付所主僧，冀獲雙濟。』鬻金者亦奉釋教，因許之。留丹于小壺中，齎緡而往。…… 涉旬 ……女 ……須臾忽蘇，黎明則胎息續矣。一家驚異，媿謝王生。生乃更留藥而去(註二四三)。

(4) 卜者——如太平廣記卷二一七王栖嚴引渚宮舊事說某老人以百錢求卜云：

王栖嚴自湘川寓江陵鷺白湖，善治易，窮律候陰陽之術。……每清旦布蓍，爲人決事，取贅足一日爲生，則閉齋治園。大歷中，嘗有老父持百錢求筮。卦成，……

(5) 堪輿家——如太平廣記卷二八九周士龍引辯疑志說周龍爲人選擇墳地，得錢甚多云：

周士龍，婺州東陽人，能辨山岡，卜擇墳墓之地，與叔父齊名。每至歲月，大通門庭，車馬如市。人之夭壽官位，吉凶利害，一切以利斷。大歷五年，至鄴中。……有兵馬使婁瓘，舉大事，遂懇祈士龍卜地，前後餉千餘貫。士龍大喜，遂與月餘日尋訪山原，忽得一處，說其地勢迴抱，是龍腹，三年內必得節度使。瓘亦以自負。……

(註二四三)太平廣記卷八四王居士略同。按唐闕史序云，『大中(847—860)咸通(860—864)而下，或有可以爲誇尙者，資談笑者，垂訓戒者，惜乎不書於方册，輒從而記之。………中和歲(881—5)……出所記述……』可知此事當發生於大中咸通年間以後，中和年間以前。

由上述，可知從安史之亂前後開始的官吏和自由職業者的工資，多以錢幣支付。此外，當日勞動者的工資也多以錢幣發給。如太平廣記卷四八七蔣防霍小玉傳說玉工的工資以錢支付云：

大曆中，……侍婢浣沙將紫玉釵一隻，詣（侯）景先家貨之。路逢內作老玉工，見浣沙所執，前來認之，曰，『此釵吾所作也。昔歲霍王小女將欲上鬟，令我作此，酧我萬錢。……

又同書卷八四奚樂山引集異記說車工的工資，按件計算，以錢支付云：

上都通化門長店，多是車工之所居也。廣備其財，募人集車輪轅輻，皆有定價。每治片輞，通鑿三竅，懸錢百文。雖敏手健力，器用利銳者，日止一二而已。有奚樂山者，攜持斧鑿，詣門自售，視操度繩墨頗精。徐謂主人，『幸分別輞材，某當併力。』主人訝其貪工，笑指一室曰，『此有六百片，甘任意施爲。』樂山曰，『或欲通宵，請具燈燭。』主人謂其連夜，當倍常功，固不能多辦矣。樂山乃閉戶屏人，丁丁不輟。及曉，啓主人曰，『並已畢矣。願受六十緡而去也。』主人洎鄰里大奇之。則視所爲，精妙錙銖無失。衆共驚駭。卽付其錢。樂山謝辭而去（註二四四）。

又册府元龜卷四九一說山陵建築工匠的工資以錢發給云：

（元和十五年）四月，勅，『……京畿百姓閒甚艱貧。……今又修營陵寢，雖應緣驅役，皆給價錢。』

又舊唐書卷一六穆宗紀亦云：

（元和十五年七月）丁卯，以門下侍郎平章事令狐楚爲宣州刺史，……楚爲山陵使，縱吏于翬刻下，不給工徒價錢，積留錢十五萬貫爲羨餘以獻，故及於貶（註二四五）。

（註二四四）四庫全書總目提要卷一四二云，『集異記一卷，唐薛用弱撰。案唐書藝文志載用弱字中勝，長慶光州刺史。………三水小牘載其大和中自儀郎曹出守弋陽，爲政嚴而不殘。』此書作者旣爲長慶(821—5)大和(827—8)間人，則書中所記之事，雖未註明年月，亦必發生於此時期左右，可無疑義。

（註二四五）舊唐書卷一七二令狐楚傳略同。

又上引唐闕史卷下說王居士行醫所得的三百緡，也是用來支付觀音殿建築匠的工資的。復次，酉陽雜俎續集卷三亦說某女工因造雨衣而得錢甚多云：

荆州百姓郝惟諒，…… 會昌二年寒食日，與其徒遊於郊外，……迨宵分，……覩一婦人，姿容慘悴，服裝羸弊，方向燈紉縫。……婦人云，『某……不廢女工，自安此造雨衣，與胡衣家傭作，凡數歲矣。所聚十三萬，……』郝……遲明訪之胡氏，物色皆符。乃具以告。卽與偕往……視之，散錢……緡之數如言。

以上說以錢支付的工資，偏于技術工人方面。此外，當日一般沒有技術的工人的工資，也多以錢發給。如太平廣記卷三三六字文覿引廣異記說韓徹以錢五千文僱工人往墳墓中取物云：

韓徹者，以乾元中任隴州吳山令，……乃命縣人掘之，深數尺，得一塚。塚中……遙望西北陬有一物，衆謂是怪異，乃以五千顧工人取之。初繞，然晝燭一束，工人背刀緣索往。

又唐聖朋長讀宣室志卷二說趙某爲人寄信，得錢萬文云：

陳少遊鎮淮南(註二四六)時，嘗遣軍卒趙某使京師，遺公卿書 。…… 至華陰縣，……金天王……於袖中出書一通付趙曰，『持此爲我至蜀都，訪成都蕭敬之者與之。……』因以錢一萬遺之。趙卽以錢貯懷中……至成都，訪蕭敬之，以書付之。

又酉陽雜俎卷一四說王淸被人僱用，聽得錢幣云：

元和初，洛陽村百姓王淸，傭力得錢五環。

又唐李復言續幽怪錄卷一麒麟客說張茂實以每月五百文的工資率僱用僕人云：

(張)茂實家于華山下，大中(廣記作『唐大中初』)偶遊洛中，假僕於南市。得一人焉，其名曰王夐，年可四十餘。傭作之直月五百(註二四七)。

由上所述，可知中國的工資制度，到了安史之亂前後，由於錢幣的普遍使用，發生很大的變動。在官吏薪俸方面，俸料錢的數量一天比一天加增，而支付時也多

(註二四六)陳少遊於大曆建中間鎮淮南，見舊唐書卷一二六本傳。

(註二四七)太平廣記卷五三麒麟客略同。

全改爲錢幣，不再像以前那樣折成實物來發給。至於他們薪俸中的祿米，自安史亂時起卽已全部取消，而從職田中得到的實物地租亦一天一天的減少。總之，安史亂後公務員的薪俸有由實物轉變爲錢幣的傾向。此外，當日自由職業者及勞動者因服務而得的工資，也不再像過去幾百年那樣以實物爲主，而多改爲錢幣。

（六）總結

總括本章所述，我們可知中國自漢末以後盛行了五百多年的自然經濟，到了安史之亂前後，一方面由於商業的空前發展，他方面由於錢幣的大量增加，勢力日漸衰落，貨幣經濟則代之而起。從此以後，金屬貨幣（錢）代替了以前的實物貨幣，貨幣租稅代替了實物租稅，貨幣工資代替了實物工資；此外地租方面也漸漸由農產品改爲錢幣，徭役方面也漸漸由差役制改爲雇役制。總之，由于當日貨幣經濟大潮流的沖蕩，錢幣遂普遍而深刻的侵入一般人的日常生活中。當日錢幣這種浩浩蕩蕩的聲勢，如果和過去五百多年錢幣流通稀少，無論交易、租稅、地租或工資方面均須求助于穀帛等實物的情形比較一下，簡直是兩個完全不同的世界！怪不得當日理財家劉晏心目中的社會是一個『錢流地上』的社會了。因此，歸納當日各方面的變動，我們可以確切的斷定：安史之亂左右是中國經濟史上由自然經濟轉變爲貨幣經濟的一大關鍵。

自然，這種從安史之亂前後開始而以錢幣爲中心的貨幣經濟，只是初步發展的貨幣經濟。牠的更向上的發展，還有待于唐末宋元以後銀幣之普遍而大量的爲各階層人民所使用。不過這點已經超出本文討論範圍之外，故暫時從略。

第七章　結論

總括上文，我們可知在漢代已經漸具規模的貨幣經濟，自漢末以後，間接由于連年戰亂頻仍的影響，直接由于商業的衰落及錢幣數量的減少，勢力一天比一天衰落，自然經濟則起而佔支配地位。從此以後，直到安史之亂左右，約共五百多年的期間，就大體上說，實是自然經濟佔優勢的時代。這時因爲錢幣流通的稀少，在買賣方面，人們多實行物物交換，卽把穀帛等實物當作貨幣來購買其他物品，而賣主也願意收受這些實物作爲出賣物品的代價。在租稅方面，人民能夠拿來繳納的只是布帛及農產品等物，政府也只好以徵收這些實物爲滿足，故國庫內完全充滿了穀、粟、絹、布等物。政府的收入既然以布帛及農產品爲主，牠向各級公務員發給的薪俸，自然也只好以這些物品爲主。同時，由于錢幣的缺乏，自由職業者及勞動者因工作而從僱主那裏領到的工資，也多半爲穀帛等物；反正這些東西既可供自己直接消費，又可拿來購買其他物品，故他們也願意接受。此外，佃農因借耕田地而繳納給地主的地租，自然更只好限于土地上出產的物品了。總之，在這五百多年的期間，雖然錢幣有時也常被人使用，一般人的經濟生活在任何方面都要和穀帛等實物發生密切的關係。因此，這時期雖然不是純粹的自然經濟時代，至少也是自然經濟佔優勢的時代。

上述漢末以後盛行了五百多年的自然經濟，到了安史之亂前後，一方面由于商業的發展，他方面由于錢幣數量的增加，可要漸漸衰微，而讓位于貨幣經濟了。這時商業既然有空前的發展，人們在市場上買賣時，便深深感覺到仍舊和過去幾百年那樣把笨重和不便分割的穀帛當作貨幣來交易的不便，從而大家都願意改用錢幣來作交易的媒介。同時，當日錢幣數量的激劇增加，又給予人們這種用錢幣代替穀帛來交易的企圖以很大的便利。因此，錢幣遂漸漸搶奪了穀帛等實物過去在市場上具有的貨幣的機能，而大量的流通起來。而且，這種以錢代替實物來使用的方便，不獨人們在市場上買賣時有這種感覺，就是政府和人民間關於租稅的徵繳，僱主和工人間關于工資的授受，也同樣的感覺到錢幣遠較實物爲便；結果，貨幣租稅遂代替了從前的實物租稅，貨幣工資遂代替了從前的實物工資。此外，因爲同樣的理由，佃農當作地租來繳納給地主的農產品，漸漸改用錢幣來代替；人民親自向政府提供的徭役，也漸漸繳納錢幣來免除。總之，當日貨幣經濟的大潮流飄蕩所及，舊社會保存下來的自然經濟遂無情的被牠冲倒。所以，從安史之亂前後開始，各地的市場上充滿了錢幣；政府的國庫裏充滿了錢幣；地主的腰包裏充滿了錢幣；公務員，自由職業者及勞動者，當領到工資的時候，口袋裏也充滿了錢幣。這時錢幣使用之多，多到劉晏『自言如見錢流地上』！當日錢幣既然無論在那方面都和人民經濟生活發生密切的關係，一般人的日常生活自然要普遍而深刻的感受到牠的影響。這和過去幾百年錢幣勢力微弱到連交易也可以完全不用牠作媒介的情形比較起來，可以說是兩種完全相反的對照！因此，安史之亂左右實在是自然經濟和貨幣經濟勢力盛衰消長的一大關鍵。

由此可知，漢末以後，中唐以前，一共五百多年的中古時期，實是一個自然經濟佔優勢的時代；牠有別于此時期以前（漢代）貨幣經濟的相當發展，更有別于此時期以後貨幣經濟的興起。作者這種根據 B, Hildebrand 經濟史分期說來把漢末以後中唐以前的中古時期看作自成一個階段的嘗試，或許不至于有多大的錯誤，因爲這五百多年的中國社會的確是和以前及以後都大不相同的。因此，其他學者從另一觀點出發來探討這時期的社會，也發現牠有別于以前及以後的社會。例如吾師陶希聖先生在南北朝經濟史序中說：

> 在四年以前，一般研究中國經濟社會史的人們，總把秦漢到滿淸劃成一個段落。當時，我也是這樣的一人。四年以來，我對秦漢以後次第的加以研讀，漸漸看出東漢以後，中唐以前，無論在經濟、社會、政治、思想上都自成一個段落，與以前的秦漢及以後的宋明，各有不同之點。最重要的特徵，是大族與教會的經濟特權及政治特權。秦漢不是沒有大族，但政治上受政府的抑制。宋明不是沒有教會，但法律上沒有特權。如再進一步，看取大族與寺院的下面的社會的經濟的組織，更可見與前代後代不同的特質。在大族及僧侶之下，庇護着多數的自由人，領有着多數的部曲僮客，持有着多數的奴隸。反之，在秦漢，我們看見最引人注意的是家內奴隸；在宋明，我們看見的是自由勞動的發達，庇護特權的淪沒。所以，魏晉至隋唐，社會上嚴于士庶之分辨，政治上顯有大族的操持，思想上富于佛教的影響。彼此因應，斷非偶然。

根據陶先生研究的結果，再加上作者斷言自然經濟在這時期佔優勢的結論，漢末以後中唐以前的中古社會不是更明顯的可以自成一個段落，有別于這時期以前及以後的社會嗎？

中華民國卅年十一月廿四日，西川南溪李莊板栗㘭。

出自第十本（一九四八年四月）

讀東城老父傳

陳寅恪

太平廣記肆捌伍雜傳記類東城老父傳題陳鴻撰，然傳文中作者自稱其名凡四處，一曰：

元和中潁川陳鴻祖攜友人出春明門。

二曰：

宿鴻祖於齋舍。

三曰：

鴻祖問開元之理亂。

四曰：

鴻祖默不敢應而去。

是此傳作者之名爲陳鴻祖，絕無疑義，而廣記題陳鴻者，殆由傳寫者習知長恨歌傳撰人卽大和時（新唐書伍玖子部小說類誤作貞元）主客郎中字大亮者陳鴻之姓名遂以致譌耳。全唐文卷陸壹貳收陳鴻文共三篇，而長恨歌傳館臣以其『言近猥瑣妄誕』故不見錄，其卷柒貳拾復別收陳鴻祖文，止一篇，卽此傳是也。近日學人有考證此傳者，亦襲舊誤，混陳鴻與陳鴻祖爲一人。（寅恪案，陳鴻爲貞元二十一年乙酉進士，見徐松登科記考壹伍。陳鴻大統紀序自言『貞元丁酉歲登太常第。』其丁酉乃乙酉之譌寫，非丁卯丁丑之誤文也。徐氏考訂甚精，玆不具述。）且云：

清修全唐文，錄鴻文三篇，而此二篇（指此傳及長恨歌傳）不收。

蓋偶爾失檢，未足爲病也。至鴻祖始末全唐文小傳僅言其爲潁川人，亦卽出於此傳『元和中潁川陳鴻祖攜友人出春明門』之語，然則其他無考，從可知矣。玆於傳文不欲多所論證，惟略詮釋其中二事如下：

傳文云：

老人歲時伏臘得歸休。行都市間，見有賣白衫白疊布者，行鄰比鄽間，有人禳病，法用皂布一匹，持重價不克致，竟以幞頭羅代之。近者老人扶杖出門，閱街衢中，東西南北視之，見白衫者不滿百，豈天下之人皆執兵乎？

寅恪案，老人意謂昔時兵少，而今日兵多，蓋平民衣白，而兵士衣皂故也。據舊唐書肆伍輿服志（參隋書壹貳禮樂志新唐書貳肆車服志）云：

（隋大業）六年復詔從駕涉遠文武官等皆戎衣，貴賤異等，雜用五色，五品已上通著紫袍，六品以下兼用緋綠，胥吏以青，庶人以白，屠商以皁，士卒以黃。武德初因隋舊制。

是唐初庶人衣白，士卒衣黃也。然通典壹陸玖刑典守正條載潘好禮纂徐有功事跡中丘神鼎案有

黑襖子即是武夫之衣。

等語，其下文黑襖亦作皂襖或皂衣，是武則天時士卒已衣皂矣。唐會要柒貳軍雜錄云：

廣德二年三月禁王公百吏家及百姓著皂衫及壓耳帽子，異諸軍官健也。

開成元年正月勑：坊市百姓甚多著緋皂開後襖子，假託軍司，自今已後宜令禁斷。

斯又唐中葉後士卒衣皂之明證也。又唐語林柒補遺云：

唐末士人之衣尙黑，故有紫綠，有墨紫，迨兵起，士庶之衣俱皁，此其讖也。

王讜此條所錄屬於唐末範圍，雖與東城老父之時代先後不同，然其以皂色爲兵起之讖，固兵卒衣皂之一旁證也。

至唐玄宗末及憲宗初之兵額則據舊唐書壹肆憲宗紀上元和二年十二月己卯史官李吉甫撰元和國計簿條（參新唐書伍貳食貨志末及通鑑貳叁柒元和二年末條）云：

比量天寶供稅之戶則四分有一，天下兵戎仰給縣官者八十三萬，然人比量天寶士馬則三分加一，率以兩戶資一兵。

又據舊唐書壹柒下文宗紀開成二年正月庚寅戶部侍郎判度支王彥威進所撰供軍圖略序（參舊唐書壹伍柒新唐書壹陸肆王彥威傳）曰：

至德乾元之後迄于貞元元和之際，天下有觀察者十，節度使二十有九，防禦者四，經略者三，掎角之師犬牙相制，大都通邑無不有兵，約計中外兵額至八十餘萬。長慶戶口凡三百三十五萬・而兵額又約九十九萬。通計三戶資奉一兵。

此李趙公王靖公所舉統計之數，可與老人之言參證者也。

傳文末結語云：

（老人）復言曰：上皇北臣穹廬，東臣雞林，南臣滇池，西臣昆夷，三歲一來會，朝覲之禮容，臨照之恩澤，衣之錦絮，飼之酒食，使展事而去。都中無留外國賓。今北胡與京師雜處，娶妻生子，長安中少年有胡心矣。吾子視首飾韡服之制不與向同，非物妖乎？鴻祖默不敢應而去。

寅恪案，新唐書壹柒拾王鍔傳云：

德宗擢爲鴻臚少卿。先是天寶末西域朝貢酋長及安西北庭校吏歲集京師者數千人，隴右既陷，不得歸，皆仰稟鴻臚旅賓，月四萬緡，凡四十年，名田養子孫如編民。至是鍔悉籍名王以下，無慮四千人，畜馬二千，奏皆停給。宰相李泌盡以隸左右神策軍，酋長署牙將，歲省五十萬緡。帝嘉其功，擢容管經略使。

通鑑貳叁貳貞元三年七月條云：

初河隴既沒於吐蕃，自天寶以來安西北庭奏事及西域使人在長安者歸路既絕，人馬皆仰給於鴻臚禮賓，委府縣供之，於度支受直，度支不時付直，長安市肆不勝其弊。李泌知胡客留長安久者，或四十餘年，皆有妻子，買田宅，居貨取利，安居不欲歸。命檢括胡客有田宅者，停其給，凡得四千人。將停其給，胡客皆詣政府訴之，泌曰：此皆從來宰相之過，豈有外國朝貢使者留京師數十年，不聽歸乎？今當假道於迴紇，或自海道，各遣歸國，有不願歸，當於鴻臚自陳，授以職位，給俸祿，爲唐臣。人生當乘時展用，豈可終身客死耶？於是胡客無一人願歸者，泌皆分隸神策兩軍，王子使者爲散兵馬使或押牙，餘悉爲卒，禁旅益壯，鴻臚所給胡客纔十餘人，歲省度支錢五十萬，市人皆喜。

寅恪案，通鑑此條取自李繁鄴侯家傳，與新唐書王鍔傳所紀實爲一事，共出一源，不過歸美泌鍔二書各有不同而已。

又白氏長慶集肆新樂府西涼伎前段云：

西涼伎，假面胡人假師子，刻木爲頭絲作尾，奮迅毛衣擺雙耳，如從流沙來萬里，紫髯深目兩胡兒，鼓舞跳梁前致辭，應似涼州未陷日，安西都護進來時，須臾云得新消息，安西路絕歸不得，泣向師子涕雙垂，涼州陷沒知不知？師子迴頭向西望，哀吼一聲觀者悲，貞元邊將愛此曲，醉坐笑看看不足。享賓犒士宴三軍，師子胡兒長在目。

寅恪案，當日西北胡人路絕思歸之悲苦形於伎樂，盛行一時旣如此，則西北胡人留滯不得歸者，其爲數之衆可以推知也。故貞元元和之時長安胡服之流行必與胡人僑寓者之衆多有關，若白氏長慶集肆新樂府時世妝所云『斜紅不暈赭面狀』及『元和妝梳君記取，髻椎面赭非華風』之赭面，則疑受吐蕃影響，（參考舊唐書壹玖陸上新唐書貳壹陸上吐蕃傳唐會要玖柒吐蕃條，敦煌寫本于闐國記亦目吐蕃爲赤面國，俱可證也。）而與西域胡人無關也。至老人所謂北胡，名義雖指迴紇言，實際則爲西域胡人，蓋迴紇盛時中亞賈胡往往藉其名義，以牟利於中國，如舊唐書壹貳柒張光晟傳（參通鑑貳貳陸建中元年八月條）云：

大曆末遷單于都護，兼御史中丞振武軍使。代宗密謂之曰：北蕃縱橫日久，當思所禦之計。光晟旣受命至鎭，威令甚行，建中元年迴紇突董梅祿領衆幷雜胡等自京師還國，輿載金帛相屬於道，光晟訝其裝橐頗多，潛令驛吏以長錐刺之，則皆輦歸所誘致京師婦女也。

新唐書貳壹柒下回鶻傳云：

始回鶻至京師，常參以九姓胡，往往留京師，至千人，居貲殖產甚厚。

據舊唐書張光晟傳，代宗謂迴紇爲北蕃，北蕃卽老人所謂北胡也。據新唐書回鶻傳，回鶻至中國，常參以九姓胡，殖產甚厚，其所謂九姓胡，卽唐會要玖玖康國條（新唐書貳貳壹下西域傳康國傳卽采用會要之文，而誤會其意，至改句奴爲突厥，甚可笑。讀者可比較兩書觀之，茲不備引。）所云

康國本康居之苗裔也。其王本姓溫氏，其人土著，役屬於突厥，先居祁連北

昭武城，爲匈奴所破，南依葱嶺，遂有其地，支庶強盛，分王鄰國，皆以昭武爲姓氏，不忘本也。

及新唐書貳貳壹下西域傳康國傳所云

枝庶分王：曰安，曰曹，曰石，曰米，曰何，曰火尋，曰戊地，曰史，世謂九姓皆氏昭武。

之昭武九姓胡，其人本以善賈著稱，旣得依藉迴紇之蔭護，僑居長安，殖產業而長子孫，故於長安風俗服裝之漸染胡化，實大有關係也。

又傳文老人所言其他史事俱不甚難解，故僅取此二事略爲釋證之如此。

出自第十本(一九四八年四月)

讀鶯鶯傳

陳寅恪

太平廣記肆捌捌雜傳記類載有元稹鶯鶯傳，即世稱爲會眞記者也。會眞記之名由於傳中張生所賦及元稹所續之會眞詩，其實『會眞』一名詞亦當時習用之語，今道藏夜字號有唐元和十年進士洪州施肩吾（字希聖）西山羣仙會眞記五卷，李竦所編。（又有會眞集五卷，超然子王志昌撰。）姚鼐以爲書中引海蟾子劉操，而操乃遼燕山人，故其書當是金元間道流依託爲之者。（見所撰四庫書目提要）鄙意則謂其書本非肩吾自編，其中雜有後人依託之處，固不足怪，但其書實無甚可觀，因亦不欲多論。玆所欲言者，僅爲『會眞』之名究是何義一端而已。莊子稱關尹老聃爲博大眞人（天下篇語），後來因有眞誥眞經諸名，故眞字卽與仙字同義，而『會眞』卽遇仙或遊仙之謂也。又六朝人已侈談仙女杜蘭香蕚綠華之世緣，流傳至於唐代，仙（女性）之一名遂多用作妖艷婦人或風流放誕之女道士之代稱，亦竟有以之目娼妓者，其例證不遑悉舉，卽就全唐詩壹捌所收施肩吾詩言之，如

及第後夜訪月仙子。

自喜尋幽夜，新當及第年，還將天上桂，來訪月中仙。

贈仙子。

欲令雪貌帶紅芳，更取金瓶瀉玉漿，鳳管鶴聲來未足，懶眠秋月憶蕭郎。

卽是一例。而唐代進士貢舉與娼妓之密切關係觀孫棨北里志及韓偓香奩集之類，又可證知。（致堯自序中『大盜入關』之語實指黃巢破長安而言，非謂朱全忠也。震鈞所編之年譜殊誤，寅恪別有辨證，玆不贅論。）然則仙（女性）字在唐人美文學中之涵義及『會眞』二字之界說旣得確定，於是鶯鶯傳中之鶯鶯究爲當時社會中何等人物，及微之所以敢作此文自敍之主旨，與夫後人所持解釋之妄謬，皆可因以一一考實辨明矣。

趙德麟侯鯖錄伍載王性之辨傳奇鶯鶯事略云：

清源莊季裕爲僕言：友人楊阜公嘗得微之所作姨母鄭氏墓誌云：其旣喪夫，遭軍亂，微之爲保護其家備至，則所謂傳奇者，蓋微之自敍，特假他姓以避耳。僕退而考微之長慶集，不見所謂鄭氏誌文，豈僕家所收未完，或別有他本爾。又微之作陸氏姊誌云：予外祖父授睦州刺史鄭濟，白樂天作微之母鄭夫人誌亦言鄭濟女，而唐崔氏譜永甯尉鵬亦娶鄭氏女，則鶯鶯者乃崔鵬之女，於微之爲中表，正傳奇所謂鄭氏爲異派之從母者也，可驗決爲微之無疑。然必更以張生者，豈元與張受命姓氏本同所自出耶？（原注：張氏出黃帝之後，元姓亦然，後爲拓拔氏，後魏有國，改號元氏。）

寅恪案，鶯鶯傳爲微之自敍之作，其所謂張生卽微之之化名，此固無可疑。然微之之所以更爲張姓之故，則殊不易解，新唐書壹貳伍張說傳云：

（武）后嘗問：諸儒言氏族皆本炎黃之裔，則上古乃無百姓乎？

武后之語頗爲幽默。夫世稱氏族之託始於黃帝者亦多矣。元氏之易爲張氏若僅以同爲黃帝之故，則可改之姓甚衆，不知微之何以必有取於張氏也。故王性之說之不可通，無俟詳辨。鄙意微之文中男女主人之姓氏皆仍用前人著述之舊貫，此爲會眞之事，故襲取微之以前最流行之『會眞』類小說，卽張文成遊仙窟中男女主人之舊稱，如後來劇曲中王魁梅香小說張千李萬之比，此本古今文學中之常例也。夫遊仙窟之作者張文成自謂奉使河源，於積石山窟得遇崔十娘等，其故事之演成實取材於博望侯舊事，故文成不可改易其眞姓，且遊仙窟之爲書乃直述本身事實之作，如

下官答曰：前被賓貢，已入甲科，後屬搜揚，又蒙高第，奉勑授關內道小縣尉。（寅恪案，卽指甯州襄樂尉而言。）

等語卽是其例。但崔十娘等則非眞姓，而其所以假託爲崔者，蓋由崔氏爲北朝隋唐之第一高門，故崔娘之稱實與其他文學作品所謂蕭娘者相同，不過一屬江左高門，一是山東甲族，南北之地域雖殊，其爲社會上貴婦人之泛稱，則無少異也。又楊巨源詠元微之『會眞』事詩云：

清潤潘郎玉不如，中庭蕙草雪消初，風流才子多春思，腸斷蕭娘一紙書。

楊詩之所謂蕭娘卽指元傳之崔女，兩者俱是使用典故也。儻泥執元傳之崔姓，而穿

鑿搜尋一崔姓之婦人以實之，則與拘持楊詩之蕭姓，以爲眞出於蘭陵之貴女者，豈非同一可笑之事耶？

又觀於微之自敍此段因緣之別一詩，卽才調集伍夢遊春云：

昔歲夢遊春，夢遊何所遇，夢入深洞中，果遂平生趣，清冷淺漫流，畫舫蘭篙渡，過盡萬株桃，盤旋竹林路。

及白樂天和此詩（白氏長慶集壹肆）云：

昔君夢遊春，夢遊仙山曲，怳若有所遇，似愜平生欲，因尋昌蒲水，漸入桃花谷。

則似與張文成所寫遊仙窟之窟及其桃李澗之桃亦有冥會之處，蓋微之襲用文成舊本，以作傳文，固樂天之所諗知者也。然則世人搜求崔氏家譜以求合，僞造鄭恆墓誌以證妄，不僅癡人說夢爲可憐，抑且好事欺人爲可惡矣。

夫鶯鶯雖不姓崔，或者眞如傳文所言乃鄭氏之所出，而微之異派從母之女耶？據白氏長慶集貳伍唐河南元府君夫人滎陽鄭氏（卽微之之母）墓誌銘略云：

夫人父諱濟，睦州刺史，夫人睦州次女也。其出范陽盧氏，天下有五甲姓，滎陽鄭氏居其一，鄭之勳德官爵有國史在，鄭之源流婚媾有家牒在。

夫諛墓之文縱有溢美，而微之母氏出於士族，自應可信。然微之夢遊春詩敍其與鶯鶯一段因緣有

我到看花時，但作懷『仙』句，浮生轉經歷，道性尤堅固，近作夢『仙』詩，（寅恪案，此所謂『仙』者其定義必如上文所言乃妖冶之婦人，非高門之莊女可知也。）亦知勞肺腑，一夢何足云，良時事婚娶。

之語，白樂天和此詩其序亦云：

重爲足下陳夢遊之中有以甚感者，敍婚仕之際所以至感者。

其詩復云：

心驚睡易覺，夢斷魂難續，鸞歌不重聞，鳳兆從茲卜，韋門女清貴，裴氏甥賢淑。

又韓昌黎集貳肆監察御史元君妻京兆韋氏（卽微之元配）墓誌銘略云：

僕射（韋夏卿）娶裴氏皐女，皐父宴相耀卿，夫人於僕射爲季女，愛之，選

壻得今御史河南元稹。

銘曰：

詩歌碩人，爰敍宗親，女子之事，有以榮身，夫人之先，累公累卿，有赫外祖，相我唐明。

據元白之詩意，俱以一夢取譬於鶯鶯之因緣，而視爲不足道，復觀昌黎之誌文，盛誇韋氏姻族之顯赫，益可見韋叢與鶯鶯之差別純在社會地位門第高下而已。然則鶯鶯所出必非高門，實無可疑也。唐世倡妓往往謬託高門，如太平廣記肆捌柒雜傳記類蔣防所撰霍小玉傳略云：

大歷中隴西李生名益，以進士擢第，其明年拔萃，俟試於天官，夏六月至長安，每自矜風調，思得佳偶。博求名妓，久而未諧，長安有媒鮑十一娘至曰：有一『仙人』（寅恪案，此卽唐代社會之所謂『仙人也。）謫在下界，生問其名居，鮑具說曰：故霍王小女，字小玉，王甚愛之，母曰淨持。卽王之寵婢也。王之初薨，諸兄弟以其出自庶賤，不甚收錄，因分與資財，遣居於外，易姓爲鄭氏。

及范攄雲溪友議上舞娥異條（參唐語林肆豪爽類）略云：

李八座翺潭州席上有麗柘枝者，顏色憂悴。詰其事，乃故姑蘇臺韋中丞愛姬之女也。（原注：夏卿之胤，正卿之姪。寅恪案，微之妻父韋夏卿事跡可參呂和叔文集陸韋公神道碑，而兩唐書韋夏卿本傳俱不甚詳也。考韋夏卿卒於元和元年，李翺之爲湖南觀察使在大和十八年，相去二十八九年，卽使此人眞爲夏卿之遺腹女，其年當近三十矣。豈唐代亦多如是之老大舞女耶？可發一笑，）亞相（李翺）曰：吾與韋族其姻舊矣。遂選士嫁之。

皆是其例。蓋當日之人姑妄言之，亦姑妄聽之，幷非鄭重視之以爲實有其事也。

若鶯鶯果出高門甲族，則微之無事更婚韋氏，惟其非名家之女，舍之而別娶，乃可見諒於時人，蓋唐代社會承南北朝之舊俗通以二事評量人品之高下，此二事一曰婚，二曰宦。凡婚而不娶名家女，與仕而不由淸望官，俱爲社會所不齒。此類例證甚衆，且爲治史者所習知，故茲不具論。但明乎此，則微之所以作鶯鶯傳，直敍其自身始亂終棄之事跡，絕不爲之少慙或略諱者，卽職是故也。其友人楊巨源李紳白居易亦知之而不以爲非者，舍棄寒女而別婚高門，當日社會所公認之正當行爲也。否則微之爲極熱中巧宦之人，値其初具羽毛，欲以直聲升朝之際，豈肯作此貽人口實之文，廣爲流播，以自阻其進取之路哉！

復次此傳之文詞亦有可略言者，卽唐代貞元元和時古文運動實與小說之創造有密切關係是也。其關於韓退之者，已別有論證，玆不重及。（見哈佛亞細亞學報第壹卷第壹期拙著韓愈與唐代小說。）其實當時致力古文而思有所變革者，并不限於昌黎一派，元白二公亦當日主張復古之健者，不過宗尙稍不同，影響亦因之有別，後來遂湮沒不顯耳。

舊唐書壹陸陸元稹白居易合傳論略云：

史臣曰：國初開文館，高宗禮茂才，虞許擅價於前，蘇李馳聲於後，或位昇台鼎，學際天人，潤色之文咸共編集，然而向古者傷於太僻，徇華者或至不經，齷齪者局於宮商，放縱者流於鄭衞。若品調律度，揚搉古今，賢不肖皆賞其文，未如元白之盛也。昔建安才子始定霸於曹劉，永明辭宗先讓功於沈謝，元和主盟微之樂天而已。臣觀元之制策白之奏議極文章之壼奧，盡治亂之根荄。

贊曰：文章新體，建安永明，沈謝旣往，元白挺生。

寅恪案，舊唐書之議論乃代表通常意見，觀於韓愈雖受裴度之知賞，而退之之文轉不能滿晉公之意（見唐文粹捌肆裴度寄李翺書）及舊唐書壹陸拾韓愈傳於其爲文頗有貶詞者，其故可推知矣。是以在當時人一般心目中元和一代文章正宗應推元白，而非韓柳，與歐宋重修唐書時其評價迥不相同也。

又元氏長慶集肆拾制誥序云：

元和十五年余始以祠部郎中知制誥，初約束不暇及。後累月輒以古道干丞相，丞相信然之。又明年召入禁林，專掌內命。上好文，一日從容議及此，上曰：通事舍人不知書，便其宜，宣贊之外無不可。自是司言之臣皆得追用古道，不從中覆。然而余所宣行者文不能自足其意，率皆淺近，無以變例，追而序之，蓋所以表明天子之復古，而張後來者之趣向耳。

白氏長慶集伍叁（汪立名本白香山詩後集陸）微之整集舊詩及文筆爲百軸，以七言長句酬樂天，樂天次韻酬之，餘思未盡，加爲六韻詩：

制從長慶詞高古。

自注云：

微之長慶初知制誥，文格高古，始變俗體，繼者效之也。

寅恪案，今白氏長慶中書制誥有『舊體』『新體』之分別，其所謂『新體』卽微之所主張，而樂天所從同復古改良之公式文字新體也。

唐摭言伍切磋條略云：

韓公著毛穎傳，好博簺之戲，張水部以書勸之曰：比見執事多尙駮雜無實之說，使人陳之於前以爲歡，此有以累於令德。

毛穎傳者昌黎摹擬史記之文，蓋以古文試作小說，而未能甚成功者也。微之鶯鶯傳則似摹擬左傳，亦以古文試作小說，而眞能成功者也。蓋鶯鶯傳乃自敍之文，有眞情實事，毛穎傳則純爲游戲之筆，其感人之程度本應有別。夫小說宜詳，韓作過簡，毛穎傳之不及鶯鶯傳此亦爲一主因。觀昌黎集中尙別有一篇以古文作小說而成功之絕妙文字，卽石鼎聯句詩序。(昌黎集貳壹)朱子韓文考異陸論此篇云：

今按方本簡嚴，諸本重複，然簡嚴者似於事理有所未盡，而重複者乃能見其曲折之詳。

白氏長慶集貳和答詩序云：

頃在科試間常與足下(微之)同筆硯，每下筆時輒相顧語，患其意太切而理太周，故理太周則辭繁，意太切則言激。然與足下爲文所長在此，所病亦在此，足下來序果有詞犯文繁之說，今僕所和者猶前病也。待與足下相見日，各引所作稍删其繁而晦其義焉。

據此，微之之文繁，則作小說正用其所長，宜其優出退之之上也。

唐代古文運動鉅子雖以古文試作小說而能成功，然公式文字六朝以降本以駢體爲正宗。西魏北周之時曾一度復古，旋卽廢除，在昌黎平生著作中平淮西碑文(昌黎集叁拾)乃一篇極意寫成之古文體公式文字，誠可稱勇敢之改革，然此文終遭廢棄，夫段墨卿之改作(唐文粹伍玖)其文學價値較原作如何及韓文所以磨易之故，乃屬於別種問題，玆不必論。惟就改革當時公式文字一端言，則昌黎失敗，而微之成功，可無疑也。至於北宋繼昌黎古文運動之歐陽永叔爲翰林學士，亦不能變公式文之駢體，司馬君實竟以不能爲四六文辭爲內制之命，然則朝廷公式文體之變革其難若是，微之於此信乎卓爾不羣矣。

復次，鶯鶯傳中張生忍情之說一節今人視之既最爲可厭，亦不能解其眞意所在。夫微之善於爲文者也，何爲著此一段迂矯議論耶？考趙彥衛雲麓漫鈔捌云：

唐世舉人先藉當世顯人以姓名達諸主司，然後投獻所業，踰數日又投，謂溫卷，如幽怪錄傳奇等皆是，蓋此等文備衆體，可見史才詩筆議論。

據此，小說之文宜備衆體，鶯鶯傳中忍情之說卽所謂議論，會眞諸詩文卽所謂詩筆，敍述離合悲歡卽所謂史才，皆當日小說文中不得不備具者也。

至於傳中所載諸事跡經王性之考證者外，其他若普救寺，寅恪取道宣續高僧傳貳玖興福篇唐蒲州普救寺釋道積傳，又渾瑊及杜確事，取舊唐書壹叁德宗紀貞元十五年十二月庚午及丁酉諸條參校之，信爲實錄，然則此傳亦是貞元朝之良史料，不僅爲唐代小說之傑作已也。

出自第十本（一九四八年四月）

魏書司馬叡傳江東民族條釋證及推論

陳　寅　恪

盧溝橋事變前寅恪寓北平清華園，周一良君自南京雞鳴寺往復通函，討論南朝疆域內民族問題，其後周君著一論文，題曰：南朝境內之各種人及政府對待之政策，載於中央研究院歷史語言研究所集刊第七本第四分者是也。　此文寅恪初未及見，數年之後流轉至香港，始獲讀之，深為傾服。寅恪往歲讀南北朝史，關於民族問題，偶有所見，輒識於書册之眉端，前後積至如干條，而道經越南，途中遺失，然憶所記者多為周文所已言，且周文之精審更勝於曩日之鄙見，故舊稿之失殊不足惜。　惟憶有數事，大抵無關宏旨，或屬可疑性質，殆為周君所不取，因而未載入其文者，旅中無憀，隨筆錄之，以成此篇，實竊用道家人亡我取之義，非敢謂足以補周文之闕遺也。　噫！當與周君往復商討之時，猶能從容閒暇，析疑論學，此日回思，可謂太平盛世，今則巨浸稽天，莫知所屆，周君又遠適北美，書郵阻隔，商榷無從，搦管和墨，不禁涕泗之泫然也。　一千九百四十二年九月九日陳寅恪記於桂林良豐雁山別墅。

(上)釋　　證

貉　　子

魏書玖陸僭晉司馬叡傳云：

中原冠帶呼江東之人皆為貉子，若狐貉類云：巴、蜀、蠻、獠、谿、俚、楚、越，鳥聲禽呼，言語不同，猴、蛇、魚、鱉、嗜欲皆異，江山遼闊，將數千里，叡羈縻而已，未能制服其民。

寅恪案，三國志蜀志陸關羽傳裴注引典畧略云：

羽圍樊，［孫］權遣使求助之，羽忿其淹遲，乃罵曰：貉子敢爾，如使樊城拔，吾不能滅汝耶？

世說新語惑溺篇云：

孫秀降晉，晉武帝厚存寵之，妻以姨妹蒯氏，室家甚篤。妻嘗妒，乃罵爲貉子，秀大不平，遂不復入。

此條劉注引太原郭氏錄曰：

秀字彥之，吳郡吳人。

寅恪案，三國志吳志陸孫匡傳附載秀傳，秀卽孫權弟全之孫也。劉注又引晉陽秋曰：

蒯氏襄陽人，祖良吏部尙書，父鈞南陽太守。

然則孫秀是江東土著，蒯氏復出中原冠帶之族，宜蒯之罵秀爲貉子，魏伯起之說於此可證。至關羽爲中原人（河東解），孫權爲江東人（吳郡富春），亦與伯起所言之地域民族相符也。

巴

古史民族名稱其界說頗涉混淆，不易確定，今論巴族，依據杜君卿通典之解釋，卽是南蠻中廩君一種。杜氏用范蔚宗後漢書之文，而刪除其神話一節，以爲「是皆怪誕，以此不取。」其實蔚宗述巴郡南郡蠻事其神話采自世本，亦與其述槃瓠種蠻事其神話采自風俗通者相同，范氏文才之士，家世奉天師道，受其教義薰習，識解如此，不足深怪也。故玆遂寫通典刪節范書之文，參會晉書魏書關於巴賨之記述，并附錄杜氏所下論斷之語於下，庶幾解釋魏氏巴族之定義卽不中，亦不遠矣。

通典壹捌柒邊防典叁南蠻類上廩君種條（參考水經注夷水篇引盛弘之荆州記）云：

廩君種不知何代，初巴氏樊氏瞫氏相氏鄭氏五姓皆出武落鍾離山（原注：在今夷陵郡巴山縣）。其山有赤黑二穴，巴氏之子生於赤穴，四姓之子皆生黑穴，未有君長，共立巴氏子務相，是爲廩君。從夷水下至鹽陽（原注：今夷陵郡巴山縣清江水，一名夷水，一名鹽水，其源出清江郡清江縣西亭山）。廩君於是君于夷城，四姓皆臣之。（寅恪案，此上爲君卿節錄後漢書南蠻傳之文。）巴梁閒諸巴皆是也。（原注：即巴漢之地。按范曅後漢史云云是皆怪誕，以此不取。）

寅恪案，「巴梁間諸巴皆是也」。一語爲後漢書原文所無，乃杜氏依其民族姓氏及地域之名考證所得之結論，宜可信從也。

又關於杜氏之結論更可取晉書壹貳拾李特載記及魏書玖陸賨李雄傳參證之。晉書載記之文同於後漢書南蠻傳巴郡南郡蠻條，并載廩君神話，魏書之文亦同此條，而省去其神話。晉書李特載記略云：

李特巴西宕渠人，其先廩君之苗裔也。其後種類遂繁，秦并天下，以爲黔中郡，薄賦斂之，口歲出錢四十，巴人呼稅爲賨，因謂之賨人焉。漢末張魯居漢中，以鬼道教百姓，巴人信巫覡，多信奉之。値天下大亂，自巴西之宕渠遷於漢中楊車坂，號爲楊車巴。魏武帝克漢中，特祖將五百餘家歸之，魏武帝遷於洛陽，北土復號之爲巴氐。

魏書賨李雄傳略云：

賨李雄蓋廩君之苗裔也，其先居於巴西宕渠，秦并天下爲黔中郡，薄賦其民，口出錢三十，巴人謂賦爲賨，因爲名焉。後徙櫟陽。祖慕魏東羌獵將軍，慕有五子：輔、特、庠、流、驤。晉惠時關西擾亂，頻歲大饑，特兄弟率流民數萬家就穀漢中，遂入蜀。

寅恪案，晉魏二書之文當俱源出十六國春秋，而崔書元本今已失傳，不易詳證。但崔鴻魏收之書俱北朝著述，其作者之環境及資料既同，書中巴族之定義自無差異，若復取與通典論斷之語相參校，益信君卿所說爲不謬也。

蜀

蜀在古代本爲一民族之名，見於尚書牧誓篇，然其問題屬於上古史之範圍，非寅恪所敢置詞。茲所論者即魏伯起旣以蜀爲江東即南朝領域內一民族之名，而於北朝史籍中亦得下列之旁證：

魏書貳太祖紀云：

天興元年夏四月鄜城屠各董羌杏城盧水胡郝奴河東蜀薛榆氏帥苻興各率其種內附。

〔天興〕二年八月西河胡帥讙諾干丁零帥翟同蜀帥韓礱並相率內附。

同書叁太宗紀云：

永興三年夏四月戊寅河東蜀民黃思郭綜等率營部七百餘家內附。

〔永興〕五年夏四月河東民薛相率內屬。

〔泰常〕三年正月河東胡蜀五千餘家相率內屬。

寅恪案，綜合上列諸條，得一結論：即蜀爲一民族之名，與胡氐丁零等同。此可與魏伯起之書相印證者也。又在文義上天興元年條「蜀薛」下及永興五年條「河東」下似俱有脫文，以不能得善本校勘，姑識所疑於此。

又北史叁陸薛辯傳附聰傳云：

〔河東汾陰人〕。又除羽林監，〔魏孝文〕帝曾與朝臣論海內姓地人物，戲謂聰曰：世人謂卿諸薛是蜀人。定是蜀人不？聰對曰：臣遠祖廣德世事漢朝，時人呼爲漢，臣九世祖永隨劉備入蜀，時人呼爲蜀，臣今事陛下，是虜，非蜀也。帝撫掌笑曰：卿幸可自明非蜀，何乃遂復苦朕？聰因投戟而出。帝曰：薛監醉耳！其見知如此。

資治通鑑壹肆拾齊建武二年魏主雅重門族條述蜀薛事，不取北史，而采元行沖後魏國典，其文云：

衆議以薛氏爲河東茂族。〔魏孝文〕帝曰：薛氏蜀也，豈可入郡姓？直閤薛宗起執戟在殿下，出次對曰：臣之先人漢末仕蜀，二世復歸河東，今六世相襲，非蜀人也。伏以陛下黃帝之後，受封北土，豈可亦謂之胡邪？今不預郡姓，何以生爲？乃碎戟於地。帝徐曰：然則朕甲卿乙乎？乃入郡姓。仍曰：卿非宗起，乃起宗也。

寅恪案，蜀薛之自以爲薛廣德後裔，疑與拓跋魏之自稱源出黃帝，同爲可笑之附託，固不足深論，即爲蜀漢薛永之子孫一事恐亦有問題。（參考新唐書柒叁下宰相世系表薛氏條）。總之，當時世人皆知二族之實爲蜀，爲鮮卑，而非華夏高門，則無可解免也。然拓跋之部遂生孝文帝，蜀薛之族亦產道衡，俱爲北朝漢化之代表人物，聖人「有教無類」之言豈不信哉！

復次，北朝史中尙有紀載蜀民族之事可與上列諸條參證者，茲並錄於下：

通鑑壹伍壹梁武帝普通七年六月條（參魏書貳伍長孫道生傳附稚傳北史貳貳長孫道生附承業傳）云：

魏絳蜀陳雙熾聚衆反，自號始建王，以假鎮西將軍長孫稚爲討蜀都督。

胡注云：

蜀人徙居絳者謂之絳蜀。

又北史肆伍李苗傳（今魏書柒壹李苗傳本闕，卽取北史所補。）云：

孝昌中兼尚書左丞爲西北道行臺與大都督宗正珍孫討汾絳蜀賊，平之。

同書叁捌裴延儁傳附慶孫傳（參魏書）云：

於是賊復鳩集，北連[劉]蠡升，南通絳蜀，兇徒轉衆。

同書伍拾費穆傳（參魏書肆肆費穆傳）云：

孝昌中以都督討平二絳。（寅恪案，「二絳」之義見下引魏書爾朱榮傳。）

同書陸拾李弼傳（參周書壹伍李弼傳）云：

初爲別將從爾朱光討破赤水蜀。

同書同卷侯莫陳崇傳（參周書壹陸侯莫陳崇傳）。云：

從賀拔岳入關破赤水蜀。

魏書柒肆爾朱榮傳云：

兩絳狂蜀漸已稽顙。

蠻

蠻爲南方非漢族之通稱，今傳世魏書第壹佰壹蠻等傳卷末附宋人校語云：

魏收書亡，史臣論蓋略取北史。

是傳論出於北史，固無疑義。及詳釋蠻傳之文，復與北史不盡符同，殆采自高峻小史之類，若果如是，則此卷蠻傳亦源出魏收本書，似可據以推定伯起所謂江東領域內之蠻族，究何所指也。今魏書蠻傳略云：

蠻之種類蓋槃弧之後，其來自久，習俗叛服前史具之。在江淮之間依託險阻，部落滋蔓，布於數州，東連壽春，西通巴蜀，北接汝潁，往往有焉。其於魏氏，不甚爲患，至晉之末，稍以繁昌，漸爲寇暴矣。自劉石亂後，諸蠻無所忌憚，故其族漸得北遷，陸渾以南滿於山谷，宛洛蕭條，略爲丘墟矣。

據後漢書壹壹陸南蠻傳巴郡南郡蠻廩君種條（後漢書壹下光武紀通鑑肆肆建武二十三年條同）略云：

建武二十三年南郡潳山蠻雷遷等始反叛，寇掠百姓，遣武威將軍劉尙將萬餘人討破之，徙其種人七千餘口置江夏界中，今沔中蠻是也。

又通典壹捌柒邊防典南蠻條云：

其沔中蠻至晉時劉石亂後，漸得北遷，陸渾以南滿於山谷。

然則依杜氏之考釋，今魏書及北史所言北徙之蠻卽沔中蠻之一族，實爲東漢初從南郡遷來者，本廩君種而非長沙武陵之槃瓠種也。其長沙武陵槃瓠種之蠻在伯起意中旣指谿族（見論溪族條）。而巴郡廩君種之蠻又是伯起所謂巴族（見論巴族條），則伯起之所謂蠻，卽與北朝最有關之一族，應舍范蔚宗書中南郡蠻廩君種者莫屬，乃遥指爲槃弧種，似頗疏誤，但考之前史，民族之以蠻爲通名者，其錯雜遷徙，本難分別，若有混淆，亦不足深論。杜君卿於通典南蠻條自注中所下之斷語最爲通識，附錄於此，以促起讀者之注意。其言曰：

按後漢書，其在黔中五溪長沙間則爲槃弧之後，其在硤中巴梁間則爲廩君之後，其後種落繁盛，侵擾州郡，移徙交雜，亦不可得詳別焉。

獠

華陽國志玖李壽志云：

晉康帝建元二年（西曆三四四年），蜀土無獠，至是始從山出，自巴至犍爲梓潼，布滿山谷，大爲民患，加以饑饉，境內蕭條。

晉書壹貳壹李壽載記云：

改年嘉寧。初蜀土無獠，至此始從山而出，北自犍爲梓潼，布在山谷，十餘萬落，不可禁制，大爲百姓之患。

魏書壹佰壹獠傳已闕，今本爲後人所補，其文旣與北史獠傳悉符，則與伯起本書異同如何，未能決定，但諸史籍所紀獠事大抵相類，伯起元著當亦不至大相懸遠也。今本魏書壹佰壹獠傳（周書肆玖獠傳略同，北史玖伍獠傳同）略云：

獠者蓋南蠻之別種，自漢中達於邛笮，山洞之間所在多有。（通典壹捌柒南蠻類獠條元注云：「此自漢中西南及越嶲以東皆有之」。） 建國中李勢在蜀，諸獠始出巴西渠川廣漢陽安資中，攻破郡縣，爲益州大患，勢內外受敵，所以亡也。自桓溫破蜀之後，力不能制，又蜀人東流，山險之地多空，獠遂挾山傍谷，與夏人參居者頗輸租賦，在深山者仍不爲編戶。

南齊書肆壹張融傳（南史叁貳張邵傳附融傳同）略云：

［宋孝武］帝曰：融殊貧，當序以佳祿。出爲封溪令。廣越嶂險，獠賊執融，將殺食之。（此條應入論俚條）

陳書玖侯瑱傳（南史陸陸侯瑱傳同）。略云：

［梁益州刺史鄱陽王］範委以將帥之任，夷獠不賓附者並遣瑱征之。

同書同卷歐陽頠傳（南史陸陸歐陽頠傳同）略云：

［蘭］欽南征夷獠，擒陳文徹。（此條應入論俚條）

據張融傳及歐陽頠傳，廣越之地似亦有獠族，但南齊書壹肆州郡志廣州及越州條又陳書捌杜僧明傳（南史陸陸杜僧明傳同），及周文育傳（南史陸陸周文育傳同），所謂俚獠（見論俚條所引）皆俚獠二字連綴，實是聯詞，爲審慎之故，移置於論俚條中，可參互觀之也。至隋書貳玖地理志揚州條之論俚荊州條之論蠻捌貳南蠻傳之論俚及獠亦可供旁證，茲不復一一徵引。

綜合言之，凡史籍之止言獠或夷獠聯文而屬於梁益地域者，蓋獠之專名初義，伯起書之所謂獠當即指此。至屬於廣越諸州範圍有所謂獠或以夷獠俚獠等連綴爲詞者，當即伯起書之俚也。獠之一名後來頗普徧用之，竟成輕賤南人之詞，如武曌之斥褚遂良，（新唐書壹佰伍褚遂良傳云：「武氏從幄後呼曰：何不撲殺此獠！」通鑑壹玖玖永徽五年九月條同。） 唐德宗之詈陸贄，（異聞集上清條云：「德宗至是大悟，因怒陸贄曰：老獠奴云云」）。則不過因二人俱爲南人（褚杭州錢唐人，陸蘇州嘉興人），遂加以獠名耳，實與種族問題無關也。

谿

伯起所謂谿，在他書則俱作溪，實即指後漢書南蠻傳之槃瓠種蠻而言也。據後漢書壹壹陸南蠻傳略云：

［帝高辛氏之畜狗］槃弧得帝女，負而走入南山，生子十二人：六男六女，槃弧死後，因自相夫妻，語言侏離，今長沙武陵蠻也。（寅恪案，此節實采自風俗通，又可參考水經注沅水篇。）

同書同卷章懷注引干寶晉紀云：

武陵長沙廬江郡蠻槃弧之後也，　雜處五溪之內。

此支蠻種所以號為溪者，與五溪地名至有關係。　江左名人如陶侃及淵明亦出於溪族，最使人注意，茲特稍詳論之於下：

晉書陸陸陶侃傳略云：

陶侃本鄱陽人也，吳平，徙家廬江之尋陽。　侃早孤貧，為縣吏。　［廬江太守張］夔察侃為孝廉。　至洛陽，數詣張華，華初以遠人，不甚接遇。伏波將軍孫秀以亡國支庶，府望不顯，中華人士恥為掾屬，以侃寒宦，召為舍人。　時豫章國郎中楊晫侃之州里也，為鄉論所歸，侃詣之，與同乘見中書侍郎顧榮，吏部郎溫雅謂晫曰：奈何與小人共載？尚書樂廣欲會荊揚人士，武庫令黃慶進侃於廣，人或非之。　或云：侃少時漁於雷澤，網得一織梭，以挂於壁，有頃雷雨，自化為龍而去。　侃有十七子，以夏為世子，及送侃喪還長沙，夏與［弟］斌及稱各擁兵數千以相圖，旣而解散，斌先往長沙，悉取國中器使財寶，夏至，殺斌。庾亮上疏曰：斌雖醜惡，然骨肉至親，親運刀鋸，以刑同體，應加放黜。　表未至都，而夏病卒，詔以［侃子］瞻息弘襲侃爵，卒，子綽之嗣。　［侃子］旗性甚凶暴，卒，子定嗣，卒，子襲之嗣，卒，子謙之嗣。　［侃子］稱性虓勇不倫，與諸弟不協。輕將二百人見［庾］亮，亮大會吏佐，責稱前後罪惡，使人於閤外收之，棄市。　亮上疏曰：稱父亡，不居喪位，荒躭於酒，昧利偸榮。故車騎將軍劉弘曾孫安寓居江夏，及將楊恭趙韶竝以言色有忤，稱放聲當殺，安恭懼，自赴水而死，韶於獄自盡。　將軍郭開從稱往長沙赴喪，稱疑開附其兄弟，乃反縛，懸頭於帆檣，仰而彈之，鼓棹渡江二十餘里，觀者數千，莫不震駭，不忠不孝，輒收稱伏法。

寅恪案，吳士鑑晉書斠注亦引異苑陶侃釣魚得梭化龍事，晉書士行本傳當即取之劉敬叔書也。 世說新語賢媛篇載陶侃少時作魚梁吏事，劉孝標注引幽明錄復有侃在尋陽取魚事，然則侃本出於業漁之賤戶，無怪當日勝流初俱不以士類遇之也。 又世說新語容止篇石頭事故朝廷傾覆條記庾亮畏見陶侃，而溫嶠勸亮往之言曰：

溪狗我所悉，卿但見之，必無憂也。

夫太眞目士行爲溪人，或沿中州冠帶輕詆吳人之舊習，非別有確證，不能遽信爲實，然據後漢書南蠻傳章懷注引干寶晉紀，知廬江郡之地卽士行鄉里所在，元爲溪族雜處區域，而士行後裔一代逸民之桃花源記本屬根據實事，加以理想化之作，（寅恪曾撰桃花源記旁證一文載民國二十五年一月清華學報，茲不贅論）所云：

武陵人捕魚爲業，緣溪行。

正是一篇溪族紀實文字，士行少時旣以捕魚爲業，又出於溪族雜處之廬江郡，故於太眞溪狗之誚終不免有重大之嫌疑，又士行本身旣爲當日勝流以小人見斥，終用武功致位通顯於擾攘之際，而其諸子之凶暴虓武爲世所駭惡，明非士族禮法之家，頗似善戰之溪人（見下引殷闡之言及論吳興沈氏條）。 此其氣類復與溪族相近，似更爲可疑也。

復次，續搜神記中載有桃花源記一篇，寅恪嘗疑其爲淵明之初稿本（見拙著桃花源記旁證）。 其文著錄武陵捕魚爲業之溪人姓名爲黃道眞，黃氏乃溪洞顯姓，周君引李綽尙書故實云：

有黃生者，擢進士第，人問與頗同房否？對曰：別洞。 黃本溪洞豪姓，故以此對。 人雖咍之，亦賞其眞實也。

亦可供參考。至道眞之名頗有天師道色彩（見中央研究院歷史語言研究所集刊第叁本第肆分拙著天師道與濱海地域之關係），而陶侃後裔亦多天師道之名，如綽之襲之謙之等。又襲之謙之父子名中共有「之」字，如南齊溪人胡麃之翼之諧之三世祖孫父子之例，尤爲特證，（見下引南史胡諧之傳）。 吳氏晉書斠注轉疑其有誤，蓋未思晉代最著之天師道世家琅邪王氏羲之獻之父子亦同名「之」也。 然則溪之一族似亦屬天師道信徒，與巴賨爲同教者，此點與淵明生值晉宋之際佛教最盛時代，大思想家如釋惠遠，大文學家如謝靈運，莫不歸命釋迦，傾心鷲嶺，而五柳先生時代地域俱與之連接，轉若絕無聞見者，或有所關涉，但其事旣爲推測之餘論，又不屬本文範圍，茲姑置不言可也。

通鑑壹壹伍義熙六年載殷闡說何無忌之言曰：

[盧]循所將之衆皆三吳舊賊，始興溪子拳捷善鬥，未易輕也。

寅恪案，盧循徐道覆之部衆乃孫恩領導下之天師道宗教軍隊，據續搜神記本桃花源記，在晉孝武帝太元時捕魚溪人之名已是天師道教名，則溪族夙爲天師道信徒，宜其樂爲其同教效死也。

南史肆柒胡諧之傳略云：

胡諧之豫章南昌人也。祖廉之[治]書御史，父翼之州辟不就。諧之仕宋爲邵陵王左軍諮議。齊武帝爲江州，以諧之爲別駕，委以事任。建元二年爲給事中驍騎將軍。上方欲獎以貴族盛姻，以諧之家人語傒音不正，乃遣宮內四五人往諧之家，教子女語。　二年後帝問曰：卿家人語音已正未？諧之答曰：宮人少，臣家人多，非唯不得正音，遂使宮人頓成傒語。　帝大笑，徧向朝臣說之。　[諧之]就梁州刺史范栢年求佳馬，[栢年]接使人薄，使人致恨，歸謂諧之曰：栢年云：胡諧是何傒狗，無厭之求。　諧之切齒致忿。

寅恪案，傒音不正可證伯起「語言不同」之說也。　通鑑壹叁伍建元元年紀胡諧之求馬事采自南史本傳，而誤改「傒狗」爲「何物狗」，已爲周君指出，尚有一事爲溫公所不知而誤增，周文復未之及者，即通鑑於南史元文使人僞作范栢年罵詞中「胡諧」之下補足「之」字，實未瞭解天師道命名之義，凡天師道教名中「之」者皆可省略，試取晉書與眞誥參校，其例自見，此天師道名家如琅邪王氏所以容許父子名中共有「之」字，而不以爲諱之故也。　今觀胡氏祖孫三世之代俱繫「之」字，溪人之爲天師道信徒於此可證。　又傒卽溪字，所以從人旁者，猶俚族之俚字，其初本只作里，後來始加人旁，見論俚條下所引後漢書南蠻傳章懷注。

梁書拾楊公則傳略云：

和帝卽位授持節都督湘州諸軍事湘州刺史。高祖命衆軍卽日俱下，公則受命先驅，直造京邑。　公則所領多湘溪人，性怯懦，城內輕之，以爲易與。

寅恪案，今通行本南史伍伍楊公則傳作「公則所領多是湘溪人，性怯懦。」　與梁書之文幾無不同，惟少一「是」字耳。　大德本南史「溪人」二字互易，疑爲誤倒，不必從也。至通鑑壹肆肆中興二年乃作「公則所領皆湘州人，素號怯懦。」則由不解「溪」字之義而誤改，其爲不當，固無待辨。又溪人之勇怯問題，周文已論及之，茲以未能別具勝解，姑從闕疑可也。

俚

後漢書壹下光武紀云：

是歲（建武十二年），九眞徼外蠻夷張遊率種人內屬，封爲歸漢里君。

同書壹壹南蠻傳云：

建武十二年九眞墩外蠻張游率種人慕化內屬，封爲歸漢里君。

章懷注云：

里蠻之別號，今呼爲俚人。

同書同卷（參後漢書壹下光武帝紀）又云：

［建武］十六年交阯女子徵側反於九眞，日南合浦蠻里皆應之。明年（建武十九年）夏四月［馬］援破交阯，斬徵側等，餘皆降散，進擊九眞賊都陽等，破降之，徙其渠帥三百餘口於零陵。

宋書伍肆羊玄保傳附希傳（南史叁陸羊玄保傳同）略云：

泰始三年出爲寧朔將軍廣州刺史。希以沛郡劉思道行晉康太守，領軍伐俚，思道失利，希遣收之，思道不受命，率所領攻州，希踰城走，思道獲而殺之。時龍驤將軍陳伯紹率軍伐俚還，擊思道，定之。

同書玖貳良吏傳徐豁傳略云：

元嘉初爲始興太守。三年遣大使巡行四方，幷使郡縣各言損益。豁因此表陳三事：其一曰：［郡］既邊接蠻俚，去就益易。其三曰：中宿縣俚民課銀，一子丁輸南稱半兩。尋北縣自不出生銀，又俚民皆巢居鳥語，不閑貨易之宜，每至買銀，爲損已甚。又稱兩受入，易生姦巧，山俚愚怯，不辨自申。

寅恪案，徐豁俚民鳥語之言亦可證伯起烏呼禽聲之說也。

南齊書壹肆州郡志廣州條略云：

雖民戶不多，而俚獠猥雜。

同書同卷州郡志越州條略云：

元徽二年以〔陳〕伯紹爲刺史，始立州鎭，穿山爲城，威服俚獠。

吳春俚郡。（永明六年立，無屬縣。）

梁書叁貳蘭欽傳（南史陸壹蘭欽傳同）云：

經廣州，因破俚帥陳文澈兄弟，竝擒之。

陳書捌杜僧明傳（南史陸陸杜僧明傳同）略云：

梁大同中盧興安爲廣州南江督護，僧明與兄天合及周文育竝爲安興所啓，請與俱行，頻征俚獠有功。

同書同卷周文育傳（南史陸陸周文育傳同）略云：

盧安興爲南江督護，啓文育同行，累征俚獠，所在有功。

同書壹貳胡穎傳略云：

梁世仕至武陵國侍郎東宮直前，出番禺，征討俚洞。

同書同傳沈恪傳略云：

〔梁新渝侯蕭〕映遷廣州，以恪兼府中兵參軍，常領兵討伐俚洞。

同書貳壹蕭允傳附引傳（南史壹捌蕭思話傳附引傳同）略云：

〔陳高宗〕時廣州刺史馬靖甚得嶺人心，而其兵甲精練，每年深入俚洞，又數有戰功。

綜考上引史料，俚人之居處區域及其民族界說可藉以推知矣。

楚

魏伯起之所謂楚卽指今江北淮徐地域之人，在南朝史乘往往稱爲江西或淮南，亦與太史公書貨殖傳所言西楚之一部相當也。又北朝之人詆諆南朝，凡中原之人流徙南來者，俱以楚目之，故楚之一名乃成輕蔑之詞，而爲北朝呼南朝疆域內北人之通稱矣。

世說新書豪爽篇云：

王大將軍年少時舊有田舍名，語音亦楚。

寅恪案，王敦爲琅邪王覽之孫，雖出顯宦之家，而不能操當日洛陽都市語者，其故

頗不易知。據晉書叁叁王祥傳（祥即敦伯祖），有

漢末遭亂，扶母攜弟，避地廬江，隱居三十餘年。

雖史載時間之長短有所未諦（見錢大昕廿二史考異貳拾晉書王祥傳條），然敦之家世與廬江即楚地有關，則爲事實，或者即以此段因緣其語音遂亦漸染楚化耶？此點不涉茲篇本旨，可不詳論，聊識於此，以資旁證。至關於南朝語音問題寅恪別有所論，見中央研究院歷史語言研究所集刊第柒本第壹分東晉南朝之吳語一文，鄙見與周君之說微異，讀者可參閱之，茲不備論。

魏書玖伍僭僞傳總序云：

糾合傖楚。

同書玖柒島夷桓玄傳云：

島夷桓玄本譙國龍亢楚也。

同書同卷島夷劉裕傳云：

島夷劉裕晉陵丹徒人也。其先不知所出，自云：本彭城彭城人，或云：本姓項，改爲劉氏，然亦莫可尋也，故其與叢亭安上諸劉了無宗次。裕家本寒微，恆以賣履爲業。意氣楚剌，僅識文字。

寅恪案，伯起於宋高祖不逕稱之爲楚者，實以其家世所出，至爲卑賤，特備述其籍貫來歷不明，所以極致其輕視之意，蓋猶未肯以南朝疆域內之北人即彼所謂楚者許之，而遽與桓蕭諸家並列也。

魏書玖捌島夷蕭道成傳云：

島夷蕭道成晉陵武進楚也。

同書同卷島夷蕭衍傳云：

島夷蕭衍亦晉陵武進楚也。

據此，可知伯起之所謂楚即南朝疆域內北人之通稱矣。

又楚爲民族之名，其見於南北朝史乘者如下：

宋書捌陸殷孝祖傳略云：

前廢帝元年以本號督兗州刺史。太宗即位，四方反叛，孝祖忽至，衆力不少，並傖楚壯士，人情於是大安。

寅恪案，宋書叁伍地理志云：

　兗州〔元嘉〕三十年六月復立，治瑕丘。（元注：二漢山陽有瑕丘縣。）

是殷孝祖所將之兵衆乃兗州之軍隊，故爲傖楚壯士也。而通鑑壹叁壹泰始二年紀此事，胡注釋「傖楚」二字之義云：

　江南謂中原人爲傖，荆州人爲楚。

其釋「傖」字義固碻，而「楚」字義則非，蓋未注意兗州地域關係所致，否則，孝祖部下何得有如許荆州人也。

宋書捌叁黃回傳（南史肆拾黃回傳同）云：

　黃回竟陵郡軍人也。出身兗雜府雜役，戴明寶啓免回，以領隨身隊，統知宅及江西墅事。回拳捷果勁，勇力兼人，在江西與諸楚子相結，屢爲刼盜。會太宗初即位，四方反叛，明寶啓太宗，使回募楚人，得快射手八百。

同書捌柒殷琰傳略云：

　義軍主黃回募江西楚人千餘。回所領並淮南楚子，天下精兵。

南齊書肆伍始安王遙光傳（南史肆壹齊宗室始安王遙光傳略同）云：

　遙光召親人丹陽丞劉渢及諸傖楚，欲以討劉暄爲名。

同書肆柒王融傳（南史貳壹王弘傳附融傳同）云：

　招集江西傖楚數百人，並有幹用。

同書伍壹崔慧景傳云：

　慧景子覺及崔恭祖前鋒皆傖楚善戰。

寅恪案，通鑑壹肆叁永元二年紀崔慧景延兵襲建康事，即用蕭子顯書崔慧祖傳元文，而改「傖楚」作「荒傖」，殊可不必，溫公殆未甚明瞭「楚」字之涵義及界說也。

梁書貳拾陳伯之傳（南史陸壹陳伯之傳同）云：

　陳伯之濟陰睢陵人也。幼有膂力，年十三四好著獺皮冠，帶刺刀，伺鄰里稻熟，輒偸刈之。嘗爲田主所見，呵之云：楚子莫動！

同書肆玖文學傳鍾嶸傳（南史柒貳文學傳鍾嶸傳同）略云：

　天監初制度雖革，而日不暇給，嶸乃言曰：若僑雜傖楚應在綏附，正宜嚴斷祿力，絕其妨正，直乞虛號而已。

北齊書叁貳王琳傳(南史陸肆王琳傳傳同)云:

依據上引史文,不獨楚民族所居地域及其界說得以明瞭,而其人之勇武善戰,足勝兵將之任,亦可從之推定,此點與南朝政治民族之演變殊有關係,俟後論之。

越

伯起所謂越者,卽陳承祚書之山越,凡吳志中山寇山賊山民及山帥等名詞亦俱指此民族及其酋長而言,其例證之見於吳志君臣文武諸傳者殆不勝枚舉,茲止就孫權陸遜諸葛恪等傳略論之,足知山越民族問題爲孫氏江東霸業所關之一大事,東晉南朝史乘雖極罕見此民族之名,然其爲潛伏混同於江左民族之中,仍爲一有力之分子則無疑也。 關於山越事,吳志諸葛傳特詳,故較多迻寫其文,以備參考。

吳志貳孫權傳略云:

[建安]五年[孫]策薨,以事授權。 是時惟有會稽吳郡丹陽豫章廬陵,然深險之地猶未盡從。[權]分部諸將,鎭撫山越,討不從命。

寅恪案,討撫山越爲孫氏創業定霸之惟一要事,凡孫氏命號諸將如蔣欽爲討越中郎將,(見吳志拾蔣欽傳)。 董襲爲威越校尉(見吳志拾董襲傳)。 諸葛恪爲撫越將軍(見吳志壹玖諸葛恪傳),皆可參證也。

吳志壹叁陸遜傳略云:

時吳會丹陽多有伏匿,遜陳便宜,乞與募焉。會稽山賊大帥潘臨舊爲所在毒害,歷年不禽。 遜以手下召兵,討治深險,所向皆服,部曲已有二千餘人。鄱陽賊帥尤突作亂,復往討之。[孫]權數訪世務,遜建議曰:方今英雄棊跱,豺狼闚望,非衆不濟,而山寇舊惡依阻深地。 夫腹心未平,難以圖遠,可大部伍,取其精銳。 權納其策,會丹陽賊帥費棧受曹公印綬,扇動山越,作爲內應。 權遣遜討棧,應時破散,遂部伍東三郡。(寅恪案,通鑑陸捌建安二十二年紀此事條胡注云:東三郡丹陽新都會稽也。) 強者爲兵,弱者補戶,得精卒數萬人。

同書壹玖諸葛恪傳略云:

恪以丹陽山險,其民果勁,雖前發兵,徒得外縣平民而已,其餘深遠莫能禽盡,屢自求乞,爲官出之,三年可得甲士四萬。 衆議咸以丹陽地勢險阻,與吳郡會稽新都鄱陽四郡鄰接，周旋數千里，山谷萬重，其幽邃民人未嘗入城邑，對長吏，皆仗兵野逸，白首於林莽，逋亡宿惡咸共逃竄，山出銅鐵，自鑄甲兵，俗好武習戰，高尚氣力，其升山赴險，抵突叢棘，若魚之走淵，猨狖之騰木也，時觀間隙，出爲寇盜，每致兵征伐，尋其窟藏，其戰則蠭至，敗則鳥竄，自前世以來，不能羈也，皆以爲難。　恪父瑾聞之，亦以事終不逮，歎曰：恪不大興吾家，將大赤吾族也。　恪盛陳其必捷。　［孫］權拜恪撫越將軍，領丹陽太守。　恪到府乃移書四部（通鑑柒叁青龍四年紀此事條胡注云：四部當作四郡，謂吳郡會稽新都鄱陽，皆與丹陽鄰接，山越依阻出沒，故令各保其疆界也。　或曰：東西南北四部都尉也。　寅恪案，胡氏前說似較勝）。　屬城長吏令各保其疆界，明立部伍，其從化平民悉令屯居，乃分內諸將，羅兵幽阻，但繕藩籬，不與交鋒，候其穀稼將熟，輒縱兵芟刈，使無遺種，舊穀旣盡，新田不收，平民屯居，略無所入，山民饑窮，乃漸出降首。　恪乃復下敕曰：山民去惡從化，皆當撫慰，徙出外縣，不得嫌疑，有所拘執！於是老幼相攜而出，歲期人數皆如本規，恪自領萬人，餘分給諸將。　權嘉其功，遣尚書射僕薛綜勞軍。綜先移恪等曰：山越恃阻，不賓歷世，皇帝赫然，命將西征，元惡旣梟，種黨歸義，蕩滌山藪，獻戎十萬，野無遺寇，邑罔殘姦，旣埽凶慝，又充軍用，藜蓧稂莠化爲善草，魑魅魍魎更成虎士，功軼古人，勳超前世。

寅恪案，陸遜諸葛恪皆孫氏才傑之臣，史傳讚美其綏撫收編山越之功績，誠不誣也。吾人依此類紀述，得知越之民族分布於丹陽吳郡會稽新都鄱陽諸郡之地，且爲善戰之民族，可充精兵之選者。　此二事亦與南朝後期民族之演變頗有關係，俟於下章論之，今暫不涉及，至東晉南朝史乘紀述山越者甚少，（如陳書叁世祖紀亦言及山越，然此爲稀見之例也。）　故茲亦從略焉。

(下)推　　論

趙翼廿二史劄記壹貳江左世族無功臣條其中頗多疏誤，如以齊高帝遺詔自稱素族，卽是寒族，及目顯榮爲寒人之類，茲以其事非本篇範圍，可置不辨。　但趙書此條卻暗示南朝政治史及社會史中一大問題，惜趙氏未能闡發其義，卽江左歷朝皇室及武裝統治階級轉移演變之傾向是也。　夫趙氏之所謂功乃指武功而言，故其所謂功臣，易言之，大抵爲南朝善戰民族或武裝階級之健者，宋齊梁陳四朝創業之君主皆當時之功臣，其與其他功臣之差別僅在其爲功臣中最高之首領，以功高不賞之故，遂取其舊來所擁護之皇室而代之耳。　是以謂江左世族無功臣與言南朝帝室止出於善戰之社會階級無異，此善戰之階級在江左數百年間之變遷與南朝境内他種民族之關係治史之人固應致意研求者也。

江左諸朝之皇室中始渡江建國之東晉司馬氏及篡位而旋失之楚桓氏其爲北人名族，事實顯著，且以時代較前，姑置不論。　若宋皇室劉氏，則南史壹宋本紀上（宋書壹武帝紀上略同）略云：

宋高祖武皇帝諱裕，彭城縣人，姓劉氏。晉氏東遷，劉氏移居晉陵丹徒。

若齊皇室蕭氏，則南史肆齊本紀上（南齊書壹高帝紀上略同）略云：

齊太祖高皇帝諱道成，姓蕭氏，其先本居東海蘭陵縣，晉元康元年惠帝分東海爲蘭陵，故復爲蘭陵人。　中朝喪亂，皇高祖淮陰令整過江，居晉陵武進縣，寓居江左者皆僑置本土，加以南名，更爲南蘭陵人也。

若梁皇室蕭氏，則南史陸梁本紀上（梁書壹武帝紀上略同）略云：

梁高祖武皇帝諱衍，南蘭陵人，姓蕭氏，與齊同承淮陰令整。

若陳皇室陳氏，則南史玖陳本紀上（陳書壹高祖紀上略同）略云：

陳高祖武皇帝諱霸先，吳興長城人，姓陳氏。　其本甚微，永嘉中南遷，咸和中土斷，故爲長城人。

是皆與東晉皇室同時南渡之北人也。　劉陳二族出自寒微，以武功特起，二蕭氏之家世雖較勝於宋陳帝室，然本爲將家（詳見南齊書壹高祖紀上所述皇考承之及南史陸梁本紀上所紀皇考順之事蹟）。　亦非文化顯族，自可以善戰之社會階級視之。然則南朝之政治史概括言之，乃北人中善戰之武裝寒族爲君主領袖，而北人中不善戰之文化高門爲公卿輔佐，互相利用，以成此江左數百年北人統治之世局也。

觀於宋書壹武帝紀上所云：

海鹽令鮑陋之遣子嗣之以吳兵一千爲前驅，高祖曰：吳人不習戰，前驅失利，必敗我軍。　嗣之追奔，爲賊所沒。

又同書捌壹顧覬之傳(南史叁伍顧覬之傳同)所云：

> 嘗於太祖座論江左人物，言及顧榮，袁淑謂覬之曰：南人怯懦，豈辦作賊？

則在南朝前朝北人善戰，吳人不善戰一點可以證明，而北人江左數百年統治之權所以能確立者，其主因亦在於此，又不待言也。

然江左僑寓之寒族北人至南朝後期卽梁代亦成爲不善之民族，當時政府乃不能不重用新自北方南來之降人以爲將帥，及侯景變起，梁室恃以抗禦及平定此亂者，固爲新來之北人，而江陵朝室所倚之紓難救急之將領，亦竟舍囚繫待決之逆賊降酋莫屬，斯誠江左世局之一大變，無怪乎陳室之興起其所任大將多爲南方土豪洞主，與東晉劉宋之時　　　　，若非隋文滅陳，江左偏安之局於是告終，否則依當時大勢所趨推之，陳室皇位終必爲其武將首領所篡奪，江東大寶或不免輪轉而入於南方土族之手耶？

考南朝史，乘侯景變前南人之任將帥以武功顯名者，其最著則有吳興沈氏一族，如田子林子，(見宋書壹佰自序)。　慶之，攸之，文季，(見宋書柒柒沈慶之傳，柒肆沈攸之傳南齊書肆肆沈文季傳及南史叁柒沈慶之傳附攸之文季傳)。　及王敬則，(見南齊書貳陸南史肆伍王敬則傳)。　陳顯達，(見南齊書貳陸南史肆伍陳顯達傳)。　陳慶之(見梁書叁貳南史陸壹陳伯之傳)諸人。　通常言之，凡一原則不能無少數例外，卽如陳慶之者，史言其爲義興國山人，乃梁武所謂「本非將種，亦非豪族」者，南人中得此誠屬例外者也。　至於王敬則，雖僑居晉陵南沙縣，及接士庶悉以吳語，(見南齊書王敬則傳，寅恪別有東晉南朝之吳語一文，載於中央研究院歷史語言研究所集刊第柒本第壹分，論及此點，茲不涉及。)　然其家實自臨淮射陽遷來(見南齊書王敬則傳)。　臨淮地域之人正魏伯起之所謂楚也，意者敬則或本是寒門北人，而非南人耶？至其接士庶悉以吳語者，由於出自卑下社會階級之故，蓋南朝疆域內北語吳語乃士庶階級之表徵，非南北籍貫之分別，其說詳見拙著東晉南朝之吳語文中，殊不足以據以斷定其南人也。　如陳顯達之爲南彭城人，疑本從彭城遷來，亦猶齊梁皇室蕭氏之爲南蘭陵人，其先本自江北之蘭陵遷來者也。　(見前引史文)。　推吳興沈氏一族則宋書自序言之極詳，其爲吳人，自無可疑。　但其家歷世名將，尤爲善戰之族類，似與南朝吳人不習戰之通則不合。

考世說新語雅量篇王僧彌謝車騎共王小奴許集條載王珉罵謝玄之詞云：

汝故是吳興溪中釣碣耳。

劉孝標注云：

玄叔父安曾爲吳興，玄時從之，故珉云然。

寅恪案，「釣碣」之「碣」今所得見善本俱無異讀，但其義實不可解，頗疑是「猲」字即「狗」字之譌寫（如荀子貳榮辱篇「乳猲不遠遊」及「有猲彘之勇者」之例）。正如溫嶠目陶侃爲溪狗之例（見前論溪條）。吳氏晉書斠注及周君均引太平御覽之文，以證謝玄喜漁釣之事，合以劉氏玄曾居吳興之言，其說似亦可通，然必須吳興本有溪人，乃可爲王珉之語作滿意之解釋也。又溪人爲天師道信徒及善戰之民族（亦見前論溪條），而吳興沈氏世奉天師道（見宋書壹佰自序及南史叁柒沈慶之傳附僧昭傳，寅恪嘗撰天師道與海濱地域之關係一文論吳興沈氏條遺沈僧昭事，後已增入，然其稿經越南失去，特附識於此），並以將門見稱於世（見南齊書南史沈文季傳）。則頗有源出於溪族之嫌疑，此吳興沈氏雖累世貴顯，復文采昭著（如沈約之例）。而北來世族如褚淵，則以「門戶裁之」，如王融，則以蛤蜊同類相譏（見南史貳壹王弘傳附融傳融答沈昭略之語）。所以終不能比數於吳中著姓如朱張顧陸諸家之故歟？將此假定果確，則不獨於南朝史事有所闡發，且於難通之世說新書中「釣碣」一語亦得一旁證矣。

顏氏家訓慕賢篇云：

侯景初入建業，臺門雖閉，公私草擾，各不自全。太子左衛率羊侃坐東掖門，部分經略，一宿皆辦，遂得百餘日抗拒兇逆。於是城內四萬許人，王公朝士不下一百，便是恃侃一人安之，其相去如此！

南史陸叁羊侃傳（梁書叁玖羊侃傳略同）略云：

羊侃泰山梁父人也。初爲尚書郎，以力聞，魏帝嘗謂曰：郎官謂卿爲虎，豈羊質虎皮乎？試作虎狀！侃因伏，以手抉殿，沒指。魏帝壯之，賜以珠劍。侃以大通三年至建鄴，累遷太子左衛率侍中。車駕幸樂游苑，侃預宴，時少府奏：新造兩刃矟成，長二丈四尺，圍一尺三寸，[梁武帝]因賜侃河南國紫騮，令試之。侃執矟上馬，左右擊刺，特盡其妙。觀者登樹，帝曰：此樹必爲侍中折矣！俄而果折，因號此矟爲「折樹矟」。北人降者唯侃是衣冠餘緒，帝寵之踰於他者。謂曰：朕少時捉矟，形勢似卿，今失其舊體，殊覺不奇。侃少雄勇膂力絕人，所用弓至二十石，馬上用六石弓。嘗於兗州堯廟蹋壁直上至五尋，横行得七跡。泗橋有數石人，長八尺，大十圍，侃執以相擊，悉皆破碎。

寅恪案，羊侃之勇力如此，豈當日南人所能企及，無怪梁武特加寵任，不僅以其爲衣冠餘緒也。侯景之圍建鄴，全恃侃一人，以資抗禦，迨侃一死，而臺城不守矣庾子山云：「大事去矣，人之云亡。」（哀江南賦語）豈不信哉！又梁武與侃言捉矟事可參考顏氏家訓涉務篇及梁書壹肆任昉傳（南史伍玖任昉傳同）。足證梁武本是將種，平生特長騎矟之技，江左同時輩流適非其比，固宜文武兼資，卒取齊室之帝位而代之也。

顏氏家訓涉務篇云：

梁世士大夫皆尚褒衣博帶，大冠高履。出則車輿，入則扶侍。郊郭之內無乘馬者。周弘正爲宣城王所愛，給一果下馬，嘗服御之，舉朝以爲放達。至乃尙書郎乘馬，則糾劾之。及侯景之亂，膚脆骨柔，不堪行步，體羸氣弱，不耐寒暑，坐死倉猝者，往往而然。建康令王復性既儒雅，未嘗乘騎，見馬嘶歕陸梁，莫不震駭，乃謂人曰：正是虎，何名馬乎？其風俗至此！

梁書任昉傳云：

高祖克京邑，霸府初開，以昉爲驃騎記室參軍。始高祖與昉遇竟陵王西邸，從容謂曰：我登三府，當以卿爲記室。昉亦戲高祖曰：我若登三事，當以卿爲騎兵，謂高祖善騎也。

南朝不獨倚新自北來之降人羊侃，以抗禦侯景，更賴新自北來之降人王僧辯，以破滅侯景，下引史文足資證明。

梁書叁玖王神念傳（南史陸叁王神念傳同）略云：

王神念太原祁人也。仕魏起家州主簿，稍遷潁川太守，遂據郡歸款，魏軍至，與家屬渡江。神念少善騎射，既老不衰，嘗於高祖前執二刀楯，左右交度，馳馬往來，冠絕羣伍。時復有楊華者，（本傳附楊華事略云：「楊華武都仇池人也。父大眼爲魏名將。華少有勇力，率其部曲來降。」寅恪案，楊華本氐族，其勇力非當時南人所能及，固不待言也。） 能作「驚軍騎」，並一時妙絕，高祖深歎賞之。

同書肆伍王僧辯傳（南史陸叁王神念傳附僧辯傳同）略云：

王僧辯右衞將軍王神念子也。 以天監中隨父來奔。 世祖命僧辯卽率巴陵諸軍沿流討［侯］景。 於是逆寇悉平，京都剋定。

梁室不獨倚新自北來之降人以破滅侯景，卽從事內爭，若不用侯景部下之北將，竟無其他可屬任之人，當日南朝將才之缺乏，於此可見，而永嘉渡江之寒族北人子孫已與文化高門之士大夫諸族同爲「膚脆骨柔」，觀下引史文，得一明證矣。

梁書伍伍武陵王紀傳（南史伍叁梁武陵王紀傳同）略云：

紀次於西陵，舳艫翳川，旌甲曜日，軍容甚盛。 世祖命護軍陸法和於硤口夾岸築二壘鎮江，以斷之。 時陸納未平，蜀軍復逼，物情恇擾，世祖憂焉。 法和告急，旬日相繼，世祖乃拔任約於獄，以爲晉安王司馬，撤禁兵以配之。約築連城，攻破鐵鏁。 世祖復拔謝答仁爲步兵校尉，配衆一旅，上赴法和。 紀將侯叡率衆緣山，將規進取，任約謝答仁與戰，破之。 任約謝答仁等因進攻侯叡，陷其壘。 於是兩岸十餘城俱降，獲紀，殺之於硤口。

永嘉南渡之寒族北人旣喪失其原來善戰之能力，江東土族遂起而代其任，此南朝後期之將帥其先世名字所以多不見於南朝前期政治及社會史之故也。 陳書叁伍熊曇朗等傳論（南史捌拾侯景熊曇朗等傳論後段同）云：

梁末之災沴羣凶競起，郡邑巖穴之長，村屯鄔壁之豪，資剽掠以致強，恣淩侮而爲大。 寅恪案，侯景之亂不僅於南朝政治上爲鉅變，並在江東社會上亦爲一劃分時期之大事，其故卽在所謂巖穴村屯之豪長乃乘此役興起，造成南朝民族及社會階級之變動。 蓋此等豪酋皆非漢末魏晉宋齊梁以來之三吳士族，而是江左土人，卽魏伯起所謂巴蜀谿俚諸族。 是等族類在此以前除少數例外，大抵爲被壓迫之下層民族，不得預聞南朝之大政及社會高等地位者也。

南朝當侯景亂興，中央政權崩潰之際，巖穴村屯之豪酋乘機競起，或把持軍隊，或割據地域，大抵不出二種方式：一爲率兵入援建鄴，因而坐擁大兵，一爲嘯聚徒衆，利州郡主將率兵勤王之會，以依法形式，或強迫勢力，取代其位。 此類之事甚多，不必悉舉，茲略引史文數條，已足爲例證也。

陳書捌侯安都傳（南史陸陸侯安都傳同）略云：

侯安都始興曲江人也，世爲郡著姓。善騎射，爲邑里豪雄，梁始興內史蕭子範辟爲主簿。侯景之亂招兵甲至三千人，高祖入援京邑，安都引兵從高祖，攻蔡路養，破李遷仕，克平侯景，並力戰有功。

同書玖侯瑱傳（南史陸陸侯瑱傳同）略云：

侯瑱巴西充國人也，世爲西蜀酋豪。［梁鄱陽王蕭］範遷鎮合肥，瑱又隨之。侯景圍臺城，範乃遣瑱輔其世子嗣入援京邑。京城陷，與嗣退還合肥，仍隨嗣徙鎮湓城。俄而範及嗣皆卒，瑱領其衆，據有豫章之地。

同書同卷歐陽頠傳（南史陸陸歐陽頠傳同）略云：

歐陽頠長沙臨湘人也，爲郡豪族，以言行篤信著於嶺表。梁左衞將軍蘭欽之少也，與頠相善，故頠常隨欽征討。欽征交州，復啓頠同行，欽度嶺，以疾終。除臨賀內史，侯景搆逆，［衡州刺史韋］粲自解還都，以頠監衡州。京邑陷後，嶺南互相吞併，梁元帝承制，以始興郡爲東衡州，以頠爲刺史。蕭勃死後，嶺南擾亂，高祖授頠都督衡州諸軍事安南將軍衡州刺史，未至嶺南，頠子紇已克定始興，及頠至，嶺南皆懾伏，乃進廣州，盡有越地。改授都督廣交［等］十九州諸軍事廣州刺史。

紇累遷都督交廣等十九州諸軍事，在州十餘年，威惠著於百越。太建元年下詔徵紇爲左衞將軍，遂舉兵［反］，兵敗，伏誅。家口籍沒，子詢以年幼免。

同書壹壹黃法𣰋傳（南史陸陸黃法𣰋傳同）略云：

黃法𣰋巴山新建人也。少勁捷有膽力，步行日三百里，距躍三丈。頗便書疏，閑明簿領，出入郡中，爲鄉里所憚。侯景之亂，於鄉里合徒衆，太守賀詡下江州，法𣰋監知郡事。

同書壹叁徐世譜傳（南史陸柒徐世譜傳同）略云：

徐世譜巴東魚復人也。世居荆州，爲主帥征伐蠻蜒，至世譜尤勇敢有膂力，善水戰。梁元帝之爲荆州刺史，世譜領鄉人事焉，侯景之亂，因預征討，侯景平，以功除衡州刺史，資鎮（南史鎮作領是）河東太守。江陵陷沒，世譜東下依侯瑱，紹泰元年徵爲侍中左衞將軍。　永定二年遷護軍將軍。

同書叁伍熊曇朗傳（南史捌拾熊曇朗傳同）略云：

熊曇朗豫章南昌人也，世爲郡著姓，有膂力。　侯景之亂，稍聚少年，據豐城縣爲柵，桀黠刼盜多附之，梁元帝以爲巴山太守。　荆州陷，曇朗兵力稍強，刼略鄰縣，縛賣居民，山谷之中最爲巨患。　時巴山陳定亦擁兵立寨，曇朗僞以女妻定子，又謂定曰：周迪余孝頃不願此婚，必須以強兵來迎。　定乃遣精甲三百幷土豪二十人往迎，旣至，曇朗執之，收其馬仗，並論價責贖。　紹泰二年曇朗以南川豪帥隨例除游擊將軍。

同書同卷周迪傳（南史捌拾周迪傳同）略云：

周迪臨川南城人也，少居山谷，有膂力，能挽強弩，以弋獵爲事。　侯景之亂，迪宗人周續起兵於臨川，梁始興王蕭毅，以郡讓續，迪召募鄉人從之，每戰必勇冠衆軍。　續所部渠帥皆郡中豪族，稍驕橫，續頗禁之，渠帥等並怨望，乃相率殺續，推迪爲主。　迪乃擁有臨川之地，築城於工塘，梁元帝授迪高州刺史。

同書同卷留異傳（南史捌指留異傳同）略云：

留異東陽長山人也，世爲郡著姓，[異]爲鄉里豪雄，多聚惡少，守宰皆患之。梁代爲蟹浦戍主，歷晉安安固二縣令。　侯景之亂，還鄉里召募士卒，東陽郡丞與異有隙，引兵誅之，及其妻子。　太守沈巡援臺，讓郡於異，異使兄子超監知郡事，率兵隨巡出郡。　及京城陷，異隨臨城公蕭大連，大連委以軍事。　會[侯]景將宋子仙濟浙江，異奔還鄉里，尋以其衆降於子仙，景署異爲東陽太守。　景平後王僧辯使異慰勞東陽，仍糾合鄉閭，保據巖阻，其徒甚盛，州郡憚焉。　元帝以爲信安令，荆州陷，王僧辯以異爲東陽太守，世祖平定會稽，異雖轉輸糧饋，而擁擅一郡，威福在己。　紹泰二年以接應之功除縉州刺史，領東陽太守。

同書同卷陳寶應傳（南史捌拾陳寶應傳同）略云：

陳寶應晉安侯官人也，世爲閩中四姓。　父羽有材幹，爲郡雄豪，性反覆多變詐，梁代晉安數反，殺郡將，羽初並扇成其事，後復爲官軍鄉導破之，由是一郡兵權皆自己出。　侯景之亂，晉安太守賓化侯蕭雲以郡讓羽，羽年老，但治郡事，令寶應典兵。　是時東境饑饉，會稽尤甚，死者十七八，平民男女並皆自賣，而晉安獨豐沃，寶應自海道寇臨安永嘉及會稽餘姚諸暨，又載米粟與之貿易，多致玉帛子女，其有能致舟乘者亦竝歸之，由是大致貲產，士衆強盛。侯景平，元帝因以羽爲晉安太守，高祖輔政，羽請歸老，求傳郡於寶應，高祖許之，高祖受禪，授閩州刺史，世祖嗣位，仍命宗正錄其本系編爲宗室。

據上引諸人之性質才力及籍貫事蹟推測，則侯安都以宋書徐豁傳證之，頗有俚族之嫌疑。侯瑱本巴地酋豪，徐世譜源出巴東，殆卽所謂巴族，江陵陷後，世譜往依於瑱，或與同族有關。黃法𣰰熊曇朗周迪諸人若依南史胡諧之傳出生地域之關係言，恐與溪狗同類，續搜神記本桃花源記載溪人之姓爲黃，倘書故實復言黃爲溪洞豪姓，黃法𣰰之姓豈亦共源耶？留異陳寶應據地域論，當是越種，未可知也。獨歐陽頠一族史雖稱爲長沙臨湘人，然與嶺南殊有關係，周君疑其「少時嘗居始興」，甚有理據，蓋陳書貳壹蕭允傳附引傳及南史壹捌蕭思話傳附引傳俱有「始興人歐陽頠」之語，豈長沙之歐陽一族本自始興遷來，其目頠爲始興人者，乃以原籍言之耶？考劉餗隋唐嘉話載歐陽　詢形貌醜怪事（孟棨本事詩同）其文略云：

國初長孫太尉（無忌）見歐陽率更（詢）姿形㾕陋，嘲之曰：聳膊成山字，埋肩畏出頭，誰言麟閣上，畫此一獼猴。

據此，詢之形貌當與猿猴相似，至若太平廣記肆肆肆引續江氏傳，紀詢父紇梁末隨藺欽南征，其妻爲白猿竊去，有身後，復奪還，因而生詢，故詢爲猿種云云。其語之不經，本無待辨。然舊唐書壹捌玖儒學傳上歐陽詢傳（新唐書壹玖捌儒學傳上歐陽詢傳同）略云：

歐陽詢潭州臨湘人，陳大司空頠之孫也。父紇陳廣州刺史，以謀反誅，詢當從坐，僅而獲免。陳尚書令江總與紇有舊，收養之，教以書計。貌雖寢陋，而聰悟絕倫。高麗甚重其書，嘗遣使求之。高祖歎曰：不意詢之書名遠播夷狄，彼觀其迹，固謂其形魁梧耶？

又同書捌貳許敬宗傳（新唐書貳貳叁姦臣傳許敬宗傳同）。

［貞觀］十年文德皇后崩，百官衰絰。率更令歐陽詢狀貌醜異，衆或指之，敬宗見而大笑，爲御史所劾，左授洪州都督司馬。

則是信行形貌之醜怪，史乘固有明徵，雖其遺傳所自源於父系，或母系，或父母二系，皆不可知，若取歐陽氏本出始興一事參以宋書所載徐豁之言或通鑑所載殷闡之語，殆是俚或溪之種歟？夫歐陽氏累世之文學藝術實爲神州文化之光輝，而究其種類淵源所出，乃不得不疑其爲蠻族，然則聖人「有教無類」之言豈不信哉！寅恪嘗於拙著隋唐制度淵源略論稿及唐代政治史述論稿中詳論北朝漢人與胡人之分別在文化，而不在種族，茲論南朝民族問題，猶斯旨也，故取歐陽氏事，以結此篇焉。

（完）

出自第十一本（一九四四年九月初版，一九四七年七月再版）

唐代物價的變動

全漢昇

一 引言

物價一漲一落的變動，對於人民的經濟生活有很大的影響。就消費者這一方面來說，物價貴了，他們往往叫苦連天，因爲他們的購買力從此要大大的削弱，以前許多力能買到的物品都買不起，只好把原來的生活標準忍痛降低。反之，物價賤了，他們自然要笑逐顏開，因爲他們的購買力從此增大，可以自由享用各種物品，過着很舒適的生活。至於生產者，也是同樣感到物價漲落的影響，雖然他們所感到的與消費者完全相反。當物價上漲的時候，他們都興高彩烈，因爲這是他們發財機會的來臨。反之，當物價上落的時候，他們却很焦急，因爲這樣他們不獨賺不到錢，有時甚至要大大的虧本。物價變動既然給予一般人民的經濟生活以這樣深刻的影響，在經濟史的研究上，當然是很值得注意的一個問題了。

在有唐一代，幾近三百年的時期裏邊，物價曾經發生過好幾次明顯的變動。如果我們畫一條曲線來表示牠變動的情形，我們可以發見這條曲線老是一起一伏，而且起伏的高度幷不一樣。茲就時間的先後，述說這幾次物價變動的情形及變動的原因於下。

二　唐初物價的上漲

唐初的物價，承繼着隋末以來物價的上漲而上漲。隋末物價所以上漲，一方面由於物品供給的不足，他方面由於貨幣的貶值。隋煬帝前後三次大規模的征伐高麗，不獨師出無功，而且引起國內的叛亂，結果生產機構破壞，造成物品供給不足，價格昂貴的局面。資治通鑑卷一八一大業七年十二月條說：

帝(煬帝)自去歲謀討高麗，詔山東置府，令養馬以供軍役；又發民夫運米，積於瀘河懷遠二鎮。軍牛往者皆不返，士卒死亡過半。耕稼失時，田疇多荒，加之飢饉，穀價踊貴。東北邊尤甚，米斗直數百錢。

又太平廣記卷二六七朱粲條說：

隋末荒亂，狂賊朱粲起於襄鄧間。歲飢，米斛萬錢，亦無得處，人民相食。

同時，政治混亂的結果，銅錢的私鑄大增。這些私鑄的錢，因爲品質惡劣，價值低跌，物價遂相反的向上高漲。隋書卷二四食貨志說：

大業已後，王綱弛紊，巨姦大猾，遂多私鑄。錢轉薄惡。初每千猶重二斤，後漸輕至一斤。或剪鐵鍱，裁皮，糊紙，以爲錢，相雜用之。貨賤物貴，以至於亡。(通典卷九，通志卷六二及册府元龜卷五〇〇同)

上引通鑑卷一八一說，隋大業七年，米一斗賣至數百錢。其後，據太平廣記卷二六七所載，米斛萬錢，卽每斗一千文。再後，到了隋恭帝義寧元年，米價更高到三千文一斗。通鑑卷一八四義寧元年十二月乙未條說：

東都米斗三千，人餓死者十二三。

隋末物價旣然那樣高漲，到了唐初，物價當然不易平復下去。在這時，因爲隋末以來的錢幣品質太劣，在買賣上多半改用布帛來作交易媒介(註1)，貨幣貶值

(註1)關於唐代布帛之用作貨幣，參看日人加藤繁唐宋時代金銀的研究，日文本，頁一二四至一五三。

的原因算是除去了。可是，物品供給的不足，在唐初仍是一個很嚴重的問題。當時唐高祖統治的區域尚屬有限，爲着要掃滅羣雄，完成他的統一事業，還要大規模的用兵。這麼一來，生產事業便不免要被忽略，從而發生物品供給不足，價格昂貴的現象。舊唐書卷一高祖紀載武德元年

十一月己酉，以京師穀貴，令四面入關者車馬牛驢各給課米，充其自食。

又新唐書卷一高祖紀載武德二年閏二月

乙卯，以穀貴，禁關內屠酤。

又通鑑卷一九二載貞觀元年十二月戊申

詔以關中米貴，始分人於洛州選。

由此可知，唐代由開國到太宗貞觀初年，穀米價格都很昂貴。可是，究竟昂貴到怎樣的程度呢？通鑑卷一八九載武德四年三月庚申，

唐兵圍洛陽，掘塹築壘而守之。城中乏食，絹一疋直粟三升，布一匹直鹽一升。

這固然自洛陽被圍，糧食來源斷絕時的特殊現象。可是，到了貞觀初年，絹一疋也只能買到一斗米。通鑑卷一九三說：

（貞觀）元年，關中飢，米斗直絹一匹。

又新書卷五一食貨志說：

貞觀初，……絹一匹，易米一斗。

又吳兢貞觀政要卷一政體說：

太宗自卽位之始，霜旱爲災，米穀踴貴。……是時自京師及河東，河南，隴右，飢饉尤甚，一匹絹纔一斗米。

又同書卷六奢縱說：

貞觀十一年，侍御史馬周上疏陳時政曰，『……往者貞觀之初，率土霜儉，一匹絹纔得粟（兩唐書馬周傳均作「米」）一斗。……』（舊唐書卷七四馬周傳，新唐書卷九八馬周傳，唐會要卷八三及通鑑卷九一五同）

又陸贄陸宣公翰苑集卷二二均節賦稅恤百姓六條說：

武德年中，革車屢動，繼以災歉，人多流離。貞觀之初，薦屬霜旱，自關

輔綿及三河之地，米價騰貴，斗易一縑。道路之間，餧殍相藉。（全唐文卷四六五同）

總之，唐代由開國到貞觀初年，約共十年左右（618—627），因爲連年征戰，農產失收，物價都很昂貴，這是我們可以斷言的。

三　太宗高宗間物價的下落

唐初物價的上漲時期，到貞觀初年即已停止。及貞觀三四年，物價便作急劇的下降。這次物價低落的時間，一直到高宗麟德三年爲止，約共三十八年（629—666）左右。

這時期物價所以大大的低落，主因爲物品供給的增加。歷史上有一段故事，可以證明唐太宗對於生產事業的注意。舊唐書卷三七五行志說：

貞觀二年六月，京畿旱蝗。太宗在苑中，掇蝗咒之曰，『人以穀爲命，而汝害之，是害吾民也。百姓有過，在予一人。汝若通靈，但當食我，無害吾民！』將吞之。侍臣恐上致疾，遽諫止之。上曰，『所冀移災，朕躬何疾之避？』遂吞之。是歲蝗不爲患。（唐會要卷四四及新唐書卷三六五行志略同）

這麼一來，由於政府的注意與努力，生產事業自然可以大加發展。結果，農產連年豐收，自足以促使物價的下落。

復次，自唐高祖武德四年起，政府又努力於幣制的改革，把隋末的劣錢廢棄不用，而代以品質較好的元通寶錢。舊唐書卷四八食貨志說：

高祖卽位，仍用隋之五銖錢。武德四年七月，廢五銖錢，行開元通寶錢。

又新唐書卷五四食貨志說：

武德四年，鑄開元通寶。徑八分，重二銖四參，積十錢重一兩，得輕重大小之中。

錢的成色提高了，價値自然上漲，物價遂相反的下跌。

由於上述的原因，貞觀年間，物價非常低廉。就米價來說，每斗只賣錢四五文，或甚至兩三文。貞觀政要卷一政體說：

至貞觀三年，關中豐熟。……又頻年豐稔，米斗三四錢。行旅自京師至於嶺表，自山東至於滄海，皆不賚糧，取給於路。入山東村落，行客經過者，必厚加以供待，或發時有贈遺。此皆古昔未有也。

又通鑑卷一九三說：

是歲（貞觀四年）天下大稔，流散者咸歸鄉里，米斗不過三四錢。

又新唐書卷五一食貨志說：

至（貞觀）四年，米斗四五錢，外戶不閉者數月，馬牛被野，人行數千里不齎糧，民物蕃息。

又同書卷九七魏徵傳說：

帝（太宗）即位四年，……米斗三錢。

又陸宣公翰苑集卷二二均節賦稅恤百姓六條說：

太宗躬行儉約，撫養困窮。……是以至誠上感，淳化下敷，四方大和，百穀連稔。貞觀八年以後，米斗至四五錢。俗阜化行，人知義讓，行旅萬里，或不齎糧。

又通典卷七說：

自貞觀以後，太宗勵精爲理。至八年九年，頻年豐稔，米斗四五錢，馬牛布野，外戶動則數月不閉。至十五年，米每斗值兩錢。

以上是貞觀年間米價低廉的情況。復次，其他農產品，如菽粟等，價格也很低廉。舊唐書卷七八高季輔傳說：

時太宗數召近臣，令指陳時政損益。季輔上封事五條，……又曰，『……今畿內數州，……菽粟雖賤，儲蓄未多。……』

其中關於粟的價格，貞觀政要卷六奢縱說：

貞觀十一年，侍御史馬周上疏陳時政曰，『……自五六年來，頻歲豐稔，一匹絹得十餘石粟。……』（舊唐書卷七四馬周傳，新唐書卷九八馬周傳，唐會要卷八三及通鑑卷一九五同）

又通鑑卷一六九載貞觀十五年八月

乙巳，上謂侍臣曰，『朕有三喜一懼。……比年豐稔，長安斗粟直三四錢，一喜也。　……』

由此可知，史家盛誇的貞觀之治，在消費者的心目中看來，的確是值得謳歌的黃金時代。

以上是貞觀年間物價下落的情形。　其後，唐高宗即位，物價也是一樣的低廉。通鑑卷一九九說：

是歲（永徽五年）大稔，洛州粟米斗兩錢半，秔米斗十一錢。

這種物價低廉的情況，到了麟德年間（664—666），仍是一樣。　舊唐書卷四高宗紀說：

是歲（麟德二年）大稔，米斟五錢，麰麥不列市。

又通鑑卷二〇一麟德二年十一月內寅條說：

時比歲豐稔，米斗至五錢，麥豆不列於市。

又通典卷七說：

麟德三年，米每斗折五文。

綜括上述，我們可知，太宗在位的大部份時間，以及高宗在位的上半期，一共三十多年，由於錢幣的健全，及農產的豐收，物價曾經長期的下降。

四　武周前後物價的上漲

高宗時代的物價，我們可以分爲上半期與下半期來說，而以麟德三年，即乾封元年（666）爲分界。　關於高宗上半期物價的低廉，上面已經說過。　到了下半期（666—683），物價便漸漸上漲。　這時物價所以上漲，約有兩個原因：(1)貨幣的貶值與膨脹；(2)物品供給的不足。　乾封元年，政府鑄造新錢，名曰乾封泉寶，其大小及重量並不比開元通寶增加多少，但却規定牠當舊錢十文行用（註1）。這麽一來，錢遂因品質與面值相差太遠而價值低跌，從而影響到物價的上漲。　舊唐書卷四八食貨志說：

（註1）關於乾封元年，政府實行貨幣貶值政策的原因，文獻上沒有直接的記載。　據作者推測，政府正在此時大舉征伐高麗，想是要籌措巨額戰費的原故。

至乾封元年，封嶽之後，又改造新錢，文曰乾封泉寶。徑一寸，重二銖六分。仍與舊錢並行，新錢一文，當舊錢之十。……又緣改鑄，商賈不通，米帛增價，乃議却用舊錢。（通志卷六二及唐會要卷八九略同）

又新唐書卷五四食貨志說：

乾封元年，改鑄乾封泉寶。……明年，以商賈不通，米帛踊貴，復行開元通寶錢。

又通鑑卷二〇一乾封二年正月癸未條說：

自行乾封泉寶錢，穀帛踊貴，商賈不行。

乾封泉寶對於物價上漲的影響，後來雖因停止使用而終結，但再過一些時候，到了儀鳳四年（679），錢幣又因大量鑄造而流通過多，以致影響到物價的上漲。舊唐書卷四八食貨志說：

時（儀鳳四年）米粟漸貴，議者以爲鑄錢漸多，所以錢賤而物貴。於是權停少府監鑄錢。尋而復舊。（通典卷九同）

又新唐書卷五四食貨志說：

是時（儀鳳四年）鑄多錢賤，米粟踊貴，乃罷少府鑄。尋復舊。（通志卷六二同）

復次，當時朝野因忙於對高麗，吐蕃及突厥等國用兵，對於生產事業比較忽略，結果農產失收，物價遂從而上漲。舊唐書卷八八韋思謙傳附韋承慶傳說：

儀鳳四年五月，詔皇太子監國。時太子頗近聲色，與戶奴等款狎。承慶上書諫曰，『……自頃年已來，頻有水旱，菽粟不能豐稔，黎庶自致煎窮。今夏亢陽，米價騰踊。貧窶之室，無以自資，朝夕遑遑，唯憂餒饉。……今關隴之外，兇寇憑凌。西土編甿，凋喪將盡。干戈日用，烽柝薦興。千里有勞於饋糧，三農不遑於稼穡。……』

關於高宗下半期物價的上漲情形，除見於上引各種記載外，新唐書卷三高宗紀載咸亨元年

八月庚戌，以穀貴，禁酒。

又舊唐書卷五高宗紀說

(永隆二年閏七月)丙寅,雍州大風害稼,米價騰踊。

(永淳元年四月)丙寅,幸東都。皇太子京師留守,命劉仁軌,裴炎,薛元超等輔之。上以穀貴,減扈從兵。士庶從者,多殍踣於路。

由此可知,當時米糧的價格是相當昂貴的。至於牠的眞實價格,在永淳元年(682),每斗約自二百二十文至四百文不等。舊唐書卷三七五行志說:

永淳元年六月十二日,連日大雨,至二十三日,洛水大漲,……西京平地水深四尺以上,麥一束止得一二升,米一斗二百二十文。……國中大飢,蒲同等州沒徙家口并逐糧。飢餒相仍,加以疾疫,自陝至洛,死者不可勝數。西京米斗三百已下。

又通鑑卷二〇三說:

上以關中飢饉,米斗三百,將幸東都。(永淳元年四月丙寅條)

關中先水,後旱蝗,繼以疾疫,米斗四百。兩京間死者相枕於路,人相食。(永淳元年五月乙卯條)

又通典卷七說:

永淳元年,京師大雨飢荒,米每斗四百錢。加以疾疫,死者甚衆。

以上是高宗下半期物價上漲的情形。高宗死後,武后臨朝稱制。關於武后時代的物價,因爲文書記載有缺,故作者本着闕疑之義,不妄加臆說。現在且進而討論武周以後物價變動的情況。

神龍元年(705),中宗復位。由此時起,至睿宗先天二年(卽玄宗開元元年,713)止,物價也相當的貴。關於中宗時代物價的上漲,通鑑卷二〇八載景龍年戊戌,

上以歲旱穀貴,召太府卿紀處訥謀之。(舊唐書卷九二蕭至忠傳附紀處訥傳略同)

又新唐書卷一〇九宗楚客傳附紀處訥傳說:

神龍元年夏,大旱,穀價騰踊。

又舊唐書卷九三張仁愿傳說:

時(神龍二年)都城穀貴,盜竊甚衆。(新唐書卷一一一張仁愿傳略同)

又同書卷八八蘇瓌傳說：

景龍三年，轉尙書右僕射，同中書門下三品，進封許國公。……瓌奏曰，『……今粒食踊貴，百姓不足。臣見宿衞兵至有三日不食者。……』（新唐書卷一二五蘇瓌傳略同）

至於睿宗時代物價的上漲，册府元龜卷五〇一說：

先天元年九月，諫議大夫楊虛受以京中用錢惡，貨物踊貴，上疏曰，『伏見市井用錢，不勝濫惡。有加鐵錫，即非公鑄。……日中爲市，聚天下之貨，而錢無准的，物價騰踊，乾沒相乘，盈虛失度，又非各得其所矣。……』（唐會要卷八九略同）

又舊唐書卷九九嚴挺之傳說：

先天二年正月望，胡僧婆陁請夜開門燃百千燈，睿宗御延喜門觀樂，凡經四日。又追作先天元年大酺，睿宗御安福門樓觀百司酺宴，以夜經晝，經月餘日。挺之上疏諫曰，『……況自去夏霖霪，經今亢旱，農乏收成，市有騰貴。……』

就上引各種記載看來，可知這時期物價所以上漲，也是由於物品供給的不足，與貨幣的貶值。不過，事實上，這時期物價幷不貴得怎樣利害。如中宗景龍三年，米價也不過貴到一百文一斗。通鑑卷二〇九說：

是歲（景龍三年）關中飢，米斗百錢。

綜括上述，可知武周前後，因爲農產的失收，及錢幣的貶值與膨脹，物價較爲上漲。不過，上漲的程度，事實上幷不怎麼利害。如高宗晚年，米的最高價格不過四百文一斗；中宗時代，不過一百文一斗。這和唐代其他物價上漲時期的米價比較起來，算是便宜得多了。

五　開元天寶間物價的下落

開元天寶是唐代政治最昇平，社會經濟最繁榮的時代。唐代的物價，到了這時又復下降。這時物價所以下降，主因當爲物品供給的充足。如杜甫憶昔詩說當日物產的富庶云：

憶昔開元全盛日，小邑猶藏萬家室。 稻米流脂粟米白，公私倉廩俱充實。

九州道路無豺虎，遠行不勞吉日出。 齊紈魯縞車班班，男耕女桑不相失。

(見杜少陵集詳註卷一三)

又元結次山文集卷七問進士說：

開元天寶之中，耕者益力。 四海之內，高山絕壑，耒耜亦滿。 人家糧儲，皆及數歲。 太倉委積，陳腐不可校量。

當日的生產事業旣然這樣發展，物品供給過剩的結果，物價自然要下落了。 舊唐書卷四九食貨志說：

開元二年九月，勅，『天下諸州，今年稍熟，穀價全賤，或慮傷農。 ……』

(册府元龜卷五〇二同)

十六年十月，勅，『自今年普熟，穀價至賤，必恐傷農。 ……』(同上)

又通鑑卷二一四載開元二十五年七月

戊子，敕，以歲稔穀賤傷農，命增時價什二三和糴東西畿粟各數百萬斛。

又册府元龜卷五〇二說：

(開元)十六年九月，詔曰，『如聞天下諸州，今歲普熟。 穀價至賤，必恐傷農。……』

二十五年九月戊子，勅曰，『……今歲秋苗，遠近豐熟，時穀旣賤，則甚傷農。 ……』

天寶四載五月，詔曰，『如聞今載收麥，倍勝常歲。 稍至豐賤，卽慮傷農。……』

除上述外，開元天寶間物價所以下落，貨幣流通的緊縮，及品質的優良，也是其中的原因。 當日貨幣流通的數量到底一共有多少，史書無明文記載，我們不必妄加臆說。 不過，當日貨幣的流通量，并沒有按照社會經濟的發展而作正比例的增加，以至交易上感到籌碼的不足，却是我們可以斷言的。 中書侍郎平章事張九齡看到此點，遂提議解放錢禁，除政府鑄造外，准許私人鑄錢，以便錢數增加，適應商業上的需要。 玄宗下令百官詳細討論此事。 其後，因黃門侍郎裴耀卿，李林甫，河南少尹蕭靈，左監門錄事參軍劉秩，祕書監崔沔，以及其他官吏的反對，始作罷論(註1)。 由於此事，我們可以知道當日貨幣的流通額，實在太小，不足以適應交易上的需要。 這麼一來，物價遂因貨幣的緊縮而低落。 冊府元龜卷五〇一說：

(開元)十七(通典作『一』)年八月，詔曰，『……今天下泉貨益少，幣帛頗輕。 ……』(通典卷九同)

二十二年三月，詔曰，『布帛不可以尺寸爲交易，菽粟不可以杪勺貿有無，故古之爲錢以通貨幣。 蓋人所作，非天實生。 頃者耕織爲資，乃稍賤而傷本；磨鑄之物，却以少而致用(曲江文集作「貴」)。 ……』(張九齡曲江文集卷七勑議放私鑄錢同)

復次，當日貨幣所以影響到物價的下落，除由於流通數量太少外，又由於幣材的優良。 開元六年，政府卽已努力收回民間惡錢，行用好錢。 冊府元龜卷五〇一說：

(開元)六年正月，禁斷惡錢，行二銖四絫以上舊錢，更收人間惡錢鎔破，復鑄准樣式錢。 勅出之後，百姓喧然，物價搖動，商人不敢交易。 宰相宋璟蘇頲奏請出太府錢五萬貫，分於南北兩市平價買百姓間所賣之物，堪儲掌官須者，庶得好錢，散行人間。 從之。

錢的品質改良了，價值自然增大，從而以好錢表示的物價遂相反的下降。 新唐書卷五四食貨志說：

(開元)二十六年，宣潤等州初置錢監。 兩京用錢稍善，米粟價益下。

又舊唐書卷四八食貨志說：

至天寶之初，兩京用錢稍好，米價豐賤。

由於上述的原因，開元天寶間，物價非常低廉。 如通典卷七說各種日常生活必需品的價格云：

至(開元)十三年，封泰山，米斗至十三文，青齊穀斗至五文。 自後天下

(註1)關於此事的經過，及雙方的言論，具載於舊唐書卷四八食貨志，通典卷九，冊府元龜卷五〇一，唐會要卷八九，及通鑑卷二一四，因文字太長，茲從略。

無貴物。兩京米斗不至二十文，麵三十二文，絹一疋二百一十文。

又舊唐書卷八玄宗紀說：

時（開元十三年）累歲豐稔，東都米㪷十錢，青齊米㪷五錢。

又通鑑卷二一二說：

是歲（開元十三年）東都斗米十五錢（與舊唐書異，待考），青齊五錢，粟三錢。

這是開元十三年及其後物價低廉的情況。再往後，到了開元二十八年，米絹等生活必需品也是一樣的低廉。舊唐書卷九玄宗紀說：

其時（開元二十八年）頻歲豐稔，京師米斛不滿二百。

又通鑑卷二一四說：

是歲（開元二十八年）……西京東都米斛直錢不滿二百，絹匹亦如之。

更往後，到了天寶年間，物價也是一樣的便宜。新唐書卷五一食貨志說：

是時（天寶五載）海內富實，米斗之價錢十三，青齊間斗纔三錢，絹一匹錢二百。

開元天寶間，東西這樣便宜，一般消費者自然是很喜歡的。無怪乎許多人在詩歌上對於這個時代都表示留戀的情緒了。

六 安史亂後物價的上漲

開元天寶間，物價既然下落，一般消費者因為購買力增大，多半過着很舒適的物質生活。這樣的昇平時代，的確是值得懷戀的。可是，好景不常，漁陽鞞鼓一鬧，物價可要一變過去四十多年的低廉狀況，而作加速度的飛漲了。安祿山以天寶十四載（755）創亂漁陽，南渡黃河，西向連陷洛陽，潼關及長安等地。在這條進兵路線及其附近的地方，工商農等一切生活事業都因戰亂而大加破壞。通鑑卷二二三載永泰元年

三月壬辰朔，……待制左拾遺洛陽獨孤及上疏曰，『……今師興不息，十年矣。人（毘陵集作「萬姓」）之生產，空於杼軸。……』（獨孤及毘陵集卷四諫表及新唐書一六二獨孤及傳同）

又陸宣公翰苑集卷四議減鹽價詔說：

自頃寇難薦興，已三十載。服於櫓者，農耕盡廢。居里閭者，杼軸其空。革車方殷，軍食屢調。人多轉徙，田畝汙萊。

又同書卷五奉天遣使宣慰諸道詔說：

寇盜繁興，阻兵拒命。……顧茲田疇，鞠爲茂草。……農工廢棄其生業，商賈咨嗟於道路。軍營日益，閭井日空。凋瘵日窮，徭役日甚。

其中尤以河南，山西南部及關中一帶，破壞得更爲利害。次山文集卷七問進士（永泰二年道州問）說：

當今三河膏壤，淮泗沃野，皆荊棘已老，則耕可知。太倉空虛，雀鼠猶餓。至於百姓，朝暮不足。而諸道聚兵，百有餘萬。遭歲不稔，將何爲謀？

又舊唐書卷一二〇郭子儀傳說：

郭子儀論奏曰，『……今道路云云，不知信否？咸謂陛下已有成命，將幸洛都。臣熟思其端，未見其利。夫以東周之地，久陷賊中，宮室焚燒，十不存一。百曹荒廢，曾無尺椽。中間畿內，不滿千戶。井邑榛棘，豺狼所嘷。既乏軍儲，又鮮人力。東至鄭汴，達於徐方，北自覃懷，經於相土，人烟斷絕，千里蕭條，將何以奉萬乘之牲餼，供百官之次舍？……』

又新唐書卷一五五馬燧傳說：

徙懷州。時（代宗時）師旅後，歲大旱，田茀不及耕。

至於關中，除了本國的兵亂以外，再加以吐蕃軍隊的趁火打劫，生產事業更是破壞不堪。舊唐書卷一五三袁高傳說：

關輔祿山之後，百姓貧乏，田疇荒穢。（新唐書卷一二〇袁高傳同）

又通鑑卷二二三永泰元年九月甲辰條說：

是日，吐蕃十萬衆至奉天，京城震恐。……丁巳，吐蕃大掠男女數萬而去。所過焚廬舍，蹂禾稼殆盡。

又陸宣公翰苑集卷四賜京畿及同華等州百姓種子賑給貧人詔說：

今茲吾人，……迫以荒饉，愁怨無憀。有離去井邑，業於庸保。有乞丐途路，困於死亡。鄉閭依然，煙火斷絕。種餉既乏，農耕不興。

同時，因爲戰亂頻仍，運河交通受阻，江淮等生產地的物品，一部份雖然可由漢水北運，可是因爲運輸遠不如運河便利，江淮一帶的物產，遂不能如以前那樣，大量的運往關中(註1)，供給當地人口的消費。通鑑卷二二三廣德二年三月己酉條說：

自喪亂以來，汴水堙廢。漕運者自江漢抵梁洋，迂險勞費。

又舊唐書卷四九食貨志說：

是時(寶應元年)淮河阻兵，飛輓路絕。鹽鐵租賦，皆泝漢而上。(唐會要卷八七同)

又新唐書卷五三食貨志說：

肅宗末年，史朝義兵分出宋州，淮運於是阻絕。租庸鹽鐵，泝漢江而上。(註2)

這樣一來，再加以水旱害蟲等天災，物品的供給自更缺乏，從而物價遂作加速度的上漲。舊唐書說：

時(乾元三年)大霧，自四月雨至閏月末不止，米價翔貴，人相食，餓死者委骸於路。(卷一〇肅宗紀)

廣德中，連歲不稔，穀價翔貴。(卷一二五蕭復傳)

興元元年秋，關輔大蝗，田稼食盡。……明年夏，蝗尤甚。自東(東自？)海，西盡河隴，羣飛蔽天，旬日不息。經行之處，草木牛畜毛靡有孑遺。關輔已東，穀大貴，餓饉枕道。(卷三七五行志)

是歲(貞元元年)天下蝗旱，物價騰踊，軍之糧餉。(卷一三四馬燧傳，新唐書卷一五五馬燧傳略同)

(貞元元年五月癸卯)，蝗自海而至，飛蔽天。每下，則草木及畜毛無復孑遺。穀價騰踊。(卷一二德宗紀)

(七月)甲子，詔，『夫人事失於下，則天變形於上。咎徵之作，必有由

(註1)開元年間，由於裴耀卿的改革漕運，由江淮一帶運往關中的租米，三年即達七百萬石。參考舊唐書九八，新唐書卷一二七裴耀卿傳，及唐會要卷八七。

(註2)其後由劉晏大加改革，運河始復能大規模的把江淮物產運往關中。參考舊唐書卷一二三，新唐書一四九劉晏傳，及通鑑卷二二三與二二六。

然。自頃以來，災沴仍集。雨澤不降，綿歷三時。蟲蝗繼臻，彌亙千里。菽粟翔貴，稼穡枯瘁。嗷嗷蒸人，聚泣田畝。興言及此，實切痛傷。……』（同上）

（十一月）丁丑，詔文武常參官共賜錢七百萬貫，以歲凶穀貴，衣冠窘乏故也。（同上）

又唐會要卷四四載貞元元年

八月，大旱，關輔以東，穀大貴，餓死枕道；井皆無水。

又陸宣公翰苑集卷二冬至大禮大赦制（貞元元年十一月）說：

關畿之內，連歲興戎。薦屬天災，稼穡不稔。穀糴翔貴，烝黎困窮。天災作沴，深儆予衷，跼蹐憂慚，罔知攸措。今穀價騰踊，人情震驚，鄉閭不居，骨肉相棄，流離殞斃，所不忍聞。

又同書卷五平淮西後宴賞諸軍將士放歸本道詔說：

叛臣（李）希烈，竊據淮沂（註1）。……旱蝗相乘，穀糴翔貴。兵氓餒死，十室九空。

上述安史亂後物品供給的不足，固足以促使物價的上漲。復次，當時政府實行貨幣貶值與膨脹的政策，對於物價的上漲也有密切的關係。當日戰亂頻仍，軍費支出很大，政府每年的經常收入實在不夠開支。爲着調劑這種財政的窮困，政府遂濫用貨幣權，實行貨幣貶值與膨脹的政策。舊唐書卷四八食貨志說：

乾元元年七月，詔曰，『……但以干戈未息，帑藏猶虛。卜式獻助軍之誠，弘羊興富國之算，靜言立法，諒在便人。御史中丞第五琦奏請改錢，以一當十，別爲新鑄，不廢舊錢，冀實三官之資，用收十倍之利。所謂於人不擾，從古有經。宜聽於諸監別鑄一當十錢，文曰乾元重寶。其開元通寶，著依舊行用。所請採鑄捉搦處置，即依舊聞奏。』二年三月，琦入爲相，又請更鑄重輪乾元錢，一當五十，二十斤成貫。詔可之。（册府元龜卷五〇一及唐會要卷八九略同）

（註1）事在德宗建中貞元年間。參考舊唐書卷一四五李希烈傳，及新唐書卷二二五中叛臣傳。

又新唐書卷五四食貨志說：

肅宗乾元元年，經費不給，鑄錢使第五琦鑄乾元重寶錢。徑一寸，每緡重十斤。與開元通寶參用，以一當十，亦號乾元十當錢。……第五琦爲相，復命絳州諸鑪鑄重輪乾元錢。徑一寸二分。其文亦曰乾元重寶，背之外郭爲重輪。每緡重二十斤（上引舊唐書作「三十斤」，待考）。與開元通寶錢並行，以一當五十。（通志卷六二略同）

按本文第三節曾引新唐書食貨志，說開元通寶，『重二銖四參，積十錢重一兩，』即一千錢重六斤四兩。今乾元通寶錢，一千枚方重十斤，比開元通寶重不了多少，可是法令卻規定前者一枚當後者十枚行用。而重輪乾元錢，一千枚重二十斤（若照新唐書食貨志所載，則只重十二斤，）和開元通寶比較起來，亦不過重兩倍多點，可是法令卻規定前者一枚當後者五十枚使用。這麼一來，惡幣（乾元重寶及重輪乾元錢）與良幣（開元通寶）一齊行用的結果，惡幣驅逐良幣的葛來欣法則(Gresham's law)便要實現了。因爲五十枚開元通寶的銅遠貴於一枚重輪乾元錢的銅，而法價則完全一樣，一般人自然要收藏開元通寶，或冒法私鑄重輪乾元錢，以賺取鉅額的利潤。結果，好錢匿跡，惡錢充斥市面，以價值低下的惡錢表示的物價遂作空前的上漲。通典卷九說：

乾元元年，有司以甲兵未息，給用猶費，奏鑄乾元重寶錢，每貫十斤，一文當開元通寶錢一十文。又鑄重稜錢，每貫重二十斤，一文當開通五十文。皆鑄錢使第五琦所奏也。姦猾之人，多用破錢私鑄新錢。雖獲深利，隨遭重刑。

又舊唐書卷四八食貨志說：

上元元年六月，詔曰，『因時立制，頃議新錢，且是從權，知非經久。如聞官鑪之外，私鑄頗多。吞併小錢，踰濫成弊。抵罪雖衆，禁姦未絕。況物價益起，人心不安。……』（册府元龜卷五〇一同）

又通鑑二二一乾元二年十一月庚午條說：

第五琦作乾元錢，重輪錢，與開元錢三品並行。民爭盜鑄，貨輕物重，穀價騰踊，餓殍相望。

這是就貨幣貶值說的。 復次，當日政府的鑄造乾元重寶及重輪乾元錢，就其大大增加貨幣的流通量來說，我們可以稱爲貨幣膨脹。 本來，無論是貨幣貶值，或是貨幣膨脹，有一於此，均足以促使物價上漲。 這時二者兼而有之，物價上漲得更爲利害，自是當然之事。 唐會要卷八九說：

乾元元年七月，戶部侍郎第五琦以國用未足，幣重貨輕，乃先鑄乾元重寶錢，以一當十用，行之。 及作相，請更鑄重輪乾元錢，以一當五十，與乾元開元寶錢三品並行。 旣而物價騰貴，餓迫死亡，枕籍道路。 （舊唐書卷一二三及新唐書卷一四九第五琦傳略同）

又册府元龜卷五〇一說：

（乾元）三年二月，詔曰，『泉府之設，其來尙矣。 或時改作，則制有輕重。 往以金革是殷，邦儲稍闕，屬權臣掌賦，變法非良，遂使貨物相沿，穀帛騰踴。 求之輿頌，幣實由斯。 ……』（唐會要卷八九略同）

以上是就中央政府所在地及其附近說的。 復次，史思明割據下的河北，及離中央政府較遠的江淮，貨幣也有膨脹及貶值的現象。 這麼一來，幣值低跌的結果，物價亦作加速度的上漲。 通鑑卷二二一上元元年六月條說：

是時史思明亦鑄順天得一錢，當開元錢百。 賊中物價尤貴。

又新唐書卷五四食貨志說：

建中初，……江淮多鉛錫錢，以銅盪外，不盈斤兩。 帛價益貴。

又唐會要卷八九說：

（建中）二年八月，諸道鹽鐵使包佶奏，『江淮百姓，近日市肆交易錢，交下粗惡。 揀擇納官者，三分纔有二分，餘並鉛錫銅盪，不敷斤兩，致使絹價騰貴，惡錢漸多。 ……』

由於上述物品供給的不足，及貨幣的貶值與膨脹，安史亂後物價高漲得很利害。 關於當日物價騰貴的情形，除分見於上引各種記載外，舊唐書卷一二六陳少遊傳說：

其年（永泰二年），除桂林刺史，桂管觀察使。 少遊以嶺徼遐遠，欲規求近郡。 時中官董秀掌樞密用事，少遊乃宿其里，候其下直際，晚謁之。

從容曰，『七郎家中人數幾何？每月所費復幾何？』秀曰，『久忝近職，家累甚重，又屬時物騰貴，一月過千餘貫。』……（太平廣記卷二三九陳少遊引談賓錄略同）

又次山文集卷七問進士（永泰二年道州問）說：

往年粟一斛，估錢四百，猶貴。近年粟一㪷，估錢五百，尚賤。往年帛一匹，估錢五百，猶貴。近年帛一匹，估錢二千，尚賤。……於戲！曩時粟帛至賤，衣食至易；今日粟帛至貴，衣食至難。

這是就代宗永泰年間說的。直至德宗貞元初年，物價仍然很貴。王定保唐摭言卷七說：

白樂天初舉，名未振，以歌詩謁（張固幽閒鼓吹多『著作』兩字）顧況。況謔之曰，『長安百物貴，居大不易。』（太平廣記卷一七〇顧況引幽閒鼓吹及卷二五〇顧況略同）

按舊唐書卷一三〇李泌傳附顧況傳說：

顧況者，蘇州人。……柳渾輔政，以校書郎徵。復遇李泌繼入，自謂已知秉樞要，當得達官。久之，方遷著作郎。況心不樂，求歸於吳。……及泌卒，不哭而有調笑之言。爲憲司所劾，貶饒州司戶。

按李泌於貞元三年六月入相，卒於貞元五年三月，見新唐書卷六二宰相表。由此可以推知，顧況任著作郎的時間爲由貞元三年至五年三月左右。白居易往謁顧況，顧況說長安百物騰貴，當亦在此時間內。故安史亂後，物價有長期間的昂貴，一直至貞元初年才止，共約三十年多點。

在安史亂後，一般物價上漲聲中，尤以糧食價格的昂貴，問題最爲嚴重。有因此而不能自給的。如次山文集卷一〇舉呂著作狀（寶應元年奏）說：

今時穀湧貴，道路多虞，漂流異鄉，無以自給。

又陸宣公翰苑集卷四賑恤諸道將吏百姓等詔說：

穀價翔貴，何能自資？

有因此而活活的餓死的。關於此點，除分見於上引各種記載外，舊唐書卷一九〇下杜甫傳說：

時（肅宗時）關輔亂離，穀食踊貴。甫寓居成州同谷縣，自負薪採梠，兒女餓莩者數人。

有因此而流離遷徙的。舊唐書卷一一一高適傳說：

自玄宗還京後，於綿益二州，各置一節度，百姓勞敝。適因出西山三城置戍，論之曰，『……比日關中米貴，而衣冠士庶，頗亦出城。山南劍南，道路相望。村坊市肆，與蜀人雜居。其升合斗儲，皆求於蜀人矣。……』

關於安史亂後米價的昂貴，上面已經說了不少的話了。可是，當日的米價到底貴到怎麼樣的程度呢？關於此點，往往因時因地而不同。玆就時間的先後，敍述如下。

當安祿山攻陷長安，玄宗倉皇奔蜀的時候，肅宗卽位於靈武。肅宗卽位的第二年，卽至德二載，南陽被圍，糧食來源斷絕，米一斗賣至四五萬文。舊唐書卷一一四魯靈傳說：

靈收合殘卒，保南陽郡（註1）。爲賊所圍。……僞將（武）令珣等攻之，累月不能尅。……靈城中食盡，煑牛皮筋角而食之。米斗至四五十千，有價無米。（新唐書卷一四七魯靈傳略同）

再過一年，到了乾元二年，由於貨幣的貶值與膨脹，米一斗賣至七千文。舊唐書卷四八食貨志說：

（乾元）二年三月，（第五）琦入爲相，又請更鑄重輪乾元錢，一當五十，二十斤成貫。詔可之。於是新錢與乾元開元通寶三品並行。尋而穀價騰貴，米斗至七千，餓死者相枕於道。（册府元龜卷五〇一及通志卷六二略同）

又新唐書食貨志說：

肅宗卽位，……及兩京平，……而百姓殘於兵盜，米斗至錢七千。（卷五一）

（註1）事在至德二載五月。參考通鑑卷二一九。

是時民間行三錢。……法既屢易，物價騰踊，米斗錢至七千，餓死者滿道。（卷五四）

這還不算貴。在同一時間，鄴城因爲糧食來源斷絕，米一斗賣至七萬多文。舊唐書卷二〇〇上安祿山傳附安慶緒傳說：

慶緒自（乾元元年）十月被圍，至（二年）二月，（鄴）城中人相食，米斗錢七萬餘，鼠一頭直數千。（新唐書卷二二五上安祿山傳附安慶緒傳略同）

及乾元三年（卽上元元年），米價漸漸下降，每斗價格有數千文，一千五百文，及八百文三種的不同。舊唐書說：

上元初，京師旱，米斟直數千。死者甚多。（卷一三一李臯傳）

是歲（乾元三年）飢，米斗至一千五百文。（卷一〇肅宗紀）

是月（乾元三年閏四月）史思明再陷東都，京師米斗八百文。人相食，殍骸蔽地。（卷三七五行志）

又新唐書卷三五五行志說：

乾元三年春飢，米斗錢千五百。

這時的米價，大約越往後越下降，卽初時米一斗賣數千文，春間賣一千五百文，及夏天則只賣八百文。

肅宗死，代宗卽位。代宗廣德年間，米價較前上漲，每斗以賣一千文爲多，亦有超過這個數目的。舊唐書說：

廣德元年秋，虸蚄食苗，關西尤甚，米斗千錢。（卷三七五行志）

自兵興已來，凶荒相屬，京師米斛萬錢。（卷四九食貨志）

時（代宗初年）新承兵戈之後，中外艱食，京師米價斗至一千。（卷一二三劉晏傳，新唐書卷一四九劉晏傳及册府元龜卷四九八略同）

自（廣德二年）七月大雨未止，京城米斗值一千文。（卷一一代宗紀）

是（廣德二年）秋，蝗食田殆盡，關輔尤甚，米斗千錢。（同上）

又新唐書五行志說：

廣德元年秋，虸蚄蟲害稼，關中尤甚，米斗千錢。（卷三五）

廣德二年秋，關輔飢，米斗千錢。（同上）

廣德二年秋，蝗，關輔尤甚，米斗千錢。（卷三六）

又通鑑卷二二三說：

時兵火之後，中外艱食，關中米斗千錢。（廣德二年三月己酉條）

關中蟲蝗霖雨，米斗千餘錢。（廣德二年九月己未條）

在同一時間內，溫州因爲飢荒，米一斗甚至賣錢一萬文。太平廣記卷三三七薛萬石引廣異記說：

薛萬石，河東人。廣德初，浙東觀察薛兼訓用萬石爲永嘉令。數月，忽謂其妻曰，『……米穀荒貴，爲之奈何？』……時永嘉米貴，斗至萬錢。

及永泰元年，米一斗仍賣一千文，或一千文以上。舊唐書卷一一代宗紀永泰元年條說：

歲飢，米斗千錢，諸穀皆貴。

是春大旱，京師米貴，斛至萬錢。

時（七月）久旱，京師米斗一千四百，穀食稱是。

又新唐書卷三五五行志說：

永泰元年飢，京師米斗千錢。

又通鑑卷二二三永泰元年條說：

是春不雨，米斗千錢。

到了大曆四年，米價略爲下降，每斗只賣八百文，但過後又復上漲至一千文。唐會要卷四四說：

大曆四年，京師大雨水，米斗直八百，他物稱是。

又舊唐書卷三七五行志說：

大曆四年秋，大雨。是歲自四月霖澍至九月，京師米斗八百文。

又同書卷一一代宗紀說：

自（大曆四年）夏四月連雨至此月，京城米斗八百文。

是月（大曆五年七月），京城米斗千文。

是歲（大曆六年）春旱，米斛至萬錢。

又通鑑卷二二四說：

(大曆五年)秋七月,京畿飢,米斗千錢。

(大曆六年三月),河北旱,米斗千錢。

代宗以後,便是德宗。德宗建中元年,米價較前便宜得多,每斗不過賣錢二百文。李翺李文公集卷九疏改稅法說:

臣以爲自建中元年初定兩稅,至今四十年矣。當時……米一斗爲錢二百,……(全唐文卷六三四同)

及興元元年,米價又復上漲,每斗賣錢五百文。通鑑卷二三一說:

時(興元元年五月)關中兵荒,米斗直錢五百。

再過幾個月,到了這年的冬季,米價更上漲至一千文一斗。通鑑卷二三一載興元元年十一月,李泌

對曰,『今天下旱蝗,關中米斗千錢。……』

及貞元初年,米價如舊,仍是一千文一斗。舊唐書卷一二德宗紀說:

(貞元元年二月),河南河北飢,米鬥千錢。

(二年)五月丙申,自癸巳大雨,至於茲日。飢民俟夏麥將登,又此霖澍,人心甚恐,米斗復千錢。

又新唐書說:

貞元元年春,大飢,東都,河南,河北米斗千錢,死者相枕。二年五月,麥將登而雨霖,米斗千錢。(卷三五五行志)

貞元初,關輔宿兵,米斗千錢。(卷五三食貨志)

又通鑑卷二四七會昌四年七月辛卯條說:

(李)德裕曰,『昔李懷光未平(註1),京師蝗旱,米斗千錢。……』

不過,這時米價并不完全是一千文一斗,也有比這個價格爲高,或比這個價格爲低的。舊唐書卷一四一張孝忠傳說:

貞元二年,河北蝗旱,米鬥一千五百文。

(註1)事在貞元初。上引新唐書食貨志說,『貞元初關輔宿兵』,即指此事而言。參考舊唐書卷一二一及新唐書卷二二四上李懷光傳。

又通鑑卷二三一載貞元元年六月，

李晟上言，『……今河中斗米五百，芻藁且盡，牆壁之間，餓殍甚衆。……』（新唐書卷一五四李晟傳略同。）

直至貞元三年，由於農產的豐收，米價始作急劇的下降，每斗賣錢一百五十文。通鑑卷二三三貞元三年十二月條說：

自興元以來，至是歲最爲豐稔，米斗直錢百五十，粟八十。

以上是安史亂後米價騰貴的情形。除此以外，其他飲食品的價格，也是一樣的上漲。玆就一時在文獻上所能考見的，敍述如下：

（1）粟價　在代宗初年，粟一斗賣錢五百文，還算是便宜的。次山文集卷七問進士（永泰二年道州問）說：

往年粟一斛，估錢四百，猶貴。近年粟一㪷，估錢五百，尙賤。

及德宗建中元年，初定兩稅的時候，粟價較前低廉得多，每斗只賣錢一百文。李文公集卷三進士策問第一道說：

初定兩稅時，錢直卑而粟帛貴。粟一斗價盈百，……（全唐文卷六三四同）

到了興元元年，因爲蝗蟲害稼，粟價又復上漲，每斗賣錢三百文。白氏長慶集卷三捕蝗詩說：

捕蝗捕蝗誰家子？天熱日長飢欲死。興元兵久傷陰陽，和氣蠱蠹化爲蝗。
始自兩河及三輔，荐食如蠶飛似雨。雨飛蠶食千里間，不見青苗空赤土。
河南長吏言憂農，課人晝夜捕蝗蟲。是時粟斗錢三百，蝗蟲之價與粟同。
……

其後，到了貞元三年七月，因爲供給不足，粟一斗仍賣錢一百五十文。通鑑卷二三二載貞元三年七月，

上復問（李）泌以復府兵之策。對曰，『今歲徵關東卒戍京西者十七萬人，計歲食粟二百四萬斛。今粟斗直錢百五十，爲錢三百六萬緡。國家比遭饑亂，經費不充。就使有錢，亦無粟可糴。未暇議復府兵也。』

可是，到了這年的年底，因爲歲收豐稔，粟價又作急劇的下降，每斗只賣錢八十文。

關於此點，上引通鑑卷二三三貞元三年十二月條已經提及，玆從略。

(2)酒價　當日米糧的價格旣然很貴，由米糧製成的酒自然也隨着漲價了。册府元龜卷五〇四說：

肅宗乾元元年三月，詔曰，『……如聞京城之中，酒價尤貴。……』

又新唐書卷五四食貨志說：

乾元元年，京師酒貴。

當日的酒價究竟貴到怎麽樣的程度呢？杜甫偪側行贈畢四曜(註1)說：

街頭酒價常苦貴，方外酒徒稀醉眠。速宜相就飲一斗，恰有三百青銅錢。

這裏說杜甫在街頭所買的酒，大約不是頂好的酒，所以只賣三百錢一斗。與杜甫同時的李白及獨狐及，在他們的詩中說，好酒每斗要賣至一萬文，或一萬文以上。李太白集卷三行路難說：

金樽美酒斗十千，玉盤珍羞直萬錢。

又獨狐及毘陵集卷一東平蓬萊驛夜宴平盧楊判官醉後贈別姚太守置酒留宴說：

夜淸酒濃人如玉，一斗何啻直十千？

(3)鹽價　隨着當日一般物價的上漲，鹽價也昂貴起來。通鑑卷二二五載代宗大曆十年十二月，

元載王縉奏，『魏州鹽貴，……』

及德宗建中貞元年間，政府專賣的鹽更是一致的加價。通鑑卷二二七載建中三年

五月丙戌，詔……鹽每斗價皆增百錢。

又陸宣公翰苑集卷四議減鹽價詔說：

自頃寇難薦興，已三十載(註2)。近者軍費日增，榷價日重。至有以穀一斗，易鹽一升。

(4)鼠價　鼠在平日，誰也不要，是沒有什麽價格可言的。可是，到了戰亂頻仍，糧食來源斷絕的時候，人民多以鼠肉充飢，鼠的價格遂因求過於供而昂貴

(註1)見杜少陵集詳註卷六。內引朱鶴齡注說，『此當是乾元元年春在諫院作，故詩中有朝天語。』

(註2)從安史亂時算起，約爲德宗貞元元年。

起來了。 如肅宗至德二載，南陽的鼠曾賣至四百文一頭。 通鑑卷二一九載至德二載五月，

山南東道節度使魯炅守南陽，賊將武令珣田承嗣相繼攻之。 城中食盡，一鼠直錢數百，餓死者相枕藉。

又舊唐書卷一一四魯炅傳說：

炅收合殘卒，保南陽郡。 ……炅城中食盡，煑牛皮筋角而食之。 ……鼠一頭至四百文。 （新唐書卷一四七魯炅傳略同）

及乾元二年，鄴城的鼠更爲昂貴，一頭賣至四千文。 通鑑卷二二一載乾元二年二月，

郭子儀等九節度使圍鄴城，……城中……食盡，一鼠直錢四千。

關於此事，上引舊唐書卷二〇〇上安祿山傳附安慶緒傳亦有記載，玆從略。

上述各種物品價格上漲的情形，偏於飲食品方面。 除此以外，關於當日布帛價格的騰貴，也可考見一二。 現請先述絹價。 杜甫憶昔詩（註1）追憶肅宗時代絹價的昂貴說：

豈聞一絹直萬錢？

由此可知，肅宗時代絹價最昂貴的時候，曾賣至一萬文錢一匹。 其後，到了代宗大曆年間，絹價較前低廉，但仍賣四千文一匹。 權德輿權載之集卷四七論旱災表說：

大曆中，絹一匹價近四千。 （全唐文卷四八八同）

又權德輿權文公集補遺上陳闕府說：

大曆中，一縑直錢四千。 （全唐文卷四八六同）

及德宗建中元年，初定兩稅的時候，就文書上所載，絹價有大小的不同。 有仍賣四千文一匹的。 李文公集卷九疏改稅法說：

臣以爲自建中元年初定兩稅，至今四十年矣。 當時絹一匹爲錢四千，……

（註1）見杜少陵集詳註卷一三。 內引杜臆說，『此是既爲工部郎後，追論往事也。 故以憶昔爲題。 乃廣德二年嚴武幕中作。』

稅戶之輸十千者，爲絹二匹半而足矣。（全唐文卷六三四同）

有只賣三千二三百文一匹的。陸宣公翰苑集卷二二均節賦稅恤百姓六條說：

往者初定稅兩稅之時，百姓納絹一匹，折錢三千二三百文。大率萬錢爲絹三匹。

往者納絹一匹，當錢三千二三百文。（全唐文卷四六五同）

又新唐書卷五二食貨志說：

自初定兩稅，貨重錢輕，乃計錢而輸綾絹。……絹匹爲錢三千二百。

有只賣三千文一匹的。韓愈韓昌黎集卷四〇論變鹽法事宜狀說：

初定兩稅時，絹一疋直錢三千。

大約這要因地點的不同而不同，所以同是建中元年，絹一疋的價格有三千文，三千二三百文及四千文三種的分別。除絹以外，當日帛的價格也可知道一點。在代宗初年，帛一匹賣錢二千文，就算非常便宜。次山文集卷七問進士（永泰二年道州問）說：

往年帛一疋，估錢五百，猶貴。近年帛一疋，估錢二千，尚賤。

及德宗建中元年，初定兩稅時，帛一疋仍賣二千文。李文公集卷三進士策問第一道說：

初定二稅時，錢直卑而粟帛貴。……帛一匹價盈二千。

綜括上述，可知安史亂後，由於物品供給的不足，及貨幣的貶值與膨脹，物價上漲得很利害。以衣食等日常生活必需品而論，米一斗有賣至幾萬文，絹一疋有賣至一萬文的。這固然是特殊的情形，但就一般來說，米一斗賣一千文或八百文，絹一疋賣四千文或三千多文，已經是很平常的事了。我們若拿這種昂貴的物價，與貞觀年間米一斗賣三四文，開元天寶間米一斗賣三五文或十餘文，絹一疋賣二百文的情形比較一下，便可知道當日物價的上漲，實在已經達到驚人的程度。怪不得當日大詩人杜甫的幾位兒女，也要因爲物價高漲而活活的變作餓死鬼了！

七 兩稅法實行後物價的下落

上述安史亂後物價的上漲，一共經歷三十年多，直至貞元初年物價還是相當的貴。 不過，這種物價的騰貴，并不是沒有了期的。 貞元初年以後，物價又發生一個大變動。 這個變動的主要原因為兩稅法的實施，而變動的現象則為物價長期間的下降。 現為方便起見，先述這次物價變動的情形，然後分析其變動的原因。

唐代物價的下落，以這一次的時間為最長久；約由德宗貞元年間起，至宣宗大中年間止，一共經歷七十年左右。 關於這個時期的文獻，每每提及『物輕錢重』的問題，或訴說農工等生產者如何因為物價的低落而大感痛苦。 如舊唐書卷一二九韓滉傳說：

> 時（貞元二年十一月）右丞元琇判度支。 ……琇以京師錢重貨輕，切疾之，乃於江東監院收獲見錢四十餘萬貫，令轉送入關。 （新唐書卷一二六韓滉傳略同）

又白居易白氏長慶集卷三〇禮部試策第五道（貞元十六年二月）說：

> 問：紡織之弊，出於女工。 桑麻不甚加，而布帛日已賤，蠶織者勞焉。公議者知之。 欲乎價平，其術安在？……
>
> 對：……方今倉廩虛而農夫困，布帛賤而女工勞，以愚所覩，粗知其本。……然則布帛之賤者，由錐刀之壅也。 苟粟麥足用，泉貨流通，則布帛之價，輕重平矣。

又權載之集卷四〇進士策問第三問（註1）說：

> 粟帛寖輕，而緡錢益重。 或去衣食之本，以趣末作。 自非翔貴之急，則有甚賤之傷。 （全唐文卷四八三同）

這是德宗貞元年間的情形。 到了憲宗元和年間，物價更加低落，成為當日朝野熱烈討論的問題。 白氏長慶集卷三〇進士策問第五道（元和三年）說：

> 問：穀帛者生於下也；泉貨者操於上也。 必由均節以致厚生。 今田疇不加闢，而菽粟之價日賤；桑麻不加植，而布帛之估日輕。 懋力者輕用而愈貧，射利者賤收而愈富。 至使農人益困，游手益繁矣。 然豈穀帛斂散之

（註1）舊唐書卷一四八權德輿傳說，『貞元十七年冬，以本官知禮部貢舉。 來年，眞拜侍郎。凡三歲掌貢士，至今號為得人。』 其進士策問當作於此期間內。

節失其宜乎？將泉貨輕重之權不得其要乎？

又同書卷四六平百貨之價（元和初）說：

今田疇不加闢，而菽粟之估日輕；桑麻不加植，而布帛之價日賤。是以射時利者賤收而日富，勤力穡者輕用而日貧。

夫錢刀重則穀帛輕，穀帛輕則農桑困。

又唐會要說：

（元和）二年二月，詔曰，『錢貴物賤，傷農害工。……』（卷八九，册府元龜卷五〇一同）

六年二月，制，『……自建中初定稅時，貨重錢輕。是後貨輕錢重，齊人所出，固已倍其初征矣。……』（卷八三，舊唐書卷一四八及新唐書卷一六九裴垍傳同）

又舊唐書卷一五憲宗紀說：

（元和七年二月癸丑）勅，『錢重物輕，爲弊頗甚。……』（册府元龜卷五〇一同）

又沈亞之沈下賢文集卷一〇省試策第三問（元和十年）說：

今……衆貨非不制也，而粟帛猶輕。

由是商益豪而農益敗，錢益貴而粟益輕也。（全唐文卷七三四同）

又元稹元氏長慶集卷二七爲人上宰相書一首說：

桑麻不加，而布帛之價日賤。

又韓愈韓昌黎集卷一四進士策問說：

今天下穀愈多，而帛愈賤，人愈困者，何也？

這都是憲宗時代的情形。及穆宗即位時，物價也是同樣的低落。册府元龜卷五〇一說：

穆宗以元和十五年正月即位，閏正月詔曰，『當今百姓之困，衆情所知。……貨輕錢重，征稅暗加。……』

其後，到了文宗開成年間，物價低落仍舊是尚待政府解決的問題。舊唐書卷一七下文宗紀載開成三年六月

癸丑，上御紫宸對宰臣曰，『幣輕錢重，如何？』……（同書卷一七六楊嗣復傳及册府元龜卷五〇一同）

又馮贄雲谷雜記卷四說：

開成中，物價至微。

直至宣宗大中年間，物價仍是一樣的低落。全唐文卷七六三鄭吉楚州修城南門記說：

今上（宣宗大中）元春正月，楚州新作內城之南門。……刺史兼御史中丞李公新作之。公名荀，隴西成紀人。……士伍寒燠，有若賜衣，詔以歲貢衽緡賦之。嚮者泉輕而幣重，賦之以帛，而上得其贏。今也泉重而幣輕，猶賦之以帛，官受其利。公曰，『吾心有不安焉。盍賦之以緡？苟不足，即與帛，而時其物之價而直之。』既聞令，讙聲動壁壘，皆曰，『有君如此，使我蹈水火可也。』乃新南門，巋然而樓增以舊五之二焉。

由上述，可知唐代自德宗貞元初年以後，直至宣宗大中年間，物價有長期間的低落。可是，在這個時期內，物價到底低落到怎麽樣的程度呢？現在爲便利起見，先說絹價變動的情形。上面說，安史亂後，絹價曾經貴到一萬文一匹。其後漸漸低落，但大曆建中間一疋仍賣四千文，在建中元年也有只賣三千多文或三千文的。由此以後，到貞元十年，絹價繼續下跌，每疋只賣一千五六百文。陸宣公翰苑集卷二二均節賦稅恤百姓六條（註1）說：

今者納絹一疋，當錢一千五六百文。

近者百姓納絹一疋，折錢一千五六百文。大率萬錢，爲絹六疋。價既轉賤，數則愈多。（全唐文卷四六五同）

又新唐書卷五二食貨志說：

自初定兩稅，貨重錢輕，乃計錢所輸綾絹。既而物價愈下，所納愈多。絹匹爲錢三千二百。其後一疋爲錢一千六百，輸一者過二。雖賦不增舊，而民愈困矣。

（註1）此疏奏於貞元十五年五月，見通鑑卷二三四。

再往後，到了貞元十九年，絹價又下跌一半，每疋只賣八百文或九百文。權載之集卷四七論旱災表(註1)說：

大曆中，絹一疋價近四千。今止八百九百。(全唐文卷四八八同)

又權文公集補遺上陳闕政(註1)說：

大曆中，一縑直錢四千。今止八百。(全唐書文卷四八六同)

及元和長慶間，絹價也是一樣的低落，每疋仍賣錢八百文。李文公集卷九疏改稅法說：

臣以爲自建中元年初定兩稅，至今四十年(註2)矣。……今稅額如故，而粟帛日賤，錢益加重。絹一疋價不過八百，……稅戶之輸十千者，爲絹十有二疋然後可。況又督其錢，使之賤賣者耶？(全唐文卷六三四同)

又韓昌黎集卷四〇論變鹽法事宜狀(長慶二年)說：

今絹一疋，直錢八百。

這樣低廉的絹價，到文宗開成年間，也沒有特別大的變動；當時在揚州出賣的白絹，也不過一千文一疋。僧圓仁入唐求法巡禮行記卷一說文宗開成三年十月十四日，在揚州，

更買白絹二疋，價二貫。

茲就開元以來的絹價，列表如下，并繪圖以示唐代絹價變動的大概情形。

年數	絹價(單位)
開元十三年(725)	210
天寶五載(746)	200
肅宗時代(756—762)	10000
大曆中(766—779)	4000
建中元年(780)	3000—4000
貞元十年(794)	1500—1600

(註1)均作於貞元十九年。參新唐書卷一六五權德輿傳。

(註2)從建中元年算起約爲元和十五年。

貞元十九年（803）	800—900
元和十五年（820）	800
長慶二年（822）	800
開成三年（838）	1000

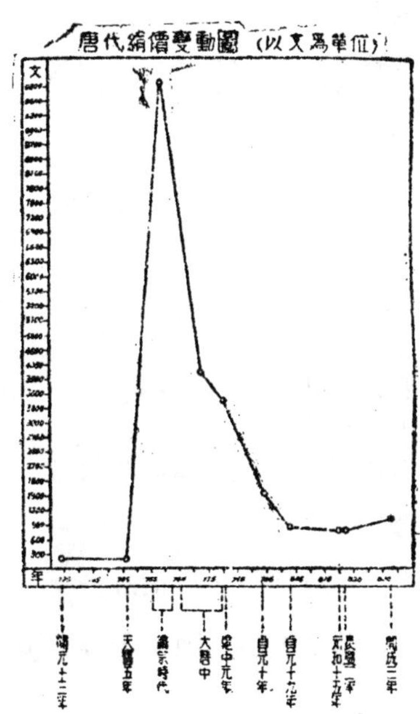

除絹價外，貞元初年以後農產的價格也很低廉。　陸宣公翰苑集卷一八請減京東水運收脚價於沿邊州鎮儲蓄軍糧事宜狀（註1）說：

陛下頃以邊兵衆多，轉餽勞費，設就軍和糴之法以省運，制與人加倍之價以勸農。　此令初行，人皆悅慕，爭趨厚利，不憚作勞。　耕稼日滋，粟麥歲賤。

近者沿邊諸州，頻歲大稔，穀糴豐賤，殊異往時。

近歲關輔之地，年穀屢登。　……田農之家，猶困穀賤。

今歲關中之地，百穀豐成。　京尹及諸縣令頻以此事爲言，憂在京米粟大賤，請廣和糴，以救農人。

（註1）通鑑卷二三四系此疏於貞元八年八月條下。

又劉禹錫劉夢得文集卷一七代京兆韋尹(夏卿)謝許折糴(註1)說:

伏以聖明在上,風雨應時,順成之年,穀糴常賤。

這是德宗貞元年間的情形。 復次,文宗大和年間米價也很便宜。 白氏長慶集卷五一(大和)六年春贈分司東都諸公說:

偶當穀賤時,適値民安日。

又同書卷五二(大和)六年寒食洛下宴遊贈馮李二少尹說:

米價賤如土,酒味濃於餳。

又同書卷五七寄兩銀榼與裴侍郎因題兩絕說:

小器不知容幾許,襄陽米賤酒升寬。(註2)

可是,這時期的米價,到底便宜到怎麼樣的程度呢?在德宗貞元年間,除淮南因爲水潦爲災,米價曾貴至一百五十文一斗外,在關中一帶,糙米每斗只賣三十七文,好米則賣七十文以下。 陸宣公翰苑集卷一八請減京東水運收脚價於沿邊州鎭儲蓄軍糧事宜狀說:

今夏江淮水潦,漂損田苗,比於常時,米價加倍。 ……今淮南諸州米,每斗當錢一百五十文。 ……其米旣糙且陳,尤爲京邑所賤。 今據市司月估,每斗只糶得錢三十七文而已。

今歲關中之地,百穀豐成。 ……臣……今量定所糴估價,通計諸縣貴賤,并顧船車般至太倉,穀價約四十有餘,米價約七十以下。

其後,到了憲宗元和年間,由於農產的豐收,米價有低跌至兩文錢一斗的。 通鑑卷二三八說:

是歲(元和六年)天下大稔,米斗有直二錢者。

不過,就一般而論,當日米價以五十文一斗的時候爲多。 李文公集卷九疏改稅法說:

臣以爲自建中元年初定兩稅,至今四十年矣。 ……今……粟帛日賤,錢益

(註1)按韋夏卿於貞元末年作京兆尹,見舊唐書卷一六五本傳。

(註2)按裴度在襄陽任山南東道節度使,事在大和四年九月。 參考舊唐書卷一七下文宗紀。

加重。……米一斗不過五十。（全唐文卷六三四同）

值至宣宗大中末年或懿宗咸通初年，米價仍很低廉，一斗只賣錢四十文。太平廣記卷四九九王鐸引聞奇錄說：

故相晉國公王鐸為丞郎時（註1），李駢判度支。……京國米價每斗四十。

以上是貞元初年以後，米價低落的情形。至於粟價，在元和年間，以二十文一斗的時候為多。李文公集卷三進士策問第一道說：

初定兩稅時，錢直卑而粟帛貴。……及茲三十年，……錢直日高，粟帛日卑。粟一斗價不出二十，……（全唐文卷六三四同）

這比之安史亂後五百文一斗粟價，當然是低廉得多了。

綜括上述，我們可知唐代自貞元初年以後，物價由安史亂後的高漲，一變而為長期間的低落。這次物價的低落，為時甚久，約共七十年左右，直至宣宗大中年間，或甚至懿宗咸通初年才止。至於低落的程度，就生活必需品來說，絹價低至八百文一疋，米價低至四五十文或甚至兩文一斗。這和安史亂後，絹一疋常賣三千多四千饮，米一斗常賣一千或八百文的價格比較起來，當然是便宜得多了。

現在我們要問，貞元初年以後，物價為什麼會這樣下降？據作者的意見，這次物價所以低落，兩稅法的施行實是其中最主要的原因。

在討論兩稅法對於物價低落的影響以前，我們先要明瞭唐代稅制的變遷。在唐初，因為自然經濟仍佔有很大的勢力，政府實行租庸調制，其收入完全以實物為主。人民向政府繳納的租用穀，庸用絹，調則用綾纊布麻等物。及德宗建中元年，隨着當日貨幣經濟的發展，楊炎始作兩稅法，規定人民向政府繳納夏秋兩稅，不用實物，而改以錢繳納。這麼一來，因為從此以後，人民只能用錢來向政府納稅，不能如以前那樣完全用穀絹等實物繳納，錢遂因需要增加而價值高漲，至於粟帛等實物，則正正相反，因需要減少而價格低跌。這即是貞元初年以後錢重物輕問題之所由來。所以自兩稅法實行以後，唐代物價遂發生一個極大的變動，即作

（註1）據舊唐書卷一六四王播傳附王鐸傳，及新唐書卷一八五王鐸傳，王鐸為會昌初進士，咸通十二年同平章事。鐸為丞郎時，當在大中咸通間。

長期間的下降。陸宣公翰苑集卷二二均節賦稅恤百姓六條說：

夫國家之制賦稅也，必先導以厚生之業，而後取其什一焉。其所取也，量人之力，任土之宜。非力之所出則不征，非土之所有則不貢。謂之通法，歷代常行。……故可以勉人功，定賦入者，唯布麻繒纊與百穀焉。……然則穀帛者，人之所爲也；錢貨者，官之所爲也。人之所爲者，故租稅取焉；官之所爲者，故賦斂捨焉。此又事理著明者也。是以國朝著令，稽古作程，所取於人，不踰其分。租出穀，庸出絹，調雜出繒纊布麻。非此族也，不在賦法。列聖遺典，粲然可徵。曷常有禁人鑄錢，而以錢爲賦者也？今之兩稅，獨異舊章。違任土之通方，效筭緡之末法。不稽事理，不揆人功，但估資產爲差，便以錢穀定稅。……所徵非所業，所業非所徵。遂或增價以買其所無，減價以賣所有。一增一減，耗損已多。（新唐書卷五二食貨志略同）

這裏說，『增價以買其所無，減價以賣其所有，』卽指生產者賤價出賣粟米布帛等物，以便換取錢幣來向政府納稅；因爲生產者只有穀帛并沒有錢。又新唐書卷五二食貨志說：

（貞元）十二年，河南尹齊抗復論其弊，以爲，『……定稅之初，錢輕貨重，故陛下以錢爲稅。今錢重貨輕，若更爲稅名，以就其輕，其便有六。……百姓本出布帛，而稅反配錢。……農人所有，唯布帛而已。用布帛處多，用錢處少。又有鼓鑄以助國計，何必取於農人哉？』疏入，亦不報。

又白氏長慶集卷四六息游惰說：

當今游惰者逸而利，農桑者勞而傷。所以傷者，由天下錢刀重而穀帛輕也。所以輕者，由賦斂失其本也。失賦斂之本者，量桑地以出租，計夫家以出庸；租庸者，穀帛而已。今則穀帛之外，又責之以錢。錢者，桑地不生銅，私家不敢鑄，業於農者何從得之？至乃吏胥追徵，官限迫蹙，則易其所有以赴公程。當豐歲，則賤糴半價不足以充緡錢；遇凶年，則息利倍稱不足以償逋債。豐凶旣若此，爲農者何所望焉？是以商賈大族乘時射利者，日以富豪；田壠罷人望歲勤力者，日以貧困。……臣常反覆思之，實由穀帛輕而錢刀重也。……今天下之錢日以減耗，或積於國府，或滯於私家。若欲日月徵求，歲時輸納，臣恐穀帛之價轉賤，農桑之業轉傷，十年已後，其弊或甚於今日矣。

又同書卷二贈友詩說：

私家無錢鑪，平地無銅山，胡爲夏秋稅，歲歲輸銅錢？錢力日已重，農力日已殫。賤糶粟與麥，賤貿絲與緜。歲暮衣食盡，焉得無飢寒？吾聞國之初，有制垂不刊。傭必算丁口，租必計丁田。不求土所無，不強人所難。量入以爲出，上足下亦安。兵興一變法，兵息遂不還。使我農桑人，顦顇畎畝間。誰能革此弊，待君秉利權，復彼租傭法，令如貞觀年？

又李文公集卷九疏改稅法說：

臣以爲自建中元年初定兩稅，至今四十年矣。……今稅額如故，而粟帛日賤，錢益加重。……況又督其錢，使之賤賣者耶？……推本弊，乃錢重而督之於百姓之所生也。錢者官司所鑄，粟帛者農之所出。今乃使農人賤賣粟帛，易錢入官，是豈非顛倒而取其無者耶？由是豪家大商，皆多積錢，以逐輕重。故農人日困，末業日增。一年水旱，百姓菜色，家無滿歲之食，況有三年之蓄乎？（全唐文卷六三四同）

又韓昌黎集卷三七錢重物輕狀說：

右臣伏準御史臺牒，準中書門下帖奉進止，『錢重物輕，爲弊頗甚。詳求適變，可以便人。……』臣愚以爲錢重物輕，救之之法有四。一曰在物土貢。夫五穀布帛，農人之所能出也，工人之所能爲也。人不能鑄錢，而使之賣布帛穀米，以輸錢於官，是以物愈賤而錢愈貴也。今使出布之鄉，租賦悉以布；出緜絲百貨之鄉，租賦悉以緜絲百貨；去京百里悉出草；三百里以粟；五百里之內，及河渭可漕入，願以草粟租賦，悉以聽之。則人益農（或作『豐』），錢益輕，穀米布帛益重。……

上引陸贄，齊抗，白居易，李翺及韓愈等人反對兩稅法的言論，都以爲用錢納稅，足以令到錢因需要增多而價值加重，貨物因需要減少而價格低落。因此，爲着提高物價，促進生產起見，他們極力主張恢復以前那種用穀帛納稅的制度。

兩稅法所以能影響到物價的低落，不獨因爲牠促使錢的需要增加，而且因爲牠令到錢的供給減少。上面曾經說過，唐初實行租庸調制，政府的收入以穀米布帛爲主。及行兩稅法，政府只向納稅人要錢，不要貨物。這麼一來，國家府庫儲積的錢自然加多，至於在市面流通的錢則相反的減少，從而影響到物價的低落。上引白居易批評兩稅法的言論說：

今天下之錢日以減耗，或積於國府，……

又新唐書卷五二食貨志說：

戶部尙書楊於陵曰，『王者制錢以權百貨，貿遷有無，變通不倦，使物無甚貴甚賤，其術非他，在上而已。何者？上之所重，人必從之。古者權之於上，今索之於下。昔散之四方，今藏之公府。……則錢焉得不重，貨焉得不輕？……』（通鑑卷二四二長慶元年九月壬子條同）

因此，爲着增加錢在市場上的流通量，以免物價過於低跌，政府往往由府庫中提出大量的錢來購買貨物。舊唐書卷一五憲宗紀說：

（元和）八年四月丙戌，以錢重貨輕，出庫錢五十萬貫，令兩常平倉收市布帛，每段疋於舊估加十之一。（同書卷四八食貨志，唐會要卷八九，通志卷六二及册府元龜五〇一同）

又唐會要卷八九說：

（元和）十二年正月，勅，『泉貨之設，古有常規：將使重輕得宜，是資斂散有節。必通其變，以利於人。今繒帛轉賤，公私俱弊。宜出見錢五十萬貫，令京兆尹揀擇要便處開場，依市價交易；選擇清強官吏，專切勾當。仍各委本司先作處置條件聞奏。必使事堪經久，法可通行。』（舊唐書卷四八食貨志及册府元龜卷五〇一同）

以上是說，兩稅法實行後，因爲政府收錢作稅，原來在市場上流通的錢多被移存於國家的府庫內，以致市場上籌碼不足，物價低落。復次，當日錢的蓄積，絕不限於政府，私人也多經營此事。這時候，好些富商大賈，達官貴人，看見錢因兩稅法的實行而價值增長，而且有繼續增長的趨勢，遂憑藉我們個人雄厚的財力，大量的屯積現錢，使市場上造成籌碼更加不足，錢值更加增長，從而物價更加低落的局面，然後把自己屯積的錢拋出市場，賺取因錢值增長而得的鉅額的利潤。如上引李文公集卷九疏改稅法說：

今……粟帛日賤，錢益加重。……由是豪家大商，皆多積錢，以逐輕重。

又白氏長慶集卷四六息游惰說：

今天下之錢日以減耗，……或滯於私家。

又新唐書卷五二食貨志說：

自建中定兩稅，而物輕錢重，民以爲患。……豪家大商，積錢以逐輕重。

這種投機事業，政府曾經三令五申的加以禁止。可是，因爲利之所在，投機者往往多方規避，法令只是一種具文而已。新唐書卷五四食貨志載貞元二十年，

命商賈蓄錢者，皆出以市貨。

又舊唐書卷一四憲宗紀載元和三年

六日戊辰，詔以錢少，欲設畜錢之令，先告諭天下商賈畜錢者，並令逐便市易，不得畜錢。

又同書卷四八食貨志說：

其年（元和三年）六月，詔曰，『泉貨之法，義在通流。若錢有所壅，貨當益賤。故藏錢者得乘人之急，居貨者必損己之資。（全唐文多「趨利之徒，豈知國計？斯弊未革，人將不堪。」等句）今欲著錢令以出滯藏，加鼓鑄以資流布，使商旅知禁，農桑獲安。義切救時，情非欲利。若革之非漸，恐人或相驚。應天下商賈，先蓄見錢者，委所在長吏，令收市貨物。官中不得輒有程限，逼迫商人，任其貨易，以求便利。計周歲之後，此法遍行，朕當別立新規，設蓄錢之禁。所以先有告示，許其方圓，意在他時，行法不貸。……』（唐會要卷八九，冊府元龜卷五〇一及全唐文卷五九同）

十二年正月，……又勅，『近日布帛轉輕，見錢漸少，皆緣所在壅塞，不得通流。宜令京城內自文武官僚，不問品秩高下，并公郡縣主中使等，下至士庶商旅，寺觀坊市，所有私貯見錢，並不得過五千（唐會要及冊府元龜均作「十」）貫。如有過此，許從勅出後，限一月內，任將市別物收貯。如

錢數校多，處置未了，任於限內於地界州縣陳狀更請限；縱有此色，亦不得過兩個月。……如限滿後，有違犯者：白身人等，宜付所司決痛杖一頓處死；其文武官及公主等，並委有司聞奏，當重科貶；戚屬中使，亦具名銜聞奏。其賸貯錢，不限多少，並勒納官。數內五分取一充賞錢，止於五千貫。……』時京師里閭區肆所積，多方鎮錢。王鍔，韓弘，李惟簡，少者不下五十萬貫。於是競買第屋，以變其錢。多者竟里巷傭僦，以歸其直。而高貲大賈者，多依倚左右軍官錢爲名，府縣不得窮驗，法竟不行。（唐會要卷八九及册府元龜卷五〇一同）

又元氏長慶集卷三四錢貨議狀說：

奉進止，『當今百姓之困，衆情所知。減稅則國用不充，欲依舊則人困轉甚，皆由貨輕錢重，徵稅暗加。宜令百寮各陳意見，以革其弊。』……臣不敢遠徵古證，竊見自元和以來，……近有積錢不得過數之限，……然而……積錢不出於牆垣，……亦未聞鞭一夫，黜一吏，賞一告訐，坏一蓄藏。豈法不便於時耶？蓋行之不至也。

綜括上述，可知唐代自兩稅法實行後，錢的供求關係便不復能夠均衡：一方面因爲要用來納稅而需要增大，他方面因爲國庫及私人的儲積而供給減少。這麼一來，錢在市場上求過於供的結果，價值自然大增，從而物價更趨下降。這種錢重物輕的情形，對於工農等生產者有非常惡劣的影響，所以好些人都主張依然用實物來納稅，以資救濟。這種主張發動甚早，可是直到穆宗卽位，由於戶部尙書楊於陵等人的提議，始加以改革。新唐書卷五二食貨志說：

自建中定兩稅，而物輕錢重，民以爲患。……帝（穆宗）亦以貨輕錢重，民困而用不充，詔百官議革其弊。……戶部尙書楊於陵曰，『……今宜使天下兩稅，榷酒，鹽利，上供及留州送使錢，悉輸以布帛穀粟，則人寬於所求。……則貨日重而錢日輕矣。』宰相善其議。由是兩稅上供留州皆易以布帛絲纊，租庸課調不計錢而納布帛；唯鹽酒本以榷率計錢，與兩稅異，不可去錢。（通鑑卷二四二長慶元年九月壬子條略同）

又唐會要卷八四說：

元和十五年八月，中書門下奏，『伏準今年閏正月十七日勅，令百僚議錢貨輕重者。今據羣官戶部尙書楊於陵等，伏請天下兩稅榷鹽酒利等，悉以布帛絲緜任土所產物充稅，並不徵見錢，則物漸重，錢漸輕，農人且免賤賣匹帛者。伏以羣官所議，事皆至當，深利公私，請商量付度支。……變法在長物價，價長則永利公私。……官既不專以錢爲稅，人得以所產用輸，則錢貨必均其輕重，隴畝自廣於藝織。便時惠下，庶得其宜。……』勅旨宜依。（舊唐書卷四八食貨志及册府元龜卷五〇一同）

如上述，穆宗把兩稅改爲物納，目的在貶抑錢值，提高物價。可是，事實上，經過穆宗改革以後，錢重物輕的問題依然沒有得到妥當的解決，這又是什麼原故呢？原來，貞元初年以後物價所以低落，兩稅法的實行只是其中一個主要的原因，並不是唯一的原因。所以，關於這次物價低落的原因，除兩稅法的實行外，我們還得作進一步的探討。

據作者的意見，這次物價所以低落，主因爲錢幣的求過於供；而當日錢幣所以求過於供，除因爲兩稅法的實行外，又有其他原因。

關於錢的需要的增大，我們可以從時間上及空間上來加以考察。在唐初，因爲自然經濟仍舊佔有勢力，布帛等實物都可以用作貨幣來交易，故當日的物價多用絹來表示。其後，社會經濟更加向前發展，這種用實物做的交易工具，在買賣上可要大感不便了。在開元二十二年的詔令中，已經有『布帛不可以尺寸爲交易，菽粟不可以杪勺貿有無』的話（註1）。貞元初年以後，因爲錢的流通不足以適應當日商業上的需要，政府往往強迫人民在買賣時用布帛等實物來支付物價，以增加貨幣的流通額。如新唐書卷五四食貨志說：

（貞元）二十年，命市井交易，以綾羅絹布雜貨與錢兼用。

又唐會要卷八九說：

（元和）六年二月，制，『公私交易十貫錢已上，卽須兼用疋段。委度支鹽鐵使及京兆尹卽具作分數條流聞奏。……』（舊唐書卷四八食貨志及册

（註1）見曲江文集卷七勑議放私鑄錢及册府元龜卷五〇一。

府元龜卷五〇一同)

可是，法令儘管是法令，因爲便利的關係，誰也喜歡用錢來作交易工具；這種以實物作貨幣來交易的開倒車的行爲，是要漸漸的被人遺棄了。元氏長慶集卷三四錢貨議狀說：

竊見元和以來，……次有交易錢帛兼行之法，……然而……錢帛不兼於賣鬻，……

因此，從貞元初年以後，錢遂成爲商業上最主要的貨幣；人們對於牠的需要可以說是隨着時間的轉移而增大。

復次，由於空間上用錢的推廣，我們也可以見到當日錢的需要的增大。在這時，不獨以前用實物交換的地方要用錢交易，就是海外各國，也要吸收中國的錢。新唐書卷五二食貨志說：

戶部尚書楊於陵曰，『……昔行之(錢)於中原，今洩之於邊裔。……大曆已前，淄，青，太原，魏，博，雜用鉛鐵，以通時用，嶺南雜以丹砂象齒。今一用泉貨。故錢不足。……』(通鑑卷二四二長慶元年九月壬子條略同)

其中關於錢之洩於外國，日人桑原隲藏蒲壽庚考第一章說：

當唐代時，銅錢流出海外者，卽已不尠。資治通鑑唐紀五十八穆宗長慶元年(西八二一)條，已明記當時錢貨流出之巨額。據唐大和上東征傳(羣書類從六十九)，鑑眞東渡時，曾攜帶多量銅錢。又據阿蒲賽的(Abou zeyd)之記錄(見聞錄一卷七二——七三頁)，唐末波斯灣一帶有中國錢之散布。(見陳裕菁譯本頁三四)

關於嶺南的用錢，韓昌黎集卷三七錢重物輕狀說：

臣愚以爲錢重物輕，救之之法有四。……二曰在塞其隙，無使之洩。……禁錢不得出五嶺(下或有複出『五嶺』字)，買賣一以銀。盜以錢出嶺，及違令以買賣者，皆坐死。五嶺舊錢，聽人載出。如此，則錢必輕矣。

這麽一來，由於用錢地方的加多，錢的需要自更增大。

關於錢的需要之增大，已如上述。錢的供給又如何？

鑄錢的主要原料是銅。 當日銅的產量，據新唐書卷五四食貨志所載，有如下述：

元和初，天下……歲采……銅二十六萬六千斤，……

（文宗時）天下銅坑五十，歲采銅二十六萬六千斤。

及宣宗……天下歲率……銅六十五萬五千斤，……

在這裏，我們最好先看看宋代銅的產量，然後加以比較。 據宋史卷一八五食貨志，宋元豐元年，銅的產量多至一千四百六十萬五千九百六十九斤。 拿唐代銅的產量來與這個數目比較，可以說是小巫見大巫。

唐代銅的出產固然少得可憐，但如果把這些銅完全用來鑄錢，錢的數量也是可以增加的。 可是當時事實並不如此，好些銅都因爲製造種種色色的工業品而被消耗了去。 如册府元龜卷五〇一說：

貞元九年正月，諸道鹽鐵使張滂奏，『……臣請自今以後，應有銅山，任百姓開採，一切依時價官爲收市。 除鑄鏡外，一切不得鑄造及私相買賣。其舊器物先在人家不可收拾及破損者，仍許賣入官。 ……』詔曰可。

十年六月，勑，『今後天下鑄造買賣銅器，並不須禁止。 ……』

又元氏長慶集卷三四錢貨議狀說：

竊見元和以來，初有公私器用禁銅之令，……然而銅器備列於公私，……

又韓昌黎集三七錢重物輕狀說：

臣愚以爲錢重物輕，救之之法有四。 ……二曰在塞其隙，無使之洩。 禁人無得以銅爲器皿，禁鑄銅爲浮屠佛像鐘磬者。

又新唐書卷五四食貨志說：

大和三年，詔佛像以鉛錫土木爲之，飾帶以金銀鍮石烏油藍鐵。 唯鑑磬釘鐶鈕用銅，餘皆禁之。 盜鑄者死。

這麼一來，能用來鑄錢的銅，自然是有限得很了。

關於當日全國每年鑄錢的數量，在文獻上一時可以考見的， 約如下述。

新唐書卷五四食貨志說：

（貞元二十年），天下歲鑄錢十三萬五千緡。

（大和八年），天下歲鑄錢不及十萬緡。

又同書卷五二食貨志載戶部尙書楊於陵的話云：

今纔十數鑪，歲入十五萬而已。（通鑑卷二四二長慶元年九月壬子條同）

關於此點，我們最好看看宋代鑄錢的數量，以資比較。宋史卷一八〇食貨志說：

時（天禧三年）鑄錢有四監：饒州曰永平，池州曰永豐，江州曰廣寧，建州曰豐國。……至道中，歲鑄八十萬貫。景德中，增至一百八十三萬貫。大中祥符後，銅坑多不發。天禧末，鑄一百五萬貫。

先是江池饒州建寧府四監，歲鑄錢百三十四萬緡，充上供；衡舒嚴鄂韶梧州六監，歲鑄錢百五十六萬緡，充逐路支用。

由此可知，唐貞元初年以後鑄錢的數量，比宋代要少得多。

當日鑄錢的數量雖然很少，如果這些鑄好的錢都能夠在市面流通，籌碼不足的問題或者不至於那麼嚴重。可是，事實上，這些辛辛苦苦鑄造出來的錢，並沒有好好的全部作爲交易工具之用。當日因爲銅產缺乏，銅器價格昂貴，好些人都毀錢取銅來鑄造各種工業品，以賺取鉅額的利潤。册府元龜卷五〇一說：

貞元九年正月，諸道鹽鐵使張滂奏，『諸州府公私諸色鑄造銅器雜物等。伏以國家錢少，損失多門。興販之徒，潛將銷鑄。每銷錢一千，爲銅六斤，造寫器物，則斤直六百。其利旣厚，銷鑄遂多。江淮之間，錢寶減耗。……』

敬宗寶曆元年十月，河南尹王起奏『准八月二十一日勅，不許銷鑄見錢爲佛像，仍令京兆河南尹重立科條奏聞。今請犯者以盜鑄錢論。』制可。（舊唐書卷一七上敬宗紀及新唐書卷五四食貨志略同）

又白氏長慶集卷四六平百貨之價說：

又見今人之弊（指錢重物輕——漢）者，由銅利貴於錢也。何者？夫官家採銅鑄錢，成一錢，破數錢之費也；私家銷錢爲器，破一錢，成數錢之利也。鑄者有程，銷者無限，雖官家之歲鑄，豈能勝私家之日銷乎？此所以天下之錢日減而日重矣。

又新唐書卷五四食貨志說：

時（文宗時）雖禁銅爲器，而江淮嶺南列肆鬻之。鑄千錢爲器，售利數倍。

又舊唐書卷一七六楊嗣復傳說：

開成二年十月，入爲戶部侍郎，領諸道鹽鐵轉運使。三年正月，與同列李珏並以本官同平章事，領使如故。……上（文宗）以幣輕錢重，問鹽鐵使，何以去其太甚？楊嗣復曰，『此事累朝制置未得。但且禁銅，未可變法。法變擾人，終亦未能去弊。』李珏曰，『禁銅之令，朝廷常典。但行之不嚴，不如無令。今江淮已南，銅器成肆。市井逐利者，銷錢一緡，可爲數器，售利三四倍。遠民不知法令，率以爲常。縱國家加鑪鑄錢，何以供銷鑄之弊？所以禁銅之令，不得不嚴。』（册府元龜卷五〇一略同）

結果，錢的數量當然要大大的減少。

由上述，可知當日銅錢供給的減少，除由於銅產不足外，佛教寺院的使用佛像鐘磬等物，是其中的主要原因。這許多佛寺用品，不論是直接由銅製造，或是毀取銅來製造，都足以減少銅錢的數量。所以武宗會昌年間的毀法，原因雖有種種的不同，政府要從佛寺中奪取大量的銅器，以便增鑄銅錢，解決歷年最爲棘手的錢重物輕問題，實是其中一個主要的原因。舊唐書卷一八上武宗紀說：

（會昌五年）秋，七月庚子，敕併省天下佛寺。……中書又奏，『天下廢寺銅像鐘磬，委鹽鐵使鑄錢。……所有金銀銅鐵之像，敕出後，限一月納官。如違，委鹽鐵使依禁銅法處分。……』

又新唐書卷五四食貨志說：

及武宗廢浮屠法，永平監官李郁彥請以銅像鐘磬鑪鐸皆歸巡院州縣，銅益多矣。

又唐會要卷八九說：

會昌六年二月，勅，『緣諸道鼓鑄佛像鐘磬等新錢已有次第，須令舊錢流布，絹價稍增。……比緣錢重幣輕，生民坐困。今加鼓鑄，必在流行。通變救時，莫切於此。……』（舊唐書卷四八食貨志及册府元龜卷五〇一同）

綜括上述，可知唐自貞元初年以後，一方面由於時間上及空間上用錢的推廣，他方面由於銅產的不足，及佛寺的大量使用銅器，錢在市場上遂發生求過於供的現象。本來，自兩稅法實行後，市場上的錢早就求過於供。現在再加上前述各種原因，錢的求過於供的程度當然是更趨嚴重了。這麼一來，錢值自然增大，物價自然下降。所以唐自貞元初年以後，物價有長期間的低落。

八　唐末物價的上漲

上述德宗貞元初年以後物價的低落，約至宣宗大中年間，或懿宗咸通初年為止。從懿宗咸通年間起，物價又發生變動，一反以前的長期低落而向上高漲。

唐末物價所以上漲，主因為物品供給的不足。當日物品的供給所以不足，一方面由於天災，他方面由於人禍。通鑑卷二五二乾符元年條說：

> 自懿宗以來，奢侈日甚，用兵不息，賦斂愈急。關東連年水旱，州縣不以實聞。上下相蒙，百姓流殍，無所控訴，相聚為盜，所在蜂起。

又舊唐書卷一八二時溥傳說：

> 自光啓至大順，六七年間，汴軍四集，徐泗三郡，民無耕稼。頻歲水災，人喪十六七。

其中尤以人禍為甚。僖宗乾符元年，濮州王仙芝聚衆為盜，其後繼以黃巢秦宗權等人大規模的焚燒刼殺，中原及江淮各地的生產事業，遂大遭破壞。舊唐書卷二〇〇下黃巢傳說：

> 於是自唐，鄧，許，汝，孟，洛，鄭，汴，曹，濮，徐，兗數十州畢罹其（黃巢）毒。賊圍陳郡百日。關東仍歲無耕稼，人餓倚牆壁間。賊俘人而食，日食數千。賊有舂磨砦，為巨碓數百，生納人於臼，碎之，合骨而食。其流毒若是。

又同書卷二〇〇下秦宗權傳說：

> 巢賊既誅，宗權復熾。僭稱帝號，補署官吏。遣其將秦彥亂江淮；秦賢侵江南；秦誥陷襄陽；孫儒陷孟洛陝虢，至於長安；張晊陷汝鄭；盧塘攻汴州。賊首皆慓銳慘毒，所至屠殘人物，燔燒郡邑。西至關內，東極青齊，南出江淮，北至衞滑，魚爛鳥散，人烟斷絕，荆榛蔽野。賊旣乏食，啖人

爲儲，軍士四出則鹽屍而從。（新唐書卷二二五下秦宗權傳及通鑑卷二五六中和四年條略同）

又同書卷二〇上昭宗紀說：

巢賊雖平，而宗權之凶徒大集。西至金商陝虢，南極荆襄，東過淮甸，北侵徐兗汴鄭，幅員數十州，五六年間，民無耕織；千室之邑，不存一二。歲既凶荒，皆膾人而食。喪亂之酷，未之前聞。

又通鑑卷二五七光啓三年六月條說：

初東都經黃巢之亂，……繼以秦宗權孫儒殘暴，僅存壞垣而已。（張）全義初至，白骨蔽地，荆棘彌望，居民不滿百戶。……城四野俱無耕者。

在各生產地破壞聲中，全國物產最富庶的江淮，經過秦彥，畢師鐸，孫儒及楊行密等的混戰以後，更是殘破不堪。通鑑卷二五九景福元年七月條說：

先是揚州富庶甲天下，時人稱爲揚一益二。及經秦（彥）畢（師鐸）孫（儒）楊（行密）兵火之餘，江淮之間，東西千里，掃地盡矣。

又舊唐書卷一八二高駢傳說：

江淮之間，廣陵大鎮，富甲天下。自師鐸秦彥之後，孫儒行密繼踵相攻。四五年間，連兵不息，廬舍焚蕩，民戶喪亡。廣陵之雄富掃地矣。（新唐書卷二二四下高駢傳略同）

這麼一來，再加以戰亂時各地交通的阻絕，物品的供給自然要大受影響了。

由於物品供給的缺乏，唐末物價遂向上飛漲。如皮日休皮日休文集卷一〇三羞詩說淮右因飢荒而物價昂貴云：

天子丙戌歲（咸通七年），淮右民多飢。就中潁之汭，轉徙何纍纍！……一金易蘆蔔，一縑換鳧茈。

又皇甫枚三水小牘卷上說洛陽一帶因農產失收而穀桑價格高漲云：

唐咸通庚寅歲（十一年），洛師大飢，穀價騰貴，民有殍於溝塍者。至蠶月，而桑多爲蟲食，葉一斤直一鍰。新安縣慈㵎店北村民王公直者，有桑數十株，特茂盛陰翳。公直與其妻謀曰，『……以我計者，莫若棄蠶，乘貴貨葉，可獲錢千（太平廣記作「十」）萬。……』妻曰善。乃攜鍤坎

地，養蠶數箔瘞焉。明日凌晨，荷桑葉詣都市鬻之，得三千文。市彘肩及餅餌以歸。（太平廣記卷一三三王公直同）

又通鑑卷二五一咸通九年十月條說龐勛在徐州一帶作亂時，

旬日間，米斗直錢二百。

這和貞元初年以後米一斗常賣四五十文的價格比較起來，可說是昂貴得多了。

以上是懿宗咸通年間物價上漲的情形。及僖宗時代，物價更爲上漲。當中和年間，黃巢佔據長安，糧食來源斷絕的時候，米價貴至三萬文一斗。舊唐書卷二〇〇下黃巢傳說：

時（中和年間）京畿百姓皆砦於山谷，累年廢耕耘。賊坐空城，賦輸無入。穀食騰踊，米斗三十千。官軍皆執山砦百姓鬻於賊爲食，人獲數十萬。（新唐書卷二二五下黃巢傳及通鑑卷三五四中和二年四月條略同）

其後，到了光啓年間，荆襄因爲天災人禍，農產供給不足，米價貴到三四萬文一斗。唐會要卷四四說：

光啓二年三月，荆襄仍歲蝗，米斗三十千，人相食。

又舊唐書卷一九下僖宗紀載光啓二年五月，

荆南襄陽仍歲旱蝗，米斗三十千，人多相食。

又通鑑卷二五六光啓二年十二月條說：

秦宗言圍荆南二年，張瓌嬰城自守。城中米斗直錢四十緡。

又尉遲樞南楚新聞說：

荆南孫儒之亂，斗米四十千。持金寶換易，總得一合一撮，謂之道場米。

差不多在同一時期內，淮南因爲蝗蟲的害稼，及秦彥畢師鐸楊行密等的混戰，糧食來源阻絕，米價高漲，每斗賣一萬文，或甚至賣五萬文。太平廣記卷一四五高駢引妖亂志說：

唐光啓三年，中書令高駢鎭淮海，有蝗行而不飛。……自十一月至明年二月，昏霧不解。……是時粒米騰貴，殆逾十倍。寒僵雨仆，日輦數千口，棄之郭外。

又舊唐書卷三五五行志說：

（光啓）三年，揚州大飢，米斗萬錢。

又同書卷一八二高駢傳說：

自（光啓）二年十一月雨雪陰晦，至三年二月不解。比歲不稔，食物踴貴，道殣相望，飢骸蔽地。

既而蔡賊楊行密自壽州率兵三萬乘虛攻（揚州）城。城中米斟五十千，餓死大半。

又通鑑卷二五七光啓三年十月條說：

楊行密圍廣陵且半年。秦彥畢師鐸大小數十戰多不利。城中無食，米斗直錢五十緡。

這時米價既然貴得那麽利害，用大量的錢來交易是很不方便的；所以好些人都拿金玉珠寶等貴重物件去買米，以代替銅錢。通鑑卷二五七光啓三年八月條說：

廣陵人競以金玉珠繒詣（張）雄軍貿食，通犀帶一得米五升，錦衾一得糠五升。

又舊唐書卷一八二高駢傳附秦彥傳說：

（揚州）城中以寶貝市米，金一斤，通犀帶一，得米五升。

僖宗以後，便是昭宗。關於昭宗時代物價上漲的情形，現在一時在文書上所能考見的，只有下列兩條。通鑑卷二五九大順二年四月條說王建兵圍攻成都時，

成都城中乏食，棄兒滿路。民有潛入行營販米入城者。……然所致不過斗升。截筒徑寸半，深五分，量米而鬻之，每筒百餘錢。餓殍狼藉。

又同書卷二六三天復二年條說朱全忠兵圍鳳翔時，

是冬大雪，（鳳翔）城中食盡，……市中賣人肉，斤直錢百，犬肉直五百。

總之，唐代自昭宗以後，一方面由於水旱蝗蟲等天災，他方面由於寇賊與軍閥的混戰，物品的供給非常不足；故物價上漲，以至於亡。

九 結論

綜括上述，我們可以知道唐代物價並不是常在靜止的狀態中，而是常常作一漲一落的變動。如果我們把這些表面看來似乎很不規則的變動加以簡單化，或系統

化，我們可以發見唐代有三個物價下落的時期，四個物價上漲的時期。

在唐代三個物價下落的時期中，以太宗高宗間及開元天寶間的物價尤爲低廉。前一個時期，相當於政治史上的貞觀永徽之治；後一個時期，也是政治最昇平的時代。史家及詩人在作品上對於這兩個時期的賢明的政治家都異口同聲的歌功頌德，對於他們努力造成的太平盛世的局面都非常愛慕或留戀。由此可見，這時候的物價低落，在一般人的心目中看來，都是當日社會經濟繁榮的好現象；并不如現代經濟學者的說法那樣，以爲物價低落是世界恐慌的象徵。不過，到了最後一個物價下落的時期，我們在文獻上屢屢看見生產者訴苦的哀音，可見貞元初年以後物價長期間的低落，未免有些遺憾。這是因爲前兩時期物價所以下落，主因由於生產事業的極度發展，而後一時期，則由於在市場上流通的貨幣之求過於供，即一般人購買力的減縮所致。

復次，在唐代四個物價上漲時期中，唐初物價雖然很貴，但爲期甚短，不過十年左右；武周前後物價雖然上漲，但上漲的程度最爲輕微：所以這兩時期的物價上漲，受影響者並不算多，問題也不特別嚴重。可是，在安史亂後及唐末兩個時期，物價卻上漲得非常利害，時間也比較長久。在前一時期，大詩人杜甫的兒女，也要因爲物價昂貴而活活的餓死。在後一時期，工商業最發達，財富最雄厚的揚州的居民，也因受物價上漲的影響而成爲餓殍。這是因爲這兩時期戰亂頻仍，生產破壞，以致物品供給缺乏的原故——自然，前一時期貨幣貶值與膨脹對於物價上漲的影響，也是不可忽略的。

民國二十八年十一月，於昆明中央研究院。

附記：文中的唐代絹價變動圖，由同事潘實君先生代繪，合當誌謝。

出自第十一本(一九四四年九月初版,一九四七年七月再版)

唐宋時代揚州經濟景況的繁榮與衰落

全漢昇

壹 緒論

中古時代分裂了好幾百年的中國社會，到了隋唐時代，又復衍變成大一統的帝國。 再經過長期間的休養生息，到了開元天寶年間，即公元八世紀的上半葉，這個大一統帝國的社會經濟便一反過去的衰落狀況，而表現出欣欣向榮的景象（註1）。這種盛況空前的經濟繁榮，除却給予國內各地以新鮮氣象外，同時更造成揚州的無

（註1）例如通典卷七說，『至（開元）十三年，封泰山，米斗至十三文，青齊穀斗至五文。自後天下無貴物。 兩京米斗不至二十文，麵三十二文，絹一疋二百一十文。 東至宋汴，西至岐州，夾路列店肆待客，酒饌豐溢，每店皆有驢賃客乘，倏忽數十里，謂之驛驢。 南詣荊襄，北至太原范陽，西至蜀川涼府，皆有店肆以供商旅。 遠適數千里，不持寸刃。』

限的繁榮。 可是,好景不常,揚州的幸運幷沒有永遠的維持下去;經過一百多年的繁榮,到唐末以後,由於種種的機緣,揚州的經濟景況便忽然衰落下去,以後經過五季,到了宋代,再也不能夠復興起來。 對於揚州這一種變動,宋人洪邁已經注意到,他的容齋隨筆卷九唐揚州之盛條說:

唐世鹽鐵轉運使在揚州,盡斡利權,判官多至數十人,商賈如織。 故諺稱『揚一益二』;謂天下之盛,揚爲一而蜀次之也。 杜牧之有『春風十里珠簾』之句。 張祜詩云,『十里長街市井連,月明橋上看神仙。 人生只合揚州死,禪智山光好墓田。』 王建詩云,『夜市千燈照碧雲,高樓紅袖客紛紛。 如今不似時平日,猶自笙歌徹曉聞。』 徐凝詩云,『天下三分明月夜,二分無賴是揚州。』 其盛可知矣。 自畢師鐸孫儒之亂,蕩爲邱墟。 楊行密復葺之,稍成壯藩。 又燬於顯德。 本朝承平百七十年,尙不能及唐之什一。 今日眞可酸鼻也(註1)!

不過作者認爲洪邁這段文字對於揚州盛衰景況的描述,還嫌不夠;對於揚州盛衰原因的探討,更是不充份。 本文之作,卽在詳細探討揚州繁榮與衰落的情況及其原因。

貳 唐代揚州繁榮狀況

自隋煬帝開運河,南北交通改進後,位於長江運河交叉點上的揚州卽已相當繁榮。 隋煬帝曾經幾次南幸揚州(註2),可見那時候揚州的物質生活已經相當舒服。到了中唐,由於上述當日社會經濟的繁榮,揚州經濟的發展更是遠在全國各地之上。如舊唐書卷一八二秦彥傳說:

江淮之間,廣陵(卽揚州)大鎭,富甲天下。

又新唐書卷二二四下高駢傳說:

揚州雄富冠天下。

(註1)按杜牧詩見於全唐詩第八函第七册贈別;張祜詩見全唐詩第八函第五册縱遊淮南;王建詩見全唐詩第五函第五册夜看揚州市;徐凝詩見全唐詩第七函第十册憶揚州。

(註2)隋書卷三煬帝紀。

又資治通鑑卷二五九景福元年七月條說：

先是揚州富庶甲天下，時人稱『揚一益二』。

由於財力的雄富，當日揚州遂成爲一個非常繁華的大都會。關於此點，除上面容齋隨筆所述外，太平廣記卷二七三杜牧條引唐闕文也說：

揚州，勝地也。每重城向夕，倡樓之上，常有絳紗燈萬數，輝羅耀烈空中，九里三十步。街中珠翠塡咽，貌若仙境（註1）。

此外，唐代詩人對於當日揚州繁榮的狀況，更常常在他們的作品中加以描述。現在作者就全唐詩所載，依次抄錄如下。第三函第七册韋應物廣陵遇孟九雲卿：

雄藩本帝都，……華館千里連。

第五函第八册權德輿廣陵詩：

廣陵實佳麗，隋季此爲京。八方稱輻湊，五達如砥平。大旆映空色，笳簫發連營。層臺出重霄，金碧摩顥清。交馳流水轂，迴接浮雲甍。靑樓旭日映，綠野春風晴。噴玉光照地，顰蛾價傾城；燈前互（一作『頻』）巧笑，陌上相逢迎；飄颻翠羽薄，掩映紅襦明；蘭麝遠不散，管絃閑自淸。……

第六函第一册陳羽廣陵秋夜對月卽事：

霜落寒空月上樓，月中歌吹（一作『飲唱』）滿揚州。相看醉舞倡樓月，不覺隋家陵樹秋。

第八函第一册李紳宿揚州：

夜橋燈火連星漢，水郭帆檣近斗牛。

第八函第三册姚合揚州春詞三首：

廣陵寒食天，無霧復無煙。暖日凝花柳，春風散管絃。園林多是宅，車馬少於船。莫喚遊人住，遊人困不眠。

滿郭是春光，街衢土亦香。竹風輕履舄，花露膩衣裳。谷鳥鳴還豔，山夫到亦狂。可憐遊賞地，煬帝國傾亡。

（註1）于鄴揚州夢記（唐代叢書）同。

春風蕩城郭，滿耳是笙歌。

第八函第七册杜牧揚州：

街垂千步柳，霞映兩重城。天碧臺閣麗，風涼歌管清。纖腰間長袖，玉珮雜繁纓。拖軸誠爲壯，豪華不可名！

題揚州禪智寺：

誰知竹西路，歌吹是揚州。

第十函第四册羅隱廣陵開元寺閣上作：

紅樓翠幕知多少，長向東風有是非。

江都：

淮王高讌動江都(卽揚州)，曾憶狂生亦坐隅。九里樓臺牽翡翠，兩行鴛鷺踏眞珠。歌聽麗句秦雲咽，詩轉新題蜀錦鋪。……

第十函第八册杜荀鶴送蜀客遊維揚：

見說西川景物繁，維揚景物勝西川。靑春花柳樹臨水，白日綺羅人上船。夾岸畫樓難惜醉，數橋明月不教眠。送君懶問君迴日，才子風流正少年。

第十函第九册韋莊過揚州：

當年人未識干戈，處處靑樓夜夜歌。花發洞中春日永，月明衣上好風多。……

第十一函第五册李中廣陵寒食夜：

廣陵寒食夜，豪貴足佳期。紫陌人歸後，紅樓月上時，綺羅香未歇，絲竹韻猶遲。……

總括這些記載，再加上容齋隨筆所述，關於唐代揚州繁榮的狀況，我們可以得到下列的印象。就財富說，揚州是當日全國最有錢的都會，俗語有『揚一益二』之稱。就買賣說，揚州有很熱鬧的夜市，其燈火的輝煌，可以上映碧雲。說到物質生活的享受，那更是任何其他地方所不及。在居住方面，那裏有高樓大廈，十里珠簾；在飲宴方面，那裏有山珍海錯，佳肴美酒。如果你想遊玩，那裏有的是園林亭榭，名花畫舫，而月明橋上更可以看了神仙。如果你想娛樂，那裏有的是婉轉的歌喉，婆娑的舞態，而裝飾漂亮的青年妓女更足以使人流連忘返。總之，在當日全國各地中，揚州的物質生活是最值得留戀的。　就是天上的月亮，人們也覺得揚州的較爲好看；而死後的歸宿，也以埋葬在揚州爲佳。

叁　唐代揚州繁榮的因素

唐代揚州繁榮的狀況，已如前述。　這裏我們要問：當日揚州爲什麼會這樣繁華？關於此點，洪邁容齋隨筆所說，語焉不詳。　現在作者從經濟史的觀點出發，試加解釋如下：

（一）國內貿易的發達

唐代揚州繁榮的第一個因素是國內貿易的發達。　揚州位於長江和運河的交叉點上，爲南北交通要衝，水運非常便利，實是全國貨物最理想的集散地。　王溥唐會要卷八六說：

> 廣陵當南北大衝，百貨所集。

又全唐文卷四九六權德輿杜公淮南遺愛碑說揚州，

> 控荆衡以沿泛，通夷夏之貨賄。　四會五達，此爲咽頤。

因此，當日揚州有很多富商大賈。　太平廣記卷二九〇呂用之條引妖亂志說：

> 時（唐末乾符年間以前）四方無事，廣陵爲歌鍾之地，富商大賈，動逾百數（註１）。

又諸葛殷條引妖亂志說：

> 有大賈周師儒者，其居處花木樓榭之奇，爲廣陵甲第（註１）。

又李肇國史補卷中說：

> 揚州有王生者，人呼爲王四舅，匿跡貨殖，厚自奉養，人不可見。　揚州富商大賈，質庫酒家，得王四舅一字，悉奔走之。

這些商人多以揚州爲中心來與其他地方貿易。　太平廣記卷三四五孟氏條引瀟湘錄說：

> 維揚萬貞者，大商也，多在於外，運易財寶，以爲商（註２）。

（註１）羅隱廣陵妖亂志同。

（註２）鄭蕡才鬼記略同。

又同書卷二七〇周迪妻條說：

(周)迪善賈，往來廣陵(註1)。

又全唐詩第一函第五册劉駕賈客詞說：

賈客燈下起，猶言發已遲。高山有疾路，暗行終不疑。寇盜伏其路，猛獸來相追，金玉四散去，空囊委路歧。揚州有大宅，白骨無地歸。少婦當此日，對鏡弄花枝(註2)。

這些以揚州爲根據地的商人，有赴長安做買賣的：

揚州橋邊少婦，長安城(一作『市』)裏商人。三年不得消息，各自拜鬼求神(註3)。

有赴江西做買賣的：

大艑高帆一百尺，新聲促柱十三弦。揚州市裏商人女，來占江西明月天。

說到唐代揚州國內貿易的商品，現今可考見的，以下列數項爲最發達：

(1)鹽——唐代淮南沿海一帶出產的食鹽，多先集中於揚州，然後由揚州分配給各地。當日鹽鐵使常駐於揚州，有時且兼任揚州節度使(註4)。經營這種買賣的鹽商，自然也以揚州爲根據地。上引容齋隨筆曾說，『唐世鹽鐵轉運使在揚州，盡斡利權，判官多至數十人，商賈如織。』(註5)　這裏說的商賈，當然以鹽商爲多。又唐會要卷八八也說：

其月(長慶元年三月)，鹽鐵使王播奏，『揚州白沙兩處納榷場，請依舊爲院。』又奏請諸鹽院糶鹽，付商人，請每斗加五十文，通舊二百文價。……並從之(註6)。

這些鹽有販往西江銷售的：

(註1)新唐書卷二〇五列女傳同。

(註2)全唐詩第九函第六册同。

(註3)全唐詩第一函第六册，第五函第五册，王建江南三臺詞。

(註4)唐會要卷八七，舊唐書卷四九食貨志。

(註5)全唐詩第十二函第八册鹽鐵諺略同。

(註6)舊唐書卷四八食貨志略同。

鹽商婦，多金帛，不事田農與蠶績。 南北東西不失家，風水爲鄉船作宅。
本是揚州小家女，嫁得西江大商客。 綠鬟富去金釵多，皓腕肥來銀釧窄。
前呼蒼頭後叱婢，問爾因何得如此？壻作鹽商十五年，不屬州縣屬天子。
每年鹽利入官時，少入官家多入私。 官家利薄私家厚，鹽鐵尙書遠不知。
……（註1）

又有老遠的運往長安出售的：

京師鹽暴貴，詔取三萬斛，以贍關中。 自揚州四旬至都。人以爲神（註2）。

（2.）茶——中國人飲茶的風氣，到了唐代已很盛行；陸羽茶經之作，是其明證。 這時茶多產於南方各地（註3），而江西浮梁出產的茶尤爲有名（註4）。這些地方的茶，多先集中於揚州，然後沿着運河北上，銷售於北方各地。 因此，揚州在當日便成爲茶的集散市場，在那裏常常住有不少的茶商。 如資治通鑑卷二五四中和二年四月條說：

（呂）用之，鄱陽茶商之子也，久客廣陵，熟其人情。

又太平廣記卷二九〇呂用之條引妖亂志說：

呂用之……父璜，以貨茗爲業，來往於淮淛間。 時四方無事，廣陵爲歌鍾之地，富商大賈，動逾百數。 璜明敏善酒律，多與羣商遊。 用之年十二三，其父挈行，旣慧悟，事諸賈皆得歡心。

至於集中揚州的茶向北銷售的證據，可以下引一事爲例：

（楊）行密遣押牙唐令回持茶萬餘斤如汴宋貿易。 （朱）全忠執令回，盡取其茶。 揚汴始有隙（註5）。

（3）珠寶——在唐代揚州的國內貿易中，珠寶的買賣也佔很重要的位置。舊唐書卷八八蘇瓌傳說：

（註1）白居易白氏長慶集卷四，全唐詩第七函第一冊鹽商婦。

（註2）新唐書卷一四九劉晏傳。

（註3）陸羽茶經。

（註4）全唐詩第七函第三冊白居易琵琶行，『商人重利輕別離，前月浮梁買茶去。』

（註5）資治通鑑卷二五七光啓三年八月條。

揚州地當衝要，多富商大賈珠翠珍怪之產。

又全唐詩第三函第七册韋應物廣陵行說：

雄藩鎮楚郊，……寶貨益軍饒（註1）。

又太平廣記卷四一九柳毅條引異聞集說柳毅從其他地方把珍寶運往揚州寶肆出賣云：

唐儀鳳中，有儒生柳毅者，應舉下第，將還湘濱。……毅因適廣陵寶肆，鬻其所得珍寶。百未發一，財以盈兆。故淮右富族，咸以爲莫如。

（4）藥——太平廣記卷一七裴諶條引續玄怪錄說裴諶賣藥於揚州云：

諶曰，『……吾與山中之友市藥於廣陵，亦有息肩之地；青園橋東有數里櫻桃園，園北車門，卽吾宅也。子公事少隙，當尋我於此。』

又同書卷二三馮俊條引原仙記說某道士在揚州買藥，販往六合云：

唐貞元中，廣陵人馮俊以傭工資生，多力而愚直，故易售。嘗遇一道士於市，買藥置一囊，重百餘斤，募能獨負者，當倍酬其直。俊乃請行。至六合，約酬一千文，至彼取資。

可見揚州在唐代又是藥料的集散地，其貿易也很發達。

（5）木材——唐代揚州的木料業，也很發達。如太平廣記卷三三一楊溥條引紀聞說江西一帶出產的木材，運往揚州售賣云：

豫章諸縣盡出良材。求利者採之，將至廣陵，利則數倍。天寶五載，有楊溥者，與數人入林求木。……

（6）錦——當日的錦，以產於四川者爲最有名，稱爲『蜀錦』。這些錦多利用長江的水道交通線，由四川運往揚州出賣。上引全唐詩第十函第四册羅隱江都，曾說揚州有『蜀錦』。又同書第八函第七册杜牧揚州也說：

蜀船紅錦重。

總括上述，我們可知唐代揚州國內貿易的發達。經營這種貿易的人，每年都得到鉅額的利潤；上引各種記載常常說到當日揚州商人的富有，這自然是商業利潤很厚的結果。復次，下述一事雖然荒誕不經，但我們亦可由此察知當日揚州商業

（註1）又見於韋蘇州集卷九。

利潤之大：

廣陵法雲寺僧楚珉，常與中山賈人章某者親熟。章死，楚珉爲設齋誦經。數月，忽過章於市中。楚未食，章卽延入食店，爲置胡飯。旣食，楚問，『君已死，那得在此？』章曰，『然。吾以小罪未能解免，今配爲揚州掠剩鬼。』復問，『何謂掠剩？』曰，『凡市人買販，利息皆有常數。過數得之，卽爲餘剩。吾得掠而有之。……』（註1）

揚州國內貿易的利潤旣然那麼大，在那裏做這種買賣的商人每年遂替揚州賺到不少的錢。這筆鉅額的收入，是構成唐代揚州繁榮的一個重要因素。

（二）國際貿易的發達

唐代揚州繁榮的第二個因素是國際貿易的發達。揚州雖然不是海濱的港口，但在唐代的國際貿易却很發達。因爲第一，當日由海外來華的船舶，可以直駛揚州。全唐詩第十一函第二册李洞送韋太尉自坤維除廣陵說：

隔海城通舶，連河市響樓。

例如日本仁明朝來華的海船，是直駛揚州的（註2）；同時，唐僧鑑眞之赴日本，也是由揚州乘船前往的（註3）。此外，由南海來華的外國商船，除駛往廣州及福建外，又有向北直駛揚州的：

南海蕃舶，本以慕化而來，固在接以仁恩，使其感悅。如聞比年長吏，多務徵求，嗟怨之聲，達於殊俗。況朕方寶勤儉，豈愛遐琛？深慮遠人未安，率稅猶重，思有矜恤，以示綏懷。其嶺南福建及揚州蕃客，宜委節度觀察使常加存問。除舶脚收市進奉外，任其來往流通，自爲交易，不得重加率稅（註4）。

復次，當日南洋各國的商船雖以駛往廣州貿易爲多，但這些外貨之運銷於北方各消費地，須先沿着北江（在廣東北部），贛江及長江等水道北上，集中於南北交通要

（註1）徐鉉稽神錄卷三。

（註2）圓仁入唐求法巡禮行記卷一。

（註3）元開唐大和上東征傳。

（註4）全唐文卷七五唐文宗太和八年上諭。

衝的揚州，然後纔能利用運河的水路交通線，分配於北方各地：

唐代商胡大率麕聚於廣州。 廣州江中『有婆羅門、波斯、崐崙等船，不知其數，並載香藥珍寶，積載如山。 其舶深六七丈。 師子國、大石國、骨唐國、白蠻、赤蠻等往來居住，種類極多。』 （元開唐大和上東征傳）是以黃巢攻陷廣州，猶太教、火祆教以及回回教景教等異國教徒被難者至十二萬人。 唐代由廣州向中原，大都取道梅嶺以入江西，而集於洪州；故太平廣記中屢及洪州之波斯胡人。 至洪州後，或則沿江而下取道大江，或則東趣仙霞，過嶺循錢塘江而東，以轉入今日之江蘇。……至江蘇後則集於揚州，由此轉入運河以赴洛陽。 是以揚州之商胡亦復不少，……由洛陽然後再轉長安。 故唐代之廣州、洪州、揚州、洛陽、長安，乃外國商胡集中之地也（註1）。

因此，揚州雖然離海頗遠，其國際貿易却非常發達。

關於唐代揚州國際貿易的發達，我們可從該地波斯阿拉伯等外國商人之多，得到一些消息。 舊唐書卷一一〇鄧景山傳說：

（田）神功至揚州，大掠居人資產，鞭笞發掘略盡。 商胡大食波斯等商旅死者數千人（註2）。

又同書卷一二四田神功傳說：

上元元年，……至揚州，大掠百姓商人資產，郡內比屋發掘略遍。 商胡波斯被殺者數千人（註3）。

又資治通鑑卷二二一乾元元年十二月條說：

（田）神功入廣陵……大掠，殺商胡以千數。

復次，唐代詩人在他們的作品中也常常詠及揚州商胡的生活。 如全唐詩第四函第四册杜甫解悶云：

商胡離別下揚州，憶上西陵舊驛樓，爲問淮南米貴賤，老夫乘興欲東遊。

（註1）向達唐代長安與西域文明第三三頁。

（註2）新唐書卷一四一鄧景山傳略同。

（註3）新唐書卷一四四田神功傳略同。

又同書第十二函第八册崔涯嘲妓（註1）云：

雖得蘇方木，猶貪玳瑁皮。 懷胎十個月，生下崑崙兒（註2）。

說到當日揚州國際貿易的商品，當以珠寶及貴重藥品爲多；因爲這些商品無論是由外國輸入，或是向外輸出，都須遠涉重洋，從而須負擔一筆鉅額的運費，而這一大筆運費只有價值大而體積重量小的奢侈品才能負擔得起。 我們在太平廣記中，常常發見商胡在揚州買賣珍珠的故事。 如卷四〇二守船者條引原化錄云：

蘇州華亭縣有陸四官廟。 元和初，有鹽船數十隻於廟前。 守船者夜中雨過，忽見廟前光明如火，……前視之，乃一珠徑寸，光耀射目。 此人得之，……至揚州胡店賣之，獲數千緡。 問胡曰，『此何珠也？』胡人不告而去。

又卷四〇二李勉條引集異記說：

司徒李勉，開元初，作尉浚儀。秩滿，沿汴將遊廣陵。行及睢陽，忽有波斯胡老疾杖策詣勉曰，『異鄉子抱恙甚殆，思歸江都。 知公長者，願托仁蔭，皆異不勞，而獲護焉？』勉哀之，因歸登艫，仍給饘粥。 胡人極懷慙愧，因曰，『我本王貴種也。 商販於此，已逾二十年。 家有三子，計必有求吾來者。』 不日，舟止泗上，其人疾亟，因屏人告勉曰，『吾國內頃亡傳國寶珠，募能獲者，世家公相。 吾衒其鑒，而貪其位，因是去鄉而來尋。 近已得之，將歸，即富貴矣。 其珠價當百萬。 吾懼懷寶越鄉，因剖肉而藏焉。 不幸遇疾，今將死矣！感君恩義，敬以相奉。』 即抽刀決股，珠出而絕。 勉遂資其衣衾，瘞於淮上；掩坎之際，因密以珠含之而去。既抵維揚，寓目旗亭，忽與羣胡左右依隨，因得言語相接。 傍有胡雛，質貌肖逝者。 勉即詢訪，果與逝者所敍契會。 勉即究問事迹，乃亡胡之子。告瘞其所。 胡雛號泣，發墓取而去。

又卷四一二任頊條引宣室志說：

（註1）原註云，『涯久游維揚，有詩名。 每題詩倡肆，立時傳誦，聲價因之增減。 無不畏之。』

（註2）范攄雲溪友議同。

唐建中初，有樂安任頊者，……居深山中，……得一徑寸珠於湫岸草中，光耀洞澈，殆不可識。頊後持至廣陵市。有胡人見之，曰，『此眞驪龍之寶也！而世人莫可得。』以數千萬爲價而市之。

復次，當日揚州的外國商人又常買賣其他珍寶。如太平廣記卷三三韋弇條引神仙感遇傳說：

明年復下第，東遊廣陵。胡商詣弇以訪其寶。出而示之。胡人拜而言曰，『此玉清眞人之寶，千萬年人無見者。信天下之奇貨矣！』以數十萬金易而求之。

又同書卷四〇三玉清三寶引宣室志說：

杜陵韋弇，字景昭，開元中……東遊至廣陵，因以其寶粜於廣陵市。有胡人見而拜曰，『此天下之奇寶也！雖千萬年，人無得者。君何得而有？』弇以告之，因問曰，『此何寶乎？』曰，『乃玉清眞三寶也。』遂以數千萬爲直而易之。弇由是建甲第，居廣陵中爲豪士。

此外，名貴藥品也是當日揚州國際貿易的商品。太平廣記卷二二〇句容佐史條引廣異記說：

句容縣佐史，能啖鱠至數十斤，恆食不飽。縣令聞其善啖，乃出百斤。史快食至盡，因覺氣悶。久之，吐出一物，狀如麻鞋底。縣令命洗出，安鱠所，鱠悉成水。累問醫人術士，莫能名之。令小吏持往揚州賣之，冀有識者。誡之：若有買者，但高舉其價，看至幾錢。其人至揚州，四五日，有胡求買。初起一千，累增其價至三百貫文。胡輒還之，初無酬酢。人問胡曰，『是句容縣令家物。君必買之，當相隨去。』胡因隨至句容。縣令問，『此是何物？』胡云，『此是銷魚之精，亦能銷人腹中塊病。人有患者，以一片如指端，繩繫之，置病所，其塊卽銷。我本國太子少患此病，父求愈病者賞之千金。君若見賣，當獲大利。』令竟賣半與之。

由上所述，可知唐代揚州國際貿易發達的情形。根據上述各種記載中提及國際貿易商品價格之高，及做這種買賣的人日常生活的富裕，我們可以推知當日揚州這種貿易利潤之大。因此，由於國際貿易的發達，揚州每年遂賺到不少的錢，從而造成牠本身高度的繁榮。

（三）工業的發達

唐代揚州繁榮的第三個因素是工業的發達。揚州的工業，由於原料來源的方便，及技術的進步，在全國工業中佔一個重要的地位。當日揚州房屋相當擁擠，工場或工廠的密集是其中一個主因（註1）。至於工業的種類，現今可考見的，約如下述：

（1）銅器業——大約是因爲銅的供給之利便，和鑄造技術的精良，揚州的銅器工業非常發達。其出品非常有名，在進貢給中央政府的物品中要佔一個重要位置（註2）。當天寶年間，長安廣運潭落成，政府在那裏開物產展覽會的時候，揚州銅器更是大出其風頭：

> （韋）堅預於東京汴宋取小斛底船三二百隻，置於（廣運）潭側。其船皆署牌表之。若廣陵郡船，卽於栿背上堆積廣陵所出錦、鏡、銅器、海味。……先是人間戲唱歌詞曰，『……潭裏船車鬧，揚州銅器多。……』……及此潭成，陝縣尉崔成甫以堅爲陝郡太守，鑿成新潭，又致揚州銅器，翻出此詞，廣集兩縣官，使婦人唱之，言，『……潭裏船車鬧，揚州銅器多。……』（註3）

在揚州製造的各種銅器中，青銅鏡尤爲有名。牠的製作很精巧連皇帝也喜歡使用，故也是揚州進貢物品之一。張鷟朝野僉載卷三說：

> 中宗令揚州造方丈鏡，鑄銅爲桂樹，金花銀葉。帝每常騎馬自照，人馬並在鏡中（註4）。

又李肇國史補卷下說：

> 揚州舊貢江心鏡，五月五日揚子江中所鑄也。

（註1）舊唐書卷一四六杜亞傳云，『揚州僑寄衣冠，及工商等，多侵衢造宅，行旅擁弊。』

（註2）新唐書卷四一地理志。

（註3）舊唐書卷一〇五韋堅傳。

（註4）太平廣記卷二三一唐中宗條同。

又段成式酉陽雜俎前集卷三說：

內庫中……一古鏡，鼻盤龍，……是揚州所進。 ……此鏡五月五日，於揚子江心鑄之。

又太平廣記卷二三一李守泰條引異聞錄說：

唐天寶三載五月十五日，揚州進水心鏡一面，縱廣九寸，青瑩耀日，背有盤龍，長三尺四寸五分，勢如生動。

又舊唐書卷一二德宗紀載大曆十四年六月

己未，揚州每年貢端午日江心所鑄鏡，……皆罷之。

除上貢外，這些銅鏡又為一般士女所愛好，故不愁沒有銷路。 如太平廣記卷三三四韋栗條引廣異記云：

韋栗者，天寶時為新淦丞。 有少女十餘歲，將之官。 行上揚州，女向栗，『欲市一漆背金花鏡。』 栗曰，『我上官艱辛，焉得此物？待至官，與汝求之。』 ……秩滿，……北歸至揚州，泊河次，女將一婢持錢市鏡。 行人見其色甚豔，狀如貴人家子，爭欲求賣。……

因此，唐代詩人也常常詠及揚州的銅鏡。 全唐詩第三函第七册韋應物感鏡云：

鑄鏡廣陵市，菱花匣中發。

又同書第六函第六册張籍白頭吟云：

揚州青銅作明鏡，暗中持照不見影。

（2）製帽業——在揚州製造的氈帽，大約因品質及式樣的精美，銷路甚廣，當日首都人士多喜戴此帽。 太平廣記卷一五三裴度條引續定命錄云：

是時（憲宗時）京師始重揚州氈帽。

又同書卷一五七李敏求條引河東記云：

太和初，長安旅舍中，……（柳）謂敏求曰，『此間甚難得揚州氈帽，他日請致一枚。』

又全唐詩第一函第六册李廓長安少年行也說長安少年『刻戴揚州帽』。

（3）絲織業——唐代揚州的絲織業，也相當發達；其出品爲錦、綾、紵等物。通典卷六說：

廣陵郡貢蕃客錦袍五十領，錦被五十張，半臂錦百段，新加錦袍二百領，……獨窠細綾十疋，……

又唐六典卷三說揚州貢品中有『細紵』一項；新唐書卷一三四韋堅傳說揚州的特產中有『錦、銅、官端、綾繡』等物。

（4）製糖業——蔗糖的製造法，唐太宗遣使自印度摩伽佗國傳入後，即詔於揚州煎蔗做造。唐會要卷一〇〇說：

西蕃胡國出石密，中國貴之。太宗遣使至摩伽佗國取其法，令揚州煎蔗之汁，於中廚自造焉。色味逾於西域所出者。

又新唐書卷二二一上西域傳說：

摩揭它，一曰摩伽陀，本中天竺屬國。……太宗遣使取熬糖法，即詔揚州上諸蔗拃瀋，如其劑，色味逾西域遠甚。

可見揚州實是蔗糖工業的中心。

（5）造船業——全唐文卷一七三有張鷟『五月五日，洛水競渡船十隻，請差使於揚州修造，須錢五千貫，請速分付』一文，可見該地造船業也是很發達的。

（6）傢具業——揚州的傢具，製造得非常精巧，故銷路甚好。徐鉉稽神錄卷三說：

廣陵有賈人，以柏木造牀几什物百餘事，製作甚精，其費已二十萬。載之建康，賣以求利。……

總括上述，我們可知揚州在唐代是一個重要的工業中心，出品精良，銷路甚廣。這些工業產品在各地市場上既然能夠吸引不少的主顧，牠們每年因此替揚州賺到的錢一定很多。這一大宗金錢的收入，無疑的是構成唐代揚州繁榮的一個重要因素。

（四）金融業的發達

唐代揚州繁榮的第四個因素是金融業的發達。當日揚州國內外貿易的發展，使揚州的商業資本有大量的蓄積。這一大筆商業資本的蓄積，對於金融業的發展是一種很好的鼓勵。因此，如下面所述，當日在揚州做大買賣的巢行老板，和經營國際貿易的波斯商胡，在該地的金融界中都佔有很重要的位置。

說到唐代揚州金融業的發達情況，最使我們注意的是類似現今銀行的存款取款制度的存在。不過這時金融界還沒有發展到像現今銀行那樣的使用存摺的支票；存戶只利用某種物品來支取款項，而且有認物不認人的習慣。如太平廣記卷一六張老條說：

> 張老……奉金二十鎰，幷與一老席帽曰，『兄若無錢，可於揚州北邸賣藥王老家取一千萬，持此爲信。』遂別。……韋自荷金而歸，……五六年間，金盡。……乃往揚州，入北邸，而王老者方當肆陳藥。韋前曰，『叟何姓？』曰，『姓王』。韋曰，『張老令取錢一千萬，持此帽爲信。』王曰，『錢卽實有，席帽是乎？』韋曰，『叟可驗之。豈不識耶？』王老未語，有小女出靑布韋中曰，『張老常過，令縫帽頂。其時無皂線，以紅線縫之。線色手踪，皆可自驗。』因取看之，果是也。遂得載錢而歸。

又同書卷二三張李二公條引廣異記說：

> (張)謂李曰，『君欲幾多錢而遂其願？』李云，『得三百千，當辦已事。』張有故席帽，謂李曰，『可持此詣藥鋪問王老家張三，持此取三百千貫(「貫」字疑衍)錢，彼當與君也。』遂各散去。……遂持帽詣王家求錢。王老令送帽問家人。其女審是張老帽否，云『前所綴綠線猶在。』李問，『張是何人？』王云，『是五十年前來伏苓主顧，今有二千餘貫錢在藥行中。』李領錢而回。

又同書卷一七盧李二生條引逸史說：

> 後李生知橘子園，人吏欺隱，欠折官錢數萬貫，羈縻不得東歸，貧甚。偶遇(過？)揚州阿使橋，逢一人，草蹻布衫，視之乃盧生。生昔號二舅。李生與語，……二舅……曰，『公所欠官錢多少？』曰，『二萬貫』。乃與一拄杖，曰，『將此於波斯店取錢！……』……波斯見拄杖，驚曰，『此盧二舅拄杖，何以得之？』依言付錢。遂得無事。

作者一時尚未找到關於當日揚州金融業者對各種實業放款的確切記載。不過，如上述，揚州金融業鉅子的王老既然同時是藥鋪的老板，我們可以推知，他接受主顧的存款以後，一定不會把這許多錢呆放在家裏，而直接的或間接的利用牠們來經營各種實業。

最後，唐代揚州的金融業者又經營黃金的買賣或兌換。在那裏有一個黃金市場，國內外的黃金多運往買賣或兌換，從而金價的漲落亦取決於此。如圓仁入唐求法巡禮行記卷一說日本留學僧圓仁等在揚州市上出賣砂金（註1）云：

（開成三年十月）十四日，砂金大二兩，於（揚州）市頭令交易。市頭秤定一大兩七錢，七錢准當大二分半，價九貫四百文。

又趙璘因話錄卷三說盧仲元由洛陽運金百兩往揚州出賣云：

范陽盧仲元，家于壽之安豐。其妻清河崔氏，……崔氏兄郎有薄田百畝，在洛城之東。……常躬耕，得金一瓶，計百兩，不言於人，密埋於居室內。臨終，其妻李氏以家貧子幼，身後凍餒爲憂。崔屏人，語妻以埋金之事，指其記處，戒云，『愼勿言於人。他日盧郎中來，可告也。』未幾，盧赴調，經洛中。……李氏乃密遣所使之謹厚者，持金付之。盧遂罷選，持金鬻於揚州。時遇金貴，兩獲八千。……

唐代揚州的金融業既然那麼發達，牠每年爲揚州賺到的錢自然不少。因此，揚州以金融中心的資格而賺到的錢，也是構成牠的繁榮的一個重要因素。

（五）運輸業的發達

唐代揚州繁榮的第五個因素是運輸業的發達。揚州位於長江和運河的交叉點，爲南北交通的要衝，是一個天然的轉運中心，運輸業當然發達。全唐文卷七八八蔣伸授李珏揚州節度使制云：

維揚右都，東南奧壤。包淮海之形勝，當吳越之要衝。閭閻星繁，舟車露委。

這時由南方各地轉運往首都長安的物品，都須先集中於揚州，然後由揚州沿運河北上。新唐書卷五三食貨志說：

廣德二年，廢句當度支使，以劉晏顓領東都、河南、淮西、江南東西轉運、租庸、鑄錢、鹽鐵、轉輸至上都。……凡漕事亦皆決於晏。晏……隨江、

（註1）按日本產金與唐貿易時，常向唐輸入。見加藤繁唐宋時代金銀的研究（日文本）第五四三頁。

汴、河、渭所宜。……江船不入汴，汴船不入河，河船不入渭。江南之運積揚州，汴河之運積河陰，河船之運積渭口，渭船之運入太倉。歲轉粟百一十萬石，無升斗溺者。

又資治通鑑卷二二六建中元年七月己丑條說：

晏以爲江、汴、河、渭，水力不同，各隨便宜，造運船，教漕卒。江船達揚州，汴船達河陰，河船達渭口，渭船達太倉。其間緣水置倉，轉相受給。自是每歲運穀，或至百餘萬斛，無升斗沈覆者。

揚州在唐代既然是南北轉運的重要中心，故轉運使常期駐在揚州（註1），以便就近管理一切運輸業務。而揚州附近河道的深淺，更深爲政府所注意，以便隨時改進，俾得增加運輸的效能。舊唐書卷一七上敬宗紀載寶曆二年正月

丙申，鹽鐵使王播奏，『揚州城內舊漕河水淺，舟船澀滯，輸不及期程。今從閶門外古七里港開河，向東屈曲，取禪智寺橋，東通舊官河，計長一十九里。……』從之。

又同書卷一六四王播傳說：

時揚州城內官河水淺，遇旱卽漕船。（播）乃奏……開河，……開鑿稍深，舟航易濟。……而漕運不阻。後政賴之。

唐代揚州的運輸業旣因交通方便而發達，當地運輸業者每年因此而賺得的運費自然很有可觀。這一筆鉅額運費的收入，當然也是構成唐代揚州繁榮的一個重要因素。

肆　唐末以後揚州衰落狀況

由上述，我們可知唐代揚州的繁榮，絕對不是偶然的，而是有牠的繁榮的因素，或經濟的基礎。這些繁榮的因素爲國內外貿易、工業、金融業及運輸業的發達，揚州每年因此而賺到的錢，數量非常之大。故揚州能雄富冠天下，其市面的繁榮，

（註1）見上引容齋隨筆卷九唐揚州之盛條。又唐會要卷八七亦說，『順宗卽位，……以杜佑判度支鹽鐵轉運使，治於揚州。』

物質生活的舒適，在當日全國各地中都要數牠第一。

然而，好景不常，揚州的繁華卻不能永久的繼續下去，牠的末日終於要來臨了。揚州的繁榮，在中唐以後唐末以前的一百多年內，即約自公元八世紀中葉至九世紀下半葉左右，可說是達到了最高峯；及唐末以後，繁榮時期即宣告終止，而轉入恐慌和衰落的命運。

關於唐末以後揚州的衰落狀況，上引容齋隨筆卷九唐揚州之盛條也曾經略爲提到：

> 自畢師鐸、孫儒之亂，蕩爲邱墟。楊行密復葺之，稍成壯藩。又燬於顯德。本朝承平百七十年，尚不及唐之什一。今日眞可酸鼻也！

現在我們先探索洪邁所說唐末畢師鐸等亂後揚州蕩爲邱墟的情形，其次研究五代後周顯德年間揚州被燬的狀況，最後則對唐末以後揚州衰落的因素作一個徹底的探討。

唐末揚州繁榮的破壞，其直接原因爲兵燹之大規模的降臨。這時畢師鐸、秦彥、孫儒及楊行密等軍閥的混戰，使揚州由天堂變爲地獄，昔日的繁華在兵火中完全陷入燬滅的命運。如舊唐書卷一八二秦彥傳說：

> 江淮之間，廣陵大鎭，富甲天下。自（畢）師鐸、秦彥之後，孫儒、（楊）行密繼踵相攻。四五年間，連兵不息，廬舍焚蕩，民戶喪亡。廣陵之雄富掃地矣。

又新唐書卷二二四下高駢傳說：

> 揚州雄富冠天下。自師鐸、行密、儒迭攻迭守，焚市落，剽民人，兵飢相仍，其地遂空。

又資治通鑑卷二五九景福元年七月條說：

> 先是揚州富庶甲天下，時人稱『揚一益二』。及經秦、畢、孫、楊兵火之餘，江淮之間，東西千里，掃地盡矣。

又崔致遠桂苑筆耕集卷一四上都昊天觀聲讚大德賜紫謝遵符充淮南管內威儀指揮諸宮觀制說：

> 但以桂苑繁華，揚都壯麗，旣見星壇月殿，處處荒摧，難期鶴駕霓旌，時時降會。

又稽神錄卷五說：

偽吳楊行密初定揚州，遠方（一作『坊』）居人稀少，煙火不接。

對於揚州這種激劇的變動，唐末詩人也常常加以憑弔。全唐詩第十函第四册羅隱江都說：

淮王高讌動江都，曾憶狂生亦坐隅。九里樓臺牽翡翠，兩行鴛鷺踏眞珠，歌聽麗句秦雲咽，詩轉新題蜀錦鋪。惆悵晉陽星拆後，世間兵革地荒蕪！

又同書第十函第九册韋莊雜感說：

莫愛廣陵臺榭好，也曾蕪沒作荒城！

又宋王觀芍藥譜（說郛卷七〇）也說：

維揚東南一都會也，自古號為繁盛。自唐末亂離，羣雄據有，數經戰焚，故基廢跡，往往蕪沒而不可見。

經過唐末軍閥們惡戰的大破壞以後，再過幾十年，到了後周顯德年間，揚州又復慘遭兵燹的浩刧。資治通鑑卷二九二載顯德三年二月

乙酉，韓令坤奄至揚州。……唐東都營屯使賈崇焚官府民舍，棄城南走。

又同書卷二九三顯德四年十二月庚午條說：

帝（周世宗）遣鐵騎左廂都指揮使武守琦將騎數百趣揚州。至高郵，唐人悉焚揚州官府民居，驅其人南渡江。後數日，周兵至城中，餘癃病十餘人而已。

又新五代史卷六二南唐世家說：

（李）景遣人焚揚州，驅其士庶而去。

又馬令南唐書卷四嗣主書載保大十五年

夏四月己巳，天子班師，亂兵焚揚州，民皆徙江南。

又陸游南唐書卷二元宗紀載保大十五年十二月，

帝知東都（註1）必不守，遣使焚其官私廬舍，徙其民於江南。

揚州自再受這次兵火的破壞後，城郭面目全非，周世宗只好於廢墟上另外建築新城。

（註1）按南唐以揚州為東都，見同書卷一烈祖紀。

舊五代史卷一一八世宗紀載顯德五年二月

丁卯，駐蹕於廣陵。詔發揚州部內丁夫萬餘人城揚州。帝以揚州焚蕩之後，居民南渡，遂於故城內就東南別築新壘。

又宋史卷二五一韓令坤傳說：

揚州城爲吳人所毀，（周世宗）詔發丁壯別築新城，命令坤爲修城都部署。

不過新城的規模卻遠不及舊城那麼宏偉，只是舊城東北隅的一座小城而已。資治通鑑卷二九四載顯德五年二月

丁卯，至揚州。命韓令坤發丁夫萬餘，築故城之東南隅，爲小城以治之（註1）。

五代以後，便是宋代。入宋以後，揚州仍舊氣息奄奄，逃避不了衰落的命運。如宋史卷二五七李處耘傳云：

賊平，以處耘知揚州。大兵之後，境內凋弊。

又徐鉉徐騎省集卷二六揚府新建崇道宮碑銘云：

廣陵大藩，四海都會，制度之盛，雄視諸侯。土德旣微，三災斯□（今上御名）（註2）。井邑屢變，城郭僅存。

這都是北宋初年的情形。其後，到了宋眞宗時，王禹偁上疏說：

臣比在滁州，……城池頹圮，鎧仗不完。及徙維揚，稱爲重鎭，乃與滁州無異（註3）。

更往後，歐陽修有感於揚州盛衰的不常，爲詩以弔之。居士集卷一三和原父揚州六題云：

十里樓臺歌吹繁，揚州無復似當年。古來興廢皆如此，徒使登臨一慨然！訪古高臺半已傾，春郊誰從綵旗行！

（註1）關於揚州城前後大小之不同，嘉慶重修一統志卷九七亦云，『按甘泉縣志，唐時揚州城，西據蜀岡，北抱雷陂，其城甚大。夢谿筆談所云，「城南北十五里一百一十步，東西七里三十步，」是也。至周，韓令坤所築之小城，……在唐城東南隅。』

（註2）按徐騎省集刊於紹興年間，所諱當爲宋高宗御名的『構』字。

（註3）宋史卷二九三王禹偁傳。

以上是北宋揚州衰落的狀況。 再向後，到了南宋，揚州有時殘破到沒有什麽買賣。宋會要食貨四一云：

紹興三年五月十四日，都省言，『揚州……累經殘破，目今並無客販。……』

那裏的房子更壞得可憐，全是些容易着火的茅舍。宋史卷四六五鄭興裔傳說：

(乾道年間)移知揚州。……民舊皆茅舍，易焚。

總括上文，可知唐末以後揚州一反過去繁榮的狀況，而轉入衰落的命運。自唐末以後，揚州的朱門大廈，多半變爲茅舍；揚州的亭臺樓閣，完全燬作邱墟，昔日千燈照碧雲的夜市，如今看不見了；以前笙歌徹曉聞的音樂，如今聽不到了。至於雄富甲天下的財富，完全煙消雲散；酣歌妙舞的生活，也告消聲匿跡。此外，高樓的紅袖，十里的珠簾，也都無影無蹤了。 把唐末以後揚州這一幕的景象和唐代的相較，簡直是兩個世界！

伍　唐末以後揚州衰落的因素

現在我們要問：唐末以後的揚州爲什麽會有這樣激劇的變動？關於此點，洪邁的答案是兵燹的破壞，而上引各文也有同樣的意見。 作者對於這樣的解釋，認爲只是皮毛之見；事實上揚州自唐末以後的衰落，還須尋求更徹底的解釋。

事情是最明顯不過的。 唐末以後揚州衰落的直接因素固然是兵燹的破壞；可是，如果這是唯一的或根本的因素，那末，兵燹終止以後，經過相當時日的休養生息，揚州還是可以復原的。 然而事實卻不如此。 上引容齋隨筆曾說，『本朝承平百十七年，(揚州)尙不及唐之什一。 今日眞可酸鼻也！』爲什麽經過宋代一百七十年的承平時期，揚州仍舊趕不上唐代繁榮的十分之一呢？因此，除兵燹外，作者認爲須尋求一個徹底的解釋。

據作者觀察，唐末以後揚州所以長期的衰落，主因爲構成唐代揚州繁榮的五個重要因素的消失；至於兵燹的破壞只是衰落的導火線。

原來唐代揚州賴以繁榮的國內外貿易，工業，金融業及轉運業等，自唐末以後，不復像以前那樣發達，而衰落下去。 牠們所以衰落，和宋代眞州的興起，最有密切的關係。

眞州卽今之江蘇儀徵縣，與揚州同樣位於運河和長江的交叉點上，牠與長江的距離比揚州還要近些。因爲有了這樣優良的位置，自唐末揚州屢受兵燹的破壞以後，眞州便乘機搶奪了揚州的運輸業、國內貿易、金融業及造船業，而一天比一天的繁榮起來。牠在唐代還只是一個小鎭，名白沙鎭；到了五代，升爲迎鑾鎭；及宋初，升爲建安軍；到了宋眞宗大中祥符六年，更升爲眞州；及政和七年，又賜名儀眞郡（註1）。

宋代由南方各地運往首都汴京的物品，先分別集中於眞、揚、楚、泗四州，然後由這些地方向北運輸（註2）。在這幾個轉運地點中，眞州的運輸業更遠較其餘三地爲發達。宋史卷八八地理志說：

> 眞州當運路之要。

又樓鑰攻媿集卷五四眞州修城記云：

> 眞之爲州未遠也。……而實當江淮之要會，大漕建臺，江湖米運，轉輸京師，歲以千萬計。維揚、楚、泗，俱稱繁盛，而以眞爲首。

又胡宿文恭集卷三五眞州水閘記云：

> 維迎鑾之奧區，乃瀕江之劇郡。……南逾五嶺，遠浮三湘，西自巴峽之津，東泊甌閩之域，經塗咸出，列壤爲雄。……萬艘銜尾，歲乃實於京師。

因此宋代發運使常期駐在眞州，以便就近管理運輸業務（註3）。居士集卷四〇眞州東園記說：

> 眞爲州，當東南之水會，故爲江淮兩浙荊湖發運使之治所。

又宋史卷二九九許元傳云：

> 發運使治所在眞州。

同時，眞州的堆棧與舟船特別多，而當地人口更多以航運爲業。沈括長興集卷二

（註1）嘉慶重修一統志卷九六儀徵縣條。

（註2）宋史卷一七五食貨志。

（註3）宋史卷一六七職官志說發運使職務之一爲『漕淮、浙、江、湖六路儲廩，以輸中都。』

五開封府推官金部員外郎劉誌銘云：

眞(州)阻大江，赦倉舟檝之所湊者，於東南爲盛。其俗少土著，以操舟通貿賣爲業。

此外，由於宋代政府對於眞州附近水道交通的注意與改良，我們也可察知眞州轉運業的重要與發達。宋史卷九六河渠志說：

(崇寧二年)十二月，詔淮南開修遇明河，自眞州宣化鎮江口，至泗州淮河口。

(宣和三年)宦者李琮言，『眞州乃外江綱運會集要口，以運河淺澀，故不能速發。按南岸有泄水斗門八，去江不滿一里。欲開斗門，河身去江十丈，築軟壩引江潮入河，然後倍用人功車畝，以助水運。』從之。

又同書卷九十河渠志云：

(淳熙)十年，淮南漕臣錢冲之言，『眞州之東二十里，有陳公塘。……大中祥符間，江淮制置發運，置司眞州，歲藉此塘灌注，長河流，通漕運。其塘周回百里，東西北三面倚山爲岸，其南帶東則係前人築壘成堤，以受啓閉。廢壞歲久。……凡諸場鹽綱糧食漕運使命往還舟艦，皆仰之以通濟，其利甚博。本司自發卒貼築周迴塘岸，建置斗門石礎各一所。……』

又沈括夢溪筆談卷一二云：

淮南漕渠築埭以畜水，不知始於何時。……天聖中，監眞州排岸司右侍禁陶鑑始議爲復閘節水，以省舟船過埭之勞。是時工部郎中方仲荀、文思使張綸爲發運使副，表行之，始爲眞州閘。歲省冗卒五百人，雜費百二十五萬。運舟舊法，舟載米不過三百石。閘成，始爲四百石船。其後所載浸多，官船至七百石，私船受米八百餘囊，囊二石。自後北神、召伯、龍舟、茱萸諸埭相次廢革，至今爲利。予元豐中過眞州江亭後廢壞中，見一臥石，乃胡武平爲水閘記，略敍其事，而不甚詳具。

宋代眞州轉運業的發達，及揚州的降爲次要的轉運中心，實是當日揚州運輸業大部份給眞州搶奪了去的證據。

其次，唐末以後揚州的國內貿易也被眞州搶奪了去。揚州商業自唐末以後的

衰落，上面已經屢次提及。 反之，眞州的國內貿易，則一天比一天的發達起來。文恭集卷三五眞州水閘記說眞州，

據會要而觀來，大聚四方之俗。 操奇貨而遊市，號爲萬商之淵。

又袁燮絜齋集卷一三黃公（度）行狀云：

儀眞，商旅所萃。

在當日眞州的國內貿易中，茶鹽兩種買賣尤爲發達。 宋會要食貨三二云：

高宗建炎元年五月十八日，發運使梁楊祖言，『茶鹽舊係太府寺都茶榷貨務印造鈔引給賣，以贍中都。 ……詢訪眞州係兩淮浙江外諸路商賈輻湊去處。……其東南茶鹽，乞選委通曉財利官提領，依太府寺等處印造，於眞州置司給賣。』 詔梁楊祖差兼提領茶鹽事，工部員外郎楊淵同提領。

按宋代政府在眞州設有榷貨務，以經營茶的專賣（註1）。 至於淮南一帶出產的鹽，更須先集中於眞州，然後由眞州運銷於長江流域各消費地。 宋會要食貨四六云：

（太平興國）九年十月，鹽鐵使王明言，『江南諸州載米至建安軍（註2），以回船般鹽至逐州出賣，……』

又宋史卷一八二食貨志云：

明道二年，參知政事王隨建言，『淮南鹽初甚善。 自通、泰、楚運至眞州，自眞州運至江、浙、荆湖……』

又攻媿集卷五四眞州修城記云：

眞之爲州未遠也。 ……中興以來，……山陽、通、泰之鹽，泝江而上，商賈輻湊，猶爲淮堧大郡。

又包恢敝帚稿略卷四眞州分司記云：

厥今東南，實在赘海，利權總在白沙（註3）。 以其號爲淮海一都會要衝也，出於斯，納於斯，斂於斯，散於斯，其來無盡，其去無窮。 ……南瀕大河，

（註1）宋史卷一八三食貨志。

（註2）眞州在宋初名建安軍，見上文。

（註3）眞州在唐代爲白沙鎭，見上文。

則造河停船步，以便商賈。……以鹽事與商賈交易之場，……

宋代眞州茶鹽等國內貿易的發達，顯然是揚州的買賣給牠搶去的原故。

再次，關於宋代眞州金融業發達的狀況，現在作者雖然尚未找到文書上的記載，但卻有實物可作證據。國立中央博物院籌備處藏有上刻『眞州』兩字的金條。按眞州是宋眞宗大中祥符六年纔改的名稱；而眞州在宋代的國內貿易既然那麼發達，其商業資本的蓄積一定很有可觀。因此，由這種金條的遺留來推論宋代眞州金融業的發達，大約是不會距離事實太遠的。反之，關於宋代揚州金融業的材料，作者卻一小點也沒有找到。這想是宋代金融中心由揚州移往眞州所致。

最後，關於工業方面，唐代揚州的造船業也給眞州搶奪了去。宋史卷一七五食貨志載熙寧七年十二月，

又令眞、楚、泗州各造淺底舟百艘，分爲十綱入汴。

又李燾續資治通鑑長編卷三〇五載元豐三年六月己未，

詔眞、楚、泗州各造淺底船百艘，團爲十綱，入汴行運。

眞、楚、泗三州雖然同爲造船中心，但三地中眞州和揚州的距離最近，後者的造船業當然以被牠搶去者爲多。

總之，唐末以後長江、運河間國內貿易、運輸業、金融業及造船業等之由揚州移往眞州，對於揚州的繁榮當然是很大的打擊。所以，作者認爲唐末以後揚州所以長期的衰落，眞州的興起實是一個最重要的因素，因爲構成唐代揚州繁榮的幾個因素大部份給眞州搶奪去了。

此外，造成唐代揚州繁榮的工業，除造船業移往眞州外，其餘也一天比一天的衰落。就銅器製造業說吧，在宋代的北方是『太原銅器名天下』(註1)；在南方是『臨川、隆興、桂林之銅工，尤多於諸郡。姑以長沙一郡言之，烏山銅爐之所六十有四，麻潭鵝羊山銅戶數百餘家。』(註2) 反之，揚州銅器在唐代長安廣運潭上的物產展覽會中雖然風頭十足，自唐末以後我們卻很少聽到與牠有關的消息。

(註1)宋史卷二八一畢仲游傳。

(註2)宋史卷一八〇食貨志。

至於絲織品，宋代杭州的出產，更是應有盡有；除大別爲綾、羅、錦、紵、紗、絹等數種外，在每一種之下又有許多樣式的不同（註1）。這那裏是唐末殘破以後的揚州的絲織品的敵手？後者在市場上當然是因爲競爭不過而衰敗下去了。

最後，揚州既然離海較遠，不是位置最好的對外貿易港，當唐末以後市區屢經殘破，河道無人注意的時候，外國商船當然不會再來光顧，而另外停泊於離海較近的港口（註2）了。因此，唐末以後揚州的國際貿易遂自然而然的衰落下去。

總括上述，可知唐末以後揚州的衰落，主因爲造成牠在唐代的繁榮的幾個重要因素的消失，至於兵燹的破壞只是其衰落的導火線。說到揚州賴以繁榮之因素的消失，當以眞州的興起爲最重要的關鍵，因爲眞州把揚州的運輸業、國內貿易、金融業及造船業搶奪過來。至於揚州其餘的工業，如銅器製造及絲織業等，也因敵不過其他地方的出品而凋弊，國際貿易則因地理條件的不適宜而衰落。

陸　結論

總括上文，我們可知揚州的經濟景況自唐至宋有很激劇的變動。在唐代，揚州是當日最繁榮的一個都市，其財力的雄富，夜市的熱鬧，以及物質生活的舒適，均爲全國各地所望塵莫及。可是，自唐末以後，揚州的繁榮時期卽告終止，而陷於長期衰落的命運。這時草房代替了昔日的朱門大廈，廢墟代替了以前的亭臺樓閣。千燈照碧雲的夜市，不復舉行；笙歌徹曉聞的音樂，不再演奏。至於財富的銳減，人煙的稀少，更是不在話下。

唐宋間揚州的經濟景況爲什麼會有這樣大的變動？關於此點，洪邁容齋隨筆以爲是由於兵燹的破壞。作者深覺他這個答案不能令人滿意，有再尋求更徹底的

（註1）吳自牧夢粱錄卷一八絲之品。

（註2）宋代江陰及華亭（今上海前身）國際貿易的發達，當與揚州的凋弊有關；因爲這兩個港口離海較近，外國商船駛來也較便利。關於當日江陰國際貿易的繁盛，參考王安石詩集卷二三予求守江陰未得酬昌叔憶江陰見及之作，攻媿集卷一送袁和叔尉江陰，及紫微集卷一七趙公墓誌銘；關於華亭，參考宋會要職官四四宣和元年八月四日條，孫覿鴻慶居士集卷三四朱公墓誌銘。

解釋之必要。唐末以後揚州雖然屢受兵燹的破壞，可是如果這是揚州衰落的唯一的或最重要的因素，那末，當兵燹終止，經過長期的休養生息以後，揚州的繁榮也是可以恢復的。然而事實卻不是這樣。如洪邁所說，揚州經過宋代一百七十年的太平時期以後，其盛況尚趕不上唐代的十分一，很明顯的，揚州所以有這種變動，除兵燹外，一定還有其重要的或根本的因素。

原來唐代揚州所以繁榮，其主要因素爲國內外貿易、工業、金融業及運輸業的發達。揚州每年因此而賺到的錢數量很大。這一大宗金錢的收入，當然大有助於牠的繁榮。可是，自唐末以後，隨着眞州的興起，揚州的倒霉日子可要來臨了。眞州和揚州同樣的位於長江和運河間的交叉點上，但因距長江更近，故位置更較揚州爲好。當唐末揚州屢遭兵燹以後，眞州便乘機把揚州賴以繁榮的國內貿易、運輸業、金融業及造船業搶奪了去，而自己繁榮起來。此外，揚州沒有被眞州搶去的買賣，如造船業以外的工業，和國際貿易等，也因敵不過其他新興的工業中心及離海較近的國際貿易港的競爭，而衰落下去。因此，兵燹的破壞只是揚州衰落的導火線，構成唐代揚州繁榮的國內外貿易、工業、金融業及運輸業之凋弊，才是唐末以後揚州衰落的主要因素。

民國二十九年十二月，初稿。三十一年一月，改訂畢。

出自第十一本(一九四四年九月初版，一九四七年七月再版)

吐魯番一帶漢回地名對證

岑仲勉

俄國東方學者 N. Th. Katanoy 所著東土耳其斯坦民族記遺稿，係一八九〇——九二年（清光緒一六——一八）寫成，業經 K. Menges 轉爲德文，登一九三三年 A. P. A. W. 雜誌(一一七三年——一二九三頁)，如得精德文者譯漢，固大有助於一般之西北研究也。 其書第二十節略記吐魯番一帶地名，因舉所知漢名對之，庶讀其書者或免檢對之煩。 惟邇來印刷困難，音標除可代用者外，餘悉省去，若必求其正確，則須覆按原書也。

(甲)在柳中附近者

(1) Lykchyn

此卽唐之柳中縣也。 陳誠西域行程記作魯陳城。 鄭曉四夷考作柳城。 四夷館考作柳陳城。 西域聞見錄二作魯古沁。 西域同文志二作魯克察克，云：「回語，攢簇之謂，其地居民稠密，故名，舊對音爲魯克沁，漢柳中地，」旣知地卽古柳中，又信回語之誤解，良由轉末音爲喉音收聲，故致失察。 回紇譯華，間綴喉音聲尾，（如爐=lug）-ng 促收爲 -n 者尤數見，（如仲=tsyan，堂=dan，公=qun）然王延德行記尙回譯此名曰六種，是知末音之讀法，所差甚微矣。 斯文赫定南部西藏（卷八第三分下同）及斯坦因最腹裏之亞洲均拼作 Lukchun。 西域圖志一四云，色爾啓布西南距魯克察克二十里，辛卯侍行記六云：吐魯番廳城東南一百三十里，魯克沁。

腹裏亞洲謂王延德行經六鍾，卽後漢書之六種云云，（五八二頁注六）按後漢書祇有柳中，無六種，斯氏誤。

西域土地人物略，「又西爲北昌，又西爲魯珍城兒，」北昌卽闢展，侍行記已有說，則魯珍應卽柳中。

（2）Chiqtim

斯坦因圖作 Chiktam，此卽同文志之齊克塔木，而通典之赤亭，耶律希亮神道碑之鐵堠子也（說見中山大學史學專刊一卷四期拙著二十六頁）。以 chik 對「赤」，固無疑問，亭、粵音 t'ing，可短促爲 tin（見前），而 n,m 鼻音通轉，唐代于闐音譯金剛經以 cum 對「衆」，以 kam 對「康」，亭之轉 tim 或 tam，可相例也。識略作齊克騰木，侍行記一作七克騰，是有時發音固與「亭」甚近，試觀吐魯番木刻柱文之新興谷，今稱 Singim（別見拙著略釋），tim 卽亭之遺音，益有確證。同文志云：「回語，齊克、長也，塔木、牆也，其他牆垣迤邐，故名，」按回語解釋地名，往往不可信，前人已嘗言之，「亭」義旣失，於是訛轉爲「牆」(tam)。希亮之「鐵」，卽 tim 之反譯，堠子與亭原一物，鐵堠子則地名之複詞單義者也。據西域圖志、齊克塔木東（西訛）距闢展七十里，侍行記作九十里。

謂赤亭、澤田皆七克騰之本音，創始於侍行記，近讀西域行程記，更得一鐵證。陳誠於永樂十二年二月十五日由哈密西行，約七十餘里，翌日，「十六日，晴明起向西行，有古城名臘竺，多人烟樹木，敗寺頹垣，此處氣候與中原相似，過城通行九十餘里，好水草，安營。」按唐納職縣舊址在今拉布楚喀，東距哈密一百四十里，（參拙著高昌補說九——一三頁）臘竺卽拉布楚喀之促音，亦卽唐代納職 (Nopchik) 之轉變也。誠自此再向西進，十七日約行九十餘里，十八日約五十餘里，十九、二十兩日連行不息，其二十一日日記云：「巳時分至一大草灘，傍有小山，山下有大泉，山上有土屋一所，地名赤亭，自十九日起入川，行經二晝夜約有五百里，方出此川。」由是約算，誠之行程，由臘竺至赤亭約六百餘里，比侍行記由三堡（與拉布楚喀近）行至七克騰爲六百里，數甚適合，然則七克騰之音，在明初人聽之，尙如「赤亭」也。誠于赤亭住一日乃行。其後又記云：「二十三日，晴早起向西行，中途有古城一處，約行九十里，有夷人帳房處，地名必殘，安營，住一日，」其九十里之數，又與聞見錄八記七克騰木至闢展九十里合，然則必殘卽闢展。陶氏七克騰卽赤亭之考證，至是可謂鐵案不移矣。

近人金祖同氏引伯希和跋謂赤亭即階亭（說文月刊一卷四五〇頁），已曾於突厥集史卷十一略有辨正，今不贅，旣獲上證，斯無煩嘵論矣。

抑亭之遺稱，今天山南路尙多見之。腹裏亞洲云：有廢阜隆起，名曰 Tim，足知古時大道，取途於此，因時常掘取肥料，此瞭臺已變爲磚土殘堆，然其基脚顯是踏實之土構成，方約五十三呎，高尙達十八呎，殘臺自基上突出，今僅及八呎，上頂則約方二十六呎，磚體之大爲 15×7—8×3 吋，各箇間有蘆葦層隔之，余敢信爲漢代守望之遺跡也（七八八頁）。余按此當漢、唐烽亭之殘址，爲斯氏所說。同書又言 Kuduk 道上有廢阜名 Tim，斯氏疑是古代墳地，然發掘無所得（七〇頁）；又沿且末河邊行，有小廢阜名 Tim，斯氏疑是窣堵波之殘基，亦乏明據（一五九頁）；又回庫車時路經一小村名 Tim，其得名聞本自附近之廢阜，以過於毀壞，未能辨其本原（八二一頁）；此外同氏實測圖中，以 tim（或 tam）爲名者數仍不少，就余觀之，凡皆肅州道上之所謂「亭」也（同書四〇〇頁）。不然，何來如許多數之同名耶。惜斯氏未能遍覽漢籍，又弗審言音轉變，遂致滋生猜擬矣。

（3）Pichan

闢展卽唐之蒲昌縣，說見拙著麴氏高昌補說（聖心二期二七——八頁），其異名今不複舉。同文志云：「闢展、回語，草積之謂，」亦已於彼文辨之。突厥譯唐，以「呂」爲 li，故 pi 同於蒲矣。依侍行記，自闢展西行凡二百有八里至吐魯番漢城。

（4）Shoge

當卽斯坦因氏圖之 Shurge，同文志之楚輝也；志云：「楚輝回語，新苗之草。」據西域圖志，楚輝東北距闢展二十里，西距魯克察克五十里。識略作舒歸。

（5）Xan-Du

南部西藏作 Xando，最腹裏之亞洲作 Khando。西域圖志作罕都，云：「罕都在連木齊木東北二十五里，東南距闢展城一百里，有土城，西南有小山，上有二墩，相傳漢時所築，並訛稱其名爲漢墩，」新疆識略三卽作漢墩。余按侍行記自闢展西北行三十二里云：「右有高阜，挖一穴以憩行人，東北有邮曰漢墩，」則漢墩西南去闢展祇約三十里，圖志誤多差七十里，今圖志一四各地名下所書相距里數，率失之出，往往多百餘里(參高昌補說三〇頁)，此亦其一因也。侍行記過漢墩後行三十一里即至連木齊，與圖志數相近，知此之是，斯明彼之非矣。

(6) Lemdzin

南部西藏作 Lemjin，最腹裏之亞洲作 Lamjin，同文志曰連木齊木，云：「回語，連木、外燥內濘之地，齊木、有草之泥，其地土軟有草，故名。」侍行記云：「舊音勒木津，新疆識略作連木沁，」按識略三實兩名並見。回疆通志作勒木沁。圖志謂在闢展西八十里，侍行記計六十三里。

人物略魯珍城兒下云：「城南有剌土，有蘆葦草墩，有懶眞城……北爲羊黑城兒，」魯珍爲柳中，具詳前說，由言音求之，懶眞當爲連木齊木，但其地在柳中東北，非在南，人物略必傳鈔舛訛也。羊黑城兒爲今洋赫，亦可推定，不過譯寫之異耳。

(7) Chuban-qur

以對音求之，即西域圖志之玉門口也。志云：「玉門口在哈喇和卓西北十里，東距闢展城二百七十五里，(仲勉按末一數誤。)東北兩山陡立，徑寬平，內外皆有墩臺，舊有關名古玉門關，已毀，存□玉二小字可辨，爲土爾番及哈喇和卓往山北大路，入谷迤西北行十餘里出北口，東北十五里至森尼木，」森尼木今稱勝金，蓋勝金谷之口也。侍行記勝金口驛云：「驛前後皆山澗，水貫其中，疾流不冰，出北山木頭溝，西南流經此，又南過三堡至二堡，即喀喇和卓，引渠溉田，三堡距驛十餘里，有九十戶，更南有峽曰玉門口，亦名小城子。」唐譯突厥 bagha 曰莫賀，buiruq 曰梅錄；回紇譯華則味作 bai，萬作 ban，足見 m- 與 b- 發聲，在兩種語言中常互相轉變也。此名最腹裏之亞洲拼爲 Chuwankir，祇見六一〇頁附注中。

(8) Yutuq

此即同文志之雅圖庫也；志云：「回語，遣人遄往之謂。」回疆通志作丫頭溝，識略作雅土溝。侍行記云：「(二工)西南通雅圖庫，訛作丫頭溝，」與近人黃文弼氏所稱雅圖庫非爲一地（參高昌補說五頁）。西域圖志云：「雅圖庫在色爾啓布北山口內七里，東距闢展城七十里，東行有歧路，轉而西北，會於連木齊木，有小城。」又最腹裏之亞洲言自連木齊木東南行約二哩，再越過一高阜，即至 Yutogh，地臨發源罕都之深溪云（六一〇頁），南部西藏圖誤位諸連木齊木之正西。武昌圖之雅士(土)溝，應亦同地，惟位置不合。

（9）Singim

南部西藏作 Senggim，斯坦因氏圖作 Sengim。同文志曰僧尼木，云：「回語，回人呼其妹云爾；或云其子弟乞食於人之稱。」西域聞見錄作色更木，回疆通志一一作勝金，即宋太宗時之新興谷也（見拙著吐魯番木刻柱文略釋）。興轉爲 gim，正與前文亭轉爲 tim 同例。西域圖志云：「森尼木在蘇巴什西北三十里，西（東訛）距闢展城一百三十五里，有城，城西有長河南流。」（同書又別譯爲滲金口，見下文。）侍行記云：「森尼木一稱僧吉木，回云潮濕地也，今訛爲勝金臺，」其釋名與同文志異。

復次，侍行記有云：「下坡過橋爲勝金口驛，回呼愛克斯，」考斯坦因氏圖，勝金之西有 Sengim-aghiz，回語 aghiz aghzi，口洞也，地爲谷口，故云，乃通名，非專名，陶氏蓋誤會。

（10）Murtuq

斯坦因氏拼作 Murtuk，即同文志之穆圖拉克，而侍行記(引見前玉門口條)所謂木頭溝也。同文志云：「回語，悔罪不復犯之謂。」西域圖志云：「穆圖拉克在森尼木西北六十里，東南距闢展城一百九十五里，不當孔道。」以今音證之，似當作穆拉圖克，識略又訛作穆爾圖拉克。

（11）Qara-Xodza

南部西藏拼爲 Qara Xoja，最腹裏之亞洲拼爲 Khara-khoto，人所熟知之元代哈剌火州也。同文志作哈喇和卓。（聞見錄哈拉，通志喀喇。）和綽本漢言高昌，歐陽玄早發之，同文志云：「回語，哈喇和卓，人名，傳有哈喇和卓舊居其地，故名，」亦回語誤解之一端（參高昌補說三——四頁）。

（12）Astane

兩斯氏書均作 Astana，同文志作阿斯塔克，云：「回語，阿斯、懸掛之謂，塔克、謂山，形如懸物，地以山名也，」余按回疆通志，新疆識略同稱阿斯(或斯)塔納，同文志蓋誤翻誤解。西域圖志云：「阿斯塔克在哈喇和卓西五里，東北距闢展城二百六十五里，有城，相傳其先國師所居，」按闢展在阿思塔納東南，志作東北誤，相距里數亦不合（說見前）。西域地名云：「考 A. Stein 在其地所得西州高昌縣武城城主范羔墓誌，此地應爲唐之武城，」今幷附錄羔之專誌，以供參考。誌云：「神功貳年臘月戊戌朔，|貳拾捌日景丁，西州高昌縣武|城城上輕車都尉前城主范羔|之靈，正月貳日亡，春秋七十有四，|殯埋武城東北四里，恐後歲月|奄久，子孫迷或不分，今立此，至後|憑所依，|神功貳年臘月貳拾捌日葬。」|（最腹裏之亞洲一〇四三頁）按朔閏考聖曆元（卽神功二）年臘月癸巳朔，非戊戌，L. Giles 跋疑因歲號戊戌而誤，殆可信，然是月二十八日亦不值丙或丁也。迷惑作迷或，唐世石刻往往見之。

人物略哈喇火州下云：「又西五十里爲我答剌城」，「十」字衍，火州西五里卽阿思塔納，「剌」「納」乃 n 與 i 之轉。

(13) Yan-xi

南部西藏作 Yang-xi，斯坦因圖作 Yankhe，西域圖志曰洋赫，識略曰英格。西域圖志云：「洋赫在魯克察克西北二十里，東北距闢展城二百三十里，亦以金嶺爲屏障，有小城，」東北爲東南之訛，與前條同，二百三十數誤。此地卽人物略之羊黑城兒，說見前。

(14) Sirkip

同文志曰色爾啓布，云：「回語，瞭高木臺也，」識略作色爾奇布。西域圖志云：「色爾啓布在逵輝西四十里金嶺下，東北（應作東南）距闢展城六十里，西南距魯克察克二十里，不當孔道。」

(15) Tygen-saq

漢名未詳，斯坦因圖色爾啓布南約哩許有地名 Toghan-su，當卽其地。

(16) Supa-syji

卽南部西藏之 Su-beshi，最腹裏亞洲之 Su-bashi。同文志云：「蘇巴什、回語，蘇、水也，巴什、頭也，地有水源，故名。」 西域圖志云：「蘇巴什在連木齊木西二十五里，東距闢展城一百五里，地有小堡，」據侍行記、則闢展至連木齊六十三里，再西三十二里爲蘇巴什。

(17) Lykchyn-kariz

kariz 最腹裏之亞洲作 karez，灌溉之渠也。 侍行記譯爲坎爾，其自連木齊西行時記云：「又西多小圓阜，彌望累累，皆坎爾也。 坎爾者，纏回從山麓出泉處作陰溝引水，隔數步一井，下貫木槽，上掩沙石，懼爲飛沙擁塞也。（坎爾以千百計，水自地中通流一、二里或十餘里，至有土壤處洩出灌田，回疆多此。）其法甚古，（漢書溝洫志、引洛水井下相通行水。） 西域亦久有之，（烏孫傳、宣帝時遣使者案行表穿卑鞮侯井以西，孟康曰，大井六通渠也。） 今人動云林文忠所創，非也。」 依此，則上名應云柳中坎爾或柳中渠，西域圖志魯克察克云：「東有長河，由色爾啓布西南流至其境，爲闢展東（西訛）最大聚落，」是也。

(18) Dighar-kaiz

最腹裏之亞洲作 Deghar，其書云，測量人離哈喇和卓後，取道土域溝，於二月六日至柳中，翌日進至 Deghar 小沃地，是爲吐魯番盤地東南隅之極限矣。 在柳中南約三哩半處，渡過自連木齊流來之闊河床，測得水流每分鐘可十七立方呎。由此至 Deghar，耕地祇散布，惟渠溉所及者見之(七四頁)。 據圖，則 Deghar 約在柳中東南十哩許。 敦煌本西州殘志云：「大海道，右道出柳中縣界，東南向沙州一千三百六十里，常流沙，人行迷誤，有泉井鹹苦，無草，行旅負水擔糧，履踐沙石，往來困弊，」 依斯坦因圖，從柳中經 Deghar，確有路可南行，然則 r 乃語音之尾， degha 實唐言之「大海」也。

(19) Yan-Xi-kariz

洋赫已見前，此云洋赫渠也。

(20) Qara-Xodza-kariz

此謂哈喇和卓渠。 西域圖志哈喇和卓云：「舊城已廢，民別居小堡，土膏肥美，水源北出金嶺下，經沙磧，至滲金口匯爲大渠，入哈喇和卓，」按滲金口今呼勝金口，與圖志之森尼木同語，蓋一名而兩譯者。

(21) Lykchyn-Chige-bulaq-kariz

bulaq 舊譯布拉克，泉也。　斯坦因圖有 Chige bulak，在哈喇和卓西南，吐魯番東南。

(22) Lykchyn-Abat-gun-shan

末三文未詳。

(23) Pichan-su-beshi

回語、蘇，水也，巴什、頭也，猶云闢展水頭。

(24) Singim-gun-shan

末兩文與前二十二條同，未詳。

(25) Lemchin-su-beshi

Lemchin 卽前文第六條之 Lemdzin，猶云連木齊水頭。　西域圖志連木齊木云：「有水經城西北流，四境皆平田。」

俄儒書又言自柳中至北山有 Kək-jar 横臥，是爲谷口守望；按 Kək-yar (jar =yar) 回語云藍斷崖也，卽回疆通志之呵呵雅爾。　通志云：東呵呵雅爾卡倫距吐魯番城二百九十里，(識略三百里。)　西柯柯雅爾卡倫距城二百里。(識略一百八十。)　侍行記云：「闢展南皆大戈壁，其北九十里，柯柯雅爾。」　鄯善鄉土志云：「柯柯雅山在縣城西北九十里，產煤，山內有水流出溝口，浸入沙內。」

(乙)在吐魯番附近者

俄儒書云，自葛羅祿(Qarluq)山脈至烏魯木齊，其南爲綽羅塔克(Chəl tagh)，其東爲沙山或古木塔克 (Qum tagh)。　按 chəl 元朝祕史譯川勒，伯希和氏云：川勒，於現在中國新疆的突厥語中尙指荒野或沙磧地方，今庫車西邊與吐魯番之南各有一山，名川勒塔克(參西域南海考證譯叢續編四四——五頁)；依南部西藏，此塔克(卽山)位柳中之南。　又最腹裏之亞洲云：過 Deghar 界邊沙渠 (Sai-karez) 田莊後，植物卽不復生長，惟河床尙達一哩以外，自川勒塔克側流至吐魯番盤地之溉道，當以此爲最極東矣(七四二頁)。　復次，新疆山脈圖志二云：「綽羅特克嶺、綽羅特克水出焉，北流入於珠勒都斯河，案綽羅特克嶺在珠勒都斯南支之南，焉耆府城西北，」其下引西域水道記爲證；按綽羅似亦川勒之異譯，但所指之地則與本文者異。

沙山見西域圖志二三，云：「在博斯騰綽爾南一百二十里，爲哈喇沙爾之南屏，山脈自額格爾齊塔克逾沙磧至此，岡巒亘互，西接庫隴勒塔克。」山脈圖志二云：「案沙山在庫爾勒之東二百里，與庫爾勒山脈相接，緊傍博斯騰淖爾之南。」余按南部西藏圖自庫車東南至羅卜皆爲沙山（Kum-tagh, kum＝qum），斯坦因圖則柳中及闢展迤東南亦爲沙山。

(26) Turpan

歐文率拼作 Turfan，其古稱余別有考，今名則永樂十二年陳誠西域行程記始見之，云：「（火州城）向西北行平川地，約有七十里，至土爾番城。」四夷館考及鄭、葉兩四夷考均作土魯番。同文志云，「吐爾番、回語，積水之謂，相傳其地積水，故名。」侍行記云：「吐魯番之番字，纏回呼若潘，乾隆時此邦回人徙烏什者，以其故鄉之名名烏什曰圖爾璊，璊卽潘之對音也。蓋西州於晚唐爲吐蕃人所據，疑其時呼爲吐蕃城，音轉爲吐魯番耳，近人以蒙語（謂都會）回語（謂土塔）釋之，非探本之論。」殊不知藏人「自呼曰圖伯特，或曰條拜提，曰退擺特，」陶氏自注固嘗歷舉之，名內無流音，何緣轉爲「吐魯」乎。

(27) Toqsun

斯坦因圖作 Toksun。唐設天山縣，侍行記謂當在托克遜，較古之名爲篤進。考元和志，天山縣東至西州百五十里，西域行程記，自土爾番城西行三十里至崖兒城，又西南行約五十里，又向西行平川地，約行五十餘里，有小城，地名托遜。同文志乃云：「托克三，回語托克三，九十數也，九十戶居之，故名，轉音爲托克遜，」德儒 Le Coq 又謂本自 toqtasun 期望之意（據南部西藏四二二頁注二），均非是。

(28) Turpan-Chige-Buleghi

Chige 見上第二十一條，此未詳。Buleghi 南部西藏作 Bulayiq 云，其地有基督教堂廢址，漢名 Shui-pang，（四一六頁；斯坦因圖作 Shi-pang，惟漢寫未詳。）斯坦因圖作 Buluyuk，依圖求之，則同文志之布拉里克也。志云：「回語，布拉，刼奪之謂。」西域圖志云：「布拉里克在森尼木西北七十里，東南距闢展城二百五里，不當孔道，」又云：「穆圖拉克與布拉里克相去僅十里，」徵諸斯坦因圖，末兩地約距十五哩，蓋圖志所記布拉里克與森木克、闢展之距里均誤也（參上第五條）。侍行記，自勝金口行七十三里過沙河，云：「出北山，南流曰布拉里克，漢人呼爲蒲桃溝，又南經（吐魯番）城南之牙爾巴什莊，沒於沙，」則河之下流仍從源地爲名耳。雅爾巴什，斯坦因圖作 Yar-bashi。

(29) Tujnq

南部西藏作 Tuyoq, Toyoq，腹裏之亞洲作 Toyuk。西域圖志蘇巴什條云：「逈西入北山口，東西兩岸石壁峭立，或沙坡斜倚，谷間水流甚急，艱於行，名土域溝，」土域溝卽其音譯，然按諸斯坦因圖，其地固在蘇巴什之西南偏南也。回疆通志云：「土玉溝在（吐魯番）城西北二百餘里，有巨土洞，相傳昔有七八一狗坐化其中，骸骨尙存，南北兩路伯克入覲，道經於此，必詣其處諷經，飾之以錦綵，光豔奪目，回人呼之曰聖人，」土玉溝當與土域溝同一語譯，但土域溝今在吐魯番東南三十餘哩，非在西北，由腹裏亞洲所記（六一五頁）觀之，通志顯誤。

敦煌本西州殘志云，「丁谷窟有寺一所，幷有禪院一所。右在柳中縣界至北山二十五里丁谷中，西去州二十里，寺其（基）依山口搆，揆巘疏階，鴈塔飛空，虹梁飲漢，巖巒（巒訛）紛糺，叢薄阡眠，旣切煙雲，亦虧星月，上則危峯迢遰，下（則）輕（溜）潺湲，實仙居之勝地，諒栖靈之祕域，見有名額，僧徒居焉。」按今土域溝位柳中北，高昌（哈喇和卓，卽唐西州治所。）東，相距里數亦合，tujuq 蓋「丁谷」之遺音也。丙丁之丁，回譯或作 ti，由是可轉爲 tu；又蒙古語之 g- 常變爲 j-，依此還原，則 Tujuq=tu-juq=ti(ng) guk，謂非唐之丁谷而何（例如四一條之平＝Pu）。至該窟殘跡，腹裏亞洲有照片數幅（六一四頁），參閱之更明。

(30) Tujuq-Su-beshi

猶云土域溝水頭也。

(31) Turpau Kariz

吐魯番渠也。西域圖志土爾番云：「北倚金嶺，嶺麓有泉南流，周繞國城，民田資其灌溉，地廣土肥。」

(32) Yemshi

斯坦因圖作 Yemshi，南部西藏有 Yakhshi，疑即同地。同文志云：「雅木什，相傳其地多鹽池，舊有漢人居之，因習漢語，後遂訛爲雅木什云。」西域圖志云：「雅木什在招哈和屯西南十五里。」按梁四公記，高昌有鹽城，往歲余據對音求之，疑雅木什即其遺址，然未獲佐證（高昌補說二四——五頁）。今除同文志所言相符外，陳誠西域番國志亦云：「鹽澤在崖兒城之西南，去土爾番城三十餘里，城居平川中，廣不二里，居民百家，城中有高塚二處，……城北有矮山，產石鹽，堅白如石，可琢磨爲器以盛肉菜，不必和鹽，此鹽澤之名是也。」又云：「崖兒城在土爾番之西二十里，二水交流，斷崖居中，因崖爲城，故曰崖兒，廣不二里，居民百家，舊多寺宇，有石刻存，古爲率帥國王所居，後復立交河縣治，今併入土爾番焉。」（二十里，西域行程記作三十，率帥是車師之訛寫。）崖兒城即下四九條之 Yar-khoto（招哈和屯），二十里再加招哈和屯西南十五里，便是三十餘里，雅木什即鹽澤，鹽澤又即古之鹽城，可據上兩證而同時解決矣。

(33) Toqsun Kariz

托克遜渠也。西域圖志三三云：「托克山水凡二道：一發源於東面大山之麓，淵泉漫流沙磧間，經一百五十餘里，匯入河流；一發源於烏魯木齊之東山，積雪所融，流注南行，離城二十里許，與泉水合爲托克三郭勒，藉溉田畝，於乾隆二十二年試墾地六千五百五十畝，二十三年增墾地一萬一千一百五十畝。」

(丙)其他

(34) Lop

俄儒書云：屬於柳中者尚有 Lop。按 Lop 即唐之納縛波，其轉爲流音發聲，則始於元代之羅卜，說詳本集刊十一本一分拙著元代天山南路設驛之今地。

(35) Hasar

俄儒書又云：由柳中至羅卜，中間有城名 Hasar。據斯坦因圖柳中西南八哩許有 Chong-hassar 城，稍東有 Kichik-hassar 城，chong 大也，Kichik 小也。

按回疆通志，乾隆四十五年，將蘇賚滿入官地畝分爲九屯，其一曰赫色爾，識略作和色爾圖拉，(圖拉，回語 tura， 鈍圓錐形之土瓦建築物。) 卽其地。

(36) Daqjanus

腹裏亞洲作 Dakianus-shahri，卽亦都護城 (Idikut-shahri，黃文弼氏譯爲伊地庫特賽里，見北大國學季刊三卷一號。)之通俗名也，地在今哈喇和卓之西南，西域圖志所謂「舊城已廢」者是也。

Dakianus-shahri 之稱，旣屬通行，顧未見語解，歐儒亦無所說明，殊爲可異。 余近從亦都護城一名思之，乃恍然有悟，蓋高昌畏兀兒之先曰月仙帖木兒亦都護，其子巴而朮阿而忒的斤，始自附於元太祖，三傳至火赤哈兒的斤，嗣爲亦都護，是城可名亦都護，斯可名的斤也。 的斤本特勤 (tegin) 異譯，(今北平呼如 ti kin) 以 dakian 與 tegin 比，不過前一音由清變濁，後一音由濁變清，此殆受蒙古語所影響，又 -us 應是尾綴。 中亞之 dihqan，余嘗獨立的證明其與 tegin 同一語原，dakian 或 dihqan，轉變之途，初無二致，合而參之，故知 Dakianus-shahri 必的斤城之謂也。 其國主旣具兩銜，故兩名皆可適用，惟的斤(或特勤)遠視亦都護爲普見。(突厥史稱特勤者不可勝數，若 Idikut 則唐史未見相當之譯音，祇突厥文磨延啜碑一見之耳。) 此又的斤城比亦都護城更爲通俗之原因也。

(丁)清代著述所見名稱

見於清代著述(清內府地圖諸異名未錄)而上文未舉者，尙有：

(37)塔呼

同文志，「回語塔呼，謂鷄也。」 西域圖志，「塔呼東接鎭西府屬之托來達巴一百四十里，爲闢展東境，西距闢展城二百八十里。」 按湖北圖梧桐窩西有塔庫，當卽其地。 又回語謂雞曰 taqaghu，惟檢諸西人圖，尙未得見。

(38)納呼

同文志，「回語、納喇奇之轉音也，指彼處而言。」 西域圖志，「納呼在塔呼西七十里，西距闢展城二百一十里，四圍皆山，濱湖之地可駐牧，其西谷口俠而深，爲闢展東境關隘。」 侍行記，「西鹽池驛(鎭西)舊名納呼，四圍皆山，無民居，無樹木。」 按南部西藏及斯坦因圖均作 Hsi-yen-ch'ih（西鹽池），約當英東經九十一度，北緯四十三度廿分。 納喇奇即回語 nereje，何處也。

(39)特庫斯

同文志，「回語，見之明也，蓋瞭望處。」 西域圖志，「特庫斯在特斯西二十里，西距闢展城二十里，有墩有臺，有水北流，名巴哈，言小也。」 按南部西藏作 Toquz，謂「九」也，與同文志釋異。 斯坦因圖則作 Tuguz-karez。 回疆通志之禿古斯卡倫，亦其異譯。

(40)特斯

同文志，「回語，謂快，亦瞭望處，言得信捷也。」 西域圖志，「特斯在齊克塔木西三十里，西距闢展城四十里，有墩有臺。」 侍行記，「六十里墩（回名特斯）無人家，道左小山有烽臺，」據記，特斯至闢展行六十四里，比圖志所載較長，即斯坦因圖之 Taze，快也。

(41)勒木丕

同文志，「回語，夏日支棚，以迎涼氣也。」 西域圖志，「勒木丕在阿斯塔克西南二十里，……有小城，南抵沙磧，西南行四百里至羅布淖爾。」 余按斯坦因圖，哈喇和卓西約十五哩處有 Lampu-karez，當即其地，圖志記里殆失。 入勒木丕相當於新唐志之南平城，十年前余早經證定（高昌補說二二頁），今考納(n-)轉羅卜(l-)，見前第三十四條，又回文譯華，以 pi ti 當「除滿平定」之平定，則謂 Lampu（或 Lampi）爲南平之遺音，益有徵據矣。

(42)布干

同文志，「回語，布、指此地而言，干、官牧廠也，其地有之，故名。」 西域圖志云：「布干在安濟彥西南三十里，……有城，周二里許，山北有泉，名哈畢爾噶，南流成大澤，在磧中，」以指方求之，應爲聞見錄八土爾番西「七十里布幹」之布幹（斯坦因圖 Bəgan-tura），對音雖較近，但居安濟彥西北，非西南。

抑大慈恩傳之無半城，余曾擬爲圖志之布干（高昌補說二三頁），玄奘西赴焉耆，必經 Bəgan-tura（布幹臺）以達托克遜，絕無疑問，圖志之有城周二里許，亦合。 惟余舊謂「布干合音同於半」，所釋尙未周愜；今試思之，蒙古語於字之中間不能發b音，(例如也里可溫之音譯。) m- 轉爲b-，例固常見，半之轉幹，其在蒙古時代歟。

(43)伊拉里克

同文志，「回語，伊拉、蛇也，里克、有也，地多蛇蟲，故名。按伊拉卽伊蘭。」 西域圖志，「伊拉里克在托克三西四十里，……有城周里許，北直都魯達巴，闢展西盡境也。」 卽南部西藏之 Ilanliq，回疆通志作伊拉里卡倫。

(44)安濟彥

同文志，「帕爾西語，音都占之轉音也，暗、一數名，都、二數名，占、性命之謂，回人之命計口，甚言地隘僅容一、二口也；又云有安濟彥之人，居此遊牧，故以名之，安濟彥卽安集延部，在布魯特西境。」 西域圖志，「安濟彥在雅木什西五里，……城周里許，不當孔道。」 按此地卽斯坦因圖之 Ana jan-karez，在雅木什西南，又在布幹臺東南約六哩，識略作安吉彥。

(45)汗和羅

同文志，「汗和羅，回語，汗稱其君之謂，和羅庭也，舊謂汗所建庭處，故名。」 西域圖志，「汗和羅在森尼木東北一百里，……天山下，不當孔道，山形環抱，地勢幽敞，土爾番北鄙也。」 按此名西圖未之見，斯坦因圖森尼木東北有 Chalkan-ghol，里距略近，然音不盡符，且 ghol 謂岬谷，非庭也。識略作罕和囉。

(46)洪

同文志，「回語，墩臺也，其地有之，故名。」 西域圖志，「洪在特庫斯南二十里，有城，當山谷口，東南通額什墨，西北距闢展城二十里。」 按此卽斯坦因圖之 Hang，闢展在其西南，非西北。

(47)蘇魯圖

聞見錄八，「七克騰木五十里蘇魯圖，圖志三一作四十里。」 又侍行記，特斯，「十六里蘇魯圖，有草。」 南部西藏作 Suluktu，云有水給之地也(三六〇頁)。

(48)東湖

西域圖志闢展云：「城東八里有湖曰東湖，饒蒲葦，可畜牧，」南部西藏作 Dung-Xo，蓋從漢語音譯，但有一圖（Pr. XXVIIIb）又位諸楚輝西南，當別指色爾啓布南之東湖也（見待行記）。

(49)招哈河屯

西域圖志，「招哈河屯亦稱交河城，在土爾番城西二十里，……招哈郭勒出其北，郭勒之水分道南流，環城左右，即漢時交河舊地也。」　待行記，「今（吐魯番）廳城西二十三里之招哈和屯，一名雅爾河。」　此即腹裏亞洲之 Yar-khoto 也，雅爾猶云斷崖，已見前。　又西域圖志布拉里克條云：「又北爲塔里朗，地有小泉，足資灌溉，又西南有地名雅圖，西南踰小山抵安濟彥，」今從斯坦因圖驗之，雅圖應即 Yar-khoto 之音略，亦即招哈和屯，編志者非親審其地，故敍來一若毫無關係矣。　塔里朗未詳。

黃文弼以雅圖庫爲亦都護城，昔年既深疑之（高昌補說四——五頁），今取第八條與本條比觀，益確見其誤；黃謂哈剌和卓在阿斯塔拉西約十里，「西」亦東之誤。（斯坦因圖連木齊稍西南別有一地名 Astana，學者幸勿與前第十二條之地誤混。）

(50)蘇巴什

西域圖志托克三條云：「自此南行十里至蘇巴什塔克，又西行通哈喇沙泉，」同書三一，「蘇巴什臺自托克三臺西至此九十里，乾隆三十年由伊拉里克移此，」按南部西藏及腹裏亞洲，此名之回語拼法，與前第十六條同，但彼在吐魯番東，此在其西，且同名者尙不止兩處也。

(51)桂樹溝卡倫

回疆通志云：在吐魯番城東南二百三十里，識略作二百二十，回名未詳。

(52)哈爾起布拉克卡倫

見輯略，止云距城二百里，又不舉方向，回名未詳。（稿成後再審之，知是六三條之異譯。）

(53)陽和驛

見識略，據待行記，驛即在吐魯番城。

(54)土墩子驛

據侍行記，西鹽池驛西南行一百有六里至此，云：「土墩子驛，（東半里有吐魯番界碑。） 大墩在驛後，回名克勒克，（上有小廟。） 泉在墩西北，（沙土下埋大石，由石隙出細流，不能飲百人，味鹹。）」 斯坦因圖回名 Kiliklik。

(55)英子樹

據侍行記，齊克塔木西南行十八里至此，云：「英子樹，回呼培而布拉克，（言泉水足也。） 有郵含樹木。」 斯坦因圖回名 Birbulak，按 bir 回語謂「一數」或「給」也。

(56)三十里墩

據侍行記，蘇魯圖西行十八里至此，云：「三十里墩，（回名哈克吐兒，謂烏鴉所宿也。） 東阜有小泉，（南流漑田數畝）。 纏回三家，有稅局，四周皆沙磧，迤西曰特庫斯，」當卽斯坦因圖之 Kagha tura 按 tura 一譯圖拉，釋見前。

(57)東坎兒

據侍行記，三十里墩西行十四里至此，云：「東坎兒，夾道二小堡，（漢人亦稱柳樹泉）。 郵落相望，（纏回六十戶，漢人一家，屢受排擠。） 樹以千計，北山漸遠。」 按坎兒卽同書坎爾（引見前）之異譯，渠也，依此，則東坎兒應爲斯坦因圖之 Chong-karez，猶云大渠，chong 與「東」蓋聆音小誤耳。

(58)巴雜

此是通名，非專名，侍行記自東坎兒再西「十四里巴雜，(回語街市曰巴雜。) 漢、回雜處，八九十家；」斯坦因圖作 Tungan-bazar，云東干巴雜也。

(59)哈喇二工

據回疆通志，吐魯番之九屯，其一曰哈喇二工，又據侍行記，闢展西北行五十三里至二工，再西十里曰連木齊驛；依此求之，哈喇二工似卽斯坦因圖之 Kara-yagach，但又與西域水道二所記不盡符。

(60)硜硜溝

侍行記，吐魯番西北行五十二里至，云：「蒙古語曰根特克，漢人訛爲硜硜溝，舊設蘆溝驛，今廢，驛使繞由托克遜小草湖也；」南部西藏圖作 Kindik，義猶「蒂」或「島」也。

(61)白楊河

侍行記，硜硜溝西北行一百有四里至白楊河站，舊設山陽驛，南部西藏圖作Bai-yang-Xo，係從漢語音譯。

(62)俺鼻城兒

明人西域土地人物略土魯番下云：「西二百里爲俺石城兒，（城南有俺鼻城兒，北有撒剌把。）又西五十里爲蘇把赤，（北有兎眞城兒。）」按此略舛誤甚多，侍行記六曾爲校正其前段，今以對音及方位求之，俺石應卽 Yamshi，蘇把赤應卽 Su-bashi，兎眞應卽 Toksun，絕無疑義，蓋此數地皆在吐魯番西而哈喇哈失鐵城（卽哈喇沙爾）之東者也。循此而推，俺鼻當爲斯坦因圖之 Dama，其地正居 Yamshi（俺石）之南，以 dam 爲俺，想是審音不確。復次招哈和屯在吐魯番西二十里，雅木什又在招哈和屯西南十五里，則「西二百里爲俺石城兒」之二百，殆當作「五十」；又依西域圖志三一，吐魯番西至蘇巴什二百五十里，故又西五十里爲蘇把赤之五十，殆當作二百。人物略之 200+50=250，正與圖志數相當，第展轉抄傳，遂至後先錯亂，一經鉤乙，斯明、淸志乘，說恰相符，校書之樂，何快如之。

(63)奚者兒卜剌

西域行程記之托遜卽 Toosun，已於前文見之，陳誠自托遜西行第一日約五十餘里，第二日約三十餘里，至有水草處，地名奚者兒卜剌，今以斯坦因圖求之，卽 Arghai-bulak 其地也（南部西藏 Aighir-bulaq）。外語首冠母音之字，我國往往以 gh- 讀之，（見伯希和氏說。）故 ar 變爲 ha(r)，又兒尙讀如粵音 i，故 ar-gha-i 得爲奚者兒。倭仁莎車行記作阿哈爾布拉克。

(64)大墩

莎車行記，「十四日宿吐魯番，……十五日夜行六十里，大墩尖。（距布幹臺五里。）」按斯坦因圖，布幹西南有 Ta-tun 卽其地，漢語之音譯也。

(65)布雅里克

見武昌圖，在東哈哈雅爾卡東北；按斯坦因圖，其地有達坂名 Buyuluk，是也。

(66)河色爾僧吉爾

見武昌圖，在闢展北，漢敦東北。按此當是斯坦因圖之 Kizil-singer，腹裏亞洲云：singer 或是波斯文 sangar 之變式，猶云石堆或蔽身壘也，在吐魯番別處係用以指示突出之石山(七二二頁注九)。余按突厥語 singir，此云筋腱，山石暴露，可比於筋腱脹突，余意此名猶云赤腱耳。(kizil 赤也。)

茲再將漢、回名皆詳者略依回名字母爲次，漢名則準年代先後，列表便檢。其有古名於本文始行考定者，行首用○記之。

Aghiz, aghzi　愛克斯(辛卯侍行記)

Anajan-karez　安昌城(新唐地理志)　安濟彥(同文志)　涼州工(回疆通志)　安集彥(三州輯略)　安吉彥(新疆識略)。

○Arghai-bulak, Aighir-bulaq.　奚者兒卜剌(西域行程記)(新考定)哈爾起布拉克卡倫(識略)　阿哈爾布拉克(莎車行記)。

○Astana　武城(范羔專誌)　我答剌城(西域土地人物略)(新考定)阿斯塔克(同文志)　阿思塔納(通志)　阿斯塔納(輯略)　阿斯訥塔(武昌圖，訥塔二字乙)。

Bai-yang-Xo　柏楊河(輯略)　白楊河(同上)　山陽驛(同上)。

Bejan-tura　?布干(西域圖志)。

Bir-bulak　塔而布拉克(侍行記)　英子樹(同上)。

Bəgan-ture　無半城(大慈恩傳)　布干(同文志)　布幹(西域聞見錄)波袞(輯略)。

Buluyuk, Bulayiq, Buleghi　布拉里克(同文志)　蒲桃溝(侍行記)。

Buyuluk-dawan　布雅里克(武昌圖)。

?Chalkan-ghol　汗和羅(同文志)　罕和羅(輯略)。

Chiqtim, Chiktam　赤亭口(岑參詩)　赤亭(通典)　澤田寺(王延德行記)　鐵堠子(耶律希亮)　赤亭(行程記)　齊克塔木(同文志)　七克騰木(聞見錄)　齊克騰木(輯略)　齊克特木(武昌圖)　七克騰(侍行記)　七格騰木（西疆雜述詩）。

?Chong-karez 東坎兒（侍行記） 柳樹泉（同上）。

Chuben-qur, Chuwankir 玉門口（圖志） 小城子（侍行記）。

⊙Dakianus-shahri Daqjanus-shahri; Idikut-shahri. 高昌（漢書） 和州（遼史） 的斤城（今定） 亦都護城。

○Dama 俺鼻城兒（人物略）。

○Deghar, Dighar 大海（西州圖經）

Dung-Xo 東湖（侍行記，非西域圖志之東湖）。

Hang 洪（同文志） 洪城（武昌圖）。

Hasar, Hassar 赫色爾（通志） 和色爾圖喇（輯略） 和色爾圖拉（識略）。

Hsi-yen-ch'ih 鹽池（聞見錄） 西鹽池驛（侍行記）。

Ilanliq 伊拉里克（同文志） 伊拉里卡倫（通志）

Kagha-tura 哈克吐兒（侍行記） 三十里墩（同上）。

Kara-khoja Qara-Xodza, Qara-Xoja 哈剌和綽（圭齋集） 火州（元史） 哈剌和州（元世祖紀） 哈剌霍州（元史阿求傳） 哈剌火州（元史耶律希亮傳） 合剌和州（元史） 交州（元史巴而求傳） 合剌火者（經世大典圖） 哈喇火州（人物略） 哈喇和卓（同文志） 哈拉火卓（聞見錄） 哈拉哈酌（通志據西陲紀略引舊志） 喀喇和卓（通志）。

?Kara-yagach 哈喇二工（通志）。

karez, kariz 卡爾（輯略） 坎爾（侍行記） 坎兒（同上） 卡兒水（雜述詩）。

Khando, Xan-du 罕都（圖志） 漢墩（同上） 漢敦（武昌圖）。

Kiliklik 克勒克（侍行記） 土墩子驛（同上）。

Kindik 根特克（輯略） 根忒克（同上） 硜硜溝（侍行記） 蘆溝驛（同上）。

Kizil-singer 河色爾僧吉爾（武昌圖）。

Kak-yar　呵呵雅爾(通志)　哈哈雅爾卡(武昌圖)　柯柯雅爾(侍行記)　柯柯雅(鄯善鄉土志)。

Kum-(Qum-) tagh　沙山(圖志)。

○Lamjin, Lemjin, Lemdzin, Lemchin.　懶眞城(人物略)(今考定)　連木齊木(同文志)　勒木沁(通志)　連木沁(萬里行程記)　雅木沁(新疆或西陲要略)　勒木津(輯略)　勒穆金(武昌圖)。

Lampu-karez　南平城(新唐地志)　勒木丕(同文志)　勒木批(武昌圖)。

Lampchuk　納職縣(唐)　拉布楚喀(圖志)　五(?四)堡(同上)　拉普楚(一統志)。

Lop　羅卜(元史)　羅不(同上)　羅布(肅州新志)　洛普(水道提綱)。

○Lukchun　Lykchyn　柳中(後漢書)　六種(王延德行記)　魯克塵(經世大典圖)　魯陳城(行程記)　柳城(鄭曉四夷考)　柳陳城(四夷館考)　魯珍城兒(人物略)(今考定)　魯克齊穆(康熙末官書)　魯谷慶(雍正十年官書及肅州新志)　魯克沁(同文志引)　魯克察克(同文志)　魯古沁(聞見錄)　陸布沁(同上)　魯普秦(圖志引)　魯布沁(通志)。

Murtuk, Murtuq　穆圖拉克(同文志)　穆爾圖拉克(輯略)木頭溝(侍行記)。

○Pichan　蒲昌縣(唐)　寶莊(王延德行記)　必殘(西域行程記)(今考定)　北昌(人物略)　皮禪(康熙五九官書,又肅州志程途紀略,三州輯略及莎車行記誤為通鑑。)　闢展(同文志)。

Sengim, Senggim, Singim.　新興(南史)　新興谷(太平興國木柱刻文)　僧尼木(同文志)　色更木(聞見錄)　森尼木(圖志)　滲金口(同上)　色庚木(通志)　勝金(同上)　僧吉木(輯略)　僧吉穆(武昌圖)。

Shoge, Shurge　楚輝(同文志)　舒歸(輯略)。

Sirkip　色爾啓布(同文志)　色爾奇布(輯略)。

(1) Su-bashi, Supa-syji　蘇巴什(同文志)　蘇巴什莊(武昌圖)。

○(2) Su-bashi 蘇把赤（人物略）（今考定） 蘇巴什臺（圖志） （蘇把什（輯略）。

Suluktu 蘇魯圖（聞見錄） 素魯圖（輯略）。

Ta-tun 大墩（涉車行記）。

Taze 特斯（同文志） 六十里墩（侍行記）。

○Tim 亭（今考定）。

○Toksun, Toqsun, 篤進（南史） 天山縣（唐） 他古新（元史地志） 托遜（西域行程記）（今考定） 托克三（同文志） 托克遜（同上）。

Toquz, Tuguz 特庫斯（同文志） 禿古斯卡倫（通志） 沱古斯卡倫（輯略）。

Turpan, Turfan 古名別考 土爾番城（行程記） 土魯番（人物略及四夷館考） 吐魯番（乾隆廿二旨改） 吐爾番（同文志） 圖爾璠（侍行記）。

○Toyuk, Toyoq, Tuyoq, Tuyuq. 丁谷（西州圖經）（今考定） （土墻溝（圖志） 土玉溝（通志） 托欲克（武昌圖）。

○Yamshi, Yemshi, (? Yakhshi) 鹽城（梁四公記）(今證實) 鹽澤（番國志）（今考定） 雅木什（同文志）。

○Yankhe, Yan-Xi, Yang-Xi. 羊黑城兒（人物略）（今考定） 洋海（雍正十年官書） 洋赫（圖志） 英格（識略）。

Yar-bashi 雅爾巴什莊（侍行記）。

○Yar-khoto 交河（漢書） 崖兒城（西域行程記）（今考定） 招哈和屯（圖志） 雅圖（同上） 雅爾湖（輯略） 雅爾（武昌圖） 雅爾河（侍行記）。

Yutogh, Yutuq 雅圖庫（同文志） 丫頭溝（通志） 雅士溝(輯略) 雅士(土)溝（武昌圖）。

抗戰總動員之年，除夕，述記於四川南溪。

吐魯番屯田有安展，又作安占（見回疆通志及三州輯略），似即安濟彥之異譯，待考實。 仲勉附識。

吐魯番木柱刻文略釋

岑仲勉

□□□□歲次癸未之載五月廿五日辛巳（第一行）。

□□□□樹給孤竇園二主齊脩衆聖所（二行）。

居經云喜沙造塔感輪王寶（三行）。

□□□□□建　吳利耶嚧地蜜施天特銀　天公主居邪蜜施登林（四行）。

□□□□□見（？）支都信登林　吳利萬蜜施郎君　見支萬蜜施郎君（五行）。

□□□□□堅看此五蘊幻化六入空聚爲將生死（六行）。

□□□□□財物蹔坐谷內憩息發勝上之心敬造（七行）。

新興谷內高勝巖崿福德之處（八行）。

□□□□□誓將千年不朽萬代長新先願聖天萬壽聖化无窮（九行）。

□□□□□主（？）皆之万歲手執金戟（？）而定四方五穀豐登万姓安樂外免惡賊褁（十行）。

□□□□□□□轉三寶永興　永事天特銀助成施主（十一行）。

□□□□□□□　猾奴　摩藥　多思　吳利都蜜施爲天特銀（十二行）。

□□□□願天特銀壽命延長福命威增河沙比壽海渧无窮（十三行）。

□□□神雍衞　□此功德願五人　世世生生値遇四果聖仁（十四行）

□□□□蘭若處居住伽藍施与薗林池沿床臥踏息飮食（十五行）。

□□□□養不失善心憶念之意引將彌勒下生之時彌勒會（十六行）。

□□□□□從僕百人聞四諦法斷絕三界煩惱根原證得勝果（十七行）。

□□□□□依處安至天上遠權菩提一時成仏（十八行）。

右木柱刻文十八行，係德儒 Von Le Coq 自 Singim 谷獲得。按柱文稱此谷曰新興谷，辛卯侍行記六自連木齊木西行四十九里至森尼木，云：「一稱僧吉木，回云潮濕地也，今訛爲勝金臺，」又西二十一里至勝金口驛云：「回呼愛克斯，漢人以驛舍由勝金臺山口移此山口，遂呼勝金口，」再西七十五里爲吐魯番漢城，勝金卽其音變矣。抑新興之名，由來頗古，南史七九，高昌有四十六鎭，新興居其一，侍行記六云：「新興疑卽森尼木」，今獲此柱，陶氏之疑，遂得徵實。竊嘗謂清代西北著撰，西域水道記而外，端推侍行記，非過譽也。

新疆圖志八九，折衝將軍新興令麴斌芝造寺碑，「碑出吐魯番三堡，卽高昌國新興鎭，」又寧朔將軍麴斌造寺銘，「出吐魯番三堡新興縣；」雪堂金石文字跋尾三云，「此碑宣統三年五月吐魯番三堡出土，卽高昌新興故墟，後移至迪化府署，陽刻造寺記，陰刻上高昌王書，……碑稱寺造於新興城西，今此石得於吐魯番，知今之吐魯番，卽高昌新興城之遺址矣。」余按前引侍行記六，森尼木西行二十一里爲勝金口驛，再西七十五里爲吐魯番漢城，記又云：「驛前後皆山澗，水貫其中，疾流不冰，出北山木頭溝，西南流經此，又南過三堡，……三堡距驛十餘里，有九十戶，」吳廷燮新疆大記補編稱三堡在吐魯番城東七十里，當得其近數；換言之，卽三堡在森尼木(古新興鎭)之西。故造寺記「乃於□□城西顯望之處，嚳捨珍財，建茲靈刹，」所泐兩字，必爲「新興」無疑，謂新興城址在今吐魯番境則可，謂今吐魯番卽新興城遺址則誤，良以古新興城實在今吐魯番漢城東九十餘里也，羅氏昧於塞外地理，故并辨之。

此刻文時代，伯希和氏斷爲西元九八三(卽宋太宗太平興國八)年，說嘗不易。惟氏云：「祇有九八三年一癸未年五月二十四日適爲辛巳日，則碑文所誌之年月日，大有爲是年五月二十四日之可能；質言之，九八三年七月七日是巳。」又云：「此例尙見有之，七三二年闕特勤碑與史文所誌之日，亦相差一日，然此處之誤，則以前一日爲後一日，而在闕特勤碑則以後一日作前一日。」(輔仁學誌三卷一期中亞史地譯叢三一——二頁)今以朔閏考覈之，是歲五月丙辰朔，辛巳乃二十六日，刻文誤將後一日作前一日，伯氏所考小差也。(所對西曆亦不合。)若闕特勤碑之「七日丁未」，據余詳考，實屬七月，有當年石刻可證(參拙著突厥集史卷十五及貞石證史五三四頁)，於歷無先後之差，伯氏謂碑以後一日(八日)

作前一日，則是擬此碑立於十一月八日，（是月庚子朔。） 然月上之數目斷非兩字，其引證尤誤。

文中九行杇應作朽，十三行淌應作滴，十四行雍應作擁，均經墨 (F. W. K. Müller) 氏於其所著吐魯番兩柱刻拈出（二〇頁）。 二行及十五行之園寫作圍，亦是俗體。

臭字三見，墨氏推爲點、点、㚉之輾轉訛寫，但謂點收 -m 聲爲異(二一頁)。據余所肊，或許「典」字之俗寫，與 ten 可相對也。

諸回紇銜稱，都經墨氏還原，祇「都信」一詞，未能確定。 今就其所還原者加釋之，如「典利」，天也。 「耶嚧地」，光昭也。 「蜜施」乃表示代名詞人稱之語尾。 「居邪」，請求也。 「登林」，貴族之稱，猶此云殿下、閣下，原音 tengrim，卽伯希和氏所云閉口收聲尙存者也。 「見支」，此云丈夫或男子。「蔦蜜施」，誕生之「生」也。 猗奴以下四詞皆人名；摩藥之義疑是糞，（糞，突厥文 mayaq，墨氏此名還原爲 mayak，然 k q 常可互用。） 多斯 (tash)有「石」或「委棄」等義，「都蜜施」，妨阻也，之數人者皆特勤奴屬，命名之義，宜乎不雅矣。

墨氏同書尙著錄木柱兩刻，皆回紇文得自古高昌者；其一首行題土猴（卽戊申）年，第五行見「胡祿伊難珠沙州將軍」字樣；墨氏似認爲大歷三年（七六八戊申）物（五頁）。 又一柱首行題火羊（卽丁未）年，第二及三行見「東自沙州西至拔塞幹」字樣，墨氏認爲大歷二年（七六七丁未）物（二六頁）。 兩均可疑，容別考之。

三十一年十二月十六日，記於南溪。

東晉南朝的錢幣使用與錢幣問題

何　茲　全

(一)引　言

本文所討論的，大體上是由晉元帝建武元年（西曆三一七年），在江南建立東晉皇朝，到陳後主禎明二年（西曆五八八年），陳爲隋所滅，前後二百七十餘年中，南方東晉及宋齊梁陳各朝錢幣的流通情況，及錢幣的使用問題。

自東漢末年，北方經黃巾董卓之亂城市交換經濟，遭一大打擊，加以西晉末年永嘉之亂，及五胡的殘擾，以城市交換經濟爲領導形態的社會經濟，又逆轉而爲以農村經濟爲主的自足自給經濟。不過此種逆轉大體上只限於黃河流域，無論黃巾董卓之亂，或永嘉五胡之亂，都很少波及長江流域的江南，荆揚等地。不僅很少波及，而且在北方社會經濟的破壞過程中，反以北方人口，財富生產技術的大量南移，加速南方的開發。北方每經一次變亂，南方卽作一次突飛的發展。在北方社會經濟解體過程中，人口財富南移的地域，有三個中心，一是揚州，二是荆州，三是益州。南方經濟的開發亦以此三地最爲顯著。黃巾之亂後，荆揚與蜀的財富足以支持兩個獨立政權以與北方相頡抗，永嘉之亂後，荆揚經濟財富的發展，卽逐漸超越北方。自此以後全國的經濟重心便由黃河流域移向長江流域了。

南方經濟的繁榮，一方面是農業的開發，一方面是城市交換經濟的繼續與發展。農業開發的情況，因與本文無關，我們不去討論。其交換經濟實上承兩漢而繼續發展。漢時黃河流域的城市交換經濟是遠較長江流域爲發達的。但黃巾董卓之亂及永嘉五胡之亂，北方遭受破壞，南方則未受破壞，所以在漢末三國鼎峙的時期，長江流域的交換經濟雖然尙未能趕上兩漢時期北方交換經濟的標準。但比起當時北方魏國境內的商業與交通卻無何遜色。長江的水上交通是一條主要交通線，吳主孫休永安元年詔言：

自頃年以來，州郡吏民及諸營兵多違此業，皆浮長江賈作上下。（三國志吳志卷三孫休傳）

西晉時石崇就以作荆州刺史，刼奪長江上下來往的商賈大發其財，成爲西晉官僚中的首富。永嘉以後，在北方人口財富大量南移，加以交廣的開發及沿海，南洋海外貿易的發達，南方的交換經濟更是繼續發展。建康是南方的政治經濟中心。晉安帝元興三年，因了一次大風災，便有貢使商旅方舟萬計，漂敗流斷骸胔相望的結果。（宋書卷三三五行志）長江中船舶之多可見。又梁武帝普通年間郭祖琛上封事，述當日境內的商業情況說：

今商旅轉繁，游食轉衆，畊夫日少，杼軸日空。（南史卷七〇郭祖琛傳）

都說明長江流域交換經濟的發達。

與交換經濟之發展相適應的，便是錢幣的使用。在東晉和南朝，無論就一般人民的經濟生活，或國家財政來說，錢幣都佔一個重要的地位。除去交廣因對外貿易的關係而使用金銀，及一些半開發或未開發的經濟落後地域使用穀帛交易外，東自三吳西至荆益，大部使用錢幣。而且由於交換經濟的繼續發展，社會上對錢幣數額的需要日增，而別方面由於銅的缺少。錢幣數額卻不能適應社會需要而大量增加，遂造成籌碼不夠，錢幣缺乏現象，成爲社會經濟及國家財政上一個極嚴重的問題。就社會經濟形態來講，自東漢末到中唐是中國的中古時期，社會經濟性質既異於前此的秦漢，亦與後此的宋元不同，交換經濟的衰歇，及農村自給經濟的優勢，亦爲此一時期社會經濟特質之一，但此點實以北方中原地帶爲對象而論，若以長江流域而言，則不能不承認其交換經濟及錢幣使用的發達。在討論南北朝經濟史時，這一點不能不注意。這篇短文的目的，就在說明東晉南朝錢幣使用的情況，及因此所引起的經濟上及財政上的問題。

(二)錢幣的沿革

東晉在江南建國，仍是使用孫吳時的錢幣。當時通行的錢貨，有比輪、四文及沈郎錢各種。晉書卷二六食貨志載：

孫權嘉平（按爲嘉禾之誤）五年鑄大錢，一當五百，赤烏元年又鑄當千錢權聞百姓不以爲便，省息之。……晉自中原喪亂，元帝過江，用孫氏舊錢。（通典作用孫氏赤烏舊錢）輕重雜行，大者謂之比輸，（通典作比輪），中者謂之四文，吳興沈郎又鑄小錢，謂之沈郎錢，錢既不多，由是少貴。

通東晉一代，除安帝時桓玄輔政，一度擬廢錢用穀，但亦未能施行外，錢制未有改革。至宋文帝元嘉中始鑄四銖錢，宋書卷五文帝紀載：

元嘉一年十月，立錢署鑄四銖錢。

元嘉二十四年六月『以貨貴制大錢一當兩』（仝上）至孝武帝孝建元年春正月，又『鑄四銖錢』。（仝上書卷六孝武帝紀）但古錢似仍同時並用。自孝武孝建以後，以銅少及盜鑄等因，錢制漸漸破壞。宋書卷七五顏竣傳載：

先是元嘉中鑄四銖錢，輪郭形制與五銖同，用費損無利，故百姓不盜鑄。及世祖卽位，又鑄孝建四銖。三年，尙書右丞徐爰議曰：貴貨利民，載自五政，開鑄流圜，法成九府，民富國實，教立化光，及時移俗易，則通變適用，是以周漢俶遷，隨世輕重，降及後世，財豐用足，因條前寶，無復改創，年歷既遠，喪亂屢經，堙焚剪毁，日月銷減，貨薄民貧，公私俱困，不有改造，將至大乏，謂應式遵古典，收銅繕鑄，納贖刊刑，著作往來。今宜以銅贖刑，隨罰爲品。詔可。錢形或薄小，輪郭不成，於是民間盜鑄者雲起，雜以鉛錫，並不牢固，又剪鑿古錢，以取其銅，錢轉薄小，稍違官式，雖重制嚴刑，民吏官長，坐死免相係，而盜鑄彌甚，百物踊貴，民人患苦之。乃立品格，薄小無輪郭者悉加禁斷。

前廢帝永光元年二月，又鑄二銖錢。（仝上書卷七前廢帝紀）形式細小，民間謂之耒子。沈慶之啓通私鑄，錢式薄細更甚，至數十萬錢不盈一掬。到明帝泰始二年三月遂又廢新錢。專用古錢。（仝上書卷八明帝紀）並禁止民間私鑄。前引顏竣傳載稱：

前廢帝卽位，鑄二銖錢，形式轉細，官錢每出，民間卽模倣之，而大小厚薄皆不及也。無輪郭不磨鑢如今是剪鑿者，謂之耒子。景和元年沈慶之啓通私鑄，由是錢貨亂改，一千錢長不盈三寸，大小稱此，謂之鵝眼錢，劣不及此者，謂之綖環。錢入水不沈，隨手破碎，市井不復料，數十萬錢不盈一掬，斗米一萬，商貨不行。太宗（明帝）初唯禁鵝眼綖環，其餘皆通用。復禁民鑄，官署廢工，尋復並斷，唯用古錢。

直至劉宋末年，錢制未再有何改革。齊高帝時，曾欲鑄錢而未果（註一）至武帝永明八年以劉悛的建議，開蒙山銅鑄錢，但以費功太多，旋卽停止（註二）。梁武帝初曾鑄五銖錢及女錢，普通四年又鑄鐵錢，（梁書卷三武帝紀下），錢制頗亂、隋書卷二四食貨志載梁時的錢制稱：

梁初唯京師及三吳荆郢江湘梁益用錢，其餘州郡則雜以穀帛交易，交廣之域，全以金銀爲貨。武帝乃鑄錢肉好周郭文曰五銖，重如其文，而又別鑄，除其肉郭謂之女錢，二品並行，百姓私以古錢交易，有直百五銖五銖女錢太平百錢定平一百五銖雉錢五銖對文等號，輕重不一。天子頻下詔書，非新鑄二種之錢，並不許用，而趣利之徒，私用轉甚，至普通中，議盡罷銅錢，更鑄鐵錢，人以鐵賤易得，並皆私鑄，及大同以後，所在鐵錢遂如丘山，物價騰貴，交易者以車載錢，不復計數，而唯論貫，商旅姦詐，因之以求利。自破嶺以東八十爲百，名曰東錢，江郢以上七十爲百，名曰西錢，京師以九十爲百，名曰長錢。中大同元年天子乃詔通用足陌，詔下而人不從，錢陌益少，至於末年，遂以三十五爲陌云。

梁末敬帝太平元年，又班下遠近雜用古今錢(梁書卷六敬帝紀)。二年又鑄四柱錢。陳世又改鑄五銖錢六銖錢兩種（註三）。而時承侯景亂後，京師一帶破壞甚重

（註一）南齊書卷三七劉悛傳：太祖使諸州郡大市銅炭，會宴駕，事寢。

（註二）南齊書卷三七劉悛傳：「永明八年，悛啓世祖曰：南廣郡界蒙山，下有城名蒙城，可二頃地，有燒爐四所，高一丈廣一丈五尺，從蒙城渡水南百許步，平地掘深二尺得銅，又有古掘銅坑，深二丈，並居處猶存。鄧通南安人，漢文帝賜嚴道縣銅山鑄錢，今蒙山近青衣水南，青衣在側，并是故秦之嚴道地，青衣縣又改名漢嘉，且蒙山去南安二百里，案此必是通所鑄，近喚蒙山獠出，云甚可經略，此議若立，潤利無極。并獻蒙山銅一片，又銅石一片，平州鐵刀一口。上從之，遣使入蜀鑄錢，得錢千餘萬，功費多乃止。」

（註三）梁書卷六敬帝紀：「太平二年四月己卯鑄四柱錢，一准二十，壬辰改四柱錢一准十，丙申復閉細錢。陳書卷三世祖紀：天嘉三年二月甲子，改鑄五銖錢。仝書卷五高宗紀：太建十一年七月辛卯，初用大貨六銖錢，」

錢幣之外又兼以粟帛交易。隋書卷二四食貨志載梁末及陳時之錢制稱：

陳初承梁喪亂之後，鐵錢不行。始梁末又有兩柱錢及鵝眼錢，于時人雜用，其價同，但兩柱重而鵝眼輕，私家多鎔錢，又間以錫鐵，兼以粟帛爲貨。至文帝天嘉五年，改鑄五銖，初出一當鵝眼之十。宣帝大建十一年又鑄大貨六銖，以當五銖之十，與五銖並行後還當一，人皆不便，乃相與訛言曰：六銖錢有不利縣官之象，未幾而帝崩，遂廢六銖，而行五銖，竟至陳亡。其嶺南諸州，多以鹽米布交易，俱不用錢。

東晉南朝的錢制及其沿革，大體如上所述。至於錢幣的鑄造，除宋前廢帝時及梁武帝普通初年，曾短時期聽民私鑄外（註四），始終採取官鑄政策，對於盜鑄嚴加禁止。如宋書卷四五劉懷慎傳載：

（劉）亮，世祖大明中爲武康令，時境內多盜鑄錢，亮掩討無不禽，所殺以千數。

又梁書卷二四蕭景傳附弟昱傳載：

普通五年，坐於宅內鑄錢爲有司所奏，下廷尉，得免死，徙臨海郡。

私鑄盜鑄地的長官，都要連帶受免官的處分。如宋書卷八一顧琛傳載：

（大明三年）爲吳郡太守，明年坐郡民多剪錢免官。

（三）錢制的使用

東晉南渡之初，境域之內，有些地方使用錢，有些地方則使用穀帛。東晉末年的孔琳之曾言：

今用錢之處不爲貧，用穀之處不爲富。（宋書卷五六孔琳之傳）

即在建康京師之地，亦頗有錢帛雜用的情形，太平御覽卷八二八資產部八賣買條下載：

劉超讓表曰：臣家理應用一純色牛，遣市索不如意，外廐猥牛中，牛色有

（註四）洪遵泉志卷二：「顧烜曰：天監元年，鑄公式女錢，徑一寸，文曰五銖，稱兩如新鑄五銖，但邊無輪郭，未行用。又聽民間私鑄，以一萬二千易取上庫古錢一萬，以此爲率。普通四年始興新鑄五銖並行用，斷民間私鑄。」

任用者，臣有正陌三萬錢，五疋布，乞以此買牛。

但經過東晉一百年的時間，南方的經濟情況是繼續發展的，到劉宋時，錢的使用地域已逐漸擴張。宋文帝元嘉中，討論錢幣問題時，中領軍沈演之說：

晉遷江南，疆境未郭，或土習其風，錢不普用，今王略開廣，聲教遐暨，金鏹所布，爰逮荒服，昔所不及，悉已流行之矣。（宋書卷六六何尚之傳）

如漢川一帶，原是以絹爲貨的，自文帝元嘉以後卽改用錢。宋書卷八一劉秀之傳載：

（元嘉）二十五年，除督梁南北秦三州諸軍事……梁南秦二州刺史……先是漢川悉以絹爲貨，秀之限令用錢，百姓至今受其利。

就是蠻夷之區，也漸使用錢幣，南齊書卷二二豫章文獻王傳云：

沈攸之責賧及荆州界內諸蠻，遂反五溪，禁斷魚鹽。郡蠻怒，酉陽蠻王田頭擬殺攸之使，攸之責賧千萬，頭擬輸五百萬，發氣死。

南方經濟繁榮地帶，係以長江沿岸爲中心，其次便是沿海交廣各地，此外各內地愈遠則愈落後。梁武帝一朝，爲南朝的極盛時代，對於現今福建廣東及江西湖南南部大加開發，但除廣州，因係海外貿易的港口，經濟相當繁榮外，其他各地的經濟情況，都遠較長江流域的荆揚郢湘等地爲落後，所以到梁初，錢幣的使用仍以長江流域爲主，其餘州郡，則於錢貨之外，雜以穀帛交易，如前引隋書卷二四食貨志所載：

梁初唯京師及三吳荆郢江湘梁益用錢，其餘州郡則雜以穀帛交易，交廣之域，全以金銀爲貨。

不過所謂三吳荆郢江湘梁益等地，實已大體上包括了南朝的大部分領土，此外的州郡，在當日實在仍是人口稀少的荒郡，這些地方差不多都是些尚待開化的民族居住着，其能夠僅是雜用穀帛交易，而不全以穀帛爲貨，已是進步的現象。我們以京師三吳京郢江湘梁益等地，爲南朝經濟的代表區，說東晉南朝是使用錢幣的時代應是無誤的。

以上就地域上，說明東晉南朝錢的使用。貨幣的基本功能是作交易的媒介，及物價的標準，現在我們卽由實例中來看錢在作爲交易媒介，及物價標準兩方面的實際使用。

我們由史籍記載中，看見在南朝境內，東自京師三吳西至荊益凡說到交易的，多是以錢作媒介。其例甚多，如晉書卷九四郭文傳：

洛陽陷，乃步担入吳興餘杭大滌山中，……有猛獸殺麋鹿於菴側，文以語人，人取賣之，分錢與文，文曰：我若須此，自當賣之，所以相語，正以不須故也。

又晉書卷八二習鑿齒傳：

（桓）溫不悅，……異日送絹一疋，錢五千文，以與之。星人乃馳詣鑿齒曰，……賜絹令僕自裁，惠錢五千以買棺耳。

又宋書卷六一江夏王義恭傳：

義恭性嗜不恆，……大明時資供豐厚，而用常不足，賒市百姓物，無錢可還，民有通辭求錢者，輒題後作原字。

又仝書卷七七柳元景傳：

時在朝勛要，多事產業，唯元景獨無所營。南岸有數十畝菜園，守園人賣得錢二萬送還宅，元景曰：我立此園種菜以供家中人啖耳，乃復賣菜以取錢，奪百姓之利耶！以錢乞守園人。

又仝書卷八一劉秀之傳：

秀之從叔穆之爲丹陽，……時賒市百姓物，不還錢，市道嗟怨。

又仝書卷六七謝靈運傳：

一人姓錢名欽……云：……謝（靈運）給錢令買弓箭刀楯等物……。

又仝書卷七六朱脩之傳：

去鎮（荊州），秋毫不犯。計在州然油及牛馬穀草，以私錢十六萬償之。

仝書八三宗越傳：

（宗越）家貧，無以市馬，常刀楯步出，單身挺戰，衆莫能當。每一捷，郡將輒賞錢五千，因此得市馬。

又仝書卷九一郭世道傳云：

（世道）嘗與人共於山陰市貨物，誤得一千錢，當時不自覺，分背方悟，請其伴，求以此錢追還本主，伴大笑不答。世道以己錢充數送還之。

仝書傳又云：

墓前有數十畝田，不屬原平，(原平世道子)每至農月，耕者恆裸袒，原平不欲使人慢其墳墓，乃販質家貲，貴買此田，三農之月，輒束帶垂泣，躬自耕墾，每出市賣物，人問幾錢，裁言其半。

仝書卷九三朱百年傳：

百年……入會稽南山，以伐樵採箬為業。以樵箬置道頭，須者逐其所堪多少，留錢取樵箬而去。

南史卷二八褚彥回傳：

時淮北屬，江南無復鰒魚，或有間關得至者，一枚直數千錢。有人餉彥回鰒魚三十枚，彥回時雖貴而貧薄過甚，門生有獻計賣之，云可得十萬錢，彥回變色曰：我謂此是食物，非曰財貨，且不知堪賣錢，聊爾受之，雖復儉乏，寧可賣餉取錢也。

又南史卷三四齊武帝諸子竟陵王子良傳：

時有山陰人孔平詣嫂市米負錢不還，子良嘆曰：昔高文通與寡嫂訟田，義異於此。乃賜米錢以償平。

南齊書卷三六劉祥傳：

崇聖寺尼慧首剃頭為尼，以五錢為買棺材，以泥洹轝送葬劉墓。

仝書卷五二崔慰祖傳：

慰祖賣宅四十五萬，買者云寧有減不？答曰：誠慚韓伯休，何容二價。買者又曰：君但賣四十六萬，一萬見與。

梁書卷五三何遠傳：

武昌俗皆汲水，盛夏遠患水溫，每以錢買民井寒水，不取錢者，則摙水還之。

仝書卷二七明山賓傳：

山賓……家中嘗乏用，貨所乘牛，既售受錢，乃謂買主曰：此牛經患漏蹄，治差已久，恐後脫發，無容不相語，買主遽追取錢。

又仝書卷三武帝紀下：

太淸元年三月庚子，高祖幸同泰寺設無遮大會，捨身，公卿等以錢一億萬奉贖。中大通元年九月，與駕幸同泰寺設四部無遮大會，因捨身，公卿以下以錢一億萬贖還。

陳書卷一九沈炯傳：

（侯景將宋）子仙愛其（炯）才，終逼之令掌書記。及子仙爲王僧辯所敗，僧辯素聞其名，於軍中購得之，酬所獲者鐵錢十萬。

以上所舉各例，在時間上，東晉宋齊梁陳各朝皆有；在地域上，則包括，東自京師三吳西至荆州襄陽南陽各地。而且在交易物品中，使我們看到田宅，奴隸，蔬菜油穀草，牛馬柴草，米棺材，弓箭飲水等物，動產及不動產，輕重貴賤，日用各物都以錢爲媒介進行買賣。

其次關於物價的記載，也是以錢爲標準。晉書卷七成帝紀：

咸和四年（蘇）峻子碩攻臺城，……城中大饑，米斗萬錢。

宋書卷四八毛脩之傳：

高祖將伐羌，先遣脩之復芍陂，起田數千頃……賜衣服玩好，當時計直二千萬。

宋書卷五七蔡興宗傳：

廓（興宗父）罷豫章郡，還起二宅，先成東宅與軌（廓弟）。廓亡而館宇未立，軌罷長沙郡還，送錢十萬以補宅值，興宗年十歲向母曰：一家由來豐儉必共，今日宅價不宜受也。

又仝書卷八二沈懷文傳：

齊庫上絹，年調巨萬匹，綿亦稱此，限期嚴峻，民間買絹，一匹至二三千，綿一兩三四百。

南齊書卷七東昏侯紀：

潘氏服御珍寶，主衣庫舊物不復周用，貴市民間金銀寶物，價皆數倍，虎魄釧一隻直百七十萬。

仝書卷五七魏虜傳：

僞安南將軍梁州刺史魏郡王元英……進圍南鄭……自春至夏六十餘日不下，死傷甚衆，軍中粮盡，擣麴爲食，畜菜葉直千錢。

宋書卷三一五行志二：

晉成帝咸康時，天下普旱，會稽餘姚特甚，斗米直五，民有相鬻。

又仝書卷六三沈演之傳：

元嘉十二年，東諸郡大水，民人饑饉，吳義興及吳郡之錢塘，升米三百。

仝書卷七前廢帝紀：

去歲及是歲（大明七年及八年），東諸郡大旱，甚者米一升數百，京邑亦至百餘，餓死者十有六七。

梁書卷二武帝紀中：

天監元帝，是歲大旱，米斗五千，人多餓死。

天監四年，是歲大穰，米斛三十。

仝書卷二〇劉季連傳：

季連驅略人民，閉城（成都）固守，……城中食盡，升米三千，亦無所糴。

又仝書卷五三庾蓽傳：

出爲輔國長史會稽郡丞，行郡府事。時承凋弊之後，百姓凶荒，所在穀貴，米至數千，人多流散。

這是以錢爲物價標準的例。用錢之外，以穀帛爲交易媒介及以穀帛爲物價尺度的亦有，但似各有特殊情形。史籍中記載這時期中，以穀帛爲物價尺度及交易媒介的，有以下各條。宋書卷七六王玄謨傳：

及大舉北伐，以玄謨爲寧朔將軍。前鋒入河，受輔國將軍蕭斌節度。玄謨向碻磝……遂圍滑臺，積旬不克。……又營貨利，一匹布責人八百梨，以此倍失人心。及拓拔燾軍至，乃奔退，麾下散亡略盡。

魏書卷五二胡叟傳：

時蜀沙門法成鳩率僧侶幾于千人，鑄丈六金像，劉義隆惡其聚衆，將加大辟。叟聞之，卽赴丹陽，啓申其美，遂得免焉。復還於蜀，法成感之，遺其珍寶，價值千餘匹。

南齊書卷二七劉懷珍傳：

初宋孝武世，太祖為舍人，懷珍為直閤，相遇早舊。懷珍假還青州，上有白驄馬齧人，不可騎，送於懷珍別，懷珍報上百匹絹，或為懷珍曰：蕭君此馬不中騎，是以與君耳，君報百匹，不以多乎？懷珍曰：蕭君局量堂堂，寧應負人此絹，吾方欲以身名託之，豈計錢物多少。

魏書卷九八島夷蕭衍傳：

（侯）景既至，便圍其城。衍城內大饑，人相食，米一斗八十萬，皆以人肉雜牛馬而賣之。軍人共於德陽堂前立市，屠一牛得絹三千匹，賣一狗得錢二十萬。皆燻鼠捕雀而食之。

南史卷九陳本紀上：

（紹泰元年十二月徐）嗣徽（任）約等領齊兵還據石頭，……帝遣侯安都領水軍襲破之，嗣徽等單舸脫走。丁巳拔石頭南岸柵，移度北岸，起柵以絕其汲路，又堙塞東門故城中諸井，齊所據城中無水，水一合貿米一升，一升米貿絹一匹，或炒米食之。

東晉南朝史籍中記以穀帛為交易媒介及物價尺度者，大約僅此數例。細繹各條記載，大多有特殊情形，不能以此證東晉南朝係以穀帛為貨的。如上舉第一例，時王玄謨正統兵在魏境作戰，當日之魏，正是以穀帛為貨，尚未使用錢，王玄謨大約即以此故而以絹作交易。第二例為蜀地情形，當時蜀境也或者有些地方尚以穀帛為物價尺度。同時胡叟為北朝人，這一段記載即出於魏書。當日之魏，正係以穀帛為貨幣的時候，本傳曾記叟友人高閭見其貧約，以物值十餘匹贈之，沙成贈叟財物，叟並未接受，所謂值千餘匹者，乃後日北魏人以當時當地之貨幣所作之追行估計，亦有可能。第三例，則是朋友間互贈禮品，並不能算作交易，以人情而論，朋友惠我以禮，我報之以禮品則可，如報之以錢，似太不通人情。故劉懷珍回報蕭道成絹百匹，於其說是給的馬價，勿寧說是報之以厚禮。第四五兩例，係圍城絕境中的現象，不能以常情論。梁末侯景之亂，於南朝京師一帶社會經濟給以極大破壞，經過此次破壞後，此一帶的繁榮，曾一落千丈，前引隋書食貨志記此時交易，已有兼以穀帛爲貨的話，更不能以此證南朝是以穀帛爲貨幣的。

要之，由史籍記載中，我們可以看出東晉南朝時，用作交易媒介和物價尺度的，主要的是錢貨，穀帛僅佔次要地位，在邊遠落後地帶方才使用。整個東晉南朝是南方經濟的一個開發與發展過程，落後經濟的地帶圈逐漸在縮小。因之錢幣使用的範圍與地域却是一天天的擴大，穀帛的使用範圍與地域則一天天的縮小。少數使用穀帛爲交易媒介及物價標準的例，並不足以推倒錢爲代表性的貨幣結論。(註五)

(四)錢幣與社會經濟生活

由東晉南朝時錢在一般人的私經濟生活中，也可以說明錢的重要。

錢既是一切物品交換的媒介，則交換經濟愈發達，錢的使用範圍愈廣，錢在經濟生活中的地位就愈重要。關於這一方面，我們擬由錢爲當時一般人日常生活手段，錢爲財富多寡的表現尺度，及錢爲一般人追逐的目的物，三方面來說明。

一、錢爲日常生活手段：東晉南朝交換經濟的相當發達，已略如上述。人民日常生活所需，大都可以通過交換而獲得。交換的媒介既然是錢，所以人民的日常生活，自衣食住行以至婚喪嫁娶，只要有了錢，就可以解決。上節說明錢爲交易媒介及物價標準各例，大多可以用來說明錢在人民生活中的重要。此外以下各例，亦

(註五)南齊書卷四一張融傳，『(宋)孝武起新安寺，僚佐多儭錢帛，融獨儭百錢。』『及宋書卷九二徐豁傳』(元嘉)五年…卒…太祖下詔曰：『可賜錢十萬，布百匹，以營葬事。』或認係以布帛營建佛寺，及支付喪葬用，以證南朝是以實物爲貨幣。按前一例所記是捐獻，凡捐獻則不限於貨幣，此等例甚多，似不能以此證『帛』作貨幣使用。後一例所載以錢布贈死者營喪事，布不一定是用作貨幣而支付，卽至今日凡有喪事時，布帛仍是主要用品。晉書卷七三庾冰傳：『(冰)臨卒，謂長史江彪曰：吾將逝矣…死之日，斂以時服，無以官物也。及卒無絹爲衾』。又仝書卷七四桓彝傳附子冲傳：『(桓)温甍……時詔賻温錢布漆臘等物，而不及大斂。冲上疏陳温素懷，每存清儉，且私物足舉凶事，求還官庫。』陳書卷二四周弘正傳附弟弘直傳：『弘直……遇疾，且卒，乃遺書勑其家曰：……棺內唯安白布手巾麤香爐而已，其外一無所用』。皆足證布帛直接用於喪事，不作貨幣支出。

說明人民生活對錢的仰賴。宋書卷九三劉凝之傳：

荆州年饑，（衡陽王）義季慮凝之餓斃，餉錢十萬。凝之大喜，將錢至市門，觀有飢色者，悉分與之，俄傾立盡。

宋書卷九後廢帝紀：

昱（後廢帝）每出入去來，常自稱劉統或自號李將軍，與右衞翼輦營女子私通，每從之游，持數千錢，供酒肉之費。

宋書卷四八毛脩之傳：

劉敬宣女嫁，高祖賜錢二百萬，雜綵千匹。

宋書卷七八蕭惠開傳：

惠開妹當適桂陽王休範，女當適世祖子，發遣之資，須應二千萬，乃以爲豫章內史聽其肆意聚納。

宋書卷六一江夏王義恭傳：

（義恭）既出鎭，太祖與書誡之曰……汝一月日自用不可過三十萬，若能省此益美。

宋書卷五六孔琳之傳載琳之言：

凡人士喪儀，多出閭里，每有此須動數十萬，損民財力而義無可取。

宋書卷四一后妃傳：

（明帝陳貴妃）家在建康縣界，家貧有草屋二三間，上出行問尉曰：御道邊那得此草屋，當由家貧，賜錢三萬，令起瓦屋。

宋書卷六九范曄傳：

廣州人周靈甫有家兵部曲，（孔）熙先以六十萬錢與之，使於廣州合兵，靈甫一去不返。

一般自由職業者的報酬，大約亦是以錢來支付的。例如南齊書卷二四柳世隆傳：

世隆善卜，別龜甲，價至一萬。

體力勞動者的工資亦多由錢來支付，例如梁書卷二二始興王憺傳：

（天監）六年，州大水……郡州在南岸，數百家見水長，驚走登屋緣樹，憘募人救之，一口賞一萬，估客數十人應募投焉，州民乃以免。

錢旣是日常生活所需，所以政府對於作官淸廉，年老退休，而又無積蓄的官吏，皇室姻親，及社會上有才學聲望，而生活貧苦的賢人隱士，常常給錢維持其生活。

例如宋書卷四七劉懷肅傳：

詔曰故晉寧太守姜道盛……臨財能淸，近先登濁水，殞身鋒鏑，誠節俱亮，矜悼於懷，可賻給事中賜錢千萬。

又宋書卷四七劉敬宣傳：

（晉）安帝反正，（敬宣）自表解職，於是散徹，賜給宅宇，月給錢三十萬……所賜錢帛車馬及器服玩好，莫與比焉。

仝書卷四一后妃傳：

文帝袁皇后……袁氏貧薄，后每就上求錢帛賭與之，上性節儉，所得不過三五萬三五十匹，後潘淑妃有寵，愛傾後宮，咸言所求無不得。后聞之，欲知信否，乃因潘求三十萬錢與家以觀上意，信宿便得。

仝書卷四二王弘傳：

又詔聞王太保家便已匱乏……可賜錢百萬米千斛。

又仝書卷七七沈慶之傳：

慶之以年滿七十，固請辭事……聽以郡公罷就第，月給錢十萬，米百斛，衞使五十人。

梁書卷五十何點傳附弟胤傳：

有勅給白衣尙書祿 胤固辭，又勅山陰庫錢月給五萬，胤又不受。

二、錢爲財富多寡的表現標準：錢旣爲交易媒介，有了錢就可以購買一切物品，錢就成爲一般人蓄積的對象和物質財富的代表。貨幣貯藏的衝動是無限制的，因之貨幣貯藏者，不絕的從事於蓄積。

南朝人對於積聚錢貨的興趣很高，而且很普遍。積聚最多的，如梁臨川王宏，有錢三十餘屋，南史臨川王宏傳云：

宏恣意聚斂，有庫百間，帝疑其藏軍仗，具饌至其家，宴半醉曰：我欲履行汝後房，見其積，百萬標一黄榜，千萬懸一紫標，凡三十餘間，帝疑始釋，大悦曰；阿六，汝生活大可。

一個人的財產貧富，都可以以錢來表現。東晉南朝時記人的財富，就很多是以錢來表示的。如宋書卷七五王僧達傳：

吳郭西臺寺多富沙門，僧達求須不稱意，乃遣主簿顧曠門義劫寺內沙門竺法瑤得錢數百萬。

宋書卷九四戴法興傳：

山陰有陳載者，家富，有錢三千萬。

南齊書卷五二崔慰祖傳：

慰祖……父梁州之資，家財千萬，散與家族。

梁書卷五一阮孝緒傳：

阮孝緒，陳留尉氏人也……七歲出後從伯胤之，胤之母周氏卒，有遺財百餘萬，應歸孝緒，孝緒一無所納。

所謂家富家財有若干萬，當然不必實際上有若干萬錢，要不過以錢爲標準，估計其家財有若干萬而已。

三、錢爲財富追逐的目的物，錢旣爲財富的代表，錢多就是富，錢少卽爲窮，因之造成對於錢的追逐。社會上一般競競爲利者，上自達官貴人，下至販夫走卒所追求者，目標相同，皆錢而已。我們看，賭博的是以錢來賭的，例如：

（桓）溫少時游手博徒，資產俱盡，尙有負進……求濟於耽，耽素有藝名，債主聞之而不相識，遂就局，十萬一擲，直上百萬。（晉書卷八三袁瓌傳附袁耽傳）

後在東府聚樗蒱，大擲一判應至數百萬。（晉書卷八五劉毅傳）

弘……少時嘗樗蒱公城子野舍，及後當權，有人就弘求縣，辭訴頗切，此人嘗以蒱戲得罪，弘詰之曰：君得錢會戲，何用祿爲？答曰：不審公城子野何在。弘默然。（宋書卷四二王弘傳）

（大明一年）坐與奉朝請毛法，因樗蒱戲，得錢百二十萬，白衣領職。（宋書卷八五王景元傳）

敬則……夜呼僚佐文武摴蒱賭錢。(南齊書卷二六王敬則傳)

初邵陽之役,昌義之甚德叡,請曹景宗與叡會,因設錢二十萬官賭之。(梁書卷一二韋叡傳)

高利貸也是用錢,如:

初高祖家貧,嘗負刁逵社錢三萬,經時無以還,逵執錄甚嚴,王謐造逵見之,密以錢代還,由是得釋。(宋書卷一武帝紀上)

有尹嘉者,家貧,母熊自以身貼錢爲嘉償債,坐不孝當死。(宋書卷六四何承天傳)

揚州主簿顧測以兩奴就鮮(澄弟)貰錢,鮮死,子暉誣爲賣券。(南齊書卷三九陸澄傳)

褚淵……薨,家無餘財,負債至數十萬。(南齊書卷二三褚淵傳)

坦之從兄翼宗爲海郡……檢家赤貧,唯有質錢帖子數百。(南齊書卷四二蕭坦之傳。)

(庾詵)隣人有被誣爲盜者,……詵矜之,乃以書質錢二萬令門生詐爲其親代之酬備,隣人獲免。(梁書卷五一庾詵傳)

官僚的貪汚聚斂,亦全以錢爲對象,此等例甚多,略舉如下:

愔又好聚斂,積錢數千萬。嘗開庫任超所取。(晉書卷六七郗超傳。愔,超父也。)

穆之中子式之……累遷……宣城淮南二郡太守,在任贓貨狼藉。揚州刺史王弘遣從事檢校,……式之召從事謂曰:治所還白使君,劉式之於國家粗有微分,偸數百萬錢何有?況不偸耶!(宋書卷四二劉穆之傳)

邵……坐在雍州營私畜,取贓貨二百四十五萬,下廷尉免官。(宋書卷四六張邵傳)

湛改領歷陽太守,爲人剛嚴用法,奸吏犯贓百錢以上皆殺之,自下莫不震肅。(宋書卷六九劉湛傳)

休祐……貪淫,好財色。在荆州裒刻,所在多營財貨。以短錢一百賦民,田登就求白米一斛,米粒皆徹白,若有破折者,悉删簡不受。民間糴此米,一

升一百，至時又不受米，評米責錢。凡諸求利，皆悉如此。（宋書卷七二晉平剌王休祐傳）

喜至荆州，公私殷富，錢物無復孑遺。……西難旣殄，便應還朝，而解故槃停，託云扞蜀，實由貨易交關事未回展。……從西還，大艑小䑿，爰及草舫，錢米布絹，無船不滿。（宋書卷八三吳喜傳宋太宗收喜時，與劉勔張興世等詔語）

惠開自蜀還，資財二千餘萬，悉散施道路，一無所留。（宋書卷八七蕭惠開傳）

虎……晚節好貨賄，吝嗇，在雍州得見錢五千萬。……（南齊書卷三〇曹虎傳）

（琨）出爲……廣州刺史。南土沃實，在任者常致巨富。世云廣州刺史但經城門一過，便得三千萬也。琨無所取納，表獻祿奉之半。……及罷任，孝武知其淸，問還資多少。琨曰：臣買宅百三十萬，餘物稱之。帝悅其對……（南齊書卷三二王琨傳）

元徽中，興世在家，推擁州還資見錢三千萬，蒼梧王自領人刼之，一夜垂盡。（南齊書卷五一張欣泰傳）

世祖卽位，進號冠軍將軍。在（益）州蓄聚，多獲珍貨……慧景每罷州，輒傾資獻奉，動數百萬，世祖以此嘉之。（南齊書卷五一崔慧景傳）

普通五年，南津獲武陵太守白渦書，許遺捨面錢百萬，津司以聞。雖書自外入，猶爲有司所奏，捨坐免。（梁書卷二五周捨傳）

（天監）五年，遷御史中丞。杲性婞直，無所顧望，山陰令虞肩在任贓汚數百萬，杲奏收治。（梁書卷二六陸杲傳）

官僚貪汚積聚的對象，固然不限於錢，穀帛珍貨，無所不取，上舉諸例，卽有於錢之外，貪聚米帛等物的。但其終極目的仍是錢，積聚穀帛，要不過是獲得錢的手段而已。東晉南朝時，官吏本人到外地作官，家人則大多仍留住京師，罷任之後，大多仍回京師居住。回本籍去很少，政府也不樂於這些人到外地去住。事實上京師繁華安適生活的引誘，也很少樂于回鄉去住的。京師人口衆多，爲一大消費市場。卽以食粮一項而論，京師所需，除京城附近三吳各地供給一部分外，一部分尙須仰給於長江上游。如宋書卷八四孔覬傳云：

(世祖大明八年)時東土大旱，都邑米貴，一斗將百錢。道存(覬弟)慮覬甚乏，遣吏載五百斛米餉之。覬呼吏謂之曰：我在彼三載，去官之日，不辨有路粮，二郎至彼未幾，那能便得此米耶？可載米還彼。吏曰：自古以來，無有載米上水者，都下米貴，乞於此貨之。不聽。吏乃載米而去。

所以官吏貪聚穀帛等物，乃是爲了回到京師大消費市場來賣，目的仍是在錢。仝上書卷傳還載有一段故事：

覬弟道存從弟徽，頗營產業。二弟請假東還，覬出渚迎之。輜重千餘船，皆是綿絹紙席之屬。覬見之僞喜，謂曰；我比困乏，得此甚要，因命上置岸側。旣而正色謂道存等曰：汝輩忝預士流，何至還東作估客耶！命左右取火燒之，燒盡乃去。

還東作賈客，正說明官僚貪汚穀帛物產，都是爲了出賣，其究極目的仍在錢。在作官也不過爲了錢的情況下，有的對於錢的追求，就超過對公侯的追求。陳書卷八周文育傳：

文育……至大庾嶺(由廣州北還)，詣卜者，卜者曰：君北上不過作令長，南入則爲公侯。文育曰：錢足便可，誰望公侯。

如若無錢，便是人生最可怕的事。南史卷三三武陵昭王曄傳稱其；

輕財重義，有古人風，罷會稽還都，齋中錢不滿萬，俸祿所入，皆與參佐賓僚共之。常曰：兄作天子，何畏弟無錢。

武陵王以有天子哥哥而不畏無錢，正是沒有天子哥哥的最怕無錢的反面說明。

魏晉南北朝時的達官豪族，都佔有廣大的莊田。魏晉南北朝，雖屬於中國的中古時代，但就南朝豪族的莊田論，其性質迴異於歐州中古的自足自給的封建莊園。南朝的豪族莊田，乃是貨幣經濟支配下，以營利爲目的生產組織，達官豪族經營莊田，與經營商業，開設邸店，是同樣的目的，都是爲了獲利，增大自己的財富。梁徐勉訓誡他兒子的話，就是很好的說明。梁書卷二五徐勉傳載：

勉雖居顯要，不營產業，……嘗爲書誡其子崧曰：顯貴以來，將三十載，門人故舊亟薦便宜，或使創闢田園，或勸興立邸店，又欲舳艫致運，亦令貨殖聚斂，若此衆事，皆拒而不納……。

最明顯的，還是宋書卷七七沈慶之傳所載的沈慶之的莊園：

（慶之）又有園舍在婁湖。慶之一夜攜子孫徙居之，以宅還官，悉移親戚中表於婁湖，列門開閈焉。廣開田園之業，每指地示人曰：錢盡在此。中興身享大國，家素豐厚，產業累萬金，奴僮千計，再獻錢千萬穀萬斛。

南朝豪族大莊田以營利爲目的，乃交換經濟及錢幣使用發達的結果，這一點一方面說明中國中古社會與歐州中古的不同，另方面也說明錢在東晉南朝社會經濟生活中的重要。

(五)錢與國家財政

關於錢在國家財政收支中的地位，擬由兩方面來說明，第一我們先來看看錢在國家稅收中的地位，其次再來看錢在國家歲出中的地位。

一、錢與政府收入：東晉南朝時的政府稅收，主要的有戶調，田租，商市稅，口稅等項。戶調田租爲魏晉以來所延襲下來的主要收入，原來皆是徵收實物的。田租收穀物，戶調收布絹。但自東晉以後，漸有折收錢的趨勢。晉書卷七六王廙傳附王彪之傳言：

（桓）溫以山陰縣折布米不時畢，郡不彈糾，上免彪之。

所謂折布米，意不甚明，或即指折布米收錢而言。又南齊書卷二六王敬則傳載齊竟陵王子良於武帝永明時上言；

昔晉氏初遷，江左草創，絹布所直，十倍於今，賦調多少，因時增減。永明中官布一匹直錢一千，而民間所賦聽爲九百。漸及元嘉，價物轉賤。私貨則束直六千，官收則匹准五百。所以每欲優民，必爲降落。今入官好布，匹堪百餘，（註六）其四民所送，猶依舊制，昔爲損上，今爲克下，氓庶空儉，豈不由之。救民救弊，莫過減賦。

依竟陵王子良所述，證以王彪之傳的記載，大約自晉氏東遷，稅收中之米布即有折收錢的事實，似無可疑。所謂賦調多少，因時增減，即指政府稅收絹布折收錢時，隨時價減增之意。此由接述宋齊的折收標準，可以推知。這猶之現在的田賦，雖然實際上是久已折收錢了，而名義上仍謂之銀子，川以銀兩來計算田賦。宋永初中，布一匹直錢一千，政府稅收，折布收錢時，一匹僅收九百。元嘉中布價下落，市價布一束直六千，政府收稅時。每匹布折收五百。折收的錢額比市價爲低，因此人民本來應納一匹布的實物的，現在只納比一匹布實際價格爲低的錢就夠了。政府如此，乃是爲了優惠人民，可是到了齊時，物價更爲下落，好布市價只賣一百餘錢一匹，而官府收稅時，仍按過去的折合標準，卽每匹仍按五百錢折收，所以就『昔爲損上，今爲克下』了。

布米折收錢的辦法，齊以前已不可考，齊時則一半收錢，一半收米，以爲永制。僅永明四年，揚州及南徐州兩州曾一度三分二取見布，一分取錢。（註七）南齊書卷二武帝紀載：

> 永明四年五月……詔揚南徐二州，今年戶租三分二取見布，一分取錢，來歲以後，遠近諸州輸錢處，並減布直，匹准四百，依舊折半，以爲永制。

所謂『依舊折半』之『舊』字，不知以何時爲斷，或者晉宋以來，已有折半的辦法。但法律上雖然規定折半徵收，實際上各地守宰多不遵守政府法令，每有多收錢或全收錢的現象。如南齊書卷四竟陵王子良傳言：

> 時上（武帝）新親政，水旱不時，子良密啓請原除逋租。……並陳泉鑄歲遠，類多剪鑿，江東大錢，十不一在，公家所受，必須輪郭，遂買本一千，加子七百，求請無地，捶革相驅，尋完者爲用，既不兼兩，回復遷貿，會非委積，徒令小人每嬰困苦，且錢布相半，爲制永久，或聞長宰須令輸直，進違舊利，退容姦利。

（註六）竟陵王子良全啓上段曾有『頃錢貴物賤，殆欲兼倍，……今機杼勤苦，匹裁三百旬』，此處又言『入官好布，匹堪百餘』，以當時物價校之，大約以三百爲是。

（註七）武帝紀『戶租三分二取見布，一分取錢』，竟陵王子良傳則作，『詔折租布二分取錢』。取布錢的比例不同。由武帝紀下文『來歲並減布直，匹准四百依舊折半』觀之，大約以武帝紀二分取見布，一分取錢爲是，永明四年之二取見布，一分取錢，乃一時優惠辦法。

布米之外，力役亦有改收錢的趨勢。竟陵王子良言：

東郡使民，年無常限，在所相承，准令上直，每至州臺使命，切求懸急，應充猥役，必由窮困。（南齊書卷四竟陵王子良傳）

又南齊書卷二六王敬則傳：

會土（指會稽郡）邊帶湖海，民丁無士庶，皆保塘役。敬則以功力有餘，悉評斂爲錢，送臺庫以爲便宜。上許之。

仝書卷七東昏侯紀：

下揚南徐二州，橋桁埭丁，計功爲直，斂取見錢，供太樂主衣雜費。

口錢亦是以錢來繳納的，南齊書卷二二豫章文獻王傳：

以穀過賤，聽民以米當口錢，優評斛一百。

又梁書卷二武帝紀中：

天監元年，大赦天下，改齊中興二年爲天監元年，……逋布口錢勿復收。

丁稅亦以錢繳納，南齊書卷二六王敬則傳載竟陵王子良啓言：

建元初，狡虜游魂，軍用殷廣，浙東五郡，丁稅一千，乃有質賣妻兒，以充此限，道路愁窮，不可聞見。

各地的牛埭稅，也是收錢，晉書卷七七孔嚴傳：

時（哀帝時）東海王奕求海鹽錢塘水牛牽埭，稅取錢直，帝初從之，嚴諫乃止。

又南齊書卷四六陸慧曉傳附顧憲之傳：

時西陵戍主杜元懿啓，吳興無秋，會稽豐登，商旅往來，倍多常歲，西陵牛埭稅，官格日三千五百，元懿郎如所見，日可一倍，盈縮相兼，略計年長百萬，浦陽南北津，及柳浦四埭，乞爲官攝領，一年格外長四百許萬。

南朝因交換經濟發達，關市之徵成爲政府財政的重要收入，北魏世宗時甄琛上表，曾以南朝關鄽之稅，比穀帛之輸，他說：

今僞弊相承，仍崇關鄽之稅，大魏恢博，唯受穀帛之輸。

而所謂關市征，大多都是收錢的。隋書卷二四食貨志載：

晉自過江，凡貨賣奴婢牛馬田宅，有文卷……率錢一萬輸估四百入官，賣者三百，買者一百。無文卷者，隨物所堪，亦百分收四，名爲散估。歷宋齊梁陳如此以爲常。

梁書卷一蕭穎達傳：

天監初，任昉奏曰：……風聞征虜將軍臣蕭穎達啓乞魚軍稅，輒攝穎達宅督彭難當到臺辦問，列稱尋主魚典稅，先本是鄧僧琰啓乞，限今年五月十四日，主人穎達於時謂非新立，仍啓乞接代僧琰，卽蒙降許登稅，與史法論一年收直五十萬。

陳書卷五高宗紀：

太建十一年十二月詔曰：……文吏姦貪，妄動科格，重以旗亭，關市稅斂，繁多不廣，都內之錢，非供水衡之費，逼遏商賈，營謀自葘。

皆指明關市各稅都是收錢的。

以上分別說明政府稅收中收錢的稅目，及有些稅調，原非收錢，後來折收錢的趨勢。至於錢在整個國家稅收中所佔的比例及地位如何，因爲我們沒有東晉南朝任何時期的一個歲收的完備數字，故難作確切的說明。但由上面所引用的材料，亦可看出一個大概的形勢。而下述一段記錄，亦可以供我們稍作推測，宋書卷九後廢帝紀：

元徽四年，尙書右丞虞玩之表陳時事曰：天府虛散，垂三十年。江荊諸州，稅調本少，自頃以來，軍募多乏，其穀帛所入，折供文武。豫兗司徐，開口待哺，西北戎將，裸身求衣，委輸京都，益爲寡薄，天府所資，唯有淮海，民荒財單，不及曩日，而國度引費，四倍元嘉，二衞臺坊，人力五不餘一，都水材官朽散十不兩存，備豫都庫，材竹俱盡，東西二堨，塼瓦雙匱，敕令給賜，悉仰交市。……昔歲奉敕課以揚徐衆逋，凡入米穀六十萬斛，錢五千餘萬，布絹五萬匹，雜物在外，賴此相贍，故得推移。卽今所懸轉多，興用漸廣，深懼供奉頓闕……。

由這一段話，使我們知道元徽四年有一次追繳逋稅的事，結果獲穀六十萬斛，錢五千萬，布絹五萬匹。尙有其他雜物。元徽年間的米穀價格如何，我們不知道，第三節所引有關米價各條，非荒年卽穰年亦不可作爲常年標準。前引南齊書卷二二豫章王嶷傳以穀過賤，聽民以『米當口錢，優評斛一百』，旣云優評斛一百，市價尙不及一百可知。但亦必距一百不遠。時爲齊太祖建元二年，上距宋後廢帝元徽四年，僅四年。考南朝物價因錢貨缺少的關係，是逐漸下跌的。元徽年間的穀價，常年以一斛一百錢作標準，大約不會太差，是米穀六十萬斛，約合錢六千萬。由宋到齊布絹價格，也是逐漸下降的。如依齊竟陵王子良所言，元嘉中布一匹約六百錢，齊永明中，布一匹最高價約爲三百，元徽距永明僅十餘年，如以元徽布價匹四百錢作估計，大約亦不會太差，是布五萬匹，約合錢二千萬。由這個估計來看，錢在政府收入中的地位，約是次於米穀，高於布絹，佔到第二位了。當然這是以一次追繳逃稅的收入數字作基礎來推測，不能說政府常年稅收的比數就是如此，但我們由這裏求一點大約的情況，總還是可以的。

二，錢與政府支出：關於政府的開支，因爲材料的缺乏，我們也不能作全面說明，我們只能以例證來說，政府財政支出中，有些是以錢來開支的。第一，各級政府的政費，一部分是以錢來開支的。（註八） 關於中央各機關的，例如宋書卷六一江夏王義恭傳載太尉司徒府的經費：

相府年給錢二千萬，它物倍此。而義恭性奢，用常不足。太祖又別給錢季千萬。

仝書卷六四何承天傳云：

太尉江夏王義恭歲給資費錢三千萬，布五萬匹，米七萬斛。義恭素奢侈，用常不足，（元嘉）二十一年，逆就尙書換明年資費。而舊制出錢二十萬，布五百匹以上，並應奏聞，（謝）元輒命議，以錢二百萬給太尉。

時義恭任太尉領司徒錄尙書等職，兩傳所記想爲仝一機關，錢數微不同。

又宋書卷四二劉穆之傳載前將軍府的歲費：

進穆之前將軍，給前將軍府年布萬匹，錢三百萬。

地方政府的例，如南齊書卷二二豫章文獻王傳：

（建元元年）以爲都督荆湘雍益梁寧南北秦八州諸軍事，南蠻校尉，荆湘二州刺史，持節侍中將軍開府如故。晉宋之際，刺史多不領南蠻，別以重人居之。至是有二府二州。荆州資費歲錢三千萬，布萬匹，米六萬斛。又以江湘二州米十萬斛給鎮府。湘州資費歲七百萬，布三千匹，米五萬斛。南蠻資費，歲三百萬，布萬匹，綿千斤，絹三百匹，米千斛，近代莫比也。

其次，官吏的俸祿，除一部分是以實物（如公田祿米），及力役，（如給吏僮幹）等支付外，一部分也是以錢來開支。宋時曾有月給帝室期親及朝臣非祿官錢之制，宋書卷六孝武帝紀云：

大明五年五月制：帝室期親朝臣非祿官者，月給錢十萬。

齊末三品清資官以上者給錢，南齊書卷七東昏侯紀：

永元元年，正月辛卯詔：三品清資官以上應食祿者，有二親或祖父母年登七十，並給見錢。

（註八）有人看了布帛作政府機關的資費，或者又會懷疑這些布，要有貨幣的資格，政府機關可以用以購買物品。這種懷疑將是多餘。政府機關的布帛，主要的用處，大概是用來製作軍人的袍襖等。晉書卷十九謝尚傳：『尚……初爲建武將軍歷陽太守，轉江夏義陽隨三郡軍事江夏相將軍如故，……始到官郡府以布四十匹爲尚造烏布帳，尚壞之以爲軍士襦袴』。又梁書卷五六侯景傳：『景既據壽春，遂懷反叛，……啓求錦萬匹爲軍人袍。領軍朱异議以御府錦署，止充頒賞遠近，不容以供邊城戎服。請送青布以給之。景得布，悉用爲袍彩，因尚青色』。宋書卷五九孔琳之傳載孔琳之的一段談話， 更爲明白。 他說：『昔事故饑荒，米穀綿絹皆貴，其後米價登復，而絹于今一倍，綿絹既貴，蠶桑者滋，雖勤厲兼倍，而貴猶不息。愚謂致此，良有其由，昔事故之前，軍器正用鎧而已，至於袍襖兩襠，必俟戰陣，實在庫藏，永無損毀。今儀從直衞及邀羅使命，有防衞送迎悉用袍襖之屬。非唯一府，眾軍皆然。綿帛易敗，勢不久支。又晝以禦寒，夜以寢臥，曾未周年，便自敗裂。每絲綿登新，易折租以市。 又諸府競收，勳（疑動字之誤）有千萬，積貴不已，實由於斯，私服爲之難貴， 官庫爲之空盡。 愚謂若侍衞所需，固不可廢，其餘則依舊用鎧，小小使命迎送之屬，止宜給仗，不煩鎧襖，用之既簡，則其價自降』。 我們由『易折租以市』，及『官庫爲之空盡』等語中， 可以了解袍襖等項，對於布帛的消費，必不在少數。布帛既是財貨，當然可以出賣，如政府機關須要錢用時，自然也可以把多餘的布帛賣出。晉書卷六五王導傳言：『（成帝）時帑藏空竭，庫中惟有練千端，鬻之不售，而國用不給，導患之，乃與朝賢俱製練布單衣。於是士人翕然競服之，練遂踊貴。乃令主者出賣，端至一金』。假如要以布帛換取別的物品，大約都須經此出賣的手續。

至梁時百官俸祿咸皆給錢，梁書卷三武帝紀下：

大通元年詔曰：……百官俸祿，本有定數，前代以來，皆多評准，頃者因循，本追改革，自今以後，可長給見錢，依時即出，勿令逋緩。

以上是關於中央官吏的，地方官吏的俸祿，一部分亦以錢支給。南齊書卷四八袁彖傳稱：

彖到郡（吳興），坐過用祿錢，免官，付東冶。

梁書卷一九樂藹傳附子法才傳：

（法才）出爲招遠將軍建康令，不受俸秩，比去任，將至百金，縣曹啓輸臺庫。

又梁書卷二一王志傳：

京師有寡婦，無子，姑亡舉債以斂，既葬而無以還之，志愍其義，以俸錢償焉。

又仝書卷二九南康王績傳：

績寡玩好，少嗜慾，居無僕妾，躬事儉約，所有租秩悉寄天府。及薨後，府有南康國無名錢數千萬。

又仝書卷五三何遠傳：

遷始興內史……田秩俸錢，並無所取，歲暮擇民尤貧者，充其租調，以此爲常。

又宋書卷八一劉秀之傳：

（元嘉）二十五年，除督梁南北秦三州，諸軍事寧遠將軍西戎校尉梁南秦二州刺史……元凶弒逆……事寧，遷使持節督益寧二州諸軍事，寧朔將軍益州刺史，……折留俸祿，二百八十萬付梁州鎮庫，此外蕭然。

東晉南朝官吏去職，原治地例應給以錢物，謂之送故。用以送故的東西，有實，有人力，亦有錢，宋書卷七五王僧達傳：

兄錫罷臨海郡還，送故及俸祿百萬以上。僧達一夕令奴輩取，無復所餘。

梁書卷五三范述曾傳：

徵爲游擊將軍，郡送故錢二十餘萬，述曾一無所受。

政府有所興建，材料，工價也是以錢來開支，梁書卷五三沈瑀傳：

（齊）明帝復使瑀築赤山塘，所費減材官所量數十萬，帝益善之。

少府掌管市交，與民交關，（見南齊書卷五三沈憲傳）。政府向市上購買物品，是以錢交易，如南齊書卷五三李珪之傳載：

（永明）四年，榮陽毛惠素爲少府卿，吏才強而治事清刻，勅市銅官碧靑一千二百斤，供御畫，用錢六十萬。

皇帝及政府對臣民的賞賜，亦大多用錢，除前引政府賜臣民錢以維持生活諸例外。

如宋書卷一十順帝紀載：

給司空齊王錢五百萬，布五千匹。

齊國初建，給錢五百萬，布五千匹，絹千匹。

齊鬱林王卽位以後，曾極意的賞賜，南齊書卷四鬱林紀云：

及卽位，極意賞賜，動百數十萬。每見錢輒曰：我昔時思汝，一文不得，今得用汝。未期年之間，世祖齋庫儲錢，數億垂盡。

鬱林王對錢的恨恨，反映對錢需要的殷切。世祖齋庫錢數億，可見政府財庫中錢的數量很大。在齊武帝時，政府曾舉行一次大規模的和買，由政府出錢收買民間的貨物。武帝永明五年詔，說明這次和買的動機及辦法說：

自水德將謝，喪亂彌多，師旅歲興，饑饉代有，貧室盡於課調，泉貝傾於絕域，軍國器用，動資四表，不因厥產，咸用九賦，雖有交易之名，而無潤私之實，民咨塗炭，是此之由……京師及四方出錢億萬，糴米穀絲綿之屬，其和價以優黔首，遠邦常市雜物，非土俗所產者，皆悉停之，必是歲賦攸宜，都邑所乏，可見直和市，勿使逋刻。（南齊書卷三武帝紀）

文獻通考卷二一市糴考二記永明六年京師及四方各州出錢和買的詳細情形稱：

永明中天下，米穀布帛賤。上欲立常平倉，市積爲儲。六年詔出上庫錢五千貫，市米買絲綿紋絹布。揚州出錢千九百一十萬，（原注江寧郡），南徐州二百萬（原注治京口），各於郡所市糴。南荆河州二百萬，（原注壽春），市絲綿紋絹布米大麥。江州五百萬，（原注尋陽），市米胡麻。荆州五百萬（原注江陵），郢州三百萬（原注江夏），皆市絹綿布米大小豆大麥胡麻。湘州二百萬，（原注長沙），市米布臘。司州二百五十萬，（原注義陽），西荆河州二百五十萬（原注歷陽），南兗州二百五十萬（原注廣陵），雍州五百萬（原注襄陽），市絹綿布米。使臺傳并於所在市易。

政府這一次的和買，是一種經濟政策，政府能夠來執行這種政策，說明在政府的國庫中是保有大量的錢貨的。

(六)錢幣問題與政府的對策

在東晉南朝二百餘年中，錢幣的使用，引起許多問題，影響所及，不知有多少人因之傾家破產，多少人因之喪失生命，歷朝君臣對此問題不知費了多少腦筋，直到陳亡，這問題未得到合理的解決。對於這一時期錢幣問題的性質，及政府應付此一問題所採辦法的得失，試就作者看法，說明如下。

東晉南朝錢貨問題中的根本問題，是錢幣數量的缺乏，換言之，即籌碼不足的問題。這一點，事實表現的非常明顯，當時人亦多有此認識，如宋孝武帝孝建元年，討論錢貨問題時，尚書右丞徐爰言：

> 貴貨利民，載自五政，開鑄流圜，法成九府，……及時移俗易，則通變適用，是以周漢淑遷，隨世輕重，降及後代，財豐用足，因條前寶，無復改覬，年歷既遠，喪亂屢經，堙焚剪毀，日月銷減，貨薄民貧，公私俱困，不有革造，將至大乏。（宋書卷七五顏竣傳）

同時沈慶之也說：

> 今耕戰不用，采鑄廢久，鎔冶所資，多因成器……方今中興開運，聖化維新，雖復偃甲銷戈，而倉庫未實，公私所乏，唯錢而已。（仝上）

齊高帝建元四年，討論錢貨問題時，當時與議的人亦多以『錢貨轉少』是一大問題。因爲錢貨的缺乏，民間用錢，多不足數使用。如前引隋書食貨志，謂梁時自破嶺以東八十爲百，江郢以上，七十爲百，京師以九十爲百。武帝曾下詔通用足陌。梁書卷三武帝紀下載中大同元年七月詔曰：

> 頃聞外間多用九陌錢，陌減則物貴，陌足則物賤，非錢有貴賤，是心有顚

倒。至於遠方，日更滋甚。豈直國有異政，乃至家有殊俗。徒亂王制，無益民財。自今可通用足陌。令書行後，百日爲期，若猶有犯，男子謫運，女子質作，並同三年。

武帝不知不足陌的習慣，乃因錢少而成，錢少的問題不解決，妄想以法令制止陌減的怪俗，是沒有用的。所以武帝詔令，不但沒有生效，反而至於末年，遂以三十五爲陌了。

錢貨缺少的結果，是錢貴物賤，其影響所及，遂至穀賤傷農。如絹布的價格，依前引竟陵王子良的話，由東晉到齊初，跌落十倍。而且跌落的速度是愈來愈大，由東晉初到宋永初年間，約一百年，布價無大變動，由永初到元嘉，不過二三十年，布價跌落一倍，元嘉到齊武帝永明時，約四五十年，布價竟落十倍。

不過，所謂錢貨缺少，有兩方面的意義，一是絕對的，一是相對的。絕對的缺乏，是說錢貨的數量，根本上就是很少的；相對的缺乏，是錢貨的數量，可能已經很大，但與社會需要相較，仍是供不應求，因之造成貨幣缺少的現象。嚴格的講也可以說只有相對而無絕對，社會上假若根本無錢的需要，即使全世界只有一文錢，亦是過多。

錢貨數量的多少，受錢幣的流通速度，及商品價格總額來決定。換言之，在一個特定的時間內，錢幣的流通速度及商品價格的總額，決定社會上對於錢幣的需要量。假若商品繼續增加，即商品價格的總額繼續增加，而貨幣的流通速度，即同一貨幣的流通次數不變，或竟減少，則貨幣的需要額將斷續不斷的增加。在此種情況下，如果貨幣的絕對數量的增加，跟不上商品價格總額的增加，則社會上將斷續感覺錢幣的缺少。南朝錢幣缺少問題的意義，應從這種相對意義上來了解。整個東晉南朝時期，是南方經濟的一個開發與繁榮過程，是交換經濟的發展的過程，由於經濟的繁榮，與交換經濟的發達，加入交換的物品數量日多，故商品價格的總額不斷增加。而且貨幣經濟的發達，錢幣成爲財富的代表，一般求利者追的目標，錢幣的儲蓄，成爲一般的要求和趨勢，其結果不僅使錢幣的流通次數減少，乃至根本使一部分錢幣脫離流通界。由於這兩種原因，使錢幣的需要量，要求不斷的增加。但事實上因銅的缺乏(註九)，及已成錢幣的不斷破壞損失，故歷朝雖然不斷的鑄造錢幣，而錢幣相對數量始終跟不上社會上對錢幣所要求的數量，因之，在南朝錢幣使用上，便表現爲錢幣缺少的現象。這樣的說明，（即認爲南朝錢幣缺少，非是絕對性的，乃係相對性的。）在了解了南朝交換經濟的發展及一般人對錢幣的貪得追逐，及儲藏的情況後，大約可以承認是無誤的。齊高帝建元四年孔顗曾言：

食貨相通，勢理自然，李悝曰：糴甚貴傷民，甚賤傷農。民傷則離散，農傷則國貧。甚賤與甚貴，其傷一也。三吳國之關閫，比歲被水潦，而糴不貴，是天下錢少，非穀穰賤，此不可不察也。

是天下錢少是一條件，但有一更基本的條件爲此種現象的基礎，此基本的條件即交換經濟的發達。交換經濟發達，使各個小地域成爲非自足自給者，一地域的穀物生產量，縱因一時天災而減少，而此一地域之穀物供給量，却不一定因此地減產而減少，因別處之穀物自可大量運來。天下錢少而災地物價不貴爲一事實，而此錢少而穀不貴，乃以另一事實，即交換經濟的發達爲條件，尤不能不注意，南朝錢幣缺乏的相對性的理解很重要，這一事實，使我們了解南朝錢幣的缺乏，乃是社會進步性下的產物，或說是南朝社會進步性下的現象，而非社會落後性的產物或現象，換言之，南朝錢幣的缺乏，只是來說明南朝社會的進步，不能用來說明南朝社會的落後。

南朝錢幣問題中的次一問題，是錢式的不一。當時人士亦有見到這一點的，如宋江夏王義恭曾言：

然頃所患，患於形式不均。（宋書卷七五顏竣傳）

齊高帝時孔顗亦言：

鑄錢之幣，在輕重屢變。（南齊書卷三七劉悛傳）

當時錢幣種類，眞是複雜已極。晉氏渡江有比輪、四文、沈郎錢、各種，此外當還有漢魏古錢。宋時又鑄四銖二銖，私鑄又有鵝眼綖環等，梁時又鑄五銖，女錢，鐵錢，四柱錢，陳時又鑄五銖，大貨六銖。除去有幾種是史有明文的，如陳鑄五銖，初出一當鵝眼之十，大貨六銖一當五銖之十外，其他形式不一，輕重大小不

（註九）南朝銅的缺少，參看本所集刊第十本第一分，全漢昇先生著之中古自然經濟第八三——八五頁。

一的各種錢幣，都是同價使用。(註一〇)經濟學上有一個劣幣驅逐良幣的原則，輕重大小不同的錢幣同時使用，結果便是良幣爲人們所儲藏而離開流通界，或者就被剪鑿而成劣幣。前者則使流通界的錢幣數量更少，更增加錢荒，後者則使錢制更亂。南朝盜鑄之盛，就是由此產生的。

錢貨的缺乏及錢式的不統一，是東晉南朝錢貨問題中的根本問題。其他盜鑄私鑄剪鑿取銅，都是末節，都是由這個根本問題所派生的。

錢幣問題困倒了南朝各朝的天子大臣。由東晉末桓玄起，到梁陳止，政府有幾次討論錢幣問題，並籌謀對策，但由於辦法的錯誤，錢幣問題始終未得到解決。現在我們來看當時人對錢幣問題的看法，各人所提的主張，和政府所採取的政策。

一、廢錢用穀帛的提議：錢幣問題的所在，既在錢少，由之物賤而傷民，同時由於銅的缺乏，無法大量增加錢幣的數量，遂有人提議根本廢錢幣，而採用穀帛，以穀帛爲交易媒介。桓玄時討論錢貨問題，就根本以廢錢用穀帛爲主題。宋孝武帝時周朗曾提出錢幣與穀帛同時使用的辦法，主張市至千以還者用錢，餘皆用布帛與米，他說：

> 農桑者實民之命，爲國之本，有一不足，則禮節不興。若重之，宜罷金錢，以穀帛爲賞罰。然愚民不達其權，議者好增其異。凡自淮以北，萬匹爲市，從江以南，千斛爲貨，亦不患其難也。今且聽市至千錢以還者用錢，餘皆用絹布及米，其不中度者坐之，如此則墾田自廣，民資必繁，盜鑄者罷，人死必息。

宋齊梁三朝元老的沈約，曾提出漸進的辦法，漸漸的以穀帛代替錢幣，他說：

> 商子事逸末業，流而浸廣，泉貨所通，非復始造之意，於是競收罕至之珍，遠蓄未名之貨，明珠翠羽，無足而馳，絲罽文犀，飛不待翼，天下蕩之，咸以棄本爲事。豐衍則同多稌之資，饑凶又減田家之蓄。錢雖盈尺，既不療於堯年，貝或如輪，信無救於湯世。其蠹病亦已深矣。固宜一罷錢貨，專用穀帛，使民知役生之路，非此莫由。夫千匹爲貨，事難於懷璧，萬斛爲市，未易於越鄉，斯可使末技自禁，游食知反。而年事推移，民與事習，或庫盈朽貫，而高廩未充，或家有藏鏹而良疇罕闢，若事改一朝，廢而不用，交易所寄，旦

夕無待，非致乎要術，而非可卒行。先宜削華止僞，還淳反古，抵璧幽峯，捐珠清壑，然後驅一世之民，反耕桑之路，使縑粟羨溢，同於水火，旣而蕩滌圜法，銷鑄勿遺，立制垂統，永傳於後……（宋書卷五六孔琳之傳史臣曰）

錢幣代替穀帛作爲流通手段，是社會經濟進步的結果。在社會退後的時期，錢幣可能不廢而自廢，如漢末是，但在社會經濟發展到一定時期，錢幣必然被採用，欲廢又不能。桓玄議廢錢時，孔琳之曾提出反對，他說：

聖王制無用之貨，以通有用之財，旣無毀敗之費，又省運置之苦，此錢所以嗣功龜貝，歷代不廢者也。穀帛爲寶，本充衣食，今分以爲貨，則致損甚多，又勞毀於商販之手，耗棄於割截之用，此之爲弊，著於自曩。故鍾繇曰：巧僞之民，競濕穀以要利，制薄絹以充資。魏世制以嚴刑，弗能禁也。是以司馬芝以爲用錢非徒豐國，亦所以省刑。錢之不用，由於兵亂，積久自至於廢，有由而然，漢末是也。今旣用而廢之，百姓頓亡其財。今括囊天下穀，以周天下之食，或倉庾充衍，或糧靡斗儲，以相資通，則貧者仰富，致之之道，實假於錢，一朝廢之，便爲棄物，是有錢無糧之民，皆坐而饑困，此斷錢之弊也。

南朝交換經濟的發達，穀帛已絕無代替錢幣，而作流通手段的可能。沈約所希望的『千匹爲貨，事難於懷璧，萬斛爲市未易於越鄉』以穀帛之笨重不易攜帶來阻止交換，完全是復古的妄想，絕不會實現的，因爲這是違反現實的辦法。所以此種辦法雖由不少人提出，政府則始終未採用過。

二、鑄造小錢：這是南朝政府所常採用的辦法。如宋文帝元嘉七年，即以貨重鑄四銖錢。孝武卽位又鑄孝建四銖。到前廢帝時又鑄二銖錢。因爲貨幣數量不足供給社會的需要，而增造新幣，本是對的，但因爲銅的缺乏，而鑄小錢，問題就發生了，不但未能解決錢荒問題，反而引起新的問題。新鑄的錢，重量雖不如舊錢，但政府所付與它的法價卽購買力，却與舊錢完全相同。鑄幣的價值，是受它本身所含的勞動價值來決定的，不能由法令來自由規定。不同重量的銅幣，硬使其有同樣的購買力，當然要有問題。採取這種政策的結果，便是盜鑄的公行，人民多剪鑿古錢以鑄小錢，私鑄的小錢又薄小不如官式，遂又造成錢幣濫惡，物價踴貴的現象。如宋文帝元嘉七年鑄四銖錢的結果：

民間頗盜鑄，多剪鑿古錢以取鑄。（宋書卷二二何尙之傳）

元嘉四銖輪郭形制與五銖同，用費損而無利，民間的盜鑄尙輕。（見前引宋書卷七五顏竣傳），孝武鑄四銖，及前廢帝鑄二銖的結果更壞，如前引宋書卷七五顏竣傳記孝武時鑄四銖的結果是：『錢式薄小，輪郭不成，民間盜鑄者雲起，剪鑿古錢以取銅，雖重制嚴刑，民吏官長坐死免者相係，而盜鑄彌甚。』宋書卷六六何尙之傳記前廢帝鑄二銖的結果是：『形式細小，官錢每出，民間卽模効之，而大小厚薄皆不及。』

元嘉二十四年，爲解决錢幣輕重大小不同，而有同等價格，因而引起的盜鑄問題，曾以錄尙書江夏王義恭的建議，改以一大錢當兩小錢，以防剪鑿。當討論這個建議時，中領軍沈演之贊成義恭的辦法，他說：

若以大錢當兩，則國傳難朽之寶，家贏一倍之利，不俟加憲，汚源自絕，施一令而衆美兼，無興造之費，莫盛于玆矣。（宋書卷六六何尙之傳）

我們細審義恭的建議，無論就社會財產關係的立場，或就錢幣本身的立場來看，都有不妥。就財產關係的立場來說，懷有大錢的人的財富，不費舉手之勞，卽突然增加一倍，而且平日有錢的一定是富人，無錢的多是窮人，今以此種改變，富者更富，窮者更窮，當然不妥。就錢幣的本身來講，以一當兩，雖然注意到錢幣大小不同，應有不同的價格，但仍未能注意大小錢的比價。當時通行的錢，有多種，大錢何所指，並無規定，大錢的比重一定不會正好比小錢重一倍，以大小錢同價固不妥，以大錢一當兩小錢，當然同樣不妥。當時何尙之就以此理由，反對以大錢當兩的辦法，他說：

若今制遂行，富人貲貨自倍，貧者彌增其困。…又錢之形式，大小多品，直云大錢，則未知其格。若止於四銖五銖，則文皆古篆，既非下走所識，加或漫滅，尤難分明，公私交亂，爭訟必起。（仝上）

在錢之形式大小多品同時並行，那是大錢，那是小錢，其本身的身份資格都難評定的情況下，硬以大錢當兩，事實上的困難恐不減于以一當一。所以行之不到一年，便以公私非便而罷。

三、准許民間鑄錢：宋孝武鑄四銖錢，錢式薄小，民間盜鑄彌甚。時始興郡公沈慶之建議，開署放鑄，聽人民以鑄十輸三的辦法鑄錢，他說：

方今中興開運，聖化惟新，雖復偃甲銷戈，而倉庫未實，公私所乏，唯錢而已。愚謂宜聽民鑄錢，郡縣開置錢署，樂鑄之家皆居署內，平其雜式，去其雜僞，官斂輪郭藏之，以爲永寶，去春所禁新品，一時施用，今鑄悉依此格，萬稅三千，嚴檢盜鑄，并禁剪鑿，數年之間，公私豐贍，銅盡事息，奸僞自止。且禁鑄則銅轉成器，開鑄器化爲財，剪華利用，於事爲宜。（宋書卷七五顏竣傳）

當時錢幣問題的核心，由社會方面講，是社會上所需要的錢幣數量大，但以銅的缺少等原因，使錢幣的數量不能滿足社會的需要；由錢制本身講，則是同時通行的錢幣種類太多。關於這點前面已有說明。錢幣種類太多，其本身已是一種紊亂，加以品式大小不一，遂產出剪鑿盜鑄等問題，故欲求錢幣問題的眞正解決，第一當增加錢幣數額，第二須統一錢式。欲統一錢式，最重要的條件，便是統一發行，統一鑄造。西漢錢幣亦因種類多，式樣雜，人民盜鑄極盛。東漢一代卽以專用五銖，錢制統一，故終東漢一代，幣制隱定無有問題。准許人民私鑄，在原則上是與統一錢制相背的，必不能解決問題，何況在實行上，尙有很問題。當時太宰江夏江義恭就駁沈慶之的意見說：

伏見沈慶之議，聽民私鑄，樂鑄之室，皆入署居，平其準式，去其雜僞，愚謂百姓不樂與官相關，由來甚久，又多是人士，蓋不願入署。凡盜鑄爲利，利在僞雜，僞雜旣禁，樂入必寡。云斂取輪郭，藏爲永寶，愚謂上之所貴，下必從之，百姓聞官斂輪郭，輪郭之價百倍，大小對易，誰肯爲之，彊之使換，則狀似逼奪。又去春所集新品，一時施用，愚謂此條在可開許，又云今鑄宜依此格，萬稅三千，又云嚴盜鑄，不得更造」。夫嚴刑之設，非唯一旦，昧利犯憲，羣庶常情，不患制輕，患在冒犯，今入署必萬輸三千，私鑄無十三之稅，逐利犯禁，居然不斷。又云銅盡事息，姦僞自禁。愚謂赤縣內銅，非可卒盡。比及銅盡，姦僞已積。又云禁鑄則銅轉成器，開鑄則器化爲財。然頃所患，患在形式不均，加以剪鑿，（闕二字）鉛錫，衆斯耳越，若止於盜鑄者，銅亦無

須苦禁。(仝上)

顏竣也說:

今云開署放鑄,誠所欣同,但慮採山事絕,器用日耗,銅旣減少,器亦彌貴,設器直一千,則鑄之減半。爲之無利,雖令不行。又云去春所禁,一時施用,是欲使天下豐財,若細物必行。而不從公鑄,利已極深,情僞無極,私鑄剪鑿,書不可禁,五銖半兩之屬,不盈一年,必至於盡,財貨未贍,大錢已竭,數歲之間,悉爲塵土,豈可令取弊之道基於皇代。(仝上)

義恭和顏竣所指出的,都是事實問題。前廢帝時實行私鑄的結果,果然是錢式細薄,至一千錢,長不盈三寸,入水不沈,隨手破碎,甚至數十萬錢不盈一掬,斗米一萬,商貨不行了。開放不久,就又禁止。梁武帝天監年間,也曾開鑄,准許民間私鑄錢,但結果也僅只造成幣制紊亂而已。

四、專用五銖增鑄幣額的建議:如前所述,南朝錢幣問題之所以發生,乃由於錢少及錢式不一。錢少故貨貴而物賤,引起許多社會問題,經濟問題,財政問題;錢式不一,故錢制終不得安定,錢幣本身永遠在剪鑿盜鑄,破粹的循環中,更損失良幣的數額,轉而加劇錢少的恐慌。要澈底解決錢幣問題,只有從這兩點上想辦法。最能把握此錢幣問題的中心,而提出解決辦法的,只有一個孔覬,他所提出的主張,是要專用五銖,其他錢幣,一概停止使用。他認爲五銖錢是由漢以來,經過幾百年的考驗,客觀上所決擇下來的,不輕不重,最合用的錢式,並主張增鑄錢額,以應社會的需要。他提出主張的時期,是齊高帝時,可惜因高帝的死,未能實施。南齊書卷三七劉悛傳記齊高帝擬改革錢幣的經過說:

宋代太祖輔政,有意欲鑄錢,以禪讓之際,未及施行。建元四年,奉朝請孔覬鑄錢均貨議,辭證甚博,其略以爲,食貨相通,事理自然。李悝云:糴甚

(註一〇)宋書卷六六何尙之傳:「先是患貨重,鑄四銖錢,民間多盜鑄,多剪鑿大錢以取銅,上患之,(元嘉)二十四年,錄尙書江夏王義恭建議以一大錢當兩,以防剪鑿」。則不當兩時,輕重錢同價甚爲明顯,又竟陵王子良言:「江東大錢十不一在,公家所受必須輪郭,遂買本一千加子七百……譬窮者爲用,旣不兼兩,徒令小人每嬰困苦」。亦說明大小錢同值。

貴傷民，甚賤傷農，民傷則離散，農傷則國貧，甚賤與甚貴，其傷一也。三吳國之關閫，比歲被水潦，而糴不貴，是天下錢少，非穀穰賤，此不可不察也。鑄錢之弊，在輕重屢變，重錢患難用，而難用爲累輕。輕錢弊盜鑄，而盜鑄爲禍深。民所盜鑄，嚴法不禁者，由上鑄錢惜銅愛工也。惜銅愛工者，謂錢無用之器，以通交易，務令輕而數多，使省工而易成，不詳慮其爲患也。自漢鑄五銖錢，至宋文帝五百餘年，制度世有廢興，而不變五銖錢者，明其輕重可法，得貨之宜。以爲宜開置泉府，方收貢金，大興鎔鑄，錢重五銖，一依漢法。府庫已實，國用有儲，乃量俸祿，薄賦稅，則家給民足。頃盜鑄新錢者，皆效作剪鑿不鑄大錢也，摩澤淄染，始皆類故，交易之後，渝變還新，良民弗皆淄染，不復行矣。所鬻賣者皆徒失其物。盜鑄者復賤買新錢，淄染更用，反覆生詐，循環起姦，此明主尤所宜禁而不可長也。若官鑄已布於民，使嚴斷剪鑿，小輕破缺無周郭者，悉不得行，稱合銖兩，銷以爲大，利貧良之民，塞奸巧之路，錢貨既均，遠近若一，百姓樂業，市道無爭，衣食滋殖矣。時議者多以錢貨轉少，宜更廣鑄，重其銖兩，以防民姦。太祖使諸州郡大市銅炭，會寔艘事寢。

『是天下錢少』，『鑄溶之弊，在輕重屢變』，都是高明透闢之見，把握著了錢幣問題的核心。所提『大興鎔鑄』以解決錢荒；『錢重五銖一依漢法』『嚴斷剪鑿，小輕破缺無周郭者悉不得行。官錢細小者，稱合銖，兩銷以爲大』，以解決錢式不通一之弊。也是極正確的辦法，錢式統一於五銖，實是解決錢幣問題的最好辦法。陳文帝年間，卽以改鑄五銖錢，錢幣問題得到短時的安定，一二十年中沒有發生過問題。

南朝人士對錢幣問題的認識及政府的對策，大體如上所述，此外梁武帝時曾以銅少難得，改鑄鐵錢，鐵雖易得，卻不適於作貨幣使用，使用的結果並不好，以見前引，茲不多論。

（七）　結　　論

總上所述，我們可以簡單的寫出一個結論，卽南朝的錢幣使用已經非常活潑，在公私經濟生活中，錢貨均佔重要地位。錢的使用雖然尚未能完全把穀帛的使用排除於交換手段之外，但這只是由於南朝廣大的地域中，各地經濟未能平衡發展所致。直到現在西南各地少數民族所居的各地，經濟生活仍然非常的落後，也由之我們不能以這些地帶的經濟情況爲標準，來衡量近代中國的經濟一樣，我們也同樣不能以這些落後地帶來衡量南朝的經濟生活。要把南朝看成一個自然經濟的時代，大概是不妥的。人類經濟史。要不過是一部城市與農村的對立發展史。中國東漢以下的中古社會經濟，大體上雖然可以羅馬末年日耳曼人入侵後的歐洲中古社會相比，但以彼此所承斷的前代遺產不同，在內容上是必然有差異的。最明顯的便是農業生產技術，中國較羅馬爲高，而都市交換經濟的破壞，中國較歐洲爲輕。生產技術高及城市破壞輕，使中國沒有退步到農村支配城市，農業生產支配一切的地步，因之在中國便沒有完全以自足自給經濟爲基礎的完整的封建制度出現。但南朝錢幣經濟的發達並無傷於南朝整個經濟的中古性，這一點說來話長，當另作討論。

民國三十四年六月脫稿於李莊

出自第十四本(一九四八年六月付印,一九五九年十一月重印)

唐方鎮年表正補

岑仲勉

自道光中徐松氏著登科記考，近百年來，能於唐史一部分作有系統之整理者，莫吳廷燮氏方鎮年表若。（勞氏郎官柱題名考搜采之功勤，而編製之事少。）唐代制詔，除少數篇章外，率尙四六，糟粕舊文者輒視爲無足重輕，吳氏獨能出其所長，爲之疏解，以駢儷供考證之具，尤一般新史家所望而卻步。余年來涉獵唐史，閒有參稽，亦便利弗少，此則吾人對吳書不能不深致歌頌者也。

吾國學術界流傳一錯誤觀念，迄於今莫能廓清，致爲文化進步之大礙，則所謂「爲賢者諱」是也。此種見解，施於箇人私德，吾無間然，若以律問學求知，夫豈孔門當仁不讓之旨。顧或知之而噤口不言，甚且曲予迴護，（前賢曲辨班史，是其著例。）遂使沿訛貽謬，貽累無窮。閒嘗謂覆瓿之文，猶可等諸自鄶，苟爲名著，則有應糾正者斷不宜拱手默爾。蓋古今中外，都無十分完全之書，其聲譽愈高，愈易得人之信受，辨正之旨，非抑彼以自高，亦期學術日臻於完滿而已。如方鎮表等，性屬參考工具一類，檢之者尤易據爲結論，弗事深求，則辨誤之更不可已者也。

民二十七、晤方君國瑜於滇，渠言吳表黔中一欄，錯處極多，曾成改稿，其文未得讀。余數年間隨時校正，頗累積成編，爰本前節主旨，次而第之，且撮舉全書可議之點，庶或爲翻閱吳氏書者之一助耳。

(一)吳書初刻爲景杜堂鉛字本，再刻爲二十五史補編本，後者除附增考證上下及小小改正外，兩本幾完全無異，因缺乏校勘，引文錯訛甚多，此爲檢對吳書者所須牢記之一事。

(二)自景雲迄天祐幾二百載，欲求每鎮之歷任起訖，都能考出，即在兩三雄藩，已幾爲不可能之事，而況其數殆八十乎。吳氏唯過於求全，遂蹈濫塡之弊，（如邠寧、大中十二後，涇原、咸通五至七，義武及朔方咸通侯固等是，祇略舉一二例,下倣此。)唐末尤然,多不勝指。夫北宋修書,距唐遙近,而懿僖已後宰相拜罷,猶多失亂;況夫軍人專據,朝命夕更,其能盡量釐剔乎。故表中所列每任起訖,倘非附引明文或確經考證,吾人祇可視如一種概測,萬勿信泥,此爲引用吳表者最當注意之事。

(三)書之佳否,倘是第二問題,最不要同書之中,自相矛盾或取舍弗齊;屬於前一類者,如咸通三、四年邠寧,平盧之李鐩,咸通七至九年朔方、義武之侯固是,其餘此鎮未卸而彼鎮已上者比比見,此表與表之相違也。又如鄜坊表著竇澣,考證以爲竇璟,宣武王鐸之去,考證謂不從舊紀,而表則鐸任至乾符二止,此表與考證之相違也。屬於後一類者,拜命未上或遙領不上,其名仍著於表,是矣;顧如西川、永泰元之郭英義,文德元之韋昭度,嶺南東、景福二之陳珮,則祇注中見之,邠寧、乾寧四之孫儲,則祇考證見之。又留後得書名於表,是矣:然如朔方、天寶十之李暐,永泰元之路嗣恭,則表中不著。若義昌李同捷無朝命而表列之,泰寧李同捷有朝命而表棄之,尤爲自亂其例。質言之,成書時各表間及表與考證間少去一重對核工夫而已。

(四)史見駁文而業具成說者引錄之,否者辨正之,凡所以祛舊籍之陰翳,沓前修之成績,示後人以衆範也。今如涇原之不著李業,(說見邠寧會昌六)邠寧大中二、三年之張君緒,乾寧二、三年之蘇文達,夏綏開成三之高霞寓,朔方天寶六之張齊丘,宣武大中九之劉瑑等,或事有失徵,或功差梳剔,類此者不勝詳也。

(五)非因別有取材,則凡屬某年之事,應引隸此年之下以免誤會,其正軌也。今如邠寧元和元之引白集,涇原光化三及天平大中三之引通鑑,均覺年限不清;揣吳氏意,殆取疏密勻稱而然,殊不知清楚遠較美觀爲重要也。他如邠寧大中十三之中斷,河陽大順元、二間之應空不空,亦其編製之小節可議者。

凡上數事,皆檢取吳表者所當注意。抑吾人每讀一書,須知其好處及壞處,然不知好處,弊止於個人弗得益,不知壞處,則沿襲謬誤,害且無窮,本編之作,即是意也。吳表卷八之安西、北庭兩鎮,錯漏固不少,將別於拙著西突厥史料證補改編之,故此篇不復論及云。時中華民國三十二年六月夏至後一日,順德岑仲勉識於南溪板栗隘。

年 表 一

鳳翔，上元二年至廣德元年著高昇。按匋齋藏石記大中四年翟府君夫人誌云，「我先祖渤海修人也，曾祖㩁，皇太中大夫太子僕贈楊州大都督，祖昇，皇開府儀同三司鳳翔隴右節度觀察處置使兼御史大夫上柱國紀國公集賢待制，」又舊紀一一永泰元年，「三月壬辰朔，詔：……檢校刑部尚書王昂，高昇，……等十三人並集賢院待詔，上以勳臣罷節制者京師無職事，乃合於禁門書院間，以文儒公卿寵之也，仍特給飱本錢三千貫，」（校勘記五，「通鑑注引宋白說無合字，書院下有待制二字，按合疑令字之誤，」余按合猶言聚合，文亦通。）此兩節均可補昇之事跡。

大中元年石雄，二年雄，崔珙，引「通鑑，大中二年九月前鳳翔節度使石雄除左龍武統軍，」意謂雄至九月始罷鳳翔也。但考通鑑二四八云，「前鳳翔節度使石雄詣政府自陳黑山烏嶺之功，求一鎮以終老，」似雄先已罷鎮爲閒官，故有此請。尤可證者，全文七七六李商隱有爲滎陽公（據錢氏訂正）上鳳翔崔相公賀正啓，鄭亞以二年貶，此啓斷是元年末作，（參玉谿年譜會箋三）是珙代雄在元年，不在二年也。

四年李業，引「通鑑大中四年十二月鳳翔節度使李業兼招討黨項使；」五年李業、李拭，引「舊紀，五月以河東節度使李拭爲鳳翔節度使，李業爲河東節度使。」余按千唐大中十一年鄉貢進士李耽（原目訛晄）墓誌，「次兄業，……五秉戎旃，首忝夏臺，轉岐隴，歷太原，移白馬，今秉天平軍節度使，」由岐隴轉太原，與史合。

六年李拭云，「郎官石柱題名，祠部員外郎李拭在盧弘上後一人，又見金部郎中。」按郎官柱祠外，並無李拭，金中題名拭正居盧弘止後，作弘上亦誤。

十二年李蠙，云，「郎官石柱題名，倉部員外郎李蠙，又見左司郎中，考功郎中。」據郎官考一，蠙名凡四見，左中，度外，倉中，倉外，後人誤以倉中蒙上作考中，並參拙著郎官柱題名新著錄。（集刊八本一分）

邠寧，元和元年高固下引白居易與高固詔云云，按吳表輯錄事實，往往不考年編隸，是爲其書一大病。卽如居易二年十一月六日始入翰林，今將其文錄元年下，易使讀者誤會也。又依拙著白氏長慶集僞文，此詔當係與命高崇文代固同時發，卽元和二年十二月。又芒洛四編六，高岑誌，立於元和二年八月；誌有云，「長嗣，邠寧節度押衙兼右隨四廂兵馬使知邠州留後兵馬事銀青光祿大夫檢校太子賓客兼監察御史幼成，」依誌敍祖系，幼成與固同爲高偘之玄孫，惟未知親疏如何耳。

大和二年李進誠，引舊紀，六月辛巳進誠自靈武授；三年進誠，李聽，引舊紀，十二月辛未聽自太子少師授。余按舊紀一七上大和三年五月二十三日辛丑，「以左金吾衞大將軍劉遵古爲邠寧節度使」又一七下，四年正月十八日，（癸巳，以前邠寧節度使劉遵古爲劍南東川節度使，」是三年五月遵古代進誠，十二月聽代遵古也。表誤漏遵古，應補。

會昌六年李業，引「太平廣記，李業以黨項功除振武，邠涇凡五鎭。」業曾否鎭涇爲別一問題，（參下文）但吳表涇原既不著業，復未說明不著之故，要使閱者滋疑也。況考廣記引錄異記云，「李業舉進士，因下第，……業牽驢拴於簷下，左軍李生與行官楊鎭亦投舍中。……翁曰，……然三人皆節度使，某何敢不祇奉耶。業曰，三人之中，一人行官耳，言之過矣。翁曰，行官領節鉞在兵馬使之前，秀才節制在兵馬使之後，然秀才五節鉞，勉自愛重，旣數年不第，業從戎幕矣。明年，楊鎭爲仇士良開府擢用，累職至軍使，除涇州節度使；李與鎭同時爲軍使，領邠州節度。」所謂行官卽楊鎭，所謂兵馬使卽失名之左軍李生，亦卽與鎭同時領邠州節度之李。說部記事，往往不能據以考證，可於拙辨壓倒元白，將兼比素，司空見慣（唐史餘瀋）等見之。但吳氏旣信其爲實事，以楊鎭著涇原開成五年及會昌元、二、三數年下，何以邠寧此數年間並無相當之左軍李生，是相違也。今依前文鳳翔下所引李耽誌考之，則李業幷未鎭邠寧，其名應删卻。李業旣不盡眞，斯所謂楊鎭除涇州，左軍李生同時領邠州者，都應在存疑之列矣。

大中二年，三年著張君緖，三年下引「通鑑，七月邠寧節度使張君緖取蕭關。」余按舊紀一八下，大中「三年春正月丙寅，涇原節度使康季榮奏吐蕃……歸國，詔太僕卿陸躭往喻旨，仍令靈武節度使朱叔明，邠寧節度使張景緖各出本道兵馬應接其來，」景緖當卽君緖，（校勘記九失校。）因同年六月下又作邠寧張君緖也。此條分應引入以爲君緒二年已任邠寧之證。其考證上云，「今按通鑑，大中三年正月有邠寧張君緒，」但通鑑是年正月並不見君緒名。復次新書二一六下，「邠寧節度使張欽緒復蕭關，」君又作欽；凡此景緒，欽緒之異文，都應列於考證，方便稽核。更考敦煌本張延綬別傳注，「會昌時邠州節度張君緒能對御打毬，」李業既未鎮邠，具如上說，則君緒鎮邠，殆始會昌六年。故延綬傳稱會昌時。

十二年下引通鑑著劉異，十三年缺人，十四年及咸通元年下又著劉異。按異既不知罷鎮年月，則十三年已下全缺可也。異非再鎮，何爲中間獨缺一年，此等處多失檢。東觀奏記上載異爲邠寧事，亦可補注。

咸通六年下溫璋。按考證上溫璋條又云，「寰宇訪碑錄，華嶽咸通五年六月有溫璋題名，此璋是年已能鎮之證，」是吳氏認璋五年已罷守邠寧，何六年猶著璋名，缺之可也。

十年下李平云，；「東觀奏記，李丕……卿宜改名，平舞蹈而謝，平後終於邠寧節度使，郎官石柱題名，度支郎中李平在王龜後一人；」又十一，十三兩年下亦著李平。按平是祠中，非度中，說見拙著郎官柱題名新著錄。吳氏引史，都無平於此三年鎮邠寧之證，不審何以知之。東觀奏記（依新書五八）成於大順中，所謂「後終，」並未指出年代。復次英華四五七，鄭畋授武臣邠寧節度使制云，「彰勇藝於轅門，顯勤勞於禁旅，」其人當出身環衞，鄭畋行制應在咸通九年五月至十一年九月之一時期，惜制已失名，無從於此補缺也。

乾符六年下李存禮。按新表七〇下作有禮，百衲本存禮，說見拙著唐史餘瀋。

乾寧二，三年下著蘇文建，引通鑑，二年十月以匡國節度蘇文建爲靜難節度，又十一月加文建同平章事二節。按英華四五八收崔遠授文建邠州節度使制云，「頃在禁宮，屢竭忠節，……洎委節旄，俾之鎮撫，當巨逆梟夷之後，是邠郊凋瘵之秋，而爾復茂政能，益堅撫字，未周星律，已播謳謠，方深倚注之懷，用安黎庶，旋屬干戈之患，每軫焦勞，既互有奏陳，慮多嫌隙，冀寧生聚，爰職改更，復以未㦸奸兇，方思勳舊，殄寇既資於上略，總戎宜錫其名邦，……爾其便提驍果，亟赴征行，破其城社之祆，刷我宗祧之恥，然後仗茲龍節，涖彼雄藩，」試與史文比勘，巨逆梟夷者二年十一月王行瑜被誅也，未周星律應是三年上半年，互有奏陳似指李茂貞等違言，未戮奸兇蓋指討茂貞事，合此尋之，三年上半年文建曾奉命改官，及秋間討茂貞，又復授文建邠州，崔遠三年九月出相，於其行制時期正相符合。今吳氏竟避去此制不引，殊未盡考證之能學也。

四年下著李思諫，李繼徽二人。按吳氏考證上謂孫儲是年曾授邠寧，未赴卽移鎮秦州，說屬可信，但本年下不著儲名，爲其未上任也。竊謂已命未上，仍當著於表中，下附說明；若從省略，體例殊不合，蓋思諫旣以正月去，而七月始命繼徽，覽表者不知中間缺漏之故也。

涇原，長慶元年田布，楊元卿，祇引舊紀著二人之除，不著布之改官，應引舊紀，八月乙亥布授魏博節度一條以見其新職也。

大中二至六年著康季榮，八、九年又著季榮，九年下云，「按季榮無傳，合通鑑及諸書考之，季榮再鎮涇原。」余按通鑑二四九，大中九年，「右威衞大將軍康季榮前爲涇原節度使，擅用官錢二百萬緡，事覺，季榮請以家財償之，上以季榮有開河湟功，（胡注云，「季榮有功，見上卷三年。」）許之。給事中封還敕書，諫官亦上言，十二月庚辰，貶季榮夔州長史。」曰「前，」明季榮任涇原在先，曰右威衞大將軍，明季榮九年正居是職，且贓罪發覺，往往在數十年後，只據此文，安見再鎮痕跡，況吳氏所謂諸書者又空無指實乎，故季榮再任，斷應删卻。千唐鄉貢進士李耽誌，（引見前鳳翔）大中十一年五月立，云，「次兄權，……拜涇州節度使，……無疾暴薨，」權拜涇州，斷應在十一年前，今表不見李權，豈卽在大中八、九年間歟，待考。

咸通元年至四年著錄李璲，祇引英華（？）授璲平盧節度使制，顧卷三平盧，咸通三四兩年下又引全唐文同制著錄李璲，璲豈能同時兼平盧，涇原（前者在東，後者在西。）兩節度乎。五年至七年下著錄李宏甫，祇引舊紀，新表兩事，更不知其任起止何年，凡此之類，謂均應附錄各鎮之末，以待後考。吳氏唯不欲書多闕略，遂陷強塡之病，（如是者甚多，不盡舉。）對人固患貽誤，對己則適損其書之價値而已；下文周寶起乾符元年，亦然。

鄜坊，廣德元年著王仲昇，引郭子儀傳渭北節度使王仲昇；余按舊一九六上吐蕃傳祇稱御史大夫王仲昇。

廣德二年永泰元年杜冕，只引通鑑、永泰元年（九月己酉命鄜坊節度使杜冕屯坊州」。余按貞元新定目錄一六有准永泰元年六月十八日勅，鄜坊等州都防禦使特進試太常卿使持節鄜州諸軍事鄜州刺史兼御史中丞上柱國鄭國公杜冕奏，此永泰元年上半年冕已官鄜之證。

大曆十四年著崔寧，建中元、二年兼著寧及李建徽，十四年下只引「舊紀、十一月癸巳、加崔寧兼靈州大都督單于鎭北大都護朔方節度等使出鎭坊州，」元年下只引「通鑑、大曆十四年十一月延州刺史李建徽知鄜坊丹延留後，」閱者仍未盡明。考舊紀下文有云，「以朔方節度虞候杜希全爲靈州留後，以鄜州刺史張光晟（爲）單于振武軍使東中二受降城綏銀鄜勝等軍州留後，延州刺史李建徽（徽字據沈本補）爲鄜坊丹延留後，楊炎素惡崔寧，雖授以三鎭，仍署此三人爲留後，奪寧之權也；」又舊書一一七寧傳，「制授……京畿觀察使兼靈州大都督單于鎭北大都護朔方節度等使兼鄜坊丹延都團練觀察使，……但令居鄜州，雖以寧節度，每道皆置留後，自得奏事，……杜希全爲靈州，王翃爲振武，李建徽爲鄜州，」此兩節自應完全引入，方見當日制置之故。又建徽既十四年所命，則十四年下應與寧並列，今只著於建中元、二兩年，此編制之欠調整也。又舊紀言居坊州，傳言居鄜州，亦小異。

建中四年著李建徽、渾瑊下引「通鑑、十月丁亥以渾瑊爲京畿渭北節度使，」（丁應作辛）與元元年復著李建徽，引「通鑑、三月乙丑李懷光遣人襲擊李建徽軍，建徽走免」。按舊書一三四瑊傳，「德宗幸奉天後三日，瑊率家人子弟自京城至，乃署爲行在都虞候檢校兵部尚書京畿渭北節度觀察使，」據通鑑二二八、瑊以己酉至奉天，己酉、辛亥恰前後三日，則瑊之此命，不過遙領，應加說明，方於建徽再見無礙也。

元和八年薛伾下引「白居易右金吾將軍薛伾鄜坊觀察使制；」按此是擬制，亦非白氏之文，不可爲典據，說見拙著白集僞文篇。

長慶二年王承元下引「舊紀、二月癸酉以鄜坊丹延節度使韓充爲義成軍節度使以代王承元爲鄜坊節度使，」文不可通。按舊書校勘記八云，「沈本、王承元下有以承元三字是，各本以承元誤在下滄州下，」今本又訛以承元爲以成元。

大中二至四年著李彥佐，其考證云，「沈珣（詢）彥佐授鄜坊制，比以雕陰重藩，羌渾小擾，通鑑、大中三年黨項叛，此是年彥佐爲鄜坊之證」。按是年承三年言，表何以於二年先著彥佐名？況考通鑑二四八、大中三年下並無黨項叛之語，唯元年五月下、「吐蕃論恐熱乘武宗之喪，誘黨項及回鶻餘衆寇河西，」又四年九月下、「黨項爲邊患，發諸道兵討之，連年無功，」彥佐之任，雖碻在大中初，然起訖何年，初無的證，斷不應以影響之辭，混人耳目也。由英華四五六所收詢各制觀之，彥佐疑大中六年授，（是歲黨項擾邊，見通鑑二四九。）可參拙著翰林學士壁記注補沈詢條。又吳氏考證謂會昌六年六月彥佐自行太子賓客爲太子太保分司，未詳所據；據詢制、彥佐係守太子少傅，從二品，太子太保從一品，此種閒職及散官，非有大過，罕聞黜降，殊不類。

六、七年著陳君從，引東觀奏記，白敏中充邠寧行營都統，將軍陳君從爲都虞候，及李訥授君從鄜坊制二事。余按奏記稱君從將軍，若訥制君從前官是邠州刺史，兩者未見蟬聯之跡。況據吳氏考證浙東李訥條，訥大中六年八月自華州刺史任上授浙東，則君從之制，恐非六年所行而爲三年所行。（參翰林學士壁記注補李訥條）若然，則彥佐與君從易位，亦不悖前條所說也。

咸通七至十年著竇滸，其考證則云，「羅隱有送進士臧濆謁竇鄜州詩，按竇氏爲節度使者乾符年有竇滸、竇璟、竇潏、咸通年有竇滂，爲鄜州者之名應考，按當爲竇璟，」（本當別爲一條，今附王行審條下）以爲竇璟，與表不符，其起訖年分，亦無別據。

乾寧四至光化二年著李思敬，引吳融授李思敬節度使制；余按今英華四五八署名盧說，非吳融。

夏綏、原刻景杜堂本開成三年著高（缺名，）引「舊記、十月壬辰以右金吾衞將軍□□爲夏綏銀宥節度使，」二十五史補編本則姓下已塡入「霞寓」兩字。按今本舊紀固作霞寓，但考舊書一六二高霞寓傳，已卒寶曆二年，（亦見舊紀一七上）新傳一四一略同，初本不塡名，當因此故。如舊紀不誤，則是姓名相同者。

千唐李耽誌「紹兄業，……五秉戎旃，首忝夏臺，」（見前鳳翔）夏臺、據萃編一〇七使院石幢記，即夏綏節度也，此誌業爲其亡弟自撰，當屬可信。今考證上涇原李業云，「太平廣記、業以黨項功除振武、邠涇凡五鎮，按會昌六年四月有鴻臚卿李業，疑鎮涇在憲忠後，」又振武、會昌五、六年李業下云，「李業以黨項功除振武，見玉泉子，」然由誌觀之，則振武、邠、涇三鎮均不實，是知依說部以考史，往往蹈於大錯，新學者恆喜搜奇抉祕，期矜創獲，當愼爲之也。現夏綏大中元二年及四年均缺名，三年之崔某，（失名）亦未確定，業於四年十二月已任鳳翔，既有可考，（通鑑）則其鎮夏或在大中元、二年歟，應補入。

朔方、吳氏據唐會要訛字，以爲開元元年十月十六日初置節度使，非也，辨見拙著唐史餘瀋。此外二年著王晙，三至五年著薛訥，五至九年著王晙。今以余考之，開元四年應薛訥、王晙並列，（舊書九三晙傳、除幷州長史之「明年，」默啜被殺，卽開元四年也。）八年應王晙、韋抗、王晙並列，五年不應列薛訥，說均詳餘瀋。

十年著信安王褘，引「册府元龜、開元十年十一月□申朔方軍節度大使信安王褘……」一節。余以史乘考之，元龜一三三所記年分有舛，約應是二十二、三年之事，說詳拙著突厥集史開元二十三年下，褘名應删。

十五年著信安王褘，引「通鑑、開元十五年閏月辛巳以左金吾衞大將軍信安王褘爲朔方節度等副大使」。按副使非正官，但因玄宗當日以諸王遙領各節度大使，（見舊紀八、開元十五年五月。）故操實權者遂退而爲副，此種改制，謂應一度說明。

二十年著信安王褘，但二十八年牛仙客下又引「唐會要、開元二十年四月除牛仙客」。按會要年分多舛，不足依據，然既引之而不加說辨，是使覽者滋惑也，余疑會要文或「開元二十四年四月」之奪、

二十四年著牛仙客，無引文，按表八、河西同年下引舊書一〇三仙客傳，「開元二十四年秋，代信安王褘爲朔方行軍大總管，」應於此處見之。復次、二十五年至二十八年表仍著仙客；考通鑑二一四、開元二十四年十一月壬寅，「仙客爲工部尙書同中書門下三品，領朔方節度如故，」又二十八年，「十一月，罷牛仙客朔方、河東節度使，」兩節均應引注。不然，從安知仙客既入爲宰相，猶遙領外鎭耶。

千唐大歷八年張顔誌，父敬忠，兵部侍郎朔方節度太常卿，按敬忠任朔方當在開元，其年分待考。

天寶五載王忠嗣、張齊丘，引舊傳是歲四月忠嗣讓朔方，又會要十二月除齊丘，六至九載齊丘。按通鑑二一五、六載十一月，「以朔方節度使安思順判武威郡事充河西節度使，」與表有牴牾。

十載著李林甫，引「通鑑、正月丁酉命李林甫遙領朔方節度使，以戶部侍郎（李）暐知留後事」。依前文鄜坊崔寧、李建徽並著之例，謂應以暐名入表，其不知者乃闕之。

乾元二年著郭子儀、李光弼。考舊書一一〇光弼傳云，「加光弼太尉兼中書令，代郭子儀爲朔方節度兵馬副元帥，」應引注年下以見郭、李蟬聯之跡，且必如此而後下文上元二年謂光弼讓太尉中書令，方不致突如其來也。

永泰元年著郭子儀，引「路嗣恭傳、爲郭子儀朔方留後，永泰二年檢校刑部尚書知省事。」余按今本舊書一二二、新書一三八嗣恭傳均作永泰三年，舊書校勘記四四未校出，然永泰實無三年；新書殿本考證云，「舊書作大歷三年，」與今見本異；然舊傳下文又提「大歷六年，」則永泰似非大曆之訛。吳引強改「三」爲二，亦乏的據。依前例，嗣恭應與子儀並列。

大歷三年著郭子儀，引舊紀，「十月甲寅朔方留後靈武大都督府長史常謙光加檢校工部尚書，」依前例、謙光應著於表，又十四年引舊紀、閏月甲申，「以朔方右留後常謙光兼靈州大都督，」表仍不著謙光名；考舊紀、同日所命，尚有朔方左留後渾瑊，今下文振武既著瑊名，何此獨不著謙光以自亂其例乎。

十四年著崔寧，引舊紀、「以朔方節度（漏引虞候二字）杜希全爲靈州留後；」按希全應依前鄜坊李建徽例並列於表。

元和三年范希朝，注云，「白居易論希朝狀、右范希朝前在振武，威令大行，靈武比太原雖小，亦是要鎮，伏望便擇人相代，是希朝鎮靈武出於居易，」大誤。據馬本白集原注，狀上於四年三月，係與論嚴綬不可鎮太原同狀。其狀又云，「若太原要人，無出希朝之右，」是月綬即召入爲右僕射，以李鄘代，洎同年六月鄘卒，以希朝代。故謂太原嚴綬之去，希朝之代，出自居易則是，若居易上狀時、希朝鎮靈武已及周年，狀所謂擇人相代，係代希朝爲靈武，吳氏誤解。

會昌二年注、「新表天德軍使賜號歸義軍節度使，尋廢」。余按會昌一品集授嗢沒斯檢校工部尚書兼歸義軍使制有云，「褒納忠之顯效，錫歸義之美名，」此制余考定爲會昌二年六月下旬所行，（中大史學專刊二卷一期一五八——九頁）舊書一九五、「思忠充歸義軍使，」（依余校正，思恩是思忠訛，舊書校勘記六五謂「思恩二字衍」者誤）。新書二一七下、「以天德爲歸義軍，卽拜歸義軍使，」（余前疑其有誤者非是。）卽此時事。會昌集又有停歸義軍敕旨，余假定爲會昌三年三月至五月所行；（同前史學專刊一二〇頁）今因舊書一八上、三年二月石雄仍稱天德行營副使，則其停早在是年二月也。（通鑑二四七書三年二月停）。

大中八年著李彥佐、劉潼，九、十兩年著劉潼，十一年著劉潼、唐持，引舊紀、十一年六月潼貶鄭州刺史。顧考證則云，「潼之鎮靈武，當在大中七、八年，今系於自靈武貶鄭州之前一年，」然表則七年未著劉潼，自八年起著潼，亦非貶鄭州前一年，殊自矛盾。

咸通二、三年著裴識，其考證則云，「按當以薛宏宗除邠寧年移靈武，」今考邠寧表咸通七年始著宏宗，又自矛盾。

振武、大歷十四年著渾瑊、張光晟，按依前鄜坊例，此時應以崔寧、張光晟並列，說見前。

元和十五至寶歷二著張惟淸，大和元至七著李泳，大和九至會昌二著劉沔。余按匋齋藏石記三四、大中十年振武節度隨軍李某（誌不刊諱）誌云，「去寶歷初，都護張公司空以公夙蘊幹能，恪勤奉職，補署散驅使官，至大和中，節度使李公僕射補充正驅使官，後去開成三年中，都護劉太保改署節度要籍，」誌、表互勘，知張公卽惟淸，李公卽泳，劉卽沔，沔以太子太保致仕，具見表、注，若惟淸官至檢校司空，泳檢校僕射，則史所未著。

會昌五、六年著李業，引玉泉子。按依業所撰弟耽墓誌，業並未鎮振武，玉泉子誤，應刪卻，說見前夏綏節度下。大中八年契苾通，注云，「會昌一品集，」吳意蓋謂通名曾見一品集，非謂通鎮振武見一品集也。通爲節度，德裕已死，此注最易令人誤會。匋齋藏石記三三、「唐左衞大將軍兼御史中丞契苾公妻何氏墓誌並序」云，「始至其家，契苾公乃爲振武都頭，權握萬餘兵，致名最盛，往來賢士君子多遊其門……從良夫，歷數郡，……以會昌六年十二月二十四日終於丹州，……時公將赴闕，遣子護喪歸葬，」跋亦認此爲義山集之契苾使君。按義山集之契苾，余曾證爲契苾通，（會昌伐叛編證上一九三頁）今觀誌言往來賢士多遊其門，更無疑於商隱之特有投贈矣。

九、十兩年著渾瑊，引元龜、元和四年鐬爲豐州刺史天德軍使坐贓貶竞州司戶，又引舊傳、開成三年入爲右金吾衞大將軍，鐬之事跡有年分可考者至此而止。鐬爲振武，雖見世系表，然吳氏從何斷其越十七年後乃爲此官，無可安置，乃強不知以爲知，解人固如是乎。況考舊傳下文「歷諸衞大將軍卒，」不著振武，新表多本姓纂，余已證之，鐬苟官此，疑應在元和七年前也。

咸通二、三、四年著高承恭，其考證則云，「文苑英華、玉堂遺範授高承恭振武麟勝節度使制，……在御史大夫鄭涯山南東道制後，則在咸通初，恐誤，今次於畢誠授昭義前」。按誠授昭義在大中十年，表與考證亦相違，豈吳氏未及改定歟。如依考證說，則承恭應在渾鐬之地位，卽此可見前條安排渾鐬於大中九、十兩年之無當也。抑制有云，「爾先父勤勞王家，戡定庸蜀，」是承恭固崇文之子，今舊書一五一、新書一七〇崇文傳唯附見子承簡，此固可以補其略也。咸通間之振武高宏，殆亦一家。

廣明元年吳師泰下引「通鑑、五月丁巳以汝州防禦使諸葛爽爲振武節度使，」按爽雖未上，亦應依表二、宣武會昌六年劉約例，列名於表以見蟬蛻，且於例方齊一也。

中和元年契苾璋。按舊紀一九下、中和二年五月，「從讜求援於振武，契苾通自率兵來赴，」岑刊校記一〇「張氏宗泰云，新紀通作璋，」作璋是也；此去通鎮振武時已三十年矣。璋殆亦何力之裔。新書一六五鄭從讜傳亦訛通，應說明。乾寧元年石善友下注云，「按石善友振武制在崔允（胤）武安節度使制前，張鐇彰義節度使制後」。余按今英華四五七石善友制後並非崔胤武安制，此乃吳氏誤記全唐文（八二七）也；然全文編次之先後，不能爲時代先後之據。

九國志七孫漢韶傳，「漢韶、太原人，祖防，唐嵐州刺史，父存進，振武節度使，」今表無存進。

年　表　二

宣武、大和（大原訛太）七年楊元卿，引「舊紀、閏七月乙丑以前宣武軍節度楊元卿爲太子太保」。按拓本開成五年桂州員外司戶鄭當誌云，「翌歲楊公薨於鎮，」楊卽元卿，是楊未至京而卒。

大中四、五年著鄭朗，引蔣伸授制。余按英華四五六伸授鄭光河中、鄭朗汴州同制，今表四、河中於五年始著鄭光，是相差一年而自相違也。

九年著劉瑑，十年著劉瑑、裴休；九年下引「舊傳、十一年五月加檢校禮部尚書河東節度使。」按依舊傳則瑑自宣武遷太原，徵諸唐大詔令授劉瑑平章事制，「尹正洛師，擁旄梁苑，……重委北門，輯茲王業，」亦復相同。今表旣謂十年休代瑑，表四又著瑑十年授河東，是舊傳之十一年應誤，（舊書校勘記五九未校。）顧吳氏乃引而不辨，殊令讀者無所適從。

十年裴休，引「文苑英華，授裴休宣武節度使注大中九（十訛）年六月七日，○新表，十月戊子裴休爲檢校戶部尚書同平章事宣武節度使，○舊傳，十年罷相充宣武其年冬守太子少保分司東都，」其考證云，「休除宣武年月日，通鑑、新表、舊紀互異，今從新表」。余按舊紀一八下、休除宣武在九年二月，新紀八、書十年「十月戊子裴休罷，」與新表同。通鑑二四九、書十年「六月戊寅，以中書侍郎同平章事裴休同平章事，充宣武節度使，」據朔閏考、十年六月壬申朔，戊寅是七日，英華今本雖多訛舛，然輯於宋初，自有根據，所注年月日恰與通鑑相同。由是合參，休之罷相出鎮，似以通鑑十年六月戊寅爲近是，吳顧取新表，猶未細加比核也。抑舊休傳謂十年冬分司，則休卽以同年罷鎮，吳旣引傳而未有所辨，何以十一年下又著休名耶。

乾符元年王鐸，二年王鐸，穆仁裕；其考證則云，「舊紀、鐸遷右僕射復相在乾符二年，通鑑、新表在乾符四年，司空圖王公行狀，……此鐸四年復相之證，今不從舊紀，」說與表相違，亦表之未及改定者。

義成初名永平，永泰元年令狐彰，引「通鑑、九月諸道節度滑濮李光庭各出兵，按新舊唐書、通鑑令狐彰時鎮滑州，應考。」余按通鑑二二三胡注云，「李光庭恐當作李光進，」以舊紀一一，舊一二〇新一三七郭子儀傳及通鑑下文「己酉……李光進屯雲陽」觀之，胡說是也。但舊，新光弼傳均未言光進鎮滑濮，此或遙領，否則通鑑有誤。

考證云，「張鎰、新傳除永平，不拜。」余按舊書一二五鎰傳，「尋除河中晉絳都防禦觀察使，到官數日，改汴滑節度觀察使，………以疾辭，逗留於中路，徵入，養疾私第，未幾，拜中書侍郎平章事，」鎰以建中二年七月相，又舊紀一二、建中二年正月十七日，丙子，以汴宋滑亳陳潁泗節度觀察使，……李勉為永平軍節度汴滑陳等州觀察等使，」合此觀之，知鎰自河中除永平，當在元年末。(參河中張鎰條)迨鎰不上，故二年正月又除李勉。然鎰雖不上，建中元，二年間要須表列其名以存眞也。舊書一三一勉傳，「及滑亳永平軍節度令狐彰卒，遺表舉勉自代，因除之，在鎮八年，以舊德清重，不嚴而理，」蓋勉自大歷八年除永平，計至建中元年恰八年。此後朝命以鎰代，鎰辭不赴，二年又復命勉，今表不列鎰而勉任乃連亘十二年，讀史者苟不細察，則幾疑舊傳之「八年」為訛文矣。鎰名不可不列表者其一。舊紀，同年七月庚申，「以前永平軍節度使張鎰為中書侍郎同中書門下平章事，」新宰相表，通鑑二二七略同，今不著鎰，則參考者無所資。鎰名不可不列表者其二。自亂編例，猶屬次要耳。

貞元十五年著姚南仲、盧羣，引「唐會要、貞元十五年九月義成軍節度使盧羣卒輟朝；」十六年又著姚南仲、盧羣，引「舊紀、四月己丑以昭義軍節度使姚南仲為右僕射，」及「舊紀，四月辛卯以義成軍行軍司馬盧羣為滑州刺史兼御史中丞義成軍節度使九月羣卒」。按兩人於連續兩年中作同一節度之相互交替，在方鎮表中殆已無此巧例，況如會要言羣已十五年卒，十六年又焉能起死復生乎。會要年分舛訛甚多，十五顯是十六之誤，再觀舊紀兩條，便見羣於十六年代南仲，非十五年，表此處之誤，殊太疏忽。

元和八年薛平，引白居易除薛平鄭滑節度使制云云；按此是僞制，說是拙著白集僞文篇，不能援為典據。

長慶三年高承簡，引「崔郾義成節度高公德政碑亘唐二百廿載穆宗皇帝詔工部尙書高公承簡建節義成軍，」又考證云，「除鎮年據舊傳。」按唐自武德建元（六一八）至長慶三年，（八二三）實二百六載，廿當六訛。

大中元，二、三年盧弘正，云，「通鑑作弘止，」考證亦作弘正。余按郎官柱吏中，金中皆弘止，勞考三云，「案弘止，舊紀傳作弘正，新紀傳作弘止，資治通鑑唐紀六十四同，考異曰，實錄作弘止，」弘止官吏中約開成，會昌間，去大中改刻郎官柱時不過十餘年，當不致兩欄皆誤，作弘止爲是。

乾符元至三年李種，引「舊紀，乾符二年五月王仙芝進陷濮州節度使李種出兵擊之爲所敗，」其考證云，「舊紀作鄭州節度使李種，按鄭州非節度治所，卽義成節度領鄭、滑、潁三州者也，種據諸書應作種。（崔嘏有李種授殿中侍御史制。）」余按舊書校勘記一〇，「沈氏炳震云，節度使三字疑誤，蓋以鄭州無節度使也；按鄭州節度使李種，當作天平節度使薛崇，通鑑，攻陷濮州曹州，衆至數萬，天平節度使薛崇出兵擊之，爲仙芝所敗，卽此事也」與吳說異，但其謂鄭州無節度使則相同。然考太平御覽有一節，（見下天平乾符二年）與舊紀年分情事相同，其文則作「鄆州節度使李種，」天平節度駐鄆，鄆、鄭字近，濮州又在天平轄下，非義成轄下，舊紀之鄭字或訛。果如是，則種未嘗鎮義成，其名應退入存疑之列也。（參下文天平乾符二三年）

忠武大中九、十年著馬植，十一年裴識，前者引「舊傳，……出爲忠武節度使大中末遷宣武節度使，」後者引舊紀，十一年「四月以鳳翔節度使裴識充忠武節度。」識既四月始代植，則十一年初仍應著植名，況前文宣武、大中十一年亦先裴休（參上文宣武）而後馬植，明植遷宣武在年中，今忠武十一年不著植，非徒與識弗接，亦與前宣武表不樺合也。

年表三

天平、開成三至五年李彥佐，會昌元年李彥佐、薛元賞。考下文感化，（卽武寧）開成元年至四年薛元賞，五年薛元賞、李彥佐，其天平考證云，「通鑑，會昌三年五月有武寧李彥佐，唐文薛元賞除昭義制，臨於彭城，移旆鉅野，此與彥佐易鎮之證。」（又云，「鉅野，鄆州縣。」）顧前者著二人相代於會昌元年，後者乃著二人相代於開成五年，是兩表間相差一年也。

會昌二年薛元賞、狄兼謩，三年，四年狄兼謩，引「新傳、武宗子峴封益王命兼謩爲傅俄領天平節度使辭疾以祕書監歸洛陽，……新紀，會昌二年十月封子峴爲益王，」又考證云，『白詩，七老會詩序，會昌五年三月二十四日於白家履道宅同宴，時祕書監狄兼謨……雖與會而不及列，……然則兼謨鎮鄆在三年，龍鎮在四年。」余按衞公集四有授狄兼謨兼益王傅制，據元龜七〇八引唐年補錄，事在會昌三年二月，兼謨出鎮天平，應在此後，吳氏所猜尙合，顧表則二年下已著兼謨，殊與考證相背；此蓋由吳氏謂「舊紀，會昌三年元賞自司農卿爲京兆尹，則爲天平當在三年前，今係二年，」(見李彥佐考證下。)誤認元賞之去在二年，遂不得不將兼謨之任，推上一年矣。今考舊紀一八上，元賞自司農爲京兆，實四年五月，非三年，故此表二年只應著元賞，三年當兼著元賞、兼謩二人。(參考證義昌劉約條)

大中三年田牟下引「通鑑、四月同平章事馬植爲天平，貶常州，按未之鎮。」余按通鑑二四九著於四年四月，今乃引在三年下，殊令讀者誤會，吳表引文如此者多，不勝舉也。植雖未上，於例仍應著名表中。敍植罷相再貶事，新書一八四最爲詳盡，其文云，「植震恐，具言狀，於是罷爲天平軍節度使，旣行，詔捕親吏下御史獄，盡得交私狀，貶常州刺史，以太子賓客分司東都，」謂當引注條下也。抑植之罷相，舊紀一八下，三年，「四月，以正議大夫守中書侍郎同平章事，……馬植爲太子賓客分司東都，」新紀八稱三年三月「馬植罷，」新表六三亦云三年三月「植檢校禮部尙書天平軍節度使，」通鑑獨書四年四月庚戌，與舊、新紀新表不同而考異未著，或特有所據歟。舊書一七六植傳，「遷中書侍郎兼禮部尙書，敏中罷相，植亦罷爲太子賓客分司東都，」按敏中出鎮在五年三月，舊紀、傳亦不自相符，合新傳觀之，植當是由常州貶所召回爲賓客分司，舊紀傳皆誤。

九至十一年孫景商，考證云，「大中五年景商自諫議大夫爲庶子，見通鑑，當在(韋)損後(杜)勝前。」余按千唐、大中十一年五月二十四日李耽誌，題「親兄天平軍節度使朝請大夫檢校兵部尙書兼御史大夫賜紫金魚袋業撰，」誌又言業自白馬移天平，(引見前文鳳翔)依前表，業鎮義成(卽白馬)至大中八年止，是業似由八年至十一年鎮天平，最少亦十一年業鎮天平也，景商在鎮年分，斷應再考。

復攷芒洛四編六，大中六年五月二十四日孫二十九女墓誌稱「第卅四兄守給事中賜紫金魚袋景商書於貞石，」更從知景商出鎮，在六年五月已後矣。

咸通元年裴識，引「新傳、識徙忠武天平邠寧，」二、三年楊漢公、五、六年柳仲郢，其考證云，「裴識史無年月，按當在漢公後，柳仲郢前，」而表乃在漢公前，何也？「後」字其誤衍歟。抑忠武表著識於大中十二、三年，邠寧著識於咸通元年，又宣武著漢公於咸通二年，（引「新傳，漢公自同州更宣武天平二節度，東觀奏記大中十三年漢公爲同州。」）依吳氏表列，識固不得後漢公也。

三、四年李橦，引「摭言、永寧劉相鄴咸通中自長春宮判官召入內廷，特旨及第，中外賀緘極衆，惟鄆州李尚書橦一章最著，乃福建韋尙書岫之辭，於是韋佐鄆幕。」（原表誤綴元年裴識下。）余按翰林學士壁記、「劉鄴，大中十四年十月十二日自左拾遺充，」故苟摭言之說可信，——摭言事實多誤——則橦鎮天平應列咸通元（卽大中十四）二年間，何表又隸三、四年間也。

八至十一年孔溫裕，引「金石萃編，新修曲阜縣文宣王廟記皇帝御寓之十年歲在己丑夫子三十九代孫魯國公節鎮汶陽之三載道淸政成云云，」其考證云，「則似溫裕以咸通八年鎮鄆，存參。」余按千唐，咸通九年十一月八日魏虔威誌，「至丁亥歲，鄒魯尙書自東都留守節鎮天平，」丁亥卽咸通八年；溫裕鎮鄆始八年，有此兩箇來源不同之憑證，自可無疑。溫裕係自留守改官，得此更可補新傳之略也。表又引「中書門下牒，鄆曹濮觀察使……咸通十年九月二十八日牒，十一年三月十日建，」表於十一年仍列溫裕者，蓋謂建之日孔尙在鎮也。表又於十一年溫裕後列高駢，引「通鑑，九年六月駢爲右金吾大將軍，考異駢爲金吾半歲，始除天平，」其考證云，「高駢據通鑑考異。」余按果依考異說，則九年八月（吳引訛八爲六。）之後半歲應是十年二月，卽謂駢赴任道上滯留數月，亦與吳表相差一年，而吳氏竟謂據考異，何耶。表又引「通鑑，咸通十年十二月考異高駢時爲鄆州節度使，」表則十年未列駢，亦不相應。竊謂建碑不必溫裕尙任，孔紓誌云，「僕射太常公罷鎮居洛中，……僕射徵拜司戎貳卿，拾遺由侍行，乃赴職，越一月，今許昌太傅相國襄陽公爲河中，奏署觀察判官假監察御史」誌明謂紓隨溫裕西行赴萬年尉職，越一月而審權始改河中，審權改河中爲咸通十一年正月甲寅朔，則溫裕之罷天平，斷在十年，當從通鑑考異。

乾符二年引「太平御覽，乾符二年王仙芝陷濮州俘丁壯萬人鄆州節度使李種出兵擊之爲所敗，」但不著種名，殆因前文咸通三四年已據摭言著李種，不信種之再臨也。同年下別著薛崇，引「通鑑，六月辛未王仙芝攻陷濮州天平節度使薛崇出兵擊之爲所敗。」按舊書校勘記一〇謂舊紀之鄭州節度使李種，應依通鑑改天平節度使薛崇，兩者實是一事云云，究竟舊紀，通鑑，孰是孰非，尚難斷定。所須論者，御覽之文與舊紀全同，（均見前文義成乾符二年。）其異者祇鄭，鄆一字，以職責言之，又鄆字近是。（今本舊書多訛文）況吳氏旣採舊紀同文爲李種義成之據，今又取御覽同文注於天平，存而不辨，比較之功，失諸淺矣。

四至六年張裼，云，「舊紀，二年七月張裼自京兆尹除天平，恐誤。」按舊書書校勘記一〇，「沈氏炳震云，張裼傳，三年裼拜華州刺史，其年冬徙節天平，案紀，四年三月黃巢陷鄆州，殺（勉按紀實作逐。）節度使薛崇，則裼是時尚未拜天平，疑此乃出華州，而天平之徙當在薛崇之後，卽傳所云冬亦誤也，」文可引參。

六年又云，「按楊損傳，除天平未行復留在此時。」余按損雖未上，仍應列名表內。

廣明元年曹全晸中和元年全晸及曹存實，二年存實及朱瑄，都據通鑑。按錢氏考異五五謂乾符四年以後，鄆帥祇薛崇，崔君裕，曹全晟，（晟晸同音。）曹存實及朱宣五人，（說長不備引）與前引沈炳震說異，當參看。復次九國志二朱瑾傳，「光啓元年，汶陽曹全晸遇害，鄆城無帥，鄆兵共推瑾兄瑄爲留後，」其紀年更與新紀，通鑑異，亦史之駮文也。

泰寧卽兗海，元和十五年曹華，引「通鑑、十四年七月甲辰以棣州刺史曹華爲沂海兗密觀察使；」今十四年表只列王遂，誤奪華名，應補入。又寰宇記二一，兗州萊蕪縣，元和十四年六月，兗海節度使曹華奏請併入乾封縣，詔從之云云，舊志三八，會要七〇作元和十七年，均訛；新志三八作元和十五年是也。

寶歷元年王沛，引「舊紀，寶歷元年七月癸卯兗海王沛爲忠武，是月癸丑右金吾大將軍張茂宗爲兗海，」今表元年漏列茂宗。

太（大）和元年張茂宗，引「通鑑，五月丙子以李同捷爲兗海節度使不受詔，舊紀，八月庚子前兗海張茂宗復爲兗海。」按同捷雖未上，但旣有朝命，自應列表，今義昌（卽橫海）之同捷，無朝命而表著之，泰寧之同捷，有朝命而表棄之，吳氏固舊學者，亂臣賊子之義，豈未之明耶。就曰事唯求實，然烏重胤卒於天平，吳知之，烏旣未上橫海，何以表著其名，李聽未上戚化，吳固引通鑑，何以表亦著錄，凡此取棄，均無義例可言也。

八年李文悅、崔戎、崔杞。按舊戎傳言理兗一年，新傳言至兗歲餘，均誤；又馮注玉谿詩，疑白集送兗州崔大夫駙馬赴鎭之大夫爲戎其實白所送者乃崔杞，俱辨見張氏玉谿生年譜會箋一，可參看。

大中十二年劉莒，引山左金石志，山東志兩證，皆有大中十三年兗海觀察劉莒字樣，今著莒於十二年而十三年反缺名，何也。

天復三年葛從周，引「薛史本傳，太祖以從周抱疾旣久以康懷英代之。」但天祐元年，二年仍著葛從周。二年下引「舊紀，天祐二年二月壬子泰寧軍節度檢校司空葛從周致仕；」同年又著劉仁遇，引舊紀四月丙午之命，其考證云，「葛從周，舊紀天祐二年二月從周罷，通鑑，乾符三年十月從周罷，以通鑑劉鄩事考之，從周蓋於劉仁裕後再鎭泰寧，」余按乾符是天復誤，「劉仁裕後」是「劉仁遇前」誤，否則文不可通也。通鑑二六四於從周旣降劉鄩，卽接敍云，「葛從周久病，全忠以康懷英爲泰寧節度使代之，」此殆據薛史本傳連類而書，未必卽十月事。但通鑑旣如此敍去，則並無仁遇直代從周之證，不知吳氏從何領會得來也。抑舊紀二〇下全文云，「泰寧軍節度檢校司空兗州刺史御史大夫葛從周檢校司徒兼右金吾上將軍致仕，從周病風不任朝謁故也，」薛史一六全文云，「太祖以從周抱疾旣久，命康懷英代之，授左金吾上將軍，以風恙不任朝謁，改右衞上將軍致仕，」前者以爲由金吾上將軍致仕，比後者之右衞上將軍少卻一轉。夫紀謂不任朝謁，則從周前此已在洛陽，非逕由泰寧本任致仕可知，況從周致仕在二月二十三壬子，仁遇之命在四月十八丙午，亦不類逕代從周者；舊紀之泰寧軍節度，殆漏書「前」字。職是諸因，謂天復三年，天祐元年間，仍應據通鑑著康懷英爲近是也。

九國志七、焦彥賓傳，「彥賓字英服，滄州淸池人，父軫、唐兗海節度使，」今表無焦軫。

感化卽武寧，開成五年薛元賞，李彥佐。按前天平，會昌元年著李彥佐，薛元賞，與此差一年，說見前。

會昌三年李彥佐，四年田牟。按鄺坊考證田牟條云，「牟改武寧，史無年月，以三年七月李彥佐改朔方考之，牟代彥佐鎭徐，」依此，則三年應并著田牟。

大中十一年田牟，康季榮，十二年康季榮，十三年康季榮，田牟，「東觀奏記，大中十二年武寧康季榮投於嶺外上以金吾大將軍田牟曾任徐州特開延英召對再命建節，」又引「通鑑，大中十三年四月武寧節度使康季榮不卹士卒士卒逐之以金吾大將軍田牟爲武寧節度使。」按吳於十一年先著季榮者，謂奏記言其十二年投嶺外也。但考奏記卷下書此事並未著年分，則吳爲誤引。今假依吳所誤引，十三年豈復能著季榮，何竟無一語辨及。又假通鑑之十三年不訛，則舊紀一八下，大中十二年二月左領軍大將軍分司康季榮檢校右（非左）僕射兼左衞上將軍分司一節，亦不能如吳氏考證斷其爲誤也。

咸通二年溫璋，引「通鑑，三年七月徐州軍亂逐節度使溫璋。」按舊紀一九上、三年七月，「徐州軍亂，……前年壽州刺史溫璋爲節度使，……不期月而逐璋，上是以（王）式代璋，」此節亦當引入參考。又舊書一六五璋傳，「咸通末爲徐泗節度使，……入爲京兆尹，」校勘記五五云，「沈本末作初，張本同，云據本紀及他本，」此尤不能不辨；（考異二三引舊傳已作咸通末。）因前邠寧表固依通鑑璋自泰寧移邠寧，非入爲京兆尹也。

九年王晏權，引「舊紀，正月晏權爲武寧在十年，」十年缺名。按晏權旣十年始受命，則其名不應九年先見，應移入十年。

乾符元年薛能，云，「郎官石柱題名，倉部郎中薛能在楊知退後二人。）按此實主中誤蒙倉中，見勞考二五主中，與唐詩紀事六〇合。

六年支詳。按拓本，西川少尹支訥誌，以乾符六年五月二十五葬，誌有云，「仲弟詳，見任武寧軍節度使，」據此，則詳殆五年繼薛能而任者。復次吳氏考證郭銓條，據通鑑，咸通十一年十一月丁卯更名感化軍，因謂銓爲感化，非武寧；今訥誌亦作武寧，豈沿用其舊名歟。

天復二年王敬蕘。按新一八八楊行密傳，天復二年，「詔朱瑾爲平盧節度使，繇海州取青齊，馮弘鐸爲感化節度使，出漣水攻徐、宿，」錢氏考異五五云，「此行密承制遙授，不惟不能有其地，亦並未出師，故瑾、弘鐸傳俱不載」。

九國志二、高澧傳，「澧、越州人，祖實，唐武寧軍節度使，父璁，湖州刺史，」今表建中三至貞元四有高承宗及其子明應，又大和六、七年有高瑀，無高實。復次吳興志一四，「高彥，乾寧四年十月授招討使，明年授刺史，卒官；高澧，天祐四年十二月，起復襲父位，權知軍州事，」是澧父名彥不名璁，與九國志異。

平盧，大中元、二、三年著鄭光，云，「新傳、光自平盧徙河中、鳳翔，以玉泉考之，光爲鳳翔在河中前」。考前鳳翔四年著鄭光，引「玉泉子，鄭光除河中宣宗問卿在鳳翔使官先是何人，」此吳氏主鳳翔在先之說也。但考後河中大中五、六、七年著鄭光，引蔣伸授光河中制，只云「鎮青方而謳謠未息，總緹騎而績効已宣，」何不云「鎮青岐。」又引東觀奏記、上親舅鄭光卽位之初，連任平盧、河中兩鎮節度，亦未舉鳳翔。玉泉子常不可信，（如前文之李業五鎮。）新傳又雜採說部，光鎮鳳翔，當在存疑之列也。

咸通三年封敖、李遂，四年李遂。按此與涇原衝突，說已見前。其考證云，「全唐文闕名授遂平盧制，………此制當在咸通四年，」是遂名固不應列咸通三年也。

乾符五年宋威，引「通鑑、九月平盧奏節度使宋威薨辛丑以諸道行營招討使曾元裕爲平盧節度使，」考證亦謂楊損在曾元裕後，今表失列元裕。

龍紀元年王師範，引「舊紀、十月己未青州節度使王敬武卒三軍以敬武子師範權知兵馬事太子少師崔安潛檢校太傅兼侍中平盧節度使；」又大順二年王師範，引「舊紀、二月新授平盧崔安潛歸朝，」則此三年間應並著安潛名。又天復二年下可參前感化引文。

年　表　四

河陽、貞元四至六年依賜名著李元淳，是矣；乃七至十四年又著李長榮，十五年仍著李元淳，何耶。

元和十四年著令狐楚、魏義通。按因話錄商下，「相國令狐公楚自河陽徵入，……到京，公旋大拜，時魏義通以檢校常侍代鎮三城，」義通檢校常侍，未見他書，應補入引注。

大中三年李珏、李拭，可參玉谿年譜會箋平質。

咸通三、四、五年著王式，無證。按舊書一六四、新書一六七及新表七二中均不載。

九、十年崔彥昭，引「舊傳、咸通十年檢校禮部尙書孟州刺史河陽節度使，」則不應於九年先著之。

龍紀元年朱崇節，引「通鑑考異、編遺錄八月甲寅馮霸殺朱(李訛)克恭請河陽帥朱崇節領兵入潞」。按此八月是大順元年八月，未必龍紀元年崇節已爲河陽帥也。又大順元年朱崇節，引「陸扆授朱崇節河陽節度使制前昭義軍節度使朱崇節……其後孟津分閫上黨臨戎……」。按舊一七九陸扆傳、扆大順二年三月方自監察御史入充翰林，則行制當在其後，故此制謂應引在二年下爲崇節再鎭河陽之證，不應厠在元年下以亂耳目。(吳氏考證已認崇節再鎭。)且如此方與元年下通鑑考異、「薛居正五代史梁太祖紀云、帝請河陽節度使朱崇節爲潞州留後、實錄、明年五月，以前昭義節度使朱崇節爲河陽節度使、」相脗合，蓋明年即大順二年，余謂陸扆行制應在二年三月後，得實錄所記，益知不妄矣。至元年崇節去潞後繼者何人，旣不碻知，則應元年之末二年之初，各空一行，方合表例，今乃迤邐而下，亦違乎崇節再鎭之自說矣。

文德元年著丁會，景福元年著張全義，光化二年著丁會，皆據通鑑書之。然景福二年著丁會、張全義，乾寧元至三年祇著全義，四年及光化元年祇著丁會，彼其意以爲通鑑考異言全忠所遣留後非一人也，但或見或缺，絕無取準，是直任意塡寫而已。

陝虢、貞元四年盧嶽，引穆員盧公墓誌是年六月卒於位。按匋齋藏石記二七、盧嶠誌，「公之令季陝虢觀察處置等使兼御史中丞岳，……先公而薨，越三歲而公又長往，」字作岳，嶠誌、貞元七年立。

貞元十四至元和元年崔琮。按琮當作淙，說見拙著貞石證史(五六〇頁)及登科記考訂補大曆四年下。

元和八年衞次公、竇易直，九年易直，十年易直及崔從，引舊易直傳、「出爲陝虢觀察使入爲京兆尹貶金州，」又并引「舊崔愼由傳、父從元和九年裴度爲中丞奏爲侍御史度作相代爲中丞改給事中出爲陝虢觀察使、」以證。按舊紀一五、度以十年六月乙丑（二十五日）相，崔從代爲中丞，當卽同時，然其後尙經給事中一轉，始出守陝虢，則固不必在十年也。易直何年入爲京兆，舊紀、傳雖未明書，但據紀、十一年十一月庚午，（九日）以京兆尹李𠏉爲潤州刺史浙西觀察使，又十二年九月己亥，貶京兆尹竇易直爲金州刺史，是易直任，必在𠏉以後。

●據通鑑二三九、繼李𠏉任京兆者又非竇易直而爲柳公綽，（說見唐史餘瀋）公綽何時以母憂免，今不確知，但由十四年五月朔服闋上推二十七月，則其母得卒於十二年二月，易直之繼，或在是時。然則方鎭表於元和十年下列易直、從兩人，固萬萬不可，卽推下一年，——十一年——亦未必合乎事實；蓋易直之入，從之出守，據見有史料推之，得延至十二年初也。大抵吳氏之書，對於前後任交接年分，往往不作進一步之探討，故常涉模糊影響矣。

開成三年空一行，依所引舊紀，係漏列盧（行）術名，參下文湖南盧周仁。

會昌三年韋溫，四年韋溫、李拭，引「樊川集、韋公墓誌……入爲吏部侍郎典一冬選復以御史大夫爲宣歙池等州觀察使」。余按表五、宣歙會昌四年崔龜從韋溫，五年韋溫、高元裕，兩表合觀，是溫自陝虢遷爲宣歙矣。況曰「冬選，」尤見溫任宣歙之年，自春推至上年冬間，溫必居京官吏侍，方能主持選事，依表所列，溫何從得主持一冬選事之餘隙乎。是知會昌三年之冬，溫已官吏侍，四年陝虢不能復著溫，如是，斯與宣歙四年著溫可相闘榫矣。

大中十一至十三年杜審權。按審權十三年不得尙在陝虢任，說見拙著翰林學士壁記注補。

咸通九年著楊知溫、崔蕘，十年蕘下引「通鑑、六年（月訛）陝民作亂逐觀察使崔蕘，」又引「孔紓墓誌、博陵崔公蕘出紫微直觀風甘棠下表爲支使拾遺始及第」云云。按誌、咸通十五年立，則蕘在咸通中曾出陝虢，已無疑問，紫微直者中書舍人，言其自中書拜也。復次表乾符三年陸墉、崔碣，四年崔碣、楊損，四年下引

「通鑑、四月陝州軍亂逐觀察使崔碣」。余按舊一七六損傳，「盧攜作相，有宿憾，復拜給事中，出爲陝號觀察使，時軍亂，逐前使崔蕘，」（新一七四略同，當本舊傳。）謂損代蕘非代碣。又舊一一七蕘傳，「正拜中書舍人，戶部侍郎，乾符中，自尚書右丞遷吏部侍郎，……出爲陝州觀察使，……時河南寇盜蜂起，王仙芝亂漢南，……既而爲軍人所逐，」（新傳一四四略同。）以其時考之，蕘當咸通末官中舍，與紓誌合，但其被逐則在乾符中，足與楊損傳相發明而與通鑑迥異，王仙芝稱亂正在乾符三年，非咸通末事也。更考新一二〇碣傳，「再爲河南尹，……値龐勛亂，……它年徐州平，……徙陝虢觀察使，軍亂，貶懷州司馬卒，」（吳失引。）依舊紀、龐勛以咸通十年九月平，是時碣蓋任河南尹。余綜是數種史料思之，乃知其誤在通鑑，通鑑誤以蕘、碣兩事互易而吳氏不加細考也。紓、咸通九年進士，（據登科記考二三）。而紓誌云，「開試日都堂中揖別同年，徑出靑門外，經所爲從事州，入院判案十日，東去，府適罷，」則蕘之初罷陝虢在九年，當非被逐。碣轉陝虢，應在蕘初鎭後，惟被逐恐不在十年。蕘自吏侍再鎭陝虢，當在乾符三年末，通鑑四年所逐者乃蕘而非碣，蓋兩次被逐，同是崔氏，因有後先之倒。不然，通鑑考異何於此竟不置一辭也。舊蕘傳言，「蕘復入爲左散騎常侍卒，」吳所引乾符六年張中立誌，「今祭酒常侍廉問陝郊，」未之考證，余謂得爲蕘(初鎭，)惜未知是否兼領祭酒耳。（古刻叢鈔中立誌，「服闋予□□今祭酒常侍廉問陝郊，素知其材，奏爲郡糺，値將受代，事遂不行，」曰受代，則非被逐之證。撰誌者□蒙，失其姓，余意此卽蕘之弟或從弟，因其名同在卄部也。蒙爲蕘弟，故不舉蕘姓，與下文「韋公蟾、」「王公凝」之書法異，亦可從文例覘之。誌下又接云，「既至輦下，親舊間稍稍□□，由是名姓頗達於上位，今左丞韋公蟾卽君之親外丈人，時爲中丞，遂奏爲臺主簿，」按翰林學士壁記、蟾於咸通十三年十一月改御史中丞，固在蕘初罷後數年，而蕘被逐於乾符四，謂其六年時官常侍，亦與舊本傳合）。

拓本、唐故鄂岳都團練判官將仕郎試大理評事太原王公（諱）墓誌銘幷序，咸通五年立，云，「娶陝州觀察使趙郡李公續之次女，」今表不見續，續官陝虢，或得在大中初。（參唐詩紀事五三）。

河東，貞元十二年李說，引「册府元龜帝王部，二月乙亥以河東節度支度營田觀察留後太原尹兼御史大夫北都副留守李說爲檢校工部尚書河陽三城懷州節度營田使」。余按此文見元龜一七六，若照字面解釋，是說已自河東轉河陽矣。顧表於十三至十六年仍著說，前文河陽則自貞元四至十五年間爲李元淳連任，並無說名，吳氏不置一辭，殊令覽者莫明其故。及觀吳引潘孟陽撰李元淳誌，「十二年制除檢校工部尚書河陽三城懷州節度使」等語，乃知今本元龜此段，實有奪文，蓋同段所記，皆是加檢校職，並非除罷之事，李說之下奪去說所加職，（依舊紀十六年所書，當是檢校禮尚。）更奪去元淳名也。說並無遷河陽事，應刪校。

大中四年王宰、李拭，五年拭及李業，六年業及盧鈞。考金華子「（馬）戴大中初爲掌書記於太原李司空幕，以正言被斥，貶朗州龍陽尉，」按拭，業均無檢校司空明文，唯舊紀，傳，鈞當日是檢校司空，或金華子誤耶。

河中建中二年下引「舊張鎰傳，徵拜吏部侍郎尋除河中晉絳都防禦觀察使到官數日改汴滑。」按此是元年末事，應移元年下以淸眉目，參上文義成。

元和十一年著趙宗儒，呂元膺，因彼引舊宗儒傳，「十一年七月入爲兵部尚書」也。其考證云，「呂元膺，舊傳在十一年，以舊紀考之，在元和十二年五月，」所謂「舊傳在十一年」者指授鎭言，但考舊一五四元膺傳，「代權德輿爲東都留守，……十年七月，……數年，改河中尹充河中節度等使，」並未言元膺於十一年授河中，吳引誤也。況吳又引元龜，「元和十二年三月敕河中觀察使趙宗儒罰一月俸料，」是十二年三月宗儒猶未去河中，十一年何得遽著元膺？又吳所謂「以舊紀考之在元和十二年五月」者，因是年五月「己亥以尚書左丞許孟容爲東都留守，」（據沈本校正。）謂孟容代元膺而元膺移河中也，此自與舊元膺傳，「數年」之文合。至舊宗儒傳之，「十一年，」據聞，沈兩本實「十二年」訛，如是，則舊紀，傳已互相照應，吳氏失考，遂致表與考證自說已不能脗合矣。

大和三年祇著薛平。按舊紀一七上，是歲六月辛亥，史憲誠自魏博除河中，雖未上任，仍當表列也，

大中五年始著鄭光，亦引蔣伸授制。按此與宣武鄭朗差一年，說見前宣武。

咸通十年夏侯孜竇璟，璟無證，此殆因長安志，咸通中河中節度使竇璟與弟河

東節度使竇潏同居崇賢里（引見河東乾符三年下）而塡入也。但下文又據通鑑，著璟於乾符四、五年，璟無再鎭之證，則本年璟名應删卻。倘謂長安志有咸通中之文，則河東表咸通中亦無潏，長安志不過取後來歷官以稱璟潏，非必謂咸通時璟、潏已官節鎭也；舊籍中此類追稱，屢見不一見，是在讀者明而通之。

咸通十一至乾符元年杜審權，其十四年下云，「以孔紓墓誌考之，審權移忠武在乾符元年前，」既如此說，何爲乾符仍著審權也。豈以忠武乾符元年仍著曹汾，遂不得不如此遷就歟？汾於咸通十四年春尙鎭忠武，固有唐詩紀事一條爲證，然卽紀事不誤，未見汾必連任至乾符元年，若汾碑立於咸通十五，（卽乾符元）則須知立碑有遲早，汾非必卒立碑之年也。抑吳氏考證又云，「按孔紓墓誌，咸通十五年三月……此是年審權移忠武之證，」復與表謂移忠武在乾符元年前者自相違戾。誌言「今許昌太傅相國襄陽公爲河中，」只能據爲乾符元年三月前審權已改忠武之證，不能據爲審權改忠武必在乾符元年之證。

天復元年朱全忠，引通鑑，全忠表張存敬爲護國留後。按薛史宗室傳，歐史家人傳均稱以朱友裕爲留後，惟友裕三年爲鎭國節度，則疑兩人充留後爲不同時期也；新存敬傳，「太祖表存敬護國軍留後，復徙宋州刺史，」可證。

昭義、大中十一年畢諴，十二年裴休，十二年下引舊紀，十二月云云。按休係十一年代諴，十一年應補休名，且將引文移上，方免誤會。

咸通五年高潯。按六年引通鑑潯以正（二）月辛巳命，則五年應删潯名。

大順元年李克修，李克恭，孫揆、康君立，無朱崇節名，只於引通鑑文見之。按陸扆行制亦稱「前昭義軍節度使朱崇節，」唐廷認之而吳氏削之，可乎，參前河陽龍紀元年條。

光化三年張歸霸，缺引文；可參表八邢洺，其名當删。

義武，張茂昭，按全文六九一、符載代杜佑祭易定張相公太夫人文，據余考證，茂昭係貞元十八年丁母憂起復，見拙著論杜佑年譜。

會昌二年陳君賞下注云，「開成三年通鑑考異，引補國史張元益全家赴闕詔以神策軍使陳君賞爲帥。」按此段引文，雖可見君賞出身神策，然補國史傳聞之說不可據，則考異已略有辨正。況表前文開成三年下引舊紀，韓威繼鎭義武，四年亦著威，則補國史謂三年授君賞，應有解答，說方可通。考樊南文集六，祭韓氏老姑文原注，「故易定韓尙書太夫人，」馮註以爲韓弘弟韓充之妻，易定節度威之母，且云，「至開成五年八月又有易定軍亂逐節度使陳君賞……之事，則君賞赴鎭必更在前，而韓威之何以去易定，檢閱不得，玩空緊登壇，未聞曳履諸句，豈威竟有不急承詔命之事，其母乃不得已而自上奏歟。……又按舊紀，太和八年十二月，書以棣州刺史韓威爲安南都護，九年正月，又書以前棣州刺史田早爲安南都護，與易定之旣除韓威而旋改授陳君賞相類，則韓威之不卽赴鎭，可參觀矣。」謂威不赴鎭，誠得厥解。但馮於文內「鼂父先歸，莫之能比，趙母上言，蓋不得已」四句，又注云，「則韓威當是僞言赴鎭而乃覊延以得罪也，」（吳氏考證襲其說）則大失厥指。蓋威不赴鎭，必上書辭謝，及朝廷不許，乃由其母上書自陳病狀，故以「鼂父先歸」爲比，且言其出於不得已也。下文「何玆達識，乃克先知，」亦與稱母病相照應。由是言之，則韓威再辭不拜，朝廷乃卽改除君賞，補國史系其事於開成三年爲不虛，今表三年韓威後應續著君賞，四年則單著君賞刪卻韓威，然後其情節乃得貫通無滯也。

咸通七至十年著侯固，其考證云，「淳熙三山志，固太（大）和九年進士鄜坊靈武易定節度使。」今表一鄜坊列固於咸通元至三年，朔方列固於六至九年，此又列固於七至十年，無非用硬塡之法，此且不論，然試問七、八、九之三年間，固能兼朔方、義武兩使乎。

乾符六年始著王處存。按匋齋藏石記三五，張師儒誌，廣明元年十月五日葬，誌云，「有男四人，長曰洙，見義武軍節度都押衙，……屬以時當沙陁悖亂，逆臣李國昌侵迫邊陲，節度使王公知洙有韜略之機，……」可引注。

義昌、大和元年著李同捷，烏重胤。按同捷並無朝命，謂表不應列名，只當見附注中，重胤亦未上任，應有說明，參前文泰寧及天平。

中和元年楊全玫下引「册府元龜，盧彥威本浮陽牙將，中和初節度使楊全玫遣以本軍二千人入援京師……光啓中會魏博韓允中糾合滄海同攻鄆州。」按依下文魏博，允中早卒於乾符元年，子簡亦於中和三年爲樂彥禎所殺，元龜顯誤，應辨正。

四年著楊全玫，王鐸，光啓元年復著楊全玫。按鐸雖未上，然表仍著之者所以脅朝命，是也。然通鑑二五六，於光啓元年七月全玫被逐後，繼書「以保鑾都將曹誠爲義昌節度使，以彥威爲德州刺史，」何誠竟不入表。如曰據通鑑二五八、大順元年之文，誠當未上，何以王鐸又書。先後一年，已自亂其例，他復何責耶。

幽州、大歷七年著朱希彩，朱泚，希彩下無引文。按舊一四三李懷仙附傳，「七年，孔目官李瑗因人之怒，伺隙斬之，軍人立其兵馬使朱泚爲留後，」應補入。

貞元五年劉濟。按舊一四三本傳，「累加至檢校兵部尙書，貞元五年，遷左僕射充幽州節度使，」應補入。唯左新書二一二作右，表十二年下引元龜亦作右，岑刊校記失校。

大中三年著張仲武，張直方，仲武下無引文。按通鑑二四八、是年四月，「癸巳，盧龍奏節度使張仲武薨，軍中立其子節度押衙直方，……戊戌，以張直方爲盧龍留後，」應補入。若直方下引「通鑑、六月戊申以張直方爲盧龍留後，」「留後」乃「節度使」之訛，表中引文多誤，舉不勝舉，質言之，草率而已矣。

魏博、大和三年著史憲誠，何進滔，引舊紀、「其新節度使李聽入城不得。」按聽自義成兼魏博，表既不著，亦無引文，則所謂新節度者恍從天降；況前文義昌王鐸在道被殺，表固著之，聽已臨城，而竟缺之，稍知編制者當如是耶？

大中十三年何弘敬；按東觀奏記下「大中十三年二月，魏博節度使何弘敬就加中書令，」可補注。

咸通十一至十四韓君雄，乾符元年韓允中，只引通鑑允中薨、子簡爲留後云云。按通鑑二五二、咸通十四年九月下，「魏博節度使韓君雄……並同平章事，君雄仍賜名允中，」此條萬不能不引，否則何從知允中即君雄乎；

山南東、乾元二年王政，史翽，其考證謂政爲襄州刺史卽節度，是也。但表引通鑑、襄州刺史除張光奇，考證亦錄光奇，同是襄刺，何同歲之內，著政不著光奇耶？

上元元年，依所引通鑑，韋倫奉命，雖隨即改官，仍應列表。

寶應元年來瑱，引舊紀、五月壬寅以來瑱復爲襄州刺史云云。按表未著瑱去，則「復」字無著；考舊一一四瑱本傳、肅宗授　安州刺史充淮西十五州節度，通鑑系其事於建辰月癸巳，此節必應補注。

建中二、三年李丞。按丞卽藩父，舊藩傳、父承，湖南觀察使，係書其終官，新表稱承山南東道節度，乃舉其重鎮，商榷八三謂當以世系表爲正，蓋未細考。唐代石刻丞、承字往往通用，承、舊一一五新一四三自有專傳。

三年賈耽，引「舊紀、十一月己卯以淮南節度使賈耽……山南東道節度使，」下文山南西道所引，淮南作山南，按今本舊紀實作淮南，校勘記九謂淮南節度使下有脫文，耽上脫山南西道字，當引注以免閱者不明。

元和八年袁滋，引白居易除制；按此是僞文，應删。

十四、五年孟簡，引舊傳、「是歲（十四年）改授太子賓客分司東都，其年十二月卒，」按簡既以十四年改官，則十五年表似不必再列簡名。至舊傳「其年卒」之「其年」，乃承長慶三年言之，此誤引。

開成元、二年殷侑，引元龜、大和中准詔停減軍卒千餘人散爲羣盜左授賓客；據表則侑開成方任，非大和也，應辨正。

四年李程，引「舊傳、出爲山南東道節度使卒，」其考證云，「新傳、遷爲僕射」。按程會昌初尚任東都留守，見拙著唐集質疑五相一漁翁條。

會昌元年牛僧孺、盧鈞。按玉谿生年譜會箋二云，「舊書僧孺傳、會昌二年罷兵權、徵太子少保，檢舊紀、會昌二年四月有檢校司徒兼太子太保牛僧孺等上章請加尊號事，其時已罷鎮矣，」未亦引杜牧墓誌爲證。

大中六年高元裕，七年李景讓。按考證謂景讓授襄州在六年，表三、天平景讓亦以六年去，此處六年漏景讓。

咸通四年鄭涯、崔鉉，引舊鉉傳、「大中九年淮南節度咸通初移襄州」。余按表五、淮南咸通三年著崔鉉、令狐綯，其考證云，「新傳、鉉在揚九年……以舊傳、令狐綯咸通三年(冬)爲淮南（原訛西）考之，實八年，蓋於四年春移鎮耳，」依淮南表例，則各任之著錄，以除授之年爲斷，故鉉雖遲至四年春去淮，四年仍不著其名。但鉉既三年冬改襄州，則涯亦必三年冬罷襄州，準淮南表例，此處咸通四年下不應復著涯；卽欲事求其實，祇當於附注提及耳，否則非徒亂例，且令觀者不明。

咸通十四年楊知溫，乾符元于琮，其于悰考證云，「舊紀在咸通十四年十一月，通鑑在乾符元年正月，今從舊紀」；是考證與表列不符。

光啓四年劉巨容後卽接趙德諲，無引文、謂應據通鑑二五六、是歲秦宗權遣德諲攻陷襄州（表只引宗權），以見其所自始也。

乾寧二年趙匡凝。按英華四五七、陸扆授趙凝檢校太尉開府制，據拙著補翰學記考證，係是年八月前所行，可補注。

山南西、乾元二及上元元年李希言，闕引文。考新表七二上、南祖有「希言、禮部侍郎，」高宗相敬玄之姪孫，武宗相紳之再從父；又表五、浙東李希言下引「嘉泰會稽志、李希言乾元元年初置浙江東道節度使，自禮部侍郎授，移梁州，」則此希言當同人，亦卽本表所據列也。希言又見舊一三七李紓傳，云禮部侍郎希言之子。

貞元三年嚴震，引諸葛武侯新廟碑府王左僕射馮翊嚴王（按此王字當作公），謂卽嚴震，陝西通志以爲嚴武，關中金石記以爲舒王誼，皆誤云云。按府王字拙著唐集質疑曾有詳說，吳氏固已發其端也。

元和九、十年鄭餘慶；十一年權德輿，引舊紀、德輿以十月除，其考證云，「鄭餘慶、舊傳充山南西節度，三歲受代，」是十一年下誤奪餘慶也。

大中十年蔣係，十一年盧鈞，引舊紀、咸通（誤，當作大中）十一年十月以山南西蔣係權知刑尙，又九月除盧鈞山南西，此顯鈞代係任，十一年仍應著係也。

乾符二至五年牛蔚，其考證引舊傳、在鎭三年，屬徐方用兵，中官責貢，不合而罷，且云：「通鑑、乾符四年二月，黃巢殺鄆州節度使薛崇，逆數之至乾符二年凡三年，此蔚二年除四年罷之證，徐方用兵指爲黃巢，非龐勛」。今表乃在鎭四年，且與考證不相合。

中和三年牛勗、鹿晏弘，引通鑑、晏弘逐勗。按新五代史韓建傳，「行至興元，逐牛叢，據山南，」纂誤補云，「按舊唐書僖宗紀、牛叢作牛蔚　新紀作牛勗，（宦者傳作牛頊）。……此疑仍薛史王建傳之誤，前蜀世家同」。

年　表　五

荆南、至德元、二載李峴；引通鑑、元載十一月峴辭疾赴行在，則二載下不應著峴。

乾元元年著韋元甫，其考證云，「唐文、元甫謝加光祿階表曰，聖皇委臣以武關方城之任，監護七軍，先帝委臣以荆南、江西之寄，廉察兩道，此元甫於肅宗年爲荆南之證，按當在張鎬後，」其江西考證同，今表則列鎬前，未必碻。復考舊一一五元甫傳「累遷蘇州刺史浙江西道都團練觀察等使，大歷初，宰臣杜鴻漸首薦之，歷尚書右丞、淮南節度卒，」於以前官歷從略，此可補闕也。

建中三至貞元元年張伯儀，其考證云，「以舊李復傳考之，伯儀於貞元元年罷」。余按舊一一二復傳，「伯儀旣受代，以復爲容州刺史兼御史中丞」，今表七據于邵送紀奉禮之容州序列復任容管於建中四年，是相差兩年也。

貞元八至十九年裴冑。按游宦紀聞六、「元和中裴宙牧荆州」，裴宙無考，蓋因冑、宙音同而誤，復誤貞元爲元和也。尚書裴冑鎮江陵，見廣記二四二引乾𦠆子。知不足齋本校紀聞云，「案唐元和中、商刻作唐開元中」，亦訛貞元爲開元耳。

會昌六年鄭涯、李德裕。玉谿年譜馮氏云、「德裕出鎮荆南，留守東都，舊紀最確。舊傳謂會昌五年出鎮荆南，數月追還，復知政事，今證之本集、德裕終武宗朝未曾外出，故新書表、通鑑皆於六年四月書之也。惟文饒別集云，余乙丑歲自荆南保釐東周，路出方城，有隱者曰，居守後二年當南行萬里，然舊傳云大中二年冬至潮陽，則從六年以往，數亦正合。是則集中乙丑當爲丙寅之訛，舊傳誤據之，而又見武宗病時德裕仍在朝，乃以數月追還彌縫其闕耳」。

大中五至八年楊漢公，其考證云，「許渾詩、李羣之員外從事荆南，尚書楊公詔徵赴闕，……自漢上舟行至此，按詩當作於渾爲郢刺誌（時）。以渾寄大梁劉尚書詩、「去年今夜醉蘭舟」句考之，渾於大中八年刺郢。……東觀奏記、工部尚書楊漢公……左遷祕書監制曰，考三年之績，爾最無聞，……舍人沈詢之詞，詢於大中九年出鎮浙東，曰考三年之績，漢公在鎮三年也。然則漢公大中六年以戶部侍郎出鎮荆南，八年罷」。今表仍列五年，與考證異。抑詢自中舍知九年舉，知舉者例於先年九、十月間除出，是亦漢公最遲八年罷之證。

八至十一年蘇滌，引姓纂、滌兵部尚書襄州節度。按荆南是荆州，非襄州，今山南東道吳氏又未著滌，顧引而不辨，非也，姓纂襄州殆荆州誤。

淮南、建中三年陳少遊。據通鑑二二七、是歲十一月己卯朔，加少遊同平章事，可補注。

大和四至六年崔從。按匋齋藏石記三一、崔愼經夫人李氏誌，「明年，以舅司空公帥淮南，夫人隨夫侍行，未周歲，有姑之喪，……再期之制未沒而司空公即世，」據新一一四從傳，卒贈司空，愼經、從子也，新表漏。

咸通十一年馬舉、李蔚，蔚下引舊紀、是歲十二月除，其考證祇著「李蔚舊傳」四字。余按商榷九一、舊李蔚傳、咸通十四年，轉揚州大都督府長史，……高彥休唐闕史卷下云，丞相隴西公蔚建大旆於廣陵，時咸通十二年也，……據此，則十四年當作十二年，」是舊傳有誤，吳何爲徵舊傳，且徵而不辨也。據舊紀、蔚以十二月除，闕史言十二年，係就抵任日言之。

光啓二年高駢下引通鑑、二年五月以駢兼中令充鹽鐵等使云云。按通鑑二五六原文云，「五月，朱玫……以淮南節度使高駢兼中書令充江淮鹽鐵轉運等使諸道行營兵馬都統，……大行封拜以悅藩鎭，」是朱玫僞授，吳乃以爲唐廷眞除，大誤；此應删却，否亦當改書朱玫授也。

浙西、大中五年鄭朗。按表二、宣武大中四年已著鄭朗，此亦不照之處。表四、河中鄭光，引唐會要、大中五年五月河中節度使鄭光奏云云，祇能明光已上河中，不能據爲光五年除授之證。

乾符元至三年趙隱，二年下引通鑑、三月王郢作亂，又引新隱傳、王郢之亂，下除太常卿。余按金華子雜編，「杜晦辭自南曹郎爲趙公郢從事於朱方，王郢之叛，趙相國以撫御失宜致仕，晦辭罷職，……永寧劉相國鎭淮南，又辟爲節度判官」，據上淮南表、鄴以乾符元年十月授，隱之罷當在二年無疑，三年下應删郢名。

浙東、至德二及乾元元年李希言。按唐才子傳、顧况傳，至德二年，天子幸蜀，江東侍郎李希言下進士，與嘉泰會稽志、希言乾元元年自禮侍授符。天寶末、希言爲吳郡採訪使，見馮宿殷公家廟碑。

大曆九年陳少遊。按八年下已引舊紀、十月少遊遷淮南，本年不應再著少遊；若謂皇甫溫九年八月始除，則少遊、溫之間，許尙有別人也。

貞元三年，據新表、是歲睦州移隸浙西，應補注，庶與篇首領七州相照。

元和三年薛苹，引「韓集、石君墓誌注，元和三年正月以薛苹爲浙東」。按白氏集四〇有答薛苹謝授浙東觀察使表，居易二年底入內署，此答正三年初所撰，參拙著論白集僞文。

八年李遜，引白居易浙東觀察使李遜授京兆尹制；按此是僞文，不爲典據，應删却。

十二年孟簡、薛戎。按唐會要載孟簡授代事在十三年二月，玉谿生年譜張箋已據會稽掇英總集辨之，十三實十二訛。

長慶二年丁公著下引「志，自禮部尙書翰林侍讀學士授。」。按依元年下所引白居易行制，公著係自工侍集賢殿學士檢校左散侍授，會稽志所書，沿新公著傳而誤，辨見拙著唐史餘瀋。

咸通五至八年楊嚴，引志，「八年二月赴闕」。余按嘉泰會稽志實作六年，考證引亦同，是此處吳氏肊改六爲八而不加說明者也。由志下條王渢八年二月自前戶部侍郎授觀之，志楊嚴下之「六年二月，」余固信是「八年二月」之訛（即渢代嚴任），所譏者吳氏強改而勿爲之說耳。（參拙著翰學壁記注補楊嚴條）。

乾寧三年董昌，錢鏐，引吳越備史及通鑑。余按依舊紀二〇上，是年五月辛巳，王摶罷相除浙東，八月甲寅，摶復入相，（參唐史餘瀋宰相王摶條，摶雖未上，仍當依表例補入。

宣歙，上元二至永泰元共五年缺人。考千唐，大和九年會稽尉崔夫人鄭氏誌云，「其外曰河間劉氏，故宣州觀察使銛，其祖也，」氏卒大和九年，享年三十四，以世數推之，劉銛之任，得在此時期中，惜無法推定耳。

咸通七、八年楊收。按匋齋藏石記三四，宇文氏誌跋（八年八月葬）云，「資治通鑑、咸通……八（七訛）年冬十月，以門下侍郎同平章事楊收爲宣歙觀察使，舊唐書收傳，不言入相之年，其罷爲觀察使亦在八年，新唐書收傳，言懿宗時以中書侍郎同中書門下平章事，知政凡五年，罷爲宣歙觀察使，此誌作於八年而追敍五年之事故曰因丞相今宛陵楊公，明五年收方爲丞相，至作誌時之八年，已出爲宣歙觀察使。」按舊傳之八年，商榷謂七年傳寫之誤；校勘記五九又主張改傳下文之九年爲十年，以遷就八年。考宇文氏誌作於八年八月前，已稱收官宣歙，則斷非八年十月始貶，八爲七訛，王說當推定論。若元龜書八年三月收除浙西，直是誤文而已。

江西，大歷七年至十三路嗣恭，十三年下引「舊紀，十二月丙戌以江西觀察使路嗣恭爲兵部尚書給事中杜亞爲江西觀察使，」似嗣恭碻於十三年始去江西矣。但表七，嶺南東道又引舊紀。著嗣恭於大歷八至十二年，嗣恭何人，能同時兼領兩鎮乎。考舊一二二嗣恭傳，敍其八年除嶺南後，無再移江西事，通鑑考異一七言元載已被誅而後召嗣恭，意亦謂召自嶺南，依此推之，舊紀一一之「以給事中杜亞……充江西觀察使，以江西觀察使路嗣恭爲兵部尚書，」實截然兩事，第二江西觀察使涉上文而誤，應作嶺南節度使，（校勘記失校）。本表九至十三年應削嗣恭名。

貞元十一年路瓌，引舊紀作瓌。按今舊紀一三，貞元十一年作寰，元和姓纂同，十三年作瓌，沈本改爲寰。

開成五及會昌元李珏，據新傳列。按表七，桂管開成五及會昌元已據舊紀及通鑑列珏，一人豈得同時貶兩地耶，珏名應删。

會昌四年周墀。按王谿年譜會箋三云，「案舊書傳，書遷江西於會昌六年十一月，考紀，會昌六年十一月，以江西觀察使周墀爲義成軍節度鄭滑觀察等使，是會昌末墀由江西遷鄭滑，非由華州遷江西也」。

大中四年裴儔，其注及考證都引日休詩云，「皮日休奉獻致政裴祕書監詩：玉季領江西，泣之不忍離，捨權隨之去，天下欽高義，鍾陵旣方舟，魏闕將結駟，優詔加大監，所以符公議」按玉季謂裴儔，休之弟，細玩此詩，儔由江西乞病，以祕書監致仕也」。余按玉季指弟言，舊書一七七，新表七一上，儔爲休兄，不可通者一。如玉季指儔，則捨權隨去者應爲休，但舊傳，大中初休疊領戶、兵兩侍充鹽鐵使，已駸駸乎入相，不可通者二。休亦嘗領江西見前會昌元至三年，但謂彼時儔已致政，又與此時儔鎭江西牴牾，不可通者三。考吉石本廬山記四，有裴休「予自右轄出鎭鍾陵，祕監家兄不忍遠別，亟見宰坐求替，遂得同赴江西，時也廌福大德顯公禪門上首言歸東林，亦獲結侶，道路陪遊，每承淸論，今過寺，因留題詩一首，」其後又有裴諗「和舍弟寄題東林寺」詩（兩詩全詩均失收）。按休自中舍除江西，有張又新建碑記及杜牧代讓平章事表可證，非自右丞（右轄）出，休兄亦不名諗，唯新表中眷裴，僖宗相坦之兄名諗，乃知詩實坦作，後人誤書坦爲休也，表缺諗仕歷，得此可以補闕。復次表，咸通二至五年著裴坦，引「貫休寄大願和尚詩序，太平裴公出守鍾陵與師同行」，應卽坦詩之大德顯公，願、顯形近，未詳孰正。新一八二坦傳，「再進禮部侍郎，拜江西觀察使，」觀詩又知坦實自右丞出，非自禮侍出，更可補傳之略矣。

十二年韋宙，引通鑑十月宙自光祿卿外除。按吉石本廬山記五石刻云：「大理少卿兼御史中丞賜紫金魚袋韋宙，大中十二年准詔嶺南宣問，七月二十九日再過此，」通鑑稱光祿卿（從三品，）豈回朝後新授歟，待考。

咸通九至十一李騭。按曲石藏，乾符五年亡室姑臧李氏墓誌，「顯考騭，自中書舍人翰林學士出拜江西觀察使，薨于位，贈工部尙書，」則騭是卒官，惜未知究在某年耳。由騭惠山寺詩序觀之，固必在十年二月已後，但表騭後爲楊戴，（據江西志。）而戴以何年任，尙無明文也。十二年下引北夢瑣言一節，係裴璩事跡，表既未得裴璩任年，謂當移入考證矣。

全文七五七，崔黯乞敕降東林寺處分住持牒，首稱「江西觀察使崔黯奏東林寺」云云，吳表六大中十一年下引此，以與叢編稱湖南不同爲疑，余以爲無可疑也。牒與復東林寺碑均載全文，兩者並非同時之事，蓋碑所記者復寺之畢工，而牒則云：「而寺中莊田錢物，各自主持，率多欺隱，」顯是復寺已後若干年之事，黯既嘗官湖南觀察，安見後來不改官江西。況東林寺隸鍾陵轄，其事自應由江西觀察奏之，黯如尙官湘，豈非越境奏事，於制合乎。故知「江西」字斷非湖南之訛，惜未得其碻年，祇可暫附備考之列耳。（參下湖南大中十一年）

年　表　六

福建，建中元年常袞，引舊紀，五月湖州刺史常袞爲觀察。按湖，沈本作潮，同紀大曆十四年閏月亦書貶袞潮州也。

長慶四至寶歷二徐晦，引舊傳，寶歷元年出爲福建，二年入爲工侍，又引舊紀，二年八月晦爲工侍，如依舊傳，則長慶四不得著晦矣。惟四年下又引沈亞之開新池記，「十一月辛卯新池成，」似四年冬晦已任者；今考四年十一月丙午朔，月內無辛卯，寶歷元十一月庚午朔，辛卯二十二日，是亞之之記亦作於寶歷元，不能證晦長慶末任也。

會昌元至三年黎植。按郎官柱，浯溪題名，翰學壁記，新李德裕傳等均作埴，此從木訛，考證同，表云：「淳熙三山志在大中八年，恐誤，按唐會要，開成五年有御史中丞黎植」，然開成末爲中丞，不能必其會昌初卽出除福建也，宦途何常之有。

大中九年闕名下引姓纂，皇甫鎛宰相生煥，中書舍人福建觀察使，謂郎官柱無煥云云。按姓纂庫本校注，「又鎛子珪，字德卿，此作生煥誤」，據翰學壁記，皇甫珪曾官中書舍人，謂煥爲珪訛說可信。珪以大中十四年(卽咸通元)十月自翰學出授同州刺史，察閩必在其後(斷非大中九)，特未能考定的年耳。

十一年楊發、王鐐，引舊紀正月；按舊紀是十二年三月，此誤前一年，表七嶺東不誤。

乾符元年缺，三年李播，引舊紀，六月敕停見任。按金華子「盧公攜入相三日，堂判福建觀察使播等九人上官之時，衆詞疑惑，王回，崔程，郎幼復等三人到任之後，政事乖張，並勒停見任，」據舊，新紀表攜均元年入相，非三年，又崔程，郎幼復，舊紀作崔理，計信卿，程、理猶曰字肖傳訛，若郎幼復與計信卿則其差千里矣，金華子一書不盡可信。

鄂岳，大歷二年穆寧下引「郎官石柱題名，戶部員外郎穆寧在李融後六人」。按今戶外一欄有倒亂之迹，李融當卽貞元間之節度李融，說見拙著新突厥傳擬注，此其先後不可據也。

四至七年獨孤問俗，其考證祇云，「按當在大歷四年，」未舉理由。考李紓朱巨川碑(全文三九五)敍巨川官歷，其鄂沔聯帥獨孤問俗係屆於濠州刺史獨孤及與浙西牧李涵之間，及以大歷三年閏六月十二日上濠州(毗陵集五，)涵以七年二月除浙西(舊紀一一，)則吳氏所擬時期尙合，惟未知果在任四年否耳。

元和三年韓皋，郗士美，四年士美，五年士美，呂元膺，五年下引新表，罷武昌軍節度，置鄂岳觀察。按考異四九云，「紀傳稱士美爲鄂岳觀察使，似元和三年以後，武昌已無節度之名，」考因話錄六云，「先是元和初，韓尙書皋在夏口就加節度使，自後復爲觀察使，」亦可爲錢說佐證，今吳氏祇於長慶四年下引因話而不於此辨正，何也？

長慶三年崔元略，崔植，四年植，寶歷元年牛僧孺，引舊元略傳長慶四年入爲大理卿；然表一年已著植者，據其考證，以因話錄六有「長慶三年崔相國植從刑部尙書除觀察」之文也。但据舊紀，僧孺以寶歷元年正月十一日除而因話錄則云，「明年（長慶三年之明年，卽四年。）冬牛公賓來，」是因話錄之三年未必盡信，而舊元略傳之四年未必誤也。

會昌五年鄭朗，引「通鑑，會昌二年十二（一）月鄭朗爲左諫議大夫。」按翰學壁記，開成五年四月朗已自大諫充講學，通鑑原文，十一月「乙卯，諫議大夫高少逸，鄭朗於閤中諫曰，」敍其時朗之見官，非始爲此官也。類是之引文，用字應有斟酌，庶免覽者誤會。

咸通二年下注云，「按咸通年鄂岳缺年頗多」余按拓本，唐故鄂岳都團練判官將仕郎試大理評事太原王公（名譚字大受），墓誌銘幷序云，「洎于公德孫廉問江夏，首辟爲觀察判事大理評事，誠佐四年，……復奏爲右職，……以咸通五年五月二十四日終於鄂州官舍，年五十二，」依此推之，于德孫廉問江夏，應在咸通初，且似五年尙未解任也。德孫前官，可參翰學壁記；大中十三年四月改御史中丞出院，又咸通十、十一兩年官吏侍，見舊紀一九上。

九年崔璆，劉允章，引廣記三六五（？）允章咸通中自禮侍授鄂岳，明年皮日休登第云云。據登科記考二三，日休八年進士，在允章除鄂岳之前。

乾符元年劉允章，韋蟾，考證引羅隱詩爲蟾乾符初出除之證。按千唐，韋厚撰李氏誌，乾符元年二月十一日立，文有「新授鄂州觀察使早以才氣知重，累於名府推薦」語，此當指蟾而言，是蟾之出除，當在乾符元年初，或且在咸通十四年末也。

湖南自廣德二年至大歷元年著錄孟士源，注云，「元結茅閣記，乙巳中，平昌孟公鎮湖南將二歲，……又退谷銘，誰命退谷，孟公士源」。余按全文五二一，梁肅李舟（公受）墓誌，「二十餘，以金吾掾假法冠爲孟侯皞湖南從事，」惟誌祇稱享年四十有八，不著卒年，同書五二二又有肅祭李處（虔？）州文，自署淮南節度掌書記殿中侍御史內供奉，依同書五二三，崔元翰梁肅誌，肅在淮南，實佐杜亞，貞元五年以監察御史徵入，則舟殆卒於是歲。由此逆推，舟年二十當上元二年，廣德、永泰間正年二十餘，其時鎮湖南者名皞，不名士源。（皞之事迹，略見拙著姓纂四校記）。

考證下又云，「孟士源無傳，元結茅閣記、乙巳中平昌孟公鎮湖南將二歲矣，按乙巳、廣德二年，前一歲爲元年，此士源元年鎮湖南之證，今以新表、廣德二年置湖南觀察，系是年」。余按廣德二年是甲辰，非乙巳，乙巳乃永泰元年，新表廣德二年置，正與茅閣記合，吳氏誤算耳，何爲疑新書。唐詩紀事二四、「孟彥深字士源，天寶末爲武昌令，」又云，「彥深登天寶二年第，」是士源名彥深，與皞爲兩人，所同者不過姓孟耳，平昌是郡望，武昌是所官，吳氏徒因姓同及有一「昌」字相同，遂混而爲一，大誤。申言之，即茅閣記之孟公，非退谷銘之孟公。

大歷十四年辛京杲、蕭復，建中元年蕭復，曹王皋，引太平廣記及嘉話錄蕭復代獨孤問俗爲潭州而不著問俗；其京杲考證云：「罷鎮以新、舊曹王皋傳考之，在大歷十四年德宗初卽位時，唐語林有湖南觀察獨孤問俗，疑誤。」按舊一三一皋傳，「建中元年，遷湖南觀察使，前使辛京杲貪殘，有將王國良鎮邵州武岡縣，……據縣以叛，諸道同討，聯歲不能下，」夫曰「前使，」則不必在其前一任或前一年，况京杲之後尙有蕭復，則前字之用法可知，安見京杲必以十四年罷也，未獲其他反證，應仍列問俗名爲是。况廣記所載趙憬積資累至湖南觀察，事固可徵乎。

元和三年李衆。按舊紀一四、是歲十月，「甲子，以御史中丞竇羣爲湖南觀察使，旣行，改爲黔中觀察使」，衆之先，於例應著羣。

大和元、二年王公亮，引舊紀。按曲石藏，咸通七年滑州匡城令王虔暢誌云，「炅襲華容爵，炅生日雲、日霞，日雲……二子，……少曰公亮，貞元年進士，……官至潭州刺史御史大夫湖南都團練觀察使。」據紀、公亮自右金吾大將軍出除，蓋文人改武職也。

七年高重、李翺。按翰學壁記、七年十月十二日重自祭酒充講學，不知是同年自湖南召入否。

九年盧周仁，引舊紀、八月壬寅周仁自蘇刺授；開成元年盧行術，引舊紀、閏五月己丑湖南觀察使盧行術進羨餘錢；二年行術，引舊紀、八月己巳行術改陝虢云云。按從文面觀之，周仁、行術自應是二人，但考元年下吳所引舊紀，原文實作「湖南觀察使盧周仁」，舊一四九歸融傳同，不作行術，假吳認周仁、行術爲同人改名，應於注內有所證說，何竟無聲明也。抑涉「行術」一名，更有異論，舊書校勘記八，「以湖南觀察使盧行術爲陝虢觀察使。聞、沈本以下有前字是，殿本空使盧以下七字，張氏宗泰云，據下三年二月丁未所書，行字衍，」又同記三年云，「盧行術，行術爲福王傅，聞、沈本盧上有代字，無行字，下行字作以，」依記說則盧名術，不名行術。今考元龜八二五，「盧周仁，開成中爲湖南觀察使，奏云，名與再從伯晉同，請改名術，從之，」合而參之，似開成元年閏五月已前尚未改名，其改名乃在元年閏五月至二年八月未調陝虢之一箇時間，此舊紀所以元年書周仁，二年書術也。若周仁官戶中，又在觀察湖南之前，故今郎官柱亦作周仁。非幸得元龜遺文，此之舛互，幾無從判定矣。（全文四〇八有盧術，乃玄宗時人）。

大中十一年杜蘊附注，「寶刻叢編，江州復東林寺碑，唐湖南觀察使潭州刺史崔黯撰，大中十一年四月立，全唐文七百五十七，乞敕降東林寺處分住持牒，江西觀察使崔黯奏，與叢編不同，應考，」又咸通六至八年著崔黯，引唐摭言，崔詹事廉問長沙，薦日試萬言王璘，忤當軸路巖，且以雲溪友議著崔詹事黯，因疑摭言之崔詹事爲同人云云。余按叢編之文，係轉錄集古錄目，集古錄跋亦著之，云，「右唐湖州(南訛)觀察使崔黯撰，柳公權書，東林寺，會昌中廢之，大中初黯爲江州刺史而復之，黯之文辭甚遒麗可愛，而世罕有之」。今牒與碑均載全文七五七，碑云，「今天子取其益生人，稍復其教，……於是江州奉例詔，余時爲刺史，」據通鑑二四八，會昌六年五月考異引杭州南亭記，「今天子卽位，天下州率與二寺。」是會昌末黯典江州，味「時爲刺史」語，則撰文之日，非尚刺江州，得於言外見之。故陳舜俞廬山記一云，「大中興復，刺史崔黯爲捐私錢以倡，施者搢紳從者數百人，姓爵里今刊於石，仍藏當時之疏，亦崔之詞也」。（吉石本、大中下無「三年」字。)碑又云,「大中六年二月十四日,(正)言命以圖及其備錄訪余爲刻石之文,且曰,……賴君復之,君宜主書其事,」由文觀之,則撰文當在大中六年二月,時崔已離江州任,否則可身臨觀成,不必以圖來訪也。然崔旣去江州,是時果居何職乎?除前舉集古錄目及跋外,廬山記五有云,「復東林寺碑銘,湖南都團練觀察處置等使中大夫使持節都督潭州諸軍事守潭州刺史金紫光祿大夫左散騎常侍上柱國河東郡開國公食邑二千戶柳公權書,唐大中十一年歲次丁丑四月戊辰朔二十六日癸巳建,」同記一又云:「崔又作復寺碑,左散騎常侍柳公權書,」兩文比觀,幷準諸唐人結銜題法,知潭州刺史下,金紫光祿前實奪文一行,故闕黯名。然歐陽所見拓本與舜俞親自鈔記,其結果不約而同,則大中六年黯官湖南觀察,可無疑也。尤有證者,公權之結銜與高元裕碑全同,(舊說大中七年立,參拙著翰學壁記注補蕭鄴條。)舊一六五公權傳,「復爲左常侍,國子祭酒,歷工部尚書,咸通初,……」據集古目,大中六年立之韋正貫碑,七年二月立之康約言碑。公權均官左常侍,惟九年正月立之圭峯禪師碑,已題「金紫光祿大夫守工部尚書……,」工尚之前,尚經祭酒一轉,是知公權書復寺碑應在六、七年,書必在撰後,益見黯官湖南當在大中六年,又碑旣撰書,常不卽建,大中十一,非撰書之年也。或曰,前文五至七年吳著崔愼由,引樊川集,賀生擒衡州賊鄧裴表,有愼由指揮義徒語,裴之平,通鑑書四月下,子謂黯六年官湘,兩崔詎能相容耶。余曰,通鑑書裴平於四月後六月壬申前不著日,涉此種書法,編通鑑者之原意,非必謂事在四月,亦許在五月或且遲至六月也(余曾屢示其例)。裴識任至何年止並無成文,安見黯之任不屆識、愼由之間,而討平鄧裴已爲六年三至六月愼由接黯任後之事乎。黯官詹事,雖見友議,然崔氏簪纓巨族,時代相近而曾同官湖南及詹事者,或不止黯一人;且黯再任湖南,未獲成說,今吳表竟毅然決定,且假爲延任三年,對於已有確據之大中一任,反舍而不書,其能辭輕重失權退阢妄塡之咎乎。若江西奏牒與復寺碑非同時事,業於前江西辨之。吳表又注黯見郎官柱吏外,按吏外實無黯名,吳誤引。

光啓二閔項,引新紀,項爲淮西將黃皓所殺。按九國志一一鄧處訥傳云,「衡州刺史周嶽舉兵襲項,殺之,」與紀異。

光啓二至景福二周岳,景福二年下引通鑑,十二月岳爲鄧處訥所殺。按英華四

五七、陸扆授周岳嶺南西道節度使制，稱「武安軍節度湖南觀察處置使特進檢校右僕射食邑三百戶周岳，」又同人授周岳湖南節度使制云，「具官周岳，……嘗鎮湘中之地，……而遽因疑間，遂致遷移，適五嶺之遐荒，奪重湘之奧壤，乃使軍戎憤悱，黎庶怨咨，煙塵不絕於累年，瘡痍偏傷於一境，旋聞軍吏之衆，耆老之徒，咸詣護戎，借留賢帥，遭權臣之擁遏，致明命之稽延，今我朝政惟新，……可依前檢校司徒武安軍節度使，餘並如故，」是中間岳嘗有遷邕管之命，惟同時除替何人，不可得知。考扆入內廷始大順二年，嶺南西之制，倘即是歲所行；復命武安，則或在景福二年也，參下嶺南西道。

乾寧元年鄧處訥，劉建鋒，引新、舊紀。余按舊紀二〇上、又稱乾寧元年十月庚寅（朔），以中書侍郎平章事王摶為湖南節度使，二年六月，復以王摶為中書侍郎平章事，晚唐悍將擁兵，蔑視王命，故節鎮除授，往往觀望不行，此事雖不見新書及通鑑，然處訥既死，建鋒不命，唐廷志存告朔，自應除出替人，舊紀所書，良有可信，掌故失墜，新書，通鑑之遺漏尚多也。即不置信，要當引注年下以供參稽，豈得概行抹煞耶。（參拙著唐史餘瀋宰相王摶）。

三年劉建鋒、馬殷，引通鑑　九月以湖南留後馬殷判湖南軍府事。按新紀一〇、是年七月乙巳，崔胤罷，丙午陸扆相，九月乙未武安軍節度使崔胤為中書侍郎，又新表六三、七月乙巳，胤檢校禮部尚書同平章事武安軍節度使，全文八二七、亦收陸扆所行崔胤武安節度使制一通、蓋建鋒四月已死，馬殷未命，故七月以武安授胤，（與上條王摶同）。洎胤得全忠之援，九月復相，同時始以府事付殷，情節先後，若合符契。今吳表隻字不提，既自違書例，且安足以昭信史乎。抑扆制、崔胤之具銜為「持危匡聖致理功臣金紫光祿大夫守禮部尚書兼中書侍郎同中書門下平章事兼集賢殿大學士判戶部事，」考舊紀二〇上、乾寧二年九月丙辰，「正議大夫中書侍郎同平章事崔胤為金紫光祿大夫兼禮部尚書集賢殿大學士判戶部事，並賜號扶危匡國致理功臣，」（全文持危匡聖當訛。）兩者相符。又同紀、乾寧三年七月，「乙巳，制以金紫光祿大夫中書侍郎兼禮部尚書同平章事集賢殿大學士判戶部事上柱國博陵縣開國伯崔胤、檢校尚書左僕射兼廣州刺史御史大夫充清海軍節度嶺南東道觀察處置等使，」非特具官無異，其罷相出鎮之日，舊、新紀亦合；所差者舊紀之下截，誤胥初次外貶之湖南爲胥第二次外貶之嶺南東道耳。試將此截改正，（舊書校勘記失校。）則涉胥能相外除之史料，舊、新紀及陸扆制可以完全溝通，外此如新二二三下胥本傳、通鑑二六〇均有同樣記載，吳竟遺之，得無令比讀史，表者悶在葫蘆中乎。

黔中、至德元至寶應元趙國珍。按輿地碑記目四，黔南節度使趙國珍德政碑，上元二年立。

貞元五年李速、張濛，六、七年張濛，八年張濛，崔穆。余按呂頌黔州刺史謝上表云：「伏奉去年某月日恩敕，授臣使持節都督黔州諸軍事守黔州刺史兼御史中丞，臣某中謝。臣以今年某月日到所部上訖。……往昔建中之初，佐戍南海，屬陛下飛天御極，拔異搜能，臣謬居朝謁之中，嘗備對敭之末。……尋屬賊臣希烈上表，臣奉詔奔馳，因茲淪陷，臣忍死效節，偷生竭忠，分士伍以弱枝，獻土地以強幹。當元兇授首之際，亂兵害帥之時，玉石不分，生殺未定，初則傳臣及禍，後乃知臣僅存。……妖氛卽殄，飛詔追臣，就拜銀青，仍加金印，授官華省，列位聖朝。……去歲季春，陛下與太子、諸王賦詩，見宴中書，宜付遍示百寮，凡在臣下，無不奉和，擢居第一，唯臣一人，獨荷殊旌，乃蒙厚錫」。（英華五八五及全文四八〇）勞氏郎官考一云「案據表則頌當自左中出鎮黔中。又英華六百六有呂頌爲張侍郎乞入覲表，原注云德宗時任黔府觀察使，表略云，貞元五年於延英殿賜面辭之日，親奉進止，今（令）臣一考卽來，自到黔中，首末三年，更入新正，卽及四載；又再請入覲表云：擢居方鎮，首末四年；又云，去年十二月已進表陳乞，此卽指前表也。權載之文集四十九，祭故呂給事文，前稱貞元九年癸酉正月庚子，略云，「君命佐戎，於彼淮甸，方國多虞，妖氛潛扇，每以明誠，冀其革面，外蒙恥以枉尺，中飛章而告變。白刃臨前，丹心炳然，貞其困而後濟，忘其生而後全。祲沴旣平，忠勞亦著，草奏南宮，嘉聲載路，出領符竹，澄清遠部，夕拜黃扉，昭宣王度云云，雖不著給事名，案其事迹，當卽呂頌，蓋自黔中入拜給事也。其任黔中，舊紀不書，考舊德宗紀、貞元五年三月，以大理卿李速爲黔州刺史黔中觀察使，又八年五月戊午，以光祿少卿崔穆爲黔州觀察使；考再請入覲表云，「近日已來，暢悦、孫成、李速、裴腆皆在遐裔，相次喪亡云云，則頌任黔中，當在李速之後，崔穆之前。李速後卽是呂頌，自貞元五年至八年崔穆拜，正得四年，時正相接，不容又有張侍郞其人。疑任黔府觀察者卽呂頌，張侍郞三字當是衍文。英華於表類多誤，不可盡據」。申勞氏之說，李希烈時充淮西節度，祭文所謂君命佐戎、於彼淮甸也。建中元年山南東梁崇義拒命，旣而淄青李正己謀不軌，希烈亦僭稱建興王，祭文所謂方國多虞、妖氛潛扇也。郞官柱左中題名，呂頌次李巽前，據全文五〇五、權德輿李巽誌，「由美原縣令課最爲刑部員外郞，由萬年縣令課最爲戶部、左司二郞中，由常州刺史理刑第一徵爲給事中，以御史中丞領潭州刺史湖南觀察使，又四九六、同人湖南觀察李巽遺愛碑，由左司郞中爲常州刺史，……貞元八年冬十二月，由給事中至於是邦，」是巽出左中後尙經常刺、給事二任，乃爲八年之冬，其官左中最遲應不得過貞元五、六年，呂頌正居其前，則勞氏所疑，未爲無當。今吳氏張濛考證云：「張濛無傳，呂頌爲黔州張侍郞乞入覲表，貞元五年面辭之日，迄今首末四年，表引貞元四年和詩事，（以唐會要貞元和詩事證之，知爲張濛。）於勞氏呂頌之考定，隻字不提，考會要二九、「貞元四年九月重陽節，賜宰臣百僚宴於曲江亭，帝賦詩錫之，……仍敕中書門下簡定有文辭士應制，同用淸字，上自考其詩，以劉太眞、李紓等四人爲上等，鮑防、于邵等四人爲次，張蒙、殷亮等二十三人爲下」，卽吳氏所謂會要和詩事；舊紀一三、元龜四〇均有類似之記載，唯舊紀、元龜蒙作濛，（又元龜、于邵作于頎，殷亮作劉滋。）爲下、舊紀作又次之，元龜作平等。撮言之，事在季秋，非謝上表之去歲季春，不合者一。濛詩列在第三等，旣非擢居第一，更何至唯臣一人獨荷殊旌，不合者二。況舊紀同年三月（二字原奪，玆據舊唐書疑義一補。）云，「甲寅，地震，宴羣臣於麟德殿，設九部樂，內出舞馬，上賦詩一章，羣臣屬和，」又元龜同卷、「四年三月甲寅，宴百僚於麟德殿，設九部樂及內出舞馬，帝製序及詩以賜羣臣，於是給御筆，仍命屬和，」是同歲季春別有賦詩見宴之事，與季秋列等無與，吳氏之證，未免太過粗疎矣。

會要五五、「貞元初中書舍人五員皆缺，在省唯高參一人，未幾亦以病免，唯庫部郞中張濛獨知制誥，宰相張延賞、李泌累以才可者上聞，皆不許，其月，濛以姊喪給假，或須草詔，宰相命他官爲之，中書省案牘不行者十餘日」，據新表六

二、延賞三年正月相，泌六月相，七月延賞卒，則此是貞元三年事。會要又云，「四年二月，以翰林學士職方郎中吳通微、禮部郎中顧少連、起居舍人吳通玄、左拾遺韋執誼並知制誥，故事舍人六員，通微等與庫部郎中張濛凡五人以他官知制誥，而六員舍人皆缺焉」亦濛事之可考者。今黔州謝上表列舉微臣之榮凡五，但云郎署之間，遽遷方鎮，初未及於曾掌王言，又表非張濛所上之反證。

全文四八〇呂頌下，除爲張侍郎乞入覲表及再請入覲表外，尙收表狀十二首，不云代作，中如謝賜春衣及牙尺表之「喜氣盈於五嶺，……洎守炎陬，」謝賜冬衣表之「萬里飛軺，……朝章已布於蠻夷，……嘉(喜)溢要荒之外，」謝賜冬衣表之「忽灑炎州，……五嶺溢謳歌之響，」謝敕書賜臘日口脂等表之「忽降遐荒，萬里天書，」句語皆與黔中相斟對；其謝端午賜衣及器物等表云，「謬居藩鎮之榮，獲守黔巫之地，」語尤明白，豈亦頌代張侍郎之作乎、此編方鎮年表者所應注意也。

說旣成，更獲一直證，可將吳說絕對推翻。全文五九八、歐陽詹唐天文述云，「皇唐百七十有一載，皇帝御宇之十四祀也，歲在辛未，實貞元七年，……是歲也，扶風竇公參、河中董公晉輔政之三年，趙郡李公紓爲天官之四年，范陽盧公徵爲地官之元年，范陽張公濛爲春官之三年，昌黎韓公洄爲夏官之三年，吳郡陸公贄同爲夏官之二年，京兆杜公黃裳爲秋官之二年，清河張公彧爲冬官之五年，」春官、禮部侍郎也，是貞元五年至七年濛方官禮侍，非黔中觀察也。登科記考一二云，「蓋劉太眞貶後，張濛代爲禮部侍郎，至七年爲三年，」(按太眞以五年三月貶」。新書一二五張均傳，「子濛，事德宗爲中書舍人，」又新表七二下，「濛、中書舍人禮部侍郎，」吳氏均失檢。

李元諒功德頌，貞元五年八月十一日建，撰人張濛之結銜爲「中大夫行中書舍人上騎都尉昌平縣開國男」。按碑有云，「從駱統之宗，嘗鎮潼關□五年矣，……天子以敦淳可親，誠明可信，更名錫氏，以昭實焉，」據通鑑二二九、建中四年十一月，駱元光爲鎮國軍節度，舊紀一二、貞元三年七月，賜元光姓名曰李元諒，則疑此文先作於貞元四年(二月後，)是時濛已眞除舍人矣。呂頌表、貞元四年季春賦詩之前，已拜銀靑，而濛猶是中大夫，具官不合，尤無疑竇。

貞元十七年韋士宗、裴佶，十八、十九年裴佶。余按權德輿奉送裴二十一兄閣老中丞赴黔中序，「裴兄居諫大夫五年，休問藉甚，……每漢廷大僚與六官貳職之缺，羣情屬目，俟其授受久矣，壬子詔書有黔巫長帥之拜」（全文四九〇，）此一段文章，年表未之引。考舊紀一三、貞元十七年四月，「辛亥，以諫議大夫裴佶爲黔中觀察使，」又九八佶本傳，「遷諫議大夫，會黔中觀察使韋士文（宗之訛）慘酷馭下，爲夷獠所逐，俾佶代之，脅渠自化，堅請入覲，拜同州刺史，」其前職與權文合。又十七年時德輿方官中書舍人，（全文五〇九、祭盧華州、崔房州二文。）亦與唐俗兩省相呼爲閣老合。惟壬子若爲紀年，則是大曆七年，德輿尚未釋褐，貞元十七年辛巳，十八年壬午，復與壬子不符。細思之，始悟壬子者紀日也，辛亥之翌日壬子，詔授在辛亥，至翌日乃宣下，外除者不能久逗遛，送序與詔下日甚近，故祇紀日而不紀年月，裴二十一即佶無疑。佶去黔改同州刺史，可採舊傳注之，表祇引新傳，敍述不如舊傳之明顯。全文五〇九德輿祭徐給事文，貞元十四年八月作，又祭奚吏部文，貞元十五年十二月作，均稱右諫議大夫裴佶，故序云居諫大夫五年也，惟佶以何年去任，未有明文。

元和二年郗士美、李詞，三年詞及竇羣，引權載之集黔州廳壁記、先尚書嘗緜大農賦政于此、凡七易守臣而君嗣其職云。按前文貞元二年李模自司農卿除，即大農也，新表七〇上、神符玄孫司農卿諡曰敬模，模子太子賓客守散騎常侍詞，是詞爲模子，故記曰先尚書，當其贈官也。模之後歷李速、呂頌、崔穆、王礎、韋士宗、裴佶、郗士美凡七人而至詞，故曰七易守臣也。白氏集四〇有答宗正卿李詞等賀德音表，據余考證，是元和四年閏三月事（白集僞文篇，）然則詞自黔中入爲宗正卿矣。新表所書，本自姓纂，乃元和七年時見官。（考證所考未詳，又貞元八年詞官壽安縣令，見集古錄目）。

長慶三至寶曆二缺員，注云，「白居易有黔州觀察使李元成授官制」。按此文馬本五三題「李玄成等授官制，」文作「黔州觀察使兼度支使李玄成等，」參諸東本及盧校，余以爲應作「黔州觀察使兼支度使言玄成等，」（說詳從文苑英華論白集）。李玄成乃黔州屬下之一員，非觀察使也，吳氏蓋未詳考。

大中元年韋□，引陳陶、賀容府韋中丞大府賢兄新除黔南經略詩，又引李商隱、爲榮陽公論安南行營將士月糧狀，知容管中丞爲韋廑。按拓本、王夫人韋氏誌;「夫人幼失所恃,養於季父諱康,皇黔南觀察使,」誌無紀年,據余考證,係大中十二年立(見姓纂四校記,)時代正合,然則此韋□卽韋康,康、廑同部,尤可旁證,鄖公七世孫也。

龍紀元至乾寧三年王建肇,考證曾引翰苑羣書、「乾寧二年十月李鋋自黔南節相改授京兆尹」而表不著。按建肇何年除授,史無的文,通鑑、文德元年書其奔黔,非必奪而有之也。翰林院舊規係唐末曾居翰林者撰述,應有所據,今不之信,則雖乎其有信史矣。

劍南西川、景雲元至開元四共七年缺人。按舊紀八、開元元年七月,「癸丑,中書侍郎陸象先爲益州大都督府長史兼劍南道按察兵馬使,」舊傳九二、韋抗「開元三年,自左庶子出爲益州長史,四年,入爲黃門侍郎,」則開元元二年當著象先,三、四年當著韋抗,節度使之初制,名稱弗齊,編表者固不必泥求節度兩字也。

開元五、六年齊景胄,引元龜、作六年二月授,會要、五年二月。按全文七四四盧求成都記序:「開元二年,始以齊景胄爲劍南節度營田兼姚嶲等州處置兵馬使,自此始有節度使也,」二年字當誤。

九年缺人,十年霍廷玉,引四川成都志是年授;十一二年蘇頲,其考證云:「舊傳、罷相自禮部尙書爲劍南節度使,開元九年也,」與表弗相照,余意成都志或有誤。

十二年張嘉貞、張敬忠,十三年敬忠。(景杜本、十三年亦著嘉貞,補編本已删去。)按千唐、天寶五載盧明遠誌,於東巡前有云,「劍南節度使益州大都督府長史張敬忠以公爲行軍長史,」又元龜一四四、開元十四年六月,敬忠自河南尹祭中岳,皆當補注備參。

十六至十八年宋之悌,據會要、之悌十八年十二月除河東也;十九、二十年缺名,唯引酉陽雜俎、平南蠻碑開元十九年劍南度節度張敬忠立。余按毘陵集一〇、獨孤通理靈表,「開元十四年,玄宗初登封泰山,……授公益州溫江令,……溫江人飲公之化,……益州刺史張敬忠以狀聞,」此十四年後敬忠再任劍南之證。又全文九三三、杜光庭歷代崇道記,「開元十七年夏四月五日,益州大都督府長史張敬忠奏,」十七許十九之訛,然今本會要年月上之數字,舛誤極多,涉之悌之「十八年，」亦未可遽行接受也。其考證則據會要謂盧奐二十年任，不審表內何以不列。

二十六、七年張宥，按舊一〇六楊國忠傳訛張寬

開元二十七至天寶五載章仇兼瓊。按盧求成都記序、「章仇兼瓊兼山南西道採訪使，其後或兼或否，亦無定制，」舊楊國忠傳亦嘗遙領劍南節度、山南西道採訪，應補注以見當年制度之一斑。

劍南東川、大和三年郭釗、劉遵古，引舊紀、十二月丁未東川郭釗爲西川仍權東川事，又正月癸巳遵古自邠寧爲東川。按正月癸巳（十八日）是舊紀一七下大和四年正月之文，三年不得見遵古，應删却。

年　表　七

嶺南東道、至德元載何履光，引「蠻書、何履光嘗任交、容、廣三州節度，天寶十五載方收大和城，奉玄宗詔旨將兵赴西川。」按曰嘗任，則不必其爲至德元載，況太和城固非嶺南轄乎。

至德二載缺名。按會要七八、「至德二載正月，賀蘭進明除嶺南五府經略兼節度使，自此始有節度之號，」考證固引之，何爲表不著也。據新房琯傳、進明雖未上，仍應存節度之始耳。

大中十二年著韋曙、楊發、李承勛，引舊紀及通鑑考異。按考異二二、是歲五月使優人追李遂節云，「此出東觀奏記，而遂不知以何時除嶺南，按實錄、……今年……五月，聞嶺南亂，蓋於此除遂嶺南，而倣封還，以遂爲非定亂之才故也，今置於此。」是遂事書於本年，通鑑不過「想當然爾」之編列，「非定亂才」且不見奏記本文，尤涉肊想。嘗考英華四五三、授遂平盧節度制有云。「屢更惟月之曹，亟踐執金之貴，嶠南著招撫之績，涇上訓重齊之名，」知遂本由金吾衛將軍出除嶺南。（吳氏涇原考證，「嶠南謂嶺南。」是也。）但假遂是追還使節，則其事視草者必熟聞之，（表三列遂鎮平盧於咸通三，相去不過數年。）何得云「著招撫之績，」豈非以朝廷詔命與鎮帥「開玩笑」乎，此東觀奏記所載之可疑者也。就令遂碻未上，但考蕭倣蘄州謝上表又云：「頃升諫列，已因論事去官，從忝瑣闈，亦緣舉職統旆，身流嶺外，望絕中朝，」知倣固從給諫去官，後又轉爲侍郎而後外除嶺

嶠。今表謂倣大中十三鎮廣，則通鑑排列遂事，去倣之鎮歷僅一年，亦似時間過促，此通鑑書追遜節於本年之可疑者也。今皆舍去不論，然通鑑之此事，逕原考證固已採之，表縱不列遜名，要當於注內附入考異及奏記，庶覽表者方有所循也。

大中十三及咸通元蕭倣。按舊一七二倣傳、謂僖宗初罷政出爲廣州，回時中道卒云云：通鑑考異二三已訂其誤，（拙著唐史餘瀋宰相蕭倣條更詳申其說，可參看。）廣東阮志書倣咸通十五年任，卽仍承舊傳而誤，通鑑所辨，謂應附注年下，比覽傳表者方能一目了然也。

乾符四李迢。按舊書校勘記一〇、乾符六年，「仍與廣南節度使李巖，沈氏炳震云，巖又作岧，新書作迢，按册府（三百三十三）作岧，通鑑考異引舊紀作岧，下繆巖上表論之亦作岧，引實錄又作迢，」新表七二上、東祖後貞悌子岧，時代不合，非其人，惟會要六〇、乾符三年二月見御史中丞李迢，亦見郎官柱勳外、勳中，當卽此人，則作迢是。

大順二年下注，「羅隱得宣州竇尚書書因投寄、雙魚迢遞到江濱，傷感南陵（一作南感陵陽）舊主人，萬里朝臺勞寄夢，十年侯國阻趨塵；按竇尚書、竇潏，中和二年宣歙觀察使被逐，以此詩萬里朝臺及十年句考之，恐龍紀大順之間竇潏鎮廣州，別無確證，附識於此。」余按潏如此時鎮廣，詩題自應稱其見官，不應稱及十年前被逐之舊官，吳氏此疑，未免想入非非。竊意潏被逐後遂廢，或南遷避亂，故十年後投詩猶書其舊官耳。

景福二年劉崇龜，注引英華、陸扆授陳珮廣州節度制，通鑑注謂不至鎮云云。按前文大和七崔珙不上，亦書名，此處何爲缺珮也。

乾寧三年薛王知柔。按舊紀二〇上、是歲七月誤書崔胤除嶺南，廣東阮志一二沿之，已於前文湖南辨正，但此處亦當引注紀文，並聲明其誤也。

光化二年薛王知柔，三年知柔、徐彥若，引通鑑、十二月清海節度知柔薨，又新表、九月乙巳彥若除清海。按新二二三下、「光化初、昭宗至自華，……會清海無帥，因拜胤清海節度使，……胤次湖南，召還，」通鑑二六二光化三年二月，「壬午，以吏部尚書崔胤同平章事充清海節度使，」同年六月「胤至湖南，復召還，丁卯，以胤爲司空門下侍郎同平章事，」此等史料甚重要，表竟隻字弗提，何也。抑通鑑謂知柔歲底乃卒，與新傳、清海無帥乃除崔胤情節不盡相符。

嶺南西道、貞元十年董鎮，引舊紀、九月辛未除；又十一年武少儀，引舊紀、正月乙未除。按同紀、十一年正月，「丙申，以邕管經略使王鍔爲廣州刺史嶺南節度使，」校勘記六、「沈氏炳震云，按傳當作容管，」今嶺南東道表引紀仍作邕管，所宜辨正也。

元和十年徐俊，引舊紀、三月除；十一至十三韋悅，引新南蠻傳、十一年邕管經略韋悅破走黃少度二部。按悅是否連任至十三年，史無明文，拓本「唐故朝散大夫使持節都督邕州諸軍事邕州刺史兼御史中丞充本管經略招討處置等使賜紫金魚袋張公（士陵）墓誌銘幷序，」題「弟殿中侍御史賜緋魚袋士階奉述，」誌云，「惟唐元和十一年秋九月四日，邕管經略使兼御史中丞張公終于理所，……遷尚書倉部員外郎，……除虔州刺史，會未再稔，風化大行，遂有邕府之命，」雖未著何年除授，然總在俊後可知，合觀南蠻傳桂管裴行立一語，則悅似又在士陵後除任也。

長慶二至寶歷元年桂仲武，寶歷二仲武，王茂元，大和元茂元，張遵，引舊紀，四月遵自亳州除，二年茂元，引舊紀，四月自邕管爲容管，依所列，則茂元兩充邕管也，然於史無明文。樊南文集一，代濮陽公遺表，亦祇云「兩踰嶺嶠，」兩踰者指邕，容兩管言，馮註、「茂元經略邕、容，又節度嶺南，故曰兩踰嶺嶠也，」非是，蓋節度嶺南已別算入「四建牙旗」之內矣。自長慶二仲武起至大和元茂元止各名應删。（參下容管及玉谿生年譜平質）

開成三、四，五年唐弘實，引舊紀，三年十二月除，又元龜，四年十二月見。按千唐，會昌四年唐氏女汝幼誌（卒年十六）云，「祖弘實，皇邕管經略使御史大夫，」維時弘實已卒，似終於邕任也，

會昌六至大中二裴及，引「樊川集，邕府巡官裴君墓誌，司農卿裴及爲邕府經略使，辟君爲從事，得南方病歸，大中二年某月日卒于家，」由誌文固不見及以六年除。其考證云，「唐文，大中二年及由司農卿遷，」尤犯語病。

咸通七年李眈，引唐大詔令。按千唐，廣明元年柳延宗誌，「娶隴西李氏，即邕府節度使眈之第四女，」似眈官終邕管。

乾符元至六年辛讜，引新本傳，乾符末終嶺南節度使，及通鑑，「請賜高駢及

嶺南節度使（辛讜）詔。」按依其他引文及嶺南東道同時期之引文，讜祇是西道節度，應辨正，通稱嶺南節度皆指東道言之。

英華，陸扆授武安周岳嶺南西道制，乾寧三年下曾引之，吳氏之意，固謂諸制編次先後有歷史上時期先後之價值也。若然，則周岳授邕管應實有其事，何爲片辭弗及，余以扆居內廷時代考之，竊謂當行於大順二與景福元之間，可參前湖南表。

景福元至乾寧四滕存免，祇據英華。按今英華四五七作滕從免，不作存免。

天復元年李鐬。按舊紀二〇上，是歲正月庚寅，以周承誨爲邕管節度，通鑑二六二，承誨賜姓名李繼誨，雖是遙領，仍當著錄。

容管，大歷元年元結，二至五年缺名，六年長孫全緒，王翃，其考證云，「顏眞卿文，大歷二年結自道州爲容管，七年入朝，大歷四年拜左金吾，使如故，七年正月朝京師。」余按眞卿元結表墓碑初無大歷二年授之明文，據余年前考證，結由道蒞容，似當在大歷三年戊申（貞石證史五四七頁；）今縱依吳氏之意，測爲大歷二，何故元年先著結而二至五年反不著。顏文之七年入朝，苟無他證反駁，自不能疑其不實，何故六年祇著全緒及翃。凡此，都無以自完其說者也。抑吳以爲結先全緒而任，實依舊王翃傳之排列；但翃是否六年始任，更無明文，又何不可將全緒，翃挪後一兩年耶。新翃傳之「大歷中，」固不當泥解「中」字爲折半數也。

建中四至貞元三李復。按吳列復於建中四者，以于邵送紀奉禮之容州序有時興元大赦之仲春句，謂復當先此而任也。但舊一一二復傳云，「在容州三歲，南人安悅，」如傳文不誤，則復最早不過興元元年任，應考者一。興元，貞元連兩元年均大赦，興，貞音近，或易轉訛，應考者二。舊紀一二，貞元二年正月丁未，「以江陵少尹李復爲容州刺史本管經略使，」復自江陵少尹改容州，與舊復傳同，但依紀則居容祇兩年，與表列前後四年，所差更大，應考者三。李公去思頌，貞元二年秋八月，李某由容管爲嶺南，與舊紀貞元三年五月容管李復爲嶺南差一年，頌之二年當三年訛，書八月者，復至秋乃去容之廣也，應考者四。頌又言嶺南經略使判官權知容州留後事李罕留總軍府，（頌全文兩收，四二九作牢，六二一作罕）是復去容之後，罕爲留後，依他表留後固得書，且如是方見四年七月始命戴叔倫之有因也。

貞元五至十年王鍔，引舊傳，除容管經略使凡八年；依表只六年，即計至十一年，亦七年耳，舊傳八字誤。又引舊紀，十一年容管王鍔，按今紀文容訛邕，說見前嶺南西道。（六，八字近易訛，如舊李漢傳之大和八年，玉谿生年譜會箋一訂爲六年之誤。）

長慶元至大和元嚴公素，引舊紀，長慶元年十二月容州留後嚴公素爲容管，又寶歷元年十一月殿中少監嚴公素爲容管，如兩文皆不誤，則中間公素曾去官也。沈炳震，張宗泰同疑紀誤，然俱無確據，可參校勘記八。抑舊紀，長慶二年十一月，「辛未，以前安南都護桂仲武爲邕管經略使，」玉谿生年譜會箋一云，「劉禹錫有大和六年祭福建桂尚書文，……云交趾化行，容州績宣，……則仲武似於長慶末年罷使，惟紀作邕管而祭文云容州，未知孰誤。」按王鍔之容管，紀可訛邕(見前，)則仲武之容亦可訛邕；假依此說，仲武二年十一月除代公素，寶歷元年十一月仲武罷，復以公素代，則無怪乎公素書殿中少監而會要寶歷二年仍見容管公素矣。尤可證者，曹唐奉送嚴大夫再領容府詩，「自顧勤勞廿百戰，不將功業負三朝，劍澄黑水曾芟虎，箭劈黃雲貫射雕，」據唐詩紀事五八，唐「咸通中卒，」咸通初距寶歷元祇卅餘年，余甚信其爲公素作也。(表云，「按年分恐非嚴公素，更俟博考」)。

咸通三，四年張茵，四年下引通鑑，正月以容管經略使張茵云云。按所引是五年正月之文，五年應著茵。

十二，三年張同，引舊五代史，張策父同，仕唐至容管經略，廣明末盜入洛，策奉父母避難；又乾符元、二年著高溱，引舊紀，其考證云，「按張同鎮容當在高溱前，」殊無據。容管是節鎮，比一般刺史爲重要，舊紀，乾符元年九月商州刺史張同爲諫議大夫（亦見表引，）依遷授常例，同官商刺自應在容管經略前，況舊五代傳云，仕唐至容管經略，尤似容管爲終官乎。今表乾符三至五年尙缺名，不審吳氏何以不擬彼而置此也。

中和元，二年崔焯，缺引文。

中和三至景福元何鼎凡十年，並無明據，其考證云，「按鼎鎮容當在咸通末，」尤相違。

天復元年缺名。按舊紀二〇上，是歲正月庚寅、以董彥弼爲容管節度，通鑑二六二，彥弼賜姓李，李林甫，楊國忠等之遙領，表亦著錄，不當自亂其例也。

天祐二，三年龐巨昭，據通鑑。按九國志一一巨昭傳，「唐末爲容州觀察使，……黃巢入廣南，巨昭括部內諸蠻，……分屯險隘，巢寇憚之，不敢犯其境，以功加寧遠軍節度使，」巢寇一節，當是追溯巨昭起家時事，志敍次略誤。

桂管，大歷元李良。按通鑑二二四，是歲十二月後書以隴右行軍司馬陳少遊爲桂管，少遊惡道遠，納賄宦官及元載，數日改宣歙，此處當補，良應在少遊後也。

大歷八至建中二李昌巙，引舊紀，八年九月以辰錦觀察李昌巙爲桂管，又二年二月昌巙爲荆南節度；其考證引任華送祖評事序，祖卽我府主隴西公之嘉客也，且云，「以下文黔中，桂林皆兄弟之國考之，桂管爲李昌巙，黔中爲李昌嶇。」今按表六，黔中大歷十二至十四著李國清，非李昌嶇；復次新表七〇上，大鄭王房神通之裔，有「辰錦觀察使昌嶇，荆南節度使檢校工部尙書昌巙，」豈嶇，巙均曾官辰錦觀察歟，凡斯疑團，尙待質證。抑任序壓首云，「自武陵守擁旄分閫，有唐巳來李公一人而已」（全文三七六，）武陵郡，唐朗州，據舊紀，李國清自朗刺除黔管，應卽任序所指。

長慶二至四年嚴謨，引舊紀，二年五月謨自祕書監除，然謨何時去　無明文也。考舊紀一七上，寶歷元年三月，「辛未，以前桂管觀察使殷侑爲江西觀察使，」又舊一六五侑傳，「以言激切，出爲桂管觀察使，寶歷元年，檢校右散騎常侍洪州刺史轉江西觀察使，」（轉字應乙在元年下。）是侑任在謨後，李渤前，長慶四年應著侑也。會要七九，故桂州觀察使嚴謨謚曰簡，疑謨卒桂管任上。（涉大唐傳載所記謨事，辨見唐史餘瀋。）

會昌三至五年元晦，其考證云，「孫樵康公墓誌，會昌元年登上第，明年臨桂元公辟觀風支使，此晦會昌二年爲桂管之證，」是二年似應著晦。顧下文又云，「以全唐詩考之，晦鎭桂三年，以會昌四年改浙東，」但所引嘉泰會稽志固云五年三月爲浙東，廣西志金石，晦題華景洞詩亦書五年四月十日，非四年爲浙東也；抑元龜引文，會昌三年二月晦除右諫議，則與康公誌顯差一年；凡斯齟齬，都無法釐正，徒滋讀者之惑而已。

大中二年韋瓘，三至六年令狐定。按所引桂林風土記，祇可證定四年在任。又大中十三年缺名，注云，「桂林風土記，碧潯亭韋舍人瓘創造，前政吏部張侍郎薦飭裝于此，按張鷟未爲桂州，似當作張黨，」謂當作黨，是也。考千唐，劉致柔鍊師誌，子李燁六年附記云，「大中……己巳歲冬十月十六日，貶所（蒙州立山縣）奄承凶訃，……詣桂管廉察使張黨請解官奔訃，竟爲抑塞，」此當黨二年代璀之證，三年底黨尚在任，則應補黨去定也。

十二年缺名，注引桂林風土記，陸弘休。按吳氏湖南考證劉潼云，「舊紀，大中十一年六月潼貶鄭刺，……東觀奏記，潼由鄭刺改桂管，以鄭裔綽論諫寢其命，按裔綽以大中十三年罷諫職，亦見東觀奏記，」又表六，湖南咸通元年注，「按劉潼本除桂管不行，」是十二年下當著潼名。

咸通十四及乾符元年張直方，引嶺表錄異，北夢瑣言，其考證引瑣言又作執方。按直方，舊一八〇，新二一二有傳，均不言曾官桂管。瑣言恐不可信。

光啓元至景福二年陳瓌，乾寧元陳瓌，彭□，周元靜，二年元靜，引通鑑，是歲十二月元靜爲安州防禦使家晟襲殺。余按全文八二八，趙觀文桂州新修堯舜祠祭器碑，「今僕射彭（下闕）」，此彭字或得爲封爵，里貫，不定是姓彭，亦許即元靜其人。且碑下文云，「以觀文明廷擢第故里遠歸，」觀文二年登第，其歸里最早當在二年之夏，然則「今僕射彭」者固二年夏尚任，不應祇著元年下也。抑表又引「廣西志金石，張濬杜鵑花詩伏蒙僕射□公和杜鵑花乾寧元年三月，」稱僕射恰與祭器碑同，則元年詩之僕射□公，或與碑之「今僕射彭」爲同人也，惜石刻恰缺其姓，無從相爲質證耳。

金華子，「李常侍寬，桂林大父即常侍之兄，同營別墅于金陵，甲第之盛，冠于邑下，人皆號爲土墻李家，」（榕園本）函海本首有「故池州」三字；按大父當大夫訛，謂其兄爲桂管觀察也，寬兄何名，待考。

靜海即安南，大歷十二至貞元三烏崇福，四年張庭，引舊紀，四月「辛酉，以吉州刺史張庭爲安南都護；」五年龐復，亦引舊紀；六年高正平，引新李復傳，「時安南經略使高正平，張應繼卒。余按新李復傳本自舊傳，（一一二）亦作張應，新表七二下，河間張氏，「應安南都護，」即憲宗時翰林學士仲素之父，（精舍碑殿中有張應，勞考引舊復傳，恐非同人。）依此推之，舊紀張庭實張應訛，不一年而卒任也。前文容管，吳氏固依舊王翃傳之序列爲任官後先，此處不依李復傳著正平於應前，則因新趙昌傳云，「安南酋獠杜英翰叛，都護高正平以憂死，拜昌安南都護」也。考舊紀一三、貞元七年四月，「己未，安南首領杜英輪（新紀，傳翰）叛，攻都護府，都護高正平憂死，」是七年應兼著正平，且引舊紀文方合。復次舊一五一趙昌傳「屬安南都護爲夷獠所逐，拜安南都護，」言都護被逐，又覛他紀、傳略異。

大和元、二年韓約，引舊紀。按韋公幹爲愛州刺史時，都督爲韓約，見嶺表錄異。

九年田早，引舊紀云，「按當作田羣。」余按羣亦不碻，說詳拙著續貞石證史田雍文條。

大中十一年宋涯，引舊紀，四月除。按舊紀、是年六月涯改容管，當並引注。

咸通五年高駢，引通鑑、是歲七月除，且云，「新紀在四年二月。」余按通鑑、本年正月，以容管經略使張茵兼句當交州事，七月，以容管經略使張茵爲嶺南西，則應著張茵；舊一八二駢傳亦云五年爲安南都護。

天復元至三年缺名。按舊紀二〇上、天復元年正月，「乙酉，制以孫德昭檢校司空充靜海軍節度使，……庚寅，制以孫德昭爲安南節度檢校太保，」通鑑二六二亦云，「丙戌，以孫德昭同平章事充靜海節度使，賜姓名李繼昭，」英華四五八且載吳融行制，德昭雖仍留宿衛，要當著錄。

年　表　八

同州、文德及龍紀元年李茂莊，缺引文，可參天雄考證。

天祐元至三年劉知俊，缺引文。按通鑑二六四、是歲三月，「以鄭州刺史劉知俊爲匡國節度使，」新紀三年九月亦見匡國劉知俊。

華州，天復三年朱友裕。按歐陽新史梁家人傳，「太祖兼鎮護國軍，以友裕爲留後，遷忠武軍節度使，」五代史記纂誤補謂「忠武當是鎮國之誤。」

奉天、中和元至三年齊克儉，祇二年下引通鑑、十二月加克儉平章事。按通鑑二五四、中和二年三月，「以右神策將軍齊克儉爲左右神策內外八鎮兼博野奉天節度使，」是克儉除奉天非始於中和元年。

金州、天祐三年馮行襲，引通鑑、行襲爲匡國云，「按以舊（五代史）傳在許三年考之，恐當作忠武：」然前文忠武或同州均不著行襲，何也，可參五代史記纂誤補三。

隴右、開元二十七年杜希望。按新紀五、是歲八月，「壬午，吐蕃寇邊，河西隴右節度使蕭炅敗之，」通鑑二一四只稱隴右節度使。

河西、開元九年楊敬述、郭知運。按知運九年卒，見前隴右，未嘗爲河西也，應删。

二十八年蓋嘉運，引通鑑、嘉運爲河西隴右節度使；二十九王倕。按前隴右二十九尚著嘉運，此不應相違。

至德元年鄧景山，王思禮，缺引文。按表三，平盧是歲著景山，表一，邠寧著思禮。

至德二至乾元二年杜鴻漸。按表五。荆南乾元元年已著鴻漸，自相違。

永泰元年楊志烈注，「舊紀，十月沙陀殺楊志烈。」按此見通鑑二二三，非見舊紀，且事在廣德二年。

淮西，乾元元、二年魯炅，缺引文；可參表二忠武，但據舊紀，乾元二年四月炅始除陳鄭穎亳，不得元年先著也。

李忠臣始寶應元年，缺引文。按當引舊一四五本傳，是歲七月拜淮西也。

邛南，鮮于叔明，缺引文，可參表六劍南東川。

年　表　考　證

方鎮年表考證中各鎮之順序，不盡與表同，玆仍依表之次序列之，所以便對參也。

鳳翔李鄘云，「元和四年三月乙酉爲鳳翔，舊紀無，通鑑有。」按依表一與引通鑑，乃三月乙酉鄘自鳳翔爲河東，「爲鳳翔」係爲河東之訛。

陳君奕云，「金石萃編，重修大像寺記，太（大）和乙卯歲，……至開成戊午，……按乙卯，開成三年。」按乙卯明云大和，非開成也，應正作「按戊午開成三年。」

崔珙下吳氏引沈珣(詢)崔珙授鳳翔制，證新傳珙再鎮鳳翔之不妄；又引許渾獻居守相國崔公兼工部劉公詩，謂渾爲圉師六世孫，詩非杜牧所作，劉公爲劉瑑，相國崔公爲崔珙，證均甚確。余前撰讀全唐詩札記，意復相同，惟未檢及吳氏此段考證也。千唐大中五年張季戎誌記東都留守，有「五年春正月相國崔公」語，此崔公亦卽珙，可以互參。

邠寧程權云，「史無罷鎮年月，按權以是年十一月罷鎮，鄭權代之，李光顏以次年五月丙戌自忠武改鳳翔，此光顏代鄭權之證，」旣謂光顏代鄭權，而表一邠寧無鄭權，乍閱殊不可曉。又同鎮鄭權云，「舊傳，以烏重胤鎮橫海代權，歸朝授權邠寧節度，會天德軍使上章論宗奭(李宗奭)之寃，爲權誣奏，權降授原王傅；按元和十三年六月丁丑，橫海程權改邠寧，十一月壬寅，河陽烏重胤爲橫海代鄭權，權除邠寧，卽在是月，蓋程權罷鎮而鄭權代之，二人名字易淆而相爲除代，閱者更多眩瞀，不可以不辨。」顧表一，元和十四年仍列程權，所引新傳亦程權事實，猶是光顏代程權，與考證相矛盾。蓋依吳氏意，十三年下應列郭釗，程權，鄭權三名，十四年下應列鄭權，李光顏二名，今却漏去鄭權，「名字易淆」之弊，乃躬自蹈之矣。復次舊書一四三程權傳云，「尋遷檢校司空邠州刺史邠寧節度使，十四年十一月卒，」由舊紀，十三年十一月烏重胤爲橫海代鄭權觀之，余甚疑程權實以是年十一月卒於邠寧任上，故朝廷遷鄭權代其後，舊傳之十四，殆十三之譌。

涇原康季榮云，「通鑑，大中三年正月見，此二年鎮涇之證。」余按通鑑，是年正月無季榮名，二月亦只考異內見之，唯舊紀乃三年正月見耳。(引見前邠寧大中二年張君緒條。)

張球云，「爲李茂貞所逐，見通鑑考異；」但表一，涇原自中和二至乾寧元年著張鈞，乾寧元，二年著張鐇，二年至光化元年著張璉，光化二年著張珂，李茂貞，無張球名。復次考異二六，景福元年下云，「薛居正五代史茂貞傳曰，大順二年，……詔以徐彥若鎮興元，茂貞違詔，表其假子繼徽爲留後，……自是茂貞始萌問鼎之志，旣而逐涇原節度使張球，洋州節度使楊守忠，鳳州刺史滿存，皆竊據其地，云大順二年誤也，今從新紀；」(吳表，天復元年下引元龜將帥部四五四茂貞逐涇原節度使張球，蓋卽薛史之文。)球以何時逐，考異未贊一詞，依吳表鈞，鐇，璉，珂，蟬聯，亦無可插之隙。唯通鑑二六一，光化二年「正月，朱全忠……又表……武寧留後王敬蕘，彰義留後張珂並爲節度使，」同年「九月，癸卯，以鳳翔節度使李茂貞爲鳳翔彰義節度使，」珂旣全忠所表，苟非茂貞奪其領地，昭宗何爲畀茂貞兼領，景福元與光化二雖前後八載，然晚唐史料，舛誤實多，薛史之「旣而，」似不必泥看，「珂」之草寫近於球，竊疑薛史張球卽張珂誤也。（吳表又云，「文苑英華，張玄晏授龐從武寧，王敬蕘武寧，張珂彰義‧…諸制相次，」吾人雖不能效吳氏之見，認卽時代順序，顧此處恰王敬蕘、張珂相次，與通鑑合。）依此解釋，則茂貞兼領，事出有因，張球之名，不應別立。縱爲缺疑計，表內光化二年張珂與李茂貞間，亦應附見球名，此吳表應著而不著之失也。復次通鑑，九月下胡注云，「是年春正月，朱全忠表張珂爲彰義節度，張氏鎭涇州凡三帥矣，今命李茂貞兼領之，」按珂，球如實一人，則鈞，鐇，璉，珂亦已四帥，胡注誤。

鄜坊康藝全云，「舊紀作日全，今從通鑑。」余按舊書校勘記八云，「沈本日作藝是，」然舊紀前文四月丙申下亦作藝全。

史孝章云，「舊紀作李章，今據舊傳正。」余所見同文，五洲同文兩本均作孝，校勘記亦未校出此字，不知吳氏據何本。

劉礎，考證謂劉總子，是也。考匋齋藏石記三一，王公夫人李氏誌，大和六年立，題「正議因因檢校右散騎常侍兼光祿卿上柱國賜紫金魚袋劉礎撰並書，「誌有云，「有女一人，早歸於礎，元和之末，穆宗纂位，礎自幽州□仟，作牧南陽，夫人愛女隨焉，銜命西上，旋屬薊門長惡，口口稱兵，音書兩亡，倏忽十載，」此段亦略可補礎之仕歷。

康傳志云，「新康日知傳，子傳志爲鄜坊，按日知咸通末貶官，傳志鎭鄜，當在乾符初。」按表一，乾符元年至四年著康傳業，引「新傳，康承訓子傳業嘗從父征伐，終鄜坊節度使，」此誤傳業爲傳志，又誤承訓爲日知，殊失檢；謂傳業任乾符初，亦是臆測。

朔方朱叔明云，「通鑑，大中三年正月見，此大中二年叔明鎭靈武之證，」余按通鑑，是年正月不見叔明，唯舊紀見，（引見前邠寧大中二年張君緒條。）吳氏誤。

宣武王彥威云，「據李商隱，代茂元陳許謝上表，以時考之，李紳是年九月自宣武移淮南，彥威代紳。」按登科記考二二，會昌元年下亦云，「彥威於開成五年代李紳任河南節度使，」但未詳其證耳。

劉瑑云，「以（許渾）寄劉尙書詩，「應念散郎千里外，去年今夜醉蘭舟」考之，渾爲郢刺在劉鎭汴前一年，杜悰以六年四月鎭淮南，（楊）漢公以八年龍荆南，詩言去年則大中七年也。」按表二，宣武大中七年劉瑑始鎭，則渾爲郢刺在後，前一年乃後一年涉筆之誤。

義成李嶧云，「通鑑，乾符四年見；」按通鑑是年無嶧名。

忠武王沛云，「舊紀作自河東爲忠武誤，今從舊傳自兗海遷。」余按舊紀一七上，「以忠武軍節度使……李光顏爲太原尹北京留守，以河東節度使王沛爲許州刺史忠武軍節度使，」校勘記八云，「沈本京作都，以作充，節度使下有以兗海節度使六字是。」

趙旭云，「五代史，光化元年六月旭卒。」按旭，昶之訛，舊五代史一四本傳，「至乾寧二年寢疾，薨于鎭，」吳引文往往多誤，不能盡舉，此尤其紕繆者，表列昶固止於乾寧二年也。

平盧韋平云，「唐會要，會昌元年十一月，淄靑觀察使韋平奏請移陽信縣並鎭于縣南八角寺南二里置城，從之，」表則開成四，五年著韋長，會昌元，二年著烏漢眞，不著韋平。按長，史無能鎭年月，而漢眞又乏會昌元年巳任平盧之證，會要多訛字，韋平或即韋長耳。

河中崔璪云，「璪自左丞除刑尙制，杜牧草，舊紀在大中七年，按牧大中六年卒，舊紀誤。」余按牧實卒大中七年，詳拙著會昌伐叛集編證上，（中大史專二卷一期一一三頁）舊紀諒不誤。

昭義畢諴云，「以宣宗文考之，諴自邠寧授京兆尹，由京尹再授邠寧，徙昭義，舊紀蓋誤，今從唐文諴授昭義制，」此就英華所載制有「屢鎭邠郊」語而立說也。第昭義表大中十年下引文只作「口鎭邠郊，」缺去「屢」字，似疑其不實者，再觀其邠寧畢諴考證，亦第云，「按宣宗文，諴除昭義制，自邠寧入爲京兆尹，自京兆除昭義，」（邠寧表則自大中六至十年連著畢諴。）究竟諴自京尹抑自邠寧徙昭義，兩箇考證，自相矛盾，舊、新傳於各人蒞官，固不備載，但英華所載玉堂遺範制亦不盡眞，以余觀之，尹於神州一段，上下文氣不接，謂誠由京尹徙昭義，殊極可疑，矧制前具官並不著京兆尹字樣乎。

義昌劉約云，「史無遷天平年月，新盧鈞傳有，按當在會昌三年；」但表三、天平會昌四年始著約，相差一年。

范陽趙含章云，「含章爲安西，見顏眞卿書宋廣平碑陰，本名頤貞，自安西改幽州，在開元十七年，參舊紀，」大誤。頤貞、含章祖籍不同，於元和姓纂見之，參拙著姓纂四校記及貞石證史五四九頁。

山南東李蔚云，「除山南東史無年月，……又詳考諸書，咸通七年係崔鉉鎭襄陽，以高湜傳參之，恐在乾符初。」按表咸通四、五年著鉉，六至九年著盧耽，謂七年鉉鎭襄陽，並無一證，所謂「詳考諸書」者非徒自欺欺人，且與表不符也。耽始六年，亦是肊測。唯表未著蔚，尙合闕疑之義云爾。

荆南盧弘宣云，「太平廣記、唐郎中李播典蘄州日，有李生稱舉子來謁，……生云，將往江陵謁表丈盧尙書，所……見爲荆南節度使，……名弘宣，」表無弘宣名，吳氏存而未辨。余按廣記二六一此條今缺引書，據余跋廣記所考，實出南楚新聞，說部之言，固不可泥實求證。玆姑就事論事，則劉賓客集二八、有送蘄州李郎中赴任詩，禹錫卒會昌二年，播初典蘄，應在此前。又播會昌五年刺杭，見樊川集九及一〇，其去蘄最遲當在五年。若弘宣鎭劍南東川，表六列會昌三、四年，但亦得早推至元、二年。由是觀之，播典蘄州時期，約與弘宣節度東川相當，荆南許劍南傳聞之誤；其他如往江陵云云，則旣誤而復加傅會之詞也。

淮南王璵云，「諸書互有駁異，今從新傳系上元元年。」按新一〇九本傳系璵出淮南於乾元三之明年，卽上元二年，非元年也，且表亦引舊傳系上元二年，考證當云「今從舊傳系上元二年。」

浙西李希言，據其考證當在乾元元年，但表五、浙西未著希言，不審何故。舊元載傳亦見蘇州刺史江東採訪使李希言。

浙東王龜云，新、舊傳無爲浙東年月。」按表五、咸通十四年下固引舊龜傳十四年轉越州刺史。

宣歙趙贊，複見兩條，宜删併。

寶濡下云，「許孟容傳有宣歙觀察使季同，（當在元和年）舊劉迺傳有宣州觀察使崔（殷誤）日用，李頻有送宣州從叔大夫詩，皆應考。」按依新一六二季同傳，兄孟容，元和七年知舉，季同改京兆少尹；又季同以長慶四年七月卒，見舊紀，故如新傳之官終宣歙句不誤，則弗應在元和年也。今表五長慶二年缺人，其下附注新傳季同，似更近是。舊一五三劉迺傳，「宣州觀察使殷日用奏爲判官，宣慰使李季卿又以表薦，」按乾元間日用官台州刺史，寶應元年自蘇刺移衢州，（參拙著姓纂四校記）又毗陵集一一季卿誌，「復兼御史大夫，慰撫山東、淮南，明年勞旋，典選如故，大歷三（應作二）年，……」新二〇二季卿傳，「代宗立，遷爲京兆少尹，復授舍人，進吏部侍郎、河南江淮宣慰使，」合觀之，日用官宣歙，斷在廣德、永泰間，今表五正缺名也。若李頻之詩，表已注入咸通八年李當下，取與湖南志合參，諒不誤。

江西裴堪，引白居易授制；按制是僞文。

黔南李詞，考證分列兩條，宜删併。

劍南西川引玉谿生詩馮注以高鍇爲西川從闕云云；按馮注之誤，在錯解座主兩字，吳氏未能抉出，余已詳而辨之，參唐史餘瀋。

劍南東川獨孤雲云，「按舊書保衡傳、咸通五年進士，（保衡、據通鑑王鐸所取士，系咸通六年進士。）」余按登科記考二、保衡五年及第，非六年。

杜濟後引唐會要、元和十三年五月榮州義縣云云；按此文見會要七一，原有「東川節度使李逢吉」字，應補逢吉名於前，否則移入表十三年下。

嶺南李復複出兩條，應删併。

河西、「夫蒙靈詧，通鑑天寶三載五月見，」但表不著靈詧。余按通鑑之河西，實安西誤，今表安西四鎮下自開元二十九至天寶六載固著靈詧也，吳氏漏未辨正。

出自第十五本(一九四八年)

魏晉南朝的兵制

何茲全

一　漢末及三國時期集兵方式的變化

（一）漢末徵兵制的破壞

兩漢的兵制是徵兵制，兵與民是合一的，人人都有服兵役的義務。男子年二十三歲爲正，開始服兵役，一歲爲材官騎士樓船(1)。即郡國常備兵，在地方上受軍事訓練；一歲爲衛士或戍卒，調衛京師或屯戍邊地。期滿以後，即罷歸還鄉爲民，但遇有軍事需要，政府仍可隨時調發，五十六歲以後纔免除爲兵的義務。(2)

西漢武帝以後，徵兵之外，開始有募兵，武帝置八校，大抵即募習知胡越的人能充任。此後有事，即常常募兵，如史記匈奴傳：「乃粟馬發十萬騎，負私從馬凡十萬匹。」正義：「謂負擔衣糧私募從者凡十四萬匹。」又漢書昭帝紀：「益州反……遣水衡都尉呂破胡募吏民及發犍爲蜀郡犇命擊益州大破之。」趙充國傳：「願罷騎兵留弛刑應募，及淮陽汝南步兵與吏士私從者，合凡萬二百八十一人。」馮奉世傳：「漢復發募士萬人。」光武建武七年，詔罷郡國材官騎士樓船兵，自此以後，民便沒有任常備兵受軍事訓練的機會。募兵是職業兵，職業兵的戰鬬能力是高於徵兵的。這一方面募兵都經過擇選，一般體要較徵兵爲強壯，另方面因職業兵長期在兵，對於戰鬬的訓練要較徵兵爲高。武帝時募兵的興起，大約這是一個主要的原因。光武起事後，經過多年的戰鬬，精練出一枝強大的軍隊，這枝軍隊是職業性的。大約光武卽以這枝職業兵足以維持國內的治安，同時還或者爲了強化中央，削弱地方，所以就罷郡國材官騎士樓船兵。我們由建武七年的罷兵詔中，不難得出一點消息，詔曰：「今國多有兵衆，並多精勇，宜且罷輕車騎士材官樓船士及軍假吏。令還復民伍。」（後漢書卷一下光武紀）。「今國有兵衆，並多精勇」，就是指的這枝強大的職業兵。光武雖罷輕車騎士材官及樓船士，並未廢止徵兵制度。但因爲人民沒有受軍事訓練的機會，所以徵集來的只是烏合之衆，因之戰鬬能力甚低。續漢書百官志注引漢官儀云：「蓋天生五材，民並用之，廢一不可，誰能去兵？……自郡國罷材官騎士之後，官無警備，實啓寇心，一方有難，三方救之……黔首囂然，不及講其射御……是以每戰常負，王師不振。」就是很好的證明，徵兵衰，國家有事，就愈要依於募兵，募兵愈多，而徵兵愈衰。東漢募兵的使用，遂更多於西漢(3)。如後漢書光武紀：「建武十一年春：伐公孫述……將南陽兵及弛刑

(1)材官是步兵，騎士是騎兵，樓船是水兵，「大抵金城，天水，隴西，安定，北地，河東，上黨，上郡多騎士，三河，潁川，沛郡，淮陽，汝南，巴，蜀多材官（高紀十一年，武紀元昇五年，食貨志元鼎五年，朱買臣傳，嚴助傳）。（錢子文補漢兵志）。蓋以地方情況而有兵種的不同。」

(2)漢舊儀：「民年二十三爲正，一歲以爲衛士，一歲爲材官騎士，習射御騎戰陣。八月太守都尉令長相丞尉會都試，課殿最。水家爲樓船，亦習戰射行船。邊郡太守名將萬騎行鄣追虜，長史一人，丞二人治兵民。當兵行，長史領置。部(都)尉千人司馬候農都尉皆不治民，不給衛士。材官樓船年五十六老衰乃得免爲民。」

(3)募兵是職業兵，一經應募之後，都是要長期爲兵的。東漢鎭守或屯戍邊地的軍隊，多是職業兵。文獻通考卷一五〇兵制攷：「明帝以後，又募郡國中都官死罪繫囚出戍，聽從妻子自佔邊縣以爲常。凡徙者皆給弓弩衣糧。於是北胡有變則置度遼營，南蠻或叛則置象林兵，羌犯王輔則置長安雍二尉，鮮卑寇居庸則置漁陽營，其後盜作緣海稍稍增兵，而魏郡趙國常山中山六百一十六塢，河內通谷衝要三十三塢，扶風漢陽隴道三百塢，置屯多矣。」

募士三萬人泝江而上。」明帝紀永平元年「募士卒戍隴右，賜錢人三萬。」馬援傳：「遂遣援率中郎將馬武……等將十二郡募士及弛刑四萬餘人征五溪。」黃巾亂起，皇甫嵩朱儁討黃巾的兵，也是由發「五校三河騎士，及募精勇」合組而成（後漢書卷一〇一皇甫嵩傳）。靈帝中平五年，何進建議大發四方兵，講武於平樂觀，其兵士多由各地召募而來。何進曾遣人分赴各地募兵。三國志魏志卷一二鮑勛傳：「勛父信，靈帝時爲騎都尉，大將軍何進遣東募兵。（裴注引魏書曰：大將軍何進辟拜騎都尉，遣歸募兵，得千餘人，還到成皋，而進已遇害。）」同書卷一七張遼傳「幷州刺史丁原以遼武力過人，台爲從事，使將兵詣京都，何進遣詣河北募兵，得千餘人。」又同書卷八張楊傳：「靈帝崩……楊復爲（何）進遣，歸本州募兵，得千餘人。」又同書蜀志卷二先主傳：「大將軍何進遣都尉毌丘毅詣丹陽募兵，先主與俱行。」到東漢晚年，徵兵制在法上雖然還存在，在事實上則已很少執行。人民久已喪失了兵役的記憶。鄭泰對董卓說：「光武以來，中國無警，百姓優逸，忘戰日久。仲尼有言，不教民戰是謂棄之……關西諸郡頗習兵事，自頃以來，數與羌戰，婦女猶戴戟操戈，挾弓負矢，況其勇壯之士以當忘戰之人乎？」可以說明關東人民久已不知兵役爲何物了。

（二）三國時期的集兵式

東漢中葉以前的澄平，使中原人民漸不知兵，徵兵制爲之式微。但待至晚年，先有黃巾之亂，繼有董卓羣雄之爭，終而有三國的鼎立，天下又復入於兵爭戰奪的局面。在這局面下，政府須要兵，起爭的英雄豪傑須要兵，兵由何來呢？當時所採的集兵式約有下述各種：

（1）是召募：董卓之亂，關東豪傑起而討卓，其兵士多由於召募而來。我們舉曹操劉備及孫氏爲例。關於曹操的募兵：

> 魏武故事載曹操建安十五年十二月己亥令：「遭值董卓之難，興舉義兵，是時合兵能多得耳，然常自損，不欲多之。故汴水之戰數千，後還到揚州更募，亦復不過三千人。此其本志有限也」。（三國志魏志卷一武帝操紀注引）
>
> 魏志卷一武帝操紀：「太祖至陳留，散家財合義兵，將以誅卓，冬十二月始起兵於己吾（注引世語曰：陳留孝廉衞茲以家財資太祖，使起兵，衆有五千

人。)是歲中平六年也。」

又載:「太祖兵少,乃與夏侯惇等詣揚州募兵,刺史陳溫,丹陽太守周昕,與兵四千餘人。」

又載:「(興平元年)十月太祖至東阿,是歲穀一斛五十餘萬,人相食乃罷吏兵新募者。」

魏志卷七曹洪傳:「揚州刺史陳溫素與洪善,洪將家兵千餘人就溫募兵,得廬江上甲二千人,東到丹陽,復得數千人。」

英雄記:「(曹仁弟)純……從太祖到襄邑募兵,遂常從爭戰。」(魏志卷九曹仁傳注引)

魏志卷一七樂進傳:「樂進,陽平衞國人也……以膽烈從太祖爲帳下吏,遣還本郡募兵,得千餘人,還爲軍假司馬。」

劉備起事的兵,也是由招募而來:三國志蜀志卷二先主傳云:

「中山大商張世平蘇雙等貲累千金,販馬周旋於涿郡,見而異之。乃多與之金財,先主由是得用合徒衆也。」

英雄記云:「靈帝末年備嘗在京師復與曹公俱還沛國,募召合衆,會靈帝崩,天下大亂,備已起兵從討董卓。」(蜀志卷二先主傳注引)

又趙雲別傳:

「先祖就袁紹……密遣雲合募得數百人,皆稱劉左將軍部曲。」(三國志蜀志卷六趙雲傳注引)

關於孫氏父子募兵的例如下:

三國志吳志卷一孫堅傳:「會稽妖賊許昌起於句章,自稱陽明皇帝。與其子韶扇動諸縣,衆以萬數。堅以郡司馬募召精勇得千餘人,與州郡合討破之,是歲熹平元年也。」

又載:「中平元年,黃巾賊帥張角起於魏郡……(朱)儁表請堅爲佐軍司馬。鄉里少年從在下邳者皆願從。堅又募諸商旅及淮泗精兵,合千許人,與儁並力奮擊,所向無前。」

又載:「(董)卓擅朝政,橫恣京城,諸州郡並興義兵,欲以討卓。堅亦舉兵……比致南陽衆數萬人。」

同書孫策傳：「策舅吳景時爲丹陽太守，策乃載母徙曲阿，與呂範孫河俱就景，因緣召募得數百人。」

江表傳曰：「策說（袁）術云：家有舊恩在東，願助舅討橫江，橫江拔，因投本土召募，可得三萬兵，以佐明使君匡濟漢室。」（吳志孫策傳注引）

吳志卷一〇潘璋傳：「璋性博蕩嗜酒……權奇愛之，因使召募，得百餘人，遂以爲將。」

同書卷一五呂岱傳：「出補餘姚長，召募精健，得千餘人。」

又同書卷一二吾粲傳：粲合人衆，拜昭義中郎將，與呂岱討平山越。」

募兵制所需要的一個前提條件是社會上有過剩的人口存在。武帝以後募兵制的產生，就是因爲土地集中的結果，農村中有一部分人被排除於生產過程之外，另方面因工商業的發達不夠，城市中容納不下這一枝人口，於是成爲無業游民，這部分人，可以成爲土匪，也可以成爲職業兵。東漢末年，因爲荒亂的結果，更增大了這流民圈，也就更增加了募兵的來源。劉璋在四川，就曾以流民爲兵，英雄記云：

先是南陽三輔人流入益州數萬家，將以爲兵，名曰東州兵。璋性寬柔，無威略，東州人侵暴舊民，璋不能禁，政令多闕，益州頗怨。趙韙素得人心，璋委任之，韙因民變謀叛，乃厚賂荊州請和，陰結州中大姓與俱起兵，還擊璋，蜀郡廣漢犍爲皆應韙。璋馳入成都城守，東州人畏威，咸同心并力助璋，皆殊死戰，遂破反者。（三國志蜀志卷一劉璋傳）

又如關中諸將，亦以流人還鄉者爲兵。魏志卷二一衛覬傳云：

太祖征袁紹，而劉表爲紹援。關中諸將又中立……覬以治書侍御史使益州……至長安，道路不通，覬不得進，遂留鎮關中。時四方大有還民，關中諸將多引爲部曲。覬書與荀彧曰：關中膏腴之地，頃遭荒亂，人民流入荊州者十萬餘家，聞本土安寧，皆企望思歸，而歸者無以自業，諸將各競招懷，以爲部曲，郡縣貧弱，不能與爭，兵家遂強。」

又晉書卷九二趙至傳云：「（至）母曰：汝先世本非微賤，世亂流離爲士伍耳。」是流民淪爲兵士甚多。

不過所謂召募，有時並非完全依於人民的自由意志，常常於自由投募之外，尙有強制的辦法。如袁潭在靑州的募兵：

「使兩將募兵下縣，有賂者見免，無者見取。貧弱者多，乃至於竄伏丘野之中。放兵捕索，如獵鳥獸。」（三國志魏志卷六袁紹傳注引九州春秋）

吳志卷一三陸遜傳記吳的募兵：

「時吳會稽丹陽，多有伏匿，遜陳便宜，乞與募焉。會稽山賊大帥潘臨，所在毒害，歷年不禽。遜以手下召兵討治深險，所向皆服，部曲已有二千餘人。」

晉時的募兵，幾卽等於調取。武帝時段灼上疏言：

「臣前爲西郡太守，被州所下己未詔書，羌、胡道遠，其但募取樂行，不樂勿強。臣被詔書，輒宣恩廣募，示以賞信，所得人名，卽條言征西，其晉人自可差簡丁彊，如法調取，至於羌、胡，非恩意告諭，則無欲度金城河西者也。自往每與軍度河，未曾有變，故刺史郭綏，勸帥有方，深加奬勵，要許重報，是以所募感恩利賞，遂立績效，功在第一，今州郡督將，並已受封，羌、胡健兒，或王或侯不蒙論敍也。晉文猶不貪原而失信，齊桓不惜地而背盟，況聖主乎？」（晉書卷四八段灼傳）

因爲召募就是強制，所以募兵便成爲一種擾民的制度。吳志卷一二駱統傳云：

「（統）前後書數十上……尤以占募在民間，長惡敗俗，生離叛之心，急宜絕置，權與相反覆，終遂行之。」

同書卷一三陸遜傳云：

「（嘉禾）六年，中郎將周祇乞於鄱陽召募事下問遜，遜以郡人易動難安，不可與召，恐致賊寇，而祇固陳取之，郡民吳遽等果作賊，殺祇，攻沒諸縣。」

召募取兵，是三國乃至晉代集兵的一個方式。自羣雄亂起的時期一過，魏吳各俱國家規模以後，募兵也就有了一定的辦法。凡募兵須先得政府的允許。各地將領不得隨便召募。如三國志吳志卷一六潘濬傳注引吳書云：

「驃騎將軍步騭屯漚口，求召募諸郡以增兵，權以問濬，濬曰：豪將在民間，耗亂爲言，加隱有名勢，在所所媚，不可聽之。權從之。」

晉時募兵，尚須有中央政府的虎符，三國志魏志卷一八閻溫傳附張恭子龍註引世語云：

「(張)就子斆……晉武帝世爲廣汗太守。王濬在益州，受中制募兵討吳，無虎符，斆收濬從事列上，由是召斆還。帝責斆何不密啓而便收從事？斆曰：蜀漢絕遠，劉備常用之，輒收臣猶以爲輕。帝善之。

（２）是強制降民俘民及亡戶爲兵：召募有時雖然也有時以強制爲手段，但召募總還是以有權自由投募的人爲對象的。對於降民，戰爭中的俘擄民以及亡命逃戶，政府則完全以強制方式使其爲兵。以降戶爲兵者，如曹操以青州黃巾降者爲兵。魏志卷一武帝操紀云：

「（初平三年）青州黃巾於壽張東……追黃巾至濟北，乞降，冬受降卒三十餘萬，男女百餘萬口。收其精銳者，號爲青州兵。」

這一枝青州兵，就作了曹操征服羣雄，統一中原的基本武力。又卷二六滿寵傳：

「時袁紹盛於河朔，而汝南紹之本郡，門生賓客，布在諸縣，擁兵拒守，太祖憂之，以寵爲汝南太守。寵募其服從者五百人，率攻下二十餘壁，誘其未降渠帥於生口殺十餘人，一時皆平，得戶二萬，兵二千人，令就田業。」

孫策破劉繇後曾以其降兵降民爲兵。江表傳云：

「劉繇既走，策入曲阿，勞賜將士……發恩布令告諸縣，其劉繇笮融等故鄉部曲來降首者，一無所向，樂從軍者，一身行，復除門戶不樂者勿強也。旬日之間，四方雲集，得見兵二萬餘人，馬千餘匹，威震江東，形勢轉盛。」

（三國志蜀志卷一孫策傳注引）

又吳志卷一〇陳武傳云：

策破劉勳，多得廬江人，料其精銳，乃以武爲督，所向無前。」

對於因避役抗賦而逃竄亡命的人戶，更是照例於剿擄後，即調以爲兵。例如魏志卷一四程昱傳云：

「昱收山澤亡命，得精兵數千人，乃引軍與太祖會黎陽討袁譚。」

(1)關於兩漢兵制，參看本所集刊第一分勞貞一先生：「漢代兵制及漢簡中的兵制」一文。

同書卷一八呂虔傳云：

「太祖以虔領泰山太守，郡接山海，世亂，聞人民多藏竄。袁紹所置中郎將郭祖公孫犢等數十輩，保山爲寇，百姓苦之，虔將家兵到郡，開恩信，祖等黨屬皆降服，諸山中亡匿者盡出，簡其強者補戰士，泰山由是遂有精兵，冠名州郡。」

孫吳則有「宿惡」(1)之名，凡宿惡之人，皆料括以爲兵。吳志卷一三陸遜傳云：

「鄱陽郡民吳遽等果作賊，殺(周)祇，攻沒諸縣，豫章廬陵宿惡民並應遽爲寇，遜聞，輒討即破，遽等相率降遜。得精兵八千餘人，三郡平。」

張溫到豫章，即上表討宿惡爲兵(吳志卷一二張溫傳)。後來溫得罪，駱統上表理溫云：

夫宿惡之民，放逸山險，則爲勁寇，將置平土，則爲健兵。故溫念在欲取宿惡，以除勁寇之官，而增健兵之銳也。但自錯落，功不副言，然計其送兵，以比許晏，數之多少，溫不減之，用之彊羸，溫不下之，至於遲速，溫不後之，故得秋冬之月，赴有警之期，不敢忘恩而遺力也。」(吳志卷一二張溫傳)

(3)是徵發：東漢末年徵兵制雖已式微，但乃自然演化的結果，政府則從未正式取消徵兵制度。董卓握政以後，曾擬大發兵以制東方諸侯張璠漢紀云：

「關東義兵起，(董)卓會議大發兵，羣僚咸憚卓，莫敢忤旨。(鄭)泰恐其彊，益將難制……乃詭辭對曰……今山東議欲起兵，州郡相連，人衆相動，非不能也。然中國自光武以來，無鷄鳴狗吠之驚，百姓忘戰日久。仲尼有言，不教民戰是謂棄之，雖亦不能爲害……無事徵兵以驚天下，使患役之民，相聚爲非。」(魏志卷一六鄭渾傳注引)

(1)宿惡或即指山越，但仍非全爲山越。吳志卷十九諸葛恪傳：「恪以丹陽山險，民多果勁，雖前發兵，徒得外縣平民而已，其餘深遠，莫能禽盡，屢自求乞爲官出之，三年可得甲士四萬。衆議咸以丹陽地勢險阻，與吳郡會稽新都鄱陽四郡鄰接，周旋四千里，山谷萬重，其幽邃民人，未嘗入城邑，對長吏，皆仗兵野逸，白首於林莽，逋亡宿惡，咸共逃竄。」是宿惡與山越有別，亦猶之苗之有生苗熟苗，蕃之有生蕃熟蕃歟？

劉表初到荆州（時在靈帝死後，表代王叡爲荆州刺吏），因江南宗賊盛，袁術屯、魯陽，盡有南陽之衆，吳人蘇代領長沙太守，貝羽爲華容長。各組兵作亂。在這種情況下，劉表曾打算發兵，他對蒯良蒯越等說：

「禍今至矣，吾欲徵兵，恐又不集，其策安出？」魏志卷六劉表注引司馬彪戰略）

蒯越告訴他，不用徵兵，只要「誅其無道，撫而用之，一州之人，聞君盛德，必襁負而至。」劉表就聽了他的話，誘宗賊帥至而殺之，收其衆爲兵，平定江南。又任峻曾在河南發兵，魏志卷一六任峻傳云：

「漢末擾亂，關東皆震，中牟令楊原愁苦，欲棄官走。峻說原曰：董卓首亂，天下莫不側目，然而未有先發者，非無其心也，勢未敢耳。明府若能唱之，必有和者。原曰：爲之奈何？峻曰：今關東有十餘縣，能勝兵者不減萬人，若權行河南尹事，總而用之，無不濟矣。原從其計，以峻爲主簿。峻乃爲原表行尹事，使諸縣堅守，遂發兵。」

杜畿傳記衞固范先在河東發兵事云：

「太祖既定河北，而高幹舉幷州反。時河東太守王邑被徵，河東人衞固范先外以清色爲名，而實內與幹通謀……於是遂拜畿爲河東太守……以固爲都督行丞事領功曹，將校吏兵三千餘人，皆范先督之……固因欲大發兵，畿患之，說固曰：夫爲非常之事，不可動衆心，今大發兵，衆必擾，不如徐以貲募兵。固以爲然，從之，遂爲貲調發，數十日乃定，諸將貪多應募而少遣兵。」

大約建安初年，天下荒亂，地方上臨時以人民守衞城池的很多。如同書卷二三杜襲傳云：

「建安初，太祖迎天子都許，襲逃鄉里，太祖以爲西鄂長。縣濱南境，寇賊縱橫，時長吏皆斂民保城郭，不得農業，野荒民困，倉庫空虛。襲自知結恩於民，乃遣老弱各分散就田業，留丁彊備守，吏民歡悅。」

斂民保城郭，雖不必即係徵兵，但說明一般人民仍服兵役。曹操奉獻帝許都以後，朝廷的規模漸立。曹操厲行集權政策，對外則征服羣雄，以求領土的統一，對內則打擊豪強，以求行政權的集中。由幾次以豪族的賓客爲兵的事例中，我們看到曹操曾力謀恢復徵兵制度，務使人人有服兵役的義務。如魏志卷一二司馬芝傳云：

「太祖平荆州，以芝爲管長。時天下草創，多不奉法。郡主簿劉節王同等爲兵。掾史據白節家前後未嘗給繇，若至時藏匿，必爲留負。芝不聽，與節書曰：君爲大宗，加股肱郡，而賓客每不與役，旣衆庶怨望，或流聲上聞，今條同等爲兵，幸時發遣。兵已集郡，而節藏同等……芝乃馳檄濟南，具陳節罪。太守郝光素敬信芝，卽以節代同行，青州號芝以郡主簿爲兵。」

又同書卷一五賈逵傳注引魏略列傳云：

「太祖輔政，遷沛爲長社長，時曹洪賓客在縣界，徵調不肯如法，沛先撾折其脚，遂殺之。由此太祖以爲能。」

東吳亦嘗調民爲兵，黃武五年孫權報陸遜書云：

「至於發調者，徒以天下未定，事以衆濟，若徒守江東，修崇寬政，兵自足用，復用多爲？顧坐自守可耳。若不豫調，恐臨時未可便用也。」(吳志卷二孫權傳)

又權赤烏三年詔：

「蓋軍非民不立，民非穀不生。頃者以來，民多征役，歲又水旱，年穀有損，而吏不良，侵奪民時，以致饑困，自今以來，督軍郡守，其謹察非法，當農商時，以從事擾民者，舉正以聞。」(同上)

又駱統傳云：

「是時徵役繁數，重以疫癘，民戶損耗。統上疏曰……今彊敵未殄，海內未乂，三軍有無已之役，江境有不釋之備，徵賦調數，由來積紀，加以殃疫死喪之災，郡縣荒虛，田疇蕪曠，聽聞後城，民戶浸寡，又多殘老，少有丁夫，聞此之日八心若焚燎，思尋所由，小民無知，旣有安土重遷之性，且又前後出爲兵者，生則困苦，無有溫飽，死則委棄，骸骨不反，是以尤用戀本畏遠，同之於死，每有徵發，羸謹居家，重累者先見輸送，小有財貨，傾居行賂，不顧窮盡，輕剽者則迸入險阻，黨就羣惡，百姓虛竭，嗷然愁擾，愁擾則不營業，不營業則致窮困，致窮困則不樂生，故口復急，則奸心動而攜叛多也。又聞民間居非不能自供，生產兒子，多不起養，屯田貧兵，亦多棄子，天則生之，而父母殺之……彊鄰大敵，非造次所滅，疆埸常守，非期月之成，而兵民減耗，後生不育，非所以歷年致成功也。」

魏吳雖然尙有徵兵，但徵兵之實辦法如何，則已不得知其詳。大約不會像兩漢時的，有現役有退役，服役免役又都有一定年限。由大的方面看，由東漢到魏晉，整個社會經濟政治學術都在變，兵制亦隨着這個大潮流在變動着。兵役由原是一種普遍的人人都要服的義務，慢慢變成只有少數人才來服的義務。徵兵到募兵及僅僅簡練強者爲兵，是這種變化的第一步，到世兵制成爲一種固定的制度，兵役不僅僅是少數人，特定的一部分的義務，而且成爲這部分人的世襲的義務，這部分人且形成爲社會上一個特殊身份層，這個變化才算完成。在這個變化過程中，徵兵制雖然存留着，但亦只是尾聲了。

（４）以外族爲兵：魏晉時期以外族爲兵的事，非常顯著。以外族爲兵的方式要亦不過發調召募或強制三種。漢末曾發匈奴爲兵，魏書云：

「於夫羅者，南單于子也。中平中發匈奴兵，於夫羅卒以助漢。會本國反，殺南單于，於夫羅遂將其衆留中國。」魏志卷一武帝操紀注引）

幽州有烏丸兵。蜀志卷二先主傳云：

「曹公征徐州，徐州牧陶謙遣使告急於田楷，楷與先主俱救之。時先祖自有兵千餘人，及幽州烏丸雜胡，又略得饑民數千人，旣到，謙以丹陽兵四千益先主。」

袁術與曹操皆曾大批引用烏丸兵。魏志卷三〇烏丸傳云：

袁紹兼河北，乃撫有三郡烏丸，寵其名王，而收其精騎。其後尙熙又逃於蹋頓，蹋頓又驍武，邊長老皆比之冒頓，恃其阻遠，敢受亡命，以控百蠻。太祖潛師北伐，出其不意，一戰而定之，夷狄懾服，威振朔土，遂引烏丸之衆，服從征討。」

又云：

「建定十一年，太祖自征蹋頓於柳城……臨陣暫蹋屯首，死者被野……其餘遺迸皆降，及幽州幷州柔所統烏丸萬餘落，悉從其族居中國，帥從其侯王大人種衆與征伐，由是三郡烏丸，爲天下名騎。」

益州有叟兵，蜀志卷一劉璋傳云：

璋復遣別駕從事蜀郡張肅送守兵三百人，并雜物求曹公。

劉備與陸遜作戰時，曾召合荆州夷人爲兵，吳志卷一三陸遜傳云：

「遜……又攻(蜀)房陵太守鄧輔，南鄉太守郭睦，大破之，秭歸大姓艾布鄧凱等合夷兵數千人，首尾西方，遜復移旌，討破布凱。」

晉時有鮮卑兵。晉書卷五九河間王顒傳：

「范陽王虓遣鮮卑騎與平昌博陵衆襲河橋，樓褒西走。」

卷四惠帝紀云：

「東海王越遣其將祁弘宋胄司馬纂等迎帝……弘等所部鮮卑大掠長安，殺二萬餘人。」

卷五懷帝紀：

「石勒寇常山，安北將軍王浚使鮮卑騎救之，大破勒于飛龍山。」

這些烏丸兵夷兵鮮卑兵，大約都是由召募而來的。

吳兵中蠻兵的成分更多。吳之對南方用兵開發交州，開發山越，兵源問題是一個重要的原因。吳志卷一三陸遜傳云：

「權欲遣偏師取夷州及珠崖，皆以諮遜。遜上疏曰：臣愚以爲四海未定，當須民力，以濟時務。今兵興歷年，見衆損減，陛下憂勞聖慮，忘寢與食，將遠規夷州，以定大事，臣反覆思惟，未見其利，萬里襲取，風波難測，民易水土，必致疾疫，今驅見衆，經涉不毛，欲益更損，欲利反害。及珠崖絕險，民尤禽獸，得其民不足濟事，無其兵不足虧衆，今江東見衆，自足圖事。陛下承運，拓定江表。臣聞治討逆，須兵爲威，農桑衣食，民之本業，而干戈未戢，民有饑寒，臣愚以爲宜育養士民，寬其租賦，衆克在和，義以勸勇，則河渭可平，九有一統矣。權遂征夷州，得不補失」。

我們由陸遜所說：「得其民不足濟事，無其兵不足虧衆」，及「今江東見衆，自足圖事」來看，知道孫權之征夷州，目的卽不全在取兵，而取兵要爲其重要目的之一。又吳志卷一六陸凱傳記吳取交州夷人爲兵云：

「赤烏十一年，交阯九眞夷賊攻沒城邑，交部擾動，以湑爲交州刺史安南校尉。湑入南界，喻以恩信，務崇招納，高涼渠帥黃吳等支黨等三千餘家皆出降。列軍而南，重宣至誠，遺以財幣，賊帥百餘，人民五萬餘家，深幽不羈，莫稽顙，交域清泰。就加安南將軍，復討蒼梧建陵賊，破之。前後出兵八千餘人，以充軍用。」

又魏志卷四陳留王奐紀載咸熙元年詔云：

「吳賊政刑暴虐，賦歛無極，孫休遣使鄧句，勑交阯太守鎖送其民，發以爲兵。吳將呂興因民心憤怒……卽糾合豪傑，誅除句等。驅逐太守長吏，撫和吏民，以待國命。」

吳志僅記「交阯郡吏興等反，殺太守孫諝。諝先是科郡上手二千餘人送建業，而察戰至，恐復見取，故興等因此扇動兵民，招誘諸夷也。」（卷三孫休傳）。未言鎖送其民，蓋諱之也。由「招誘諸夷」觀之，鎖送者當爲夷人。陸遜在荊州亦有夷兵，陸遜傳云：

「將軍朱喬營都督兪贊亡詣肇（晉荊州刺史楊肇）。抗曰：贊，軍中舊吏，知吾虛實者。吾嘗慮夷兵，素不簡練，若敵攻圍，必先此處。卽夜易夷民，皆以舊將充之。明日肇果攻故夷兵處。」

荊州多蠻夷，此必就地所召之夷兵。山越，在吳兵中的地位更爲重要。赤壁戰時，黃蓋詐投曹操，蓋致曹操的信說：

「蓋受孫氏厚恩，常爲將帥，見遇不薄。然因天下事有大勢，用江東六郡山越之人，以當中國百萬之衆，衆寡不敵，海內所共見也。」

由「用江東六郡山越之人，以當中國百萬之衆」這句話來看，我們卽使不能說吳兵全是山越，但總有一大部分是山越。山越爲吳國內部大患(1)自孫策奠基江東，卽開始剿伐山越，到孫權晚年諸葛恪伐丹陽山越達於最高峯，所得山民卽以強者爲兵，弱者補戶。僅幾次見於記載，以山越爲兵的，已不下十餘萬。吳志卷一五賀齊

(1)吳志卷七張昭傳載孫策死，孫權悲感未視事，昭謂權曰：「方今天下鼎沸，羣盜滿山，孝廉何當寢伏哀戚，肆匹夫之情哉。」又卷一三陸遜傳：「遜建議曰：方今英雄棊跱，豺狼闚望，克敵寧亂，非衆不濟，而山寇舊惡，依阻深地。夫心腹未平，難以圖遠。」皆足見山越爲患之大。

傳云:

「王朗奔東治,侯官長商升爲朗起兵……齊令越人因事交構……乃進討,一戰大破(賊帥張')雅,(詹)彊黨震懼,率衆出降。侯官既平,而建安漢興南平復亂。齊進兵建安,立都尉府……連大破之……名師盡禽。復立縣邑,料出兵萬人。……(建安)十八年豫章東部民彭材李玉王海等起爲賊亂,齊討平之,誅其首惡,餘皆降服,揀其精健爲兵,次爲縣戶……二十一年鄱陽民尤突,受曹公印綬,化民爲賊,陵陽始安涇縣,皆與突相應,齊與陸遜討破突(1),斬首數千,餘黨震服。丹陽三縣皆降,料得精兵八千人。」

同書卷七張昭傳:「(昭子)承少以才學知名……權爲驃騎將軍,辟西曹掾,出爲長沙西部都尉,討平山寇,得精兵萬五千人。」

卷一〇凌統傳:遜建議曰:方今英雄棊跱豺狼窺望,克敵寧亂,非衆不濟,而山寇舊惡,依阻深地。夫復心未平,難以圖遠,可大部伍,取其精銳。權納其策,以爲帳下右部督。會丹陽賊帥費棧受曹公印綬,扇動山越作爲內應。權遣遜討棧,棧支黨多而主兵少,遜乃益施牙幢,分布鼓角,夜潛山谷間,鼓譟而前,應時破散,遂部伍東三郡,彊者爲兵,羸者補戶,得精卒數萬人。宿惡盪除,所過肅淸,還屯蕪湖。」

卷一五全宗傳:「權以爲奮威校尉,授兵數千人,使討山越,因開募召,得精兵萬餘人。」

鍾離牧傳:「建安鄱陽新都三郡山民作亂,出牧爲監軍使者,討平之。賊帥黃亂常俱等,出其部伍,以充兵役。」

卷十九諸葛恪傳:「恪以丹陽山險,民多果勁,雖前發兵,徒得外縣平民而已,其餘深遠,莫能禽盡,屢自求乞爲官出之,三年可得甲士四萬……權拜恪撫越將軍,領丹陽太守,……歲期,人數皆如本規,恪自領萬人,餘分給諸將。」

卷一。陳武傳:「嘉禾三年諸葛恪領丹陽太守,討平山越……以表領新安都尉……在官三年,廣開降納,得兵萬餘人。」

(1)依陸遜傳此次爲亂者仍以山越爲主。

用外族爲兵，一方是因爲兵源不足，用外兵以開擴兵源，另方面也是因爲多勇猛善戰。在北方鮮卑兵是有名能戰的。如晉書卷六三邵續傳云：

「續懼（石）勒攻，先求救於（段）匹磾，匹磾遣弟文鴦救續，文鴦未至，勒已率八千騎圍續，勒素畏鮮卑，及聞文鴦至，乃棄攻具東走。」

同書卷李矩傳云：

「矩謂(張)肇曰……屠各舊畏鮮卑，遂邀肇爲聲援，肇許之，賊望見鮮卑，不戰而走。」

山越也是善戰的民族。吳志諸葛恪傳云：

「恪以丹陽山險，民多果勁，雖前發兵，徒得外縣平民而已，其餘深遠，莫能禽盡，屢自求乞，爲官出之，三年可得甲士四萬。衆議咸以丹陽地勢險阻……山出銅鐵，自鑄甲兵，俗好武習戰，高尙氣力，其升山赴險，抵突叢棘，若魚之走淵，猨狖之騰木也。時觀間隙，出爲寇盜。每致兵征伐，尋其窟藏，其戰則蠭至，敗則鳥竄，自前世以來，不能羈也。」

孫皓時華譚上書疏諫修新宮云：

江南精兵，北土所難，欲以十卒當東一人。天下未定，深可憂惜之，如此宮成，死叛五千，則北軍之衆，更增五萬，若到萬人，則倍益十萬。病者有死亡之損，叛者傳不善之語，此乃大敵所以歡喜也。」吳志卷二〇華譚傳。

吳兵一人可以敵北軍十人，或許未免誇大。但吳兵之強悍善戰，當無問題。西晉滅吳之後，吳人尙時有反叛之事。晉武帝策吳士華譚時，尙問：

吳蜀恃險，今旣蕩平，蜀人服化，無攜貳之心，而吳人趑雎，屢作妖寇，豈蜀人郭樸，易可化誘，吳人輕銳，難安易動乎。」

譚對曰：

「蜀染化日久，風化遂成，吳始初附，未改其化，非爲蜀人敦慤，而吳人易動也。然殊俗遠境，風土不同，吳阻長江，舊俗輕悍……」蓋吳兵吳民實以山越爲主，故善戰強悍。吳能劃長江自守，與中原抗衡，即恃此山越兵。東晉以下，南風始不振，而南兵亦不用（1）。

這原因乃是因爲山越被開發以後，漸染漢化，遂失去舊日的強悍。凡是一個文化程度低的民族，與文化程度高的民族接觸，無不因生活的改變，而失其舊日蠻性，且一變而不爲懦弱不振，北朝鮮卑民族的結果如此，遼金民族的結果如此，滿清民族的結果，亦復如此。吳地兵民之由強而弱，亦可由此解釋。

二　世兵制

（一）世兵制的形成

所謂世兵制，含有兩方面的意義，一是兵民分離，一是兵家子子孫孫，世世都要爲兵。

世兵制的形成，在漢末及三國時期，到三國末年，這種制度已經確立。兩晉時爲極盛期，宋齊以後漸衰，直到隋代統一南北才又爲普遍的徵兵所代替。永嘉以後的北方諸王朝及北魏周齊，亦有世兵制，不過北朝的世兵制另外尙有種族的成分，與魏晉南朝的世兵制當別論。

漢末及三國時期因兵役變化而形成的過程，我們可以這樣來說明。兵役變化的第一步，我們應當溯源於徵兵制的破壞。徵兵制施行時期，人人有服兵役的義務，徵兵制破壞，兵役與人生分離，這樣完成了兵役變化的第一步，一般人民由兵役的義務下解脫。繼徵兵而來的是募兵，募兵原是無定式的，募兵並未限定某一部分人要服兵役，但受募之後，兵役卽落在這一部分受募者的頭上。募兵是職業兵，在政府須要兵的時候，已經受募爲兵之後，便很難解脫。與募兵同時並存的，又有強制爲兵，政府常常以降民俘戶爲兵，檢括亡命逃戶爲兵，並且常以「強者爲兵，弱者補戶。」政府旣強制這些含有犯罪性的人爲兵，則政府對於兵的管理，自然更加嚴密。在漢末三國大混亂的局面中，周秦兩漢以來的「交質」制與「任子」制演變而成爲一種「質任」制度，上下不能互信，便以父兄子姪作質任，官吏對於皇帝有質

（1）晉書卷一武帝紀上云：「高祖乘其（孫恩）懈怠，奮擊大破之……高祖復棄城追之。海鹽令鮑陋遣子嗣之以吳兵一千請爲前驅。高祖曰：賊兵甚精，吳人不習戰，若前驅失利，必敗我軍，可在後爲聲援。」是劉宋初吳兵已不可用。

任，士兵對於長官亦有責任。士兵的家屬都要聚居一起，集中管理。如劉備任徐州時，領兵外出與袁術作戰，部曲的妻子家屬留居下邳魏志卷七張邈傳注引英雄記及（蜀志卷二先主傳）。關羽在荆州，將士妻子家屬聚居江陵（蜀志卷六關羽傳）。魏文帝曾擬徙冀州士家于鄴，（魏志卷二五辛毗傳）。李典宗族部曲三千餘家原居乘氏，自願請徙居鄴（魏志卷一八李典傳）毌丘儉以鎮東將軍領兵鎮淮南，而將士家屬卻皆在內州（魏志卷一三王肅傳及卷二八毌丘儉傳）。士兵如有逃亡，其妻子家屬便沒官爲奴婢。這樣就成了兵役變化的第二步，卽兵役落到一部特定的人的身上。與這一過程同時變着的，是軍民分籍分管的制度的成立。在漢末的大亂中，國家領下的人口，在管理上形成三個系統，分屬於三個不同的行政組織。這三個不同的人口集團是：（１）普通人民，（２）屯田客，（３）軍戶。普通人民隸屬於州郡縣政府，屯田客則屬於中郎將，典農督尉和典農校尉，軍戶則屬於軍府或州郡代領。三部分人對國家有不同的義務，軍戶服兵役，屯田客爲國家種地，是國家的佃戶，只有州郡領民是傳統的民戶，對國家服田租戶調徭役的義務。這是一個很大的變化，在兩漢是所有的人民，對國家服所有的同樣的義務，同樣納租稅，同樣出徭役，同樣服兵役。三國時卻分成三種人，分服着國家不同的義務。屯田客不服兵役，普通州郡領戶的徵兵亦已衰歇，兵役便主要的由兵戶來獨服。旣然分工，進一步的結果當然就是世代化，兵家子孫就世世代代對國家盡他所分來的義務。至此，世兵制卽兵與民分離，兵家世世代代服兵役的制度就成立了。雖然魏咸熙元年「罷屯田官，以均政役，諸典農皆爲太守，都尉皆爲令長」（魏志卷四陳留王奐紀），晉武帝平吳之後，詔天下罷軍役示海內大安，州郡悉去兵，大郡置武吏百人，小郡五十人（晉書卷四三山濤傳），屯田客是又回復爲普通民戶了，州郡兵戶也有一部分轉爲普通人民，而另外的兵家，卻仍繼續負擔兵役，仍然是世代的軍戶。

（二）世兵制度

關於世兵制的內容，可分兵民的分離，兵戶世代爲兵，及兵戶身的低落三方面來說明。

（１）兵民的分離：世兵制下兵與民之分離的，旣是兵戶卽不再是普通戶，在前章內，我們已引用許多例證，說明魏吳都常以「民之強者補兵，弱者補戶」，所謂強弱是以戶的單位來分的，卽有強丁的，以強丁爲兵，其強丁的家屬卽以強者整戶爲兵，爲兵戶；弱者整戶爲民，爲民戶。兵民在「籍」上也是分開的，民有民籍，兵有兵籍，或稱士籍對立。如魏志卷四齊王芳紀云：

「嘉平六年，鎮東將軍毌丘儉上言，昔諸葛恪圍合肥新城，城中遣士劉整出圍傳消息，爲賊所得……又遣士鄭像出城傳消息（皆不屈節而死——全）……整像爲兵，能守義執節。子弟宜有差異。詔曰……今追賜整像爵關內侯，各除士名，使子襲爵，如部曲將死事科。」

宋書卷四四謝晦傳云：

「晦欲焚南蠻兵籍，率見力決戰。」

卷九九二凶傳：

「上（孝武）將誅誕，以義興太守垣閬爲兗州刺史，配以羽林禁兵，遣給事中戴明寶隨閬襲誕，誕……焚兵籍赦作部徒繫囚……擊明寶等，破之……上怒，擇發明將自濟江，太宰江夏王義恭諫曰：誕素無才略，畜養又寡，自拒王命，士庶離散……徒賴免兵倉頭三四百人……」

所謂士民兵籍軍籍，都是包括本人及其家屬而言的，並非僅是士兵個人在軍的名册。故劉劭焚京都軍籍，卽可以置立郡縣爲民。如軍民不分，軍籍只是士兵個人，則焚籍以後，卽可各歸家附家籍爲民，如現在士兵解甲卽可歸家爲民，何能另立郡縣？兵民之分，是以戶爲單位的，這一點看了下述兵戶的世代性及兵戶的解放各節，當可更爲明瞭。兵民不但分籍，而且常常分屬管理普通民戶的機關，是州郡縣各級政府，管理兵戶的，則除州郡各級政府機關以外，倘有其他機關。關於這一點我們雖然沒有材料作詳細說明，但其存在則是確定的。如劉劭焚兵籍，始置立郡縣，則於未免兵爲民之前，其京師兵戶不屬郡縣甚明。宋文帝元嘉二十一年詔言：

霖雨彌日，水淹爲患，百姓積儉，易致乏匱，二縣官長及營置部司各隨統檢實，給其柴米，必使周悉。」（宋書卷五文帝紀）

又元嘉二十五年詔：

比者冰雪經尋，薪粒貴踊，貧弊之室，多有窘罄，可檢行京邑二縣及營置賜以柴米。」（同上）

由這兩個詔書，知道在京師一帶管理人戶的，除郡縣行政系統下的兩縣之外，尙有營署。營署所領者，或非全是兵戶，但一大部分必是兵戶。政府各級中的軍事機關，及武官官府固直接領兵，文官扣關亦大都有本府的守衞兵，這些守衞兵，也是連其家屬一起屬於該機關的。如宋書卷六一江夏王義恭傳：

進位太宰領司徒……（大明）三年，省兵佐，加領中書監，以崇藝昭武永化之營合四百三十七戶給府，更增吏童千七百人，合爲二千九百人。

大約兵的妻子家屬是隨營居的，宋何承天曾言：「（謫兵）妻子營居，因其宜也」（宋書卷六四何承天傳）。所以兵戶的隸屬係隨同軍身的隸屬的，如果一個兵士屬於某一州郡，這一個兵的家屬，即這一個兵戶，也就屬於某一州郡。另一個兵是屬於某一軍府的，他的家屬也就屬於這一軍府。晉書卷九八王敦傳載敦永昌元年率衆內向，以誅劉隗爲名，上疏言：

「徐州流人，辛苦經載，家計始立，隗悉驅逼以充己府。」

又宋書卷三武帝紀下載永初二年十月詔曰：

自今犯罪充兵，合舉戶從役者，便付營押領，其有戶統及謫止一身者，不得復侵濫服親，以相連染。」

以徐州流人，歸軍府管理，及所謂「舉戶從役者，便付營押領」，以與「有戶統」來對說，都是兵士的家隨同另屬軍府或軍營管領之證。

（2）兵戶世代爲兵：兵家子孫，是要世代爲兵的。此一現象在西晉時已極顯著。如晉書卷四二王濬傳云：

「除巴郡太守，郡邊吳境，兵士苦役，生男多不養。濬乃嚴其科條，寬其徭課，其產育者皆與休復，所全活者數千人……帝乃發詔（伐吳），分命諸將節度，濬於是統兵，先在巴郡之所全育者，皆堪徭役供軍，其父母戒之曰：王府君生爾，爾必勉之，無愛死也。」

卷四九王尼傳云：

王尼城陽人也，或云河內人，本兵家子，寓居洛陽，卓犖不羈，初爲護軍府軍士，胡毋輔之與琅邪王澄北地傅暢中山劉輿潁川荀邃河東裴遐，迭屬河南功曹甄述及洛陽令曹攄請解之，攄等以制旨所及不敢。輔之等齎羊酒詣護軍門，門吏疏名呈護軍，護軍歎曰：諸名士持羊酒來，將有以也。民時以給府養馬，輔之等入遂坐馬厩下，與民炙羊飲酒而去，竟不見護軍。護軍大驚，卽與民長假，因免爲兵。」

卷三六劉卞傳云：

劉卞東平須昌人也，本兵家子，質直少言，少爲縣少吏……卞兄爲太子長兵，旣死，兵例須代。功曹請以卞代兄役……」

卷九六王渾妻鍾氏傳：

「琰(鍾氏字)女亦有才淑，爲求賢夫。時有兵家子甚俊，濟欲妻之，白琰。琰曰：要令我見之。濟令此兵與羣小雜處，琰自幃中察之。旣而謂濟曰……此人才足拔萃，然地寒壽促，不足展其器用，不可與婚。」

東吳兵之世代性，可看吳志諸葛恪傳。孫亮時恪欲出兵北伐，諸大臣反對，恪乃著論諭衆意，其言曰：

「自本以來，務在產育，今者賊民歲月繁滋，但以尙小，未可得用耳，若復十數年後，其衆必倍於今，而國家勁兵之地，皆已空盡，唯有此見衆，可以定事，若不早用之，端坐使老，復十數年，略當損半，而見子弟數不足言，若賊衆一倍，而我兵損半，雖復使伊管圖之，未可如何。」

東晉以下，兵之世襲性仍然繼續未變。晉孝武時，范寧論謫兵，稱：「謫兵不相襲代，傾者小事便以補役，一愆之違，辱及累世。」(晉書卷七五范寧傳)。謫兵在法令上是不相襲代的，但事實上則相襲代，可知另外的兵戶必仍世襲爲兵。宋時常免兵戶爲民，則未免之兵戶，必世代爲兵戶，世代服兵役矣。

(３)兵戶身份的低落：徵兵制下，人人有服兵役的義務，兵就是民，兵與民合一，故無兵民身份高低的區別。迨募兵謫兵世兵制興，兵與民分，兵民身分始有高低不同的可能。東漢末年及三國時期，是中國社會史上一個轉變期。秦漢時期的豪族奴隸主，魏晉以下轉變爲中古性的貴族，秦漢以來的自由農民及奴隸，轉變爲諸種不同的社會身份。社會上一方面有士庶之分，而士庶之中又有豪門、舊門、將門、勛門、三五門、次門、役門、種種社會身份層。士族是役使人的，庶人則是被役使的。對國家來說，誰服的役務高尙，甚至不服役務，誰的社會身份就高，誰對國家服的役務性質鄙賤，而且強制性大，誰的身份就低。士族對國家是無役的，其唯一的就是從士族中選出官吏，管理政務且毫無強制，願意作官就作，不願作還可以掛印而去，所以世族的身份最高。庶人要向國家納租出賦，且須強制執行，故身份低。在這種社會環境中，兵戶所服的役務是最卑下的，而且是最含強制性的，所以兵戶的身份就逐漸低落在一般人民之下，當然以罪人爲兵的制度，也有助兵的地位的低下，但決定兵的地位低下的，還是兵的執役的低賤性及其強制性。

在時代上來看，三國初年我們還看不到兵士社會的低落，但在三國晚年，這種低卽逐漸顯著。魏明帝時，兵士地位已經低落。魏略有如下一段記載：

「太子舍人張茂，以……（明）帝盛興宮室，留意於玩飾……又錄奪士女前已嫁爲吏民妻者，還以配士，旣聽以生口自贖，又簡選其有姿色者，內之掖庭，乃上疏曰：臣伏見詔書，諸士女嫁非士者，一切錄奪，以配戰士……吏屬君子，士爲小人，今奪彼以與此……又詔書聽得以生口年紀顏色與妻相當者自代。故富者則傾家盡產，貧者舉假貸貰，貴買生口，以奪其妻。縣官以配士爲名，而實內之掖庭，其醜惡者，乃出與士，得婦者未必有歡心。」魏志卷三明帝紀注引）

只有封侯以後，才能免去這種配嫁的恥辱，魏志卷一三鍾繇傳云：

「（曹）爽旣誅，（毓）入爲御史中丞，侍中，廷尉，聽君父旣沒，臣子得爲理謗，及士侯其妻不復配嫁，毓所創也。」

自此以後，兵士便被視爲微賤，「士伍」「兵伍」便成爲與「小人」同意義的名詞。如晉書卷七一陳頵傳云：

「初趙王倫篡位，三王起義，制己亥格，其後論功雖小，亦皆依用，頵意不宜以爲常式，駁之曰……名器之實，不可妄假……其起義以來，依格雜猥，遭人爲侯，或加兵伍，或出宅僕，金紫佩士卒之身，符策委庸隸之門，使天官降辱，王爵黷賤，非所以正皇綱，重名器之謂也。」

卷九四劉驎之傳云：

「驎之雖冠冕之族，信義著於羣小，凡廝伍之家，婚娶葬送，無不恭自造焉。」

卷九二趙至傳云：

「趙至……代郡人也，寓居於洛陽，□氏令初到官，至年十三，與母同觀。母曰：汝先世本非微賤，世亂流離遂爲士伍耳，爾後能如此否？」

孫吳士兵的身份，似較北方魏晉者爲尤低下，孫權時曾以兵戶賜功臣。如吳志卷十陳武傳云：

「初表（武子）所受賜復人得二百家，在會稽新安縣，表簡似其人，皆堪好兵，乃上疏陳讓，乞以還官，充足精銳。詔曰：先將軍有功於國，國家以此報之，卿何得辭焉。表乃稱曰：今除國賊，報父之仇，以人爲本，空枉此勁銳，以爲僮僕，非表志也，皆輒料取，以充部伍。所在以聞，權甚佳之，下郡縣，料正戶羸民，以補其處。」

吳兵多山越，皆強制料取爲兵的。吳兵地位的低下，這或者是一個原因。東晉以下，兵戶身份更普遍的低落。魏西晉時兵戶，我們還可以看作是自由的最下層，東晉以下的兵戶，則已非自由人，而與奴隸接近。如晉書卷七五范寧傳云：

「鎮方去官，皆割精兵器仗，以爲送故……其中或有清白，亦復不見甄異……兵役旣竭，枉服良人。」

梁書卷二武帝紀中云：

「天監十七年八月。詔以兵騶奴婢男年登六十，女年登五十，免爲平民。」

由「其中或有清白及兵騶年登六十」，「免爲平民」上，可知兵戶已非淸白良人，而與奴隸同等了。

（三）世兵制的破壞

三國兩晉及南朝的世兵制，在兩晉時達其極盛期，宋齊以下，卽漸漸破壞。

世兵制衰落的原因，可由兩方面來解釋。第一就世兵的數量上來講，世兵的增加不足以補充世兵消失，去增旣不能相補，在一個長過程中，當然會產生數量漸少漸少的結果，其次就世兵制的性能來講，由於兵戶社會的地位的低落，其戰鬬精神及戰鬬能力便日衰，兵旣不能戰鬬，這種制度當然就要日趨沒落。

世兵數量日趨減少的原因，有以下幾種：

（1）戰鬬的死：每有一次戰爭，兵士就有死亡。魏晉時期是一個長期戰爭的局面，每次戰爭的死亡人數，和全時期全部戰爭的死亡總數，我們現在不必去作統計。我們就以亡國的大關鍵來說，吳亡國時，兵籍上有兵二十三萬，但經亡國之戰，一定死傷不少，死傷之外，逃亡也一定不少，晉滅吳後，爲了消滅吳地的反抗，乃以東南各州的兵駐在吳地，隨罷州郡兵的實施，吳境內各地的兵，大約是首先被罷的對象，吳兵至此可說作了一個結束。西晉的兵在滅吳以後，爲其最盛時代。江統曾要求利用這一般強兵猛將把北方的胡人趕回老家去。但到惠帝時，先後經八王之亂，武帝時的幾十萬中央禁軍，已零散不堪。石勒坑殺東海王越的東下軍團，一坑就是十幾萬，這十幾萬雖然有些是王公士庶，但仍以兵爲多數則不成問題。洛陽被破，懷帝爲虜，西晉的中央軍又告一結束。愍帝在長安另組政府，只有衆一旅（見晉書卷五愍帝紀）。元帝在江東立國，兵也很少，到蘇峻祖約之亂時，幾代積來的一點點兵力，又復蕩然。戰爭中的死亡，是世兵減少的第一個原因。

（2）逃亡：兵役爲賤役，戰爭爲苦事，誰願來作這種賤役和苦事？一有機會，便會逃亡。魏晉重士亡法，士兵逃亡，妻子家屬便沒爲奴隸。然而逃亡法愈重，愈反映逃亡之盛。戰時更是逃亡的好機會，上述東吳及西晉大軍的結束，死亡固是一個原因，恐仍以逃亡者爲多，東晉以下，因兵士地位的低落，逃亡恐怕更盛。晉書卷　孔坦傳云：

「坦遷吳興內史，募江淮流人爲軍，有殿中兵因亂東還，來應坦募，坦不知而納之，或諷朝廷以坦藏臺叛兵坐免。」

又陳書卷三四褚玠傳云：

「除戎招將軍山陰令，縣民張次的王休達等與諸猾吏賄賂通奸，全丁大戶類多隱沒，玠乃鑑次的等具狀啓臺。高宗手勅慰勞，幷遣使助玠披括，所出軍民八百餘戶。」

皆說明兵士的逃亡。

（3）私家分割：即國家的兵戶，爲私家所有，轉爲私家的私兵奴僕。中口戶口的領屬是分散的貴族領有戶口，國家就常常以兵戶賜與有功的官吏，以爲賞賜。前引吳志陳表傳：孫權賜表父武二百家，是一例。呂蒙破關羽後，「權嘉其功，即拜廬江太守，所得人馬皆分與之。別賜尋陽六百戶，官屬三十人。」（吳志呂蒙

傳)。南朝功臣陵墓,照例賜有守兵。梁書卷三武帝紀下云:

「大同六年四月詔曰……晉宋齊三代諸有職司者,勒加守護,勿令細民妄相侵毀。作兵有少,補使充足,前無守視,並可量給。」

東晉南朝有送故的辦法,官吏去官時,要送些錢財給他,武官去職,則於錢財之外,還要送兵戶。晉孝武帝時,范寧陳時事云:

「又方鎮去官,皆割精兵器仗,以爲送故,米布之屬,不可稱計,監司相容,初無彈糾,其中或有淸白,亦復不見甄異,送兵多者,至於千餘家,少者數十戶,旣力入私門,復資官廩食,兵役旣竭,枉服良人,牽引無端,以相交補,若是功勛之臣,則已享裂土之祚,豈應封外復置吏兵乎?」晉書卷七五范寧傳)。

又宋書卷七八蕭思話傳云:

「元嘉二十六年,徵爲吏部尙書……思話以去州,無復事力,倩府軍身九人。太祖戲之曰:丈人終不爲田父於閭里,何應無人使邪?」

時思話爲監雍梁南北秦州荆州之竟陵隨二郡諸軍軍右將軍寧蠻校尉雍州刺史,倩府軍身九人,相仍爲送故割配之意。

其次領兵將軍所統領的軍隊,事實上也是對國家兵戶的一種分割。如齊高祖時患臺坊兵少,曾以詔書與朝臣討論兵少的原因,虞玩之上表,就指出入勛者衆,及軍人分割,乃兩大原因。他說:

「自孝建以來,入勛者衆,其中操干戈衞社稷者,三分殆無一焉。勛簿所領,而詐注辭籍浮遊要非官長所拘錄,復爲不少。尋蘇峻平後,庾亮就溫嶠求勛簿,而嶠不與,以爲陶侃所上,多非實錄。尋物之懷私,無世不有,宋末落紐,此巧猶多。又將位旣衆,舉卹爲祿,實潤其微,而人領數萬。如此二條,天下合役之身,已據其大半矣。」(南齊書卷三四虞玩之傳)

按玩之所指者,因就當日之募兵而言(詳下節),但世兵當亦有同樣情形。領募兵者可形同分割,領世兵者必亦同於分割。

(4)軍戶的解放:有功於國的兵,政府常常解除其爲兵的義務,以爲報賞。如前引魏志,魏高貴鄉公時,除士劉整鄭像的士兵,並使其子襲爵。此外,如宋書卷八三黃回傳云：

「黃回竟陵郡軍人也，出身充郡府雜役，稍至傳教，臧質爲郡，轉齋帥，及去職，將回自隨。質爲雝州，回復爲齋帥，質討元凶，回隨從有功，免軍戶。」

又卷六孝武帝紀云：

「武皇帝舊役軍身，嘗在齋內，人身猶存者，普賜解戶。」

有時政府領兵主帥欲得死士死力，也多以解軍軍戶爲民作手段。如前引宋書謝晦之焚南蠻軍籍，劉劭之焚京都軍籍，竟陵王誕之焚州兵籍，都是想以解軍爲民的手段求其死力作戰。宋以下，免軍戶爲民的極多，且常是大量的放免。除前已引諸例外，再舉列如下：宋書卷三五徐州彭城郡條下云：

「蕃令，義旗初免軍戶立遂誠縣。武帝永初元年改從舊名。

薛令，義旗初免軍戶爲建熙縣，永初元年改從舊名。」

卷九九元凶劭傳云：

「劭聞義師起，悉聚諸王及大臣於城內……自永初元年以前相國府入齋傳教給使，免軍戶屬南彭城薛縣。」

卷六孝武帝紀云：

「（大明二年）詔曰：先帝靈命初興，龍飛西楚，岩紀浸遠，感往纏心，奉迎文武，情深常隸，思弘殊澤，以申永懷，吏民可賜爵一級，軍戶免爲平民。」

卷四五劉粹傳：

「蜀土僑舊，翕然並反，道濟懼懼，乃免吳兵三十六營以爲平民，分立宋興宋寧二郡，及招集商賈及免道俗奴僮東西勝兵可有四千人……嬰城自守。」

卷三八州郡志益州條。

「宋寧太守，文帝元嘉十年，免吳營僑立，領縣三，戶一千三十六，口八千三百四十二。」

「宋興太守，宋文帝元嘉十年免建平營立，領南陵建昌二縣。」

南齊書卷八和帝紀：

「永光二年十一月乙卯教曰：吾躬率晉陽，剪此凶孽，戎事方動，宜覃澤惠……從征身有家口停鎮，給廩食，凡諸雜役，見在諸軍帶甲之身，克定之後，悉免爲民。」

梁書卷二武帝紀中：

「天監十七年八月詔以兵騶奴婢男年登六十，女年登五十免爲平民。」（按南史作男年六十六，女年六十）。

陳書卷五高宗紀：

太建二年八月甲申詔：軍士年登六十，悉許放還，坊手於役死亡及與老疾，不勞訂補，其疾有坊隱，並王公百司輒受民爲程蔭，解還本屬開恩聽首。」

由於上述幾種原因，使世兵的數量，不斷的減少。世兵的補充，只有兵戶的子孫，但在世兵戶不斷減少中，世兵的子孫當然也是隨着減少的，這一個來源，決補不上世兵減消的數量，世兵子孫之外，可以靠謫兵來補充，但謫兵在制度上是不相襲代的，卽使事實上常是襲代，而此種來源亦數量有限，決難補充世兵的損減。召募的兵決不能作世兵，因此時的環境，已不同於三國時期，三國初期兵民的社會地位相等，兵的身份地位，後來雖然愈演而愈低落，但那乃是後起的現象，無礙於先期的投募。但等到世兵的社會身份地位已低，如若以召募的方式，召募社會上身份地位比較高的人民，來作身份低的世兵，決無人投募。而且在習慣上，政府似乎也不能平白的以強手段來改變人民的身份，此種情事卽使發生，亦決非普遍。所以募兵已不能用來補充世兵。徵兵也是同樣的情形，人民身份高，兵戶身份低，故不能徵民戶爲兵戶。世兵的補充不能補足世兵的減失，時間愈久，世兵的數量也就愈少。世兵制自然衰歇了。

與世兵數量減少，同樣決定着世兵制的命運，是世兵戰鬭精神和戰鬭能力的低落。這是世兵身份低落後的必然結果。世兵生活既苦，身份地位又低，被人所賤視，在此種生活與心理狀態之下，如欲得其死力作戰，實屬不可能。我們由前引軍戶解放諸例，政府及領兵主帥常以解放軍戶，爲換取士兵死力作戰的手段，已充分證明世兵制下的兵士戰鬭力不佳。宋以後，兵戶解放事例的衆多及普遍，亦只有認爲是世兵制的兵士戰鬭能力低落，才好解釋。而且世兵在兵的年齡很久，六十歲以上的人仍多在役，五六十歲以上的人的體力已衰，如何還能責其勇猛作戰？

有此種種原因，世兵制在宋齊以後，卽逐漸衰落，但仍然存在，直到隋朝統一，才正式消滅。隋朝以下我們就未再見過世兵的記載了。

三 世兵以外的兵

漢末徵兵制破壞以後，經過募兵，謫兵等等方式，而產生世兵制。在魏晉及南朝，世兵制雖然成爲主要的兵源制度，但卽使在世兵制最盛的時間，也沒有完全排除其他式樣的集兵方式。不定時的徵發，募兵 ，謫兵 ，以及其他各式樣的集兵方法，仍繼續出現。在世兵制極盛的時候，這些各式各樣的集兵，成爲世兵制的補助制，補充世兵制的不足，在世兵制衰歇的時候，這些方式中之一的募兵又起而代替了世兵的主導地位。東晉以後「世兵制以外的兵」的變如此，現在來分述其內容。

（一）徵發民兵

所謂徵發民兵，就是徵發民丁爲兵。兩漢是徵兵制，人人有服兵役的義務，漢末以後，徵兵制雖破壞 ，但並未取消 ，換言之，事實上普通人民的兵役義務雖然已經萎縮，但理論上政府仍有徵發民兵的權利。在第一章我們已說明三國時代的徵兵，現在說東晉以下的徵兵。晉代徵發民兵，有下述幾次。

一、是懷帝永嘉中，裴盾在徐州的發良人爲兵。晉書卷七三庾翼傳云：「康帝卽位，翼欲率衆北伐，上疏曰：賊李龍年已六十，奢淫理盡，醜類怨叛，又欲決死遼東，（慕容）皝雖驍勇，未必能固，雖北無掣手之虜，則江南將不異遼左矣。臣所以輒發良人，不顧忿咎。……於是並發所統六州奴及車牛驢馬，百姓嗟怨。」

二、是安帝時元顯發京邑士庶爲兵。晉書卷六四會稽王道子傳云：「旣而楊全期桓玄殷仲堪等復至石頭，元顯於竹里馳還京師，遣丹陽尹王愷……等發京邑士庶數萬人據石頭以距之。」

宋時亦常徵發民兵。謝晦在荆州，曾以民兵反。宋書卷四四謝晦傳云：

「晦欲焚南蠻兵籍，率見力決戰 。 士人多勸發兵 ，乃立幡戒嚴……二三日中，四遠投集，得精兵三萬人。」

文帝元嘉二十七年，宋與北魏大戰。在這戰爭中，宋曾大舉發民丁兵。宋書卷九五索虜傳云：

「（元嘉二十七年），是岩軍旅大起……又以兵力不足，尚書左僕射何尚之參議發南兗州三五民丁父祖伯叔兄弟仕州居職從事，及仕北徐兗爲皇弟皇子從事，庶姓主簿，諸皇弟皇子府參軍督護，國三令以上，相府舍者，不在發例，其餘悉倩暫行，征符到十日裝束沿江五郡集廣陵，緣淮三郡集盱眙。」

卷七四沈攸之傳云：

「攸之少孤貧，元嘉二十七年索虜南寇，發三吳民丁，攸之亦被發，旣至京都，詣領軍將軍劉遵考，求補白丁隊主。」

晉安王子勛，曾發民丁。卷八四鄧琬傳云：

「（晉安王子勛反），遣將軍俞伯奇率五百人出斷大雷，禁絕商旅，及公私使命，遣使上諸郡民丁，收斂器械，十日之內，得甲士五千人。」

「建安內史趙盾生安成太守劉襲，並舉郡奉順。琬遣龍驤將軍廖琰，率數千人并發廬陵白丁攻襲。」

宋末沈攸之反時，亦發荆州民丁，蕭道成討攸之檄云：

「攸之踐荆以來，恆用奸數，旣欲發兵，宜有因假，遂乃蹙迫羣蠻，騷擾山谷，揚聲討伐，盡戶發上，蟻集郡邑，伺國盛衰，從來積年，永不解甲，遂使四野百縣，路無男人，耕田載租，皆驅女弱。」（宋書卷七四沈攸之傳）

南齊書卷二四柳世隆傳云：

「建元二年……時虜寇壽陽，上敕世隆曰：歷陽城大，恐不可卒治，正宜斷隔之，深爲保固，處分百姓，若不將家守城 ，單身亦難可委信也。尋又敕曰：吾更歷陽外城，若有賊至，即勒百姓守之，故應勝割棄也。」

同傳又云：「上（太祖）敕世隆曰：比有北信，賊尤治民在彭城……爲備或不可解……民間若有丁多而細口少者，悉令戍非疑也。」

卷五八蠻傳東南夷條云：「建元二年，虜侵豫司，蠻中傳虜已近，又聞官盡發民丁……。」

同條又云：「永明九年，安隆內史王僧旭發民丁，遣寬城戍主萬民和助八百丁村蠻，伐千二百丁村蠻。

卷二六王敬則傳：「（敬則）乃起兵。……敬則以舊將起發，百姓擔蒿荷鍤隨逐之，十餘萬衆……（官軍）胡松領馬軍突其後，白丁無器仗，皆驚散，敬則軍大敗。」

卷五七魏虜傳：「（永明）十一年遣露布並上書稱當南寇，世祖發揚州民丁，廣設召募。」

卷四四沈文季傳載富陽人唐寓之暴動時，發民丁情形云：（富陽）縣令何詢告魚浦子邏主從侯公發魚浦村男丁防縣……會稽郡丞張思祖遣臺使孔矜王萬山張繇等配以器仗將吏白丁防衛永興等十屬……文季又發吳嘉興鹽官民丁救之。」

卷四〇晉安王子懋傳云：「初子懋鎮雍，世祖勅以邊略田……令普勅鎮守；並部偶民丁，有事即使應接。」

卷四竟陵王子良傳載世祖時子良啓云：「交州敻絕一垂，實惟荒服，恃遠後賓，固亦恆事……今縣軍遠伐……全勝難必；又緣道調兵，以足軍力，民丁烏合，事乖習鋭。」

梁時發民丁例如下，梁書卷五一沈顗傳云：

「天監四年，大舉北伐，訂民丁，吳興太守柳惲以顗從役，揚州别駕陸任之以書責之，惲大慙，厚禮而遣之。」

卷八昭明太子傳云：「吳興郡屢以水災失收。有上言曹漕上瀆以瀉浙江。中大通二年春詔遣前交州刺史王弁假節發吳郡吳興義興三郡民丁就役，太子上疏曰……今征戍未歸，彊丁疎少，此雖小舉，竊恐難合……不審可得權停此功，待優實以不？……」

卷二〇劉季連傳：「季年因聚會發八丁五千人，聲以講武，遂遣中兵參軍宋買率以襲中水穰人李託。」

兩晉南朝的徵發民兵，大體如上所述。由這些記載，我們對這一時期的徵兵，有幾點可以提出說明：第一，徵兵並非經常制度，僅於有重大事件發生時，始行徵發，平時用兵仍係以見常備兵爲主。第二，在晉時徵發民兵尚含有非法性，裴盾在徐州的發兵，引起百姓的嗟怨。庾翼發民兵北伐，也是不顧忿咎，不得已而爲之，時代愈後，發民兵的次數愈多。在先僅是在對外作戰，或起兵反叛的，才發民兵，其後則內地民亂，亦發民兵勘亂。依梁昭明太子的上疏：「今征戍未歸，彊丁疎少」，似乎梁時民丁已擔負征戍之役了。二三兩點，或可這樣來解釋，在晉時是世兵制極盛的時期，人民已久不服兵役，平時有事，世兵足以應用，故不常發民爲兵，偶一發之，便引起人民的嗟怨。宋以後，世兵制衰，國家軍事，多需另求兵源，其最常用的，第一是召募，召募不足，便發民爲兵，故發兵事件較多。由名稱上也可以看出世兵盛衰的一點消息，晉時發民爲兵，謂之發良人爲兵，宋以後則稱「民丁」或「白丁」。大概卽因晉時世兵盛，世兵身份比人民低下，故以人民爲兵，卽謂之良人兵，以見其不同於身份低下的世兵，宋以後，世兵多蒦解放，世兵的身份逐見提高，同時募兵漸多，兵的一般地位較已往爲高，以發民爲兵的兵，比召募來的兵，或解放後的軍戶兵，其身份地位，已無大差別，只是民兵與常備兵的差別，所以就只有「民丁」或「白丁」的名稱了，這一點我們沒有充足的證明，但似乎是理之當然，由蕭道成斥責沈攸之以討蠻爲藉口發兵，「蟻集郭邑，伺國盛衰，從來積年，永不解甲」上看，似乎也可以作爲民兵必於從事後的反證，因爲徵發民兵，必須解甲，所以「從來積年，永不解甲」，便成爲罪名了。

兩漢人民除兵役之外，尙有徭役，魏晉以下，一般人戶之兵役雖然漸漸衰微，但徭役都反有加重之勢。有些軍中的役務，如軍運等，多由民丁來服役，今舉例證如下。魏志卷一三華歆傳載太和中歆諫伐吳疏言：

「千里運糧，非用兵之利，越險深入，無獨克之功，如聞今年征役頗失農商之業……。」

同書卷十六杜畿傳云：「太祖征漢中，河東太守杜畿，遣五千人運，運者自率勉曰：人生有一死不可負我府君，終無一人逃亡，其得人心如此。」

晉書卷八〇王羲之傳載羲之致殷浩書云：「復被州符，增運千石，徵役兼至，皆以軍期，對之喪氣，罔知所厝。」

同書卷傳載羲之與會稽王牋云：「千里饋糧，自古爲難，況今轉運供繼，西輸許洛，北入黃河，雖秦政之弊，未至於此……今運無還期，徵求日重，以區區吳越，經緯天下十分之九，不亡何待。」

宋書卷四九蒯恩傳云：「蒯恩……蘭陵人也。高祖征孫恩，差爲征民，充乙士，使代馬芻，恩常負大束，兼倍餘人，每捨芻於地歎曰：大丈夫彎三石，奈何充馬士。高祖聞之卽給器仗，恩大喜，自征妖賊，常爲先登。」

同書卷九後廢帝紀云：元徽元年九月詔曰：國賦氓稅，蓋有恆品，往屬戎難，務先軍食，徵課之宜，或乖昔准，湘江二州，糧運偏積，調役旣繁，庶徒彌擾……。」

梁書卷二〇陳伯之傳云：「伯之於是集府州佐史謂曰：奉齊建安王教，率江北義勇十萬，已次六合，見使以江州見力運糧速下……今先平豫章，開通南路，多發丁力，益運資糧，然後席捲北上，以撲饑疲之衆，不憂不濟也……。」

卷一九劉坦傳云：「坦嘗在湘州，多舊恩，舊迎者甚衆，下車簡選堪事吏，分詣十郡發人丁運租米三十萬斛致之義師，資糧用給。」

陳書卷三世祖紀載天嘉元年二月詔言：「日者凶渠肆虐，衆軍進討，舟艦輸積，權倩民丁，師出經時，役勞日久，今氛祲廓清，宜有甄被，可蠲復丁身，夫妻三年，於役不幸者，復其妻子。」

人民兵役義務愈衰歇，則軍中雜徭恐卽愈加強，因爲如此才可以把正規兵的力量多用到戰陣上。軍中雜役，按法也是應當事過卽散的，但事實上也有長期不放的現象，宋書卷五三謝方明傳云：

「前後徵發每兵運不充，悉發倩士庶，事旣寧息，皆使還本，而屬所刻官，或卽以補吏，守宰不明，與奪乖舛，人事不至，必被抑塞，方明簡汰精當，各慎所宜，雖服役十載，亦一朝從理，東土（時方明爲會稽太守）至今稱詠之。」

（二）以奴爲兵

晉時常發奴爲兵，惠帝時曾發奴兵距張方，晉書卷四惠帝紀云：

「王師攻方壘不利……乃發王公奴婢手舂給兵廩，一品以下不從征者，男子十三以上皆從役。又發奴助兵，號爲四部司馬，公私窮踧，米石萬錢，詔命所至，一城而已。」

元帝時曾發揚州奴爲兵，晉書卷六元帝紀載太興四年五月庚申詔曰：

「昔漢二祖及魏武，皆免良人。武帝時涼州覆敗，諸爲奴婢亦皆復籍，此累代成規也，其免中州良人遭難爲揚州諸郡僮客者，以備征役。」

卷八九王敦傳云：

「（元）帝以劉隗爲鎭北將軍，戴若思爲征西將軍，悉發揚州奴爲兵，外以討胡，實禦敦也。」

安帝時庾翼大發江荆等六州偏戶奴以爲兵，晉書卷七三庾翼傳云：

「於是幷發所充六州奴及車牛驢馬，百姓嗟怨。」

卷七七何充傳云：

「先是翼悉發江荆二州偏戶奴以充役，士庶嗷然。充復欲發揚州奴以均其謗，後以中興時已發三吳，今不宜復發而止。」

安帝時，元顯又在東土諸郡發了一次。晉書卷六四會稽王道子傳云：

「元顯……又發東土諸郡免奴爲客者，號曰樂屬，移置京師，以充兵役，東土囂然，人不堪命，天下苦之矣。」

發奴爲兵係發私家奴隸，以爲公家兵，因之發奴爲兵的兵，是世代兵的兵戶。所以劉隗發揚州奴爲兵時，王敦就上書罵他，說：「免良人奴自爲惠澤，自可使其大田以充倉廩，今便剋配，皆充隗軍。」（晉書王敦傳），元顯發東土免奴客者，也是「號曰樂屬，移置京師，以充兵役，因爲奴隸與兵戶的身份是相近是，免奴爲兵多少還含有身份的提高，故可以發奴爲兵，以補世兵之不足。故晉代之發奴爲兵，一方面是世兵以外的一個兵源，同時還是世兵的補充。

發奴爲兵，只見於晉，宋武帝永初元年八月乙亥詔言：「先因軍事所發奴僮，各還本主，若死亡及勛勞破免，亦依限直。」（宋書卷三武帝本紀下）。時宋武卽位未久，所謂「先因軍事所發」，大約仍指晉時元顯之發東土奴客。非宋初曾發奴爲兵。

（三）讁兵

卽以犯罪者爲兵，晉書卷七三庾冰傳云：

「(冰)又隱實戶口，料出無名萬餘人，以充軍實。」晉書卷八一毛璩傳云：

「海陵縣界地名青蒲，四面湖澤，皆是菰葑，逃亡所聚，威令不能及。璩建議率千人討之。時大旱，璩因放火，菰葑盡燃，亡戶窘迫，悉出詣璩自首，近有萬戶，皆以補兵，朝廷嘉之。」

又王羲之上尚書僕射謝安書云：

「自軍興以來，征役及充運死亡叛散不返者衆，虛耗至此，而補代循常，所在凋困，莫知所出。上命所差，上道多叛，則吏及叛者席捲同去。又有常制，輒令其家及同伍課捕，課捕不擒，家及同伍尋復亡叛，百姓流亡，戶口日減，其源在此。又有百工醫寺死亡絕沒，家戶空盡，差代無所，上命不絕，事起或十年十五年彈舉獲罪無懈息，而無益實事，何以堪之。謂自今諸死罪原輕者，及五歲刑可以充此。其減死者可長充兵役，五歲者可充雜工醫寺，皆令移其家以實都邑，都邑既實，是政之本，又可絕其亡叛。不移其家，逃亡之患，復如初耳。今除罪而充雜役，盡移其家小人愚迷，或以爲重於殺戮，可以絕姦宄，名雖輕，懲肅實重，豈非適時之宜邪！」

又宋書卷八一劉秀之傳云：

「(大明)四年，改定制令。疑民殺長吏科，議者謂値赦宜加徙送。秀之以爲……民敬長官，比之父母，行官之身，雖遇赦謂宜長付尚方，窮其天命，家口令補兵。從之。」

又南齊書卷二二豫章文獻王嶷傳：

「初(沈)攸之欲聚衆，開民相告，士庶坐執役者甚衆。」

所謂執役，乃執兵役，此由攸之目的在聚衆可知。宋書卷七四沈攸之傳稱：「將吏一人亡叛，同籍符伍，充代者十餘人。」南齊書高帝紀上亦稱：「(攸之)自郢州遷爲荊州，聚斂兵力，將吏逃亡，輒討質隣伍。」皆明攸之係以開民相告爲手段，謫罪民爲兵。

謫罪民兵，在法律上是有一定的辦法的。晉孝武時范寧陳時事云：

「官制謫兵不相襲代，頃者小事便以補役，一愆之違，辱及累世，親戚傍支，罹其禍害，戶口減耗，亦由於此，皆宜料遣，以全國信。」(晉書卷七

五范寧傳）

宋武帝永初二年十月丁酉詔云：

「兵制峻重，務在得宜，役身死叛，輒考傍親，流遷彌廣，未見其極，遂令冠帶之倫，淪陷非所，宜革以弘泰，去其密科。自今犯罪充兵，合舉戶從役者，便付營押領，其有戶統及謫止一身者，不得復侵濫服親，以相連染。」（宋書卷三武帝紀下）

又宋書卷六四何承天傳云：

「吳興餘杭民薄道舉爲刼，制同籍朞親補兵，道舉從弟代公道生等並爲大功親，非應在補謫之例。法以代公等母存，爲朞親，則子宜隨母補兵。承天議曰：尋刼制同籍朞親補兵，大功不在例。婦人三從，既嫁從夫，夫死從子。今道舉爲刼，若其叔尙存，制應補謫，妻子營居，固其宜也。但爲刼之時，叔已沒，代公道生並是從弟，大功之親，不合補謫。今若以叔母爲期親，令代公隨母補兵，既違大功不謫之制，又失婦人三從之道……謂代公等母子並宜見原。」

由這幾條記載來看，我們知道：（一）「晉宋曾有謫兵不相襲代」之制，但事實上卻是「小事便以補役」，而且「一愆之違，辱及累世，親戚傍支，罹其禍毒。」所謂不相襲代僅僅是條文而已。（二）依犯罪輕重，有舉戶從役及謫止一身之別。（三）宋時刼制，同籍朞親皆須補兵。謫者亦非僅一身，被謫者的妻子都是要隨同營居的。換言之，被謫者的妻子家屬都要隨同營居的，成爲營戶或兵戶。

（四）召募兵

曹操一身東征西戰，到末年已組成了一支強大的中央軍，地方上州郡領兵亦具規模，國家的常兵，已足以擔負攻守的責任，故自魏文帝至晉武帝，七十年中很少召募過軍隊，滅蜀滅吳兩次大役，也都是以見有的兵力作戰未嘗另募新軍。晉武帝時曾有一次召募軍隊征西羌，羣臣反對，已認爲是破壞國家兵制常典。晉書卷五七馬隆傳云：

涼州刺史楊欣失羌戎之和……帝每有西顧之憂，臨朝而嘆曰：誰能爲我討此虜！通涼州者乎？……隆曰：臣請募勇士三千人，無問所從來，率之鼓行而西……

虜何足滅哉！帝許之……公卿僉曰：六軍既衆，州郡多兵，但當用之，不宜橫設賞募，以亂常典……帝弗納。隆募限腰引弩三十鈞，弓四鈞，立標簡試，自旦至中，得三千五百人。」

惠帝以後，先經八王之亂，續有劉石之亂，國家世兵，零落無幾，元帝渡江，兵力亦極單弱，急於補充。當時所採取的補充方式，主要的是發奴爲兵，而召募也漸被採用。西晉晚年的募兵如：

晉書卷三三石苞傳云：「（惠帝）西遷長安，河間王顒以（石）超領北中郎將，使與穎共距東海王越，超於滎陽募兵。」

同書卷六一荀晞傳云：「晞單騎奔高平，收邸閣，募得數千人。」

在北方打游擊的祖逖，他的軍隊成份，一部份是他原有的部曲親黨，一部份便是召募而來的兵士。晉書卷六二祖逖傳云：

「(元)帝乃以逖爲奮武將軍豫州刺史，給千人，廩布三千匹，不給鎧仗，使自召募，仍將本流徙部曲百餘家渡江……屯於江陰，起冶鑄兵器，得二千餘人而後進。」

此外，東晉的募兵有：

晉書卷七八孔坦傳：「使坦募江淮流人爲軍。」

同書卷八一毛穆之傳：「穆之……爲(桓)溫太尉參軍，加冠軍將軍，以所募兵配之。」

卷七七殷浩傳載(桓)溫上疏云：「浩受專征之重，無雪恥之志，坐自封殖，妄生風塵……出次壽陽，頓甲彌年，傾天府之資，竭五州之力，收合無賴，以自彊衞。」

卷八九沈勁傳：「升平中慕容恪侵逼山陵，時冠軍將軍陳祐守洛陽，衆不過二千，勁自表求祐效力，因以勁補冠軍長史，令自募壯士得千餘人，以助祐擊賊。」

卷七四桓謙傳：「先是譙縱稱藩於姚興……乃表請謙共順流東下……謙於道占募，百姓感（桓）冲遺惠，投者二萬人。」

東晉季年，募兵已漸占地位，肥水之戰，謝玄用以打敗苻堅百萬之衆的北府兵，就是召募組成的。晉書卷八四劉牢之傳云：

「太元初，謝玄北鎮廣陵。時苻堅方盛，玄募多勁勇，牢之與東海何謙，琅邪諸葛侃，樂安高衡，東平劉軌，西河田洛，及晉陵孫無終等，以驍勇應選，玄以牢之爲參軍，領精銳爲前鋒，百戰百勝。號爲北府兵，敵人畏之。」

劉裕後來就以這支北府兵爲基礎，打倒荊楚強族的桓氏。義熙三年劉敬宣伐蜀，所用的兵，也全是募兵。宋書卷四七劉敬宣傳云：

「義熙三年(劉裕)表遣敬宣率衆五千伐蜀，國子博士周祇書諫高祖(劉裕)曰……官所遣兵，皆烏合受募之人，亦必無千人一心，有前無退矣。……不從，假敬宣節監征蜀諸軍事……僞輔國將軍譙道福等悉衆距險，相持六十餘日，大小十餘戰，賊固守不敢出。敬宣不得進，食糧盡，軍中多疾疫，死者太半，引軍還。」

宋時，因世兵制衰，私奴隸亦無可再發，同時募兵戰鬪力強，已爲世所認識。於是募兵更盛。文帝元嘉二十七年與北魏的大戰，除發民兵外，就靠募兵，宋書卷九五索虜傳云：

「又募天下弩手，不問所從，若有馬步衆藝武力之士應科者，皆加厚賞。」

劉道濟在益州，貪汚猥藉，蜀人不克遂反，道濟懼，除免吳兵三十六營以爲平民，及招集募商賈及免道俗奴僮爲兵外，亦靠募兵破叛民。

宋書卷四五劉粹傳云：

「道濟……令方明募人……應募者一日千餘人。」

此外宋代募兵的例如南齊書卷二五垣崇祖傳云：

「景和世，(劉)道隆求出爲梁州，啓轉崇祖爲義陽王征北行參軍，與道隆同行，使還下邳召募。」

宋書卷八二黃回傳云：

「太宗(明帝)初卽位，四方反叛，明寶啓太宗使回募江西楚人，得快射手八百，假回寧朔將軍軍主。」

卷六三沈演之傳云：

「（泰始）中時欲北討，使（演之弟）勃還鄉里募人。」

梁書卷五三孫謙傳：

「（泰始初）宋明帝擢爲明威將軍，巴東建平二郡太守。郡居三峽，恆以威力鎮之，謙將述職，敕募千人自隨。」

明帝時募兵之濫多，使齊高帝卽位之初，卽不得不加以禁斷。南齊書卷二高帝紀下載建元元年十二月丁未詔云：

「設募取將，懸賞購士，蓋出權宜，非曰恆制，頃世艱險，浸以成俗，且長逋逸，開罪山湖，是爲黥刑不辱，亡竄無咎，自今以後，可斷衆募。」

齊高帝所謂「蓋出權宜，非曰恆制」，大約仍是站在以世兵制爲常典的立場上說話。但事實上權宜自權宜，而「頃世艱險」，卻「浸以成俗」了。而且，齊高帝所限斷的，實僅限於諸將私募的私兵，政府所保有的募兵，並不在限例。南齊書卷二七李安民傳云：

宋泰始以來，內外頻有賊寇，將帥以下，各募部曲，屯聚京師。安民上表陳之，以爲非淮北常備，其外餘軍，悉皆輸遣，若親近宜立隨身者，聽限人數。上高帝納之，故詔斷衆募。」

國家軍隊的組織，內外的用兵，仍不能不賴召募。齊時防守北邊以與北朝對壘的軍隊，多靠募兵，李安民傳所謂「自非淮北備，其外餘軍，悉皆輸遣，」已說明淮北募兵，不在輸遣之列，此外的記載，可明齊對外用兵，多靠召募的，例如：

南齊書卷五七魏虜傳云：「（永明）十一年，遣露布并上書稱當南寇，世祖發揚州民丁，廣設召募。」

同書卷二九王廣之傳云：「（永明）十一年，虜動，假廣之節召募。」

又云：廣之家在彭沛，啓上求招誘鄉里部曲，北取彭城，上許之，以廣之爲使持節都督淮北軍事平北將軍徐州刺史。」

同書卷四六王融傳云：「會虜動，竟陵王子良於東府募人，板融寧朔將軍……招集江西傖楚數百人并有幹用……鬱林……卽位……收下廷尉獄，然後使中丞孔稚珪倚書爲奏曰……近塞外微塵，苦求將領，遂招納不逞，扇誘荒傖……融辭曰……司徒宣敕招募，同例非一，實以戎事不小，不敢承教。續蒙軍號，賜使召集，銜枚而行，非敢虛扇，且格取亡叛，不限傖楚。……」

內部戰爭，亦多靠招募，梁武帝起事，就是以募兵爲主力，梁書卷一一呂僧珍傳云：

「高祖命爲中兵參軍，委以心膂，僧珍陰養死士，歸之者甚衆。高祖頗招武猛，士庶嚮從，會者萬餘人。」

南齊書卷三八蕭穎胄傳云：

「（穎胄）送山陽首於梁王（梁武帝），乃發教纂嚴，分部購募。」

劉山陽是齊東昏侯的巴陵太守，是要他潛襲梁武的，山陽也是在募兵。梁武起義時檄即言：

劉山陽驅扇逋逃，招逼亡命，潛圖密構，規見掩襲。」

所謂「驅散逋逃，招逼亡命」，亦即招募亡命爲兵之意。又大同年間，張綰在豫章平定祆賊是用募兵，梁書卷三四張綰傳云：

「（大同）八年，安成人劉敬官挾祆道遂聚黨攻郡。內史蕭侻棄城走，賊轉寇南康廬陵，屠破縣邑，有衆數萬人，進寇豫章新塗縣，南中久不習兵革，吏民恇擾奔散，或勸綰(豫章內史)宜避其鋒，綰不從，仍修城隍，設戰備，募召敢勇得萬餘人……旬日間，賊黨悉平。」

經梁武四十多年的太平無警，民不知兵，而兵亦不能用，侯景以數千人作亂，梁帝即不能抵抗，以至國破家亡。侯景作亂的兵也是募來的，梁各地勤王之師，除去豪族大家以宗族家人起兵外，也全是募兵。梁書卷五六侯景傳云：

「景既據壽春，遂不反叛，屬城居民，悉召募爲軍士。」

梁書卷三八宋異傳云：

「(侯)景遂舉兵反，以討異爲名，募得兵三千人。」

同書卷四六徐文盛傳云：

「太清二年，聞國難，乃召得數萬人來赴，世祖嘉之。」

同書卷五〇任孝恭傳云：

「太清二年，侯景寇逼，孝恭乃啓募兵隸蕭正德，屯南岸。」

陳書卷八侯安都傳云：

「侯安都始興曲江人……梁始興內史蕭子範辟爲主簿。侯景之亂，召集兵甲至三千人。」

同書卷一三周炅傳云：

侯景之亂，元帝承制改授西陽太守，以功授持節高州刺史，是時炅據武昌西陽二郡，招集卒徒，甲兵甚盛。」

同書卷一八袁泌傳云：

侯景之亂，泌欲求爲將……梁簡文板泌爲東宮領直，令往吳中召募士卒，及（侯）景圍臺城，泌率所領赴援。」

同書卷二五裴忌傳：

「解褐梁豫章王法曹參軍，侯景之亂，忌招集勇力，隨高祖征討，累功爲寧遠將軍。」

同書卷三〇顧野王傳：

侯景之亂，野王丁父憂，歸本郡，乃召募鄉黨數百人，隨義軍援京邑。」

同書卷三三沈文阿傳：

「梁簡文帝在東宮，引爲學士……及侯景寇逆，簡文別遣文阿招募士卒，入援京師。」

同書卷一一黃法𣰋傳：「侯景之亂，於鄉里合徒衆，太守賀詡下江州，法𣰋監知郡事。」

同書卷一一章昭達傳：「侯景之亂，昭達率募鄉人援臺城。」

又梁書卷一二韋愛傳云：「時京邑未定，雍州空虛，魏興太守顏僧都等據郡反，州內驚擾……愛沉敏有謀，素爲州里信服……率募鄉達千餘人，與僧都等戰於始平郡南，大破之，百姓乃安。」

陳霸先亦全靠募兵起家，陳書卷一高祖紀上云：

「（蕭）暎爲廣州刺史，高祖爲中直兵參軍，隨府之鎮，暎令高祖招集士馬，衆至千人。」

「高祖爲交州司馬，領武平太守，與刺史楊瞟南討，高祖益招勇敢，器械精利。」

其後討王僧辯，與北齊作戰，都完全是靠募兵。例如：

陳書卷一一章昭遠傳：「高祖討王僧辯，令世祖還長城招聚兵衆，以備杜龕。」

卷一二沈恪傳：「高祖謀討王僧辯……又使恪還武康招集兵衆。」

卷二三沈君理傳：「高祖受禪……出爲吳郡太守，是時兵革未寧，百姓荒弊，軍國之用，咸資東境，君理召集士卒，脩治器械，民下悅附，深以幹理見稱。」

卷一〇程靈洗傳：「程靈洗新安海寧人……素爲鄉里所畏服，前後守長恆使召募少年，逐捕刼道。」

卷一九沈炯傳：「王琳入寇大雷，留異擁據東境，(文)帝欲使炯因是立功，乃解中丞，加明威將軍，遣還鄉里收合徒衆。」

以上所舉，雖然多是例證，但由這些例證中，已不難看出募兵的重要地位。此外，陳書卷二九毛喜傳載：

「(高宗)又問喜曰：我欲進兵彭汴，於卿意如何？喜討曰……臣愚以爲不若安民保境，寢兵復約，然後廣英奇，順時而動，斯長久之術也。高宗不從。」

按毛喜的對語，是整個國家大計，不言「徵兵」「發丁」，而說廣募英奇，就可以知道此時整個國家兵源已完全寄於召募了。

召募的兵，不是募兵，不但不是募兵，而且不是終身兵，而是有一定的優待辦法，在一定的限期以後，就可以免除爲兵的義務的。南齊書卷三四預玩之傳云：

「建元二年詔朝臣曰……臺坊訪募，此制不近，優刻素定，閑劇有常，宋元嘉以前，茲役恆滿，大明以後，樂補稍絕，或緣寇難頻起，軍蔭易多，民庶從利，投坊者寡，然國經未變，朝紀恆存，相揆而言，隆替何速，此急病之洪源，畧景之切患，以何科算，革斯弊耶？玩之上表曰……四鎭戍將，有名寡實，隨才部曲，無辨勇懦，署位借給，巫媼比肩，彌山滿海，皆是私役，行貨求位，其途甚易，募役卑劇，何爲投補。坊吏之所以盡，百里之所以單也。今但使募制明信，滿復有期，民無逕路，則坊可立表而盈矣。」

所謂臺坊訪募，實卽是中央一種經常的募兵組織。宋元徽四年虞玩之表有「二衛臺坊人力五不餘一」。南朝中央軍稱「臺軍」。玩之表，亦以臺坊訪募與四鎮戍將的招募部曲對比，皆可證臺坊訪募，卽召募軍士。由玩之所謂：「但使募制明信，滿復有期。」可知募兵有定制而且有定期的，非世代或終身爲兵的。

募兵的來源，是農村中的逃亡人口。這些人口大多是因賦役繁重不堪壓迫而逃亡的，所以前引募兵記載中，不是說「收合無賴」，「招納不逞」，「格取亡叛」，就說是「逋逸」「亡竄」，這些原來良善的百姓，在逃亡之後，必定養成一種野性，以這種野性人組織的軍隊，紀律大約是比較差的。如梁書卷二八夏侯夔傳云：

「譙州刺史湛僧智圍魏東豫州刺史元慶和於廣陵，入其郛……夔自武陽會僧智，斷魏軍歸路。慶和於內築柵以自固。及夔至遂請降，夔讓僧智，僧智曰：慶和志欲降公，不願降僧智，今往必乖其志，其僧智所將爲募合人，不可御之以法，公將軍素嚴，必無犯令。受降納附，深得其宜。」

在召募制下，諸將爲了多羅致兵士，多以寬惠爲御下的手段，而投募者亦多樂於投奔寬惠的將領，例如梁書卷一二章叡傳云：

「（叡）撫循其衆，常如不及，故投募之士爭歸之。

陳書卷二〇韓子高傳云：

「浙東平，文帝乃分麾下分配子高，子高亦輕財禮士，歸之者甚衆……及（王）琳平，子高所統益多，將士依附之者，子高盡力論進，文帝皆任使焉。」

又同書卷華皎傳云：

「文帝平杜龕，仍配以人馬甲仗……御下分明，善於撫養……王琳奔散，將卒多附於皎。」

以這些野性的「亡命」「無賴」而待遇又好的募兵所組成的軍隊，其戰鬬力必強於身份低下的世兵，是必然的，因之在戰鬬的時代中，募兵之必起而代替世兵制也是必然的。

與募兵性質相近的還有義兵。由義兵的名稱來看，就知道是爲舉義而組成的軍隊。由晉到陳，前後稱義軍而起事的有數次，晉齊王冏討趙王倫，稱義軍，蘇峻之亂，陶侃溫嶠興師勤王稱義軍，劉裕討桓玄稱義軍，宋孝武討元凶稱義軍，梁武帝廢東昏侯稱義軍，侯景亂時各地勤王兵稱義軍。陳時與北齊作戰，江北來歸參加軍隊的稱義軍，起義的軍隊，一部分是固有的，一部分是爲義而來參加的人所組成。自稱爲義師的起事，其本身是否眞正是義，是另一問題，但起事的人總好以義來號招，以爲招來的手段。

義軍旣是人民爲響應義舉而來的自由參戰，所以義軍的自由性較募兵爲大。大約與發兵一樣，於事情過後，就要遣散的。如晉書卷五九成都王穎傳載：「齊王冏舉義，成都王穎發兵應冏，」羽檄所及，莫不響應，至朝歌衆二十餘萬，這二十餘萬，大約有很多是投義而來的。後來：

「留義募將士旣久，咸怨曠思歸，或有輙去者，乃題鄴城門云：大事解，散蠶欲，遽請且歸時務。昔以義來，今以義去，若復有急，更相語。穎知不可留，因遣之，百姓乃安。」

又同書卷七六虞潭傳云：

「會王含沈充等攻逼京都，潭遂於本縣招合宗人及郡中大姓共起義軍，衆以萬數……會充已擒罷兵。」

又陳書卷二高祖紀下載永定二年詔曰：

「近所募義軍，未擬西寇，並宜解遣，留家附業。」

陳初在江北的義軍，人數甚多，如陳書卷一四南康愍王曇郎傳云：

「高祖北濟江圍廣陵，宿預人東方光據鄉建義，乃遣曇朗與杜僧明自淮入泗應赴之……尋奉命班師，以宿預義軍三萬家濟江。」

陳宣帝時淮泗間的義軍，稱爲雲旗義士，是一支非常強大的軍隊，陳書卷五高宗紀云：

「太建七年三月辛未詔：豫二兗譙徐合霍南司定九州，及南豫江郢所部在江北諸郡，置雲旗義士，大軍及諸鎮備戍。

同書卷一二徐敬成傳云：

「隨都督吳明徹北討……淮泗義兵，相率響應，一二日間，衆至數萬，遂克淮陰山陽鹽城三郡，幷連口朐山二戍……以功加通直散騎常侍雲旗將軍。」

這支義軍，在組織上是更近於募兵，所以太建九年五月詔曰：

「太建……七年八年叛義丁，五年訖八年叛軍丁……悉皆原之。」

義丁大約就是指的太建七年開始於江北諸州所置的雲旗義士，義而有叛，叛而有罪，知道「義」也不過是一個號召的手段，實際完全是募兵了。

（五）以蠻族爲兵

南朝亦有以外族人爲兵的，如劉裕有鮮卑兵，宋書卷四八朱齡石傳云：

「（盧）循選致死之士數千人上南岸，高祖遣齡石領鮮卑步矟過淮擊之，率厲將士，皆殊死戰，殺數百人，賊乃退。」

又同書卷四七劉敬宣傳云：

「盧循逼京師，敬宣分領鮮卑虎班突騎，置陣甚整，循等望而畏之。」

朱齡石劉敬宣與盧循作戰，係義熙六年，在劉裕滅南燕之後，這些鮮卑兵當是收編南燕的軍隊編成的。宋代沿江各地蠻患甚烈。政府方面曾多次討伐，其中以沈慶之對荆雍各地蠻人的討伐最爲重要。「單以宋書卷七七沈慶之傳所載，慶之所獲蠻人不小二十餘萬，而這些降俘的蠻人，大半是「並移京邑以爲營戶」(1)的。所以宋齊皆有蠻兵。劉敬叔異苑（津逮祕書本）六云：

「南平國蠻兵在姑熟，便有鬼附之。」

又南齊書卷二七劉環珍傳云：

「（沈）攸之圍郢城，環珍遣建寧太守張謨，游擊將軍裴仲穆蠻漢軍萬人出西陽，破賊前鋒公孫方平軍數千人。」

梁陳時代，廣東江西福建，漸漸開發，其地的俚獠民族，亦漸參加中國的鬭爭。軍隊中漸有俚獠兵，如陳書卷八周文育傳云：

「新吳洞主余孝頃……子公颺……領五百人僞降……文育囚之，送於京師，以其部曲分隸衆軍。」

(1)營戶就是軍戶，就其性質或職守說是軍戶，就其領屬說則是營戶。軍戶不屬州郡，隨軍身而屬於軍營，故謂之營戶也。宋武帝永初二年十月丁酉詔曰．「自今犯罪充兵，合舉戶從役者，便附營押領，其有戶統及謫止一身者，不得復侵濫服親，以相連染。」謫爲兵後，付營押領，便是營戶，但他却是兵，可證營戶卽軍戶。

出自第十六本（一九四八年一月）

唐唐臨冥報記之復原

岑仲勉

唐韋述著兩京新記，其殘卷卷三流於三島，伍崇曜氏刻入粵雅堂叢書，訛謬錯亂，不可卒讀，民廿八客滇，取而理之，成「兩京新記卷三殘卷復原」一篇，約二萬五千言。奈當時或誤信滬上之安全，不悟敵人之陰險，遂爾淪陷，然前仆後繼，乃克獲最後之勝利，茲篇之作，寓意於是。

久淪三島之唐唐臨冥報記，楊守敬氏日本訪書志八著錄云：

「古鈔本冥報記三卷，附冥報記輯本六卷，冥報記拾遺輯本四卷。唐臨冥報記，唐書本傳及兩唐志并云二卷，唯日本藤原佐世現在書目作十卷，宋以下不著錄，蓋亡佚久矣。余于日本得古鈔本三卷，首題吏部尙書唐臨撰，有臨自序，上卷十一條，中卷十一條，下卷十六條，相傳是三緣山寺保元間寫，本首缺四十三行，以高山寺藏本補之，上卷前七條皆僧尼事，當是日本釋子所節鈔而又臆分爲三卷也。余因檢法苑珠林及太平廣記所引冥報記，溢出于此鈔本者甚多，而此鈔本亦有爲二書所無者。又有冥報拾遺，見於珠林、廣記頗多，此鈔本董雄，釋僧徹二條，亦拾遺之文，而著錄家皆不及，亦不詳撰人名氏。據唐書本傳，臨、京兆人，官至兵部、度支、吏部三尙書，顯慶四年，坐事貶爲潮州刺史，卒官，年六十，然則古鈔本題吏部尙書者在臨未貶之前，而廣記引冥報記尼修行一條，在龍朔元年，恐是拾遺之文，誤注冥報記也。拾遺所載，亦至龍朔而止，其釋僧徹一條，明云臨嘗患腫，僧徹遺遣癩病人禁咒有驗，是拾遺亦爲臨作無疑，又可知臨卒在龍朔後也。今合古鈔、珠林、廣記所引，輯爲一書，計冥報記八十四條，釐爲六卷，冥報拾遺四十二條，釐爲四卷，以合現在書目之數。蓋此百餘條，以唐卷子本計之，必非二卷所能容，知見在書目爲得其實，本傳、兩唐志所題皆誤也。又珠林、廣記往往以冥報記誤作冥祥記，按冥祥記，王琰撰，見隋書經籍志及唐臨此書序，據萬歲通天帖，琰爲齊太子舍人，隋志有宋春秋二十卷，梁吳興令王琰撰，是琰乃齊、梁間人，安能下及隋、唐間事，今劃所引言唐事者爲冥報記。其廣記、梁元帝條引古對，嚴恭傳引獨異志，京兆獄卒條引古今五行記，傅弈條引地獄苦記，蓋又因展轉傳錄而未溯其源，今皆據古鈔及珠林訂正焉。」

此後楊更列舉其各卷釐定之目錄，以文過冗長，將分附於下方，茲不贅引。民七年涵芬樓祕笈六集依高山寺古本付印，孫毓修氏跋云：

「冥報記三卷，唐吏部尙書唐臨撰。按臨、京兆人，官至兵部、度支、吏部三尙書，顯慶四年，坐事貶爲潮州刺史，卒官，事蹟詳新、舊唐書本傳。所撰冥報記，藝文志及本傳均作二卷，宋以後不著錄，蓋亡已久矣。說郛載數條，均自類書鈔出，惟日本高山寺藏唐鈔卷子本，爲海外之逸書，其本作上、中、下三卷，與藝文志及本傳不合。宜都楊惺吾太守守敬以法苑珠林、太平廣記所引，有出於此本之外者，亦有此本有而珠林、廣記無者，因信日本藤原佐世現在書目作十卷爲得，而以此本爲日僧所節鈔，臆分三卷，又以珠林、廣記證之，可得輯本六卷，拾遺四卷，備載其目于日本訪書志卷八，其言甚辨，旣無以難。近日本內藤博士虎次郎不信十卷之說，以三卷爲京兆原本，恐未足服太守之心也。日本僧房多存古籍，唐人殘帙，賴以流通，有功斯文，亦已不小，今涵芬樓照卷子本印出，遂得家有其書。卷子本隋皆作隨，按羅泌路史、隋文帝惡隨從辵，改爲隋，然唐人書碑多作隨字，是隨、隋本可通用，唐以後始嚴別之耳。往見宋時雕本書殺或作煞，無或作无，此書亦然，知宋人雕刻古書，字畫多依唐本，又如佛作仏，壞作懐，歸作皈，苑作菀，愈作逾，當爲唐時經生字體，今悉仍之。」

余按法苑珠林一一九雜集部云：

「冥報記二卷，右唐朝永徽年內吏部尙書唐臨撰。」

又云：

「冥報拾遺二卷，右唐朝中山郎餘令字元休龍朔年中撰。」

是兩書各有撰人，非同爲臨著。各爲二卷，無十卷之多。參下文 前者作於永徽，更無臨序龍朔後之證。楊疑尼修行一條在龍朔元年，係以冥報拾遺誤注冥報記，不爲無見，然因此反斷拾遺爲臨作，則未達一間。夫楊氏搜輯珠林、廣記，不可謂不勤，顧於珠林中最重要之兩條，竟然漏網，非所謂明察秋毫之末而不見輿薪者耶。內籐虎說未檢得，然觀其主張三卷，顯亦未見及珠林所著錄，可不必再辯矣。

臨之書自有其特徵，可於臨之自序見之，序末云：

「昔晉高士謝敷、宋尚書令傅亮、太子中書舍人張演、齊司徒從事中郎陸果，或一時令望，或當代名家，並錄觀世音應驗記，及齊竟陵王蕭子良作冥驗記，王琰作冥祥記，皆所以徵明善惡，勸戒將來，實使聞者，深心感寤。臨既慕其風旨，亦思以勸人，輒錄所聞，集爲此記，仍具陳所受及聞見緣由，緣原訛錄。言不飾文，事專揚礭，庶人見者能留意焉。」據訪書志：惟首一字訛「習」，依涵芬本改，餘於下文詳之。

臨之意，蓋恐報應之說，不足動聽，故必記所聞及緣由，以徵實而堅信；換言之，即每一條是否臨書，可憑此以審定。爰取涵芬本省稱涵。爲綱，附識楊氏編目省稱楊目。於下，唐人說部多無標題，爲便於行文，仍採楊氏之標目冠之。次列如下：

（一）隋釋信行涵上。楊目二。 末注「老僧及臨舅說云爾」， 按本條云，「開皇初左僕射齊公」，下條注云，「臨外祖齊公」，依隋書四一高熲傳，高祖受禪，拜左僕射，平陳，進封齊國公，則臨母乃熲女也。

（二）唐釋惠如 涵上，惠作慧。楊目四。珠林五二或六五均作慧。 末云，「眞寂寺即今化度寺是也，此寺臨外祖齊公所立，常所遊觀，每聞舅氏說云爾。」 按長安志一〇義寧坊，「南門之東化度寺，本眞寂寺，隋尚書左僕射齊國公高熲宅，開皇三年，熲捨宅奏立爲寺，武德二年，改化度寺。」又楊氏所據珠林，係百卷本，故云五十二，若百二十卷本則爲卷六十五，❶ 茲幷檢附於後，下倣此。括弧內此寺三句，珠林未引。

（三）唐釋僧徹 涵上。楊目拾遺二。珠林九五或一一四節引。廣記一〇九節引。楊目作一九二誤。

「臨嘗患腫，僧徹遣此人禁呪有驗，自說云然，……徹弟子寶秦等及州人並說云爾也。」

按此條顯是臨書，楊氏亦知之，但惑於珠林、廣記引作「冥報拾遺」，遂爾不分涇渭。楊目於拾遺卷三之末，又著錄「唐徹禪師，古鈔本卷上，珠林九十五，廣記一百九，」實此條之重出，應刪卻。參下拾遺 43 條

（四）唐尼法信涵上。楊目四。珠林二七或三六。廣記一〇九。 「貞觀二年法端自向臨說，

❶ 百廿卷本據四部叢刊，百卷本據頻伽精舍大藏經。

當具說尼名字，臨忘之，唯記其事云爾。」 珠林、廣記均無此數句，惟段首則具書尼名法信，蓋纂珠林之道世，與臨同時，故能記其名而代爲加入，段末則易作「故知抄寫，深加潔淨，比來無驗，只爲不殷，」以足其意。宋人諱「殷」，又改作「只爲不勤敬也」，然「敬」字亦犯宋諱，或因敬較高一代，故寧諱殷不諱敬歟。

（五）唐釋道縣 涵上。楊目無。 「貞觀二年，崔義直任虞鄉縣，……義直及道俗皆說云爾。」 按崔義直官至峽州刺史，見新書七二世系表。縣，下一條作懸。

（六）唐釋道英涵上。楊目六。 「法端及道俗皆說云爾」。 按法端見前（四）法信條。復次訪書志八，刻本將十四、十五兩頁誤錯，原刻「十四」者實「十五」之誤，故釋道英一條應入卷六目下，後倣此。

（七）隋釋智苑涵上，苑作菀。楊目三。珠林一八或二六。廣記九一作知苑，又引作冥報錄。 「殿中丞相里玄契、大理丞采宣明等皆爲臨說云爾，臨以十九從車駕幽州，問鄉人亦同云爾，而以軍事不得之。」

此注，廣記略去。玄契、珠林兩本正作玄奘，舊書一九九上及神龍間平眞客碑同；唯珠林訛里爲李，貞觀十七年官司農丞。參拙著姓纂四校記卷五 采宣明官至給事中、刑部侍郎，見姓纂六。「皆爲臨說云爾」，百卅卷本作「說之」，百卷本作「說云」，以下則兩本同作「臨至十九年從駕幽州，親問鄉人，皆同不虛。」涵本「十九」下奪年字，鄉訛卿。末句似涵本是原文，言因征遼軍事不得往觀也。「皆同不虛」，應是道世修改而廣記承之者。又首句涵本祇云幽州沙門，百卅卷本上有「隋」字，百卷本及廣記作「唐」，按其敍事，作「隋」者是。

（八）東魏鄴下人 涵上。楊目一。 「雍州司馬盧華京爲臨說云，是著作郎降所傳之。」 按新書世系表未見華京，有盧華、盧絳，皆不著官，又有絳字子華，則時代不合，降是否盧姓，亦難確定。

（九）北齊冀州人涵上。楊目二。 「浮圖今尙□，邑里猶傳之矣。」 按此亦具說聞見緣由。楊目二注「古鈔卷上，珠林六十四，廣記一百三十，」然珠林、廣記並無此條，蓋楊誤混隋冀州小兒爲本條也。參下卅七條

（十）梁武帝涵上。楊目一。 「江東道俗至今傳之」。

（十一）陳嚴恭涵上，楊目作古鈔卷中。楊目二。珠林一八或二六。廣記一一八引獨異志作嚴泰。「州邑共見，京師人士亦多知之，駙馬守國公蕭銳最所詳審也。」 廣記甚略，無此注。珠林祇

云，「州邑共見，京師人士並悉知委。」銳是瑀子，尙太宗女襄城公主，舊書六三，瑀封宋國公，此作守國訛。

（十二）隋崔彥武 涵中，楊未舉古鈔。楊目二。珠林二六或三五。廣記三八七引作冥雜錄，楊亦未舉。 「崔尙書敦禮說云然，往年見盧文勵亦同，但言齊州刺史，不得姓名，不□崔具，故依崔錄。」 廣記無此文。盧誤，珠林作盧，下文有盧文勵條也。亦同、珠林「說亦大同」是。不□珠林「未如」。舊書八一、敦禮貞觀廿年爲兵尙，永徽四年，代高季輔爲侍中。

（十三）隋大業客僧 涵中。楊目三，未舉古鈔。珠林一八或二六。廣記九九。「杭州別駕張德玄前任兗州具知其事，自向臨說云爾也。」 廣記無此文。珠林亦删末句，又德玄作德言，按新書七二下，張德言龍州刺史，孫仁愿，相中宗，時代正合，作玄訛。

（十四）隋蕭璟 涵中。楊目三。 「仲珪弟孝諧爲大理主簿，爲臨說，更問州人，亦同云爾。」 按臨邛韋仲珪見下條。

（十五）唐韋仲珪 涵中。楊目四，韋作畢。 「臨以貞觀七年奉使江東，揚州針醫飄陁爲臨說此。」 按飄陁、下文卞士瑜條作㯹陁；下條作亂陁，當誤。

（十六）隋孫寶 涵中。楊目三。 「臨以貞觀七年奉使江東，亂陁爲說此云爾，寶見在也。」 亂字訛，說見前。

（十七）唐張亮 涵中，訛張高。 「高自爲高昱說云爾，幽州人亦知。」 按張亮、兩唐書有傳，高自爲亦當正作「亮自爲」。高昱見新書七一下，但列爲太宗相士廉之四世從孫，疑表有誤。珠林三一或四二所引「唐逆人張亮昔爲幽州都督」條，別是拾遺之文，蓋臨所記以爲亮得善報餘令所記以爲亮得惡報，用意迥異，且拾遺條內固云「事在冥報記」，可見臨書別有張亮一條。楊氏竟未將兩文對讀，以古鈔者幷入拾遺爲一條，殊憒憒矣。

（十八）唐盧文勵 涵中。楊目六，作厲。 「監察御史范陽盧文勵……與監同爲御史，自說云爾。」 文勵曾見前（十二）條，亦見新書七三上，官至膳部郎中。舊書八五臨本傳，「再遷侍御史」，蓋歷監察而遷也，與監、當作「與臨」，因形近而訛。又「與」上之「至今甚強實」，實應作實，不連「與」字讀。

（十九）唐眭仁蒨 涵中。楊目五，未舉古鈔。珠林六或一〇。廣記二九七作睦仁蒨，引稱冥報錄。

「貞觀十六年九月九日，文官賜讌於玄武北門，文本時爲中侍郎，與家兄太府卿及治書侍御馬周、給事中韋琨、及臨對坐，文本自謂諸人云。」　文首云，「眭仁蒨者趙郡邯鄲人也」，按唐有眭姓，望出趙郡，姓纂二、「趙大夫食采眭邑，因以爲氏，」廣記作睦訛。九日、珠林作八日。「賜讌」不辭，應依珠林作賜射。北門、珠林無北字。中下奪書字，應依珠林補。舊臨傳，「兄皎……貞觀中屢轉吏部侍郎，」家兄太府卿，當指皎言之。舊書七四馬周傳，貞觀十五年，遷治書侍御史，與此文合；但依同書四二，貞觀二十三年七月，已改治書侍御史爲御史中丞，或本條是當年寫定，故未追諱歟。韋琨屬逍遙公房，其事蹟詳拙著姓纂四校記二。末句珠林作「文本自語人云爾。」。

（二十）唐孫迴璞　涵中。楊目五，未舉古鈔。珠林九四或一一三。廣記三七七誤作冥詳記，楊目誤廣記三七九。　「迴璞自爲臨說云爾。」廣記無此文，珠林略去云爾兩字。

（廿一）唐戴冑　涵中。楊目五，誤戴文冑。珠林五六或七〇，楊訛六四。廣記二七七。　「戶部尙書武昌公戴冑，……冑以貞觀七年薨，……臨兄爲吏部侍郎，聞之，召裕問云然。」唐人戴字往往寫作載。舊書七〇戴冑傳、貞觀三年，拜民部，七年卒，此作戶部者爲太宗追諱也。百廿卷本珠林又訛戴天冑。臨兄皎曾官吏侍，已引見前（十九）條。此夾注廣記略去。楊未引廣記。

（廿二）唐李大安涵中。楊目四。珠林一四或二二。廣記九九。　「隴西李大安，工部尙書大亮之兄也。……大安妻夏侯氏，乃郎州刺史絢之妹，先爲臨說，後大安兄子適裕爲大理卿，亦說云爾。」　百廿卷本珠林引訛作冥祥記，百卷本不訛。珠林無上引之文，改爲「信知聖教不虛，遂加崇信佛法　彌殷禮敬，耋年不死，自佛流東流已來，靈像感應者述不能盡，略件如前，」此顯是道世附加之語。廣記又略爲「信知聖教不虛，遂加崇信焉，」知廣記據珠林轉引，非據臨原本也。大高誤，珠林、廣記均大亮，此與前（十七）張亮訛張高同。大亮、兩唐書均有傳，文末「大安妻夏侯氏」，語意不完，知其下今本之夾注，亦應相連大寫。適裕是道裕訛，舊書六二大亮傳，「兄子道裕，永徽中爲大理卿，」可證。

（廿三）唐蘇長涵中，頁一三上及一四上重出，應删併，楊未舉古鈔。楊目四。珠林一八或二六。廣記一〇九引珠林。　「武德中，以都水使者蘇長爲巴州刺史，……岑說云見在，妾自言然，臨因使至江上，船人說亦如此。」一三頁上又「武德中，以都水使者蘇長爲巴州刺史，……岑令說云，見此妾自言然，臨因使其江上，船人說亦云爾。」一四頁上下 岑說云以下，珠林廣記均未引。此兩條文字互有出入，亦互有是非，應合校後刪卻一條。前條邑州訛，各本均巴州，唐無邑州也。前條岑說以下仍大寫，後條作夾注，可信原本凡說所受及緣由之處均大寫，後人傳鈔，乃或改作夾注耳。前條岑說當依後條作岑令說，卽下文（廿五）條中書令岑文本之簡稱。前條見在妾，應依後條作見此妾。後條使其，當依前條作使至。

（廿四）唐董雄涵中。楊目拾遺一。珠林二七或三六。廣記一一二引珠林。楊目訛珠林二六及廣記一一一。「臨時病篤在家，李敬玄來問疾，具說其事，臨病愈，攝問臺內官吏，與玄說不殊，雄亦自說其事，而精厲彌篤，雄今見在，爲盩厔令。」珠林無此文，注云，「出冥報拾遺」，且比此條約少百六十字，豈拾遺亦曾別出此條耶。但古鈔此條，顯屬臨書，楊目編入拾遺，緣未細讀其文也。此條下重出蘇長一條，說見前。

（廿五）唐岑文本涵中。楊目四。珠林五六或七〇。廣記一六二引珠林。「中書令岑文本，……文本自向臨說云爾。」廣記無夾注文。

（廿六）唐元大寶 涵中。楊目五。「張自向驗說云爾也。」以各條文義勘之，驗當臨之訛。

（廿七）唐鄭師辯 涵中，訛鄭師辨。楊目六。珠林九四或一一三。廣記三七九，楊訛七九。「臨昔與辨同直東宮，見其自說云爾。」

（廿八）唐豆盧氏 涵中，楊未舉古鈔。楊目六，訛豆盧寺。珠林一八或二六。「陳公太夫人豆盧氏，芮公寬之姊也，……夫人至今尙康，年八十年矣，夫人自向臨嫂說之云爾。」珠林首作「唐竇家大陳公夫人豆盧氏」，按舊書六一竇抗傳，「太穆皇后之從兄也，隋洛州總管陳國公榮(定)之姊也，……後襲爵陳國公，」此豆盧氏卽抗妻，當從珠林補「竇家」字。臨作書說當時事，不必著「唐」字，否亦應稱「大唐」，「唐」字應是道世所補。僧人行文，與文人異。豆盧寬、昭陵有碑，封芮國公，卒永徽元年，春秋六十九。末文珠林改作「夫人至年八十，方卒於宅，」蓋道世修書時，夫人巳卒，故云然。

（廿九）唐李山龍 涵中，楊未舉古鈔。珠林二〇或二八。廣記一〇九 「山龍自向總持寺主僧說之，轉向臨說之云爾。」 廣記無此文。珠林作「山龍自向總持寺主說，寺主傳向臨說。」長安志一〇，大總持寺在永陽坊。

（三十）隋王將軍 涵下。楊目二。珠林六四或八〇。廣記一三二。 「大理丞采宣明嘗爲代府法曹，爲臨說云爾。」 按采宣明見前（七）條，珠林百廿卷本訛宩，百卷本及廣記訛蔡。

（卅一）後魏崔浩 涵下。楊目一。 「見後魏書及十六國春秋」。 此條是否臨書，存疑。

（卅二）梁元帝 涵下。楊目一。廣記一三一引韻對。 「見梁後略說之」。 按隋書經籍志三三，「梁後略十卷，姚勖撰。」廣記文與此多出入，是否臨書，亦存疑。

（卅三）周武帝 涵下。楊目二。珠林九四或一一三。 「臨外祖齊公親見，時皈家具說云爾。」 按齊公見前（一）條。珠林作「臨外祖齊公親見問時節歸家具說」，問節兩字當訛。

（卅四）北齊仕人梁 涵下。楊目拾遺一。珠林三六或五〇。 「臨舅高經州說云，見齊人說之災。」 珠林無此文，且引題「冥報拾遺記」。按高熲傳，子盛道，官至莒州刺史，經字必訛，隋無經州也。珠林文大致相同，祇缺此兩句，冥報拾遺亦無「記」字，蓋采自冥報記而誤加拾遺字耳。「災」當「云爾」或「云」之訛。

（卅五）隋李寬涵下。楊目三。 「公郎李寄之父，臨家與親，並悉見之。」

（卅六）隋姜略涵下。楊目二。珠林六四或八〇。廣記一三二。 「臨在隴右，夏見姜，也年六十許，自臨說云爾。」 珠林作「臨在隴右見姜略，已年六十許，自說云爾，」夏見姜當「見姜略」之訛錯，也、「已」之訛，自臨應作「向臨」，否則衍臨字。廣記祇云「姜略嘗自說其事。」

（卅七）隋冀州小兒 涵下。楊目二。珠林六四或八〇。廣記一三一， 「有大德僧道惠，本𦿆州人，爲臨言之，此其鄰是也。」 珠林作「有大德僧道慧法師，本冀州人，具爲臨說，同其鄰邑也，」廣記作「有道惠法師，本冀州人，與小兒鄰邑，親見其事，」𦿆應正作冀，「是」當作邑，涉形近而訛。楊氏誤以（九）條北齊冀州人與此條混而爲一。

（卅八）隋京兆獄卒涵下。楊目三。廣記一二〇引廣古今五行記， 此條不著聞見之由，斷非臨書。

（卅九）隋河南人婦 涵下。楊目三。珠林四九或六三，廣記一六二。 珠林、廣記皆云出冥報記，但不著聞見之由，亦非臨書。

（四十）隋卞士瑜 涵下。楊目三。珠林五七或七一。 「摽陁爲臨說之」。 珠林作「瑜爲臨自說之爾」，按楊州針醫飄陁，見前文（十五）條，此記揚州事，正合。若士瑜父死作牛，似不應自傳家醜，珠林非是。

（四一）唐般安仁 涵下。楊目五。珠林七三或九一。 「京兆皈安仁，……盧父屬說云，安仁今見在。」 皈誤，珠林作般，楊見本亦應是「般」也。「父屬」、珠林文勵，按文勵見前（十二）（十八）兩條，此誤。

（四二）唐長安市里 涵下。楊目六。珠林七四或九二。 「盧父厲說」。 此訛文勵爲父厲，與前條同。珠林作「盧文勵傳向臨說爾」。

（四三）唐潘果 涵下。楊目五。珠林七三或九一。 「富平縣尉鄭餘慶，……餘慶、貞觀十八年爲監察御史，自向臨說云爾。」 鄭、珠林作鄭，此與前(廿七)條所訛同。德宗時別有宰相鄭餘慶，非同人。

（四四）隋洛陽人王涵下。楊目三。珠林五七或七一。 按此條未敍見聞緣由，當非臨書，珠林雖引作冥報記，亦許有誤。

（四五）隋康抱涵下。楊目三，作庾抱。 「康親識人說云爾也」。

（四六）唐臨邛人韋 涵下。楊目四。珠林七五或九二。廣記一二〇。 「武德中，臨功人姓韋，……韋孝諧說云，量其從兄也。」 珠林作「印人」，廣記引珠林題「邛人」，均誤，楊目題臨邛，不誤；知者前文（十五）條稱臨邛韋仲珪，（十四）條又言仲珪弟孝諧也。珠林作「韋孝諧說向臨云，是某從兄，」廣記略去。量當「是」之訛。

（四七）唐張公瑾妾涵下，楊未見古鈔。楊目五。珠林六五或八二。廣記一二九，楊訛一二五。「魏郡馬嘉運以武德六年正月居家，……有婦人先與嘉運相識，同郡張公謹妻姓崔氏，……張公瑾亦殂，……貞觀中，車駕在九城宮，聞之，使中書侍郎岑文本就問其事，文本具錄以奏爾，嘉運後爲國子博士，卒官。」 按唐初有張瑾及張公謹，前者從玉，後者從言，辨見拙著突厥集史卷四及卷五，今珠林、廣記均訛瑾，楊氏沿之。舊書六八公謹傳，「魏州繁水人也」，卽與馬同郡者。武德六年，珠林、廣記作貞觀是，據唐會要三八，公謹以是年四月卒，故文云「張公謹亦殂」。妻崔氏，珠林、廣記作妾元氏，較可信，公謹或不至殺妻也。 九城、應依珠林、廣記作九成。

（四八）唐孔恪 涵下，楊未舉古鈔。珠林七一或八八。廣記三八一。　「臨家兄遂府屬，故委之。」　廣記無此文，珠林兄下有「爲」字是，此亦指唐皎言之。

（四九）唐竇軌 涵下，楊未舉古鈔。楊目五。珠林七三或九一，廣記一二六。　珠林引冥報記，廣記漏注出處，但段末未言見聞所由，當非臨書。且軌於貞觀二年督洛，四年乃卒，舊書六一記之甚明，此言二年冬薨，更非信史。

（五〇）唐王璹 涵下，楊未舉古鈔。楊目六。珠林七九或九六。廣記三八〇。　「臨聞其事，時與刑部侍郎劉容、大理少卿宰莪將在大理鞫獄，諸劉召璹至，與宰對問之云爾。」

廣記未引。錯誤甚多，劉容、珠林劉燕客，按此文記永徽二年五月事，據文苑英華四六四，是年閏九月制見刑部侍郎劉燕客，餘可參郎官石柱考一二。幸莪將、珠林辛茂將，據舊紀，顯慶三年十一月，大理卿辛茂將爲侍中，此年官大理少卿，亦合。又珠林諸作請，宰作辛，均應照改。

（五一）唐韋慶植 涵下，楊未舉古鈔。楊目六。珠林七四或九二。　「崔尙書敦禮具爲臨說，閻尙書立德亦說云爾。」　敦禮見前（十二）條。閻尙書一句，珠林未引，按舊書七七立德傳，貞觀末遷工尙，顯慶元年卒。

（五二）唐張法義 涵下，楊未舉古鈔。楊目五。珠林八九或一〇七。廣記一一五引珠林。「華州鄭縣人張法義，……至今尙在，隴西王博乂莊與法義近，委知之，爲臨說云爾。」　訛鄭爲鄚，與前文「廿七」條同，珠林、廣記皆作鄭。隴西王三句，廣記略去，珠林亦小有出入，但作博叉則誤，博乂、舊書六〇有傳。

（五三）唐柳智感 涵下，楊未舉古鈔。楊目四。珠林七或一二。廣記二九八引冥報錄，楊訛三二五。

「智感今尙存，任慈州司馬，光祿卿柳享爲臨說之，享爲曹州刺史，見智感親問云然，御史裴同節亦云，見說皆如此言焉。」　珠林、廣記所引，字句互有出入；又司馬作司法，按智感前已官縣令，如非降調，則作司馬合。柳享作柳亨，亨、舊書七七有傳，但唐人往往寫亨作享，此不爲誤。曹州作邛州，據亨傳，以譴出爲邛州刺史，作曹誤。元龜九七四，貞觀二十三年，亨官光祿卿，永徽五年五月萬年宮碑陰稱太常卿，卒永徽六年，見本傳。裴同節官至殿中侍御史，見新書七一上。涵本卷上十一條，卷中十九條，卷下二十四條；內蘇長一條重出，卌一、卌二兩條曾舉所本，尙難決其非臨書，唯卌八、卌九、四四、四九等四條未敍聞見緣由，與臨自序不合，四九條記事更與史忤，均應剔出爲附錄，依此核計，實得四十九條。楊氏冥報記目舉古鈔者三十四條，加入誤編拾遺之三、十七、廿四、三四等四條，得三十八條，是三緣山寺本比高山寺本少十五條，卽五、十二、十三、十九、二十、、廿三、廿八、廿九、四七、四八、四九、五〇、五一、五二、五三等條是也。

此外楊氏搜自珠林、廣記，爲涵本所無者，玆循兩書時代及卷數之先後，次論如下：

1．宋司馬文宣 珠林六或十。楊目一。廣記三二五。

2．宋王胡 珠林六或十。楊目一。廣記三二三，未注出處，楊誤三二二。

3．宋李旦 珠林六或十。楊目一。廣記三八二。

4．宋鄭鮮之珠林六或十。楊目一。 按珠林此條末注云，「右三驗出冥報記也」，但連上計之實四驗，「四」可訛，安見冥報非冥祥之訛，楊固謂珠林、廣記往往誤冥報爲冥祥，其理一也。四條均未著所見，若王胡條云，「元嘉末，有長安僧釋曇爽來游江南，具說如此也，」是記宋時所聞，其斷非臨書，益無庸疑矣。

5．唐循州佛跡 珠林一四或二二。楊目五，訛循爲修。 按此條珠林不注出處，其下一條李大安注云，「右一驗出冥報記也」，則祇指大安條言之，楊氏誤。

6 隋寶室寺 珠林一八或二六。楊目二。 條末無聞見緣由。

7．唐柳儉 珠林一八或二六。楊目四。 同上。廣記一〇二引珠林。

8．唐趙文信 珠林一八或二六。楊目四。 同上。此條詆庾信妄引佛經，死後變龜 殆佛徒攙入臨書者。廣記一〇二引珠林。

9．唐劉弼 珠林一八或二六。楊目四。 同上。廣記一〇二引珠林。

10．唐賈道羨珠林一八或二六。楊目五。 「道羨子爲隰州司戶，說之云爾。」 此條或是臨書。

11．唐陸懷素 珠林一八或二六。楊目六。廣記一〇二，楊訛一百三。 「懷素卽高陽許仁則前妻之兄，仁則當時目覩，於後具自言之。」 此條得爲臨書。參下 24 條

12．唐兗州人 珠林二八或三七。楊目五。廣記二九七引冥報錄。 「兗州士人說之云爾」。士或作士。此條或是臨書。

13．唐李壽 珠林六四或八〇。楊目四。廣記一三二。　「延安公竇惲云，夫人之弟爲臨說之耳。」　廣記無此文。此條顯是臨書，但惲下有訛奪。又文首云，「唐交州都督遂安公李壽，始以宗室封王，貞觀初，罷職歸京第，」按新書七〇上宗室表無李壽，亦無封遂安公者，唯舊書六九盧祖尚傳，「貞觀初，交州都督遂安公壽以貪冒得罪，」恰足相證，唐表失載者多矣。廿一史四譜二三以爲史失壽之姓，則未知唐人於宗室恆不書姓也。竇威、延安公，子惲，見姓纂九及舊書六一。

14．唐方山開 珠林六四或八〇。楊目五。廣記一三二引珠林。　按珠林百卷本前四條爲隋王將軍、隋姜略、隋冀州小兒、唐李壽，注稱「右四驗出冥報記」，此下方山開、劉摩兒兩條不注，再後一條李知禮始注云，「右三驗出冥報記」，但果如此，則可統注云，「右七驗出冥報記，」不必分作兩注。百廿卷本則方山開、劉摩兒兩條均注「出冥報記，」顧李知禮條又注云，「右三驗出冥報拾遺」，與前注不符。合此觀之，知百廿卷本李知禮條所注爲不誤，方山開、劉摩兒兩條未敍聞見緣由，實拾遺之文，後世鈔刻者不能比觀前後，乃誤加「出冥報記」於兩條下，百卷本李知禮條下又誤冥報拾遺爲冥報記也。楊旣以劉摩兒條編入拾遺，又將方山開編入冥報記，亦失於對勘。

15．唐李知禮 珠林六四或八〇。楊目六。廣記一三二引冥報記。　此非臨書，說見前條。

16．唐徐王 珠林六四或八〇，楊訛六五。楊目六。　「唐顯慶三年徐玉任晉州刺史之時，……

……并州督陽縣人王同仁，徐王府掾正。具見說之。」　此據百卷本，百廿卷本玉作王，是也，但又訛晉爲進。按舊書六四，徐王元禮轉絳州刺史，永徽四年，兼潞州刺史，新書七九同，當卽指其人，楊乃以「徐王任」爲標題，大誤。此事在臨著書之後，珠林亦未注出冥報記，特道世自記所聞耳。督陽應依百廿卷本作晉陽，掾正作隊正。參舊職官志

17．隋皇甫兄弟 珠林七四或九二。楊目三。　「長安弘法寺靜琳法師是遷鄰里，親見其豬，法師傳向道說之。」　按「道」乃道世自名，珠林此下爲唐韋慶植、唐長安市里兩條，末條注云「右二驗出冥報記」，并未謂此條出冥報記也，楊竟編入，殊疏忽。

18．唐楊師操 珠林七六，訛冥詳記，或九三，訛眞祥記。楊目六。廣記三八二引冥祥記。　「唐雍州

醴泉縣東陽鄉人，至貞觀初，任司竹監，……至永徽元年四月七日夜，……有僧見操，傳向臨說。」 王琰冥祥記不能說唐事，具如楊辨，此條可認爲臨書。廣記無末兩句。

19. 隋釋慧雲 珠林七九或九六，楊訛九十七。楊目二。 條下不敍所聞，其下爲傅奕、宋行質兩條，末條注云，「右三驗出冥報記」，「三」亦得爲「二」之訛也。

20. 唐傅奕 珠林七九或九六。楊目五。廣記一一六引地獄苦記。 「臨在殿庭親見二官，說夢皆同。」 依文似可信是臨書，但文有云，「至貞觀十四年秋，暴病卒，……後數日間而奕忽卒，」舊書七九奕傳則云，「貞觀十三年卒，年八十五，」新書一〇七同，通鑑亦附奕卒於十三年末，此條與史不符。奕在唐最爲僧徒仇視，疑假名臨書以洩憤，僧徒之書亦不可盡信，拙著秦代已流行佛教之討論固嘗揭之。眞理雜誌一期

21. 宋沙門僧規 珠林八三或一〇〇。楊目一。 按百廿卷本此條下爲宋何澹之，注云，「右此二驗出冥祥記」，惟百卷本誤連兩條爲一條，改云「右一驗出冥祥記」，然無論如何，都非冥報記文，楊竟編入，未免草率。

22. 隋趙文若珠林九四或一一三。楊目三。 此條不記聞見緣由，未可信。

23. 唐頓丘李氏 珠林九四或一一三。楊目六。廣記一〇九引冥祥記。 與上條同。

24. 唐謝弘敞 珠林九四或一一三。楊目四。廣記三八六引冥雜記。 「許之從父弟仁則說之云爾」。 百卷本弘敞，百廿卷本弘敬，廣記弘敞。按前 11 條見高陽許仁則，此得爲臨書。

25. 唐薛孤訓 珠林九五或一一四。楊目六。廣記一一六引冥祥記。 按珠林此條不著出處，其下條注云，「右一驗出冥報拾遺」，文內既無聞見緣由，殊難認是臨書，廣記引書常誤也。參下條

26. 唐尼修行 廣記一〇三引冥報記。楊目六。 「唐龍朔元年，洛州景福寺比丘尼修行房中有侍童任五娘。」 按此條本見珠林九四或一一三，原注「出冥報拾遺，」楊氏拾遺目三又據編入唐任五娘一條，皆由楊氏未細讀條文，致此複出，應删卻。楊謂臨卒在龍朔後者，亦緣此而誤，殊不知臨如被貶後著書，則不得題吏部尚書也。

27. 唐巂州令 廣記一一六引冥祥記。楊目六。 廣記引書常誤，由前兩條便可見之，此不能遂斷爲冥報記之訛也。

28. 唐俏義字 廣記一一六引冥報錄。楊目六。 此與前條同。

29. 晉王範妾 廣記一二九引冥報志。楊目一。 臨書重在徵實，似未遠溯至晉，此條斷非臨書

以上楊補廿九條，其得認爲臨書者祇六條，10、11、12、13、18、24 存疑者一條，20 應改入拾遺者三條，14、15、26 斷非臨書者十條，1、2、3、4、5、16、17、21、25、29 未能認爲臨書者九條。 6、7、8、9、19、22、23、27、28 伯希和氏曾自敦煌獲得古鈔本冥報記，見莫高窟石室祕錄，惟卷數未詳，如能取而比勘，其中若干疑問，或可解決。

觀前文之勘定，知涵芬本所佚有限，參拾遺 39 條 與三緣山寺本書較，可斷爲更古之鈔本，與珠林、廣記引文相較，足補正其删略錯誤之處不少，更可斷是出自唐代鈔本。然舊書臨傳云，「所撰冥報記二卷，大行於世，」舊藝文志，「冥報記二卷，唐臨撰，」傳爲吳、韋舊稿，志又本自開元中毋煚書錄，去臨時不遠，臨書既通行，非難見者，道世且與臨同時，今所言皆相合，是知藤原書目作十卷者固毫無根據，即現分上、中、下三卷者，莫高窟石室祕錄又云，「日本西京博物館藏卷子本三卷」。亦非本來面目。尤可疑者，涵本難信之四條，恰同在卷下，則許日人於鈔本所無者，復取他書輯附其後，因而析作三卷，故與唐人書說不同也。楊氏所持理由，不外條數過多，非二卷所能容，但彼云「八十四條」，數之實祇七十八條，依上核定，可確認爲臨書者又祇五十五，約二萬字，均之則每卷字約一萬，唐元和姓纂十卷，據余所校，最少已佚去十分之四，而今輯本一卷固有過萬字者，是楊氏之疑，未見其能確立也

臨書成於永徽，已如珠林所說，究永徽何年，尚有可進一步實求之者，例如（三）條「永徽二年正月，……至今三載，」古人計年不必足數，則「今」當指永徽四年。又（十二）、（五一）兩條均稱崔尚書敦禮，據新表六一，敦禮於永徽四年十一月癸丑自兵尚爲侍中。又（五三）條稱光祿卿柳亨，而永徽五年五月十五日建之萬年宮銘，其碑陰題名，亨之結銜爲太常卿，臨之結銜爲守兵部尚書，蓋臨於四年自吏尚代敦禮爲兵尚。合此觀之，臨書實成於永徽四年，且在是年十一月癸丑已前。抑臨之卒年，史無明文，兩唐傳均云卒年六十，試由其言揆之，最遲應不過龍朔元

年 六六一 凡人非五六歲以上，不能作有系統之記述，今臨屢記其外祖高熲語，熲以大業三年 六〇七 被殺，假臨是年六歲，則龍朔元年爲六十，若謂遲至三年，斷未然也。

高山寺本固比三緣山寺本爲完備，但亦有涵本誤而訪書志所錄不誤者；卽如篇首所引臨自序，涵本傅亮訛傅高，從事中郎奪從郎兩字，飾文訛錯文，「庶人見者能留意焉」改「庶後人見者斯留意焉」，臨旨在勸世，則不必專指「後人」，淺學者疑「庶人」字誤，故加入「後」字。又「斯留意」亦非唐人文體。皆以三緣山寺本爲善。但訪書志太子中書舍人衍書字。據宋志 若冥驗記、涵本冥作宣，考隋志、劉義慶撰宣驗記三十卷，未見子良書，齊書子良傳亦未之及。更若「緣由」，涵本「由緣」，又兩可通者。

珠林、廣記所引，删改訛奪，不一而足，多可藉涵本是正；但涵本類此者亦甚多，不可殫舉，玆姑示兩例於下：

（五二）張法義條，涵本「主典曰，經懺悔者此案亦勾了，至如張目應有福折，」文義不完。百廿卷本則云，「主典云，經懺悔者此案勾了，至如張目罵父。雖蒙懺悔，事未勾了，僧曰，若不如此，當取案勘之，應有福利仰。」兩本對勘，知涵本罵父已下，實鈔奪一行。唯「利仰」，百卷本作「利柳」，都不可通， 上文不言判官柳姓，柳字不能屬下讀。則又「折抵」之訛也。抑、抵相近，抑再訛仰，柳。

（五三）柳智感條，涵本「婦人曰，誠不欲引之，恐官相引耳，無逼耳迫之慮，婦人許之，」文不可通。珠林兩本皆云，「婦人曰，誠不願引之，恐官相逼耳，感曰，夫人幸勿相牽，可無逼迫之慮，婦人許之，」則文義甚明。

總之，楊氏搜輯遺佚，在清代學者中，尙算盡其能事。若孫氏則隔頁重出而未覩，滿紙訛誤而未及，唯是摭拾三數異字爲口實，此直「文人之跋」，非學者之跋也。

隋時確去走爲隋，石刻可按，逮唐初葉，多有復舊爲隨者，此係對勝朝之反嚮，歷代革命，常見此情狀，迨日久恩怨旣消，於是中唐碑誌又漸作隋，此固孫氏所未知也。

故如今後重刊，則複者去之，漏者補之，疑者附存之，誤者棄去之，幷取各本珠林、廣記，詳爲校勘，唐氏之書，庶得漸光復其本來面目歟。

楊氏錯會拾遺爲臨作，編目復有互混，玆故論正其目如後，且見拾遺非臨書，文中自明也。楊謂拾遺四十二條而目乃四十五，楊謂釐爲四卷而目祇三卷，皆其自不照應之處。

1. 唐漁陽縣 「龍朔二年夏四月，……中山郎餘令既任彼官，又家兄餘慶交友人，郎將齊郡因如使營州，並親見其事，具爲餘令說之。」珠林一四或二二。 此條已達出作書者籍貫姓名。

2. 唐童子寺 「顯慶末年，巡幸幷州，……幷汾州官長史竇軌等，……至龍朔二年秋七月。」同上。 按竇軌卒貞觀四年，見前冥報記四九條，如非同姓，名卽有誤

3. 唐淸禪寺 同上。

4. 唐司馬喬卿 「喬卿同僚數人並向餘令陳說」。 珠林一八或二六。廣記一〇三引珠林。

5. 唐孫壽「顯慶中，……同上。

6. 唐李虔觀 「至顯慶五年，……中山郎餘令曾過鄭州，見彼親友具陳說之。」珠林一八或二六。

7. 唐濟陰縣 「至龍朔二年冬十月，……曹州參軍說之。」同上。

8. 唐劉善經 「隰州沙門善撫與善經舊知，見善經及鄉人所說，爲餘令言之。」珠林二六或三五。

9. 唐僧玄高 同上。

10. 唐張亮「唐逆人張亮，……事在冥報記。」珠林三一或四二。 古鈔中之張亮，與此條不同文，辨見前冥報記十七條，應釐而爲二。

11. 唐王懷智 珠林三三或四五。

12. 唐任義方 珠林三六或五〇。廣記三八二引珠林。

13. 唐杜智楷 珠林四六或五九。廣記一一一引珠林。

14. 唐王千石 珠林四九或六二。

15. 唐石壁寺 珠林五〇或六三。

16. 唐王會師 珠林五二或六五。

17. 唐李信 珠林同上。廣記一三四。

18. 隋耿伏生 珠林五七或七二。 楊目一訛珠林七十三。

19. 唐陽武婦女朱 同上。

20．唐路伯達 同上。

21．唐倪氏妻皇甫氏 珠林六二或七八。

22．唐方山開 楊氏誤編冥報記，見冥報記 14 條。

23．唐劉摩兒 「至顯慶四年八月，……」珠林六四或八〇。廣記一三二引珠林。 百廿卷本誤注「出冥報記」，見前冥報記 14 條。

24．唐李知禮 楊氏亦誤編冥報記，說見前冥報記 15 條。

25．唐盧元禮 珠林六五或八一。 楊目二訛珠林六十四。

26．唐杜通達 珠林七〇或八七。廣記一二一引珠林。

27．唐邢文宗 珠林同上。廣記一二一。

28．唐信都元方 「至顯慶五年正月死」。珠林七二或八九。廣記三八八。

29．唐賀悅永興 珠林七三或九一。廣記一三二引珠林。 賀悅是複姓，武德時人，楊題作「隋賀悅」，誤。

30．唐陸孝政 珠林、廣記均同上。 楊目一訛廣記一二八。

31．唐李義琰 珠林同上。廣記一二七引珠林。

32．唐齊士望 珠林同上。廣記三八二引珠林。

33．唐封元則 「龍朔元年夏六月」，…… 珠林同上。

34．唐館陶主簿周 「至顯慶四年十一月」，珠林七四或九二。廣記一二七引珠林。

35．唐咸陽婦人梁氏 珠林七六或九三。廣記三八六。

36．唐姜滕生 珠林七九或九六。廣記一一六引冥報記，作勝生。 此爲廣記錯注出處之一例。

37．唐姚明解 「至龍朔元年，……至二年秋中，」珠林同上。

38．唐夏侯均 「顯慶二年」，珠林八九或一〇七。

39．唐李思一 唐隴西李思一，……貞觀二十年正月已死，經日而蘇，語在冥報記，至永徽三年五月又死。」珠林九一或一〇九。 按今冥報記無李思一，可補目。

40．唐韋知十 「中山郎餘令親聞說之」。珠林九四或一一三。

41．唐謝氏 「龍朔元年八月，……至二年正月，」珠林同上。

42．唐尼修行或任五娘 珠林同上。廣記一〇三引冥報記。 楊依廣記之誤引，於冥報記目六著尼修行，又依珠林所引，於拾遺記目三著任五娘，一條兩出，說見前冥報記

26 條。

43. 唐徹禪師珠林九五或一一四。廣記一〇九引冥報拾遺。 按此條事實，與冥報記（三）條同，而繁簡迴異，亦許餘令書有複出臨書之處。但楊氏拾遺二所著古鈔卷上之釋僧徹條，斷應移入冥報記，此拾遺三徹禪師下所注「古鈔本卷上」五字，亦應删卻。

44. 唐裴則男 珠林九七或一一六。廣記三八二。

楊列四十五條，計卷一北齊仕人梁、唐董雄，卷二唐釋僧徹共三條，應移入冥報記，又誤編冥報記卷五之唐方山開及卷六之唐李知禮，實出自拾遺，加減相消，故得四十四條，非四十二條也。

郎餘令兩唐書均有傳，今總上文所徵，知其字元休，龍朔二年後曾官幽州。按舊書七九呂才傳，「子方毅，……母終，哀慟過禮，竟以毀卒，布車載喪，隨轜車而葬，友人郎餘令以白粥、玄酒、生芻一束，於路隅奠祭，」千唐、唐尚書吏部郎中張仁禕墓誌，儀鳳四年正月二十一日立，題「朝議郎、洛州司功參軍、中山郎餘令撰，」又因話錄徵、「祕書省內有落星石，薛少保畫鶴，賀監草書，郎餘令畫鳳，相傳號為四絕，」皆餘令之軼事可考者也。其官幽州，當卽舊傳之「轉幽州錄事參軍」。拾遺一書，珠林以為龍朔年中撰，按7條記龍朔二年十月濟陰縣事而得自曹州參軍，則餘令成書時最早不能過龍朔三年。

考訂既畢，回憶十歲就塾，飽閱同善錄等書，頗深迷信，志學而後，泛覽時賢新說，又渙然冰釋。及讀史稍多，則雖不信小報而仍信大報，以敵人之暴戾殘酷，神人共憤，其感召不祥之氣，底於亡破，實理所必至，要福於神社，託庇於神符，神苟有知，豈歆非祀，行見其自食其報而已。

垂拱三年有著作佐郎郎餘令妻李道真墓誌，惟拓本未見。

卅四、一、十九、南溪李莊。

魏晉的中軍

何茲全

——中古兵制史稿之一章——

魏晉時期的中軍，與兩漢相較，其極大的變化，一、就名稱上說，兩漢中央軍稱南北軍，魏晉則稱中軍。二、就性質上說，兩漢南北軍僅是宮殿京城的宿衛及拱衛兵，很少出征，魏晉的中軍，尤其晉的中軍，不僅宿衛宮殿，保護京都，而且常常征伐四方，是國家的重兵所在。三、就組織上說，領兵機關及官號亦有變化，兩漢的中尉衛尉執金吾光祿勳，至此或已省廢，或已變質而爲散官。另有武衛中護中領左右衛都督中外諸軍等官。茲就材料所及，說明魏晉中軍的組織及演變。

一　兩漢南北軍的追遡

漢魏之際，是中國兵制史上的一大轉變時代，欲了解魏晉中軍的組織與演變，不能不先明白兩漢的中兵——南北軍的組織。

漢初的中央禁兵，有南北二軍，負京城及宮殿的拱守與宿衛責任。南軍領於衛尉，是宮殿內的宿衛兵，北軍領於中尉，是京城的拱衛兵。

宮殿宿衛，於衛尉所領的南軍以外，尙有殿中諸郎，文帝自代邸入未央宮，夜拜宋昌爲衛將軍領南北軍，張武爲郎中令行殿中，郎中令所領的就是宿衛殿中的諸郎。漢初諸郎的數額不多，地位不重要。至武帝時改郎中令爲光祿勳，擴大郎中令所領諸郎的名額，使其居則掌宿衛宮殿門戶，出則充車騎。郎衛與南軍之兵衛的分工，是郎衛掌宮內的諸宮殿門戶，南軍衛士則掌管宮門的屯衛，及宮中的徼循，前漢書百官表云：

「光祿勳掌宮門戶，衛尉掌宮殿門外屯兵。」

舊儀云：

「殿外門舍屬衛尉，殿內門舍屬光祿勳。」

此外武帝又置期門羽林，平常時改期門爲虎賁，亦主宿衞。

武帝以後，北軍亦有變化。第一，更名中尉爲執金吾，領緹騎五百二十人，掌京城門內的巡徼守衛。第二，增置八校尉，一中壘校尉 乃取原領北軍之中尉屬官所謂中壘者，進爲校尉， 掌北軍壘門外，又外掌西域，二屯騎校尉掌騎士，三步兵校尉掌上林苑內屯兵，四越騎校尉掌越騎如淳曰：越人內附以爲騎也。五長水校尉掌長水宣曲胡騎，六胡騎校尉掌池陽胡騎，不常置。七射聲校尉掌待詔射聲者，八虎賁校尉，掌輕車。第三，增置城門校尉，掌京師城門屯兵，有司馬及十二城門候。這個變化，乃是武帝時因對外征伐兵力膨脹的自然結果。原來的北軍，發展而爲八校，原屬中尉的北軍，只成爲八校之一，而原來總領北軍的中尉，則改爲執金吾，另領緹騎，負宮外城內的徼循戍衛。八校兵不盡在城內，如步兵卽駐長林苑門，長水在長水及宣曲。馬端臨文獻通考卷一百五十兵考二引山齋易氏之言云：

> 按劉屈氂傳：戾太子使如侯持節發長水及宣曲胡騎，皆已裝，會侍郎莽通使長安，追捕如侯，告胡人曰：節有詔，勿聽也。遂斬如侯，引騎入長安。蓋中壘在北軍，而步兵在長林苑門，長水兼掌長水及宣曲胡騎，則在長水及宣曲，皆在長安城外，顏師古以長水在今鄠縣東長水鄉，是知以校分屯，不專在一所，雖同名北軍，而各以校尉領之，而不屬中尉之北軍，此八校尉所以自列於城門校尉之後，而中壘校尉亦別掌北軍壘門內外，不屬金吾也。蓋金吾秩中二千石，而八校皆秩二千石，其位亦重矣。

後漢中衛兵的組織，大體如前漢，後漢書百官志記載頗詳。

郎位仍屬於光祿勳，有光祿勳卿一人，中二千石，「掌宿衞宮殿門戶，典謁署郎更直執戟宿衞門戶」。其下有五官中郎將一人，「主五官郎」；左中郎將主左署郎。右中郎將主右署郎。凡郎官皆主更直執戟宿衞諸殿門，出充車騎，唯議郎不在直中。又有虎賁中郎將主虎賁宿衞，羽林中郎將主羽林郎，皆掌宿衞侍從。

兵衛屬於衛尉，卿一人中二千石，掌宮門衛士及宮中徼循事。其下有南宮衛士令一人掌南宮衛士，北宮衛士令一人掌北宮衛士，左右都候各一人，主劍戟士徼循宮及天子有所收考。此外宮掖每門有司馬一人。

宮外的防衛事宜，屬於執金吾，執金吾一人，中二千石，掌宮外戒司非常水火之事，月三繞行宮外，胡廣曰：

「衛尉巡行宮中，則金吾徼於外，相爲表裏，以擒姦討猾。後漢書百官志注引

京城城門的守衛，屬城門校尉，校尉一人總領雒陽十二門，每門候一人。

北軍八校，其中胡騎校尉不常置，故八校亦常言七校，光武時省併而爲五營，省虎賁入射聲，省胡騎入長水，又省中壘校尉而置北軍中候掌監五營，五營屬北軍，以北軍中候監之，謂之北軍五營，皆掌宿衛，負責京城內外的拱衛。

兩漢中央禁兵的組織，大略如此。

二 魏晉的中軍

（一）曹魏的宿衛軍

曹魏帝國是由曹操集團發展起來的，故曹魏軍制除承受兩漢傳統軍制的影響外，尚承受曹操集團在建安時代的發展結果。

曹操時候最親近的帳下兵，稱爲虎豹騎，是精選勇壯所組成的。魏書云：

「曹純所將虎豹騎，皆天下驍鋭，或從百人將補之。」魏志卷九曹仁傳注引

前後領虎豹騎的，有曹休、曹眞、曹純，皆是曹氏子姪。魏志卷九曹休傳云：

「太祖舉義兵……休間行北歸見太祖，太祖謂左右曰：此吾家千里駒也，使與文帝同止，見待如子，常從征伐，使領虎豹騎宿衛。」

同書卷曹眞傳云：

「太祖哀眞少孤，收養與諸子同，使與文帝共止……。太祖壯其鷙勇，使將虎豹騎討靈丘賊，拔之。」

同書卷曹仁傳云：

「仁弟純，初以議郎參司空軍事，督虎豹騎。注引魏書曰：純所督虎豹騎，皆天下驍鋭，或從百人將補之，太祖難其帥，純以選爲督，撫循其得人心，及卒，有司白選代，太祖曰：純之比何可復得，吾獨不中督耶？遂不選。」

虎豹騎的職務，是出任征戰，入供宿衛。與虎豹騎相同的，還有許褚所領的虎士，及典韋所領的親兵，也是入則宿衛，出則征戰的親軍。魏志卷十八典韋傳云：

「太祖乃……拜韋都尉，引置左右，將親兵數百人，常繞大帳，韋旣壯武，其所將選卒，每戰鬬，常先登陷陣，遷爲校尉，性忠至謹重，常晝立侍終日，夜宿帳左右，稀歸私寢……軍中爲之語曰：帳下壯士有典君，提一雙戟八十斤。」

同書卷許褚傳云：

「太祖徇淮汝，褚以衆歸太祖，太祖見而壯之曰：此吾樊噲也。卽日拜都尉，引入宿衞，諸從褚俠客，皆以爲虎士，從征張繡，先登，斬首萬計，遷校尉，從討袁紹於官渡，時常從士徐他等謀爲逆，以褚常侍左右憚之，不敢發，伺褚休下日，他等懷刀入，褚至下舍，心動，卽還侍，他等不知，入帳見褚大驚愕，他色變，褚覺之，卽擊殺他等，太祖益親信之，出入同行，不離左右……從討韓遂馬超……遷武衞中郎將，武衞之號，自此始也……曹仁自荆州來朝，謁太祖，未出，入與褚相見於殿外，仁呼褚入便坐語，褚曰：王將出，便還入殿，仁意恨之，或以責褚曰：征南宗室重臣，降意呼君，君何故辭？褚曰：彼雖親重，外藩也，褚備內臣，衆談足矣，入室何私乎？太祖聞，愈愛待之，遷中堅將軍。」

文帝受禪，其宿衞軍的組織，乃直接繼承魏武這個系統。許褚繼續領武衞營，爲最親近之宿衞禁兵。魏志卷一八許褚傳云：

「文帝踐祚……遷武衞將軍，都督中軍宿衞禁兵，甚親近焉。」

許褚以後，作武衞將軍的，在明帝時有曹爽，齊王芳時有曹訓，皆以與皇帝的親近關係始得爲之。魏志卷九曹眞傳附爽傳云：

「明帝在東宮，甚親愛之。及卽位，爲散騎侍郎，累遷城門校尉，加散騎常侍，轉武衞將軍，寵待有殊。」

齊王芳時，曹爽以大將軍輔政，卽以弟訓爲武衞將軍。同上書傳云：

「爽弟羲爲中領軍，訓武衞將軍。」

武衞營外，有中壘中堅營，晉書卷一宣帝紀云：

「正始六年秋八月，曹爽毀中壘中堅營，以兵屬其弟中領軍羲，帝以先帝舊制，禁之不可。」

魏志卷九曹爽傳注引魏書曰：

「爽使弟羲爲表曰：……先帝以臣肺腑遺緒，奬飭拔擢，典兵禁省……。」

又魏志曹爽傳引世語曰：

爽兄弟先是數俱出游，桓範謂曰：總萬機，典禁兵，不宜並出……。

中領軍中護軍亦領營兵，典宿衞，魏志卷九曹爽傳司馬懿奏廢爽言：

「今大將軍爽背棄顧命，敗亂國典，內則僭擬，外專威權，破壞諸營，盡據禁兵，羣官要職，皆置所親，殿中宿衞，歷世舊人，皆復斥出，欲置新人，以樹私計……太尉臣濟尚書令臣孚等，皆以爽有無君之心，兄弟不宜典兵宿衞，奏永寧宮皇太后令勅臣如奏施行。」

又晉書卷一宣帝紀云：

「帝於是奏永寧太后廢爽兄弟，時景帝爲中護軍，將兵屯司馬門，……假司徒高柔節行大將軍事，領爽營……命太僕王觀行中領軍，攝羲營。

由這幾條記載，可知中護軍中領軍都領有營兵，而且中壘、中堅、中護、中領各營，都是宿衞兵，所以曹爽毀中壘中堅營，司馬懿就駡他是「破壞諸營，盡據禁兵。」爽弟羲領中領軍，訓爲武衞將軍，司馬懿奏就說「爽有無君之心，兄弟不宜典兵宿衞。」

除這幾個新成立的宿衞兵團外，東漢以來的五營兵，在曹魏時期，仍然存在。史志中我們常看見五營校尉的記載，如魏志卷二文帝紀云：

「黃初元年，是歲長水校尉戴陵諫不宜數行弋獵。」

魏志卷九曹休傳云：

「太和二年，帝爲二道征吳……休深入戰不利……休上書謝罪，帝遣屯騎校尉楊監慰喻。」

「休子肇有當世才度，爲散騎常侍，屯騎校尉。」

魏略云：

「太和二年，明帝西征，人有白楙者……有詔收楙，帝急欲殺之，以問長水校尉京兆段默。」魏志卷九夏侯惇傳注引

司馬師廢齊王芳時，乃與羣臣共爲奏永寧宮，羣臣中有五校列名：

「城門校尉臣慮，中護軍永安亭侯臣望，武衞將軍安壽亭侯臣演，中堅將軍平原侯臣德，中壘將軍武昌亭侯臣廙，屯騎校尉關內侯臣陔，步兵校尉臨晉侯臣逑，射聲校尉安陽鄉侯臣溫，越騎校尉睢陽侯臣初，長水校尉關內侯臣超。……」魏志卷四齊王芳紀注引魏書

宋書卷四〇百官志云：

「五校，魏晉逮于江左，初猶領營兵，並置司馬功曹主簿……五營校尉秩二千石。」

在名義上，五營雖仍存在，在實際上已遠不是漢代原來五營地位之重要。五營雖仍領兵，但數目則少的可憐，如孫資別傳云：

「今五營所領見兵，常不過數百，選授校尉，如其輩類。」魏志卷一四孫資傳注引

毋丘儉文欽起兵討司馬師時，表述司馬師之罪狀，亦云：

「三方之守，一朝闕廢，多選精兵，以自營衞，五營領兵，闕而不補，多戴器仗，充聚本營。」魏志卷二八毋丘儉傳注引

不過，五營領兵闕而不補，固然是事實。但這卻不一定自司馬師始。五營之衰，應從它是前朝遺制上來解釋。建安年間，曹操以丞相而執軍政大權，這時他一方面精選並加強自己的宿衞，一方面就極力削弱漢室宿衞軍的實力，即削弱五營的兵力。迨魏文受禪，魏國的武衞中領中護便發展而爲新朝廷的宿衞軍時，五營僅作爲舊朝遺制而存留而已。

至於漢時負宮殿內宿衞責任之五官，左、右三署郎，魏時即不復存在。宋書百官志左中郎將右中郎將條云：

「左中郎將，右中郎將：秦官，漢因之，與五官中郎將領三署郎，魏無三署郎，猶置其職，晉武帝省。」

(二)晉的宿衞兵

晉代宿衞軍中最重要而又最親近者是左右二衞。依宋書卷四〇百官志所載，二衞之分，始於武帝，其前身則爲司馬昭相魏時所置之相府中衞軍。志云：

「二衞將軍掌宿衞營兵。二漢魏不置，晉文帝爲相國，相國府置中衞將軍。武帝初分中衞置左右衞將軍，以羊琇爲左衞，趙序爲右衞。」

晉書卷二四職官志左右衛將軍條所載與宋志略同，云：

「左右衛將軍：案文帝初置中衛，及衛武帝受命，分爲左右衛，以羊琇爲左，趙序爲右。」

惟晉書職官志序文則云：「及文王纂業，初啓晉臺，始置二衛，有前驅養由之弩；及設三部，有熊渠佽飛之衆。是以武帝龍飛，乘茲奮翼。」似司馬昭初啓晉臺時，開始即置二衛。按司馬昭進封晉王，係在魏咸熙元年。咸熙二年五月晉國始置御史大夫，侍中，常侍，尙書，中領軍，衛將軍官。晉書卷二文帝紀 同年八月司馬昭死，司馬炎嗣相國晉王位，九月以魏「中護軍賈充爲衛將軍。」同書卷三武帝紀 是不僅在司馬昭時僅有衛將軍，卽武帝初嗣王位時仍未分左右，疑序文「文王纂業，初啓晉臺，始置二衛」句有誤，應從宋志及晉志左右衛將軍條本文。

宮殿內的宿衛，是由左右二衛負責的，左右二衛將軍，要輪流在宮內直宿。通典卷二十八職官典云：

「左右衛將軍各領營兵，每暮一人宿直。」

在二衛屬下的宮殿宿衛兵有三部司馬及雄渠武賁佽飛武賁等。晉書卷二四職官志二衛條云：

「二衛始制，前驅由基彊弩爲三部司馬，各置督史，左衛熊渠武賁，右衛佽飛武賁。」

宋書卷四〇百官志殿中將軍殿中司馬都條云：

「晉武帝時，殿內宿衛號曰三部司馬，置此二官分隸左右二衛。江左初員十人，朝會宴饗則將軍戎服，直侍左右，夜開城諸門，則執白虎幡監之。」

三部司馬是宮殿中的主要的宿衛兵，在西晉歷次宮庭政變及皇室內爭中演着極重要的角色。如晉書卷五九趙王倫傳云：

「時左衛司馬督司馬雅及常從督許超……與殿中中郞士猗等，謀廢賈后，復太子。」

同傳又云：

「趙王倫將起事，告左衛司馬督路始，使爲內應……孫秀復告右衛佽飛督閭和，和從之……至期乃矯詔勅三部司馬曰：中宮與賈謐等殺吾太子，今使車騎入廢中宮，汝等皆當從命，賜爵關中侯，不從者誅三族，於是衆皆從之。……遣翊軍校尉齊王冏將三部司馬百人，排閤而入，……遂廢賈后爲庶人。」

又云：

「惠帝禪位於倫，……倫乃許之，左衛王輿與前軍司馬雅率甲士入殿譬喻三部司馬，示以威賞，皆莫敢違。……內外百官以乘輿法駕迎倫。」

又云：

「計未決，左衛將軍王輿反之，率營兵七百餘人自南掖門入，勅宮中兵各守衛諸門，三部司馬爲應於內。……三部司馬兵於宣化闥中斬孫秀以徇……於是甲士數千迎天子於金墉。」

又卷五九東海王越傳云：

「成都王穎攻長沙王乂，乂固守洛陽，殿中諸將及三部司馬疲於戰守，密與左衛將軍朱默夜收乂別省。」

宮殿宿衛兵除三部司馬及熊渠武賁佽飛武賁外，尚有羽林及殿中冗從常從命中持椎斧持級各種不同名稱的武賁。晉書職官志二衛條云：

「二衛始制：前驅由基強弩爲三部司馬，各置督史，左衛熊渠武賁，右衛佽飛武賁。二衛各五部督。其令中武賁驍騎遊擊各領之。又置武賁羽林上騎異力四部并命中爲五督。其衛鎮四軍如五校各置千人。更制殿中將軍中郎校尉司馬比驍騎持椎斧武賁，分屬二衛。尉中武賁持鈒冗從羽林司馬常從，人數各有差。」

各種宿衛士及其督史的名稱，多見於晉書卷二五輿服志中朝大駕鹵簿條，茲臚列如下：

「騎隊，五在左，五在右，隊各五十四匹，命中督二人，分領左右，各有戟吏二人麾幢，獨揭鼓在隊前。……

次黃門，……校尉佐仗，左右各四行，外大戟楯，次九尺楯，次弓矢次弩，並熊渠佽飛督領之。……

次武賁中郎將騎中道。……

次司馬督在前，中道，左右各司馬史三人引仗，左右各六行，外大戟楯二行。……

次殿中司馬，中道，殿中都尉在左，殿中校尉在右，左右各四行。……

細楯一行在弩內，又殿中司馬一行，殿中都尉一行，殿中校尉一行。……

司馬史九人，引大戟楯二行，九尺楯一行，刀楯一行，由基一行，細弩一行，跡禽一行，椎斧一行，力人刀楯一行，連細楯殿中司馬、殿中都尉、殿中校尉爲左右各十二行。……

次耕根車駕駟中道，赤旗十二，熊渠督左，佽飛督右。……

次騎十隊，隊各五十匹，將一人，持幢一人，鞉一人，並騎在前，督戰伯長各一人，並騎在後，羽林騎督幽州突騎督分領之……

晉書卷二六食貨志云：

「其官品第一至於第九，各以貴賤。……又得蔭人以爲衣食客。……第六品以上得衣食客三人，第七第八品二人，第九品及舉輦，跡禽，前驅由基，強弩，司馬，羽林郎，殿中冗從武賁，殿中武賁，持椎斧武騎武賁，持鈒冗從武賁，命中武賁，武騎一人。」

晉時尚有虎賁中郎將、冗從僕射及羽林監，宋書百官志虎賁中郎將冗從僕射羽林監條云：

「自虎賁至羽林是爲三將，哀帝省……江右領營兵，江左無復營兵。」

虎賁中郎將冗從僕射羽林監，大約仍各是虎賁冗從羽林的總領官，所謂江右領營兵，卽指所領之虎賁冗從及羽林。

除上引諸條外，晉書紀傳及其他記載中，亦有記及武賁羽林的，如晉書卷四〇楊駿傳云：

「駿不下殿，以武賁千人自衛。」

卷四四盧志傳云：

「俄而衆潰，惟志與子謐兄子綝殿中武賁千人而已。」

文選卷一三潘岳秋興賦序云：

「兼虎賁中郎將，寓直於散騎之省。」

晉書職官志二衞條所載，文句文理多不可解，恐係文字有脫誤及錯竄所致。❶綜合以上所引各項材料，大體上我們可以知道晉代宮殿宿衞兵士，除三部司馬及熊渠武賁佽飛武賁外，尚有羽林，殿中宂從武賁，殿中武賁，持椎斧武騎武賁，持鈒宂從武賁，命中武賁及常從，武騎等統領此等宿衞兵的官有殿中將軍，殿中中郎，殿中校尉，殿中都尉武賁中郎宂從僕射將命中督，熊渠督，佽飛督，殿中司馬督，司馬督，羽林監，羽林騎督，常從督等。三部司馬及熊渠武賁佽飛武賁是屬於左右二衞的。由晉書職官志二衞條及宋書百官志殿中將軍殿中司馬督條觀之，大約宮殿的各種宿衞兵，是統由左右二衞統轄的。

左右二衞是晉代宿衞兵的中堅，其地位約如曹魏時之武衞營，宋書百官志武衞將軍條云：「初魏王始置武衞中郎將，文帝踐阼，改爲衞將軍，主禁旅，如今二衞，非其任也。」按衞將軍應作武衞將軍，看前引魏志許褚傳非其任也，非字當爲卽字之誤。武衞與二衞兩者的演變，亦復相同。武衞，是曹操爲漢丞相時的相府兵，迨曹丕受禪，便代替舊朝之五營，而爲新朝最親近最重要的宿衞兵。二衞則爲晉王國的宿衞兵，迨司馬炎代魏以後，就代替武衞而爲新朝最親近最重要的宿衞兵。

左右二衞外，領軍、護軍、驍騎、游擊、左軍、右軍、前軍、後軍、及五營校尉等皆領營兵，而且全都擔負京城的宿衞責任。

西晉領軍護軍亦各領營兵，宋書百官志護軍將軍條云：

「魏晉江左，領護各領營兵。」

領、護、左右二衞、驍騎、游擊六營兵，晉時總謂之六軍，晉書職官志云：

「驍騎將軍游擊將軍，並漢雜號將軍也，魏置爲中軍，以領護左右衞，驍騎游擊爲六軍。」

宋書百官志亦於領護左衞右衞驍騎游擊後繫之曰：「是爲六軍。」六軍之外，又有左軍、右軍、前軍、後軍，謂之四軍。晉書職官志云：

「左右前後軍將軍：案魏明帝時有六軍，則左軍魏官也，至晉不改。武帝初

❶ 魏初中軍，尙有南北軍的稱呼，魏志卷一七張郃傳云：「諸葛亮復出，急攻陳倉（文）帝驛馬召郃到京都，帝自幸河南城，置酒送郃，遣南北軍士三萬及分遣武衞虎賁使衞郃。」歷代兵制及通考謂「魏制略如東漢南北軍。」非爲無據。蓋魏時是蛻變期，此下卽稱中軍，無南北軍稱之痕跡。

又置前軍右軍，晉書卷三武帝紀云：泰始五年六月，罷鎮軍將軍，復置左右將軍 泰始八年又置後軍，是爲四軍。」

漢魏以來之五營校尉，晉時仍在，晉書職官志云：

「屯騎步兵越騎長水射聲等校尉，是爲五校，並漢官也，魏晉逮于江左，猶領營兵並置司馬功曹主簿。」

晉武帝滅吳後，於太康元年六月又置翊軍校尉見晉書武帝紀，併前五營成爲六營。王隱晉書云：

「太康中伐吳還，欲以王濬爲五官校尉而無缺，始置翊軍校尉，班同長水步兵，以梁益所省兵爲營。」太平御覽卷二百四十二引❶

六軍四軍及六營，都是宿衞兵，大約二衞是宮殿的宿衞兵，護軍領軍驍騎游擊左右前後四軍及六營，則掌宮門及京城宿衞。晉書卷三七下邳獻王晃傳云：

「將誅楊駿，以晃領護軍，屯東掖門。」

卷六四淮南忠壯王允傳云：

「趙王倫廢賈后，詔遂以允爲驃騎將軍……領中護軍，允性沉毅，宿衞將士皆敬服之……倫甚憚之，轉爲太尉，外示優崇，實奪其兵也。」

王隱晉書云：

「羊祜遷中領軍，悉統宿衞，入直殿中，執兵之要，事兼內外……武帝受禪……祜以大事旣定，辭不復入。」北堂書鈔卷六十四引

是晉時領軍護軍仍領宿衞軍之證。又通典卷二八職官典武官上左右驍衞條：

「漢有驍騎將軍……魏置爲中軍，晉領營兵，兼統宿衞。」

山濤啓事云：

「游擊將軍諸葛冲，精果有文，擬補兗州。詔答曰：冲領兵，未欲出之。」北堂書鈔卷六四引

---

❶ 晉書卷四二王濬傳云：「拜濬輔國大將軍，領步兵校尉，舊校唯五，置此營自濬始也。」按五校有步兵，自漢已然，不在謂平吳始置，平吳始置者爲翊軍，故以王隱晉書爲是。又同書卷唐彬傳：「吳平，詔曰：其以彬爲右將軍都督巴東諸軍事。徵拜翊軍校尉。」錢儀吉補晉兵志，以王濬旣於吳平後任翊軍校尉，唐彬不得亦爲翊軍，疑唐傳有誤。按依王濬唐彬兩傳傳文觀之，濬乃平吳後卽拜校尉，彬乃於平吳後，先拜右將軍都督巴東諸軍事，後始徵拜爲翊軍校尉，可能係繼濬後，不能定其爲誤。

驍騎游擊是對稱的兩軍，驍騎旣領宿衞，游擊亦必領宿衞。又晉書卷三五裴頠傳云：

「楊駿將誅也，駿黨左軍將軍劉豫陳兵在門，遇頠，問太傅所在，頠紿之曰：向於西掖門遇公乘素車從二人西出矣。豫曰：吾何之？頠曰：宜至廷尉。豫從頠言，遂委而去。尋而詔頠代領左軍將軍屯萬春門。及駿誅，以功當封武昌侯……」

是左軍領兵宿衞之證，右軍前軍後軍與左軍共爲四軍，當同典宿衞。武帝死，楊駿輔政，自領前軍將軍，其黨劉豫領左軍，駿甥張劭官中護軍，而晉書駿傳即謂：「駿又多樹親黨，皆領禁兵。」亦證四軍是宿衞軍。五校之爲宿衞軍，更立傳統職務，至晉仍未變。晉令云：

「晉承漢制，置五營校尉，爲宿衞軍。」北堂書鈔六一引

陶氏職官要錄云：

「五校，晉承漢置，以爲宿衞官，各領千兵。」

四軍及五校皆居城內，文選閒居賦注引陸機洛陽記云：

「五營校尉前後左右將軍府皆在城中。」

六軍四軍五校之外，太康十年又立積弩營，亦典宿衞。太平御覽二三九云：

「晉太康十年，立積弩積射營，各二千五百人，並以將軍領之。」

晉書孟觀傳云；

「遷積弩將軍，領宿衞兵。」

西晉的中軍中的宿衞兵大約如此。至於城門校尉及門侯，魏晉時大約仍如漢制。❶中宮及京城宿衞兵外，晉時東宮宿衞兵亦極盛，通典卷三。職官典東宮官左右衞率府條云：

「衞率府秦官，漢因之，屬詹事，後漢主門衞徼循衞士，而屬少傅，魏因之，晉武帝東宮置衞率，初曰中衞率；太始五年分爲左右衞率，各領一軍。惠帝時愍懷太子在東宮，又加前後二衞領，成都王穎爲太弟，又置中衞率，

❶ 魏有城門校尉，前後任之者有徐宣楊阜曹爽孫禮江悆等，門有門侯，如魏志卷九曹爽傳引魏略，桓範嘗矯詔詐令平昌門侯司蕃開門出範。（參看三國職官表卷中城門校尉條。）

是爲五率。」

愍懷太子時，東宮四率衛士有萬餘人，晉書卷三五裴頠傳云：

「頠以賈后不悦太子……啓增置後衛率吏，給三千兵，於是東宮宿衛萬人。」

又晉書三六張華傳云：

「及賈后將廢太子，左衛率劉卞……以賈后謀問華……卞曰：東宮俊乂如林，四率精兵萬人，公居阿衡之任，若待公命，皇太子因朝入錄尚書事，廢賈后於金墉城，兩黃門力耳。」

（三）宿衛外的中軍

上述魏晉宿衛諸軍皆居城內，此外尙有住在城外的，亦爲中軍，似不負宿衛責任。惟中軍之強大，魏晉之際又爲一關鍵，在司馬氏專魏之前，卽齊王芳嘉平元年司馬懿閉門政變之前，魏之兵力分散于邊境四征及各都督，而中央京城軍隊并不甚多，中軍大約皆住在城內，領軍、護軍、武衛、中壘、中堅及五校，卽佔其絕大部分，因之城外駐軍甚少。司馬懿乘曹爽隨齊王芳朝高平陵，閉門起事，城外除中領軍別營外，卽另外無兵。干寶晉紀云：

「爽留車駕宿伊水南，伐木爲鹿角，發屯甲兵數千人以爲衛。」魏志卷九曹爽傳注引

魏志曹爽傳云：

「大司農沛國桓範聞兵起，不應太后召，矯詔開平昌門，拔取劍戟，略將門候南奔爽……說爽使車駕幸許昌，招外兵，爽兄弟猶豫未決。」

魏略云：

「範又謂羲曰：卿別營近在闕南，洛陽典農，治在城外，呼召如意，今詣許昌不過中宿，許昌別庫，足相被假。」同上書傳注引

由桓範之勸曹爽協天子東走許昌，及曹爽之發屯甲兵以爲衛，可證城外是沒有軍隊的。但自此次政變後，情形一變，司馬氏陰謀奪取曹氏政權，首要者卽爲先取得軍權。晉書卷二景帝紀云：

「魏嘉平四年：遷大將軍加侍中持節都督中外諸軍錄尙書事……諸葛誕毌丘儉王昶陳泰胡遵都督四方……或有請改易制度者，帝曰……三祖典制，所宜

遵奉，自非軍事，不得妄有改革。」

毌丘儉討司馬師表云：

「師以盛年在職，無疾託病，坐擁強兵，無有臣禮……三方之守，一朝闕廢，多選精兵，以自營衞，五營領兵，闕而不補，多載器仗，充聚本營……多休守兵，以占高第，以空虛四表，欲擅強勢，以逞奸心，募取屯田，加其復賞，阻兵安忍，壞亂舊法。」

由此我們知道司馬氏尤其司馬師時代，對軍事有很多改革，內則削弱曹氏宿衞兵，外則削弱外鎮兵，以加強自己的兵權及軍力。自此以後，駐外的兵力漸弱，強兵都聚在京師。京師軍隊多，不能全駐城內，除負有宿衞責任的軍隊駐城內外，餘者皆住城外。

晉書卷四〇賈充傳云：

「轉中護軍……及常道鄉公卽位，……統城外諸軍，加散騎常侍。」

晉書卷三武帝紀云：

「咸熙二年十一月，初置四護軍，以統城外諸軍。」❶

卷三九王沈傳云：

「乃武帝受禪，以佐命之勳，轉驃騎將軍，錄尚書事，加散騎常侍，統城外

---

❶　王樹楙西晉禁兵考（四川省立圖書館出版圖書集刊第二期）以中外軍皆指京師禁兵，謂「禁軍，又有中軍外軍之別，合而言之，卽所謂中外諸軍。武帝乙亥詔書云：州郡將督不與中外軍同，雖在上功，無應封者。（晉書段灼傳）則中外諸軍與州郡諸軍爲對立之名詞，州郡諸軍爲地方兵，中外諸軍當悉爲中央軍。」又謂：「中軍將軍所統屬者，自當爲全部中軍，中軍將軍總宿衛，全部中軍當悉典宿衛，中軍與外軍對立，中軍與外軍之區別，卽在職典宿衛與否而已，中軍之號或卽以禁中而得名。」對中外軍之解釋與作者不同，本文引魏書，曹操於建安十二年征柳城時，護軍韓奐對領軍史奐說：「吾與君爲中軍主，不宜沮衆。」時曹操未爲天子，所領非天子禁兵，而浩則謂之中軍，是中軍非禁兵甚明。又魏志曹爽傳：桓範勸爽使車駕幸許昌，招外兵，所招者非洛陽城外之兵未甚明。亦可知中軍乃司馬師自統之京師兵，外兵乃會於許陳之三方兵。細讀曾任都督中外諸軍職者之各傳，卽知係統帥全國兵權之職，爲之者多係以錄尚書總政，以都督中外總兵，固不止於京師內外各軍，故以中軍乃指駐於京師內外，由中央政府直隸之軍隊，外軍乃指各都督征鎮兵爲宜。魏晉之各都督征鎮正在由中央官向地方官之轉變過程中，因之各都督征鎮所領的外軍，也正在由中央軍向地方軍轉變，歷史上此種事體甚多，如漢之刺史，元之行省，皆原爲中央官後卽變爲地方官。

諸軍事。」

西晉初年，城內外軍有三十六軍之衆，晉書卷六四秦獻王柬傳云：

「拜左將軍領右軍將軍散騎常侍。武帝嘗幸宣武場，以三十六軍簿令柬料校之，柬一省便擿脫謬，帝異之，於諸子中，尤見寵愛，以左將軍居齊獻王故府，甚貴寵，爲天下所屬目。」

又卷五九楚王瑋傳云：

「瑋 遂勒本軍，復矯詔召三十六軍，手令告諸軍曰……今輒奉詔免二公太宰汝南王亮及太保衞瓘官，吾今受詔都督中外諸軍，諸在直衞者，皆嚴加警備，其在外營，便相率領，經詣行府，助順討逆，天所福也。」

城外諸軍，亦稱牙門軍，晉書卷三九荀顗傳云：

「以顗爲司徒，尋加侍中，遷太尉都督城外牙門諸軍事。」

卷五七馬隆傳云：

「將所領精兵，又給牙門一軍，屯據西平。」

（四）魏晉中軍的名稱職掌與人數

漢時中央軍隊稱南北軍，魏晉時則稱中軍。「中軍」是對「外軍」而來的，中外軍的區分形成於建安時代，到黃初年間都督制成立，中外軍的區分及中外軍的名稱也就正式成立。建安以前，曹操集團只不過當時割據局面下羣雄之一。俟曹操迎獻帝都許，挾天子以令諸侯，尤其在官渡之戰，打敗袁紹，取得冀幷青諸州以後，纔漸具國家的規模。這時局面大了，再不能像過去一樣，帶着一枝軍隊雖不是全部也是大部 到處征戰，在全境各重要的地點，都不能不留下一枝軍隊在那裏住守，因之便產生了留屯的辦法，打平一個地方，即留屯一部分軍隊在那裏，並由一人任統帥，統轄區內諸軍。這種留屯制，實即魏晉以下盛行的軍事上分區的都督諸軍制的前身。這種情形，發生於打倒袁紹佔有冀幷諸州之後，到赤壁戰後，三國鼎峙的局面形成，便漸漸由游移而固定爲一種制度，而且發展爲後來的都督制。國家的軍隊既在事實上分了內外，內外的名稱自然也跟着形成，留屯在外的將軍及都督所領的兵，就稱爲外軍，中央直轄的軍隊，就稱爲中軍。

中軍兩字最早的使用，是史奐初依曹操時之任中軍校尉，如魏書云：「史奐字公劉，少任俠，有雄氣。太祖初起，以客從行中軍校尉，從征伐，常監諸將，見親信。」魏志卷九夏侯惇傳注引 按曹操時，各將帶兵來歸的多拜別部司馬，別部者自領別部兵之意也。史奐以客從行中軍校尉，大約係在曹操之本部軍，故稱中軍校尉。(註)到建安十二年曹操征柳城時，其軍隊已有中軍之稱。魏書云：

「太祖欲討柳城，領軍史奐以爲道遠深入，非完計也，欲與韓浩共諫，浩曰……吾與君爲中軍主，不宜沮衆。遂從破柳城。同前書傳注引

征柳城還後，即改韓浩史奐之護軍領軍爲中護軍中領軍。此種改制，實以當時軍隊之已形成中外的事實爲背景，在內的領護軍，稱中領軍、中護軍。在外的護軍，便有「關中護軍」、「督護軍」、「征西護軍」等名稱。魏文帝踐阼，以許褚爲「武衞將軍，都督中軍宿衞禁兵」，其後以曹眞爲「中軍大將軍」，中軍名稱正式使用，此後中外軍便成爲固定制度、固定的名稱。王樹枏先生西晉禁兵考 四川省立圖書館出版圖書集刊第二期 以中外軍皆指京師禁兵而言，王先生認爲「禁軍又有中軍外軍之別，合而言之，即所謂中外諸軍。」「所謂外軍云者，即晉書秦王柬傳所謂：武帝幸宣武場，以三十六軍兵簿令柬料校之三十六軍。」「晉書荀顗傳：尋加侍中，遷太尉，都督城外牙門諸軍事。又王沈傳云：及武帝受禪，以佐命之勳轉驃騎將軍……統城外諸軍。又武帝紀云：泰始元年十一月 初置四護軍，統城外諸軍。茲所謂城外諸軍、牙門諸軍者，或即外軍。」「中軍與外軍之區別，即在職典宿衞與否而已，中軍之號或即以禁中而得名。」作者認爲似有不妥。按前引魏書所載，韓浩對史奐所說：「吾與君爲中軍主，不宜沮衆。」時曹操未爲天子，所領非天子禁兵，而浩則謂之中軍。是中軍非由禁中得名甚明。又魏志曹爽傳，桓範勸「爽使車駕幸許昌，招外兵」，所招者亦當非洛陽城外之兵，而爲各地之兵。又如毋丘儉之役，魏志毋丘儉謂：「大將軍統中外軍討之，」晉書卷二景帝紀則謂：「帝統中軍步騎十餘萬以征之，兼道倂行，召三方兵大會於陳許之郊。」兩文相對，亦可見中軍乃司馬師自統之京師兵，外兵乃會於陳許之郊之三方兵。而所統中軍步騎十餘萬，也斷無盡是宿

(註)宋書百官志大將軍條云：「(漢時)其領兵外討，則營有五部，部有校尉一人，軍司馬一人。部下有曲，曲有軍候一人，……其別營者，則爲別部司馬。其餘將軍置以征伐者……亦有部曲司馬軍候以領兵馬。」曹操起義，軍制大約仍依漢制。

衞兵，而無城外駐軍之理。中軍係住於京師內外，由中央直轄的軍隊，外軍則係在外各都督分領的軍隊。此意在寫宋書的沈約似已不成問題，如宋書百官志持節都督條云：

「持節都督，無定員。前漢遣使始有持節。光武建武初，征伐四方，始權時置督軍御史，事竟罷。建安中魏武帝爲相，始遣大將軍督軍，二十一年征孫權還，夏侯惇督二十六軍是也。魏文帝黃初二年始置都督諸州軍事，或領刺史。三年上軍大將軍曹眞都督中外諸軍事，假黃鉞，則總統內外諸軍矣。」

看沈約敍述時語氣，可知他是以外軍來代表外都督所領的兵的。不過都督領的兵，與中央直轄軍，雖有中外之分，但在魏晉時期，都督兵仍是中央軍隊。魏晉南北朝的都督諸軍事，與漢之刺史及元之行省同，皆爲原是中央官逐漸轉化爲地方官，魏晉時期正是都督制由成立到轉化的初期，因之在魏晉時，尤其在魏時，我們還可以把都督諸軍事看作是住在各地的中央官，因之他所領的兵，雖然是稱爲「外兵」、「外軍」，以與住在京師的「中軍」相區別，但仍可目之爲中央軍，兩者合起來稱中外諸軍，以與州郡兵的地方兵對立。中外諸軍中的外軍，不包括州郡兵，看晉書段灼傳的一段記載，是極明顯的。段灼傳載灼於武帝時陳時事云：

「昔伐蜀募取涼州兵馬，羌胡健兒，許以重報，五千餘人隨鄧艾討賊，功皆第一。而乙亥詔書：州郡將督不與中外軍同，雖在上功無應封者，唯金城太守楊欣所領兵以逼江由之勢，得封者三十人，自金城以西，非在欣部，無一人封者，苟在中軍之例，雖下功必侯，如州郡雖下，功高不封，非所謂近不重施、遠不遺恩之謂也。」

總之，我覺得由曹魏時期中外軍之區分的形成過程與事實上來解釋中軍之得名，比之以由禁中而產生中軍來解釋中軍，似爲近於歷史事實。

漢之南北軍只任宿衞，很少出征。魏晉之中軍，則於宿衞之外，兼任征伐。司馬氏專魏以後，重兵集中京師，中軍之出征，更爲頻多而重要。重要戰爭，無不以中軍出征，例如：

三國志魏志卷二八王淩傳云：「宣王司馬懿將中軍乘水道討淩。」

同書卷毋丘儉傳云：「明帝遣太尉司馬宣王統中軍及儉等衆數萬討公孫淵，

定遼東。」

又云：「吳太傅諸葛恪圍合肥新城，儉與文欽禦之，太尉司馬孚督中東軍解圍。」

又云：「毌丘儉文欽……舉兵反……大將軍統中外軍討之。」

中軍出征，事畢卽還，晉書卷二文帝紀云：

「毌丘儉文欽之亂，大軍東征，帝兼中領軍留鎭洛陽，及景帝疾篤，帝自京都省疾，拜衞將軍，景帝崩，天子命帝鎭許昌，尙書傅嘏帥六軍還京師。帝用嘏及鍾會策自帥軍而還。」

同書卷三七義陽成王望傳云：

「泰始三年……進位太傅，中領軍如故……吳將施積寇江夏，邊境騷動，以望統中軍步騎二萬出屯龍陂，爲二方重鎭……以荊州刺史胡烈距積破之，望乃班師。俄而吳將丁奉寇芍陂，望又率諸軍以赴之，未至而奉退，拜大司馬。皓率衆向壽春，詔望統中軍二萬騎三千據淮北，皓退軍罷。

魏晉的中軍，總數多少不見記載，但由出征人數觀之，總數當在十萬以上，如上引司馬望傳，兩次出征所領中軍，皆在二萬以上，司馬望之出征，只可看作偏師，司馬師討毌丘儉時，出動中軍約十餘萬，晉書卷二景帝紀云：

「鎭東大將軍毌丘儉，揚州刺史文欽舉兵作亂……帝統中軍步騎十餘萬以征之。兼道併行，召三方兵大會於陳許之郊。」

卽宮內宿衞軍約爲二萬人，晉書卷五九趙王倫傳云：

「增相府兵爲二萬人，與宿衞同。」

又晉書卷六二劉琨傳云：

「三王之討趙王倫也，以琨爲冠軍假節與孫秀子會率宿衞兵三萬距成都王穎。」

此所稱宿衞兵三萬，當只京師兵，非僅宮內兵。中軍尤其宿衞兵，都是極精悍能戰的軍隊。這是司馬氏強化中軍政策的必然結果。晉書卷六〇孟觀傳云：

「氐帥齊萬年反於關中，衆數十萬，諸將敗覆相繼，中書令陳準，監張華……乃啓觀討之，觀所領宿衞兵皆趫捷勇悍，并統關中士卒，身當矢石，大戰十數，皆破之，生擒萬年。」

又卷五九河間王顒傳：

「顒……起兵……使張方爲都督，領精卒七萬向洛……方遂進攻西明門，長沙王乂率中軍左右衞擊之，方衆大敗，死者五千餘人。」

（五）中軍的統帥官

董卓亂後，中央政權瓦解，成爲羣雄割據的局面。曹操集團在初只是這些羣雄中之一，建安元年曹操迎獻帝都許，這一集團，纔成爲國家政權的正統所在，從此這一集團的軍隊組織，也就成了國家正統軍隊的組織。

初平元年，曹操參加袁紹等起事討伐董卓時的官階是行奮武將軍，隨同他起事的手下諸將，多稱奮武將軍司馬，或別部司馬，各自率領自己的宗族家人，或者召募來的兵士，隨同曹操征戰。如魏志卷九夏侯惇傳載：

「太祖初起，惇常爲裨將，從征伐，太祖行奮武將軍，以惇爲司馬，別屯白馬。」

又同書卷夏侯淵傳云：

「太祖起兵，以別部司馬騎督尉從。」

又同書卷曹仁傳云：

「豪傑並起，仁亦陰結少年，得千餘人，周旋淮泗之間，遂從太祖爲別部司馬。」

隨着曹操官職的發展，這些手下人也跟着發展，曹操作了漢家的司空丞相，他們也就作了漢家的將軍。建安元年獻帝都許後，曹操任司空行車騎將軍，十三年漢罷三公官，以操爲丞相，曹操卽以三公領兵，爲軍中主帥。

曹操以三公領兵，輔佐他監護諸軍的幕僚，有領軍及護軍。最先任此二職者，爲韓浩及史奐，魏書云：

「時大議損益，浩以爲當急田，太祖善之。遷護軍。太祖欲討柳城，領軍史奐以爲道遠深入，非完計也，欲與浩共諫，浩曰……吾與君爲中軍主，不宜沮衆，遂從破柳城，改其官爲中護軍，置長史司馬，從討張魯，議者以浩智略足以綏邊，欲留使都督諸軍，鎭漢中，太祖曰：吾安可以無護軍，乃與俱

還，其見親任如此。及薨，太祖愍惜之。」魏志卷九夏侯惇傳注引

又云：

「史奐……太祖初起，以客從行中軍校尉，從征伐，常監諸將，轉拜中領軍。十四年薨。」同上

魏志卷九夏侯惇傳亦云：

「韓浩者河內人，及沛國史奐，與浩俱以忠勇顯。浩至中護軍，奐至中領軍，皆掌禁兵。

依魏武紀用棗祇韓浩議興屯田，在建安元年，破柳城在建安十二年，征張魯還在建安二十年，大約自建安元年後不久韓浩卽任護軍，建安十二年破柳城還後改爲中護軍，直到建安二十年後韓浩死於何年，不見紀載，已不可考。史奐任領軍未知起于何年❶，或爲與韓浩同時，建安十二年改中領軍，十四年死。由韓浩：「吾與君爲中軍主」，知道護軍領軍都是參與統帥軍事的幕僚。領護軍在內卽輔佐主帥參與軍事，在外則代表主帥監護諸軍。魏志各傳中我們看到「行領軍」、「征西護軍」、「征南護軍」、「關中護軍」等等名稱，皆係代表主帥監護諸軍的。魏志卷九夏侯淵傳云：

「建安十四年，以淵爲行領軍，太祖征孫權，還使淵都諸將擊廬江叛者雷緒，緒破，又行征西護軍督徐晃擊太原賊，攻下二十餘屯……，從征韓遂等，戰於渭南。又督朱靈平隃麋汧氐，與太祖會安定，降楊秋，十七年太祖乃還鄴，以淵行護軍將軍，督朱靈路招等屯長安……二十一年……張魯降，漢中平，以淵行都護將軍，督張郃徐晃等。

同書卷曹眞傳云：

「夏侯淵沒於陽平，太祖憂之，以眞爲征南護軍，督徐晃等破劉備別將高詳於陽平。」

卷二三趙儼傳云：

「太祖征荆州，以儼領章陵太守。徙都督護軍，護于禁張遼張郃朱靈李典路招馮楷七軍。……太祖徙出故韓遂馬超等兵五千餘人，使平難將軍殷署等督

❶ 晉書卷二四職官志云：「中領軍將軍，魏官也，漢建安四年，魏武丞相府自置。」按建安四年武尚未爲丞相，但建安四年置領軍護軍，則有可能。

領，以儼爲關中護軍，盡統諸軍。」

建安時代，曹操爲領兵統帥，中護軍中領軍爲統帥的軍事幕僚，操死，曹丕代漢爲帝，主帥作了天子，原爲統帥幕僚的中護中領便成爲天子最親近的武官，一方面領宿衛軍，一方面典武官選舉。魏時領護軍領宿衛軍，已如前述。領護軍之典武官選，如魏志卷九夏侯玄傳云：

「正始初，曹爽輔政。玄，爽之姑子也，累遷散騎常侍中護軍。注引世語曰：玄世名知人，爲中護軍，拔用武官，參戟牙門無非俊傑，多牧州典郡，立法垂教，於今皆爲後式。」

又註引魏略曰：

「玄既遷，司馬景王代爲護軍，護軍總統諸將，任主武官選舉，前後當此官者，不能止貨賂，故蔣濟爲護軍時，有謠言：欲求牙門，當得千匹，百人都五百匹。宣王與濟善，間以問濟，濟無以解之。因戲曰，洛中市買，一錢不足則不行，遂相對歡笑。」

晉書卷二景帝紀亦云：

「魏景初中拜散騎常侍，累遷中護軍，爲選用之法，舉不越功，吏無私焉。」

這是說中護軍主武官選的，中領軍亦主武官選。晉起居注云：

「泰始七年詔曰：中護軍韓浩與中領軍史奐，皆掌禁兵，典武選。」北堂書鈔六十一引

又王隱晉書云：

「於是賈后諷旨於外，設張泓孝廉郎才，語領軍舉高第。」太平御覽卷一四九引

杜佑以中領軍典武選係一時現象，通典卷三四職官典本注云：

「歷代史藉，皆云護軍將軍主武官選，則領軍無主選之文，惟陶澡職官要錄云：領軍將軍主武官選舉，而護軍不言主選。又引曹召叔述孝詩序曰：余年

---

❶ 光祿勳衛尉執金吾三卿，在東京爲重任，數百年來，多以貴戚重臣領其職，北軍五校，亦多以貴戚領之，自建安而後，三卿成爲冗職，第以之位置老臣。（參看萬斯同東漢九卿年表）又後漢書卷一〇伏皇后紀云：「自帝都許守位而已，宿衛兵侍，莫非曹氏舊黨姻戚。」在此種情形下，三卿也只有漸成冗員。

三十遷中領軍，總六軍之要，秉選舉之機，以此爲證。今按漢高帝初令陳平爲護軍都督，已令主武官選矣，故陳平有受金之譏。又魏略云……按卽前引魏略語，故略。又晉起居注云：武帝詔曰：中護軍職典戎選，宜得幹才，遂以羊琇爲之。宋志亦云：主武官選。按此則護軍主選明矣。而陶藻所云領軍主選及召叔之敍者，當因省併之際，爲一時之權宜，非歷代之恆制。」

按領護職掌，自韓浩史奐起，卽完全相同，故浩言：「吾與君爲中軍主」。晉起居注云：

「泰始七年詔曰：中護軍韓浩與中領軍史奐，皆掌禁兵，典武選。」北堂書鈔六一引

黃初以下，領護職掌，可能仍同，卽一面各領營兵，爲宿衛禁軍之主，一面共典武官選舉。至于領護共典武選時如何分工，現已不可考，殆亦如歷代之左右丞相，左右僕射然，無論如何，不能以護軍旣典武選，領軍卽不能同時典武選。

領護兩將軍，在魏代是最重要的宿衛軍的統帥。

領軍的地位尤爲重要，魏初領軍曾總統五校中壘武衛三營，晉書卷二四職官志云：

「魏文帝踐阼，始置領軍將軍，以曹休爲之，主五校中壘武衛等三營。」

正始中曹爽輔政，弟羲爲中領軍，遂以中壘中堅營併入領軍軍營，如前引晉書卷一宣帝紀云：

「正始六年，曹爽毀中壘中堅營，以兵屬其弟中領軍羲，帝以先帝舊制，禁之不可。」

且依晉書職官志，魏代護軍亦隸于領軍。志云：

「魏初因置護軍將軍，主武官選，隸領軍，晉世則不隸也。」

魏之末年，中領軍且曾總統宿衛諸軍，晉書卷三四羊祜傳云：

❶ 錢儀吉補晉兵志，以「初置四護軍，以統城外諸軍，四字疑當作中，故賈充傳云傳中護軍，統城外諸軍也。」按中護軍非專統城外諸軍官，王沈卽以驃騎統城外諸軍。護軍名稱甚多，而外地駐軍，亦多有護軍，除本節後面所引魏志夏侯淵曹眞趙儼諸傳所見諸種護軍名稱外，又如魏志卷一七張遼傳云：「太祖征張魯，教與護軍薛悌，署函邊曰，賊至乃發。」卷二八毋丘儉傳，儉欽上表云：「臣與安豐護軍鄭翼，廬江護軍呂宣……督守合肥護軍王休等議……」是護軍甚多，武紀旣云「初置四護軍」，當非中護軍，置四護軍統城外諸軍，於理甚可能。無其他證據，四字不能疑誤。

「羊祜 遷中領軍，悉統宿衞，入直殿中，執兵之要，事兼內外。」

依三國職官表，魏代前後任領軍中領軍或領軍將軍的有：史奐、韓浩、劉曄以上爲領軍，曹休、曹眞、夏侯尙、陳羣、朱鑠、衞臻、夏侯獻、薛悌、荀廙、桓範、許允、曹羲、王觀、司馬昭、王肅、司馬望、羊祜 以上爲中領軍，曹休、夏侯獻、蔣濟、曹演、曹羲、賈輔 以上爲領軍將軍 等人。任護軍中護軍或護軍將軍的有：王圖、韓浩、臣陟（無姓）以上爲護軍，秦招、陳羣、蔣濟、畢軌、夏侯元、司馬師、司馬望、司馬炎、賈充 以上爲中護軍，夏侯淵、蔣濟、司馬望、石苞、李允 以上爲護軍將軍 等人。任者大多都是當時的重臣。而且依三國職官表中領中護武衞中壘及五校等掌宿衞禁兵諸表觀之，大約以正始中爲一分界，正始以前任此諸職者，多爲曹氏親黨，正始以後任此諸職者，多爲司馬氏黨人，由此也可以看出司馬氏侵奪宿衞禁兵兵權的一點形勢。

武衞中壘及領軍護軍營兵旣然代替了漢之三署郎及五營的宿衞職務，所以在漢代爲領宿衞兵的要官的光祿勳執金吾衞尉，也就有的被廢，有的變爲散官。如光祿勳，已不再留居禁中。宋書百官志云：

「魏晉以來，光祿勳不復居禁中，又無復三署郎 ， 唯外宮朝會 ，則以名到焉。二臺奏劾則符光祿加禁止，解禁止亦如之，禁止身不得入殿省，光祿主殿門故也，宮殿門戶至今猶屬。」

漢代光祿勳爲禁中郎衞的總領官，凡三署郎及羽林虎賁等，皆屬於光祿勳，依此記載，則魏晉以下，光祿勳已移居禁外，不復居禁中，當然亦不復典宿衞，所謂「外宮朝會以名到焉」及「二臺奏劾則符光祿加禁止」，亦只是形式主義象徵光祿勳過去的職權而已。又如衞尉，則爲掌理武庫及冶鑄的散官。晉書職官志衞尉條云：

「衞尉統武庫公車衞士諸冶等令左右都候南北東西督冶掾，及渡江省衞尉。」

宋書百官志衞尉條云：

「衞尉，晉江右掌冶鑄，領冶令三十九，戶五千三百五十。」

故錢大昕廿二史考異卷二十晉書職官志條下云：

「按宋志，漢有南北軍衞京師 ， 武帝置中壘校尉掌北軍營 。光武省中壘校尉，置北軍中候，監五校營。魏武爲丞相，相府自置領軍，非漢官也。蓋領軍卽漢北軍中候之職。但漢之中候，秩止六百石，魏晉以後之領軍，則以貴臣爲之。自領護之權重，而執金吾遂廢不置，衞尉亦爲閒曹矣。」

領護軍是在曹操集團中生長出來的，隨曹魏帝國的建立而代替漢之衞尉執金吾光祿勳成爲總統宿衞中軍的統帥官官，但它也隨着曹魏政權的沒落而勢衰，晉武帝篡魏以後，遂置中軍將軍，以代替中領軍的職權。晉代的中領軍、中護軍雖然仍領營兵典宿衞，但只是衆軍之一而已，遠非魏代中領護之比了。

晉中軍將軍置於泰始元年十二月，總統宿衞七軍。晉書卷三武帝紀云：

「泰始元年冬十月，置中軍將軍，以統宿衞七軍。」

第一任中軍將軍是羊祜，晉起居注云：

「泰始元年，置中軍將，統宿衞，羊祜爲之也。」北堂書鈔六四引

晉相卷三四羊祜傳亦云：

「遣中領軍，悉統宿衞，入置殿中，執兵之要，事兼內外，武帝受禪，以祜佐命之勳，進號中軍將軍。」

羊祜爲中領軍悉統宿衞，係統魏帝的宿衞。武帝受禪以後，改稱中軍將軍，始統晉之宿衞。

中軍將軍與中領軍同爲總統宿衞，中軍將軍置，中領軍之職權遂衰。泰始四年，又改中軍將軍爲北軍中候晉書武帝紀。北軍中候是漢官，掌監北軍五營的官，故官名雖改，而職權並未變。全晉文一四六引隸續載晉右軍將軍鄭烈碑云：

「遷北軍中候，典司禁戎，董導羣帥，明鑒審於官材，清風激於在位，義正形於辭色，衆望儼而祇畏，故六軍之正咸當，而請謁之言莫至。」

領護軍及中軍將軍北軍中候外，魏晉時總統宿衞諸軍的統帥，又有都督中外諸軍。都督中外諸軍名稱始於魏文帝時，最早一個任此職的是曹眞，魏志卷九曹眞傳云：

「黃初三年，還京都，以眞爲上軍大將軍，都督中外諸軍事。」

都督中外諸軍事，中軍是京城內外駐軍，外軍是各都督征鎭兵，所以都提中外諸軍事，實卽後世之天下兵馬大元帥，職權甚重，故不常置。魏晉任此職的，多非常臣。魏世任都督中外諸軍事的，有曹爽、司馬懿、司馬師、司馬昭，晉世有司馬孚、楊駿、趙王倫、齊王冏、長沙王乂、成都王穎，皆同時錄尙書事。都督中外諸

軍事，則集軍權於一己，錄尙書事，則集政權於一己，集兩者於一人，實際上已是真皇帝了。所以凡有都督中外諸軍事錄尙書事時，皇帝多半已是傀儡。

三十五年元月。

出自第十七本(一九四八年四月)

北魏尚書制度考

嚴耕望

目次

自序

尙書制度，自漢歷魏、晉、南北朝，以迄隋、唐，遂爲我國二千年來中央行政之中樞。此一系相承之史實，以大政攸關，故歷代史志記之頗詳。大體言之，分部別職已定於兩晉・劉宋之世，其後雖時有衍革，未爲繁劇。惟北魏崛起朔漠，漢化以漸，新舊競替，制雜胡華，敷漢名於舊制，因事宜而立官，尙書制度又其特也。至孝文傾心漢化，釐爲永式，始與華制爲近；北齊承之，遂爲隋、唐尙書制度之主要淵源；則北魏尙書之演變實爲節鍵。然魏書官氏志體裁與他史頗異，述尙書之沿革固畧，卽孝文改定之制亦惟有尙書令、左右僕射、左右丞、吏部尙書與侍郎，其餘統稱「列曹尙書」「尙書郎中」，分部分曹概未著明。通典云：「後魏初，有殿中、樂部、駕部、南部、北部五尙書；其後亦有吏部、兵部、都官、度支、七兵、祠部、民曹等尙書，又有金部、庫部、虞曹、儀曹、右民、宰官、都牧、牧曹、右曹、太倉、太官、祈曹、神都（部）、儀同曹等尙書。」此蓋考徵史傳而得之者。然時間先後，名實異同，皆淆亂不淸；至於曹郎，更云：「史闕其文」（唐六典注亦然）。是以孝文職員令規定頒爲永式之尙書制度湮沒不聞，至於前期尙書之演變，與夫孝文帝改革之原則，更渺焉莫曉；此不惟究心北魏史事者之遺憾，抑且爲二千年中樞發展史上之一大漏罅。爰不揣魯鈍，搜考史傳以彌縫之；第爲史料所限，有難確斷者，尙望海內賢達是正爲幸。 民國三十五年三月二十五日桐城嚴耕望寫於南溪栗峯山莊，時新婚五旬又五日。

一　總說

北魏初期由部族大人演變爲大人執政之局，尤以南北兩部大人夾輔王室，位尊職重；間亦置東西部，又其次也。太祖道武帝皇始、天興中，大舉南拓，延納漢士大夫，建臺省，立制度，華化之心甚銳。

太祖紀、皇始元年九月伐燕。「并州平，初建臺省，置百官，封公侯，將軍刺史太守尙書郎以下，悉用文人。帝初拓中原，留心慰納，諸士大夫詣軍門者無少長皆引入賜見，存問周悉，人得自盡。苟有微才，咸蒙敍用。」天興元年八月，「詔有司，正封畿，制郊甸，端徑術，標道里，平五權，較五量，定五度。……十有一月、辛亥，詔尙書吏郎中鄧淵，典官制，立爵品，定律呂，協音樂；儀曹郎中董謐撰郊廟、社稷、朝覲、饗宴之儀；三公郎中王德定律令，申科禁；太史令晁崇造渾儀，考天象；吏部尙書崔玄伯總而裁之。」

其時臺省職官有令、僕射、尙書、丞、郎、令史，如華制。其三十六曹雖非近仿南朝，而實遠紹西晉。惟尙書分部有南有北，此固事有時宜，然論其因革，實南北大人之化身，敷舊制以新名耳。方是時也，保守勢力極爲頑強，故三十六曹屢置而卒廢；至太宗明元帝神瑞元年，復澈底廢除尙書制度，置「八部大人」「六部大人」以代之，反動潮流至此而極。

案：官氏志，三十六曹，道武帝時屢置屢廢；至天賜二年，「復罷三十六曹，」自後不復見，蓋未復置也。尙書之省，志未明言，而云：「（太宗）神瑞元年春，置八大人官，大人下置三屬官，總理萬機，故世號八公。」「泰常二年夏，置六部大人官，有天部、地部、東、西、南、北部，皆以諸公爲之，大人置三屬官。」觀其職總萬機，與尙書極相類似；下文述世祖太武帝時制又云：「神䴥元年三月，置左右僕射、左右丞、諸曹尙書，十餘人，各居別寺。」則太宗省尙書制度，可斷言矣。又北魏初期任列曹尙書之可考者，太祖時四人，世祖時三十四人；尚書令僕，太祖世祖時亦皆見有任職者；太宗在兩祖之間，在位十餘年，享國不促，竟皆不一見，此亦一旁證也。

世祖太武帝初，復建尚書臺，分部大體亦以五六爲度。考之史傳，有殿中、太官、南部、北部、西部、(當亦有東部)、吏部、右民、儀曹、樂部、駕部、庫部、都官(此時都官蓋爲殿中之一部；其他諸尚書恐亦有類此者，不可考矣。)、太倉、都曹諸尚書；其後，文成帝時又見有祠部、右士、金部三尚書，獻文帝時又見有牧曹、虞曹二尚書。凡此諸部，多因事立名，與華制逈異，亦非同時並置也。

康南海官制議卷三：「北魏並設多曹(案此據通典材料)，又有南北二部尚書、八部大人以領州郡，頗類于英之有地方事務局總裁、愛爾蘭大臣、蘇格蘭大臣、印度大臣、殖民地大臣。尚書位四品，不卑而亦不極尊，曹司多而分職明，其綜核精密，實易於舉職，故北魏至強。」

至高祖孝文帝初葉，考見史傳者，猶有殿中、中曹、南部、北部、吏部、儀曹、祠部、禮部、都牧、庫部、太倉、都曹諸尚書之目。及太和末，大定官品，頒爲永式，(太和十五年改制，十七年頒行，二十三年復次職令，宣武帝卽位頒爲永式)尚書爲部有六，爲曹三十有六。六部，曰吏部，曰殿中，曰儀曹，曰七兵，曰都官，曰度支。擬之南制，七兵卽五兵，殿中比左戶(侯景篡梁，改左戶爲殿中，改五兵爲七兵，卽準北制而改也)，儀曹比祠部，其餘三部與南同；惟此六部中僅七兵度支或出新置，其他四部皆沿本朝之舊也。三十六曹之可考者凡三十有四，曰吏部，曰考功，曰南主客，曰北主客，曰殿中，曰直事，曰三公，曰駕部，曰儀曹，曰祠部，曰左主客，曰右主客，曰虞曹，曰屯田，曰起部，曰七兵，曰左中兵，曰右中兵，曰左外兵，曰右外兵，曰騎兵，曰都兵，曰都官，曰二千石，曰左士，曰右士，曰比部，曰水部，曰度支，曰倉部，曰左民，曰右民，曰金部，曰庫部。曹數仍太祖之舊，曹名什九與西晉相同，(太祖時可考見之曹郎，孝文以後亦均有之)，全與南朝無涉。然此猶非孝文對於尚書制度之最大改革也，其最大者乃在尚書以下之縱的體系耳。蓋前期作制，旣不盡脫鮮卑舊俗，且時有復古之傾向。太祖立三十六曹置郎中，旣略規燕、秦，遠紹西晉，其後復古轉劇，諸曹以大夫、長、令主務，郎中轉爲主書之下佐，是則仿秦、漢卿署之制，且以上糅宗周之法也(蓋以尙書擬卿，長令擬士，其間則有大夫也）。孝文復漸提高尙書主書郎之地位，或參合南制，諸曹亦置郎中，與大夫、長、令並行，末季更盡廢大夫、長、令，專以郎中主曹務，與華制不異矣。然則，孝文改制之原則亦從可推知：蓋揆之舊法，準以西晉、南朝之制，有可存則存，有應採則採，但期規制有度，可爲永式，非必依樣南朝也；故規模宏遠有或過之，宜其爲隋、唐制度之正宗矣。

尙書部曹名號之演變略如上述；此外尙有一點極應注意者：我國史上宰輔執政之官，類由宮官發展而來；尙書制度亦然：其在前漢純爲宮官，東漢中葉以下始爲府官重職。北魏起自朔漠，此種發展尤爲明顯，故在前期，殿中尙書總掌禁兵，宿衞殿廷，其權最重；又有中曹、侍御、宰官之目；此爲宮官自不待言。其後逐漸演變，至孝文以後，尙書省所掌都爲國政。殿中之名雖存，然權任已微，職事全非；至於中曹、侍御、宰官之名且絕跡不見；則此時之尙書省純爲府官又可知矣。

尙書制度之演變既明，其與華化潮流之關係亦自易瞭，蓋北魏初期之立國實由部族制度演化而來，君弱臣強，事固宜然；是以華化爲君主所欣樂，而爲部酋所嫉憚，非雄才大畧之君不能御其臣以就己意也。太祖以幼孤統國，不數年而拓疆千里，此固非常之才，故能銳意革制，大啓華風，用漢士，建臺省，尤其特也。惟其時部酋勢力仍極強盛，新舊鬭爭至爲激烈，尙書曹郎之時置時廢卽其標徵。太宗守成之主，反動勢力益張，故盡廢尙書之新制，一返鮮卑之舊慣。世祖英武傑立，戎車四征，實一世之雄也，故亦能擺脫舊制，重建臺省，而部酋之勢亦駸稍替矣。至高祖孝文帝，威御邦國，心傾華風，故大革舊俗，釐定官制，尙書亦其一也。然則尙書制度之發展與華化之步趨不異；其在初期，尤爲華化之標徵矣。

玆據後文考述分期作表於次：

北魏尙書組織演變表

（一）前期——創始期（太祖道武帝皇始元年至太宗明元帝初〔表一〕

組織命官近規北方五胡諸國，遠紹西晉之緒；惟最重要之南北二尙書則由本國舊制（大人制）脫胎而來。

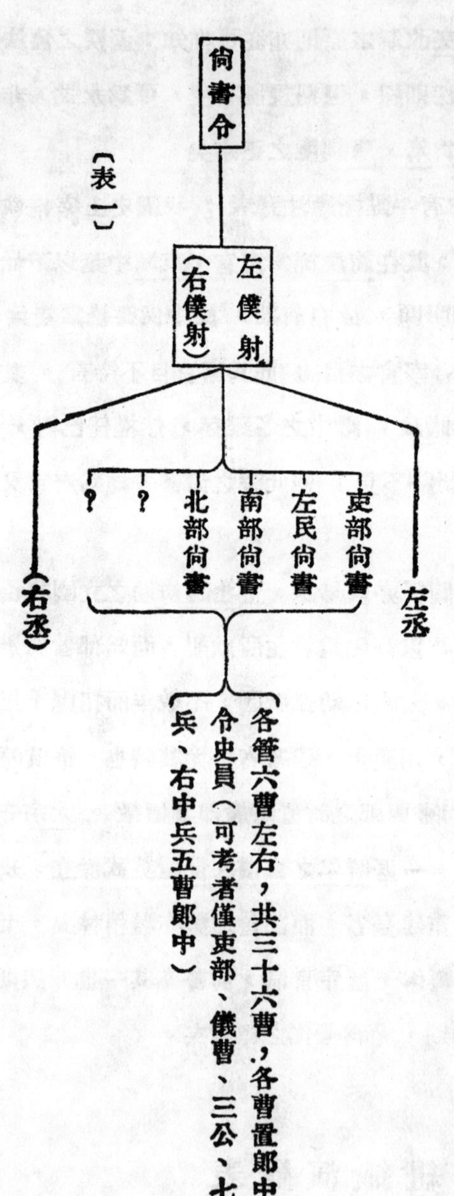

(二)前期二——中廢期(太宗明元帝神瑞元年至世祖太武帝初)

反動勢力達最高潮，恢復皇始以前之舊制以八部大人制六部大人制代替尚書省執行政務。

(三)前期三——重建及發展期(世祖太武帝至高祖孝文帝改制以前時代)〔表二〕

本期尚書部名繁多，分職甚細，大抵因事立名，不具常格，至如內廷之職亦以尚書名，與前代及南朝殊異。尚書以下之組織名官署仿秦漢卿署之制，且以上混宗周之法，與前代及南朝之曹郎組織尤絕不相類。大抵此期之制有三特點：(1)保存舊俗。(2)分部分曹，因事制宜，不具常格。(3)文以宗周秦漢之制，構成尚書、大夫、長、令、主書郎之縱的體系。

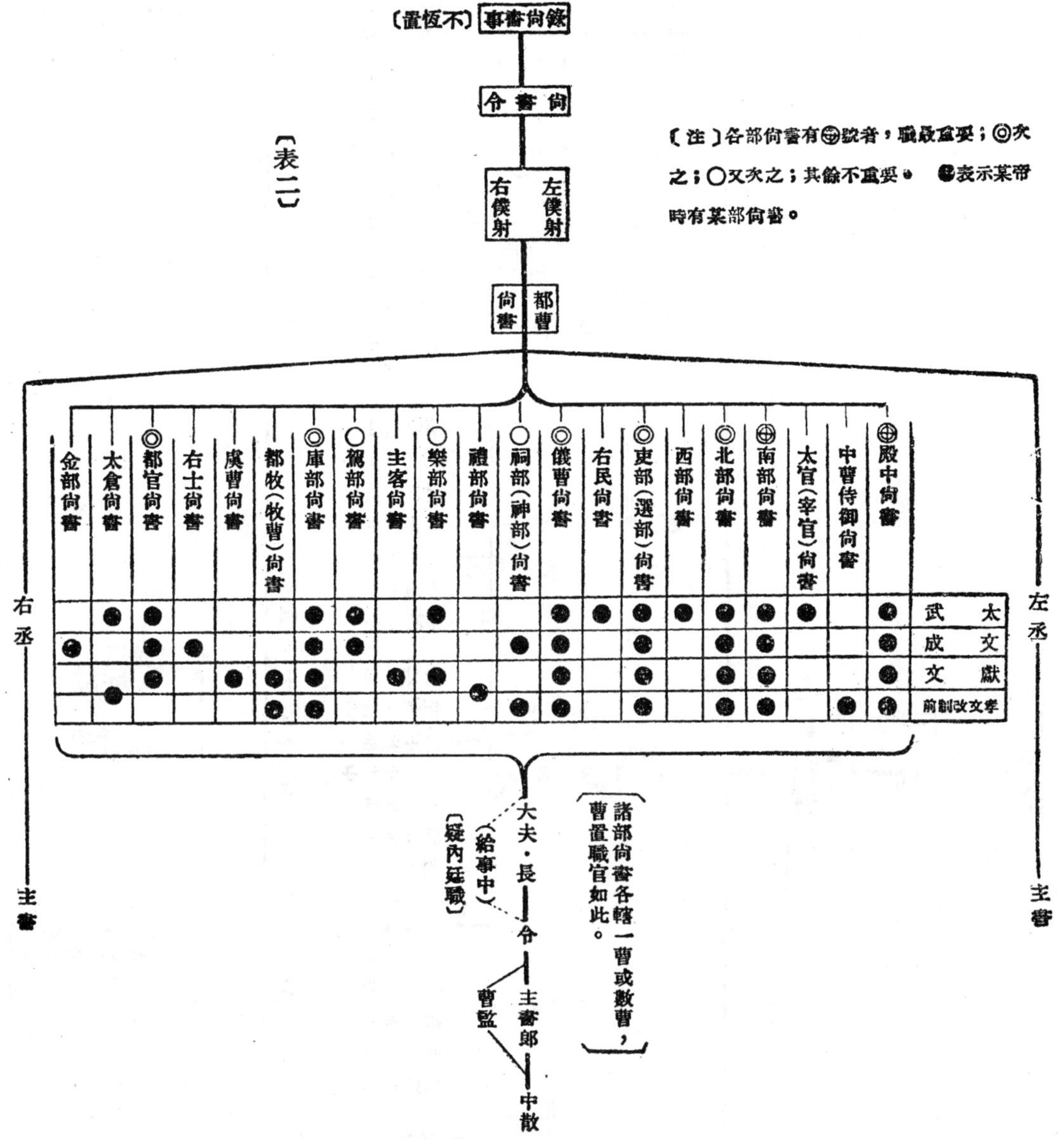

尚書	太武	文成	獻文	孝文改制前
金部尚書		●		
太倉尚書	●			●
◎都官尚書	●	●	●	
右士尚書		●		
虞曹尚書			●	
都牧（牧曹）尚書			●	●
◎庫部尚書	●	●	●	●
○駕部尚書	●	●		
主客尚書			●	
○樂部尚書	●		●	
禮部尚書			●	
○祠部（神部）尚書		●		●
◎儀曹尚書	●	●	●	●
右民尚書	●			
◎吏部（選部）尚書	●	●	●	●
西部尚書	●			
◎北部尚書	●	●	●	●
㊉南部尚書	●	●	●	●
太官（宰官）尚書	●			
中曹侍御尚書				●
㊉殿中尚書	●	●	●	●

（四）後期——定型期（高祖孝文帝改制以後）〔表三〕

尚書分部近準南朝之制，兼存本國之舊。郎中分曹近復太祖之法，遠紹西晉之緒。至於縱的體系，盡廢大夫、長、令之制，一以郎中主務，此歷代尚書制度之通規也。

〔表三〕

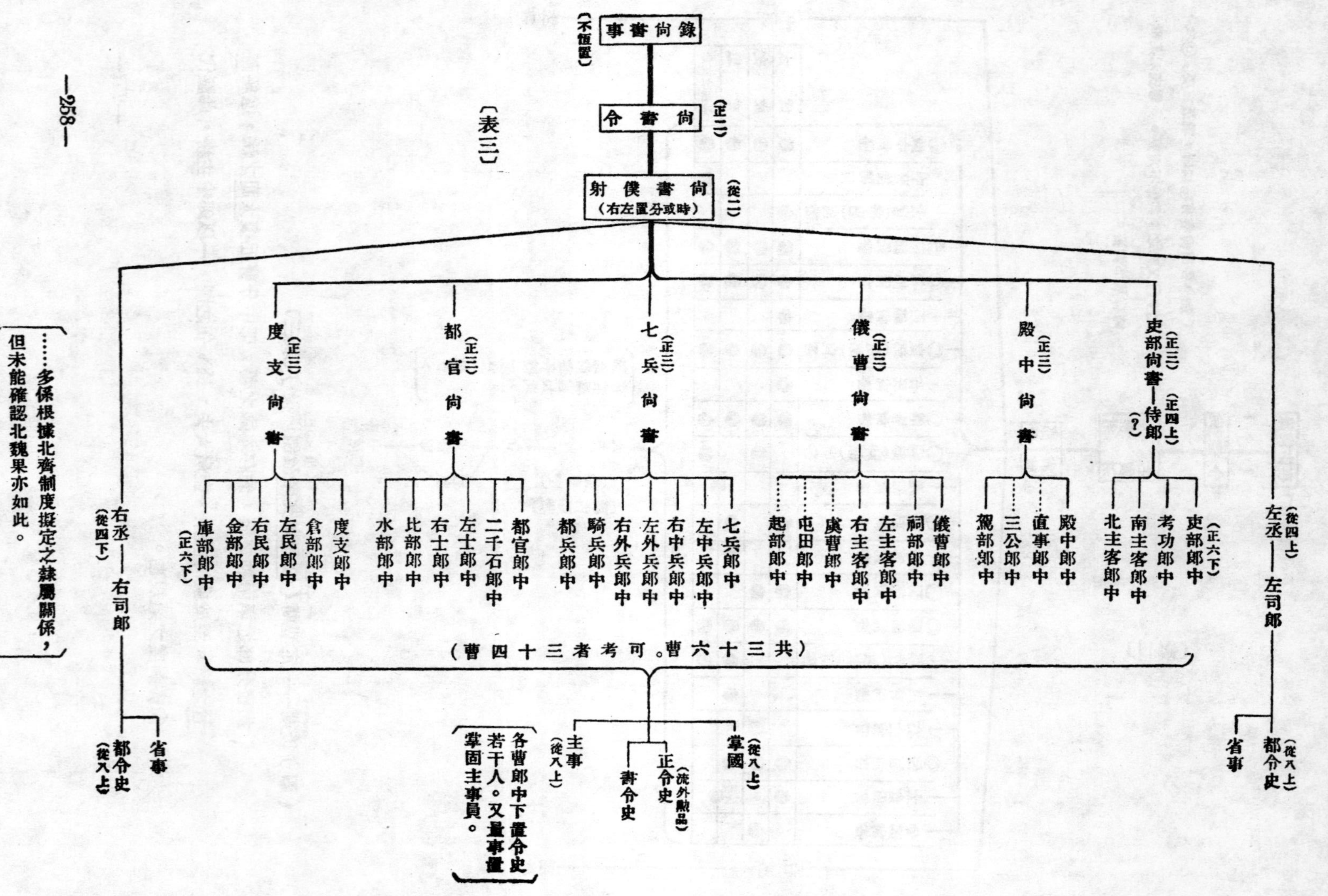

〔……多係根據北齊制度擬定之隸屬關係，但未能確認北魏果亦如此。〕

二 都省

(1) 錄尙書事

太祖道武帝時，不見有錄尙書事者；惟崔逞以尙書錄三十六曹，蓋其比也。

魏書卷三十二崔逞傳：「歸太祖，……禮遇甚重，拜爲尙書，任以政事，錄三十六曹，別給吏屬居門下省。」

世祖太武帝征伐四方，常使太子錄尙書事，是爲北魏錄尙書事之始見者。

世祖紀附恭宗紀：「世祖東征和龍（時在延和元年），詔恭宗錄尙書事；西征涼州，詔恭宗監國。」

亦嘗以大臣錄尙書者，如太保盧魯元是也。

卷三十四盧魯元傳：「從征平涼，……拜征北大將軍，加侍中。後遷太保錄尙書事。……眞君三年冬……薨。」（本文引書凡云，卷若干某某傳，皆指北魏書而言）

世祖崩，宗愛爲亂，朝廷大臣擁立高宗文成帝。其時，帝年十四，未能親政，以擁立元勳拓跋壽樂爲太宰，錄尙書事；尋以爭權誅。

高宗紀、興安元年十月卽帝位，「以驃騎大將軍元壽樂爲太宰、都督中外諸軍事、錄尙書事，尙書長孫渴侯爲尙書令。……十有一月丙子，二人爭權，並賜死。」

卷十四長樂王壽樂傳：「封長樂王。高宗卽位，壽樂有援立功，拜太宰、大都督中外諸軍事、錄尙書事；矜功，與尙書令長孫渴侯爭權，並伏法。」

至太安中，復以元老漁陽王尉眷爲侍中太尉，錄尙書事；又以侍中太宰遼西王常英、侍中征東將軍河東王閭毗、尙書僕射平昌公和其奴等參其事，謂之評尙書事；蓋總錄分錄之別也。

高宗紀、太安三年，「徵漁陽公尉眷，拜太尉，進爵爲王，錄尙書事。」

卷二十六尉古眞傳，從子眷，歷事太宗、世祖兩朝，有忠節稱。「歷鎭四藩，威名並著。高宗時……拜侍中、太尉，進爵爲王，與太宰常英等評尙書事。……以眷元老，賜杖履上殿。和平四年薨。」

卷八十三外戚閭毗傳，毗爲恭皇后之兄，高宗之母舅也。太安三年封河東王、侍中、「征東將軍，評尙書事。」常英，高宗乳母常氏之兄。高宗卽位，尊常氏爲保太后；太安初，以英爲侍中、太宰；三年，「領太師，評尙書事。」

卷四十四和其奴傳：「爵平昌公……遷尙書左僕射……又與河東王閭毗、太宰常英等竝平尙事。……和平六年遷司空。」

案：此次同時評尙書事之可考者共得四人，本紀惟書尉眷一人，且以錄爲稱；又尋本紀前後書常英進爵、爲太宰事甚詳，而不言評錄尙書事；蓋眷爲總錄，英等三人皆參錄或分錄也。尉眷爲元老重臣，英、毗皆以太后之兄與事，可注意。

顯祖獻文帝卽位，時年十三，權臣乙渾擅朝，自爲太尉、錄尙書事。

顯祖紀：「和平六年夏五月甲辰卽皇帝位……車騎大將軍乙渾矯詔殺尙書楊保年、平陽公賈愛仁、南陽公張天慶于禁中。戊申，侍中司徒平原王陸麗入朝，又殺之。乙酉，以侍中車騎大將軍乙渾爲太尉、錄尙書事。……七月癸巳，太尉乙渾爲丞相，位居諸王上，事無大小皆決於渾。」「天安元年（卽次年）……二月庚申，丞相太原王乙渾謀反，伏誅。」

高祖孝文帝太和中，以元老元丕爲太尉錄尙書事；十七年南伐稍前，帝弟廣陵王羽又以太子太保錄尙書事，蓋與丕參錄也；其權皆不及以往歷次之重。

卷十四武衛將軍元謂傳，曾孫丕，顯祖時爲尙書令。「高祖時……拜侍中司徒公，……尋遷太尉錄尙書事。……及車駕南伐，丕與廣陵王羽留守京師，並加使持節，詔丕、羽曰……太尉年尊德重，位總阿衡；羽，朕之懿弟，溫柔明斷；故使二人留守京邑。」南遷後，「帝又將北巡，丕遷太傅錄尙書事。……及車駕發代，丕留守，詔曰：中原始構，須朕營視；在代之事一委太傅，」

卷二十一上廣陵王羽傳：「遷特進、尚書左僕射，又爲太子太保、錄尙書事。高祖……南討，……羽與太尉丕留守，加使持節。」

案：據此，丕、羽並錄尙書事，大抵在留守代京時；平時丕雖有錄名，恐亦無重權也。

世宗宣武帝初立，侍中太尉咸陽王禧、侍中司徒彭城王勰、侍中司空（後爲大將軍進位太傅）北海王詳皆皇叔也，先後或且同時，以本官錄尙書事，委任至專；後皆廢誅。

案：高祖臨崩，欲專任司徒彭城王勰受遺輔政，勰冲退固辭；乃遺詔侍中太尉咸陽王禧、侍中司空北海王詳、尙書令王肅、左僕射廣陵王嘉、右僕射任城王澄、吏部尙書宋弁六人輔政（高祖紀）。世宗卽位，「委政宰輔，」（世宗紀）其權甚重。六人中，四爲尙書台職，則二公必錄尙書事，但未有錄名耳。明年（景明元年）十月，帝以勰忠節懋功，仍強授爲侍中司徒錄尙書事（世宗紀及卷二十一下勰本傳）。又明年正月，「帝始親政，遵遺詔，聽司徒彭城王勰以王歸第，太尉咸陽王禧進位太保，司空北海王詳爲大將軍錄尙書事。」（世宗紀。北史，司空上有「以」字，是也。）十一月，詳進位太傅領司徒（本紀及卷二十一上詳傳），「侍中錄尙書事如故，……軍國大事總而裁決，每所敷奏，事皆協允。」（本傳）尋亦廢誅（本紀及本傳）

肅宗孝明帝卽位，年七歲；高陽王雍以侍中太保領太尉，歷位太傅、太師、丞相，皆以本官錄尙書事，總攝內外。

案：肅宗以延昌四年正月卽位，時年七歲，詔侍中太保領太尉高陽王雍入居太極西柏堂諮決大政，又詔任城王澄爲尙書令，百官總巳以聽於二王（肅宗紀及二王傳），雍旋又進位太傅；雖不言此時爲錄尙書事，然其職實錄尙書也。八月免。十二月爲侍中、太師，領司州牧(紀、傳)；旋「以本官錄尙書事。……肅宗覽政，除使持節、司州牧、侍中、太師、錄尙書如故。……進位丞相……總攝內外，與元叉同決庶政。」（卷二十一上雍傳）雍以丞相錄尙書事，又見元順傳。

孝莊帝爲爾朱榮所擁立，卽加榮柱國大將軍、錄尙書事。時榮駐晉陽，遙錄之也。

事見孝莊紀及卷七十四榮傳。

三年，莊帝與元徽謀誅爾朱榮，以徽「爲太保，仍大司馬、宗師，錄尙書事，總統內外。」

事見卷十九下城陽王長壽傳。

前廢帝卽位，以長孫稚爲太尉公，錄尙書事。

事見帝紀及卷二十五長孫道生傳。

後廢帝卽位，以高歡擁立之功，拜爲侍中、丞相、都督中外諸軍事、大將軍，錄尙書事，大行台。

事見帝紀及北齊書神武紀。

孝武帝時，錄尙書事者有太保長孫稚、太師趙郡王諶。

案：孝武卽位時，長孫稚見爲太保，錄尙書事（帝紀）。永熙二年七月，以太尉公趙郡王諶爲太師（帝紀），亦錄尙書事（卷二十一上趙郡王幹傳）。

帝亦爲高歡擁立，時歡爲大丞相鎭鄴，雖遙制國政，然中央別有錄公也。三年，帝與高歡不平，長孫稚復爲太傅，錄尙書事（帝紀）。

孝靜帝時，錄尙書者，先後有太尉（？）西河王悰。

孝靜紀：天平二年二月，「以司州牧西河王悰爲太尉。」三年五月，「以錄尙書事西河王悰爲司州牧。」

卷十九上京兆王子推傳，悰「孝靜時，累遷太尉、錄尙書事、司州牧。」

悰從父侍中汝陽王暹。

紀、天平四年正月，「以汝陽王暹爲錄尙書事。」京兆王子推傳，暹「孝靜時，位侍中錄尙書事。薨，贈太師、錄尙書事。」

咸陽王坦。

紀、天平四年十月，「以咸陽王坦爲錄尙書事。」

權臣相國齊王高歡。

紀、興和元年「七月丁丑，詔以齊獻武王爲相國，錄尙書事，大行台。固辭相國。」（北齊書神武紀；「魏帝進神武爲相國錄尙書事，固讓乃止。」是亦未任錄尙書耶？）

彭城王韶。

紀、興和四年四月「以太尉彭城王韶爲錄尙書事。」

太尉領中書監濟陰王暉業。

帝紀，武定二年三月，「中書監元弼爲錄尙書。」案：卷十九上濟陰王傳，元弼棄絕人事，「世宗徵爲侍中；弼上表固讓，入嵩山，以穴爲室，……卒。建義元年，子暉業訴復王爵。」則弼已早卒。傳又云：暉業「歷位司空、太尉，加特進，領中書監，錄尙書事，齊文襄王嘗問之曰……」時代本官皆與紀合，則帝紀「弼」當爲「暉業」之譌。

孫騰、司徒高隆之。

紀、武定三年十二月，「以太保孫騰爲錄尙書事。」五年五月，「以錄尙書事孫騰爲太傅。……以司徒高隆之錄尙書事。」

大丞相齊王高澄。

紀、武定五年七月「以齊文襄王爲使持節、大丞相、都督中外諸軍事，錄尙書事、大行台、渤海王。……八月，齊文襄王入朝，固辭大丞相；詔復授大將軍，餘如故。」

齊王高洋。

紀、武定八年正月，「詔齊王（洋）爲使持節、丞相、都督中外諸軍事、錄尙書事、大行台。」「五月甲寅，詔齊王爲相國，總百揆。」丙辰，「詔歸帝位於齊國。」

案：錄尙書事，南朝原非恆制，北魏亦然。其初，或以君主出征，大臣留守；或以主幼，委政宰輔；故皆以諸王公領之（太尉最多），「位總阿衡，」其權極重。然「錄尙書事」仍僅爲職稱，而非官名，故雖歷代皆有其人，而職品令不之載。末季所見錄尙書者甚多，亦如他官之遞遷，且有單爲錄尙書者，（以前恆以他官領錄）則似已形成官名矣；北齊尙書台有錄尙書一職（隋志），卽承魏制也。然權臣爾朱、高氏執國柄，他人任職，亦無實權矣。

(2) 尙書令

道武帝初建台省蓋卽置尙書令。天興元年克平山東，置行臺於中山，詔左丞相守尙書令衞王儀以鎭之，是尙書令之始見者。

太祖紀、天興元年，「車駕將北還。……帝慮還後山東有變，乃置行臺於中山，詔左丞相守尙書令衞王儀鎭中山。」又見卷十五儀傳。

太武帝時有尙書令，見南齊書魏虜傳。劉潔、古弼相繼任職。

卷二十八劉潔傳：「世祖卽位，……奇其有柱石之用，委以大任；及議軍國，朝臣咸推其能；於是超遷爲尙書令。……世祖破蠕蠕大檀於雲中（據紀及蠕蠕傳，事在始光元年八月），潔言於世祖曰……」後以事誅。又世祖紀，神䴥二年，破赫連氏，詔尙書令劉潔、左僕射安原、侍中古弼等，鎭撫新民。又附恭宗紀：「眞君四年，……討蠕蠕……恭宗言於世祖曰……宜速進擊，……尙書令劉潔固諫。」不久，潔誅。據此，則自世祖卽位，潔卽任職直至眞君中也，任職蓋二十餘年。

卷二十八古弼傳：恭宗總攝萬機，徵爲東宮四輔，……遷尙書令。……世祖崩，吳王立，以弼爲司徒。」

文成帝時，任職之可考者有長孫渴侯。

高宗紀，興安元年冬十月，「以驃騎大將軍元壽樂爲太宰、都督中外諸軍事、錄尙書事，尙書長孫渴侯爲尙書令。加儀同三司。十有一月丙子，二人爭權，並賜死。」事又見卷十四長樂王壽樂傳。

拓跋石。

卷十四司徒石傳：「石……從世祖南討，至瓜步，位尙書令、雍州刺史。」當在文成帝時。

獻文帝時，任職之可考者有拓跋丕。

卷十四武衞將軍謂傳，曾孫丕，「顯祖卽位，累遷侍中；丞相乙渾謀反，丕以奏聞，……收殺之；遷尙書令。……高祖時……拜侍中司徒公。」

陸雋。

卷四十陸俟傳，族子雋，「顯祖初，侍御長，以謀誅乙渾，拜侍中、樂部尙書，遷散騎常侍、吏部尙書，賜爵安樂公，甚見委任；尋拜尙書令。」

孝文帝時任職者甚多，如任城王澄，蓋遷都前最末一任也。

卷十九任城王雲傳，長子澄，太和中爲中書令，改授尚書令，兼尚書左僕射，與定遷都之計。

據此，可知自太祖道武帝至高祖孝文帝數世皆有此職，惟太宗明元帝時不見有任職者正足爲廢台省之旁證也。孝文帝第一次改官定品（太和十五年至十七年），尚書令位在從一品上；第二次定品（二十三年），尚書令位在正二品中，世宗宣武帝即位，班爲永式（官氏志），其爲恆制，無待例證矣。

尚書令，南朝職稱端右，總理國政。北魏亦然；故道武以左丞相衞王儀守鎮山東，仍加尚書令銜。

案：儀本傳云：儀爲左丞相，「太祖將還代都，置中山行臺，詔儀守尚書令以鎮之。」是以守尚書令之職鎮守山東，非以丞相也。

而太武時，劉潔、古弼二人皆監國時代綜機要敷百揆之近臣。

卷二十八劉潔傳：「爵會稽公……典東部事，太宗寢疾，世祖監國，潔與古弼等選侍東宮，對綜機要，敷奏百揆。世祖即位，……超遷尚書令。」同卷古弼傳：「令弼典西部，與劉潔等分綰機要，敷奏百揆。世祖即位，……賜爵靈壽侯，……進侍中、吏部尚書，典南部奏事。……恭宗綜攝萬機，……爲東宮四輔，與宜都王穆壽等並參政事，……遷尚書令。」案：世祖時任尚書令者或僅二人，皆由帝爲太子監國時近親掌機要之臣起任，此非偶然也。

長孫渴侯、拓跋丕、陸雋，或以援立之功而遷任，或以近侍與帝謀誅權臣而擢進；

案：長孫渴侯事見殿中尚書節，丕、雋事見前引。

其爲親近重臣，於此可見。

孝文以後，職權一準南朝，故總攝百揆，爲朝政所寄。

卷三十一于栗磾傳，于忠，世宗以爲侍中中領軍。「及世宗崩，忠與門下議，以肅宗幼年，未親機政，太尉高陽王雍屬尊望重，宜入居西柏堂，決庶政，任城王澄明德茂親，可爲尚書令，總攝百揆；奏中宮，請即敕授。」

卷十九中任城王雲傳，長子澄，世宗末，除太子太保。「世宗夜崩，時事倉卒，高肇擁兵於外，肅宗沖幼，朝野不安，……領軍于忠、侍中崔光等奏澄爲尙書令，於是衆心忻伏。」

(3) 尙書僕射

道武帝初建臺省，卽置左僕射。天興元年詔守尙書令衞王儀鎭中山，同時以常山王遵爲左僕射，鎭渤海，是僕射之始見者。

案：事見太祖紀及卷十五常山王遵傳。儀與遵，皆太祖同祖父之兄弟也。

明元帝省尙書臺。至太武帝神䴥元年，復建台省，置左右僕射。

官氏志：「神䴥元年三月，置左右僕射、左右丞、諸曹尙書十餘人，各居別寺。」案：太武時有僕射，又見南齊書魏虜傳。

其時任左僕射之可考者有安原。

案：神䴥二年，安原見在左僕射任，世祖紀本年曾兩見。又見卷一百零三蠕蠕傳。又卷三十安同傳：子原，「世祖卽位，徵拜駕部尙書。車駕征蠕蠕大檀，分軍五道並進，大檀驚駭北遁，遷尙書左僕射，……從征赫連昌。」則在任甚久也。

任右僕射之可考者有屈道賜。

卷三十三屈遵傳：道賜，世祖時「從征蓋吳，遷尙書右僕射，加侍中。」時已在末葉。

文成帝、獻文帝亦沿置左右，如和其奴、拓跋目辰爲左僕射，劉尼爲右僕射，是也。

卷四十四和其奴傳：「高祖(應作高宗)初，遷尙書，……遷尙書左僕射。太安元年……議立皇太子名。和平六年遷司空。」遷司空在五月，卽顯祖登位時。

卷十四宜都王目辰傳：「高宗卽位，以勞累遷侍中、尙書左僕射，封南平公。乙渾之謀亂也。……議欲殺渾，事泄。」案：高祖紀，承明元年六月，以尙書左僕射南平公目辰爲司徒，進封宜都王。蓋目辰在和其奴後，歷獻文帝至孝文帝初也。

卷三十劉尼傳，擁立高宗，以勳「爲內行長……遷散騎常侍，……尋遷尙書右僕射，加侍中。」案：高宗紀，興安二年正月，「尙書僕射東安公劉尼進爵爲王。」

孝文帝亦兼置左右。

案：卷十九任城王雲傳，元澄，高祖未遷都前爲中書令，改授尙書令，兼左僕射，與定遷都之計，又兼右僕射。此爲著例，且或遷都前最後一任，其他不一一列舉。

及第一次改官定品，尙書左右僕射各爲官，位皆從一品中。第二次定官品頒爲永式，僕射位在從二品上，自注云：「若並置左右，則左居其上，右居其下。」（官氏志）則左右不必兼置也。

(4) 都曹尙書

北魏前期，尙書都省稱都曹。

案：卷三十三薛提傳，世祖時，「進爵太原公……徵爲侍中，治都曹事。」北史卷十六臨淮王譚傳，太武時，封燕王，「拜侍中，參都曹事。」同書同卷東平王翰傳，太武時，「封秦王，拜侍中、中軍大將軍，參典都曹事、……百寮憚之。」魏書卷四十陸俟傳，陸定國，顯祖時，「遷侍中、儀曹尙書，轉殿中尙書，前後大駕征巡，每擢爲行台，錄都曹事，超遷司空。」卷四十一源賀傳，源思禮，高祖時，「拜殿中尙書，加侍中，參都曹事……遷尙書令。」卷九十四閹官苻承祖傳，高祖時，「轉吏部尙書……加侍中，知都曹事。」卷九十三恩幸王叡傳，叡，太和中爲尙書令。「子襲……年十四，以父任爲中散，仍總中部。叡薨，高祖詔襲代領都曹，爲尙書令，領吏部曹。……文明太后令曰：都曹尙書曹（曹當作令）百寮之首，民所具瞻。襲年少，智思未周，其都曹尙書令可權記。」卷五十四高閭傳，太和十四年，表曰：「京師之獄，或恐未盡，可集見囚於都曹，使明折庶獄者重加究察。」皆其例也。就中有云以殿中尙書參都曹事，吏部尙書參都曹事，有云都曹尙書令，尤爲稱都省爲都曹之的證。惟卷二十四張袞傳，顯祖時，「（張）白澤上表諫曰：伏見詔書禁尙書以下受禮者刑身，糾之者代職。伏惟……今之都曹，古公卿也，皆翊扶萬機，讚徽百揆。」此則兼指諸曹尚書而言也。

史傳中又常見有「都曹尚書」，如太武帝時之奚眷、

卷三十奚眷傳：「世祖初，爲中軍都曹尚書，復鎮虎牢。……世祖征蠕蠕，以眷爲尚書督偏將出別道。」北史卷二十奚眷傳：「及征蠕蠕，眷以都曹尚書督偏將出別道。」

文成帝時之伊馛、

卷四十四伊馛傳：「轉殿中尚書……世祖親任之。……（高宗）興安二年，遷征北大將軍、都曹尚書，加侍中。……興光元年，拜司空。」

孝文帝太和初之苟頹、

卷四十四苟頹傳：「徵拜散騎常侍、殿中尚書。……太和元年，加散騎常侍，尋遷侍中、安東將軍、都曹尚書，進爵河南公。……三年，遷征北大將軍、司空公。」

尉元、

卷五十尉元傳：「太和初，……爲使持節、鎮西大將軍、開府、統萬鎮都將。……三年，進爵淮陽王，……入爲侍中、都曹尚書，遷尚書令。十三年，進位司徒。」

陸叡、

卷四十陸俟傳：陸叡，「拜北部長，轉尚書。太和八年……爲北征都督，擊蠕蠕，大破之、遷侍中、都曹尚書……遷尚書左僕射，領北部尚書。十六年……封鉅鹿郡開國公。」案：據禮志一，十五年正月已在僕射任。

游明根諸人皆曾任其職。

案：明根以太和十五年正月見在任，見卷一百零八之一禮志一；而本傳不載。

觀諸傳行文，知「都曹尚書」確爲一尚之職稱，雖其地位較諸部尚書爲高，又決非尚書令尚書僕射之異名。

案；前引諸傳，常由殿中尚書遷任，知其地位在諸部之上也；有以都曹尚書

遷僕射、尙書令者，知非令僕之異稱也。

意者，其時或於尙書都曹置一尙書，承令僕綜理諸部政務歟？此又歷代尙書制度之僅見者。孝文改制，卽省此職，故太和中葉以後不復見有任職者。

(5) 左右丞

道武帝初建台省，卽置尙書丞，如賈彝、張蒲、祖敏爲尙書左丞是也。

卷三十三賈彝傳，仕於慕容垂，「垂遣其太子寶來寇，大敗於參合陂，執彝。……太祖卽位，拜尙書左丞，參預國政，加給事中。於鄴置行台，與尙書和跋鎭鄴。」案：賈彝被執，據太祖紀，事在登國十年，明年皇始元年初建台省，彝爲左丞，蓋卽其時，逾二年鎭鄴。

卷三十三張蒲傳，爲慕容寶尙書左丞。「太祖定中山，……仍拜爲尙書左丞。」

祖敏以太祖定中山時拜尙書左丞，見卷八十二祖瑩傳。

明元帝廢台省。太武帝神䴥元年三月重建台省，置左右丞（僕射節引官氏志）。

案：卷二十八劉潔傳，眞君中，帝征蠕蠕，潔時爲尙書令，「使右丞張嵩求圖讖，……潔及嵩等等皆夷三族。」此右丞之見任職者。

迄孝文帝太和十七年頒職品令，左丞位從四品上，右丞位從四品中。二十三年重定品令，左丞位從四品上階，右丞位從四品下階，遂爲永制。其位較尙書低兩品，不能直遷尙書。

北齊書卷三十崔昂傳：「遷尙書左丞，其年又兼度支尙書；左丞之兼尙書，近代未有，唯昂獨爲冠首，朝野榮之。武定六年……。」

然職在協贊尙書，稱爲樞副，爲君主所委任。

卷二十一上廣陵王羽傳，高祖考績，「謂左丞公孫良、右丞乞伏義受曰：二丞之任，所以協贊尙書，光宣出納；而卿等不能正心直言，規佐尙書。」

卷七十八張普惠傳，世宗時，爲尙書右丞。「後尙書諸郞以普惠地寒，不應便居管轄。」又普惠自表亦云：「忝官樞副。」

卷六十九崔休傳：「高祖南伐，以北海王（詳）爲尙書僕射，統留台事，以休爲尙書左丞。高祖詔休曰：北海年少，未閑政績，百揆之務便以相委。」

北齊時，左丞掌吏部等十七曹，並主糾駁；右丞掌駕部等十一曹，及其他雜用諸事，不糾彈。

隋志述北齊尙書制度，都省屬官有左丞右丞各一人。本注：左丞「掌吏部、考功、主爵、殿中、儀曹、三公、祠部、主客、左右中兵、左右外兵、都官、二千石、度支、左右戶十七曹，并彈糾；又主管轄臺中有違失者，兼糾駁之。」右丞「掌駕部、虞曹、屯田、起部、都兵、比部、水部、膳部、倉部、金部、庫部十一曹，亦管轄台中，又主凡諸用度雜物脂燈筆墨幃帳；唯不彈糾；餘悉與左同。」

蓋承魏制也。

卷六十五邢巒傳，邢虬「轉尙書右丞，徙左丞，多所糾正，台閣肅然。」

卷十五常山王遵傳，元玄「除尙書左丞。出帝卽位，以孫騰爲左僕射，騰卽齊獻武王心膂，仗入省；玄依法舉劾。」

北齊書卷四十七酷吏宋遊道傳，東魏時，「神武以吏部郎中崔暹爲御史中丞，以遊道爲尙書左丞。文襄謂暹、遊道曰：卿一人處南台，一人處北省，當使天下肅然。遊道入省，劾太師咸陽王坦、太保孫騰、司徒高隆之、司空侯景、錄尙書元弼(？)、尙書令司馬子如官貸金銀，催徵酬價；……又奏駁尙書違失數百條，省中豪吏王儒之徒竝鞭斥之；始依故事，於尙書省立門名以記出入早晚。令僕以下皆側目。」

魏書卷六十二高道悅傳，太和中，「車駕南征，徵兵秦、雍。……道悅以使者……稽違期會，奏舉其罪；又奏……尙書左丞公孫良職維樞轄，蒙冒莫舉，請以見事免良等所居官。」

卷三十二封懿傳，封回，「世宗……以回行華州事。回在州鞭中散大夫黨智孫，爲尙書左丞韋纘糾奏，免。」

任職者，或以策試得之。

卷八十一宇文忠之傳，武定初，「尙書省選右丞，預選者皆射策，忠之入試焉，旣獲丞職，大爲忻滿。」

(6) 左右司郎中

通典卷二十二左右司郎中條：「隋煬帝三年，於倘書都省初置左右司郎二人，品同諸曹郎，掌都省之職。」考北魏孝明帝時已見有任左司郎者，則其職不始於隋也。

卷十九下章武王太洛傳，元諶「起家祕書郎，轉倘書左司郎，遷廷尉少卿。莊帝初，遇害於河陰。」

其時又有任左侍郎者，蓋異名歟？

卷八十八良吏羊敦傳，爲州別駕，「後爲倘書左侍郎、徐州撫軍長史；永安中，轉……。」（北史羊祉傳無此段）則任侍郎當亦在孝明帝時也。

有左當必有右矣。

案：卷八十一綦儁傳，子洪寔，「位倘書左右郎、魏郡邑中正。」時在孝武帝前後，北史同。左右郎或即左右司郎歟？

觀羊敦、元太洛遷轉之迹，其地位固在諸曹郎中之上也。

(7) 都令史　省事

西晉有倘書都令史（宋志）。北魏道武帝置倘書三十六曹，曹各置令史，想亦有都令史也。太武至孝文改制前，無令史之名，而有都曹主書郎，蓋即都令史之職也。

卷五十五游明根傳，由中書學生遷監國主書。高宗即位，爲都曹主書，遷員外散騎常侍。主書即主書郎，職如令史，詳後列曹職官下章。

至太和十七年班職品令，有倘書都（即都令史，參看隋志梁官制節），位從五品中（郎在從五品上）；倘書記室令史，位從八品上。二十三年第二次職品令，有倘書都令史，位從八品上階。

卷一百零八禮志：「世宗永平四年冬……員外將軍兼倘書都令史陳終德有祖母之喪。」臣有奏曰：「案晉官品令，所制九品，皆正無從，故以第八品準古下士。今皇朝官令，皆有正從，若以其員外之資爲第十六品也，豈得爲正八品之士哉？」

後世承之，置都令史，故時見有任職者。

案：除前引陳終德外，有張普惠，以太和十九年爲主書，帶制局監，轉尙書都令史，世宗初轉積射將軍，見卷七十八普惠本傳；其後有曹道，在世宗景明中，見卷七十九馮元興傳；徐仵起，在肅宗時，見卷十九中任城王澄傳附元順傳；謝遠，在孝莊時或稍後，見卷七十五爾朱世隆傳。

北齊承之，尙書都省有都令史八人（隋志）。

令史職卑，通常不用淸流；南朝梁武帝天監九年始革用士流（詳隋志），而北魏則始終以寒人處之，難擢淸職。

卷七十八張普惠傳：「太和十九年爲主書……轉尙書都令史。……世宗初，轉積射將軍。」後「爲尙書右丞；……尙書諸郎以普惠地寒，不應便居管轄，相與爲約，……欲不放上省。」

卷十九中任城王澄傳，元順，肅宗時，「除吏部尙書。時三公曹令史朱暉素事錄尙書高陽王雍，雍欲以爲廷尉評。……順……謂雍曰：高祖……釐定九流，官方淸濁，軌儀萬古；而朱暉小子，身爲省吏，何合爲廷尉淸官？」

北齊書卷三十八趙彥深傳：「初爲尙書令司馬子如賤客，供寫書，……用爲尙書令史，月餘，補正令史。神武在晉陽，索二史，子如舉彥深，後拜子如開府參軍，超拜水部郎，以地寒，被出爲滄州別駕。」

西晉又置尙書省事，職與令史同。

通典卷二十二：「賈充爲尙書令，以目疾，表置省事吏四人，尙書置省事自此始也，其品職與諸曹令史同。」

北魏亦置之。

案：魏末有尙書省事，見北齊書卷四十七酷吏宋遊道傳。肅宗初，尙書令僕省事，見魏書卷七十六盧同傳。

三 尙書分部

中國之制，諸部尙書與令、僕合稱八座，分部之數非六則五。

通典卷二十二：「東漢以六曹并令僕二人謂之八座。魏以五曹尙書二僕射一令爲八座。宋、齊八座與魏同。而晉、梁與陳不言八座之數。」

北魏道武帝初建台省，亦仿華制有八座之目。

官氏志：「皇始元年，始建台省。」「天興元年……十二月，置八部大夫……於皇城四方四維，面置一人以擬八座，謂之八國。」此云以擬八座，蓋其時尙書有八座之目也。

其時都省職官之可考者有令與左僕射，當亦有右僕射，（歷代慣例：右僕射時省時置。省右，則置一僕射，不着左字。）則分部或亦以五爲度，或六部而右僕射攝其一也。今考其時有吏部、南部、北部、左民四部尙書，其餘不詳。

太武帝初，復建台省。官氏志云：「置左右僕射、左右丞、諸曹尙書十餘人。」則至少有六部也。而南齊書魏虜傳所載僅有殿中、樂、駕、南、北五部；傳中考見，除此五部外，又有太官、西部、吏部，右民、儀曹、禮部、庫部，都牧、虞曹、右士、都官、太倉、金部諸尙書，蓋時間有先後，必非同時之制也。

孝文改制，復準華制有八座之目。

案：卷五十九蕭寶夤傳，世宗時來降，請伐蕭衍。「乃引八座、門下，議部分之方。」卷五十八楊播傳，楊椿請勿徙蠕蠕，「八座議不從。」即其證也。

分部亦以六爲度：曰吏部，曰殿中，曰儀曹，曰七兵，曰都官，曰度支；部名有與南制稍異。

案：宋書百官志：「魏世有吏部、左民、民曹、五兵、度支五曹尙書。晉初有吏部、三公、客曹、駕部、屯田、度支六曹尙書；……太康中有吏部、殿中、五兵、田曹、度支、左民六尙書。……江左則有祠部、吏部、左民、度支、五兵，合爲五曹尙書；宋高祖初，又增都官尙書。」自此，南朝之制略無變動。北魏後期之部名與魏、晉、南朝皆不盡合，惟就分職而言，則與宋以下之制爲近也。

北齊承之，改七兵爲五兵，改儀曹爲祠部，蓋與南制爲近矣。

分部之演變略如上述，玆分別詳考之。

(1) 殿中尙書

曹魏時，尙書有殿中郎一員。至西晉太康中，始置殿中尙書之職；旋省。歷東晉、宋、齊、梁、陳諸代均有殿中郎，無殿中尙書。

案：此觀宋書百官志及齊書、隋書、晉書諸官志可知。

北魏前期卽置此職，見南齊書魏虜傳。其任職之可考者：太武帝時有穆顗。

卷二十七穆崇傳，代人也，世效節於魏主。穆顗，「太宗時爲中散，轉侍御郎。從世祖征赫連昌，勇冠一時，……遷侍輦郎、殿中將軍。……從征和龍，功超諸將，拜司衞監……出爲北鎭都將，徵拜殿中尙書，出鎭涼州。」

豆代田、

卷三十本傳：「代人也。太宗時，以善騎射，爲內細射；……以功遷內三郎……從討平涼，擊破赫連定，……世祖以定妻賜之。……加散騎常侍、右衞將軍，領內都幢將；從討和龍，戰功居多，遷殿中尙書……從駕南討。」

竇瑾、

案：瑾兩任殿中都官尙書，見卷四十六本傳，詳後都官尙書節引。

李蓋、

案：蓋亦兩任殿中都官尙書，見卷八十三外戚李惠傳，詳後都官尙書節引。

段霸、

卷九十四閹官段霸傳：「霸，雁門原平人……被宮刑，……以謹敏見知；稍遷至中常侍、中護軍將軍、殿中尙書；……出爲安東將軍、定州刺史。世祖親考內外，……免霸爲庶人。」

韓茂、拓跋處眞、乙拔、

世祖紀下，太平眞君六年十月，盧水胡蓋吳反。十一月己未，遣高涼王那

「及殿中尚書安定公韓茂，率騎屯相州，」以討之。河東蜀薛永宗聚黨應蓋吳，「庚午，詔殿中尚書扶風公元處眞、尚書平陽公慕容嵩二萬騎討薛永宗。詔殿中尚書乙拔率五將三萬騎討蓋吾。」案：十一月庚午所遣兩殿中尚書，庚午與己未相間僅十一日，則不但元處眞、乙拔同時任職，卽韓茂恐亦同時也。韓茂任職又見卷五十一本傳，元處眞任職又見卷十四本傳。

長孫眞、

世祖紀下，太平眞君十一年南伐。十月，「車駕止枋頭，詔殿中尚書長孫眞率騎五千自石濟渡。」 卷二十六長孫肥傳：「眞以父任爲中散，從征平涼，……遷司衞監，征蓋吳，遷殿中尚書……從駕征劉義隆，至江。」

尉長壽、

卷二十六尉古眞傳，代人也。尉長壽，「幼拜散騎常侍，遷殿中右曹尚書（北史作右曹殿中尚書），仍加散騎常侍，從征劉義隆，至江。」此似與長孫眞同時並任也。

長孫渴侯、源賀、

世祖紀下，正平二年三月，帝崩，中常侍宗愛矯詔立南安王余。十月，弒之。「殿中尚書長孫渴侯與尚書陸麗迎立皇孫，是爲高宗焉。」

案：此只載長孫渴侯一人；據陸俟傳，與其事者尚有尚書源賀；考源賀傳及劉尼傳，知其時賀亦爲殿中尚書；二傳紀事甚詳，當無誤；則同時有二殿中尚書也。

伊馛。

卷四十四本傳：「代人也，少而勇健，……曳牛却行。神䴥初，擢爲侍郎，轉三郎……世祖愛之，親待日殊。……眞君初，……拜爲中護將軍、祕書監……後出爲東雍州刺史……轉殿中尚書……從幸瓜步。興安二年，遷征北大將軍、都曹尚書，加侍中。」據此，則馛當以眞君十年左右始任職，在職數年，至文成帝興安中始他遷也，是與長孫渴侯、源賀，長孫眞、尉長壽又必有同時者矣。

文成帝時有許宗之、

卷四十六許彥傳:「子宗之,初入爲中散,領內祕書。……高宗踐阼,遷殿中尙書,出爲鎭東將軍、定州刺史。……太安二年冬,……斬。」

于洛拔、

卷三十一于栗磾傳,代人也。子洛拔,少以功臣子拜侍御中散。高宗時,由外都大官「轉拜侍中、殿中尙書,遷尙書令,……太安四年卒。」

毛法仁、

卷四十三毛脩之傳:「滎陽武陽人也。……子法仁……高宗初,爲金部尙書……後轉殿中尙書。……和平六年卒。」

劉尼。

卷三十一本傳,高宗卽位,遷右僕射,出爲定州刺史,徵爲殿中尙書。高宗末,遷司徒。

文成、獻文之際有穆安國、

卷二十七穆崇傳,代人也。穆安國「歷金部長,殿中尙書,加右衛將軍……爲乙渾所殺。」

拓跋郁、

卷十四順陽公郁傳:「初以羽林中郎內侍。……高宗時,位殿中尙書。……高宗崩,乙渾專權,……郁率殿中衛士數百人……欲誅渾,渾懼,遂奉顯祖臨朝。……郁復謀殺渾,爲渾所誅。」

呂羅漢。

卷五十一本傳:「世祖徵爲羽林中郎……遷羽林中郎幢將……典宿衛。高宗之立,羅漢有力焉,……拜司衛監,……遷散騎常侍、殿中尙書……加鎭西將軍。及蠕蠕犯塞,顯祖討之,羅漢……都督中外軍事。」

獻文帝時有拓跋石、

顯祖紀、天安元年九月,詔「殿中尙書鎭西大將軍西河公元石都督荆、豫、南雍州諸軍事……救懸瓠。」

陸安國。

卷四十陸俟傳,代人也。「定國在繈抱……詔養宮內,……常與顯祖同處。

……及顯祖踐阼，拜散騎常侍，……俄遷侍中、儀曹尙書，轉殿中尙書。」

獻文、孝文之際有羅拔，

卷四十四羅結傳，代人也。羅拔「歷殿中尙書，賜爵濟南公，高祖時，進爵爲王，除征西將軍，吏部尙書。」

孝文帝時有穆泰、

卷二十七穆崇傳：「泰，……高祖賜名……以功臣子孫，尙章武長公主……遷殿中尙書，加散騎常侍、安西將軍」時在高祖初葉。

胡莫寒、

卷十九汝陰王傳：「高祖初，殿中尙書胡莫寒簡西部敕勒豪富兼丁者爲殿中武士。」

張白澤、

卷二十四張袞傳，上谷沮陽人。「高宗初，除中散，遷殿中曹給事中。……太和初，……轉散騎常侍，遷殿中尙書。太和五年卒。」

長孫觀、

卷二十五長孫道生傳，觀，「高祖初，拜殿中尙書。」

穆亮、

卷二十七穆崇傳：「亮……顯祖時起家爲侍御中散，尙中山長公主，……封趙郡王，加侍中、征西大將軍。……高祖初，除……秦州刺史。……未期，… 徵爲殿中尙書，又遷……敦煌鎭都大將。」又見卷三十四陳建傳，亦云在高祖初。

苟頹、苟壽樂、

卷四十四苟頹傳，代人也，世家子。世祖末，「遷奏事中散，典涼州作曹；遷內行令，轉給事中，遷司衞監，……拜洛州刺史，……。承明元年，……徵拜散騎常侍、殿中尙書，……加後將軍。太和元年，加散騎常侍，尋遷侍中、安東將軍、都曹尙書。」 又：「弟壽樂，太和中，北部尙書……散騎常侍、殿中尙書。」

源懷、

卷四十一源賀傳：「秃髮傉檀之子也。……子懷，高宗末爲侍御中散。父賀辭老，詔懷……爲持節，督諸軍屯漠南，還除殿中尙書，出爲長安鎭將。……歲餘，復拜殿中尙書，加侍中，參都曹事。」案：賀以高祖初辭老，太和二年卒，則懷爲尙書當在高祖前期也。

樓毅、

卷三十樓伏連傳。

抱嶷、

卷九十四閹官抱嶷傳：「嶷……爲官人……累遷中常侍……中曹侍御尙書。……高祖、文明太后嘉之，以爲殿中侍御尙書，領中曹如故；以統宿衞，俄加散騎常侍。……太和十二年，遷都曹……。」職領宿衞，後遷都曹，可知殿中侍御尙書亦殿中尙書之一部也。

尉羽。

卷五十尉元傳：「子羽……起家祕書中散，駕部令，轉主客給事，加通値散騎常侍，守殿中尙書；……以父憂去職，又起復本官。……高祖親考百司，以羽怠惰，降常侍爲長兼，仍守尙書。」案：元以太和十七年八月卒，則羽第一次任殿中，在此前，第二次在此後也。

就此所舉諸例觀之，前期殿中尙書有數人同時者；而尉長壽爲殿中右曹尙書，抱嶷由中曹侍御尙書遷殿中侍御尙書統宿衞，太武時都官尙書又多冠殿中爲稱（詳後都官尙書節）；則不但員額不限一人，並分數曹任職也。

案：世祖時又有太官尙書等職，恐亦「右曹」「侍御」「都官」之比也。總之：殿中分數部曹，各置尙書，皆可以殿中尙書稱之，必無問題也。

孝文改制，殿中尙書之職稱仍存而未廢，故宣武帝以降仍時見有任職者，惟員限一人，不分數部矣。

案：孝文以後之任殿中尙書者，約略舉之：如宣武帝時有穆紹（卷二十七穆崇傳）、邢巒（卷六十五本傳）等，孝明帝時有李韶（卷三十九李寶傳）崔亮（卷六十六本傳）、封回（卷三十二封懿傳）裴延儁(卷六十九本傳)、谷纂（卷三十三谷渾傳）等，孝莊至孝武帝時有元諶（卷十孝莊紀）、李神儁

（卷三十九李寶傳）、盧同（卷七十六本傳）、辛雄（卷七十七本傳）、劉厥（卷五十五劉芬傳）等。

南齊書卷五十七魏虜傳云：北魏「殿中尙書知殿內兵馬倉庫。」此就前期而言也（尋前後文意似述太武時制）。大抵前期部曹增損不常，殿中尙書分部任職規模最大，他部職掌之餘皆歸之殿中，不能細考；惟典殿內禁衞兵馬，宿衞左右，最爲重要職守，故可擁立君主，爲權臣所憚。

卷四十四伊馛傳，眞君中，「轉殿中尙書，常典宿衞，世祖親任之。」

卷十九汝陰王傳：「高祖初，殿中尙書胡莫寒簡西部敕勒豪富兼丁者爲殿中武士，而大納財貨，簡選不平。」

世祖紀下，正平二年十月，宮中有變，「殿中尙書長孫渴侯與尙書陸麗迎立皇孫，是爲高宗焉。」卷三十劉尼傳，世祖時爲羽林郎，宗愛謀廢太子高宗，「尼懼……密以狀告殿中尙書源賀，賀時與尼俱典兵宿衞，仍共南部尙書陸麗謀……；於是賀與尙書長孫渴侯嚴兵守衞，尼與麗迎高宗於苑中。」

卷四十一源賀傳：「世祖時拜殿中尙書。南安王余爲宗愛所殺也，賀部勒禁兵，禁遏內外，與南部尙書陸麗決議定策，翼戴高宗：令麗與劉尼馳詣苑中，奉迎高宗；賀守禁中，爲之內應。俄而，麗抱高宗單騎而至，賀乃開門，高宗卽位，社稷大安。」卷四十陸俟傳略同。

卷十四順陽公郁傳：「高宗時，位殿中尙書。……高宗崩，乙渾專權，隔絕內外，百官震恐，計無所出。郁率殿中衞士數百人從順德門入，欲誅渾；渾懼，……遂奉顯祖臨朝。」卷四十四和其奴傳略同。

案：殿中衞士有羽林有虎賁等稱，兵精且衆，卷四十四和其奴傳：「皇興元年……東平王道符反，詔其奴……率殿中精甲萬騎以討之。」是其徵也。其他四方有變，詔殿中尙書出討之事甚多，亦以禁衞兵精強也。

是以常擢任親近之臣。

案：詳觀前引諸史料，前期爲殿中尙書者多起自親近之臣，尤多由司衞監遷任者，以此職亦「總督禁旅」也，見卷三十一于栗磾傳。

爲天子所親重。

案：觀前引諸文已足知其親重。又卷四十四苟頹傳，拜洛州刺史，「承明元年，文明太后令百官舉才堪幹事、人足委此者；於是公卿咸以頹應選，徵拜散騎常侍、殿中尙書。」北史無此段。觀此文意，文明太后上當脫「殿中尙書缺」云云，文理始足。蓋殿中尙書職任親重，故太后特標才德，令公卿選舉也。此與高祖孝文帝詔公卿特選吏部郎之意正同，其職任可知。

北魏後期，典宿衞領禁兵之職轉屬中領軍，兵馬別屬七兵，倉庫別屬度支，殿中尙書屬曹之可考者僅殿中、三公、駕部，又主齋會事（詳殿中郎節引宋隱傳），職任遠較前期爲輕矣。

(2) 中曹侍御尙書

孝文帝初、文明太后臨朝時，又有中曹侍御尙書，宦者抱嶷曾任其職。

卷九十四閹官抱嶷傳：「累遷爲中常侍、安西將軍、中曹侍御尙書。……自總納言……奏議……抗直。高祖、文明太后嘉之，以爲殿中侍御尙書，領中曹如故。以統宿衞，俄加散騎常侍。……太和十二年，遷都曹，加侍中祭酒尙書領中曹侍御（此當作加侍中祭酒領中曹侍御尙書）。」据此則中曹侍御尙書別爲一職，非殿中職也。

(3) 太官尙書

太武帝時，有太官尙書，又有宰官尙書，蓋一職異稱也，主御膳。

卷四十三毛脩之傳：「從世祖征平涼，有功，遷散騎常侍，前將軍、光祿大夫。脩之能爲南人飲食，手自煎調，多所適意；世祖親待之，進太官尙書，賜爵南郡公，加冠軍將軍，常在太官，主進御膳。……從討和龍……功多，遷特進撫軍大將軍……位次崔浩。」觀此，其地位甚高。

卷十五遼西公意烈傳：「（拓跋）渾……世祖嘉之。……及爲宰官尙書，頗以驕縱爲失，坐事免。」案：渾旣爲世祖所愛，而其兄粟又以世祖時封王，子庫汗，世祖時爲羽林中郎將，則渾任尙書當仍在世祖時也。

(4) 南部尙書

南部尙書卽南部大人之化身，道武帝皇始元年初建台省便置此職，新降漢人崔逞之任職或卽第一任也。

北史卷二十四崔逞傳，逞爲慕容垂吏部尙書。「歸魏，張袞先稱美之，由是道武禮遇甚厚，拜尙書，（魏書卷三十二崔逞傳有「任以政事」一句），錄三十六曹，別給吏屬居門下省，尋除御史中丞。」時正圍攻中山而尙未拔也（以上魏書略同）。傳後附休傳，孝文時爲尙書左丞。「帝嘗閱故府，得舊冠，題曰：『南部尙書崔逞制。』顧謂休曰：此卿家舊事也。」案：太祖道武帝紀，以皇始元年伐慕容燕。九月，幷州平。初建台省。十一月，進圍中山。明年十月，中山平。是逞之任職當在元二年，故疑爲第一任。

其後，任此職之可考者：太武時有穆壽，

卷二十七穆崇傳，代人也。「壽……少以父任，選侍東宮，尙樂陵公主……世祖愛重之，擢爲下大夫，敷奏機辯，有聲內外，遷侍中、中書監，領南部尙書。」

又有陸麗，至文成帝初猶在任。

卷四十陸俟傳，代人也，世領部落。「麗少以忠謹入侍左右，太武特親昵之……賜爵章安子，稍遷南部尙書。」案：卷三十劉尼傳云：與南部尙書陸麗謀立高宗。參觀卷四十一源賀傳及世祖紀正平二年，高宗紀興安元年，亦然。詳見殿中尙書節引。

文成帝時又有黃盧頭、李敷。

案：二人皆見高宗紀和平二年紀，見後引，李敷又見卷五十五劉芳傳。卷三十六李順傳，趙郡人。長子敷，「眞君二年，選入中書教學，以忠謹給侍東宮，又爲中散，與李訢……等並以聰敏內參機密。……高宗寵遇之，遷祕書下大夫，典掌要切。……後兼錄南部，遷散騎常侍、南部尙書、中書監。」又卷三十三谷渾傳：「洪……少受學中書。世祖……令入授高宗。高宗卽位，以舊恩爲散騎常侍、南部長，遷尙書。」據一般遷例，此似亦爲南部尙書也。

獻文帝時有公孫叡。

卷三十三公孫表傳，燕郡廣陽人。叡「初爲東宮吏，稍遷儀曹長……卒於南部尙書。」時蓋獻文世也。

又有長孫平成者，蓋亦在孝文帝之前也。

卷二十六長孫肥傳，長孫翰之子平成，「襲爵……少以父任爲中散，累遷南部尙書，卒。）

孝文帝時有李訢、

卷四十六李訢傳，范陽人，幼爲中書學生，見知於顯祖，「爲太倉尙書，攝南部事。」至孝文延興末，訢仍居任。高祖紀上，承明元年六月，太上皇崩，南部尙書李訢爲司空。

皮喜、

卷五十一皮豹子傳，漁陽人，子喜，「高宗以其名臣子，擢爲侍御中散，遷侍御長。」高祖初，再遷至使持節、侍中、都督秦、雍五州諸軍事、仇池鎭將，徵爲南部尙書；太和元年西征。

穆眞、

卷二十七穆崇傳，代人也。「眞，起家中散，轉侍東宮，尙長城公主。……後勑離婚，納文明太后姊，尋除南部尙書、侍中，卒。」

托跋、

南齊書卷五十七魏虜傳：（齊）建元二年，魏「遣僞南部尙書托跋等向司州，分兵出兗、青界。」時太和四年也。

堯暄、

卷四十二堯暄傳，上黨人。初爲「東宮吏。高宗……擢爲中散……除太尉中給事，兼北部曹事，後轉南部。太和中，遷南部尙書。于時始立三長，暄爲東道十三州使。」是太和十年也。

公孫邃、

卷三十三公孫表傳，燕郡人。「邃字文慶，初爲選部吏……稍遷南部長，敷奏有稱，遷南部尙書。』高祖紀，太和十一年五月，「詔南部尙書公孫文慶、上谷張伏干（即上谷公張倫，時爲內幢都將，見公孫邃傳，此處脫一公字），率衆南討。」

李冲、

卷五十三本傳：「冲字思順，隴西人，敦煌公寶之少子也。……顯祖末爲中書學生……。高祖初，以例遷祕書中散，典禁中文事，……漸見寵待，遷內祕書令、南部給事中。」奏立三長，「公私便之。遷中書令……給事中如故，尋轉南部尙書。」後文明太后崩，冲猶在任。「及改置百司，開建五等，以冲參定典式，封滎陽郡開國侯……拜廷尉卿。」案：三長之議在太和九年，文明太后之崩在十四年，而南齊書卷五十八東南夷傳，魏太和十三年有南部尙書李思冲，蓋卽李冲也；是則冲之任職當始於九年至十三年間也。又案：改置百司在十五年。孝文紀太和十七年定遷都之計時，冲仍爲尙書，豈至十七年尙在任歟？

鄧宗慶、

卷二十四鄧淵傳，安定人。「宗慶以中書學生入爲中散，稍遷尙書……轉典南部。宗慶在南部積年，……州鎭憚之。」

王嶷等。

卷三十四王憲傳，北海人，王猛之後也。「嶷……少以父任爲中書學生。稍遷南部大夫。高祖初，……遷南部尙書，在任十四年。時，南州多事，……李訢、鄧宗慶等號爲明察……而二人皆見誅戮，餘十數人或黜或免，唯嶷卒得自保。」

又有婁拔，蓋亦在孝文帝時也。

案：北齊書卷四十八外戚婁叡傳：「叡……武明皇后兄子也，父壯，魏南部尙書。」又同書卷十五婁昭傳，昭兄拔，魏南部尙書；拔子名叡，則拔、壯一人，當字形有譌也。又昭與高歡友善，齊受禪時，叡亦當有三十歲，則拔之任職亦當及孝文時也。

綜觀紀傳，所見南部尙書皆在太和十七年遷都改制以前，此後絕不一見，可知此爲前期制度，孝文徹底華化始革除之也。南齊書卷五十九魏虜傳：「南部尙書知南邊州郡。」如辭訟、考課、選舉……皆其職也，至於南方用兵，亦或任之。時建都平城，南方州郡爲全國主要部份，故其職極繁，其任極崇。

高宗紀，和平二年五月，「詔南部尙書黃盧頭、李敷等考課諸州。」

卷二十四鄧淵傳：「宗慶在南部積年，多所敷奏，州鎭憚之，號爲稱職。」

卷三十三王憲傳：「嶷……遷南部尙書。……時南州多事，文奏盈几，訟者塡門，……李訢、鄧宗慶等號爲明察，勤理時務，而二人終見誅戮，餘十數人或黜或免；唯嶷卒得自保。」

卷四十六李訢傳，顯祖時，「復爲太倉尙書，攝南部事。……訢旣寵於顯祖，參決軍國大議，兼典選舉，權傾內外。……延興末，詔曰：尙書李訢……國家之楨，當今之老臣也，是以擢授南部，綜理煩務。」

高祖紀下，太和十一年五月，「詔南部尙書公孫文慶、上谷公張伏千（本脫公字，據公孫邃傳補），率衆南討。」

南齊書卷五十七魏虜傳：「遣僞南部尙書托跋等向司州，分兵出兗、青界，十萬衆圍朐山戍。」

又案：陸麗以南部尙書之職與殿中尙書長孫渴侯、源賀迎立高祖，見世祖紀、高宗紀及陸俟傳。穆壽，世祖時遷侍中中書監，領南部尙書，「輿駕征涼州，命壽輔恭宗，總錄要機，內外聽焉。」觀此及前引諸例，其親要可知。

其員亦不止一人，職此故歟？

案：高宗紀，和平二年，「詔南部尙書黃盧頭、李敷等考課諸州。」據此文理，黃盧頭必爲南部尙書。又據敷家傳（見前引），敷亦爲南部，則是同時有二人也。孝文時所見南部尙書甚多：李訢自獻文末已在任，至孝文承明元年始黜遷；太和元年或稍前有皮喜；太和四年有托跋；太和九年十年之際有堯暄；十一年有公孫邃；自十一十二十三年之際至十七年遷洛時有李冲；又有穆眞，在文明太后崩以前；鄧宗慶在任數年。按此排列，則間隙已少，而王憲傳云：王嶷在任十四年，又云：「李訢、鄧宗慶……終見誅戮，餘十數人或黜或免。」則非同時有二人或二人以上，無以爲解。

(5) 北部尙書

北部尙書即北部大人之化身，南齊書卷五十七魏虜傳：「北部尙書知北邊州郡。」與南部爲對，爲北方州鎭一切政事之所聚。

案：卷七高祖紀，太和十六年，「幸北部曹，歷觀諸省。」又北史卷十三孝文后高氏傳：「高氏，肇之妹也……出於東裔，……西歸，近龍城鎭，鎭表后德色。……及至，文明太后親幸北部曹，見后奇之。」選妃於北方尙先經北部尙書，其他可知矣。

任職之可考者：道武帝時有拓跋度。

卷十四高涼王孤傳：「孤孫度，太祖初……賜爵松滋侯，位比部尙書。」北史卷十五同。案：自漢魏以來未嘗有比部尙書，北魏雖部名雜出，然亦無緣有比部，蓋「比」「北」形近，比部實北部之譌也。如後引陸俟傳，陸叡爲北部尙書，考其前後行事與官歷，皆與北部有關，（始爲北部長，又爲北征都督，後又率大軍十萬討蠕蠕），則「北」字不譌可知；而卷四十三劉休賓傳及卷三十四陳建傳，皆譌爲比部；其徵一也。又卷十四元石傳，曾爲比部侍郎，而北史作北部侍郎，當以「北」爲正；其徵二也。

太武帝時有叔孫隣、

卷二十九叔孫建傳，代人也。子隣，「稍遷北部尙書，有當官之稱，轉尙書令。」案：建以太延三年卒，年七十三，則隣任尙書當在太武時也。

長孫蘭、

卷二十六長孫肥傳，代人也。族人蘭，「世祖初爲中散，……典御兵器，賞賜甚厚。……遷散騎常侍、北部尙書。」出爲豫州刺史。

李孝伯。

卷三十三本傳：「趙郡人也。高平公順從父弟也。……順言之於世祖，徵爲中散，世祖見而異之。……遷祕書奏事中散，轉侍郎，光祿大夫，……加建威將軍，委以軍國機密，甚見親寵，謀謨切祕，時人莫能知也。遷北部尙書……眞君末(十一年)，車駕南伐，」孝伯以尙書從行，與張暢應對，稱旨。

「興安二年，出爲使持節、散騎常侍、平西將軍、秦州刺史。」

文成帝時有慕容白曜、

卷五十本傳：「少爲中書吏，以敦直給事東宮。高宗卽位，拜北部下大夫，襲爵，遷北部尙書，在職執法無所阿縱，高宗厚待之。高宗崩，與乙渾共秉朝政，遷尙書右僕射。」

尉元。

卷六顯祖紀，天安元年九月，「詔北部尙書尉元爲鎭南大將軍，都督諸軍事……出東道，救彭城。」

卷五十尉元傳：「代人也，世爲豪宗。……元……神䴥中，爲虎賁中郎將，轉羽林中郎將，小心恭肅，以匪懈見知。……稍遷駕部給事中……加寧遠將軍。和平中，遷北部尙書，加散騎常侍……天安元年……顯祖以元爲使持節，都督東道諸軍事、鎭南大將軍。」又案：本傳續云：事平（皇興中）、「拜元都督徐、南北兗州諸軍事、鎭東大將軍、開府、徐州刺史、淮陽公、持節散騎常侍、尙書如故。」此蓋鎭將帶尙書之號，非實任也。

孝文帝以前又有穆忸頭，不知何帝時。

卷二十七穆崇傳，代人也。「（子）忸頭，侍中、北部尙書」案：兄子眞及眞子秦皆以孝文未遷都前爲尙書，則忸頭任職當在此前甚遠也。

孝文時有茍壽樂、

卷四十四茍頹傳，代人也。「弟壽樂，太和中，北部尙書，……除散騎常侍，殿中尙書。」

陸叡。

卷四十陸俟傳，代人也，世爲名臣。叡爲李彪所知重。彪「爲北征都督，拜北部長，轉尙書，加散騎常侍。太和八年……詔賜叡夏服一具。後以叡爲北征都督，擊蠕蠕，大破之。遷侍中、都曹尙書……遷尙書左僕射，領北部尙書。十六年……封叡鉅鹿郡公……尋爲使持節、鎭北大將軍……步騎十萬討蠕蠕。」案：卷三十四陳建傳：「高祖初，徵爲尙書右僕射……與……比部尙書平原王陸叡密表曰……」建尋遷司徒、征西將軍，太和九年薨。比爲北之譌，則叙轉尙書，卽北部尙書也。

此皆在太和十六年以前也，其後以迄魏末不復見有任職者，必孝文改制省之也。

(6) 西部尙書

北魏前期，通常只分南北二部，置南北二部尙書以統之；然太武帝時亦曾置西部尙書。任職之可考者有封敕文、

卷五十一本傳，代人也，名臣子。「（世祖）始光初爲中散，稍遷西部尙書，出爲使持節、散騎常侍、鎭西將軍，開府，領護西夷校尉、秦、益二州刺史，……鎭上邽。」

竇瑾、

卷四十六本傳，頓丘人也。「自中書博士爲中書侍郎，……遷祕書監……加冠軍將軍，轉西部尙書。初定三秦，人猶去就，拜使持節、散騎常侍、都督秦、雍二州諸軍事、寧西將軍、長安鎭將。」各本均同。而北史卷二十七瑾傳，各本均作「四部尙書」，觀瑾之行事，「四」必爲「西」之譌。

李順、

卷三十六本傳，趙郡人。「神瑞中，中書博士，轉中書侍郎。始光初……拜後軍將軍。……世祖……克統萬，論功，以順爲給事黃門侍郎。……又從擊赫連定於平涼。三秦平，遷散騎常侍……加征虜將軍，遷四部尙書，甚見寵待。沮渠蒙遜以河西內附，……以順爲太常，策拜蒙遜爲太傅。……使還，拜使持節、都督秦、雍、梁、益四州諸軍事、寧西將軍、開府、長安鎭都大將，進爵高平公。未幾，復徵爲四部尙書，加散騎常侍。延和初，復使涼州……順凡使涼州十有二返。……涼土旣平，詔順差次羣臣，賜以爵位，順頗受納，品第不平；……世祖大怒，眞君三年，遂刑順於城西。」各本均作「四部尙書」，北史李順傳亦然。但觀李順一生功業皆在西方，兩任尙書，在職甚久，「四」必爲「西」之譌，無疑。

羅斤等四人。

卷四十四羅結傳：「代人也，其先世領部落。……子斤、太宗時爲侍御中

散。後從世祖討赫連昌……力戰有功；世祖嘉之，……除散騎常侍、侍中、四部尙書，又加平西將軍，後平涼州，攻戰野戰，多有克捷，以功賜爵帶方公，除長安鎭都大將。」各本均作「四部尙書」，北史亦然；然觀其行事，亦當是西部之形譌也。

蓋太武經營西境甚力，故特置此職以綜其事也。

案：卷三十呂洛拔傳：「父匹知，世祖時爲西部長。」魏制，有南北尙書即有南北部給事中、南北部下大夫、南北部長。今有西部長，亦在太武時，正以其時有西部尙書也。

(7) 吏部尙書

道武帝皇始元年初建台省，置百官，吏部尙書蓋即始置於此時；天興元年，詔尙書郎創立制度，吏部尙書崔玄伯總裁其事，上距皇始元年才二年耳。

案；事見卷二太祖紀及卷二十四崔玄伯傳。

太武帝重建台省以後，以吏部尙書主選事，故更稱爲選部尙書。任職之可考者：太武帝時有奚拔、

卷二十九奚斤傳，拔「太宗時，內侍左右。世祖即位，稍遷侍中、選部尙書，鎭南將軍。……後以罪徙邊，從征蠕蠕，戰歿。」

皮豹子、

卷五十一本傳：「漁陽人……。泰常中爲中散，稍遷內侍左右。世祖時爲散騎常侍……又拜選部尙書……出除使持節、侍中、都督秦、雍、荊、梁四州諸軍事、安西將軍、開府儀同三司……鎭長安。」

拓跋壽樂。

卷十四長樂王壽樂傳：「壽樂，章帝之後也，位選部尙書，南安王，改封長樂王。高宗即位，壽樂有援立功，拜太宰都督中外諸軍事、錄尙書事。」

文成帝時有陸眞、

卷三十本傳：「遷給事中，典太倉事。高宗即位，拜冠軍將軍，……遷散騎常侍、選部尙書。……遷安西將軍、長安鎭將。」

常伯夫。

卷八十三外戚閭毗傳，常伯夫，太安中，為散騎常侍選部尙書。

獻文帝時有陸馛、

卷四十陸俟傳：「長子馛。……顯祖……親討蠕蠕，詔馛為選部尙書，領留台事。……顯祖將禪位于京兆王子推，……馛抗言，……帝意乃解……以馛為太保……奉皇帝璽紱傳位于高祖。」

趙黑。

卷九十四閹官趙黑傳，顯祖時「遷侍御，典監藏，拜安遠將軍……轉選部尙書……當官任舉，頗得其人。……黑得幸兩宮……是時（獻文帝已傳位于孝文），尙書李訢亦有寵於顯祖，與黑對綰選部（訢時為南部尙書）。」

然亦有稱吏部尙書者，如太武時之古弼，獻文時之陸雋、宿石是也。

卷二十六古弼傳：「世祖即位……進為侍中、吏部尙書，典南部奏事。」

卷四十陸俟傳：族子雋，「顯祖初，侍御長；以謀誅乙渾，拜侍中、樂部尙書，遷散騎常侍、吏部尙書，……甚見委任，尋拜尙書令。」

卷三十宿石傳：「天安初，遷散騎常侍、吏部尙書，……為北中道都大將。延興元年卒」

孝文帝時，惟王質一人稱選部尙書。

卷九十四閹官王質傳：轉選部尙書……出為鎮遠將軍、瀛州刺史。」時在太和十年前後。

其餘如王遇、王叡、羅拔諸人亦在改制以前均稱吏部尙書，可知名稱之轉變不始於改制也。

案：卷九十三恩倖王叡傳：「承明元年……超遷給事中，俄為散騎常侍，侍中、吏部尙書。……太和二年……親任轉重……四年遷尙書令。」此早在太和初。卷四十四羅結傳，羅拔，爵濟南公，「高祖時進爵為王，除征西將軍、吏部尙書。後例降為公，卒。」卷九十四閹官王遇傳，高祖時，遷散騎常侍，「進爵宕昌公，拜尙書，轉吏部尙書，仍常侍。例降為侯。」案：庶姓一例降爵，事在太和十六年，則拔，遇任職均在改制以前也。

又有「吏部內行尚書」之目，不知應爲何解釋，

案：大代宕昌公暉福寺碑，暉爲散騎常侍，安西將軍、吏部內行尚書，「位亞台司，任總機密。」碑以太和十二年七月立，是前期也。

太和十七年頒職品令，有吏部尚書，位從一品下；二十三年重定職品令，吏部尚書在第三品，自後常見紀傳，無庸詳考矣。

吏部尚書爲列曹之首班，此歷魏、晉、南朝皆然；惟在北魏前期，其職位殊不爲崇，較之南部、殿中二尚書，相遜頗遠。

案：此可就任職者之官歷及行事、威權等各方面觀測之；而南人撰南齊書述北魏尚書分部，復不之及；可知此部非如南朝爲權要所寄，且恐未必恆置矣。或曰：拓跋壽樂位選部尚書、長樂王，與援立高宗之功，拜太宰、都督中外諸軍事，錄尚書事。則選部之位極崇，然此或以宗室諸王位重擅權，不可據此孤例以立論也。

至太和改制始崇其位於諸部尚書之上，於是綜綰銓選，專用人之權。

卷六十六崔亮傳，亮爲吏部尚書，時承羽林害張彝之後，詔武人入選，患官少人多，易招怨讟，乃創停年格，外甥劉晏書規之，亮答曰：「昔有中正品其才第，上之尚書，尚書據狀，量人授職，此乃與天下羣賢共爵人也，吾謂當爾之時，無遺才，無濫舉矣；而汝猶云十收六七；況今日之選，專歸尚書，以一人之鑒，照察天下……。」據此，其時用人之權專在吏部也。

若無特旨參典選事，雖宰輔權臣亦不能撓，故權要所寄，又似有過南朝矣；此觀元澄、元順、郭祚、李神儁之行事足以知之。

卷十九任城王雲傳，子澄，高祖太和中，「從幸鄴宮，除吏部尚書。及幸代，車駕北巡，留澄銓簡舊臣。初魏自公侯以下迄於選臣，動有萬數，冗散無事，澄品爲三等，量其優劣、盡其能否之用，咸無怨者。」

同傳，澄子順，肅宗時，「除吏部尚書，兼右僕射。……時三公曹令史朱暉素事錄尚書高陽王雍，雍欲以爲廷尉平，頻請託順，順不爲用。雍遂下命用之，順投之於地。雍聞之大怒，昧爽，坐都廳，召尚書及丞郎畢集，欲待順至，於衆挫之。順日高方至，雍攘袂撫几而言曰：身，天子之子，天子之

弟，天子之叔，天子之相，四海之內親尊莫二；元順何人，以身成命投棄於地？順鬚鬢俱張，仰面看屋，憤氣奔涌，長歔而不言。久之，搖一白羽扇，徐而謂雍曰：高祖遷宅中土，刱定九流，官方清濁，軌儀萬古。而朱暉小子，身為省吏，何合為廷尉淸官？殿下旣先皇同氣，宜遵成旨，自有恆規；而復踰之也？雍曰：身為丞相，錄尙書，如何不能用一人為官？順曰：庖人雖不治庖，尸祝不得越樽俎而代之。未聞有別旨令殿下參選事。順又厲聲曰：殿下必如是，順當依事奏聞。雍遂笑而言曰：豈可以朱暉便相忿恨？遂起呼順入室，與之極飲。」

卷六十四郭祚傳，宣武帝時為吏部尙書。「祚持身潔淸，重惜官位，至於銓授，假令得人，必徘徊久之，然後下筆。下筆卽云：此人便以貴矣。由是事頗稽帶，當時每招怨讟，然所拔用者皆量才稱職，時又以此歸之。」

卷三十九李寶傳，李神儁「轉中書監，吏部尙書。……天柱將軍爾朱榮曾補人為曲陽縣令，神儁以階縣不用。榮聞大怒。」

故得其人則天下歸美，

北史卷十八城陽王長樂傳，元徽，明帝時為吏部尙書。「徽以選舉，法期得人，限以停年，有乖舊體，但行之日久，難以屯革，以德同者盡年，勞等者進德；于時稱為中平。除侍中，餘官如故；徽表乞守一官。天下士子莫不歎息，咸曰：城陽離選，貧者復何所希？怨嗟之聲俄然上徹，還令兼吏部尙書。」案：此段，魏書卷十九城陽王傳附元徽傳不載，蓋以其不黨高氏也。

失其人則譏為市曹。

魏書卷十五常山王遵傳，元暉「遷吏部尙書，納貨用官皆有定價：大郡二千匹，次郡一千匹，下郡五百匹；其餘受職各有差。天下號曰市曹。」

卷十九汝陰王天賜傳，元修義「累遷吏部尙書。及其銓衡，唯專貨賄，授官大小，皆有定價。」

(8) 左民尙書　(9) 右民尙書

曹魏時有左民尙書。

案：宋書有官志：「魏世有吏部、左民、民曹、五兵、度支五曹尙書。」晉志，民曹作客曹。當以晉志爲正，則僅有左民也。

晉初省，太康中復置。東晉、宋、齊仍之（見宋志、齊志）。梁、陳改置左戶尙書（隋志）。北魏初期，道武帝末或明元帝初亦見有左民尙書，仿華制也。

卷三十周幾傳：「太祖卽位，爲殿中侍御史，掌宿衛禁兵，斷決稱職，遷左民尙書。神瑞中……。」北史卷二十五幾本傳：「明元卽位，爲左部尙書。」想應作左民。

案：其時宋制有左民尙書，見前引。其時，燕爲魏所滅，燕亦有民部尙書，封懿曾任職，見卷三十二懿本傳。程肇爲呂光民部尙書，見卷六十程駿傳。稍前，姚興有左戶尙書薛強，見北史卷三十六薛辯傳，蓋卽左民之職也。

西晉惠帝時，又有右民尙書（宋志）。北魏太武帝亦置此職。

官氏志：「始光元年正月，置右民尙書。」

左民、右民兩尙書僅見於北魏初期；而通典卷二十三云：「後魏有左民、右民等尙書，多領工役，非今戶部之例。」不知指何一時期之制而言也。

(10) 儀曹尙書

道武帝初建台省卽置儀曹郎。其時當無尙書，故以郎職典製禮儀。（詳後儀曹郎中節）至於尙書，當亦始置於太武帝時。其時任職之可考者有谷渾。

卷三十三本傳：「世祖卽位，爲中書侍郎……從征赫連昌，爲驍騎將軍，遷侍中、安南將軍，領儀曹尙書，賜爵濮陽公。……延和二年春卒。」

文成帝時有李訢。

卷四十六本傳，世祖時，「除中書助教博士……入授高宗經。高宗卽位，訢以舊恩親寵，遷儀曹尙書，領中祕書，賜爵扶風公。……出爲使持節、安南將軍、相州刺史。」

獻文帝時有陸定國、

卷四十陸俟傳，陸定國，幼與顯祖同處。「顯祖踐阼，拜散騎常侍……加鎭南將軍……俄遷侍中、儀曹尙書，轉殿中尙書。」

羅伊利。

卷四十四羅結傳：「伊利……高宗時除內行長。」顯祖時，「稍遷散騎常侍、儀曹尙書；出爲安東將軍、兗州刺史。」

孝文帝未改制時，有劉昶、

卷五十九本傳：「太和初，轉內都坐大官，及蕭道成殺劉準（太和三年），時遣諸將南伐，詔昶……與諸將同行。……還師……又加儀同三司，領儀曹尙書。」

張宗之、

卷九十四閹官張宗之傳：「爲侍御中散……遂（闕四字）常侍、儀曹、庫部二曹尙書。……出爲……東雍州刺史，……入爲內都大官，……出除……冀州刺史。太和二十年卒。」

游明根、馮誕。

卷五十五游明根傳：「高祖初，入爲給事中，遷儀曹長。……王師南討，詔假安南將軍、儀曹尙書、廣平公。還都，正尙書，仍加散騎常侍。……文明太后崩，羣臣因請公除，高祖與明根往復，事在禮志，遷大鴻臚卿，河南王幹師，尙書如故，隨例降侯爲伯。（據紀，事在十六年正月）」

卷八十三外戚馮熙傳：「（子）誕與高祖同歲，幼侍書學……尙帝妹樂安長公主，拜駙馬都尉、侍中、征西大將軍、南平王，又除誕儀曹尙書，知殿中事。及罷庶姓王，爲侍中、都督中外諸軍事、中軍將軍。……（太和）十六年，以誕爲司徒。」

卷一百零八之三禮志三，太和十五年九月，「丁亥，高祖宿於廟，哭於廟庭，……侍中南平王馮誕跪奏，請易服，進縞冠皂朝服、革帶、黑屨，侍臣各易以黃介幘、白絹單衣、革帶、烏屨，遂哀哭至乙夜盡。」「戊子，……高祖薦酌……侍中跪奏，請易祭服。……儀曹尙書游明根升廟跪慰，復位。」

案：據游明根傳及禮志三，其任職之始早在十四年以前，迄十五年九月戊子尙見在位。而卷一百零八之一禮志一，太和十五年正月，馮誕職銜爲「侍中尙書駙馬都尉南平王，」按誕僅任儀曹尙書行殿中事，十五年正月書銜當卽指此，是其任職間在游明根任內矣。或者明根任職，中間嘗短期卸任，至十五年九月之事，是再任耶？

太和十七年六月乙巳，頒職員令二十一卷（紀），而盧淵於本年七月以後至十八年任儀曹尙書，是第一次改制未省此職也。

卷四十七盧玄傳，孫淵，爲祕書監。高祖南伐，「以蕭賾死(十七年七月)，停師。」「詔兼侍中……未幾，拜儀曹尙書（時當巳年末矣）。高祖考課在位（十八年九月），降淵，以王師守常侍尙書，奪常侍祿一週。會蕭明業雍州刺史曹虎遣使請降，乃以淵爲使持節安南將軍……逕赴樊鄧。」

職主製儀、導儀諸禮儀事。

卷五十九劉昶傳：「又加儀同三司，領儀曹尙書。於時改革朝儀，詔昶與蔣少遊專主其事。昶條上舊式，畧不遺忘。」

卷一百零八之一禮志一，太和十六年「帝監宣文殿，引議曹尙書劉昶（議當作儀，昶南人北來，任職當不止一次）、鴻臚卿游明根、行儀曹事李韶，授策孔子，崇文聖之諡。」

卷一百零八之三禮志三，十五年九月事，見前引。

據唐六典注及通典，北魏後期仍有儀曹尙書，且併綜祠部之職。

案：唐六典注及通典卷二十三，敍諸部尙書，亦畧及北魏尙書之名稱，皆後期之制也。六典卷四禮部尙書注云:「東晉始置祠部尙書。……宋、齊、梁、陳皆號祠部尙書，後魏稱儀曹尙書，北齊亦爲祠部尙書。」通典卷二十三畧同。北魏前期祠部、儀曹各爲職，今此以代祠部之任，則併綜祠部可知。

則二十三年重定職員令亦未省廢也。惟傳中訖未一見有任職者，蓋如南朝祠部之制，常與右僕射通職歟？

(11) 祠部尙書

文成帝時巳有祠部尙書，常喜曾任職。

卷八十三外戚閭毗傳：常喜以興安、興光中爲鎭東將軍，祠部尙書。

孝文帝時任職之可考者有司馬躍

卷三十七司馬楚之傳、子躍，高祖時，爲雲中鎮將。「還爲祠部尙書，大鴻臚卿，潁川王師，以疾表求解任，太和十九年卒。」

裴修、

卷四十五裴駿傳：裴修，由中部令轉中大夫，兼祠部曹事。太和十六年卒。」

王諶，

見卷九十三恩幸王叡傳。

陸琇，以太和二十年免官。

卷四十陸俟傳，陸琇由散騎常侍、太子左參事，轉祠部尙書、司州大中正。會從兄叡事，免官。案：叡事在太和二十年十二月，則以其時免也。

宋弁，時已太和二十三年，則終孝文之世未廢也。

見卷六十三宋弁傳，詳後引。傳云高祖征馬圈時拜。案：征馬圈事在太和二十三年，卽帝崩之年也。

職主禮樂，尤重祠祀，

卷四十五裴駿傳：「（裴）修……爲張掖子都大將……高祖嘉之，徵爲中部令，轉中大夫，兼祠部曹事。職主禮樂，每有疑議，修斟酌故實，咸有條貫。太和十六年卒。」

卷六十三宋弁傳，遷右衛將軍，領黃門。高祖征馬圈，「留弁，以本官兼祠部尙書，攝七兵事。及行，執其手曰：國之大事在祀與戎，故令卿綰攝二曹，可不自勉？」

故又稱神部尙書。

卷一百零八之三禮志三，太和十五年九月，高祖薦酌於太和廟，神部尙書王諶讚祝。又元丕奏曰：「太廟已就……移廟之日須得國之大姓遷主安廟。神部尙書王諶既是庶姓，不宜參豫。」詔曰：「朕亦親自行事，……王諶所司惟贊板而已。」案：前引王叡傳，諶爲祠部尙書，卽此所謂神部也。

自宣武帝以後不復見有任此職者，據唐六典注及通典，其官已省，併職儀曹尙書，詳前儀曹尙書節。

(12) 禮部尙書

獻文帝或孝文帝初又有禮部尙書，閹人王琚曾任職，

卷九十四閹官王琚傳：「琚以泰常中被刑，入宮禁，小心守節，久乃見敍用。稍遷爲禮部尙書，賜爵廣平公，加寧南將軍。高祖以琚歷奉先朝……授散騎常侍。」

疑爲儀曹尙書或祠部尙書之異稱，莫能定也。

(13) 樂部尙書

南齊書卷五十七魏虜傳：「樂部尙書典伎樂角史伍伯。」此述太武帝時制也。其時任職之可考者有長孫石洛。

卷二十六長孫肥傳，弟子石洛，「世祖初爲羽林郎，稍遷散騎常侍，從征赫連昌，爲都將。以功，拜樂部尙書，賜爵臨淮公，加寧西將軍。神䴥中卒。」

獻文帝時有陸雋。

卷四十陸俟傳，族子雋，「顯祖初，侍御長，以謀誅乙渾，拜侍中、樂部尙書，遷散騎常侍、吏部尙書。」

(14) 主客尙書

獻文帝時有主客尙書。

北史卷二十劉羅辰傳：「(劉)乞歸，眞君中，除中散大夫。……獻文末，除主客尙書。孝文初，位東雍州刺史。」

(15) 駕部尙書

南齊書卷五十七魏虜傳：「駕部尙書知牛馬驢騾。」此述太武帝時制也。其時任職之可考者有安原

卷三十安同傳，子原，「太宗時爲獵郎……任以爲將，鎭守雲中。……世祖

即位，徵拜駕部尚書。車駕征蠕蠕大檀，分軍五道並進，大檀驚駭北遁，遷尚書左僕射。」案：世祖紀及蠕蠕傳，安原從車駕五道北伐，大檀驚駭北遁，事在太武始光二年，即太武帝即位之第三年，蓋即太武重建尚書台時也。

長孫陳。

卷二十六長孫肥傳，子陳，「世祖時爲羽林郎，征和龍……又從征涼州，爲都將領。入官，遷殿中給事中……遷駕部尚書，復出爲北鎮都將。高祖即位，進爵吳郡公……興光二年卒。」案：高祖爲高宗之譌，則陳之任職當在世祖末。

官氏志云：「（高宗）興安二年正月，置駕部尚書。」豈太武末葉曾廢此職，至文成帝初復置之耶？

(16) 庫部尚書

南齊書卷五十七魏虜傳云：「殿中尚書知殿內兵馬倉庫。」此述太武帝時制也。惟其時又見有庫部尚書，尉地干、尉侯頭兄弟相繼任職。意者庫部亦如都官，爲殿中之一部；或此職時置時省，故殿中尚書有時亦兼管庫藏也。

卷二十六尉古眞傳，尉地干，「太宗時爲左機令。世祖少而善之。即位，擢爲庫部尚書，加散騎常侍，左光祿大夫。」征平涼時卒。「地干弟侯頭，襲地干職，爲庫部尚書。」

文成帝、獻文帝時亦置庫部尚書，任職之可考者有羅敦、伊蘭、張延等三人。

卷四十四羅結傳，羅斤爵帶方公。「子敦（北史，敦作敢）襲爵。……自太子洗馬，稍遷散騎常侍、庫部尚書，卒。」案：本傳又云：「（敦)子伊利，高宗時襲爵，除內行長。」是敦任職在文成帝時也。

同卷伊馛傳：「子蘭襲，散騎常侍，庫部尚書，卒。」案：據本傳，馛以太武帝神䴥初擢爲侍郎，轉三郎。眞君中，自稱年少不敢爲尚書。至眞君末，始爲殿中尚書。至文成帝興光元年爲司空，太安五年卒。」又案：蘭子盆生，以孝明帝神龜二年自驍騎將軍爲持節洛州刺史。則蘭爲尚書，最早當在文成帝之初，遲則孝文初也。

卷二十四張袞傳，孫延，「散騎常侍，左將軍，庫部尙書。」案：袞以太宗永興二年卒，年七十二。延弟孫白澤（延與白澤年齡相去不遠，孫字衍。）「高宗初，除中散，遷殿中曹給事中。」延從孫法，「世祖時，除懷荒鎮金城戍將。」則延之任職，當在文成帝、獻文帝之世也。

孝文帝太和初，尙見有張宗之。

卷九十四閹官張宗之傳：「爲侍御中散……遂（闕四字）常侍儀曹庫部二曹尙書。」後爲東雍州刺史，內都大官，冀州刺史，以太和二十年卒。

其後不復見，蓋孝文改制省之也。

(17) 都牧尙書（牧曹尙書）

獻文帝時，乞伏居爲牧曹尙書。

北史卷八十四孝行乞伏保傳：「保，高車部人也。父居，獻文帝時爲散騎常侍，領牧曹尙書。」魏書同，後人據北史補之也。

孝文帝初，拓跋禎爲都牧尙書。

魏書卷十五秦王翰傳，拓跋禎，「高祖初，賜爵沛郡公，後拜南豫州刺史。……後徵爲都牧尙書。薨，贈侍中、儀同三司。」

蓋一職之異稱也。

(18) 虞曹尙書

孝文帝前又有虞曹尙書，穆蒲坂曾任職。

卷二十七穆崇傳，曾孫蒲坂，「虞曹尙書，征虜將軍，涇州刺史。」案：蒲坂從父兄弟眞爲南部尙書，及眞子泰爲殿中尙書，皆在孝文帝遷都改制前；則蒲坂之任尙書，至遲當在孝文帝初葉也。

(19) 七兵尙書

曹魏置五兵尙書，轄中兵、外兵、騎兵、別兵、都兵五曹，故以五兵爲名。

案：宋書百官志述魏制有此五曹。又述宋制云：「五兵尙書領中兵、外兵二曹。」復續釋之云：「昔有騎兵、別兵、都兵，故謂之五兵也。」此釋命名之始，實指魏制而言也。

西晉太康中，中兵、外兵皆分左右，並騎、別、都爲七曹，故改稱七兵尙書。

唐六典卷五兵部尙書注：「魏始置五兵尙書，謂中兵、外兵、騎兵、別兵、都兵也。晉太始中，省五兵尙書。太康中，又置七兵尙書，以舊五兵，中兵外兵分爲左右。」

通典卷二十三兵部尙書：「魏置五兵尙書。……晉初無。太康中乃有五兵尙書，而又分中兵、外兵各爲左右。」原注：「按：晉雖分中兵、外兵爲左右，與舊五爲七曹；然尙書唯置五兵而已，無七兵尙書之名，至後魏始有七兵尙書耳。今諸家著述，或謂晉太康中置七兵尙書，誤矣。」

案：魏制，兵部以所轄曹數命名。晉初旣省其職，後復置之，轄曹有七，自以七兵之名爲正。西晉制度多爲五胡十六國所因襲，姚秦有七兵尙書，足爲西晉亦以七爲名之旁證。

東遷以後，曹數大省，蓋復五兵之名，宋、齊、梁、陳，承而未革。

案：宋以下所領僅二三曹，亦以五兵爲稱，蓋相沿旣久，不復以曹數而更名也。

而五胡十六國則承西晉之舊，如姚興時有七兵尙書是也。

案：薛強事姚興，任七兵尙書，見北史卷三十六薛辯傳。

北魏道武帝初，曾置七兵郎，亦遠紹西晉之緒也。惟考之史傳，北魏前期訖未見有七兵尙書。至孝文帝末，始見有任此職者，如長孫稚、宋弁、閭豆是也。惟此三人任職皆在太和十七年頒職員令之後，意者前期本無此官，孝文帝始置之歟？

卷二十五長孫道生傳，長孫稚「爲前將軍，從高祖南討，授七兵尙書，太常、右將軍。」

卷六十三宋弁傳，高祖征馬圈，「留弁以本官（右衞將軍）兼祠部尙書，攝七兵事。」

卷八十三外戚閭毗傳，孫豆，「太和中……甚有時譽。十六年例降爵。後爲七兵尙書。」

此後時見傳中，迄東魏之亡、因仍未革。

案：任職之可考者：宣武帝時有李崇（卷六十六本傳）、穆紹（卷二十七穆崇傳）、李韶（卷三十九李寶傳）。孝明帝時有崔亮（卷六十六本傳）、裴延儁(卷六十九本傳)、崔休（卷六十九本傳）、李憲（卷三十六李順傳）、封回（卷三十二封懿傳）、楊昱（卷五十八楊播傳）、裴詢（卷四十五裴駿傳）。孝莊以後有盧同（卷七十六本傳）。東魏武定中有崔㥄（卷六十九崔休傳）。其他不盡列舉。

職主戎兵，卽南朝五兵尙書之職，故侯景篡梁，改梁五兵爲七兵。

卷六十三宋弁傳，高祖征馬圈，」留弁以本官兼祠部尙書，攝七兵事。及行，執其手曰：國之大事在祀與戎，故令卿綰攝二曹。」

梁書卷五十六侯景傳：景篡位，「改梁律爲漢律，改左民尙書爲殿中尙書，五兵尙書爲七兵尙書。」

北齊篡魏，又從南朝，改七兵爲五兵。蓋北魏兵部統七兵、左中兵、右中兵、左外兵、右外兵、騎兵、都兵凡七曹；而北齊僅左中兵、右中兵、左外兵、右外兵、都兵凡五曹也。

(20) 右士尙書

官氏志：「（文成帝）興安二年正月，置駕部尙書、右士尙書。」不見有任職者，亦不詳其職掌；意者其大理之職歟？

(21) 都官尙書

宋武帝初，置都官尙書，見宋書百官志，此似爲見於記載之最早者。北魏太武帝亦置之，蓋仿宋制歟？

案：宋武帝在位三年，其元年（永初元年）當魏明元帝泰常五年，卽太武帝卽位前四年，時代極相近。

其時任職之可考者：有竇瑾、

卷四十六本傳，初定三秦，拜都督秦、雍二州，長安鎮將，在鎮八年，「徵爲殿中都官尙書，……世祖親待之，……從征蓋吳……還京，復爲殿中都官尙書，典左右執法。」是前後兩任。

李蓋、

卷八十三上外戚李惠傳：「父蓋，少知名，歷位殿中都官二尙書、左將軍、南郡公。初世祖妹武威長公主，故涼王沮渠牧犍之妻，世祖平涼州，……詔蓋尙焉。……是後，蓋加侍中駙馬都尉，殿中都官尙書，左僕射，卒官。」據此，蓋亦先後兩任殿中都官尙書，前段都官下衍「二」字。

韓茂、

卷五十一本傳：「世祖壯之，拜內侍長，從平涼州，……遷司衞監。……從破薛永宗，伐蓋吳，轉都官尙書，從征懸瓠。……車駕南征（指眞君十一年事）……拜茂徐州刺史。」

車伊洛。

北史卷二十五車伊洛傳：「焉耆胡也……正平二年，伊洛朝京師，拜都官尙書。」案：魏書云，伊洛以興安二年卒。

其時蓋尙爲殿中尙書之一部，故多冠殿中爲稱。

案：殿中尙書不止一員，且分數部，已見前考。今太武一代任都官尙書之可考者僅得四人六任，其中二人四任皆云：「殿中都官尙書」，而觀其行文尤足知爲殿中之都官尙書，非由殿中尙書遷都官尙書也。

自文成以後則未見有冠殿中爲稱者，如文成時之拓跋幹，獻文時之李奕皆然。

卷十五秦王翰傳，幹「高宗卽位，拜都官尙書，卒。」

卷三十六李順傳，子奕，歷「宿衞監，都官尙書，安平侯，與兄敷同死。」

案：敷與奕以皇興四年冬誅。

孝文帝時無考。自宣武帝以降則時見史傳，不冠殿中爲稱矣。

案：後期任職之可考者甚多：如宣武帝時有李佐（卷三十九李寶傳）、于忠（卷三十一于栗磾傳）、宇文福（卷四十四本傳）、楊椿（卷五十八楊播傳）；

孝明帝時有元琛(卷二十河間王若傳)、元謐、元諶(卷二十一上趙郡王幹傳)、封回(卷三十二封懿傳)、賈思伯(卷七十二本傳);孝莊至孝武時有袁翻(卷六十九本傳)、盧同(卷七十六本傳)、陸什夤(卷三十陸眞傳)、盧義僖(卷四十七盧玄傳)、辛雄(卷七十七本傳)、樊子鵠(卷十孝莊紀)、劉廞(卷五十五劉芳傳)、李郁(卷五十三李孝伯傳);東魏有盧道虔(卷四十七盧玄傳)、元儼襲(卷十四元天穆傳)、陸希質(卷四十陸俟傳);西魏有呂思禮(北周書卷三十八本傳)、申徽(北周書卷三十二本傳)。

太武時,殿中都官尙書執法殿中。

卷四十六竇瑾傳:「爲殿中都官(尙書),典左右執法。」

後期都官之職大抵卽如齊制也。

案:隋志:齊都官尙書統都官、二千石、比部、水部、膳部五曹。魏書卷五十八楊播傳:弟椿爲都官尙書,「監修白溝堤堰。」可知齊統水部卽承魏制也。都官、二千石兩曹屬都官自不待言。

(22) 太倉尙書

明元帝時,安屈典太倉事,但不知其官名。

卷三十安同傳:「長子屈,太宗時典太倉事,盜官粳米數石,欲以養親。」

據前引南齊書魏虜傳,太武帝時,倉儲之職屬殿中尙書;然穆顗以太武末爲太倉尙書,蓋廢置不常也。

卷二十七穆崇傳:「顗……太宗時爲中散,轉侍御郎。……世祖嘉之,遷侍輦郎、殿中將軍……司衛監……殿中尙書……加散騎常侍,領太倉尙書。高宗時,爲征西大將軍。」

至獻文帝末,李訢亦爲太倉尙書,職典倉儲。

卷四十六李訢傳,顯祖時,「復爲太倉尙書,攝南部事,……令千里之外,戶別轉運,詣倉輸之,所在委滯,停延歲月,百姓競以貨賂各求在前,於是遠近大爲困弊。」孝文卽位,仍居原職,至承明元年,遷司空。

(23) 金部尚書

金部尚書蓋太武、文成之際置。文成帝時任職之可考者，有毛法仁、

卷四十三毛脩之傳：子法仁，「高宗初，爲金部尚書，……後轉殿中尚書。」

韓均、

卷五十一韓茂傳：子均，「初爲中散，……加寧朔將軍，遷金部尚書，加散騎常侍。……出爲定州刺史。」案：父茂以眞君中爲殿中尚書；世祖末，爲左僕射；高宗初，爲尚書令；以太安二年卒。均非長子，則其任尚書，亦當在文成帝時。

常員等三人。

卷八十三外戚閭毗傳：常員，高宗太安中，爲金部尚書。時間或稍遲，但必在高宗世也。

(24) 度支尚書

曹魏置度支尚書，兩晉、宋、齊、梁、陳皆因之（宋書、齊書、隋書百官志。）五胡十六國中亦有置此職者，如張珍爲慕容寶度支尚書是也（魏書卷六十八甄琛傳）。惟北魏前期則未之見。至孝文帝末，李彪、李冏、崔亮皆任此職，典財計。

卷六十三李彪傳，爲御史中尉。高祖「車駕南伐，（至懸瓠，在太和十八年）彪兼度支尚書，與僕射李冲、任城王（澄）等參留臺事。」

卷三十六李順傳，李冏「除光祿大夫，守度支尚書。（太和）二十一年，高祖幸長安，冏以……尚書……兼尚書右僕射。」

卷六十六崔亮傳：「遷度支尚書，領御史中尉。自遷都之後，經略四方，又營洛邑，費用甚廣。亮在度支，別立條格，歲省億計。又議修汴、蔡二渠，以通邊運，公私賴焉。」

惟此三人任職皆在太和十七年頒職員令之後，意者前期本無此官，孝文帝始置之歟？

此後常見傳中。

案：任職之可考者：宣武帝時有元蔓（卷十四高涼王孤傳）、李彥（卷三十九李寶傳）、封回（卷三十二封懿傳）；孝明帝時有楊昱（卷五十八楊播傳）、賈思伯（卷七十二本傳）、崔休（卷六十九本傳）；孝莊時有楊侃（楊播傳）、辛雄（卷七十七本傳）；東魏時有胡僧敬（卷十二孝靜紀）、崔昂（卷五十八崔挺傳）、陸操（卷四十陸俟傳）。

北齊承而置之。

*　　　　*

綜上論述，北魏尙書之分部可分前後兩期；大體言之，可以孝文太和十七年頒職員令（遷都亦在此年）爲分劃點。玆分期略標其特徵於次：

（一）前期——又可分爲三階段

(1) 第一階段——創始期（道武帝皇始元年至明元帝初）——大體上模仿華制；惟最重要之南北兩尙書實爲南北兩部大人之化身，是舊制而被新名也。

(2) 第二階段——中廢期（明元帝神瑞元年至太武帝初）——以八部大人、六部大人代替尙書執行政務。

(3) 第三階段——重建及發展期（太武帝至孝文太和十七年）——此期特點有二：第一、部名繁多，可考者至有二十餘種，大抵因事立名，分職甚細，不具常格，至於內廷之職亦以尙書名。第二、諸部中，以殿中、南部、北部、吏部、儀曹、都官、庫部七尙書最爲經見；就中僅吏部、都官與南制同（吏部又大多數稱選部）。觀此二者，可知與南制大異。

（二）後期——定型期（孝文帝太和十七年以後）——此期最大改革爲廢除最足代表鮮卑舊俗之南北二尙書。其餘大抵就本國尙書舊制，參以南制，修正一番，定型爲殿中、吏部、儀曹、七兵、都官、度支六部。

分部分期旣論述竣事，玆列表如次：

北魏尚書分部演變表

時期	前期：創始期	前期：中廢期	前期：重建及發展期				後期：定型期		北齊
	道武帝（太祖）	明元帝（太宗）	太武帝（世祖）	文成帝（高宗）	獻文帝（顯祖）	孝文帝（高祖）（太和十七年）	（遷洛）	孝文以後諸帝	
殿中尚書			（[illegible]）13	3 ¦ 4	2	2	（其一[illegible]）10	殿中	殿中
中曹侍御尚書						（文明太后崩）¦ 1			
太官尚書（宰官尚書）			2						
南部尚書	1		2	2 ¦ 1	（其一或稍前）2	10			
北部尚書	1		2	2 ¦ 1	1	2			
西部尚書			4						
吏部尚書（選部尚書）	1		3	2	4	（多見中傳）		吏部	吏部
左民尚書	1	（神瑞元年）¦							
右民尚書			●						
儀曹尚書			1	1	2	5		儀曹	
祠部尚書（神部尚書）				1		5			祠部
禮部尚書						¦ 1 ¦			
樂部尚書			1		1				
主客尚書					1				
駕部尚書			2	●（某時廢）					
庫部尚書			2		3	1			
都牧尚書（牧曹尚書）					1	1			
虞曹尚書				¦	1	¦			
七兵尚書							3	七兵	五兵
右士尚書				●					
都官尚書			4	1	1			都官	都官
太倉尚書			1			¦ 1 ¦			
金部尚書				3					
度支尚書							3（太和十五年）¦	度支	度支

（1 2 3 4 5……示見於史傳之任職人數。●示官氏志云始創，而傳中不見有任職者。）

又此諸部尙書，地位亦有等差。前期大抵以殿中、南部、吏部等爲高，前二者尤爲權要所寄，最爲重職。至其任職，多由諸部大夫、諸部長與州刺史遷來。及其遷昇，則鎭都大將、大州刺史、尙書令、僕，高者得直遷三公。

案：此等例證，前皆詳引於任職者下，不復贅。由大夫、長遷任，參看列曹職官下章。

後期六部，雖職員令皆在第三品，然吏部尙書特標於前，其位最尊，自無容議。其餘統稱「列曹尙書」，似無等差；然考之遷轉之跡，常由度支，而都官，而七兵，而殿中，而吏部，越級則有之，絕少亂此步驟者。可知除吏部外，殿中較尊，七兵次之，都官又次之，度支最低也。

案：玆舉歷任兩部尙書以上諸例以明之。

崔亮：散騎常侍──→度支尙書─(轉)→都官尙書─(轉)→七兵尙書──→安西將軍雍州刺史──→太常攝吏部事──→撫軍將軍定州刺史……殿中尙書──→吏部尙書～～「本傳」

封回：刺史──→度支尙書──→都官尙書──→七兵尙書──→刺史──→殿中尙書──→右光祿大夫～～「封懿傳」

盧同：左將軍太中大夫──→都官尙書──→兼七兵尙書──→正七兵尙書─(轉)→殿中尙書～～「本傳」

辛雄：光祿大夫領吏部郎──→度支尙書──→鎭南將軍都官尙書──→鎭軍將軍殿中尙書──→衞將軍右光祿大夫──→殿中尙書──→兼吏部尙書──→兼右僕射～～「本傳」

袁飜：度支尙書─(轉)→都官尙書～～「本傳」

賈思伯：太常兼度支尙書─(轉)→都官尙書～～「本傳」

崔休：幽靑二州刺史──→安南將軍度支尙書─(進)→撫軍將軍七兵尙書─(轉)→殿中尙書～～「本傳」

婁延儁：七兵尙書安南將軍──→殿中尙書中軍將軍──→散騎常侍中書令～～「本傳」

穆紹：中書令─(轉)→七兵尙書─(徙)→殿中尙書～～「穆崇傳」

李韶：兗州刺史──►侍中七兵尚書──►將軍幷州刺史──►相州刺史──►殿中尚書──►中軍將軍吏部尚書──►冀州刺史～～～「李寶傳」

楊昱：七兵尚書──►度支尚書──►都督刺史～～～「楊播傳」（唯此條例外）

其位次與隋書百官志敍北齊尚書次序全同，蓋北齊承魏，諸部尚書位有等差，隋志卽以次列之也。是則北魏儀曹尚書雖無專任職者，位次無考，然亦可據隋志齊制，列次殿中之下也。至於任遷，觀職員令可知梗概；而見諸史傳，以與州刺史互轉爲多，內外調任，此尤可注意者也。

案：尚書與州刺史之互轉，史傳中常見，卽前引之例已可證知，不再煩舉。

四　列曹職官上

漢制尚書分曹及郎數已不可考；宋志引漢官云：「置郎三十六人，」未識確否。魏世分曹二十五。西晉增至三十五，曰：直事、殿中、祠部、儀曹、吏部、三公、比部、金部、倉部、度支、都官、二千石、左民、右民、虞曹、屯田、起部、水部、左主客、右主客、駕部、車部、庫部、左中兵、右中兵、左外兵、右外兵、別兵、都兵、騎兵、左士、右士、北主客、南主客、運曹，是也。東晉省曹甚多，皆不足三十六曹也。以上皆見宋志。惟通典卷二十二於西晉下云：「或爲三十六曹。」原注：「晉裴秀以尚書三十六曹統事準例不明。」云云，則西晉實嘗置三十六曹也。北魏太祖道武帝皇始元年，初建台省，分曹亦三十有六。

案：官氏志：「皇始元年始建台省。……天興……二年三月，分尚書三十六曹及諸外署，凡置三百六十曹。……四年十二月，復尚書三十六曹。……天賜……二年二月，復罷尚書三十六曹。」又卷三十二崔逞傳：「歸太祖，禮遇甚重，拜爲尚書，任以政事，錄三十六曹。」則皇始初建台省卽置三十六曹可知也。

各置郎中、令史。

太祖紀：皇始元年，「初建台省，尚書郎以下悉用文人。」

官氏志：天賜元年九月，「又制散官五等……八品散官比郎中。」天賜二年二月，「復罷尚書三十六曹，別置武歸、修勤二職，武歸比郎中，修勤比令史，分主省務。」

其時曹郎之可考者，有吏部、儀曹、三公、七兵、右中兵五曹郎中，除七兵外，皆與西晉同，其他三十一曹想亦多同西晉；蓋其制近承北方五胡十六國（如苻秦、慕容燕等），遠紹西晉之緒也。

案：皇始元年，當東晉末太元二十一年。其時，晉尚書省僅十五曹，非北魏所仿，可知。蓋西晉亡後，北方五胡十六國猶承其制，尚書置三十六曹，少所損益。太祖初拓中原，網羅漢士，設官立爵。此類漢士皆北方人，且多仕於北方諸國，即仿北制設官定職，故與東晉大異，而與西晉爲近也。又案：北魏遠祖統國三十六，至太祖時當不如此，然可能仍爲制官諸臣所比附，且以上同西晉也。

至天賜二年二月，「復罷三十六曹，别置武歸修勤二職，武歸比郎中，修勤比令史，分主省務。」自後，明元帝廢尙書制度，自無曹郎；而太武、文成、獻文三朝數十年，史傳中亦不見有尙書列曹郎中；

案：史傳中偶見有尙書郎，不著曹别者。如卷四世祖紀，眞君十一年四月，「輿駕還宫，賜從者及留台郎吏已上生口各有差。」又如卷四十二韓秀傳：「遷尙書郎」，似亦在太武帝世。北史卷八十二儒林黎景熙傳：「從祖廣，太武時尙書郎。」此蓋主書郎，地位不重，非如後期操持曹務之郎中，故不常見。詳後。又太武、文成時又見有北部侍郎，亦非一般郎中之職。又北史卷三十一高允傳「初崔浩薦冀定相幽幷五州士數十人各起家爲郡守。景穆謂曰：先召之人亦州郡選也，在職已久，勤勞未答，今可先補前召外任郡縣，以新召者代爲郎吏。」出爲郡縣亦主書郎也。

至高祖孝文帝時，乃復頻見史傳。蓋太武以降三朝，皆承天賜二年之詔，或廢曹郎不復置，或雖置，亦非操持曹務之職也。

案：此詳第五章列曹職官下。

太和末葉，釐定官制，爲職員令，都二十餘卷，尙書别曹分職必臚列詳明，惜魏收撰官氏志總稱尙書郎中，設曹分職概付闕如 。或曰：隋志云：「後齊官制多循後魏，」則可據齊制以推魏制 。然諦審之，殊未盡然，不能不稍詳考之，以期近似。

案：隋志，北齊尙書台有吏部、考功、主爵、殿中、儀曹、三公、駕部、祠部、主客、虞曹、屯田、起部、左中兵、右中兵、左外兵、右外兵、都兵、都官、二千石、比部、水部、膳部、度支、倉部、左戶、右戶、金部、庫部、凡二十八曹。吏部、三公郎中各二人，餘並一人。考魏書卷一百零八禮志，肅宗熙平元年，議乘輿之制，其時尙書郎之與議者，有考功、北主客、南主客、三公、駕部、起部、左主客、騎兵、外兵、右外兵、都官、左士、度支、左民、金部、庫部郎中，凡十六人，已與齊制頗有出入。又唐六典卷四注：「後魏職品令……都官尚書管左士郎。北齊河淸令，改左士爲膳部郎中。」又云：「後魏職品令，太和中，吏部尙書管南主客北主客，其祠部管左主客右主客。北齊河淸令，改左主客爲主爵，南主客爲主客。」是尤兩朝不同之明例也。不能不更爲考訂。

今考北魏後期分曹亦三十有六，蓋載在太和職員令，宣武頒之以爲永式者。

案：北周書卷三十二柳慶傳，大統十年，「除尙書都兵郎中……兼雍州別駕。十二年，改三十六曹爲十二部，詔以慶爲計部郎中。」同書卷三十七李彥傳，大統中，爲儀曹郎中、左民郎中。「十二年，省三十六曹爲十二部，改授民部郎中。」此所謂三十六曹當承北魏一統時之制也。

詳考史傳，可得三十四曹：曰吏部，曰考功，曰南主客，曰北主客，曰殿中，曰直事，曰三公，曰駕部，曰儀曹，曰祠部，曰左主客，曰右主客，曰虞曹，曰屯田，曰起部，曰七兵，曰左中兵，曰右中兵，曰左外兵，曰右外兵，曰騎兵，曰都兵，曰都官，曰二千石，曰左士，曰右士，曰比部，曰水部，曰度支，曰倉部，曰左民，曰右民，曰金部，曰庫部。此與前引西晉三十五曹略同，惟無車部、別兵、運曹，而多考功、七兵二曹耳。諸曹各置郎中。位正六品下階(官氏志)，主判曹務。

案：通考卷五十二：漢「八座受成，事決於郎，下筆爲詔策，出言爲詔命。」其職至重。其後雖不豫策命，然亦主曹務，事決於郎也。北魏亦然。魏書卷七十五爾朱世隆傳：田怙家奴有罪，「付曹推檢。時都官郎穆子容窮究之。又北齊書卷四十七酷吏宋遊道傳：東魏末，「魏安平王坐事亡，章武王及諸王妃，是其近親者皆被徵責，都官郎中畢義生主其事。」都官如此，他曹可知。又唐六典卷一注引楊楞伽北齊鄴都故事：「尙書郎判事，正坐；都令史側坐；書令史過事。」卽承魏制也。

故其職其人常爲君主所重。

案：此觀後引孝文選吏部郞而得崔亮之事可知。康南海官制議卷三曰：「夫以一郎官……選其人，至令百官給三日假覓之，又自思得其人，徵召求之，此今日吏部尚書尚無此寵也。」又魏書卷六十三宋弁傳：「除尚書殿中郎中。高祖曾因朝會之次，歷訪治道。弁年少官微，自下而對，聲姿清亮，進止可觀。高祖稱善者久之，因是大被知遇，賜名爲弁，意取弁和獻玉，楚王不知也。」亦見君主所重。

然其官位仍低，仍承漢制，不免捶楚也。

卷八十五文苑温子昇傳：「建義初，爲南主客郎中，修起居注。曾一日不直，上黨王天穆時錄尚書事，將加捶楚，子昇遂逃遁。」

玆分曹考述之，雖有見於史籍之時代較晚，要定於太和職員令，頒爲永式者也。

(1) 吏部郎中

道武帝初建台省卽置吏部郎中，宋隱、鄧淵、燕鳳皆曾任職。

卷三十三宋隱傳：「太祖平中山，拜隱尚書吏部郎。車駕北還，詔隱以本官輔衞王儀鎭中山，尋轉行台右丞，領選如故。」

卷二太祖紀，天興元年十一月辛亥，「詔尚書吏部郎中鄧淵典官制，立爵品，定律令，協音樂。」又見卷二十四淵本傳、卷一百一十三官氏志。

卷二十四燕鳳傳：「太祖卽位，歷吏部郎，給事黃門侍郎。」

同時北涼沮渠蒙遜亦置之。

卷五十二宋繇傳：「沮渠蒙遜平酒泉……得宋繇，拜尚書吏部郎中，委以銓衡之任。」

孝文帝太和十七年第一次所頒職員令，有吏部郎中一職，自屬吏部尚書，爲其首曹。是後任職者頻見史傳，不煩枚舉。職參選事，爲朝廷所依重，故必愼擇才望兼允者，觀孝文之任崔亮，可以想見。

卷六十六崔亮傳：「遷尚書二千石郎。高祖在洛，欲創革舊制，選置百官，謂羣臣曰：與朕舉一吏部郎，必使才望兼允者，給卿三日假。又一日，高祖曰：朕已得之，不煩卿輩也。馳驛徵亮兼吏部郎。……亮自參選事，垂將十年，廉愼明決，爲尙書郭祚所委，每云：非崔郎中，選事不辦。」（又卷七十一裴叔等傳皇甫瑒，「自太尉記室，超遷吏部郎，性貪婪多所受納，鬻賣吏官，皆有定價。」亦可見其頗有權任。）

北齊因之，隋志云：「掌褒崇選補等事。」

又案：太和十七年所頒職員令，尙書郎中位第五品上，另有尙書吏部郎中，從四品上，而位在左右丞之間，蓋其性質與他曹郎中同，惟地位稍高耳。而二十三年重訂之職員令，尙書郎中位第六品下，左丞從四品上，右丞從四品下，吏部尙書及其他五部尙書皆正三品；又有尙書吏部侍郎者，位在正四品上，較一般郎中高至九階，較兩丞亦高二三階，而較尙書僅低兩大階（等於四小階），名既與郎中有異，而地位崇高如此，意者，此乃吏部尙書之副貳，非管吏部一曹之郎中也。

(2) 考功郎中

北涼沮渠蒙遜時有考課郎中，

卷五十二闞駰傳：「蒙遜甚重之，常侍左右，拜祕書考課郎中。」

北魏前期未見。至宣武帝以後時見史傳，必屬吏部尙書。

案：任職之可考者：宣武時有裴佗（卷八十八良吏裴佗傳）、裴良（卷六十九裴延儁傳）；孝明時有劉懋（卷五十五劉芳傳、卷一百零八禮志）、陽固（卷七十二陽尼傳）、封軌（卷三十二封懿傳）、賈思同（卷七十二賈思伯傳）；其後有崔宣軌（卷五十七崔挺傳）、韋榮茂（卷四十五韋閬傳）、于長文（卷三十一于栗磾傳）。

北齊承之，隋志云：「掌考第及秀孝貢士等事。」卽魏時之職也。

卷三十二封懿傳：軌，渤海人也。世宗時「轉考功郎中。……渤海太守崔休入爲吏部郎，以兄考事干軌。軌曰：法者天下之平，不可以舊君故虧之也。」

卷五十五劉芳傳：懋「領考功郎中，立考課之科，明黜陟之法，甚有條貫。」

卷七十二陽尼傳，固，「肅宗即位，除尙書考功郎，奏諸秀孝中第者聽敍，自固始。」

通典卷二十三：「後魏考功郎掌考第、孝秀。北齊考功郎中亦掌考第及孝秀貢士。」

據封懿傳，官吏功過皆須先經此曹論定，然後吏部始能據案除授，故此曹職任崇要，僅次吏部。

(3) 南主客郎中 北主客郎中 左主客郎中 右主客郎中

孝文帝時有主客郎中之官，任職者頻見史傳，蓋帝銳意漢化，與南朝交聘頻繁也。

案：卷四十二薛辯傳，薛驎駒「除中書博士。太和九年，蕭賾使至，乃詔驎駒兼主客郎以接之。」卷四十五裴駿傳，裴宣，「高祖初，徵爲尙書主客郎，與蕭賾使顏幼明、劉思效、蕭琛、范雲等對接。」卷五十五劉芳傳：「會蕭賾使劉纘至，芳之族兄也，擢芳兼主客郎，與纘相接。」卷八十九酷吏酈道元傳：「太和中爲尙書主客郎。」又卷四十八高允傳，高孝則爲主客郎，當在太和中葉。卷六十九崔休傳：高祖時爲尙書主客郎，推其行事，當在太和二十左右。

其始蓋未分曹，至太和末葉定職品令。始分爲南北左右四曹，南北二曹屬吏部尙書，左右二曹屬儀曹尙書。終魏世未廢。

唐六典卷四主客郎中注：「後魏職品令，太和中，吏部尙書管南主客、北主客，其祠部（即儀曹尙書）管左主客、右主客。北齊清河令，改左主客爲主爵，南主客爲主客。」

故自孝文末以迄魏末，皆見有任職者。

案：卷一百零八禮志有南北左三郎，時在孝明帝初。其他任職之可考者；南主客郎中，太和二十年前後有鄭長猷（卷五十五劉芳傳），孝明帝時有許演（卷四十六許彥傳），孝莊帝時有溫子昇（卷八十五文苑子昇本傳），魏末有李系（卷四十九李靈傳）、李庶（卷六十五李平傳）。北主客郎中，孝莊時有魏收（北齊書卷三七本傳）。左主客郎中，太和二十年前後有裴夙

(卷六十九裴延儁傳),宣武帝時有崔楷(卷五十六崔辯傳),孝明帝時有盧道舒(卷四十四盧玄傳)。　右主客郎中,苻丕曾置之,以李光任職(卷三十三本傳)。孝莊時有辛子馥(卷四十五辛紹先傳),與子馥相先後有胡延(文館詞林卷四百五十七本碑)。

北齊主客僅一曹,無南北左右之分(隋志),蓋省其制也。

案:孝文時,主客郎例無南北左右之別,至末葉則有之,蓋改制後之新制也。此後皆冠南北左右爲稱。惟卷十五常山王遵傳,元暉以世宗即位時爲主客郎,不著曹別;然此傳,魏收書佚,後人所補,其爲例外,固宜。至魏末將亡時,所見主客郎極少,而頗有不冠南北左右爲稱者,如李子仁(卷四十九李靈傳)、裴讓之(北齊書卷三十五本傳),則省四曹爲一曹,或魏末已漸見其端歟?未必然也。

隋志云:北齊主客郎,「掌諸蕃雜客等事。」此顧名可知也。魏制,南主客接待南朝聘使,故高選其才,於四曹中最爲劇要。

案:此觀前引孝文時諸郎可知。又李靈傳:李系「蕭衍遣使朝貢,侍中李神儁舉系爲尚書南主客郎。系前後接對,凡十八人,頗爲稱職。齊文襄王攝選,以系爲司徒諮議參軍,因謂之曰:自郎署至此,所謂不次,以卿人才,故有此舉耳。」亦其例也。

是則北主客職在接待北方諸族之聘使可知;惟左右兩曹不知所掌,要皆不及南曹之劇要也。

(4) 殿中郎中

孝文帝初已有殿中郎中,如崔廣、宋弁等曾任其職。

案:卷四十九崔鑒傳:崔廣,「高祖時,殿中郎中。」觀其官歷及卒年(景明末),則其任職當在孝文初也。卷六十三宋弁傳,任職至遲在太和中葉。又卷六十五邢巒傳之邢虬,卷十五常山王遵傳之元昭,任職皆在孝文時。卷六十九裴延儁傳,爲殿中郎,時在太和二十年秋稍前。

其後亦頗可考見,屬殿中尚書,爲其首曹。

案：任職可考者：宣武時有袁翻（卷六十九本傳），孝莊時有宋世良（北史卷二十六宋隱傳），東魏時有崔伯謙（北史卷三十二崔鑒傳），又有宇文慶安，不知何時（魏書卷四十四宇文福傳）。

南朝殿中郎居鵷行之首，爲禮樂所出。

梁書卷三十四張緬傳：天監初，「殿中郎缺。高祖謂徐勉曰：此曹舊用文學，且居鵷行之首，宜詳擇其人。」

宋書卷六十二羊欣傳：「桓玄輔政……以爲楚台殿中郎，謂曰：尙書政事之本，殿中禮樂所出。」

魏制亦主齊會，亦禮樂之謂，蓋同南制也。後以改付右兵。

北史卷二十六宋隱傳：世良，孝莊時「爲殿中侍御史……遷殿中（？當脫郎字）。世良奏殿中主齋會之事，請改付餘曹。帝曰：卿意不欲親庖廚耶？宜付右兵，以爲永式。……帝曰：宋郎中實有家風。……」（北齊書世良本傳無此段）

唐六典卷四禮部郎中注：「魏、晉、齊 梁、陳、後魏、北齊有殿中郎、儀曹郎，而殿中掌表疏，儀曹掌吉凶禮制。」

(5) 直事郎中

魏末有尙書直事郎中，蓋亦承孝文之制，疑屬殿中尙書。

北史卷五十七周宗室廣川公測傳，弟深，「大統中，累轉尙書直事郎中。……六官建，拜小吏部下大夫。」案：西晉三十五曹，直事郎中爲首，次卽爲殿中郎，觀直事之名，其職蓋亦與殿中爲近，魏世直事郎中或亦屬殿中尙書也。

(6) 三公郎中

道武帝初建台省，置三公郎中，以王德任職，「定律令，申科禁。」

案：事在天興元年，見太祖紀及卷一百一十一刑法志。

其後職廢。至孝文帝末復置之，自此以迄東魏末，常見史傳。或屬殿中尙書。

案：卷七十七高崇傳：「為中散，循遷尚書三公郎。……景明中……遷領軍長史。」則任郎職當在太和末至景明初也。其後任職之可考者：宣武時有祖瑩（卷八十二本傳），宣武、孝明之際有崔鴻（卷一百零八禮志、卷六十七崔光傳、卷十五常山王遵傳），孝明時有辛雄(卷七十七本傳)、崔纂（卷五十七崔挺傳）、陸暐（卷四十陸俟傳），孝莊時有高恭之（高崇傳）、王延業（北史卷二十四封懿傳），孝靜時有封述（封懿傳）、房文烈（魏書卷四十三房法壽傳）。

北齊承之。隋志云：「掌五時讀時令、諸曹囚帳、斷罪、赦日、建金鷄等事。」魏職蓋亦如此；及法律之損益訂正，皆其職也。

北史卷二十四封懿傳，封述「天平中，為三公郎中。時增損舊事為麟趾新格，其名法科條，皆述所删。」又可參看魏書卷八十八良吏竇瑗傳及前引王德事。

(7) 駕部郎中

駕部郎中常見於宣武末以後，或屬殿中尚書。

案：任職可考者：宣武末至孝明初有長兼駕部郎中薛悅(卷一百零八禮志)，孝明時有辛雄（卷七十七本傳）、羊深（同卷本傳），孝莊時有薛衎（卷四十四薛野賭傳）。

北齊承之，隋志云：「掌車輿牛馬廐牧等事。」

(8) 儀曹郎中

道武帝初建台省，置儀曹郎中，以董謐任職，「撰郊廟社稷朝覲饗宴之儀。」

案：事在天興元年，見卷二太祖紀、卷一百零八禮志、卷二十四崔玄伯傳附董謐傳。

其後職廢。至孝文時又置之，故任職者屢見。

案：崔玄伯傳附僧淵傳：「高祖……後以僧淵為尚書儀曹郎，遷洛之後，為青州中正。」卷六十九裴延儁傳、為儀曹郎。推其時當在太和二十年稍前，或十七年頒令遷洛前後。卷七十二路恃慶傳，太和中爲尙書儀曹郎。則孝文頒令前已有也。

此後常見史傳。屬儀曹尙書，爲其首曹。

案：宣武時如房景伯（卷四十三房法壽傳）、房景先（卷一百零八禮志），孝明時如甄楷（卷六十八甄深傳）、盧觀（卷八十五文苑盧觀傳），宣武或孝明時又有柳敬起（卷四十五柳崇傳），孝莊時如袁昇（卷八十一山偉傳），其後又有王暉（卷三十三王憲傳），西魏有李彥（北周書卷三十七本傳）。

北齊承之，隋志云：「掌吉凶禮制事。」

北齊書卷三十五裴讓之傳：弟讞之，「昭帝梓宮將還鄴，轉儀曹郎，尤悉歷代故事，儀注喪禮皆能裁正」。

(9) 祠部郎中

祠部郎中始見於孝文太和十六七年前後。

案：卷四十八高允傳：高綽，以太尉法曹行參軍，兼尙書祠部郎，時在太和十五年，或稍後一二年，此爲祠部曹郎中之最早見於史傳者。又卷三十六李順傳：李祐爲祠部郎中，最早在太和末。

其後，以迄東西魏，常見有任職者。

案：可考者，宣武時有崔鴻（卷六十七崔光傳）、宋世景（卷八十八良吏世景本傳）。又卷一百零八禮志，神龜元年，「崔光上言，被台祠部曹符。」是孝明時有之也。其後任職者，東魏時有元長和（卷一百零七律曆志下）、源文宗（北史卷二十八源賀傳）、楊元讓（魏書卷五十八楊播傳），西魏有楊敷「北周書卷三十四本傳）。

屬儀曹尙書。

北齊承之，隋志云：「掌祠部（當作祀）、醫藥、死喪、贈賜等事。」

卷一百零八之三禮志：神龜元年，「崔光上言，被祠部曹符，文明太后改葬，議至尊皇太后羣臣服制輕重。」

北史卷二十八源賀傳：源師「仕齊爲尙書左外兵郎中，又攝祠部；後屬孟夏，以龍見請雩。」

(10) 虞曹郎中

尙書虞曹郎中始見於宣武帝初。

案：卷六十七崔光傳：崔鴻以員外郎兼任，時在宣武景明三年。

魏分東西，仍存此曹。

案：西魏任職者有皇甫璠（北周書卷三十九本傳）、郭彥(同書同卷本傳)。

或屬儀曹尙書。

北齊承之，隋志云：「掌地圖山川遠近園囿田獵殺膳雜味等事。」

(11) 屯田郎中

尙書屯田郎中，魏末始見有任職者。

案：孝武帝初有穆琳（卷二十七穆崇傳），東魏有裴讓之（北齊書卷三十五本傳）。

或亦屬儀曹尙書。

案：此曹應屬度支尙書，今例據北齊，假定屬儀曹尙書。

北齊承之，隋志云：「掌籍田、諸州屯田等事。」

(12) 起部郎中

高祖紀，太和十一年，「詔罷起部無益之作。」蓋指尙書起部曹而言，惟不知此時起部主務者是否爲郎中。至宣武、孝明時，始見有起部郎中；迄東魏末，此職未廢。

案：任職可考者：宣武、孝明之際有杜遇（卷一百零八禮志及卷四十五杜銓傳）、裴詢（卷四十五裴駿傳），孝明時有源子恭（卷四十一源賀傳），東魏時有辛術（卷一百零七律歷志下）、封詢（卷二十二封懿傳）。

或屬儀曹尙書。

「掌諸興造工匠等事。」北齊承之，故隋志云然。

杜銓傳：「遇……轉……尙書起部郎中，竊官材瓦，起立私宅，淸論鄙之。」

源賀傳，源子恭爲起部郎，上書言作明堂事。

(13) 七兵郎中

七兵尙書轄七曹，曰七兵，曰左中兵，四右中兵，曰左外兵，曰右外兵，曰騎兵，曰都兵；玆一一考述之：

七兵郎中，道武帝初建台省時置，以李先任職，地位崇要。

卷三十三李先傳：「太祖……以先爲丞相衛王府左長史，從儀平鄴，……回定中山，先每進一策，所向克平。車駕還代，以先爲尙書右中兵郎，……北伐，大破蠕蠕，……轉七兵郎。」

孝文亦置此曹郎中，迄魏末未廢。

卷七十二陽尼傳，陽固，「肅宗卽位，除尙書考功郎。……大軍征硤石，勅爲僕射李平行台七兵郎中。」行臺置此郎，中央可知，時在孝明世，必承孝文制也。魏末，崔伯謙爲七兵郎中，（北史卷三十二崔鑒傳），天平中，張亮爲行台郎中，典七兵事，（北齊書卷二十五本傳）。

(14) 左中兵郎中　右中兵郎中

左中兵郎中，始見於宣武帝初葉。

卷三十八刁雍傳：整，「景明中，除給事中，領本州中正，尋除尙書左中兵郎中。……永平初，以軍功除員外散騎常侍，仍除郎中。延昌三年……拜右將軍，仍除郎。」

自後常見有任職者。

案：孝明時如封肅（卷八十五文苑封肅本傳），孝莊時如宋遊道（北齊書卷四十七酷吏遊道本傳），東魏如李溥濟（魏書卷一百零七律歷志下），魏末有崔忻（卷四十九崔鑒傳）。

道武帝又置右中兵郎，以李先任職（見前引）。後廢，蓋孝文復置之至孝明以後始見史傳。

案：任職者，孝明時如楊暄（北周書卷三十四楊敷傳），孝莊時如崔勉（魏

書卷五十七崔挺傳）、元忻之（卷十六陽平王熙傳）

又有單稱中兵郎中者，蓋左右郎之簡稱也。

案：如李曄，在孝明帝時，見卷三十六李順傳。

軍勳奏案皆掌關之。

卷七十六盧同傳：熙平初，轉左丞。「肅宗世，朝政稍衰，人多竊冒軍功。同閱吏部勳書，因加檢覆，覈得竊階者三百餘人。同乃表言：竊見吏部勳簿多皆改換，乃校中兵奏按，並復乖舛，……請遣一都令史與令僕省事各一人，集吏部，中兵二局勳簿，對句奏按，若名級相應者，即於黃素楷書大字具件階級數，令本曹尚書以朱印印之，明造兩通，一關吏部，一留兵局，與奏按對掌。……詔從之。」

卷十九任城王雲傳：肅宗世，「御史中尉東平王匡奏請取景明元年以來內外考簿、吏部除書、中兵勳案，並諸殿最，欲以案校竊階盜官之人。」

孝莊帝又詔右兵掌齋會之事，其右中兵歟？

案：此見前殿中郎節引宋隱傳。

北齊承之亦有左中兵、右中兵兩曹。隋志云：左中兵「掌諸郡督告身、諸宿衛官事等。」右中兵「掌畿內丁帳事力蕃兵等事。」

(15) 左外兵郎中　右外兵郎中

左外兵郎中，始見於孝文太和十七年。

卷六十二高道悅傳，兄觀為左外兵郎中。案：道悅以太和中為治書侍御史，「車駕南征，征兵秦、雍，大期秋季，閱集洛陽。」觀之任職即在此時。旋道悅遷主爵下大夫，「車駕將幸鄴，又兼御史中尉，留守洛京，時宮極初基」云云，則高觀任職即在十七年遷都時也。

其後常見史傳。

案：任職之可考者：宣武初，有盧道將（卷四十七盧玄傳），孝明時有陸士宗（卷四十陸俟傳），又有薛禍亦在兩帝時（卷四十二薛辯傳），孝莊時有李昞(卷三十九李寶傳)，東魏末有魏叔道(北齊書卷四十七酷吏宋遊道傳)，西魏有王子直（北周書卷三十九本傳）。

右外兵郎中，亦始見於孝文時，其後亦數見。

柳崇以孝文時爲尙書右外兵郎中（卷四十五本傳）。其後，孝明時有鄭幼儒（卷一百零八禮志），孝莊時有王昕（北史二十五王憲傳）。

又多有單稱外兵郎中者，蓋左右郎之簡稱也。

案：傳中稱外兵郎者甚多：宣武時有劉懋（卷五十五劉芳傳）、陸希悅（卷四十陸俟傳），孝明時有石士基（卷一百零八禮志）、鄭伯猷（卷五十六鄭羲傳），孝莊時有李奐（卷八十一山偉傳），明莊之際有酈惲（卷四十二酈範傳）。考高道悅傳，先稱觀爲外兵郎中，後於附觀傳中始正式稱左外兵郎中，是不冠左右爲簡稱甚明。又禮志，與議乘輿之制者郎中十餘人，有外兵郎中石士基，長兼右外兵郎中鄭幼儒，一冠右字，一不冠，則似專爲左郎之簡稱矣。又案：中兵外兵皆左郎多見，右郎少見，此亦可注意。

北齊承之，亦置此二曹郎，隋志云：左外兵「掌河南及潼關、巴東諸州丁帳，及發召征兵等事。」右外兵「掌河北及潼關、巴西諸州，所典與左外同。」掌外州發召征兵之職實承魏制，惟分區或有異耳。

案：高道悅傳：「轉治書侍御史……車駕南征，徵兵秦、雍，大期秋季閱集洛陽。道悅以使者治書御史薛聰、侍御主文中散元志等稽違期會，奏舉其罪；又奏兼左僕射吏部尙書任城王澄位總朝右……曾不檢奏。……時道悅兄觀爲（左）外兵郎中，而澄奏道悅有黨兄之負。高祖詔責，然以事經恩宥，遂寢而不論。」據此，則魏外兵之職本主征發也。

(16) 騎兵郎中

騎兵郎中屢見於宣武、孝明之世。

案：禮志：孝明熙平元年議乘輿制有騎兵郎中元洪超與議，其任職必始於宣武末。孝明時又有羊深（卷七十七本傳），稍後有穆永延（卷二十七穆崇傳）。

至東魏末仍見有任職者。

案：卷六十一畢敬衆傳：畢祖暉，永安中卒，年五十。長子義緦，武定中開府中郎。義緦弟義雲，尙書騎兵郎中，參之北史，當在東魏末也。

北齊省。

(17) 都兵郎中

都兵郎中始見於宣武帝時，

案：崔鴻爲都兵郎中，在正始中至永平初，見卷六十七崔光傳。

迄魏分東西，仍置之。

案：孝明時有袁躍（卷八十五文苑躍本傳），東魏武定中有崔乾亨（卷六十六崔亮傳），西魏大統中有柳慶（北周書卷二十二本傳）。

北齊承之，隋志云：「掌鼓吹太樂雜戶等。」

(18) 都官郎中

尙書都官郎中始見於孝文頒職員令前後。

案：卷二十八和跋傳，和度官尙書都官郎中，昌平太守。檢度父歸以文成帝時卒，度孫安，武定末官給事黃門侍郎，則度任郎職當在孝文時也。又卷四十五裴駿傳：宣「高祖初，徵爲尙書主客郎……轉都官郎，……遷都洛陽，……轉司州治中。」此在遷都前，或亦在頒職員令前也。卷五十七崔挺傳：崔敬邕爲都官郎，時已在太和末第一次頒令後矣。

自後以迄魏分東西時，恆置此職。

案：孝明時有李秀之（卷四十九李靈傳、卷一百零八禮志），孝莊時有穆子容（卷七十五爾朱世隆傳），東魏末有畢義雲（北齊書卷四十七酷吏義雲本傳），西魏時有李昶（北周書卷三十八本傳）。

屬都官尙書，爲其首曹。

職主刑獄。

北齊書卷四十七酷吏宋遊道傳：東魏末，「魏安平王坐事亡，章武王及諸王妃太妃是其近親者，皆被徵責，都官郎中畢義雲主其事。」

同書同卷畢義雲傳：「遷尚書都官郎中，性嚴酷，事多幹了。齊文襄作相，以爲稱職，令普勾僞官，以車輻考掠，所獲甚多。」

魏書卷七十五爾朱世隆傳：田怙家奴有罪，「付曹推檢，時都官郎穆子容窮治之。」

北齊承之，隋志云：「掌畿內非違得失事。」

北史二十六宋隱傳：世軌，天保初「爲都官郎中，有囚事枉，將送垂致法，世軌遣騎追止之。」

(19) 二千石郎中

尚書二千石郎中，始見於孝文太和十七年頒職員令前夕，

案：卷七十二房亮傳，兼員外散騎常侍，使於蕭賾，回朝，拜尚書二千石郎中，則其時當在十七年稍前也。又卷六十六崔亮傳：「遷尚書二千石郎。高祖在洛，欲創革舊制，選置百官，……馳驛徵亮兼吏部郎。」是則正當遷都前夕也。

自後迄魏分東西，恆置此職。

案：任職者：宣武時或稍後有酈道愼（卷四十二酈範傳），孝明時有山偉（卷八十一本傳），孝莊時有張宴之（北齊書卷三十五本傳），節閔帝時有呂思禮（北周書卷三十八本傳），西魏有李昶（同書同卷昶本傳）。

屬都官尚書。

北齊承之，隋志云：「掌畿外得失等事。」

(20) 左士郎中

孝文太和中改定百官，有尚書左士郎中，屬都官尚書；北齊始省之。

唐六典卷四膳部郎中注：「後魏職品令：太和中改定百官，都官尚書管左士郎。北齊河清令，改左士郎爲膳部郎。」通典卷二十三略同。

案：任職之可考者：孝明時有朱元旭（卷一百零八禮志），西魏大統中有楊敷（北周書卷三十四本傳）。

(21) 右士郎中

又有右士郎中，蓋與左士爲對。北齊亦省。

文館詞林卷四百五十七魏收兗州都督胡延碑：「除尙書右主客郎中，歷轉二千石、右士二局。」是以魏末任職也。又魏書卷八十一山偉傳：肅宗時，「僕射元欽引偉兼尙書二千石郎，後正名士郎。」名蓋左或右之譌歟？

(22) 比部郎中

尙書比部郎中，始見於孝明帝時。

案：卷六十六崔亮傳：子士安，尙書比部郎；當在肅宗時。

或屬都官尙書。

北齊承之，隋志云：「掌詔書律令勾檢等事。」

(23) 水部郎中

尙書水部郎中始見於東魏之世，當亦孝文時制也。

案：宋仲美以武定末任職（卷三十三宋隱傳），趙彥深亦在東魏末（北齊書卷三十八本傳）。

屬都官尙書。

案：魏都官尙書亦掌溝堤諸事，見都官尙書節引楊播傳。

北齊承之，隋志云：「掌舟船津梁、公私水事。」

(24) 度支郎中

尙書度支郎中，始見於孝文太和十七年頒職員令之前夕。

案：卷五十二宋繇傳：宋超位尙書度支郎。檢超曾祖繇以世祖時卒，超弟稚以太和中爲司徒屬，則超任郎中當亦太和中也。又卷四十九李靈傳：李道「拜奉朝請，尙書度支郎；遷洛，爲營構將。」此當在十七年頒職品令前後也。

自此以迄東魏，恆置此職。

案：任職者：孝明時有谷穎（卷一百零八禮志）、朱元叔(卷七十二本傳)，東魏末有袁聿脩（卷八十五文苑袁躍傳），西魏大統初有元偉（北周書卷三十八本傳）。

屬度支尙書，爲其首曹。

掌軍國糧廩及其他財務。

卷七十二朱元叔傳：「除尙書度支郎中。神龜末，以郎選不精，大加沙汰，元旭……以才用見留，尋加鎭遠將軍，兼尙書右丞，仍郎中，本州中正。時關因西都督蕭寶夤啓云：所統十萬，食唯一月。於是肅宗大怒，召問所由，錄令以下皆推罪於元叔。元叔入見，於御座前屈指校計，寶夤兵糧乃踰一年，事乃得釋。」

北齊承之，隋志云：「掌計會，凡軍國損益事役糧廩等事。」

(25) 倉部郎中

尙書倉部郎中，始見於孝文末或宣武初。

案：卷八十八良吏裴佗傳，佗任倉部郎中在世宗初或高祖末。

至東魏仍置之。

案：卷四十陸俟傳，陸杳以東魏時任此職。

屬度支尙書。

北齊承之，隋志云：「掌諸倉帳出入等事。」

(26) 左民郎中　右民郎中

尙書左民郎中始見於孝文太和中，

案：有任職者，如路恃慶（卷七十二本傳）、鄭神虎（卷四十二鄭範傳）。

自後以迄魏末恆置此職。

案：史傳常見任職者：宣武時有張彝（卷六十四本傳）、尉靜（卷五十尉元傳），孝明時有張均（卷一百零八禮志），孝莊初有陰道方（卷五十二陰仲達傳），西魏時有李彥（北周書卷三十七本傳），他如薛景淵（魏書卷四十二薛辯傳）、路思令（卷七十二路恃慶傳）、李遺元（卷三十六李順傳）、許絢（卷四十六許彥傳）皆在宣武以後也。

孝文以後又有右民郎中。

案：卷四十陸俟傳：陸暐以太尉西閤祭酒兼尚書右民郎，轉三公郎，以正光中卒。則其任職必在孝明帝初。其後，路思令由左民郎轉右民郎，（路恃慶傳）；陰道方，孝莊初遷左民郎中，轉安東將軍光祿大夫，領右民郎中（陰仲達傳）；則右民與左民並置，且其地位或在左民之上也。

皆屬度支尚書。

北齊改二曹爲左戶、右戶。隋志云：左戶「掌天下計帳戶籍等事，」右戶「掌天下公私田宅租調等事。」蓋卽北魏左右民之職。

案：唐六典卷三戶部郎中注：「後魏爲左戶曹郎，北齊有左民郎曹。」通典卷二十三：「漢尚書郎一人主戶口墾田。吳時，張溫爲尚書戶曹郎。魏有民曹郎。晉分爲左右民曹。宋齊以下或爲左民，或爲左戶。北魏有戶部郎。北齊有左右民曹。」此皆謂魏以戶爲名，齊以民爲名，與隋志及見於魏書列傳者恰相反，蓋六典、通典「戶」「民」互譌也。惟二者職同當是事實。

又案：案書卷八十二祖瑩傳，爲國子博士，領尚書左右部（北史，部作郎，是也）。時在宣武時。左戶之稱，魏書僅此一見（北史卷三十二崔鑒傳，兄孫伯謙爲左戶郎）。然華制民戶名異而職同，例不同時並置，此「戶」恐亦民之譌也。

(27) 金部郎中

北涼沮渠牧犍曾置金部郎中。

案：趙柔曾任其職，見卷五十二柔本傳。

北魏孝文以後置尚書金部郎中，迄魏分東西，仍置此職。

案：卷五十六崔辯傳：崔模，歷尚書金部郎中、太尉主簿、太尉中郎、太子家令，免；時巳神龜中，則任金部當在宣武時也。其後孝明初有李仲東（卷一百零八禮志），孝莊時有邢臧（卷八十五文苑邢臧傳），稍遲有鄭貴賓（卷五十六鄭義傳），東魏有李之良（卷三十六李順傳），西魏有趙剛（北周書卷三十三本傳）。

屬度支尙書。

北齊承之，隋志云：「掌權衡度量、內外諸庫藏文帳等事。」

(28) 庫部郎中

北涼沮渠蒙遜置庫部郎中。

案：宗舒任職，後歸魏，見卷五十二宗欽傳。

北魏孝文以後亦置尙書庫部郎中；迄魏末，仍置此職。

案：卷六十七崔光傳，崔文長以宣武帝正始中爲尙書庫部郎；此魏世之最早見者。孝明時有賈思同（卷一百零八禮志），又有酈顯度蓋亦宣武孝明時（卷四十二酈範傳），孝莊時有崔叔義（卷六十九崔休傳），稍後有王松年（卷三十八王慧龍傳）。

屬度支尙書。

北齊承之，隋志云：「掌凡是戎仗器用所須事。」卽外州造仗亦都統之。

卷六十九崔休傳：「從祖弟長文……尙書庫部郎。正始中，大修器械，爲諸州造仗都使。」

附：南部郎中　北部侍郎

孝文太和初葉至中葉，見有南部郎，如來護、韋珍曾任職。

案：卷五十三李沖傳有南部郎來護，在太和十年立三長之後、十四年文明太后崩之前。卷四十五韋閬傳，韋珍「解褐，京兆王子推常侍，轉尙書南部郎。高祖初，蠻首桓誕歸款，……以……爲東荆州刺史，令珍爲使，與誕招尉蠻左……。」觀下文蕭道成云云，則任郎當在太和初。

其後不置南部尙書，故亦不見郞職。

太武或文成帝時又見有北部侍郎，非郎中職也。

案：北史卷十五元石傳：曾爲北部侍郎，華州刺史。魏書作比部，恐以作「北」爲是。又案：此或如太和二十三職員令之吏部侍郎，爲尚書之副貳，非管一曹者，故能遷州刺史。

* * *

以上所考凡得三十六曹，除南部、北部二曹係改制以前之制外，餘三十四曹均後期制度，皆當見於太和二十三年所改定之職員令也；故孝文改制以後之三十六曹已得什九矣。

* * *

南朝之制，郎位有等差。

案：宋書百官志：「太祖元嘉……十八年，增删定郎，次左民曹上……。三十年又置功論郎，次都官之下，在删定之上。」是郎位高下有定次也。又案：宋志此前又云：「康、穆以來……猶有殿中、祠部、吏部、儀曹、三公、比部、倉部、度支、都官、左民、都部(審下文，都應作起)、水部、主客、駕部、庫部、中兵十八曹郎。」(脫二曹)元嘉增曹所言位次正與此合。意者，宋時位次即如沈志所序歟？

北魏尚書郎中，官氏志次在第六品下階。然實考之，各曹階次亦頗有差，考功曹郎中較儀曹郎中高一階，即其顯例。

案：北魏書常言官階即官氏志所記之十八品三十階也。卷三十二封懿傳，封軌「稍遷尚書儀曹郎中，兼員外散騎常侍，銜命高麗……有司奏……宜加爵賞。世宗詔曰：……宜賞一階，轉考功郎中。」此時距官氏志所載之職員令頒發之時間不久，兩郎位次已相差一階之巨；蓋官氏志所敍位次乃就大多數曹郎而言，其有高下未之詳也。

此外傳中又常有由甲曹遷乙曹，當亦多以位次遞進也。

案：如裴延儁由尚書儀曹郎轉殿中郎(卷六十九本傳)，路恃慶由儀曹郎轉左民郎，其弟思令由左民郎轉右民郎(卷七十二恃慶傳)，陰道方由左民郎轉安東將軍領右民郎(卷五十二陰仲達傳)，裴佗由倉部郎中遷考功郎中(卷八十八本傳)，崔鴻由員外郎兼尚書虞曹郎中遷給事中兼祠部郎中，轉三公郎中（卷七十七崔光傳），辛雄由尙書駕部郎中轉三公郎中（卷七十七本傳），李昶由二千石郎中遷都官郎中（西魏，見北周書卷三十八本傳），宋世軌由三公郎中遷二千石，轉都官郎中（北齊天保初，見北史二十六宋隱傳），裴宣由主客郎中遷都官郎中（魏書卷四十五裴駿傳），胡延由右主客郎轉二千石、右士二局（文館詞林四五七魏收兗州都督胡延碑），崔伯謙由七兵郎轉殿中郎、又轉左戶郎（北史三二崔鑒傳）遷轉趨向略同，當以位次可知。又太祖時李先以右中兵郎有功轉七兵郎（卷三十三本傳），七兵位次較高甚顯；後期七兵爲本部之首曹，地位亦高，自無可疑也。

又尋尙書郎補任與遷昇之跡，雖其地位不如官氏志規定於「正六品下」之一階，然大體仍在「正六下」上下，位次相距當亦不遠；以意推之，最多不過二三階（一品或一品半），惟同在一階仍有前後耳。

案：此觀下列諸例可以識知：

封軌：著作佐郎（七下）──→尙書儀曹郎中$\xrightarrow{\text{(賞一階)}}$考功郎中～～「封懿傳」

裴延儁：秀才──→著作佐郎（七下）──→儀曹郎中──→殿中郎──→太子洗馬（從五上）～～「本傳」

宋弁：著作佐郎（七下）──→殿中郎中──→中書侍郎（從四上）～～「本傳」

劉懋：員外郎（七上）──→尙書外兵郎──→步兵校尉（五下）～～「劉芳傳」

崔鴻：員外郎（七上）兼尙書虞曹郎──→給事中（從六上）兼祠部郎──→都兵郎──→三公郎加輕車將軍～～「崔亮傳」

李祐：給事中（從六上）──→祠部郎──→相州撫軍府長史（從四上）～～「李順傳」

房景伯：司空祭酒（七上）──→給事中（從六上）──→儀曹郎──→齊州輔國府長史（六上）～～「房法壽傳」

崔勉：右中兵郎──→尙書左丞（從四上）～～「崔挺傳」

崔亮：中書博士──議郎──→二千石郎──→兼吏部郎──→太子中舍人（五上）～～「本傳」

柳崇：秀才→太尉主簿（六上）→右外兵郎→太子洗馬（從五上）～～「本傳」

邢虯：中書議郎→殿中郎—(轉)→司徒屬（從五上）→國子博士（正五上）→右丞（從四下）→左丞（從四上）～～「本傳」

崔敬邕：司徒主簿（六上）—(轉)→都官郎中～～「崔挺傳」

源子恭：司徒祭酒（七上）→北主客郎攝南主客事→行台左丞——～～「源賀傳」

崔模：太尉祭酒（七上）→金部郎中→太尉主簿（六上）～～「崔辯傳」

陸疇：太尉西閣祭酒（七上）兼右民三公郎～～「陸俟傳」

盧道將：司徒東閣祭酒（七上）→左外兵郎→祕書丞(五上)～～「盧玄傳」

裴詢：太尉長流參軍（從六上）→起部郎——平昌太守～～「裴駿傳」

李昞：司空行參軍（從七上）→左外兵郎～～「李寶傳」

裴宣：秀才……主客郎→都官郎→司空諮議參軍（從四下）～～「裴駿傳」

李系：南主客郎—(不次遷)—司徒諮議參軍（四下）～～「李靈傳」

辛雄：太尉記室參軍（從六上）→駕部郎→三公郎→右丞(從四下)→吏部郎中～～「本傳」

趙彥深：開府參軍—(超拜)—水部郎～～「本傳」

高崇：中散—(稍遷)—三公郎→領軍長史（從五下）～～「本傳」

酈顯度：司州秀才→庫部郎～～「酈範傳」

穆琳：秀才→安戎令→屯田郎～～「穆崇傳」

呂思禮：欒城令→二千石郎～～「本傳」

和度：都官郎→昌平太守～～「和跋傳」

柳敬起：中書博士→城陽王文學→儀曹郎→平陽太守～～「柳崇傳」

邢臧：州從事—(特徵)—金部郎—(未任轉)—東牟太守～～「本傳」

崔休：渤海太守（六下或五下）──→吏部郎中～～「北史崔暹傳」

鄭長猷：東平太守──沛郡太守（當爲下郡六下）──→南主客郎──→太尉

屬（從五上）～～「劉芳傳」

就中吏部郎中雖職重位亦較尊，然就遷轉之迹觀之，亦絕非太和二十三重定職員令中吏部侍郎之比也。

* * *

諸曹郎中既考述竣事，茲更略及郎以下之職。

(1) 諸曹令史

自漢迄南朝，代置令史，位在郎中下。北魏道武帝天興四年十二月「復尚書三十六曹，曹置代人令史一人，譯令史一人，書令史二人。」見官氏志。張袞曾由幽州刺史貶任之。

卷二十四張袞傳：「既克中山……拜……幽州刺史。……天興初徵還京師。後……失旨，黜袞爲尚書令史。」

孝文改制，諸曹亦置令史，如吏部曹三公曹令史皆可考見。吏部令史至能僞假人官六萬餘人，其事任亦不爲輕。

卷十九任城王雲傳：肅宗時有三公令史朱暉。

卷十二孝靜紀：武定六年「吏部令史張永和、青州人崔闊等僞假人官。事覺糾檢，首者六萬餘人。」

晉初令史有正、書之別。

宋志：「晉初，正令史百二十人，書令史百三十人。」

隋志：梁「令史百二十人（無正字），書令史百三十人。」

北魏後期亦然。

北齊書卷三十八趙彥深傳：「初爲尚書令司馬子如賤客，供寫書……用爲尚書令史；月餘，補正令史。」時在魏末。

職助尚書郎判事，雖位爲流外勳品，然揖郎而不拜。

通典卷二十二：「後魏令史亦朱衣執笏，然謂之流外勳品。北齊尚書郎判事，正令史側坐，書令史過事，令史皆平揖郎，無拜。」

唐六典卷一注：「楊楞伽北齊鄴都故事云：尙書郎判事正坐，都令史側坐（都應從通典作正），書令史過事。洛京、鄴都令史皆平揖郎，由來無拜。吏部郎選試高第及工書者奏補，皆加戎號。」

又曰：「自魏晉以來，令史之任，用人常輕。梁、陳、後魏、北齊雖預品秩，益見卑冗，文案繁屑，多無樂者。」

案：北魏始終以寒人任職，詳見前都令史節。

(2) 諸曹掌固、主事 尙書算生

各曹又隨事置掌固及主事令史，地位較令史爲高。

唐六典卷一尙書都省注：「後魏尙書吏部、儀曹、三公、虞曹、都官、二千石、比部，各量事置掌固主事員。……並從第八品。」

通典卷二十二：「主事，二漢有之。後魏於尙書諸司置主事令史。隋於諸省又各置主事令史員；煬帝二年，並去令史之名，但曰主事，隨曹閑劇而每十令史置一主事，不滿十者亦一人，雜用士流；大唐並用流外。」此前敍都令史，此後敍各部令史，則此主事別爲一職也。

太和十七年第一次頒職員令有尙書筭生，位從八品；二十三年重定職員令不見此職，蓋亦降爲流外也。

尙書諸門又有亭長。

案：尙書省西門亭長，見卷七十五爾朱世隆傳；其他諸門當亦置之。

五 列曹職官下

前章云，太武以下三世不以郎中主曹務。

案：北魏初期尚書台三十六曹郎中屢置屢廢，官氏志述之甚詳；而自天賜二年廢改以後，不言復置；太武帝時復置尚書左右僕射、左右丞、及諸曹尚書十餘人，亦不及曹郎；則曹郎久廢，已有明徵。而魏書列傳中述諸臣任曹郎者，最初太祖時凡六七人，孝文時凡數十百人，以後數百人，即任職於苻秦、沮渠蒙遜等外國者亦屢見不鮮；獨於明元以下四帝時絕不一見。此時期中之太武帝時代史料比較甚詳，尚書任職之可考者僅次於孝文時，遠在道武帝時之上，而曹郎亦迄無所見，其事甚奇；而其時期又與官氏志述曹郎置廢（天賜二年廢，孝文又置）合若符契，則余之斷語雖在邏輯上容有未精，然事實斷斷然矣。

然則即如官氏志所云，自天賜二年以後，置武歸、修勤以代郎中、令史歟？但考之史傳，此武歸、修勤之制恐亦行之未久。

案：傳中不見有任此二職者，蓋其制行之未久也。惟魏收修史已在北朝末期，其時華化甚深，世家皆諱駁雜異名，必不願華化未純之武歸修勤之職名見於家傳；收書常云典某某事，不書正式官名，或有此類歟？然已不得詳矣。

若此，則此三世以迄孝文前葉，尚書分曹若何？其職稱又若何？曰：此在官氏志遺而未詳，考之列傳，爲曹蓋亦三十六。

案：卷四十六羅結傳：「世祖初，遷侍中、外都大官，統三十六曹事。」蓋即尚書曹也。

但操持曹務之職稱曰「大夫」「長」「令」，與孝文以後大異矣。蓋其時統一內外（尚書與諸外署）之制爲若干曹、採秦、漢卿署令、長之名，且以上混宗周之制也。

案：漢、魏之制，尚書分曹以郎中任職，九卿外署則稱令長|。兩晉南朝承

之。北魏太祖皇始元年，初建台省，亦因之。至天興二年三月，「分尙書三十六曹及諸外署，凡置三百六十曹，令大夫主之；大夫各有屬官；其有文符，當曹敷奏，欲以省彈駁之煩。」(官氏志)。此卽樸化內外爲一也。至天賜元年八月，「初置六謁官，準古六卿，……屬官有大夫，……大夫屬官有元士，……元士屬官有署令長，……令長屬官有署丞。」(同上)據此臆推，前分三百六十曹，大夫主之，各有屬官，蓋亦元士、令、長之類歟？此混秦、漢內外之制，復以上混宗周之制也。大武以後至孝文初葉，尙書以下當曹主務之職稱容時有衍革，然考之史傳，大體不外「下大夫」與「令」或「長」與「令」兩級，與外署不異，蓋卽本之天興二年三月改革之制，混同內外，皆以「下大夫」「長」「令」主務也。卷十四元丕傳所云「諸曹下大夫」時在太和初，蓋卽統內外而言之。或曰：諸曹下大夫、令、長、常見於史傳，固矣。然此諸曹，傳中並未冠尙書爲稱，吾子之說得無疏乎？曰，是不然，請更詳之。大夫、令、長所冠諸曹南部、北部、西部、太官、選部、祠部、神部、儀曹、駕部、都牧、庫部、虞曹、金部等十三曹，名稱與尙書同，見於史傳之時代亦極同。就中尤可注意者，太官、西部、駕部、庫部、虞曹、金部等尙書極稀見，此諸曹大夫令、長亦極稀見，而其見於史傳之時代竟能一一契合。足徵其有隸屬之關係，一也。又，魏制，諸曹大夫長多例遷本部曹之主管長官，如外都下大夫爲外都大官之屬無疑，而沈文秀由前職遷後職，是也。其於尙書，則王嶷、李敷皆由南部大夫遷南部尙書，慕容白曜由北部下大夫遷北部尙書，公孫邃由南部長遷南部尙書，陸叡由北部長遷北部尙書，游明根由儀曹長，遷儀曹尙書，足徵其有隸屬之關係，二也。且尙書爲國政根本，其屬曹官佐亦極重要，史傳不容毫無所見。其時旣無曹郞主務之制，又不見有其他職稱，則非此等曹名多與尙書相同之大夫、令、長莫屬矣。

其下有主書郞，諸曹監。

案：卷九十四閹官趙黑傳：「轉選部尙書。……顯祖傳祚於高祖……時尙書李訢亦有寵於顯祖，與黑對綰選部。訢奏中書侍郞崔鑒爲東徐州，北部主書郎公孫處顯爲荆州，還部監公孫邃爲幽州，皆曰有能也，實有私焉。黑疾其虧亂選體，遂爭於殿廷曰……國之常典，中書侍郎、尙書主書郎、諸曹監，勳能俱立，不過列郡。」據此，則尙書各部曹皆有主書郎與曹監，參之官氏志及「大夫」「長」「令」任遷之跡，知此郎監地位遠在「大夫」「長」「令」之下；卽以主書郎而言，職猶後期之尙書令史，非尙書郎之職也。又案：此尙書主書郎蓋亦可簡稱爲尙書郎；如卷四世祖紀，眞君十一年，四月，「輿駕還宮，賜從者乃留台郎吏已上生口各有差。」如前引韓秀傳，太武時曾任尙書郎；又如竇瑾傳，竇遵以孝文時爲尙書郎，遷濮陽太守，免，又爲庫部令。其時主曹務者爲「大夫」「長」「令」，此必主書郎之簡稱也。然則，孝文初期可考見之尙書曹郎，恐多此類，未必皆主曹務者也。（案：此點須參看本章後文對於孝文初期郎中與大夫長令互見之解釋。）

此外又有給事中、中散（或又有主文與奏事之別）。給事中蓋是內廷之職，分主尙書諸曹、公卿及其他諸外曹之奏案者，職屬內廷，不屬公卿尙書及其他外署也。

案：內外諸曹給事中常見史傳，而卷九十四閹官孫小傳，世祖時爲「給事中，綰太僕曹。」卷五十八楊播傳，以顯祖高祖之際爲中散，遷給事中，領起部曹，進爲北部給事中。卷四十四薛野賭傳：「高宗初，召補羽林，遷給事中，典民籍事，校計戶口，號爲稱職。」據此則北魏給事中頗如漢制，以給事內廷而得名，自成一機構，惟分綰外廷諸曹奏事，非卽諸曹屬職也。孫小以給事中綰太僕曹，是分綰諸卿事也。又卷四十二堯暄傳：「高宗……擢爲中散……除太尉中給事。」是分綰諸公事也。其他可推知，蓋外廷（尙書亦外廷）所有諸曹，內廷給事中皆分綰之也。又有稱給事者，或卽給事中之省稱，或至某曹任職，皆不可詳。

中散性質或亦給事中之比；然亦可能如漢三署郎分入諸曹給事者也。

案：卷四十二堯暄傳：「（呂）受恩爲侍御中散，典宜官曹。」卷四十四苟頹傳，世祖末由中散「遷奏事中散，典涼州作曹。」卷二十六長孫肥傳，長孫蘭「世祖初爲中散……典御兵器。」則其性質頗類給事中，然亦可謂至某曹任事也。

茲皆隨曹列舉之：

(1) 殿中曹(中部)

殿中之職自明元帝至獻文帝時皆見史傳，當屬殿中尙書。其職稱之可考者有殿中給事中(太武、文成時見)

卷二十六長孫肥傳：長孫陳「世祖時……從征涼州，爲都將領，入官，遷殿中給事中……遷駕部尙書。」

卷二十四張袞傳：張白澤，「高宗初除中散，遷殿中曹給事中，甚見寵任，參預機密。……顯祖……納其女爲嬪，出行雍州刺史……轉散騎常侍，遷殿中尙書。」

或稱殿中給事。(明元、獻文時見)

卷三十來大千傳：「永興初，遷中散，……遷內幢將。……又爲殿中給事。世祖踐阼……。」

同卷王建傳：孫度「太宗時，爲虎牢鎭監軍。世祖卽位，徵拜殿中給事，遷尙書。」

卷十五遼西公意烈傳：拓跋庫汗，「爲羽林中郎將。……顯祖卽位，拜殿中給事，進爵爲公。庫汗明於決斷，每奉使察行州鎭，折獄以情，所歷皆稱之。」

傳中又常有「中部」之職，如中部大夫、中部令(太武末及孝文時見)

卷三十三谷渾傳：子季孫「入爲秘書中散，遷爲中部大夫，出爲吐京鎭將。」時在文成世或太武末。

卷四十五裴駿傳：裴修「有張掖子都大將。……在邊六年，關塞淸靜。高祖嘉之，徵爲中部令，轉中大夫。……太和十六年卒。」案：此中大夫或卽中部大夫，中下脫一部字也。

中部給事中(孝文初見)

卷九十四閹官苻承祖傳：「爲文明太后所寵，自御廐令遷中部給事中，散騎常侍，……兼典選部事，中部如故，轉吏部尙書，仍領中部。」

凡此諸職，當卽殿中曹之異稱，蓋其時有南北部尙書，時或有西部尙書，而無中部尙書，殿中尙書卽中部職也，故屬曹職官可以中部爲稱。且殿中爲一最重要曹司，而傳不見有殿中大夫與長、令，職此故歟？

(2) 中曹

自太武末已見有中曹。其職之可考者有中曹給事中，（孝文初見）

卷九十四閹官王遇傳：「爲中散，遷內行令，中曹給事中……遷散騎常侍，安西將軍。」時在孝文初。

中曹監（太武末或文成時見）

卷三十二封懿傳：從子磨奴，受腐刑，爲中曹監。時在崔浩誅後。

及其他小吏。

卷九十四閹官王質傳：始爲中曹吏。地位甚低，當在孝文稍前。

前考孝文帝初有中曹侍御尙書，以宦者任職，此中曹諸職亦然，則中曹爲內侍之職可知。案：殿中尙書本分數部，有殿中右曹尙書，有殿中都官尙書，有殿中侍御尙書，……中曹其始蓋亦殿中之一部，至文明太后臨朝，內侍職重，故獨立爲部，不在殿中之數耳。

(3) 侍御曹

侍御曹蓋屬殿中侍御尙書，文明太后時或屬中曹侍御尙書。其職稱之可考者，有侍御長（文成至孝文初見）。

卷五十一皮豹子傳：皮喜，「高宗以其名臣子，擢爲侍御中散，遷侍御長。高祖初，……假喜平西將軍。」

卷四十陸俟傳：「雋，高宗世歷侍中給事。顯祖初，侍御長；以謀誅乙渾，拜侍中、樂部尙書。」

同傳：陸秀，高祖初，「以功臣子孫爲侍御長、給事中。」

侍御給事，（孝文太和初見）

卷九十四閹官王質傳：「遷祕書中散……領監御，遷爲侍御給事，又領選部、監御二曹事。」時在太和初。

侍御中散，有別稱爲侍御主文中散者(太和中見)。

案：侍御中散常見史傳，性質與漢初期之三署郎頗相類，玆不繁舉。而卷六十二高道悅傳，由中書學生遷侍御主文中散，轉治書侍御史，時在十七年。其時又有元志所任職同。是蓋職主文書也。

(4) 太官曹

明元或太武時有太官令

卷二十六長孫肥傳：長孫眷「太宗時執事左右，爲太官令……遷司御監。」

孝文太和初，有宰官令，宰官中散。

北史卷二十五慕容白曜傳「弟子契，……太和初，以名家子擢爲中散，遷宰官中散(魏書卷五十無中散二字)……遷宰官令。」

太武時有太官尚書，太官令當其屬職。孝文時之宰官令與中散當屬殿中尚書歟?

(5) 南部曹

南部曹當屬南部尚書。職稱之可考者有南部大夫，掌南方事(太武至孝文時屢見)

卷三十三屈遵傳：屈拔，「世祖追思其父祖，年十四，以爲南部大夫。時世祖南伐，禽劉義隆將胡盛之以付拔，拔酒醉不覺，盛之逃去。」

同卷王憲傳：王嶷「少以父任爲中書學生，稍遷南部大夫。高祖初，出使，巡察靑、徐、兗、豫，撫慰新附，觀省風俗，還遷南部尚書。」案：諸曹之職皆稱下大夫；南部大夫兩見皆不著下字，或省文，或以南部職重，故崇其班也。

卷三十六李順傳：李敷，「高宗寵遇之，遷祕書下大夫，典掌要切。……後兼錄南部，遷散騎常侍、南部尚書。」此兼錄南部蓋卽兼錄南部大夫職也。

南部長(文成及孝文初見)

卷三十三谷渾傳：孫洪，「高宗……以舊恩爲散騎常侍、南部長，遷尚書。」

同卷公孫表傳：公孫邃，「初爲選部吏，以積勤，稍遷南部長，敷奏有稱，遷南部尙書。」時在孝文初。

南部令（太和十五年見）

卷一百零八之一禮志一，太和十五年正月奏案，有南部令鄧侍祖與議。

南部給事中（太和十年前後見）

卷五十三李冲傳：「高祖初，以例遷祕書中散，典禁中文書……遷內祕書令，南部給事中。舊無三長……創三長之制而上之。……遷中書令，加散騎常侍，給事中如故；尋轉南部尙書。」則任南部給事中在太和十年左右也。

卷四十二堯暄傳：「高宗……擢爲中散……除太尉中給事，兼北部曹事，後轉南部。太和中，遷南部尙書，于時始立三長。」則暄任職當在冲之前。

卷三十六李順傳：冏「太和中，拜下大夫，南部給事，出爲龍驤將軍、南豫州刺史。」

南部主書（文成、獻文時）

卷五十三胡方回傳：子始昌「歷位南部主書。」時在太武以後，孝文以前。

卷七十劉藻傳：「永安中……歸國，……擢拜南部主書……（遷）爲北地太守。」永安，北史作太安，是也；永字誤。是在文成帝時。

(6) 北部曹

北部曹至孝文太和十六年仍存，當屬北部尙書。

卷十三孝文后高氏傳：「父颺……生於東裔，孝文初乃舉室西歸，近龍城鎮。鎮表后德色……及至，文明太后親幸北部曹，見后奇之。」

卷七高祖紀：太和十六年，「幸北部曹，歷觀諸省。」

其職稱之可考者有北部下大夫（文成時見）。

卷五十慕容白曜傳：世祖時「以敦直給事東宮。高宗卽位，拜北部下大夫……遷北部尙書。」

北部長（孝文初見）。

卷四十陸俟傳：叡爲李彪所知，彪「爲北征都督，拜北部長，轉尙書，加散騎常侍。太和八年……詔賜夏服一具。」

北部給事中(孝文初及其稍前見)。

卷四十三堯暄傳:「高宗……擢爲中散……除太尉中給事,兼北部曹事,後轉南部。」時在孝文初或稍前。

同傳:呂舍以太祖初歸國。孫受恩,「累遷外都曹令,轉北部給事、秦州刺史。」

卷五十八楊播傳:「擢爲中散,累遷給事中,領起部曹……進北部給事中,詔播巡行北邊。」時在孝文初。

北部主書郎(獻文時見)。

案:此見本章首段引卷九十四閹官趙黑傳。

(7) 西部曹

太武時有西部長。

卷三十呂洛拔傳:「父匹知,世祖時爲西部長,滎陽公。」

其時有西部尙書,此當其屬職。

(8) 涼州作曹

太武末有涼州作曹,亦當屬西部尙書。

卷四十四苟頹傳:世祖末,「遷奏事中散,典涼州作曹,遷內行令。」案:太武始平涼州,置西部尙書,此必其屬曹也。

(9) 選部曹

太武以後數世,吏部尙書稱選部尙書,屬曹亦然。太武、文成時皆置此曹,惟傳中但云典某曹事,職如後期之吏部郞中,而官名無考。

卷三十三賈彝傳:賈秀「太子中庶子。……恭宗崩……掌吏部曹事。……時丞相乙渾擅作威福,……渾妻庶姓,而求公主之號,屢言於秀。……秀慷慨大言對曰:公主之稱,王姬之號,……非庶姓所宜。……秀寧死於今朝,不取笑於後日。……渾夫妻默然含忿。」

卷三十四盧魯元傳：盧統，「高宗即位，典選部、主客二曹。」

其後職稱之考者有選部給事中（孝文初見）

卷五十八楊播傳：「父懿，延興末，爲廣平太守，……吏人稱之。……徵爲選部給事中，有公平之譽，除安南將軍，洛州刺史。」

卷九十四閹官苻承祖傳：「爲文明太后所寵，自御廄令遷中部給事中，散騎常侍……兼典選部，中部如故；轉吏部尚書，仍領中部。」此兼典選部，謂選部給事中也。

同卷王質傳：「爲侍御給事，又領選部、監御二曹事……轉選部尚書。」以太和十年稍後他遷。

選部監（獻文時見）。

案：此見本章首段引卷九十四閹官趙黑傳。

(10) 祠部曹（神部曹）

孝文初見有祠部曹，當屬祠部尚書。

卷四十五裴駿傳：裴修，「高祖嘉之，徵爲中部令，轉中大夫，兼祠部曹事。職主禮樂，每有疑議，修斟酌故實，咸有條貫。太和十六年卒。」

又有神部長（孝文初見）、神部令（獻文時見）。

卷二十九奚斤傳「（奚）買奴有寵於顯祖，官至神部長。與安成王萬安國不平，安國矯詔殺買奴於苑內。高祖賜安國死，追贈買奴爲并州刺史、新興公。」案：事又見卷三十四萬安國傳及卷七高祖紀，時在承明元年。

卷四十五辛紹先傳：「自中書博士轉神部令。皇興中……爲下邳太守。」

前考，孝文改制以前，祠部尚書亦稱神部尚書，則此長、令或卽祠部長、令歟？然亦可能祠部神部各爲曹並屬於一尚書也。

(11) 儀曹

儀曹，獻文至孝文初皆見史傳，職稱之可考者儀曹長（獻文、孝文初均見）。

卷三十三公孫表傳：公孫叡「稍遷儀曹長，賜爵陽平公。時顯祖於苑內立殿，勅中祕羣官制名。叡曰……宜曰崇光，奏可。」

卷五十五游明根傳：「根拜東兗州刺史……高祖初入爲給事中，遷儀曹長，加散騎常侍。……後王師南討，詔假安南將軍、儀曹尚書。」爲長在太和十年前。

儀曹令（孝文太和十三年見）。

卷一百零八之一禮志一，太和十三年議禮，有儀曹令李韶。又云「高祖太和中，詔儀曹令李韶監造車輅，一遵古式焉。」卷三十九李寶傳：李韶「延興中，補中書學生，襲爵姑臧侯，除儀曹令。時修改車服及羽儀制度，皆令韶典焉。遷給事黃門侍郎。」

其時有儀曹尚書，此當其屬也。

(12) 主客曹

主客曹，自太武，歷文成至孝文時皆置之，蓋屬儀曹尚書或祠部尚書。

案：卷三十三屈遵傳：屈道賜「少以父任爲內侍左右，稍遷主客，進爲尚書。」事在太武時。卷三十四盧魯元傳：盧統，「高宗卽位，典選部主客二曹。」卷三十九李寶傳：李彥由諫議大夫，左遷元士，行主客曹事。事在孝文時。

其職稱之可考者，有主客令，孝文太和改制以前極常見，直至末葉或尚未廢；則與主客郎中並置，而職亦絕相同也。

卷四十五裴駿傳：子修「遷祕書中散，轉主客令，以婦父李訢事，出爲張掖子都大將。」時在太和十五年以前。

卷四十七盧玄傳：盧淵，「拜主客令，典屬國，遷祕書令、始平王師，以例降爵爲伯。」降爵事在十六年。

卷六十四張彝傳：「高祖初……與盧淵、李安民等結爲親友。……淵爲主客令，安民與彝並爲散令。彝……遷主客令，例降侯爲伯，轉太中大夫，仍行主客曹事。」

卷五十三李孝伯傳：李安世「天安初（當作太安），拜中散……高宗親愛之，遷主客令。蕭賾使劉纘朝貢……。」則以太和十年前後見在任。

卷七十九成淹傳：「轉謁者僕射。時遷都，……除羽林監，領主客令。……世宗初，……加淹右軍領左右都水，仍主客令。……淹小心畏法，典客十年……景明三年，出除平陽太守。」案蓋太和末尚有主客令之職，世宗時未必仍存，惟其官名異而職同，故傳仍舊書之耳。

有主客給事中，亦孝文時見。

前引李孝伯傳：安世「累遷主客令……遷主客給事中……出爲……相州刺史，」時在太和十年稍後，十五六年前。

卷五十尉元傳：子羽「起家祕書中散，駕部令，轉主客給事，加通直散騎常侍，守殿中尚書。」時在太和十七年以前。

(13) 起部曹

起部曹職稱之可考者有給事中。

卷五十八楊播傳，文明太后「擢爲中散，累遷給事中，領起部曹……進北部給事中。」

(14) 駕部曹

駕部曹職稱之可考者有駕部令（文成前後及孝文初見）。

卷三十丘堆傳：孫麟，「歷位駕部令，出爲瑕丘鎮將……遷東兗州刺史。」時當在文成前後。

卷五十尉元傳：子羽「起家祕書中散，駕部令，轉主客給事。」時在太和初，最遲在十年左右。

北史卷八十七酷吏張赦提傳，有駕部令趙秦州，時在孝文初。

駕部給事中（太武，孝文時見）

卷五十尉元傳：「神麚中爲虎賁中郎將，轉羽林中郎。……世祖嘉其寬雅有風貌，稍遷駕部給事中，從幸海隅。……和平中，遷北部尚書。」

卷二十四張袞傳：「（張）修虎，都牧、駕部二曹給事中，上谷公，司農少卿。」從父白澤以太和五年卒，年蓋五十餘，以此推之，修虎任職當在太和未改制前也。

卷九十四閹官孫小傳：世祖眞君末，「遷給事中，綰太僕曹……轉……領駕部，課理有方，畜牧蕃息，出爲冠軍將軍、幷州刺史。」此蓋仍以給事中領駕部曹也，職與都牧給事中同。

太武、文成時有駕部尙書，此當其屬職。

(15) 都牧曹

都牧曹職稱之可考者有都牧令（太武時或文成時見）。

卷三十二高湖傳：從子道「拜都牧令，遷鎭南將軍，相州刺史，未及之職，卒。」

都牧曹給事中（孝文改制前）。

卷二十四張袞傳：「（張）修虎，都牧、駕部二曹給事中。」時在太和中改制前。

卷四十四宇文福傳：「太和初拜羽林郎將，遷……南征都將……北征都將……還除都牧給事。十七年車駕南討……遷洛，勅福檢行牧馬之所。福規石濟以西，河內以東，拒黃河南北千里爲牧地；事尋施行，今之馬場是也。及從代徙雜畜於牧所，福善於將養，並無損耗。高祖嘉之。尋補司衞監。……未幾，轉驍騎將軍，仍領太僕典牧令。」此時當已改制省尙書都牧令與給事中之職也。

獻文及孝文初有都牧尙書，此當其屬職也。

(16) 龍牧曹

文成、獻文時又有龍牧曹，傳中「典龍牧曹」兩見，不知職稱。

卷二十六長孫肥傳：長孫頭「高宗時爲中散，遷內行長，典龍牧曹。天安初卒。」

卷五十一韓茂傳：「（韓）天生爲內廐令，後典龍牧曹，出爲使持節平北將軍，沃野鎭將。」時當在獻文前後。

又有奏事中散（獻文時見）。

卷三十呂洛拔傳：「長子文祖，顯祖以其勳臣子，補龍牧曹奏事中散。以牧產不滋，坐徙於武川鎭。後……爲外都曹奏事中散。」

亦當屬都牧尙書。

(17) 庫部曹

庫部曹職稱之可考者有庫部令（太和中見）。

卷四十六竇瑾傳：少子遵「官至尙書郎，濮陽太守，……免官。後以善書，拜庫部令，卒官。」案：瑾以興光中誅。四子，其三「並爲中書學生，與父同時伏法，唯少子遵逃匿，得免。」又遵卒時至少已四十歲左右，則遵之任尙書郎庫部令皆已在太和中矣。

庫部給事（蓋太武時見）。

卷五十八楊播傳：「播族弟鈞，祖暉，庫部給事，稍遷洛州刺史。」

太武至孝文初，有庫部尙書，此當其屬職。

(18) 弩庫曹

庫有多種，分曹掌之，可考者有弩庫曹下大夫，亦當屬庫部尙書也。

卷四十四和其奴傳：和天受「初爲內行令。太和六年，遷弩庫曹下大夫。」

(19) 虞曹

文成、獻文之際見有虞曹令。

卷三十安同傳：安平成「官至虞曹令，爲乙渾所殺。」

其時有虞曹尙書，此當其屬職。

(20) 金部曹

文成時見有金部長。

卷二十七穆崇傳：「（穆）安國歷金部長，殿中尙書，加右衞將軍，賜爵新平子，爲乙渾所殺。」則任職必在文成時。

其時有金部尙書，此當其屬職。

* * *

以上諸曹蓋屬尙書無疑。尤可注意者，太官、西部、駕部、虞曹、庫部、金部諸尙書極稀見，此諸曹令長給事中亦極稀見，而其見於史傳之時代竟能一一契合，則其部曹隸屬之關係更無可置疑矣。此外又有十七曹可能屬尙書：

(1) 內藏曹

文明太后臨朝時見有內藏曹。

卷九十四閹官張祐傳：「遷散騎常侍，都綰內藏曹。時文明太后臨朝，中官用事，祐……特遷爲尙書，仍綰內藏曹。」又同卷趙黑傳，顯祖時爲侍御，典監藏，蓋亦內藏曹歟？

如係尙書曹，當屬殿中尙書或中曹尙書。

(2) 候宮曹

太武末，見有候宮曹。

卷三十一于栗磾傳：于洛拔「轉監御曹令。恭宗之在東宮，厚加禮遇。……左轉領候宮曹事。頃之，……出爲使持節……和龍鎭都大將營州刺史。」

如係尙書曹，當屬殿中尙書或中曹尙書。

(3) 宜官曹

文成帝時見有宜官曹。

卷三十宿石傳：「興君四年……擢爲中散。……興光中遷侍御史，拜中壘將軍……典宜官曹，遷內行令。」

卷四十二堯暄傳：呂舍，太祖時歸國。孫受恩「爲侍御中散，典宜官曹，累遷外都曹令，轉北部給事。」

如是尙書曹，當屬吏部尙書。

案：觀前引兩條之行文，又似爲侍御之一曹。

(4) 主爵曹

孝文太和中葉，見有主爵下大夫。

卷六十二高道悅傳：「侍御主文中散……轉治書侍御史，加諫議大夫……爲主爵下大夫。」時在太和二十前，十七年後。

如是尙書省職，當屬吏部尙書。

(5) 典寺曹

孝文太和中，見有典寺令。

卷三十八王慧龍傳：王瓊「太和九年，爲典寺令。」

卷五十四游雅傳：「（游）曇護，太和中爲中散，遷典寺令。後慰勞仇池，爲賊所害。」

若此「寺」係指「佛寺」而言，且爲尙書曹，則當屬祠部尙書。

(6) 郊廟曹

孝文初，見有郊廟下大夫，職典禮儀。

卷三十九李寶傳：李彥「高祖初……降爲元士，尋行主客曹事，徙郊廟下大夫。時朝儀典章咸未周備，彥留考定，號爲稱職。」

如是尙書省職，當屬儀曹尙書，或祠部尙書。

(7) 工曹

太武時，見有工曹。

卷三十宿石傳：「父沓干，世祖時……侍御郎……轉中散，遷給事，兼領工曹。」

(8) 商部曹 (9)賈部曹

太武、文成之際，見有商賈部二曹令。

卷四十四費于傳：「起家內三郎。世祖南伐，從駕至江，……除寧遠將軍……遷商賈部二曹令，除平南將軍、懷州刺史。」

其時有左民尙書及金部尙書；商賈二曹如是尙書省曹，當屬金部或左民。

(10) 典馬曹

獻文時見有典馬令。

卷二十六長孫肥傳：長孫安都，「顯祖時爲典馬令。」

如是尙書省職，當屬都牧尙書或虞曹尙書。

(11) 鷹師曹

孝文初，見有鷹師曹。

卷十三文成后馮氏傳：「高祖詔曰……鷙鳥傷生之類，宜放之山林。……於是罷鷹師曹，以其他爲報德佛寺。」案：高祖紀，太和四年正月丁巳，「罷畜鷹鷂之所，以其地爲報德佛寺。」

如是尙書曹，當屬都牧尙書或虞曹尙書。

(12) 御廐曹

孝文初，見有御廐曹。職稱之可考者有御廐令。

卷九十四閹官苻承祖傳：「爲文明太后所寵，自御廐令遷中部給事中」

卷五十八楊播傳：楊椿，「太和……初，拜中散，典御廐曹，以端愼小心，專司醫藥，遷內給事。」

(13) 內廐曹

獻文前後，又見有內廐令。

卷五十一韓茂傳：「（韓）天生爲內廐令，後典龍牧曹。」

(14) 登聞曹

孝文初，見有登聞令。

卷五十七崔挺傳：太和初，「轉中書侍郎……轉登聞令，遷典屬國下大夫。」

(15) 軍曹

孝文太和前葉，見有軍曹令。

卷三十三賈彝傳：賈儁「拜祕書中散，軍曹令，出爲顯武將軍、荊洲刺史，依例降爵爲伯。」

(16) 相曹

獻文時，見有相曹。

卷三十來大千傳：子丘頹「和平中，遷中散，轉相曹都典奉事。皇興四年卒。」

(17) 羽獵曹

文成至孝文時，見有羽獵曹。

卷四十四羅結傳：羅伊利「高宗時……除內行長……領御食、羽獵諸曹事。」

卷二十七穆崇傳：穆泰，高祖初，「拜駙馬都尉，典羽獵四曹事。……遷殿中尙書。」

卷五十一韓茂傳：長子備「太子庶子，遷寧西將軍，典遊獵曹。」

* * *

此外尙有數曹皆非尙書之屬，然其職稱系統與尙書曹不異，玆並錄之，以資參證。

(1) 秘書曹

祕書一稱內祕書。

案：史傳多稱祕書；又有內祕書，見後引李冲傳、許彥傳；實卽一職，非一內一外也。觀李冲爲祕書中散「典禁中文書，」遷內祕書令，可知。

有祕書監，卽其長官也。屬職之可考者有祕書下大夫（文成時見），

卷三十六李順傳：李敷「高宗寵遇之，遷祕書下大夫，典掌要切，……後兼錄南部，遷散騎常侍、南部尚書。」

有祕書令（孝文初見）。

卷四十七盧玄傳：盧淵「拜主客令，典屬國，遷祕書令，始平王師，以例降爵爲伯，給事黃門侍郎，遷兼散騎常侍、祕書監。」

卷五十三李冲傳：「顯祖末爲中書學生……高祖初，以例遷祕書中散，典禁中文書……遷內祕書令，南部給事中……創三長之制而上之。」

有中散，中散之職又有「主文」「奏事」之別。

案：卷四十九李靈傳，李憑爲祕書主文中散；又卷六十五李崇傳，年十四，召拜主文中散；及前引李冲傳，遷祕書中散，典禁中文書；蓋皆與李憑同職。而卷五十三李孝伯傳，徵爲中散，遷祕書奏事中散，是又一職也。他如卷三十三賈彝傳之賈儁、卷九十四閹官傳之王質，皆爲祕書中散；卷四十六許彥傳之許宗之以中散領祕書；皆不知其職別。

(2) 外都曹

外都曹卽外都大官之屬曹。其職稱之可考者有外都下大夫（獻文及孝文初見），

卷六十一沈文秀傳：顯祖「加禮之，拜爲外都下大夫。太和三年遷外都大官。」

外都曹令。

卷四十二堯暄傳：呂舍以太祖初歸國。孫受恩「爲侍御中散，典宜官曹；累遷外都曹令，轉北部給事，秦州刺史，卒。」

(3) 內都曹

內部曹卽內都大官之屬。其職稱之可考者有內都下大夫（文成時見）。

卷四十陸俟傳：「長子馛……少爲內都下大夫。……興安初，……出爲散騎

常侍，安南將軍，相州刺史。」

內都坐令（孝文初）。

卷二十四崔玄伯傳，崔衡「承明元年遷內都坐令，善折獄……遷給事中。」

(4) 中都曹

中都曹卽中都大官之屬，職稱之可考者有中都令，

北史卷三十一高允傳，高遵，孝文時爲中都令。

(5) 典屬國曹

其職稱之可考者有典屬國下大夫（孝文改制前）。

卷五十七崔挺傳：「轉中書侍郎……受勑，於長安書文明太后父燕宣王碑，……轉登聞令，遷典屬國下大夫，……參議律令，……尚書李冲甚重之。」時蓋在太和十五年前後。

金石萃編卷二十七孝文弔比干墓文有□屬國下大夫王翔，所缺蓋典字。時在太和十八年十一月。

(6) 太僕曹

太僕曹卽太僕卿之屬，有給事中（太武時見）。

卷九十四閹官孫小傳：「轉西台中散。……世祖幸瓜步，……車駕還都，遷給事中，綰太僕曹，……轉……領駕部。」

(7) 監御曹

監御曹，大武時已有之，見于栗磾傳；而官氏志云孝文延興五年九月置監御曹，蓋中間嘗省之也。其職稱之可考者有監御曹令。

卷三十一于栗磾傳：「于洛拔……拜侍御中散，……世祖甚加寵愛……擢領監御曹事……轉監御令。」此蓋以侍御中散領監御曹中散，遷監御曹令也。

卷五十八楊播傳：楊津「年十一，除侍御中散。于時高祖幼冲，文明太后臨朝……遷符璽郎中……轉振威將軍，領監御曹奏事令。」

又卷三十四王洛兒傳：王陵「承明初，遷監御長。」蓋亦監御曹之職歟？

監御曹給事。

卷三十來大千傳：來提「官至監御曹給事，冠軍將軍、兗州刺史，濮陽侯。太和十年卒。」

卷九十四閹官王質傳：「爲中曹史、內典監，稍遷祕書中散……領監御，遷爲侍御給事，又領選部、監御二曹事。」時在太和十年以前。此蓋以祕書中散領監御中散，以侍御給事領監御等二曹給事也。

監御中散。

案：此說見前引于栗磾傳、王質傳。

(8) 典命曹

孝文第二次改定律令前有典命中大夫，典命下大夫。

案：金石萃編卷二十七孝文弔比干墓文，有典命中大夫游肇，長兼典命下大夫李預。時在太和十八年十一月。游肇未遷都前已在任，見魏書卷五十五游明根傳。又卷二十廣川王畧傳，太和十九年，李元覬見在典命下大夫任。

* * *

綜上所論：北魏自太武至孝文初，尚書列曹由大夫、長、令主務，後期諸曹以郎中主務，旣已考述，皎然可明。然此種改革亦非一朝一夕之功。就前考諸曹大夫、長、令、主書郎、給事中、中散觀之，至孝文太和初猶多可考見，中葉亦復不少；而尚書郎之見於孝文初者亦多；又有先爲尚書郎，後爲列曹令者。

案：竇遵由尚書郎遷濮陽太守，免；後又爲庫部令。時在太和中葉，見前庫部曹節。

新舊職名互見如此，可知此制變革，醞釀甚久。而其解釋則不外三種：第一、逐漸提高尚書主書郎之地位，終以法令取大夫、長、令之地位而代之；孝文初期可考見之諸尚書郎或即主書郎也。第二、時或仿華制，置郎中、令史以主曹務；時又廢之，恢復舊制。第三、舊制直至正式改制時以前並未曾中廢；然同時各曹又增置郎中，職與大夫、長、令同。此三者皆爲制度演變中之常例也。

* * *

又考前期尚書諸曹大夫、長、令，雖職與後期之郎中不異；然論其地位，則相去甚遠。後期曹郎正六品下，較尚書低六品，十三階，幾經遷轉，始得爲尚書，絕無由郎中直遷者。至於前期曹職，則遠較後期爲高。大夫例遷尚書，且多爲本部尚書，益見其性質相同，有隸屬關係，而階次相去不遠也。

案：傳中所見之大夫多遷本機關之主管長官，或與長官地位相等者；尚書諸曹大夫之遷尚書亦其類也。茲綜錄前引諸例如次：

王嶷：南部大夫—(遷)→南部尚書～～「王憲傳」

李敷：祕書下大夫兼錄南部—(遷)→散騎常侍南部尚書～～「李順傳」

慕容白曜：北部下大夫—(遷)→北部尚書～～「本傳」

穆壽：下大夫—(遷)→侍中中書監領南部尚書～～「穆崇傳」

沈文秀：外都下大夫—(遷)→外都大官～～「本傳」

陸馛：內都下大夫—→散騎常侍安南將軍相州刺史～～「陸俟傳」

至於任補，則由諸令爲多。

案：前引諸例，其任補途徑之可知者，次列之：

和天受：內行令—(遷)→弩庫曹下大夫～～「和其奴傳」

張彝：散令—(遷)→主客令—(轉)→太中大夫行主客曹事～～「本傳」

崔挺：中書侍郎—(轉)→登聞令—(遷)→典屬國下大夫～～「本傳」

裴修：中部令—(轉)→中大夫（疑爲中部大夫）～～「裴駿傳」

高道悅：治書侍御史—→主爵下大夫～～「本傳」

諸部長亦例遷尚書，且多爲本部尚書，此與大夫之遷例絕同。

案：綜前引諸長遷昇之例可證。

公孫邃：南部長—(遷)→南部尚書～～「公孫表傳」

游明根：給事中—(遷)→儀曹長加散騎常侍—→儀曹尚書～～「本傳」

陸叡：北部長—(轉)→尚書（卽北部尚書）～～「陸俟傳」

谷洪：散騎常侍南部長—(遷)→尚書（蓋亦卽南部尚書）～～「谷渾傳」

穆安國：金部長—→殿中尚書～～「穆崇傳」

陸馛：侍御長⟶樂部尙書〰〰「陸俟傳」

任補途徑不可考。

諸曹令多由中散除補；及其昇遷，則爲大夫、給事中，出爲刺史

案：令遷大夫已詳前例。中散遷令散見甚多，及其他諸例更續列之：

呂受思：侍御中散典宜官曹⟶(累遷)外都曹令⟶(轉)北部給事〰〰「堯暄傳」

李冲：祕書中散⟶(遷)內祕書令⟶南部給事中〰〰「本傳」

尉羽：祕書中散⟶駕部令⟶(轉)主客給事〰〰「尉元傳」

李安世：中散⟶(遷)主客令⟶(遷)主客給事中〰〰「李孝伯傳」

崔衡：內都坐令⟶(遷)給事中〰〰「崔玄伯傳」

李韶：儀曹令⟶(遷)給事黃門侍郎〰〰「李寶傳」

盧淵：主客令⟶(遷)祕書令⟶給事黃門侍郎〰〰「盧玄傳」

韓天生：內廐令典龍牧曹⟶持節平北將軍沃野鎮將〰〰「韓茂傳」

丘麟：駕部令⟶琅兵鎮將⟶東兗州刺史〰〰「丘堆傳」

于洛拔：侍御中散⟶監御曹令⟶(左轉)領候官曹事⟶使持節和龍鎮都大將營州刺史〰〰「于栗磾傳」

費于：商賈部二曹令⟶(除)平南將軍懷州刺史〰〰「本傳」

高道：都牧令⟶(遷)相州刺史〰〰「高湖傳」

辛紹先：中書博士⟶(轉)神部令⟶下邳太守〰〰「本傳」

裴修：祕書中散⟶(轉)主客令⟶張掖子都大將〰〰「裴駿傳」

賈儁：祕書中散⟶軍曹令⟶顯武將軍荆州刺史〰〰「賈彝傳」

游曇護：中散⟶(遷)典寺令〰〰「游雅傳」

苟頹：奏事中散⟶(遷)內行令〰〰「本傳」

竇遵：尙書郎(主書郎？)⟶濮陽太守(免) 庫部令〰〰「竇瑾傳」

楊津：侍御中散⟶符璽郎中⟶振威將軍領監御曹奏事令〰〰「楊播傳」

諸曹給事中以中散除補爲多，次則諸令，亦有由太守刺史內任者。及其遷昇，內則尙書，且多爲本部尙書，此與大夫、長之遷例相同；外則諸州刺史，此與諸令爲類矣。蓋給事中爲內廷職，故階次遷例不嚴也。

案：此觀下列諸例可知：

王質：祕書中散領監御──→侍御給事領選部曹事─(轉)→選部尚書～～「本傳」

堯暄：中散──→太尉中給事──兼北部曹事，轉南部─(遷)→南部尚書～～「本傳」

李冲：祕書中散─(遷)→內祕書令──→南部給事中─(遷)→中書令給事中如故─(轉)→南部尚書～～「本傳」

張白澤：中散──→殿中曹給事中──行雍州刺史─(遷)→散騎常侍殿中尚書～～「張袞傳」

尉元：駕部給事中─(遷)→北部尚書～～「本傳」

長孫陳：殿中給事中─(遷)→駕部尚書～～「長孫肥傳」

尉羽：祕書中散──→駕部令─(轉)→主客給事──→守殿中尚書～～「尉元傳」

王度：殿中給事─(遷)→尚書～～「王建傳」

游明根：東兗州刺史──給事中─(遷)→儀曹長──→儀曹尚書～～「本傳」

李冏：下大夫南部給事──→南豫州刺史～～「李順傳」

楊鈞：庫部給事──→洛州刺史～～「楊播傳」

來提：監御曹給事──→兗州刺史～～「來大千傳」

孫小：給事中領太僕曹─(轉)→領駕部曹──→幷州刺史～～「本傳」

楊懿：廣平太守──→選部給事中──洛州刺史～～「楊播傳」

呂受恩：侍御中散──→外都曹令─(轉)→北部給事──秦州刺史～～「堯暄傳」

李安世：中散─(遷)→主客令─(遷)→主客給事中──→相州刺史～～「李孝伯傳」

王遇：中散─(遷)→內行令──→中曹給事中─(遷)→散騎常侍安西將軍～～「本傳」

張脩虎：都牧駕部二曹給事中──→司農少卿～～「張袞傳」

宇文福：都牧給事──→司衞監～～「本傳」

楊播：中散─(遷)→給事中─(遷)→北部給事中～～「本傳」

楊椿：中散典御廄曹─(遷)→內給事～～「楊播傳」

宿沓干：中散─(遷)→給事領工曹～～「宿石傳」

就此四職而論：諸曹令位最低，其為屬官無疑。大夫及長之遷例既絕相同，地位自無軒輊，則長非令之異稱，亦非其比，從可知矣。意者，長與大夫或非同時之制，不相統轄而皆爲曹令之長官歟，史缺不詳矣。至於給事中，旣內廷之職，與大夫、長本無隸屬關係，位略與之相比，固不足爲異也。

以上諸職，地位皆遠高於後期之尙書郎。惟其下之尙書主書郎、諸曹監，劇遷列郡，略與後期之尙書郎爲比，然主書郎職如令史，是位均而職非矣。

案：主書郎及諸曹監劇遷不過列郡，見前引趙黑傳。又卷七十劉藻傳，「擢拜南部主書郎，號爲稱職……（遷）爲北地太守。」是其例也。

附：北魏初期之大人制度

北魏初期，聚部落以立國，各部酋長皆稱大人，世襲其位。至序紀第一君長成帝毛時，「統國三十六，大姓九十九，威震北方。」（序紀。官氏志作：「安帝統國諸部有九十九姓。」則是序紀第五君也。）蓋卽大小部酋之制也。至第十三君長獻帝隣時，「七分國人，使諸兄弟各攝領之。」（官氏志）如此，其統制乃見增強。至第二十君長昭帝祿官時，「分國爲三部：帝自以一部居東北，在上谷北，濡源之西，東接宇文部；以文帝之長子桓帝猗㐌（祿官之姪）統一部，居代郡之參合陂北；以桓帝之弟穆帝猗盧統一部，居定襄之盛樂故城。」是東西分部爲治也。就中以猗盧最強大，「遂總攝三部以爲一統。」旋復「城盛樂以爲北都，修故平城以爲南都；……更南百里，於灅水之陽，……築新平城……使長子六脩鎭之，統領南部。」（以上皆見序紀）凡此分部統領，蓋亦皆稱大人也。

至昭成帝什翼犍，「分爲南北部，復置二部大人以統攝之。時帝弟觚監北部，子寔君監南部，分民而治，若古之二伯焉。太祖道武帝登國元年因而不改，南北猶置大人，對治二部。」（官氏志）其時任職之可考者，北部則有賀狂干、叔孫普洛，南部則有長孫仁、劉庫仁、長孫嵩、劉羅辰。

卷二十五長孫嵩傳：「父仁，昭成時爲南部大人……。嵩……年十四，代父統軍（非代爲南部大人），昭成末……苻堅使劉庫仁攝國事，嵩……率部衆歸之。……太祖承大統，復以爲南部大人。」

卷二太祖紀：「登國元年……復以長孫嵩爲南部大人，以叔孫普洛爲北部大人。……十月……北部大人叔孫普洛等十三人……亡奔衞辰。」

卷二十八賀狄干傳：「稍遷北部大人。登國初，與長孫嵩爲對，明於聽察。」

卷二十三劉庫仁傳：「母，平文皇帝之女，昭成皇帝復以宗女妻之，爲南部大人。」案：下文云「建國三十九年昭成帝暴崩。」又序紀、昭成建國三十九年苻堅來寇，「南部大人劉庫仁走雲中。」則庫仁之任在長孫仁之後也。北史卷二十劉庫仁傳，「從子羅辰……卽宣穆皇后兄也……。奔道武……拜南部大人，從平中原。」

皆南北大部族之大人，

案：初期大人皆自領其部。序紀，建國三十九年，苻堅逼南境，「白部、獨孤部禦之，敗績。」太祖紀：「（苻）堅使劉庫仁、劉衞辰分攝國事，南部大人長孫嵩及元他等盡將故民南依庫仁，帝於是轉幸獨孤部。」獨孤部卽劉庫仁部，可知庫仁本南方大部族之酋長也。賀狄干，卽賀蘭部大人。卷十五昭成子孫傳：「窟咄逼南部，……太祖……北踰陰山，幸賀蘭部。」是部在北邊也。

且與帝室非宗親則戚屬也。

案：昭成始置二部大人，以子弟任職，此無論矣。又獻帝分命兄弟爲七族，各領一國，並帝室爲八姓，長孫其一也；又命叔父之胤及疏屬各爲一族…並帝室爲十姓，叔孫卽叔父之胤；則長孫、叔孫與帝室爲宗親也。劉庫仁爲戚屬，見前引本傳。賀狄干，本傳不言爲賀蘭部人，而卷十三皇后傳，獻明皇后賀氏，太祖之母也；其父野于（？），弟染干，則賀狄干蓋卽賀后昆弟歟？

於臣屬中最爲尊顯；惟不得世襲，此與部族大人不同耳。

案：此據上引材料可推知。

至登國七年，尙見有南部大人，蓋此制至皇始建台省時始廢，或與尙書並置未廢也。

太祖紀、登國七年三月「西部泣黎大夫（人？）茂鮮叛走，遣南部大人長孫嵩追討，大破之。」

昭成末及道武時又見有東部大人，

案：卷十三皇后傳，獻明皇后賀氏，父野于爲東部大人。后生太祖，則野于之任當在昭成帝時也。又卷三十三張蒲傳：「太祖……拜爲尚書左丞。天興中……遷東部大人。」是在建台省以後矣。

中部大人，

卷二十八庾業延傳：「其父及兄和辰世典畜牧，稍轉中部大人。昭成崩，氐寇內侮，事難之間，收斂畜產，富擬國君，……太祖得其資用，以和辰爲內侍長。」

卷三十王建傳：「登國初，爲外朝大人……爲左右大夫……爲中部大人，從破慕容寶。」

天部大人，

卷二十七穆崇傳：「崇宗人醜善，太祖初，率部歸附……從擊賀蘭部，平庫莫奚，拜天部大人，居於東蕃，卒。」

國部大人。

魏二十六尉古眞傳尉諾「從討姚平，遂拜國部大人，太宗初爲幽州刺史。」

以意推之，蓋亦有地部大人、西部大人也；然不可確考矣。

就材料論之：大抵昭成以前分部爲治之諸大人，地方性重，自駐其部，未必常與君主相接，故宣帝推寅（序紀第六君長）「復置四部大人，坐王庭，決辭訟。」以迄神元帝力微（第十五君長），因循未革。（以上見卷一百十一刑法志）。道武之世，所置南北諸大人，當以地方而兼中央，如長孫嵩卽其徵也。

惟外職參政，仍有未足，乃復於「登國元年……置……外朝大人官……無常員，主受詔命外使，出入禁中，國有大喪大禮，皆與參知，隨所典焉。」（官氏志）史傳所見，同時蓋有十三人，如和跋、安同、王建、賀悅、庾業延、叔孫建皆是也。

卷二十八和跋傳：「和跋，代人也，世領部落，……太祖擢爲外朝大人，參軍國大謀，……頻使稱旨，拜龍驤將軍……以功進爲尚書，鎮鄴。」

卷三十安同傳：「登國初……遂見寵異，以爲外朝大人，與和跋等出入禁中，迭典奏事。」

卷二十九叔孫建傳：「登國初，以建爲外朝大人，與安同等十三人迭典庶事，參軍國之謀。」

卷三十王建傳：「登國初，爲外朝大人，與和跋等十三人迭典庶事，參與計謀。……爲左右大夫……爲中部大人。」又太祖紀，登國二年十月，「遣外朝大人王建使於慕容垂。」

卷六十八庾業延傳：「與王建等俱爲外朝大人，參預軍國。」

卷十三獻明皇后賀氏傳，弟悅，位外朝大人。時在太祖初。

此蓋散職，地位較前考南、北、東、中、天諸部大人爲低矣。

案：官氏志云：「太祖登國元年，因而不改，南北猶置大人，對治二部。是年……又置……外朝大人官。」又王建傳登國初爲外朝大人，轉左右大夫，中部大人。可知南北中三部大人不在外朝大人之列；其他可例推。

皇始、天興以後，傾心漢化，建台省，置百官，大人制度大抵皆廢。及太宗明元帝神瑞元年，復置八大人，各統三屬官，總理萬機，世號八公。蓋其時保守派得勢，廢尚書台仍行舊制也。

官氏志：「神瑞元年春，置八大人官，大人下置三屬官，總理萬機，故世號八公云。」

太宗紀，永興元年，「詔南平公長孫嵩、北新侯安同對理民訟，簡賢任能，彝倫攸敍。」三年十二月「詔南平公長孫嵩、任城公嵇拔、白馬侯崔玄伯等坐朝堂，錄決囚徒。」

卷二十五長孫嵩傳：「歷侍中司徒，……封南平公。……太宗卽位，與山陽侯奚斤、北新侯安同、白馬侯崔宏等八人，坐止車門右，聽理萬機，故世號八公。」

又見崔玄伯傳及奚斤傳，見後引文。

泰常二年又改置天、地、東、西、南、北六部大人官，亦以諸公爲之，屬官如故。

官氏志：「泰常二年夏，置六部大人官，有天部、地部、東、西、南、北部，皆以諸公爲之，大人置三屬官。」此卽改神瑞元年之制也。

卷二十四崔玄伯傳：「太宗卽位，命玄伯居門下，虛己訪問。……神瑞初，詔玄伯與南平公長孫嵩坐止車門右，聽理萬機事。……尋拜天部大人，進爵爲公。泰常三年……卒。」

卷二十九奚斤傳:「太宗大閱於東郊,……以斤行左丞相。……又詔斤與長孫嵩等八人坐止車門右,聽理萬機。……拜天部大人,進爵爲公。……世祖之爲皇太子,臨朝聽政,以斤爲左輔。」

明元帝末(泰常七年),以太子燾臨朝攝政,置左輔右弼各三人,仍仿六部大人之制也。

卷三十五崔浩傳:「太宗……命世祖爲國副主,居正殿,臨朝;司徒長孫嵩、山陽公奚斤、北新公安同爲左輔,坐東廂西面;浩與太尉穆觀、散騎常侍丘堆爲右弼,坐西廂東面;百寮總己以聽焉。」

燾卽位,是爲世祖道武帝,其神䴥元年,復倘書制度,大人執政之制永廢矣。

北朝地方政府屬佐制度考

嚴　耕　望

一　州屬佐——二　郡屬佐——三　縣屬佐——四　州都與郡縣中正——五　地方學官——六　地方自治組織

余撰兩漢地方行政制度既粗具梗概，乃下及魏晉南北朝時代之地方制度。全書完稿尚待時日，今惟就北朝地方政府之屬佐制度粗爲銓考，乞正通人。大抵魏晉南北朝之地方官制多沿兩漢；惟此一時代政治社會至爲紛亂，往往因時制宜，遞變甚劇，制度無一定正軌，吏治更不待言。然隋唐盛世之制亦卽孕育於此；故吾人欲觀秦漢如何一變而爲隋唐，捨此莫由。如漢州吏稱從事，由刺史自辟；魏晉以下始權宜置參軍事，旣而自成府佐一系統，後乃奪州佐之治民權；至隋唐更惟置參軍，統由朝廷除授矣。——此最粗淺顯明之例也。其他種種，余於隋唐之制尚未深究，未敢一一確鑿言之，然通觀大體，亦莫不皆然。至於此一時代之官制多承兩漢，卽余所考，較然已明。兩漢地方行政制度卽將印行，其第三卷考地方政府之屬吏組織甚詳，取與此文對照，沿革可知，故此文於每一官名概不追述其始原。

三十六年五月二十日。

一　州屬佐

自晉宋以來，南方各朝，北方諸國，州刺史皆帶將軍之號，佐吏因有州佐、府佐兩系統。始則軍民分職，終以府佐位高權重，侵州佐之職而奪其民政之權；於是州佐惟爲地方人士祿養之所，無所事事矣。孝文有見及此，太和十七年遷洛之際，罷諸從事，依府置參軍；蓋參軍由朝廷任用，地位與府佐同，藉可恢復軍民分治之舊。惟從事之制行之已久，且爲地方人士祿養之所，出仕初階，故旋復從事之制。

齊、周因而未革。

魏書五四高閭傳；「閭每請本州以自效，……授幽州刺史。……閭以諸州罷從事，依府置參軍，於治體不便，表宜復舊；高祖不悅。」案：時在遷洛後不久。而官氏志載太和二十三年重定職品令，司州仍有諸從事；考之碑傳，諸州亦有之；北齊承之亦然。是則當時孝文雖不滿閭議，旋仍從之。蓋地方士族勢力極大，此項改革於彼不利，羣懷不滿之故歟？

故今論三朝州政府之屬佐，亦分州佐府佐兩系統考述之。

（一）後魏

（甲）州佐吏

官氏志載高祖太和十七年所頒職品令，司州佐吏有：

別駕（從四品中）

案：原表「從四品中」有「司馬別駕」一職，在「司州功曹都官」稍前，「司馬」必「司州」之僞。

功曹（同上）

案：漢制，司隸有功曹從事。

都官（同上）

案：魏書卷五五游明根傳，游肇「高祖初爲內秘書侍御中散。司州初建，爲都官從事。轉通直郎，祕閣令。」時尚未南遷。又卷五十六鄭義傳，鄭敬叔，爲司州都官從事，遷濮陽太守。推其時，亦在孝文時。蓋孝文仿漢制於司州置此職也。

主簿（正五品中）

司事（正六品上）

從事（同上）

案：此合諸曹從事而言也。

錄事（正七品上）

本曹（從七品上）

案：本曹不可解，「本」或「士」之僞。

二十三年重定職品令，司州有：

別駕從事史（從四品上）

治中從事史（從四品下）

案：漢制，司隸佐屬有功曹從事，他州爲治中從事。孝文前令爲功曹，今改稱也。

主簿（從七品下）

西曹書佐（正八品上）

祭酒從事（正八品下）

議曹從事史（從八品上）

文學（從八品下）

此於司州之職既未詳盡，其他諸州更付闕如（蓋略同京師）。玆綜而考之於次。惟碑傳所見可以增補品令之材料，皆屬後期之制；孝文以前之材料則殊少耳。

（1）別駕從事史

（2）治中從事史

官氏志太和二十三年職品令，惟著錄司州別駕從事史，位從四品上階。考之史傳，他州亦置，且遠在太宗明元帝、世祖太武帝時已可考見。

案：魏郡杜超爲相州別駕，時在明元帝泰常中，（魏書卷八三外戚本傳）；王寶興冀州別駕（卷三八王慧龍傳），太原郭逸爲州別駕（卷六四郭祚傳），皆世祖時；燕國平恆（卷八四儒林本傳），范陽盧輔（卷七五盧同傳），皆以太和前爲本州別駕。是也。

職爲州佐之首，州事蓋必經副署，

魏書八八良吏羊敦傳，「出爲本州別駕，公平正直，見有非法，敦終不判署。」

時亦爲府主所委任。

卷七七楊機傳，爲司州治中，轉別駕，「州牧高陽王雍事多委機。」

官氏志亦惟著錄司州治中從事史，位從四品下階。考之史傳，北魏初期諸州亦已置之。

案:張渾屯,世祖時爲定州治中,(魏書卷九四閹官段霸傳);王寶興辟州治中從事,亦在世祖時(卷三八王慧龍傳)孝文以後,其例極多,見後引。

北史,北齊書、皆省稱中從事。避唐高宗諱也。

案:例多不具舉。

位次於別駕。

魏書七二賈思伯傳「弟思同,……青州別駕。……清河崔光韶先爲治中,自恃資地,恥居其下,聞思同還鄉,遂便去職。」

故任州職者多由治中而別駕;別駕遷昇,則以郡太守、州將司馬、長史爲多。循此昇遷途經以求諸州治中、別駕之地位,當在正五以下,正七以上,蓋因州品而異也。

案:遷轉之例略舉如次:

韋彪:本州治中→別駕→藍田太守。(正五下,正六下)。……「魏書四五韋閬傳」

韋彧:太尉騎兵參軍、(正六上,從六上),→雍州治中→別駕→司徒掾,(從五上)……「同上」

司馬纂:中書博士→司州治中→別駕……「三七司馬楚之傳」

楊機:洛陽令(從五下)→司州治中(從四下)→別駕(從四上)→清河內史(正四下)……「七七本傳」

薛湖:州治中→別駕→河東太守,(正四下,正五下)……「四二薛辯傳」

許暐:州治中→別駕→西高陽太守,(正五下,正六下)……「四六許彥傳」

楊乾運:奉朝請,(孝昌初),(從七下)→本州治中→別駕→安康太守(正五下,正六下)……「周書四四本傳」

李遵:相州治中→別駕→冀州征北府長史,(從四上)……「魏書三九李寶傳」

袁颺:本州治中→別駕→豫州冠軍府司馬,(正六上)……「六九袁翻傳」

張宣軌:相州中軍府錄事參軍(從六下)→定州別駕,→鎮遠將軍(正四下)員外散騎常侍，……「六八甄琛傳」

賈思同：尚書考功郎，（正六下）→青州別駕→鎮遠將軍試守滎陽太守（正四下），……「七二賈思伯傳」

平恆：中書博士→幽州別駕→著作佐郎（從五上）。……「八四儒林本傳」

甄寬：員外散騎侍郎（從五上）→本州別駕……「六八甄琛傳」

羊敦：給事中（從六上）→本州別駕……「八八良吏本傳」

畢祖髦：東平太守，……→本州別駕……「六一畢衆敬傳」

劉僧利：徐州別駕→沛郡太守，（正五下前後），……「五五劉芳傳」

辛穆：茂才→東雍州別駕→東荆州司馬→長史……「四五辛紹傳」

李裔：定州別駕→定州鎮軍長史（正五上）……「三六李順傳」

房天樂：青州別駕→青州長史，……「六一沈文秀傳」

崔徽：相州別駕→中書侍郎，（從四上）……「二四崔玄伯傳」

崔延儁：中書侍郎（從四上）→司州別駕（從四上）加鎮遠將軍（正四下），……「六九本傳」

穆祁：通直常侍，上谷、河內太守→司州治中，（從四下）太子右衛率，……「二七穆崇傳」

邢臧：太學博士（從七下）→本州中從事→金部郎（正六上）不赴，轉東牟太守，（正五下，正六上），……「八五文苑本傳」

李暎：光州征虜府主簿（從七下）→相州治中→寧朔將軍，（從四）……「三六李順傳」

李象：徐州平東府功曹參軍，（從六下），→冀州治中→散騎侍郎，（正五上）……「七二李叔寶傳」

張元茂：信都令（正六下，正七下）→冀州治中「六一張讜傳」

李雲：司空外兵參軍（正六上）→本州治中，……「四九李靈傳」

韋儁：荆州治中→梁州寧朔府長史，（正七上），……「四五韋閬傳」

崔孝演：定州治中→瀛州安西府外兵參軍，（從六下？）……「五七崔挺傳」

檢官氏志，司州牧從二品，上州刺史正三品，中州刺史從三品，下州刺史正四品，以次下降一品；司州別駕治中從四品，較司州牧低四品。據此，則上州上佐應爲正五品，下州上佐應爲正六品，與上列諸例亦無不合。而魏書卷六八甄琛傳「時，(當在世宗時)，趙脩盛寵，琛傾身事之。琛父凝爲中散大夫，弟僧林爲本州別駕，皆託脩申達。」後朝臣奏云，琛與脩朋黨，「令布衣之父超登正四之官，(官氏志，中散大夫正四品)七品之弟越陟三階之祿，虧先皇之選典。」據此，則甄琛籍之州別駕，最低爲正七品上階，最高爲正六品下階。此尤明徵矣。

別駕、治中例用本州人，他籍爲絕少之例外。

案：余隨意檢拾北魏治中、別駕之屬籍，其爲本州者，別駕凡二十五人，治中十三人，(十之七八皆書云本州) 其確非本州及有問題者僅六例：（1）李寶，隴西狄道人，署涼王暠之孫，國滅徙於姑臧，後入魏，籍非司州，則屬姑臧。而其後李遵爲相州治中，轉別駕；李惠諶爲齊州別駕。(李寶傳)（2）崔亮，清河人，從子思韶爲冀州別駕，(六六亮傳) 案：地形志，清河雖屬司州，即原相州；然其先本屬青州，觀崔氏常爲青州中正，及賈思伯傳，清河崔光韶恥爲治中事，可以知之。（3）宋欽道，廣平人，武定中爲冀州別駕(六三宋弁傳)。地形志，廣平亦屬司州。（4）唐和，晉昌人，其孫李弼，武定中爲滄州別駕(四三和傳)。地形志，滄州無晉昌郡。（5）封懿，渤海人屬冀州，其後封進爲楊州治中，(三二懿傳)，（6）韋閬，京兆人，其後韋儁爲荆州治中，(四五閬傳)。凡此六例待考。

前期由刺史自辟，

魏書三三宋隱傳，宋輔，太祖時，「州辟別駕。」卷三八王慧龍傳子寶興，文成、獻文之世，「州辟治中從事，別駕，舉秀才，皆不就。」

後期則由朝廷勅任。

案：魏書七八張普惠傳：肅宗時，奏曰；「遷都之構，庶方子來，汎澤所沾，降及陪皂，寧有岳牧、二千石、縣令、丞、尉、治中、別駕，及諸軍幢受命於朝廷，而可不預乎？」此二職由勅命之明徵也。又前引諸例，治中別駕多由正式品官遷任，亦旁證也。

（3）州都

案：此職由刺史辟任，主州吏選用事，與中央所置之州大中正不同，詳第四節州都與郡縣中正。

（4）主簿

此職不限一員。

北齊書四五文苑祖鴻傳，涿郡范陽人也。「弱冠，與同郡盧文符，並爲州主簿。」（魏時）

自五胡十六國以來，即承漢、魏、晉制，州置此職，例由刺史自辟。任其職者皆州內大姓子弟；其年多在弱冠，或有數歲者；其位雖僅次於治中，爲鄉選之極品，然仍須舉秀才，或由其他途徑始釋褐，多得奉朝請之職。

案：主簿州辟之例至多，玆就有關時期、族姓、年齡、地位者，列舉如次：

魏書卷五三李孝伯傳，趙郡人，父曾，「州辟主簿，到官月餘……遂還家講授。太祖時，徵拜博士。」

卷六五邢巒傳，河間人，父脩年，爲州主簿。時蓋太武、文成世。

卷六八甄琛傳，中山人，父凝，州主簿。時與邢脩年相先後。

卷九四閹官仇洛齊傳，中山人，養孫仇振，「子孫仕進，至州主簿。」

北齊書四〇白建傳：太原人也。「諸子幼稚，俱爲州郡主簿，新君選補，必先召辟。」

卷三〇崔暹傳，博陵人，「世爲北州著姓。父穆，州主簿。」

北周書三九梁昕傳，「安定烏氏人，世爲關中著姓，………父勸儒，州主簿。」

同卷王子直傳，京北杜陵人，「世爲郡右族。父琳，州主簿。……子直，魏正光中，州辟主簿，起家奉朝請。」

魏書七〇傅永傳，清河人，子叔偉，「九歲，爲州主簿。」

卷八五文苑袁躍傳，陳郡人，子聿脩，「九歲，州辟主簿。……年十八，領本州中正，兼尚書度支郎中。」北齊書四二聿脩本傳，「九歲州辟主簿，……魏太昌中，釋褐，太保開府西閤祭酒。

卷四三房法壽傳「清河繹幕人也……弱冠州迎主簿。」

卷四五裴駿傳：河東人，從弟安祖「弱冠州辟主簿。……復有人勸其入仕，」不願。

卷六四郭祚傳：「弱冠州主簿。……高祖初，舉秀才，……拜中書博士。」長子思恭「弱冠，州辟爲主簿。」據後引孫小傳，祚爲州高門。

北史三六薛辯傳，薛聰「未弱冠，州辟主簿。太和十五年，釋褐著作佐郎。於時，孝文留心氏族，正定官品，士大夫解巾優者不過奉朝請；聰起家便佐著作，時論美之」。（魏書無此段）

魏書四五韋閬傳，韋朏「年十八，辟州主簿，……解褐，太學博士，祕書郎中。」

北齊書四三羊列傳，太山人，「弱冠，州辟主簿。又兼治中從事。……釋巾，太師咸陽王行參軍。」

卷三九崔季舒傳，博陵人，「年十七，爲州主簿。」

卷二三崔㥄傳，清河人，子瞻，年十五，刺史高昂召署主簿。

卷二一封隆之傳，渤海人，「弱冠，州郡主簿，起家奉朝請。」又弟子孝琬，年十六，本州辟主簿。魏永熙……三年，釋褐開府參軍事。天平中，輕車將軍、司徒主簿。」

又「孝琬弟孝琰……年十六，辟州主簿，釋褐祕書郎。天保元年爲太子舍人。」

北周書三八薛寘傳，河東人，「年未弱冠，爲州主簿、郡功曹，起家奉朝請。」

卷四五儒林盧誕傳，范陽人，「父叔仁，年十八，州辟主簿，舉秀才，除員外郎，」（景明前）

魏書五七崔挺傳，定州人，孝暐，「彭城王勰之臨定州，辟爲主簿，釋褐，冀州安東府外兵參軍。」

卷六八甄琛傳，張宣軌「歷郡功曹，州主簿；延昌中，釋褐奉朝請。」

北齊書二二盧文偉傳，范陽人，「州辟主簿，年三十八，始舉秀才，除本州

平北府長流參軍。」（孝昌稍前）

北周書三五裴俠傳，河東人，「州辟主簿，舉秀才。魏正光中，解巾奉朝請。」

卷四三韋祐傳，京北人，「祖駢、雍州主簿，舉秀才、拜中書博士。」

卷三五敬珍傳，河東人，「父伯樂，州主簿，安邑令。」

惟司州主簿例外，位從七品下階，在奉朝請之上，是亦所謂尤異也。

案：諸州主簿例皆未舉秀才、釋褐，而魏書六九裴延儁傳，裴仲規河東人，「起家奉朝請，領侍御。咸陽王禧爲司州牧，辟爲主簿。」又卷四五裴駿傳，河東人。裴務「舉秀才，州辟主簿。」子美，「秀才，州主簿。」是已舉秀才釋褐而爲之也。

主簿旣刺史自辟吏中之最高者，仍如漢世，特爲親近；孝文改制，州吏惟主簿爲刺史服喪，尤其明徵。

案：魏書三三公孫表傳，公孫邃爲青州刺史，太和十九年，卒於官。「時百度維新，青州佐吏，疑爲所服。詔曰，今古時殊，禮或隆殺：專古也，理與今違；專今也，大乖曩義；當斟酌兩途，商量得失，吏民之情，亦不可苟順也。主簿，近代相承服斬過葬便除，可如故事；其餘無服。」

故雖職位低微，亦常被任委，主幹州務，兼行郡事。

周書三六令狐整傳，敦煌人，「刺史魏東陽王元榮辟整爲主簿，加盪寇將軍，……委以庶務；書諾而已。」

北史三九房法壽傳：「彥謙，年十八，屬齊廣寧王孝珩爲齊州刺史，辟爲主簿。時禁網疏闊，州郡之職尤多縱弛。及彥謙在職，淸簡守法；州境肅然。」

魏書六四郭祚傳：「弱冠，州主簿。刺史孫小，委之書記。」

又卷九四閹官孫小傳「小之爲幷州，以郭祚爲主簿，重祚門才，兼任之以書記。」

魏書四五裴駿傳，從弟安祖，「弱冠，州辟主簿。民有兄弟爭財詣州相訟。安祖召其兄弟以禮義責讓之。此人兄弟明日相率謝罪。內外欽服。」

魏書六九裴延儁傳，爲幽州刺史，「命主簿酈惲修起學校，禮教大行。」

又卷五五劉芳傳，劉騭，「州辟主簿，奉使詣闕，見莊帝於顯陽殿，問以邊事。」

卷六十九裴延儁傳，河東人，「父崧，州主簿，行平陽郡事。」(高祖初)

又延儁從祖弟仲規，「咸陽王禧爲司州牧，辟爲主簿，仍表行建興郡事。」

北史三九房法壽傳，房熊，「州辟主簿，行清河、廣州二郡事。」(時在魏末或齊時)

北周書二八權景宣傳，郭賢，「爲州主簿，行北地郡事。」(時在魏末)。

(5)西曹書佐

案：司州西曹書佐除見官氏志，又見魏書四五柳崇傳，時在宣武世。雍州亦有之，見北周書三七郭彥傳；潁州有西曹，不止一人，見金石萃編三〇敬史君碑：皆在魏末葉。又金石補正一八東魏元象二年凝禪寺浮圖頌碑有州西曹賈仲業，詳考本碑他職，此實殷州西曹也。

(6)記室從事

案：司州有記室從事，見魏書四二薛辯傳及卷七七楊機傳。又北周書二六長孫紹遠傳，父稚，魏時作牧壽春，有管記王碩，亦即此職歟？

(7)戶曹從事

案：司州有戶曹從事，見楊機傳，又見北齊書卷一八高隆之傳(肅宗末)。隋書卷四二李德林傳，博陵安平人，祖壽，湖州戶曹從事。(北史七二，湖州上有「魏」字)

(8)法曹從事

案：司州有法曹從事，見北齊書二〇薛循義傳，(蓋肅宗時)。他州蓋同。唐六典卷三〇注「漢魏以下，州郡有賊曹，(賊曹？)決曹掾，或法曹或墨曹，」

(9)部郡從事

案：司州有部郡從事，見魏書卷二八和跋傳，(時在孝文後)又金石補正卷一三滎陽郡從事劉顯明題記云：「正光元年九月廿日前部滎陽郡從事劉顯明。」是亦司州部郡從事也。兗州有部郡從事史三人，見萃編卷三一李仲璇修孔子廟碑，（時在東魏興和三年）。又金石補正卷一九道俗九十八人造像碑，有前部郡從事路達。案，碑在河內，以東魏武定元年立，若路達任職在天平以前，則屬司州；以後，則屬懷州。

(10)武猛從事

案：金石補正卷一九太公呂望表碑陰有□猛（萃編缺猛字）從事尙□□，是卽武猛從事無疑。碑以武定八年四月立，當是司州。

(11)門下督

案：司州有門下督，見金石補正卷一三校官郞淳于道等殘刻，時在孝昌三年。

(12)錄事

(13)省事

(14)月令

案：東魏潁州有此三職，均見敬史君碑。

(15)祭酒從事

案：司州有此職，見前引官氏志。東魏兗州亦有祭酒從事史、見李仲璇孔廟碑。

(16)議曹從事

(17)文學

案：此二職惟見前引官氏志

(18)博士

(19)助教

案：東魏潁州有此二職，亦均見敬史君碑。其詳見第五節地方學官。

(20)上計史

北魏仍有上計之制，州置上計吏，當亦非常任職也。

案：高祖孝文記，太和七年，詔曰：「朕……明不燭遠，……具問守宰苛虐之狀於州郡使者，秀、孝、計掾；而對多不實。」卷一三宣武靈后胡氏傳，肅宗時，太后臨朝，「親策孝、秀、州郡計吏於朝堂。」

(21)其他

此外太和四年「詔諸州置冰室」(高祖紀)當有主者。又有市令、驛帥。

案:魏書三六李順傳,杜洛周攻陷定州,「特無綱紀,至於市令、驛帥咸以爲王,呼爲市王、驛王。」此必各州之通制也。又北齊書四七酷吏宋遊道傳,「尉粹以罪梟首於鄴市,孫騰使客告市司,得錢五百萬後聽收。遊道時爲司州中從事……杖市司。」時在東魏。市司蓋卽市令之異稱歟?但不知是否爲州職。

邏隊主

金石補正卷一七有邏隊主和道恭題字,陸氏跋曰:「玉篇,邏,巡兵也。……邏隊主,蓋游檄軍將之屬。」又魏書卷二一上趙郡王傳,元謐出爲岐州刺史,「肅宗初,台使元延到其州界,以驛邏無兵,攝帥檢覈,隊主高保願列言所有之兵王皆私役。」據此隊主當是州職。

律吏、

李順傳,式爲西兗州刺史,「自以家據權要,必慮危禍,常敕律吏:臺有使者,必先啓告,然後渡之。」

郵亭吏、

北齊書二二李元忠傳,宗人愍,「太昌初……出爲南荆州刺史。……愍勒部曲數十人……且戰且前,三百餘里,所經之處卽立郵亭。」郵亭必有主者,不知亦屬州歟?

醫藥吏。

魏書六顯祖紀皇興四年,詔:「民有病者,所在官司遣醫就家診視,所須藥物,任醫量給之。」

及此諸職未必皆直屬州府也。

* * * *

別駕、治中、主簿:任命與籍貫已述於前;西曹以下諸職,亦類由刺史辟用本州人。

案:此可就下列諸例觀識之:

魏書四五柳崇傳，河東解人也。其後仲起「舉秀才，咸陽王禧爲牧，辟西曹書佐。」

周書三七郭彥傳，「居馮翊……少知名。太祖臨雍州，辟爲西曹書佐，尋開府儀同主簿。」

魏書四二薛辯傳，河東人，薛景茂，「司州記室從事、猗氏令。」

卷七七楊機傳，機，洛陽人，兄子虬，頻爲司州記室、戶曹從事。

北齊書一八高隆之傳：魏汝南王悅爲司州牧，以爲戶曹從事。建義初，釋褐，員外散騎常侍。」案：隆之本姓徐，高平金鄉人；父幹，白水郡守，爲姑壻高氏所養，因從其姓。不知高氏何處人。若非司州人，則畿州尤異也。

又二〇薛脩義傳，河東汾陰人，「魏咸陽王爲司州牧，用爲法曹從事；魏北海王顥鎮徐州，引爲墨曹參軍。」

魏書二八和跋傳，代人，其後，和延穆爲司州部郡從事。案其時在孝文以後，代人遷洛卽爲洛陽人。

又八七節義汲固傳「東郡梁城人也，爲兗州從事。……高祐爲兗州刺史，嘉固節義，以爲主簿。」

北周書一一晉公護傳，附馮遷傳：「州辟從事，魏神龜中，刺史楊鈞引爲中兵參軍。」

又附叱羅協傳：代郡人，「嘗爲州小吏，……恆州刺史楊鈞擢爲從事。」

（乙）府佐吏

公府及將軍府佐，太和二十三年重訂職品令載之綦詳，玆簡表於次：

府主 府佐階品 府佐	大司馬 大將軍 大尉 司徒	司空	從一品 將軍 諸開府	正二品 將軍 始蕃王	從二品 將軍 二蕃王	正三品 將軍 三蕃王	從三品 將軍	四品 將軍	五品 將軍
長史	從三	正四上	正四上	從四上	正五上	從五上	正六上	正七上	從七上
司馬	正四上	正四上	正四下	從四上	正五上	從五上	正六上	正七上	從七上
諮議參軍事	從四上	從四下	從四下	正五下	從五上	正六上	○	○	○
錄事參軍事	正六上	正六上	正六下	從六上	從六下	正七上	正七下	從七下	正八下

功曹參軍事	正六上	正六上	正六下	從六下	從六下	正七下	正七下	從七下	正八下
記室參軍事	正六上	正六上	正六下	從六下	從六下	正七下	○	○	○
戶曹參軍事	正六上	正六上	正六下	從六下	從六下	正七下	正七下	從七下	正八下
倉曹參軍事	正六上	正六上	正六下	從六下	從六下	正七下	正七下	從七下	正八下
中兵參軍事	正六上	正六上	正六下	從六下	從六下	正七下	正七下	從七下	正八下
功曹史	○	○	正六下	從六下	從六下	正七下	○	○	○
主簿	正六上	正六上	正六下	正七下	正七下	從七上	從七下	正八上	從八下
列曹參軍事	從六上	從六下	正六下	正七下	正七下	從七上	從七下	正八上	從八下
參軍事	正七上	正七下	?	?	從七下	正八上	正八下	○	○
列曹行參軍	正七上	正七下	正七下	從七上	從七下	正八上	正八下	從八下	正九下
行參軍	從七上	從七上	從七上	正八上	正八下	○	○	○	○
長兼行參軍	從八上	從八下	從八下	正九下	從九下	?			
參軍督護	正九上	正九下	正九下	從九下	?				
從事中郎	正五上	正五下	(開府)正五下						
掾屬	從五上	從五下	(開府)從五下						
祭酒	正七上	正七上	(開府)正七上						

案：開府置佐，府主之地位愈高，則佐吏職稱與員額愈多，此通例也。今觀此表亦循此例，惟二大、二公、司空有參軍事，從二品、正三品及從三品將軍亦置之；而開府、從一品、正二品將軍反不之置，殊爲可疑。今考北齊書二一封隆之傳，弟子孝琬，「年十六，本州辟主簿，魏永熙……三年，釋褐開府參軍事。又孔廟碑，兗州車騎大將軍府有參軍事，車騎大將軍亦從一品。是從一品將軍及開府有參軍事之明證。又案北齊承魏置官，隋志載北齊上上州刺史之府屬有參軍事一職，亦位於列曹參軍之下，列曹行參軍之上。魏從一品、正二品等高級將軍所加正亦當爲上州刺史，意者此兩品將軍及開府亦置參軍事，官氏志偶脫歟？

又案：此表參軍督護止於正二品將軍，長兼行參軍止於從二品將軍，地位較低之將軍似皆不置此二職。然實考之，又未必盡然。蓋官氏志不載九品以下諸流外之職，而正二品參軍督護及從二品之長兼行參軍皆已低至從九品下階，則較低之將軍縱有此二職亦擯而不載矣。

諸州刺史例加將軍之號，所加低者至四五品，高者至從一品，並多儀同三司及開府之號，且有加太傅、司徒者，諸王出蕃亦常見（此另考），其開府置佐，皆準前表。惟歷檢史傳碑記，不見司州諸曹參軍，豈司州僅置州佐不置府佐如北齊之制歟？

案：司州史料較他州爲詳；然考之諸碑傳，常見諸州各曹參軍，惟不見司州之參軍，事甚可疑。隋志載北齊之制甚詳，諸州皆置府佐、州佐兩系統，惟司州牧只有州佐從事掾史之類，而無府佐參軍之屬，蓋承魏制也。

尋表所載府屬已甚詳贍，惟列曹云云，不著名目，而官氏志後節云，永平二年併省諸州諮議、記室、戶曹、刑獄、田曹、水曹、集曹、士曹參軍，戶曹以上見於前表，刑獄以下當在列曹之數。

案：事在永平二年正月，爲尚書令高肇所奏行。

考之碑傳，證以北齊之制，凡此諸曹後多復置，且有外兵、騎兵、長流、城局、法曹、墨曹、鎧曹諸參軍，蓋皆所謂列曹也。惟何者置參軍，何者置行參軍，未能確斷耳。茲就職品令所載及此可考諸曹以次比證之。（以地位高低爲序，其地位不明者，以類相次）

（1）長史

（2）司馬

長史爲府佐之首。據太和末重頒職品令，其位例低於府主五品。州府之事常以委決，至於王子年幼出蕃，軍民行政更惟長史是寄。

魏書六一沈文秀傳「房天樂，清河人，……先爲青州別駕；文秀拔爲長史，……州府之事一以委之。」

卷二二京兆王愉傳：「太和二十一年封，拜都督徐州刺史，以……盧陽烏兼長史，州事巨細委之陽烏。」案：陽烏，盧淵小名，事又見卷四七盧玄傳，云愉年少。

北史五一陽州公永樂傳，東魏時，爲北豫州刺史，「後能豫州家，產不立，神武問其故，對曰，裴監爲長史，辛公正爲別駕，受王委寄斗酒隻雞不敢入。」

平日刺史有過可相糾舉。

魏書七七辛雄傳，辛琛爲揚州長史，「刺史李崇多事產業，琛每諍折，崇不從，遂相糾舉。詔並不問。」

若刺史卒於任所，或因事他行，長史爲法定行事。

魏書四五辛紹傳，辛祥，「轉幷州征北府司馬。會刺史喪，朝廷以其公淸，遂越長史敕行州事。」可知長史行事爲常例也。

同卷韋閬傳，韋纘，「尙書令王肅出鎭揚州，請纘爲長史。……肅薨，敕纘行州事。」

卷六八甄琛傳，甄楷，「肅宗末，定州刺史廣陽王淵被徵還朝，……淵臨發召楷不（北史無不字是也。）兼長史，委以州任。」

北史二七酈範傳，子道元，「景明中爲冀州鎭東府長史。刺史于勁，順皇后父也，西討關中，亦不至州，道元行事三年，爲政嚴酷，吏人畏之。」（魏書道元傳無此段。）

常帶州治郡太守。

案：游肇爲南安王楨、高陽王雍鎭北府長史，帶魏郡太守，（魏書五五游明根傳）。檢楨、雍皆爲相州刺史，即地形志之司州，魏郡其治也。又如鄭述爲幷州太傅府長史，帶太原太守，（魏書二四鄧淵傳）；盧同爲營州長史，帶昌黎太守（卷七六本傳）；李彥，爲靑州廣陵王羽長史，帶齊郡太守，（卷三九李寶傳；）房天樂爲靑州長史，督齊郡，（卷六一沈文秀傳）；鄧羨爲齊州長史，帶東魏郡太守（卷二四鄧淵傳），王可久爲徐州征虜府長史，帶彭城太守（卷九三恩幸王仲興傳）；畢聞慰，（卷六一畢衆敬傳）。韋欣宗（卷四四韋閬傳），鄭長猷，（卷五五劉芳傳），皆爲徐州府長史，帶彭城內史；司馬景和（金石萃編二八司馬景和妻墓誌銘），韋纘（韋閬傳），崔瑜之，（魏書卷五七崔挺傳），皆爲揚州府長史，帶梁郡太守。檢地形志，凡此諸郡皆列冠他郡，當即州治也。他如李裔爲定州鎭軍長史，帶博陵太守（卷三六李順傳）；陽尼爲幽州平北府長史，帶漁陽太守(卷七二本傳)；姜昭爲兗州安東府長史，帶高平太守，（卷四五韋閬傳附姜儉傳）；辛祥，（卷四五辛紹傳），范紹，（卷七九本傳），皆爲郢州龍驤府長史，帶義陽太守；辛穆爲東荆州長史，帶義陽郡領戍、（辛紹傳）；鹿生爲徐州長史，帶淮陽太守，郯城鎭將。（卷八八良吏本傳）；凡此所帶皆爲漢、魏以來之名郡，而地形志或非州之首郡，或列在他州，或不見著錄，蓋此多屬邊州，治所遷徙不常，諸人任職時未必非治所之郡也。

大抵長史總理州府文武諸事，司馬專掌武職，地位僅次於長史，故可與忿諍。

魏書九三恩幸王仲興傳：「兄可久……爲徐州征虜府長史……輕侮司馬梁郡太守李長壽，遂至忿諍。」

亦常帶大郡太守

案：李思穆爲定州司馬，帶鉅鹿太守，（魏書三九本傳）；及前引李長壽爲徐州征虜府司馬，帶梁郡太守；皆其例也。

且可越次代行州事。

前引辛紹傳。

長史、司馬旣位高職重，故朝廷極爲重視，輔藩王以之。

魏書二一上趙郡王幹傳，高祖時，「除都督冀、定、瀛三州諸軍事、征東大將軍、冀州刺史。……詔以李憑爲長史，唐茂爲司馬，盧尙之爲諮議參軍，以匡弼之。」

周書三八蘇亮傳，「大統二年，拜給事黃門侍郎。……魏文帝子宜都王式爲壽州刺史，以亮爲司馬。帝謂亮曰：黃門侍郎豈可爲秦州司馬？直以朕愛子出蕃，故以心腹相委；勿以爲恨。」

制州將以之。

魏書五八楊播傳，椿爲都督雍州刺史、行台，節度關西諸將。「遇暴疾，頻啓乞解。詔許之，以蕭寶夤代椿爲刺史、行台。」椿謂子昱曰：「寶夤恐有異心，……汝今赴京，稱吾意以啓二聖，并白宰輔，更遣長史、司馬、防城都督；欲安關中，正須三人耳。」肅宗及靈太后並不信納。

故四方有變，長史、司馬亦留質子於京師，如州郡長官。

魏書九肅宗紀，孝昌二年，「初留州郡縣及長史、司馬、戍主、副質子於京師。」

（8）諮議參軍

諮議參軍，職任之重僅次於長史、司馬，爲府主之上佐。

魏書二一上趙郡王幹傳，孝文時「除都督冀、定、瀛三州諸軍事，征東大將軍、冀州刺史。……詔以李憑爲長史，唐茂爲司馬，盧尙之爲諮議參軍，以匡弼之。」又韋欣宗由彭城內史遷徐州宋王昶諮議參軍，遷府長史帶彭城內史，(卷四四韋閬傳)，其地位可見。

其職蓋參謀議，亦可帶郡太守。

鄭長猷爲揚州諮議參軍，帶安豐太守，(魏書五五劉芳傳)。

魏末省廢。

案：東魏敬史君碑(萃編三〇)載潁州驃騎府佐，李仲璇孔廟碑(萃編三一)載兗州車騎大將軍府佐，均極詳盡，而皆無諮議之職。敬史君碑立於興和二年，孔廟碑立於興和三年，時已魏末。北齊上上州府亦無諮議，蓋承之也。

(4)錄事參軍

此職頗重，時亦加將軍之號，帶縣令行郡事，故刺史重其選，更有啓用親屬，委以府州之務者。

案：此職常見傳中，亦見敬碑及孔廟碑。魏書八二常景傳，累遷給事中，延昌中，「尙書元萇出爲安西將軍、雍州刺史，請景爲司馬；以景階次不及，除錄事參軍、襄威將軍，帶長安令。卷四九崔鑒傳，崔秉爲徐州衞軍府錄事參軍，帶毋極令。」卷七八張普惠傳，「(元)澄爲安西將軍雍州刺史，啓普惠爲府錄事參軍，尋行馮翊郡事。」卷五八楊播傳、楊侃爲統軍，「侃叔椿爲雍州刺史，又請爲其府錄事參軍，帶長安令，府州之務，多所委決。」卷一八臨淮王傳，元孚爲冀州刺史，「兄祐爲防城都督，兄子禮爲錄事參軍。」觀此諸條可知其職重。

(5)功曹參軍

此職蓋非劇任。

案：魏書四三房法壽傳，房景遠，「益州刺史傅豎眼……啓爲昭武府功曹參軍。」卷四八高允傳，劉懷「本州冠軍府功曹參軍。」卷七八李叔寶傳，李衆爲徐州平東府功曹參軍。卷九三恩幸王叡傳，王暄爲齊州驃騎府功曹參軍。又見孔廟碑。此外不多見。

(6)記室參軍

記室參軍，永平二年省；末葉又見有此職，不知何時復置。

案：此職之省見官氏志。而北周書三二申徽傳：「文帝（宇文泰）臨夏州，以徽爲記室參軍，兼府主簿。」時尚未分東西。

(7)戶曹參軍

案：此職惟見前引職品令。列傳及敬碑、孔廟碑均不見，檢官氏志，永平二年省戶曹參軍，北齊亦僅有右戶掾史，不置參軍，豈魏末未復置耶？

(8)倉曹參軍

倉曹參軍綜攝一州倉儲事。

案：如長孫元慶爲平州倉曹參軍，（魏書二六長孫肥傳），辛琨爲相州倉曹參軍，（卷四五辛紹傳），房士達爲濟州左將軍府倉曹參軍，（卷四三房法壽傳），裴佗爲揚州開府倉曹參軍，（卷八八良吏本傳）；又見東魏孔廟碑及敬碑。而北齊書三九祖珽傳，「爲尚書儀曹郎中。文宣爲幷州刺史，署開府倉曹參軍。……不能廉慎守道。倉曹雖云州局、及受山東課輸，由此大有受納……。文宣罷州、珽例應隨府，規爲倉局之間，致請於陳元康，……由是還任倉曹。珽又委體附參軍事攝典籤陸子先，幷爲計劃，請糧之際，令子先宣敎出倉粟十車，爲寮官捉送神武。」其職可知。

(9)中兵參軍

職似較南朝爲輕。

案：中兵參軍常見史傳，亦見敬碑及孔廟碑。然征討之際不見以此職當大任。

(10)功曹史

案：此職惟見官氏志。

(11)府主簿

州吏有主簿，府亦有之，

案：州將開府置主簿，似易與州職相混。實考之，其辨有三：州職籍限本州，府職例用外籍，一也；州職辟任，未釋褐，府職遷任，已釋褐，二也；

州職惟冠州爲稱，府職則冠某州某府爲稱，三也。三者具一，便知爲州職抑府職矣。玆略舉之：如相州李映，由南安王國常侍遷光州征虜府主簿，（魏書三六李順傳），范陽盧子剛由司空行參軍遷荆州驃騎府主簿。（卷四七盧玄傳），常山張普思爲雍州安西府錄事參軍，府主元澄轉揚州，啓爲鎭南大將軍開府主簿，（卷七八本傳），冀州潘永基由威烈將軍轉揚州車騎府主簿。（卷七二本傳），洛陽奚剛爲青州開府主簿（卷七三奚康生傳）渤海高謹之爲滄州平東府主簿，（卷七七高崇傳），皆是也。

職典文翰

案：北齊書二四孫搴傳「高祖大悅，卽署相府主簿專典文筆。」卷二九李渾傳，子繪「齊王蕭寶夤引爲主簿、記室，專管表檄。」卷三四宋欽道傳「初爲大將軍主簿，典書記。」北周書三二申徽傳「文帝（宇文泰）臨夏州，以徽爲紀室參軍，兼府主簿。」此雖非盡州府之職，亦可例推矣。

(12)外兵參軍

州將軍府自太和中已見有外兵參軍。

案：羅道生，爲肆州安北府外兵參軍，蓋孝文帝時，（魏書四四羅結傳）；裴叔義爲兗州安東府外兵參軍，時在孝文末，（卷六九裴延儁傳）；是重訂職品令前已有此制也。其後，如崔忻仕荆州平南府，（卷四九崔鑒傳），崔孝暐仕冀州安東府，（卷五七崔挺傳），辛俊仕東益州征虜府，（卷七七辛雄傳），張瓊仕朔州征虜府，（北齊書二〇本傳），皆爲此職。亦見東魏敬碑及孔廟碑。是終魏世未廢也。

(13)騎兵參軍

又有騎兵參軍，

案：張纂以宣武時爲鎭北府騎兵參軍，帶魏昌縣令，（魏書六六甄琛傳），他如劉文顥仕徐州安豐王府，（卷四三劉休賓傳），路思略仕冀州安東府，（卷七二路侍慶傳），皆爲此職。亦見敬碑及孔廟碑。

府主出行，則持刀陪從。

案：北齊書三〇王昕傳，「（魏）太尉汝南王悅辟騎兵參軍。舊事，王出射，武騎持刀陪從。昕恥之，未嘗肯依行列。」州將府職蓋亦如此。

(14)鎧曹參軍

案：李叔向爲徐州鎧曹參軍，帶郭浦戍主，（魏書四九李靈傳）。亦見敬碑及孔廟碑。

(15)城局參軍

案：此蓋城守之職。見敬碑及孔廟碑。其見於史傳者，如宋稚爲幷州城陽王府城局參軍，遷泉縣令，（魏書五二宋繇傳），韋休之仕安州左將軍府，（卷四五韋閬傳），高市賓仕冀州京北王愉府，（卷四八高允傳），李季凱仕定州鎮北府，（卷三九李寶傳），皆爲此職。

(16)長流參軍

長流參軍主刑獄，其職甚重，

案：北齊此職於治獄諸曹參軍中，地位最高，魏書中亦常見。如封粲仕荆州，（魏書三二封懿傳），裴斌仕廣州，（卷七一裴叔業傳），張宣軌仕冀州征東府，（卷六八甄琛傳），郭季方仕膠州驃騎府，（卷六四郭祚傳），裴夷吾仕徐州驃騎府，（卷六九裴延儁傳），皆爲此職，時在肅宗至武定末。又范陽盧文偉仕本州平北府、（北齊書二二本傳），魏蘭根仕定州，（北齊書二三本傳），李廣仕徐州安豐王府，（同書四五本傳），皆爲長流參軍，亦在魏世。敬碑及孔廟碑亦均有此職。顏氏家訓書證篇：「或問曰：何故名治獄參軍爲長流乎？答曰：帝王世紀云，帝少昊崩，其神降於長流之山，（原注此事本出山海經流作留），於祀主秋，（原注此說本於月令）。案：周禮，秋官司寇主刑罰。長流之職，漢、魏捕賊掾爾；晉宋以來始爲參軍；上屬司寇，故取秋帝所居爲嘉名焉。」

(17)刑獄參軍

州府有刑獄參軍，宣武永平二年省，（官氏志），蓋以職與長流相複歟？魏末復見置。

案：魏書七一李苗傳，子曇，「武定末，冀州儀同府刑獄參軍。」北齊書四六循吏蘇瓊傳「幼時……嘗謁東荆州刺史曹芝，……芝異其對，署爲府長流參軍。文襄以儀同開府，引爲刑獄參軍。……幷州嘗有强盜，長流參軍推其事，所疑賊並已考伏……唯不獲盜贓。文襄付瓊更令窮審，乃別推得元景融等十餘人，並獲賊驗。」又見孔廟碑。是魏末復置，職與長流相類也。

(18)法曹行參軍

案：陸高貴，孝昌中，爲兗州鎮東府法曹參軍，(魏書四〇陸俟傳)，宋道璵爲冀州京兆王府法曹參軍，(卷七七宋翻傳)，又見孔廟碑。而潘永基傳，(卷七二)云，「爲冀州鎮東府法曹行參軍。」則陸宋之爲參軍，蓋行參軍之省稱也。

又案：魏書七二陽尼傳，陽固「太和中，從大將軍宋王劉昶征義陽，板府法曹行參軍。」卷八二祖瑩傳，孝文時「徵署司徒彭城王勰法曹行參軍，」司徒、大將軍府法曹之職尙止行參軍，州府之職可知矣。

又北齊書二一封隆之傳，弟孝琰，天保中，除晉州法曹參軍，案隋志北齊州府法曹爲行參軍，此亦省行字。

(19)墨曹參軍，

案：肅宗時，崔巨偏仕冀州鎭北府，(魏書五六崔辯傳)，薛循義仕徐州北海王顥府，(北齊書二〇本傳)，杜弼仕恆州征虜府，(同書二四本傳)，皆爲墨曹參軍。而陽介以孝文時爲冀州默曹參軍，(魏書七二陽尼傳)，默曹卽墨曹也。默曹參軍又見東魏敬碑及孔廟碑。

(20)田曹參軍

太和末，州府見有田曹參軍

案：谷穎爲青州征東大將軍廣陵王羽田曹參軍(魏書三三谷渾傳)，封憑爲冀州趙郡王幹田曹參軍(卷九四閹官封津傳)，皆在太和二十年前後。

宣武永平二年省，(官氏志)。魏末復置。

案：姜儉爲徐州車騎府田曹參軍，時已魏末。(魏書四五蘇湛傳)。又見東魏孔廟碑。

(21)水曹參軍

孝文定制有此職，永平二年省。

案：封憑爲定州彭城王勰驃騎大將軍府水曹參軍(閹官封津傳)，時在宣武初。官氏志云永平二年省此職，下距此時亦僅數年。

(22)集曹參軍

此職，永平二年省，（官氏志）。其後復置。

案：東魏潁州驃騎府有此職，見敬史君碑。北齊州府亦有之，承魏末也。

(23)士曹參軍

此職永平二年省；稍後復置，稱司士曹。

案：省廢亦見官氏志。而魏書一一一刑法志：「神龜中……河陰縣民張智壽……口訴妹適司士曹參軍羅顯貴。」，當是州職。北齊書四九方伎綦母懷文傳，有廣州士曹孫正，時在武定中，是皆在永平以後也。又魏書八八良吏杜纂傳「郡舉孝廉，補豫州司士」後爲陰陵戍主。肅宗初爲清河內史。不知任司士，在永平二年前，抑在其後。東魏仍稱士曹，見敬碑及孔廟碑。

(24)參軍事

案：東魏兗州東騎大將軍府有參軍事，見孔廟碑。

(25)行參軍

(26)長兼行參軍

(27)參軍督護

案：此三職惟見官氏志。

(28)開府以上之特置府佐

以上所考皆一般州將軍之佐也；其開府以上又有從事中郎，掾、屬、祭酒諸職。

案：廣陵王羽爲征東大將軍、開府、青州刺史（魏書二一羽本傳），房伯祖爲其從事中郎，（卷四三房法壽傳），崔敬保爲冀州儀同府從事中郎，（北史二四崔逞傳）。崔高客爲揚州開府掾，帶陳留太守，（卷七一裴叔業傳），辛祥爲幷州刺史元丕太傅府屬，行建興郡事，（卷四五辛紹傳），漁陽高穆宗爲定州開府祭酒，（卷五四高閭傳）。官氏志惟二大、（大司馬、大將軍）、二公、（太尉、司徒）、司空、皇子及諸開府有此四職。自從一品將軍以下皆不置。

(29)典籤

以上皆可謂見於官氏志職品令，有品可尋者；此外尚有典籤、防城都督、統軍、軍主、鄉帥諸職。

典籤由朝廷直除，爲刺史左右，職宣教令，有權勢。

案：北齊書四六循吏孟業傳，「鉅鹿安國人，家本寒微……魏彭城王韶拜定州，除典籤。長史劉仁之謂業曰：我處其外君居其內，同心戮力，庶有濟乎？未幾，仁之徵入爲中書令，臨路啓韶云：殿下左右可信任者，唯有孟業，願專任之。」又卷三九祖珽傳，魏末爲幷州倉曹，「委體附參軍事攝典籤陸子先，幷爲畫計，請糧之際，令子先宣教，出倉粟十車。」據此其權勢可知。又卷二五趙起傳，廣平人，「高祖以段榮爲定州刺史，以起爲榮典籤，除奉車都尉。」此齊制與前魏末孟業皆非本州人且爲朝廷任命；論其性質應爲府職，而隋志述北齊州吏、府吏，以典籤屬州吏，不知何故。又祖珽令陸子先宣教出食粟十車。而唐六典二九親王府節云「典籤掌宣傳教令。」蓋仍沿舊制也。南朝典籤之職至重，詳魏晉南朝地方政府屬佐考。

(30)防城都督

孝明帝時，大州又置防城都督，蓋專城防之任，雖與長史、司馬、同爲重職，而其位或尙稍亞。

魏書五八楊播傳，楊椿爲車騎大將軍、都督雍州刺史，以疾乞解。詔以蕭寶夤代椿爲刺史、行台。椿恐寶夤有異心，謂子昱曰：「汝今赴京，稱吾此意以啓二聖幷白宰輔，更遣長史、司馬、防城都督，欲安關中，正須三人耳；如其不遣，必成深憂。」

其後四方大亂，諸州皆置之，亦稱鎭城都督；觀其假節、加大、及所加將軍之號，其位駸在長史之上。

魏書一八臨淮王傳，元孚「拜冀州刺史，……兄祐爲防城都督」，爲葛榮所執。

又卷三六李順傳，李裔「孝昌中爲定州鎭軍長史，加輔軍將軍，帶博陵太守。於時，逆賊杜洛周侵亂州界，尋假平北將軍防城都督。賊既圍城，裔潛引洛周，州遂陷沒。」

卷七二潘永基傳：「遷虎賁中郎將，出爲持節、平北將軍、冀州防城都督。」

北齊書二〇王則傳「元顥…敗…，出爲東徐州防城都督。」

同卷慕容儼傳：「持節、豫州防城大都督。」會爾朱敗。

北周書三五崔謙傳：「及賀拔勝出收荊州、（時魏尚未分東西），以（崔）訦爲假節、冠軍將軍、防城都督。」

卷一六獨孤信傳：「建明初，出爲荊州新野鎮將，帶新野郡守，尋遷荊州防城大都督，帶南鄉守。」

卷一五于謹傳：「太祖初臨夏州，以謹爲防城大都督，兼夏州長史。」

北齊書一五竇泰傳：「神武之爲晉州，請泰爲鎮城都督。」同卷韓軌傳：「神武鎮晉州，引爲鎮城都督。」

卷一九厙狄盛傳：「初爲高祖親信都督，………加中軍將軍、豫州鎮城都督。」

卷二〇步大汗薩傳：「爲第三領軍酋長，累遷秦州鎮城都督、北雍州刺史。天平中……」

卷二七劉豐傳，魏永安初，由普樂太守除靈州鎮城大都督。」

金石補正一八東魏元象二年立齊州長史乞伏銳題記，衔爲車騎將軍、左光祿大夫、齊州長史、鎮城大都督、挺縣開國男。

且或竟稱州將，

北周書三九章瑱傳，京兆人，魏與西魏之際，「除明威將軍、雍州治中，假鎮遠將軍、防城州將。」

亦置長史、司馬，奪刺史之兵權矣。

北周書四六孝義李棠傳：「東魏……高仲密爲北豫州刺史，……與吏部郎中崔暹有隙……每不自安……。時東魏又遣鎮城奚壽興典兵事，仲密但知民務而已。」

案：殷州鎮城長史，見東魏元象二年立凝禪寺三級浮圖碑（金石補正卷一八）。孔廟碑有鎮城司馬。東魏武定七年立武德于府君義橋碑，爲前懷州防城司馬所書，（萃編三一）。

(31)都督 統軍 鄉帥

魏末，諸州又置都督，

案：敬史君碑有都督數人。北周書四三李延孫傳：「賀拔勝爲荊州刺史，表延孫為都督。」卷三九皇甫璠傳，安定人，「永安中，辟州都督；太祖為牧，補主簿。」卷二七蔡祐傳：「太祖遷夏州，以祐為都督。」卷三二申徽傳，大統中，令狐延為瓜州都督，屬刺史，觀此，魏末有此職，或辟任，或表仁，地位未定也。諸碑尤常見。

有領民者，

北周書三三趙昶傳「氐梁道顯，……款附，……徙其豪帥四十餘人并部落於華州，太祖以昶為都督，領之。」

在帳內者，稱帳內都督，

周書三三楊存傳：「文帝（泰）臨夏州，補帳內都督。」

統軍，蓋即都督之類歟？

案：魏書五〇楊播傳，長孫稚為揚州刺史，奏楊侃為統軍。北周書二八權景宣傳，魏末豳州刺史畢暉補郭賢統軍，後為州主簿。魏書八〇賀拔勝傳「正光末……勝與兄弟俱奔恆州刺史廣揚王淵。……淵……表為彊弩將軍，充帳內軍主。弟岳亦彊弩將軍、帳內軍主。此蓋即都督，帳內都督之類。

鄉帥，西魏末置之，委任鄉望以領鄉兵。

北周書二三蘇綽傳，弟椿、西夏州長史。大統十四年，「置當州鄉帥，自非鄉望允當衆心，不得預焉，乃令驛追椿領鄉兵。」

*　　*　　*　　*　　*

凡此府佐類已釋褐，或由朝廷直委，或由府主啓用，且多為他籍人，此皆與州佐絕異者。

案：長史、司馬及官氏志載職品令著名諸曹地位較高皆已釋褐，玆不論，卽所謂列曹亦莫不皆然：如定州崔孝暐辟州主簿，釋褐冀州安東府外兵參軍，（魏書五七崔挺傳）；張纂，太和中，釋褐奉朝請，遷鎮北府騎兵參軍（卷六八甄琛傳）；陽介，奉朝請，冀州默曹參軍（卷七二陽尼傳）；高市賓，奉朝請，冀州王府城局參軍（卷四八高允傳）；張宣軌，州主簿，釋褐奉朝請，冀州征東府長流參軍（甄琛傳）；辛琨，解褐相州倉曹參軍（卷四五辛紹傳）；崔巨倫以世宗挽郎，除冀州鎮北府墨曹參軍（卷五六崔辯傳）；盧文偉，州辟主簿，舉秀才，除本州平北府長流參軍（北齊書二二本傳）；是也。又案：府佐雖有由朝廷自命者，然其事究少，例由府主啓用：如房景遠，「益州刺史傅豎眼慕其名義，啓爲昭武府功曹參軍，」（魏書四三房法壽傳）；任城王澄爲雍州，李彪爲子志求其府寮，澄「爲啓，得列曹行參軍。」（卷六二彪傳）；澄又「啓（張）普惠爲府錄事參軍」（卷七八普惠傳）；皆顯例也。他例不詳述。至於籍貫，隨處可見，不詳舉。

又州職除別駕、治中外例不加將軍之號；而府職則多加之。魏末尤濫，列曹參軍有加正三品、從二品戎號者。

案：李仲璇修孔子廟碑陰：（府主，兗州刺史車騎大將軍），

征東將軍長史——（人名，後同）

征東將軍司馬——

冠軍將軍別駕從事史——

鎮遠將軍治中從事史——

征虜將軍錄事參軍——

前將軍功曹參軍——

鎮遠將軍倉曹參軍——

輕車將軍典籤——

寧遠將軍典籤——

揚烈將軍典籤——

冠軍將軍長流參軍——

典籤——

伏波將軍長流參軍——

冠軍將軍默曹參軍——

冠軍將軍法曹參軍——

征虜將軍錄事參軍——

中堅將軍參軍事——

中堅將軍鎧曹參軍——

平南將軍田曹參車——

征虜將軍城局參軍——

平南將軍長流參軍——

鎮城司馬——

冠軍將軍騎兵參軍——

主簿——

輔國將軍外兵參軍——

中兵參軍——

平遠將軍主簿——

士曹參軍——

鎮軍將軍中兵參軍——

祭酒從事史——

殄寇將軍幢主——

殄寇將軍幢主——

黃衣隊主

部郡從事史——

部郡從事史——

部郡從事史——

*　　*　　*　　*　　*

綜此府、州兩系統之官屬佐吏蓋以千計。

案：北魏府州吏數無考；惟據魏書四一源賀傳，世宗時，「沃野一鎮自將以下八百餘人。」則州吏至少亦有此數。又前秦州吏亦有千人，亦爲旁證。

故時號煩猥。

案：此見世宗紀景明二年詔書。並參考源賀傳。

(二)北齊

(甲)司州屬佐

司州牧屬佐，據隋志有：

別駕從事史

治中從事史

州都

主簿、史

西曹書佐、掾、史

記室從事、掾、史

戶曹從事、掾、史

功曹從事、掾、史

金曹從事、掾、史

租曹從事、掾、史

兵曹從事、掾、史

騎曹從事、掾、史

都官從事、掾、史

法曹從事、掾、史

部郡從事、掾、史

東市署令、丞

西市署令、丞

而天保初，西門豹祠堂碑陰題名，司州官曹名稱與次序大體與此相同；惟無功曹、騎曹、都官三曹從事、掾、史，及兩市令、丞，而多守從事、武猛從事，（隋志述司州屬佐時無守從事及武猛從事，但其北齊官品表流內比視官，則有之。）典籤史，門下督及史，省事及史，錄事及史；蓋此碑所見乃魏末齊初之制，隋志所據或較後册籍耳。

案：天保初，使持節、驃騎大將軍、開府儀同三司、州牧、宗師、淸河王岳所立西門豹祠堂碑，（萃編三三），碑陰題名皆其屬官，玆以原次序錄之：

散騎常侍趙郡王州都勃海高□

驃騎大將軍開府儀同三司尙書右僕射彭城縣開國公州都魏郡　元□

平東將軍治中從事史魏郡△△

前將軍治中從事魏郡△△

主簿二人（魏郡廣宗各一）

西曹書佐二人（皆魏郡籍）

記室從事四人（魏郡清河各二）

戶曹從事四人（魏郡清河各二）

金曹從事四人（魏郡頓丘各二）

租曹從事四人（魏郡廣平各二）

兵曹從事二人（陽平籍）

法曹從事四人（魏郡陽平各二）

部郡從事十二人
（魏郡五，清河二，林慮二，脫籍者三）

? 五人

守從事三人
（魏郡陽平及某郡各一）

武猛從事二十八人
（郡魏五，淳于、汲郡各一，頓丘、林慮各三，黎陽、陽平、東郡、廣平、北廣平、濮陽各二，脫籍者三）

[以下諸吏無籍]

門下督二人

省事二人

錄事二人

西曹掾一人

[西]曹掾一人

[記]室掾二人

[戶]曹掾一人

戶曹掾七人

金曹掾二人

租曹掾四人

兵曹掾八人

法曹掾六人

部郡掾十二人

主簿吏（史）二人

西曹吏（史）二人

記室史二人

戶曹史八人

金曹史二人

租曹史四人

兵曹史八人

法曹史七人

典籤史一人

部郡史八人

□□□五人
（蓋部郡史四人，門下史一人）

門下史一人

省事史二人

錄事史二人

□□將軍軍主一人

□□將軍軍副一人

? 九人

賊曹四人

隊主四人

? 一人

隊副二人

? 二人

尋此所列諸曹，皆置從事二人，（惟兵曹一人，蓋有未著錄也）其下視事之繁簡置掾史各二人至七八人不等，此尤可補隋志之缺略。又一般碑陰列名未必全府畫具，此碑陰無功曹、騎曹、都官三曹；說者或許致疑，以爲其時未必果無此三曹也。余案：此碑所見諸曹皆從事、掾、史具全，員額亦極整齊，必非其時實有此三曹而碑不具也。又北齊書卷四六循吏孟業傳：鉅鹿人也「天保初，清河王岳拜司州牧，聞業名行，復召爲法曹……斷決……明。」又卷三五裴讓之傳，天保中，爲清河太守，豪吏田轉貴等脅人取財，「計贓，依律不至死，讓之以其亂法殺之。時清河王岳爲司州牧，遣部從事案之。」是司州曹從事之僅見齊書者。

凡此司州諸職，除別駕、治中、典籤三職外，皆爲流內比視官（隋志）

（乙）諸州屬佐

北齊諸州置官屬皆分府屬、州屬兩系統，隋志依其位次紀之已詳，茲錄如次。册府元龜所錄與今本隋志稍有異同，及其見於碑傳者，並爲附注，以便省覽：

『上上州刺史置府屬官有長史、司馬、（以上二職常見碑傳，不枚擧）， 錄事、功曹，（北齊書四五文苑顏之推傳，入齊爲奉朝請，河清末爲趙州功曹參軍）、倉曹、中兵等參軍事及掾、史，主簿及掾，記室掾、史，外兵（文苑劉逖傳，劉顗爲瀛州外兵參軍）、 騎兵、長流、（金石續編卷二宋顯伯等造像記，某州長流參軍直略）、 城局、刑獄等參軍事及掾、史，參軍事，及法、墨（北齊書四七酷吏宋遊道傳，子士遜爲定州墨曹）、田、鎧、集（卷四四儒林馬敬德傳，馬元熙爲青州集曹參軍）、士等曹行參軍及掾、史，右戶掾、史，行參軍，長兼行參軍（册府脫行字），督護（册府作參軍督護），統府錄事（册府無此職），統府直兵箱錄事等員。

『州屬官有別駕從事史，治中從事史（此二職常見），州都（別考），光迎主簿，主簿（本志官品表作督簿），西曹書佐，市令及史（府册作月令史），祭酒從事史（宋顯伯等造像記，顯白爲某州祭酒從事），部郡從事，皁服從事，典籤及史（北齊書四七酷吏畢義雲傳、司馬消難爲北豫州刺史，義雲遣御史張子階詣州采風聞，先禁其典籤家客等。仍徵其親近也。北齊州典籤又見卷三九崔季舒傳、卷四七宋遊道傳，卷二五趙起傳。據起傳既非本州人，又由朝廷除授，是非州屬也。）門下督、省事、都錄事及史，箱錄事史（册府，史上無及字），朝直、刺姦、記室掾（册府無掾字），戶曹、田曹、金曹、租曹、兵曹、左戶等掾、史等員。』

『上上州，府州屬官佐史合三百九十三人；

上中州減上上州十人；

上下州減上中州十人；

中上州減上下州五十一人；

中中州減中上州十人；

中下州減中中州十人；

下上州減中下州五十人；

下中州減下上州十人；

下下州減下中州十人。』

凡府佐自參軍以上皆由勑除，已釋褐。州佐唯別駕、治中、釋褐勅除；州都、主簿以下除典籤外，皆由刺史自辟本州人。此皆沿魏以來之制也。

案：隋志載北齊官品表，府職及州職之別駕治中皆在正式品位，自州都、督簿（即主簿）以下，皆爲流內比視官，一勅除一州辟也。又北齊書四二盧潛傳，由郡丞遷司州別駕，遷江州刺史，卷四三羊烈傳，羊肅由大將軍東閤祭酒遷冀州治中。觀此，其爲勑授無疑。

末葉乃有勅用州主簿矣。

北齊書八幼主紀，末述帝之無道，云：「帑藏空竭，乃賜佞幸賣官或得郡兩三，或得縣六七，各分州郡，下逮鄉官，亦多降中者，故有勅用州主簿，勅用郡功曹。」

（三）北周

北周書二四盧辯傳（北史三〇）述北周官吏之命數，州分五等，刺史屬佐有長史，司馬，司錄，呼藥，別駕，治中及列曹參軍諸職；雍州置牧，不言屬佐，蓋與第一等州同制歟？玆表錄如次：

職稱 命數 州別	刺史	長史	司馬	司錄	呼藥	別駕	治中	列曹參軍
雍州	(牧)九							
三萬戶以上州	正八	六	六	六	五	正四	四	正三
二萬戶以上州	八	正五	正五	正五	正四			三
一萬戶以上州	正七	五	五	五	四	四	正三	正二
五千戶以上州	七	正四	正四	正四	正三			二
五千戶以下州	正六	四	四	四	三	正三	三	正一

（周書有正六命之州長史，司馬，司錄，別駕，呼藥等職，而正六命行不言五千戶以下之州刺史，當是脫誤，據北史補。）

此以有命數爲限，較低官佐例不入錄，玆考之史傳，有主簿、戶曹從事、金曹從事、禮曹從事……等，諸曹且置屬。

隋書七六文學崔儦傳：「齊亡，歸鄉里，仕郡爲功曹，州補主簿。」時在周世。

卷六六郎茂傳「周武平齊……授陳州戶曹屬。」後又爲州主簿。

卷七五儒林劉炫傳：「周武平齊，瀛州刺史宇文元引爲戶曹從事。後刺史李繪署禮曹從事。」

金石萃編三六聖母寺四面像碑，保定四年建，有金曹從事，州職也。

案：州主簿尙數見，不盡舉。從事惟此三見。戶曹有屬，他曹可知。

又有律生，位俾而擅法律解釋之權。

隋書刑法志，開皇三年更定新律。「於是置律博士弟子員，斷決大獄，皆先牒明法，定其罪名，然後依斷。五年，侍官慕容天遠，糾都督田元、冒請義倉事實，而始平縣律生輔恩舞文陷天遠，遂更反坐。帝聞之，乃下詔曰：

……因襲往代，別置律官，報判之人推其為首，殺生之柄常委小人……為政之失莫大於斯。其大理律博士、尙書刑部明法、州縣律生並可停廢。」據此州縣律生亦置於開皇三年，去周世纔兩年：而詔書云因襲往代，則周時州縣有律生必矣。

邊州又有烽帥。

案：北周書一二齊王憲傳，子貴爲豳州刺史，「白獸烽經爲商人所燒。烽帥納貨，不言其罪。」觀全文，其地位很低。

盧辯傳述州佐不分府州爲兩系統，當時制度是否分判，不可確考。至於州刺史帶總管者，開府置佐，又當別論。

二　郡屬佐

(一)後魏

元魏未入中原以前，北方諸國，其郡亦置功曹，稱爲鄉選高第。

魏書五三李孝伯傳：「孝伯，趙郡人也。父曾……郡三辟功曹不就。門人勸之；曾曰，功曹之職雖曰鄉選高第，猶是郡吏耳，北面事人，亦何容易？……太祖時徵拜博士。」

卷四三寇讚傳，讚，馮翊人，「苻堅僕射韋華，……雖年時有異，恆以風味相待。華爲馮翊太守，召爲功曹，後除襄邑令。」

次有五官掾，

魏書二四張袞傳，上谷人，爲郡五官掾。時太祖尙未爲代王。

上計掾。

魏書三二崔逞傳，「慕容暐時，郡舉上計掾補著作郎。」

北魏前期，代郡有丞、功曹、主簿、通事等職。

案：孝文太和十七年第一次頒職品令，代郡尹屬官有丞，從五品中；功曹、主簿，皆正六品上；通事，正七品上；此蓋就前期之制釐定品位也。

他郡蓋同此制。

案：功曹職重，故最常見。如太武時、渤海高允爲郡功曹，後爲顯官。與允同時被徵者有博陵崔綽、長樂杜熙，後皆傔爲郡功曹，（魏書四八高允傳）。他如頓丘董虬爲郡功曹（卷八四儒林董徵傳），刁整爲郡功曹，（卷三八刁雍傳），皆在孝文改制以前也。而卷三三宋隱傳，太祖初年，隱逃不仕，臨終，謂其子侄曰：「苟能入順父兄，出悌鄉黨，仕郡幸而至功曹史，以忠清奉之，則足矣。不勞遠詣台閣。」是亦鄉選高第之謂也。又八瓊室金石補正卷一二中嶽嵩山靈廟碑，北魏前期石刻也。碑陰有□南郡通事，□□郡通事各一人。是他郡亦有通事也。其時郡守多用鮮卑人，不解漢語，此蓋通譯之官歟？是則近世謂譯員爲通事，蓋始於此矣。

並遣吏上計。

高祖紀，太和七年詔曰，「朕……具問守宰苛虐之狀於州郡使者秀孝計掾，而對多不實。」

後期之制，除河南尹丞（正六品下）外，官氏志悉不之載，（太和二十三年重定職品令）。今考之碑傳：有丞，勳任，已釋謁。

案：諸郡有丞，見魏書一九任城王澄傳。辛琛「奉朝請，榮陽郡丞，」（卷七七辛術傳），河東柳敏「起家員外散騎侍郎，累遷河東郡丞」，（周書三二本傳），裴果「魏太昌初，起家前將軍，乾河軍主，除陽平郡丞。」（周書三六本傳），柳檜以大統初，「除陽城郡丞。」（周書四六本傳），李元宗由廣平郡丞遷陳留太守，（魏書四六李訢傳）。此外可考者有魯郡丞（萃編卷二九魯郡太守張猛龍碑，卷三一孔子廟碑），武德郡丞（萃編三一武德于府君義橋碑）。而魏書七七辛雄傳，族祖琛，「奉朝請，榮陽郡丞。……高祖南征，太守……從輿駕；詔琛曰：委卿郡事，如太守也。」蓋太守他行，丞爲法定代理人也。

其次則孝明時有中正、功曹、主簿、五官、省事、錄事諸職，員額蓋各一二人。中正、功曹、主簿，有冠「光初」爲稱者，其位類在本職之上。蓋較後期之制歟？

案：金石萃編二九魯郡太守張猛龍碑，以正元（光）三年正月立。其碑陰有郡中正二人，功曹史、□（五）官、□（省）事、錄事各一人。同書卷三一武德于府君義橋碑，東魏武德七年立。其陰有武德郡光初功曹一人，郡功曹一人，郡中正二人，郡光初中正一人，郡兼功曹三人。同卷李仲旋修孔廟碑，以東魏興和三年立。碑陰有魯郡功曹、主簿、五官、省事、錄事及前功曹各一人。八瓊室金石補正卷一八凝禪寺三級浮圖訟碑，東魏元象二年立。有趙郡功曹一人，五官，主簿各二人。隋志述北齊郡吏與余所考之魏制絕相類。齊有光初功曹，光初主簿，位在本職上，今魏制有光初中正，而光初主簿無考，張猛龍碑，碑末署名有「二政主簿」或光初之譌歟？

錄事以下則為列曹：曰西曹，曰戶曹，曰金曹，曰租曹，曰兵曹，曰法曹，曰集曹，各置掾一二人，佐若干人。

案：魯郡太守張猛龍碑陰，錄事以下所列曹職甚多，為他處所未見。茲以次錄之：

錄事一人

□曹掾一人，(當是西曹掾，此職又見魏書房法壽傳)　　西曹佐二人

□曹掾一人，(金石補正卷十五作戶曹掾)　　戶曹佐五人

戶曹掾一人

金曹掾一人　　金曹佐二人

租曹掾二人　　租曹佐三人

兵曹掾一人　　兵曹佐二人

法曹掾二人　　法曹佐四人

集曹掾二人　　集曹佐二人

此外又有諸縣督護，或督一縣，或督數縣不等。

案：魯太守張猛龍碑陰，有督魯、弁、新陽一人，督汶陽、弁二縣令一人，次在功曹、主簿之後，魯，鄒，弁，汶陽，陽平，新陽六縣令之前。又東魏凝禪寺三級浮圖訟碑，(金石補正卷一八)列趙郡屬吏甚多，中有元氏督護一人，位次郡功曹。東魏末太公呂望碑，(萃編三二)，有汲郡中正督汲縣事行南□武縣一人。案：張猛龍碑有令有督，此與後廢帝紀所言行督之督不同。蓋亦略如漢之督郵也。呂望碑有輔□府長流參軍督新縣事一人，蓋州府之職而督縣者。

防郡都督，一作防城都督，蓋如州職也。

案：東魏武定六年立義橋石像碑，（金石補正卷一九），有防郡都督王續，防郡都督張伏敬，（蓋皆武德郡）。而北齊書二五徐遠傳：「廣寧人，……少習吏事，郡辟功曹，未幾與太守率戶赴義旗，署防城都督，除慶陶令。」北周書四六孝義柳檜傳，「除陽城郡丞，防城都督」，時在西魏大統初。與防郡蓋一職也。

白衣左右

萃編三一武德于府君義橋碑引授堂金石跋：「有稱平遠將軍白衣左右董延和。考魏書恩倖傳，趙修給事東宮為白衣左右，茹皓充高祖白衣左右；今碑所書董延和者其亦恩倖之流與。」案：北齊書四六循吏蘇瓊傳，魏末齊初為南清河太守。其郡多盜，及瓊至，……郡中舊賊一百餘人，悉充左右，人間善惡及長吏飲人一盃酒，無不即知。」不知是否白衣左右之比。

又遣吏上計，蓋臨時署遣，非恆職也。

魏書一三宣武后胡氏傳，肅宗時，太后臨朝，「親策孝、秀、州郡計吏於朝堂。」

自中正、功曹史、主簿以下，皆限用本郡人，由太守自辟，故未釋褐；惟防城都督時有例外耳：

案：諸職用本郡人，觀前引諸碑已足知之。玆更引多例，以明辟用等情。

周書三四韓盛傳，兄仲恭，「郡累辟為功曹，中正，」不就。

魏書四八高允傳：「勃海人也，……郡召功曹。」

卷三九李寶傳，李東，「郡辟功曹。」

卷五七崔廷傳，崔鴻溺，郡功曹。

卷七七楊機傳，祖來洛陽，因家焉。「河南尹李平、元暉並召署功曹……解褐，奉朝請。」

卷八八良吏宋世景傳，廣平人。子季儒「弱冠，太守崔楷辟為功曹，起家太學博士。」

卷八五文苑裴敬憲傳，河東人，「郡[illegible]功曹，不就。……舉秀才……除太學博士。」

卷六八甄琛傳，長子侃，「郡功曹，釋褐祕書郎。」

又附張宣軌傳，歷郡功曹、州主簿。延昌中，釋褐奉朝請。」

卷九四閹官賈粲傳，酒泉人也。自云本出武威。「時，武威太守韋景承粲意，以其兄緒爲功曹。」

同卷王遇傳，「馮翊李潤鎮羌人也，……自晉世以來，恆爲渠長。父守貴爲郡功曹。」

北周書三八薛眞傳，河東人。「年未弱冠，爲州主簿，郡功曹；起家奉朝請。」時在魏世，下同，

卷四五儒林盧誕傳，范陽人，「郡辟功曹，州舉秀才，不行。」

卷三七郭彥傳，「父胤，郡功曹，靈武令。」

北齊書二五徐遠傳，「少習吏事，郡辟功曹。……署防城都督，除廮陶縣令。」

卷二七韋子粲傳、京兆人，仕郡功曹史，

卷四五文苑劉逖傳，彭城人，「郡辟功曹，州命主簿。」

北周書三七趙肅傳，洛陽人，正光五年，酈元爲河南尹，辟肅爲主簿。孝昌中，起家殿中侍御史。」

卷四五儒林樂遜傳，河東人，「弱冠爲郡主簿。」時在正光前、後釋褐爲安西府參軍。

北齊書四〇白建傳，太原人，「諸子幼稚，俱爲州郡主簿，新君選補，必先召辟。」

卷二一封隆之傳，渤海人。「羽冠，州郡主簿，起家奉朝請。」

此諸職中，功曹最爲權要，故太守或以郡事相委，或直爲其欺凌；郡丞之任不之及也。

案：功曹自漢以來爲郡之重職，北朝亦然，觀前引李孝伯傳，宋隱傳已足知之。而魏書四三房法壽傳，子伯祖「歷齊郡內史。伯祖闇弱，委事於功曹張僧皓：僧皓大有受納，伯祖衣食不充。」卷七七楊機傳，洛陽人，「河南尹李平元暉並召署功曹；暉尤委以郡事，……高臥而已。」其權重尤可想見。

(二)北齊　北周

北齊郡佐，隋志載之甚詳，茲備錄之：

『清都郡置尹，丞，中正，功曹，主簿，督郵，五官，門下督，錄事，主記，議及(？)，功曹(？)、記室、戶、田、金、租、兵、騎、賊、法等曹掾，中部掾等員。』

『上上郡太守。屬官有丞，中正，光迎功曹，光迎主簿，功曹，主簿，五官，省事，錄事，及西曹、戶曹、金曹、租曹、兵曹、集曹等掾、佐，太學博士、助教，太學生，市長，倉督等員。合屬官佐史二百一十二人。

案：北齊宋顯伯等造像記，(金石續編卷二)，有河內郡功曹、五官，又有河內郡光初主簿，則光迎當爲光初之僞。

上中郡減上上郡五人；

上下郡減上中郡五人；

中上郡減上下郡四十五人；

中中郡減中上郡五人；

中下郡減中中郡五人；

下上郡減中下郡四十人；

下中郡減下上郡二人；

下下郡減下中郡二人。』

據本志後載品秩表，清都尹及諸郡又有尉，位在中正功曹之下，主簿之上。

案：該表，諸郡佐之入正式品秩者，丞下有尉，位正九品。清都尹丞從五品，而於從八品格又有清都尹丞，尉之僞也。

據此，諸郡佐吏大抵與魏不異，惟無光初中正，與法曹掾佐，而多一尉耳；其餘雖尚有出入，未必非史有闕文也。

其任用法規，亦如魏制：丞、尉由中央勅除，故爲正式品官；中正，功曹，主簿以下皆太守自辟，故爲流內比視官(隋志)。末葉，政弛，乃有勅用郡功曹，非恆制也。

北齊書幼主紀末述帝之無道云，「帑藏空竭乃賜佞倖賣官……下逮鄉官，亦多降中者，故有勅用州主簿，勅用郡功曹。」

北周於地方官制未大更革，或與魏、齊之制無大差異；惟郡佐之可考者僅丞與功曹、五官、主簿耳。

案：周書二四盧辯傳，諸郡有丞一人；卷四〇顏之儀傳，樂運拜京兆郡丞。是郡有丞也。隋書七六文學崔儦傳：「齊亡歸鄉里，仕郡爲功曹。」是周郡有功曹也。北周書六武帝紀下，建德四年，五月「郡縣各省主簿一人。」是有主簿，且不止一人也。北周保定四年建聖母寺四面像碑，(萃編三六)，有郡主簿地連敦，白水郡五官雷洪達。是又有五官也。

三　縣屬佐

北魏畿縣洛陽及遷鄴後之鄴與臨漳，其府中官屬，除主簿外多不可考。

北齊書四五文苑樊遜傳，河東人，「本州淪陷，寓居鄴中爲臨漳小吏。縣令裴鑒……大加賞重，擢爲主簿。」時魏末也。

而其部里之制則頗得而詳。蓋都洛時分畿郊爲六部，各置尉，經途要隘亦置尉，又有里正。孝文定品，凡此諸職皆不入流；至宣武末，始增其品秩以重其任。

魏書六六甄琛傳，(北史四〇本傳略同)；「世宗時……遷河南尹。……琛表曰，……京邑是四方之本。……國家居代，患多盜竊，世祖太武皇帝親自發憤，廣置主司，里宰皆以下代令長，及五等散男有經略者乃得爲之，又多置吏士爲其羽翼，崇而重之，始得禁止。今遷都以來，天下轉廣，四遠赴會，事過代都，五方雜沓，難可備簡，寇盜公行，劫害不絕；此由諸坊混雜，釐比不精，主司闇弱，不堪檢察故也。凡使人攻堅木者必爲之擇良器。今河南郡是陛下天山之堅本，……六部里尉卽攻堅之利器……今擇尹旣非南金，里尉鉛刀而割，欲望清肅都邑，不可得也。里正乃流外四品，職輕任碎，多是下才，人懷苟且，不能督察，故使盜得容姦，百賦失理。邊外小縣所領不過百戶，而令長皆以將軍居之。京邑諸坊，大者或千戶五百戶，其中皆王公卿尹、貴勢姻戚，豪猾僕隸，蔭養姦徒，高門邃宇，不可干問；又有州郡俠客，蔭結貴遊，附黨連羣，陰爲市劫；比之邊縣，難易不同。……王者立法，隨時從宜，……先朝立品，不必即定，施而觀之，不便則改。今閑官靜任猶聽長兼，況煩劇要務，不得簡能下領。請取武官中八品將軍以下幹用貞濟者，以本官俸恤領里尉之任，各食其祿。高者領六部尉，中者領經途尉，下者領里正。不爾，請稍高里尉之品，選下品中應遷者進而爲之，則督責有所，輦轂可清。詔曰：里正可進至勳品，經途從九品，六部尉正九品。諸職中簡取，何必須武人也。琛又奏以羽林爲遊軍，於諸坊巷司察盜賊。於是京邑清靜，至今踵焉。」

卷二一高陽王雍傳：世宗時，奏曰：「臣又見部尉資品本居流外，刊諸明令，行之已久。然近爲里巷多盜，以其威輕不肅，欲進品清流，以壓姦宄。甄琛啓云，爲法者施而觀之，不便則改。竊謂斯言有可採用，聖慈昭覽，更高宰尉之秩。……」

案：雍此奏蓋贊助甄琛之議，其時琛年已六十餘，旋宣武崩，琛年才六十三四，則增尉正之品秩度，在宣武末也。又世宗紀，正始三年春旱，有致死溝塹者，詔「洛陽部尉依法棺埋。」知其職不限武事也。

遷鄴以後仍置六部尉，鄴縣領南、右、西三部尉，臨漳領左，東、北三部尉。

魏書一〇六地形志，司州魏尹、鄴縣下，本注：「有南部、右部、西部尉。」（本無尉字，齊召南謂西部下脫一尉字，是也。）臨漳縣下，本注：「有左部、東部、北部尉。」都爲六部尉如都洛時制。

北齊，鄴、臨漳、成安、三縣皆爲畿縣，隋志云：

『鄴、臨漳、成安三縣令各置丞、中正、功曹、主簿、門下督、錄事、主記，議及功曹、記室戶、田、金、租、兵、騎、賊、法等曹掾員。鄴又領右部、南部、西部三尉，又領十二行經途尉。凡一百三十五里，里置正。臨漳又領左部、東部二尉。左部管九行經途尉。凡一百一十四里，里置正。成安又領後部、北部二尉。後部管十一行經途尉。七十四里，里置正。』

七部尉位正九品，行經途尉位從九品。

案：隋志官品表，作遙途尉，遙蓋逕之譌，經逕一字。

據此，部尉、經途尉及里正之名稱品位一承魏制，則丞、中正、功曹以下及列曹之職，大抵亦承元魏之舊歟？

至於外縣，隋志亦詳記之云：

『上上縣令屬官有丞，中正，光迎功曹，光迎主簿，(光迎當作光初？)功曹，主簿，錄事，及西曹，戶曹，金曹，租曹，兵曹等掾，市長等員。合屬官佐史五十四人。

上中縣減上上縣五人；

上下縣減上中縣五人；

中上縣減上下縣六人；

中中縣減中上縣五人；

中下縣減中中縣一人；

下上縣減中下縣一人；

下中縣減下上縣一人；

下下縣減下中縣一人。』

凡此諸職，惟丞位從九品，他皆不入流。

此當亦略承魏制，惟魏世史料不豐，所可考者惟功曹、中正、主簿及金曹史等數職而已。

案：金石補正卷一七伏虎都督樂元愷等題名，蓋魏末遺刻，有介休縣功曹尤道榮，介休縣主簿上官延。又金石萃編二七孫秋生等造像記：「大魏太和七年新城縣功曹孫秋生，新城縣功曹劉起祖二百人等敬造石像一區。」卷三一東魏武德于府君義橋碑，陰有州縣中正兼郡主簿□永和。又滄州陽沃縣主簿張達，見北齊書一〇彭城王澈傳：某縣主簿，見金石補正一九僧惠等造天宮像記；皆在東魏末也。而魏書卷九三恩幸茹皓傳：「寓居淮陽、上党，年十五六，爲縣金曹史。」當在太和遷洛時，爲縣職之最早見者。又案：北周書五〇高昌傳，其國自太和以來，世修蕃職於魏，諸官署仿中夏「諸城各有戶曹、水曹、田曹，每城遣司馬侍郎相監檢校，名爲城令。」不知戶曹，水曹，田曹，亦仿自魏縣歟？

北周縣佐之可考者有丞，

北周書四〇顏之儀傳，樂運「爲露門學士，……建德二年，除萬年縣丞，抑挫豪右，號稱強直。高祖嘉之，特許通籍，事有不便於時者，令巨細奏聞。」

主簿

北周書六武帝紀，建武四年三月，「郡縣各省主簿一人。」

法曹

金石萃編三六聖母寺四面像碑：周保定四年立，有蒲城縣法曹府(?)昨和暢，蓋法曹佐之類。

博士

詳第五節地方學官。

四　州都與郡縣中正

北朝自魏迄齊，中央置州郡大中正或中正，州府則置州都，郡府縣府亦置中正。

案：隋書百官志述北齊流內比視官，有州大中正，比正五品；州中正，比從五品；畿郡邑中正，亦比從五品；復有州都，比從七品至正八品，與主簿同階；郡中正，比正八品至從八品，與功曹同階。始疑其複出；詳考之，乃知有中央地方之別，且自北魏已然。

玆先考論地方政府之州都與郡縣中正，次類及於中央所置之職，以較其異同。

北魏自孝文以前已有州都，由刺史辟任，位在治中、主簿之下，職主府吏選用事。

案：金石補正卷一四皇甫驎墓誌銘：「安定朝那人也。……刺史王公，……辟君爲州都。君論才舉第，稱允羣望，平直之選，歌聲滿路。刺史嘉君忠篤，卽拜爲主簿，……卽年中，復貢秀才。……延興中……遷士夷民……請爲統酋……中旨特許。」北史卷三六薛辯傳，薛湖「三召州都，再辟主簿，州將傾心致禮，並不獲已而應之。爲本州中從事，別駕。」魏書二七穆崇傳，穆羆，「會司州牧咸陽王禧入，高祖謂禧曰，朕與卿作州都，舉一主簿。卽命羆謁之。」據此，則辟任、地位與職掌，皎然可曉。又案：墓誌行文，驎任州都當在延興稍前，卽獻文時。而薛辯傳續云：「長子聰，……未弱冠，州辟主簿；太和十五年，釋褐著作佐郎。」度湖任州都最遲亦在考文初也。

考文改制，未革此職。

案：後期碑傳仍常見之。魏書七七辛雄傳，隴西人，從祖曇護爲幷州州都。卷六六崔亮傳，淸河人，爲靑州大中正。其弟隱處爲靑州州都。又如潁州州都見東魏時敬史君碑，(萃編三〇)，懷州州都，見東魏時武德于府君義橋碑，(萃編三一)，皆州屬吏也。

其員且或不止一人。

魏書五六鄭羲傳，「道昭，……遷國子祭酒，……廣平王懷爲司州牧，以道昭與宗正卿元匡爲州都。」

郡府亦置中正，亦由太守自辟，職掌位次蓋與州都爲比。

案：魏書六九裴延儁傳，族人瑗，「太和中，析屬河北郡。少孤貧，而淸苦自立，太守司馬悅召爲中正。」北齊書四七酷吏宋遊道傳，廣平人。孝明帝末，(李)奬爲河南尹，辟遊道爲中正，使者相屬，以衣帢待之。」北周書三四韓盛傳兄仲恭，「郡累辟爲功曹，中正。」時當在大統初。萃編三二東魏太公呂望表碑陰有汲郡中正督汲縣事行南□武縣之職。此皆足徵其爲郡府吏，由太守辟任，地位與功曹相若也。

其員亦或不止一人，且如功曹、主簿，有光初之目。

案：萃編三一東魏武德于府君義橋碑陰，有郡中正二人，(蓋武德郡)，河內郡中正、州西曹書佐一人，郡光初中正一人。

縣府亦置中正，如州郡職。

案：東魏武德于府君義橋碑陰，又有州縣中正兼郡主簿一人。檢地形志，武德郡有州縣，是縣有中正也。

北齊承之：司州及外州均置州都，位在治中下、主簿上。淸都尹及外郡皆置中正，位在丞下，功曹上。鄴、臨漳、成安三畿縣及諸外縣皆置中正，亦位丞下，功曹上。

案：此見隋書百官志，又萃編三四北齊天統三年合邑諸人造佛堪銘，有洛州都兼治中奉朝請一人，洛陽郡中正一人，即其職也。

亦由府主自辟。且有秩祿，蓋亦沿魏制也。

北齊書三五陸卬傳，蓋鄴人，「天保初，……遷吏部郎中，上洛王思宗爲清都尹，辟爲邑中正，食貝丘縣幹。」

北周無考。

中央之職，自魏、晉已然，北魏仍之。至正光元年，曾一度省廢，旋復舊。

官氏志：「正光元年，……十二月，罷諸州中正，郡縣定姓族後復。」案：魏書七六盧同傳，熙平初，奏曰：「或遭窮難，州無中正，」此例外也。

多加大爲稱，皆爲無給職，亦不在正式品官之列。

魏書一一一刑法志：「尚書令任城王澄奏案諸州中正亦非品令所載，又無祿恤。」

類由司徒薦舉。

魏書九三恩幸茹皓傳，「皓旣宦達，自云本出雁門。雁門人諂附者，乃因薦於司徒，請爲肆州大中正。府省以聞，詔特許之。」據此，中正選薦由司徒，而司徒選薦亦時採納本州人民之意向。

薦舉者薦任之標準有二：第一須本州世家大族，

案：此不待例證。而魏書六六崔亮傳，孝明時，劉景安抵亮書曰：「朝廷……立中正，不考人才行業，空辨姓氏高下。」卷六四郭祚傳：「初高祖之置中正，從容謂祚曰：并州中正，卿家故應推王瓊也。祚退謂寮友曰：瓊眞僞今自未辨，我家何爲減之。」北齊書四三羊烈傳「天統中，與尚書畢義雲爭兗州大中正。義雲盛稱門閥，云我累世本州刺史，卿世爲我家故吏。」尤其徵也。

亦偶有一人兼領二州，乃至三四州者，是多邊地特制，且與州籍有因緣關係也。

魏書三八王慧龍傳：「除樂安王範傅，領并、荆、揚三州大中正。」

魏書五七高祐傳，高讜，給事中，冀、青二州中正。

卷九四閹官平季傳，燕國薊人，孝莊時爲光祿大夫，幽州大中正，尋攝燕，安，平，營中正。

第二，須現任中央官兼領之。

北齊書四三許惇傳，高陽人也。「齊朝體式，本州大中正，以京官爲之。同郡邢邵爲中書監，德望甚高，惇與邵競中正，遂馮附宋欽道，出邵爲刺史。」案：京官兼領自魏、晉已然，非齊特制也。

然亦偶有例外，有以他州刺史兼領本州中正者。

魏書五七崔挺傳，博陵人，爲光州刺史。「高祖將辨天下氏族，仍亦訪定，乃遙授挺本州大中正。」

卷六三王肅傳，孝文時，都督豫州刺史揚州大中正。

北齊書四〇唐邕傳，元統初，爲趙州刺史，帶侍中、中正。

且有以本州刺史兼領本州中正者。

北周書一九豆盧寧傳，大統初，「遷顯州刺史、顯州大中正。」

卷二七辛威傳，西魏末，「朝廷以桑梓榮之，遷河州刺史、本州大中正。」

至兼領者本職地位之高下則無定準，高者至從一品，低者至七品。

茲就魏書隨意舉例如次：

卷七〇李神傳，驃騎大將軍儀同三司（從一品），相州大中正。（惟時已永殘），

卷九四閹官成軌傳，中軍將軍（從二品）燕州大中正。

卷六四郭祚傳，侍中金紫光祿大夫（從二品）并州大中正。

卷八三外戚高肇傳，尚書左僕射（從二品），領吏部、冀州大中正。

卷六三王肅傳，王衍，光祿大夫、廷尉（正三）揚州大中正。

卷八〇朱瑞傳，散騎常侍（從三品），青州大中正。

卷六八甄琛傳，散騎常侍（從三品），定州大中正。

卷四七盧玄傳，盧昶，給事黃門侍郎（正四下），幽州大中正。

卷七二賈思伯傳，賈思同，給事黃門侍郎（正四下），青州大中正。

卷六六崔亮傳，給事黃門侍郎（正四下），兼吏部郎，領青州大中正。

卷二四張袞傳，大司農少卿（正四上），燕州大中正。

卷四七盧玄傳，盧洪，鎮北府諮議參軍（從五下），幽州中正。

卷五七崔挺傳，崔孝芬，司徒記室參軍（正六上），司空屬（從五下）、定州大中正。

卷七二房亮傳，尙書二千石郎中（正六下），濟州中正。弟詮，尙書郎（正六下），本州中正。

卷五七高祐傳，高讜，給事中（從六上），冀青二州中正。

卷四一源賀傳，源子雍，太子舍人，（從六下），涼州中正。

卷四二薛辯傳，薛鳳子，太子詹事丞（正七下），本州中正。

郡亦置中正，多冠邑爲稱，亦偶有官大爲稱者。

案：魏書八四儒林張偉傳，太原人。世祖時，爲中書侍郎，本國大中正。是前期已有加大爲稱者，末葉更較常見。加邑爲稱者極多，參看後例。

正始元年曾罷省，旋復置。

案：官氏志，「正始元年十一月，罷郡中正。」然觀後引諸例多有在正始以後者，蓋旋復置之也。

亦由司徒薦舉。

魏書四五裴駿傳，裴詢，孝明時「本邑中正闕，司徒召詢爲之。」此其例也。

任職者之條件，大體與州同。

案：魏書七二李叔虎傳，渤海人也，「國子博士，本國中正，攝樂陵中正。」是亦可權任他郡中正也。又卷九三恩幸趙邕傳，「自云南陽人，……轉給事中，南陽中正，以父爲荆州大中正，乃罷。」是亦不相監臨之意也。

惟本官或稍低耳。

案：此可就魏書略舉數例：

魏書一九樂浪王傳，元匡，宗正卿（正三品）河南邑中正。

卷五六鄭羲傳，鄭道昭：祕書監（正三） 滎陽邑中正。

卷七七辛雄傳，辛纂：左光祿大夫（正三） 河南邑中正。

卷四五柳崇傳：柳永：太中大夫（從三品）本郡邑中正（河東）。

同傳，柳楷：散騎侍郎（正五上）本郡邑中正（河東）。

同傳，柳崇：太子洗馬(從五上)本郡邑中正(河東)。

同傳，柳慶和，給事中(從六上)本郡邑中正(河東)。

鄭義傳，鄭敬叔，司州都官從事(從四中)，滎陽邑中正。

卷三七司馬楚之傳，司馬纂，司州別駕(從四上)河內邑中正。

卷七二李叔虎傳，國子博士(正五下)本國中正(渤海)。

卷八四孫惠蔚傳，祕書丞(正五上)，武邑郡中正。

卷七二路恃慶傳，路景略，尙書郎(正六下)本郡中正(陽平)。

卷四五韋閬傳，韋體之，給事中(從六上)河南邑中正。

州中正職在論人，故有衡品之目。孝文時定氏族拔賢儁，頗任賴之。

魏書四五韋閬傳，韋崇，「高祖……遷洛，以崇爲司州中正……復爲河南邑中正。崇頻居衡品，以平直見稱。」

卷五七崔挺傳，博陵人，爲光州刺史，「諸州中正本在論人，高祖將辨天下氏族，仍亦訪定，乃遙授挺本州大中正。」

卷七高祖紀，太和二十年，「詔諸州中正各舉其鄉之民望、年五十以上、守素衡門者，授以令長。」

卷四三房法壽傳，房千秋「遷司空諮議，齊州大中正。高祖臨朝，令諸州中正，各舉所知。千秋與幽州中正陽尼各舉其子。」

又案：魏書七六盧同傳(熙平初)，奏曰：「請自今爲始，諸有勳簿已經奏賞者，卽廣下遠近，云某處勳判，咸令知聞。立格酬敍以三年爲斷，其職人及出身限內，悉令銓除官，及外號隨才加授。……或遭窮難，州無中正者，不在此限。」此亦可考中正之職。

惟其弊亦如南朝：或賣望於下里，

魏書七八孫紹傳，延昌中，表曰，「法開淸濁，而淸濁不平；申滯理望，而卑寒亦免；士庶同悲，兵徒懷怨。中正賣望於下里，主案舞筆於上台，眞僞混淆，知而不糾，……使門齊身等而涇渭奄殊，類應同役，而苦樂懸異；士人居職不以爲榮，兵士役苦，心不亡亂。」

或空辨門第之高下；

魏書八世宗紀，正始二年詔曰，「任賢明治，自昔通規。……而中正所銓但存門第；吏部彝倫，仍不才舉；遂使英德罕昇，司務多滯。」

降抑姓族，唯才是取者，甚鮮。

魏書六三宋弁傳，高祖時，「爲本州大中正，姓族多所降抑；頗爲時人所怨。」

至孝明以後，選事專歸吏部；中正恐已不參銓選矣。

魏書六六崔亮傳，肅宗時，爲吏部尚書，書答劉景安曰：「昔有中正(謂魏晉)品其才第，上之尚書；尚書據狀，量人授職。此事與天下羣賢共爵人也。……今日之選，專歸尚書；以一人之鑒照察天下，劉毅所云，一吏部、兩郎中，而欲究竟人物，何異以管闚天，而求其博哉？」

郡職蓋亦略如州正。

魏書七二李叔虎傳，爲「國子博士，本國中正，攝樂陵中正。性清直，甚有公平之稱。」

又凡朝廷議謚，本州郡中正條其行事。孝明以後，此職亦失；蓋與銓選之權同奪也。

魏書六六甄琛傳，正光五年卒。袁翻奏議謚法曰，「凡薨，亡者屬所即言大鴻臚，移本郡大中正條其行迹，功過，承(?)中正移言公府，下太常部博士，評議爲謚列上。……若行狀失實，中正坐(如選舉不以實論)。今之行狀皆出自其家，任其臣子自言君父之行，無復相是非之事。」

據上所述，中央所置州郡中正，與州都及郡府縣府之中正截然不同。前者由司徒薦舉，尚書詔除；後者由府主自辟。其別一也。前者由中央官兼領，地位崇高，而無祿恤；後者地方屬吏，而獨立爲職，有幹祿。其別二也。前者掌選本州本郡人才，提供中央之選用；後者選薦本州郡縣之寮吏。其別三也。

案：州都及郡府縣府之中正，地位低微，且獨立爲職，已見前考。而西門豹祠堂碑陰(萃編三三)，載北齊司州牧屬吏極詳，最前兩銜爲「散騎常侍趙郡王州都勃海高□，」「驃騎大將軍開府儀同三司尚書右僕射、彭城縣開國公州都魏郡元韶。」則州都頗似州大中正之異名；然齊制州正與州都釐然不同，明著隋志。而此碑陰亦全爲屬吏，此二州都不容例外。蓋司州位崇，州牧特請達官兼領，仍非中央大中正也。

又案：魏書二七穆崇傳，穆亮爲侍中尙書右僕射，「于是復置司州。高祖曰，司州始立，未有寮吏，須立中正以定選舉。然中正之任必須德望兼資者，世祖時崔浩爲冀州中正，長孫嵩爲司州中正，可謂得人。公卿等宜自相推舉，必令稱允。尙書陸叡舉亮爲司州大中正。」此言中正必爲中央之大中正無疑，而目的在選置寮吏，是州都之職也，此或一時特制歟？

五 地方學官

北魏起自朔漠，車馬是尙，不事文教，故於地方未嘗置學。

魏書四二薛辯傳，薛謹，世祖時爲秦州刺史。「時兵荒之後，儒雅道息，謹命立庠，教以詩書，三農之暇，悉令受業，躬巡邑里，親加考試。於是河汾之地儒道興焉。」卷八八良吏張恂傳，太祖時爲廣平、常山太守，「開建學校，優顯儒士，吏民歌詠之。」賢刺史自興文教，有如此者，然其事甚少見。

至顯祖獻文帝初，李訢爲相州刺史，慨文教陵遲，乃疏請立州郡學。帝從之。

魏書四六李訢傳，訢爲相州刺史。顯祖初，「上疏求立學校曰：……今所在州土，學校未立；臣雖不敏，誠願備之。……自到已來，訪諸文學，舊德已老，後生未進，歲首所貢，雖依制遣，對問之日，懼不克堪。臣愚欲仰依先典，於州郡治所各立學官，使士望之流、冠冕之胄，就而受業，庶必有成；其經義通明者貢之王府。……書奏，顯祖從之。」

乃於天安元年詔立鄉學於郡國，置博士、助教、學生，各以郡之大小增減其員額。

卷六顯祖紀，天安元年九月己酉：「初立鄉學，郡置博士二人，助教二人，學生六十人。」

卷八五儒林傳序：「顯祖天安初，詔立鄉學。郡置博士二人，助教二人，學生六十人。後詔大郡立博士二人，助教四人，學生一百人；次郡立博士二人，助教二人，學生八十人；中郡立博士一人，助教二人，學生六十人；下郡立博士一人，助教一人，學生四十人。」案：此教員學生人數爲高允所奏定。卷四八高允傳載允表甚詳，於置員生後復曰：「其博士取博關經典、世履忠清、堪爲人師者，年限四十以上；助教亦與博士同，年限三十以上；若道業夙成、才任教授，不拘年齒。學生取郡中清望、人行修謹、堪循名教者，先盡高門，次及中第。」顯祖從之，郡國立學自此始也。

案：此郡國學本稱鄉學，而卷五七崔挺傳，河東太學舊在城內，孝明時，太守崔遊移置城南。同卷高祐傳，西兗州郡國有太學。是亦以太學爲稱也。

又北齊書二四杜弼傳，中山人也。「家貧無書，年十二，寄郡學受業。」學生年少有如此者。

而後之論者，或謂鄉學興於孝文。蓋孝文傾心漢化，固當致意地方教育，縣鄉以下之教學其肇始乎？

案：北齊書三六刑邵傳，疏云：「仰惟高祖孝文皇帝……列校序於鄉黨，敦詩書於郡國。」蓋鄉黨之學始於孝文也。又北齊書五七高祐傳，出爲西兗州刺史，「祐以郡國雖有太學，縣黨宜有黌序，乃縣立講學，黨立教學，村立小學。」此立縣黨村學之實施也。亦在太和中。

州郡雖未必普遍立學，然刺史太守亦頗有以此爲意者。

魏書八四儒林劉蘭傳：「瀛州刺史裴植徵蘭講書於州城南館。植爲學主，故生徒甚盛。」

卷六九裴延儁傳，爲幽州刺史，「命主簿酈惲修起學校，禮教大行，民歌謠之。」

卷四五韋閬傳，韋彧爲東豫州刺史「以蠻俗荒梗，不識禮儀，乃表立太學，選諸郡生徒於州總教。又於城北置崇武館以習武焉。」

北史二七酈範傳，子道元，「試守魯陽郡。道元表立黌序，崇勸學校。詔曰：魯陽本以蠻人，不立太學，今可聽之，以成良守文翁之化。」時蓋宣武末葉。魏書道元本傳，不載。

凡地方諸學生徒，三年校試優劣，呈報中央，中央遣使覆檢，黜陟之。

魏書一九南安王傳，元英奏云：「謹案：學令，諸州郡學生三年一校所通經數，因正使列之，然後遣使就郡練考。……今外宰京官銓考向訖，求遣四門博士明通五經者，道別校練，依令黜陟。」時在宣武世。

卷三二封懿傳，封軌轉考功郎，「奏請遣四門博士明經學者檢試諸州學生。詔從之。」亦在宣武時，

制雖如此，而自始卽未澈底實施，縱置學官亦有名無實。

北齊書三六刑邵傳，疏云「仰惟高祖孝文皇帝……列校序於鄉黨，敦詩書於郡國，但經始事殷，戎軒屢駕，未遑多就。」

魏書一九南安王傳，元英宣武時奏云：「臣伏惟聖明崇道……蘊義……是以太學之館久置於下國，四門之教方構於京瀍，計習訓淹年，聽受累紀……頃以皇都遷構，江揚未一、故鄉校之訓，弗遑正試，致使薰蕕之質均誨學庭，蘭蕭之體等教文肆……。求遣四門博士，……道別校練，依令黜陟。」詔曰：「學業墮廢爲日已久，非一使能勸。」

爾朱之亂，更致荒廢。

魏書八四儒林傳序，「孝昌之後，海內淆亂，四方學校，所存無幾。」

案：北周書三七寇儁傳，孝莊時「出爲左將軍涼州刺史。民俗荒獷，多爲盜賊。儁乃令郡縣立庠序，勸其耕桑，敦以禮讓。」賢吏興學是特例耳。

北齊受禪伊始，卽詔郡國修立黌序。

北齊書四文宣紀，受禪之年，「詔郡國修立黌序，廣延髦儁，敦述儒風。」卷六孝昭紀，卽位(皇建元年)，詔「外州大學，亦仰典司勤加督課。」

亦稱太學。各置博士、助教，學生員，得舉孝廉、九品出身。然諸生仍差逼充員，其無成績又可知矣。

隋書百官志，北齊郡屬有太學博士、助教與太學生。

齊書四四儒林傳序，「齊制，諸郡並立學，置博士、助教授經。學生俱差逼充員，士流及豪富之家皆不從調。備員旣非所好，墳籍因不關懷。又多被州郡官人驅使，縱有遊惰亦不檢治。皆由上非所好之所致也。諸郡俱得察孝廉、其博士助教、及遊學之徒通經者，推擇充舉；射策十條通八以上，聽九品出身；其尤異者，亦蒙抽擢。」

北周州縣亦置博士官。

周書三二柳敏傳，子昂，周受禪，拜潞州刺史。「上表請勸學行禮，上覽而善之。……自是天下州縣皆置博士習禮焉。」

卷四六孝義張元傳，河北芮城人，有孝行。「鄉里皆歎異之。縣博士揚軌等二百餘人上其狀。有詔表其門閭。」

度其情況未必勝於齊也。

六　地方自治組織

魏初，鄉邑有三老，得與縣宰參定課役；不知何時廢。

魏書四世祖紀，太延元年十二月甲申，詔曰：「州郡縣不得妄遣吏卒，煩擾民庶。若有發調，縣宰集鄉邑三老，計貲定課，裒多益寡，九品混通；不得縱富督貧，避強侵弱。」

又有雜營戶帥，不隸守宰；其弊甚多。世祖始光中省。

魏書一一〇食貨志，「先是禁網疏闊，民多逃隱。天興中，詔採諸漏戶，令輸綸綿。自後諸逃戶占為細繭羅穀者甚衆。於是雜營戶帥遍於天下，不隸守宰，賦役不周，戶口錯亂。始光三年，詔一切罷之，以屬郡縣。」

卷九四閹官仇洛齊傳「魏初，禁網疏闊，民戶隱匿，漏脫者多。東州既平，綾羅戶民樂葵因是請採漏戶供為綸綿。自後逃戶占為細繭羅穀者非一。於是雜營戶帥遍於天下，不隸守宰，發賦輕易，民多私附，戶口錯亂，不可檢括。洛齊奏罷之，一屬郡縣。」（事在世祖時）

孝文初，有宗主督護，蓋掌戶賦之政。其制不甚健全；故史云主司猥多，督察難周，人民離散，戶多隱冒。至太和十年，乃因給事中李冲上言，制五家為隣，五隣為里，五里為党，各置長以帥之。於是戶籍正，賦稅平，力役均。置三長之目的在此，而成效亦立見；可謂善作制，亦善推行矣。

魏書七高祖紀，太和十年「二月甲戌，初立黨、里、隣三長，定民戶籍。（魏書八三外戚閭毗傳，閭莊，「太和中，初立三長，以莊為定戶籍大使。」見立三長旨在定戶籍也。）

卷五三李冲傳「舊無三長，惟立宗主督護；所以民多隱冒，五十三十家方爲一戶。冲以三正治民所由來遠；於是創立三長之制，而上之。文明太后覽而稱善，引見公卿議之。中書令鄭羲、祕書令高祐等曰：冲求立三長者，乃欲混天下一法；言似可用，事實難行。……太尉元丕曰：臣謂此法若行，於公私有益。咸稱方今有事之月校比民戶，新舊未分，民必勞怨，請過今秋，至冬閑月，徐乃遣使，於事爲宜。冲曰：民……可使由之，不可使知之。若不因調時，百姓徒知立長校戶之勤，未見均徭省賦之益，心必生怨。宜及課調之月，令知賦稅之均。旣識其事，又得其利。因民之欲，爲之易行。著作郎傅思益進曰：民俗旣異，險易不同。九品差調，爲日已久，一旦改法，恐成擾亂。太后曰：立三長，則課有常準，賦有恆分，苞蔭之戶可出，僥倖之人可止，何爲而不可？……遂立三長，公私便之。」

卷一一〇食貨志：『魏初不立三長，故民多蔭附，蔭附者皆無官役，豪強徵斂，倍於公賦。(太和)十年，給事中李冲上言，宜準古五家立一鄰長，五鄰立一里長，五里立一黨長；長取鄉人彊謹者。鄰長復一夫，里長二，黨長三；所復復征戍，餘若民。三載無愆，則陟用，陟之一等。其民調：一夫一婦帛一匹，粟二石。民年十五以上未娶者四人出一夫一婦之調。奴任耕、婢任績者八口當未娶者四。耕牛二十頭當奴婢八。其麻布之鄉，一夫一婦布一匹；下至牛，以此爲降。大率十匹爲工調，二匹爲調外費，三匹爲內外百官俸，此外雜調。民年八十以上，聽一子不從役；孤獨癃老篤疾貧窮不能自存者，三長內迭養食之。書奏，諸官通議，稱善者衆。高祖從之，於是遣使者行其事。乃詔曰：夫任土錯貢，所以通有無，井乘定賦，所以均勞逸；有無通，則民財不匱，勞逸均，則人樂其業；此自古之常道也。又鄰里鄉黨之制，所由來久，欲使風教易周；家至日見，以大督小，從近及遠，如身之使手，幹之總條，然後口算平均，義興訟息。……自昔以來，諸州戶口籍貫不實，包藏隱漏，廢公罔私；富彊者幷兼有餘，貧弱者糊口不足，賦稅齊等，無輕重之殊，力役同科，無衆寡之別，雖建九品之格，而豐塉之土未融，雖立均輸之楷，而蠶績之鄉無異；致使淳化未樹，民情偸薄，朕每思之，良懷深慨。今改舊從新，爲里党之法，在所牧守，宜以喻民，使知去煩卽簡之要。初百姓咸以爲不若循常，豪富幷兼者，尤弗願也。事施行後，計省昔十有餘倍，於是海內安之。』

案：立三長之動機目的與績效，具如上列。而魏書三三公孫表傳「高祖與文明太后引見王公以下。高祖曰：比年方割畿內及京城三部，於百姓頗有益否？邃（公孫邃，時爲南部尚書）對曰：先者人民離散，主司猥多，至於督察，實難齊整。自方割以來，衆賦易辦，實有大益。太后曰；諸人多言無益，卿言可謂識治機矣。」又卷五三李孝伯傳，高祖初：李安世上疏曰：（竊見州郡之民或因年儉流移，棄賣田宅，漂居異鄉，事涉數世；三長旣立，始返舊墟。」（柳翼謀先生錢賓四師均言此疏在太和十年或稍後，是也。）此亦足徵立三長之作用也。

三長之立，其本意旣在均賦稅、平徭役，故終魏世皆以此爲主要職任。

魏書七八張普惠傳，奏曰：「州郡若一匹之濫，一斤之惡，則鞭戶主，連三長。」時在熙平中或稍後。

魏書一九任城王澄傳，孝明時，澄奏事十條。其七曰：「邊兵逃走，或實陷沒，或須精檢；三長及近親若實隱之，徵其代輸。」

因緣推廣，禁姦宄、度僧侶，皆其職矣。

任城王澄傳，奏事十條。其九曰：「三長禁姦，不得隔越相領，戶不滿者隨近幷合。」

釋老志，熙平二年春，靈太后令曰：「私度之僧，皆由三長罪不及己，容多隱濫。自今有一人私度，皆以違旨論，隣長爲首，里党各相降一等。」

又案：魏書六六李崇傳，高祖時（尙未南遷），「除兗州刺史。兗土舊多刼盜；崇乃村置一樓，樓懸一鼓，盜發之處，雙槌亂擊，四面諸村始聞者撾鼓一通，次復聞者以二爲節，次後聞者以三爲節，各擊數十槌。諸村聞鼓皆守要路，是以盜發俄頃之聞聲布百里之內，其中險要，悉有伏人，盜竊始發便爾擒送。諸州置樓懸鼓，自崇始也。」此當亦籍三長之制推行也。

至於養老、恤貧、教化、興學，皆以隣、里、党爲單位焉。

前引食貨志，李冲奏：「孤獨癃老篤疾貧窮不能自存者，三長內迭養食之。」

高祖從之。謂三長內諸戶自相恤養也。

食貨志又云:「十一年大旱,京都民饑,……詔聽民就豐。行者十五六,道路給糧稟,至所在,三長贍養之。」

高祖紀,太和十一年十月詔曰:「鄉飲禮廢,則長幼之敍亂。孟冬十月,民閑歲隙,宜於此時導以德義;可下州,黨里之內推賢而長者教其里人、父慈子孝兄友弟順夫和妻柔;不率長教者,具以名聞。」

魏書五七高祐傳,太和十餘年,出爲西兗州刺史。「祐以郡國雖有太學,縣黨宜有黌序,乃縣立講學,党立教學,村立小學。」

三長一稱三正。

案:魏書八八良吏宋世景傳,行滎陽太守。「縣史、三正及諸細民,至卽見之。」卷一八廣陽王建傳,宣武時,元嘉「請於京四面築坊三百二十,……乞發三正復丁以充玆役。」同卷臨淮王譚傳,孝靜帝時,元孝友奏曰:「令制百家爲黨族,二十家爲閭,五家爲比隣。……請依舊置三正之名不改,而百家爲四閭,閭二比。」北史卷一六及北齊書二八元孝友傳均同。三正卽党長、里長、隣長也。

皆由守宰選本黨、里、隣中之豪富者,委任之。

案:北周書二二柳慶傳,父僧習爲魏潁川郡守。「地接都畿,民多豪右,將選鄉官,皆依倚貴勢,競書請託。……並不用。」此其例也。三正皆豪家又詳見後引常景傳。

孝文始制,三長僅復征戍與力役,隣長一夫,里長二,黨長三;餘皆同編戶。

案:復征戍見食貨志,前已引。而卷一八廣陽王建傳,宣武時,元嘉請築京師諸坊,「乞發三正復丁以充玆役。」是力役亦復也。

其後一切稅調皆免。而徭役復免是否泛及全家,不得詳矣。

案:魏書一八臨淮王傳,魏末,元孝友表云「今制百家爲党族,二十家爲閭,五家爲比隣,(此與前制稍異,蓋遷後有改制也,)百家之內有帥二十五(謂三長),徵發皆免,苦樂不均,羊少狼多,復有蠶食,此之爲弊久矣。……請依舊置三正之名不改,而百家爲四閭,閭二比。計族(黨)省十二丁,得十二匹貲絹，略計見管之戶應二萬餘族，一歲出貲絹二十四萬匹；十五丁出一番兵，計得一萬六千兵；此富國安人之道也。」有司議不同。北史、北齊書均同。據此，則其時三長並免稅調也。又據此出兵之數推算，則其時所復征戍，皆限一夫，較初制爲嚴。而魏書八二常景傳：「杜洛周反於燕州。……景表，……頃來差兵不盡彊壯。今之三長，皆是豪門多丁爲之，今求權發爲兵。肅宗皆從之。……景遣府錄事參軍裴智成發范陽三長之兵，以守白𡼏。」觀景之意，可知三長雖豪門多丁，而曾不出兵，故特發之也。是平日復除似又泛及全家不限一二夫矣。

京師洛陽之制微有不同，其單位或僅有里，亦稱曰坊，爲數二百二十(一作三百二十)；各方三百步。里置里正二人，吏四人，門士八人。

魏書一八廣陽王建傳，元嘉，宣武時「遷司州牧，……表請於京四面建坊三百二十，各周一千二百步，乞發三正(謂發京師以外之三正)復丁以充茲役，雖有暫勞，姦盜永止。詔從之。」北史卷一六同。坊即里，周長亦與伽藍記相應。

洛陽伽藍記卷五：「京師東西二十里，南北十五里，戶十萬九千餘。廟社宮室府曹以外，方三百步爲一里，里開四門，門(蓋衍一門字)，置里正二人，吏四人，門士八人，合有二百二十里。」

東魏遷鄴，亦同此制。每里轄戶或至七八百，置里正一人，史二人。

魏書一八臨淮王譚傳，元孝友表曰：「京邑諸坊，或七八百家唯一里正二史，庶事無闕。」案：其時當已孝靜帝末，是就鄴都而言也。

又案：表極言外州三長之制，百家之內有帥二十五，以爲過多，故舉京師置吏之簡以相況，則京師似無三長制也。此亦承北魏可知。

西魏時，蘇綽制六條詔書，重申舊制，以爲正長乃治民之基，一切行政皆責成之，故令擇鄉賢以任其事。可謂識治體矣。

北周書二三蘇綽傳，「(大統)，十年，授大行台度支尙書。……太祖(宇文泰)方欲革易時政，務弘強國富民之道，故綽得盡其智能，贊成其事。減官員，置二長(北史亦作二長)，並置屯田以資軍國。又爲六條詔書，奏施行之。……

其三盡地利，……地利所以盡者由於勸課有方，……主此教者，在乎牧守令長而已。……若有遊手怠惰，……不勤事業者，則正長牒名郡縣守令，隨事加罰。……其四擢賢良，……非直州郡之官宜須善人，爰至黨族、閭里、正長之職，皆當審擇各得一鄉之選以相監統。夫正長者治民之基，基不傾者，上必安。……其六均賦役，……租稅之時雖有大式，至於斟酌貧富，差次先後，皆事起於正長，而繫之於守令。若斟酌得所，則政和而民悅；若檢理無方，則吏姦而民怨。……太祖甚重之，常置諸座右，又令百官誦習之。其牧守令長非通六條及計帳者，不得居官。」

案：前段「減官員，置二長」。其四擢賢良條又云「爰至党族閭里正長之職，」亦僅有黨里二級，而不言隣長，豈已改三長制爲二長歟？

北齊河清三年令，十家爲比隣，五十家爲閭里，百家爲族黨，

案：此見隋書食貨志，與魏制略異。

藿有長。

案：隋書七七隱逸崔廓傳，博陵人，「初爲里佐，屢逢屈辱。」時在北齊。其他不可考。

出自第十九本(一九四八年十月)

元微之悼亡詩及豔詩箋證

（元白詩箋證稿之一）

陳　寅　恪

元氏長慶集叁拾敍詩寄樂天書云：

> 不幸少有伉儷之悲，撫存感往，成數十詩，取潘子悼亡爲題。又有以干教化者，近世婦人暈淡眉目，綰約頭鬢，衣服修廣之度，及匹配色澤，尤劇怪豔，因爲豔詩百餘首，詞有今古，又兩體。

寅恪案，今存元氏長慶集爲不完殘本。其第玖卷中夜閑至夢成之等詩，皆爲悼亡詩。韋縠才調集第五卷所錄微之詩五十七首，雖非爲一人而詠，但所謂豔詩者，大抵在其中也。微之自編詩集，以悼亡詩與今古兩體之豔詩分歸兩類。其悼亡詩即爲元配韋叢而作，其豔詩則多爲其少日之情人所謂崔鶯鶯者而作。微之以絕代之才華，抒寫男女生死離別悲歡之情感，其哀豔纏綿，不僅在唐人詩中不可多見，而影響及於後來之文學者尤巨。如鶯鶯傳者，初本微之文集中附庸小說，其後竟演變流傳成爲戲曲中之大國鉅製，即是其例。夫此二婦人與微之之關係，既須先後比較觀察之，則微之之此兩類詩，亦不得不視同一類，相校並論也。

夫此兩體詩本爲男女夫婦而作，故於（一）當日社會風習道德觀念，（二）微之本身及其家族在當日社會中所處之地位，（三）當日風習道德二事影響及於微之之行爲者必先明其梗概，然後始可瞭解。寅恪前著讀鶯鶯傳一文已論及之（載中央研究院歷史語言研究所集刊第拾本第貳分）。雖可取而並觀，然爲通曉元氏此兩類詩，故不憚重複煩悉之譏，仍爲一總括序論於此，以供讀此兩類詩者之參攷焉。

縱覽史乘，凡士大夫階級之轉移升降，往往與道德標準及社會風習之變遷有關。當其新舊蛻嬗之間際，常呈一紛紛綜錯之情態，即新道德標準與舊道德標準，新社會風習與舊社會風習並存雜用，各是其是，而互非其非也。斯誠亦事實之無可如何者。雖然，值此道德標準社會風習紛亂變易之時，此轉移升降之士大夫階級之人，有賢不肖拙巧之分別。而其賢者拙者常感受苦痛，終於消滅而後已。其不肖者巧者則多享受歡樂，往往富貴榮顯，身泰名遂。其故何也？由於善利用或不善利用此兩種以上不同之標準及習俗以應付此環境而已。譬如市肆之中，新舊不同之度量衡並存雜用，則其不肖巧詐之徒，以長大重之度量衡購入，而以短小輕之度量衡售出。其賢而拙者之所爲適與之相反。於是兩者之得失成敗，卽決定於是矣。

人生時間，約可分爲兩節，一爲中歲以前，一爲中歲以後。人生本體之施受於外物者，亦可別爲情感及事功之二部 。若古代之士大夫階級 ，關於社會政治者言之，則中歲以前情感之部爲婚姻，中歲以後事功之部爲仕宦。故白氏長慶集壹肆和夢遊春詩一百韻序略云：

> 微之旣到江陵，又以夢遊春七十韻寄予。且題其序也，斯言也不可使不知吾者知，知吾者亦不可使不知。樂天知吾（者）也，不敢不使吾子知。故廣足下七十韻爲一百韻，重爲足下陳夢遊之中，所以甚感者，敍婚仕之際，所以至感者。微之微之，予斯文也，尤不可使不知吾者知。幸藏之云爾。

夫婚仕之際，豈獨微之一人之所至感，實亦與魏晉南北朝以來士大夫階級之一生得失成敗至有關係。而至唐之中葉，卽微之樂天所生値之世，此二者已適在蛻變進行之程途中，其不同之新舊道德標準社會風習並存雜用，正不肖者用巧得利，而賢者以拙而失敗之時也。故欲明乎微之之所以爲不肖爲巧爲得利成功，無不繫於此仕婚之二事。以是欲瞭解元詩者，依知人論世之旨，固不可不硏究微之之仕宦與婚姻問題。而欲明當日士大夫階級之仕宦與婚姻問題，則不可不知南北朝以來至唐高宗武則天時所發生之統治階級及社會風習之變動。請略述之，以供論證焉。

南北朝之官有淸濁之別，如隋書貳陸百官志中所述者，卽是其例。至於門族與婚姻之關係，其例至多，不須多舉。故士大夫之仕宦，苟不得爲淸望官，婚姻苟不結高門第，則其政治地位，社會階級，卽因之而低降淪落。玆僅引一二事於下，已足資證明也。

晉書捌肆楊佺期傳云：

自云門戶承籍，江表莫比。有以其門第比王珣者，猶恚恨。而時人以其晚過江，婚宦失類，每排抑之。恆慷慨切齒，欲因事際以逞其志。

南史叁陸江夷傳附斆傳云：

中書舍人紀僧眞，幸於（齊）武帝。稍歷軍校，容表有士風。謂帝曰：『臣小人，出自本縣武吏。邀逢聖時，階榮至此。爲兒婚得荀昭光女，卽時無復所須，唯就陛下乞作士大夫。』帝曰：『由江斆謝瀹，我不得措此意，可自詣之。』僧眞承旨，詣斆，登榻坐定。斆便命左右曰：『移吾牀讓客。』僧眞喪氣而退。告武帝曰：『士大夫故非天子所命。』

據此，可知當時人品地位，實以仕宦婚姻二事爲評定之標準。唐代政治社會，雖不盡同，但終不免受此種風習之影響。故婚仕之際，仍爲士大夫一生成敗得失之所關也。

若以仕之一事言之，微之雖云爲隋兵部尚書元巖之六世孫，然至其身式微已甚，觀其由明經出身一事可證。如康駢劇談錄（參唐語林陸補遺）略云：

元和中李賀善爲歌篇，爲韓愈所知，重於縉紳。時元稹年少，以明經擢第，亦工篇什。嘗交結於賀，日執贄造門。賀覽刺不答，遽入。僕者謂曰：『明經及第，何事看李賀。』稹慚恨而退。

裴廷裕東觀奏記上（參新唐書壹捌貳李珏傳唐語林叁識鑒類）略云：

李珏，趙郡贊皇人。早孤，居淮陰，舉明經。李絳爲華州刺史，一見謂之曰：『日角珠庭，非常人也，當擢進士科。明經碌碌，非子發跡之路。』

新唐書壹捌叁崔彥昭傳（參尉遲偓中朝故事）云：

彥昭與王凝外昆弟也。凝大中初先顯，而彥昭未仕。嘗見凝，凝倨不冠帶，慢言曰：『不若從明經舉。』彥昭爲憾。

王定保摭言壹序進士條云：

其艱難謂之三十老明經，五十少進士。

據此得見唐代當日社會風尚之重進士輕明經。微之年十五以明經擢第，而其後復舉制科者，乃改正其由明經出身之途徑。正如其棄寒族之雙文，而婚高門之韋氏。於仕於婚，皆不憚改轍，以增高其政治社會之地位者也。

又元氏長慶集伍玖告贈皇祖祖妣文云：

> 惟積洎稹，幼遭閔凶。積未成童，稹生八歲。蒙孩幼稚，昧然無識。遺有清白，業無樵蘇。先夫人備極勞苦，躬親養育，截長補敗，以禦寒凍，質價市米，以給餔旦。依倚舅族，分張外姻。（元氏長慶集壹肆答表兄胡靈之見寄五十韻序云『九歲解賦詩，方依倚舅族。』）

案白氏長慶集陸壹河南元公墓志銘及新唐書柒伍下宰相世系表等，微之曾祖延景，岐州參軍，祖悱，南頓丞，卽告祭文所謂『我曾我祖仍世不偶』者。父寬，比部郎中，卽告祭文所謂『屈於郎署』者。（後悱復以罪降虢州別駕，累遷舒王府長史。見元氏長慶集伍捌陸翰妻元氏墓志銘。）觀微之幼年家庭寒苦之情況，其告祭考妣文詳述無遺。故微之縱是舊族，亦同化於新興階級，卽高宗武后以來所拔起之家門，用進士詞科以致身通顯，由翰林學士而至宰相者。此種社會階級重詞賦而不重經學，（微之之以明經舉，當日此科記誦字句而已，不足言通經也。）尙才華而不尙禮法，以故唐代進士科爲浮薄放蕩之徒所歸聚，與倡伎文學殊有關聯。觀孫棨北里志，及韓偓香奩集，卽其例證。宜乎鄭覃李德裕以山東士族禮法家風之立場，欲廢其科而斥其人也。

夫進士詞科之放佚恣肆，不守禮法，固與社會階級出身有關。然其任誕縱情，毫無顧忌，則北里志序略云：

> 自大中皇帝好儒術，特重科第，故進士自此尤盛，曠古無儔。僕馬豪華，宴遊崇侈，以同年俊少年爲兩街探花使，鼓扇輕浮，仍歲滋甚。予頻隨計吏，久寓京華，時亦偸遊其中。俄逢喪亂，鑾輿巡蜀，蟠崛鯨鯢，向來聞見，不復盡記。聊以編次，爲太平遺事云。中和甲辰歲孫棨序。

香奩集序略云：

> 自庚辰辛巳之際，迄辛丑庚子之間，所著歌詩，不啻千首。其間以綺麗得意亦數百篇。往往在士大夫之口，或樂工配入聲律，粉牆椒壁，斜行小字，竊詠者不可勝記。大盜入關，緗帙都墜。

寅恪案，孫序作於中和甲辰，卽僖宗中和四年。韓序中所謂庚辰辛巳，卽懿宗咸通元年及二年，庚子辛丑卽僖宗廣明元年及中和元年。然則進士科舉者之任誕無忌，乃極於懿僖之代。微之生世較早，猶不敢公然無所顧忌，蓋其時士大夫階級山東士族尙保有一部分殘餘勢力，其道德標準與詞科進士階級之新社會風氣並存雜用。而工於投機取巧之才人如微之者，乃能利用之也。明乎此，然後可以論微之與韋叢及鶯鶯之關係也。

貞元之時，朝廷政治方面，則以藩鎭暫能維持均勢，德宗方以文治粉飾其苟安之局。民間社會方面，則久經亂離，略得一喘息之會，故亦趨於嬉娛游樂。因此上下相應，成爲一種崇尙文詞，矜詡風流之風氣。國史補下云：

長安風俗，自貞元侈於遊宴。

又杜牧之感懷詩（樊川集壹）所謂：

至於貞元末，風流恣綺靡。

者，正是微之少年所遭遇之時代也。微之幼時，依其姊壻陸翰，居於鳳翔西北邊境荒殘之地。（見元氏長慶集叄拾誨姪等書，又白氏長慶集肆新樂府西涼伎云：『平時安西萬里疆，今日邊防在鳳翔』之句。）雖駐屯軍將，奢僭恬嬉，要之其一般習俗，仍是樸儉。與中州之名都大邑相較，實有不侔。蒲州爲當日之中都河中府，去長安三百二十四里，洛陽五百五十里，（見舊唐書叄玖及新唐書叄玖地理志等。）爲東西兩京交通所常經，繁盛殷闐之都會也。微之以弱冠之歲出遊其地，其所聞見，與昔迥殊，自不能不被誘惑。其所撰鶯鶯傳所云：

內秉堅孤，非禮不可入，以是年二十三，未嘗近女色。

者，鳳翔之誘惑力，不及河中，因得以自持。而以守禮誇詡，欺人之言也。及其遭遇雙文以後之沈溺聲色，見其前之堅貞亦不可信。何以言之，姑不必論其始亂終棄之非多情者所爲，卽於韋叢，其三遣悲懷詩之三云：

唯將終夜常開眼，報答平生未展眉。

所謂常開眼者，自比鰥魚，卽自誓終鰥之義。其後娶繼配裴淑，已違一時情感之語，亦可不論。唯韋氏亡後未久，裴氏未娶以前，已納妾安氏，元氏長慶集伍捌葬安氏誌云：

始辛卯歲，予友致用憫予愁，爲予卜姓而授之。

考成之卒於元和四年七月九日，（見昌黎集貳肆監察御史元君京兆韋氏墓誌銘）所謂辛卯歲者，卽元和六年。是韋氏亡後不過二年微之已納妾矣。夫唐世士大夫之不可一日無妾媵之侍，乃關於時代之習俗，自不可以今日之標準，爲苛刻之評論。但微之本人與韋氏情感之關係，決不似其自言之永久篤摯，則可以推知。然則於韋氏，亦如其於雙文，兩者俱受一時情感之激動，言行必不能始終相符，則無疑也。又微之自言眷念雙文之意，形之於詩者，如才調集伍雜思之四云：

取次花叢懶回顧，半緣修道半緣君。

及白樂天轉述其友之事，如白氏長慶集壹肆和夢遊春詩一百韻云：

存誠期有感，誓志貞無黷。京洛八九春，未曾花裏宿。

似微之眞能『內秉堅孤非禮不可入』者，其實唐代德憲之世，山東舊族之勢力尙在，士大夫禮法之觀念仍存。詞科進士放蕩風流之行動，猶未爲一般輿論所容許，如後來懿僖之時。故微之在鳳翔之未近女色乃地爲之，而其任京洛之不宿花叢則時爲之。是其自誇守禮多情之語，亦不可信也。抑更推言之，微之之貶江陵，實爲忤觸權貴閹宦。及其淪謫旣久，忽爾變節，乃竟干諛近倖，致身通顯，則其仕宦，亦與婚姻同一無節操之守，惟窺時趨勢，以取利自肥耳。玆節錄舊史，以資證明。舊唐書壹陸陸元稹傳（新唐書壹柒肆元稹傳略同）略云：

（元和）四年，奉使東蜀，劾奏故劍南東川節度使嚴礪違制擅賦 。稹雖舉職，而執政有與礪厚者，惡之。使還，令分務東臺。河南尹房式爲不法事，稹欲追攝，擅令停務。旣飛表聞奏，罰式一月俸，仍召稹還京。宿敷水驛，內官劉士元後至爭廳。士元怒，排其戶，稹襪而走廳後，士元追之，復以箠擊稹傷面。執政以稹少年後輩，務作威福，貶爲江陵府士曹參軍。荆南監軍崔潭峻甚禮接稹，不以掾屬遇之。長慶初，潭峻歸朝，（新唐書『歸朝』作『方親幸』是。）出稹連昌宮辭等百餘篇奏御，穆宗大悅，由是極承恩顧，中人以潭峻之故，爭與稹交，而知樞密魏弘簡尤與稹相善。穆宗愈深知重。河東節度使裴度三上疏，言稹與弘簡爲刎頸之交　謀亂朝政，言甚激訐。穆宗顧中外人情，乃罷稹內職，授工部侍郎 。上恩顧未衰 ，長慶二年拜平章事。詔下之日，朝野無不輕笑之。出稹爲同州刺史，改授浙東觀察使。（大和）三年九月，入爲尙書左丞，振舉綱紀，出郎官頗乖公議者七人。然以稹素無檢操，人情不厭服。會宰相王播倉卒而卒，稹大爲路岐經營相位，四年正月（拜）武昌軍節度使，卒于鎮。

故觀微之一生仕宦之始末，適與其婚姻之關係正復符同。南北朝唐代之社會，以仕婚二事，衡量人物。其是非雖可不置論，但今日吾儕取此二事，以評定當日士大夫之操守品格，則賢不肖巧拙分別，固極瞭然也。

雖然，微之絕世之才士也。人品雖不足取，而文采有足多者焉。關於鶯鶯傳，寅恪已撰一篇專論其事，故此從略，惟取豔詩及悼亡諸作略詮論之如下。所以先豔體而後悼亡諸作者，以雙文成之二女與微之本人關係之先後爲次序。而更以涉於裴柔之者附焉。至夢遊春一詩，乃兼涉雙文成之者，故首論之。

元氏長慶集伍陸唐故工部員外郎杜君墓誌銘并序略云：

至若舖陳終始，排比聲韻，大或千言，次猶數百。詞氣豪邁，而風調清深，屬對律切，而脫棄凡近。則李（白）尚不能歷其藩翰，況堂奧乎。

取此與微之上令孤楚啓所謂『思深語近，韻律調新，屬對無差，而風情宛然』，及樂天『或爲千言或五百言律詩，以相投寄』者，相參校，則知元白夢遊春詩，實非尋常游戲之偶作，乃心儀浣花草堂之鉅製，而爲元和體之上乘，且可視作此類詩最佳之代表者也。（見附論丁元和體詩篇）

夢遊春詩（才調集伍）中所述鶯鶯之妝束，如：

叢梳百葉髻（原注時勢頭），金蹙重臺屨（原注踏殿樣），紕軟鈿頭裙（原注瑟瑟色），玲瓏合歡袴（原注夾纈名），鮮妍脂粉薄，暗淡衣裳故。

而白氏長慶集壹貳樂天和之云：

風流薄梳洗，時世寬妝束，袖軟異文綾，裾輕單絲縠，裙腰銀線壓。梳掌金筐蹙，帶纈紫蒲萄，袴花紅石竹。

乃有時代性及寫實性者，非同後人豔體詩之泛描，斯卽前引微之敍詩寄樂天書所謂：

近世婦人，暈淡眉目，綰約頭鬟，衣服修廣之度，及匹配色澤，尤劇怪豔者。又白氏長慶集貳和答詩序云：

頃在科試間，常與足下同筆硯。每下筆時，輒相顧語，患其意太切而理太周。故理太周則辭繁，意太切則言激。然與足下爲文，所長在於此，所病亦在於此。足下來序，果有辭犯文繁之說。今僕所和者，猶前病也。待所足下相見日，各引所作，稍删其繁而晦其義焉。

夫長於用繁瑣之詞，描寫某一時代人物妝飾，正是小說能手。後世小說，凡敍一重要人物出現時，必詳述其服妝，亦猶斯義也。原注所云，實貞元年間之時世妝，足見微之觀察精密，記憶確切。君取與白香山新樂府上陽人中所寫之『天寶末年時世妝』之『小頭鞋履窄衣裳，青黛點眉眉細長』者，固自不侔。即時世妝中所寫『元和妝梳』之『顋不施朱面無粉，烏膏注唇唇似泥，雙眉畫作八字低』，『圓鬟無鬢推髻樣，斜紅不暈赭面狀』者，亦仍有別。然則即此元白數句詩，亦可作社會風俗史料讀也。

又時世頭者，才調集伍微之有所教詩云：

人人總解爭時勢，都大須看各自宜。

則時世者，卽今日時髦之義，乃當日習用之語。但『時勢頭』則專指貞元末流行之一種時式頭樣也。

又重臺履者，取義於重臺花瓣，此處則專指蓮花而言。如李德裕會昌一品集別集壹有重臺芙蓉賦，芙蓉卽蓮花也。國史補下蘇州進藕條云：

近多重臺荷花，荷花上復生一花。

故取作履樣之名，與潘妃步步生蓮花之典相關，更爲適合也。

又唐語林肆賢媛篇引因話錄云：

玄宗柳婕妤，有才學，上甚重之。婕妤妹適趙氏，性巧慧。因使工鏤板爲雜花象之，而爲夾結，因婕妤生日，獻王皇后一匹。上見而賞之，因敕宮中依樣製之。當時甚祕，後漸出，遍於天下，乃爲至賤所服。(夾纈之名亦見安祿山事蹟上)

寅恪案，雙文在貞元時，亦服夾纈袴，可徵此種織品，已流行一世，雖賤者亦得服之矣。

又夢遊春中先後述雙文成之二女事，微之旣云：

覺來八九年，不向花迴顧。

及：

近作夢仙詩，亦知勞肺腑，一夢何足云，良時事婚娶。

及：

雖云夢覺殊，同是終難駐。

而樂天亦云：

心驚夢易覺，夢斷魂難續。

是俱以雙文之因緣爲夢幻不眞，殊無足道，其所謂『存誠』『誓貞』亦徒虛言耳。故樂天和句云：

韋門女淸貴，裴氏甥賢淑。

及：

劉阮心漸忘，潘楊意方睦。

及眞實語也。微之所以棄雙文而娶成之，及樂天公垂諸人之所以不以其事爲非，正當時社會輿論道德之所容許，已於拙著讀鶯鶯傳詳論之。茲所欲言者，卽微之當日貞元元和間社會，其進士詞科之人，猶不敢如後來咸通廣明之放蕩無忌，盡決藩籬。此所以『不向花迴顧』，及『未曾花裏宿』者也。但微之因當時社會一部分尙沿襲北朝以來重門第婚姻之舊風，故亦利用之，而樂於去舊就新，名實兼得。然則微之乘此社會不同之道德標準及習俗並存雜用之時，自私自利，綜其一生行迹，巧宦固不待言，而巧婚尤爲可惡也。豈其多情哉，實多詐而已矣。

復次，其最言之無忌憚，且爲與雙文關係之實錄者，莫如才調集伍所錄之古決絕詞。其一云：

春風撩亂百勞語，況是此時將去時，握手苦相問，竟不言後期。君情旣決絕，妾意亦參差。借如生死別，安得長苦悲。

據此，雙文非負微之，微之實先負之，而微之所以敢言之無忌憚者，當時社會不以棄絕此類婦人如雙文者爲非，所謂『一夢何足云』者也。

其二云：

矧桃李之當春，競衆人而攀折，我自顧悠悠而若雲。（雲溪友議下豔陽詞條，引微之贈裴氏詩云『嫁得浮雲壻 相隨卽是家。』微之一生對於男女關係之觀念，無論何人，終不改易其悠悠若雲之意也，噫。)又安能保君皚皚之如雪？

又云：

幸它人之不我先，又安能保它人之不我奪？已焉哉！織女別黃姑，一年一度再相見，彼此隔河何事無？

嗚呼，微之之薄情多疑，無待論矣。然讀者於此詩，可以決定鶯鶯在當日社會上之地位，微之之所以敢始亂而終棄之者，可以瞭然矣。

其三云：

一去又一年，一年何可徹？有此迢遞期，不如死生別。天公信是妬相憐，何不便教相決絕。

觀於此詩，則知微之所以棄雙文，蓋籌之熟思之精矣。然此可以知微之之爲忍人，及至有心計之人也。其後來巧宦熱中，位至將相，以富貴終其身，豈偶然哉。

復次，微之夢遊春自傳之詩，與近日研究紅樓夢之『微言大義』派所言者有可參證者焉。昔王靜安先生論紅樓夢，其釋『秉風情，擅月貌，便是敗家的根本。』意謂風情月貌爲天性所賦，而終不能不敗家者，乃人性與社會之衝突。其旨與西土亞歷斯多德之論悲劇，及盧梭之第雄論文暗合。其實微之之爲人，乃合甄賈寶玉於一人，其婚姻則同於賈，而仕宦則符於甄。觀夢遊春詩自述其仕宦云：

寵榮非不早，邅迴亦云屢。直氣在膏肓，氛氳日沈痼。不言意不快，快意言多忤。忤誠人所賊，性亦天之付。乍可沈爲香，不能浮作瓠。

是亦謂己之生性，與社會衝突，終致邅迴而不自悔。推類而言，以仕例婚，則委棄寒女，締姻高門。雖繾綣故歡，形諸吟詠，然卒不能不始亂終棄者，社會環境，實有以助成之。是亦人性與社會之衝突也。惟微之於仕則言性與人忤，而於婚則不語及者，蓋棄寒女婚高門，乃當時社會道德輿論之所容許，而視爲當然之事，遂不見其性與人之衝突故也。吾國小說之言男女愛情生死離合，與社會之關係，要不出微之此詩範圍。因併附論之於此，或者可供好事者之研討耶？

才調集伍所錄微之豔詩中如恨粧成云：

曉日穿隙明，開帷理粧點。傅粉貴重重，施朱憐冉冉。柔鬟背額垂，叢鬢隨釵斂。凝翠暈蛾眉，輕紅拂花臉。滿頭行小梳，當面施圓靨。最恨落花時，妝成獨披掩。

離思六首之二云：

自愛殘粧曉鏡中，鐶釵慢篸綠絲叢。須臾日射燕脂出，一朵紅酥旋欲融。

及其三云：

紅羅著壓逐時新，吉了花紗嫩麴塵。第一莫嫌材地弱，些些紕慢最宜人。

又有所教云：

莫畫長眉畫短眉，斜紅傷豎莫傷垂。人人總解爭時勢，都大須看各自宜。

皆微之描寫其所謂

近世婦人，暈淡眉目，綰約頭鬟，衣服修廣之度，及匹配色澤，尤劇怪豔者也。至恨粧成所謂『輕紅拂花臉』及有所教所謂『斜紅傷豎莫傷垂』者，與元和時世妝之『斜紅不暈赭面（卽吐蕃，見白氏新樂府時世妝拙箋。）狀』者，不同，而有所教所謂短眉，復較天寶宮人之細畫長眉者，有異矣。『人人總解爭時勢』者，人人雖爭爲入時之化妝，然非有雙文之姿態，則不相宜也。然則微之能言個性適宜之旨，亦美術化妝之能手，言情小說之名家，『元才子』之稱，足以當之無愧也。

復次，樂天和夢遊春詩結句云：

法句與心王，期君日三復。

自注云：

微之常以法句及心王頭陀經相示，故申言以卒其志也。

寅恪案，白氏長慶集貳和答詩思歸樂云：

心付頭陀經。

卽此詩自注所謂心王頭陀者也。寅恪少讀樂天此詩，遍檢佛藏，不見所謂心王頭陀經者，頗以爲恨。近歲始見倫敦博物院藏斯坦因號貳肆柒佛爲心王說投陀經卷上五陰山室寺惠辨禪師注殘卷，（大正續藏貳捌捌陸號）乃一至淺俗之書，爲中土所僞造者。至於法句經，亦非吾國古來相傳舊譯之本，乃別是一書，卽倫敦博物院藏斯坦因號貳零貳壹佛說法句經，（又中村不折藏燉煌寫本大正續藏貳玖零壹號）及巴黎國民圖書館藏伯希和號貳叁貳伍法句經疏。(大正續藏貳玖零貳號)此書亦是淺俗僞造之經。夫元白二公自許禪梵之學,叮嚀反復於此二經,今日得見此二書,其淺陋鄙俚如此,則二公之佛學造詣,可以推知。又在燉煌寫本未出現以前,雖通儒碩學,不能解釋此詩句,而宋人僞造白詩老嫗皆解之說,觀此可以不攻自破矣。

吾國文學,自來以禮法顧忌之故,不敢多言男女間關係,而於正式男女關係如夫婦者,尤少涉及。蓋閨房燕昵之情意,家庭米鹽之瑣屑,大抵不列載於篇章,惟以籠統之詞概括言之而已。此後來沈三白浮生六記之閨房記樂所以爲例外創作,然其時代已距今較近矣。

微之天才,文筆極詳繁切至之能事。既能於非正式男女間關係如與鶯鶯之因緣・詳盡言之於會眞詩傳,則亦可推之於正式男女間關係如韋氏者,抒其情,寫其事,纏綿哀感,遂成古今悼亡詩一體之絕唱。實由其特具寫小說之繁詳天才所致,殊不偶然也。

論豔體詩竟,請論悼亡詩。

今本元氏長慶集卷玖第壹首夜閑題下注云:

此後並悼亡。

但考程大昌演繁露陸云:

元稹集十三,聽庾及之彈烏夜啼引云云。

程氏所見元集卷帙,似與今所傳北宋宣和六年劉麟編輯之六十卷本其次第不同,南宋乾道四年,洪适重刊劉本跋云:

今之所編,又律呂乖次,惜矣舊規之不能存也。

新唐書陸拾藝文志別集類所著元氏長慶集一百卷,又小集十卷,傳至宋代亡佚已多。故韋穀才調集卷伍所收微之詩,俱在六十卷本外也。然則程氏在南宋時,似難得見他本,其所記悼亡詩在第十三卷者,殆由筆誤之故。今日本內閣文庫所藏元氏長慶集僅有殘葉,不知如何,亦未能取校。但詳釋今本第玖卷內諸詩所言節候景物,似亦與微之當日所賦之年月先後頗爲符合,諒此卷諸作,猶存舊規,此點殊爲重要,蓋與釋解疑滯有關故也。如此卷第壹首夜閑云:

秋月滿床明。

第貳首感小株夜合云：

不分秋同盡，深嗟小便衰。傷心落殘葉，猶識合昏期。

第叁首醉醒不涉節候景物，未能有所論斷。第肆首追昔遊云：

再來門館唯相弔，風落秋池紅葉多。

皆秋季景物也。昌黎集貳肆監察御史元君妻京兆韋氏墓誌銘云：

（夫人）以元和四年七月九日卒。

知此數詩，皆韋氏新逝後，卽元和四年秋季所作也。

又第伍首空屋題（原注云十月十四日夜）云：

朝從空屋裏，騎馬入空臺，盡日推閑事，還歸空屋來。月明穿暗隙，燈燼落殘灰。更想咸陽道，魂車昨夜回。

白氏長慶集壹肆感元九悼亡詩，因爲代答三首之二，答騎馬入空臺云：

君入空臺去，朝往暮還來。我入泉臺去，泉門無復開。鰥夫仍繫職，稚女未勝哀，寂寞咸陽道，家人覆墓迴。

昌黎韋氏墓誌云：

其年（元和四年）十月十三日，葬咸陽從先舅姑兆。

故微之於元和四年十月十四日夜賦詩云：

更想咸陽道，魂車昨夜回

也。白樂天代答詩云：

鰥夫仍繫職。

又云：

家人覆墓迴。

微之琵琶歌（元氏長慶集貳陸）云：

去年御史留東臺，公私蹙促顏不開。

可知韋氏之葬於咸陽，微之尚在洛陽。爲職務覊絆，未能躬往，僅遣家人營葬也。

其第陸首爲初寒夜寄子蒙，其第柒首城外回謝子蒙見諭有句云：

寒煙半床影，燼火滿庭灰。

第捌首諭子蒙及第玖第拾第拾壹三遣悲懷三首，俱無專言季候景物之句，不易推定其作成之時日。而第拾貳首旅眠云：

夜眠兼客坐，同在火爐床。

及第拾叁首除夜云：

憶昔歲除夜，見君花燭前。今宵祝文上，重疊敍新年，閑處低聲哭，空堂背月眠。傷心小男女，撩亂火堆邊。

則皆微之於元和四年所作之悼亡詩也。

其第拾肆首感夢云：

行吟坐歎知何極，影絕魂銷動隔年。今夜商山館中夢，分明同在後堂前。

案元氏長慶集壹玖桐花詩序略云：

元和五年予貶掾江陵，三月二十四日宿曾峯館。山月曉時，見桐花滿地，因有八韻寄白翰林詩。及今六年，詔許西歸。感念前事，因題舊詩，仍賦桐孫詩一絕。又不知幾何年，復來商山道中，元和十年正月題。

故此詩爲元和五年三月貶江陵道中所作。

其第拾伍首合衣寢，第拾陸首竹簟，第拾柒首聽庾及之彈烏夜啼行，第拾捌首夢井，第拾玖首第貳拾首第貳拾壹首江陵三夢三首，第貳拾貳首張舊蚊幬，第貳拾叁首獨夜傷懷贈呈張侍御，疑皆微之在江陵所作。其第貳拾肆至第叁拾壹六年春遣懷六首，則元和六年在江陵所作。其第叁拾貳首答友封見贈，疑亦此時所作。至第叁拾叁首夢成之云：

燭暗船風獨夢驚，夢君頻問向南行。覺來不語到明坐，一夜洞庭湖水聲。

則疑是元和九年春之作。何以言之，元氏長慶集壹捌盧頭陀詩序云：

元和九年張中丞（正甫）領潭之歲，予拜張於潭。

同集貳陸何滿子歌云：

我來湖外拜君侯，正值灰飛仲春琯。

蓋微之於役潭州，故有『船風』『南行』及『洞庭湖水』之語也。

以上所列元氏長慶集第玖卷悼亡詩中有關韋氏之作，共三十三首，就其年月先後之可考知者言之，似其排編之次第與作成之先後均甚相符，此可注意者也。夫微之悼亡詩中其最爲世所傳誦者，莫若三遣悲懷之七律三首。寅恪昔年讀其第一首

『今日俸錢過十萬』之句而不得其解，因妄有考辨。由今觀之，所言實多謬誤。（見民國二十五年清華學報拙著元微之遣悲懷詩之原題及其次序）。然今日亦未能別具勝解，故守先師『不知爲不知』之訓，姑闕疑以俟再考。

復次，取微之悼亡詩中所寫之成之，與其豔體詩中所寫之雙文相比較，則知成之爲治家之賢婦，而雙文乃絕藝之才女。其鶯鶯傳云：

崔氏甚工刀札，善屬文，求索再三，終不可見。往往張生自以文挑，亦不甚覩覽。

雖傳中所載雙文之一書二詩，或不免經微之之修改。但以辭旨觀之，必出女子之手，微之不能盡爲代作，故所言却可信也。其於成之，則元氏長慶集玖六年春遣懷八首之二云：

檢得舊書三四紙，高低闊狹粗成行。

可知成之非工刀札善屬文者。故白氏長慶集陸壹河南元公墓誌銘亦止云：

前夫人韋氏懿淑有聞。

而已。卽善於諛墓之韓退之，其昌黎集貳肆成之墓誌銘，但誇韋氏姻族門第之盛，而不及其長於文藝，成之爲人，從可知矣。又元氏長慶集玖聽庾及之彈烏夜啼引云：

四五年前作拾遺，諫書不密丞相知。謫官詔下吏驅遣，身作囚拘妻在遠。歸來相見淚如珠，唯說睿閑長拜烏。今君到舍是烏力，粧點烏盤邀女巫。

夫拜巫迷信，固當時風俗，但成之如此，實不能免世俗婦女之譏。觀元氏長慶集壹大觜烏詩，極論巫假烏以惑人之害，則微之本亦深鄙痛惡此迷信。其不言韋氏之才識，以默證法推之，韋氏殆一尋常婦女，非雙文之高才絕豔可比，自無疑義也。惟其如是，凡微之關於韋氏悼亡之詩，皆只述其安貧治家之事，而不旁涉其他。專就貧賤夫妻實寫，而無溢美之詞，所以情文並佳，遂成千古之名著。非微之之天才卓越，善於屬文，斷難臻此也。若更取其繼配裴氏，以較韋氏，則裴氏稍知文墨。如元氏長慶集壹貳酬樂天東南行詩一百韻序云：

通之人莫知言詩者，唯妻淑在旁，知狀。

蓋語外之意，裴柔之亦可與言詩也。而范攄雲溪友議下豔陽詞條亦載微之於出鎭武昌時，曾與柔之相爲贈答，亦是一證。至范氏又以爲韋裴二夫人俱有才思，則未可盡信。

又樂天於微之墓誌銘雖亦云：

今夫人河東裴氏，賢明有禮，有輔佐君子之勞，封河東郡君。

而元氏長慶集貳貳初除浙東妻有阻色因以四韻曉之云：

嫁時五月歸巴地，今日雙旌上越州。興慶首行千命婦，（自注云；予在中東日，妻以郡君朝太后於興慶宮，猥爲班首）。會稽旁帶六諸侯，海樓翡翠閑相逐，鏡水鴛鴦暖共遊，我有主恩羞未報，君於此外更何求。

案微之此詩，詞雖美而情可鄙。夫不樂去近甸，而就遐藩，固亦人情之恆態，何足深責。而裴氏之渴慕虛榮，似不及韋氏之能安守貧賤，自可據此推知。然則微之爲成之所作悼亡諸詩，所以特爲佳作者，直以韋氏之不好虛榮，微之之尚未富貴。貧賤夫妻，關係純潔，因能措意遣詞，悉爲眞實之故，夫唯眞實，遂造詣獨絕歟。

附錄　才調集引元微之豔詩(錄五題)

夢遊春七十韻

昔歲夢遊春，夢遊何所遇，夢入深洞中，果遂平生趣。清泠淺漫流，畫舫蘭篙渡，過盡萬株桃，盤旋竹林路。長廊抱小樓，門牖相迴互，樓下雜花叢，叢邊繞鵷鷺。池光漾霞影，曉日初明煦，未敢上堦行，頻移曲池步。烏龍不作聲，碧玉曾相慕，漸到簾幕間，徘徊意猶懼。閑窺東西閣，奇玩參差布，隔子碧油糊，駞鉤紫金鍍。逡巡日漸高，影響人將寤，鸚鵡飢亂鳴，嬌娃睡猶怒。簾開侍兒起，見我遙相諭，鋪設繡紅茵，施張鈿裝具。潛褰翡翠帳，瞥見珊瑚樹，不辨花貌人，空驚香若露。身迴夜合偏，態斂晨霞聚，睡臉桃破風，汗粧蓮委露。叢梳百葉髻，〔時勢頭〕金蹙重臺屨，〔踏殿樣〕紕軟鈿頭裙，〔琴瑟色〕玲瓏合歡袴，〔夾纈名〕鮮妍脂粉薄，暗澹衣裳故，最似紅牡丹，雨來春欲暮。夢魂良易驚，靈境難久寓，夜夜望天河，無由重沿泝，結念心所期，返如禪頓悟。覺來八九年，不向花迴顧，雜合兩京春，喧闐衆禽護。我到看花時，但作懷仙句，浮生轉經歷，道性尤堅固，近作夢仙詩，亦知勞肺腑，一夢何足云，良時事婚娶。當年二紀初，嘉節三星度，朝蕣玉佩迎，高松女蘿附。韋門正全盛，出入多歡裕，甲第漲淸池，鳴騶引朱輅，廣榭舞萎蕤，長筵賓雜厝。靑春詎幾日，華實潛幽蠹，秋月照潘郎，空山懷謝傅，紅樓嗟壞壁，金谷迷荒戍，石壓破欄干，門摧舊㮰枑，雖云覺夢殊，同是終難駐。悰緒竟何如，棼絲不成約，卓女白頭吟，阿嬌金屋賦，重璧盛姬臺，靑塚明妃墓，盡委窮塵骨，皆隨流波注。幸有古如今，何勞縑比素，况余當盛時，早歲諧如務，詔册冠賢良，諫垣陳好惡。三十再登朝，一登還一仆，寵榮非不早，邅迴亦云屢。直氣在膏肓，氛氳日沉痼，不言意不快，快意言多忤。忤誠人所賊，性亦天之付，乍可沉爲香，不能浮作瓠。誠爲堅所守，未爲明所措，事事身已經，營營計何誤。美玉琢文圭，良金塡武庫，徒謂自堅貞，安知受鷹鑄。長絲羈野馬，密網羅陰兔，物外各迢迢，誰能遠相錮。時來旣若飛，禍速當如騖，曩意自未精，此行何所訴。努力去江陵，笑言誰與晤，江花縱可憐，奈非心所慕。石竹逞姦黠，蔓菁誇畝數，一種薄地生，淺深何足妬。荷葉水上生，團團水中住，瀉水置葉中，君看不相汚。

恨粧成

曉日穿隙明，開帷理粧點，傅粉貴重重，施朱憐冉冉。柔鬟背額垂，叢鬢隨釵斂，凝翠暈蛾眉，輕紅拂花臉。滿頭行小梳，當面施圓靨，最恨落花時，粧成獨披掩。

古決絕詞三首

乍可爲天上牽牛織女星，不願爲庭前紅槿枝，七月七日一相見，相見相見故心終不移，那能朝開暮飛去，一任東西南北吹。分不兩相守，恨不兩相思，對面且如此，背面當可知。春風撩亂伯勞語，况是此時抛去時，握手苦相問，竟不言後期。君情旣決絕，妾意已參差，借如死生別，安得長苦悲。

噫春冰之將泮，何余懷之獨結，有美一人於焉曠絕。一日不見比一日於三年，况三年之曠別，水得風兮小而已波，筍在苞兮高不見節。矧桃李之當春，競衆人而攀折。我自顧悠悠而若雲，又安能保君皚皚之如雪。感破鏡之分明，覩淚痕之餘血，幸他人之旣不我先，又安能後他人之終不我奪。已焉哉，織女別黃姑，一年一度暫相見，彼此隔河何事無。

夜夜相抱眠，幽懷尙沉結，那堪一年事，長遣一宵說。但感久相思，何暇暫相悅，虹橋薄夜成，龍駕侵晨列，生憎野鵲性遲迴，死恨天雞識時節。曙色漸曈曨，華星次明滅，一去又一年，一年何可徹。有此迢遞期，不如死生別。天公隔是妬相憐，何不便教相決絕。

離思六首

殷紅淺碧舊衣裳，取次梳頭暗淡粧。夜合帶煙籠曉月，牡丹經雨泣殘陽。

低迷隱笑元無笑，散漫淸香不似香。頻動橫波嗔阿母，等閑教見小兒郎。

自愛殘粧曉鏡中，鐶釵慢篸綠絲叢；須臾日射燕脂頰，一朵紅蘇旋欲融。

山泉散漫遶堦流，萬樹桃花映小樓。閑讀道書慵未起，水精簾下看梳頭。

紅羅着壓逐時新，吉了花紗嫩麴塵。第一莫材料地弱，些些紕慢最宜人。

曾經滄海難爲水，除卻巫山不是雲。取次花叢懶迴顧，半緣修道半緣君。

尋常百種花齊發，偏摘梨花與白人。今日江頭兩三樹，可憐和葉度殘春。

會眞詩三十韻

微月透簾櫳，螢光度碧空，遙天初縹緲，低樹漸葱蘢。龍吹過庭竹，鸞歌拂井桐，羅綃垂薄霧，環珮響輕風。絳節隨金母，雲心捧玉童，更深人悄悄，晨會雨濛濛。珠瑩光文履，花明隱繡籠，寶釵行彩鳳，羅帔掩丹虹。言自瑤華浦，將朝碧帝宮，因遊李城北，偶向宋家東。戲調初微拒，柔情已暗通，低鬟蟬影動，回步玉塵蒙。轉面流花雪，登床抱綺叢，鴛鴦交頸舞，翡翠合歡籠。眉黛羞偏聚，朱脣暖更融，氣淸蘭蘂馥，膚潤玉肌豐，無力慵移腕，多嬌愛斂躬，汗光珠點點，髮亂綠葱葱。方喜千年會，俄聞五夜窮，留連時有限，繾綣意難終。慢臉含愁態，芳詞誓素衷，贈環明運合，留結表心同。啼粉留淸境，殘燈遠暗蟲，華光猶冉冉，旭日漸曈曈。警乘還歸洛，吹簫亦止嵩，衣香猶染麝，枕膩尙殘紅，幕幕臨塘草，飄飄思緒蓬，素琴鳴怨鶴，淸漢望歸鴻。海闊誠難渡，天高不易沖，行雲無處所，蕭史在樓中。

出自第二十本上(一九四八年六月)

武威唐代吐谷渾慕容氏墓誌

夏　鼐

一　緒言

吐谷渾發跡東胡，竄居西陲。永嘉之亂，乘機興起。當其盛時。東抵洮水，西兼鄯善且末，轄境廣袤數千里。及貞觀中，唐太宗遣李靖侯君集等大舉討伐，戰敗之，其國始衰。龍朔三年，吐蕃遂取其地。享國凡三百五十年。然其後徙居涼州靈州，猶襲可汗號，爲唐蕃屏，百有餘年。至貞元後，其封嗣始絕。可謂延祚長世矣。惜史傳記述，殊嫌疏略。民國三十三年奉命考古西北，於武威文廟獲觀近年出土之吐谷渾慕容氏誌石四方，頗有足以補訂兩唐書吐谷渾傳之闕失者。翌年秋，與友人閻述祖先生赴武威南山，從事發掘，得金城縣主及慕容曦光二誌，如獲瓌寶；並得殉葬珍品多種，洵爲考古發掘之奇遇。歸來後，乃將二誌寫影精拓，以餉當世，並參稽史傳，略加考證。又綜合前後六誌，作爲年表，俾言吐谷渾失國前後之史事者考焉。異日誌石更有續出者，當再理而董之。

二　新獲二誌考釋

金城縣主墓誌（唐玄宗開元六年）。（見圖版一）

此石出武威縣南六十里剌麻灣第二號墓中。石高三公寸七公分，廣三公寸五公分。誌文十六行，行十六字，正書。石面於寫刻前，先以朱畫方罫，有如棋枰，朱痕尙宛然可辨。誌蓋篆文。中央爲「大唐金城縣主墓誌銘」九字，分三行書；周圍篆書十二地支，惟「午」字作「馬」；四隅有花卉圖案各一。石質係灰黑色細質砂岩。

大唐金城縣主墓誌銘
縣主諱季英隴西人也七代祖瀛州刺史
宣簡公六代祖唐宣皇帝高祖唐先皇帝

曾祖定州刺史乞豆祖開化郡王文父交
州大都督會稽郡王道恩縣主卽王之第
三女也幼聞令淑早教詩禮永徽中有
敕簡宗女用適吐谷渾天子見縣主體德
敦謹仁孝有聞　　詔曰會稽郡王道恩
第三女可封金城縣主食邑四千戶出降
吐谷渾國王慕容諾曷鉢男成王忠爲妻
永徽三年四月出降春秋廿有二撫臨渾
國五十餘年上副所寄下安戎落年七十
有六開元六年歲次壬午正月十七日薨
於部落至七年八月十七日合葬於涼州
南陽暉谷北崗禮也恐山移海變故勒芳
銘

按金城縣主和番事。見新唐書卷二百二十一吐谷渾傳。誌稱「縣主隴西人也」，按唐代汝南蘭陵諸公主碑（見王昶金石萃編卷四十四及卷五十二），皆書隴西狄道人也。王芑孫碑版廣例云：「唐代重門閥，碑版所書某地人，或其族望所出，不必皆實隸郡貫。相沿習慣，遂有施之親懿者耳。」（卷九）其說是也。史傳僅謂縣主爲唐宗室女，據誌知其裔出懿祖光皇帝，爲唐太宗之再從堂妹，可以備史之闕。

誌中詳敍世繫，可補新唐書宗室世系表；但誌亦有誤；考史須參稽各種史料，加以抉擇，不能專以碑誌爲正也。懿祖光皇帝誌作先皇帝，當由於書寫或傳刻之譌。瀛州刺史宣簡公卽宣皇帝，今乃誤分爲二人，殊不可解。新唐書高宗本紀：「上元元年……八月壬辰……追尊六代祖宣簡公爲宣皇帝。五代祖懿王爲光皇帝」（舊唐書卷五及唐會要卷一亦同）。新唐書宗室世系表云：李重耳爲後魏恆農太守，安南將軍豫州刺史；生獻祖宣皇帝熙，後魏金門將；生懿祖光皇帝諱天賜，字德眞；三子，長曰起頭，次曰太祖，次乞豆，定州刺史房。（卷七十）宣皇帝之父爲弘農太守李重耳，卽新唐書禮樂志所謂弘農府君者也。宗室世系表稱恆農者，以後魏時避顯祖獻文帝諱，曾改弘農爲恆農（見魏書地形志）。弘農府君以世遠未得追封爵位。册府元龜云：「武德元年六月追尊皇高祖瀛州府君曰宣簡公，皇曾祖司空曰懿王。」（卷三十）又云：重耳歸魏，拜弘農太守，贈豫州刺史；天錫仕魏爲幢主，大統時追贈司空（卷一）。頗疑李熙之瀛州刺史，亦爲追贈之官號，故兩唐書皆不載。（後讀陳寅恪先生李唐氏族之推測後記，文中亦疑光業寺碑所載李熙瀛州刺史之號爲後來所追贈者也。見史語所集刊三本四分頁五十五）。敍世繫者或以弘農府君未有爵位，不足以誇耀邊夷，故遂分宣簡公與宣皇帝爲二人歟？唐人通例稱高祖之父爲五代祖（參閱岑仲勉先生貞石證史，見史語所集刊八本四分頁五四二）。此誌高祖之上稱六代祖七代祖，如非筆誤，則當由於誤依唐高宗自述之世系，以高宗較金城縣主爲低一輩也。誌稱祖開化郡王文爲定州刺史乞豆之子。按宗室世系表，定州刺史乞豆長子貞封開化郡公，當卽其人。誌與表封爵相同而人名互異；查唐人常有改名之事，宗室尤數見不鮮，豈一爲初名一爲改名耶？新唐書卷二太宗本紀云：武德九年十一月降宗室郡王非有功者爵爲縣公，（舊唐書卷二亦同）。吳縝謂縣公乃郡公之誤，引舊唐書道彥傳「於是宗室率以屬疏降爵爲郡公」一語爲證（新唐書糾謬卷三）。其說是也。宗室表稱乞豆之子爲開化郡公，乃降爵後之封號。誌從舊爵稱郡王，其用意當亦爲誇耀於裔夷。誌中之交州大都督會稽郡王道恩，宗室世系表失載，此可補其脫漏。按唐宗室中廣甯郡王道興，貞觀九年爲交州都督，卒於官（見新唐書卷七十八）又貞觀十二年明州山獠反，交州大都督李道彥敗之（新唐書卷二）。李道彥亦爲唐宗室，曾封膠東郡王，後降封郡公(新唐書卷七十八)。唐太宗數以宗室任交州都督，道恩之受任交州都督，當亦在太宗時，但不知較之道興道彥，先後如何？縣主爲王之第三女，取名季英，或爲其最幼之女歟？玆將上述之世系，綜合之作表如下：

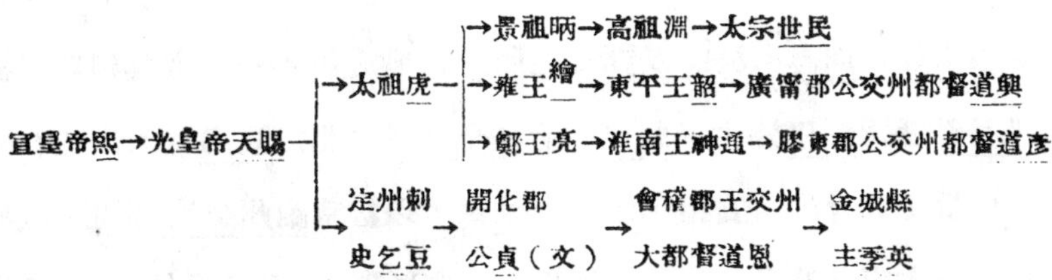

誌中所引永徽中金城縣主出降之詔，似卽節錄原文。宋敏求唐大詔令集卷四十三收錄唐代郡縣主册封及出降之制詔頗多，可以知當時此類詔册之格式。唐會要卷六，引顯慶三年九月十九日詔曰：「古稱釐降，惟屬王姬，比聞縣主適人，皆云出降。……深乖禮經。其縣主出嫁宜稱適。」(唐大詔令卷四十三亦錄此詔，惟年月作顯慶二年九月)。誌稱出降，蓋永徽中出嫁尙在顯慶詔之前也。杜佑通典云：「皇姑爲大長公主(原注：後亦謂之長公主)，姊爲長公主，女爲公主，皆封國，視正一品；太子女爲郡主，封郡，視從一品；親王女爲爲縣主，視正二品。」(卷三十一)按公主之封，不僅限於國名(如鄎國，代國，霍國)，亦有以郡名者，平陽、宣陽，東陽是也，亦有以美名者，太平、安樂、長寧、是也(見唐會要卷六)惟縣主之封，似限於當時之縣名，如唐大詔令所提及之華亭、安吉、東光、壽昌、仙源，永年諸縣主皆是。(卷四十三)。雖其中有郡縣同名。然縣主所封者，當指縣名而言。唐中宗時下嫁吐蕃者爲金城公主，其取此郡名之故，似由於吐蕃所奪取吐谷渾故地之東部(卽今青海省境內西寧以東之地)，在漢時原隸屬於金城郡也。劉宋泰始五年，吐谷渾拾寅奉表獻方物，以弟拾皮爲平西將軍金城公(宋書卷九十六吐谷渾傳)，亦取義於此。故余初以爲金城縣主之封邑，當卽金城郡屬之金城縣。後查新唐書地理志(卷四十)，蘭州金城郡領縣二：五泉縣(原注：咸亨二年更名金城，天寶元年，復故名)，金城縣(原注：本廣武縣，乾元二年更名)。(按舊唐書地理志亦同，但未言及廣武改名金城事，元和郡縣志則於二縣更名金城，皆未提及)。唐代縣主之封邑，如上文所述，似限於當時縣名。永徽中蘭州金城郡所屬之二縣旣皆未更名金城縣，則其取名之來源，或另有所在。考新唐書地理志(卷三十七)延州延安郡有敷政縣，本名因城，武德二年更名金城，天寶元年改曰敷政(舊唐書卷三十八及元和郡縣志卷三皆同)。新唐書吐谷渾傳云：高宗以金城縣主妻諾曷鉢之長子，後又以金明縣主妻其次子(卷二百二十一)金明縣亦屬延州延安郡，見兩唐書地理志。公主及郡縣主所封之地，並不一定與其和親之蕃國有關。如下嫁諾曷鉢者爲弘化公主，弘化郡治在今甘肅東北之慶陽縣，與吐谷渾並無關係。故疑金城縣主之封邑，實指延州之金城縣，以當時蘭州金城郡屬下並無金城縣也。惟唐室封縣主以此邑名，或受金城郡一名之影響，亦未可知。唐代皇女封邑戶數，初制公主三百戶，長公主加三百戶有至六百戶，高宗及武后時，食封逾常制，有至千餘戶者。開元以後，皇女爲公主者五百戶，又諸皇女爲公主者例加一千戶。（見唐會要卷五）金城縣主爲宗室女，爵僅縣主，較諸皇女爲公主者爲遠遜，乃食邑達四千戶；當由於遠適外蕃，並非實封；僅假借虛名以誇耀裔夷耳。

誌稱縣主出嫁與諾曷鉢男成王忠爲妻。新唐書吐谷渾傳則謂以縣主妻諾曷鉢長子蘇度摸末，拜左領軍衞大將軍；久之，摸末死。（卷二百二十一）二者當卽一人，蘇度摸末爲胡名，忠爲漢名。此漢名當由於御賜，以嘉其忠順；猶之突厥右賢王阿史那泥孰之賜名爲忠也（新唐書卷二百十五突厥傳），杜光簡慕容忠墓誌考釋以爲弘化公主有子三人，長蘇度摸末，次闥盧摸末，次卽忠也（見責善半月刊二卷十三期），今得縣主誌，知杜說實誤也。慕容忠之墓，卽在金城縣主墓之側，其墓誌於民國十六年出土，現存武威文廟。（見本篇附錄二）忠誌謂「年十八授左威衞將軍，戚承銀牓，弱歲求郎；寵溢金貂，童年入侍，後加鎮軍大將軍，行左豹韜衞大將軍，襲青海國王烏地也拔勤豆可汗」（張維隴右金石錄卷二頁七）。可與史傳互相補闕。忠初封爲成王，乃本蕃嫡子之封號。吐谷渾王子多童年封王（見本篇第三節年表）。據新唐書百官志，諸衞將軍爲從三品，諸衞大將軍爲正三品，鎮國大將軍爲武散階，從二品。慕容忠初入侍時，其官職當依忠誌爲左威衞將軍。舊唐書職官志及杜佑通典皆云：左右屯衞，唐初仍隋之舊名，龍朔二年（662）始改爲左右威衞，（新唐書百官志謂武德五年改左右屯衞爲左右威衞，龍朔二年又改爲左右武威衞。其說實誤，觀其後改左右威衞爲左右豹韜衞一語，可證其中間並未有改爲左右武威衞一事也）慕容忠授左威衞將軍，依誌文「年十八」推算，當在麟德二年（665），適在龍朔二年更改官名之後。其晉級爲左領軍衞大將軍，則更在其後。兩唐書及通典皆謂龍朔二年改左右領軍衞曰左右戎衞，咸亨元年（670）改左右戎衞曰左右領軍衞，光宅元年（684），改左右領軍衞曰左右玉鈐衞。然則忠之拜左領軍衞大將軍當在咸亨、光宅之間（670—684）。至於行左豹韜衞大將軍，則當在光宅元年之後，以是年始改左右威衞爲左右豹韜衞也。凡此皆可用官名以考定其所歷各職之先後者也。突厥右賢王阿史那忠，亦以十八歲入侍，以功擢左屯衞將軍，尙宗室女定襄公主，後擢右驍衞大將軍，宿衞四十八年，卒贈鎮國大將軍（見金石萃編阿史那忠碑跋及新唐書卷百十本傳)。其事跡殊與慕容忠相類似。唐室常令蕃國遣子弟童年入侍，此與和親政策，同爲羈縻蕃夷之重要策略。開元十年五月有諸番充質宿衞子弟並放還國之敕令，見舊唐書本紀及唐大詔令集卷一百二十八。

誌稱永徽三年(652)四月公主出降吐谷渾，按册府元龜云:「永徽三年八月，吐谷渾弘化長公主表請入朝，遣左驍衞將軍鮮于濟往迎之。十一月，弘化長公主來朝。」(卷九百七十九)新唐書吐谷渾傳云:『[弘化]長公主表請入朝，遣右驍衞將軍鮮于匡濟迎之。十一月，及諾曷鉢至京都。帝又以宗室女金城縣主妻其長子蘇度摸末，拜左領軍衞大將軍』(卷二百二十一)舊唐書亦謂弘化長公主來朝在永徽三年十一月(卷四)。誌作永徽三年四月，如字句無誤，則四月乃下詔許婚之年月，成婚應在其後。十一月弘化長公主來朝，或帶有迎婚或定婚之使命。蘇度摸末即慕容忠，上文已加考定。據忠墓誌，永徽三年忠僅五歲，金城縣主亦僅十歲。如非童婚，則是年訂婚之後，或更經十餘載後始行成婚。誌稱縣主之出降時春秋二十有二，撫臨渾國五十餘年，開元六年薨，年七十六。若然，則出降應在麟德元年(664)。又據忠誌，年十八授左威衞將軍，由其卒年推算，乃麟德二年(665)之事，與縣主二十二齡出降之歲前後相差僅一年。頗疑慕容忠以麟德元年入京成婚，即封衞官，宿衞京師。忠誌所謂「戚承銀牓，弱歲求郎；寵溢金貂，童年入侍」是也。吳曾能改齋漫錄「闕門銀牓」條云:「杜詩:曲江翠幕排銀牓。按神異經，東方有宮，青石爲牆，高三仞左右，闕高百丈，畫以五色，門有銀牓」(卷六)。然此處之「戚承銀牓」一語，乃指尙皇女而言。唐大詔令集內樂安郡主適楊守文制云:「樂安郡主承規銀牓，毓彩銅樓。」(卷四十三)。弘化公主誌銘云:「帝女爰降，王姬下姻，燕筐含玉，門榜題銀。」(張維隴右金石錄卷二頁六)皆其證也。唐室以皇女和番，許嫁後並不立即遣嫁，故屢有悔婚之事，如中宗玄宗之於默啜(新唐書突厥傳)，即其例也。又如舊唐書中宗本紀云:『神龍三年夏四月辛巳，以嗣雍王守禮女爲金城公主，出降吐蕃贊普。」粗心讀之，似爲是年出嫁。實則事後二年(景龍三年)吐蕃始遣大臣來逆女；又次年(景龍四年)正月帝幸始平送公主歸吐蕃。(新唐書本紀亦同)。此吐蕃贊普爲棄隸蹜贊，即位時僅七歲；其父卒年，據册府元龜爲神龍元年(卷九百六十六)，據舊唐書吐蕃傳爲長安三年(卷一百九十六）。神龍三年許婚之時，吐蕃贊普僅九歲或十一歲。故知此誌所云永徽三年四月，乃許嫁制詔之頒發年月，其時金城縣主僅十歲，慕容忠僅五歲。及出嫁時縣主春秋已二十有二，當在麟德元年。誌誤合爲一事，謂永徽三年出嫁，春秋二十有二，以致前後自相牴牾。

誌稱開元六年歲次壬午正月十七日薨於部落，至七年八月十七日合葬於涼州南陽暉谷。按開元六年歲次戊午，此作壬午，誤也。其時吐谷渾已北徙，誌稱薨於部落，當指靈州之本衙。誌稱合葬，據實地踏查；慕容忠墓在縣主墓東數武，並非同穴。二墓平行排列，墓門皆南向。其地今名刺麻灣，一小河發源山中，經此村向東流。南北兩岸數百武外即崗巒起伏。墓在北崗上，高出水面約百餘公尺，誌中所謂「陽暉谷北崗」是也。弘化公主之墓在其東數里以外之另一山崗上，公主誌稱爲陽暉谷冶城之山崗」。僻鄉荒丘，乃得考定其千餘年前之古地名，亦一快事也。

誌末稱「恐山移海變，故勒芳銘。」然誌至此即截然而止，並無有韻銘文，但漢聞憙長韓仁銘，乃令牒無韻語，而謂之銘。唐宋諸賢所撰墓誌銘，別無銘辭而稱銘者亦甚多（見梁玉繩誌銘廣例卷一誌銘解）。知古時誌文即可稱銘也。

慕容曦光墓誌（唐玄宗開元二十六年）。（見圖版二）

此石出武威城南六十里刺麻灣第一號墓中。石高廣各六公寸一公分。誌文共二十三行，行廿五字。誌石四側各刻石像三人，乃十二辰像，獸首人身，披長袍，首向右執笏端坐。誌蓋中央爲方圍，篆書「大唐慕容府君墓誌銘」九字，分三行書。方圍之外，花紋密布，四神之像（青龍白虎朱雀玄武）各佔一方，雜廁於花紋圖案中。蓋石四側，爲雲氣紋。此誌雕鏤花紋，頗爲精緻，有如組繡。至於石質，亦係灰黑色之細質砂岩，與金城縣主誌石相同。

大唐故朔方軍節度副使兼知部落使金紫光祿大夫行光祿卿員外置同正員五原郡開國公燕王上柱國慕容曦光墓誌銘

王諱曦光字晟昌黎鮮卑人也粵以周載初元年歲次戊寅七月八日生於靈州之南衙年甫三歲以本蕃嫡孫号觀樂王年十歲以本蕃嫡子号燕王年十四去長安四年十月廿九日授游擊將

軍守左豹韜衞翊府左郎將至唐神龍二年七月廿六日轉明威將軍行左屯衞翊府左郎將至景雲元年九月廿五日轉忠武將軍行右衞翊二府左郎將開元二年三月十六日封五原郡開國公其年八月十一日加雲麾將軍去開九年六州叛復領所部兵馬摧破凶胡至其年二月十四日加授左威衞翊府中郎將至開十年胡賊再叛立功授左威衞將軍以功高賞輕尋加冠軍大將軍行左金吾衞將軍至開元十一年五月廿八日加金紫光祿大夫行光祿卿至開元十八年　　敕差充朔方軍節度副使以大唐開元廿六年七月廿三日薨於本衙其年閏八月五日贈持節涼州都督歸葬於涼州　　先塋春秋卌有九性惟謹愼觸事平均部落歎惜如喪考妣嗚呼哀哉以爲銘記

大唐開元廿六年十二月九日記

叔銀青光祿大夫將作大匠上柱國承福傷猶子之盛時述悲詞於誌後詞曰　　我之猶子降德自天氣含星宿量包山川列位於卿分茅於燕爲人之傑爲國之賢純和稟性孝道自然何工不習何藝不專射御稱善博弈推先其生始貴其沒何謚名山玉折大海珠捐嗚呼昊穹悲哉逝水輔仁不祐喪吾千里撫膺下泣骨驚心死銘石記之傳乎萬祀

誌蓋稱慕容府君。按王芑孫碑版文廣例云:「漢惟守相稱府君,降及六朝魏晉,猶沿其例,故稱府君者至少。此例自唐而變……唐一代碑版在今傳世者至多,不論其人文武大小賢愚貴賤,通謂之府君。今世俗所稱,皆唐人之遺風也。」(卷七)慕容氏爲鮮卑族。晉書載記謂其始祖莫護跋好冠步搖冠,諸部因呼之爲步搖,後音訛爲慕容,或云慕二儀之德,繼三光之容,遂以慕容爲氏。(卷百零八)胡三省通鑑注駁之云:「余謂步搖之說誕,或云之說,慕容氏既得中國,其臣子從而爲之辭。（卷八十一晉太康二年條）白鳥庫吉氏贊成胡氏之說，以爲慕容二字原係胡語，欲以中國語解釋之，勢不得不陷於附會也。因推測慕容二字原讀當爲 ba—yu，其義爲富，以今日蒙古語及通古斯語爲證。蓋本爲一酋長所用之美稱，後乃變爲部落名也。（慕容氏考，見方壯猷譯東胡民族考頁 60—64）吐谷渾爲莫護跋之曾孫，其弟若洛廆別以慕容爲氏，吐谷渾後嗣葉延以王父字爲氏，南北朝史傳記載渾主，姓名連舉時，其姓皆爲吐谷渾。梁書云：「天監元年河南王吐谷渾休留代進號征西將軍」（卷二），即其一例也。梁書又云：「河南王者，其先出自鮮卑慕容氏。……吐谷渾孫葉延……以王父字爲國氏，因姓吐谷渾，亦爲國號。」（卷五十四）隋唐時又復以慕容爲姓。新唐書吐谷渾傳云：「隋時其王慕容伏允號步薩鉢。」舊唐書本紀：「貞觀九年李靖平吐谷渾於西海之上，獲其王慕容伏允，以其子慕容順光降封爲西平郡王」（卷三）唐時史傳及墓誌所載渾國王族，皆以慕容爲姓，不復姓吐谷渾矣。

曦光之名，不見於史傳。兩唐書吐谷渾傳僅有慕容曦皓，册府元龜卷九百六十七作希皓，乃慕容忠及金城縣主之嫡長孫，宣超（一作宣趙）之嫡長子，繼襲青海國王位者也。或疑曦光即曦皓，然誌不應漏載襲封青海國王事，當爲二人。誌稱曦光以本蕃孫號觀樂王，年十歲以本蕃嫡子號燕王，以其生卒年歲推算，曦光十歲時乃武后聖曆二年，適當慕容忠卒後一年（忠之卒年見忠誌）。知誌主曦光當即襲封青海國王慕容曦皓之昆仲也。誌云：曦光字晟。開地出土之曦光族人代樂王慕容明墓誌，謂明字坦，似爲其同輩。唐人多有複名單字者，如柳公綽字寬（新唐書卷163），楊元琰字温，子仲昌字蔓（卷 120），李叔明字晉，兄仲通字向(卷 147)，房玄齡字喬（卷 96)（舊唐書作名喬字玄齡，但褚遂良書房玄齡碑與新唐書相同，今從之。）皆其例也。誌稱昌黎鮮卑人也。昌黎指其族望，鮮卑言其種族。吐谷渾之先居昌黎郡棘城之北，其父徒河涉歸，晉時封昌黎公（册府元龜卷 967）。其弟爲慕容廆，晉書載記亦謂廆「昌黎棘城鮮卑人也」（卷 108）。晉及後魏之昌黎，在榆關以東，即今遼寧省錦義二縣地；至於今河北省之昌黎，乃金世宗時所設置，金毓黻氏曾詳考之。（見東北史綱上篇頁 170—178）

誌稱曦光生於載初元年。按是年九月改元天授，歲次庚寅，誌作戊寅，誤也。

是時吐谷渾部落已移徙於靈州，唐室爲之設安樂州以處之。渾部子弟，所封王號，多有「樂」字，如慕容明號代樂王，慕容宣徹號安樂王，曦光號觀樂王，或卽由安樂州之名而來。誌稱年十歲以本蕃嫡子號燕王。按是年爲聖曆二年，前一年慕容忠死，子宣超嗣，曦光由本蕃嫡孫一躍而爲嫡子，其爵位亦由觀樂王陞爲燕王。觀樂王及燕王，當爲本蕃之封號；二者似與唐室之郡王及親王相埒。杜佑通典云：唐初定制，皇兄弟皇子，皆封國之親王，太子男封郡王，其庶姓卿士功業特盛者亦封郡王(卷 31)。觀樂王似爲郡王之流，爵位較國之親王爲低。遼及元代有所謂一字王者，袁枚隨園隨筆云:「遼史有一字王之稱，蓋如趙王魏王類，皆國王也；若郡王則必二字，如混同郡王蘭陵郡王之類較一字王爲卑。」(卷八)乾隆敕撰續文獻通考云：元制，封一字者最貴，皆金印獸紐；其次二字封號，皆金印螭紐(卷 207)。唐時雖無「一字王」之名，然其實際則相同，較兩字王者爲高貴也。慕容氏初居昌黎，古屬燕國，故五胡亂華時，慕容氏所建之四國，皆號稱爲燕。諾曷鉢未繼襲爲吐谷渾王以前，亦號燕王，(見新唐書吐谷渾傳)誌又云：「年十四，去長安四年十月二十九日授游擊將軍。」按武后長安四年時，依據曦光之生卒年歲推算，其年齡應爲十五歲，誌作年十四，疑爲字訛，但長安四年或爲三年之誤，亦屬可能，否則或爲年十四赴京，次年授官。「去」字用於年號之前者，唐及五代墓誌中常有之。例如范彥誌云：「去顯慶年任集州符陽縣主簿」(芒洛冢墓遺文三編)；李寶及夫人王氏墓誌云：「府君去開運三年正月內歸於私地，享年七十有四。……夫人去長興四年十月內歸於大夜，享年七十有一。」(山右冢墓遺文卷下)此誌下段亦有「去開(元)九年」之語。其字當作「往昔」解。游擊將軍，明威將軍，及忠武將軍，皆係武散階，其品級爲從五品下階，從四品下階及正四品上階。諸衛左郎將爲實職，其品級爲正五品上(皆見新唐書百官志)。杜佑通典云：龍朔二年制，諸王子嫡者封郡王，任職從四品下敍；其衆子封郡公，從五品上敍。(卷 31)慕容曦光雖爲王子嫡者，其任職仍爲五品而非四品，當由於蕃國之王，與唐室皇族親王不同，封爵雖高而職事較卑。舊唐書職官志云：貞觀令，以職事較散階高者爲守，職事卑者爲行，仍各帶散位，其欠一階依舊爲兼。(卷四十二，又見杜佑通典卷十九)曦光授游擊將軍時，其官銜爲「守」諸衛左郎將，及轉明威將軍後，改稱「行」諸衛左郎將，卽由此故也。舊唐書職官志及杜佑通典，皆謂隋代之左右屯衞，龍朔間改爲左右威衞；光宅元年改爲左右豹韜衞，神龍元年復舊（舊唐書云復爲威衞），則曦光初任職之左豹韜衞與其後之左屯衞，實爲同一衞府；若據舊唐書職官志則此時屯衞似應稱威衞，不當稱屯衞。然查舊唐書中宗本紀云：神龍元年二月甲寅，復國號依舊爲唐，……臺閣官名，並依永淳已前故事，又云睿宗景雲二年八月庚午，改左右屯衞爲左右威衞。（卷七）知神龍元年至景雲二年八月之間，其名稱爲屯衞而非威衞，以其爲時僅七年，故舊唐書職官志略之，以爲神龍中由左右豹韜衞卽逕復名爲威衞，其說實誤。舊唐書（卷七）中宗本紀，景龍二年七月癸巳條，張仁亶之官銜爲左屯衞大將軍，慕容明墓誌中神龍二年授左屯衞翊府左郎將景雲二年三月授左屯衞將軍，亦皆作屯衞，足以訂正舊唐書職官志等之闕誤。至於景雲二年以後，直至唐末則皆作威衞（如舊唐書哀帝本紀天祐三年二月壬子以盧彥威爲左威衞上將軍，時距唐亡僅二年）；屯衞之名，不復見矣。誌又云：開元二年封五原郡開國公。按唐制，封爵凡九等；一曰王，食邑萬戶，正一品；二曰嗣王郡王，食邑五千戶，從一品；三曰國公，食邑三千戶，從一品；四曰開國郡公，食邑二千戶，正二品。（見新唐書卷四十六）曦光童年時已號觀樂王及燕王，此時反封等級較卑之開國郡公，當由於此郡公乃唐室所賜之爵，而童年時之封王，乃本蕃之擅號也。雲麾將軍亦爲武散階，品級爲從三品上階，此時上溯長安四年（704）曦光入侍宿衞，已逾十年，故得轉階封爵，以酬其勞也。

誌稱「去開九年，六州叛，復領所部兵馬，摧破凶胡。」按「去開九年」卽「去開元九年」之省文。「去」字之解釋，已見上文。六州胡叛，兩唐書及通鑑皆有記載。先是，高宗調露元年，於靈夏南境，以降突厥置魯州麗州含州依州契州塞州，以唐人爲刺史，謂之六胡州。長安四年，併爲匡長二州；神龍三年，置蘭池都督府，分六州爲縣。（見新舊唐書地理志宥州條）至是胡叛，攻陷六州。册府元龜卷九八六及九九二，兩唐書本紀及王晙郭知運張說各傳，通鑑卷二一二，皆有記載。玆錄舊唐書卷八原文於下，（依百衲廿四史本），並加校注於括弧中：

開元九年四月庚寅（按陳垣二十史朔閏表，是月十四日爲庚寅。册府元龜云：九年四月蘭池州叛胡康待賓等據長泉縣，攻陷六胡州。又云：五月壬申蘭池州叛胡顯首僞稱葉護賓待康僞稱葉護安慕容以叛，勅曰云云(卷986)。此蓋出自唐實錄。司馬光通鑑考異云：「實錄曰：四月庚寅康待賓叛，命王晙討平之，斬於都市。五月丁巳既誅康待賓，下詔云云。壬寅叛胡康待賓僞稱葉護安慕容以叛。」是年五月無壬寅日，當爲壬申之誤；又安慕容爲人名，與康待賓皆僞稱葉護，通鑑所引實錄原文使人易誤認安慕容爲康待賓所僞稱之官號。五月壬申爲下詔懸賞擒斬康待賓之日，並非始叛之日期，原文字句殊欠明晰，易引誤會。通鑑考異亦以爲當從舊唐書本紀作四月庚寅爲是。）蘭池州逆胡顯首僞稱葉護康待賓安慕容，爲（疑爲僞字之訛）多覽殺大將軍何黑奴，僞將軍石神奴康鐵頭得蒙貢泉縣（按册府元龜卷九八六作「康鐵頭等據長泉縣」，當依之校改。唐時無貢泉縣。據兩唐書地理志宥州條，開元二十六年以故蘭池州之長泉縣置歸仁縣，卽其地也。舊唐書張說傳新唐書王晙傳亦皆云康待賓據長泉縣叛。多覽殺將軍爲迴紇官名，舊唐書武宗紀，會昌二年五月，迴紇大將嗢沒斯與多覽將軍將吏二千六百人請降（卷十八上）僅稱多覽，無殺字，岑仲勉先生云：殺一作設，爲突厥官名，乃别部領兵者，見兩唐書突厥傳，多覽卽多覽葛，九姓之一部。）攻陷六胡州。（六胡州之名，已見前。舊唐書王晙傳述叛亂之原因云：「蘭池胡苦於賦役，誘降虜餘燼，攻夏州反叛。」）王晙發隴右諸軍及河東九姓討之（據新唐書王晙傳，及郭知運傳，晙是時適以兵部尙書爲朔方軍大總管；郭知運時爲隴右節度使羽林將軍，詔令二人相知討之。又據新唐書張說傳，張說是時檢校幷州長史兼天兵軍大使，亦相聞經略。按王晙所統率者多爲番兵，以河東九姓爲主；郭知運所統率者爲隴右兵。張說之集都督郭君碑謂郭知運「統隴右之騎，濟河曲之師」（卷十七），册府元龜引五月壬申詔書云：「朕今發隴右諸軍馬騎掩其南，徵河東九姓馬騎襲其北，三城士卒截其後，六郡驍騎擊其前。」（卷 986）今據曦光墓誌，知吐谷渾慕容氏之衆，亦隸屬王晙部下。此外可考者，尙有朔方道防禦討擊大使王毛仲，見通鑑及兩唐書王毛仲傳；朔方節度副大使論弓仁，見張說之集論弓仁碑，左威衛將軍兼勝州都督東受降城大使臧懷亮，見文苑英華李邕撰臧公神道碑（臧後亦拜朔方軍副大使）靈州康植，見新唐書康日知傳；皆參預征討康待賓之役者也。所謂「河東九姓」者，即居於河曲之鐵勒九姓（包括九姓回鶻）部落，（參考羽田亨論九姓回鶻之文，見東洋學報第九本）。貞觀間突厥頡利可汗敗亡，回紇等內附，置羈縻府州。（新舊唐書回紇傳）。此鐵勒九姓部落，即寄居靈州界內（新唐書地理志分列各部落之名，舊唐書地理志則總稱之曰九姓）。開元四年正月命朔方軍大總管薛訥等伐突厥默啜可汗，即令其與九姓部落計會共伐之，（制詔見唐大詔令集卷百三十）是年默啜即爲鐵勒九姓中拔曳固所殺（見兩唐書突厥傳及舊唐書本紀）。蓋開元盛時，即已感覺有利用外兵之必要。此次平康待賓之役，不過承襲開元四年伐突厥之策略而已。）

七月己酉，王晙破蘭池州叛胡，殺三萬五千騎。（按兩唐書張說傳云：時叛胡與党項連結攻銀城連谷，以據倉糧，說將步騎萬人出合河關，追至駱駝堰，羌胡自相猜夜鬬，待賓遁入鐵建山，餘衆奔潰。至於康待賓本人，則爲王晙部下所執，故新唐新本紀云：王晙執康待賓（卷五）。生擒待賓者疑即靈州康植。册府元龜引五月壬申詔書有「其番漢軍將以下，戰士以上，若生擒及斬獲康待賓等一人，自身授五品；先是五品以上，授三品」之語。新唐書康日知傳云：「日知，靈州人，祖植，當開元時縛康待賓，平六胡州，玄宗召見，擢武衛大將軍，封天山縣男。」（卷 148）按武衛大將軍爲正三品武職官，開國縣男爲從五品封爵；康植蓋以生擒康待賓而受賞；本紀歸功於王晙，以其爲主師也。至於就縛之月日，己酉爲七月初四日。但册府元龜云：「九年五月，既誅康待賓，下詔云云。」（卷 986）與此歧異。蓋係根據唐實錄。司馬光通鑑考異云：「實錄曰：『五月丁巳，既誅康待賓，下詔云云，……七月己酉，（岑仲勉先生見告，四部叢刊影印宋刊本考異作己酉；元刊本胡注通鑑引考異誤刊作癸酉。）王晙擒康待賓至京師，腰斬之。』前後重複，交錯相違，今從舊紀。」今按丁巳爲五月十一日，然册府元龜所載五月二十六日壬申之詔書，尙懸賞以擒斬康待賓等。（卷 986）六月二十三日己亥下詔招撫北州，雖述及「官軍纔及，一鼓而潰」尙未提及康待賓被誅事。兩唐書本紀皆作七月己酉，通鑑從之是也。岑仲勉先生謂「五月丁巳乃七月丁巳之誤，卽將誅康待賓前所下之詔書，史官誤七月爲五月，故錯編於此也。」）

辛酉，討諸首長，斬康待賓，（按辛酉爲七月十六日，通鑑從之。又通鑑考異引實錄作七月癸酉，較舊唐書所載者晚十二日，不知孰誤。舊唐書「討」字疑誤。通鑑云：「集四夷酋長，腰斬康待賓於西市。」岑仲勉先生見告羅士琳等所著舊唐書校勘記卷四已校出此處之「討」字當爲「集」字之誤。）

以上爲開元九年六州胡叛之經過。誌述此事後，又云：「至其年二月十四日加授左威衞翊府中郎將。」若年月不誤，則爲胡亂以前之事；若年月有誤，則當由於此役立功酬賞。然由正五品上階晉級爲正四品下階，所賞亦輕，故下文有「功高賞輕」之語。此當由於羣胡再叛，王晙貶官，遂受影響也。

六州逆胡再叛事，起事於開元九年八月，平定於十年九月。今鉤稽羣書，略爲排比，述其事於下：

先是玄宗詔隴右節度使郭知運與王晙相知討康待賓，「晙奏朔方軍自有餘力，其郭知運請還本軍。未報，而知運兵至，與晙頗不相協。晙所招撫者，知運縱兵擊之。賊以爲晙所賣，相率叛走。」（舊唐書王晙傳，參新唐書王晙傳）「康待賓餘黨慶州方渠降胡康願子自立爲可汗，謀掠牧馬，西涉河出塞。」（舊唐書張說傳，參新唐書張說傳）「九年八月，蘭池州胡康願子寇邊。」（新唐書玄宗本紀）上以晙不能遂定羣胡，丙午（按長曆爲初二日）貶晙爲梓州刺史。」（通鑑卷二百十二。胡三省注云：「王晙貶官，未必離任也；如婁師德以素羅汗山之敗貶，亦此類也。」）開元十年「四月己亥，張說持節朔方軍節度大使。閏五月壬申，張說巡邊。」（新唐書玄宗本紀）「九月，張說擒康願子於木盤山，詔移河曲六州殘胡五萬餘口於許汝唐鄧仙豫等州，始空河南朔方千里之地。」（舊唐書玄宗本紀。同書張說傳云：「進兵討擒之，并獲其家屬於木盤山，送都斬之，其黨悉平。獲男女三千餘人。」又參新唐書玄宗本紀及張說傳。）

據誌則曦光亦參預是役，立功授左威衞將軍；以功高賞輕，尋加冠軍大將軍，行左金吾衞將軍。按諸衞將軍爲從三品武職官，冠軍大將軍爲正三品上階武散階（新唐書百官志）其職事較散階爲卑，故稱「行」，上文謂曦光以明威將軍行左屯衞翊府左郎將，亦此類也。誌稱十一年五月二十八日，加金紫光祿大夫行光祿卿。按金紫光祿大夫爲文散階正三品，光祿寺卿爲文職官從三品，其散階較職事爲高，故亦稱「行」。此誌開端署銜，有「光祿卿員外置同正員」一語。按唐制內外官有定員，光祿寺卿員額僅一員，然各官可有員外。杜佑通典云：「員外官其初但云員外。至永徽六年，以蔣孝璋爲尙藥奉御員外特置仍同正員。自是員外官復有同正員者。其加「同正員」者，唯不給職田耳，其祿俸賜與正官同。單言員外者，則俸祿減正官之半。」（卷十九）曦光其時當仍統兵於朔方，惟身帶京職而已。舊唐書王晙傳又云：「開元十一年追錄破胡之功，加金紫光祿大夫，仍充朔方節度大使。」（卷九十三）曦光隸屬於王晙部下，其加冠軍大將軍及金紫光祿大夫，當亦由於追錄破胡之功；其爲時當與晙事相去不遠也。六州胡叛乃當時一大事。慕容曦光躬預其役，建樹功勳。惟以位在偏裨，史書失載，其名字遂湮沒無聞。今此誌出土，足以補史之闕，表揚幽光，殊可貴也。

誌又云：開元十八年勅充朔方軍節度副使，薨後贈持節涼州都督。按唐會要朔方節度使條云：「開元元年十月六日勅，朔方行軍大總管，宜准諸道例，改爲朔方節度使。十五年除王晙，帶關內支度屯田等使。」（卷七十八）但新唐書方鎭表及通鑑，皆以爲開元九年置。查册府元龜，舊唐書及通鑑三書中關於朔方諸條，其繫年於開元元年至九年者，皆稱朔方軍大總管，無稱朔方軍節度使者。（見二十五史補編本吳廷燮唐方鎭年表卷一朔方條）册府元龜所錄之開元九年征討康待賓諸詔，亦稱王晙爲朔方軍大總管，郭知運則稱隴右節度使（卷 986 及卷 992）。自當以開元九年設置之說爲是，蓋即平定康待賓亂後之一新設施也。開元中凡八節度使（見通典卷三十二），朔方爲當時重鎭之一，其節度使多爲鉅藩將相。開元十五年唐宗室信安王褘爲朔方節度使。二十四年牛仙客「代信安王褘爲朔方行軍大總管」（新唐書牛仙客傳又本紀稱牛仙客爲朔方軍節度副大使）。「冬十月仙客爲工部尙書同中書門下三品，領朔方節度如故。」（見通鑑）至二十八年十一月「牛仙客停遙兼朔方河東節度使。」（舊唐書本紀。通鑑作二十九年）。節度使之制，據通典云：「分天下州縣，制爲諸道，每道置使，理於所部。其邊方有寇戎之地，則加以旌節，謂之節度使。自景雲二年四月，始以賀拔廷嗣爲涼州都督充河西節度使。其後諸道，因同此號，得以軍事專殺。行則建節府，樹六纛。外任之重莫比焉。……有副使一人（副貳使），行軍司馬一人（申習法令）……」（卷三十二）。（關於節度使之沿革，可參閱岑仲勉先生續貞石證史越州參軍李堂造像龕專條，見本所集刊第十五本）牛仙客以宰執遙領節度使；曦光爲副貳居靈州本衙，（靈州爲朔方節度使理所，見新唐書地理志及元和郡縣志卷四靈州條）與長史等努理諸務，以總其事。惜其以英年早逝，否則天寶戡亂，必有以自見也。涼州爲中都督府，其督爲正三品。（新唐書地理志及百官志）。通典云：都督多遙領其任，亦多爲贈官，長史居府，以總其事。（卷三十二）如郭知運立功西陲，卒後贈涼州都督，薛仁貴卒後贈幽州都督（見新唐書列傳），其例甚多，蓋爲當時武將之飾終榮典也。

誌末標明作記年月，另行書寫，上空十格，半截而起。銘文更在其後，亦提行起，上空一格。先舉撰銘人名，後接銘辭，以「詞曰」二字發端。銘辭首行，蟬聯直下，惟上空三格；其後四行，皆頂格書寫，此種格式，乃屬變例。銘辭四言，共二十六句。前十八句用先韻，自「嗚呼昊穹」句以後，改用紙韻。王芑孫云：「唐碑一人爲敍一人爲銘者甚多。」（碑版文廣例卷七，參葉昌熾語石卷六，兩人合撰一碑條），此誌前半之記事，不知與銘文是否同出於一人之手。慕容承福之名，不見於史傳。將作大匠爲從三品文職官，銀青光祿大夫爲從三品文散階（見通典及兩唐書）。職階相埒，故不須另加「行」「守」等字。將作大匠員額僅一人（殿本新唐書誤刊作二人，然宋本未誤，見商務影印百衲本）開元二十五年詔毀東都明堂時將作大匠尙爲康𧶘素（見新唐書卷十三禮樂志舊唐書卷二十二禮儀志），此誌銘撰於二十六年，承福之就任此職，當卽在開元二十五六年間，蓋卽代康爲將作大匠者也。銘辭典雅，若非有人捉刀，則慕容承福當爲一受華化極深之吐谷渾人。

誌蓋正面及誌石四邊，其圖象花紋皆極佳。葉昌熾語石論誌蓋花紋云：「梁開平四年穆君宏誌蓋，眞書九字，方圍居中，四面各列石像三人，共十二人。峨冠方袍，執笏拱立，如今墓上翁仲象。四角各有雲氣。」所謂十二象，疑卽代表十二辰。又云：「唐雷詢誌蓋，四圍刻十二辰，自北面正中起，夜半子，鷄鳴丑……每三字之前，各畫十二辰象，如子鼠丑牛之類，直格以界之。四隅又分刻花紋，極爲工緻。」又論誌石四邊花紋云：「誌石正面四邊，亦間有雕鏤花紋，略與蓋同。……中和二年王府君誌每面三象，祇露半體，皆峨冠執笏，間以水浪紋花紋。」（皆見卷四）其所述圖象，皆與此誌相類似。惜乎歷來著錄墓誌之書，多僅採誌文，罕及圖紋。故比較研究之材料，甚爲缺乏。近年國內對於三代青銅器之研究，已漸放棄專重銘文之成見，逐漸注意各器之花紋。今後碑版之學，亦應擴充範圍，兼及花紋。傳世碑碣之四周及碑額，墓誌誌蓋及誌石四邊，其雕鏤花紋，常極精緻。若能勤加搜羅，不僅可以窺見當時藝術之風尚及其造詣，且亦可以作爲斷代之標準，實爲此學之一新途徑也。

三 年表

新獲之金城縣主及慕容曦光二誌，既已詳加考釋矣。先是，武威慕容氏唐代塋墓曾陸續出土四石，皆移存武威文廟。其中弘化公主及慕容明二誌，聞村人云係民國初年出土。陳萬里於民國十四年途經武威時曾抄錄其文，發表於西行日記中，（頁一六九至一七一）。其後杜光簡（跋慕少堂先生所贈唐人墓誌二種，見民二十九年十二月責善半月刊第十九期），羅振玉（石交集頁十七至十九，民國三十年刊），張維（隴右金石錄卷二頁五及頁二十二，民國三十二年印行）亦皆曾根據拓片，著錄全文。慕容忠及慕容宣徹二誌則係民國十六年武威大地震後出土，知者較少；忠誌曾著錄於責善半月刊（杜光簡烏地也拔勤豆可汗墓誌考釋，見責善二卷十三期）及隴右金石錄（卷二頁七）宣徹誌則僅一見於隴右金石錄（卷二及頁十四）。茲綜合六誌，並參證史籍，作成年表如下：（此四誌之全文，見本篇附錄）

貞觀十三年十二月己丑，吐谷渾河源郡王諾曷鉢來逆女（舊唐書卷三本紀，參通鑑卷百九十五）。（按諾曷鉢，公主誌作諾賀鉢，忠誌作諾遏鉢，宣徹誌作諾褐拔，與册府元龜及兩唐書不同，蓋由於音譯歧異也。此事年月康熙刊本册府元龜誤作十二年，史語所藏明鈔本未誤。）

貞觀十四年（西元 639）二月庚辰，淮陽王道明送弘化公主歸於吐谷渾（舊唐書本紀，參兩唐書渾傳）。此事册府元龜記載較詳：『十四年吐谷渾烏也拔勤豆可汗諾曷鉢，入朝請婚。先是帝卽位初，吐谷渾王伏允爲子尊王求婚。帝責其親迎以羈縻之，尊王稱疾不朝，有詔停婚。至是遂以弘化公主妻諾曷鉢，賫送甚厚，』（卷九七八）（按勤豆可汗，兩唐書渾傳皆作勒豆，公主誌及忠誌則俱作勤豆，與册府元龜此卷相合（但册府卷九六四亦作勒豆）。今按兩唐書突厥傳之特勒，淸末和林出土唐碑作特勤，且有回鶻文碑陰作 Tegin（義爲首領）爲證，知唐書作特勒實誤（張星烺中西交通史料匯篇第五册，頁二二九。岑仲勉先生云，特勤之義爲可汗子弟，見兩唐書突厥傳，張說非也。）此處疑亦當依誌作勤豆。公主許婚在十三年，出降在十四年，新舊唐書，册府元龜，唐會要及通鑑，皆無異辭。惟公主誌獨云：「貞觀十七年降吐谷渾」，羅振玉疑誌文或有誤，而杜光簡偏信貞石，以爲其他諸說皆不可信也。慕壽祺亦以墓誌作十七年，足徵史册作十四年之非也（唐弘化公主墓誌跋，見責善半月刊二卷十四期）今按上述各史書，皆係根據當時實錄，年月不應有誤。誌文出於後人，追記五六十年前之事，未暇深考，自易致誤。前節考釋金城縣主誌時，已論及輕信碑誌之非，杜慕二氏之誤，卽由此也。公主誌稱其爲唐太宗之女。新唐書宗室列傳云：淮陽王道明送弘化公主於吐谷渾，坐漏言主非帝女，奪爵（卷七十八）。唐室和蕃，常取宗室女爲公主，僞言帝女。諸蕃亦知之，如突厥默棘連爲請婚事謂唐使者曰：「且公主亦非帝女，我不敢有所擇；但屢請不得，爲諸國笑。」（新唐書卷二一五下）新唐書渾傳及唐會要卷六皆云弘化公主爲宗室女。誌文蓋尙沿襲遣嫁時之僞言而未改也。弘化，宣徽誌作光化；其誌作於景龍三年。考中宗時曾以太子弘祔大廟，號義宗，故避諱而改。張維隴右金石錄以爲避章懷太子諱。按章懷太子名賢，乃弘之弟；張氏之說，當由於一時失考。）

貞觀十五年（640）。諾曷鉢所部丞相王專權，陰謀作難。將徵兵詐言祭山神，因欲襲擊公主，刼諾曷鉢，奔於吐蕃。期有日矣。諾曷鉢知而大懼，率輕騎走鄯善城。其威信王以兵迎之，鄯州刺史杜鳳舉與威信王合軍擊丞相王，破之，殺其兄弟三人。遣使言狀。太宗命民部尙書唐儉持節撫慰之（舊唐書渾傳）（按新唐書渾傳及通鑑，丞相王作其相宣王，鄯州刺史杜鳳舉作果毅校尉席君買。通鑑繫斬宣王事於四月丁巳，考異云「從唐實錄。」又按弘化公主第五子萬，後亦封宣王，見公主誌。

貞觀十六年至二十一年，吐谷渾每年皆曾遣使朝貢一次（册府元龜卷九百七十）。

貞觀二十二年正月及十二月，吐谷渾皆曾朝貢一次（同上）

是年，慕容忠生（忠誌）。張維云：「考忠卽諾曷鉢之子；以銘文證之，蓋卽西平（弘化）公主所生。」（隴右金石錄卷二頁八）

貞觀二十三年（649）六月，高宗嗣位。以諾曷鉢尙主，拜駙馬都尉，賜物四十段。（舊唐書渾傳）

八月慕容諾曷鉢獻馬牛（册府元龜卷九百七十）。

高宗永徽三年（652）正月，遣使朝貢（册府元龜卷九百七十，又唐會要卷九十四）。

八月，遣使獻名馬（册府卷九百七十）。（新唐書渾傳云：「高宗立……，又獻名馬。帝問馬種性。使者曰：國之最良者。帝曰：良馬人所愛。詔還其馬。」傳繫此事於公主表請入朝之前，疑卽此次事。）

八月，吐谷渾弘化長公主表請入朝，遣左驍衛將軍鮮于濟往迎之。十一月（舊唐書本紀通鑑作十一月庚寅，是月無庚寅，疑誤）弘化長公主來朝。（册府卷九七九，參新唐書渾傳）

帝以宗室女金城縣主妻其長子蘇度摸末，拜左領軍衛大將軍（新唐書渾傳）。（按縣主誌謂是年四月出降，疑誤，當依新唐書作十一月來朝以後事。是年似僅許婚，並未出降；此四月或指麟德元年四月出降，說見下。蘇度摸末卽慕容忠，又拜左領軍衛大將軍一事，當在是年之後，皆見上節考釋。）

永徽四年七月，吐谷渾獻名馬（册府卷九百七十）。

永徽五年九月，吐谷渾遣使貢獻（同上）。

龍朔三年（663）六月，吐蕃攻吐谷渾。詔涼州都督鄭仁泰爲青海道行軍大總管，率將軍獨孤卿雲等屯涼鄯；左武侯（應依蘇傳及册府作左武衛）大將軍蘇定方爲安集大使爲諸將節度，以定其亂（新唐書吐蕃傳及本紀，又參册府卷百七十及通鑑）。先是，吐谷渾與吐蕃相攻，上書相屈直，並來請師。天子兩不許。旣而吐谷渾大臣素知貴奔吐蕃，言其情。吐蕃出兵擣虛，破其衆黃河上。諾曷鉢不支，與公主引數千帳走涼州。吐蕃遂有其地。諾曷鉢請內徙。……吐谷渾自晉永嘉時有國，至龍朔三年吐蕃取其地，凡三百五十年。（新唐書渾傳）（舊唐書渾傳誤置蘇定方爲安集大使事於咸亨元年敗績之後。沈炳震云：「按蘇定方傳，定方卒於乾封二年，不當在咸亨後，當從新書在前，」(新舊唐書合鈔卷二百五十八)，今按册府元龜卷一千亦同舊唐書之誤，但卷百七十，則繫蘇定方受命事於龍朔三年六月戊申，其說是也。）

麟德元年（664）是年金城縣主年二十二（據縣主誌中卒年推算。誌又云：「永徽三年四月出降，春秋二十有二。」疑爲麟德元年四月之誤。誌作永徽三年，乃誤將許嫁之年作爲出降之年。永徽三年縣主年僅十歲，不得云春秋二十有二。詳見前節考釋。）

麟德二年正月丁卯，吐蕃遣使來朝，請與吐谷渾復修和好，并請赤水地以爲牧野。帝不許（册府卷九九九，通鑑卷二百一，又參新唐書吐蕃傳）。

是年，慕容忠年十八，授左威衛將軍（忠誌）（按改左右屯衛爲左右威衛係龍朔二年事，見杜佑通典及舊唐書職官志。）

乾封元年（666）五月，更封河源王諾曷鉢爲青海國王（册府卷九六四，參新書渾傳）。

總章二年（669）九月丁丑朔，詔徙吐谷渾就涼州南山。羣臣議難之。議久不決，竟不果徙（通鑑及册府卷九九一，又參新唐書吐蕃傳及渾傳）。

咸亨元年（970）四月辛亥高宗遣右威衛大將軍薛仁貴等總兵五萬討吐蕃（按兩唐書吐蕃傳皆作「師凡十餘萬」），且納諾曷鉢於故庭。六月戊子王師敗於大非川，舉吐谷渾地皆陷。諾曷鉢與親信數千帳纔免。（新唐書渾傳，參舊唐書渾傳，兩唐書本紀及吐蕃傳，通鑑，及册府元龜卷六百七十，卷九八六）。

是年改左右戎衛爲左右領軍衛（新唐書百官志）。按蘇度摸末（即慕容忠）拜左領軍衛大將軍（見新唐書渾傳），當係是年或以後事。

咸亨三年二月庚午，吐谷渾徙治疊水南。諾曷鉢以吐蕃威勢不抗，而鄯州地狹，又徙靈州。帝爲置安樂州，即拜剌史，欲其安且樂云（新唐書渾傳，參通鑑及舊唐書渾傳）。（按新唐書卷三七地理志威州條云，以靈州之故鳴沙縣地置安樂州。）

上元二年(675)正月辛未,吐蕃遣大臣論吐渾彌來請和,且求與吐谷渾修好。帝不聽。(通鑑及新唐書吐蕃傳,參舊唐書本紀)

儀鳳二年(677)十二月,下勅討吐蕃。勅略曰:『蕞爾吐蕃,僻居僻裔。吐渾是其隣國,是乃奪其土宇。往者暫遣偏裨,欲復渾王故地。義存拯救,事匪稱兵。輒肆昏迷,僭相掩襲。旣無備預,頗喪師徒』(按此指咸亨元年敗績事)。

永隆元年(680)七月廿七日慕容明生於靈州之南衙(明誌)。

武后光宅元年(684)改左右威衞曰左右豹韜衞(新唐書百官志)。按慕容忠誌所云加鎭國大將行左豹韜衞大將軍一事,當係是年或以後之事。

是年慕容明五歲,以本蕃號代樂王(明誌)

垂拱四年(688)諾曷鉢卒,子忠嗣(舊唐書渾傳,參新書渾傳)。忠襲青海國王烏地也拔勤豆可汗(忠誌)。

載初元年(690)七月八日,慕容曦光生於靈州之南衙(光誌)。

約是歲前後,弘化公主賜姓曰武,改封西平大長公主(公主誌)。(按誌於此事未繫年月。考通鑑云是年八月,武后大殺唐宗室及親黨,惟千金長公主以巧媚得全,自請爲太后女,仍改姓武氏。太后愛之,更號延安大長公主。疑弘化公主改號賜姓,亦爲是年左右之事。又按是年九月始廢皇帝爲皇嗣,太后自加尊號曰聖神皇帝。九月以前太后僅稱制,睿宗尙在位,弘化公主爲帝姑,故依朝制,自應稱大長公主。杜光簡云:弘化公主與高宗爲同輩,不應稱大長公主,而當稱長公主(責善半月刊第十九期),其說實誤。

長壽元年(692),曦光三歲,以本蕃嫡孫號觀樂王(光誌)

長壽三年二月,西平大長公主(按卽弘化公主)還蕃。公主者太宗族妹,貞觀中吐谷渾(按册府原文作吐蕃蓋涉上文還蕃一語致誤)遣使請婚,至是來朝,設歸寧之禮焉(册府卷九七九)。(按武后改封弘化爲西平,史傳失載。唐實錄此條又誤以吐谷渾爲吐蕃。故宋初王欽若等依實錄收入此條於册府元龜時,卽曾加校語云:「按唐書太宗貞觀十五年文成公主出降吐蕃弄讚,至高宗永隆元年(按康熙刊本册府永隆誤作來降,史語所藏明鈔本未誤),公主卒。實錄所載西平大長公主,檢和親事跡未獲。」今幸此誌出土,知西平卽弘化公主,遂得以解決此千年未破之謎。又按舊唐書德宗本紀，興元元年八月己酉西平長公主薨(卷十二)，其時上距貞觀末年已百三十五年，上距長壽三年已九十年。乃代宗之女，係另一人。)(又按本篇寫就後，曾求正於岑仲勉先生。岑先生以其大作唐史餘瀋稿本見示。其中有西平大長公主一條，知岑先生於未見公主誌之前，即疑元龜卷九七九之西平大長公主即弘化公主，足見其考據之卓絕)。

聖曆元年(698)五月二日，弘化公主薨於靈州東衙之私第，春秋七十六(公主誌)。同日，慕容忠薨於靈州城南渾牙之私第，年五十一(忠誌)。(按張維隴右金石錄卷二(頁八)云:「母子同日而死，此事之未必有，殊可疑也。」杜光簡慕容忠墓誌考釋亦云:「忠與其母同年同月同日死，又同年同月同日而葬。後者固不足怪，前者殊云巧矣。」然亦不能謂其事之必不能有也。)

忠卒，子宣趙嗣(舊唐書渾傳，但新書渾傳作宣超)。弘化公主之次子爲左武衛大將軍梁漢王闥盧摸末，高宗時曾與公主同來京請婚，帝以宗室女金明縣主妻之(新唐書渾傳)，此時當已先死。據公主誌，公主薨時，第五子右鷹揚衛大將軍宣王萬等仍在世。公主誌係成均進士吳興姚略所撰。

聖曆二年三月十八日，弘公主葬於涼州，南陽暉谷冶城之山崗(公主誌)。同日，其子忠歸葬於涼州城南之山崗(忠誌)。

是歲，曦光十歲，以本蕃嫡子號燕王(光誌)。曦光蓋宣趙之嫡子也。

聖曆三年三月，以吐谷渾青海國王慕容宣超(一作宣趙)爲右豹韜衛員外大將軍，仍襲父烏地也拔勒豆可汗(册府卷九六四)(按是年五月始改元久視，此詔頒於三月，故仍稱聖曆。新唐書渾傳作宣超，舊唐書作宣趙;趙超二字，形音皆近似，用以譯胡名，或可互通，惟勒豆可汗似當依誌石及册府卷九七八作勤豆;說已見前貞觀十四年條。)

是年或翌年，吐谷渾餘部詣涼甘肅瓜沙等州降。宰相張錫與右武衛大將軍唐休璟議徙其人於秦隴豐靈間，令不得叛去。涼州都督郭元振以爲當甘肅瓜沙降者，即其所置之。歲遣鎮遏使者與宣超兄弟撫護之，無令相侵奪。詔可。(新唐書渾傳)(按此事新書繫之於聖曆三年宣超拜命之後，未明敍年月。張錫係是年閏七月拜相，次年三月即罷。雖景雲時曾再相，但郭元振於神龍中即由涼州都督遷安西大都護（見新書郭傳）。知當爲是年或翌年春之事也。）

長安四年（704）十月廿九日，曦光年十四，授游擊將軍，守左豹韜衞翊府左郎將。（光誌）（按是年曦光十五歲；誌文疑有誤字。見前節考釋。）

中宗神龍二年（706）春正月，吐谷渾遣使來朝（册府卷九七〇）。

四月五日，慕容明授左屯衞翊府左郎將，員外置同正員（明誌）。按舊唐書中宗本紀云：神龍二年四月，大置員外官，自京諸司及諸州佐，凡二千餘人（卷七）。慕容明蓋亦在其列也。）

七月廿六日，慕容曦光轉明威將軍行左屯衞翊府左郎將（光誌）。

景龍三年（709）四月十一日，慕容宣徹遷葬於涼州神鳥縣（宣徹誌）。（按此誌之蓋題「大唐故輔國王慕容誌」，誌文前題河東陰山郡安樂王慕容神威；誌稱其爲慕容忠之子，諱宣徹，拜左領將軍大將軍。張維隴右金石錄以爲宣徹卽宣趙，兩唐書渾傳所載宣趙官銜，與誌文不同，或係後有封移而史文省略；其以宣徹爲宣趙，當爲史誤（卷二頁十五）。按宣趙或作宣超，見上文聖曆三年條。若宣徹卽爲其人，則誌中歷舉諸官，不應漏去其所襲封之青海國王一銜。新唐書渾傳述郭元振之議，有「與宣超兄弟撫護之」一語，（見上文聖曆三年條）則宣超原有昆弟，且掌兵權；宣徹當卽其兄弟輩也。）

約是歲左右，慕容宣趙（一作宣超）死，子曦皓（一作希皓）嗣（見新舊唐書渾傳及册府卷九六七）。

睿宗景雲元年（710）九月廿五日，曦光轉忠武將軍行右衞翊二府左郎將（光誌）。

景雲二年（711）三月三十日，慕容明攝左屯衞將軍借紫金魚袋，仍充押渾副使（明誌）（杜光簡跋語云：據新唐書地理志，關內道有吐谷渾羈縻州二：曰寧朔州，曰渾州，誌中所謂押渾副使，卽押吐谷渾或渾州之副使也（責善半月刊十九期）。今按新唐書方鎮表，開元二十年朔方節度使增押諸蕃部落使；大中六年隴右秦成兩州經略領押蕃落副使，貞元十一年劍南西川節度增領統押近界諸蕃及西山八國雲南安撫使。所押者皆爲諸蕃部落而非州名，則押渾副使自當指吐谷渾部落，並非渾州。）

玄宗開元元年十二月廿一日，慕容明轉上柱國（明誌）。

開元二年(714),三月十六日,曦光封五原郡開國公(光誌)

八月十一日,曦光加雲麾將軍(光誌)

開元三年八月,吐谷渾大首領刺史慕容道奴降,詔授左威衛將軍,員外置,兼刺史,封雲中郡開國公(册府卷九六四又卷九七四)。按此當爲其別部。

開元六年(718)正月十七日金城縣主薨於部落,年七十六(縣主誌)。

開元七年八月十七日,金城縣主葬於涼州南陽暉谷北崗(同上)。

開元九年二月十四日,曦光加授左威衛翊府中郎將(光誌)。(按誌文置此事於平六州胡叛之後,若非序次顚倒,則必月日有誤。)

四月,六州叛,曦光領所部兵馬,摧破凶胡(光誌)。(按此卽康待賓之亂,已詳上節考釋中。)

開元十年(722)正月十一日,慕容明授右監門衛中郎將,員外置同正員(明誌)。

是年胡賊再叛,曦光立功,授左威衛將軍;以功高賞輕,尋加冠軍大將軍,行右金吾衛將軍(光誌)。(按此卽康願子之亂,是年九月平定。詳見上節考釋中)。

開元十一年五月廿五日,王晙持節朔方軍節度大使(新唐書本紀)。廿八日,曦光加金紫光祿大夫行光祿卿,員外置同正員(光誌)。

九月壬申,吐谷渾別部師衆詣沙州降,河西節度使張敬忠撫納之。先是,吐谷渾別部畏吐蕃之彊,附之者數年,至是來降。(通鑑,參册府卷九七七。)

開元十八年(730)曦光充朔方軍節度副使(光誌)。是時朔方節度使爲唐宗室信安郡王禕(吳廷燮唐方鎭年表)。

開元廿四年(736)牛仙客代信安王禕爲朔方節度使。冬入相,遙領節度如故(新唐書牛仙客傳及通鑑)

開元廿六年(738)七月廿三日,曦光薨於本衙,年四十九。閏八月五日贈持節涼州都督,歸葬涼州先塋(光誌)。

十一月十三日,慕容明薨於本衙,年五十九。歸葬於涼州先塋(明誌)。(按誌文題銜,除上文已述及者外,尚有忠武將軍,檢校閤甄府都督。杜光簡跋語云:誌中之閤甄府,當是羈縻州府之類。唯兩唐書地理志中皆無此府名。蓋羈縻州經制不一，地理志所錄者本不完全也（責善半月刊十九期）。

十二月七日，慕容明之墓，功就（明誌）

十二月九日，曦光之叔將作大匠承福作曦光之誌銘（光誌）

約是年左右，曦皓卒，子兆嗣(新舊唐書渾傳)。(若曦光與曦皓爲一人之異名，則慕容兆之襲封，即在是年。惟上節考釋中已論及二人恐爲兄弟，並非一人。)

肅宗至德（756—757）後，安樂州沒吐蕃（新唐書地理志威州條）。吐蕃復取安樂州，吐谷渾殘部徙朔方河東，語謬爲退渾。(新唐書渾傳參閱舊唐書渾傳）（岑仲勉先生云：退渾一名，已見於北周書卷二十八史寧傳，並非始於至德之後。)

德宗貞元十四年（798）十一月（舊唐書作十二月），以朔方靈州同節度副使左金吾衛大將軍同正，兼詳太常（原書避明光宗諱，改刊作嘗）卿慕容復襲長樂府都督，青海國王，烏地野拔勤豆可汗。未幾卒，其封嗣遂絕，（册府卷九六五，卷九六九。參兩唐書渾傳）。

吐谷渾慕容氏失國前後事蹟，略如上表。貞元中封嗣既絕，年表即以此爲斷限。其後吐渾殘部之各小首領，史籍中尚可考見數人，如唐末吐谷渾有首領赫連鐸，拓拔思恭；五代後唐有白承福，念公山，薛蓑堆，各有部落（册府卷九六七)。白承福曾賜姓名李紹魯（續通志卷六三七），莊宗同光三年(公元 925)勅吐渾寧朔奉化兩府都知兵馬使檢校司徒李紹魯，可授光祿大夫檢校太保竭忠建策興復功臣；其麾下寧朔府都督赫連公德，勅授光祿大夫檢校右僕射賜忠義正衞功臣（册府卷九七六)。然册府元龜云：後唐莊宗時，吐渾微弱，聚居蔚州界，皆授中國官爵。又云：後漢高祖初，屢誅吐渾酋長，其種遂衰。（卷九五六）以其勢力衰微，又不能確定其爲慕容諾曷鉢之後裔，故不贅述。　　民國三十七年一月二十五日初稿。

本文承本所岑仲勉先生及友人向覺明先生校閱一過，書此謹誌謝忱。

附錄　武威文廟所藏之慕容氏先塋出土墓誌(據拓本抄錄)

（一）大周故西平公主墓誌（誌蓋）。誌文二十五行，行二十四字。

大周故弘化大長公主李氏賜姓曰武改封西平大長公主墓

誌銘 井序　　成均進士雲騎尉吳興姚暑撰

公主隴西成紀𡻕也卽大唐太宗文武𨑳皇帝之女也家聲祖
德造𠀑埊而運陰陽履翼握褒禮神祇而懸㋹匝　大長
公主誕靈帝女秀奇質於蓮波託體王姬湛清儀於桂魄公宮
稟訓沐胎教之宸猷㚊幄承規挺琁閨之睿敏以貞觀十七𠦑
出降於青海囶王勤豆可汗慕容諾賀鉢其𡻕也帝文命之靈
苗斟尋氏之洪胤同㋹磾之入侍獻款歸誠類去病之辭家懷
忠奮節　我大周以曾沙紉埊練石張𠀑萬物於是惟新
三光以之再朗　主乃賜同𨑳族改號西平光寵盛於蘆
嬀徽猷高於乙妹豈謂巽風清急馳隙駟之晨光閱水分流從
藏舟之夜壑以𨑳曆元𠦑五匝三㋹寢疾薨於靈州東衙之私
第春秋七十有六旣而延平水竭惜龍劍之孤飛秦氏樓傾隨
鳳簫而長往以𨑳曆二𠦑三匝十八㋹葬於涼州南陽暉谷冶
城之山崗禮也吾王亦先時啓殯主乃別建陵垣異周公合葬
之儀非詩𡻕同穴之詠嗣第五子右鷹揚衛大將軍宣王萬等
痛深欒棘顉宅𡐨而斯安情切蓼莪慙陟屺而無逮撫幽埏而
掩泗更益充窮奉遺澤而增哀彌深眷戀以爲德音無沫思𠕋
篳而垂榮蘭桂有芬資紀言而方遠庶乎千秋万歲無慙節女
之陵九原三壤不謝貞姬之墓其銘曰
瑤水誕德𡍼山挺神帝女爰降王姬下姻燕筐含玉門牓題銀
珈珩𢟍鳥軒佩莊鱗 其一　與善乖驗竟欺遐壽返魄無徵
神香徒有婺彩潛翳電光非久臉碎芙蓉茄悽楊柳 其二
牛崗闢壤馬鬣開墳僾柏含霧蒼松起雲立言𠕋筆紀德垂薰
顉承榮於不朽庶傳芳於未聞 其三

(二)大周故青海王墓誌銘(誌蓋)。誌文二十三行，行二十四字。

周故鎭軍大將軍行左豹韜衛大將軍青海囶王烏埊也拔勤
豆可汗墓誌銘 并序
王諱忠陰山𡻕也自雲雷降𤲅開大囶之王基㋹匝成文握中

原之帝業而啓關馬牽衆西遷巠據伏龍稱孤南面祖特麗度
許符别可汗父諾遏鉢青海國王駙馬都尉烏巠也拔勤豆可
汗並軍國爪牙乾坤柱石忠勤克著異姓封王寵渥彌隆和親
尙主王平承顯烈特稟英奇至若蘭臺芸閣之微言丘山泉海
豹略龍韜之祕策長短從横莫不披卷而究五車運籌而決千
里逸才而假休德𡆠新接物盡君子之心事親備文王之道秊
十八穐左威衛將軍戚承銀牓弱歲求郎寵溢金貂童秊入侍
後加鎮軍大將軍行左豹韜衛大將軍襲青海國王烏巠也拔
勤豆可汗象賢開國策固誓河拜將登壇任隆分閫坐金方而
作鎮出玉塞而臨軍朝廷無西顧之憂獫狁罷南郊之祭將軍
有勇期勝氣於千秊壯士云亡惜寒風之一去粵𨲢曆元秊五
𠥱三𡆠薨於靈州城南渾牙之私第春秋五十有一棟梁折矣
遠近凄然以𨲢曆二秊三𠥱十八𡆠歸葬於涼州城南之山崗
禮也孤子等痛昊𠀑之莫訴恐高岸之行遷冀披文而頌德刊
翠石於黄泉其銘曰　壽丘茂緒黎邑雄藩龍興北徼馬驅西
奔代傳龜紐邳降魚軒積慶隆矣生賢在焉其一自家形國資孝
爲忠爰辭柳塞入衛蘭宮青海纂業西隅畢通玄郊坐鎮北漠
恆空其二夷夏以安搢紳之望樹善無忒輔仁何曠營罷眞軍〇
亡上將義深悼往　恩隆洽葬其三青烏兆地精鶴言迴墳
崇馬鬣巠據龍堆雲愁隴樹𠥱鈞泉臺式刊翠琬永播清埃其四

(三)慕容宣徹墓誌(誌蓋篆書「大唐故輔國王慕容誌」，誌文十九行，行廿字。正書)

河東陰山郡安樂王慕容神威遷奉墓誌 并序

若夫勞喜休悲孰免歸天之魄浮形幻影誰鐲瘞地|之魂眞全玉之
可銷况英奇之能久降年不永遽逝|東流寂寂山丘恾恾壠路祖駙
馬都尉青海國王烏|地可汗諱諾褐拔武苞七德業冠三冬開穎不
羈神|謀獨斷溘從風燭早遷奉畢祖婆唐姑光化公主隴|西李氏

孕彩椒房舍輝蘭闥入洛川而迴雪遡巫嶺｜以行雲不爲脩短懸天
芳委淹彩早定安厝又遷奉｜畢父忠德比貞崐誕倅惟岳落落聳長
輿之幹汪汪｜澄叔度之陂追遠愼終早遷奉畢左領軍大將軍慕｜
容諱賓徽擢秀淸流風塵不雜光五侯之封傳萬石｜之榮夙奉忠貞
承芳　　帝戚朝參鸞駕夕衛丹｜墀不爲聲起兩楹梁摧淹及以
景龍三年四月十一｜日奉於涼州神鳥縣界吉辰擇兆喪禮具儀嗚
呼哀｜哉式爲銘曰　　　　　　　　　　｜朝露旋
晞夜臺何酷九泉幽壙埋玆盛德不朽飛聲｜昭章望族詎勒燕岑流
芳聖牘古之遺愛方斯介則｜何以銘勳樹玆鐫勒

景龍三年歲次己酉四月丁亥朔十一日丁酉

(四)大唐故代樂王上柱國慕容明墓誌之銘(誌蓋)。誌文十九行行二十三字。

押渾副使忠武將軍右監門衛中郎將員外置同正員檢
校閤甄府都督攝左威衛將軍借紫金魚袋代樂王上
柱國慕容明墓誌銘

王諱明字坦昌黎鮮卑人也粵以唐永隆元年歲次庚辰[七]｜月廿七日生
於靈州之南衙年五歲以本蕃号代樂王至[聖]｜祚再興神龍二年四月五
日　　　　　　　｜制云沙朔雄姿穹廬貴種遠贇聲教式
被恩榮可左屯[衛][翊]｜府左郎將員外置同正員至景雲二年三月卅日
　　｜勅攝左屯衛將軍借紫金魚袋仍充押渾副使至開元元[年]｜十
二月廿一日　　　　　　　　　　　　｜制云鳳柱馳聲
獸賁標袟赤墀近侍紫極分暉既覃[邦][憲]宜｜峻戎章可上柱國至開元十
年正月十一日　　　　　　｜制云夙申誠欵久職戎旃勤効旣深授玆
戎寵可右監門[衛]｜中郎將員外置同正員餘如故以
｜大唐開元廿六年十一月十三日薨於本衙春秋五十[有][九]｜歸[窆]
[於]涼州　先塋志性敦質淳和孝友能簡能[易][勿]□｜勿[虧]宗族推嘘是
稱名行嗚呼哀哉以名銘記　　　　　｜大唐開元廿六年
歲次戊寅十二[月]｜　　　　　　　甲子朔七日庚午功就

圖版一 武威出土大唐金城縣主墓誌銘二石拓片影本（一蓋一銘）

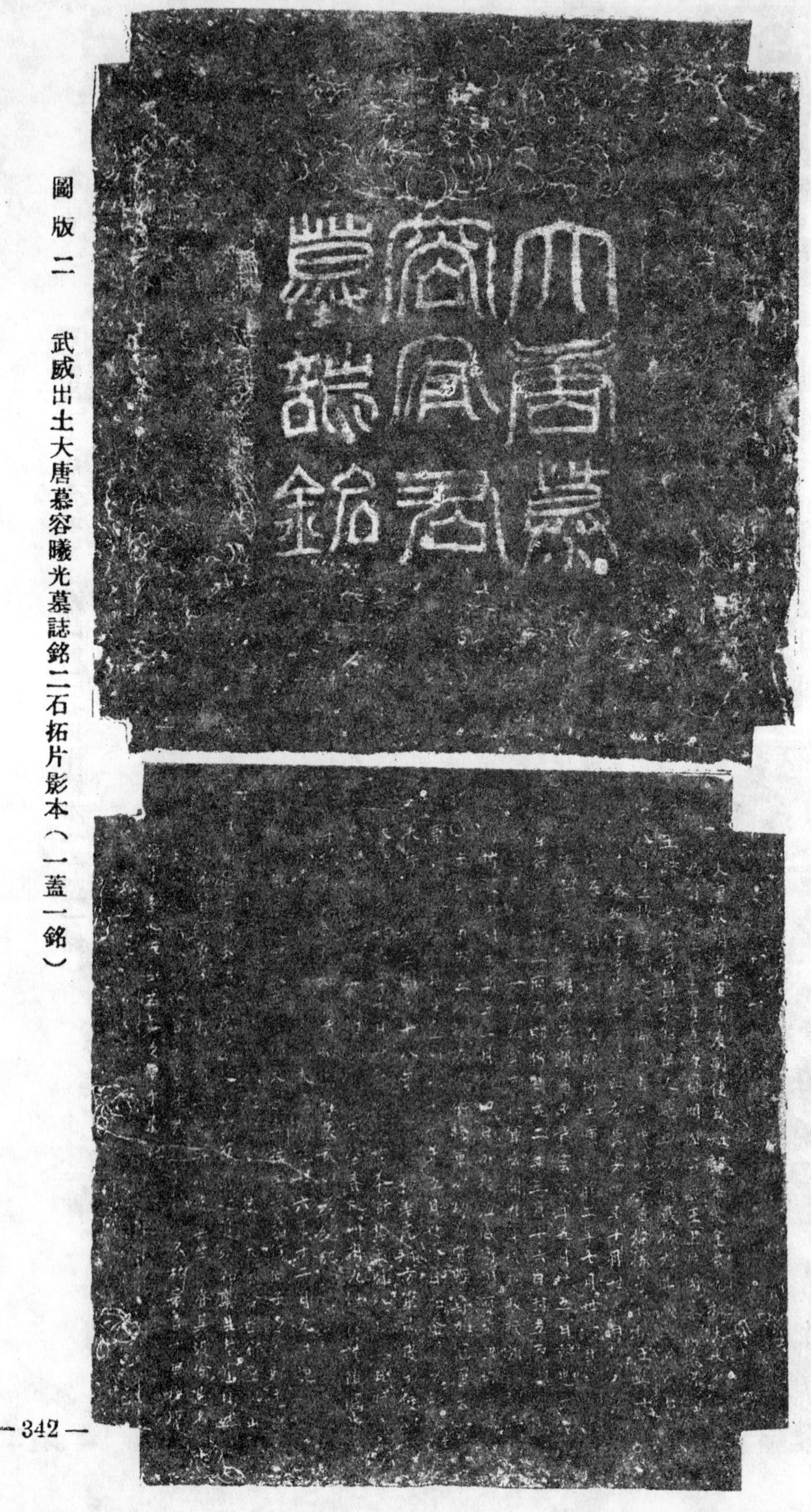

圖版二　武威出土大唐慕容曦光墓誌銘二石拓片影本(一蓋一銘)

出自第二十本上(一九四八年六月)

領民酋長與六州都督

周 一 良

魏收官氏志於北魏初年典制記述甚簡，官名之散見於紀傳而志中無可稽考者比比也。蓋自昭成帝時命燕鳳爲右長史許謙爲郎中令，即於鮮卑舊制以外雜采魏晉官號。其後因時制宜，屢有增損。而胡漢糅雜，無復系統，宜伯起之不克詳紀，吾儕今日更難辨其統屬及職掌。高祖漢化，盡汰舊俗，太和中詔羣寮議定百官著於令，始收整齊劃一之功。太和廿三年復次職令，世宗初頒行，以爲永制，官氏志兼收兩令，謂『勳品流外卑而不載』，然有非勳品亦非流外，自魏初訖其亡於高氏百七十餘年間未嘗廢罷之領民酋長，官氏志亦付缺如，斯伯起無所逃其疏漏之咎矣。官氏志又云：

凡此四方諸部，歲時朝貢。登國初太祖散諸部落，始同爲編民。

似魏之境内唯有志所記『諸部』，而諸部又俱經太祖散爲編民者。魏書捌參上賀訥傳亦云：

代人，……其先世爲君長。四方附國者數十部。……其後離散諸部，分土定居，不聽遷徙，其君長大人皆同編戶。

而北史玖捌高車傳：

道武時分散諸部，唯高車以類粗獷，不任使役，故得別爲部落。（魏書高車傳亡。後人以北史補）。

可知太祖之分散諸部固有例外，且粗獷難馴不列爲編民者又不止於邊徼之高車而已。如幷肆汾晉冀定安諸州之山胡，蜀，丁零莫不皆爾，其變叛史不絕書。魏書壹玖上元遙傳：

［肅宗時］遷冀州刺史。遙以諸胡先無籍貫，姦良莫辨，悉令造籍。又以諸胡設籍，當欲稅之，以充軍用。胡人不願，乃共構遙云取納金馬。（魏書此

卷後人所補，然北史壹柒遙傳不載此事)。

旣無籍貫，知亦別爲部落矣。此就『粗獷不任使役』之異族言，倘有與魏同出之鮮卑及服屬於鮮卑之部落，散處魏境，未同編戶。出官氏志所記諸氏之外。領民酋長者實爲此類部落之酋帥也。

魏劉玉墓志：

弘農胡城人也。(案志言玉以孝昌三年十一月卒於家。其瘞葬立志之時日不可知。地形志陝州恆農郡所領三縣無胡城。西恆農郡領恆農一縣。且郡名避顯祖諱改弘爲恆，此志及劉懿墓志皆作弘，不可解。若志立於恆農郡旣入西魏後或竟在周世，當依西魏北周制度。據謝氏西魏書捌地域考下，恆農及西恆農兩郡皆無胡城縣。楊守敬西魏疆域圖所考者同。案漢書地理志上京兆尹所屬有湖縣，班固自注謂：『有周天子祠二所，胡曰胡。武帝建元元年更名湖』。後漢改屬宏農郡，其地在今閿鄉縣東。晉書地理志亦屬宏農郡。魏收地形志於雍岐以下入西諸州據永熙綰籍，且多脫漏。隋書地理志間及西魏北周，亦不完備。今考之水經注，知北魏亦嘗有湖縣。水經河水又東過河北縣南。酈注：『河水右會槃澗水，水出湖縣夸父山。……湖水……又北逕湖縣東而北流入於河』。兩稱湖縣，足知道元時此縣未廢，意者西魏北周因仍之。至以湖縣爲胡城者，元和郡縣志陸河南道虢州湖城縣下云：『本漢湖縣，屬京兆尹，……後漢改屬宏農郡，至宋加城字爲湖城縣』。南朝未能長有其地，改爲湖城亦不見宋書州郡志。然隋書地理志中河南郡閿鄉縣下注云：『舊曰湖城，開皇十六年改焉』爲元和郡縣志陸閿鄉縣下同。是開皇十六年以前已有湖城之稱。或善長以後改湖爲湖城，復劉宋舊名，歷西魏北周迄於隋。墓志之胡城蓋卽湖城歟)?遠祖司徒寬之苗，其中易世舉一足明。値漢中讖「?」匈奴之患，李陵出計[討?]，軍勢不利。遂沒虜廷，先人祖宗便習其俗。婚姻官帶與之錯雜。大魏開建，託[拓]定恆代。以曾祖初万頭大族之胄，宜履名官，從駕之衆理須督率。依地置官爲何渾地汗。爾時此班例亞州牧。

案劉寬弘農華陰人，見後書伍伍本傳，志稱寬後自是攀附。且依志文似寬翻在李陵之前者，尤其牽合之證。大抵魏晉以來北邊外族入中國多喜冒稱漢人後裔，從李陵沒於匈奴。後世李太白之以西域人自稱涼武昭王後裔竄逐條支者，（陳寅恪先生李太白氏族之疑問）即此故技。劉初万頭之為胡人可以無疑。以玉定居弘農胡城，遂牽合弘農之劉寬為遠祖耳。初万頭率其部落從駕，遂因其地立何渾地汗之官號以命之。汗乃王侯貴人之尊稱，當時此類當復不少。領民酋長之稱雖是漢名，實亦給與此種部落酋帥之稱號，猶何渾地汗之類也。魏書柒肆爾朱榮傳：

北秀容人也。其先居於爾朱川，因為氏焉。常領部落，世為酋帥。高祖羽健登國初為領民酋長，率契胡武士千七百人從駕平晉陽。……羽健世祖時卒，曾祖鬱德祖代勤繼為領民酋長。……父新興太和中繼為酋長。

爾朱羽健以領民酋長領其部落從駕，猶劉初万頭以可渾地汗之稱號率其部落從駕。北史陸壹叱列伏龜傳：

代郡西部人也。其先為部落大人，魏初入附，遂世為第一領人（唐人避太宗諱改，下同）。酋長，至龜五世。（周書貳拾龜傳無此四字）。……嗣父業復為領人酋長。……沙苑之敗隨例來降。周文帝以其豪門，解縛禮之。

北齊書貳拾叱列平傳：

代郡西部人也，世為酋帥。平……襲第一領民酋長臨江伯。孝昌末拔陵反叛，茹茹餘衆入寇馬邑。平以統軍屢有戰功，補別將。

北齊書貳柒破六韓常傳：

附化人，匈奴單于之裔也。……世領部落，其父孔雀世襲酋長。……時宗人拔陵為亂，……孔雀率部下一萬人降於爾朱榮。詔加平北將軍第一領民酋長。……高祖起義，常為附化守，與万俟受洛干東歸。……卒贈尚書令司徒公太傅第一領民酋長假王。

地形志附化郡屬朔州，即懷朔鎮所改。周書貳玖高琳傳：

其先高句麗人也。……五世祖宗率衆歸魏，拜第一領民酋長，賜姓羽眞氏。（官氏志無羽眞氏。案魏初有羽眞大羽眞官名，見北史伍肆斛律金傳周書壹柒怡峯傳，元昭，元保洛，元悅妃馮氏，奚智，韓震，元夫人趙氏諸墓志。又稱羽直，見元平墓志。此言賜姓羽眞氏者，或以官為氏，或兼任此官，後世誤傳耳。水經河水又南過定襄相過縣西，酈注；『右合中陵川水，水出中陵縣西南山下。北俗謂之大浴眞山，水亦取名焉』。疑大浴眞與大羽眞爲一語)。

高琳北魏末年人，以三十年爲一世計，上溯五世適當魏太祖時，與爾朱榮叱列伏龜傳所記時代相同。皆世襲以領部落，與代北習俗無異。爾朱榮傳稱：

以居秀容川，詔割方三百里封之，長爲世業。(水經汾水注：『又南逕秀容城南』(此句趙氏依全氏校補)。自注:『魏土軍治』。……父新興太和中繼爲酋長 。…… 牛羊駝馬，色別爲羣，谷量而已。朝廷每有征討，輒獻私馬，兼備食糧，助裨軍用，高祖嘉之。除右將軍光祿大夫。及遷洛後特聽冬朝京師，夏歸部落。

洛陽伽藍記稱爾朱氏。

部落八千餘家，馬有數萬匹。……部落之民控弦一萬。(北史陸齊神武紀亦云:『聞公有馬十二谷，色別爲羣』)。

割其地長爲世業，與開國五等之封迥不同矣。

魏收漢人，北魏部落習俗蓋非所悉，亦猶勝朝漢人之不諳滿洲制度。故魏書於高祖遷洛之前記述多所遺落，遷洛以後，凡涉及北族之事亦不完備。太祖雖分散諸部，如爾朱氏之比者決不止一二。其有領民酋長之號者固無論，並有不蒙此稱而實別爲部落者。如北史伍肆庫狄干傳：

善無人也。曾祖越豆眷魏道武時以功割善無之西臘汙山地方百里以處之。後率部落北遷，因家朔方。干……［正光初］除掃逆黨，授將軍，宿衞於內。以家在寒鄉，不宜毒暑。冬得入京師，夏歸鄉里。(北齊書此傳後人所補)。

善無當今西山代縣西北，北秀容當今朔縣西北，相去不遠。聽其冬朝夏返，待遇亦同於爾朱。是庫狄之先亦未編戶之部落酋帥。(庫狄干之先世雖不可知，然干本身則當爲第一領民酋長。本傳不載。見北齊釋道能造象記，詳後)。北齊書貳伍王紘傳：

太安狄那人也。爲小部酋帥。父基頗讀書，有智略，初從葛榮反。……紘年十五，隨父在北豫州。 行台侯景與人論掩衣法爲當左爲當右。尙書敬顯儁曰：『孔子云：「微管仲吾其被髮左衽矣」。以此言之，左衽爲是』。紘進曰：『國家龍飛朔野，雄步中原。五帝異儀，三王殊制。掩衣左右，何足是非』？

據地形志太安狄那屬懷朔鎮所改之朔州，更從紘之論左衽觀之，其爲鮮卑部落無疑。北齊書貳拾斛律羌舉傳：

太安人也。世爲部落酋長。父僅魏龍驤將軍武川鎮將。

北史伍叁綦連猛傳：

［爾朱］兆敗，猛與斛律羌舉乞伏貴和逃亡。及見獲，各杖一百。以猛配尉景，貴和配婁昭。羌舉以故酋長子，故無所配。

羌舉之父以酋長而爲武川鎮將，猶爾朱羽健之拜散騎常侍，爾朱代勤之爲肆州刺史，破六韓常之爲附化守，爾朱新興之官右將軍光祿大夫，叱列平叱列伏龜之以別將從征，庫狄干之以將軍宿衛京師。大抵此類部落原蕃息於北邊，經太祖之分散部落，高祖之革除舊制，而訖不動搖者，國家正賴之以捍禦邊境也。魏蘭根所謂『國之肺腑，寄以爪牙』，（北齊書貳叁本傳）。肅宗正光五年詔書所謂『選良家酋帥，增戍朔陲』，（魏書九本紀）莫非指此輩而言。魏書捌世宗紀：

正始三年四月甲辰，詔遣使者巡慰北邊酋庶。

元鷙墓志：

延昌中奉勅使詣六州一鎮，慰勞酋長而還。

魏書玖肅宗紀：

延昌四年九月己巳，皇太后親覽萬機，詔曰：『……緣邊州鎮固捍之勞，朔方酋庶北面所委。亦令勞徠，以副其心。

魏書拾貳孝靜帝紀：

天平三年二月丁酉，詔加齊文襄王使持節尚書令大行台大都督，以鮮卑高車酋庶皆隸之。

官氏志：

其諸方雜人來附者總謂之烏丸，各以多少稱酋庶長。

北齊有領民酋長領民庶長之別，（詳下）隋書百官志言『後齊制官多循後魏』，則諸詔書所謂酋庶者豈指領民酋長庶長而言耶？爾朱榮傳又言高祖以來爲領民酋長，其父新興轉秀容第一領民酋長。蓋北魏初年領民酋長之制已如北齊之有等級矣。

逮魏之末年，領民酋長見於史者漸多。然此輩固非自太祖以來世襲此職，十九係六鎮亂後之北邊雄豪。新立戰功，朝廷欲以此傳統之美稱羈縻之，冀得其用。昔者部落性質固定，酋長之入朝從征及領方鎮皆屬暫時。今則酋長征討出守而部落隨之遷徙，甚者徒有酋長虛號，而無部民，與昔之擁部落而定居，世有其地者迥異。魏齊間領民酋長之可考者：

爾朱天光永安中加侍中金紫光祿大夫北秀容第一酋長。（魏書柒伍本傳）

叱列延慶代西部人也。世爲酋帥。…… 仍從［爾朱］榮討葛榮於相州。……葛榮旣擒，除使節撫軍光祿大夫假鎮東將軍都督西部第一領民酋長。（魏書捌拾本傳及妻爾朱氏墓志）

斛律金朔州勑勒部人也。高祖倍侯利以壯勇有名塞表，道武時率戶內附。賜爵孟都公 。…… 父那瓌光祿大夫第一領民酋長 。…… 正光末破六韓拔陵構逆，金擁衆屬焉。……金度陵終敗滅，乃統所部萬戶詣雲州請降。即授第二領民酋長。（北史伍肆本傳此下云：『秋朝京師，春歸部落，號日雁臣』。可與上文所引爾朱氏庫狄氏事相參證）。……爲杜洛周所破，部衆分散。金與兄平二人脫身歸爾朱榮。……武定初…… 轉第一領民酋長。……天統三年薨 ……賜……酋長王如故。（北齊書拾柒本傳）

斛律光父喪去官。……［天統三年］秋除太保，襲爵咸陽王，並襲第一領民酋長。（同上）

斛律平爲杜洛周所破，部落分散。及歸爾朱榮，待之甚厚。以平襲父爵第一領民酋長。（同上）

高市貴善無人也。…… 遷衛將軍光祿大夫秀容大都督第一領民酋長。（北齊書拾玖本傳）

薛孤延代人也。……從追爾朱兆於赤洪嶺，除第一領民酋長。（同上）

侯莫陳胡代人也，祖伏頹魏第一領民酋長。（同上）

王懷不知何許人也。……值北邊喪亂，早從戎旅。……［魏］拜征虜將軍第

一領民酋長武周縣侯。高祖東出，懷率其部人三千餘家隨高祖於冀州。（同上）

念賢……永熙中拜第一領民酋長。（周書拾肆）

梁禦其先安定人也。後因官北邊，遂家於武川，改姓爲紇豆陵氏。高祖俟力提從魏太祖征討。……［從爾朱天光西討］除第一領民酋長。（周書拾柒本傳）

劉亮中山人也。……父特眞鎮遠將軍領民酋長。（同上）

乞伏慧馬邑鮮卑人也。祖周魏銀靑光祿大夫，父纂金紫光祿大夫，並爲第一領民酋長。（隋書伍伍本傳）

劉懿宏農華陰人也。……起家□大將軍府騎兵參軍第一酋長。（墓志）

張景略燕州上谷人，漢司徒華之後也。……祖驃騎大將軍第一領民酋長文城公。（墓志。案志又言景略開皇十一年卒，年六十八，則生在正光五年，其祖父之爲第一領民酋長當亦在北魏之末）。

万俟普太平人，其先匈奴之別種也。……正光中破六韓拔陵構逆，……率部下降。魏授後將軍第二領人酋長。………高祖平夏州，普乃率其部落來奔。（北齊書貳柒本傳）

齊高祖……與元天穆破邢杲於濟南，累遷第三鎮人（北齊書同。唐人諱民爲人，鎮則領字之誤，下同）。酋長，嘗（當從北齊書作常）在［爾朱］榮帳內。……普泰元年四月癸巳，又加授東道大行台第一鎮人酋長。（北史陸本紀。北齊書壹本紀後人所補）。

步大汗薩太安狄那人也。……正光末六鎮反亂，薩乃將家避難南下，奔爾朱榮於秀容。兆敗，薩以所部降高祖，以爲第三領民酋長。（北齊書貳拾本傳）

獨孤信雲中人也。……… 魏氏之初有三十六部，其先伏留屯者爲部落大人，與魏俱起。祖俟尼和平中以良家子自雲中鎮武川，因家焉。父庫者爲領民酋長。（周書拾陸本傳）

金石萃編叁貳載焦延昌造象碑有：

祖父故曹烏［？］勾盅平莫將軍第一領口酋長。

所缺當是民字。王蘭泉據銘文比丘人名，定爲與大統五年之曹續生造象記（亦見萃編叁貳）同時同地所立，則所謂官第一領民酋長之祖父亦當在北魏末年未分東西以前也。劉師培左厂集陸北齊道能造象記拓本跋謂武平元年比丘道能造象記有

使持節督定州諸軍事驃騎大將軍定州刺史本州大都督第一鎮(當作領)民酋長廣平郡開國儀同三司太宰庫狄于

之文，北齊書拾伍北史伍肆庫狄于傳俱不載其曾任此職，疑亦在魏世也。

綜觀以上所列，領民酋長皆鮮卑或服屬於鮮卑之勅勒，匈奴，契胡族，昭然可曉。唯王懷念賢梁禦劉亮劉懿張景略齊神武焦延昌之祖父八人爲例外。然詳細考之，此八人者或亦非漢族，或係胡化甚深之漢人也。北齊書拾玖北史伍叁王懷本傳皆不言何許人。然從『率其部人三千餘家』之語觀之，恐非漢族。周書念賢傳不言其籍貫。北史肆玖以爲金城枹罕人。然元和姓纂玖去聲伍拾陸㮇念姓下云：『西魏太傅安定公念賢，代人也』。古今姓氏書辨證同。（據錢氏後得不全宋本，從大典輯錄本無此條）。則念賢固亦出自代北。梁禦傳言其先世官於武川，遂改姓紇豆陵，可見係完全胡化之漢族，疑亦統有部落，劉懿墓志稱其『字貴珍』。其言『第一酋長』顯係第一領民酋長之省。瞿中溶據志所敍先世及歷官，考定劉懿卽劉貴，北齊書拾玖有傳，見古泉山館金石文編殘稿卷一，其說甚確。（傳言名貴而無字，蓋誤以字爲名，又脫珍字。北齊書貳壹高昂傳爲之羽翼者有劉貴珍，疑卽此人）。唯志稱宏農華陰人，傳謂秀容陽曲人，兩者不同，而皆不言其胡人。瞿氏解釋之曰：

又考唐宰相世系表劉氏臨淮一望出自漢光武，後有名彥者，宋給事中通直散騎常侍，疑卽志所云祖給事也。又有河南劉氏，本出匈奴之後。漢高祖以宗女妻冒頓；其俗貴者皆從母姓，因改爲劉氏。左賢王卑裔孫庫仁後魏南部大人凌江將軍，弟眷生羅，定州永安敬公，五世孫環雋北齊中書侍郎秀容懿公。以魏書地形志證之，永安卽陽曲所屬之郡，秀容卽敷城所屬之郡，皆郡公也。疑劉懿實出左賢王卑裔之後，（上引唐表省稱去卑爲卑，瞿氏誤以卑裔二字爲名，誤）。作墓志者欲諱其裔出匈奴，故舉舊望云宏農華陰人，且

攀附臨淮之給事爲祖也。蓋在魏其族實散居永安之陽曲及秀容之敷城，故史傳誤以陽曲隸秀容也。永安秀容二郡皆隸肆州，故高歡爲除懿肆州刺史，後長子爲肆州中正贬刺史，而第三子徽彥亦爲肆州主簿也。且證以起家爲大將軍府騎兵參軍第一酋長之文，其爲出於匈奴左賢王之裔南部大人之族無疑矣。

一良案瞿氏之說是也。北史叁壹高昂傳：

劉貴與昂坐，外白河役夫多溺死。貴曰：頭錢價漢隨之死。昂怒，拔刀斫貴。（通鑑壹伍柒梁大同三年紀亦載此事，作『一錢漢』胡注：言漢人之賤也）。

亦足證劉貴實以胡人而任領民酋長。劉亮先世不可考，或亦劉玉劉懿之比耶？

張景略墓志見金石萃編叁捌。張華晉人，未嘗官司徒，且其郡望是范陽方城而非上谷，足見比附。志又稱景略『起家爲魏帝內侍左右』。考官氏志稱『建國二年初置左右近侍之職，無常員，或至百數。……皆取諸部大人及豪族良家子弟儀貌端嚴機辯才幹者應選。又置內侍長四人』。是內侍之職多用代北豪族。今考魏書所載任內侍左右者，如長孫肥穆觀奚和觀奚拔叔孫俊屈觀谷渾陸俟皮豹子，任內侍長者如庾和辰王樹安頡，皆非漢人。張景略疑亦出於鮮卑也。魏書北齊書北史俱謂高氏渤海蓨人，紀其世系，以爲高歡祖謐徙居懷朔鎮，累世北邊，故習其俗，案諸史籍，高氏固以鮮卑自居，敵視漢族，其例至夥。如文宣言『太子得漢家性質，不似我』。（北齊書伍本紀）杜弼言鮮卑車馬客，治國須用中國人。顯祖以爲譏我。（北齊書貳肆本傳）顯祖又謂郡臣：『高德政常言宜用漢人，除鮮卑，此即合死』。（北齊書叁拾本傳）高歡嘗謂六鎮兵人不得欺漢兒。（北史陸本紀）文宣皇后李氏趙郡人，高隆之高德政言漢婦人不可爲天下母。（北齊書玖文宣李后傳）此外高氏及其親近之北人詆毀漢人之例不一而足，玆不贅述。（參看北齊書拾高陽王湜傳，貳貳盧勇傳貳叁魏蘭根傳，叁肆楊愔傳，叁玖高元海傳，崔季舒傳，伍拾高阿那肱傳，北史伍肆斛律金傳，玖貳韓鳳傳等）。高歡祖母叔孫氏當是鮮卑。其母韓氏或是步大汗氏所改之韓氏。高歡婁后亦代北人。元和姓纂十九侯婁姓有河南一望云：『官氏志匹婁氏改爲婁氏，後魏平遠將軍婁內干女爲北齊神武皇后』。（參看古今姓氏書辨證十九侯)周書壹文帝紀叁陸段永傳皆稱婁昭爲匹婁昭。侯景謂高澄爲鮮卑小兒。(北史叁齊高祖紀)隋書五行志上亦言『齊氏出自陰山』。王鳴盛十七史商榷陸捌高允與神武爲近屬條謂允旣是歡五世內從祖,而歡貴之後無所追崇,疑史有亡佚。案今本北齊書神武紀出於北史,李延壽敍魏周隋俱詳其先世,於齊則自六世祖隱晉玄菟太守敍起,蓋示缺疑之旨。魏收魏書修於齊世,故淦附高氏祖先世系。考北齊書貳壹高乾兄弟傳稱其渤海蓨人,山東豪右,爲州里所宗敎。而齊神武與乾兄弟間乃全不見宗室戚屬之關係。北史叁壹高乾傳,載神武呼乾爲叔父,昂傳載神武使子澄以子孫禮見敖曹,與宇文黑獺自稱王氏甥,目王褒王克爲舅氏事絕相似。(周書肆壹王褒傳)故高歡之任領民酋長或以其本非漢人與?焦氏係中華固有之姓,然焦延昌造象碑有『父拔拔……祖母呼延……母呼延……』之文,似亦不可必其爲漢族。魏顯祖嬪侯骨氏墓志稱『祖侯万斤第一品大酋長』,疑亦第一領民酋長也。

魏齊時又有所謂領民都將,領民都督者:

司馬子如屈跡雲中主簿,大行台爾朱梁郡王……假中堅將軍領民都將。(墓志)

步大汗薩父居,龍驤將軍領民別將。……兆敗,薩以所部降高祖。……元象中……累遷臨川領民大都督。(北齊書貳拾本傳)

武威牒舍樂少從爾朱榮爲軍主,統軍,後西河領民都督。[永熙二年]爾朱兆敗,率衆歸高祖。(北齊書貳拾慕容儼傳)

石信樂陵厭次人也。……又除使持節……秦州刺史領民都督。轉除三泉領民都督……俄除馬邑總管領民都督。(墓志)

傅伏太安人也。以戰功稍至開府永橋領民大都督。(北齊書肆壹本傳)

領民酋長之『民』本指各酋長所統部落,言其領於酋長,不同編民也。魏正光以後北鎮擾亂,北人或隨破六韓拔陵杜洛周輩侵掠,或避難流徙,展轉南出。稽胡劉蠡升之稱天子於雲陽,亦驅恆代之人入南。然其中固不盡未同編民之部落,頗有鮮卑及中原豪族之久戍邊鄙者。於是酋長之號不盡適用,而有領民大都督暨都督之稱,猶領民酋長有第一二三之別。都將別將云者,疑又在都督之次,若酋長之下有庶長與？

北齊書拾柒斛律金傳：

〔普泰二年十一月〕高祖南攻鄴，留金守信都，領恆雲燕朔顯六州大都督，委以後事。

錢大昕廿二史考異叁壹北齊書斛律金傳條：

此六州卽神武所領六鎮兵，………但六州之名尚少其一，史有脫文，蓋脫蔚州也。

據北齊書拾捌孫騰傳：

〔普泰二年十月〕遂立中興主，除侍中，尋加使持節六州流民大都督北道大行台。高祖進軍於鄴，初留段榮守信都，尋遣榮鎮中山，仍令騰居守。

知斛律金所領六州大都督卽是孫騰之六州流民大都督，與領民都督同其性質。當時高祖之根據地爲信都，初與此六州之地無涉。六州大都督乃領流民，非如都督幾州諸軍事之比。（高祖征鄴後二人並領，抑止金領之，則不可考）。更考北齊書貳肆孫搴傳：

〔興和初齊世宗入鄴輔政〕，時又大括燕恆雲朔顯蔚二夏州高平平涼之民，以爲軍士。逃隱者身及主人三長守令罪以大辟，沒入其家。於是所獲甚衆。

錢氏謂斛律金傳脫蔚州者信不誣。傳云罪及『主人』，知其指北邊諸州流亡南下，寄居東魏境內之人而言。蓋北鎮兵人自葛榮敗後一部分入於爾朱氏，又由爾朱兆割配於高歡。但葛榮敗後散居南境，而未編軍籍者甚多，故興和時高澄復搜招之也。所謂六州非盡六鎮後身，亦不顯指此六州之人而言。六州流民大都督者，總領北人流民，自有六鎮而以六州兩字統括之耳。錢氏謂六州卽神武所領六鎮兵，未免失之於固。人在內。濱口重國氏東魏之兵制一文（東洋學報第廿四卷第一號）論高氏得力於六鎮兵人，其說自是，而釋六州亦未得眞諦也。其後或全舉言六州領民都督，或止言六州，於是此二字遂成熟語。如北史柒齊顯祖紀：

天保元年夏五月改元，百官進兩大階，六州緣邊職人三大階。

謂六州人之戍邊者，非謂緣邊六州也。北史伍伍唐邕傳：

〔河清中〕又奏河陽晉州與周連境，請於河陽懷州永橋義寧烏籍各徙六州軍人幷家，立軍府安置，以備機急之用，［武成］帝從之。

據前引之北齊書肆壹傳伏傳：

以戰功稍至開府永橋領民大都督。周（當據北史伍叁補武字）帝前攻河陰，伏自橋夜渡，入守中潬城。（通鑑壹柒貳省稱永橋大都督）。

中潬卽河陽三城之一。周武攻河陰在建德四年，當齊後主武平六年，在唐邕建議之後。則傅伏之領民大都督，卽領於永橋之六州軍人。六州指北人，而領民云者卽領北人。龍藏寺碑有『六州領民都督』則全舉之也。

上文所列領民酋長之官大抵在北魏東魏之世，北齊只斛律氏父子一二人耳。然六州領民都督（每簡稱六州都督）則東魏北齊皆數見不鮮。

趙郡王琛永熙二年除使持節都督定州刺史六州大都督。……高祖將謀內討，以晉陽根本，召琛留掌後事，以爲幷肆汾州大行台僕射六州九酋長大都督，其相府事琛悉決之。（北齊書拾叁本傳）

清河王岳天平二年除使持節六州大都督冀州大中正。俄拜京畿大都督，其六州事俱詣京畿。時高祖統務晉陽，岳與侍中孫騰等在京師輔政。（北齊書拾叁本傳）

獨孤永業［武定中］被簡擢補定州六州都督，宿衞晉陽。(北齊書肆壹本傳)

趙道德世宗嗣業……加中軍將軍行定州六州，又加鎭東將軍。……尋授持節南營州諸軍事南營州刺史，……加英雄城六州大都督。大寧初除儀同三司，又授定州六州都督定州中軍都督。（墓志）

趙郡王叡天保二年出爲定州刺史，加撫軍將軍六州大都督。……六年詔叡領山東兵數萬監築長城。（北齊書拾叁本傳）

段韶天保三年爲冀州刺史六州大都督。（北齊書拾陸本傳）

北齊常山義七級碑云，常山太守六州大都督儀同三司綦連公以天保九年造浮圖（集古錄跋尾肆）

馮翊王潤［爲］定州刺史。……開府王迴洛與六州大都督獨孤枝侵竊官田，受納賄賂，潤按舉其事。（北齊書拾本傳）

趙起天統二年除滄州刺史，加六州都督。（北齊書貳伍本傳）

前常山六州領民都督內邸縣散伯叱李顯和。（龍藏寺碑碑陰題名 。 碑建於隋，題名官銜則是北齊）。

据以上所引史文，定冀滄州南營州（治英雄城）刺史常山太守皆可兼六州都督。其專任此職者，如獨孤永業趙道德，皆曰［定州六州］，是亦駐於定州。馮翊王潤爲定州刺史按舉六州大都督獨孤枝，以在其管內也。蓋山東河北之冀定滄瀛諸州本較幷肆一帶爲肥腴，魏太宗時京師民飢，分民詣山東三州就食，出倉穀以廪之。（魏書叁本紀，叁伍崔浩傳）元暉上書論政要，一則曰：『河北數州國之基本』。再則曰：『國之資儲唯藉河北』。（魏書拾伍本傳）長孫稚亦謂『冀定二州日亡且亂，常調之絹不復可收。仰惟府庫有出無入，必須經綸，出入相補。……略論鹽稅一年之中準絹而言猶不應減三十萬匹也。便是移冀定二州於畿甸』。（魏書貳伍本傳）正光五年破六韓拔陵反，孝昌元年大爲蠕蠕主阿那瓌所破。北史拾陸廣陽王深傳：

拔陵避蠕蠕南移渡河。先是別將李叔仁以拔陵來逼，請求迎援，深赴之。前後降附廿萬人。深與行台元纂表求恆州北別立郡縣，安置降戶。隨宜賑賚，息其亂心。不從，詔遣黃門侍郎楊賡（當作昱）分散之於冀定瀛三州就食。深謂纂曰：此輩復爲乞活矣。謂亂當由此作。既而鮮于修禮叛於定州，杜洛周反於幽州。

魏書伍捌楊昱傳：

孝昌初……時北鎮飢民廿餘萬，詔昱爲使，分散於冀定瀛三州就食。

又陸捌甄楷傳：

肅宗末定州刺史廣陽王淵被徵還朝，時楷丁憂在鄉，淵臨發召楷不（北史無此不字，是也）。兼長史，委以州任。尋值鮮于修禮毛普賢等率北鎮流民反於州西北之左人城，屠村掠野，引向州城。州城之內先有燕恆雲三州避難之戶，皆依傍市鄽，草廬攢住。修禮等聲云欲收此輩，共爲舉動。……楷見人情不安，慮有變起，乃收州（州上當從北史肆拾補三字）。人中粗豪者皆殺之。以威外賊，固城民之心。……後修禮等忿楷屠害北人，遂掘其父墓。

又伍捌楊津傳：

時賊帥薛修禮（當卽鮮于修禮）杜洛周殘掠［定］州境，［州城］孤城獨立，在兩寇之間。……津與賊帥元洪業……等書曉諭之。……復書云：……又賊欲圍城，正爲取北人耳。城中所有北人必須盡殺。公若置之，必縱敵爲患矣。願公察之。津以城內北人雖是惡黨，然掌握中物，未忍便殺，但收納子城防禁而已。

蓋其初朝廷徙降戶就食於肥沃之地，而後杜洛周等爲侵掠計，亦自北漸南入冀定，故山東河北北人最多。（瀛冀等河北諸州人於是南渡河以避難，居青兗諸州。邢杲以河北人在河南爲土人凌忽，遂因以作亂。見魏書拾肆元天穆傳，柒貳陽𤦂傳路思令傳，北齊書貳叁魏蘭根傳）。此六州都督所以盡在冀定一帶乎？唐邕奏徙六州軍人於西境，亦足見其原在東方也。

北人之西入幷肆大抵在葛榮爲爾朱榮所破以後，更隸齊高祖而東出。北史捌柒鄧珍傳：

孝昌中六鎮兵起，珍遂從杜洛周賊。洛周爲葛榮所吞，珍入榮軍。榮爲爾朱榮所破，珍與其餘黨俱徙井州，從齊神武出山東。

其行蹤可爲一般北人之代表。北史齊高祖紀言葛榮之衆流入幷肆者廿餘萬，大小廿六反，誅夷者半。似山東北人盡已西行，其實不然。魏書柒肆爾朱榮傳：

於是擒「葛」榮，餘衆悉降。榮以賊徒既衆，若卽分割，恐其疑懼，或更結聚，乃普告勒，各從所樂。親屬所隨，任所居止。於是羣情喜悅，數十萬衆一朝散盡。待出百里之外，乃始分道押領，隨便安置，咸得其宜。擢其渠帥，量才授用，新附者咸安。

雖或伯起有爲爾朱作佳傳之嫌，此文所述似非溢美。則廿萬衆入幷肆之言未盡可信。魏書柒伍爾朱兆傳止言『分三州六鎮之人』於高歡。北齊書貳拾慕容紹宗傳亦只言『遂割鮮卑隸高祖』，不言人數，北史高祖紀記韓陵之戰『馬不滿二千，步兵不至三萬』。北史叄陸薛孝通傳孝通說賀拔岳亦云『高王以數千鮮卑破爾朱百萬之衆，其鋒誠亦難敵』。又較高祖紀所記爲少。若果有廿萬衆，則雖誅夷者半，兆割於歡者亦不應止於此數。濱口重國狃於此文，遂謂北人多在幷肆汾三州，非也。

領民酋長由部落酋長衍爲不領部落之虛號，更由領民酋長之虛號蛻變而爲領民都督，專領北人。逮「六州」兩字成北人之代表，於是六州領民都督更省爲六州都督，此上文所推論之大要也。魏書官氏志：

永安已後遠近多事，置京畿大都督。復立州都督，俱總軍人。天平四年夏罷六州都督，悉隸京畿。其京畿大都督仍不改焉。立府置佐。

前引北齊書清河王岳傳『六州事俱詣京畿』之言，當即指此，是天平四年夏以後京畿大都督又爲六州都督之後身，統領北人宿衞京畿。地形志上恆朔雲蔚顯廓武西夏寧靈等州後云：

前自恆州已下十州永安以後禁旅所出，戶口之數並不得知。

『禁旅所出』之語正足說明京畿大都督所統宿衞軍兵之性質。此諸州皆朔陲邊防重地『良家酋帥』夙所駐屯，亦即六鎭之所在也。隋書貳肆食貨志：

尋而六鎭擾亂，相率內徙，寓食於齊晉之郊。（通鑑壹伍捌用此文。胡注齊晉直謂春秋列國大界）。齊神武因之以成大業。魏武西遷，連年戰爭，河洛之間又並空竭。天平元年遷都於鄴，出粟一百三十萬石以振貧人。是時六坊之衆從武帝而西者不能萬人，餘皆北徙。……及文宣受禪，多所創革。六坊之內徙者更加簡練，每一人必當百人。任其臨陣必死，然後取之。謂之百保鮮卑。又簡華人之勇力絕倫者，謂之勇夫，以備邊要。

『六坊之衆』自是北人，亦卽所謂『六州』。謂之『六坊』者，疑六州軍人及家屬羣居其地，遂曰六坊。猶吳人所居遂名吳人坊，（洛陽伽藍記卷貳景寧寺條）上黨人居晉陽者號上黨坊（北齊書壹神武紀上）之比歟。

隋書百官志中紀齊制有：

流內比視官十三等：第一領人（唐人諱民而改，下同）。酋長視從第三品，第一不領人酋長視第四品；第二領人酋長，第一領人庶長視從第四品；諸州大中正，第二不領人酋長，第一不領人庶長視第五品；諸州中正，畿郡邑中正，第三領人酋長，第二領人庶長視從第五品；第三不領人酋長，第二不領人庶長視第六品；第三領人庶長視從第六品；第三不領人庶長視第七品。

領民與不領民之別不見諸史，未敢妄說。詔書有酋庶之稱，紀傳中則無授領民庶長之號者，亦不能與志文相印證也。通典拾玖歷代官制要略官品條：

隋……又置視正二品至九品，品各有從。自行台尙書令始焉，謂之視流內。

視流內自此始。

一良案隋志既言齊制有流內比視官十三等，則君卿始於隋之說非是。實乃肇於北魏，北齊又因魏制耳。九品之分自魏始，官氏志只言『勳品流外位卑不載』。（通典拾玖『大唐……又置勳品九品，……謂之流外。流外自此始』。自注云：『勳品自齊梁卽有之』，而不及齊隋所承襲之北魏，何也）？而不及視品。魏書刑法志：

舊制直閣直後直齋武官隊主隊副等以比視官，至於犯譴不得除罪。尙書令任城王澄奏：案諸州中正亦非品令所載，又無祿恤，先朝以來皆得當刑。直閣等禁直上下，有宿衞之勤，理不應異。靈太后令準中正。

是魏有比視官之證。澄所謂品令當卽太和末所定，世宗時頒行者。檢官氏志此令中果不列中正。隋志齊制中正在比視官十三等中，亦與澄言相應。然澄止言『中正亦非品令所載』，未言直閣等與中正同爲比視官。且直閣等以比視官不得除罪，中正獨得當刑，適足見其與直閣等不同。或者魏世中正原非比視官，至齊始與其列。隋志雖言後齊制官多循後魏，刑法志之文未足證齊制比視官十三等之沿襲後魏。魏世領民酋長之或爲比視官，亦祇能如中正姑想其或然，不敢斷言也。唐代亦有視品官，其待遇大致與正官同，唯視六品以下蔭親及選授之法有異。（參看唐律疏議名例貳以理去官條，通典柒食貨柒，拾五選舉叁，舊唐書肆伍輿服志等）。開元廢視品，唯存薩寶府薩寶祆正等數職，見舊唐書肆貳職官志及通典肆拾所載開元廿五年制定之大唐官品。薩寶二字爲梵語 Sārthavāha 之譯音，義爲隊商首領，伯希和等已考定之。隋書百官志中記齊鴻臚寺屬官有京邑薩甫二人，諸州薩甫一人。記隋制又言『雍州薩保視從七品』，『諸州胡二百戶以上薩保視正九品』。皆薩寶之異譯。比官實以綰理居留境內之商胡爲主，故取商主之梵名薩寶二字爲官名，不僅司祆廟之祭祀而已。唐宋時代薩寶府官皆以胡人充，而列於視品，與領民酋長之爲視品可相比照也。

李蒓客跋劉懿墓志（越縵堂文集柒）言『當時有領兵酋長治民酋長』，不知何所據。其桃花聖解盦日記癸集第二集光緒四年十一月初三日記辨金石萃編之疏漏亦云：『如北朝有領民酋長，領兵酋長，屢見魏齊周隋之書而不能記』。實則北朝史書絕未見所謂領兵酋長之名。劉師培跋北齊道能造象柘本（左厂集陸）謂：『其曰第一鎮民酋長者，鎮卽六鎮之一。……元魏六鎮因處漠南降民而設，故『庫狄』干爲領民酋長』。案造象記似無誤領爲鎮之理，或其字漫漶，劉氏誤釋。或者當事領民酋長亦稱鎮民酋長。而鎮字不指六鎮，則可斷言也。北齊書神武紀言『累遷第三鎮人酋長，……［普泰元年］三月［爾朱度律］乃白節閔帝封神武爲渤海王。……又加授東道大行台第一鎮人酋長。龐蒼鷹自太原來奔，神武以爲行台郎，尋以爲安州刺史』。案北齊書出自北史，鎮乃領之誤，人則避唐諱也。或謂神武世居懷朔，卽紀中之第三鎮，龐蒼鷹則爲第一鎮人，故第一鎮人酋長。其實北史北齊書神武紀之『第一領人酋長』六字當屬上讀，乃節閔帝加於齊神武之官。（神武自第三領民酋長遷第一，猶斛律金之由第二轉第一也）。魏書拾壹前廢帝廣陵王紀及通鑑壹伍伍梁中大通三年記普泰元年神武拜官，俱不及第一領民酋長，後人遂以爲疑耳。北齊書壹玖蔡儁傳記蒼鷹事云：『高祖之牧晉州，引爲兼治中從事，行義寧郡事，及義旗建，蒼鷹乃棄家間行歸高祖，高祖以爲兼行台倉部郎中』。是蒼鷹時官甚卑微，魏帝無授以第一酋長之理。且蒼鷹亦非六鎮人也。北史陸齊神武紀：『復從「爾朱」榮徙據幷州，抵揚州，邑人龐蒼鷹止團焦中。……及得志，以宅爲第。』魏置揚州於壽春，梁書武帝紀普通七年十一月克壽陽城，以壽春置豫州，太清元年以爲南豫州。普通七年當孝昌二年，卽地形志所謂孝昌中陷，此時揚州已不屬魏矣。且使尙屬魏，準之地望，爾朱榮自秀容南徙幷州，決無抵揚州之理。於是錢竹汀爲之說曰：

> 此揚州縣名，在幷州界中。高孝緒封揚州縣開國公，卽此。「自注」：神武從兄子永樂太昌初封陽州縣伯，進爵爲公。（廿二史考異叁捌）

一良案：錢說非也。魏有陽周縣，屬豳州趙興郡，見地形志。當今甘肅寧縣東。陽周可通作陽州。周還貳捌權景宣附郭賢傳『趙興陽州人也』。猶魏書武周酈道元之作武州。高孝緒高永樂所封皆是此縣。（北史伍壹，北齊書拾肆）永樂太昌初封，從兄子孝緒襲爵。東魏已不能有豳州之地，然當時東西分立，封爵只取其號，固不必有實土。周保定二年三月詔言：『寇難猶梗，九州未一。文武之官立功效者雖錫以茅土，而未及租賦』。（周書伍高祖紀）蓋北周北齊皆有此種現象，東魏雖不有其地，亦無害於永樂父子之封於陽周。錢氏在幷之說實爲無稽，至於神武紀之揚州原係誤字，並與此陽周無干。北齊書拾玖蔡儁傳明言『太原龐蒼鷹有先知之鑒』。又言『蒼鷹交游豪俠，厚待賓旅，居於州城。高祖客其舍，初居處於蝸牛廬中』。取此傳與神武紀相比較，知神武紀之揚州兩字蓋是晉陽之誤。邑人之謂太原縣，居州城乃晉陽城也。神武紀史文易滋誤解，故爲辨析之。圍焦一語王西莊有說，見十七史商榷陸陸，茲不贅。

附記

此在研究所時舊稿也。棄置行篋忽忽十載。返國後卜居故都之西郊，幸得復侍寅恪先生從容講論。因出此文就正，篇中論京畿大都督與六州都督之關鍵及六坊一詞之推論皆先生說也。附記於此，以誌心感。

出自第二十本上(一九四八年六月)

唐宋政府歲入與貨幣經濟的關係

全　漢　昇

一　引言

中國社會發展到了唐（618—906）中葉左右，自漢末以來約共五百多年佔優勢的自然經濟漸漸衰微，代之而起的是貨幣經濟。（註一）這一股貨幣經濟的大潮流，在中唐以後漸漸增長勢力，而且並沒有因爲政治上的改朝換代而被阻壓着，到了宋代（960—1279）更加特別向前發展，

說到自唐至宋貨幣經濟發展的趨勢，我們本來可以像從前研究中古自然經濟那樣從多方面來觀察。不過這件工作如果做起來，牽連的問題未免太多，並不是這一篇論文可以包容得下；故作者現在打算將就史料搜集的方便，專從國家財政收入方面來作一個考察。同時，作者還要特別聲明：這裏所指的宋代，以北宋（960—1127）爲限，暫時不把南宋（1127—1279）包括在內。還有兩個原因：（1）在領土方面，北宋雖因軍事勢力的遠遜於唐，面積比較的小，但大體上與唐同樣是一個大一統的帝國，故把兩者的歲入互相比較，自然較有意義。可是，北宋以後，中國北部給金人佔領了去，南宋只保存半壁河山，其政府歲收自然較小，從而不便拿來與唐及北宋互相比較。（2）就貨幣方面說，唐及北宋同樣以使用銅錢爲主——北宋自眞宗年間（998—1022）以後，紙幣（交子）雖然已經使用，但流通的範圍不

（註一）拙著中古自然經濟，中央研究院歷史語言研究所集刊第十本第一分。

廣，其數額也很有限。後來到了南宋，銅錢雖然仍舊使用，但紙幣（關子、會子）流通的區域卻普遍於各地，其發行額也遠較北宋爲多。尤其南宋自中葉（開禧年間，1205—8）以後，發生了通貨膨脹的問題，貨幣價值常常動搖。（註一）所以我們如果把南宋歲入來與唐及北宋比較，由於貨幣價值的懸殊，並沒有多少意義。

二 唐代的歲入

由於有關史料的缺乏，我們現在不能考查出自開國以來唐代政府每年財政收入的數量。唐代歲入的數字，現在保存得較早的，屬於天寶八年（749—750）。這時正承開元年間（713—742）武功彪炳之後，是唐代政治史上的黃金時代，國勢登峯造極，故歲入的數字也大於唐代二百八十多年中的任何年份。當日政府的收入以租、庸、調、地稅及戶稅爲主，牠因此而每年得到的錢、粟、絹、綿、布約共五千二百三十餘萬貫、石、疋、屯、端。（註二）茲分別列表如下：

第一表 天寶八年歲入額

種類	數量	單位
錢	2,000,000+	貫
粟	25,000,000+	石
絹	7,400,000+	匹
綿	1,850,000+	屯
	或11,100,000+	兩
布	16,050,000+	端

因爲歲入中錢幣與各種物品的單位和價値的不同，根據這個表我們無從看出當日政府歲收中錢幣與實物的比重。幸而通典作者杜佑告訴我們：當日戶稅所收的錢，約爲租、庸、調所收實物的二三十分之一。故我們如果把上表中粟的數量約略減去一半，即減去因徵收地稅而得到的一千二百四十餘萬石，那末，錢幣收入便約佔表中其餘一切實物收入的二三十分一，即百分之三點三至百分之五。（註三）由此可知，

（註一）拙著宋末通貨膨脹及其對於物價的影響，集刊第十本第二分。

（註二）通典卷六註文云，『准令，布帛皆闊尺八寸長四丈爲疋。布五丈爲端。綿六兩爲屯。』

（註三）數年前作者寫中古自然經濟一文時，沒有注意到表中的各種實物，除得自租、庸、調外，還有一部份來自地稅，結果沒有把地稅所收的粟減去，誤說錢的收入佔總收入的二三十分一，未免過於疏忽。茲特更正。

唐代在中葉以前的國家歲入中，絕大部份以穀粟及布帛等實物爲主，錢幣只在其中佔據一個極不重要的地位。

第一表是根據下引通典卷六的記載作成的：

> 天寶中（册府元龜作八載），天下計帳戶約有八百九十餘萬：其稅錢約得二百餘萬貫，其地稅約得千二百四十餘萬石。課丁八百二十餘萬，其庸、調、租等：約出絲綿郡縣計三百七十餘萬丁，庸調輸絹約七百四十餘萬疋，綿則百八十五萬餘屯，租粟則七百四十餘萬石；約出布郡縣計四百五十餘萬丁，庸調輸布約千三十五萬餘端，其租約百九十餘萬丁，江南郡縣，折納布約五百十餘萬端，二百六十餘萬丁，江北郡縣，納粟約五百二十餘萬石。大凡都計租、稅、庸、調每歲錢、粟、絹、綿、布約得五千二百二（元龜作三）十餘萬端、疋、屯、貫、石。（註一）

關於在這些歲入中錢幣與實物的比重，通典卷七說：

> 舊制：百姓供公上，計丁定庸、調及租。其稅戶雖兼出王公以下，比之二三十分唯一耳。

按稅戶『即戶稅』，又名『稅錢』，是天寶年間專以錢幣繳納的一種稅。

天寶末年（755），安史之亂在河北爆發，漫延到北方各地，直到代宗廣德元年（763）初纔告平定。經過這次長期的內戰，國家每年的財政收入發生很大的變動。由於戰爭的破壞，安史亂後政府歲入的總額自然要大爲減小；從此以後直到唐末，中間雖然略有增加，可是再也趕不上像天寶年間那樣龐大的數目。同時，隨着當日貨幣經濟和自然經濟勢力的互相消長，歲入的內容也表現出激劇的變化，即實物的數量漸漸減小，貨幣的收入則較前增加。例如在寶應元年（762—3），代宗初即位時，歲入纔四百萬貫。其後，由於劉晏理財的得法，到了大曆十四年（779—780），即代宗死的那一年，歲入增加到一千二百萬貫。及德宗建中元年（780—1），隨着楊炎兩稅法的實行，歲入爲錢一千八十九萬八千餘貫，穀二百一十五萬七千餘石，此外還有約數百萬緡的鹽利。自然，這裏說的因徵收兩稅而得到的錢數，人民並不完全以錢幣繳納，其中一部分是拿布帛等實物來折納的。再過二十多年，

（註一）册府元龜卷四八七略同。

到了憲宗元和二年(807—8),政府每年的收入大爲增加,共爲三千五百一十五萬一千二百二十八貫、石。這個數額的歲入,一直維持到文宗開成初(836—7),那一年的歲收仍有三千五百餘萬。再往後,到了宣宗大中六七年間(852—4),歲入的銅錢減爲九百二十五萬餘緡,此外大約還有一些實物。由此可知,唐自中葉以後,國家歲入的錢幣着實大爲增加,雖然歲入的總額並沒有像從前天寶年間那麼大。

第二表 唐代歲入額

年代	數量	單位	種類
天寶八年(749—750)	52,300,000+	貫、石、疋、屯、端	錢、粟、絹、綿、布
建中元年(780—1)	13,056,070(註一)	貫、石	錢、穀
元和二年(807—8)	35,151,228	貫、石	錢、穀
開成初 (836—7)	35,000,000+	貫、石	錢、穀

第三表 唐代歲入錢數

年代	數量(單位貫)
天寶八年(749—750)	2,000,000+
寶應元年(762—3)	4,000,000
大曆十四年(779—780)	12,000,000
建中元年(780—1)	10,898,000+(註一)
大中六、七年(852—4)	9,250,000+

關於代宗初卽位時及末年的歲入錢數,資治通鑑卷二二六建中元年七月己丑條說:

(劉)晏始爲轉運使時,(註二)……其初財賦歲入不過四百萬。季年乃千餘萬緡。

又唐會要卷八七說:

大曆末,通天下之財,而計其所入,總一千二百萬貫,而鹽利過半。(註三)

(註一)須再加上約數百萬貫的鹽利。

(註二)事在寶應元年(762)六月。見通鑑卷二二二。

(註三)舊唐書卷四九食貨志,卷一二三劉晏傳,新唐書卷五四食貨志,卷一四九劉晏傳略同。

其次，關於建中元年的歲入，册府元龜卷四八八說：

是年（建中元年）天下兩稅……賦入一千三百五萬六千七十貫斛。鹽利不在焉。（註一）

這裏說『鹽利不在焉』，可見要在兩稅收入的數字上再加入約數百萬貫的鹽利，纔是建中元年的收入總額。對於這一年的收入，通鑑卷二二六建中元年條把錢穀兩項數字分開來寫，更覺清楚：

天下稅戶三百八萬五千七十六，……稅錢一千八十九萬八千餘緡，穀二百一十五萬七千餘斛。

關於建中元年兩稅的收入，新唐書卷五二食貨志所載卻遠較上述數目為大：

至德宗相楊炎，遂作兩稅法。……歲斂錢二千五十餘萬緡，米四百萬斛，以供外；錢九百五十餘萬緡，米千六百餘萬斛，以供京師。

根據這個記載，錢約為上述數字的三倍，穀米約為上述數字的十倍，其中恐有錯誤。這可分開三點來說：

（1）在建中元年的前一年，卽大曆十四年，歲入為一千二百萬緡，連新唐書本身也是這樣說的：

至大曆末，（鹽利）六百餘萬緡。天下之賦，鹽利居半。（卷五四食貨志）

計歲入千二百萬，而榷居太半。（卷一四九劉晏傳）

而建中元年實行兩稅法時所定的稅數，是根據大曆十四年的收入額而按照戶的等第的高下來徵收的：

其田畝之稅，率以大曆十四年墾田之數為准，而均徵之。（新唐書卷一四五楊炎傳）

建中元年……二月十一日起請條：請令黜陟觀察使及州縣長官，據舊徵稅數，及人戶土客，定等第錢數多少，為夏秋兩稅。（唐會要卷八三）

因此，建中元年的稅收應該和大曆十四年相差不遠纔對。可是，上引新唐書食貨志所載建中元年的收入卻遠較同書所載大曆十四年的歲入為大，其中顯然有誤。

（註一）舊唐書卷一二德宗紀略同。

（2）據通鑑卷二四九大中七年十二月條，在大中六年到七年（852—854），全國每年收到『五百五十萬餘緡租稅』。所謂『租稅』，自然以兩稅爲主。這時按等第徵收的戶數較初定兩稅時約增加一百萬以上，（註一）就是其中一部分因爲以實物折納，不包括在內，稅錢也不應該比建中元年相差太遠。因此，我們如果說，兩稅稅錢在建中元年爲一千萬緡多點，及大中年間則減爲五百餘萬緡，還可以說得過去；可是，如果根據新唐書食貨志的記載說建中元年稅錢爲三千餘萬緡，及大中年間則銳減五百餘萬緡，那就太不近情理了。

（3）還有一點，在北宋初年一般人心目中的唐代歲入，不過是八百餘萬緡左右。李心傳建炎以來朝野雜記甲集卷一四國初至紹熙天下歲收數說：

國朝（宋）混一之初，天下歲入緡錢千六百餘萬。太宗皇帝以爲極盛，兩倍唐室矣。（註二）

宋初離唐不遠，宋太宗這一句話，絕不是毫無根據的。當然，他這句宋初歲入兩倍唐室的話，也只是很概括的說法；像大曆十四年的歲入一千二百萬貫，比他所計算的略高一些，我們自然不必過於拘泥。但像新唐書食貨志的三千萬貫有多的說法，和宋太宗的計算實在相差太遠，未免令人發生疑問了。

據作者觀察，新唐書食貨志的話大約是抄自通典卷六的註文，再略加改竄而成的。通典卷六註文說：

建中初，又罷轉運使，復歸度支，分命黜陟使往諸道收戶口及錢穀名數。每歲天下共斂三千餘萬貫，其二千五十餘萬貫以供外費，九百五十餘萬貫供京師；稅米麥共千六百餘萬石，其二百餘萬石供京師，千四百萬石給充外費。

通典上記載的建中元年的稅錢數目，與新唐書食貨志一樣，其可疑之點上面已經說過了。至於當日兩稅所收的穀物數量，據通典爲一千六百餘萬石，據新唐書則爲二千餘萬石。這兩個數字雖然不盡相同，但都遠較通鑑上說的二百餘萬

（註一）在大中之前的會昌年間（841—7），據唐會要卷八四，戶數爲 4,955,151，而建中元年則一共不過 3,085,076。

（註二）玉海卷一八六，章如愚山堂先生羣書考索續集卷四五宋朝財用所載紹興（1131—1163）中鄭湜劄子略同。

石為多，究竟那一個比較對呢？為着解決這個問題，我們最好把在此以前和以後的因徵稅而得的穀物數量和這些數字比較一下。在此以前的天寶八年，因徵收地稅及租（註一）而得的粟為二千五百萬石；在此以後的北宋，其兩稅所收的穀物每年也有千多二千萬石，有時更略多一些。（註二）由此推測，新唐書及通典所載兩稅穀物數量，既然和在此以前的天寶年間及在此以後的北宋的數字比較接近，或者較通鑑所載為近似事實，也未可知——自然，其分配於中央與地方的情形並不盡如新唐書上所說。

關於建中元年兩稅所收錢穀的數量，已如前述。這裏我們還要注意的：當日的稅錢並不完全用錢來繳納。其中有一部分是可用布帛等實物來繳納的。例如陸贄陸宣公翰苑集卷二二均節賦稅卹百姓六條說：

定稅（兩稅）之數，皆計緡錢。納稅之時，多配綾絹。

及元和六年二月，政府更規定兩稅『所納見錢，仍許兩分之中，量徵二分，餘三分兼納實估匹段』。（註三）所以安史亂後政府歲入中的錢數，表面上雖較以前增多好幾倍，（註四）事實上因為以實物折納的的關係，恐怕要比較少些。

建中元年以後，到了元和二年（807—8），歲入為三千五百餘萬貫石。通鑑卷二三七元和二年註說：

宋白曰：（元和）國計簿比較數，天寶州郡三百一十五，元和見管總二百九十九，比較天寶應供稅州郡計少九十七。天寶戶總八百三十八萬五千二百二十三，元和見在戶總二百四十四萬二百五十四，比較天寶數，稅戶通計少（五）百九十四萬四千六百九十九。天寶租、稅、庸、調每年計錢、粟、絹、布、絲綿約五千二百三十餘萬端、疋、屯、貫、石。元和兩稅、榷酒、斛㪷、鹽利、茶利總三千五百一十五萬一千二百二十八貫、石。比較天寶所

（註一）兩稅的前身為徵收穀物的地稅和租，徵收布帛的庸、調，及徵收錢幣的戶稅等。參考鞠清遠唐代的兩稅法，國立北京大學社會科學季刊第六卷第三期。

（註二）參看第十二表。

（註三）唐會要卷八三，册府元龜卷四八八。

（註四）上面我們採取通鑑的記載，說建中元年的稅錢為一千零八十九萬八千餘貫，而天寶八年的錢幣收入則為二百餘萬貫。如加上約數百萬貫的鹽利，前者的歲入錢數自然更多。

入賦稅，計少一千七百一十四萬八千七百七十貫、石。

這個歲入的數字，到開成元年(836—7)還沒有多少改變。舊唐書卷一七下文宗紀載開成二年正月

庚寅，戶部侍郎判度支王彥威進所撰供軍圖，略序曰，『……今計天下租賦一歲所入，總不過三千五百餘萬。……』(註一)

其後，到了大中六、七年(852—4)，歲入錢數為九百餘萬貫。通鑑卷二四九載大中七年十二月，

度支奏，『自河湟平(註二)，每歲天下所納錢九百二十五萬餘緡，內五百五十萬餘緡租稅，八十二萬餘緡榷酤，二百七十八萬餘緡鹽利。』

這段文字緊跟着的註文說：

考異曰：續皇王寶運錄具載是歲度支收支之數，舛錯不可曉。今特存其可曉者。

可見當年政府的歲入，除卻九百餘萬貫的錢以外，大約還有其他實物的；不過因為司馬光撰通鑑時，他所看見的材料已經不大完備，故沒有保存下來。又新唐書卷五二食貨志亦載大中年間的歲入云：

宣宗既復河湟，天下兩稅、榷酒、茶、鹽錢，歲入九百二十二萬緡。歲之常費，率少三百餘萬，有司遠取後年乃濟。

這裏說歲入錢九百餘萬貫並不夠用，須再另籌三百餘萬貫纔成；可知唐中葉以後歲入錢數須達一千二百萬貫左右，纔能滿足開支的需要。

為什麼唐代政府自安史亂後的歲入，其總額雖較前減少，錢數卻反為增多？為着要解答這個問題，我們最好看看唐中葉以後租稅制度的變化。原來唐自安史亂後，隨着兩稅法的實行，政府每年收到的錢幣已遠較天寶年間的二百餘萬貫為多。約在這時的前後，政府又開始實施鹽、酒的專賣制度，以後每年因徵收專賣利益而得的錢幣也很多。尤其是鹽的專賣，由於劉晏的努力，其專賣利益激劇增加。在他二十

(註一)新唐書卷一六四王彥威傳，册府元龜卷四八六略同。文中所舉數字，雖然沒有說明用的是那種單位，但由於上引通鑑的註文，我們可以推知是用『貫、石』作單位的。

(註二)事在大中五年(851)十月，見通鑑卷二四九。

年左右的理財任內（760--780），政府因鹽利而得到的錢數，增加十倍有多。其後到了元和年間（806—821），再加以李巽的處理得法，鹽利更爲加多。

第四表　唐代歲收鹽利

年代	錢數（單位貫）	根據材料
上元元年（760—1）（註一）	600,000	新唐書卷五四食貨志，唐會要卷八七，册府元龜卷四九三
大曆十四年（779—780）	6,000,000+	同上
元和三年（808—9）	7,278,160	册府元龜卷四九三
元和五年（810—1）	6,985,500	同上
元和六年（811—2）	6,859,100	同上
元和七年（812—3）	6,784,400	同上
大中六、七年（852—4）	2,780,000+	通鑑卷二四九

鹽的專賣利益以外，唐室自安史亂後因酒的專賣而得的錢幣也很不少。例如在『大和八年（834--5），……凡天下榷酒，爲錢百五十六萬餘緡。』（註二）其後，到了大中六、七年（852—4），每年酒的專賣收入減爲八十二萬餘緡。（註三）

除鹽、酒的專賣利益外，唐自中葉以後又開始徵收茶稅，於貞元九年（793—4）以後，『歲得錢四十萬緡。』（註四）

安史亂後新成立的稅制和專賣制度，既然給政府增加了不少的錢幣收入，自要令到國家歲入的內容發生變化了。這個變化的特色是：歲入中的錢幣部分遠較安史亂前爲多，實物部分則相反的減少。關於前者，第三表已經表示得很清楚。關於後者，我們可以唐中葉後歲入總額雖然較前減少，（註五）但錢幣部分卻較前增多這一

（註一）各書均言劉晏任職的初年，而不肯定那一年。按劉晏於上元元年（760）五月初爲鹽鐵使，見通鑑卷二二一。

（註二）新唐書卷五四食貨志。

（註三）通鑑卷二四九大中七年十二月條。

（註四）與註二同。

（註五）參看第二表。

事實來加以推測；因為當日國家的歲入不外分爲錢幣和實物兩部分，貨幣的收入增多了，實物的收入自然是要減少的，何況歲入總額又較前減少呢？

由於當日政府歲入內容上的這種變化，我們可以得知唐中葉以後貨幣經濟逐漸抬頭的消息。

三 北宋的歲入

大唐帝國瓦解以後，經過五十餘年的分裂，到了北宋，全國又復統一起來。宋代武力較弱，從而疆域沒有唐代那樣廣闊；可是，由於社會經濟的向前發展，和唐代比較起來，牠的歲入卻表現出進步的特色。

如上述，唐代歲入在天寶年間達到最高峯，其後漸漸減少，但歲入的錢幣部分卻較前增加。到了北宋，國家歲入總額大增，不獨遠勝於中唐以後，就是和盛唐比較起來，也增加了許多。不特如此，歲入中的錢幣部分，又繼續唐代安史之亂以後的趨勢，一天比一天加多；至於歲入中的實物部分，穀物在大體上和唐代相差不多，布帛匹數則銳減，並沒有像歲入錢數那樣作激劇的增加。從這一個角度來看，我們可以知道中國社會在自唐至宋的幾個世紀內，並沒有像一般人所想像的那樣長期停滯不進，因為在這一段期間內，貨幣經濟曾作空前的發展。

關於北宋國家歲入的總額，現在能考見的，約如下表：

第五表 北宋歲入總額

年代	數量	單位	種類	根據材料
咸平六年(1003—4)	60,266,020	貫、石、匹、斤	—	續通鑑長編卷六六，玉海卷一八五
景德三年(1006—7)	63,731,229	同上		同上
景德(1004—8)中	65,603,000	貫、石、匹、兩		包拯包孝肅奏議卷一論冗官財用等
大中祥符八年(1015-6)	73,602,769		錢、帛、糧斛、金、銀、絲、綿、禾草	曾鞏隆平集卷三戶口，續通鑑長編卷八六，玉海卷一八五
天禧五年(1021—2)	150,850,100			宋史卷一七九食貨志
慶曆八年(1048—9)	122,592,900	貫、石、匹、兩		包孝肅奏議卷一論冗官財用等

皇祐元年 (1049－1050)	126,251,964		金、幣、絲、纊、薪、芻等	續通鑑長編卷一七二，宋史卷一七九食貨志，玉海卷一八五，太平治蹟統類卷二九
治平二年 (1065－6)	116,138,405			宋史卷一七九食貨志，玉海卷一八五，文獻通考卷二四

根據這一個表，我們可知北宋政府每年財政的收入，都遠較唐代爲多。唐代最高的歲入總額，不過五千二百三十餘萬（註一），而北宋天禧年間的歲入總額卻增加至一億五千餘萬，約爲唐代的三倍。中唐以後，每年歲入只有三千五百萬多點，自更遠較北宋爲少。自然，我們不能否認，唐宋歲入數字中的物品種類，和計算單位，不一定相同，故我們這樣拿來比較，不見得絕對正確；但就大體上說，我們總可以由此觀察出北宋歲入總額之遠多於唐。

關於第五表所載的北宋歲入數字，這裏打算略加說明。景德中及慶曆八年的數字，是根據下引包孝肅奏議卷一論冗官財用等『天下』『在京』兩項分別加起來的：

臣謹按景德中天下財賦等歲入四千七百二十一萬一千四、貫、石、兩，……在京歲入一千八百三十九萬二千四、貫、石、兩，……慶曆八年，天下財賦等歲入一萬三百五十九萬六千四百四、貫、石，兩，……在京歲入一千八百九十九萬六千五百四、貫、石、兩，……（註二）

復次，大中祥符八年的歲入總額，是把下述三項數字加在一起算出來的。續通鑑長編卷八六載大中祥符九年正月。

辛酉，同玉淸昭應宮副使林特上會計錄。詔獎之，仍付祕閣。特前爲三司使，奉詔纂大中祥符八年戶口財賦。凡戶……計入兩稅錢、帛、糧斛二千二百七十六萬四千一百三十三，絲、綿、鞋（隆平集卷三作『禾』，『鞋』誤）草二千二百八十三萬六千六百三十六，茶、鹽、酒稅榷利錢、帛、金、銀二千八百萬二千。（註三）

（註一）參看第二表。

（註二）續通鑑長編卷一六七皇祐元年條略同，但其中數字不完全一樣。例如景德中的天下歲入作『四千七百二十萬七十四、貫、碩、兩』，慶曆八年的在京歲入作『一千八百五十九萬六千五百四、貫、碩、兩』，與包孝肅奏議所載有些出入。茲從後者。

（註三）隆平集卷三戶口，玉海卷一八五略同。

此外，關於皇祐元年及治平二年的歲入數字，曾鞏元豐類藁卷三〇議經費也有記載，不過比較概括一點：

天下歲入，皇祐、治平皆一億萬以上；歲費亦一億萬以上。(註一)

其中關於治平二年的歲入，彭百川太平治蹟統類卷二九也說：

治平二年，國賦內外入一億一千餘萬，……

現在我們進一步來考察北宋歲入中的錢幣數量。這裏根據各種文獻，列表如下：

第六表　北宋歲入錢數

年　　代	數　量(單位貫)	根　據　材　料
太平興國四年(979—980)	16,000,000+	建炎以來朝野雜記甲集卷一四國初至紹熙天下歲收數
至道三年(997—8)	22,245,800	宋史卷一七九食貨志
天禧五年(1021—2)	26,530,000+	續通鑑長編卷九七，建炎以來朝野雜記甲集卷一四，羣書考索續集卷四五祥符天禧出入之數
皇祐(1049—105)年間	39,000,000	宋史卷三五五虞策傳
嘉祐(1056—1064)年間	36,822,541.165	蔡襄蔡忠惠公集卷一八論兵十事，建炎以來朝野雜記甲集卷一四
治平(1064—8)年間	44,000,000	宋史卷三五五虞策傳
治平二年(1065—6)	60,000,000+	陳襄古靈先生文集卷一八論冗兵劄子
熙寧(1068—1078)年間	50,600,000	宋史三五五虞策傳
熙寧元豐(1068—1086)間	60,000,000+	建炎以來朝野雜記甲集卷一四，玉海卷一八六，羣書考索續集卷四五宋朝財用
元祐元年(1086—7)	48,480,000	蘇轍欒城後集卷一五元祐會計錄收支敍，建炎以來朝野雜記甲集卷一四

根據此表，我們可知北宋歲入錢數，在一百餘年中，有激劇增加的趨勢；從太宗剛統一全國時起，到英宗、神宗時代，政府每年收入的錢幣數量，增加將近四倍，即由一千六百餘萬貫增加到六千餘萬貫。如果拿後者來和唐天寶八年歲收二百

(註一)續通鑑長編卷三一〇元豐三年十一月壬子條，玉海卷一八五略同。

餘萬貫（註一）的錢數來比較一下，我們發見在這前後相隔三百年多點的期間內，政府歲收錢數約增加三十倍左右。如果拿北宋最高時的歲入錢數六千餘萬貫來和唐代最高時的一千二百萬貫（註一）作一比較，那末，北宋的歲入錢數約爲唐代的五倍。這種國家歲入中的錢幣部分之激劇增加，顯示出自唐至宋的社會經濟曾隨着時代的巨輪不斷向前推進。

說到北宋百餘年間歲入錢數的增加，李心傳建炎以來朝野雜記甲集卷一四國初至紹熙天下歲收數云：

國朝混一之初，（註二）天下歲入緡錢千六百餘萬。太宗皇帝以爲極盛，兩倍唐室矣。天禧之末，所入又增至二千六百五十餘萬。嘉祐間，又增至三千六百八十餘萬緡。其後月增歲廣，至熙、豐間，合苗、役、市易等錢，所入乃至六千餘萬。元祐之初，除其苛急，歲入尙四千八百餘萬。（註三）

根據這段記載，我們可以看出北宋歷年歲入錢數增加的趨勢。不過，除此以外，我們還可以在其他文獻中找到一些記載來加以補充。據朝野雜記所述，北宋歲入錢數要到神宗熙寧、元豐年間纔達到最高峯，卽六千餘萬貫。可是作者參考其他材料，知道早在英宗治平二年左右，歲入錢幣已經增加到這個數字。陳襄古靈先生文集卷一八論冗兵劄子說：

臣觀治平二年，天下所入財用大數，都約緡錢六千餘萬。養兵之費約五千萬，乃是六分之財，兵占其五。（註四）

又蔡襄蔡忠惠公集卷一八強兵說：

眞宗與北虜通和以後，近六十年，河北禁軍至今十五萬。……天下諸路置兵不少。臣約一歲總計天下之入，不過緡錢六千餘萬，而養兵之費約及五千。

（註一）參考第三表。

（註二）太平興國四年五月，太宗滅北漢後，全國卽告統一。這裏說『國朝混一之初』，當卽指此而言。參考宋史卷四至五太宗紀。

（註三）玉海卷一八六同，羣書考索續集卷四五宋朝財用略同。

（註四）羣書考索續集卷四五宋朝財用云，『陳襄論神宗歲入緡錢約六千餘萬，養兵之費約五千餘萬，乃是六分之，兵占其五。』羣書考索這段文字，顯然源於古靈先生文集論冗兵劄子，但編者章如愚却把英宗『治平二年』改爲『神宗』，疑有錯誤。

是天下六分之物，五分養兵，一分給郊廟之奉，國家之費。

蔡襄寫這一段文字，並沒有記明年月。按眞宗與遼構和於景德元年（1005）十二月，（註一）由此推算，文中說『眞宗與北虜通和以後，近六十年』的時間，約較治平二年（1065－6）略早一些。由此可知，在治平二年以前不久，國家歲入錢數已經達到六千餘萬貫。此外，我們如果把蔡襄這段文字的口氣和陳襄的論冗兵劄子比較一下，也可發見二者相似的地方，從而可以判斷蔡襄所說歲入六千餘萬貫一事約在治平二年左右，或稍爲早些。

把唐、宋歲入總額和歲入錢數考察清楚以後，我們現在可以研究歷年歲入錢數在歲入總額中的百分比，以便觀察錢幣在國家歲入中的地位的變遷。

第七表　唐宋歲入總額中錢幣所佔之百分比

年　代	歲入總額	歲入錢數	百分比
天寶八年（749—750）	52,300,000＋	2,000,000＋	3.9%
天禧五年（1021—2）	150,850,100	26,530,000＋	17.6%
皇祐元年（1049—1050）	126,251,9[illegible]4	39,000,000	30.9%
治平二年（1065—6）	116,138,405	60,000,000＋	51.6%

根據此表，我們可知錢幣在政府歲入中的地位，在唐天寶年間并不怎麼重要，祇爲歲入總額百分之三點九；到了北宋，越來越重要，在治平二年爲歲入總額百分之五一點六，卽總額之一半以上。由於錢幣在歲入總額中之百分比的增加，我們也可看出在盛唐以後三百餘年的中國社會中，貨幣經濟與自然經濟勢力之盛衰消長的趨勢。

對於北宋歲入的考察，除如上述外，我們又可以分析歲入的內容，以便與唐代作一比較。關於北宋歲入的內容，我們現在還能考見的，有下述三種：（1）天禧五年（1021—2），見於續通鑑長編卷九七；（2）嘉祐年間（1056—1064），見於蔡忠惠公集卷一八論兵十事；（3）元祐元年（1086—7），見於欒城後集卷一五元祐會計錄收支敍。茲分別列表如下：

（註一）參考宋史卷七眞宗紀。

第八表　天禧五年（1021—2）歲入額

種類	數量	單位
錢	26,530,000+	貫
五穀	29,830,000+	石
絹	1,552,000+	匹
紬	9,415,000+	匹
綾	344,000+	匹
絁	137,000+	匹
綿（錦？）綺	28,000+	匹
布	3,057,000+	匹
綿	18,991,000+	兩
絲	4,170,020+	兩
金	14,400+	兩
銀	883,900+	兩
茶	760,000+	斤
鹽	163,800+	斤
香藥、眞珠、犀、象	700,000+	斤、條、片、顆
竹、木、蘆、箔	3,600,000+	條、片
草	30,000,000+	圍
木炭、薪、蒿	30,000,000+	斤、束

第九表　嘉祐年間（1059—64）歲入額

種類	數量	單位
錢	36,822,541.165	貫
糧	26,943,575	石
匹帛、絹、綢	8,745,535	匹
草	29,396,113	束

第十表　元祐元年（1086—7）歲入額

種類	數量	單位
錢	48,480,000	貫
穀	24,450,000	石

紬、絹	1,510,000	匹
金	4,300	兩
銀	57,000	兩
草	7,990,000	束

爲便於和唐代歲入的內容比較起見，現在把天寶八年歲收絹、布(註一)數量，及天禧五年歲收絹、紬、綾、絁、綿(錦?)綺、布的匹數，分別加在一起，列表如下：

第十一表　唐宋歲入錢物數量之比較

種類＼年代	天寶八年 (749—750)	天禧五年 (1021—2)	嘉祐年間 (1056—1064)	元祐元年 (1086—7)
錢(貫)	2,000,000+	26,530,000+	36,822,541.165	48,480,000
穀物(石)	25,000,000+	29,830,000+	26,943,575	24,450,000
布帛(匹)	23,450,000+	14,558,000+	8,745,535	1,510,000
綿(兩)	11,100,000+	18,991,000+		

根據此表，我們可知在自唐至宋的歲入中，錢數有激劇增加的趨勢，計自天寶八年的二百餘萬貫增加到元祐元年的四千八百四十八萬貫；反之，歲入中的布帛匹數，則表現出銳減的趨勢，即由天寶八年的二千三百四十五萬餘匹，逐漸減爲元祐元年的一百五十一萬匹。綿則天禧五年較天寶八年爲多，其後則不詳；但因綿的計算單位——兩——很小，故所增加的價值並不太大。至於歲入穀物數量，北宋天禧五年及嘉祐年間都略較天寶八年爲多，但到了元祐元年則漸減，略較天寶八年爲少；大體上說，北宋歲入的穀物數量，和唐天寶八年相差不多，前後並沒有顯著的增減。根據這種分析，我們可知在天寶以後三百餘年內的國家歲入中，錢幣部分曾作急劇的增加，至於實物部分則布帛匹數銳減，而穀物數量大致仍舊。唐、宋歲入的這種變動，顯示出在這幾個世紀中，貨幣經濟有長足的進步，自然經濟則日漸衰微。

(註一)唐代歲入的布以『端』計算，宋代則按『匹』計算，似有不同；但事實上這兩個單位都相差不多，不過是名稱上的不同而已。故現在把唐歲入布的端數改作匹數來計算，以便與宋代相比較。

復次，關於宋代貨幣經濟的發達，我們還可從北宋歲入金、銀的數字來加以考察。唐代歲入中並沒有金、銀；就是有，為數也一定很少，故不見於歲入數字中。可是，到了北宋，情形却不同了。在天禧五年的歲入中，有金一萬四千四百餘兩，銀八十八萬三千九百餘兩；其後，元祐元年的歲入金銀雖較前減少，但仍有金四千三百兩，銀五萬七千兩。金、銀的價值遠較銅錢為大，牠們既然在唐、宋間漸漸被人當作貨幣來使用，（註一）從而在北宋國家歲入中佔一地位，實足以表示貨幣經濟在當日之更進一步的發展。

在這裏我們還要提出一個問題來加以討論：在唐代歲入的實物中，不外以用作食糧的穀物，和用作衣料的布帛為主，但在北宋天禧五年的歲入中，除穀、帛以外還有其他各種實物，我們應該怎樣來加以解釋？據第八表，在當日穀、帛以外的歲入實物中，除卻香藥、真珠、犀角、象牙等物外，其他都沒有多大的價值，故在歲入中的地位並不怎麼重要。也許因為這個原故，唐代政府的歲入中就是有這些東西，也不把牠們列入歲入數字以內。（註二）至於宋代歲入中所以有香藥、真珠、犀、象一項，那是因為當日的海外貿易較唐發達所致。（註三）故我們不能因為北宋天禧五年歲入數字中實物種類的增加，而斷定當日自然經濟勢力的雄厚；因為在那時的歲入中，這些實物的增加，其重要性是遠不及歲入金、銀及錢幣的增加那麼大的。

四　北宋歲入錢幣金銀較唐激增的原因

如上述，我們可知唐、宋歲入在內容上曾發生很大的變化，即歲入中的錢幣部

（註一）參考加藤繁著唐宋時代金銀的研究（日文，東洋文庫論叢第六）第一分册第二、三章。

（註二）例如草，因為價值太賤，負擔不起遠道的運費，唐代政府多向長安附近各縣課徵。中唐以後，同州（今陝西大荔縣）百姓田地於納錢、粟之外，每畝須納草四分（元稹元氏長慶集卷三八同州奏均田狀）；元和十三年，夏陽（今陝西郃陽縣東）、韓城（在今陝西）兩縣須納草九千九束（同書卷三九論當州朝邑等三縣代納夏陽韓城兩縣率錢狀）。陸贄陸宣公翰苑集卷二〇論度支令京兆府折稅市草事狀也有『稅草』的記載。可是草這一項，在唐代歲入數字中並沒有包括在內。

（註三）參考桑原隲藏蒲壽庚考；拙著宋代廣州的國內外貿易，集刊第八本第三分。

分在自唐至宋的期間內曾作激劇的增加，實物部分則布帛疋數銳減，而穀物數量大致唐、宋一樣。這裏我們要問：國家歲入在自唐至宋的期間內，為什麽會有這樣大的變動？

對於這個問題的解答，我們最好先看看北宋歲入的各種實物，主要的來自那種稅收；其次看看歲入中的錢幣部分，又以來自那些收入為主。

據作者的考察，北宋歲入的各種實物，以來自兩稅為主。北宋政府徵收兩稅的辦法，與唐不同。唐代政府根據各民戶資產的大小來規定其等第的高下，然後對這些等第高下不同的民戶分別課稅。(註一)到了宋代，大約因為資產調查的困難，改按人民墾田面積的大小，分夏、秋兩次來徵稅。(註二)北宋政府因此而徵收到的穀物，數量甚多。茲根據各種記載，把北宋歲收兩稅穀物數量列表如下：

第十二表　北宋歲收兩稅穀物數量

年代	數量(單位石)	根據材料
嘉祐(1056—1064)年間	18,073,094	蔡忠惠公集卷一八論兵十事
嘉祐八年(1063—4)	19,284,265	續通鑑長編卷一九九
治平元年(1064—5)	15,949,869	同書卷二〇三
治平二年(1065—6)	20,396,993	同書卷二〇六
治平三年(1066—7)	20,421,470	同書卷二〇八
熙寧十年(1077—8)	17,887,257	通考卷四

由此可知，北宋政府因徵收兩稅而得的穀物數量，要佔當日歲收穀物的絕大部分。例如嘉祐年間歲入的穀物二千六百九十餘萬石中，有一千八百餘萬石是來自兩稅的。復次，北宋歲入中的其他物品及銀兩錢幣的一小部分，也多以來自兩稅為主；因為北宋兩稅的徵收，政府除得到二千萬石左右的穀物外，還有銀、錢及其他物品。關於這方面的數字，我們現在能考見的，只有兩種：(1)嘉祐年間，見於蔡忠惠公集卷一八論兵十事；(2)熙寧十年，見於通考卷四。茲列表如下：

(註一)鞠清遠唐代的兩稅法，國立北京大學社會科學季刊第六卷第三期。

(註二)宋史卷一七四食貨志，通考卷四。

第十三表　北宋歲收兩稅錢物數量

種類 ＼ 年代	嘉祐（1056—1064）年間	熙寧十年（1077—8）
銀（兩）		60,137
錢（貫）	4,932,991	5,585,819
穀物（石）	18,073,094	17,887,257
布帛（匹）	2,763,592	2,672,323
絲綿（兩）		5,850,356
草（束）		16,754,844
雜色（茶、鹽、柴、炭、蒿、竹、木、蘆蕟……等）		3,200,292

把這個表中的熙寧十年兩稅歲收錢物數量來和第八表天禧五年歲入額比較一下，我們可知北宋歲入中的實物部分，無論穀物或其他物品，主要的來自兩稅。

北宋歲入中的實物部分，我們已經知道以來自兩稅爲主。現在我們要問：當日歲入中的錢幣部分，主要的來自那些收入？關於這個問題的解答，我們先要回頭看看唐中葉以後歲入錢數增加的原因。如上述，唐自安史亂後，先後實行鹽、酒專賣，同時又開始對茶課稅。這些專賣利益及稅收，因爲都徵收錢幣，故影響到中唐以後歲入中錢幣數量的增加。唐代這種專賣制度，到了宋代，政府不獨繼續採用，而且把專賣的範圍擴大，連茶也改由政府專賣。（註一）這些鹽、酒、茶的專賣利益，即『榷利』或『歲課』，在北宋百餘年內激劇增加，構成政府歲入錢數的絕大部分。如果我們把北宋鹽、酒、茶的專賣收入，拿來和唐代比較一下，我們更可以知道，北宋歲入錢數所以遠較唐代爲多，絕對不是偶然的。

第十四表　唐宋每年鹽、酒、茶的專賣收入

年代	數量（單位貫）	根據材料
元和元年（806—7）	6,650,000	唐會要卷八七，玉海卷一八一

（註一）北宋茶法在一百多年中并不是完全沒有變動。例如在開國後將近一百年內都實行的專賣制度——『榷茶』，到了嘉祐四年（1059—1060）改爲『通商』，即准許商人於納稅後把茶自由運銷。但這也有其限度，四川的茶及福建的臘茶，仍由政府專賣；而自崇寧元年（1102—3）起，由於蔡京的提議，茶法又由通商改爲專賣。參考宋史卷一八三至一八四食貨志。

大中六、七年(852—4)	4,000,000+	通鑑卷二四九，新唐書卷五四食貨志
至道三年(997—8)	11,233,000+	續通鑑長編卷九七
景德(1004—8)以前	15,000,000+	樂全集卷二五論免役錢劄子，續通鑑長編卷二七七熙寧九年秋條
慶曆(1041—9)以後	45,000,000+	同上
熙寧九年(1076—7)	50,000,000	同上

表中元和元年的數字，以茶稅及鹽利爲限，不包括酒的專賣利益在內，因爲關於後者的收入，到大和八年(834—5)纔有數字的記載。(註一)

其次，關於大中六、七年的數字，是根據通鑑卷二四九大中七年十二月條說『每歲……八十二萬餘緡榷酤，二百七十八萬餘緡鹽利』，再把自貞元九年(793—4)起『歲得錢四十萬緡』(新唐書卷五四食貨志)的茶稅加上，計算出來的。

此外，表中最末了的三項數字，則根據張方平樂全集卷二五論免役錢劄子的記載，內云：

> 天下歲入茶、鹽、酒稅雜利，僅五千萬緡。……景德以前，天下財利所入，茶、鹽、酒稅歲課一千五百餘萬。……慶曆以後，財利之入乃三倍於前朝。(註二)

據續通鑑長編卷二七七，知此劄子作於熙寧九年秋，故文中所說『天下歲入茶、鹽、酒稅雜利，僅五千萬緡』一事，當亦發生於熙寧九年左右。

現在我們更可進一步分別考察北宋鹽、酒、茶的專賣收入，以便明瞭當日歲入錢數激增的原因。這裏先述鹽利。關於北宋歷年鹽利的增加情形，茲根據各書所載鹽利數字，列表如下：

第十五表　北宋歲收鹽利

(註一)見新唐書卷五四食貨志。參考本文第二章。

(註二)樂全集卷二六論率錢募役事略同。續通鑑長編卷二七七系此劄子於熙寧九年秋條。

年　　代	數　量（單位貫）	根　據　材　料
至道三年（997—8）	2,358,000+	續通鑑長編卷九七，羣書考索後集卷五七鹽課入數
景德（1004—8）中(註一)	3,550,000+	欒全集卷二四論國計事，續通鑑長編卷二〇九，玉海卷一八五
慶曆五年（1045—6）	7,150,000+	同上
元豐元年（1078—9）	22,300,000+	沈括夢溪筆談卷一一
宣和元年（1119—1120）	25,000,000+	錦繡萬花谷前集卷一五歲入二千五百餘萬貫，羣書考索後集卷五七鹽課入數

表中元豐元年的鹽利數字，是根據夢溪筆談卷一一計算出來的：

鹽之品至多，……其次顆鹽，解州鹽澤及晉、絳、潞、澤所出，……唯陝西路顆鹽有定課，歲爲錢二百三十萬緡；自餘盈虛不常，大約歲入二千餘萬緡。

文中不載年月。按解鹽歲課，自元豐元年起，始以二百三十萬貫爲額。宋會要食貨二三云：

解鹽二百三十萬貫　舊額一年鹽鈔酌中出一百六十六萬貫。熙寧八年後，以二百二十萬貫爲額。元豐元年，以二百三十萬貫，永爲定額：永興軍府等路八十五萬二千五十貫，秦鳳等路一百四十四萬七千九百五十貫。

又玉海卷一八一云：

（熙寧）十年四月二十三日，三司言，『兩池鹽（顆鹽）歲入以二百三十萬緡爲額，自明年（元豐元年）始。』

由此可以推知，文中所載鹽利錢數，當始於元豐元年。

其次，我們要聲明的，宣和元年的鹽利數字，只以海鹽的收入爲限；如果把解鹽的課額加入，數字當更要大些。

大體上說，北宋每歲鹽利初時雖然爲數有限，其後卻增加得很利害，每年二千萬貫至二千餘萬貫的收入，是很普遍的事。如錦繡萬花谷前集卷一五唐宋歲入說：

（註一）建炎以來朝野雜記甲集卷一四景祐慶曆紹興鹽酒稅絹數作『景祐中』，疑誤，因爲張方平的論國計事是根據景德會計錄說的。

唐之鹽利，劉晏增六百萬，國朝(宋)則二千萬緡矣。

又羣書考索後集卷五六榷鹽說：

歲入之多，自兩稅之外，莫大於鹽利。祖宗鹽利，大率二千餘(萬)緡。

根據上表，我們可知北宋的鹽利年有增加，在元豐年間達到年收二千餘萬貫的高額，佔當時歲入錢數六千餘萬貫(註一)的三分之一強。如果把這個數目和唐代歲收六七百萬貫的鹽利最高額(註二)比較一下，前者約爲後者的三倍有多。

其次，我們要看看北宋酒的專賣收入的情形。茲根據各種記載，把北宋歷年酒課收入數字列爲下表，並把唐代數字也放在一起，以資比較。

第十六表　唐宋歲收酒課

年代	數量(單位貫)	根據材料
大和八年(834—5)	1,560,000+	新唐書卷五四食貨志
大中六、七年(852—4)	820,000+	通鑑卷二四九
至道(995—8)中	2,259,000+	宋史卷一八五食貨志，續通鑑長編卷九七，通考卷一七，太平治蹟統類卷二九
景德(1004—8)中(註三)	4,280,000+	樂全集卷二四論國計事，續通鑑長編卷二〇九，玉海卷一八五，宋會要食貨五六
天禧五年(1021—2)	12,690,000+	宋史卷一八五食貨志
慶曆五年(1045—6)	17,100,000+	與『景德中』同
皇祐(1249—1054)中	14,986,196	宋史卷一八五食貨志，通考卷一七
治平(1064—8)中	12,862,493	同上
熙寧十年(1077—8)	12,283,843	宋會要食貨一九

關於天禧五年的酒課額，他書所載與宋史食貨志略有不同。如依續通鑑長編卷九七及太平治蹟統類卷二九所載數字計算，是年酒課應爲 11,586,000 十貫；

(註一)參看第六表。

(註二)參看第四表。

(註三)參看第十五表的註文。

如依通考卷一七，則爲 12,700,000 十貫。

熙寧十年的酒課數字，是日人武田金作根據宋會要食貨一九酒麴雜錄所載熙寧十年各州縣酒務歲課額，計算出來的。（註一）

根據此表，我們可知北宋政府每年徵收的酒課，最高時達一千七百一十餘萬貫。這個數字雖然沒有北宋鹽利最高額那麼大，但如果和唐代一百五十六萬貫的酒課額比較起來，卻爲後者的十一倍左右，其激增的程度可以相見。

除鹽、酒的專賣收入外，北宋政府實行茶的專賣，其因此而得的錢數雖然不及鹽利或酒課那麼多，但仍遠較中唐以後開始徵收的茶稅爲大。茲將北宋歷年茶利的數字考出，列表如下：

第十七表　北宋歲收茶利

年　代	數　量（單位貫）	根　據　材　料
乾德元年（963—4）	1,000,000+	釋文瑩玉壺清話卷二
太平興國元年（976—7）	4,000,000+	包孝肅奏議卷八論茶法，續通鑑長編卷八六大中祥符九年二月庚辰條
咸平元年（998—9）	1,392,119.319	夢溪筆談卷一二，江少虞皇朝類苑卷二一茶利，玉海卷一八一，羣書考索後集卷五六茶課及榷茶
咸平五年（1002—3）	1,400,000+	羣書考索後集卷五六榷茶
景德元年（1004—5）	5,690,000	宋史卷一八三食貨志，續通鑑長編卷六六景德四年八月己酉條，太平治蹟統類卷二九
景德二年（1005—6）	4,100,000	同上
景德三年（1006—7）	2,850,000	續通鑑長編卷六六，太平治蹟統類卷二九
大中祥符五年（1012—3）	2,000,000+	宋史卷一八三食貨志，續通鑑長編卷八六
大中祥符六年（1013—4）	3,000,000	同上
大中祥符七年（1014—5）	3,900,000	同上
大中祥符八年（1015—6）	1,600,000	同上

（註一）參考武田金作宋代的榷酤，史學雜誌（日本東京帝國大學史學會）第四十五編第六號。

大中祥符（1008—1017）中	5,000,000+	宋會要食貨三〇，玉海卷一八一
景祐元年（1034—5）	590,000+	宋史卷一八四食貨志，續通鑑長編卷一一八
嘉祐元年到三年(1056—9)	1,094,093.885	夢溪筆談卷一二，錦繡萬花谷前集卷一五榷茶
嘉祐四年到治平三年（1059—1067）	1,175,104.919	夢溪筆談卷一二
崇寧（1102—7）以後	2,000,000	玉海卷一八一
政和元年（1111—2）	4,000,000+	玉海卷一八一，建炎以來朝野雜記甲集卷一四總論東南茶法

據上表，我們可知北宋政府每年收到的茶利錢數，因時而異。有高至五百餘萬貫的，也有低至五十餘萬貫的；但就大體上說，北宋年入茶利約爲二三百萬貫左右。如果拿景德元年五百六十九萬貫的茶利最高額來和唐代年收四十萬貫的茶稅（註一）比較一下，可知前者爲後者的十四倍有多。不獨如此，上述北宋歲收茶利錢數，主要以當日長江中下游——東南六榷貨務，十三山場——出產的茶之專賣收入爲限；除此以外，四川和福建的茶的專賣利益是沒有計算在內的。四川茶的專賣，始於熙寧七年(1074—5)，每年政府得茶利四十萬貫；及元豐年間(1078—1086)，以一百萬貫爲額，但有時增加到一百六十萬貫。（註二）復次，福建臘茶的專賣，政府每年也有不少的收入，例如治平（1064—8）中年獲四十九萬八千六百貫。（註三）如果我們把這些錢數和上表中的數字加在一起，北宋歲收的茶利額自然更要增大得多。

由上所述，我們可知北宋政府承繼中唐以來的專賣制度而加以擴張，從而每年得到的專賣收入，無論鹽利、酒課或茶利，都比唐代增加了好些倍。這種遠較唐爲大的專賣收入，構成北宋歲入錢數較唐激增的一個重要因素。

（註一）新唐書卷五四食貨志。參考第二章。

（註二）蘇轍欒城集卷三六論蜀茶五害狀，呂陶淨德集卷三奏乞罷榷山等三處茶以廣德澤亦不闕備邊之費狀，馬端臨文獻通考卷五六再考宋朝茶，建炎以來朝野雜記甲集卷一四蜀茶，宋史卷一八四食貨志。

（註三）宋史卷一八四食貨志。

除鹽、酒、茶的專賣利益外，北宋歲入錢數所以能夠承繼着唐中葉以來增加的趨勢而特別增大，又由於當日商稅收入的激劇增加。商稅在唐代也由政府徵收，例如在建中年間（780—4），『諸道津要都會之所，皆置吏閱商人財貨，計錢每貫稅二十文；天下所出竹、木、茶、漆，皆什一稅之。』（註一）但每年的商稅額已不可考，大約為數不多。到了北宋，政府對貨物課徵商稅，分為『過稅』及『住稅』兩種：前者按貨物價值抽百分之二；後者抽百分之三。（註二）現在根據各種記載，把北宋歷年商稅額列表如下：

第十八表　北宋歲收商稅

年代	數量（單位貫）	根據材料
至道（995—8）中	4,000,000	宋史卷一八六食貨志，續通鑑長編卷九七，太平治蹟統類卷二九
景德（1004—8）中（註三）	4,500,000+	樂全集卷二四論國計事，續通鑑長編卷二〇九，玉海卷一八五，宋會要食貨五六
天禧五年（1021—2）	12,040,000	與『至道中』同
慶曆五年（1045—6）	19,750,000+	與『景德中』同
約慶曆（1041—9）年間	22,000,000	龔鼎臣東原錄
皇祐（1049—1054）中	7,863,900	宋史卷一八六食貨志
嘉祐三年（1058—9）後	7,000,000	東原錄
治平（1064—8）中	8,463,900	宋史卷一八六食貨志
熙寧十年（1077—8）前	11,039,404	宋會要食貨一五至一六（註四）
熙寧十年	8,546,652	同上

關於慶曆年間的商稅收入，龔鼎臣東原錄云：

（註一）唐會要卷八四。

（註二）宋史卷一八六食貨志。

（註三）參看第十五表的註文。

（註四）參考加藤繁宋代商稅考，史林（日本京都帝國大學史學研究會）第十九卷第四號。

> 士熙道管三司商稅案，言，『天下諸商稅錢，每歲二千二百萬貫。自嘉祐三年後來，只收得七百萬貫，每歲虧一千五百萬貫。』

按士熙道在仁宗天聖(1023—1032)、慶曆年間相當出名。陸心源宋史翼卷二三士建中傳云：

> 士建中字熙道，鄆州須城人。天聖、慶曆中，以高行達學顯於時。……累官評事，知魏縣。官至尙書兵部員外郞。

由此推測，他約於慶曆年間管三司商稅案，從而他說的每歲二千二百萬貫的商稅額也大約發生於慶曆年間。

根據上表，我們可知北宋歲收商稅，約在慶曆年間最多時曾達二千二百萬貫，其後雖又復下跌，但每年政府因徵收商稅而得的錢數仍有一千萬貫左右。這在當日國家歲入錢數中，除鹽利、酒課及茶利等專賣收入外，自然要佔一個很重要的地位。因此，北宋開國以來年有增加的商稅，實是當日歲入錢數較唐激增的另外一個重要因素。

上面分析北宋歲入的結果，我們可知除實物部分以來自兩稅爲主外，錢幣部分主要來自鹽利、酒課、茶利及商稅。這裏我們還要提出一個問題：北宋政府自專賣事業及商稅得到的錢幣爲什麼會有那麼多？對於這個問題的解答，我們要分開兩點來討論：(1)北宋專賣和商稅的收入，爲什麼能夠遠多於唐代？(2)北宋政府因徵收專賣利益和商稅而得到的錢幣，爲什麼遠較唐代爲多？

現在我們先討論第一點。專賣和商稅的收入所以能夠增加，有兩種可能的原因：(1)物品生產、消費和交換的發達；(2)專賣價格和稅率的提高。就北宋時代來說，作者認爲第二個原因並不怎麼重要。譬如酒，本身並不是必需品，如果稅率太重，或專賣價格太高，消費者可以不飲，或少飲，反而減少了酒課的收入。又如鹽與茶(註一)，在當日是人民生活必需品，可是如果專賣價格或稅率太高，那

(註一)茶自唐中葉以後，已經成爲人民生活必需品。長慶元年(821—2)，李珏說，『茶爲食物，無異米、鹽；於人所資，遠近同俗。旣祛竭乏，難捨斯須。田閭之間，嗜好尤切。』(舊唐書卷一七三李珏傳)到了宋代，王安石臨川文集卷七〇議茶法云，『夫茶之爲民用，等於米、鹽，不可一日以無。』

應，私鹽、私茶過多的結果，其收入也是不會增加的。此外其他商品，大多數都不是人民日常生活所必需，稅率高了，消費者可以不買，故增加稅率也不是使商稅收入增加的辦法。

第二個可能的原因既然並不怎樣重要，現在讓我們看看頭一個可能的原因。據作者看，北宋物品生產、消費和交換的較前發達，換句話說，課稅的對象之較前增加，實是當日專賣和商稅的收入增加的重要原因。說到北宋物產的發達，我們可舉茶爲例。在唐代，茶的生產與消費，已經相當發達，故陸羽有茶經之作。陸羽在他的茶經內，並沒有談及福建建安（今福建建甌縣）出產的茶，可是這種茶品質很好，在北宋非常著名，（註一）元豐年間每歲產額達三百萬斤。（註二）福建以外，在江、浙、淮南出產的茶，每年由北宋政府收買，在大中祥符八年共買到二千九百六萬五千七百餘斤，比過去增加五百七十二萬八千餘斤。（註三）可見北宋茶的出產，一天比一天增加，產量遠較唐代爲多。其次，關於北宋物品消費的增大，我們可從人口的增加上來加以考察。唐代戶口最多的一年爲天寶十三載（754—5），計戶9,619,254，口 52,880,488。（註四）到了北宋，戶口在大觀四年達到最高峯，計戶20,882,258，口 46,734,784。（註五）根據這個比較，我們可知北宋戶數要爲唐代的兩倍有多，可是口數卻較唐代爲少，其中顯然有問題。按宋代因爲要抽人頭稅——丁賦，每戶瞞報的口數甚多，故在北宋的戶口統計上，每十戶平均只有二十一口，而唐代則每十戶平均有五十八口強。（註六）因此宋代統計中的口數，要遠較實際數

（註一）如黃儒品茶要錄云，『說者嘗怪陸羽茶經，不第建安之品。蓋前此茶事未甚興，………自國初（宋）以來，……惟茲茗飲爲可喜。……而其名遂冠天下。』又熊蕃宣和北苑貢茶錄云，『陸羽茶經，裴汶茶述者，皆不第建品。……蓋昔山川尙閟，靈芽未露。至於唐末，然後北苑出爲之最。……』

（註二）宋史卷一八四食貨志。

（註三）宋會要食貨三〇，續通鑑長編卷八五，宋史卷二九九李溥傳。

（註四）舊唐書卷九玄宗紀。

（註五）宋史卷八五地理志。

（註六）建炎以來朝野雜記甲集卷一七本朝視漢唐戶多丁少之弊云，『西漢戶口至盛之時，率以十戶爲四十八口有奇。東漢戶口率以十戶爲五十二口，可準周之下農夫。唐人戶口至盛之時，率以十戶爲五十八口有奇，可準周之中次。自本朝元豐至紹興戶口，率以十戶爲二十一口；以一家止

字爲小。如果我們根據唐、宋兩代的戶數來推測這數百年內人口的變動，我們可以斷定北宋人口要較唐代增加一倍有多。這許多自唐以後增加的人口，既然都是消費者，自然要影響到北宋消費的增大。這種生產與消費的增大，在當日自給自足經濟早已瓦解的情況下，自然要令到物品的交換特別發達了。(註一)隨着生產、消費與交換的較前發展，北宋政府專賣的範圍及課稅的對象當然可以擴大起來，故當日專賣及商稅的收入遠較唐代爲大。

對於北宋專賣和商稅的收入遠多於唐的原因明瞭以後，我們現在要討論上面提出的第二點，即北宋政府因徵收專賣利益和商稅而得到的錢幣，爲什麽遠較唐代爲多？據作者的觀察，這顯然由於錢幣供給的增加。因爲假如錢幣沒有較前增多，那末，專賣收入和商稅的增加，只能由實物收入數量的增加表現出來，或由代表較多實物——幣值上昇——的同樣數目的錢幣表現出來；在這種情形下，政府歲收錢數的激劇增加是絕對不可能的。只有在錢幣供給量較前增加的條件下，政府纔會因專賣利益及商稅的增加而得到較多的錢幣。

唐、宋流通的錢幣，以由各錢監——當日的造幣廠——供給爲主。現在根據各書所載，把唐、宋歲鑄錢幣數額列表如下：

第十九表　唐宋歲鑄錢幣數量

年　代	數量(單位貫)	根據材料	備註
天寶(742—756)年間	327,000+	通典卷九，新唐書卷五四食貨志	
貞元二十年(804—5)	135,000	新唐書卷五四食貨志	
元和十五年(820—1)	150,000	新唐書卷五二食貨志，玉海卷一八〇	
大和八年(834—5)	100,000−	新唐書卷五四食貨志	
至道(995—8)中	800,000	續通鑑長編卷九七，羣書考索後集卷六〇銅錢類	

於兩口，則無是理。蓋詭名子戶漏口者衆也。然今浙中戶口，率以十戶爲十五口有奇；蜀中戶口，率以十戶爲三十口弱。蜀人生齒非盛於東南；意者蜀中無丁賦，故漏口少爾。」

(註一)關於北宋各地物產交換的發達，參考拙著北宋汴梁的輸出入貿易，集刊第八本第二分；宋代廣州的國內外貿易，集刊第八本第三分。

咸平三年(1000—1)	1,350,000	宋會要食貨一一，建炎以來朝野雜記甲集卷一六，玉海卷一八〇	
景德四年(1007—8)	1,830,000	與『至道中』同	
大中祥符九年(1016—7)	1,250,000	玉海卷一八〇	
天禧五年(1021—2)	1,050,000	續通鑑長編卷九七，宋會要食貨一一，朝野雜記甲集卷一六	
天聖(1023—1032)年間	1,000,000+	夢溪筆談卷一二，羣書考索後集卷六〇，玉海卷一八〇	
慶曆(1041—9)年間	3,000,000	同上	
皇祐(1049—1054)年間	1,400,000	玉海卷一八〇	
治平(1064—8)年間	1,700,000	宋史卷一八〇食貨卷	
熙寧六年(1073—4)後	6,000,000+	與『天聖年間』同	銅、鐵錢合計
元豐三年(1080—1)	5,949,234	玉海卷一八〇	內銅錢 5,060,000,鐵錢 889,234
崇寧五年(1106—7)	2,890,400	同上	宋會要食貨一一及朝野雜記甲集卷一六作『大觀中』
宣和六年(1124—5)	3,000,000+	宋史卷一八五食貨志	

根據此表，可知宋代錢幣的供給量要遠較唐代爲多；因爲北宋每年鑄造出來的錢幣，數量較唐爲大。鑄錢數量最高的年度爲熙寧、元豐年間，每年都約鑄造六百萬貫左右；這和唐代天寶年間歲鑄三十二萬七千餘貫比較起來，約爲後者的十八倍。北宋因鑄造額高而供給量增加的錢幣，在當日商品交換因生產及消費增大而特別發達的情形下，只會便利這些商品的交換，而不會怎樣刺激物價的上漲。換句話說，當日較前增多的貨幣，其主要任務在適應那空前發展的商業，和便利在生產過程中資金的週轉，故數量增加以後，不獨沒有發生通貨膨脹的現象，而且能令到整個社會的經濟生活都較爲普遍的受到貨幣經濟的洗禮。因此，隨着錢幣流通量的增加，北宋政府便因專賣利益及商稅的增加而得到較多的錢幣。

北宋政府每年的財政收入，和唐代比較起來，除錢數較前激增外，又多出了金、銀。這些價値遠貴於錢的貴金屬，不見於唐代歲入統計的數字上，卻在北宋歲入中佔一地位，在中國經濟史上實具有一種特殊意義；換句話說，這實是貨幣經濟在北宋作作更進一步的發展的表示。現在我們要問：這些成爲政府歲入中的一部分的金、銀，是怎樣得來的？對於這個問題，因爲文獻有闕，我們現在只能大略討論一下。

在天禧五年的歲入中，有金一萬四千四百兩，銀八十八萬三千九百兩。(註一)關於這些金、銀的來源，續通鑑長編卷九七說，『然金、銀，除坑冶、丁稅(註二)、和市外，課利折納，互市所得皆在焉。』其中『課利折納』一項，當卽指鹽利、酒課及茶利等而言。由此可知，北宋的專賣收入，一部分以金、銀折納(註三)，從而成爲當日歲入金、銀一部分。其後，隨着貨幣經濟的發達，連兩稅的一部分也以銀折納；例如在熙寧十年歲收兩稅的錢物中，便有銀六萬零一百三十七兩。(註四)北宋政府所以能夠徵收到這許多金、銀，自然和當日金、銀礦的開採有關，故上面說『坑冶』——礦產稅——也是歲入金、銀的一個來源。不過，因爲現存材料的缺乏，我們不知道自唐至宋這些貴金屬的供給究竟增加了多少。

五、結論

綜括上文，我們可知，由於物品生產，消費和交換的發達，及錢幣供給的增加，北宋政府自專賣事業及商稅中徵收到大量的錢幣，故當日歲入錢數能繼續唐中葉以後增加的趨勢而作激劇的增加。例如歲入錢數在唐天寶年間只有二百餘萬貫，在中唐以後增加到一千二百萬貫，及北宋中葉卻激增至六千餘萬貫。至於歲入中的實

(註一)參看第八表。

(註二)湖南平陽縣的壯丁，因爲當地產銀(見元和郡縣志卷二九郴州)，自唐末五代(907—960)馬殷割據時起，須以銀繳納丁稅，計全縣歲輸銀二萬八千兩。這種稅制在北宋繼續實行了七十餘年，到仁宗景祐四年(1037—8)纔告廢除。參考續通鑑長編卷一二〇景祐四年七月辛酉條。

(註三)例如景德三年(1006—7)以前，東川及西川的鹽課、酒課及商稅的十分之二，須以金繳納。在此以前及以後，這些稅課的另一部分則以銀輸納。(宋會要食貨一七及三四，續通鑑長編卷六三景德三年六月戊寅條)其中酒課之以金、銀折納，在宋會要食貨一九酒麴雜錄中的記載更多。例如饒州各酒務的課額，在熙寧十年爲金六十二兩七錢九分三釐六毫，錢三千一百三十貫四百六十文；衡州的課額，在熙寧十年前每歲爲銀二百七十二兩，錢二百五十四貫。

(註四)參看第十三表。

物部分，北宋歲收穀物大體上和唐天寶年間二千五百萬石的數字不相上下，但歲收布帛卻激劇減少，計自天寶年間的二千三百四十五萬餘疋銳減爲元祐初年的一百五十一萬疋。如果把歲收錢數和歲入總額比較一下，我們也可發見錢幣在歲入總額中所佔的百分比，自唐至宋越來越大。這一事實告訴我們：中國社會在自唐至宋的衍變過程中，並不像一般人所想像的那樣長期停滯不進，曾經表現出很大的進步；換句話說，貨幣經濟在唐安史之亂以後三百餘年的期間內越來越向前發展，漸漸把中古以來曾經佔過優勢的自然經濟的地位取而代之。

不獨如此，原來在唐代歲入中並沒有佔什麼地位的金銀，到了北宋居然在歲入統計的數字上出現。這些價值遠較錢幣爲大的貴金屬之成爲政府歲入的一部分，在過去中國社會經濟的發展史上意義尤其重大，因爲這是貨幣經濟在北宋特別發達的表示。

自新大陸發見以後，在十六七世紀，由於美洲金銀的大量輸入，歐洲——尤其西歐——貨幣的流通額有激劇的增加，從而影響到各國物價的上漲，把物價水準特別提高，造成所謂『物價革命』。（註一）由於這一事實，讀者也許要懷疑到：錢幣流通量增多了，幣值便要因物價水準的上升而下跌；故北宋歲入錢數雖然較唐激增，但因物價水準提高，其實值——表現在物品的購買或控制上——也許不如唐代幣值較高而數量較少的歲入錢幣那麼大，從而所謂歲入較唐爲多的錢幣也許只是空的。對於這種懷疑，作者現在打算解釋一下。

上面曾經說過，北宋錢幣流通量的增加，在當日生產消費較前增大的情形下，只會便利那空前發達的商品的交換，和幫助在生產過程中大量資金的週轉，而不至於怎樣刺激物價的上漲。現在讓我們把唐、宋兩代的物價比較一下，看看北宋物價水準是不是較唐爲高。現在根據文獻上的記載，把唐及北宋歷年絹每匹的價格分別列表如下；並計算出其平均價格，以資比較。

第二十表　唐代的絹價（註二）

（註一）Earl J. Hamilton, American Treasure and the Price Revolution in Spain, 1501—1650 (Cambridge U. S. A, 1934)。

（註二）詳見拙著唐代物價的變動，集刊第十一本。

年　代	價格（單位文）	地　點
開元十三年（725—6）	210	長安、洛陽
天寶五載（746—7）	200	各地
肅宗時代（756—762）	10,000	同上
大曆中（766—779）	4,000	同上
建中元年（780—1）	3,000——4,000	同上
貞元十年（794—5）	1,600	同上
貞元十九年（803—4）	900	同上
元和十五年（820—1）	800	同上
長慶二年（822—3）	800	同上
開成三年（838—9）	1,000	揚州
平均價格	2,351	

第二十一表　北宋的絹價（註一）

年　代	價格（單位文）	地　點
咸平年間（998—1004）	300	四川
大中祥符九年（1016—7）	800	山東
慶曆六年（1046）五月	3,000+	四川
熙寧十年（1077—8）	1,500	同上
熙寧年間（1068—1078）	1,300	兩浙
建中靖國元年（1101）八月	1,500	無爲軍
崇寧二年（1103—4）	1,027	常州
平均價格	1,347	

根據這兩個表，我們可知北宋絹一匹的平均價格要比唐代爲低；這想是當日紡織工業較唐發達，從而絹產量較唐激增所致。復次，關於唐及北宋的米價的比較，我們雖然因爲現存材料的缺乏，不能把兩代米的平均價格計算出來，但唐代米價最高的紀錄爲每斗七萬文（乾元二年，759—760），北宋則爲三千文（靖康元年，1216—7）（註二），兩者的差異是很大的。因此，就大體上說，北宋物價水準並不

（註一）詳見拙著北宋物價的變動，集刊第十一本。

（註二）均見拙著唐代物價的變動，及北宋物價的變動。

較唐代爲高，或甚至要較唐代爲低。

北宋錢幣的購買力既然沒有因物價水準的提高而下跌，當日政府歲入的錢幣，其價值自要因數量增加而遠較唐代爲大了。

民國三十七年二月，南京北極閣。

出自第二十本上(一九四八年六月)

北魏洛陽城圖的復原

勞　　榦

洛陽是中國的舊京，自周公定鼎以來，東漢，曹魏，西晉，和北魏都曾經在此建都。但洛陽城市的地圖卻未曾被人整理過。藕香零拾河南志有徐松在永樂大典所抄的河南志圖，又洛陽伽藍記記載元魏時的洛陽最爲詳備，唐晏及吳若準的校本都附載洛陽的地圖，但都是以意爲之，難言準確。因此不說不能恢復到洛陽城市圖的大致，就是看洛陽伽藍記時也要感覺到不夠清晰。所以盡可能範圍作出一個比較準確的洛陽城市地圖，實在有此必要。

作一個復原的地圖主要的是以現在的遺址爲根據，但這一件事從來做過的很少。陸軍測量局的十萬分之一的河南地圖並未將洛陽舊城的遺址畫出。只有懷履光牧師（Rev. C. White）在洛陽金村調查曾經測過一個地圖，標出來舊城的遺址。現在根據就是他的中國古墓甎圖考（Tomb Tile Pictures of Ancient China 1939）所附的洛陽古城圖爲底稿。又他的洛陽古墓記（Tombs of old Lo-yang 1934）也有洛陽的附圖，不過我根據的是前一種，（附圖一，洛陽郊外形勢圖，是根據十萬分之一地圖，將遺址塡上去的。）

在他的附圖中只有縮尺，未說明縮尺的比例，量他的縮尺每英里約爲 3.22 公分，按一英里合 3.2187 市里，即每公分約當一市里。一市里爲 15000 市寸亦即爲 75000 公分，故此圖應七萬五千分之一。

但這個圖的比例尺太小了，無法將洛陽城內的小地名注入，只好將這個城圈的比例放大、因此便用另外一張紙照原圖一公分當市尺一寸的比例放大、即照原圖放大了 10/3 倍，其比例爲二萬五千分之一。再照這二萬五千分之一的底圖注入洛陽城內的地名（附圖二的底圖是如此的，不過印出來便是照此圖縮小的了）。

塡上地名的時候最先便發生了一件問題，洛陽伽藍記五云：

京師東西二十里，南北十五里，戶十萬九千餘。廟社宮室府曹以外方三百步爲一里。里開四門，門置里正二人，吏四人，門士八人，合有二百二十里。

這其中所謂『東西二十里，南北十五里』究竟指的是什麽。是道里之里呢？還是閭里之里呢？楊衒之在這裏沒有說明？河南志的圖及唐晏和吳若準的圖都當作道里之里，因此將洛陽畫的東西寬而南北短？但按照懷氏的實測圖，那就顯然不對。因此在這裏便可以斷定楊氏所謂『里』是指『閭里』的里，亦卽上文的里，和下文『方三百步爲里』的里是一囘事。再據續漢書郡國志劉昭注云：

帝王世紀曰：『城東西六里十一步，南北九里一百步』。晉元康地道記曰：『城內九里七十步，東西六里十步』。

也是東西狹而南北長，和懷氏圖相符而和唐吳二氏的地圖不合。再以懷氏所測的圖來量，東西最長之處爲 6.8 市里，南北最長之處爲 9.25 市里。雖然和帝王世紀及元康記所記的縱橫比例不完全一致，但也可以說大致相合。其不盡相符之處可以說晉時測量不甚準確，但其確有根據則爲無疑問的事。所以楊衒之所記，只有認爲閭里之里，纔能解釋得通。

在懷氏實測的地圖上，洛陽城北面和東面不太規則。不過北面突出部分，是金墉城，不能算作閭里以內的，東面則寬的地方較多窄的地方較少，當算閭里的分畫時，應當算入。所以南北的部分以較窄的地方爲準，而東西的部分則應以較寬之處爲準。因此便將洛陽城圖畫成方格，計爲東西二十格，南北十五格，除去東北缺去的地方以外，尙有二百七十九個長方形地帶，可以作爲『里』，來居住人的。

既然『里』間之界爲街，那就將單線改成雙線(雙線中線與線的距離，因爲沒有記載做根據，只好畫一個雙線，其距離大致在圖中爲市尺一分)。並且假定東西街(緯街)從北數起南北街(徑街)從西數起，東西街共有十六街，南北街共有二十一街。因此洛陽城門和各街相接之處，便如以下所舉出來的。

門名	懷氏圖中標記的狀況	現在圖中的位置
承明門	舊的門道	緯三街西首(南北爲經從西至東。東西爲緯從北至南。)
閶闔門	舊門道的痕跡	緯六街西首
建春門	舊門道的痕跡	緯八街東首

西陽門	舊的城門	緯十街西首
東陽門	舊的城門	緯十一街東首
西明門	（無有）	緯十五街西首
青陽門	（無有）	緯十五街東首
大夏門	舊的城門	經五街北首
津陽門	（無有）	經五街南首
宣陽門	舊的城門	經十一街南首
平昌門	（無有）	經十五街南首
廣莫門	（無有）	經十五街北首
開陽門	（無有）	經十八街南首

在這裏面有一點可以堅決我的自信的，便是懷氏的圖所標的城門是現存的遺址或現存的痕跡，而我所畫的街道卻是照懷氏的城圈平均分出來的。懷氏所標的城門和我畫出來的街道，在本圖畫圖的過程中並無相關。但繪畫的結果，城門的遺址，除去懷氏沒有標出來的以外，大都城門正落在各街道的盡頭。尤其是懷氏指出的『舊的城門』完全和街道位置相符，懷氏指出的『城門痕跡』的位置，間或有小小的差異，但差異也非常小。這樣，在兩種不同的方法所得，而可以看出相關性來，所以便可以相信尙有做下去的理由。

在這圖中各門成問題的一點，便是各城門之中，廣莫門照一般的記載，都應當是在東面的北門，但是懷氏的實測圖北面的城門，只有一個，而東城牆的北頭卻有一個舊門道的痕跡。這一點對於舊日記載並不相合，可能在北墻的東面尙有一個城門，東墻的北面並非舊的城門，而是洛陽故城荒廢以後纔爲人踏出來的道路。據水經注云：

> 廣莫門漢之穀門也。北對芒阜，連嶺修互。苞總衆山，始自洛口，西踰平陰，悉芒壟也。

又伽藍記云：

> 魏晉曰廣莫門，高祖因而不改，廣莫門以西，至於大夏門，宮觀相連，被諸城上也。

所以廣莫門是對着北邙，和大夏門相並着的，因此決不能依照懷氏的圖中道路痕跡，定廣莫爲城東面北頭的城門。

其次，便是平昌門地位的問題。照着懷氏的地圖，洛陽城的正南有一個城門。這個城門是什麽呢？我以爲是宣陽門，至於藕香零拾本河南志前阮元從大典繪出的後魏洛陽城圖，正南是平昌而非宣陽這是錯的。張穆延昌地形志云：

穆案，據永樂大典，後魏京城圖，正南當爲平昌，據水經注，則正南門乃宣陽也，疑圖誤，以晉制爲魏制矣。

今案水經穀水注云：

穀水又東逕宣陽門南，故苑門也。皇都遷洛，移置於此，對閶闔門，南直洛水浮桁……門左，卽洛陽池處也。池東，舊平城門所在矣，今塞。北對洛陽南宮，故蔡邕曰：『平城門正陽門，與宮連屬，郊祀法駕，所由從出，門之最尊者。』

所以宣陽門是正南的城門。宣陽門雖然是北魏時新改的城門名，但漢代的宮城不必和北魏的宮城一致。

宣陽門旣已決定，那就北魏宮城正門的地位也可以決定了，但其四方基址地址還要決定的，現在可以先根據洛陽伽藍記的以下一段：

永寧寺熙平元年靈太后胡氏所立也，在宮前閶闔門南一里，御道西、其寺東有太尉府，西對永康里，南界昭玄曹：北鄰御史臺。

閶闔門御道東有左衞府，府南有司徒府，南有國子學堂，內有孔丘象。顏淵問仁，子路問政在側。國子南有宗正寺，寺南有太廟。廟南有護軍府，府南有衣冠里。

御道西有右衞府，府南有太尉府，府南有將作曹，曹南有九級府。府南有太社，社南有凌陰里，卽四時藏冰之處也。

這裏的排列當如下方（從北至南）：

	義井里							
閶闔門	左衞府	司徒府	國子學堂	宗正寺	太廟	護軍府	衣冠里	宣陽門
	右衞府	太尉府	將作曹	九級府	太社	司州(註三)	凌陰里	

御史臺	永寧寺	昭玄曹				
	永康里					

以上的雙線代表的是街道，卽從北至南，一共有七個里，南宮卽在此之北。

照着記載上，洛陽的南宮是有六個門的，舉例如下。(註四)

〔南門、閶闔門〕水經注，『魏明帝上法太極，於洛陽南宮起太極殿。於漢崇德殿之故處。改雉門爲閶闔門。今閶闔門外夾建巨闕，以應天宿。雖不如禮，猶象而魏之，上加復思以易觀矣』。魏書孝莊紀：『建義二年十月，爾朱榮檻送葛榮於京師，帝臨閶闔門』。(張)穆案，『此及廢帝出帝兩紀，所書升太極殿閶闔門皆謂宮城南門也。』

〔東面北方門、朱華門〕一曰東華門，或作萬歲門。楊昱傳：『延昌三年，詔自令若非手勅勿令光輒出宮，臣在直者從自萬歲門』。禮志：『延昌四年春正月丁巳夜，世宗崩於式乾殿。侍中中書監太子少傅崔光等，奉迎肅宗於東宮，入自萬歲門，至顯陽殿』。(張)穆案，『東宮在皇城外東北隅，萬歲門必皇城東門。東門，雲龍與神虎對，朱華與千秋對，以義定之，萬歲卽朱華之別名矣。河南志京城圖，禁扁皆作朱華。按孝靜遷鄴，宮闕之名多仍洛舊，北史楊愔傳「有長廣王及歸彥在朱華門外」云云，益足證東華之誤矣。』

〔東面南方門、雲龍門〕崔光傳：『詔光乘步挽於雲龍門出入』。前廢帝紀：『入自建春，雲龍門』。出帝紀：『入自東陽雲龍門』。

〔西面北方門、千秋門〕水經注『渠水又東歷金市南，直千秋門右，宮門也。其一水自千秋門南流，逕神虎門下，東對雲龍門(按：此言神虎對雲龍，非言千秋對雲龍，蓋對千秋者爲萬歲，對雲龍者乃神虎也)。二門衡栿之上，皆刻雲龍風虎之狀，以火齊薄之。及其晨光初起，夕景斜暉，霜文翠照，陸離眩目』。宣武靈后傳：『太后敕造申訟車，時御焉。出自雲龍大司馬門，從宮西北，入自千秋門』。

〔西面南方門。神虎門〕水經注：『神虎門東對雲龍門』高肇傳：『肇所乘駿馬，停於神虎門外，無故驚倒』。

〔北門。乾明門〕見河南志。

照此看來，南和北各有一個城門，東和西各有兩個城門。所以在東西兩面城牆必至少占三個里的位置，然後東面兩門，西面兩門纔能和兩里間的街道相接。東西占三個里，那就南北兩牆要占六個里的位置，纔能使城成一個正方。假若橫着占着六個里的地位，那就南北兩牆正中各有一條道，城門地位卽在兩旁各三里的正中。這樣算來便是南宮從宣陽門樓起，數到第四個里以後，對宣陽門取中，占了三六一十八個里的面積，就可以將部位規定好了。

但照此畫法還有一個困難。河南志說：

千秋門，宮西門，西對閶闔門。

洛陽伽藍記：

瑤光寺，世宗皇帝所立。在閶闔門御道北，東去千秋門二里。千秋門內道北，有西游園，園中有陵雲臺，卽是魏文帝所築者。臺上有八角，高祖於井北造涼風觀，登之遠望，目極洛川。臺下有碧海曲池，臺東有宣慈觀，去地十丈、觀前有靈芝釣臺，累木爲之，出於海中，去地二十丈，風生戶牖，雲起梁棟，丹楹刻桷，圖寫列仙。刻石爲鯨魚，背負釣臺，旣如從地踊出，又似空中飛下。釣臺南有宣光殿，北有嘉福殿，西有九龍殿，殿前九龍吐水成一海。凡四殿皆有飛閣向靈芝往來。三伏之月，皇帝在靈芝臺以避暑。

照此說來，千秋門內正爲御苑。而閶闔門對千秋門，卽南宮位置還要向北移一里纔對。所以南閶闔門外還要空出一里。這是可以有解釋的。水經注云：

又南逕東轉，逕閶闔門南。案禮，王有五門，謂臯門，庫門，雉門，應門，路門。路門一曰畢門，亦曰虎門也，明帝上法太極於洛陽南門，起太極殿於漢崇德殿之故處，改雉門曰閶闔門。(註五)

依河南志閶闔門外尙有端門，依水經注，更有司馬門。以此比照端門卽庫門，司馬門卽臯門，而此南閶闔門外一里之處爲司馬門以內的空場，在這個空場的中部，便是端門所在之處。所以宮城以南，左右衞府之北，再安插一里，尙不費事。

宮城的位置旣然決定可，那就金墉城，北宮(注六)，芳林園，華林園以及各官署各寺廟各溝渠的地址都可按照水經注及洛陽伽藍記中所記載的按地位來塡入。尤其是西明至靑陽二門間穀水的水道，現在雖然被改道的洛水侵奪了，但假若知道洛水侵奪穀水的事實，按着地位，仍然不爽。因此縱有出入，也決不會太多。又據洛陽伽藍記序云：

太和十七年，後魏高祖遷都洛陽，詔司空穆亮營造宮室。洛城門依魏晉舊名。北面有二門，西頭曰大夏門，漢曰夏門，魏晉曰大夏門。東頭曰廣莫門，漢曰穀門，魏晉曰廣莫門，高祖因而不改，自廣莫以西至於大夏門，宮觀相連，被諸城上也。

現在以此看來，也是不錯的。

在此圖中最困難的一點，亦卽最難解決的一點，是東漢南宮的位置。據水經注云：

魏明帝上法太極於洛陽南宮，起太極殿於漢崇德殿之故處。

卽是酈道元認爲曹魏的宮殿也就在東漢宮殿的舊址。

又據水經注說：

渠水又東歷金市南，直千秋門右，宮門也。又枝流入石　伏流，注靈芝九龍池。魏太和中，皇都遷洛陽，經構宮，極修理，街渠務窮隱，發石視之，曾無毁壞，又石工細密，非今知所擬，亦奇爲精至也，遂因用之。……又南流東轉，逕閶闔門南，……渠水又枝分，夾路南出，逕太尉司徒兩坊間，謂之銅駝街，舊魏明帝置銅駝諸獸於閶闔南街、陸機云：『駝高九尺，脊出太尉坊』者也。……自此南直宣陽門，經緯通達，皆列馳道，一同兩漢。

洛陽伽藍記說：

千秋門內道北有西游園，園中有凌雲臺，卽是魏文帝所築者，臺上有八角井，高祖於井北造涼風觀，登之遠望，目極洛川。

這些都是說元魏的宮城卽是曹魏宮城的舊址。假若認爲都對，那就必需認爲東漢宮址卽曹魏宮址，曹魏宮址卽元魏宮址。

但是東漢南宮和元魏宮城地址並不相合，後漢書光武紀建武元年章懷注引蔡質漢典職儀曰：

南宮至北宮，中央作大屋，複道三道，天子從中道，從官夾左右。十步一衞，兩宮相去七里。

這其中七里的七字，據太平御覽居處部，和文選古詩十九首李善注，都是作七，可見字是不錯的。假若漢南北二宮相去七里，漢以六尺爲步，三百步爲里，即漢以一百八十丈爲里，每丈合現在市尺六尺九寸，即每里約合現在一百二十四丈，七里約合八百六十八丈，大致七里當現在市里六里。亦卽漢南宮的北牆。當元魏宮城的南牆。卽漢南宮在魏宮城之南。（假如漢宮城和魏宮城大小相同，那就漢宮城的南牆到太尉司徒二府的南牆。）

又據河南志：

南面四門，正南曰平門——一作平城門，古今注曰：『建武十三年開』，蔡邕曰：『平城門正陽之門也，與宮連。郊祀法駕所從出。門之最尊者』。漢官秩曰：『平城門爲宮門不置候』，按靈帝紀曰：『南宮平城門』當是門在宮之內所以速言也。李尤銘曰：『平門督司，午位處中，外臨僚侍，內達帝宮，正陽南面，炎暑融融』，西曰宣陽門——按漢志十二門名有小苑門而獨無名，莫知其方所。而十道志列在平城之西。董卓傳：『孫堅軍太谷，進宣陽門』注曰：『洛陽記南面有四門，從東第三門也，是則小苑亦名宣陽』。

所以平城爲東漢南宮正對的門，而宣陽爲御苑正對的門。卽漢南宮又在魏宮城之東。統上節說，漢南宮在魏宮城的東南。

在以上的兩點：第一，漢南北兩宮距離七里；第二，漢宮門直對平城門（卽平昌門），這和元魏宮室布置的情形都不對。旣然都不對，那就不能將元魏宮城所在卽是東漢南宮所在。

元魏宮城雖不是漢宮的遺址，但卻不能說不是曹魏宮的遺址，因爲，第一，酈道元和楊衒之兩人說的很淸楚，曹魏的宮卽是元魏的宮，卽就兩人說到而未證明的，如元魏的靈芝九龍池，在三國志魏志文帝黃初三年，也有『穿靈芝池』的明文。據三國志魏文帝傳黃初三年十二月：『初營洛陽宮。戊午，幸洛陽』。裴松之注曰：『臣松之案，諸書記是時，帝居北宮，以建始殿朝羣臣，門曰承明，陳思王植詩曰：「謁帝承明廬」是也。至明帝時始於漢南宮崇德殿處，起『太極昭陽諸殿』。是在董卓毀洛陽宮室之後，曹丕恢復的是北宮，並未恢復南宮。至黃初二年，築凌雲臺，黃初三年穿靈芝池，這和元魏的宮雖然同在一處。但不能證明和漢南宮同在一處。因此最大的可能，是曹魏宮址卽爲元魏所承，漢的南宮卻別在一處。魏明帝於南宮崇德殿處起太極昭陽諸殿，大約是裴松之的誤解。而酈道元所承的也便是裴松之的誤解。酈道元雖然到過洛陽，但他所見的是元魏的宮，所聞的是曹魏的舊址，漢址如何，未見得便能確曉。猶之乎我們現代的人，知道北平的淸宮是明宮；但元代宮室的位置，那就有些撲朔迷離了。

附記：洛陽城圖的復原，本有此動機，而決定此工作，卻由於石璋如先生談到懷履光牧師的實測洛陽圖，謹此向璋如先生致謝。又洛陽郊外形勢圖是黃慶樂先生畫的，特此注明。

（注一）洛陽城南面四門，而伽藍記只有三門。伽藍記云：『南面有三門（三當作四）、東頭第一曰開陽門，初漢光武遷都洛陽，作此門。……次西曰平昌門，漢曰平門，魏晉曰平昌門，高祖因而不改。次西曰宣陽門。（此後應有『次西曰津陽門』五字）漢曰津門，魏晉曰津陽門，高祖因而不改』。張穆延昌地形志河南尹洛陽縣下自注云：『河南志，南有四門，有宣陽，又有津陽。伽藍記敍，作三門，有宣陽，無津陽。據下城南記，高陽王寺在津陽門外三里，則河南志所據之伽藍記，本亦四門，今本文譌脫，遂妄改耳。水經注，穀水自西明門，又南，東逕津陽門南，又東逕宣陽門南，足證今本記敍之誤。又案宋宋敏求次道有河南志二十卷，今已不存。此志僅二卷從徐文星伯寫出，或疑卽次道之書，然臚敍故實，兼及金元，殆後人悉藉宋書，更事增益矣。都無顯證，故不敢輒題次道之名。』又太平寰宇記卷三云：『南面有四門，東曰開陽，在巳上。次西漢曰平城門，在丙上，，晉改平昌門。郊祀法駕由此門。次西漢曰小苑門，在午上，晉改宣陽門。次西漢曰津門在未上。』也和四門的位置相符。

（注二）這些圖共有『後漢東都城圖』，『西晉京城洛陽宮室圖』，『後魏京城洛陽宮室圖』，『金墉城圖』，『宋西京城圖』。看這些圖的畫法，和宋敏求的長安志圖很相類似。大約就是宋敏求河南志的附圖。

（注三）據宋敏求河南志輯本補（藕香零拾本）。

（注四）據張穆的延昌地形志稿本。

（注五）爲方便起見，稱宮城的閶闔門爲南閶闔門，京城的閶闔門爲西閶闔門。

（注六）北宮的東西的廣，照南宮以六個里來算，南北的長照兩個里來算。因爲一個里太少了，三個里便距南宮只隔一個里，似乎又太近了。並且承明門是元魏因接近宮門而定的門名，承明的大道也以通過北宮之前爲合理。承明門址是懷氏測量圖畫好的，所以北宮南牆也就不能移動了。

附圖 (一)

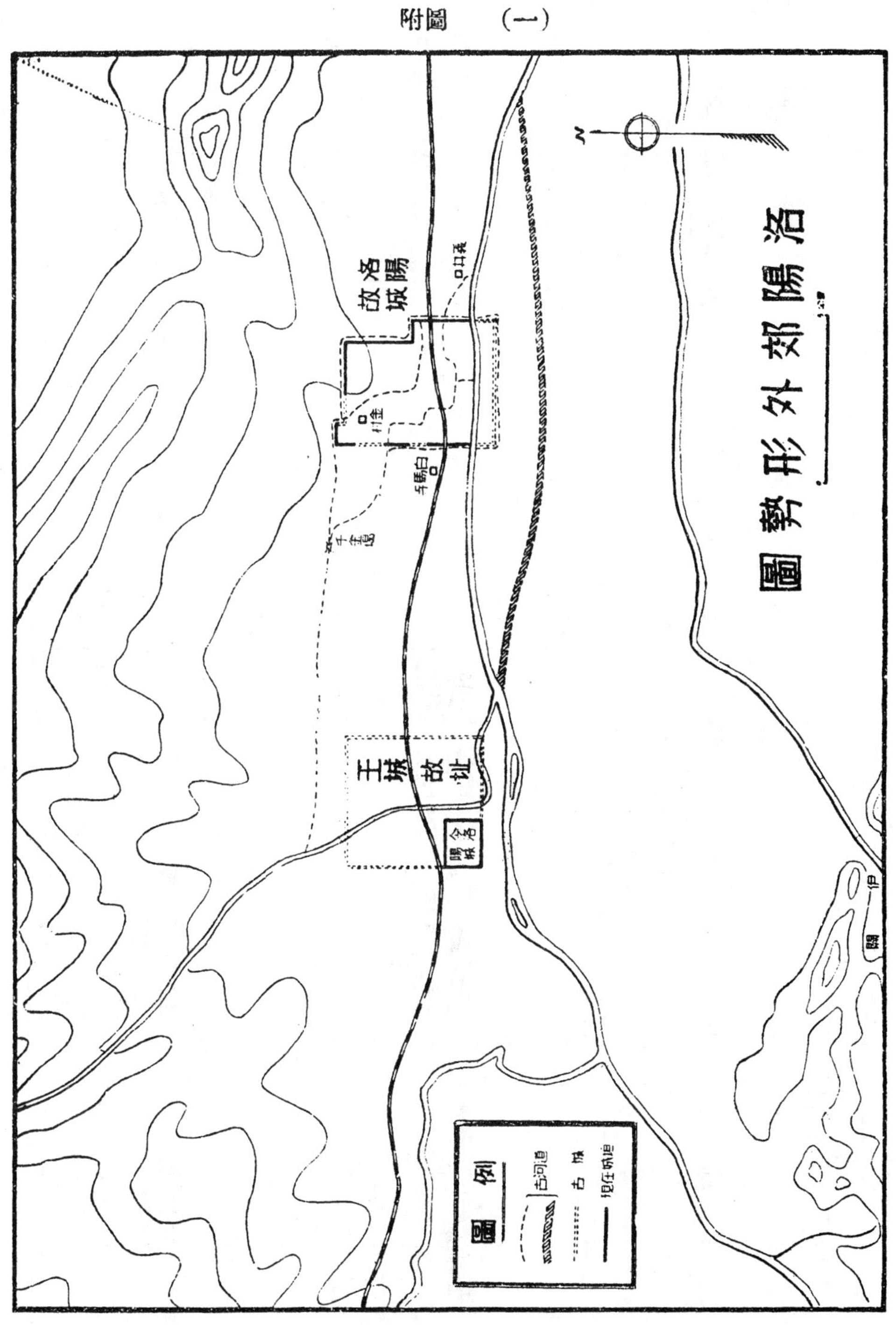

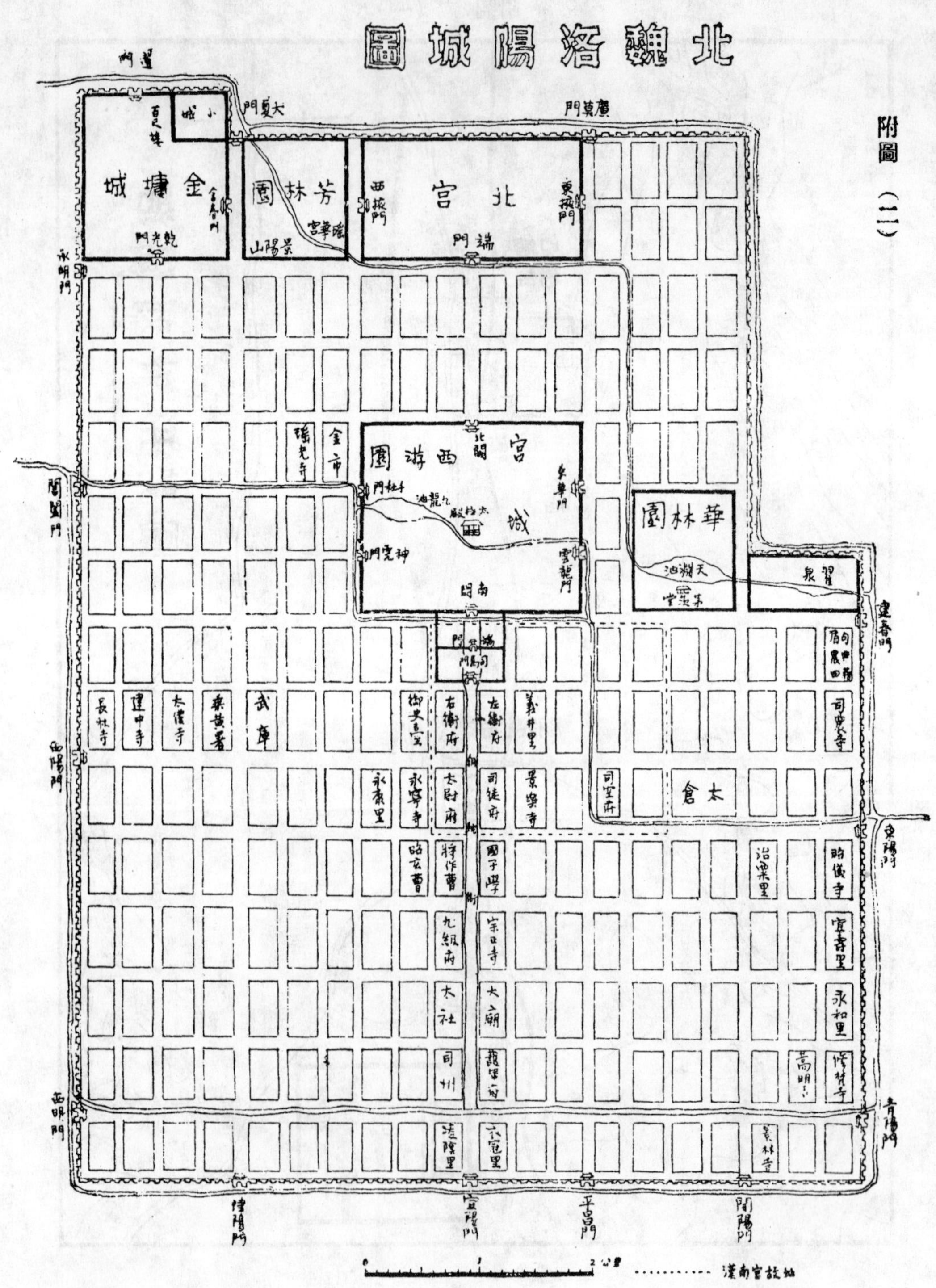
北魏洛陽城圖
金墉城
芳林園
北宮
端門
西游園
宮城
華林園
天淵池
翟泉
太倉
武庫
建春門
東陽門
青陽門
西陽門
西明門
閶闔門
宣陽門
平昌門
開陽門
津陽門
大夏門
廣莫門
承明門

附圖(二)

附圖(三)　河南志後漢東都城圖

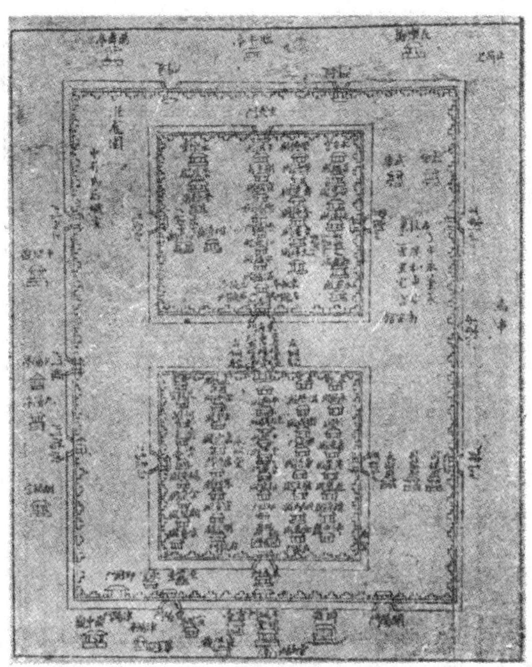

附圖(四)　河南志西晉京城圖

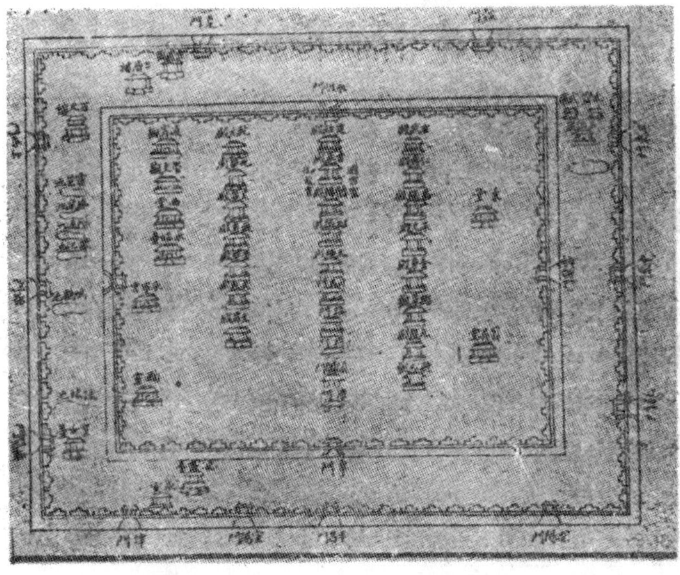

附圖(五)　河南志金墉城圖

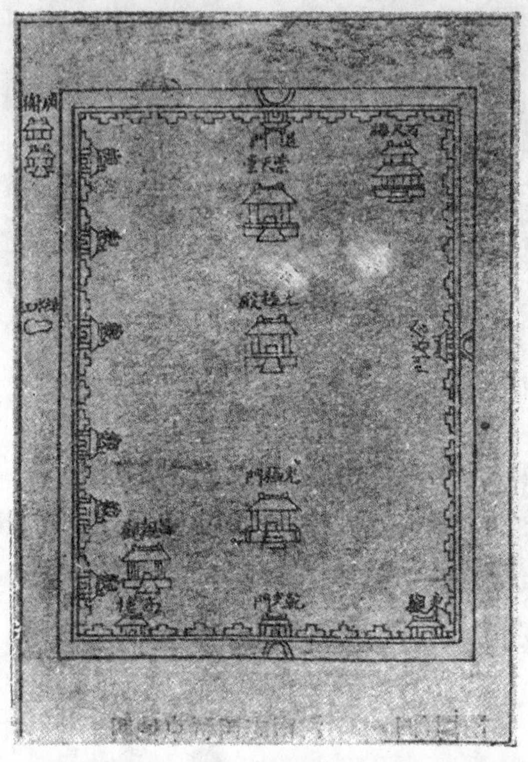

附圖(六)　河南志後魏洛陽城圖

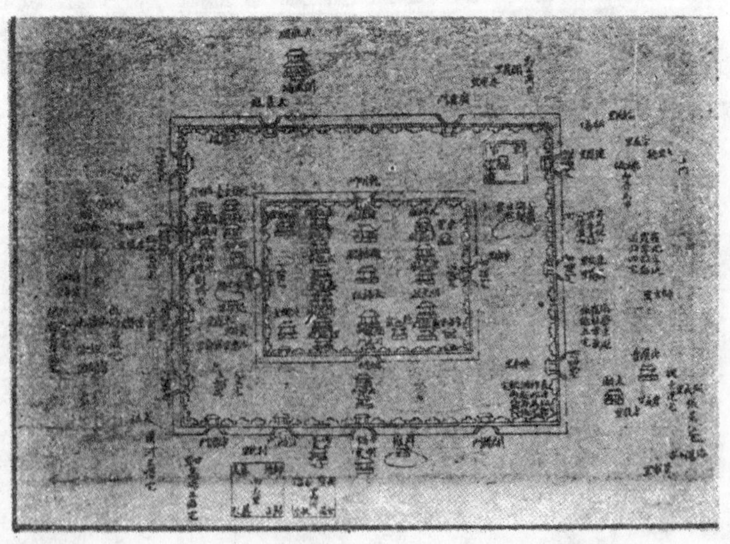

出自第二十本上(一九四八年六月)